Düwel/Gabriel/Göhler/Renz/Teufel

EPÜ- und PCT-Tabellen

9. Auflage

EPÜ- und PCT-Tabellen

Workflow-orientierte Verfahrenshandlungen

von

Dr. rer. nat. Isabell Düwel (European Patent Attorney, Deutsche Patentassessorin),
Dr. rer. nat. Markus Gabriel (European Patent Attorney, Deutscher Patentanwalt),
Dr. rer. nat. Karen Göhler (European Patent Attorney),
Dipl.-Ing. Christian Renz (European Patent Attorney, Deutscher Patentassessor),
Dipl.-Ing. Benjamin Teufel

unter Mitarbeit von

Dr. rer. nat. Dirk Pansegrau (European Patent Attorney)

nach der 3. Auflage ausgeschieden aus dem Autorenkreis

Dipl.-Ing. Zdenko Bozic

9. Auflage

Carl Heymanns Verlag 2021

Zitiervorschlag: Düwel/Gabriel/Renz/Teufel, EPÜ- und PCT-Tabellen, Kap. A Rn. 10

Bibliografische Information der Deutschen Nationalbibliothek

Die Deutsche Nationalbibliothek verzeichnet diese Publikation in der Deutschen Nationalbibliografie; detaillierte bibliografische Daten sind im Internet über http://dnb.d-nb.de abrufbar.

ISBN 978-3-452-29631-3

www.wolterskluwer.de

Alle Rechte vorbehalten.

© 2020 Wolters Kluwer Deutschland GmbH, Wolters-Kluwer-Str. 1, 50354 Hürth

Das Werk einschließlich aller seiner Teile ist urheberrechtlich geschützt. Jede Verwertung außerhalb der engen Grenzen des Urheberrechtsgesetzes ist ohne Zustimmung des Verlages unzulässig und strafbar. Das gilt insbesondere für Vervielfältigungen, Übersetzungen, Mikroverfilmungen und die Einspeicherung und Verarbeitung in elektronischen Systemen.

Verlag und Autoren übernehmen keine Haftung für inhaltliche oder drucktechnische Fehler.

Umschlagkonzeption: Martina Busch, Grafikdesign, Homburg Kirrberg
Druck und Weiterverarbeitung: Williams Lea & Tag GmbH, München

Gedruckt auf säurefreiem, alterungsbeständigem und chlorfreiem Papier.

Vorwort zur 9. Auflage

Die vorliegende tabellarische Übersicht für das EPÜ- und das PCT-Anmeldeverfahren soll sowohl EQE-Prüflingen als Lehrmittel, als auch erfahrenen Patentanwälten und Neulingen auf dem Gebiet des gewerblichen Rechtschutzes als Arbeitsmittel dienen. Darüber hinaus können die Tabellen als praktisches Nachschlagewerk für Patentingenieure und Patentverwaltungsangestellte verwendet werden. Die Zusammenstellung zeigt die Anwendung der entsprechenden Rechtsnormen anhand von Rechtsketten, insbesondere bei Praxisfällen, aber auch bei Spezialfällen. Hierzu umfasst die tabellarische Übersicht neben zwei Haupttabellen, die das EPÜ und das PCT abdecken, weitere Spezialtabellen. Diese betreffen Sonderthemen und besonderer Rechtsgebiete wie zum Beispiel Priorität, Fristen, Teilanmeldungen und das europäische Einheitspatent. Weiterhin erlauben die aufgeführten Rechtsketten einen schnellen Zugriff auf Hinweise zur Mängelbeseitigung. Gerade die kompakte und übersichtliche Darstellung ermöglicht es, komplexe Verfahrensabläufe leicht zu erfassen.

Für die Rechtsketten wird die für das bessere Verständnis notwendige Rechtsprechung zitiert. Als Nachschlagemöglichkeit verweisen wir an den entsprechenden Stellen auf das kommentierte EPÜ von Singer/Stauder, 8. Auflage, Carl Heymanns Verlag 2019.

Diese Auflage berücksichtigt Rechtsänderungen bis zum 31.10.2020.

Wir danken unseren Familien und Freunden, vor allem Dr. Karl Michael Ketterle (European Patent Attorney, Deutscher Patentanwalt), Stefan Lachenmeir (European Patent Attorney, Deutscher Patentanwalt) sowie Dr. Jörg Fick (European Patent Attorney, deutscher Patentanwalt) für die Unterstützung.

Das Werk wurde mit größtmöglicher Sorgfalt erstellt, jedoch sind wir für Verbesserungshinweise und Anregungen dankbar (Kontakt: epue-tabellen@gmx.de). Ergänzungshinweise stellen wir über die Downloadseiten des Verlags (siehe »Hinweise zur Online-Nutzung«) zur Verfügung.

Wir danken unseren aufmerksamen Lesern der 8. Auflage für die zahlreichen Rückmeldungen, insbesondere Torben Stingl (European Patent Attorney), Dr. Christian Feldmeier (European Patent Attorney), Daniel Stojanovic (European Patent Attorney), Bernd Eckert und Dr. Christoph Jocher (Deutscher Patentanwalt).

Stuttgart, 31.10.2020

Dr. Isabell Düwel
Dr. Markus Gabriel
Dr. Karen Göhler
Christian Renz
Benjamin Teufel

Vorwort zur 1. Auflage

Die vorliegende tabellarische Übersicht für das EPÜ- und das PCT-Anmeldeverfahren soll sowohl EQE-Prüflingen als Lehrmittel, als auch erfahrenen Patentanwälten und Neulingen auf dem Gebiet des gewerblichen Rechtschutzes als Arbeitsmittel dienen. Darüber hinaus können die Tabellen als praktisches Nachschlagewerk für Patentingenieure und Patentverwaltungsangestellte verwendet werden. Die Zusammenstellung zeigt die Anwendung der entsprechenden Rechtsnormen anhand von Rechtsketten, insbesondere bei Praxisfällen, aber auch bei Spezialfällen. Hierzu sind die Kapitel neben zwei Haupttabellen, die das EPÜ und das PCT abdecken, in weitere Kapitel unterteilt. Diese betreffen Sonderrechtsgebiete wie zum Beispiel Priorität, Fristen und Teilanmeldung. Weiterhin erlauben die aufgeführten Rechtsketten einen schnellen Zugriff auf Hinweise zur Mängelbeseitigung. Gerade die kompakte und übersichtliche Darstellung ermöglicht es, komplexe Verfahrensabläufe leicht zu erfassen.

Für die Rechtsketten wird die für das bessere Verständnis notwendige Rechtsprechung zitiert. Als Nachschlagemöglichkeit verweisen wir an den entsprechenden Stellen auf das kommentierte EPÜ von Singer/Stauder, Carl Heymanns Verlag 2010, 5. Auflage.

Diese Auflage berücksichtigt Rechtsänderungen bis zum 01.07.2011.

Wir danken unseren Familien und Freunden, vor allem Dr. Dirk Pansegrau und Dr. Karl-Michael Ketterle sowie Dirk Slickers für die Unterstützung.

Das Werk wurde mit größtmöglicher Sorgfalt erstellt, jedoch sind wir für Fehlerhinweise und Anregungen dankbar (Kontakt: epue-tabellen@gmx.de).

Stuttgart, 01.09.2011

Zdenko Bozic
Dr. Isabell Düwel
Dr. Markus Gabriel
Benjamin Teufel

Hinweise zur Online-Nutzung

Downloaden Sie einzelne Ergänzungen zur aktuellen Auflage.

Rufen Sie dazu die Webseite **http://download.wolterskluwer.de** auf und registrieren Sie sich mit dem folgenden Zugangscode:

WKE1PBY1M

Eine genaue Anleitung finden Sie unter der oben genannten Webseite.

Hinweise zur Nutzung auf Wolters Kluwer Online

Dieses Werk kann erstmalig in der 9. Auflage unter https://www.wolterskluwer-online.de bequem digital genutzt werden. Mit effizienter Suche, Druckliste und Dossierfunktion. Kostenfrei als Teil des Moduls "Heymann Patentanwälte" sowie als monatliches oder jährliches Digitalabo über unseren Online Shop auf https://shop.wolterskluwer-online.de/.

Inhalt

Vorwort V
Hinweis zur Online-Nutzung VII
Inhalt IX
Abkürzungen XIII
Hinweise zur Benutzung XVII
Quellen XXIII

Haupttabellen
- A. Ablauf EP-Anmeldung/Patent 1
- B. Ablauf PCT-Anmeldung 93

Tabellen zu Spezialthemen
- C. Priorität 157
- D. Fristen 177
- E. Sprachen 207
- F. Änderung, Berichtigung 221
- G. Vertretung, Unterschrift 243
- H. Gebühren 255
- I. Beschleunigung 303
- J. Teilanmeldung, Neue Anmeldung 321
- K. Weiterbehandlung, Wiedereinsetzung 337
- L. Einspruch 349
- M. Beschwerde 379
- N. Kommentierung G-Entscheidungen 399
- O. Übersicht US-Patentrecht 417
- P. Übersicht EU-Patent 427
- Q. Tabelle mit Vertragsstaaten 443

Übersicht EPÜ- und PCT-Anmeldeverfahren
- R. Zeitstrahlen EPÜ- und PCT-Anmeldeverfahren 457
- S. Anforderungen zur Zulassung 461

Kalender 469
Artikel und Regelverzeichnis 473
Stichwortverzeichnis 489

Abkürzungen

→	daraus folgt, es gilt
☞	siehe Entscheidung
📖	weiterführende Informationen in angegebener Literatur
📄	Interne Verweise auf Kapitel und Randnummer
~~Text~~	durchgestrichener Text hebt kürzliche Änderung hervor
<>, ≠	ungleich
-/+	nicht möglich / möglich
AA	Anmeldeamt
ABl.	Amtsblatt EPA
AFCP	After Final Consideration Pilot (USPTO)
AG	Applicants Guide
AIA	Leahy-Smith America Invents Act
allg.	allgemein
ABVEP/VEP	Ausführungsbestimmungen zu den Vorschriften über die europäische Eignungsprüfung für zugelassene Vertreter/ Vorschriften über die europäische Eignungsprüfung für zugelassene Vertreter
AO	Ausführungsordnung
ArbnErfR	Arbeitnehmererfinderrecht
Art.	Artikel
AT	Anmeldetag
AtVfVÖ	Abschluss der technischen Vorbereitungen für die Veröffentlichung
autom.	automatisch
AZ	Aktenzeichen
BdP	Beschluss des/r Präsidenten/in
BdV	Beschluss des Verwaltungsrats
B.-Gebühr	Benennungsgebühren
BGH	Bundesgerichtshof
bzw.	beziehungsweise
CIP	Continuation-in-part application (USPTO)
CEPT	Conférence Européenne des Administrations des Postes et des Télécommunications
C.F.R.	Code of Federal Regulations - Titel 37: Patents, Trademarks, and Copyrights (USPTO)
CMS	Case Management System (EPA)
DAS	Dossier Access System (Akteneinsicht)
d.h.	das heißt

Abkürzungen

DE, IT, US, ...	Länderkürzel für Deutschland, Italien, USA, ... → Spezialtabelle Vertragsstaaten
DO	Designated Office / Bestimmungsamt
DPMA	Deutsches Patent- und Markenamt
ECfS	Early Certainty from Search
EESR	Extended European Search Report (erweiterter europäischer Recherchenbericht)
EG	Europäische Gemeinschaft
EH	Entgegenhaltung
EO	Elected Office / ausgewähltes Amt
eP	Europäisches Patent
ePA	Europäische Patentanmeldung
EPA, EPO	Europäische Patentorganisation
EPG	Einheitliches Patentgericht
EPGÜ	Internationales Übereinkommen zur Schaffung eines Einheitlichen Patentgerichts (Gesetzgebungsakte 16351/12)
EPÜ	Europäisches Patentübereinkommen
EPVO	Verordnung über die Umsetzung der Verstärkten Zusammenarbeit im Bereich der Schaffung eines einheitlichen Patentschutzes (VO 1257/2012)
EuGH	Europäischer Gerichtshof
EU-Patent	Europäisches Patent mit einheitlicher Wirkung
europ.	europäisch(e)
Euro-PCT	PCT-Verfahren vor dem EPA
EV	Erstreckungsverordnung
GBK	Große Beschwerdekammer
Geb. Erm.	Gebührenermäßigung
GebM	Gebrauchsmuster
GebO	Gebührenordnung
GebOEPS	Gebührenordnung zum einheitlichen Patentschutz
GebVerz	Gebührenverzeichnis
GGVO	Gemeinschaftsgeschmacksmusterverordnung
GMVO	Gemeinschaftsmarkenverordnung
GRUR	Gewerblicher Rechtsschutz und Urheberrecht
IB	Internationales Büro
idR	in der Regel
IDS	Duty of disclosure (USPTO)
IGE	Eidgenössisches Institut für Geistiges Eigentum
INID	Internationally agreed Numbers for the Identification of Data (international vereinbarte Zahlen zur Kennzeichnung von Daten)

Abkürzungen

INPI	Institut National de la Propriété Industrielle (Französisches Patentamt)
int.	international(e)
IntPatÜG	Gesetz über internationale Patentübereinkommen
IPEA	International Preliminary Examination Authorities (mit der internationalen vorläufigen Prüfung beauftragten Behörde)
IPER	International Preliminary Examination Report (internationaler vorläufiger Prüfungsbericht)
IPR	Inter partes examination (USPTO)
IPRP	International Preliminary Report on Patentability (internationaler vorläufiger Bericht über die Patentfähigkeit)
IPTO	Italian Patent and Trademark Office
ISA	International Searching Authority (internationale Recherchebehörde)
ISPE-Richtlinien	PCT International Search and Preliminary Examination Guidelines (PCT-RiLis für die internationale Recherche und die internationale vorläufige Prüfung)
ISR	International Search Report (internationaler Recherchenbericht)
iVm	in Verbindung mit
ivP	internationale vorläufige Prüfung
J/G/R/T	Entscheidungen werden z.B. mit G xx/yy für Entscheidungen der großen Beschwerdekammer zitiert
JG	Jahresgebühren
JPO	Japanisches Patentamt
KIPO	Korean Intellectual Property Office
M	Monat/e
LK	Laufendes Konto
MdEPA	Mitglied des europäischen Patentamts
MdP	Mitteilung des/r Präsidenten/in des EPA
mind.	mindestens
MPEP	Manual of Patent Examining Procedure (USPTO)
NatR	nationales Recht
nat.	national(e)
OEE	Office of Earlier Examination
OFF	Office of First Filing
OLE	Office of Later Examination
OLF	Online Filing (Online-Einreichung)
opt.	optional
OSF	Office of Second Filing
P3	Post-Prosecution Pilot (USPTO)

Abkürzungen

PABC	Pre-Appeal Brief Conference Pilot Programm (USPTO)
PACE	Programme for accelerated prosecution of european patent applications (Programm zur beschleunigten Bearbeitung europäischer Patentanmeldungen)
PatG	Deutsches Patentgesetz
PCT	Patent Cooperation Treaty (Vertrag über die internationale Zusammenarbeit auf dem Gebiet des Patentwesens)
PGR	Post grant review (USPTO)
PI	Patentinhaber
PPH	Patent Prosecution Highway (Eilweg zur Patenterteilung)
Prio	Priorität/en
PT	Prioritätstag
PVÜ	Pariser Verbandsübereinkunft
QPIDS	Quick Path Information Disclosure Statement (USPTO)
R	Regel (z.B. R 106) oder Aktenzeichen (z.B. R 9/09) für Anträge auf Überprüfung durch die GBK
RAusk	Rechtsauskunft BdP des EPA vom 31.05.2012: Alle Rechtsauskünfte werden aufgehoben, da die behandelten Fragen in die Prüfungsrichtlinien aufgenommen wurden.
RB	Recherchenbericht
RCE	Request for continued examination (USPTO)
Rd	Randnummer(n)
RdBK	Rechtsprechung der Beschwerdekammern
reg.	regional/e
R.-Gebühr	Recherchengebühr
RiLi bzw. RiLi [19]	Richtlinien für die Prüfung im Europäischen Patentamt (RL/EPA) (Stand 01.11.2018 bzw. Stand 01.11.2019)
RL/ISPE	PCT-Richtlinien für die internationale Recherche und die internationale vorläufige Prüfung
RL/PCT-EPA	Richtlinien für die Recherche und Prüfung im Europäischen Patentamt als PCT-Behörde (Stand 01.11.2018)
RO/RL	PCT-Richtlinien für Anmeldeämter
RO/AA	Receiving Office / Anmeldeamt
RoP	Rules of Procedure (Verfahrensordnung des EPG)
SIPO	State Intellectual Property Office (Chinesisches Patentamt)
SIS	Supplementary International Search (ergänzende internationale Recherche)
SISA	Supplementary International Searching Authority (mit der ergänzenden internationalen Recherche beauftragte Behörde)
SISR	Supplementary International Search Report (ergänzender internationaler Recherchenbericht)
S/S	Singer/Stauder

Abkürzungen

SA	Stammanmeldung
SdT	Stand der Technik
TA	Teilanmeldung
techn./nichttechn.	technisch / nichttechnisch
u.a.	unter anderem
ÜbVO	Verordnung über die Umsetzung der verstärkten Zusammenarbeit im Bereich der Schaffung eines einheitlichen Patentschutzes im Hinblick auf die anzuwendenden Übersetzungsregelungen (VO 1260/2012)
UKIPO	United Kingdom Intellectual Property Office
UPC(A)	Unified Patent Court (Agreement)
UPOV	Internationaler Verband zum Schutz von Pflanzenzüchtungen
U.S.C.	United States Code: Title 35 - Patents (USPTO)
USPTO	Patent- und Markenamt der Vereinigten Staaten
usw.	und so weiter
VAA	Vorschriften über das automatische Abbuchungsverfahren
VEP/ABVEP	Vorschriften über die europäische Eignungsprüfung für zugelassene Vertreter/ Ausführungsbestimmungen zu den Vorschriften über die europäische Eignungsprüfung für zugelassene Vertreter
VerfOBK	Verfahrensordnung der Beschwerdekammern
VGBK	Verfahrensordnung der großen Beschwerdekammer
vgl.	vergleiche
VLK	Vorschriften über das laufende Konto
VO	Verfahrensordnung
VÖ	Veröffentlichung
VS	Vertragsstaat
vs.	gegen, gegenüber gestellt
WB	Weiterbehandlung
WE	Wiedereinsetzung
WIPO	Weltorganisation für geistiges Eigentum
WO-ISA	Written opinion of the ISA (Bescheid der internationalen Recherchebehörde)
WTO	World Trade Organization
z.B.	zum Beispiel
zbF	zu bestimmende Frist

Hinweise zur Benutzung

Dieses Buch enthält zwei Haupttabellen, die knapp das gesamte Anmeldeverfahren abbilden sollen. Die Haupttabelle »Ablauf EP-Anmeldung/Patent« behandelt dabei das Anmeldeverfahren von europäischen Patentanmeldungen. Die Haupttabelle »Ablauf PCT-Anmeldung« behandelt das Anmeldeverfahren von internationalen Anmeldungen. Zur Vertiefung von speziellen Themen sind weiterhin Spezialtabellen vorgesehen. Diese sind nach der praktischen Verwendung und ab dem Zeitpunkt, zu dem das betreffende Thema im Verlauf des Anmeldeverfahrens zum Tragen kommt, geordnet.

Die Tabellen bilden die Rechtsketten ab, zu den durch das EPÜ, der Ausführungsordnung und den Richtlinien zur Prüfung definierten Rechtsnormen.

1	2	3	4	5	6
Verfahrens-handlung	Rechtsnormen	Details und Fälligkeit	Unmittelbare Folgen eines Mangels, Mängelbeseitigung, Fristen	Rechtsfolge bei Nicht-beseitigung von Mängeln oder Fristversäumnis	Weiterbehandlungs-/ Wiedereinsetzungs-Möglichkeit

- In der **1. Spalte** der Tabellen sind die Punkte der Verfahrenshandlung aufgeführt, die abgearbeitet werden müssen und zu dem jeweiligen Abschnitt gehören.
  Beispiel für Spalte 1:
  Zur Inanspruchnahme einer Priorität ist es notwendig, den »Tag und den Staat« anzugeben.

- In der **2. Spalte** der Tabellen stehen die relevanten Rechtsnormen.
  Beispiel für Spalte 2:
  »Art. 88 (1), R 57 g), usw.«

- In der **3. Spalte** stehen weitere Details und wann der Punkt fällig wird.
  Beispiel für Spalte 3:
  nach »R 52 (1) + (2) (...) bei Einreichung«

- In der **4. Spalte** stehen die unmittelbaren Folgen eines Mangels, Möglichkeiten zur Mängelbeseitigung und zugehörige Fristen
  Beispiel für Spalte 4:
  »Berichtigung innerhalb von 16 Monaten ab dem frühesten ursprünglichen oder berichtigten Prioritätstag«
  usw.

- In der **5. Spalte** stehen die Rechtsfolgen, die bei einer Nichtbeseitigung von Mängeln oder bei Fristversäumnis eintreten.
  Beispiel für Spalte 5:
  »nach Art. 90 (5) erlischt der Prioanspruch« bei Nichteinreichung der Prioritätserklärung

- In der **6. Spalte** stehen die Weiterbehandlungs-, Wiedereinsetzungsmöglichkeiten im EPÜ, auch Beschwerde.
  Beispiel für Spalte 6:
  Weiterbehandlung ausgeschlossen (»WB(–)«), aber Wiedereinsetzung (»WE(+)«) möglich.

  In der Haupttabelle »Ablauf PCT-Anmeldung« hat die 6. Spalte eine gesonderte Bedeutung, sie verweist hier auf die entsprechenden Schnittstellen zum EPÜ bzw. den nationalen Verfahren.

Hinweise zur Benutzung

An die Rechtsketten zu einem bestimmten Thema schließt sich in manchen Fällen noch ein Informationskasten »Besonderheiten und Rechtsprechung« an, in dem Sonderfälle und relevante Rechtsprechung der Beschwerdekammern kurz zusammengefasst sind.

Wird nach einem bestimmten Thema oder der Lösung zu einem bestimmten Problem gesucht, so empfehlen wir folgende Vorgehensweise:

Zunächst sollte in der 1. Spalte das passende Stichwort gefunden werden. Dabei helfen auch die Überschriften der jeweiligen Tabellen. Ist das Stichwort gefunden, so finden sich in der 2. Spalte die Verweise auf die gesetzlichen Grundlagen. Die 3. bis 6. Spalte enthalten Informationen darüber, wie bei Mängeln oder Fehlern zu dem betreffenden Thema vorzugehen ist. Handelt es sich um ein PCT-Thema, so gibt die 6. Spalte Auskunft über die entsprechenden Rechtsnormen im EPÜ oder nationalen Verfahren.

Hinweise zur Benutzung

Beispiel

Fragestellung:

Eine EP-Anmeldung wurde am 26.09.2017 eingereicht, welche die Priorität von zwei früheren Anmeldungen FR1 vom 18.10.2016 und FR2 vom 16.03.2017 in Anspruch nimmt. Bis wann muss die Prioritätserklärung spätestens abgegeben werden?

Vorgehen:

Eine Suche nach Priorität in der 1. Spalte in der Haupttabelle A »Ablauf EP-Anmeldung/Patent« führt zur folgenden Tabellenzeile:

Priorität Art. 87, RiLi A-III, 6, RiLi F-VI					
Verfahrenshandlung	Rechtsnormen	Details und Fälligkeit	Unmittelbare Folgen eines Mangels, Mängelbeseitigung, Fristen	Rechtsfolge bei Nicht-beseitigung von Mängeln oder Fristversäumnis	Weiterbehandlungs-/Wiedereinsetzungs-Möglichkeit
Inanspruch-nahme der Priorität	Art. 88 R 52 R 53 R 57 g)	Art. 88 (1) iVm R 52 (1)+(2): **Prioritätserklärung** ist einzureichen: - Tag der früheren Anmeldung, - Staat oder das Mitglied der WTO, in dem oder für den bzw. das sie eingereicht worden ist, - Aktenzeichen Die Prioerklärung soll bei Einreichung der ePA abgegeben werden (R 52 (2));	Der **AT der früheren Anmeldung** wurde falsch oder gar nicht angegeben ODER ein **Staat** oder ein Mitglied der WTO, in dem oder für den bzw. das die Anmeldung eingereicht wurde, wurde **falsch** oder gar **nicht angegeben**: Berichtigung oder Hinzufügung einer Prio innerhalb 16 M ab frühestem PT,	**Art. 90 (5) 2. Halbsatz** iVm **Art. 90 (3)**: Prioanspruch erlischt für Anmeldung, wenn keine Prioerklärung eingereicht oder Mängel nicht beseitigt wurden Mitteilung nach **R 112 (1)**	WB (−), da durch **R 135 (2)** ausgenommen WE (+), nach **Art. 122 (4)** iVm **R 136** nicht ausgenommen; innerhalb 2 M nach Priofrist (RiLi A-III, 6.6 und 6.7)

In der 2. Spalte finden sich die relevanten Rechtsnormen Art. 88, R 52, R 53, R 57 g) EPÜ. Die Fälligkeit der Prioritätserklärung mit zugehöriger Rechtsnorm (Art. 88 (1) iVm R 52 (1)+(2) EPÜ) findet sich in der 3. Spalte: Die Prioritätserklärung ist bei Einreichung der Anmeldung, spätestens aber innerhalb von 16 Monaten ab dem frühesten beanspruchten Prioritätstag abzugeben.

XIX

Hinweise zur Benutzung

Zur Berechnung des genauen Datums wird nun die Spezialtabelle D »Fristen« herangezogen:

Fristen
Art. 120, RiLi E-VII, 1

Verfahrenshandlung	Rechtsnormen	Details	
Fristberechnung	R 131 (1)	Die Fristen werden nach vollen Tagen, Wochen, Monaten oder Jahren berechnet.	1
Fristb...	R 131 (2)	**Fristbeginn** ist der Tag **nach** dem maßgeblichen fristauslösenden Ereignis, z. B. der Zugang eines Schriftstücks (↳**G 6/91**, »Empfangstheorie«).	2
Fristberechnung für Wochen-, Monats- und Jahresfrist	R 131 (3) - (5)	Hat Monat keinen entsprechenden Tag, wird die Frist auf Monatsende festgesetzt. (31 Okt. → 1 M → 30 Nov.)	3
	↳J 14/86	Ausnahme nach ↳**J 4/91** bei der Nachfrist für Jahresgebühren nach R 51 (2), die immer am Monatsletzten abläuft. (»Ultimo-to-Ultimo« Prinzip für JG)	4
Verlängerung von Fristen bei allg. Unterbrechung (kein Einzelfall)	R 134 (1)	**Feiertagsregelung**, auch Priofrist nach **Art. 87** Läuft Frist an einem Tag ab, an dem eine Annahmestelle (München, Den Haag, Berlin) des EPAs nicht geöffnet ist oder an dem Post aus anderen Gründen als in R 134 (2) genannten Gründen nicht zugestellt wird, verschiebt sich das Fristende auf nächstfolgenden Tag, an dem alle Annahmestellen zur Entgegennahme geöffnet sind und an dem Post zugestellt wird.	13

Der früheste beanspruchte Prioritätstag ist der 18.10.2016. Die Prioritätserklärung kann innerhalb von 16 Monaten ab diesem Datum abgegeben werden, also spätestens am 18.02.2018. Da es sich bei diesem Tag um einen Sonntag handelt, muss nach der Spezialtabelle D »Fristen« die Feiertagsregelung nach R 134 (1) EPÜ angewendet werden. Der späteste Tag, an dem die Prioritätserklärung abgegeben werden kann, ist also der 19.02.2018.

Hinweise zur Benutzung

Der Leser findet dieselbe Information auch, wenn er die Spezialtabelle C »Priorität« zu Rate zieht:

	Verfahrenshandlung	Rechts-normen	Details und Fälligkeit	Unmittelbare Folgen eines Mangels, Mängelbeseitigung, Fristen	Rechtsfolge bei Nichtbeseitigung von Mängeln oder Fristversäumnis	Weiterbehand-lungs-/ Wiedereinsetzungs-Möglichkeit
	**Inanspruchnahme der Priorität** (Fortsetzung)					
27	**Prioritäts-erklärung**	Art. 88 (1) R 52 (1)+(2) R 57 g) RiLi A-III, 6.5 RiLi F-VI, 3.2	**R 52 (1)**: Erklärung über den - AT, - Staat und - das Aktenzeichen des Priodokuments **R 52 (2)**: Vorzugsweise mit Einreichung der Anmeldung einzureichen (Erteilungsantrag **R 41 (2) g)**) oder innerhalb von 16 M ab dem frühesten beanspruchten PT	siehe C.28	**Art. 90 (5)**: Prioanspruch erlischt	**WB (−)**, ausgenommen durch Art. 121, R 135 (2) **WE (+)**, nach Art. 122 (1), R 136 Antrag auf Berichtigung (z.B. **offensichtlich falsches oder fehlendes Aktenzeichen**, sprachliche Fehler, Schreibfehler) gemäß R 139 jederzeit möglich (RiLi A-III, 6.5.2 f).

Diese stellenweise Redundanz der Information in den Tabellen ist von den Autoren durchaus beabsichtigt und beschleunigt das Auffinden der gesuchten Information deutlich.

Hinweise zur Benutzung

Weiterhin enthält dieses Buch Informationskästen und Tabellen mit zwei Spalten. Dies ist dann der Fall, wenn sich zu einem Sachverhalt keine Rechtskette ergibt, sondern wichtige Details zu bestimmten Aspekten eines Themas aufgelistet werden. Hier findet der Leser Informationen zu den betreffenden Sachverhalten und die relevanten Rechtsnormen.

Beispiel

Wer ist berechtigt einen Einspruch gegen ein erteiltes europäisches Patent einzulegen? Die Spezialtabelle L »Einspruch« gibt die Antwort zusammen mit den relevanten Rechtsnormen, sowie Zusatzinformationen zu Spezialfällen.

Einsprechender			
Verfahrenshandlung	Rechtsnorm, Rechtsprechung	Details	
Beteiligte	Art. 99 (3)	Einsprechende und PI und ggf. Beigetretene. Spätestens am Ende der Einspruchsfrist müssen für Amt und PI die Beteiligten identifizierbar sein: ↳G 3/97, ↳G 4/97, ↳G 2/04, 📖 S/S Art. 99 Rd 8	97
Berechtigter RiLi D-I, 4	↳G 9/93	Jedermann gemäß **Art. 99 (1)**, außer dem Patentinhaber	98
	↳G 3/97 ↳G 4/97	Der Einsprechende muss bei Ablauf der Einspruchsfrist **identifizierbar** sein (nicht heilbar, da eine Aufforderung nach **R 77 (2)** zur Beseitigung eines Mangels nach **R 76 (2) a)** iVm **R 41 (2) c)** nicht ergehen kann).	99
	↳G 3/97 ↳G 4/97	Einspruch durch **Strohmann** (z. B. Anwalt) ist nur dann unzulässig, wenn missbräuchlich, z. B. • Strohmann vertritt Patentinhaber (Umgehung von ↳G 9/93) oder • nicht vor dem EPA zugelassener Anwalt (EPÜ-Inländer) legt in Namen eines Dritten Einspruch ein (Umgehung von **Art. 133 (2), Art. 134**).	100
Mehrere Einsprechende RiLi D-I, 4, 6	↳G 3/99	Mehrere Einsprechende können gemeinsam einen Einspruch unter Zahlung nur einer Einspruchsgebühr einlegen. Zieht sich einer der Einsprechenden (oder Beschwerdeführer oder Vertreter) aus dem Verfahren zurück, muss das EPA durch den gemeinsamen Vertreter oder einen nach **R 151 (1)** bestimmten neuen gemeinsamen Vertreter unterrichtet werden.	101
	↳G 3/99	Bei einem gemeinsamen Einspruch muss es in jedem Fall einen gemeinsamen Vertreter gemäß **Art. 133 (4)** iVm **R 151** geben. Nur dieser gemeinsame Vertreter ist befugt, im Einspruchsverfahren für die Gesamtheit aller gemeinsam Einsprechenden aufzutreten.	102
	↳T 774/05	Einsprüche verschiedener Einsprechender führen zu einem Einspruchsverfahren.	103

Informationsquellen

- EPÜ2000 (http://www.epo.org)
- EPÜ1973 (http://www.epo.org)
- Richtlinien für die Prüfung im EPA (http://www.epo.org) (Stand: 01.11.2018 bzw. 01.11.2019) (Veröffentlichung der nächsten Ausgabe voraussichtlich Anfang März 2021, siehe ABl. 2020, A108)
- Ausführungsordnung (http://www.epo.org)
- Amtsblätter (http://www.epo.org)
- Gebührenordnung (http://www.epo.org)
- PCT (http://www.wipo.int)
- The PCT Applicant's Guide (http://www.wipo.int/pct/en/appguide/) (Stand: 08.10.2020)
- Singer/Stauder, Europäisches Patentübereinkommen, Carl Heymanns Verlag 2019, 8. Auflage
- US Patent Law (https://www.uspto.gov/patent/laws-regulations-policies-procedures-guidance-and-training)
- Mayer, Butler, Molnia, Das US-Patent, Carl Heymanns Verlag 2017, 5. Auflage
- Leahy-Smith America Invents Act (AIA)
- Exner, DII-Buch, Carl Heymanns Verlag 2009
- Malte Köllner, PCT-Handbuch, Carl Heymanns Verlag 2019, 14. Auflage
- Hüttermann, Einheitspatent und Einheitliches Patentgericht, Carl Heymanns Verlag 2017, 1. Auflage
- Schwarz/Kruspig, Computerimplementierte Erfindungen - Patentschutz von Software, 2. Auflage
- Patent Information News, EPA
- e-Learning Modul der Europäischen Patentakademie (http://www.epo.org/about-us/office/academy.html)
- EQE eLearning Centre (http://www.eqe-online.org)
- Kley, Kommentar zum EPÜ 2000 (http://www.kley.ch/hansjoerg/patrecht/epue2000_home.html)
- Transpatent (http://www.transpatent.com)
- Euro-PCT-Leitfaden: PCT-Verfahren im EPA (http://www.epo.org/applying/international/guide-for-applicants/html/d/index.html) (13. Auflage - Stand: 01.01.2020)

Wenn Sie der Ansicht sind, dass eine weitere Quelle an dieser Stelle genannt werden sollte, dann teilen Sie uns bitte die Quellenangabe zur Überprüfung mit.

Quellen

Internetverweise

An relevanten Stellen im Buch wurden QR-Codes* eingefügt, um einen schnellen Zugang zu den angegebenen Internetverweisen, beispielsweise auf das EPÜ, mittels eines Smartphones oder Tablets zu ermöglichen.

Voraussetzung zum Lesen dieser Codes ist ein Smartphone oder Tablet mit einer Kamera und einer geeigneten Softwareanwendung.

EPÜ 2000	Ausführungsordnung	RiLi
Nationales Recht zum EPÜ (20. Auflage)	Rechtsprechung der Beschwerdekammern (9. Auflage)	Das Amtsblatt des EPA
PCT Vertrag	PCT Ausführungsordnung	PCT Applicants Guide
PCT Administrative Instructions	PCT Gazette	Gebührenordnung (interaktiv)
Heymanns Downloadseite (Ergänzungen)	Carl Heymanns Verlag (Shop)	Kontakt (epue-tabellen@gmx.de)

Die Codes wurden mit verschiedenen Smartphones und Tablets unterschiedlicher Betriebssysteme, in Kombination mit zahlreichen Apps (beispielsweise Scan (Scan Inc.), QR Code Dual (Chien-Ming Chen), Code Scan (AT&T Services Inc.), QuickMark (SimpleAct Inc.), barcoo (checkitmobile GmbH) und viele andere) getestet.

Die Lesbarkeit der Codes und die Aktualität der Internetverweise kann allerdings nicht sichergestellt werden.

Zum Erstellen der Codes wurde QRCode-Monkey (http://www.qrcode-monkey.de/) genutzt.

---

* QR Code ist eine eingetragene Marke von DENSO WAVE INCORPORATED.

Inhalt Kapitel A. Ablauf EP-Anmeldung/Patent

Mindesterfordernisse für eine ePA
Erfordernisse der ePA...... A.2
Eingangsprüfung für Anmeldetag...... A.3 f.
Voraussetzungen zur Zuerkennung wirksamen Anmeldetags...... A.5
Verspätete Einreichung fehlender Teile der Beschreibung/Zeichnung(en)...... A.6 ff.
Besonderheiten und Rechtsprechung...... A.9 ff.

Bezugnahme
Bezugnahme auf frühere Anmeldung...... A.19 ff.

Bei Einreichung einer Anmeldung zu entrichtende Gebühren
Anmeldegebühr...... A.27
Anspruchsgebühren...... A.28
Recherchengebühr...... A.29
Zusätzliche Gebühr bei mangelnder Einheitlichkeit...... A.30
Ergänzende europäische Recherche (Euro-PCT)...... A.31 ff.
Reduzierung der Recherchengebühr...... A.34
Rückerstattung der R.-Gebühr...... A.35

Einheitlichkeit bei Euro-PCT-Anmeldungen im Rahmen der ergänzenden europäischen Recherche
Uneinheitlichkeit EPA ≠ (S)ISA...... A.38
Uneinheitlichkeit EPA = (S)ISA...... A.39
Rückzahlung der Recherchengebühr...... A.40

Formalprüfung
Übersicht Formerfordernisse...... A.42
Sprache/Übersetzung...... A.43
Sprache/Übersetzung bei Euro-PCT Anmeldungen...... A.44
Formerfordernisse der ePA...... A.45
Erfindernennung für die ePA...... A.46
Beanspruchung einer Priorität...... A.47
Vertretung...... A.48 f.
Antrag auf Erteilung...... A.49
Patentansprüche...... A.50 f.
Zusammenfassung...... A.52 f.
Zeichnungen...... A.54
Anmeldeunterlagen...... A.55
Nachgereichte Teile der Anmeldung...... A.56
Nachgereichte Unterlagen – nicht Teile der Anmeldung...... A.57
Nucleotidsequenzen...... A.58 ff.

Priorität
Prioritätsrecht...... A.62
Inanspruchnahme der Priorität...... A.63 ff.
Übersetzung des Prioritätsdokumentes...... A.64
Wirkung des Priorechts...... A.65
Auskünfte über den Stand der Technik...... A.66

Erfindernennung
Erfindernennung für EP-Anmeldung...... A.67 f.
Erfindernennung für Euro-PCT-Anmeldung...... A.69
Verzicht auf Erfindernennung...... A.70
Erfindernennung durch Dritte...... A.71
Berichtigung der Erfindernennung...... A.72

Allgemeine Voraussetzungen für eine ePA
Zur Einreichung berechtigte Personen – Anmelder...... A.74 ff.
Zwei unabhängige Erfindungen...... A.79
Patentierbarkeit – Definition...... A.80
Patentierbarkeit – Ausnahmen/Rechtsprechung...... A.81 ff.
Patentierbarkeit – product-by-process...... A.107 ff.
Patentierbarkeit – Doppelpatentierung...... A.114 ff.
Neuheit...... A.119 f.
Stand der Technik für Neuheit – Definition...... A.121 ff.
Stand der Technik für Neuheit – Auswahlerfindungen...... A.152 ff.
Stand der Technik für Neuheit – Versteinerungsprinzip...... A.162 ff.
Stand der Technik für Neuheit – Disclaimer...... A.164 ff.
Zugänglichkeit des Standes der Technik...... A.169 ff.
Vorbenutzung...... A.179
Erfinderische Tätigkeit...... A.180 ff.
Äquivalente...... A.190
Gewerbliche Anwendbarkeit...... A.191 ff.
Unabhängige und abhängige Ansprüche...... A.194
Offenbarung, Ausführbarkeit...... A.195 ff.
Einheitlichkeit...... A.208 ff.
Vorgehen EPA bei Analyse der Patentierbarkeit...... A.215 ff.
Anspruchskategorien...... A.222 f.
Computerprogramme...... A.224 ff.
Zuständiges Anmeldeamt...... A.234 ff.
Weiterleitung durch Patentämter der Vertragsstaaten...... A.239 ff.
Form der Einreichung der ePA...... A.242 ff.
Pilotprojekt Online-Einreichung 2.0...... A.250a f.
Anmeldebestimmungen...... A.251

Übersicht – Einreichungsmöglichkeiten (Verfahren)
EPA Online Filing Software (OLF, Online-Einreichung)...... A.252 f.
EPA Case Management System (CMS)...... A.254 f.
EPA Web-Form Filing System (Web-Einreichung)...... A.256 f.
Telefax...... A.258 ff.
Datenträger...... A.262 ff.
PCT ePCT, PCT-SAFE...... A.265
Übergabe – Postweg (Annahmestelle, Zentralbehörde, Behörde VS)...... A.266 ff.

Übersicht – Einreichungsmöglichkeiten (Dokumente und Formate)
EPA Online Filing Software (OLF, Online-Einreichung)...... A.273 f.
EPA Case Management System (CMS)...... A.275 f.
EPA Web-Form Filing System (Web-Einreichung)...... A.277 f.
Telefax...... A.279 ff.
Datenträger...... A.281 ff.
PCT ePCT, PCT-SAFE...... A.284
Übergabe – Postweg (Annahmestelle, Zentralbehörde, Behörde VS)...... A.285 ff.

Spezielle Handlungen bei der Einreichung einer ePA
Voraussetzung...... A.292 ff.
Benennung der Vertragsstaaten...... A.295 f.
Benennung EP über PCT (Euro-PCT-Anmeldung)...... A.297
Brexit...... A.297a
Zurücknahme Benennung einzelner Vertragsstaaten...... A.299 ff.
Benennungsgebühr bei ePA...... A.304 f.
Benennungsgebühr bei Euro-PCT-Anmeldung...... A.306
Erstreckung gemäß Erstreckungsabkommen...... A.308
Automatische Erstreckung...... A.309
Erstreckungsgebühren...... A.310

Besonderheiten und Rechtsprechung (Erstreckungsverordnung,
Rechtsbehelfe, Nachfrist)...... A.312 f.
Validierung...... A.315 ff.

Hinterlegung biologischen Materials
Hinterlegung biologischen Materials...... A.323
Herausgabe einer Probe an Dritte...... A.324
Herausgabe einer Probe an Sachverständige...... A.325 f.
Erneute Hinterlegung des biologischen Materials...... A.327

Unschädliche Offenbarung/Ausstellungsschutz
Unschädliche Offenbarung...... A.329
Zurschaustellung auf amtlich anerkannter Ausstellung...... A.333
Bescheinigung vom Aussteller...... A.334

Europäischer Recherchenbericht
Maßgeblicher Stand der Technik...... A.337
Erstellung des europäischen Recherchenberichts...... A.338 ff.

A. Inhaltsübersicht

Teil-Recherchenbericht	A.352 ff.
Besondere Verfahren (PACE, EESR, ECfS, BEST)	A.359
Erweiterter Europäischer Recherchebericht (EESR)	A.364
Stellungnahme zum EESR durch Anmelder	A.365
Stellungnahme zu ISR bei EURO-PCT	A.366
Frist zur Stellung des Prüfungsantrags und Zahlung Prüfungsgebühr	A.367 f.
Notwendige Handlungen nach Hinweis auf VÖ des RB im Patentblatt	A.369

Veröffentlichung der europäischen Patentanmeldung

Zeitpunkt der Veröffentlichung	A.371 ff.
Zurücknahme vor der Veröffentlichung	A.374
Veröffentlichung der ePA	A.377
Neue oder geänderte Patentansprüche	A.382
Form der Veröffentlichung	A.383
Schriftartencodes (Kind codes)	A.384
Angabe bibliographischer Daten (INID-Codes)	A.385
Akteneinsicht	A.387 ff.
Akteneinsicht – Ausschluss	A.398 ff.
Akteneinsicht – in PCT-Anmeldungen	A.405 ff.

Prüfung der ePA

Prüfungsantrag (bei ePA und Euro-PCT-Anmeldungen)	A.411 f.
Prüfungsgebühr bei ePA	A.413 f.
Prüfungsgebühr bei Euro-PCT-Anmeldungen	A.415
Beschleunigtes Prüfungsverfahren	A.416
Ermäßigte Prüfungsgebühr bei EURO-PCT-Anmeldungen	A.417
Ermäßigte Prüfungsgebühr bei Nichtamtssprachenberechtigten	A.418 f.
Besonderheiten und Rechtsprechung für das Prüfungsverfahren	A.420 ff.
Aufrechterhaltungserklärung nach R 70 (2)	A.432 ff.
Verbindliche Fassung	A.435 ff.
Beschleunigtes Prüfungsverfahren	A.438
Prüfungsbescheid	A.439 ff.
Einheitlichkeit	A.444
Sprachenwahl zur Beantwortung	A.445
Fristverlängerung	A.446 ff.
Änderungsmöglichkeiten der ePA	A.450 ff.
Besonderheiten und Rechtsprechung	A.456 ff.
Mündliche Verhandlung	A.465 ff.

Zurückweisung

Zurückweisung der ePA	A.467 ff.

Erteilung

Erteilung des eP	A.470 ff.
Erteilungsgebühr	A.477
Anspruchsgebühr	A.478
Übersetzung der Ansprüche in die beiden fehlenden Amtssprachen	A.479
Gebührenpflichtige Ansprüche bei Einreichung für EURO-PCT-/Anmeldung	A.480
Jahresgebühr	A.481 f.
Benennungsgebühr	A.483
Änderung durch den Anmelder	A.484 ff.
Antragsprinzip	A.488 f
Erteilung an mehrere Anmelder für verschiedene Vertragsstaaten	A.490 f
Fälligkeit Jahresgebühr	A.492
Veröffentlichung des Hinweises auf Erteilung	A.493 ff.
Fehlerhafte Zurückweisung oder Erteilung	A.498 ff.
Veröffentlichung der europäischen Patentschrift	A.502 ff.
Schutzbereich und Laufzeit	A.511
Laufzeit des europäischen Patents	A.512
Fehler in der ePA nach Veröffentlichung	A.514 ff.

Zurücknahme der Anmeldung, Verhinderung der Veröffentlichung

Zurücknahme der Anmeldung, Verhinderung der Veröffentlichung	A.518 ff.

Nationale Phase

Übersetzung der Patentschrift	A.524

Übertragung/Lizenzen

Übertragung	A.527 f.
Lizenz	A.530
Anwendbares Recht	A.531
Eintragung Rechtsübergang	A.534 ff.
Eintragung Lizenzen und andere Rechte	A.538 f.
Sammelantrag auf Änderung	A.539a

Umwandlung

Umwandlungstatbestände	A.548
Frist zur Stellung des Umwandlungsantrags	A.549
Vorzunehmende Handlungen	A.550
Zuständiges Amt	A.551
Wirkung der Priorität	A.552
Sonstiges (Weiterleitung, nationale Erfordernisse, Unterrichtung Öffentlichkeit)	A.553 ff.

Teilanmeldung (Art. 76)

Voraussetzungen (vorzunehmende Handlungen)	A.557 ff.
Erfindernennung	A.561
Zeitpunkt	A.562 ff.
Wirkung	A.566 f.
Anmeldeamt	A.568
Antrag	A.569
Sprache	A.570
Gebühren	A.571 ff.

Anhängigkeit der ePA

Anhängigkeit der europäischen Patentanmeldung	A.580

Mündliche Verhandlung

Mündliche Verhandlung	A.582 ff.
Tonaufzeichnung	A.588
Videokonferenz	A.589
Ladungsfrist	A.590 f.
Fortsetzung mündl. Verhandlung bei Nichterscheinen	A.592
Fehlerhafte Ladung	A.593
Nichterscheinen oder verspätetes Eintreffen eines Beteiligten	A.594
Zeitpunkt Einreichung Schriftstücke	A.595
Verkündung der Entscheidung	A.596
Formlose Rücksprache	A.597
Verlegung mündl. Verhandlung	A.598
Absage mündl. Verhandlung	A.598a f.
Änderungen in Anmeldungsunterlagen	A.599 ff.
Nutzung von Laptops/elektronischen Geräten	A.603 f.
Ort mündl. Verhandlung	A.603b
Vortrag durch Begleitpersonen	A.604
Besonderheiten (Rechtsprechung)	A.605 ff.
Sprache bei mündlichen Verhandlungen	A.611 ff.

Beweismittel und Beweisaufnahme

Vorlage von Beweismitteln	A.621
Zulässige Beweismittel	A.623 ff.
Rechtsprechung	A.630 ff.
Beweisaufnahme	A.633 ff.

Nichtigkeit

Nichtigkeitsgründe	A.647
Teilnichtigkeit	A.648
Ältere europäische Rechte	A.649
Ältere nationale Rechte	A.650
Technisches Gutachten	A.651

Ältere Rechte

Wirkung (ePa/eP, nationale Anmeldungen)	A.653 f.
Patentansprüche	A.655
Doppelschutz	A.656 ff.
Nationale Gebrauchsmuster	A.660
Schutzrechtsarten (aus PCT neben Patent)	A.661 f.

Inhaltsübersicht A.

Rechtsverlust, Antrag auf Entscheidung
Rechtsverlust, Antrag auf Entscheidung........................... A.665

Einwendungen Dritter
Zeitpunkt... A.667 ff.
Berechtigte... A.673 f.
Umfang.. A.675 ff.
Gebühren.. A.679
Form der Einwendungen... A.680 ff.
Sprache... A.686 ff.
Vertretung.. A.689
Stellung des Dritten.. A.690 f.
Unterrichtung des Anmelders oder Patentinhabers..................... A.692 ff.
Akteneinsicht... A.695
Beschleunigung.. A.696 f.

Übermittlung ePA von nationalen Zentralbehörden
Übermittlung ePA von nationalen Zentralbehörden.................... A.698

Vorläufiger Schutz (Schutzwirkung, Schutzbereich)
Schutzwirkung des europäischen Patents.............................. A.700 ff.
Schutzwirkung der europäischen..................................... A.706 ff.

Ablauf EP-Anmeldung/Patent A.

Mindesterfordernisse für eine europäische Anmeldung
RiLi A-II

Verfahrenshandlung	Rechts-normen	Details und Fälligkeit		Unmittelbare Folgen eines Mangels, Mängel-beseitigung, Fristen	Rechtsfolge bei Nicht-beseitigung von Mängeln oder Fristversäumnis	Weiterbehandlungs-/Wiedereinsetzungs-Möglichkeit
Erfordernisse der ePA	Art. 78 (1)	**Antrag, Beschreibung, Patentanspruch**, ggf. **Zeichnung, Zusammenfassung** (siehe A.41 ff.).				
Eingangsprüfung für AT	Art. 90 (1) Art. 90 (2)	**Eingangsprüfung**, ob der ePA ein AT zuerkannt wird.				
	Art. 90 (3)	Wenn **AT zuerkannt** wird, **Formalprüfung** der weiteren Erfordernisse u.a. der **Art. 14** (Sprache), **Art. 78, Art. 81** (Erfinder) und ggf. **Art. 88 (1)** (Priorität) und **Art. 133 (2)** (Vertretung) (siehe A.41 ff.).				
Voraus-setzungen für die Zuerkennung eines wirksamen Anmeldetags Prüfung durch Eingangsstelle RiLi A-II, 4.1 (Formalprüfung siehe A.41 ff.)	Art. 90 (1) Art. 80 R 40	**Art. 80** (AT), **R 40** (1) a) **Hinweis**, dass Patent beantragt wird (R 41 (2) a)) (formlos möglich) c) **Beschreibung** oder eine **Bezugnahme** (A.19) auf eine früher eingereichte Anmeldung (R 40 (2), (3) Satz 1)	b) Angaben zur **Identität des Anmelders** (R 41 (2) c)) (siehe A.12). EPA berücksichtigt alle Unterlagen (J 25/96); RiLi A-II, 4.1.2	**Art. 90 (2), R 55:** 2 M ab Zustellung der Mitteilung über die Mängel, nach Mängel-beseitigung **neuer** (vom Amt zuerkannter) AT, gilt auch bei fehlenden Zeichnungen (**R 56**) Wenn das Amt keine Mitteilung zustellen kann, kann Anmelder von sich aus innerhalb von 2 M den Mangel beseitigen. RiLi A-II, 4.1.4 **R 40 (1) b): R 139** Name des Anmelders kann ersetzt werden (J 18/93)	**Art. 90 (2)** iVm **R 55**: Anmeldung wird nicht als ePA behandelt. Mitteilung nach **R 112 (1)** RiLi A-II, 4.1.4: Rückzahlung von Gebühren	Frist nach **R 55**: **WB (−)**, Ausschluss durch **Art. 121, R 135 (2)** **WE (−)**, Art. 90 (2), da Rechtsfolge nach **Art. 122** nicht abgeleitet (WE (+) nach RiLi A-II, 4.1.4) **Beschwerde (+)** nach Art. 106 (1), R 112 (2) In der Praxis: Neuanmeldung

A. Ablauf EP-Anmeldung/Patent

Mindesterfordernisse für eine europäische Anmeldung (Fortsetzung)

Verfahrenshandlung	Rechtsnormen	Details und Fälligkeit	Unmittelbare Folgen eines Mangels, Mängelbeseitigung, Fristen	Rechtsfolge bei Nichtbeseitigung von Mängeln oder Fristversäumnis	Weiterbehandlungs-/Wiedereinsetzungs-Möglichkeit
6 **Verspätete Einreichung fehlender Teile der Beschreibung oder fehlender Zeichnung(en)** RiLi A-II, 5	Art. 90 (1) R 56	Nach **R 56 (1)**: Innerhalb von 2 M ab Aufforderung RiLi A-II, 5.1 **ODER** Von sich aus nach **R 56 (2)**: Einreichung der fehlenden Teile der Beschreibung oder Zeichnungen innerhalb von 2 M nach AT möglich RiLi A-II, 5.2 RiLi A-III, 5.4.2: Zeichnungen in schlechter Qualität gelten nicht als fehlend.	R 56 (1), (2): Anmeldung **ohne Priobeanspruchung**: Nachreichung binnen Frist → AT wird neu festgesetzt	R 56 (4): Bei **Nichteinhaltung der Frist**: Streichungsfiktion/ Fiktion der Nichteinreichung, Mitteilung nach R 112 (1)	**WB (–)**, durch **Art. 121 (4)**, **R 135 (2)** ausgenommen **WE (+)**, Art. 122, R 136 Auch **Beschwerde (+)**: Art. 106
7			R 56 (3), (5): Anmeldung **mit Priobeanspruchung**: alter AT bleibt auf Antrag nach R 56 (3) erhalten, wenn binnen 2M Frist nachgereichte Unterlagen vollständig in Priodokument enthalten sind (RiLi A-II, 5.4: Liste der Kriterien)	R 56 (4) S. 1: **Unterlagen nicht binnen Frist nachgereicht**: Streichungsfiktion/ Fiktion der Nichteinreichung, Mitteilung nach R 112 (1). R 56 (5) S. 1: **Frist aus sonstigen Gründen nicht gewahrt**: Festsetzung eines neuen AT	
8			Das Ersetzen von falschen Unterlagen ist nach R 56 nicht möglich (↳J 15/12, ↳J 27/10). Aus der Unterlassung der Aufforderung nach R 56 (1) kann der Anmelder keine Ansprüche herleiten (RiLi A-II, 5.1[19]).	R 56 (6), (4) b): Zurücknahme der eingereichten Teile/Zeichnungen innerhalb 1 M nach Mitteilung R 56 (2) oder (5) führt dazu, dass AT nicht neu festgelegt wird	

Ablauf EP-Anmeldung/Patent A.

Mindesterfordernisse für eine europäische Anmeldung (Fortsetzung)

Besonderheiten und Rechtsprechung

	Rechtsquelle	Details und Fälligkeit	
Mängelbeseitigung	Art. 90 (2)	**Anmeldungen, deren Mängel nicht beseitigt werden**, werden nicht als ePA behandelt (R 55, RiLi A-II, 4.1.4) → kein Priorecht (Art. 66), kein Hindernis für spätere priobegründende Erstanmeldung (vgl. Art. 87 (4)), keine Umwandlung in nat. Anmeldung (Art. 135). Nachträgliche Einreichung von Beschreibungsseiten → **Art. 123 (2)** beachten, sonst Zurückweisung nach **Art. 97 (1)**.	10
Unterlagen	RiLi A-II, 4.1	Unterlagen müssen **lesbar** sein.	11
Identität eines Anmelders	J 25/86 RiLi A-II, 4.1.2	Es reicht aus, wenn die **Identität eines Anmelders** unter Zuhilfenahme sämtlicher Angaben in den eingereichten Unterlagen **zweifelsfrei feststellbar** oder eine Kontaktaufnahme möglich ist (z.B. Name und Anschrift des Vertreters des Anmelders, Faxnummer, Postfachnummer).	12
Sprache	Art. 14 (2) RiLi A-VII, 1.1	**Anmeldung in jeder Sprache**, nicht auf Amtssprache eingeschränkt. Übersetzung nach R 6 (1) innerhalb 2M (siehe A.43)	13
Zeichnung (fehlender Teil)	J 19/80	Ein **fehlender Teil einer eingereichten Zeichnung** ist nicht eine nicht eingereichte Zeichnung nach **R 56** und kann nach **R 139** berichtigt werden.	14
Nat. Rechtsvorschriften	J 18/86	**Nationale Rechtsvorschriften sind zur Bestimmung des AT nicht heranzuziehen**; ABl. 1988,165.	15
Anmeldetag	J 4/87	**AT ist immer Tag des Eingangs der Unterlagen** bei der zuständigen Behörde, keine Fristverlängerung nach R 134 (2).	16
Widersprüche in den Unterlagen	J 21/94	AT wird auch zuerkannt, wenn **Widerspruch** zwischen eingereichten Unterlagen und den im Antrag angegebenen Unterlagen besteht (AT für die eingereichten Unterlagen).	17
Elektronische Einreichung	BdP vom 09.05.2018 ABl. 2018, A45	**Elektronische Einreichung** von Unterlagen, online oder auf zugelassenem Datenträger (siehe A.244). Prio-Unterlagen in elektronischer Form nur dann zulässig, wenn diese von der ausstellenden Behörde digital signiert wurden und vom EPA anerkannt werden. Sequenzprotokolle nach R 30 bzw. R 13ter PCT.	18

A. Ablauf EP-Anmeldung/Patent

Bezugnahme

Verfahrenshandlung	Rechts-normen	Details und Fälligkeit	Unmittelbare Folgen eines Mangels, Mängel-beseitigung, Fristen	Rechtsfolge bei Nicht-beseitigung von Mängeln oder Fristversäumnis	Weiterbehandlungs-/Wiedereinsetzungs-Möglichkeit
Bezugnahme auf frühere Anmeldung RiLi A-II, 4.1.3.1, RiLi H-IV, 2.3.1, ✋T 737/90	R 40 (1) c), (2), (3)	**R 40 (2)**: Bezugnahme muss enthalten: AT, Aktenzeichen, Amt der früheren Anmeldung, Hinweis, dass Bezugnahme die Beschreibung und etwaige Zeichnungen ersetzt (nach **R 40 (1) c)**) **R 40 (3) S. 1**: Beglaubigte Abschrift der früheren Anmeldung innerhalb 2 M nach AT. Nicht notwendig, wenn frühere Anm. bei EPA zugänglich, bspw. PCT mit EPA=AA (RiLi A-II, 4.1.3.1)	**Art. 90 (2), R 55**: 2 M ab Mitteilung der Mängel, nach Mängelbeseitigung **neuer** (vom Amt zuerkannter) AT (R 55 (2) S.2)	**Art. 90 (2)** iVm **R 55**: Anmeldung wird nicht als ePA behandelt. Mitteilung nach **R 112 (1)** RiLi A-II, 4.1.4: Rückzahlung von Gebühren.	Frist nach **R 55**: **WB (–)**, Ausschluss durch **Art. 121, R 135 (2)** **WE (–)**, **Art. 90 (2)**, da Rechtsfolge nach **Art. 122** nicht abgeleitet **Beschwerde (+)** nach Art. 106 (1), R 112 (2) In der Praxis meist: Neuanmeldung
		R 40 (3) S. 2: Übersetzung in Amtssprache innerhalb 2M nach AT	Fehlende Übersetzung hat keinen Einfluss auf AT (RiLi A-II, 4.1.4). **Art. 90 (3), (4), R 57 (a), R 58**: 2 M ab Mitteilung zur Beseitigung des Mangels	Anmeldung gilt nach **Art. 14 (2)** als zurückgenommen Mitteilung nach **R 112 (1)** RiLi A-II, 4.1.4: Rückzahlung von Gebühren.	**WB (–)**, Art. 121 (4), R 135 EPÜ, **WE (+)**, Art. 122, R 136 EPÜ
		RiLi A-II, 4.1.5	(Ausnahme:) Anmeldung behält ihren ursprünglichen AT bei Erfüllung der Fristen nach **R 55** bzw. **R 56** bei Nachreichen von Übersetzungen/Nachreichen beglaubigter Abschrift bei Bezugnahme auf früher eingereichte Anmeldung nach **R 40 (3)**, Frist 2 M.		
	R 40 (3) iVm R 53 (2)	RiLi A-II, 4.1.3.1	Abschrift der früheren Anmeldung nicht erforderlich, wenn es sich um eine ePA oder eine beim EPA eingereichte PCT-Anmeldung handelt (ABl. 2009, 486). Bei Euro-PCT, bei der EPA ≠ AA, muss eine beglaubigte Abschrift eingereicht werden.		
		RiLi A-II, 4.1.3.1	Bezugnahme auf eine früher eingereichte Gebrauchsmusteranmeldung ist auch möglich.		

Ablauf EP-Anmeldung/Patent — A.

Bei Einreichung einer Anmeldung zu entrichtende Gebühren

Verfahrenshandlung	Rechtsnormen	Details und Fälligkeit	Unmittelbare Folgen eines Mangels, Mängelbeseitigung, Fristen	Rechtsfolge bei Nichtbeseitigung von Mängeln oder Fristversäumnis	Weiterbehandlungs-/Wiedereinsetzungs-Möglichkeit
Anmeldegebühr 125 € (Online) 260 € (Nicht Online) (seit 01.04.2019) Zusatzgebühr 16 €/Seite ab 36. Seite (ABl. 2020, A3) (Sequenzprotokoll zählt nicht zur Seitenzahl, Zusammenfassung zählt als eine Seite (RiLi A-III 13.2)) ggf. 30 % Ermäßigung bei zugelassener Nichtamtssprache R 6 (3), (4)-(7) für Berechtigte nach R 6 (4) siehe 📄 H.2	Art. 90 (3) Art. 78 (2) R 17 (2) R 57 (e) R 38 Art. 2 (1) Nr. 1 GebO Ermäßigung: R 6 (3), (4)-(7) iVm Art. 14 (2) GebO + RiLi A-X, 9.2.2 siehe 📄 H.136	**Art. 78 (2)** iVm **R 38 (1):** Innerhalb **1 M ab Einreichung** (= Tag, für den ein AT zuerkannt wird, RiLi A-III, 13.1) **R 38 (2), (3): Zusatzgebühr** (Art. 2 (1) Nr. 1a GebO) innerhalb 1 M ab Einreichung der ePA **oder** innerhalb 1 M nach Einreichung des ersten Anspruchssatzes **oder** innerhalb 1 M nach Einreichung der Abschrift nach R 40 (3), je nachdem, welche Frist zuletzt abläuft		**Art. 90 (3)** iVm **Art. 78 (2):** Anmeldung gilt als zurückgenommen Mitteilung nach **R 112 (1)**	**WB (+),** Art. 121 (1), R 135 (1) **WE (−),** durch Art. 122 (4), R 136 (3) ausgenommen
Anspruchsgebühren 245 € für den 16. bis 50. und 610 € für den 51. und jeden weiteren Anspruch (seit 01.04.2020) (ABl. 2020, A3) Euro-PCT: 📄 H.5	R 45 Art. 78 Art. 2 (1) Nr.15 GebO RiLi A-X, 5.2.5, RiLi A-III, 9	**R 45 (2): Innerhalb 1 M** ab Einreichung **des ersten Anspruchssatzes** Keine Rückzahlung, falls Anzahl der Ansprüche bei Erteilung <16 RiLi C-V, 1.4 und ABl. 2012, 52 Nachzahlung bei Erteilungsabsicht: 📄 A.478 oder 📄 H.12	**R 45 (2), 2. Satz:** Innerhalb 1 M nach Mitteilung, zuschlagsfrei **J 15/88:** Ansprüche, für die keine Anspruchsgebühr bezahlt wurde, können im Prüfungsverfahren nur eingeführt werden, wenn der Gegenstand Teil der Beschreibung oder Zeichnungen ist. RiLi A-III, 9	**R 45 (3):** Gilt als Verzicht auf Patentanspruch Mitteilung nach **R 112 (1)**	**WB (+),** Art. 121 (1), R 135 (1) **WE (−),** durch Art. 122 (4), R 136 (3) ausgenommen

A. Ablauf EP-Anmeldung/Patent

Recherchengebühr
Art. 78 (2), Art. 2 (1) Nr. 2 GebO

	Verfahrenshandlung	Rechtsnormen	Details und Fälligkeit	Unmittelbare Folgen eines Mangels, Mängelbeseitigung, Fristen	Rechtsfolge bei Nichtbeseitigung von Mängeln oder Fristversäumnis	Weiterbehandlungs-/ Wiedereinsetzungs-Möglichkeit
29	**Recherche** 1350 € 1300 € (bis 31.03.2020)	Art. 90 (3) Art. 78 (2) R 38 Art. 2 (1) Nr. 2 GebO	**R 38:** Innerhalb **1 M ab Einreichung** (= Tag, für den ein AT zuerkannt wird, RiLi A-III, 13.1)		**Art. 90 (3) iVm Art. 78 (2):** Anmeldung gilt als zurückgenommen Mitteilung nach **R 112 (1)**	WB (+), Art. 121 (1), R 135 (1) WE (–), durch Art. 122 (4), R 136 (3) ausgenommen
30	**Zusätzliche Recherche bei mangelnder Einheitlichkeit** RiLi F-V, 10 RiLi B-VII, 2.3 RiLi B-XI, 5 siehe 📄 A.345 Seit 01.04.2020: 1350 € für ab 01.07.2005 eingereichte ePA 920 € für vor 01.07.2005 eingereichte ePA ABl. 2020, A30	Art. 82 R 44 R 62 R 64 (2) Euro-PCT: R 158 (1) R 164 Widerspruch R 158 (3)	**R 64 (1):** **2 M nach Mitteilung** Aufforderung zur Zahlung weiterer Recherchengebühr	**R 64 (2):** Rückerstattung **auf Antrag**, wenn Prüfungsabteilung feststellt, dass Mitteilung nicht gerechtfertigt war (RiLi C-III, 3.3). Prüfungsabteilung überprüft auf jeden Fall die Einheitlichkeit (↪**T 631/97**). RiLi B-VII, 1.2.1 a): Keine weitere RB entrichtet → Teil RB wird erstellt. RiLi B-VII, 1.2.1 b): RB wird für alle bezahlte Erf. zu Ende geführt.	Als uneinheitlich beanstandeter Teil kann im Prüfungsverfahren nicht beansprucht werden, nach **R 137 (5)** auch nicht über Änderung der Ansprüche (u.a. ↪**G 2/92**), →TA RiLi C-III, 3.1.1; RiLi C-III, 3.2 siehe Spezialtabelle 📄 J »Teilanmeldung«	WB (–), da kein Rechtsverlust WE (+), Art. 122 (4), R 136 (3) Beachte: vom 01.04.2010 bis 31.03.2014 galt 24 M-Frist für TA nach **R 36 (2)**
31	**Ergänzende europäische Recherche** (Euro-PCT, EPA ≠ ISA) 1350 € 1300 € (bis 31.03.2020) siehe 📄 B.203, 📄 H.18	Art. 153 (6), (7) R 164 Art. 2 (1) Nr. 2 GebO	**R 159 (1) e):** Innerhalb **31 M ab AT bzw. PT**		**R 160 (1):** Anmeldung gilt als zurückgenommen Mitteilung nach R 160 (2), Beschwerdefähige Entscheidung kann nach R 112 (2) beantragt werden.	WB (+), Art. 121 (1), R 135 (1) WE (–), durch Art. 122 (4), R 136 (3) ausgenommen
32		R 161 (2)	Vor Erstellung des ergänzenden europ. RB gibt das EPA dem Anmelder die Gelegenheit, die Anmeldung innerhalb von 6 M einmal zu ändern. Diese Änderung liegt der ergänzenden europ. Recherche zugrunde.			
33		Art. 153 (7)	Zu jeder internationalen Recherche wird ein ergänzender europäischer RB erstellt, außer wenn EPA = ISA, dann keine ergänzende Recherche BdV vom 28.10.2009, ABl. 2009, 594, ABl. 2018, A26; siehe 📄 H.152 ff.			
34	**Reduzierung der Recherchengebühr**		Bei einer Einreichung vom 01.07.2005 bis 31.03.2020 reduziert sich die R.-Gebühr um 1150 € (bis 31.03.2020: 1110 €) auf 200 € (bis 31.03.2020: 190 €) für AT, ES, FI, SE, TR, nordisches Patentinstitut oder Visegrad-Patentinstitut als ISA oder SISA (ABl. 2020, A30).			
35	**Rückerstattung** Art. 9 GebO siehe 📄 H.151 ff.		ABl. 2019, A4, A5, A26: Vollständige oder teilweise Rückerstattung, wenn sich der ergänzende Recherchenbericht auf eine frühere Recherche des EPA stützt. Kriterien (ABl. 2009, 99): Vollständige oder teilweise Verwertbarkeit der früheren Recherche bezogen auf die Ansprüche Rückerstattungsverfahren siehe 📄 H.150a ff., 📄 H.176.			

Ablauf EP-Anmeldung/Patent A.

Prüfung der Einheitlichkeit bei Euro-PCT-Anmeldungen im Rahmen der ergänzenden europäischen Recherche					
Regelung seit 01.11.2014, ABl. 2013, 503; ABl. 2014, A70, siehe auch B.204 ff.					
Verfahrenshandlung	Rechtsnormen	Details und Fälligkeit	Unmittelbare Folgen eines Mangels, Mängelbeseitigung, Fristen	Rechtsfolge bei Nichtbeseitigung von Mängeln oder Fristversäumnis	Weiterbehandlungs-/ Wiedereinsetzungs-Möglichkeit
Uneinheitlichkeit, bei EPA ≠ (S)ISA R 164 (1): Prüfung der Einheitlichkeit für die ergänzende europäische Recherche ABl. 2013, 503 ABl. 2014, A70 RiLi C-III, 3	R 164 (1) a): Die zuerst erwähnte Erfindung wird recherchiert.	**R 164 (1) b):** Mitteilung an Anmelder, dass für jede weitere Erfindung innerhalb 2 M weitere Recherchengebühr zu zahlen ist. (Rückzahlung auf Antrag, wenn Prüfungsabteilung feststellt, dass Mitteilung nicht gerechtfertigt war) **Art. 2 (1) Nr. 2 GebO:** 1350 € je Erfindung	Nur die erste Erfindung wird recherchiert, wenn keine weiteren Gebühren bezahlt werden.	**RiLi C-III, 3.4 und H-II, 7.1:** Eine nicht recherchierte Erfindung kann im laufenden Erteilungsverfahren nicht mehr beansprucht werden.	**WB (−)**, Art. 121 (4) R 135, **WE (+)**, Art. 122 (4), R 136 (3) Einreichung einer TA nach Art. 76, R 36 nach Eintritt Regionalisierung vor EPA nach Frist der R 159 (1) möglich RiLi E-IX, 2.4.1
Uneinheitlichkeit, bei EPA = (S)ISA R 164 (2): Bei Verzicht auf ergänzende europäische Recherche ABl. 2013, 503 ABl. 2014, A70 RiLi C-III, 2.3 RiLi C-III, 3 RiLi H-II, 7.4.1	R 164 (2)	Nach Ablauf Frist der **R 161** ergeht Mitteilung nach **R 164 (2) a)**, dass für jede nicht recherchierte Erfindung innerhalb 2 M weitere Recherchengebühr zu zahlen ist.	Wird zusätzliche Recherchengebühr bezahlt, wird Rechercheergebnis als Anlage zur Mitteilung nach **Art. 94 (3), R 71 (1), (2)** oder **R 71 (3)** übermittelt. **R 164 (2) c) EPÜ:** Anmelder hat aus allen recherchierten Erfindungen diejenige auszuwählen, die im Erteilungsverfahren weiterverfolgt werden soll.	Aufforderung nach **Art. 93 (3), R 71 (1), (2)** zur Streichung der nicht recherchierten Gegenstände RiLi H-II 7.4.1: Nach R 164 (2) ergeht keine weitere Mitteilung nach Art. 94 (3) und R 71 (1), (2), in der ein Einwand wegen mangelnder Einheitlichkeit wiederholt wird, da gemäß R 164 (2) b) bereits eine Mitt. ergangen ist, in der (auch) ein Einwand der Nichteinheitlichkeit erhoben wurde. G 2/92: Wird Anmeldung auf nicht recherchierte Erfindung beschränkt, wird Anmeldung nach Art. 82 zurückgewiesen - RiLi H-II, 7.2, 7.3 Anmelder kann TA einreichen J.6	
Rückzahlung Recherchengebühr	**R 164 (5):** Eine nach R 164 (1) oder (2) gezahlte Recherchengebühr wird zurückbezahlt, wenn Anmelder dies beantragt und Prüfungsabteilung feststellt, dass Mitteilung nach R 164 (1) b) oder (2) a) nicht berechtigt war (siehe RiLi C-III, 2.3, RiLi B-VII, 2.1).				

A. Ablauf EP-Anmeldung/Patent

41 Formalprüfung - Übersicht
Art. 90 (3), R 57

42 **Formerfordernisse** nach AO: Art. 90 (3), R 57, RiLi A-III, 3

Verfahrenshandlung	Rechtsnormen		Details
Sprache / Übersetzung	Art. 14	R 57 a)	A.43
Erfordernisse der ePA	Art. 78		A.45
Antrag auf Erteilung		R 57 b)	A.49
Patentansprüche		R 57 c)	A.50
Zusammenfassung		R 57 d)	A.52
Anmeldegebühr		R 57 e)	A.27
Erfindernennung	Art. 81	R 57 f)	A.46
Beanspruchung der Priorität	Art. 88	R 57 g)	A.47
Vertretung	Art 133 (2)	R 57 h)	A.48
Form der Zeichnungen und der Anmeldeunterlagen		R 57 i)	A.54 f.
Nucleotidsequenzen		R 57 j)	A.58

Formalprüfung

	Verfahrenshandlung	Rechtsnormen	Details und Fälligkeit	Unmittelbare Folgen eines Mangels, Mängelbeseitigung, Fristen	Rechtsfolge bei Nichtbeseitigung von Mängeln oder Fristversäumnis	Weiterbehandlungs-/Wiedereinsetzungs-Möglichkeit
43	Sprache/ Übersetzung siehe E.1 ff.	Art. 90 (3) Art. 14 (2) R 6 (1) R 57 a)	Art. 14 (2) iVm R 6 (1): Innerhalb 2 M nach Anmeldung in Amtssprache übersetzt Bei Anmeldung unter Bezugnahme → R 40 (3) 2. Satz	R 58: Aufforderung zur Mängelbeseitigung, Frist 2 M	Art. 90 (3), (5) iVm Art. 14 (2): Anmeldung gilt als zurückgenommen Mitteilung nach R 112 (1) Art. 9 (1) GebO: Recherchengebühr wird zurückerstattet	WB (–), da durch Art. 121 (4), R 135 (2) ausgenommen WE (+), Art. 122, R 136
44	Sprache/ Übersetzung bei Euro-PCT-Anmeldungen	Art. 153 (4) R 159 (1) RiLi E-IX, 2.1.2 RiLi E-IX, 2.1.3[19]	R 159 (1) a): Innerhalb 31 M ab AT bzw. PT		R 160 (1): Anmeldung gilt als zurückgenommen Mitteilung nach R 112 (1)	WB (+), Art. 121 (nicht ausgeschlossen durch R 135 (2)) WE (+), nach Art. 22 PCT, R 49.6 PCT (S/S Art. 153 Rd 250 ff.)

Ablauf EP-Anmeldung/Patent — A.

Formalprüfung (Fortsetzung)

Verfahrenshandlung	Rechtsnormen	Details und Fälligkeit	Unmittelbare Folgen eines Mangels, Mängelbeseitigung, Fristen	Rechtsfolge bei Nichtbeseitigung von Mängeln oder Fristversäumnis	Weiterbehandlungs-/Wiedereinsetzungs-Möglichkeit	
Formerfordernisse der ePA	Art. 90 (3) Art. 78	**Art. 78 (1)**: ePA hat zu enthalten: - Antrag auf Erteilung, - Beschreibung, - min. einen Anspruch, - ggf. Zeichnungen, - Zusammenfassung	siehe weiter 📄 A.49 ff.	**Art. 90 (3), (5)** iVm **Art. 78**: Anmeldung gilt als zurückgenommen Mitteilung nach **R 112 (1)**	WB (+), Art. 121 (1), R 135 (1) WE (−), durch Art. 122 (4), R 136 (3) ausgenommen	45
		Art. 78 (2) iVm **R 38 (1)**: Anmeldegebühr und Recherchengebühr sind rechtzeitig zu entrichten	siehe weiter 📄 A.26 ff.			
Erfindernennung für die ePA siehe 📄 A.67 ff. (Erfindernennung - Nachholen, - Verzicht, - durch Dritte, - Änderung, - Löschung, - Eintragung)	Art. 90 (3) Art. 81 R 57 f) R 19 bis 21	**R 19 (1)**: Mit Anmeldung	**R 60 (1)**: 16 M nach **PT** bzw. **AT**	**Art. 90 (5)**: Anmeldung wird zurückgewiesen RiLi A-III, 5.5	WB (+), nach Art. 121 (1), R 135 (1), da keine Frist nach R 58 WE (−), durch Art. 122, R 136 (3) ausgenommen	46
Beanspruchung einer Priorität siehe 📄 A.63 ff.	Art. 88 R 52 R 53 R 57 g) iVm BdP vom 17.03.2009 Prioerklärung ist einzureichen	**Art. 88 (1)** iVm **R 52 (1) + (2)**: **Prioritätserklärung** **R 53 (1)**: **Prioritätsunterlage (Abschrift)** R 53 (2), R 163 (2), BdP vom 31.03.2020, ABl. 220, A57 **RiLi A-III, 6.7**: Gebührenfreie Übernahme einer Abschrift über den digitalen Zugangsservice (DAS) der WIPO; falls kein Antrag gestellt oder Probleme beim Abruf wird Abschrift gebühren-frei in Akte auf-genommen, wenn Prioanmeldung eine CN-/ ~~JP-~~*/KR GebrM-Anm., CN-, EP-, ~~JP-~~*, KR-, US-, US-Provisional, oder PCT(EP)-Anm. ist. * ab dem 01.07.2020 - ABl. 2020, A58	siehe weiter 📄 A.63	**Art. 90 (5)** 2. Halbsatz iVm **Art. 90 (3)**: Prioanspruch erlischt für Anmeldung, wenn keine Prioerklärung eingereicht oder Mängel nicht beseitigt Mitteilung nach **R 112 (1)**	WB (−), da durch R 135 (2) ausgenommen WE (+), nach **Art. 122 (4)**, **R 136** nicht ausgenommen; innerhalb 2 M nach Priofrist (RiLi A-III, 6.6 und 6.7)	47

A. Ablauf EP-Anmeldung/Patent

Formalprüfung (Fortsetzung)

	Verfahrenshandlung	Rechtsnormen	Details und Fälligkeit	Unmittelbare Folgen eines Mangels, Mängelbeseitigung, Fristen	Rechtsfolge bei Nichtbeseitigung von Mängeln oder Fristversäumnis	Weiterbehandlungs-/ Wiedereinsetzungs-Möglichkeit
48	**Vertretung gemäß Art. 133 (2)**	Art. 90 (3) R 57 h) Art. 133 (2) Art. 134 (1) R 151 siehe G.1 gemeinsamer Vertreter	**Mit Anmeldung** Prüfung auf Vertreterzwang erfolgt nach Zuerkennung AT **RiLi A III, 2.1** **Art. 133 (3) R 152 RiLi A-VIII, 1** Vollmacht auf Verlangen innerhalb vom Amt zu bestimmender Frist einreichen	**Art. 90 (4)** iVm **R 58**: Frist von 2 M nach Aufforderung gemäß R 58 zur Mängelbeseitigung RiLi A-III, 16.2 Für Einreichung der Vollmacht: R 152 (2): Nachreichung innerhalb zu bestimmender Frist nach R 132	**Art. 90 (5)**: Anmeldung wird zurückgewiesen **R 152 (6)**: Wird die Vollmacht nicht rechtzeitig eingereicht, gelten alle Handlungen des Vertreters mit Ausnahme der Anmeldung als nicht erfolgt.	**WB (−)**, da durch Art. 121 (4), R 135 (2) ausgenommen **WE (+)**, Art. 122, R 136 ggf. abhängig vom nationalen Recht Umwandlungsantrag nach **Art. 135 (1) b)** möglich - 3 M Frist ab Mitteilung (siehe A.547 ff.) Für Vollmacht: **WB (+)**, Art. 121 (1), R 135 (1) **WE (−)**, durch Art. 122 (4), R 136 (3) ausgenommen
48a	**Vertretungszwang** für EPÜ-Ausländer (Wohnsitz/Firmensitz maßgebend) und Angestelltenvollmacht	Wichtigste Erfordernisse hinsichtlich der Vertretung (Formalprüfung) RiLi A-III 2.1	i) Anmelder, die weder Wohnsitz noch Sitz in einem Vertragsstaat haben müssen durch einen zugelassenen Vertreter oder einen bevollmächtigten Rechtsanwalt, der die Erfordernisse des Art. 134 (8) erfüllt, vertreten sein, ii) in dem Fall, dass ein Anmelder mit Sitz oder Wohnsitz in einem Vertragsstaat durch einen Angestellten vertreten wird, muss dieser Angestellte bevollmächtigt sein, iii) die gegebenenfalls erforderliche Vollmacht muss ordnungsgemäß erteilt (siehe RiLi A-VIII, 1.5 und BdP vom 12.07.2007, SA Nr. 3, ABl. EPA 2007, L.) und unterzeichnet sein (siehe RiLi A-VIII, 3.2 und 3.4) und rechtzeitig eingereicht werden.			

Ablauf EP-Anmeldung/Patent   A.

Formalprüfung (Fortsetzung)

Verfahrenshandlung	Rechtsnormen	Details und Fälligkeit	Unmittelbare Folgen eines Mangels, Mängelbeseitigung, Fristen	Rechtsfolge bei Nichtbeseitigung von Mängeln oder Fristversäumnis	Weiterbehandlungs-/ Wiedereinsetzungs-Möglichkeit	
Antrag auf Erteilung - Schriftlichkeit - Formblatt - Unterschrift (für AT ist formloser Antrag ausreichend) RiLi A-III, 4	Art. 90 (3), Art. 78 (1) a) R 57 b) R 41 RiLi A-III, 4.2 RiLi A-III, 1.2	**Mit Anmeldung** **R 41 (1):** **schriftlich auf Formblatt 1001** **R 41 (2):** Der Antrag auf Erteilung muss enthalten: a) Ersuch auf Erteilung b) Bezeichnung der Erfindung c) Anmelderdaten d) Vertreter e) TA f) PN bei Art. 61 g) Priorität h) Unterschrift i) Liste mit Anlagen j) Erfindernennung	**Art. 90 (1), (4) iVm R 58:** Frist von 2 M nach Aufforderung gemäß **R 58** zur Mängelbeseitigung RiLi A-III, 16.2	**Art. 90 (5):** Anmeldung wird zurückgewiesen	**WB (–),** da durch Art. 121 (4), R 135 (2) ausgenommen **WE (+),** Art. 122, R 136 Auch **Beschwerde (+):** Art. 106 → Abhilfe nach Art. 109 ☞ J 18/08 siehe auch 📄 M.87	49
Patentansprüche für ePA, TA, Anmeldung nach Art. 61 RiLi A-III, 15	Art. 78 (1) c) R 57 c) R 43 (Form und Inhalt)	**Art. 78 (1) c):** Mit Anmeldung aber: Ansprüche sind nach **Art. 90 (1), Art. 80, R 40** nicht nötig für die Zuerkennung eines AT (RiLi A-II,4.1)	**Art. 90 (3), (4) iVm R 58:** Frist von 2 M nach Aufforderung gemäß **R 58** zur Mängelbeseitigung **Patentansprüche,** die nach dem AT, aber vor einer Mitteilung nach **R 58** eingereicht werden, gelten als »Änderungen« der ePA (Art. 123 (2)) und müssen in der Verfahrenssprache gemäß **R 3 (2)** eingereicht werden. Patentansprüche, die nach einer Mitteilung nach **R 58** nachgereicht werden, unterliegen **Art. 14 (4)** iVm **R 6 (2)** (fristgebundenes Schriftstück).	**Art. 90 (5):** Anmeldung wird zurückgewiesen. R 112 Mitteilung ergeht.	**WB (–),** da durch Art. 121 (4), R 135 (2) ausgenommen **WE (+),** Art. 122, R 136	50
	Nachgereichte Patentansprüche müssen Grundlage in den ursprünglich eingereichten Unterlagen haben gemäß Art. 123 (2). RiLi A-III, 15 - RiLi B-XI, 2.2: Wird bei Recherche geprüft.					51

A. Ablauf EP-Anmeldung/Patent

Formalprüfung (Fortsetzung)

	Verfahrenshandlung	Rechts-normen	Details und Fälligkeit	Unmittelbare Folgen eines Mangels, Mängel-beseitigung, Fristen	Rechtsfolge bei Nichtbeseitigung von Mängeln oder Fristversäumnis	Weiterbehandlungs-/ Wiedereinsetzungs-Möglichkeit
52	**Zusammen-fassung** RiLi A-III, 10	Art. 78 (1) e) Art. 85 R 57 d) R 47 (Form und Inhalt)	**Art. 78 (1) e):** Mit Anmeldung	**Art. 90 (1), (4) iVm R 58:** Frist von 2 M nach Aufforderung gemäß R 58	**Art. 90 (5):** Anmeldung wird zurückgewiesen. R 112 Mitteilung ergeht.	**WB (−)**, da durch Art. 121 (4), R 135 (2) ausgenommen **WE (+)**, Art. 122, R 136
53			Art. 85 ↳ T 246/86	Zusammenfassung hat rein **informativen Charakter**, Inhalte können nicht in Ansprüche/Beschreibung übernommen werden. **Zusammenfassung ist kein SdT** nach Art. 54 (3) (siehe A.124).		
			↳ G 3/89	Zusammenfassung darf **nicht zur Berichtigung** im Rahmen des Art. 123 (2) herangezogen werden.		
			R 66	**Endgültiger Inhalt** der Zusammenfassung wird von zuständiger Rechercheabteilung bestimmt.		
54	**Zeichnung** R 46 (3): Auch Flowcharts und Diagramme RiLi A-III, 3.2 (R 46 (2) i)-j)) werden von Prüfungsabteilung geprüft (RiLi A-III, 3.2))	Art. 78 (1) d) R 46 (1), (2) a)-h)	**Art. 78 (1) d):** Mit Anmeldung	**Art. 90 (1) iVm R 56:** Wurden **gar keine Zeichnungen** eingereicht → Aufforderung des Amtes, Zeichnungen innerhalb 2 M einzureichen Neuer AT = Tag der Einreichung der Zeichnungen, siehe A.6 ff.	**Art. 90 (1) iVm R 56 (4):** Zeichnungen und Bezugnahme auf Zeichnungen gelten als gestrichen	**WB (−)**, Ausschluss durch Art. 121 (4), R 135 (2) **WE (+)**, nach Art. 122, R 136 (3)
55	**Anmelde-unterlagen** RiLi A-III, 3.2 (R 49 (9), Satz 4+(10) + (11) werden von Prüfungsabteilung geprüft (RiLi A-III, 3.2))	R 49 (1)-(9), (12) R 57 i)	Form der Anmelde-unterlagen, Zeichnungen, Zusammenfassung	**Art. 90 (4) iVm R 58:** Frist von 2 M nach Aufforderung gemäß R 58 zur Mängel-beseitigung RiLi A-III, 16.2	**Art. 90 (5):** Anmeldung wird zurückgewiesen	**WB (−)**, da durch Art. 121 (4), R 135 (2) ausgenommen **WE (+)**, Art. 122, R 136
56	**Nachgereichte Teile der Anmeldung**	R 50 (1)	Formerfordernisse für nachgereichte Teile der ePA, siehe R 42, R 43, R 46-49	**Art. 90 (4) iVm R 58:** Frist von 2 M nach Aufforderung gemäß R 58 zur Mängel-beseitigung RiLi A-III, 16.2	**Art. 90 (5):** Anmeldung wird zurückgewiesen	**WB (−)**, da durch Art. 121 (4), R 135 (2) ausgenommen **WE (+)**, Art. 122, R 136

Ablauf EP-Anmeldung/Patent

A.

Formalprüfung (Fortsetzung)						
Verfahrenshandlung	Rechtsnormen	Details und Fälligkeit	Unmittelbare Folgen eines Mangels, Mängel-beseitigung, Fristen	Rechtsfolge bei Nichtbeseitigung von Mängeln oder Fristversäumnis	Weiterbehandlungs-/ Wiedereinsetzungs-Möglichkeit	
Nachgereichte Unterlagen - nicht Teile der Anmeldung	R 50 (2), (3)	Formerfordernisse für sonstige Schriftstücke: **R 50 (2)**: gedruckt, 2,5 cm Rand links **R 50 (3)**: unterzeichnet (ggf. durch Vertreter nach Art. 133)	Fehlende oder falsche Unterschrift (R 50 (3)): Aufforderung zur Mängelbeseitigung innerhalb zu bestimmender Frist (R 132) RiLi A-VIII, 3.1	Schriftstück gilt als nicht eingegangen RiLi A-VIII, 3.1	Abhängig vom betreffenden Schriftstück	57
Nucleotid- und Aminosäure-sequenzen RiLi A-III, 3.2 RiLi A-IV, 5 RiLi F-II, 6	R 30 (1), (2) R 57 j)	**R 30:** **mit Anmeldung** in elektronischer Form im Text-Format (ABl. 2013, 542) zur Hinterlegung von biologischem Material siehe A.322 ff.	**R 30 (3):** Aufforderung mit Frist von 2 M zur Mängelbeseitigung und Gebührenzahlung für verspätete Einreichung 240 € - Art. 2 (1) Nr. 14a GebO	**Art. 90 (5)** iVm **R 30 (3)** Anmeldung wird zurückgewiesen	**WB (+)**, Art. 121 (1), R 135 (1) (WB: hier 2x Gebühren: 1. Nicht-Einreichung des Sequenz-protokolls; 2. Nicht-Zahlung der Gebühr für verspätete Einreichung) **WE (–)**, Art. 122, R 136	58
		RiLi A-III, 13.2	Seiten des Sequenzprotokolls werden bei Seitengebühr nach R 38 (2) nicht gezählt.			59
		RiLi A-IV, 5	Elektronische Einreichung gemäß WIPO-Standard ST.25 Nummer 39 ff.; Papiereinreichung nur ergänzend zu elektronischer Einreichung zusammen mit Erklärung nach R 30 möglich.			60
		RiLi A-IV, 5.3	Eine TA muss als selbständige ePA ihrerseits die Erfordernisse der R 30 in Verbindung mit dem BdP vom 28.04.2011 über die Einreichung von Sequenzprotokollen (ABl. EPA 2011, 372) erfüllen (siehe G 1/05, Nr. 3.1 der Entscheidungsgründe). Unbeschadet der Erfordernisse des Art. 76 (1) Satz 2 ist ein Sequenzprotokoll, das Teil der Beschreibung der TA sein soll, zusammen mit den anderen Unterlagen der TA einzureichen, sofern nicht auf eine früher eingereichte Anmeldung Bezug genommen wird, die das Sequenzprotokoll als Teil der Anmeldung umfasst (R 40 (1) c)).			61

A. Ablauf EP-Anmeldung/Patent

Priorität
Art. 87, RiLi A-III, 6, RiLi F-VI

	Verfahrenshandlung	Rechts-normen	Details und Fälligkeit	Unmittelbare Folgen eines Mangels, Mängel-beseitigung, Fristen	Rechtsfolge bei Nicht-beseitigung von Mängeln oder Fristversäumnis	Weiterbehandlungs-/Wiedereinsetzungs-Möglichkeit
62	**Prioritätsrecht** siehe insbesondere Spezialtabelle 📄 C »Priorität« siehe auch PCT 📄 B.35 ff.	Art. 87 (1) »Frist von 12 M« vgl. Art. 4 C (1) PVÜ	**Priofrist 12 M** **R 133** (verspäteter Zugang von Schriftstücken) und **R 134 (1)** (Feiertag) findet Anwendung; entspricht Art. 4C (3) PVÜ	Bei beanspruchtem Priodatum >12 M: Amtsmitteilung nach **R 112**, dass kein Prioanspruch besteht	**Art. 90 (5)**: Prioanspruch erlischt	**WB (−)**, ausgenommen durch Art. 121 (4) **WE (+)**, nach Art. 122 (1), R 136 (1) R 136 (1): 2 M ab **Ablauf der Priofrist**

Ablauf EP-Anmeldung/Patent A.

Priorität (Fortsetzung)						
Verfahrens-handlung	Rechts-normen	Details und Fälligkeit	Unmittelbare Folgen eines Mangels, Mängel-beseitigung, Fristen	Rechtsfolge bei Nicht-beseitigung von Mängeln oder Fristversäumnis	Weiterbehandlungs-/Wiedereinsetzungs-Möglichkeit	
Inanspruch-nahme der Priorität (Berichtigung siehe 📄 F.104)	Art. 88 R 52 R 53 R 57 g)	**Art. 88 (1) iVm R 52 (1) + (2):** **Prioritätserklärung** ist einzureichen: - Tag der früheren Anmeldung, - Staat oder das Mitglied der WTO, in dem oder für den bzw. das sie eingereicht worden ist, - Aktenzeichen Die Prioerklärung soll bei Einreichung der ePA abgegeben werden (R 52 (2)); spätestens innerhalb 16 M nach frühestem beanspruchten PT. **R 53 (1):** **Prioritätsunterlagen:** Abschrift der früheren Anmeldung (Prioritätsdokument, -unterlage oder -beleg) mit Beglaubigung, dass Übereinstimmung vorliegt, sowie Tag der Einreichung (= PT) **R 53 (2)** und **R 163 (2),** ABl. 2020, A57, **RiLi A-III, 6.7:** Auf Antrag gebührenfreie Übernahme Abschrift über digitalen Zugangsservice (DAS) der WIPO; falls kein Antrag gestellt oder Probleme beim Abruf über WIPO wird Abschrift gebührenfrei in Akte aufgenommen (siehe 📄 C.29).	Der **AT der früheren Anmeldung** wurde falsch oder gar nicht angegeben ODER ein **Staat** oder ein Mitglied der WTO, in dem die Anmeldung eingereicht wurde, wurde **falsch** oder gar **nicht angegeben:** Berichtigung oder Hinzufügung einer Prio innerhalb 16 M ab frühestem PT, aber mindestens bis 4 M nach AT möglich (RiLi A-VI, 6.5.3) Berichtigung auch nach der R 52 (3) Frist möglich, wenn rechtzeitig vor VÖ und wenn aus der veröffentlichten Anmeldung unmittelbar ersichtlich ist, dass ein Fehler vorliegt, siehe 📄 F.104 Das **Aktenzeichen** nach **R 52 (1)** wurde nicht angegeben (RiLi A-VI, 6.5.3) ODER die **beglaubigte Abschrift** der Prioritätsunterlage nach R 53 (1) fehlt (RiLi A-VI, 6.7): Aufforderung mit **zbF Frist** (mind. 2 M, verlängerbar R 132 (2)) (**R 59** iVm **Art. 90 (3)**). Das **Aktenzeichen** wurde falsch angegeben: Antrag auf Berichtigung von Mängeln nach R 139 (RiLi A-V, 3)	**Art. 90 (5) 2. Halbsatz** iVm **Art. 90 (3):** Prioanspruch erlischt für Anmeldung, wenn keine Prioerklärung eingereicht oder Mängel nicht beseitigt wurden Mitteilung nach **R 112 (1)** RiLi G-IV, 5.1.1: Änderungen, die nach dem Veröffentlichungs-tag wirksam werden (z.B. Zurücknahme einer Benennung oder Zurücknahme des Prioritäts-anspruchs bzw. Verlust des Prioritätsrechts aus anderen Gründen), berühren die Anwendung des Art. 54 (3) nicht.	**WB (–),** da durch **R 135 (2)** ausgenommen **WE (+),** nach **Art. 122 (4), R 136** nicht ausgenommen; innerhalb 2 M nach Priofrist (RiLi A-III, 6.6 und 6.7)	63 63a 63b

A. Ablauf EP-Anmeldung/Patent

	Priorität (Fortsetzung)		
	Verfahrens-handlung	Rechts-normen	Details und Fälligkeit
63c	Inanspruch-nahme der Priorität (Fortsetzung)		Prioritätsunterlagen können **nicht** in elektronischer Form eingereicht werden, es sei denn, sie wurden von der ausstellenden Behörde digital signiert und die Signatur wird vom EPA anerkannt (BdP 09.05.2018, ABl. EPA 2018, A45; A.244). Prioritätsunterlagen können auch **nicht** per Fax eingereicht werden (BdP 12.07.2007, SA Nr. 3, ABl. EPA 2007, A.3).
63d		RiLi A-III, 6.7	Eine Abschrift der früheren Anmeldung (Prioritätsbeleg) kann außer auf Papier auch auf anderen Datenträgern, z. B. auf CD-ROM, eingereicht werden, vorausgesetzt, dass a) der Datenträger, der den Prioritätsbeleg enthält, von der Behörde erstellt wird, bei der die frühere Anmeldung eingegangen war, damit gewährleistet ist, dass der Inhalt nicht nachträglich unbemerkt verändert werden kann, b) der Inhalt des Datenträgers von der Behörde als mit der früheren Anmeldung oder einem Teil davon übereinstimmend bescheinigt ist und c) auch der AT der früheren Anmeldung von dieser Behörde bescheinigt wird. Die Bescheinigungen können separat in Papierform vorgelegt werden. Der eingereichte Datenträger muss lesbar sein und darf keine Computerviren oder andere Arten bösartiger Software enthalten.

Ablauf EP-Anmeldung/Patent   A.

Priorität (Fortsetzung)						
Verfahrenshandlung	Rechtsnormen	Details und Fälligkeit	Unmittelbare Folgen eines Mangels, Mängelbeseitigung, Fristen	Rechtsfolge bei Nichtbeseitigung von Mängeln oder Fristversäumnis	Weiterbehandlungs-/Wiedereinsetzungs-Möglichkeit	
Übersetzung des Priodokuments MdEPA, vom 28.01.2013, ABl. 03/2013, 150 RiLi A-III, 6.8	Art. 88 (1) R 53 (3)	**Art. 88 (1)** iVm **R 53 (3)**: Immer, wenn **nicht** EPA Amtssprache: Beglaubigte und übersetzte Abschrift der Prioanmeldung, deren AT = PT, von Behörde, bei der eingereicht wurde, **ODER** Erklärung, dass die ePA eine vollständige Übersetzung ist. Freiwillige Einreichung der Übersetzung jederzeit möglich RiLi A-III, 6.8.5	Nur gefordert, wenn zur Beurteilung der Wirksamkeit des Prioanspruchs notwendig: **RiLi F-VI, 2.1 und 3.4** R 53 (3): Aufforderung zur Einreichung der Übersetzung innerhalb zbF. Frist zur Einreichung Übersetzung entspricht Frist zur Stellung/ Bestätigung des Prüfungsantrags. Mitteilung zusammen mit Mitteilung nach R 69 (1), R 70a (1) bzw. R 70 (2) (RiLi A-III, 6.8.1). Wenn erst im Prüfungs- oder Einspruchsverfahren relevant, Frist 4 M nach R 132 (2) (RiLi A-III, 6.8.2).	**Art. 90 (5)** iVm **R 53 (3)**: **Prioanspruch erlischt** Relevantes Dokument wird SdT nach Art. 54 (2) oder Art. 54 (3)	**Prüfungs-verfahren:** **WB (+),** **Art. 121, R 135** RiLi A-III, 6.8 **WE (–),** durch Art. 122 (4) iVm R 136 (3)	64
Wirkung des Priorechts	Art. 89	→ PT gilt als AT für **Art. 54 (2)+(3)** sowie für **Art. 60 (2)**				65

A. Ablauf EP-Anmeldung/Patent

Einreichung von Rechercheergebnissen für Prioanmeldung					
Verfahrenshandlung	Rechtsnormen	Details und Fälligkeit	Unmittelbare Folgen eines Mangels, Mängelbeseitigung, Fristen	Rechtsfolge bei Nichtbeseitigung von Mängeln oder Fristversäumnis	Weiterbehandlungs-/Wiedereinsetzungs-Möglichkeit
66 **Auskünfte über den Stand der Technik** Anmelder muss Kopie der Recherchen-ergebnisse des AA für die Prioanmeldung(en) einreichen ABl. 2010, 410, 600 ABl. 2019, A56	Art. 124 R 141 RiLi A-III, 6.12	**Art. 124 (1)** iVm **R 141 (1)**: Unverzüglich nach Einreichung oder sobald die Recherche vorliegt, Euro-PCT: Bei Eintritt in die europäische Phase **R 141 (2)**: Nicht erforderlich, wenn das EPA zur Prioanmeldung einen europäischen oder internationalen Recherchenbericht oder Recherche internationaler Art erstellt hat oder wenn EPA für nationales AA recherchiert: BE, FR, GR, IT, LT, LU, LV, MC, MT, NL, SM, GB, CY Befreiung bei Erstanmeldung in DK, JP, AT, KR, ES (ab 1.6.16), GB, USA, CH (ab 01.08.2019) ABl. EPA 2011, 62 ABl. 2016, A18, ABl. 2016, A19 ABl. 2019, A55 Auch im Fall von TA, bei denen die Recherchenergebnisse zur beanspruchten Priorität bereits in Bezug auf die SA eingereicht wurden, müssen die Ergebnisse für die TA nicht erneut vorgelegt werden (siehe MdEPA v. 28.07.2010, ABl. EPA 2010, 410).	**R 70b (1)**: Frist von 2 M ab Aufforderung durch die Prüfungsabteilung Aufforderung nach **Art. 124 (1)**, **R 141 (3)**: Frist von 2 M bezieht sich auf allg. SdT, nicht unbedingt aus Recherche zur Prioanmeldung	**Art. 124 (2)** iVm **R 70b (2)**: ePA gilt als zurückgenommen Mitteilung nach **R 112 (1)**	WB (+), Art. 121 (1) iVm R 135 (1) WE (–), durch Art. 122 (4) iVm R 136 (3) ausgenommen

Ablauf EP-Anmeldung/Patent A.

Erfindernennung Art. 62, RiLi A-III, 5						
Verfahrenshandlung	Rechtsnormen	Details und Fälligkeit	Unmittelbare Folgen eines Mangels, Mängelbeseitigung, Fristen	Rechtsfolge bei Nichtbeseitigung von Mängeln oder Fristversäumnis	Weiterbehandlungs-/Wiedereinsetzungs-Möglichkeit	
Erfindernennung für ePA RiLi A-III, 5 Formblatt 1002 (Berichtigung siehe F.111 ff.)	Art. 62 Art. 81 R 19 (1)	**R 19 (1):** **Mit Anmeldung** **R 20 (1):** Erfinder werden auf ePA und eP vermerkt **Art. 81 iVm R 19 (1):** Im **Antrag auf Erteilung** oder in gesondertem Schriftstück, wenn Anmelder nicht oder nicht allein Erfinder ist. Name, Vorname, Adresse des Erfinders und Unterschrift des Anmelders bzw. Vertreters. **R 19 (2):** **Angaben werden nicht geprüft** jederzeit berichtigbar: A.72 **Art. 81 2. Satz:** Anmelder ≠ Erfinder → **Erklärung über Rechtsübergang**	**R 60 (1):** **16 M nach PT bzw. AT** Frist gilt als eingehalten, wenn Erfindernennung vor Abschluss der technischen Vorbereitungen für die VÖ der ePA mitgeteilt wird.	**Art. 90 (5)** Anmeldung wird zurückgewiesen RiLi A-III, 5.5	**WB (+),** nach Art. 121 (1) iVm R 135 (1), da keine Frist nach R 58 **WE (–),** durch Art. 122 (4) iVm R 136 (3) ausgenommen	67
Erfindernennung Nachholen in einem gesonderten Schriftstück	Art 81 R 19 R 60 RiLi A-III, 5.3	**Auf Antrag:** Name und Anschrift des Erfinders, Erklärung über Rechtserlangung, Unterschrift des Anmelders oder Vertreters	**R 60 (1):** **16 M nach PT bzw. AT** **ODER** **R 60 (2):** **Bei TA nach Aufforderung** innerhalb einer zu bestimmenden Frist. Frist gilt als eingehalten, wenn Info vor Abschluss der technischen Vorbereitungen für die VÖ der ePA mitgeteilt wird.			68
Erfindernennung für Euro-PCT-Anmeldung	R 163 R 19 (1)	**R 163 (1):** **Innerhalb von 31 M ab AT bzw. PT**	**R 163 (1):** Frist von 2 M	**R 163 (6):** Anmeldung wird zurückgewiesen		69

A. Ablauf EP-Anmeldung/Patent

Erfindernennung (Fortsetzung)

	Verfahrenshandlung	Rechtsnormen	Details und Fälligkeit	Unmittelbare Folgen eines Mangels, Mängelbeseitigung, Fristen	Rechtsfolge bei Nichtbeseitigung von Mängeln oder Fristversäumnis	Weiterbehandlungs-/Wiedereinsetzungs--Möglichkeit
70	**Verzicht auf Erfindernennung**	Art. 62 R 20 (1)	**R 20 (1): Schriftlicher Antrag des Erfinders auf Nichtnennung** rechtzeitig vor Vorbereitung der Veröffentlichung; R 67, RiLi A-VI, 1.2: Bis 5 W vor VÖ noch möglich		**R 143 (1) g): Eintragung in das europäische Patentregister unterbleibt** Erfindernennung und Verzichtserklärung **nicht** durch Akteneinsicht nach Art. 128 (4) iVm R 144 einsehbar	
71	**Erfindernennung durch Dritte**	Art. 62 R 20 (2)	**R 20 (2): Dritter reicht rechtskräftige Entscheidung ein**, dass Anmelder ihn als Erfinder zu nennen hat	**Jederzeit möglich,** **R 20 (1):** Erfinder werden auf ePA und eP vermerkt		
72	**Berichtigung bei unrichtiger Erfindernennung** (Änderung, Löschung, Eintragung) der Erfindernennung Gebührenfrei Kann auch noch nach Beendigung des Verfahrens vor dem EPA erfolgen (R 21 (1)) Berichtigung der Erfindernennung siehe 📄 F.111	Art. 62 R 21 RiLi A-III, 5.6	**R 21 (1)** Eine unrichtige Erfindernennung kann auf Antrag berichtigt werden, sofern mit dem Antrag die **Zustimmungserklärung der zu Unrecht genannten Person** und, wenn der Antrag nicht vom Anmelder oder Patentinhaber eingereicht worden ist, dessen Zustimmungserklärung eingereicht wird. **R 21 (2):** Ist eine unrichtige Erfindernennung berichtigt worden und ist die unrichtige Erfindernennung im Europäischen Patentregister eingetragen oder im Europäischen Patentblatt bekannt gemacht worden, so wird auch deren Berichtigung oder Löschung darin eingetragen oder bekannt gemacht.			
72a		✎ J 8/82	Bei Nachbenennung eines zusätzlichen Erfinders ist die Zustimmung der bisherigen Erfinder nicht notwendig (da nicht zu Unrecht genannt).			

Ablauf EP-Anmeldung/Patent A.

Allgemeine Voraussetzungen für eine europäische Patentanmeldung			
Verfahrens-handlung	Rechtsnormen	Details	
Zur Einreichung berechtigte Personen - Anmelder RiLi A-II, 2	Art. 58	**Jede natürliche oder juristische Person.** (Anmerkung: Im Gegensatz zum PCT keine Beschränkung wie beispielsweise Sitz oder Staatsangehörigkeit)	74
	Art. 59 1. Halbsatz	Anmeldung kann von gemeinsamen Anmeldern eingereicht werden.	75
	Art. 59 2. Halbsatz	Anmeldung kann von mehreren Anmeldern eingereicht werden, die verschiedene VS benennen. Diese gelten im Verfahren vor dem EPA als gemeinsame Anmelder (**Art. 118**). Mehrere Anmelder können auch durch Übertragung oder Rechtsnachfolge zustande kommen (**Art. 71** iVm **R 22**, **R 23**).	76
	Art. 118	Verschiedene Anmelder/Inhaber eines eP für verschieden benannte VS gelten im Verfahren vor dem EPA als gemeinsame Anmelder/Patentinhaber. Fassung der Anmeldung oder des Patents ist für alle benannten VS einheitlich.	77
	Art. 60 (3)	Anmelder gilt als berechtigt, das Recht auf das eP geltend zu machen. Gerichtsstand geregelt durch das Anerkennungsprotokoll. https://www.epo.org/law-practice/legal-texts/html/epc/2016/d/ma4.html	78
Einheit der ePA	Art. 118	**Art. 139 (2)**: Ältere nationale Rechte → **R 138** Ausnahmen der Einheit: • **Art. 54 (3)** Dokument → **R 138**: Unterschiedliche Ansprüche • **Art. 61 (1) a): Weiterführung durch den wirklich Berechtigten**	78a
Zwei unab-hängige Erfindungen	Art. 60 (2)	Recht auf eP steht demjenigen zu, dessen ePA den früheren AT (**Art. 89**) hat, sofern diese Anmeldung nach **Art. 93** veröffentlicht worden ist, und zwar nur mit Wirkung für die benannten VS. RiLi F-VI, 1.1	79
Patentier-barkeit RiLi G	Art. 52 (1)	**Erfindung muss neu sein, auf einer erfinderischen Tätigkeit basieren und gewerblich anwendbar sein.** Es gilt das Regel-Ausnahme-Verhältnis → Grundsatz ist, dass Erfindungen im weiten Umfang patentiert werden, aber:	80
	Ausnahmen von der Patentierbarkeit - Art. 52, RiLi G-II, 3		81
	Art. 52 (2)	**Keine patentierbaren Erfindungen als solche sind:**	82
	Art. 52 (2) a) RiLi G-II, 3.1f	Entdeckungen, wissenschaftliche Theorien und mathematische Methoden	83
	Art. 52 (2) b) RiLi G-II, 3.4	Ästhetische Formschöpfungen	84
	Art. 52 (2) c) RiLi G-II, 3.5 RiLi G-II, 3.6	Pläne, Regeln und Verfahren für gedankliche Tätigkeiten, für Spiele oder für geschäftliche Tätigkeiten sowie Programme für Datenverarbeitungsanlagen (↳**G 3/08**), z.B. **Computerprogramme.** ↳**G 3/08**, siehe auch A.224 ff., **aber**: ↳**T 208/84**: Techn. Prozesse gesteuert durch Computerprogramme oder math. Methoden sind schützbar. **RiLi F-IV, 3.9.1**: Fälle, in denen sämtliche Verfahrensschritte vollständig durch allgemeine Mittel zur Datenverarbeitung ausgeführt werden können	85
	Art. 52 (2) d) RiLi G-II, 3.7	Die Wiedergabe von Informationen.	86

A. Ablauf EP-Anmeldung/Patent

	Allgemeine Voraussetzungen für eine europäische Patentanmeldung (Fortsetzung)		
87	**Patentierbarkeit** (Fortsetzung)	**Weitere Ausnahmen von der Patentierbarkeit** Art. 53 iVm R 26, R 27, R 28, R 29	
88		Art. 53 a) RiLi G-II, 4.1	**Sittenwidrige Erfindungen**
89			↳ **G 2/06** ABl. 2009, 306, BGH GRUR 2010, 212
90			**R 28 (1)** Biotechnologische Erfindungen (RiLi G-II, 5.3) a) Klonen von menschlichen Lebewesen b) Veränderung der genetischen Identität der Keimbahn des menschlichen Lebens. c) Verwendung menschlicher Embryonen zu industriellen oder kommerziellen Zwecken d) Veränderung der genetischen Identität von Tieren
91		Art. 53 b) RiLi G-II, 5.4.2	**Pflanzensorten und Tierrassen**
92			**R 28 (2)**: Nach Art. 53 b) werden europäische Patente nicht erteilt für ausschließlich durch ein im Wesentlichen biologisches Verfahren gewonnene Pflanzen oder Tiere (gültig seit 01.07.2017, ABl. 2017, A56).
93			↳ **G 1/98**, ↳ **T 1054/96**: Im Wesentlichen (= vollständig) biologische Verfahren (EU-Biotechnologierichtlinie 2 (2) = R 26 (5) EPÜ), Pflanzensorten UPOV (2,6), EG-Sortenschutz (1,5,6), VO 2100/94), keine Verletzung bei zweckgebundenem Stoffschutz (ABl. 2010, 428: Art. 9 Biotechnologie-Richtlinie), ↳ **G 2/07**, ↳ **G 1/08**
94			ABl. 2017, A56, A62: MdEPA vom 03.07.2017 über die Wiederaufnahme von Verfahren nach dem Beschluss des Verwaltungsrats vom 29.06.2017 zur Änderung der **R 27** und **R 28**, um ausschließlich durch im Wesentlichen biologische Verfahren gewonnene Pflanzen und Tiere nach **Art. 53 b)** von der Patentierbarkeit auszuschließen
95		Art. 53 c) RiLi G-II, 4.2	**Chirurgische Verfahren** (RiLi G-II, 4.2.1.1) und **therapeutische Verfahren** (RiLi G-II, 4.2.1.2), **Diagnoseverfahren** (RiLi G-II, 4.2.1.3)
96			RiLi G-II, 4.2.1.3 Definition Diagnostizierverfahren Anspruch muss alle Verfahrensschritte enthalten: • **Untersuchungsphase** mit der Sammlung von Daten • **Vergleich** dieser Daten mit den Normwerten • **Feststellung einer signifikanten Abweichung** • Zuordnung Abweichung zu bestimmtem Krankheitsbild, d.h. deduktive human- oder veterinärmedizinische **Entscheidungsphase** (Diagnose zu Heilzwecken im strengen Sinne)
			↳ **G 1/83**, ↳ **G 1/04** (Definition Diagnose ↳ **G 2/08**)→ Unerheblich, wer die behandelnde Person ist ↳ **G 1/07**, RiLi G-II, 4.2, **aber**: • Zweckgebundener Stoffschutz ist erlaubt **Art. 53 c) S. 2:** Erzeugnisse/Stoffe, die einem chirurgischen Verfahren oder zur Therapie dienen, sind patentierbar. • Chirurgische Verfahren ↳ **T 35/99** - jedoch: Ausnahme, wenn der Eingriff nicht geeignet ist, die Gesundheit zu erhalten oder wiederherzustellen, z.B. kosmetisches Verfahren • ↳ **T 383/03**, 2. medizinische Indikation ist patentierbar, Art. 54 (5) → ↳ **G 2/08** (Schweizer Anspruch (↳ **G 1/83**, ↳ **G 5/83**) nicht mehr zulässig für Anspruch auf 2. medizinische Indikation/Dosierung: Nicht mehr nötig, Art. 54 (4), Art. 54 (5), ABl. 2010, 456). • ↳ **T 36/83**: Rein kosmetische Anwendung ist patentierbar. ↳ **T 58/87**: Verhinderung von Unfällen ist keine Therapie.
97			↳ **G 1/07**: Patentierungsverbot gilt für physische Eingriffe am menschlichen Körper, deren Durchführung medizinisches Fachwissen erfordert und die mit einem erheblichen Gesundheitsrisiko verbunden sind (RiLi G-II, 4.2.1.1). Nicht ausgeschlossen sind z.B. Verfahren zum Tätowieren, Piercen.

Ablauf EP-Anmeldung/Patent   A.

Allgemeine Voraussetzungen für eine europäische Patentanmeldung (Fortsetzung)			
Patentier-barkeit (Fortsetzung)	**Weitere Ausnahmen von der Patentierbarkeit** Art. 53 b) iVm R 26, R 27, R 28, R 29		98
	Art. 52 R 27	**Patentierbare biotechnologische Erfindungen** (RiLi G-II, 5.2)	99
		Biotechnologische Erfindungen sind auch dann patentierbar, wenn sie zum Gegenstand haben: a) Biologisches Material, das mithilfe eines technischen Verfahrens aus seiner natürlichen Umgebung isoliert oder hergestellt wird, auch wenn es in der Natur schon vorhanden war; b) unbeschadet der R 28 (2) Pflanzen oder Tiere, wenn die Ausführung der Erfindung technisch nicht auf eine bestimmte Pflanzensorte oder Tierrasse beschränkt ist (↳**G 2/12**; ↳**G 2/13** Anhang I, ABl. 2017, A56); c) ein mikrobiologisches oder sonstiges technisches Verfahren oder ein durch diese Verfahren gewonnenes Erzeugnis, sofern es sich dabei nicht um eine Pflanzensorte oder Tierrasse handelt (↳**G 2/07**; ↳**G 1/08**; ↳**G 2/12**; ↳**G 2/13** Anhang I).	100
	Art. 53 b) R 28 (2) R 26	**Ausschlüsse und Ausnahmen in Bezug auf biotechnologische Erfindungen** (RiLi G-II, 5.3 und 5.4)	100a
		Ausgenommen von der Patentierbarkeit sind nach Art. 53 b) auch »Pflanzensorten oder Tierrassen sowie im Wesentlichen biologische Verfahren zur Züchtung von Pflanzen oder Tieren«. R 26 (4): Pflanzensorte: ganzes Genom oder Kombi; fallen mehrere Sorten unter den Anspruch, dann handelt es sich nicht um eine bestimmte Sorte, auch wenn mehrere als Startmaterial in Betracht kommen. R 26 (5): Im Wesentlichen biologisches Verfahren: vollständige natürliche Prozesse wie Kreuzung und Selektion. Am AT ausschließlich nur durch Verfahren am humanen Embryo gewinnbar →nicht patentierbar (↳G 02/06); ein anderer möglicher Weg zur Umgehung muss aus der ePA selbst hervorgehen (zB adulte Stammzellen)	

Allgemeine Voraussetzungen für eine europäische Patentanmeldung (Fortsetzung)		
Patentier-barkeit (Fortsetzung)	**Weitere Ausnahmen von der Patentierbarkeit**	

A. Ablauf EP-Anmeldung/Patent

	Allgemeine Voraussetzungen für eine europäische Patentanmeldung (Fortsetzung)		
101	**Patentier-barkeit** (Fortsetzung)	**Allgemein (Technische Merkmale)**	
102		↳T 553/02	Erzeugnis als Ganzes muss geprüft werden, bei technischen und nicht-technischen Merkmalen können die nicht-technischen Merkmale nicht die Neuheit begründen.
103		↳T 641/00	Merkmale, die von der Patentierbarkeit ausgeschlossen sind, können nicht die erfinderische Tätigkeit begründen.
104		↳T 26/86	Mischung von technischen/nichttechnischen Merkmalen im Anspruch ist erlaubt.
105		↳T 154/04 (ABl. 2008, 46)	Neuheit und erfinderische Tätigkeit können nur auf technische Merkmale gestützt werden, die im Anspruch deutlich definiert sein müssen.
106		↳G 2/88	Eine beanspruchte Erfindung ist nur dann neu, wenn sie mindestens ein wesentliches technisches Merkmal enthält, durch das sie sich vom Stand der Technik unterscheidet.
107		**Product-by-Process Anspruch** (RiLi F-IV 4.12)	
108		Ansprüche für Erzeugnisse, die durch ihr Herstellungsverfahren gekennzeichnet sind, sind nur zulässig,	
109		↳T 150/82	wenn die Erzeugnisse als solche die Voraussetzungen für die Patentierbarkeit erfüllen und
110		↳T 956/04	die Anmeldung keine anderen Angaben enthält, die es dem Anmelder ermöglichen würden, das Erzeugnis durch seine Zusammensetzung, seine Struktur oder sonstige nachprüfbare Parameter hinreichend zu kennzeichnen.
111		↳T 20/94	**Wechsel** von Verfahrensanspruch auf Product-by-Process Anspruch ist unzulässig, da Schutzbereich erweitert würde.
112		↳T 327/92	Product-by-Process Anspruch: Wenn das Produkt als **Zwischenprodukt** in einem aus dem SdT bekannten Prozess für eine kurze, aber messbare Zeit existiert hat, ist der Anspruch nicht mehr neu.
113		**Anmerkung**: Nicht zu verwechseln mit Schutz nach Art. 64 (2), gemäß dem sich der Schutz auf das **unmittelbar** mit dem Verfahren hergestellte Erzeugnis erstreckt.	
114		**Doppelpatentierung (Art. 139 (3) EPÜ)** siehe A.656	
115		Ausgeschlossen durch ↳**T 118/91**, ↳**T 80/98**, ↳**T 587/98** (für denselben Anmelder). ↳**T 1423/07** zweifelt diese Sicht jedoch an und verneint das Doppelpatentierungsverbot.	
116		↳T 1423/07	Doppelpatentierung möglich bei Vorteil für Anmelder, wie zum Beispiel längerer Laufzeit
117		↳T 877/06 RiLi G-IV, 5.4	Bei teilweiser Überschneidung der Ansprüche der Anmeldung des gleichen Anmelders sollte kein Einwand hinsichtlich des Doppelpatentierungsverbots erhoben werden. Bei verschiedenen Anmeldern, die am selben Tag dieselbe Erfindung einreichen: Koexistenz der Anmeldungen.
118		↳G 1/05 ↳G 1/06	Die GBK hat für alle nachfolgenden Verfahren anerkannt, dass der Grundsatz des Doppelschutzverbots darauf basiert, dass der Anmelder kein legitimes Interesse an einem Verfahren hat, das zur Erteilung eines zweiten Patents für denselben Gegenstand führt, für den er bereits ein Patent besitzt.

Ablauf EP-Anmeldung/Patent A.

Allgemeine Voraussetzungen für eine europäische Patentanmeldung (Fortsetzung)			
Verfahrenshandlung	Rechtsnormen	Details	
Neuheit	Art. 54 (1)	Eine Erfindung gilt als neu, wenn sie nicht zum Stand der Technik gehört.	119
		↳T 12/81 ↳T 198/84 RiLi G-IV	Verfolgt den Zweck, den SdT von der erneuten Patentierung auszuschließen.	120
Maßgeblicher Stand der Technik für Neuheit RiLi G-IV Übergangs-regelung EPÜ 1973 → EPÜ 2000 für Art. 54 (3): ABl. 2007, 504 Revisionsakte	Art. 54 (2)	SdT ist alles, was **vor** dem AT der Öffentlichkeit durch schriftliche oder mündliche Beschreibung, durch Benutzung oder in sonstiger Weise zugänglich gemacht worden ist.	121
		↳T 123/82	Gleicher Tag steht nicht entgegen, Ausnahme älteres Recht Art. 54 (3). Gebrauchsmuster sind ab Eintragungstag zugänglich, somit zählen sie ab diesem Tag zum SdT (RiLi G-IV, 1), Internetoffenbarungen gelten auch (Voraussetzungen RiLi G-IV 7.5). Offenbarungen am AT der ePA gelten nicht als SdT nach Art. 54 (2).	122
	Art. 54 (3)	Als SdT gilt auch der Inhalt der ePA in der ursprünglich eingereichten Fassung, deren wirksamer AT vor dem in **(2)** genannten Tag liegt und die erst an oder nach diesem Tag nach **Art. 93 veröffentlicht** worden sind.	123
		RiLi G-IV, 5.1	»Inhalt« schließt jedoch weder irgendwelche Priounterlagen **noch - in Anbetracht des Art. 85 - die Zusammenfassung** ein.	124
		RiLi G-IV, 5.1.1	Kollidierende Anmeldung für **Art. 54 (3)** muss am Tag der Veröffentlichung noch anhängig gewesen sein. Ansonsten nur **Art. 54 (2)** Dokument ab Veröffentlichung (↳J 5/81).	125
		Art. 89	Wirkung des Priorechts (als AT) für Anwendung des **Art. 54 (2)+(3)** und **Art. 60 (2); ggf. ist für jeden Anspruch bzw. jeden Anspruchs-gegenstand eigene Prio (→ Zeitrang) zu beachten** (↳G 3/93, ↳G 1/15, RiLi G-IV, 3).
	Art. 54 (4), (5)	Medizinische Indikation (Beispiele in RiLi G-VI, 7)	126
		• **Erste Medizinische Indikation (Art. 54 (4))**: Anwendung bekannter **Stoffe** zur chirurgischen oder therapeutischen Behandlung des menschlichen oder tierischen Körpers und Diagnostizierverfahren, die am menschlichen oder tierischen Körper vorgenommen werden (vergl. Art. 53 c)) (Beispiel: Stoff X ist bekannt, Stoff X als Arzneimittel wäre möglich) • **Zweite Medizinische Indikation** (zweckgebundene Erzeugnisansprüche - **Art. 54 (5))**: Anwendung bekannter Stoffe zu einer nicht zum SdT gehörigen chirurgischen oder therapeutischen Behandlung des menschlichen oder tierischen Körpers und Diagnostizierverfahren, die am menschlichen oder tierischen Körper vorgenommen werden (Beispiel: Stoff X zur Behandlung von Kopfweh ist bekannt, Stoff X zur Behandlung von Bauchweh wäre möglich) Formulierungsbeispiele: Erste med. Ind.: Stoff X zur Verwendung als Medikament Zweite med. Ind. : Stoff X zur Verwendung bei der Behandlung von Asthma Schweizer Anspruchsfassung: Verwendung eines Stoffes X für die Herstellung eines Medikaments (zur Behandlung von Krebs)	127
		↳G 2/08 ABl. 2010, 514	Patentierbarkeit auch dann möglich, wenn Neuheit nur durch Dosierungsanleitung begründet wird. **Zweckgebundener Verfahrensanspruch** (Schweizer Anspruch) ist seit ↳G 2/08 **nicht** mehr erlaubt. (Beispiel: Verwendung von Stoff X **zur** Herstellung eines Arzneimittels **zur** Behandlung von Y); gilt für AT/PT ab 29.01.2011.	128

A. Ablauf EP-Anmeldung/Patent

Allgemeine Voraussetzungen für eine europäische Patentanmeldung (Fortsetzung)

	Verfahrenshandlung	Rechtsnormen, Rechtsprechung	Details
130	**Maßgeblicher SdT für Neuheit**	Art. 139 iVm R 138	Ältere nationale Rechte bilden keinen SdT, der vor dem EPA bei der Prüfung auf Patentierbarkeit zu berücksichtigen ist.
131	(Fortsetzung)	Art. 128 (4) iVm R 144	Beschränkungen der Akteneinsicht in veröffentlichte ePA.
132		RiLi G-IV, 5.1.1; F-VI, 3.4	Änderungen, die nach Veröffentlichung wirksam werden (z.B. Verlust Priorität), berühren die Anwendung des Art. 54 (3) nicht (siehe C.2, C.33).
133		↳T 205/91 ↳T 965/92, ↳T 590/94	Für die Ermittlung des **Offenbarungsgehalts** einer im Sinne von Art. 54 (2) zum SdT gehörenden Druckschrift ist ihr Veröffentlichungsdatum maßgebend.
134		↳T 315/02	Eine in ihrem Ursprungsland noch **unveröffentlichte Patentanmeldung ist SdT** nach Art. 54 (2), wenn sie der Öffentlichkeit als Priounterlage einer veröffentlichten ePA zugänglich war (Art. 128 (4)).
135		↳T 953/90	Unter Art. 54 (2) fallender SdT muss Fachmann **nicht direkt offenbart** sein.
136		↳T 1212/97	Vortrag/Vorlesung (**mündliche Offenbarung**) ist dann SdT, wenn die Information in den Notizen von mind. zwei Zuhörern enthalten ist (siehe auch A.176).
137		↳T 160/92	Auch **Zusammenfassungen** (von Patenten, wissenschaftlichen Beiträgen u.ä.) gehören zum SdT, soweit der Inhalt des Originaldokuments richtig wiedergegeben ist.
138		↳T 77/87	Ist **Zusammenfassung** von Patenten, von wissenschaftlichen Beiträgen usw. falsch, gehört sie nicht zum SdT.
139		↳T 381/87	**Theoretische Verfügbarkeit** eines Schriftstücks für die Öffentlichkeit ist ausreichend für schriftliche Offenbarung.
140		↳T 2/09	Eine **nicht verschlüsselte E-Mail** gilt nicht als öffentlich zugänglich.
141		↳T 482/89	Eine **Bibliothek** gilt als öffentlich zugänglich, wenn mindestens eine Person die entsprechende Information erhalten und verstehen konnte; theoretische Möglichkeit genügt.
142		↳T 327/92	**Product-by-Process Anspruch**: Wenn das Produkt als Zwischenprodukt in einem aus dem SdT bekannten Prozess für eine kurze, aber messbare Zeit existiert hat, ist der Anspruch nicht mehr neu.
143		↳T 206/83	Eine **Offenbarung im SdT** ist nur dann neuheitsschädlich, wenn der beanspruchte Gegenstand unmittelbar und eindeutig aus einer darin enthaltenen **ausführbaren** Offenbarung abgeleitet werden kann. (Siehe auch RiLi G-IV, 2.)
144		↳T 123/82	**Anmeldung mit gleichem AT oder PT** wie die zu prüfende Anmeldung scheidet als SdT aus.
145		↳J 5/81	Anmeldungen, die **trotz Aufgabe dennoch veröffentlicht** wurden, gelten nicht als SdT nach Art. 54 (3). Wirkung nur nach Art. 54 (2), da ePA am Tag der VÖ noch anhängig sein muss.
146		↳T 355/07	**Gebrauchsmuster** ist ab Eintragungstag für die Öffentlichkeit zugänglich.
147		RiLi G-IV, 8	Wird für ein Merkmal **ausdrücklich auf ein anderes Dokument verwiesen**, ist die Lehre dieses Dokuments als Bestandteil des Hauptdokuments anzusehen (gilt nach RiLi G-IV, 5.1 auch für **Art. 54 (3)** ↳**T 153/85**).

Ablauf EP-Anmeldung/Patent A.

Allgemeine Voraussetzungen für eine europäische Patentanmeldung (Fortsetzung)			
Verfahrenshandlung	Rechtsnormen, Rechtsprechung	Details	
Maßgeblicher SdT für Neuheit (Fortsetzung)	Art. 153 (3), (4), (5), R 165	Ältere Euro-PCT-Anmeldung entfaltet ihre Wirkung als **Art. 54 (3)** Dokument ab AT/PT, sofern die **Übersetzung in Amtssprache** vorliegt und veröffentlicht ist und die **Anmeldegebühr** nach **R 159 1 c)** bezahlt ist.	148
	RiLi G-IV, 1	**Schriftliche Zusammenfassung eines Vortrags** → es wird angenommen, dass Zusammenfassung korrekt ist bis zum Zeitpunkt, dass triftige Gründe dagegensprechen.	149
	RiLi G-VI, 5	Beispiele zu **allg. Begriff/Bereich vs. spezieller Begriff/Bereich** → Disclaimer F.167 ff. in Spezialtabelle F »Änderung/Berichtigung«.	150
	RiLi G-VI, 1	Für Art. 54 (2) ist es unzulässig verschiedene Teile des SdT miteinander zu verbinden, ebenso Bestandteile unterschiedlicher Ausführungsformen, die in ein und demselben Dokument beschrieben sind, sofern nicht im Dokument selbst eine solche Verbindung nahegelegt ist (T 305/87; ABl. 8/1991, 429).	151
	Auswahl-erfindungen RiLi G-VI, 8	Neuheit von Teilbereichen	152
		Auswahlerfindungen aus einem größeren Bereich: T 261/15 und T 279/89 Aus Intervall kann Wert für Begründung der Neuheit verwendet werden, wenn: a) der ausgewählte Bereich **eng** im Vergleich zum bekannten ist (T 17/85), b) der ausgewählte Bereich **genügend Abstand zum bekannten** Bereich und zu den Eckwerten des bekannten Bereichs **aufweist**, c) ~~der ausgewählte Bereich einen~~ **eigenen** ~~(bisher nicht beschriebenen)~~ **Effekt** ~~aufweist →~~ ~~zu einer Erfindung führt.~~ (siehe T 261/15) Ein nur im beanspruchten Teilbereich auftretender Effekt verleiht diesem Teilbereich noch keine Neuheit. Ein technischer Effekt, der nur im ausgewählten Teilbereich, kann aber eine Bestätigung dafür sein, die Erfindung neu und nicht nur ein Ausschnitt des Stands der Technik ist.	153
		»Zwei-Listen-Prinzip«	154
		Eine Auswahl aus einer einzelnen Liste konkret offenbarter Elemente verleiht noch keine Neuheit. Muss jedoch eine **Auswahl aus mindestens zwei Listen** einer gewissen Länge getroffen werden, um eine spezifische Kombination von Merkmalen zu erhalten, so verleiht die daraus resultierende Merkmalskombination, die im SdT nicht eigens offenbart ist, Neuheit. Beispiele: RiLi G-VI, 8 i) Fehlergrenzen sind zu berücksichtigen (RiLi G-VI, 8.1; T 175/97).	155
		Überschneidende Bereiche	156
		Dieselben Grundsätze für die Neuheitsprüfung wie in den anderen Fällen (T 17/85). Es gilt nicht nur Beispiele, sondern den gesamten Inhalt der Vorveröffentlichung zu berücksichtigen. Sachverhalte, die in einem Dokument des SdT in nicht erkennbarer Weise umfasst sind, sind der Öffentlichkeit nicht zugänglich gemacht worden (T 666/89). Mangelnde Neuheit, wenn Fachmann überlappenden Bereich anwenden würde (T 26/85). Bei sich überschneidenden Bereichen oder Zahlenbereichen physikalischer Parameter sind ausdrücklich erwähnte **Eckwerte** des bekannten Bereichs, ausdrücklich erwähnte **Zwischenwerte** oder ein **konkretes Beispiel** des SdT im Überschneidungsbereich **neuheitsschädlich**.	157

A. Ablauf EP-Anmeldung/Patent

	Allgemeine Voraussetzungen für eine europäische Patentanmeldung (Fortsetzung)		
	Verfahrenshandlung	Details	
158	**Maßgeblicher SdT für Neuheit** (Fortsetzung)	⮩T 990/96	Reinheitsgrad: Ist ein Reinheitsgrad bekannt, sind alle Reinheitsgrade SdT (Ausnahme: Reinheitsgrad konnte bisher nicht erreicht werden).
		RiLi F-VI, 3.4	Übersetzung eines Priodokuments, zur Überprüfung der Wirksamkeit des Prioanspruchs → **R 53 (3)**.
159		RiLi G-IV, 7.5	Blogeintrag im Internet - RiLi G-IV 7.5.3.3 (Neuartige Veröffentlichungsformen) und RiLi G-IV 7.5.4. c) (Zeitstempel)
160		Art. 128	Vergleichsversuche, die mit der Veröffentlichung einer ePA zugänglich gemacht wurden → Zugang durch Akteneinsicht.
161		Art. 116	Aussagen während öffentlicher mündlicher Verhandlungen (A.581 ff.).
162		**Versteinerungsprinzip** (siehe C.2)	
163		Die Inanspruchnahme der Prio kann auch nach der Veröffentlichung der ePA zurückgenommen werden (**RiLi E-VIII, 1.5**). Keine Auswirkung auf Wirkung als potentielles **Art. 54 (3)** Dokument (RiLi G-IV, 5.1.1). Wirkung ex tunc hinsichtlich der betreffenden ePA (Stichtag 13.12.2007).	
164		**Nicht offenbarter Disclaimer** (siehe F.167)	
165		⮩**G 1/03**, ⮩**G 2/03**: Nicht offenbarter Disclaimer kann zulässig sein, wenn er dazu dient: • Die Neuheit wiederherzustellen, indem er einen Anspruch gegenüber einem SdT nach Art. 54 (3) und (4) EPÜ abgrenzt; oder • die Neuheit wiederherzustellen, indem er einen Anspruch gegenüber einer **zufälligen Vorwegnahme nach Art. 54 (2)** abgrenzt. Eine Vorwegnahme ist zufällig, wenn sie so unerheblich für die beanspruchte Erfindung ist und so weitab von ihr liegt, dass der Fachmann sie bei der Erfindung nicht berücksichtigt hätte. Bestätigt durch ⮩**G 1/16**. ⮩**G 1/16**: Nicht offenbarter Disclaimer darf keinen technischen Beitrag leisten.	
166		**Offenbarter Disclaimer** (siehe F.169)	
167		⮩**G 2/10**: Offenbarter Disclaimer muss Erfordernisse des Art. 123 (2) genügen. Technische Umstände des Einzelfalls sind zu berücksichtigen.	
168		*R 23a EPÜ 1973*: *Frühere Anmeldung gilt nur dann als SdT nach **Art. 54 (3)+(4)**, wenn B.-Gebühr nach **Art. 79 (2)** wirksam bezahlt; gilt nur für den Zeitraum der Nichtveröffentlichung, wenn in diesem Zeitraum keine Gebühr für VS bezahlt ist; dann Wirkung PA in diesem VS nicht gegeben; gilt nicht für PA nach dem 01.04.2009, da durch pauschale B.-Gebühr alle VS bereits benannt.*	

Ablauf EP-Anmeldung/Patent A.

Allgemeine Voraussetzungen für eine europäische Patentanmeldung (Fortsetzung)			
Verfahrenshandlung	Rechtsnormen, Rechtsprechung	Details	
Zugänglichkeit des SdT	RiLi G-IV, 7	Zugänglichkeit durch Benutzung oder in sonstiger Weise.		169
		RiLi G-IV, 7.1	Benutzung und Fälle von Zugänglichmachung in sonstiger Weise	170
		RiLi G-IV, 7.2	Feststellungen der Abteilung über die Vorbenutzung	171
		RiLi G-IV, 7.3	SdT, der durch mündliche Beschreibung zugänglich wird	172
		RiLi G-IV, 7.4	SdT, der der Öffentlichkeit auf schrift. und and. Weg zugänglich wird	173
		RiLi G-IV, 7.5	Internet-Offenbarungen	174
		RiLi G-IV, 7.6	Standards, Normen und entsprechende vorbereitende Dokumente	175
	T 877/90 T 809/95	Vortrag vor unkundigem Publikum gilt nicht als veröffentlicht.		176
	T 953/90	Bei unter Art. 54 (2) fallendem SdT ist es unerheblich, ob dieser dem Fachmann tatsächlich offenbart wurde.		177
	T 381/87	**Theoretische Verfügbarkeit** eines Schriftstücks ist ausreichend für schriftliche Offenbarung.		178
Vorbenutzung	RiLi G-IV, 7.2	**Wer, wann, was, wo**: siehe L.214 »Einspruch« und S/S Art. 54 Rd 14, Rd 165.		179
Erfinderische Tätigkeit RiLi G-VII	Art. 56	Erfindung darf sich für Fachmann **nicht in naheliegender Weise** aus dem SdT ergeben.		180
		Unterlagen im Sinne Art. 54 (3) werden bei Beurteilung der erfinderischen Tätigkeit **nicht in Betracht gezogen**.		181
		RiLi G-VII, 5	**Aufgabe-Lösungs-Ansatz** zur objektiven und nachvollziehbaren Beurteilung der erfinderischen Tätigkeit.	182
		RiLi G-VII, 6 RiLi G-VII, 7	**Teilprobleme, Aneinanderreihung von Merkmalen** ggü. Kombination von Merkmalen im Anspruch	183
		RiLi G-VII Anlage, 1.1	Äquivalente	184
		Überarbeitung der angegebenen technischen Aufgabe:		185
		T 13/84	Problem muss sich aus den ursprünglich eingereichten Unterlagen im Licht des nächstliegenden SdT ergeben, sonst Problem mit Art. 123 (2), RiLi H-V, 2.4	186
		T 2/83	Erfindung kann auch im Erkennen einer neuartigen **Aufgabe** liegen.	187
		RiLi G-VII, 5.2	Es können auch neue Wirkungen herangezogen werden, über die der Anmelder erst im Verfahren berichtet, sofern für den Fachmann erkennbar ist, dass diese Wirkungen in der ursprünglich gestellten Aufgabe impliziert sind oder mit ihr im Zusammenhang stehen (siehe RiLi G-VII, 11 und T 184/82).	188
		RiLi G-VII, 5.2	Grundsätzlich kann jede Wirkung der Erfindung als Grundlage für die Neuformulierung der technischen Aufgabe verwendet werden, sofern die entsprechende Wirkung aus der Anmeldung in der ursprünglich eingereichten Fassung ableitbar ist (siehe T 386/89).	189
Äquivalente	RiLi G-VI, 2, RiLi G-VII, Anlage, 1.1	Werden bei erfinderischer Tätigkeit (s.o.), nicht bei Neuheit, geprüft.		190

A. Ablauf EP-Anmeldung/Patent

	Allgemeine Voraussetzungen für eine europäische Patentanmeldung (Fortsetzung)		
		Rechtsnormen	Details
191	**Gewerbliche Anwendbarkeit**	Art. 57, R 42 (1) f), RiLi G-III, 1-4	Wenn es sich aus der Beschreibung oder der Art der Erfindung nicht offensichtlich ergibt, ist ausdrücklich anzugeben, in welcher Weise der Gegenstand der Erfindung gewerblich anwendbar ist.
192		R 29 (3)	Gewerbliche Anwendbarkeit einer Sequenz oder Teilsequenz eines Gens muss in der Patentanmeldung konkret beschrieben werden (RiLi G-III, 4).
193		RiLi G-III, 3	Vorhandene Gewerbliche Anwendbarkeit kann nicht die Patentierbarkeit von nach Art. 52 (2) c) ausgeschlossenen Erfindungen wiederherstellen.
194	**Unabhängige und abhängige Ansprüche**	R 43 (4) RiLi F-IV, 3.4	Ein abhängiger Anspruch enthält alle Merkmale eines übergeordneten Anspruchs.
195	**Offenbarung, Ausführbarkeit** RiLi F-III	Art. 83 R 42	(Gesamte) Anmeldung muss Merkmale, die für die Ausführung der Erfindung wesentlich sind, so offenbaren, dass für den Fachmann ersichtlich ist, wie die Erfindung ausgeführt werden kann (S/S Art. 83 Rd 12 ff.).
196		R 42 (1) e)	Wenigstens ein Ausführungsbeispiel. Falls kein Ausführungsbeispiel vorhanden, kann Anmeldung nach **Art. 97 (2)** und **Art. 83** zurückgewiesen werden. Allerdings ist Fehlen unschädlich, wenn Erfindung ohne ein solches nachgearbeitet werden kann. (**RiLi F-III, 1**, ↳T 990/07, ↳T 389/87, S/S Art. 83 Rd 51 f.).
197		Art. 83 Art. 84 R 43	Funktionale Merkmale zur Beschreibung eines technischen Effekts sind erteilbar, wenn diese Merkmale nicht anders dargestellt werden können, ohne den Schutzbereich zu verringern, und wenn die Merkmale klar und nachvollziehbar beschrieben sind (RiLi F-IV, 2.1, RiLi F-IV, 4, RiLi F-III, 1, RiLi G-IV, 2).
198		RiLi F-II, 4.1	**Fachmann, Fachwissen:** explizit, implizit, nacharbeitbar
199		RiLi F-IV, 4.1	Erfordernis der **Klarheit**
200		RiLi F-IV, 4.10 ↳T 68/85	Ansprüche, in denen versucht wird, **die Erfindung durch das zu erreichende Ergebnis anzugeben**, sind nicht zulässig, insb. wenn sie nur die technische Aufgabe angeben. Sie sind jedoch statthaft, wenn die Erfindung nur so beschrieben oder sonst nicht genauer definiert werden kann, ohne dass der Schutzbereich über Gebühr eingeschränkt wird und das Ergebnis durch Versuche oder Maßnahmen tatsächlich unmittelbar nachgewiesen werden kann, die in der Beschreibung angemessen dargelegt oder dem Fachmann bekannt sind und keine unzumutbaren Experimente erfordern.
201		↳G 2/10 ↳T 1068/07 ↳T 68/85	Zulässigkeit eines Disclaimers, dessen Gegenstand als Ausführungsbeispiel ursprünglich offenbart ist: Technische Umstände des Einzelfalls sind maßgebend. Erfordernisse gemäß Art. 123 (2) gelten.

Ablauf EP-Anmeldung/Patent   A.

Allgemeine Voraussetzungen für eine europäische Patentanmeldung (Fortsetzung)			
	Rechtsnormen	Details	
		⮩T 737/90 RiLi H-IV, 2.2.1.	Offenbarung bei Merkmalen, die in einem Dokument beschrieben sind, auf das in der Beschreibung Bezug genommen wird Kein Verstoß gegen Art. 123 (2) bei Merkmalen, die nur in einem Dokument beschrieben sind, auf das in der Beschreibung Bezug genommen wird, wenn für Fachmann zweifelsfrei erkennbar, dass • für dieses Merkmal Schutz begehrt wird, **und** • Merkmale zur Lösung der Aufgabe beiträgt, **und** • Merkmal implizit zur Beschreibung somit zum Offenbarungsgehalt gehört, **und** • Merkmale in Offenbarung des Bezugsdokuments genau definiert und identifizierbar sind. Ein Dokument, das der Öffentlichkeit am AT der ePA nicht zugänglich war, kann zudem nur berücksichtigt werden, wenn • dem EPA bzw. dem AA (bei Euro-PCT-Anmeldung, die nicht beim EPA als AA eingereicht wurde), vor dem oder am AT eine Abschrift des Dokuments vorlag und • das Dokument der Öffentlichkeit spätestens am Tag der Veröffentlichung der epA gemäß Art. 93 zugänglich gemacht wurde (z.B. durch Aufnahme in die Akte nach Art. 128 (4)).	202
		Unzumutbarer Aufwand/Klarheit	203
		⮩T 1743/06	Ausführung Forschungsprogramm	204
		⮩T 594/08	Mangelnde Ausführbarkeit ist kein Klarheitsmangel	205
		⮩T 608/07	Mehrdeutigkeit	206
		⮩T 2619/11	Gesamtheit ursprüngliche technische Offenbarung	207
Einheitlichkeit RiLi F-V	Art. 82 R 43 (2) R 13.1 PCT	Einzige Erfindung oder Gruppe von Erfindungen, die untereinander in der Art verbunden sind, dass sie eine **einzige allgemeine erfinderische Idee** verwirklichen (Technische Wechselbeziehung untereinander muss sich auf die kennzeichnenden Merkmale beziehen). → R 43 (2) siehe A.223	208
	R 44 (1) R 13.2. PCT	Einheitlichkeit nach Art. 82 erfüllt, wenn zwischen den Erfindungen ein technischer Zusammenhang besteht, der in **einem oder mehreren gleichen oder besonderen Merkmalen** zum Ausdruck kommt (S/S Art. 82 Rd 10: Alternativen und chemische Verbindungen: sog. »Markush-claims« werden anerkannt, wenn sie von ähnlicher Beschaffenheit sind).	209
	RiLi F-V, 2	Hinsichtlich der Einheitlichkeit muss eine einzige allgemeine erfinderische Idee die Patentansprüche verschiedener Kategorien miteinander verbinden.	210
	R 64 (1)	**Teilweise Erstellung des europäischen RB** bei mangelnder Einheitlichkeit mit der ersten Erfindung (A.352), Aufforderung zur Zahlung weiterer R.-Gebühr (A.30) → **R 36**: TA möglich. → **RiLi C-III, 3.2**: Einreichung von TA auf nicht einheitlichen Gegenstand.	211
	R 64 (2)	Ggf. **Zurückzahlung der weiteren Recherchengebühr** auf Antrag bei nachträglicher Feststellung der Einheitlichkeit.	212
	Euro-PCT	EPA kann »a priori« aber auch »a posteriori« als ISA entscheiden, dass Einheitlichkeit nach Art. 17 (3) a) PCT nicht erfüllt ist und zusätzliche R.- Gebühr verlangen (⮩**G 1/89** und ⮩**G 2/89**). Aufforderung nach **R 164** zur Zahlung zusätzlicher Recherchengebühren durch die Prüfungsabteilung, **RiLi C-III, 2.3**	213

A. Ablauf EP-Anmeldung/Patent

		Rechtsnormen	Details
	Allgemeine Voraussetzungen für eine europäische Patentanmeldung (Fortsetzung)		
214		↳ G 1/91	**Kein Einspruchsgrund** nach Art. 100, **kein Nichtigkeitsgrund**, da in Art. 138 nicht aufgeführt
214a		↳ G 2/92	Änderungen dürfen sich nicht auf nicht recherchierte Gegenstände beziehen (siehe F.19 ff.)
215	**Analyse der Patentierbarkeit**		Die gängige Praxis des EPA sieht folgende Reihenfolge für die Analyse der Patentierbarkeit eines Gegenstands vor:
216		Art. 52	Ausschluss von Patentierbarkeit
217		Art. 123 (2)	Zulässigkeit der Änderungen
218		Art. 84	Klarheit des beanspruchten Gegenstands
219		Art. 82	Einheitlichkeit der beanspruchten Gegenstände
220		Art. 54	Neuheit
221		Art. 56	Erfinderische Tätigkeit
222	**Anspruchskategorien**	RiLi F-IV 3.1	Im Wesentlichen nur zwei Anspruchskategorien: 1. **Körperliche Gegenstände** (Vorrichtungen, Erzeugnisse, Gegenstände, Waren, Maschinen und Anordnungen) und **Stoffe bzw. Stoffgemische** (chemische Verbindungen, Gemisch von Verbindungen) und 2. **Tätigkeiten** (Verfahren, Verwendung) zur Verwendung von etwas Gegenständlichem zur Durchführung eines Verfahrens.
223	**Gleiche Anspruchskategorie**	R 43 (2) RiLi F-IV, 3.2 RiLi F-V, 2	**Mehrere unabhängige Ansprüche**, wenn sich Gegenstand der Anmeldung auf a) mehrere miteinander in Beziehung stehende **Erzeugnisse** (z.B. Stecker/Steckdose, Zwischenprodukt/chemisches Endprodukt), b) verschiedene **Verwendungen** eines Erzeugnisses oder einer Vorrichtung (zweite oder weitere medizinische Verwendung) oder c) **Alternativlösungen** für bestimmte Aufgaben (eine Gruppe chemische Verbindungen, zwei Herstellungsverfahren der Verbindung) bezieht.
		RiLi F-V, 2.2.2	Verschiedene Ansprüche der gleichen Kategorie werden auch zugelassen, wenn diese sich auf Systeme für verteilte Rechneranwendungen wie Cloud Computing zielen (z.B. Ansprüche für Client- und Serverseite).

Ablauf EP-Anmeldung/Patent A.

Allgemeine Voraussetzungen für eine europäische Patentanmeldung (Fortsetzung)			
	Rechtsnormen	Details	
Computerprogramme RiLi G-II, 3.6	Art. 52 (2) c)	Schließt Computerprogramme **als solche** als Erfindung im Sinne des **Art. 52 (1)** aus.	224
	↳G 3/08	**Technizität** der Erfindung wird **als Ganzes beurteilt**.	225
	↳T 208/84	Ein Anspruch auf einen **technischen Prozess**, der durch ein Programm gesteuert wird, ist **schützbar** (S/S Art. 52 Rd 37 ff.).	226
	↳T 1173/97 ↳T 935/97	**Computerprogramm** ist patentierbar, wenn es einen techn. Charakter besitzt, d.h. wenn es einen **zusätzlichen technischen Effekt** liefert (**RiLi G-II, 3.6**).	227
	↳T 424/03 ↳T 258/03	Anspruch auf ein Verfahren oder eine Vorrichtung gerichtet.	227a
	↳T 833/9 ↳T 769/92 ↳T 204/93	Programmieren eines Computers fällt unter Patentierungsverbot nach Art. 52.	227b
	↳T 928/03	Technischer Effekt innerhalb eines Computers kann patentiert werden.	228
	↳T 471/05 ↳T 306/04	Technischer Charakter, bloße Möglichkeit reicht nicht aus.	229
	↳T 769/92 ↳T 914/02	Technische Überlegungen und Wirkung.	230
	↳T 1841/06 ↳T 1359/08 ↳T 123/08 ↳T 1244/07	»Amazon One-Click«, nur technische Merkmale können die erfinderische Tätigkeit begründen.	231
Künstliche Intelligenz (AI) und maschinelles Lernen (ML)	Art. 52 (2) a), c)	AI und ML Erfindungen fallen in der Regel unter die Definition von computerimplementierten Erfindungen (A.224 ff.). Diese sind grundsätzlich patentierbar, soweit sie eine technische Wirkung haben und die weiteren Patentierungsvoraussetzungen (Art. 52 (1), Art. 52 (2), (3), Art. 54, Art. 56) erfüllen und die Patentanmeldung muss die AI und ML Erfindung so deutlich und vollständig offenbaren, dass ein Fachmann sie ausführen kann (Art. 83, R 42).	231a
		AI-bezogene Erfindungen können Erfindungen sein, die sich mit der Technologie als solche beschäftigen, die mit Unterstützung von AI erschaffen oder ausschließlich von AI erschaffen wurden.	231b
	RiLi G-II, 3.3.1	Künstliche Intelligenz und maschinelles Lernen basieren auf Rechenmodellen und Algorithmen zur Klassifizierung, Bündelung, Regression und Dimensionalitätsreduktion wie zum Beispiel neuronalen Netzen, genetischen Algorithmen, Support Vector Machines, k-Means, Kernel-Regression und Diskriminanzanalyse. Solche Rechenmodelle und Algorithmen sind per se von abstrakter mathematischer Natur, unabhängig davon, ob sie anhand von Trainingsdaten »trainiert« werden können. Wenn eine Klassifizierungsmethode einem technischen Zweck dient, können die Schritte »Erzeugung des Trainings-Datensatzes« und »Training des Klassifikators« auch zum technischen Charakter der Erfindung beitragen, wenn sie das Erreichen dieses technischen Zwecks unterstützen.	232
	↳T 1358/09 ↳T 1784/06	Künstliche Intelligenz: Algorithmen für Maschinenlernen dürfen zum technischen Charakter einer Erfindung beitragen, wenn sie Zwecken wie der Klassifizierung digitaler Bilder auf Basis niedrigschwelliger Charakteristika wie deren Ecken dienen.	232a
	↳T 641/00	Die erfinderische Tätigkeit wird in diesem Ansatz beurteilt, indem nur die Unterschiede zum nächstliegenden Stand der Technik berücksichtigt werden, die zum technischen Charakter beitragen.	232b

A. Ablauf EP-Anmeldung/Patent

	Allgemeine Voraussetzungen für eine europäische Patentanmeldung (Fortsetzung)		
		Rechtsnormen	Details
232c	Blockchain		Unter Blockchain wird eine fälschungssichere, verteilte Datenbank verstanden, in der Daten oder Transaktionen in zeitlich und kryptographisch verketteten Blöcken gespeichert werden.
232d		Art. 52 (2) a), c)	Blockchain Erfindungen fallen in der Regel unter die Definition von computerimplementierten Erfindungen (A.224 ff.). Diese sind grundsätzlich patentierbar, soweit sie Kryptographie, Computer und Netzwerke betreffen, eine technische Wirkung haben und die weiteren Patentierungsvoraussetzungen (Art. 52 (1), Art. 52 (2), (3), Art. 54, Art. 56) erfüllen.
233	Computergestützte Simulation, Konstruktion und Modellierung	RiLi G-II, 3.3.2	↳T 1227/05 ↳T 471/05 ↳T 625/11 — Simulation, Design, Modellierung

	Allgemeine Voraussetzungen für eine europäische Patentanmeldung - Einreichung		
	Verfahrenshandlung	Rechtsnormen	Details und Fälligkeit
234	**Zuständiges Anmeldeamt** Art. 75 R 35 (1) RiLi A-II, 1.1, 1.2	Art. 75 (1) a)	**EPA** in München, Zweigstelle Den Haag, Dienststelle Berlin (ABl. 1989, 218); nicht jedoch Dienststelle Wien (ABl. 2017 A11, A12 und RiLi A-II, 1). In Wien eingereichte ePA werden zu einem der Anmeldeämter weitergeleitet und erhalten dort einen AT (ABl. 2017 A11, Art 1 (2)).
235		Art. 75 (1) b)	Bei **nationalen Behörden**, sofern nach nationalem Recht (für alle EP Staaten außer NL und BE, hier muss beim EPA eingereicht werden) zulässig (siehe »NatR zum EPÜ«, Tabelle II). Weiterleitung ans EPA nach **Art. 77 (1)** iVm **R 37**. Siehe auch R 35 (3), (4).
236			ABl. 2018, A17: Seit 01.04.2018 keine Einreichung von ePA nach Art. 75 (1) b) (oder PCT-Anmeldungen) beim **belgischen** Amt für geistiges Eigentum (OPRI) mehr möglich. Ausgenommen sind Anmeldungen, die aus Gründen der Landesverteidigung oder der nationalen Sicherheit zwingend beim OPRI einzureichen sind.
237		Art. 76 iVm R 36 (2)	**TA** ist beim EPA in München, Den Haag oder Berlin einzureichen bzw. bei einer Einreichung bei nationalen Behörden gilt diese erst mit Tag des Eingangs beim EPA als eingegangen - RiLi A-IV, 1.3.1.
238		Art. 61 (2) iVm Art. 76 (1)	Anmeldung nach **Art. 61 (1) b)** müssen beim EPA (München, Den Haag, Berlin) eingereicht werden. RiLi A-IV, 2.5.

Ablauf EP-Anmeldung/Patent A.

Allgemeine Voraussetzungen für eine europäische Patentanmeldung - Einreichung (Fortsetzung)					
	Rechtsnormen	Details			
Weiterleitung durch Patentämter der VS RiLi A-II, 1.7 RiLi A-II, 1.6[19] RiLi A-II, 3.2 (Einreichung bei einer zuständigen nat. Behörde)	Art. 77 (1) iVm R 37	**Fristen für Weiterleitung** durch die Zentralbehörden: 6 W (keine zwingende Frist), wenn Anmeldung offensichtlich nicht geheimhaltungspflichtig (R 37 (1) a)), - 4 M bzw. 14 M nach Prio, wenn Prüfung auf Geheimhaltungspflicht (R 37 (1) b)) RiLi A-II, 1.7, RiLi A-II, 1.6[19]	**Art. 77 (3) iVm R 37 (2):** Erfolgt diese Weiterleitung nicht innerhalb von 14 M ab AT oder PT, so gilt die Anmeldung als zurückgenommen, Gebühren werden zurückerstattet. **R 37 (2) Satz 2, RiLi A-X, 10.2.4)** **R 112 (1):** Mitteilung über Rechtsverlust Bei der Fristberechnung ist **R 131 (4), R 134 (1), R 134 (2)** anzuwenden.	**WB (–), WE (–)**, da keine vom Anmelder einzuhaltende Frist ↘**J 3/80**, ABl. 4/1980, 92), nur **Umwandlung** nach **Art. 135** iVm R 155 möglich, Frist: 3 M (siehe »NatR zum EPÜ«, Tabelle VII und **RiLi A-IV, 6**).	239
	Ausnahme: Art. 75 (2) a) und b)	Jeder VS kann bestimmen, dass die Anmeldung zuerst national eingereicht werden muss (Staatsgeheimnis etc.), siehe »NatR zum EPÜ«, Tabelle II.			240
	Art. 77 (2)	ePA unter **Geheimschutz** werden nicht weitergeleitet.			241

A. Ablauf EP-Anmeldung/Patent

Allgemeine Voraussetzungen für eine europäische Patentanmeldung (Fortsetzung)			
		Rechtsnormen	Details
242	**Einreichung von ePA** R 2 RiLi A-II, 1	R 35 (1)	Anmeldung hat **schriftlich** zu erfolgen.
243			**Einreichung durch unmittelbare Übergabe oder durch Postdienste** (RiLi A-II, 1.1).
244		ABl. 2018, A45 RiLi A-II, 1.3 RiLi A-II, 1.2.2[19] Einreichung per Datenträger, Online	**Einrichtungen zur elektronischen Nachrichtenübermittlung** (BdP vom 09.05.2018, ABl. 2018, A45; RiLi A-II, 1.3 (RiLi A-II, 1.2.2[19])): - Elektronische Datenträger: CD-R, DVD-R, DVD+R; Diskette nebst Papierausdruck seit 01.01.2003 nicht mehr (Mitteilung vom 01.10.2002, ABl. 2002, 515) → gilt für EPA, nat. Ämter in BE, CH, FI, FR, SE und GB. - **elektronische Einreichung** (Online-Einreichung **OLF**, ABl. 2019, A65, ABl. 2018, A45, ABl. 2015, A91), **CASE-Management-System** (**CMS**, ABl. 2018, A45, ABl. 2015, A27), **Web-Einreichung** (ABl. 2018, A45, ABl. 2014, A98), **ePCT** (ABl. 2014, A107), **PCT-SAFE** (EPA 2016, A78, EP: Keine int. Anmeldungen ab 01.07.20 – ABl. 2020, A59). Andere Verfahren/Software sind nicht zulässig 📄 A.250. (siehe jedoch auch Pilotprojekt Online-Einreichung 2.0 - 📄 A.250a f.) Soweit die eingereichten Unterlagen zu unterzeichnen sind, kann dies mittels Faksimile-Signatur, alphanumerischer Signatur oder unter Verwendung einer fortgeschrittenen elektronischen Signatur erfolgen. RiLi A-VIII, 3.1, 3.2, 3.3: ePA und internationale (PCT-)Anmeldungen und andere Unterlagen, die mit diesen Anmeldungen oder mit Patenten auf der Grundlage dieser Anmeldungen im Zusammenhang stehen, können beim EPA in elektronischer Form eingereicht werden. ePA können auch bei den zuständigen nat. Behörden der VS, die dies gestatten, mittels OLF oder anderer vom EPA akzeptierter Dienste zur elektronischen Einreichung elektronisch eingereicht werden.
245		ABl. 2018, A45, A93, A94	**Elektronische Einreichung weiterer Unterlagen:** Die **Web-Einreichung** darf **nicht** genutzt werden für **Vollmachten**, **Unterlagen** in Bezug auf **Einspruchs-, Beschränkungs- oder Widerrufsverfahren** (Art. 99 bis 105c), Unterlagen in Bezug auf **Beschwerdeverfahren** (Art. 106 bis 112) oder Unterlagen in Bezug auf **Verfahren zur Überprüfung von Entscheidungen der Beschwerdekammern durch die Große Beschwerdekammer** (Art. 112a). Bei Verstoß gelten die Unterlagen als nicht eingegangen. Der Absender wird, soweit er ermittelt werden kann, unverzüglich benachrichtigt. Siehe auch Pilotprojekt Online-Einreichung 2.0 - 📄 A.250a f.
246			Die elektronische Einreichung von **Prioritätsunterlagen** ist mittels **OLF oder CMS** möglich und nur dann, wenn die betreffenden Unterlagen von der ausstellenden Behörde digital signiert wurden und die Signatur vom EPA anerkannt wird. (ABl. 2018, A93). Die elektronische Einreichung von Prioritätsunterlagen darf **nicht** mittels der Web-Einreichung erfolgen. Prioritätsunterlagen, die unter Verstoß gegen diese Vorgaben eingereicht werden, gelten als nicht eingegangen. Der Absender wird, soweit er ermittelt werden kann, unverzüglich benachrichtigt.

Ablauf EP-Anmeldung/Patent A.

Allgemeine Voraussetzungen für eine europäische Patentanmeldung (Fortsetzung)			
	Rechtsnormen	Details	
Einreichung von ePA (Fortsetzung) R 2 RiLi A-II, 1	ABl. 2018, A45	Sind die eingereichten Unterlagen **nicht lesbar** oder **unvollständig** übermittelt worden, so gilt der Teil der Unterlagen, der nicht lesbar ist oder fehlt, als nicht eingegangen. Sind die eingereichten Unterlagen mit einem **Computervirus** infiziert oder enthalten sie andere **bösartige Software**, so gelten sie als nicht lesbar. Das EPA ist nicht verpflichtet, Unterlagen mit solchen Mängeln entgegenzunehmen, zu öffnen oder zu bearbeiten.	247
	[QR]	Auflistung der Tage mit Nichtverfügbarkeit der Online-Einreichung beim EPA : Quelle: https://www.epo.org/applying/online-services/online-filing-outages_de.html	248
	BdP vom 20.02.2019 ABl. EPA 2019, A18 RiLi A-II, 1.2 RiLi A-II, 1.2.1[19]	**Einreichung der ePA per Telefax:** - Bei EPA (München, Berlin, Den Haag) und nat. Behörden, die das gestatten (siehe RiLi A-II, 1.2, RiLi A-II, 1.2.11[19]); Priounterlagen werden vom EPA nicht per Fax akzeptiert (ABl. 2009, 182, C.32a); In Wien eingereichte Anmeldungen oder nachgereichte Schriftstücke werden an eine der Annahmestellen weitergeleitet und erhalten erst den dortigen Eingangstag als AT. - Bei Einreichung durch Telefax ist gemäß R 2 (2) die bildliche Wiedergabe der Unterschrift der handelnden Person auf dem Telefax zur Bestätigung der Authentizität des Schriftstücks ausreichend. Aus der Unterzeichnung müssen der Name und die Stellung der handelnden Person eindeutig hervorgehen. - Falls Übermittlung fehlschlägt oder unleserlich ist, wird Anmelder, soweit er ermittelt werden kann, unverzüglich informiert. - Auf Aufforderung sind Originalunterlagen gemäß R 2 (1) innerhalb 2 M (RiLi A-II, 1.2 und RiLi A-VIII, 2.5) nachzureichen. - Bei Fristversäumung wird Anmeldung zurückgewiesen (Art. 90 (5), R 2 (1)). WB (+) Art. 121 (1), R 135. - AT ist der Tag an welchem die eingereichten Unterlagen die Erfordernisse von Art. 80 und R 40 erfüllen (BdP vom 20.02.2019, ABl. 2019, A54 Art. 5 (1)); Genügen im Fall einer mitternachtsüberschreitenden Einreichung die noch am früheren Tag eingegangenen Unterlagen diesen Erfordernissen, so erhält die ePA den früheren Tag als AT, wenn der Anmelder dies beantragt und auf die nach Mitternacht eingegangenen Teile der Anmeldungsunterlagen verzichtet.	249
	ABl. EPA 2000, 458 ABl. EPA 2019, A18	**Einreichung durch andere Verfahren:** - E-Mail ist nicht zulässig. - Telegrafische Einreichung, Teletex oder ähnliche Verfahren sind nicht zulässig RiLi A-II, 1.4; RiLi A-II, 1.3[19]	250

A. Ablauf EP-Anmeldung/Patent

	Allgemeine Voraussetzungen für eine europäische Patentanmeldung (Fortsetzung)		
		Rechtsnormen	Details

250a	Einreichung von ePA (Fortsetzung)
	
	R 2
	RiLi A-II, 1
	
	Pilotprojekt Online-Einreichung 2.0
		ABl. 2020, A44	• Pilotprojekt beginnt am 04.05.2020
			• Einreichung mittels **spezieller Software** für die Online-Einreichung 2.0;
			• **Ausgenommen** für das Pilotprojekt für die Online-Einreichung 2.0 sind die Online-Einreichung des EPA (**OLF**), über Case-Management-System (**CMS**), **Web-Einreichung** sowie über **PCT-SAFE, ePCT-Filing** und **ePCT-Dienst**
			• Einreichungsfähige Unterlagen:
			   o Antrag (Formblatt EP 1001) mit Anmeldungsunterlagen (Beschreibung, Ansprüchen, Zusammenfassung, Zeichnungen), ggf. Übersetzung im PDF- oder DOCX-Format, andere Unterlagen im PDF-Format
			   o Eintritt in europäische Phase (Formblatt 1200) mit Unterlagen und ggf. Übersetzungen sowie etwaigen Änderungen (z.B. Art. 19/Art.24 PCT) im PDF-Format
			   o Antrag int. Anmeldung (Formblatt PCT/RO/101) mit Anmeldungsunterlagen einer beim EPA=AA, ggf. Übersetzungen im PDF-Format oder XML-Format, andere Unterlagen im PDF-Format
			   o Sequenzprotokolle für int., europäische und EURO-PCT-Anmeldungen
			• Nach Bekanntmachung geplante einreichungsfähige Unterlagen
			   o alle Unterlagen im Docx-Format
			   o Anmeldeunterlagen für EPA=ISA, SISA, IPER, einschließlich Antrag ivP im PDF- oder DOCX-Format
			   o Änderungen, Korrekturen, Berichtigungen der Online eingereichten Unterlagen bis zur Erteilung im PDF- oder DOCX-Format
			   o Unterlagen im Einspruchs- Beschränkungs-, Widerrufs- und Beschwerdeverfahren sowie in Verfahren vor der GBK im PDF- oder DOCX-Format
			• DOCX-Format der eingereichten Anmeldungsunterlagen muss festgelegter Formatdefinition des EPA entsprechen -> ABl. 2020, A45

250b		ABl. 2020, A45	Definition von DOCX Dokumenten sowie Anforderungen für die Einreichung
251	**Anmelde-bestimmungen**	R 41 (1)	Antrag hat schriftlich auf Formblatt 1001 zu erfolgen (für AT nicht erforderlich).
		R 42	Inhalt der Beschreibung.
		R 43	Form und Inhalt der Patentansprüche.
		R 44	Einheitlichkeit der Erfindung.
		R 45	Gebührenpflichtige Patentansprüche.
		R 46	Form der Zeichnungen.
		R 47	Form und Inhalt der Zusammenfassung.
		R 48	Unzulässige Angaben
		R 49	Allgemeine Bestimmungen über die Form der Anmeldungsunterlagen (s. A.55).
		R 50	Nachgereichte Unterlagen.

Ablauf EP-Anmeldung/Patent   A.

Übersicht: Einreichungsmöglichkeiten - Rechtsgrundlagen und Verfahrensaspekte						
	Rechtsnormen	Eingangsdatum	Priounterlagen (Beglaubigte Kopien)	Weitere Ausnahmen	Bestätigung auf Papier	
Online	**EPA Online Filing Software** (OLF, Online- Einreichung)					252
	Art. 75￼R 2 (1)￼ABl. 2009, 182￼ABl. 2015, A26￼ABl. 2018, A45￼ABl. 2020, A105	Tag an dem das Dokument beim EPA (vollständig) eingeht	Ja, sofern sie von der ausstellenden Behörde digital signiert wurden und die Signatur vom EPA anerkannt wird. (ABl. 2018, A45)	Urkunden, die im Original einzureichen sind.	Nein	253
	EPA Case Management System (CMS)					254
	Art. 75￼R 2 (1)￼ABl. 2015, A27￼ABl. 2018, A45	Tag an dem das Dokument beim EPA (vollständig) eingeht	Nein (ABl. 2018, A45)	Urkunden, die im Original einzureichen sind.	Nein	255
	EPA Web-Form Filing Service (Web-Einreichung)					256
	Art. 7￼R 2 (1)￼ABl. 2014, A98￼ABl. 2018, A45	Tag an dem das Dokument beim EPA (vollständig) eingeht	Nein (ABl. 2018, A45)	Vollmachten, Unterlagen in Bezug auf Einspruchs-, Beschränkungs- oder Widerrufsverfahren, Unterlagen in Bezug auf Beschwerdeverfahren oder Unterlagen in Bezug auf Verfahren zur Überprüfung von Entscheidungen der BK durch die GBK, Abbuchungsaufträge.	Nein	257
Andere Kommunikationskanäle	**Telefax**					258
	ABl. 2010, 642￼ABl. 2014, ZP 1, 93-97￼ABl. 2019, A18￼RiLi A-II, 1.2￼RiLi A-II, 1.2.1[19]	Tag am dem das Dokument beim EPA (vollständig) eingeht und lesbar ist	Nein (ABl. 2009, 182, siehe C.32a)	Vollmachten, Urkunden, die im Original einzureichen sind	Auf Aufforderung sind Originalunterlagen gemäß R 2 (1) innerhalb 2 M (RiLi A-II, 1.2 und RiLi A-VIII, 2.5) nachzureichen.	259
	Wird eine ePA durch Telefax eingereicht, so sind auf Aufforderung des im Verfahren zuständigen Organs des EPA innerhalb einer Frist von 2 M als Bestätigungsschreiben Anmeldungsunterlagen nachzureichen, die den Inhalt der durch Telefax eingereichten Unterlagen wiedergeben und der Ausführungsordnung zum EPÜ entsprechen (ABl. EPA 2019, A18).					260
	Wird eine internationale Anmeldung per Fax eingereicht, so ist gleichzeitig das Original, d. h. das Bestätigungsschreiben, zu übersenden, wobei auf dem Fax angegeben werden sollte, dass das Bestätigungsschreiben gleichzeitig separat auf Papier übermittelt wurde (Euro-PCT-Leitfaden 72).					261
	Datenträger					262
	ABl. 2007, SA 3, A5;￼ABl. 2015, A91	Tag an dem das Dokument beim EPA eingeht (und ausgelesen werden kann)	Nein (ABl. 2014, ZP 1, 105-106, RiLi A-III 6.7)	Vollmachten, Urkunden, die im Original einzureichen sind		263
	Den auf elektronischen Datenträgern eingereichten Unterlagen ist ein Anschreiben in Papierform beizufügen, das den Anmelder und/oder seinen Vertreter ausweist, eine Zustellanschrift angibt und die auf dem Datenträger gespeicherten Dateien auflistet (ABl. 2015, A91).					264
	PCT: **ePCT**: Einreichung von Anmeldungen und nachgereichten Schriftstücken (Euro-PCT-Leitfaden 76, 83, ABl. 2014, A107)￼**PCT-SAFE**: für Einreichungen von Anmeldungen (Euro-PCT-Leitfaden 83) – seit 01.07.2020 nicht mehr beim EPA (ABl. 2020, A59)					265

A. Ablauf EP-Anmeldung/Patent

Übersicht: Einreichungsmöglichkeiten - Rechtsgrundlagen und Verfahrensaspekte (Fortsetzung)

	Rechtsnormen	Eingangsdatum	Priounterlagen (Beglaubigte Kopien)	Weitere Ausnahmen	Bestätigung auf Papier
266	**Übergabe/Postweg (Annahmestellen)**				
267	Art. 75 R 2 (1) R 35, RiLi A-II 1.1	Automatische Briefkästen: bei Einwurf Pförtner: Übergabezeitpunkt Normale Briefkästen: Reguläre Öffnungszeiten (z.B. wieder am Montag)	Ja, wenn diese in Papierform erstellt wurden	Vollmachten, Urkunden, die im Original einzureichen sind	
268	Bei den Annahmestellen des EPA in Berlin und München (nur PschorrHöfe, siehe BdP EPA vom 03.01.2017, ABl. EPA 2017, A11) gibt es automatische Briefkästen, die zu jeder Zeit benutzt werden können. Bei den Annahmestellen im Münchner Isargebäude, (seit 1.4.2017 geschlossen) und in Den Haag ist derzeit kein automatischer Briefkasten in Betrieb. Unterlagen können außerhalb der Dienstzeiten beim Pförtner abgegeben werden.				
269	**Übergabe/ Postweg (Zentralbehörde, Behörde eines VS)**				
270	Art. 75 R 2 (1) EPÜ R 35, RiLi A-II 1.1	Eingang bei entsprechender Behörde; vorbehaltlich Regelung Art. 118	nein		
271	ePA (außer TA, siehe RiLi A-IV, 1.3.1, und Anmeldungen nach Art. 61 (1) b), siehe RiLi A IV, 2.5) können auch bei der Zentralbehörde für den gewerblichen Rechtsschutz oder bei anderen zuständigen Behörden eines VS eingereicht werden, wenn das nat. Recht dieses Staats es gestattet (RiLi A-II, 1.7, RiLi A-II, 1.6[19]).				
272	PCT: Auf dem Postweg bei der zuständigen Behörde oder im Notfall beim IB.				

Anregung zu dieser Übersicht von Dr. Jetzfellner

Ablauf EP-Anmeldung/Patent   A.

Übersicht: Einreichungsmöglichkeiten - Dokumente und Formate

	Anmeldung	Sequenzprotokoll	TA	Andere Dokumente	Formate	Unterstützte Verfahren	Rechtsübergänge	Vollmachten	Unterschrift	
Elektronisch Online (ABl. 2018, A45)										
	EPA Online Filing Software (OLF, Online-Einreichung)									273
	Ja (+PCT)	Ja (WIPO ST 25 Format)	Ja (ABl. 2015, A26)	Ja	PDF oder XML Sequenzprotokolle (ST25)	• EP1001 (Antrag auf Erteilung eines eP) • EP1200 (Euro-PCT, Eintritt in die europäische Phase • EP1038 (nachgereichte Unterlagen, einschließlich Einspruchs-, Beschränkungs-, Beschwerde-, Widerrufsverfahren) • Elektronische Prioritätsunterlagen mit anerkannter digitaler Signatur (ABl. 2018, A93, A94) • PCT-Demand (PCT/IPEA/401) • Nachgereichte Unterlagen im PCT-Verfahren • EP OPPO (Einspruch) • PCT/RO/101 (RO-EPA) – Antrag • Einreichung bei verschiedenen nat. Ämtern	Nein (weil diese Urkunden im Original einzureichen sind)	ABl. 2018, A45 und RiLi A-VIII 2.5 sprechen dafür, dass Vollmachten eingereicht werden können	Faksimile-Signatur oder mittels alphanumerischer Signatur oder mittels fortgeschrittener elektr. Signatur	274
	EPA Case Management System (CMS)									275
	Ja (+PCT)	Ja (WIPO ST 25 Format)	Ja (ABl. 2015, A27)	Ja	PDF oder XML Sequenzprotokolle (ST25)	• EP1001 (Antrag auf Erteilung eines eP) • EP1200 (Euro-PCT, Eintritt in die europäische Phase • EP1038 (nachgereichte Unterlagen, einschließlich Anmelde-, Recherchen-, Prüfungs-, Einspruchs-, Beschränkungs-, Beschwerdeverfahren) • Elektronische Prioritätsunterlagen mit anerkannter digitaler Signatur (ABl. 2018, A93, A94) • Nachgereichte Unterlagen im PCT-Verfahren (alle Verfahrensphasen und Unterlagen) • PCT/RO/101 (RO-EPA) – Antrag • Keine Einreichung bei nat. Ämtern • Euro-PCT: 3. JGB (ABl. 2018, A3)	Nein (weil diese Urkunden im Original einzureichen sind)	ABl. 2018, A45 und RiLi A-VIII 2.5 sprechen dafür, dass Vollmachten eingereicht werden können	Faksimile-Signatur oder mittels alphanumerischer Signatur	276

A. Ablauf EP-Anmeldung/Patent

Übersicht: Einreichungsmöglichkeiten - Dokumente und Formate (Fortsetzung)

		Anmeldung	Sequenzprotokoll	TA	Andere Dokumente	Formate	Unterstützte Verfahren	Rechtsübergänge	Vollmachten	Unterschrift
277		**EPA Web-Form Filing Service** (Web Einreichung)								
278	Elektronisch Online (ABl. 2018, A45)	Ja (+PCT)	Ja (als Anhang an das PDF)	Ja (ABl. 2014, A98)	Ja	PDF	• EP1001 (Antrag auf Erteilung eines eP) • EP1200 (Euro-PCT, Eintritt in die europäische Phase) • EP1038 (nachgereichte Unterlagen, **außer** Unterlagen in Bezug auf Einspruchs-, Beschränkungs-, Widerrufs-, Beschwerdeverfahren, Verfahren zur Überprüfung von Entscheidungen der BK durch die GBK) • Nachgereichte Unterlagen im PCT-Verfahren (EPA ist RO/ISA/IPEA) • PCT/RO/101 (RO-EPA) - Antrag • Keine Einreichung bei nationalen Ämtern	Nein (weil diese Urkunden im Original einzureichen sind)	Nein (ABl. 2018, A45; RiLi A-VIII 2.5)	Faksimile-Signatur oder mittels alphanumerischer Signatur

Ablauf EP-Anmeldung/Patent A.

Übersicht: Einreichungsmöglichkeiten - Dokumente und Formate (Fortsetzung)

		Anmeldung	Sequenzprotokoll	TA	Andere Dokumente	Formate	Unterstützte Verfahren	Rechts-übergänge	Vollmachten*	
Elektronisch (Fortsetzung)	Andere Kommunikationskanäle	**Telefax**								279
		Ja	Nein (Papierform freiwillig; elektronische Form muss eingereicht werden)	Ja (RiLi A-IV 1.3.1)	Ja	-	Alle Verfahrens-aspekte	Nein (weil diese Urkunden im Original einzureichen sind)	Nein; RiLi A-VIII 2.5	280
		Datenträger								281
		Ja (+PCT)	Ja (WIPO ST 25 Format)	Ja (ABl. 2018, ZP 1, 93 ff.)	Ja (RiLi A-VIII 2.5)	WIPO ST 25 Format; CD-R (ISO 9660), DVD+R und DVD-R	Nur Einreichung der Anmeldung	Nein	Nein	282
		Den auf elektronischen Datenträgern eingereichten Unterlagen ist ein Anschreiben in Papierform beizufügen, das den Anmelder und/oder seinen Vertreter ausweist, eine Zustellanschrift angibt und die auf dem Datenträger gespeicherten Dateien auflistet.								283
		PCT: **ePCT**: Einreichung von Anmeldungen und nachgereichten Schriftstücken (Euro-PCT-Leitfaden 76, 83, ABl. 2014, A107) **PCT-SAFE**: für Einreichungen von Anmeldungen (Euro-PCT-Leitfaden 83) – seit 01.07.2020 nicht mehr beim EPA (ABl. 2020, A59)								284
Analog		**Übergabe/Postweg (Annahmestellen)**								285
		Ja (+PCT)	Nein (Papierform freiwillig; elektronische Form muss eingereicht werden)	Ja (RiLi A-IV, 1.3.1)	Ja	-	Alle Verfahrens-aspekte	Ja	Ja oder direkte Vorlage beim EPA	286
		Übergabe/ Postweg (Zentralbehörde, Behörde eines VS)								287
		Ja	Nein (Papierform freiwillig; elektronische Form muss eingereicht werden)	Nein	Nein	-	Nur Einreichung der Anmeldung	Nein	Nein	288
		PCT: Auf dem Postweg bei der zuständigen Behörde oder im Notfall beim IB.								289

* Vertreter kann die Übertragung oder das Erlöschen einer Vertretung elektronisch über den MyFiles-Dienst mitteilen (siehe BdP EPA vom 26.04.2012, ABl. EPA 2012, 352).

Anregung zu dieser Übersicht von Dr. Jetzfellner

A. Ablauf EP-Anmeldung/Patent

290	**Spezielle Handlungen bei der Einreichung einer Anmeldung**		
291	**Art. 79: Benennung der Vertragsstaaten seit 01.04.2009**		
	Verfahrenshandlung	Rechtsnormen	Details und Fälligkeit
292	**Voraussetzung**	Art. 79	Benennung ist nur möglich für Staaten, die bereits am Tag der Anmeldung VS des EPÜ sind.
293		↳ J 30/90	Euro-PCT: Die am Tag der PCT-Anmeldung gleichzeitig VS des EPÜ und des PCT sind.
294		↳ J 14/90 ↳ J 18/90	Keine Nachholung. Sonderregelung: Wird Anmeldung innerhalb von 1 M vor Inkrafttreten eines neuen VS eingereicht, kann Anmelder beantragen, dass AT auf Tag des Inkrafttretens festgelegt wird.
295	**Benennung der VS**	Art. 79 (1)	**Grundsätzlich** durch Antrag auf Erteilung gelten **alle VS als benannt**, pauschale Benennungsgebühr (ABl. 2008, 513).
296	RiLi A-III, 11	Art. 59	Bei mehreren Anmeldern auch Benennung verschiedener VS für jeden Anmelder möglich
297	**Benennung EP über PCT**	R 4.9 a) PCT	Die Einreichung eines Antrags umfasst die Bestimmung aller VS des PCT (Streichung von DE, KR und JP möglich), blockweise Bestimmung aller EPÜ-VS in Feld V des PCT-Erteilungsantrags (Streichung möglich, aber nicht zu empfehlen).
297a	**„Brexit"** **MdEPA v. 29.01.2020**: Der Status des Vereinigten Königreichs als VS des EPÜ bleibt vom Austritt aus der EU unberührt. Art. 65, ABl. 2020, A19 - G.44a		

	Verfahrenshandlung	Rechtsnormen Rechtsprechung	Details und Fälligkeit	Unmittelbare Folgen eines Mangels, Mängelbeseitigung, Fristen
299	**Zurücknahme Benennung einzelner VS**	Art. 79 (3) R 39 RiLi A-III, 11.2.4	Ein oder mehrere Anmelder können **Benennungen** bei der Einreichung der ePA **zurücknehmen** (keine Rückerstattung von Benennungsgebühr). Die Benennung eines VS kann bis zur Erteilung zurückgenommen werden.	**Art. 79 (3)** iVm **R 39 (2)**: Die Zurücknahme aller VS gilt als Zurücknahme der ePA (↳ G 4/98). Zurückgenommene Benennungen können durch eine fristgerechte Zahlung der Benennungsgebühr nicht reaktiviert werden. RiLi G-IV, 5.1.1: Zurücknahme einer Benennung nach dem Veröffentlichungstag berühren die Anwendung des Art. 54 (3) nicht.
300		↳ J 11/91 ↳ J 16/91	Ausnahme nur, wenn die Anmeldung am Tag der Zahlung nicht mehr anhängig ist oder keinen AT erhalten hat, da Rechtsgrund zur Zahlung fehlt.	
301		R 15	Benennung darf nicht mehr zurückgenommen werden, wenn Dritter nachweist, dass er ein Verfahren zur Geltendmachung eines Anspruchs auf die Erteilung eingeleitet hat (**Art. 61** - Anmeldung durch Nichtberechtigte).	
302		↳ G 4/98	AT bleibt auch dann erhalten, wenn alle Benennungen zurückgenommen werden und damit die Anmeldung nach **Art. 79 (3)** wegen Nichtzahlung der Benennungsgebühr als zurückgenommen gilt.	
303	**RiLi A-III, 11.3** (für eP- und Euro-PCT-Anmeldungen, die vor dem 01.04.2009 eingereicht wurden)			

Ablauf EP-Anmeldung/Patent A.

Benennung (Fortsetzung)						
Verfahrenshandlung	Rechts-normen	Details und Fälligkeit	Unmittelbare Folgen eines Mangels, Mängelbeseitigung, Fristen	Rechtsfolge bei Nichtbeseitigung von Mängeln oder Fristversäumnis	Weiterbehandlungs-/Wiedereinsetzungs-Möglichkeit	
Benennungs-gebühr	Art. 2 (1) Nr. 3 GebO	610 € **pauschale** Benennungsgebühr				304
Benennungs-gebühr für **EP-Anmeldung**	Art. 79 (2) R 39 Art. 2 (1) Nr. 3 GebO	**Art. 79 (2), R 39 (1):** Innerhalb von 6 M nach Hinweis auf Veröffentlichung des RB. Frühester Zeitpunkt für Fristablauf ist 24 M ab AT bzw. PT (= 18 M (Art. 93 (1)) + 6 M bzw. wenn der Anmelder Veröffentlichung gemäß Art. 93 (1) b) früher beantragt, ist R 69 zu beachten → EPA teilt dem Anmelder früheren Tag mit und weist ihn auf die Fristen der R 70 (1), Art. 94 (2), R 70a (1) hin (siehe RiLi C-II, 4)		Keine B.-Gebühr entrichtet: **R 39 (2):** Anmeldung gilt als zurückgenommen (↳ G 4/98) Mitteilung nach **R 112 (1)**	**WB (+)**, nach Art. 121 (1) iVm R 135 (1) **WE (−)**, da durch Art. 122 iVm R 136 (3) ausgenommen	305
Benennungs-gebühr für **Euro-PCT-Anmeldung**, Eintritt in reg. Phase + ggf. Erstreckungs-gebühr	R 159 (1) d)	**R 159 (1) d):** Innerhalb von 31 M ab AT bzw. PT, wenn die Frist von 6 M nach **R 39 (1)** früher abläuft.		Keine B.-Gebühr entrichtet: **R 160 (1):** Anmeldung gilt als zurückgenommen. ↳ G 4/98 gilt entsprechend.	**WB (+)**, nach Art. 121 (1) iVm R 135 (1) **WE (+)**, nach Art. 22 PCT iVm R 49.6 PCT	306

A. Ablauf EP-Anmeldung/Patent

307	**Erstreckung**		
308	**Erstreckung gemäß Erstreckungsabkommen** (siehe Spezialtabelle Q »Vertragsstaatenübersicht«) siehe Durchführungsvorschriften, zu **Art. 79** S/S Art. 79 Rd 41 ff. (**RiLi A-III, 12**) Erstreckung: Nach nationalem Recht hat eP die Wirkung eines nat. Patents (eP wird nach **Art. 97 (1)** mit Wirkung für den benannten Staat erteilt), Erstreckungsstaaten (Stand 10/2017): BA (seit 1.12.2004), ME (seit 1.3.2010) Ehemalige Erstreckungsstaaten: Slowenien, Rumänien, Litauen, Lettland, Kroatien, Mazedonien, Albanien, Serbien		
309	**Automatische Erstreckung**	Durch vorgedruckten Text in Feld 33.1 des Erteilungsantrags (Formular 1001); Voraussetzung: Erstreckungsstaat muss zum Zeitpunkt der Anmeldung (PCT oder EP) bereits Erstreckungsstaat gewesen sein (RiLi A-III, 12.1). Behandlung Erstreckung wie Benennung.	
310	**Erstreckungsgebühren** siehe H.37	Entrichtung je Staat innerhalb von 6 M ab Veröffentlichung des RB, mit 50 % Zuschlag noch bis 2 M nach Ablauf der Grundfrist. Rechtsverlustmitteilung nach R 112 nur in Verbindung mit Rechtsverlust in Bezug auf Benennungsgebühren (RiLi A-III, 12.2). Erstreckungsgebühren je Staat (BA, ME) 102 € (gemäß ABl. 2004, 619, Nachfrist ABl. 2009, 603) Feiertagsregelung ist auch bei Erstreckungsgebühr anzuwenden.	**WB (+)**, nach Art. 121, R 135 (zusammen mit Benennungsgebühr RiLi A-III, 12.2) **WE (–)**, nach Art. 122, R 136 nicht möglich
311	**Besonderheiten und Rechtsprechung**		
		Rechtsprechung	Details und Fälligkeit
312	Erstreckungsverordnung	J 14/00	Maßgebend für Ersteckung eP ist Erstreckungsverordnung (EV) mit jeweiligem Land. Das EPÜ kommt nur zur Anwendung, wenn dies in der EV ausdrücklich vorgesehen ist. Berichtigung von Erstreckungenn gemäß **R 139 nicht** möglich, da dies in den Erstreckungsvereinbarungen nicht geregelt ist.
313	Rechtsbehelfe	MdP 94, S. 75-80	Keine Rechtsbehelfe vor EPA gegen die Feststellung der nicht wirksamen Erstreckung bspw. bei verspäteter oder nicht ausreichender Gebühr.
314	Nachfrist (seit 01.01.2010)	ABl. 2009, 603	2 M Nachfrist zur Entrichtung der Erstreckungsgebühr und 50 % Zuschlag, Feiertagsregelung ist auch bei Nachfrist der Erstreckungsgebühr anzuwenden.

Ablauf EP-Anmeldung/Patent A.

Validierung von ePA, EURO-PCT-Anmeldungen und eP RiLi A-III, 12 - siehe H.38				315
Eine Validierung stellt eine Erstreckung von ePA und Euro-PCT-Anmeldungen auf europäische und außereuropäische Staaten dar, mit denen ein Validierungsabkommen in Kraft getreten ist. Hierzu ist vom Anmelder ein Antrag zu stellen und eine vorgeschriebene Gebühr zu entrichten (RiLi A-III, 12). Voraussetzung: Am AT muss Validierungsabkommen in Kraft sein.				316
Verfahrenshandlung	Details und Fälligkeit	Unmittelbare Folgen eines Mangels, Mängelbeseitigung, Fristen	Weiterbehandlungs-/ Wiedereinsetzungs-Möglichkeit	
Validierung in Marokko MdEPA 21.01.2015 BdP vom 05.02.2015 (ABl. 2015, A18, A19, A20, ABl. 2016, A5) Seit 01.03.2015 ist die Validierung der ePA und eP in Marokko (MA) möglich	Die Validierungsgebühr beträgt **240 EUR**. Fällig innerhalb 6 M nach Hinweis auf Veröffentlichung Recherchenbericht ODER innerhalb Frist, in der erforderliche Handlungen für internationale Anmeldungen in europäischer Phase vorzunehmen sind.	Nachfrist von 2 M nach Ablauf der Grundfrist, inkl. Zuschlagsgebühr (50 % des Gebührenbetrags) Wird die Validierungsgebühr nicht rechtzeitig entrichtet, so gilt der Validierungsantrag als zurückgenommen.	Nur bei Nichtzahlung Benennungsgebühr: **WB (+)**, 2 M nach Mitteilung nach R 112 inkl. Zuschlagsgebühr (50 %) MdEPA vom 05.02.2015 (ABl. 2015, A19) **WE (–)**, da durch Art. 122 iVm R 136 ausgenommen	317
Validierung in der Republik Moldau MdEPA 09.10.2015 BdP vom 01.10.2015 (ABl. 2015 A84, ABl. 2016, A67) Seit 01.11.2015 ist die Validierung der ePA und eP in der Republik Moldau (MD) möglich	Die Validierungsgebühr beträgt **200 EUR**. Fällig innerhalb 6 M nach Hinweis auf Veröffentlichung Recherchenbericht ODER innerhalb Frist, in der erforderliche Handlungen für internationale Anmeldungen in europäischer Phase vorzunehmen sind.	Nachfrist von 2 M nach Ablauf der Grundfrist, inkl. Zuschlagsgebühr (50 % des Gebührenbetrags) Wird die Validierungsgebühr nicht rechtzeitig entrichtet, so gilt der Validierungsantrag als zurückgenommen. Umwandlungsantrag innerhalb 3 M möglich (siehe ABl. 2016, A67).	Nur bei Nichtzahlung Benennungsgebühr: **WB (+)**, 2 M nach Mitteilung nach R 112 inkl. Zuschlagsgebühr (50 %) MdEPA vom 05.02.2015 (ABl. 2015, A19) **WE (–)**, da durch Art. 122 iVm R 136 ausgenommen	318
Validierung in Tunesien BdP vom 11.10.2017 (ABl. 2017, A85) Seit 01.12.2017 ist die Validierung der ePA und eP und Tunesien (TN) möglich	Die Validierungsgebühr beträgt **180 EUR**. Fällig innerhalb 6 M nach Hinweis auf Veröffentlichung Recherchenbericht ODER innerhalb Frist, in der erforderliche Handlungen für internationale Anmeldungen in europäischer Phase vorzunehmen sind.	Nachfrist von 2 M nach Ablauf der Grundfrist, inkl. Zuschlagsgebühr (50 % des Gebührenbetrags) Wird die Validierungsgebühr nicht rechtzeitig entrichtet, so gilt der Validierungsantrag als zurückgenommen.	Nur bei Nichtzahlung Benennungsgebühr: **WB (+)**, 2 M nach Mitteilung nach R 112 inkl. Zuschlagsgebühr (50 %) MdEPA vom 05.02.2015 (ABl. 2015, A19) **WE (–)**, da durch Art. 122 iVm R 136 ausgenommen	319

A. Ablauf EP-Anmeldung/Patent

Validierung von ePA, EURO-PCT-Anmeldungen und eP (Fortsetzung)			
Verfahrenshandlung	Details und Fälligkeit	Unmittelbare Folgen eines Mangels, Mängelbeseitigung, Fristen	Weiterbehandlungs-/ Wiedereinsetzungs-Möglichkeit
320 **Validierung im Königreich Kambodscha** BdP vom 07.02.2018 (ABl. 2018, A15, A16) Seit 01.03.2018 ist die Validierung der ePA und eP in Kambodscha (KH) möglich	Die Validierungsgebühr beträgt **180 EUR**. Fällig innerhalb 6 M nach Hinweis auf Veröffentlichung Recherchenbericht ODER innerhalb Frist, in der erforderliche Handlungen für internationale Anmeldungen in europäischer Phase vorzunehmen sind.	Nachfrist von 2 M nach Ablauf der Grundfrist, inkl. Zuschlagsgebühr (50 % des Gebührenbetrags) Wird die Validierungsgebühr nicht rechtzeitig entrichtet, so gilt der Validierungsantrag als zurückgenommen.	Nur bei Nichtzahlung Benennungsgebühr: **WB (+)**, 2 M nach Mitteilung nach R 112 inkl. Zuschlagsgebühr (50 %) MdEPA vom 05.02.2015 (ABl. 2015, A19) **WE (–)**, da durch Art. 122 iVm R 136 ausgenommen
321	Nach geltendem Patentgesetz sind in Kambodscha Arzneimittel vom Patentschutz ausgenommen (WTO-Ausnahmeregelung: Möglichkeit für die am wenigsten entwickelten Länder (LDCs) auf die Erteilung und Durchsetzung von gewerblichen Schutzrechten auf Arzneimittel bis 2033 zu verzichten) → gilt auch für zu validierende eP auf Arzneimittel. Schutzmöglichkeit mittels »Mailbox-System« (Artikel 70.8 TRIPS). (ABl. 2018, A16)		

Besonderheiten und Rechtsprechung		
	Details	
321a RiLi A-III, 12.1	Erstreckungs- und Validierungsabkommen sind bilaterale internationale Verträge, die zwischen der EPO und einem Staat geschlossen werden. Im Hoheitsgebiet des betreffenden Staats beruhen die Wirkungen einer ePA, für die ein Erstreckungs- oder Validierungsantrag gestellt wurde, oder eines eP, das in dem Erstreckungs- oder Validierungsstaat validiert wurde, auf dem nationalen Recht. **Die Bestimmungen des EPÜ, seiner Ausführungsordnung und der Gebührenordnung gelten für die Erstreckungs- und Validierungssysteme nicht** bzw. nur insoweit, als dies in den anwendbaren nationalen Rechtsvorschriften vorgesehen ist. Folglich stehen die im EPÜ für Anmelder **vorgesehenen Rechtsbehelfe und Beschwerdemöglichkeiten** bei allen Handlungen des EPA im Rahmen des Erstreckungs- oder Validierungsverfahrens **nicht zur Verfügung** (siehe J 14/00, J 4/05, J 22/10), z. B. bei nicht fristgerechter Entrichtung der Erstreckungs- oder Validierungsgebühr (siehe RiLi A-III, 12.2). Ebenso wenig können andere Patentansprüche, eine andere Beschreibung oder andere Zeichnungen für die Erstreckungs- oder Validierungsstaaten eingereicht werden (siehe RiLi H-III, 4.4), denn für diese Staaten gilt **R 138** nicht.	

Ablauf EP-Anmeldung/Patent A.

Hinterlegung biologischen Materials
RiLi A-IV, 4, RiLi F-III, 6

Verfahrenshandlung	Rechts-normen	Details und Fälligkeit	Unmittelbare Folgen eines Mangels, Mängel-beseitigung, Fristen	Rechtsfolge bei Nicht-beseitigung von Mängeln oder Fristversäumnis	Weiterbehandlungs-/Wiedereinsetzungs-Möglichkeit
Hinterlegung biologischen Materials Zu Erfordernissen betreffend Nucleotid- und Aminosäure-sequenzen siehe A.58 S/S Art. 83 Rd 66 ff., 72 ff.	Art. 83 R 31	Hinterlegung muss nach **R 31 (1) a-d)** am AT bzw. PT erfolgt sein, da Teil der Offenbarung (↳**T 107/09**) ↳**G 2/93:** Frist zur Angabe eines Aktenzeichens einer hinterlegten Kultur	**R 31 (2):** Fehlende Angaben nach **R 31 (1) c), d)**, Nachfrist bis a) spätestens 16 M ab AT bzw. PT oder b) Antrag auf Veröffentlichung nach Art. 93 (1) b) oder c) innerhalb 1 M nach Mitteilung auf Akteneinsicht Art. 128	**R 31 (1):** Erfindung gilt gemäß **Art. 83** als nicht offenbart. RiLi F-III, 6.3	**WB (–)**, da durch Art. 121 (4) iVm R 135 (2) ausgenommen **WE (–)**, Art. 122 nicht anwendbar, da ein Offen-barungsmangel nicht mit WE behoben werden kann (siehe ABl. 2010, 498).
Herausgabe des biologischen Materials an Dritte	Art. 83 R 33	Vom Tag der VÖ der ePA an ist das nach Maßgabe der R 31 hinterlegte biologische Material durch jedermann und vor diesem Tag demjenigen möglich, der das Recht auf Akteneinsicht hat (R 33 (1)). Herausgabe erfolgt nur, wenn der Antragsteller sich verpflichtet hat, das biologische Material oder davon abgeleitetes Material keinem Dritten zugänglich zu machen (R 33 (2)).			
Herausgabe einer Probe an Sachverständige RiLi A-IV, 4.3 ABl. 2017, A55, A61	Art. 83 R 32	Anmelder kann EPA bis zum Abschluss der technischen Vorbereitung (5 W vor Ablauf 18. M nach AT oder PT) für die VÖ der ePA mitteilen, dass das biologische Material nur einem benannten Sachverständigen zugänglich gemacht wird, - bis Hinweis auf Erteilung des eP, - für 20 Jahre ab AT, falls diese zurückgewiesen oder zurückgenommen wird oder als zurückgenommen gilt. Verzeichnis der anerkannten mikrobiologischen Sachverständigen: ABl. 1992, 470			
		Gemäß MdEPA vom 10.07.2017 über die Änderung der R 32 und R 33 (Sachverständigenlösung): unabhängiger Sachverständiger (ab 01.10.2017). Als Sachverständiger kann jede natürliche Person benannt werden, sofern sie die vom Präsidenten des EPA festgelegten Anforderungen und Verpflichtungen erfüllt. Zusammen mit der Benennung ist eine Erklärung des Sachverständigen einzureichen, wonach er sich verpflichtet, die Anforderungen und Verpflichtungen zu erfüllen, und ihm keine Umstände bekannt sind, die geeignet wären, begründete Zweifel an seiner Unabhängigkeit zu wecken, oder die seiner Funktion als Sachverständiger anderweitig entgegenstehen könnten.			
Erneute Hinterlegung des biologischen Materials	Art. 83 R 34	Erneute Hinterlegung, fall hinterlegtes biologisches Material bei der anerkannten Hinterlegungsstelle nicht mehr zugänglich (sowohl aus Gründen des ursprünglich hinterlegten biologischen Materials als auch der Hinterlegungsstelle), innerhalb von 3 M nach Unterrichtung des Hinterlegers. Übermittlung einer Kopie der Empfangsbescheinigung unter Angabe der Nummer des ePA oder des eP innerhalb von 4 M nach dem Tag der Hinterlegung ans EPA → Unterbrechung der Zugänglichkeit gilt als nicht eingetreten.			

A. Ablauf EP-Anmeldung/Patent

328 | Unschädliche Offenbarung/Ausstellungsschutz
Art. 55, RiLi G-V

	Verfahrenshandlung	Rechtsnormen	Details und Fälligkeit			
329	**6-Monate »vor Einreichung«** JP: 6 M US: 12 M	Art. 55 (1)	**Offenbarung** bleibt für Anwendung des **Art. 54** außer Betracht, wenn sie nicht früher als **6 M vor Einreichung der ePA** zurückgeht auf a) **offensichtlichen Missbrauch** zum Nachteil des Anmelders oder Rechtsnachfolgers **(RiLi G-IV, 7.2.2)** oder b) Offenbarung auf **amtlich anerkannter Ausstellung**.			
330		↳ G 3/98 ↳ G 2/99	6 M nach **Art. 55 (1)** ist der Tag der Einreichung der (Nach-)Anmeldung der ePA maßgebend. Der PT ist für die Berechnung nicht heranzuziehen, außer wenn es sich um die Prioanmeldung handelt, Schonfrist verhindert nicht das Entstehen nationaler Vorbenutzungsrechte.			
331		↳ T 173/83 ↳ T 436/92	Missbrauchsabsicht (vorsätzlich, wissentlich, vermutend)			
332		↳ T 585/92	Kein offensichtlicher Missbrauch bei versehentlicher Veröffentlichung einer Anmeldung, die damit zum SdT wird.			
	Verfahrenshandlung	Rechtsnormen	Details und Fälligkeit	Unmittelbare Folgen eines Mangels, Mängelbeseitigung, Fristen	Rechtsfolge bei Nichtbeseitigung von Mängeln oder Fristversäumnis	Weiterbehandlungs-/Wiedereinsetzungs-Möglichkeit
333	**Angabe, dass Erfindung auf amtlicher oder amtlich anerkannter Ausstellung zur Schau gestellt wurde**	Art. 55 (2)	**Art. 55 (2) iVm (1) b):** Bei Einreichung der Anmeldung **innerhalb 6 M ab Ausstellung** **PCT: R 4.17 v) PCT iVm R 51bis.1 a) v):** Bei Einreichung der PCT-Anmeldung im PCT-Antrag		Offenbarung ist nicht unschädlich	**WB (–)** **WE (–)** keine Amtsfrist
334	**Bescheinigung vom Aussteller** RiLi A-IV, 3	Art. 55 (2) R 25	**R 25:** **Innerhalb 4 M nach Einreichung** **Euro-PCT: R 159 (1) h):** Innerhalb 31 M ab AT/PT	Bei Mängeln in der Bescheinigung, Beseitigung innerhalb der eingeräumten Frist von 4 M RiLi A-IV, 3.2	Offenbarung ist nicht unschädlich	**WB (+)**, nach Art. 121 iVm R 135 Mängelbeseitigung der Bescheinigung (RiLi A-IV, 3.2) **WE (–)**, da durch Art. 122 iVm R 136 ausgenommen
335	📖 S/S Art. 55 Rd 5 ff.: 6 M sind keine echte Frist: keine Feiertagsregelung, keine WB oder WE					

Ablauf EP-Anmeldung/Patent A.

Europäischer Recherchenbericht			336
Maßgeblicher SdT	Siehe 📄 A.121 ff. für die allgemeinen Voraussetzungen für eine ePA		337
Verfahrenshandlung	Rechtsnormen	Details und Fälligkeit	
Erstellung des europäischen Recherchenberichts RiLi B-III, 3.1	Art. 92	RB wird bei Feststellung des AT nach **Art. 80** auf Grundlage der PA unter angemessener Berücksichtigung der Beschreibung und der Zeichnungen erstellt, wenn ePA nicht nach **Art. 90 (3)** als zurückgenommen gilt.	338
	R 61 (1)	Inhalt des europäischen RB → Schriftstücke zur Beurteilung Neuheit und erfinderischer Tätigkeit.	339
	Art. 92 iVm R 65	Europäischer RB wird unmittelbar nach seiner Erstellung dem Anmelder übersandt.	340
	R 137 (1)	**Keine Änderungen** an der ePA durch den Anmelder **vor Erhalt** des europäischen RB.	341
	R 137 (2)	In Erwiderung auf Mitteilung nach **R 70a (1), (2)** oder **R 161 (1)** kann Anmelder von sich aus **Beschreibung, Patentansprüche und Zeichnungen ändern**.	342
	R 70a	Anmelder muss auf Stellungnahme zum EESR innerhalb Frist nach **R 70 (1)** von **6 M nach Hinweis auf Veröffentlichung des RB** reagieren, sonst gilt Anmeldung als zurückgenommen.	343
	R 161 bei Euro-PCT	Analog zu **R 70a**, wenn EPA = ISA war, dann Frist 6 M nach Mitteilung nach R 161 (1), Stellungnahme bei Mängeln obligatorisch, sonst freiwillig (seit 01.05.2011, vom 01.04.2010 bis 30.04.2011: Frist 1 M)	344
	R 62a (1) RiLi B-VIII, 4	Ist das EPA der Auffassung, dass die Patentansprüche in der ursprünglich eingereichten Fassung **R 43 (2)** nicht entsprechen, so fordert es den Anmelder auf, innerhalb einer Frist von 2 M die **R 43 (2)** entsprechenden Patentansprüche anzugeben, auf deren Grundlage die Recherche durchzuführen ist. Teilt der Anmelder diese Angabe nicht rechtzeitig mit, so wird die Recherche auf der Grundlage des ersten Patentanspruchs in jeder Kategorie durchgeführt.	345
	R 62a (2)	Die Prüfungsabteilung fordert den Anmelder auf, die Patentansprüche auf den recherchierten Gegenstand zu beschränken, es sei denn, sie stellt fest, dass der Einwand nach Absatz 1 nicht gerechtfertigt war. Nur ein unabhängiger Anspruch pro Kategorie wird recherchiert, Ausnahmen R 43 (2), RiLi B-VIII, 4.1, RiLi H-II, 5, RiLi H-II, 6.1, RiLi F-IV, 3.3. → Bei zusätzlicher Uneinheitlichkeit: Aufforderung nach R 64 bzw. R 164 (**RiLi B-VIII, 4.5**), siehe auch 📄 A.31, 📄 A.208.	346
		RiLi B-VIII, 4.2.2	Gibt der Anmelder in seiner Erwiderung auf die Aufforderung nach R 62a (1) einen unabhängigen Anspruch einer bestimmten Kategorie an, den das EPA recherchieren soll, so führt das EPA die Recherche auf der Grundlage dieses Anspruchs durch.	346a
			In seiner Erwiderung auf diese Aufforderung darf der Anmelder auch mehrere unabhängige Ansprüche der gleichen Kategorie angeben, wenn sie unter die in R 43 (2) vorgesehenen Ausnahmen fallen (siehe RiLi F-IV, 3.2). Macht der Anmelder von dieser Regel Gebrauch, aber das EPA stellt fest, dass die angegebenen Ansprüche nicht unter die in R 43 (2) vorgesehenen Ausnahmen fallen, so wird jedoch nur der unabhängige Anspruch recherchiert, der die niedrigste Nummer der vom Anmelder angegebenen Ansprüche hat.	346b
	R 63	Erklärung innerhalb einer Frist von 2 M bei unvollständiger oder nicht sinnvoller Recherche → bei zusätzlicher Uneinheitlichkeit: Aufforderung nach R 64 bzw. R 164 (**RiLi B-VIII, 3.4**).	347
	R 66	Der endgültige Inhalt der Zusammenfassung wird dem Anmelder mit dem RB übersandt.	348

A. Ablauf EP-Anmeldung/Patent

	Europäischer Recherchenbericht (Fortsetzung)		
	Verfahrenshandlung	Rechtsnormen	Details und Fälligkeit
349	**Erstellung des europäischen Recherchenberichts** RiLi B-III, 3.1 (Fortsetzung)	MdEPA vom 03.03.17 (ABl. 2017, A20) RiLi B-VII, 1.2	Seit dem 01.04.2017 übermittelt das EPA den Anmeldern eine vorläufige Stellungnahme zur Patentierbarkeit der in den Ansprüchen zuerst genannten Erfindung oder einheitlichen Gruppe von Erfindungen. Diese ergeht zusammen mit der Aufforderung zur Entrichtung weiterer/zusätzlicher Recherchengebühren und den Ergebnissen der Teilrecherche. Bereitgestellt wird zusätzliche Dienstleistung für europäische Direktanmeldungen, für Euro-PCT-Anmeldungen, zu denen eine ergänzende europäische Recherche nach R 164 (1) durchgeführt wird, und für Anmeldungen, bei denen der Anmelder auf die Mitteilung nach R 70 (2) verzichtet hat. Sie wird auch für internationale Anmeldungen erbracht, bei denen das EPA als ISA tätig ist.
350		RiLi B-III, 3.4	Werden Anspruchgebühren nach **R 45 (3)** oder **R 162 (4)** nicht gezahlt, werden diese Ansprüche nicht recherchiert.
351		RiLi B-II, 4.2	Zusätzliche europäische Recherchen
352	**Teil-Recherchenbericht** RiLi B-VII, 1.1 RiLi B-XI, 5 RiLi F-V, 4.4[19]	Art. 82, R 64 (1) R 164	Art. 82, R 64 (1), R 164: Teil-RB **für zuerst erwähnte Erfindung**, weitere Recherchengebühr bei **mangelnder Einheitlichkeit** (A.31): **Frist** zur Zahlung 2 M (keine WB nach R 135 (2)) → kein Verzicht auf die anderen, nicht recherchierten Gegenstände. (**RiLi C-III, 2.3, RiLi H-II, 7**, ↳T 87/88, ↳**G 2/92**, S/S Art. 92 Rd 98 ff.)
352a		RiLi B-VII, 1.2.1 a)	Wenn der Anmelder innerhalb der gesetzten Frist **keine weiteren Recherchengebühren** entrichtet, wird keine weitere Recherche durchgeführt und der Teilrecherchenbericht wird zum endgültigen Recherchenbericht, dem eine Stellungnahme zur Recherche beiliegt.
352b		RiLi B-VII, 1.2.1 b)	Wenn der Anmelder innerhalb der gesetzten Frist **weitere Recherchengebühren entrichtet**, wird die Recherche für alle Erfindungen oder Gruppen von Erfindungen zu Ende geführt, für die die zusätzlichen Recherchengebühren entrichtet worden sind. Der endgültige Recherchenbericht wird dann für alle Erfindungen erstellt, für die (zusätzliche) Recherchengebühren entrichtet wurden. In der Stellungnahme zur Recherche sollte auf alle Punkte eingegangen werden, in denen die Anmeldung in Bezug auf die Erfindungen, für die zusätzliche Recherchengebühren entrichtet wurden, die Bestimmungen des EPÜ nicht erfüllt (Beispiel: Erfindung 1 wurde recherchiert, und der Anmelder hat eine zusätzliche Recherchengebühr für Erfindung 3 entrichtet. Der Gegenstand von Erfindung 3 ist nicht neu. Somit befasst sich die Stellungnahme zur Recherche mit Erfindung 1 und erhebt Einwendungen zur mangelnden Neuheit des Gegenstands von Erfindung 3).
353		RiLi C-IX, 1.2	TA möglich (Rückzahlung ggf. nach **R 64 (2)** auf Antrag im Prüfungsverfahren, Entscheidung der Prüfungsabteilung beschwerdefähig)
354		↳T 1343/09	**Antrag auf Rückerstattung der Recherchegebühren (RiLi C-III, 3.3)** muss vor der Prüfungsabteilung gestellt werden.
355		RiLi B-VII, 2.2	Vollständige Recherche, falls ohne zusätzlichen Arbeitsaufwand möglich; dann keine zusätzliche Recherchengebühr; jedoch Einwand der Uneinheitlichkeit weiterhin anhängig

Ablauf EP-Anmeldung/Patent A.

Europäischer Recherchenbericht (Fortsetzung)			
Verfahrenshandlung	Rechtsnormen	Details und Fälligkeit	
Teil-Recherchenbericht (Fortsetzung) RiLi B-VII, 1.1 RiLi B-XI, 5	RiLi B-VII, 1.2.1	Bei Teilnahme am **automatischen Abbuchungsverfahren** muss dem EPA innerhalb der **Frist** von 2 M mitgeteilt werden, dass für keine oder einige der weiteren Erfindungen recherchiert werden soll. Ansonsten werden **alle weiteren fälligen Recherchengebühren** am letzten Tag der Frist **automatisch abgebucht**.	356
	RiLi C-IV, 7.2	Hält der Prüfer die ePA entgegen dem RB für einheitlich, wird ohne Gebühr nachrecherchiert.	357
	RiLi B-I, 2.2.2	Weitere Recherchen zu einer nicht einheitlichen ePA auf einem anderen technischen Gebiet.	358
	MdEPA vom 03.03.2017 über die Abgabe einer vorläufigen Stellung-nahme als Anhang zum Ergebnis der Teil-recherche	Seit 1.4.2017 ergeht eine vorläufige Stellungnahme zur Patentierbarkeit der in den Ansprüchen zuerst genannten Erfindung (oder einheitlichen Gruppe von Erfindungen) zusammen mit der Aufforderung zur Entrichtung weiterer/zusätzlicher Recherchengebühren und den Ergebnissen der Teilrecherche ergehen (R 64 (1) und 164 (1) a) EPÜ bzw. Art. 17 (3) a) PCT). Erwiderung ist nicht erforderlich und wird nicht bei Erstellung des EESR berücksichtigt (Abl 2017, A20)	358a
Besondere Verfahren	PACE	»Programme for Accelerated Prosecution of European patent applications« Schriftlicher Antrag auf beschleunigte Prüfung / Recherche im Rahmen des Programms zur beschleunigten Bearbeitung ePA (PACE) (siehe MdEPA vom 30.11.2015, ABl. 2015 A93 und RiLi E-VIII, 4). Siehe Spezialtabelle I »Beschleunigung«, (S/S Art. 92 Rd 33 ff.)	359
	EESR/EERB	»Extended European Search Report« (S/S Art. 92 Rd 18 ff.) Erweiterter europäischer Recherchenbericht, siehe A.336 ff.	360
	ECfS	»Early Certainty from Search« (seit Juli 2014 - S/S Art. 92 Rd 37 ff.) (Selbst-)Verpflichtung des EPAs, Recherchenberichte und schriftlichen Stellungnahmen zur Patentierbarkeit innerhalb von 6 M nach der Einreichung zu erstellen, Erteilung von bereits laufenden Prüfungsverfahren abzuschließen, sobald eine positive Stellungnahme zur Recherche ergangen ist, Beschleunigung von (nicht anonymen) substantiierten Einwendungen Dritter, vorrangige Bearbeitung von Einsprüchen und Anträgen auf Beschränkung oder Widerruf.	361
	BEST	»Bringing Examination and Search Together« Zusammenführung der Durchführung der Recherche und Prüfung (vormals in Den Haag und München getrennt)	362
	Recherche intern. Art	Recherche für nationales Amt, ähnlich zu einem ISR, durchgeführt durch EPA als zuständige ISA der EPÜ-VS – Art. 15 (5) a, c), Art. 16 PCT, Art. 10, Art. 3 (1) GebO, Art. 8 Vereinbarung EPA/WIPO (ABl. EPA 2007, 617) 1205 € für Erstanmeldungen; 1890 € in allen anderen Fällen – Abl. 2016, A4	363

A. Ablauf EP-Anmeldung/Patent

Europäischer Recherchenbericht (Fortsetzung)					

364	**Erweiterter europäischer Recherchenbericht**
	
	R 62 (EESR)
		MdP vom 08.05.2003, ABl. 2003, 206 (Durchführungsvorschriften 2004, 395) und Ergänzung MdEPA vom 03.06.2004:
		- Setzt sich aus zwei Bestandteilen zusammen:
		  Dem europäischen RB und der Stellungnahme zur Recherche
		- Handlungsempfehlung:
		  Positiver Bescheid: Entrichtung Prüfungsgebühr → Mitteilung nach **R 71 (3)**
		  Negativer Bescheid: Einreichung von Änderungen, Vorteil: Verkürzung des Verfahrens
		- Die Stellungnahme zur Recherche wird nicht zusammen mit dem europäischen RB veröffentlicht (R 62 (2)), Akteneinsicht: Nach Veröffentlichung der Anmeldung und Übermittlung des EESR wird dieser Bestandteil der Akte und ist für Dritte zugänglich
		
		Seit MdEPA vom 01.07.2005 (ABl. 2005, 435):
		EESR obligatorisch, Verzicht nicht mehr vorgesehen, wenn ISA ≠ EPA
		
		Sonderfall: Wird jedoch die Prüfungsgebühr vor Erhalt des RB gezahlt und wird auf Mitteilung nach **R 70 (2)** durch den Anmelder verzichtet, so beginnt das Prüfungsverfahren sofort nach Übermittlung RB, keine Stellungnahme nach **R 62, stattdessen R 70 (2)**, RiLi C-VI, 3.			

	Verfahrenshandlung	Rechtsnormen	Details und Fälligkeit	Unmittelbare Folgen eines Mangels, Mängelbeseitigung, Fristen	Rechtsfolge bei Nichtbeseitigung von Mängeln oder Fristversäumnis	Weiterbehandlungs-/ Wiedereinsetzungs-Möglichkeit
365	**Stellungnahme zum EESR durch Anmelder** seit 01.04.2010	R 70a	**R 70a (1):** Innerhalb Frist nach R 70 (1) von **6 M nach Hinweis auf Veröffentlichung des RB** im Patentblatt nach R 68 (1) **ODER** **R 70a (2):** Wenn Mitteilung nach R 70 (2) ergangen → Erwiderung auf EESR gilt dann als Bestätigung nach R 70 (2). RiLi C-II, 1.1	**Keine 10-Tage Regel** (R 126 (2)) bei der Fristberechnung (da die Frist durch Hinweis auf Veröffentlichung ausgelöst wird und nicht durch Zustellung der Mitteilung nach R 70a (1))	**Art. 94 (2)** iVm **R 70a (3):** Anmeldung gilt als zurückgenommen, Mitteilung nach **R 112 (1)**	**WB (+)**, nach Art. 121 iVm R 135 **WE (−)**, durch Art. 122 iVm R 136 (3) ausgenommen
366	**Stellungnahme zu ISR bei Euro-PCT** seit 01.05.2011 ABl. 2010, 634 RiLi E-IX, 3	R 161 (1)	**R 161 (1):** Stellungnahme bei Mängeln obligatorisch, sonst freiwillig, Innerhalb Frist von **6 M** nach Mitteilung (vom 01.04.2010 bis 30.04.2011: Frist 1 M)	**10 Tage-Regel** nach R 126 (2) bei Fristberechnung ist anwendbar	**R 161 (1), letzter Satz:** Anmeldung gilt als zurückgenommen, Mitteilung nach **R 112 (1)**	**WB (+)**, nach Art. 121 iVm R 135 **WE (−)**, durch Art 122 iVm R 136 (3) ausgenommen
367	**Frist zur Stellung des Prüfantrags nach R 70 und Zahlung der Prüfungsgebühren** RiLi A-VI	R 69 (1)	Amt teilt Anmelder Tag der Veröffentlichung des RB mit (Start der Frist nach R 70 (1) immer mittwochs) sowie dass die Benennungsgebühr innerhalb von 6 M nach Hinweis auf Veröffentlichung zu entrichten ist und weist auf Prüfungsantrag nach **Art. 94 (2)** und **R 70 (1)** hin, RiLi A-VI, 2.1-2.2			
368		R 69 (2)	Wird irrtümlich späterer Veröffentlichungstag genannt und ist das nicht ersichtlich, so beginnt Frist später (Änderung der R 69 (2), gültig seit 01.04.2010).			
369	**Nach Hinweis auf VÖ des RB im Patentblatt**	Innerhalb von 6 M nach Hinweis auf VÖ des RB im Patentblatt müssen folgende Handlungen vorgenommen werden: • Bezahlung der Prüfungsgebühr: siehe A.413 • Bezahlung der Benennungsgebühr: siehe A.295, A.304 ff. • Ggf. Einreichung einer Stellungnahme zum EESR: siehe A.365				

Ablauf EP-Anmeldung/Patent A.

Veröffentlichung der europäischen Patentanmeldung Art. 93, RiLi A-VI, 1			
Verfahrenshandlung	Rechtsnormen	Details und Fälligkeit	
Zeitpunkt der Veröffentlichung der ePA	Art. 93 (1) RiLi A-VI, 1.1	a) Unverzüglich **nach Ablauf von 18 M** nach dem **AT oder PT** b) Auf **Antrag** des Anmelders **jedoch frühere Veröffentlichung möglich** (Anmeldegebühr und Recherchengebühren müssen wirksam entrichtet sein)	371
	Art. 93 (2)	Erfolgt die Entscheidung zur Erteilung vor Ablauf der Frist von 18 M, wird die Anmeldung gleichzeitig mit der Patentschrift veröffentlicht (S/S Art. 93 Rd 37).	372
	Veröffentlichung immer mittwochs (ABl. 2005, 124+126, ABl. 2007, SA 3, D.1.)		373
Zurücknahme vor der Veröffentlichung RiLi A-VI, 1.1 und 1.2 Praxisregelung: ABl. 2006, 406	R 67 (2)	**Keine Veröffentlichung**, wenn die Anmeldung vor Abschluss der technischen Vorbereitungen zurückgenommen oder zurückgewiesen wird oder als zurückgenommen gilt (außer Verfahren nach **R 112 (2)** ist anhängig, ABl. 11/90, 455). Entscheidung muss unanfechtbar sein.	374
	R 67 (1)	**Technische Vorbereitungen** gelten als **abgeschlossen** am Ende desjenigen Tages, der **fünf Wochen vor dem Ablauf des 18. Monats** ab dem **AT oder PT** (siehe BdP vom 12. Juli 2007, Sonderausgabe Nr. 3, ABl. EPA 2007, D.1) liegt. Nach ↳**J 5/81**, ABl. 4/1982, 155 auch noch später, wenn Aufwand zumutbar (unverbindlich: 4 Wochen). Theorie: PT+18 M abzüglich 5 W Praxis: PT+18 M, nächster Mittwoch abzüglich 2 W	375
	RiLi A-VI, 1.2	Rücknahme der Anmeldung unter der Bedingung, dass Veröffentlichung nach **Art. 93** unterbleibt möglich (S/S Art. 93 Rd 15). Bei rechtzeitigem Verzicht auf die Prio wird die Veröffentlichung aufgeschoben (bis fünf Wochen vor 18. Monat).	376
Veröffentlichung der ePA RiLi A-VI, 1.3	R 68 (1)	Veröffentlichung enthält **Beschreibung, Ansprüche**, ggf. **Zeichnungen** sowie **Zusammenfassung** in der ursprünglich eingereichten Fassung; ggf. Übersetzung in Verfahrenssprache und **RB** (falls bereits vorliegt, ansonsten gesonderte Veröffentlichung); Veröffentlichung der VS gemäß **R 68 (3)**.	377
	R 68 (2)	Präsident bestimmt, in welcher Form die Anmeldung veröffentlicht wird. Form der **Veröffentlichung ausschließlich elektronisch** (siehe BdP des EPA vom 12.07.2007, SA Nr. 3, ABl. 2007, D.3 und ABl. 2/2005, 126, RiLi A-VI, 1.4). Die Klassifikation (ABl. 1981, 380; S/S Art. 93 Rd 20) und der Titel der ePA werden ebenfalls veröffentlicht. Berichtigungen der Unterlagen nach **R 139** werden bei der Veröffentlichung berücksichtigt (S/S Art. 93 Rd 22).	378
	R 68 (3)	In der veröffentlichten Anmeldung werden die **benannten VS** angegeben.	379
	R 68 (4)	Nach AT **nachgereichte Ansprüche** oder nach **R 137 (2) geänderte Patentansprüche** werden ggf. zusätzlich zu den ursprünglichen Patentansprüchen veröffentlicht.	380
	R 139	**Berichtigungen von Mängeln** in den eingereichten Unterlagen nach R 139 werden auf Antrag bei der Veröffentlichung berücksichtigt. Änderungen, die jedoch nicht veröffentlicht werden, können, wenn RB (siehe A.336) vorliegt, eingeführt werden.	381
Neue oder geänderte Patentansprüche	R 68 (4)	Auch neue oder geänderte Patentansprüche nach **R 137 (2)** werden veröffentlicht.	382
Form der Veröffentlichung		Veröffentlichung ausschließlich elektronisch, siehe A.378	383

A. Ablauf EP-Anmeldung/Patent

Veröffentlichung der europäischen Patentanmeldung (Fortsetzung)			
	Verfahrenshandlung	Rechtsnormen	Details und Fälligkeit
384	**Schriftartencodes** (Kind codes) ABl. 2001, 117	R 68 (2)	EP-A-Schriften: ePA, die 18 M nach der Einreichung beim EPA bzw. 18 M nach dem PT veröffentlicht werden. A0 Verweisung auf WO-Schrift A1 ePA mit Recherchenbericht A2 ePA ohne Recherchenbericht A3 nachgereichter Recherchenbericht nach A2 A4 ergänzender Europäischer Recherchenbericht (Euro-PCT) A8 korrigierte Titelseite einer ePA A9 vollständig korrigierte Neuausgabe einer ePA
			EP-B-Schriften: Europäische Patentschriften B1 erteiltes eP B2 eP nach Änderung im Einspruch B3 eP nach Beschränkung B8 korrigierte Titelseite eines eP B9 vollständig korrigierte Neuausgabe eines eP
			WO-A-Dokumente: A1 mit int. RB veröffentlichte int. Anmeldung A2 ohne int. RB veröffentlichte int. Anmeldung oder mit einer Erklärung gemäß Art. 17 (2) a) veröffentlichte int. Anmeldung A3 spätere Veröffentlichung des int. RB mit korrigierter Titelseite A4 spätere Veröffentlichung von geänderten Ansprüchen und/oder Erklärung A8 korrigierte Titelseite einer int. Anmeldung A9 vollständig korrigierte Neuausgabe einer int. Anmeldung
385	**INID-Codes** ABl. 10/1988	WIPO Standard ST. 9, Anlage 1	Die INID-Codes werden auf den Titelseiten der eP und in ABl. zur Bezeichnung verschiedener bibliographischer Daten verwendet, die sich so ohne Kenntnis der Sprache und der maßgeblichen Rechtsvorschriften identifizieren lassen. Der Code 22 kennzeichnet beispielsweise den Anmeldetag, der Code 32 beispielsweise den Priotag.

Ablauf EP-Anmeldung/Patent — A.

Akteneinsicht

Verfahrenshandlung	Rechtsnormen	Details	Hinweise	
Akteneinsicht	Art. 128 R 144 bis R 147 (gültig seit 01.11.2016) RiLi A-XI, 2 ABl. 2015, A83 ABl. 2016, A90 ABl. 2017, Z1 84 ABl. 2019, A16	**Art. 128 (1), (4):** Vorbehaltlich der Beschränkungen in R 144 kann **ab dem Zeitpunkt der Veröffentlichung der ePA** Einsicht in die Akte und somit in die ePA genommen werden.	Akte liegt in **elektronischer Form** vor: Einsicht in die Akten ePA, eP, PCT-Anmeldungen (EPA=DO, EO) über kostenlosen **Online-Dienst Register Plus**. Einsicht in Papierakten nicht mehr möglich.	
			Akte liegt noch **nicht in elektronischer Form** vor: Die Eingabe einer gültigen **Anmelde- oder Veröffentlichungsnummer** wird wie ein **Antrag auf Akteneinsicht** behandelt. Es bedarf keines gesonderten schriftlichen Antrags (ABl. 2019, A16). Akte wird idR nach **10 Arbeitstagen online** zur Verfügung gestellt, sofern sie nicht bereits vernichtet worden ist. Findet nicht Anwendung auf Akten, in denen eine mündliche Verhandlung bevorsteht oder vor Kurzem stattgefunden hat.	
			Akten oder Aktenbestandteile, die nicht im Wege des Scanning erfasst werden können, werden im Original oder in der eingereichten Fassung zur Einsicht in den Dienstgebäuden des EPA gegeben.	
			In Ausnahmefällen wird auf Antrag Akteneinsicht durch **Erstellung von Papierkopien** gewährt: Verwaltungsgebühr ist vorab zu entrichten (R 145 (2)); elektronischer Datenträger mit Kopie der Akte (R 145 (1)), wenn Papierkopie mehr als 100 Seiten umfasst. Elektronischer Datenträger und Papierkopien werden idR innerhalb von **4 W ab Eingang Antrag** zur Verfügung gestellt.	
		Art. 128 (1): **Vor Veröffentlichung** kann die Akte nur **vom Anmelder** selbst oder auf schriftlichen Antrag von **Dritten mit seiner Zustimmung** eingesehen werden.	Der EPA Online-Dienst »My Files« gibt dem Anmelder Online-Zugriff auf den öffentlichen Teil der Akte seiner noch unveröffentlichten Anmeldung (ABl. 2012, 22). RiLi A-XI, 2.5	
		Art. 128 (2): Wer nachweist, dass der Anmelder sich ihm gegenüber auf seine **ePA berufen** hat, kann vor VÖ dieser ePA und ohne Zustimmung des Anmelders Akteneinsicht verlangen (↠ **J 14/91**).	Wird der Nachweis nicht zusammen mit dem Antrag vorgelegt, so fordert das EPA den Antragsteller auf, innerhalb einer bestimmten Frist den Nachweis zu erbringen.	Wird der Nachweis nicht rechtzeitig erbracht, so wird der Antrag zurückgewiesen.
			Anmelder hat Anspruch auf **Nennung des Antragstellers**. Sofern ein zugelassener Vertreter für einen Dritten die Akteneinsicht nach Art. 128 (2) verlangt, hat er den Namen und die Anschrift des Dritten anzugeben und eine Vollmacht einzureichen.	
			Entscheidung über Antrag **nach Anhörung des Anmelders**. Widerspricht der Anmelder begründet innerhalb einer vom EPA **bestimmten Frist**, weshalb nach seiner Auffassung die Erfordernisse nach Art. 128 (2) nicht erfüllt sind, so ergeht eine **beschwerdefähige Entscheidung**.	

A. Ablauf EP-Anmeldung/Patent

	Akteneinsicht (Fortsetzung)			
	Verfahrens- handlung	Rechts- normen	Details und Fälligkeit	
394	**Akteneinsicht** (Fortsetzung)	Art. 128 R 144 bis 147 (gültig seit 01.11.2016) ABl. 2015, A83 ABl. 2016, A90 ABl. 2017, Z1 84 ff.	Art. 128 (3): **Vor VÖ** einer europäischen **TA** wird Einsicht in die Akte dieser TA nur in den Fällen des Art. 128 (1) und (2) gewährt.	Dies gilt auch, wenn die SA bereits veröffentlicht ist. Nach VÖ einer TA oder einer nach Art. 61 (1) b) eingereichten neuen ePA wird Einsicht in die Akten der früheren Anmeldung ungeachtet ihrer VÖ und ohne Zustimmung des Anmelders gewährt.
395			R 146	**Auskunft aus den Akten** vorbehaltlich der in Art. 128 (1) bis (4), R 144 vorgesehenen Beschränkung auf Antrag und gegen Verwaltungsgebühr.
396			R 147	Elektronische Akte **R 147 (3)**: Elektronisch aufgenommene Unterlagen gelten als Originale. Papierfassung wird nach Ablauf von min. 5 Jahren vernichtet. Diese Aufbewahrungsdauer beginnt am Ende des Jahres, in dem die Unterlage in die elektronische Akte aufgenommen wurde.
397			R 149	Akteneinsicht durch Gerichte und Behörden der VS. R 145 ist nicht anzuwenden.
398		Art. 128 (4) R 144	**Ausschluss von der Akteneinsicht:**	
			R 144 a)	Unterlagen über die Frage der Ausschließung oder Ablehnung von Mitgliedern der Beschwerdekammern oder der Großen Beschwerdekammer.
399			R 144 b)	Entwürfe zu Entscheidungen und Bescheiden sowie sonstige Schriftstücke, die der Vorbereitung von Entscheidungen und Bescheiden dienen und den Beteiligten nicht mitgeteilt werden.
400			R 144 c)	Die Erfindernennung, wenn der Erfinder nach R 20 (1) auf das Recht verzichtet hat, als Erfinder bekannt gemacht zu werden.
401			R 144 d)	Andere Schriftstücke, die vom Präsidenten des Europäischen Patentamts von der Einsicht ausgeschlossen werden, weil die Einsicht in diese Schriftstücke nicht dem Zweck dient, die Öffentlichkeit über die europäische Patentanmeldung oder das europäische Patent zu unterrichten; dazu gehören Unterlagen zur Akteneinsicht oder Anträge auf beschleunigte Recherche und beschleunigte Prüfung nach dem »PACE«-Programm (siehe BdP EPA vom 12.07.2007, SA 3, J.3).

402			ABl. 2007,
			SA Nr. 3
				Von der Akteneinsicht werden von Amts wegen ausgeschlossen:
				a) ärztliche Atteste;
				b) Unterlagen, die sich auf die Ausstellung von Prioritätsbelegen, auf
				    Akteneinsichtsverfahren oder auf Auskünfte aus den Akten beziehen und
				    Anträge auf Ausschluss von Unterlagen von der Akteneinsicht nach Abs. 2
				    a);
				c) Anträge auf beschleunigte Recherche und beschleunigte Prüfung nach
				    dem »PACE«-Programm, soweit sie mit EPA Form 1005 oder in einem
				    gesonderten Schriftstück gestellt werden.

Ablauf EP-Anmeldung/Patent   A.

Akteneinsicht (Fortsetzung)				
Verfahrenshandlung	Rechtsnormen	Details und Fälligkeit		
Akteneinsicht (Fortsetzung)	Art. 128 (4) R 144	R 144 d)	Art. 2 Andere als in Absatz 1 genannte Schriftstücke oder Teile solcher Schriftstücke a) werden auf begründeten Antrag eines Beteiligten oder seines Vertreters von der Akteneinsicht ausgeschlossen, wenn die Akteneinsicht schutzwürdige persönliche oder wirtschaftliche Interessen von natürlichen oder juristischen Personen beeinträchtigen würde; b) können ausnahmsweise von Amts wegen von der Akteneinsicht ausgeschlossen werden, wenn die Akteneinsicht prima facie schutzwürdige persönliche oder wirtschaftliche Interessen einer anderen natürlichen oder juristischen Person als die eines Beteiligten oder seines Vertreters beeinträchtigen würde.	403
		ABl. 2014, Z1	Die von einem Antrag nach R 144 (d) Abs. 2 a) betroffenen Unterlagen werden bis zur rechtskräftigen Entscheidung über den Antrag vorläufig von der Akteneinsicht ausgeschlossen. Wird einem solchen Antrag nicht stattgegeben, so wird Akteneinsicht in diese Unterlagen gewährt, sobald die ablehnende Entscheidung rechtskräftig geworden ist.	404
Akteneinsicht im PCT beim IB, ISA, IPEA siehe B.276 ff.	Art. 30 (1) a) PCT R 94 PCT	**Vor Veröffentlichung** ist auf **Antrag** von **Anmelder** oder **bevollmächtigter Person** und **nach Veröffentlichung** für **jedermann** Einsichtnahme in Akte bei AA (R 94.1bis a), IB (Art. 30 (1) a), R 94.1 a), ISA (Art. 30 (1) a), R 94.1ter b)), IPEA (R 94.2), Bestimmungsamt (Art. 30 (2) a), R 94.2bis) und/oder ausgewähltem Amt (Art. 30 (2) a), R 94.3) möglich. Ausstellung von Kopien gegen Kostenerstattung möglich (durch Akteneinsicht über PATENTSCOPE irrelevant geworden).		405
	R 94.1 a) PCT R 94.1bis b), c) PCT R 94.1 b), d), e) PCT R 94.1ter b), c) PCT R 94.2 b), c) PCT	AA, IB, ISA und IPEA erstellen auf Antrag des Anmelders oder einer von ihm bevollmächtigten Person von allen Schriftstücken nach der Veröffentlichung bzw. nach Erstellung der ivP (im Fall des IPEA) Kopien (ist durch Akteneinsicht über PATENTSCOPE irrelevant geworden); keine Einsicht in ausgeschlossene Angaben nach R 48.2 PCT oder auf Antrag des Anmelders nach R 94.1 e) PCT ausgeschlossene Angaben.		406
Akteneinsicht beim EPA zu PCT-Anmeldungen, falls EPA=AA, ISA oder IPEA	BdP vom 20.02.2019 (ABl. 2019, A17)	EPA gewährt über **Europäisches Patentregister** Einsicht in Schriftstücke intern. Anmeldungen, bei denen **EPA=AA, ISA oder IPEA**.		407
		Von Einsicht **ausgeschlossene Unterlagen**: a) Angaben, die vom IB nach R 48.2 l) von Veröffentlichung oder gemäß R 94.1 d) bzw. e) von öffentlicher Einsichtnahme ausgeschlossen sind; b) Unterlagen, die gemäß EPÜ von Akteneinsicht ausgeschlossen sind (Art. 150 (2), Art. 128 (4), R 144 EPÜ und BdP vom 12.07.2007 (ABl. 2007, SA Nr. 3, J.3), siehe A.405 und B.280.		408
		Akteneinsicht durch Erstellung Papierkopien möglich - BdP vom 12.07.2007 (ABl. 2007, SA Nr. 3, J.2, Art. 1 (2), (3) und (5) sowie Art. 2)		409
Eintragung von Rechtsübergängen	R 22-R 24 + R 85 RiLi A-III, 6.1			409a

A. Ablauf EP-Anmeldung/Patent

410	**Prüfung der europäischen Patentanmeldung**	
411	Art. 94	**Prüfungsantrag** - schriftlich und Gebührenzahlung RiLi A-VI, 2, RiLi C-II, 1, WB (+)
412	Prüfungsantrag im Erteilungs- antrag/Antrag für regionale Phase	Bei EP-Anmeldungen ist der Prüfungsantrag im Erteilungsantrag (Formblatt 1001) untrennbar integriert, somit Frist automatisch durch Zahlung der Prüfungsgebühr gewahrt (RiLi A-VI, 2.2). Bei Euro-PCT-Anmeldungen ist der Prüfungsantrag in Formblatt 1200 (Einleitung der reg. Phase vor dem EPA) integriert. Formblatt 1200 ist nicht obligatorisch (RiLi E-IX, 2.1.3).

	Verfahrenshandlung	Rechtsnormen	Details und Fälligkeit	Unmittelbare Folgen eines Mangels, Mängelbeseitigung, Fristen	Rechtsfolge bei Nicht- beseitigung von Mängeln oder Fristversäumnis	Weiterbehandlungs-/ Wiedereinsetzungs- Möglichkeit
413	**Prüfungsgebühr** 1700 € 1900 € für vor 01.07.2005 eingereichte ePA Bis 31.03.2020: 1635 € seit dem 01.07.2005 eingereichte ePA 1825 € für vor 01.07.2005 eingereichte ePA	Art. 2 (1) Nr. 6 GebO R 70 RiLi A-VI, 2.2 Rück- erstattung: Art. 11 a) GebO	Prüfantrag mit Formblatt gestellt, wirksam mit Zahlung **Art. 94 (1) Satz 2 und R 70 (1)**: Innerhalb 6 M nach Hinweis auf Veröffentlichung des RB nach R 68 (1) **R 69 (2)**: Irrtümliche falsche (spätere) Angabe, die nicht ohne weiteres ersichtlich ist → Frist beginnt später Wenn der Anmelder Veröffentlichung gemäß Art. 93 (1) b) früher beantragt, ist R 69 zu beachten → EPA teilt dem Anmelder früheren Tag mit und weist ihn auf die Fristen der R 70 (1), Art. 94 (2), R 70a (1) hin)		**Art. 94 (2)**: Anmeldung gilt als zurückgenommen, wenn Prüfungsantrag nicht wirksam gestellt Mitteilung nach **R 112 (1)** Bereits gezahlte Prüfungsgebühr wird **zurückerstattet** nach - **Art. 11 a) GebO: in voller Höhe**, wenn Prüfungsabteilung noch nicht zuständig - **Art. 11 b) GebO: zu 50 %** wenn Sach- prüfung begonnen, aber Rücknahme vor Frist nach Art. 94 (3) oder Datum der Mitteilung nach R 71 (3) ABl. 2016, A47, A48, ABl. 3/2013, 153, ↳J 25/10, ↳J 9/10)	**WB (+)**, nach Art. 121 iVm R 135 **WE (–)**, durch Art. 122 iVm R 136 (3) ausgenommen
414		**RiLi A-VI, 2.4, RiLi C-II, 1**: Eingangsstelle ist bis zur Stellung des Prüfantrags oder Erklärung über Aufrechterhaltung zuständig, d.h. prüft auch die Wirksamkeit des Prüfantrags (R 10: Zuständigkeit der Eingangsstelle und der Prüfungsabteilung). RiLi C-II, 1 i): Stellt der Anmelder einen Prüfungsantrag, bevor ihm der europäische Recherchenbericht übermittelt worden ist, so ist die Prüfungsabteilung erst ab dem Zeitpunkt zuständig, an dem auf eine Aufforderung nach R 70 (2) hin die Bestätigung des Antrags beim EPA eingeht. RiLi C-II, 1 ii): Stellt der Anmelder einen Prüfungsantrag, bevor ihm der europäische Recherchenbericht übermittelt worden ist und hat er zudem auf das Recht verzichtet, nach R 70 (2) zur Bestätigung aufgefordert zu werden (siehe RiLi C-VI, 3), so ist die Prüfungsabteilung erst ab dem Zeitpunkt zuständig, an dem der Recherchenbericht dem Anmelder übermittelt wird.				

Ablauf EP-Anmeldung/Patent   A.

Prüfung der europäischen Patentanmeldung (Fortsetzung)							
Verfahrenshandlung	Rechtsnormen	Details und Fälligkeit	Unmittelbare Folgen eines Mangels, Mängelbeseitigung, Fristen	Rechtsfolge bei Nichtbeseitigung von Mängeln oder Fristversäumnis	Weiterbehandlungs-/ Wiedereinsetzungs-Möglichkeit	
Prüfungsgebühr Euro-PCT 1900 €, wenn kein ergänzender europ. RB erstellt wurde, ansonsten 1700 € 1825 € bzw. 1635 € bis 31.03.2020 siehe 📄 B.210 ff.	R 159 (1) f) Art. 94 (1) R 70 (1) Art. 2 (1) Nr. 6 GebO	**R 159 (1) f)** iVm **R 70 (1)**: **Innerhalb 31 M** nach dem **AT bzw. PT** **ODER** **6 M nach Veröffentlichung des int. RB (Art. 153 (6))**, sofern diese Frist später abläuft (ein ergänzender europäischer RB ändert diese Frist nicht)		**R 160, Art. 94 (2)**: Anmeldung gilt als zurückgenommen Mitteilung nach R 160 (2). Beschwerdefähige Entscheidung kann nach R 112 (2) beantragt werden.	**WB (+)**, nach Art. 121 (4) iVm R 135 Prüfantrag und Prüfungsgebühr sind gesondert WB fähig) **WE (–)**, durch Art. 122 (4) iVm R 136 (3) ausgenommen	415
Beschleunigung des Prüfungsverfahrens: siehe Spezialtabelle 📄 I »Beschleunigung«						416
Ermäßigte Prüfungsgebühr bei Euro-PCT-Anmeldungen EP=(S)ISA 425 € EP=IPEA 475 €	Art. 2 (1) Nr. 6 Art. 14 (2) GebO	**Art. 14 (2) GebO**: 75 % Ermäßigung 📖 S/S Art. 94 Rd 48 siehe 📄 B.212, 📄 H.136 ff.		Art. 14 (2) GebO iVm RiLi A-X 9.3.2, ABl. 2020, A30: Voraussetzung: EPA war IPEA und hat int. Prüfungsbericht (IPER) nach R 70 PCT erstellt (siehe Kapitel II PCT), jedoch keine Ermäßigung, wenn sich Prüfung auf nicht in IPER behandelten Gegenstand bezieht.		417
Ermäßigte Prüfungsgebühr bei Nichtamtssprachenberechtigten	Art. 14 (4) R 6 (2), (3), (4) Art. 14 (1) GebO	**R 6 (2), (3)** iVm **R 3 (1)**: 30 % Ermäßigung, innerhalb 1 M ist Übersetzung nachzureichen siehe 📄 B.213, 📄 H.136 ff.		Übersetzung des Prüfantrags muss bis zum Tag der Entrichtung der Prüfungsgebühr eingereicht werden, vorausgesetzt, die Übersetzung wird frühestens zum gleichen Zeitpunkt wie der Antrag eingereicht (↳J 21/98, ↳G 6/91, RiLi A-X, 9.2.3). Prüfantrag in der zugelassenen Nichtamtssprache kann noch bis zur Zahlung der Prüfungsgebühr gestellt werden (Art. 94 (1), R 70).		418
Euro-PCT	Art. 14 (1) GebO RiLi A-X 9.3.2			Einreichung in Nichtamtssprache führt zu weiteren 75 % (50 % bis zum 31.03.2018) Ermäßigung (→ Gesamtermäßigung 82,5 % (65 % bis zum 31.03.2018)).		419

A. Ablauf EP-Anmeldung/Patent

420	**Besonderheiten und Rechtsprechung**		
		Rechtsnormen, Rechtsprechung	Details und Fälligkeit
421	**Antrag**	Art. 94 (1)	Schriftform erforderlich, durch Verwendung des Formblatts für den Erteilungsantrag gegeben.
422	**Abbuchungsauftrag**	ABL. 2019, Zusatzpublikation 4, Anhang A.2, Zu Nr. 3 VAA, I.6	Bei erteiltem **Abbuchungsauftrag** wird Prüfungsgebühr am Ende der 6 M-Frist gemäß R 70 (1) abgebucht.
423	**Gebührenzahlung**	Art. 94 (1)	**Gebührenzahlung** zwingend erforderlich.
424	**ivP**	Art. 33 (1) PCT	EPA ist nicht an internationalen vorläufigen Prüfbericht gebunden.
425	**Prüfungsantrag**	R 70 (1)	Prüfungsantrag kann **nur vom Anmelder bzw. seinem Vertreter** (Vertreterzwang für EPÜ-Ausländer, außer bei Prüfungsantrag im Erteilungsantrag) gestellt werden.
426	**Prüfungsgebühr**	↳J xx/87 vom 21.05.1987, ABl 1988, 177	Werden zwei ePA verbunden, sind zwei Prüfungsgebühren zu bezahlen, auch wenn später zurückerstattet werden kann.
427	**Rückerstattung**	Art. 11 GebO H.161	Nach **Art. 11 a) GebO volle Rückerstattung** der Prüfungsgebühr, wenn Rücknahme vor Beginn der Sachprüfung oder nach **Art. 11 b) GebO zu 50 %**, wenn ePA zurückgenommen wird, nachdem Sachprüfung begonnen hat und vor Ablauf Frist nach Art. 94 (3) oder falls noch keine Aufforderung nach Art. 94 (3) erlassen wurde, vor dem Datum der Mitteilung nach R 71 (3). Auch bedingte Rücknahme möglich (MdP vom 15.7.88, ABl. 1988, 354).
428	**Unterbrechung**	R 142 (1)	Frist zur Stellung des Prüfungsantrags **kann ausgesetzt** werden, wenn Verfahren unterbrochen wird, anschließend mind. 2 M (**R 142 (4)**).
429	**Vertretung**	↳J 28/86	Prüfanträge sind unwirksam, wenn sie von nicht zur **Vertretung** berechtigten Personen (Art. 134) gestellt werden, Prüfungsgebühren für unwirksame Prüfungsanträge werden zurückgezahlt.
430	**Zurücknahme**	R 70 (1)	Prüfungsantrag **kann nicht zurückgenommen werden**. Rücknahme der ePA möglich, siehe A.427, A.517 ff.

Ablauf EP-Anmeldung/Patent — A.

Prüfungsverfahren R 70, RiLi C						431
Verfahrenshandlung	Rechtsnormen	Details und Fälligkeit	Unmittelbare Folgen eines Mangels, Mängelbeseitigung, Fristen	Rechtsfolge bei Nichtbeseitigung von Mängeln oder Fristversäumnis	Weiterbehandlungs-/ Wiedereinsetzungs-Möglichkeit	
EP-Anmeldung: Aufrechterhaltungserklärung (wenn Prüfungsantrag vor Erhalt des RB gestellt) Stellungnahme zum EESR als Bestätigung für Aufrechthaltung der Anmeldung 📄 A.365	R 70 (2)	Aufforderung zur Mitteilung ob Anmelder ePA aufrecht hält und Möglichkeit für Stellungnahme innerhalb einer Frist. RiLi C-II, 1.1		**Art. 70 (3):** Anmeldung gilt als zurückgenommen Mitteilung nach **R 112 (1)** **Art. 11 a) GebO:** Prüfungsgebühr wird voll zurückgezahlt	**WB (+)**, nach Art. 121 iVm R 135 **WE (−)**, durch Art. 122 iVm R 136 (3) ausgenommen	432
	R 10 (3)	Erst mit Erklärung nach R 70 (2) wird Prüfungsabteilung zuständig für Anmeldung				433
	R 10 (4)	Unbedingter Prüfungsantrag = Stellung Prüfantrag vor Übermittlung europäischer RB und Verzicht auf Mitteilung nach R 70 (2) → Prüfungsabteilung ist zuständig ab Zeitpunkt der Übermittlung RB an Anmelder				434
Verbindliche Fassung	Art. 70 (1) bzw. Art. 14 (3)	Wortlaut in Verfahrenssprache				435
	Art. 70 (2) iVm Art. 14 (2)	Ursprünglicher Text bestimmt, ob Änderung über **Art. 123 (2)** hinausgeht.				436
	R 7	EPA kann davon ausgehen, dass Übersetzung mit ursprünglichem Text übereinstimmt.				437
Beschleunigtes Prüfungsverfahren	RiLi C-VI, 3	Auf Antrag Verzicht auf Mitteilung nach R 70 (2), siehe Spezialtabelle 📄 I »Beschleunigung«				438
Prüfungsbescheid RiLi C-III, 4 ff.	Art. 94 (3) R 71 R 71 (1) Aufforderung zur Stellungnahme R 71 (2) Mitteilung ist zu begründen	**R 132:** Zu bestimmende Frist 2 M bis 4 M, in besonderen Fällen 6 M, verlängerbar **R 137 (3):** Anmelder kann nach erstem Bescheid Änderungen vornehmen, weitere Änderungen nur mit Zustimmung der Prüfungs-abteilung	Frist kann nach **R 132 (2)** auf Antrag verlängert werden. RiLi E-VIII, 1.6	**Art. 94 (4):** Unterlässt es der Anmelder auf eine Aufforderung nach **Art. 94 (3)** iVm **R 71** rechtzeitig zu antworten, so gilt die Anmeldung als zurückgenommen Mitteilung nach R 112 (1)	**WB (+)**, nach Art. 121 iVm R 135 **WE (−)**, durch Art. 122 iVm R 136 (3) ausgenommen	439
	Art. 94 (3)	Aufforderung zur Stellungnahme, so oft wie erforderlich (rechtliches Gehör - **Art. 113**). Bei Nichtbeachtung Rückzahlung **(R 103)** der Beschwerdegebühr, da Verletzung von Verfahrensbestimmungen.				440
		RiLi C-VII, 2	Telefonische und persönliche Rücksprache (»jederzeit« während Erteilungsverfahrens). Hierbei abgegebene mündliche Erklärungen müssen schriftlich bestätigt werden, um verfahrensrechtlich wirksam zu werden. Als solche sind sie im Allgemeinen nicht rechtsverbindlich.			441
		↳T 19/87	Anspruch auf Rücksprache besteht nicht			442
		Anwendung der R 50 (1) iVm R 49 (8)	Seit 01.01.2014 werden **handschriftliche Änderungen** in den Anmeldeunterlagen **nicht mehr akzeptiert**. Gilt im Prüfungsverfahren und Einspruchsverfahren (R 86 iVm R 82 (2)).			443

A. Ablauf EP-Anmeldung/Patent

	Prüfungsverfahren (Fortsetzung)					
	Verfahrenshandlung	Rechtsnormen, Rechtsprechung	Details und Fälligkeit	Unmittelbare Folgen eines Mangels, Mängelbeseitigung, Fristen	Rechtsfolge bei Nichtbeseitigung von Mängeln oder Fristversäumnis	Weiterbehandlungs-/ Wiedereinsetzungs-Möglichkeit
444	Einheitlichkeit	R 137 (5)	Geänderte Ansprüche dürfen sich nicht auf nicht recherchierte Gegenstände beziehen. Aber: Recherche darf nicht auf Ansprüche beschränkt werden, wenn in der Beschreibung weitere Gegenstände eindeutig offenbart sind (↳T 2334/11).			
445	Sprachenwahl zur Beantwortung	Art. 14 (2)+(4) R 6 (2) R 3 (1)	Berechtigter kann Stellungnahme auf Prüfungsbescheid in zugelassener Nichtamtssprache (»NatR zum EPÜ«, Tabelle II) einreichen, Übersetzung in Verfahrenssprache innerhalb 1 M nachzureichen			
446	Fristverlängerung	R 132 (2) RiLi C-VI, 1 RiLi E-VIII, 1.6	Verlängerung der Gesamtfrist max. 6 M	Nach RiLi E-VIII, 1.6) in Ausnahmefällen auch fristgerechte Verlängerung über 6 M möglich (Begründung notwendig)	Frist wird nicht verlängert	WB (+), nach Art. 121 iVm R 135 WE (–), durch Art. 122 iVm R 136 (3) ausgenommen
447		↳J 37/89	Wird beantragte Fristverlängerung versagt und Bescheid nicht beantwortet, so gilt Anmeldung als zurückgenommen. Fristverlängerung kann nur vor Ablauf der Frist beantragt werden.			
448		R 134 (1), S. 1	**Feiertagsregelung**: Läuft Frist an einem Tag ab, an dem **eine Annahmestelle** des EPAs **nicht geöffnet** ist oder an dem Post aus anderen Gründen als in R 134 (2) genannten Gründen nicht zugestellt wird, **verschiebt** sich **Fristende** auf **nächstfolgenden** Tag, an dem **alle Annahmestellen** zur Entgegennahme **geöffnet** sind und an dem Post zugestellt wird.			
449		R 134 (1), S. 2	Ist eine vom EPA nach R 2 (1) bereitgestellte oder zugelassene Einrichtung zur elektronischen Nachrichtenübermittlung (vorübergehend) aus einem vom EPA vertretenden Grund (z.B. Wartung) nicht verfügbar, gilt **Fristverlängerung** nach R 134 (1) Satz 1 – ABl. 2018, A25			

	Änderungsmöglichkeiten der ePA		
450	Verfahrenshandlung	Rechtsnormen	Details und Fälligkeit
451	Vor Erhalt des RB	R 137 (1)	Vor Erhalt des RB Änderungsverbot für Beschreibung, Ansprüche und Zeichnungen (Nicht jedoch Zusammenfassung, Bezeichnung, Erteilungsantrag etc.).
452	Nach Erhalt des RB	R 137 (2)	Nach Erhalt des RB Änderungen der Beschreibung, Ansprüche und Zeichnungen von sich aus möglich.
453	Weitere Änderungen	R 137 (3)	Weitere Änderungen nur mit Zustimmung der Prüfungsabteilung.
454	Änderungen kennzeichnen	R 137 (4)	Änderungen kennzeichnen, Grundlage angeben, Mängelbeseitigung Frist 1 M.
455	Nicht recherchierte Gegenstände	R 137 (5)	Geänderte Patentansprüche dürfen sich nicht auf nicht recherchierte Gegenstände beziehen (s.a. ↳G 2/92).

Ablauf EP-Anmeldung/Patent A.

Besonderheiten und Rechtsprechung			456
Verfahrenshandlung	Rechtsnormen	Details und Fälligkeit	
Rechtliches Gehör	Art. 113 (1)	Entscheidung nur nach rechtlichem Gehör	457
Amtsermittlung	Art. 114	Amt ist dabei weder auf das Vorbringen noch auf die Anträge der Beteiligten beschränkt	458
Einwendungen Dritter	Art. 115 RiLi E-VI, 3 MdEPA vom 05.07.2017, ABl. 2017, A86 siehe A.666, B.290	Einwendungen mit Online-Formblatt **nach Veröffentlichung** ePA und eP möglich, Einwendungen werden zum öffentlichen Teil der Akte aufgenommen und Verfahrensbeteiligten übermittelt	459
		Berücksichtigung bei **Euro-PCT** Anmeldungen nach Übergang in Zuständigkeit Prüfungsabteilung, im Rahmen **PCT** sind Einwendungen beim IB mittels ePCT oder PATENTSCOPE einzureichen, ggf. ist bei Eintritt in europäische Phase Einwendung erneut beim EPA einzureichen oder auf bereits beim IB eingereichte Einwendung hinzuweisen.	460
		R 114 (1): Schriftlich in einer Amtssprache mit Begründung, Beweismittel können in jeder Sprache eingereicht werden, ggf. Übersetzung nach R 3 (3) notwendig.	461
		T 1336/09: Einwendung kann anonym erfolgen.	462
		Beschleunigung (ePA/eP) Nach Eingang Einwendung bei der Prüfungsabteilung bemüht sich EPA innerhalb von 3 M den nächsten Verfahrensschritt zu vollziehen, sofern • Einwendung nicht anonym eingereicht wurde, und • Einwendung substanziiert wurde.	463
		Beschleunigung (Euro-PCT) Nach Eingang Einwendungen und Übergang in Zuständigkeit der Prüfungsabteilung bemüht sich EPA innerhalb von 3 M nach Fristablauf R 161 den nächsten Verfahrensschritt zu vollziehen, sofern • gesamte Einwendung in Amtssprache des EPA eingereicht, • Dritte hat Wunsch geäußert, dass Verfahren beschleunigt werden soll, • Einwendung nicht anonym eingereicht wurde, und • Einwendung substanziiert wurde	464

A. Ablauf EP-Anmeldung/Patent

	Besonderheiten und Rechtsprechung		
465	Mündliche Verhandlung	Art. 116 (1)	Mündliche Verhandlung (vor ganzer Abteilung → Art. 18 (2))
465a	Mündliche Verhandlung als Videokonferenz	Art. 10 (2) a) Art 116	BdP vom 01.04.2020, ABl. 2020, A39 und MdEPA vom 01.04.2020, ABl. 2020, A40 Durchführung mündlicher Verhandlung vor Prüfungsabteilung als Videokonferenz. • **Mündliche Verhandlungen** sind als **Videokonferenzen durchzuführen**; auf **Antrag** des **Anmelders** oder Veranlassung der **Prüfungsabteilung** ist auch eine **mündl. Verhandlung** in den **Räumlichkeiten** des **EPA** möglich, wenn **ernsthafte Gründe** gegen eine **Videokonferenz** sprechen oder eine **Beweisaufnahme notwendig** ist; Ablehnung des Antrags wird begründet, **Ablehnung** ist **nicht** separat mit **Beschwerde anfechtbar** • **Gleichwertigkeit** der **mündlichen Verhandlung** und **Videokonferenz** • Als Ort der mündlichen Verhandlung gilt der Ort der Prüfungsabteilung • **Unterlagen** sind anhand von **elektronischen Kommunikationsmitteln (E-Mail) einzureichen** • Bei technischen Schwierigkeiten ergeht neue Ladung • Bei Nichterscheinen eines Beteiligten aus anderen Gründen als wegen technischer Probleme kann das Verfahren gemäß R 115 (2) EPÜ fortgesetzt werden. • Gilt für mündliche Verhandlungen ab dem 02.04.2020, zu denen ab diesem Datum Ladungen zugestellt werden
465b	Einreichung Unterlagen	R 50	BdP vom 13.05.20, ABl. 2020, A71 • Nachreichung von Unterlagen **bei telefonischen Rücksprachen** und **Videokonferenzen** einschließlich Vollmachten per E-Mail zu erfolgen; Unterschrift kann auch Unterlagen im Anhang oder in der E-Mail gesetzt werden, Name und Stellung muss eindeutig hervorgehen • Prüfungsabteilung/Einspruchsabteilung/Beschwerdekammer gibt E-Mail-Adresse bekannt, ggf. auch von den übrigen Verfahrensbeteiligten • Geänderte Unterlagen sind als Anhänge einzureichen, Änderungen müssen im PDF-Format vorliegen und dem WIPO-Standard für elektronische Einreichung und Bearbeitung (Anlage F) entsprechen, genügen Anhänge mit geänderten Unterlagen nicht den Erfordernisse, wird Verfahrensbeteiligter unverzüglich unterrichtet, falls Mängel in telefonischer Rücksprache oder Videokonferenz nicht behoben werden kann, gelten Unterlagen als nicht eingereicht, sonstige Anhänge können in jeder Form übermittelt werden, die vom EPA geöffnet und reproduziert werden kann • Für die gemäß Beschluss per E-Mail eingereichten Unterlagen sind keine Unterlagen auf Papier zur Bestätigung nachzureichen • Per E-Mail eingereichte Unterlagen werden für die Akteneinsicht nach Art. 128 zugänglich gemacht, Vertraulichkeitsvermerk in E-Mails wird nicht als Antrag betrachtet, Unterlagen von der Akteneinsicht auszuschließen Zustellung per E-Mail - siehe auch 📄 D.60a
466	Ablauf der Prüfungsphase	RiLi C-IV	Ablauf der Prüfungsphase

Ablauf EP-Anmeldung/Patent | A.

Zurückweisung
Art. 97 (2), RiLi C-V

Verfahrenshandlung	Rechts-normen	Details und Fälligkeit	Beschwerde	
Zurückweisung der ePA	Art. 97 (2)	Anmeldung wird in ihrer Gesamtheit zurückgewiesen (mit Begründung nach **R 111 (2)**), fehlende Begründung ist schwerer Verfahrensmangel, Rückzahlung der Beschwerdegebühr nach R 103 (↳**J 27/86**, 📖 S/S Art. 97 Rd 50)	Beschwerde **Art. 106** bzw. **Art. 107 und Art. 108**	468
	RiLi C-V, 14	Entscheidung über Zurückweisung der Anmeldung kann erst ergehen, wenn im Prüfungsverfahren erster Bescheid versendet wurde (siehe RiLi C-III, 4 und E-IX, 4.1) oder mündliche Verhandlung stattgefunden hat.		469
	Art. 113 (1)	Entscheidungen des Europäischen Patentamts dürfen nur auf Gründe gestützt werden, zu denen die Beteiligten sich äußern konnten.		

Erteilung
Art. 97 (1), RiLi C-V

Verfahrenshandlung	Rechts-normen	Details und Fälligkeit	
Erteilung des eP	Art. 97 (1)	ePA genügt den Erfordernissen des EPÜ → Erteilung des eP sofern die in der Ausführungsordnung genannten Voraussetzungen erfüllt sind.	471
	R 71 (5)	Erfüllung der Aufforderung zur Zahlung der Erteilungs- und Veröffentlichungsgebühr und Einreichung der Übersetzung (siehe 📄 A.476 ff.) gilt nach **R 71 (3)** als Einverständnis, Erteilung nach **Art. 97 (1)**	472
	R 71 (3)	Frist nach **R 71 (3)** ist 4 M ab Zustellung, nach **RiLi C-V, 1** Frist nicht verlängerbar. **WB (+)** nach Art. 121 (1) iVm R 135 (1) möglich nach **RiLi C-V, 8**, siehe 📄 A.476 ff.	473
	R 71a (1)	In Entscheidung über die Patenterteilung ist die zugrundeliegende Fassung der ePA anzugeben.	474
	Art. 97 (3)	Wirksam ab Hinweis auf Erteilung im Patentblatt: siehe 📄 A.493 Für die Prüfungsabteilung wird Entscheidung über Erteilung mit der Abgabe an die interne Poststelle des EPA bindend (↳**G 12/91**), siehe 📄 A.494.	475
		Nach Einverständnis des Anmelders über die für die Erteilung vorgesehene Fassung ist der Anmelder durch die Entscheidung über die Erteilung nicht mehr beschwert im Sinne des Art. 107. Eine Beschwerde über die Entscheidung wird als unzulässig verworfen.	475a

A. Ablauf EP-Anmeldung/Patent

476 Erteilung - Gebühren - Mitteilung der erteilungsfähigen Fassung nach R 71 (3), R 71a (1), RiLi C-V

	Verfahrenshandlung	Rechtsnormen	Details und Fälligkeit	Unmittelbare Folgen eines Mangels, Mängelbeseitigung, Fristen	Rechtsfolge bei Nichtbeseitigung von Mängeln oder Fristversäumnis	Weiterbehandlungs-/ Wiedereinsetzungs-Möglichkeit
477	**Erteilungsgebühr** (inkl. Veröffentlichungsgebühr) Online-Einreichung der Änderungen: 960 €** ** für ab dem 01.04.2009 eingereichte ePA Siehe auch 📄 H.1a und 📄 H.42	Art. 97 (1) Art. 2 (1) Nr. 7 GebO	**Art. 97 (1):** Innerhalb Frist 4 M gemäß **R 71 (3)**, nicht verlängerbar	**1. Fall:** Anmelder stimmt mitgeteilter Fassung zu (RiLi C-V, 2) **R 71 (5):** Die Entrichtung der Gebühren nach **R 71 (3), (4)** sowie die Übersetzung der geänderten Ansprüche gelten als Einverständnis mit der Anspruchsfassung **ODER** **2. Fall:** Anmelder stimmt mitgeteilter Fassung nicht zu (RiLi C-V, 4.9) **ODER** **3. Fall:** Anmelder reicht Änderungen oder Berichtigungen ein (RiLi C-V, 4) Auf diese Mitteilung hin müssen keine Gebühren entrichtet, (können aber, ggf. spätere Anrechnung, R 71a (5)) oder die Patentansprüche übersetzt werden.	**1. Fall, 3. Fall, 4. Fall:** R 71 (7): Anmeldung gilt als zurückgenommen Mitteilung nach R 112 (1) **2. Fall:** Wenn Anmelder die nach R 71 (3) vorgeschlagene Fassung ablehnt, wird die ePA nach **Art. 97 (2)** zurückgewiesen (weil das Erfordernis des Art. 113 (2) nicht erfüllt ist und keine vom Anmelder gebilligte Fassung vorliegt), wenn: - die Prüfungsabteilung in der R 71 (3) Mitteilung keine Änderungen vorgeschlagen hat, - die R 71 (3) Mitteilung nicht auf Grundlage eines Hilfsantrags erstellt wurde, und - der Anmelder mit Ablehnung keine Änderungen oder Berichtigungen einreicht.	**1. Fall, 3. Fall, 4. Fall:** WB (+), nach Art. 121 (1) iVm R 135 (1) WE (–), durch Art. 122 iVm R 136 (3) ausgenommen **2. Fall:** a) Wenn alle Kriterien erfüllt sind Zurückweisung nach Art. 97 (2) Beschwerde Art. 106 Art. 107 Art. 108 b) wenn eines der Kriterien nicht erfüllt ist: siehe 3. Fall **3. Fall:** Wenn Änderungen oder Berichtigungen zulässig und gewährbar, wird eine neue Mitteilung erlassen (R 71 (6), RiLi C-V, 4.6, 4.10), ansonsten wird die Prüfung wiederaufgenommen (R 71a (2), RiLi C-V, 4.3 und 4.7).
478	**Anspruchsgebühr** für den 16. bis 50. Anspruch 245 €, für den 51. und jeden weiteren 610 €** (sofern noch nicht bereits nach R 45 oder R 162 entrichtet) 📄 H.11 📄 H.45 📄 H.103 ** für ab dem 01.04.2009 eingereichte ePA	R 71 (4) Art. 2 (1) Nr. 15 GebO RiLi C-V. 1 RiLi A-III, 9 RiLi A-X, 7.3.2	**R 71 (4):** Innerhalb der Frist 4 M gemäß **R 71 (3)**, nicht verlängerbar, gilt auch bei nur teilweiser Zahlung der Anspr.-Geb. RiLi C-V, 1 RiLi A-III, 9: wenn nach R 45 oder R 162 schon Gebühren für mehr Ansprüche bezahlt wurden als erteilte Ansprüche vorliegen, werden überschüssige Anspr.-Geb. nicht zurückerstattet RiLi A-X, 11.2: Anspr.-Geb., welche auf eine erste R 71(3) entrichtet werden, werden mit Anspr.-Geb. einer zweiten R 71(3) verrechnet RiLi A-X, 5.1.1: Gebühren können nicht vor Fälligkeit entrichtet werden. RiLi A-X, 5.2.3: Anspr.-Geb. zusammen mit Erteilungs- und Veröffentlichungsgebühr mit Zustellung der R 71 (3) Mitteilung fällig. Außer bereits gemäß R 45 (1), (2) bzw. 162 (1), (2) entrichtet.			

Ablauf EP-Anmeldung/Patent A.

Erteilung - Gebühren - Mitteilung der erteilungsfähigen Fassung nach R 71 (3), R 71a (1), RiLi C-V (Fortsetzung)

Verfahrenshandlung	Rechts-normen	Details und Fälligkeit	Unmittelbare Folgen eines Mangels, Mängel-beseitigung, Fristen	Rechtsfolge bei Nicht-beseitigung von Mängeln oder Fristversäumnis	Weiterbehandlungs-/ Wiedereinsetzungs-Möglichkeit	
Übersetzung der Patentansprüche in die beiden Amtssprachen, die nicht Verfahrens-sprache sind	Art. 97 (1) R 71 (3) Former-fordernisse R 50 (1)	**R 71 (3):** Innerhalb der Frist von 4 M, nicht verlängerbar RiLi C-V, 1.3: Keine Qualitätsprüfung		**R 71 (7):** ePA gilt als zurückgenommen. Mitteilung nach **R 112 (1)**	**WB (+),** nach Art. 121 (1), R 135 (1) **WE (–),** durch Art. 122 iVm R 136 (3) ausgenommen	479
Gebühren-pflichtige Ansprüche bei Einreichung für Euro-PCT-Anmeldung (ab 16. Anspruch) 📖 S/S Art. 153 Rd 407 ff. siehe 📄 B.216 ff.	R 162 (1) RiLi E-IX, 2.1.3 RiLi E-IX, 2.3.8[19]	**R 162 (1)** iVm **R 159 (1):** Innerhalb 31 M ab AT oder PT	**R 162 (2):** Innerhalb 6 M nach Mitteilung des Frist-versäumnisses **Achtung:** Bei Verzicht auf Mitt. nach R 161 (1) oder (2) und R 162 werden Gebühren nicht mehr durch das autom. Abbuchungs-verfahren (VAA) eingezogen – ABl. 2015, A52, V, 16, RiLi C-V, 4.11 (siehe auch 📄 H.102, 📄 H.267, 📄 H.279	**R 162 (4):** Gilt als Verzicht auf die entsprechenden Ansprüche	**WB (+),** da nicht ausgeschlossen durch Art. 121, R 135 **WE (–),** nach Art. 121, R 135 📖 S/S Art. 153 Rd 388	480
Ggf. Jahresgebühr	R 71a (4) Art. 86 (1) RiLi C-V, 2	**R 71a (4):** Falls eine JG nach Mitteilung nach **R 71 (3)** und vor frühestmöglichem Termin der Bekannt-machung der Erteilung fällig wird Mitteilung erfolgt durch EPA Hinweis auf Erteilung erst nach Zahlung der JGB	Zum Fälligkeits-datum, spätestens 6 M danach mit Zuschlagsgebühr (RiLi A-X, 5.2.4, **Aussetzung** vom 01.06. bis 31.08.2020 - ABl. 2020, A70) siehe 📄 H.54 ff. Berechnung der Nachfrist: 🔖 J 4/91, ABl. 8/1992, 402 🔖 J 12/84, ABl. 4/1985, 108 und 🔖 J 1/89, ABl. 1-2/1992, 17 ABl. 4/1993, 229 bezüglich Euro-PCT-Anmeldungen	**Art. 86 (1), RiLi C-V, 2** Anmeldung gilt als zurückgenommen Mitteilung nach **R 112 (1)**	**WB (–),** nach Art. 121, R 135 ausgenommen **WE (+),** durch Art. 122, R 136 (3)	481
		Hinweis wird erst bekannt gegeben, wenn JG, die zwischen Mitteilung nach R 71 (3) und frühestmöglichen Hinweis auf Erteilung fällig wird, entrichtet wurde.				482
Ggf. Benennungs-gebühren Art. 2 (1) Nr. 3 GebO: 610 €	R 71a (3) RiLi C-V, 2 RiLi A-III, 11.2.1	**R 71a (3):** Falls die B.-Gebühren nach Zustellung der Mitteilung nach **R 71 (3)** fällig werden Mitteilung erfolgt durch EPA	**R 71a (3)** iVm **RiLi C-V, 2:** Der Hinweis auf Erteilung wird erst veröffentlicht, wenn Benennungs-gebühren entrichtet sind.			483

A. Ablauf EP-Anmeldung/Patent

Erteilung - Mitteilung der erteilungsfähigen Fassung (Fortsetzung)

	Verfahrenshandlung	Rechtsnormen	Details und Fälligkeit	
484	Änderung durch den Anmelder	R 71 (3), (6), R 137 (3) RiLi H-II, 2.5 RiLi C-V, 4	**R 71 (6)**: **Beantragt der Anmelder** innerhalb der **Frist** von 4 M nach **R 71 (3)** Änderungen oder Berichtigungen in der mitgeteilten Fassung (ggf. mit angepasster Beschreibung), wird eine **neue Mitteilung** nach R 71 (3) erlassen (RiLi C-V, 4.6, 4.10), wenn Änderungen oder Berichtigungen zulässig (R 137 (3)) und gewährbar sind, **ansonsten wird die Prüfung wiederaufgenommen** (R 71a (2), RiLi C-V, 4.3 und 4.7). Auf Mitteilung nach R 71 (3) müssen keine Gebühren entrichtet werden (spätere Anrechnung bei vorgenommener Zahlung, R 71a (5)) oder die Patentansprüche übersetzt werden.	
485			In der Begründung für Änderungen oder Berichtigungen sollte angegeben sein: • warum die geänderten Anmeldungsunterlagen den Anforderungen an die Patentierbarkeit (Art. 123 (2), Art. 84) genügen und • warum die Fehler und ihre Berichtigungen offensichtlich sind (R 139).	
486			Verfahren nach RiLi C-V, 4.1 bis 4.10 sind entsprechend anzuwenden, wenn eine zweite Mitteilung nach R 71 (3) ergeht und Anmelder innerhalb dieser zweiten Frist nach R 71 (3): i) weitere Änderungen oder Berichtigungen einreicht, ii) die Änderungen ablehnt, die die Prüfungsabteilung in der Mitteilung nach R 71 (3) vorgeschlagen hat, oder iii) einen höherrangigen Antrag wieder aufgreift (wenn der zweiten Mitteilung nach R 71 (3) ein Hilfsantrag zugrunde liegt).	
487		~~Verzicht auf R 71 (3)~~ ~~ABl. 2015 A52 MdEPA vom 08.06.2015~~ ~~RiLi C-V, 4.11~~ Gemäß ABl. 2020, A73 aufgehoben.	~~Anmelder kann darauf verzichten eine erneute Mitteilung nach R 71 (3) zu erhalten. Voraussetzungen:~~ ~~1.) Anmelder muss innerhalb der 4 M Frist nach R 71 (3) ausdrücklich auf das Recht verzichten, eine weitere Mitteilung zu erhalten; dies kann formlos erfolgen, und~~ ~~2.) eine Übersetzung der Ansprüche in den beiden Amtssprachen des EPA, die nicht die Verfahrenssprache sind, ist einzureichen, und~~ ~~3.) die Erteilungs- und Veröffentlichungsgebühr sind zu entrichten, und~~ ~~4.) Anspruchsgebühren für den 16. und jeden weiteren Anspruch sind zu entrichten, soweit diese nicht bereits nach R 45 oder R 162 entrichtet worden sind, und~~ ~~5.) die Änderungen sind zu kennzeichnen, ggf. Angabe ihrer Grundlagen in der ursprünglich eingereichten Fassung (R 137 (4)) sowie die betreffenden Seiten der die Mitteilung nach Regel 71 (3) EPÜ bildenden Unterlagen (Druckexemplar) mit den Änderungen oder Berichtigungen einreichen.~~	
488	Antragsprinzip	Art. 113 (2)	EPA hat sich bei Prüfung an die vom Anmelder vorgelegte Fassung zu halten.	
489			➥ T 1181/04	Anmelder hat Möglichkeit das Nichteinverständnis mit den vom Amt vorgeschlagenen erteilbaren Ansprüchen zu erklären.
490	Erteilung an mehrere Anmelder für verschiedene VS	R 72	Sind als Anmelder für verschiedene VS verschiedene Personen in das europäische Patentregister eingetragen, so erteilt die Prüfungsabteilung das europäische Patent den verschiedenen Anmeldern jeweils für die verschiedenen VS.	
491		R 74	Jeder Anmelder erhält eine eigene Urkunde (ABl. 8-9/2013, 416).	
492	Jahresgebühr	R 71a (4)	Wird eine JG nach Mitteilung gemäß **R 71 (3)** und vor dem Tag der frühestmöglichen Bekanntmachung des Hinweises auf Erteilung fällig, so wird der Hinweis erst bekanntgemacht, wenn die JG entrichtet ist.	

Ablauf EP-Anmeldung/Patent A.

Erteilung (Fortsetzung)

Verfahrenshandlung	Rechtsnormen	Details		
Veröffentlichung des Hinweises auf Erteilung	Art. 97 (3)	Die Entscheidung über die Erteilung wird an dem Tag wirksam, an dem im Patentblatt auf die Erteilung hingewiesen wurde.		493
		↳ G 12/91	Für die Prüfungsabteilung wird Entscheidung über Erteilung mit der Abgabe an die interne Poststelle des EPA bindend, d.h. Prüfungsverfahren kann nicht wieder aufgenommen werden.	494
		↳ J 7/96	Zwischen Erteilungsbeschluss nach **Art. 97 (1)** und Bekanntmachung des Hinweises auf Erteilung nach **Art. 97 (3)** ist ePA noch **anhängig** → **Art. 76** TA, **R 14** (Aussetzung) und Behebung von Fehlern möglich.	495
	R 143 (1) o)	Tag wird in das europäische Patentregister eingetragen.		496
	Art. 129 a)	Tag wird im europäischen Patentblatt veröffentlicht.		497
Fehlerhafte Zurückweisung oder Erteilung	Art. 111 (1) S.2	↳ T 2133/09	Liegt der Entscheidung über die Patenterteilung ein **wesentlicher Verfahrensmangel** zugrunde, so kann dies nur im Rahmen einer **Beschwerde** behoben werden.	498
		→ Zurückverweisung an die Prüfungsabteilung		499
	R 140	Ein Antrag auf Berichtigung nach R 140 kann nur dann zum Erfolg führen, wenn klar erkennbar ist, dass die Prüfungsabteilung das Patent in dieser Form nicht erteilen wollte und in welcher Form sie tatsächlich beabsichtigte, das Patent zu erteilen.		500
		↳ G 1/10 ↳ T 79/07	Berichtigung Erteilungsbeschluss, Zulässigkeit, Zuständigkeit	501
Veröffentlichung der europäischen Patentschrift	Art. 98	Gleichzeitig mit der Bekanntmachung des Hinweises auf die Erteilung des Patents.		502
		Die maßgebliche Fassung des eP bei fehlerhaftem Druck der europäischen Patentschrift ergibt sich aus dem Text, der dem Erteilungsbeschluss zugrunde liegt (siehe aufgehobene RAusk 17/90, RiLi H-VI, 6[19] (Veröffentlichungsfehler), RiLi C-V, 10 (Veröffentlichung eP und Behebung Fehler)).		503
		Der Wortlaut des eP in der Verfahrenssprache stellt die verbindliche Fassung dar (Art. 70 (1)). Jeder VS kann vorsehen, dass in seinem Staat eine Übersetzung in einer seiner Amtssprachen für den Fall maßgebend ist, dass der Schutzbereich des Patents in der Sprache der Übersetzung enger ist als in der Verfahrenssprache (siehe »NatR zum EPÜ«).		504
		Veröffentlichung der europäischen Patentschrift erfolgt ohne die Zusammenfassung.		505
		RiLi E-XII, 1	Beschwerde schiebt Wirkung der Erteilungsentscheidung auf, Hinweis auf Erteilung und Veröffentlichung der Patentschrift hat zu unterbleiben.	506
		↳ T 1/92	Ist die Bekanntmachung erfolgt, ist sie durch Berichtigung im europäischen Patentblatt außer Kraft zu setzen.	507
		↳ J 28/94	Ebenso Aussetzung nach **R 14** durch Dritte	508
	Art. 101 (3) a)	Nach Änderung im Einspruchsverfahren erfolgt Veröffentlichung einer neuen Patentschrift.		509
	ABl. 3/2007, 97 ABl. 2005, 126	Der Europäische Publikationsserver ist seit 01.04.2005 das einzige rechtlich autorisierte Publikationsmedium für europäische A- und B-Dokumente, Veröffentlichungstag mittwochs, ab 14 Uhr kostenlos verfügbar. Seit 2007 ist der Veröffentlichungstag immer der Mittwoch, unabhängig davon, ob an diesem Tag ein gesetzlicher Feiertag ist oder nicht.		510

A. Ablauf EP-Anmeldung/Patent

Erteilung (Fortsetzung)

	Verfahrenshandlung	Rechtsnormen	Details
511	**Schutzbereich -** Art. 69 (Schutzwirkung siehe A.700 ff.)	Art. 69 (1)	Schutzbereich der ePA und des eP wird durch Inhalt der Ansprüche bestimmt. Beschreibung und Zeichnungen sind zur Auslegung heranzuziehen.
		Art. 69 (2)	Bis Erteilung wird Schutzbereich der ePA durch die zuletzt eingereichten Ansprüche, die in Veröffentlichung nach **Art. 93** enthalten sind, bestimmt.
512	**Laufzeit des eP**	Art. 63 (1)	Die Laufzeit des eP beträgt 20 Jahre, gerechnet ab AT (evtl. AT der Euro-PCT-Anmeldung).

513 Fehler in dem eP nach Veröffentlichung

	Rechtsnormen	Details
514	RiLi C-V, 10	Fehler in der europäischen Patentschrift, die bei deren Herstellung entstanden sind, haben keinen Einfluss auf den Inhalt des erteilten Patents. Für diesen ist vielmehr die dem Patenterteilungsbeschluss zugrunde gelegte Fassung allein verbindlich.
515	RiLi H-VI, 4	Um Veröffentlichungsfehler handelt es sich dann, wenn der Inhalt der gedruckten Patentschrift abweicht von den Unterlagen (Druckexemplar), die dem Anmelder mit der Mitteilung gemäß Regel 71 (3) übermittelt wurden (Formblatt 2004), falls diese dem Beschluss über die Erteilung des Patents zugrunde liegen. Die oben genannten Veröffentlichungsfehler können jederzeit berichtigt werden.
516	RiLi H-VI, 4	Für die Berichtigung von Veröffentlichungsfehlern sind Formalsachbearbeiter zuständig (siehe Beschluss des Präsidenten des EPA vom 23. November 2015, ABl. EPA 2015, A104).
	RiLi H-VI, 4	Veröffentlichungsfehler sind von Änderungen zu unterscheiden, die in der für die Erteilung vorgesehenen Fassung vorgenommen werden, nachdem der Anmelder sein Einverständnis erklärt hat, aber bevor der Erteilungsbeschluss ergangen ist (G 01/10). In solchen Fällen muss der Patentinhaber als Rechtsbehelf Beschwerde einlegen.

517 Zurücknahme der Anmeldung, Verhinderung der Veröffentlichung

	Verfahrenshandlung	Rechtsnormen	Details
518	**Zurücknahme der Anmeldung, Verhinderung der Veröffentlichung** RiLi C-V, 11 RiLi A-VI, 1.2	R 67 (2)	Der Anmelder kann seine Anmeldung vor Abschluss der technischen Vorbereitungen (5 Wochen vor Ablauf des 18. M nach PT - MdEPA, ABl. 6/2006, 406, ABl. 3/2007, 094) für die Veröffentlichung der eP jederzeit zurücknehmen, sofern kein Dritter dem EPA nachgewiesen hat, dass er nach R 15 ein Verfahren zur Geltendmachung des Anspruchs auf Erteilung des eP eingeleitet hat.
519		RiLi A-VI, 2.5	Ggf. Rückerstattung der Prüfungsgebühr (siehe H.161 ff.)
520		J 11/80	Eine Zurücknahmeerklärung darf keinerlei Vorbehalte enthalten und muss eindeutig sein. Bei mehreren Anmeldern müssen alle zustimmen.
521		RiLi A-VI, 1.2	Jedoch Zurücknahme für den Fall der Unterbindung der Veröffentlichung möglich. **An eine wirksame Zurücknahmeerklärung ist der Anmelder gebunden** (siehe aufgehobene RAusk Nr. 8/80, ABl. 1/1981, 6). Im Fall der versehentlichen Rücknahme ist die Anwendung der R 139 in Betracht zu ziehen. Sie kann jedoch z.B. die Bedingung enthalten, dass die Veröffentlichung verhindert oder die Prüfungsgebühr zurückerstattet wird. Eine telegraphische, fernschriftliche oder durch Telefax übermittelte Zurücknahme einer Anmeldung oder Benennung gilt nur dann als eingegangen, wenn sie schriftlich bestätigt wird.
522			Anmeldungen können bis zum Hinweis auf Erteilung zurückgenommen werden.

Ablauf EP-Anmeldung/Patent   A.

Nationale Phase

Verfahrenshandlung	Rechtsnormen	Details und Fälligkeit	Unmittelbare Folgen eines Mangels, Mängelbeseitigung, Fristen	Rechtsfolge bei Nichtbeseitigung von Mängeln oder Fristversäumnis	Weiterbehandlungs-/ Wiedereinsetzungs-Möglichkeit
Übersetzung der Patentschrift Londoner Übereinkommen siehe E.64	Art. 65 »NatR zum EPÜ«, Tabelle IV	**Art. 65 (1):** Frist für Einreichung der Übersetzung mindestens 3 M nach Hinweis auf Erteilung, falls VS nicht längere Frist vorschreibt (z.B. IS 4 M) Erfordernis eines Inlandsvertreters, weitere Gebühren usw. entsprechend dem jeweiligen nationalen Recht zum EPÜ für die VS (siehe »NatR zum EPÜ«, Tabelle IV) beachten	Vertreterzwang; Fristverlängerung, Zuschlagsgebühr teilweise möglich siehe »NatR zum EPÜ«, Tabelle IV, Mitglieder des Übereinkommens	**Art. 65 (3):** Wird Übersetzung nicht rechtzeitig eingereicht oder Gebühr nicht entrichtet, wird das nationale Patent ex tunc unwirksam (gilt für alle VS, die Übersetzung verlangen)	**WE** iVm Art. 122 (6) teilweise möglich, Regelung nach nationalem Recht des VS (siehe »NatR zum EPÜ«, Tabelle IV)

Übertragung/Lizenzen
Art. 71-74, R 20-22 und R 61, RiLi E-XIV

	Rechtsnormen	Details
Übertragung und Bestellung von Rechten	Art. 71	Die **ePA** kann für einen oder mehrere benannte VS übertragen werden oder Gegenstand von Rechten sein.
Rechtsgeschäftliche Übertragung	Art. 72	Rechtsgeschäftliche Übertragung der **ePA** schriftlich und mit Unterschriften der Vertragsparteien.
Vertragliche Lizenzen	Art. 73	Eine **ePA** kann ganz oder teilweise Gegenstand von Lizenzen für alle oder **einen Teil** der benannten VS sein.
Anwendbares Recht	Art. 74	ePA als Gegenstand des Vermögens unterliegt dem nationalen Recht.
eP	Art. 2 (2)	Nach **Erteilung** → Übergang auf nationale Ämter
Eintragung von Rechtsübergängen	R 22 (1)	**Eintragung eines Rechtsübergangs** der **ePA** in das europäische Patentregister durch Nachweis und Vorlage von Urkunden (von beiden Parteien unterzeichnete Übertragungserklärung reicht aus - RiLi E-XIV, 3), ansonsten Original-Urkunde oder beglaubigte Abschrift, wirksam an dem Tag, an dem alle Erfordernisse erfüllt sind.
	R 22 (2)	Eintragungsantrag gilt erst als gestellt, wenn eine Verwaltungsgebühr (105 €) entrichtet worden ist (**Art. 3 (1) GebO** → ABl. 2020, A6).
	R 22 (3)	**Rechtsübergang** gegenüber EPA wird erst **wirksam**, wenn er durch Vorlage von Urkunden nachgewiesen wird.
Eintragung von Lizenzen und anderen Rechten	R 23 (1)	**R 22 (1) + (2)** ist auf Lizenzen sowie **eines dinglichen Rechts** (z.B. Zwangsvollstreckung) bei einer **ePA** anzuwenden.
	R 23 (2)	Löschung der Eintragung von Lizenzen auf Antrag + Verwaltungsgebühr, Nachweis oder Zustimmung des Rechteinhabers, jedoch nicht mehr nach Erteilung bzw. Ablauf Einspruch-/Beschwerdefrist.

A. Ablauf EP-Anmeldung/Patent

Übertragung/Lizenzen (Fortsetzung)

	Verfahrenshandlung	Rechtsnormen	Details
539a	Sammelantrag	ABl. 2019, A79, II, Nr. 18	Antrag auf Namens- oder Adressänderung des Anmelders/Patentinhabers einer Reihe von Anmeldungen als Sammelantrag möglich, indem Antrag sich auf „alle unsere Anmeldungen und Patente" bezieht. Bei einem Rechtsübergang ist zu prüfen, ob damit auch ein Vertreterwechsel einhergeht. - G.32a
540	Besondere Angaben bei der Eintragung von Lizenzen	R 24	Ausschließliche Lizenz/Unterlizenz
541	Rechtsübergang des europäischen Patents	R 85	R 22 ist auf einen Rechtsübergang des europäischen Patents während der Einspruchsfrist oder der Dauer des Einspruchsverfahrens entsprechend anzuwenden (um Parteien identifizieren zu können), Einsicht über **Art. 128 (4)** iVm **R 94** z.B. Online (ABl. 2003, 69).
542	Eintragung in Patentregister nach Abschluss des Einspruchs- bzw. Beschwerdeverfahren	J 17/91	Das europäische Patent ist nach Abschluss des Einspruchs- bzw. Beschwerdeverfahrens dem europäischen Verfahren entzogen, dann ist keine Eintragung ins europäische Patentregister mehr zulässig, betrifft auch Lizenzen (R 85 bezieht sich **nicht** auf R 23).
543	Reine Namens-änderungen	RiLi E-XIV, 5	**Änderungen des Namens** des Anmelders werden unter Vorlage von Beweismitteln gebührenfrei in das Register eingetragen, solange die ePA anhängig (siehe A.579) ist. Für Übertragung des erteilten Patents gilt das nationale Recht.
544	Prüfung der Beschwerde	R 100 (1)	Verweis auf Vorschriften für das Organ, dessen Entscheidung mit Beschwerde angefochten wird; daraus folgt, dass Eintragung eines Rechtsübergangs auch während der Beschwerde möglich ist.
545	Europäisches Patentregister	Art. 127	Eintragung ins europäische Patentregister ist **erst nach der Veröffentlichung** möglich.
546	Rechtsabteilung	Art. 20 (1)	**Rechtsabteilung** ist zuständig für Eintragungen und Löschungen im europäischen Patentregister und in der Liste der Vertreter.

Ablauf EP-Anmeldung/Patent A.

Umwandlung
Art. **135, 137**, Art. **140**, **R 37**, **R 155**, **R 156**, sowie nat. Gesetze, nat. Recht zum EPÜ,
RiLi A-IV, 6; 📖 S/S Art. 135

Verfahrenshandlung	Rechtsnormen	Details
Umwandlungs-tatbestände	Art. 135 (1)	Antrag des Anmelders auf Umwandlung in nationale Anmeldung, wenn: a) ePA gilt nach **Art. 77 (3)** iVm **R 37** als zurückgenommen (nationale Stelle hat PA nicht innerhalb von 14 M ab AT/PT dem EPA übermittelt); b) dem nationalen Recht vorbehaltene Umwandlungstatbestände, wenn ePA zurückgenommen oder zurückgewiesen oder als zurückgenommen gilt oder das europäische Patent widerrufen worden ist wurde. • CH/LI, ES, GR, IT, PT: Erlauben Umwandlung, wenn die Anmeldung nach **Art. 14 (2)** in einer zugelassenen Nichtamtssprache des EPA eingereicht worden war und die Übersetzung in eine der Amtssprachen nicht rechtzeitig eingereicht worden ist. • ES, GR, IT, PT: Umwandlung in nationale Gebrauchsmusteranmeldung möglich → **Art. 140** siehe »NatR zum EPÜ«, Tabelle VII
Frist zur Stellung des Umwandlungs-antrags	R 155 (1)	Innerhalb von 3 M nach dem Tag der Zurücknahme der ePA oder der Mitteilung, dass die ePA als zurückgenommen gilt, oder der Entscheidung über die Zurückweisung der ePA oder den Widerruf des eP. Maßgeblicher Tag ist Tag der Zustellung beim EPA bzw. Anmelder. Wirkung der ePA als nationale Hinterlegung (**Art. 66** iVm **R 155**) erlischt, wenn Antrag nicht rechtzeitig eingereicht wird.
Vorzunehmende Handlungen	R 155 (1)	Umwandlungsantrag gemäß **Art. 135 iVm R 155 (1)** beim EPA (oder im Fall des Art. 77 (3) bei der Zentralstelle, bei der die Anmeldung eingereicht wurde) stellen, Angabe der VS, für die die Umwandlung gewünscht wird; Entrichtung der Umwandlungsgebühr (**Art. 135 (3)**) in Höhe von 80 € gemäß **Art. 2 (1) Nr. 14 GebO**
Zuständiges Amt	Art. 135 (3)	Im Allgemeinen: EPA
		Im Fall des **Art. 77 (3)**: Zentralbehörde, bei der Anmeldung eingereicht wurde (**Art. 155 (1)**); diese leitet die Anmeldung an die anderen Zentralbehörden weiter.
Priorität	Art. 66	Eine ePA, deren AT feststeht, hat in den benannten VS die Wirkung einer vorschriftsmäßigen nat. Hinterlegung, ggf. mit der für die ePA in Anspruch genommenen Prio.
Sonstiges	Art. 135 R 155 (2)	Gilt ePA nach **Art. 77 (3)** als zurückgenommen, ist Antrag bei der Zentralbehörde des jeweiligen VS zu stellen, bei der Anmeldung eingereicht wurde; Zentralbehörde leitet Kopie der ePA an die benannten VS weiter; die in **Art. 66** iVm **R 155 (3)** vorgeschriebene Wirkung erlischt, wenn der Antrag nicht innerhalb von 20 M ab AT/PT weitergeleitet wird.
	Art. 137	Nationale Erfordernisse: Gebühr und Übersetzung in deren Amtssprache (nicht weniger als 2 M), »NatR zum EPÜ«, Tabelle VII
	R 156	Unterrichtung der Öffentlichkeit bei Umwandlung

A. Ablauf EP-Anmeldung/Patent

	Teilanmeldung		
556	**Art. 76**, **R 36**, **R 4**, RiLi A-IV, 1 und C-IX, 1, siehe Spezialtabelle J »Teilanmeldung« (geänderte R 36 seit 01.04.2014 in Kraft → gilt für TA, die seit diesem Datum eingereicht werden)		
	Verfahrenshandlung	Rechtsnormen	Details
557	Voraussetzung	Art. 76 R 36 (1)	TA kann zu **jeder anhängigen** früheren ePA eingereicht werden.
558		Art. 76 (1)	Gegenstand darf nicht über den Inhalt der früheren Anmeldung in der ursprünglich eingereichten Fassung hinaus gehen **Art. 76 (1) Satz 2** (entspricht Prüfung nach **Art. 123 (2)**, in TA dürfen keine Gegenstände sein, auf die vorbehaltlos in der SA verzichtet worden ist, beschränkte Ansprüche gelten als Formulierungsversuch und nicht als Verzicht (J 15/85)).
559			**Kette von Teilanmeldungen**: SA kann auch eine **TA sein** (G 1/05 bzw. G 1/06) - RiLi A-IV, 1.1.2
560		Art. 153 (2) J 18/09	Eine TA zu einer Euro-PCT-Anmeldung kann erst eingereicht werden, wenn diese beim EPA als Bestimmungsamt oder ausgewähltem Amt anhängig ist, d.h. in die europäische Phase eingetreten ist.
561	Erfinder- nennung	R 60 (2)	Für die TA ist eine **separate Erfindernennung** erforderlich; **R 60 (2)**: Nachholung der Erfindernennung spätestens innerhalb 2 M nach Mitteilung gemäß **Art. 90 (3), (5)** iVm **R 60 (2)**.
562	Zeitpunkt	Art. 97 (3)	Jederzeit möglich, bis 1 T vor Hinweis auf Erteilung ePA oder zum Zeitpunkt der Zurücknahme der ePA.
563			**Keine TA** mehr möglich, wenn SA zurückgewiesen und Beschwerdefrist ungenutzt abgelaufen ist.
564		Art. 106 (1)	TA kann auch **während Beschwerdeverfahren** eingereicht werden (solange Beschwerde läuft, ist Anmeldung anhängig).
565		R 135 (2)	Die WB der R 36 (1) ist nicht möglich, da Anhängigkeit der SA eine Bedingung, keine Frist darstellt. RdBK 2013, II.F.2.4.2, J 19/10, S/S Art. 76 Rd 32
566	Wirkung	Art. 76 (1)	TA gilt an dem AT der früheren Anmeldung eingereicht und genießt deren Priorecht **Art. 76 (1)**, auch **Art. 4 G PVÜ**.
567			Alle zum Zeitpunkt der Einreichung der europäischen TA in der früheren Anmeldung benannten VS gelten als in der TA benannt (G 4/98, ABl. 3/2001, 131), vorausgesetzt einzelne VS werden nicht in SA zurückgenommen.
568	Anmeldeamt	Art. 76 (1) R 41 (2) e)	TA ist unmittelbar beim EPA (Berlin, München, Den Haag) einzureichen **Art. 76 (1)** iVm **R 41 (2) e)**: Im Erteilungsantrag ist Aktenzeichen der SA anzugeben.
569	Antrag	R 41 (2) e)	Erteilungsantrag: 1) Erklärung, dass es sich um eine TA handelt, 2) die Nummer der früheren ePA und 3) Generation von TA.
570	Sprache	Art. 76 (1) R 36 (2)	Verfahrenssprache wie SA oder ursprüngliche Nichtamtssprache. Übersetzung in der Verfahrenssprache der früheren Anmeldung ist innerhalb von 2 M nach Einreichung der TA nachzureichen.

Ablauf EP-Anmeldung/Patent A.

Teilanmeldung (Fortsetzung)			
Verfahrenshandlung	Rechtsnormen	Details	
Gebühren	R 36 (3)	**Anmeldegebühr** und **Recherchengebühr** sind für TA innerhalb 1 M nach Einreichung zu entrichten.	571
		Rückerstattung der Recherchengebühr teilweise oder ganz nach **Art. 9 (2) GebO**, wenn RB der TA auf RB der SA basiert, jedoch muss Recherchengebühr zunächst bezahlt werden, siehe H.151 ff.	572
	R 36 (4)	**Benennungsgebühr** ist innerhalb von 6 M nach Veröffentlichung des europäischen RB zur TA zu entrichten.	573
	R 45 (1)	Enthält die TA >15 Patentansprüche, so ist für jeden weiteren Patentanspruch eine **Anspruchsgebühr** zu entrichten. Die Anspruchsgebühren sind auch dann zu entrichten, wenn bereits in der SA Anspruchsgebühren für einen Anspruch entrichtet worden sind, der nun in der TA behandelt wird.	574
	R 38 (4)	Die Gebührenordnung kann im Fall einer TA, die zu einer früheren Anmeldung eingereicht wird, die ihrerseits eine TA ist, als Teil der Anmeldegebühr eine Zusatzgebühr vorsehen.	575
	Art. 2 (1) Nr. 1b GebO	**Zusatzgebühr** (BdV CA/D 15/13, 16.10.2013 ABl. 2013, 501 und MdEPA ABl. 2014, A22, RiLi A-IV, 1.4.1.1) **Art. 2 (1) Nr. 1b GebO:** - für eine Teilanmeldung der 2. Generation: 220 € - für eine Teilanmeldung der 3. Generation: 440 € - für eine Teilanmeldung der 4. Generation: 660 € - für eine Teilanmeldung der 5. oder jeder weiteren Generation: 885 €	576
	Art. 86 (1)	**JG-Zahlung** ab AT der SA fällig, nach **Art. 86 (1)** für 3. und jedes folgende Jahr, kein »Ultimo-to-Ultimo« Prinzip für 1. JG der TA.	577

Anhängigkeit der ePA		579
Erteilung:	Bis zu (aber nicht mehr an) dem Tag, an dem der Hinweis auf Erteilung veröffentlicht wird (J 7/96, J 7/04, ABl. 2/2002, 112).	580
Zurückweisung:	Bis zum Ablauf der Beschwerdefrist (G 1/09).	
gilt als zurückgenommen:	Bis zum Ablauf der versäumten Frist bzw. bis Entscheidung der Beschwerde.	
Zurücknahme:	Bis zum Zeitpunkt der Zurücknahme.	
Anmelderbeschwerde:	Während des Beschwerdeverfahrens nach Zurückweisung der ePA; bei Beschwerde gegen erteiltes Patent: keine aufschiebende Wirkung, siehe Erteilung. (**J 28/03** Wirksamkeit der während Beschwerde gegen Stammanmeldung eingereichten TA hängt vom Ausgang der Beschwerde ab).	

A. Ablauf EP-Anmeldung/Patent

581	**Mündliche Verhandlung** **Art. 116, R 115, RiLi E-III**		
	Verfahrenshandlung	Rechtsnormen	Details
582	**Mündliche Verhandlung** ↳T 194/96	Art. 116 (1)	**Recht auf mündliche Verhandlung.** ↳**T 19/87**, bei Antrag (↳**T 299/86**), S/S Art. 116 Rd 1-9 Ablehnung einer mündl. Verhandlung = wesentlicher Verfahrensverstoß (↳T93/88)
583		Art. 116 iVm R 115	**Auf Antrag** eines Beteiligten oder von Amts wegen (wenn Amt dies für sachdienlich erachtet, in Ausnahmefällen kann schon im ersten Bescheid geladen werden, RiLi C-III).
584		Art. 116 (1)	Ändern sich Sachvortrag und Parteien nicht, keine erneute mündliche Verhandlung, aber bei: **Wechsel der Beteiligten**, auch der Zusammensetzung der Kammer während des Verfahrens, Notwendigkeit der Beweiserhebung (**RiLi E-IV, 1.3, 1.6.1**) oder Einwendungen Dritter nach **Art. 115**. Bei Änderung des Gegenstands des Verfahrens (z.B. durch neue Beweismittel), muss auf Antrag erneute mündliche Verhandlung stattfinden.
585		Art. 116 (2)	Mündliche Verhandlung **vor Eingangsstelle** (wenn sachdienlich oder bei Zurückweisung, hierfür vorher **R 112 (2)** beantragen) (↳**J 16/02**, ↳**T 209/88**, ↳**T 93/88**)
586		Art. 116 (3)	**Keine Öffentlichkeit** bei der Eingangsstelle, Prüfungs- und Rechtsabteilung
587		Art. 116 (4)	**Öffentlichkeit** der mündlichen Verhandlung bei Einspruchsabteilung, BK und GBK (jeweils einschl. der Verkündung), BK und GBK nach VÖ der ePA
588	**Tonaufzeichnung**	Art. 116 (3) + (4)	Vor einer Beschwerdekammer dürfen nur Amtsangehörige Tonaufzeichnungsgeräte im Sitzungssaal in Betrieb nehmen (**ABl. 2007, SA 3, 69, 117** und **ABl. 2/2014, A21**).
589	**Videokonferenz**	Abl. 2020, A39, A40 RiLi E-III, 11 A.465a L.155a	Mündliche Verhandlungen vor der Prüfungsabteilung sind seit dem 02.04.2020 als Videokonferenz durchzuführen. Nachreichung von Unterlagen kann gemäß **R 50** per E-Mail (D.60a) erfolgen. BdP vom 13.05.2020, ABl. 2020, A71 und MdEPA vom 01.04.2020, ABl. 2020, A72. Mündliche Verhandlungen vor der Einspruchsabteilung als Videokonferenz auf Antrag oder Veranlassung der Einspruchsabteilung (Pilotprojekt)
590	**Ladungsfrist**	R 115 (1)	**Ladungsfrist mindestens 2 M**, Seit 01.11.2019: Zustellung mittels eingeschriebenen Briefs mit Empfangsbescheinigung (EPA Form 2936) (**R 126 (1),** ABl. 2019, A57). Zustellung mittels eingeschriebenen Briefs mit Rückschein oder gleichwertigem Beleg (R 126 (1) a.F.).
591			**RiLi E-III, 6**: Vorgehen bei Festsetzung des Termins zur mündlichen Verhandlung; u.a. mit Zustimmung der Beteiligten jede Frist möglich, auch unter 2 M; idR mindestens 4 M vor Termin, zwischen 2 M und 4 M ohne Zustimmung nur unter ganz bestimmten Umständen (z.B. bei vorheriger Verlegung der mündlichen Verhandlung); auch längere Frist möglich, z.B. besondere Umstände des Einzelfalls.
592	**Fortsetzung bei Nichterscheinen**	R 115 (2)	**Erscheint ordnungsgemäß geladener Beteiligter nicht**, kann das Verfahren ohne ihn fortgesetzt werden (aber ↳**G 4/92**) - RiLi E-III, 8.3.3.1
593	**Fehlerhafte Ladung**	RiLi E-III, 8.3.3.1	Wurde Beteiligter nicht ordnungsgemäß geladen, wird die mündliche Verhandlung verschoben.

Ablauf EP-Anmeldung/Patent A.

Mündliche Verhandlung (Fortsetzung)			
Verfahrenshandlung	Rechtsnormen	Details	
Nichterscheinen oder verspätetes Eintreffen eines Beteiligten	R 115 (2) RiLi E-III, 8.3.3.1	a) Wenn Beteiligter ordnungsgemäß geladen, dann kann Verhandlung ohne ihn durchgeführt werden. b) Wenn verspätet aber vor Ende der Verhandlung erschienen, dann hat Beteiligter Recht gehört zu werden. c) Erscheint Beteiligter nachdem Verhandlung bereits geschlossen, so kann Verhandlung wiedereröffnet werden, wenn - keine Entscheidung ergangen ist, - alle Beteiligten damit einverstanden sind.	594
Zeitpunkt zur Einreichung Schriftstücke	R 116 (1)	Festsetzung **Zeitpunkt zur Einreichung Schriftstücke**, Ausschluss von **R 132** → keine Verlängerung der Frist (**G 6/95** nicht für Beschwerdekammern), Frist üblicherweise bis spätestens 1 M (**RiLi E-III, 5**) vor mündlicher Verhandlung; danach vorgebrachte Tatsachen und Beweismittel müssen nicht berücksichtigt werden. Verspätetes Vorbringen siehe L.206 ff.	595
Verkündung der Entscheidung	R 111 (1)	Später sind Entscheidungen schriftlich zu verfassen und den Beteiligten zuzustellen.	596
Formlose Rücksprache	RiLi C-VII, 2	**Formlose Rücksprache** (gedeckt durch **Art. 94 (3)**) - nur für Anmelder – telefonisch oder persönlich.	597
Verlegung der mündlichen Verhandlung	RiLi E-III, 7	**Verlegung der mündlichen Verhandlung** bei Vorbringen ernsthafter Gründe (Siehe RiLi E-III, 7.1.1): ABl. 1/2009, **T 1080/99**, ABl. 12/2002, 568, **T 300/04**, **J 4/03** eine hinreichend substantiierte Begründung ist beizufügen, **T 178/03** und ABl. 2007, Sonderausgabe Nr. 3, 115.	598
	RiLi E-III 11.1.1	Die Tatsache, dass keine Räume verfügbar sind, kann vom Anmelder nicht als Grund für eine Verlegung angeführt werden.	
Absage der mündlichen Verhandlung	RiLi E-III, 7.2.1	In Erwiderung auf Eingaben, die ein Beteiligter auf eine Ladung zur mündlichen Verhandlung hin gemacht hat, kann die Abteilung auch beschließen, die mündliche Verhandlung abzusagen und das Verfahren schriftlich fortzusetzen. In diesem Fall werden die Beteiligten entsprechend unterrichtet.	598a
	RiLi E-III, 7.2.2	Wenn der Antrag auf mündliche Verhandlung ausdrücklich zurückgenommen wird oder ein Beteiligter mitteilt, dass er nicht erscheinen wird (was in der Regel mit einer Rücknahme des Antrags gleichgesetzt wird (siehe **T 3/90**, **T 696/02** und **T 1027/03**)), kann die Abteilung nach ihrem Ermessen entscheiden, ob die anberaumte mündliche Verhandlung beibehalten oder abgesagt wird.	598b
Änderungen in Anmeldeunterlagen R 50 (1) iVm R 49 (8)		**Im Prüfungsverfahren** gelten die Formerfordernisse der **R 49 (8)** auch für Unterlagen, die in der mündlichen Verhandlung eingereicht werden. Schriftstücke mit handschriftlichen Änderungen akzeptiert die Prüfungsabteilung als Grundlage für die Erörterung im mündlichen Verfahren, bis eine Einigung über den endgültigen Wortlaut des Patents erzielt worden ist. Eine endgültige Entscheidung über die Erteilung des Patents kann aber nur auf der Grundlage eines Schriftstücks getroffen werden, das keine Formmängel enthält (siehe RiLi E-III, 8.7.1).	599
		Ausnahme im Einspruchsverfahren **ABl. 2015, A82**, Seit 01.05.2016: PI muss keine mit R 49 (3) konforme Unterlagen einreichen, d.h. Handschriftliche Änderungen werden akzeptiert. PI muss aber innerhalb von 3 M (siehe R 82 (2) S. 3) eine Fassung einreichen, die der R 49 (8) entspricht.	600
	RiLi E-III, 8.7	Handschriftliche Änderungen in mündlicher Verhandlung.	601
	T 733/99 RiLi E-III, 8.5	Im Einspruchsverfahren obliegt es der Einspruchsabteilung dafür zu sorgen, dass die Erfordernisse, z.B. der maschinengeschriebenen Form, Unterschrift erfüllt sind.	602

A. Ablauf EP-Anmeldung/Patent

	Mündliche Verhandlung (Fortsetzung)		
	Verfahrenshandlung	Rechtsnormen	Details
603	**Nutzung von Laptops** und anderen elektronischen Geräten	RiLi E-III, 8.2.1	Verwendung von Laptops in mündlichen Verhandlungen (ex parte und inter partes) ist grundsätzlich erlaubt. Tonaufnahmen sind nicht zulässig (siehe A.588). - ABl. 1986, 63, ABl. 2007, SA3, ABl. 2/2014, A21
603a	Einsatz **computergenerierter Diavorführungen**	RiLi E-III, 8.5.1 ↳T 1556/06	In mündlichen Verhandlungen besteht kein Rechtsanspruch auf den Einsatz computergenerierter Diavorführungen; dieser bedarf der Zustimmung der Prüfungs- oder Einspruchsabteilung oder der Rechtsabteilung und liegt in deren Ermessen.
		»Ex-Parte-Verfahren«	Prüfungsabteilungen werden die Zulassung computergenerierter Diavorführungen auch dann in Betracht ziehen, wenn die Präsentation nicht vor der mündlichen Verhandlung übermittelt wurde, sofern a) die Prüfungsabteilung sich in der Lage sieht, sich mit diesen verspätet vorgebrachten Unterlagen zu befassen, ohne das Verfahren übermäßig zu verlängern. Hierbei gelten dieselben Überlegungen wie für andere verspätet vorgebrachte Tatsachen und Beweismittel) b) der Raum, in dem die mündliche Verhandlung stattfindet, über eine geeignete Grundausstattung verfügt (z. B. eine Leinwand), c) das Vorbringen zur Klärung der strittigen Fragen beiträgt. Dasselbe gilt für mündliche Verhandlungen vor der Rechtsabteilung.
		»Inter-Partes-Verfahren«	Grundvoraussetzung ist, dass Kopien der präsentierten Unterlagen rechtzeitig vor der mündlichen Verhandlung zur Verfügung gestellt werden (R 116). Die Kopien werden wie andere Schriftsätze behandelt. Computergenerierte Diavorführungen werden in mündlichen Verhandlungen dann zugelassen, wenn es ohne dieses visuelle Hilfsmittel viel schwieriger wäre, das Vorbringen des Beteiligten zu verstehen. So könnte die Einspruchsabteilung der Auffassung sein, dass beispielsweise Dias über a) die Struktur oder die Funktionsweise eines komplexen Produkts, b) komplizierte Reaktionsmuster, c) komplexe Formeln oder d) den Betrieb eines komplexen Geräts die Diskussion erleichtern könnten. Dasselbe gilt für mündliche Verhandlungen vor der Rechtsabteilung
603b	**Ort der mündlichen Verhandlung**	↳T 1012/03	Sitz der jeweiligen verantwortlichen Abteilung, Beteiligter kann sich nicht auf Verlegung an anderen Ort berufen.
604	**Begleitperson als Vortragender**	Siehe L.156	
605	**Besonderheiten und Rechtsprechung**		
606	**Ladung**	↳T 1183/02	Fehlende Bestätigung der Ladung zur mündlichen Verhandlung nach Einreichung von Änderungen und Argumenten stellt keinen wesentlichen Verfahrensmangel dar.
607	**Ladungsfrist**	↳J 14/91	**Verkürzung der Ladungsfrist** ohne Zustimmung eines der Beteiligten in besonderen Konfliktfällen möglich (z.B. Akteneinsicht).
608	**Mündliche Verhandlung**	↳T 663/90 ↳T 19/87	Liegt Antrag vor, darf betreffendes Organ ohne mündliche Verhandlung nicht gegen Antrag stellende Partei entscheiden (siehe RiLi E-III, 2) → Nichtbeachtung ist schwerer Verfahrensmangel.
609	**Neu vorgebrachte Tatsachen**	↳G 4/92	Entscheidung darf nicht zu Ungunsten eines nicht erschienenen Beteiligten auf neu vorgebrachte Tatsachen gestützt werden.
610	**Teilnahme**	↳T 930/92	Jeder Beteiligte hat die Pflicht, EPA unverzüglich über Nichtteilnahme zu informieren, ansonsten evtl. Kostenverteilung zu dessen Ungunsten.

Ablauf EP-Anmeldung/Patent A.

Sprachen bei mündlicher Verhandlung

	Rechtsnormen	Details	
Schriftliches Beweismittel	R 3 (3)	Schriftliches Beweismittel kann **in jeder Sprache** eingereicht werden, das EPA kann eine Übersetzung in eine der Amtssprachen innerhalb einer Amtsfrist (nicht kürzer als 1 M) verlangen.	612
Amtssprache	R 4 (1)	**Jede Amtssprache möglich**, Mitteilung bis spätestens 1 M vor angesetztem Termin oder eigene Übersetzung in Verfahrenssprache, dann auch jede andere Amtssprache eines VS (**RiLi E-V, 3**).	613
Bedienstete	R 4 (2)	Bedienstete können sich **einer anderen Amtssprache** bedienen, EPA muss ggf. für eine Übersetzung sorgen. Die Beteiligten sind zu informieren (**RiLi E-IV, 5**).	614
Beteiligte, Zeugen, Sachverständige	R 4 (3)	Beteiligte, Zeugen, Sachverständige: **Andere Sprache zulässig**, wenn Antragsteller für **Übersetzung** sorgt.	615
Jede Sprache	R 4 (4)	Jede Sprache, wenn **alle Beteiligten und EPA zustimmen**.	616
Übersetzung	R 4 (5)	**Kosten für Übersetzung** vom Amt, Ausnahmen für **R 4 (1)+(3)**.	617
Niederschrift	R 4 (6)	Niederschrift in **Amtssprache bzw. Verfahrenssprache**.	618
Vortragen durch Begleitperson	↳G 2/94 ↳G 4/95	**Muss durch zugelassenen Vertreter beantragt werden**.	619

Beweismittel und Beweisaufnahme 620

Die Beteiligten können in **anhängigen Verfahren** jederzeit Beweismittel zur Stützung behaupteter Tatsachen vorlegen, insbesondere folgende Beweismittel (siehe RiLi E-IV, 1.2). Das EPÜ enthält keine Vorschriften, wie das Ergebnis einer Beweisaufnahme zu bewerten ist. → Bei der Prüfung von Beweismitteln gilt der Grundsatz der freien Beweiswürdigung, d.h. wann ein Beweismittel ausreichend ist, ist im Einzelfall zu entscheiden (siehe RiLi E-IV, 4.3). 621

Verfahrenshandlung	Rechtsnormen	Details	
Vernehmung der Beteiligten	Art. 117 (1) a)	z.B. zum Nachweis einer Vorbenutzung im Einspruchsverfahren (siehe RiLi E-IV, 1.6).	623
Einholung von Auskünften	Art. 117 (1) b)	Einholung von Auskünften von Behörden im Wege der Amtshilfe nach Art. 131, aber auch z. B. bei einem Verlag über den Veröffentlichungstag eines Buchs.	624
Vorlegung von Urkunden	Art. 117 (1) c)	Alle schriftlichen Unterlagen, die einen gedanklichen Inhalt umfassen (siehe 📖 S/S Art. 117 Rd 41 ff.).	625
Vernehmung von Zeugen	Art. 117 (1) d)	Die Beweisaufnahme durch Vernehmung von Zeugen erfolgt in der Regel im Rahmen einer mündlichen Verhandlung (siehe RiLi E-IV, 1.6).	626
Begutachtung durch Sachverständige	Art. 117 (1) e)	Person mit Sachkunde (siehe RiLi E-IV, 1.8.1).	627
Einnahme des Augenscheins	Art. 117 (1) f)	Dient der unmittelbaren Sinneswahrnehmung von der betreffenden Sache oder dem betreffenden Vorgang (z.B. Vorführung eines Erzeugnisses oder Verfahrens), die ein Anmelder oder PI zum Beweis beantragt hat.	628
Abgabe einer schriftlichen Erklärung unter Eid	Art. 117 (1) g)	Wenn dies im nat. Rechtssystemen nicht existiert, dann tritt dann das entsprechende Instrument in dem jeweiligen nat. System an ihre Stelle (siehe ↳T 558/95).	629

85

A. Ablauf EP-Anmeldung/Patent

	Beweismittel und Beweisaufnahme (Fortsetzung)		
		Rechtsnormen	Details
630	Argumente	⇨T 642/92	Reine Argumente sind keine Beweismittel.
631	Stichhaltigkeit	⇨T 750/94	Je schwerwiegender eine Tatfrage ist, desto stichhaltiger muss das zugrunde liegende Beweismaterial sein.
632	Beweis des Gegenteils	⇨T 97/94	Insbesondere bei einer angeblichen Vorbenutzung ist ein strengeres Kriterium anzulegen (d.h. die Vorbenutzung muss zweifelsfrei stattgefunden haben) weil der PI praktisch keine Möglichkeiten hat, das Gegenteil zu beweisen.
633	Beweisaufnahme durch Mitglieder	R 119 (1)	Insbesondere bei Einnahme des Augenscheins.
634	Mündliche Vernehmung	R 118 R 120	Vernehmung vor dem EPA (R 118) (zuständiges Organ, bei dem Sache anhängig ist) oder Vernehmung vor dem zuständigen Gericht (R 120), in dem der Betroffene seinen Wohnsitz hat.
635		R 120 (1)	Vernehmung durch Gerichte
636		R 120 (2)	Vernehmung durch ein Gericht unter Eid
637		R 120 (3)	Ersuchen des EPA an ein Gericht um Vernehmung
638	Entscheidung über eine Beweisaufnahme	R 117	Durchführung förmlicher Beweisaufnahme, die eine Entscheidung im Sinne der R 117 voraussetzt (⇨G 4/95).
639	Ladung zur Beweisaufnahme	R 118	Die zu vernehmenden Beteiligten, Zeugen, Sachverständigen werden zum Beweistermin geladen (Ladungsfrist mind. 2 M, sofern Person nicht mir kürzerer Frist einverstanden) (siehe 📖 S/S Art. 117 Rd 85 ff.).
640	Durchführung einer Beweisaufnahme	R 119 (1)	Durchführung von beauftragtem Mitglied des betreffenden Organs. Stützung auf die entsprechende Niederschrift nach R 124 (siehe 📖 S/S Art. 117 Rd 88 ff.).
641		R 119 (2)	Wahrheitsgemäße Aussage
642		R 119 (3)	Auch die Verfahrensbeteiligten können an der Beweisaufnahme teilnehmen und sachdienliche Fragen stellen.
643	Niederschrift der Beweisaufnahme	R 124	Ergebnis der Beweisaufnahme (siehe 📖 S/S Art. 117 Rd 94 ff.).
644	Kosten der Beweisaufnahme	R 122	Beweisaufnahme kann nach R 122 (1) von einer Hinterlegung eines Vorschusses abhängig gemacht werden (siehe 📖 S/S Art. 117 Rd 103 ff.).
645	Beweissicherung	R 123	EPA kann auf Antrag zur Sicherung eines Beweises unverzüglich eine Beweisaufnahme über Tatsachen vornehmen, die für eine Entscheidung von Bedeutung sein können (Voraussetzungen, siehe 📖 S/S Art. 117 Rd 112 ff.).

Ablauf EP-Anmeldung/Patent A.

Nichtigkeit Art. 138 iVm Art. 139 - Wirkung für diesen VS			646
	Rechtsnormen	Details	
Nichtigkeitsgründe	Art. 138 (1)	**Nichtigkeitsgründe** (neben den älteren Rechten nach **Art. 139 (1) + (2)** und Doppelpatentierungsverbot **Art. 139 (3)**): a) Gegenstand des eP ist nicht patentfähig nach **Art. 52** bis **57**; b) Mangelnde Klarheit/Vollständigkeit (entspricht inhaltlich **Art. 83**); c) Inhalt geht über ursprünglich eingereichte Fassung hinaus (entspricht **Art. 123 (2)**); d) Unzulässige Erweiterung im Einspruchsverfahren (**Art. 123 (3)**); oder e) Anmeldung durch Nichtberechtigten (**Art. 61**), d.h. Inhaber ist nicht nach **Art. 60 (1)** berechtigt.	647
Teilnichtigkeit	Art. 138 (2)	Beschränkung des Patents ist je nach nat. Recht möglich (siehe 📖 S/S Art. 138 Rd 23 ff.).	648
Beschränkung	Art. 138 (3)	In Verfahren vor dem zuständigen Gericht oder der zuständigen Behörde, die die Gültigkeit des europäischen Patents betreffen, ist der Patentinhaber befugt, das Patent durch Änderung der Patentansprüche zu beschränken. Die so beschränkte Fassung des Patents ist dem Verfahren zugrunde zu legen.	
Ältere europäische Rechte	Art. 139 (1)	**Ältere europäische Rechte** vs. nationale Rechte	649
Ältere nationale Rechte	Art. 139 (2)	**Ältere nationale Rechte** vs. europäische Rechte (Abhilfe **R 138**: unterschiedliche Ansprüche, Beschreibung, Zeichnungen)	650
Technisches Gutachten	Art. 25	EPA kann auf Ersuchen eines nat. Gerichts im Rahmen einer Verletzungs- oder Nichtigkeitsklage ein **technisches Gutachten** über das eP erstellen, das Gegenstand des Rechtsstreits ist. Gutachten betrifft nicht die Rechtsbeständigkeit (**RiLi E-XIII**).	651

A. Ablauf EP-Anmeldung/Patent

652 Ältere Rechte
Art. 139, RiLi H-III, 4.4, G-IV, 6

	Rechtsnormen	Details
653 Wirkung	Art. 139 (1)	ePA/eP als nationale PA oder nationales Patent, deshalb auch älteres Recht
654 Wirkung älteres Recht	Art. 139 (2)	Nationale ältere Rechte → **Nichtigkeitsgrund** (S/S Art. 139 Rd 2 ff.)
655 Patentansprüche	R 138	Ältere Rechte schon im **europäischen Verfahren berücksichtigbar** (durch unterschiedliche Abfassung von Ansprüchen, S/S Art. 118 Rd 5 ff.)
656 Doppelschutz siehe A. 114 ff.	Art. 139 (3)	**Doppelschutz** möglich, nationales Patent und eP (in AT, DK, FI, HU, IS, NO, PL und SE), nationales Gebrauchsmuster und eP (in AT, CZ, DE, DK, EE, FI, HR, HU, IT, PL), Auslegung des Abs. (3), dass eP Vorrang hat S/S Art. 139 Rd 9 → Einzelheiten »NatR zum EPÜ«, Tabelle X
657		**Doppelschutz** eP und EU-Patent ausgeschlossen: Art. 4 (2) EPVO und Nr. 8 Präambel EPVO
658		**Doppelschutz** nationales Patent und EU-Patent in DE möglich (S/S Art. 142 Rd 10).
659		**Doppelschutzverbot** in DE erstreckt sich nicht auf Gebrauchsmuster → **Art. 140**
660 Nationale Gebrauchsmuster	Art. 140	Art. 66, 124, 135, 137 und 139 sind anzuwenden
661 andere Schutzrechtsart	Art. 43 PCT	Statt Patent kann auch **andere Schutzrechtsart** beantragt werden, z.B. Gebrauchsmuster.
662 Schutzrechtsarten	Art. 44 PCT	Es können zwei **Schutzrechtsarten** beantragt werden, z.B. Patent und zusätzlich Gebrauchsmuster.

663 Aussetzung und Unterbrechung

siehe Spezialtabelle D »Fristen«

664 Rechtsverlust, Antrag auf Entscheidung
R 112 (2), RiLi E-VIII, 1.9

665
- In bestimmten Fällen des EPÜ tritt ein Rechtsverlust ein, ohne dass eine Entscheidung ergangen ist.
- Dieser Rechtsverlust wird dem Betroffenen gemäß **Art. 119** iVm **R 112 (1)** in einer Mitteilung mitgeteilt.
- Innerhalb von 2 M nach Zustellung der Mitteilung kann Betroffener gemäß **R 112 (2)** eine Entscheidung beantragen.
- Zuständiges Organ trifft eine Entscheidung nur, wenn es die Auffassung des Antragstellers nicht teilt; andernfalls wird der Antragsteller unterrichtet und das Verfahren fortgesetzt.
- Entscheidung kann durch **Beschwerde** angefochten werden.
- Evtl. Unterlagen (Postausgangsnachweis) beilegen, dass rechtzeitig geantwortet wurde.
- Fristversäumnis: WE in Frist zur Entscheidung möglich nach **Art. 122 (1)** und **R 136 (1)**.

Ablauf EP-Anmeldung/Patent A.

Einwendungen Dritter
Art. 115 iVm R 114, RiLi D-X, 4.5, RiLi E-VI, 3, ABl. 2017, A86

666

Verfahrenshandlung	Rechts-normen	Details		Hinweise	
Allgemein		Dritter ist nicht verfahrensbeteiligt.			666a
Zeitpunkt	Art. 115 R 114	**Nach der Veröffentlichung**		Unabhängig davon, ob der RB mit der ePA veröffentlicht wird.	667
		↳G 9/91	Einspruchsabteilung kann nach Ablauf der Einspruchsfrist Einwendungen Dritter, die sich auf einen neuen Einspruchsgrund beziehen, von Amts wegen berücksichtigen.		668
		↳G 12/91 ↳T 390/90	Einwendungen Dritter sind bis Abgabe der Entscheidung an die interne Poststelle des EPA und bei Verfahren mit mündlicher Verhandlung bis zur Beendigung der sachlichen Debatte möglich.		669
		↳T 580/89	Verfahren muss anhängig sein: Einwendungen, die danach eingehen, bleiben unberücksichtigt, aber diese werden den Akten beigefügt und z.B. im Falle eines Einspruchs zugänglich gemacht (RiLi E-VI, 3).		670
		Euro-PCT	**Berücksichtigung** bei **Euro-PCT** Anmeldungen nach Übergang in Zuständigkeit Prüfungsabteilung		671
		PCT-Anmeldung siehe B.290	Im Rahmen **PCT** sind Einwendungen beim IB mittels ePCT oder PATENTSCOPE einzureichen, ggf. ist bei Eintritt in europäische Phase Einwendung erneut beim EPA einzureichen oder auf bereits beim IB eingereichte Einwendung hinzuweisen		672
Berechtigte		**jeder Dritte**		**Nicht** Anmelder, PI oder sonstiger Verfahrensbeteiligter.	673
		↳T 338/89 ↳T 811/90	Als Dritter auftreten kann jeder, dem der Beitritt nach **Art. 105** iVm **R 89** verwehrt ist (↳**T 338/89**) oder Einsprechender, der nicht am Beschwerdeverfahren beteiligt ist (↳**T 811/90**).		674
Umfang		**Einwendungen gegen die Patentierbarkeit** nach **Art. 52** bis **57** der angemeldeten Erfindung erheben.		RiLi D-X, 4.5: Für alle Verfahren möglich. In der Praxis auch: - Einheitlichkeit (**Art. 82**), - ausreichende Offenbarung (**Art. 83**), - Klarheit (**Art. 84**).	675
		Art. 100	Einwendungen, die im **Einspruchsverfahren** erhoben werden: Beschränkung auf die geltend gemachten Einspruchsgründe nach Art. 100 (S/S Art. 115 Rd 13).		676
		↳T 667/92	Einwendungen Dritter, die sich auf neuen **Einspruchsgrund** beziehen, dürfen im Beschwerdeverfahren nur mit Zustimmung des Patentinhabers berücksichtig werden.		677
		↳T 908/95	Einwendungen im **Beschwerdeverfahren** betreffend eine offenkundige Vorbenutzung bleiben unberücksichtigt, wenn nicht ausreichend substantiiert.		678
Gebühren		**Gebührenfrei.** Im Gegensatz zum **Einspruchsverfahren**: Art. 99 (1) Satz 3, Art. 2 Nr. 10 GebO.			679

A. Ablauf EP-Anmeldung/Patent

Einwendungen Dritter (Fortsetzung)

	Verfahrens-handlung	Rechts-normen	Details	
680	**Form der Einwendungen**	R 114 (1)	Die Einwendungen sind **schriftlich** einzureichen und zu **begründen**. Rechtsprechung der Beschwerdekammern III-N, 1.4 (u.a. ↳T 1336/09).	
681		ABl. 7/2011, 418; ABl 2017, A86	**Anonyme Einreichung** nicht unterzeichneter Einwendungen Dritter möglich (gültig nur für die erste Instanz).	
682		ABl. 7/2011, 420; ABl 2017, A86	Einwendungen sollen vorzugsweise über das vom EPA zu diesem Zweck bereitgestellte **Online-Formblatt** eingereicht werden.	
683		↳T 146/07	**Mehrseitige Verfahren**: Anonyme Einwendungen sind nicht zu berücksichtigen, da Schriftform nach R 114 (1) Unterzeichnung der Einwendungen (R 50 (3) Satz 1) zur Identifizierung Dritter umfasst → Feststellung, ob Einwendung von »Dritten« oder anderen Verfahrensbeteiligten.	
684		↳T 1336/09	**Einseitigen Verfahren**: Keine Bedenken gegen anonyme Eingaben.	
685		↳T 1336/09	Ex-parte Verfahren: Anonymität der Einwendungen Dritter steht deren Zulassung im Verfahren nicht entgegen.	
686	**Sprache**	R 114 (1)	**Begründung**: Jede Amtssprache des EPA (Art. 14 (1)).	
687		RiLi E-VI, 3	**Beweismittel**: Jede Sprache (R 3 Absatz 3).	
688		RiLi A-VII, 3.5	↳T 189/92	Dritte müssen Einwendungen/Beweismittel in Amtssprache einreichen und dafür Sorge tragen, dass diese eindeutig, klar und vollständig sind (Art. 14 (4)). EPA kann bei Bedarf innerhalb einer Frist eine Übersetzung fordern. Wird diese Übersetzung nicht eingereicht, braucht Schriftstück nicht berücksichtigt zu werden.
689	**Vertretung**	Art. 133 (2) Art. 114 (1)	Art. 133 (2): »In jedem durch das EPÜ geschaffene Verfahren«, aber Art. 115, Satz 2: Dritte nicht Beteiligte und Art. 114 (1): Amtsmaxime. → **Vertreterzwang** erscheint nicht angebracht (📖 S/S Art. 115 Rd 11).	
690	**Stellung des Dritten**	Art. 115, Satz 2	Dritter ist **nicht** beteiligt **Art. 114 (2)** daher nicht anwendbar, stattdessen **Art. 114 (1)**: Amtsmaxime	
691		↳T 951/91	**Art. 115** ist nicht so auszulegen, dass dem Dritten Rechte eingeräumt werden, die über diejenigen der Verfahrensbeteiligten hinausgehen.	
692	**Unterrichtung des Anmelders oder PI**	R 114 (2)	Die Einwendungen werden dem Anmelder oder PI mitgeteilt, unabhängig vom Stand des Verfahrens (**R 114 (2)**, 📖 S/S Art. 115 Rd 19 ff.). Werden Einwendungen als entscheidungserheblich erachtet, so werden diese von Amts wegen in das Verfahren eingebracht; Aufforderung zur Stellungnahme der Verfahrens-beteiligten (**Art. 94 (3), Art. 101 (1)**).	
693		Art. 113 (1)	Recht der Verfahrensbeteiligten dazu **Stellung zu nehmen** (📖 S/S Art. 115 Rd 20 ff.).	
694		↳T 390/07	Stellungnahme kann als Grundlage für Entscheidung berücksichtigt werden.	
695	**Akteneinsicht**	RiLi A-XI, 2.1	Einwendungen Dritter werden Bestandteil der Akten und sind als solche der Akteneinsicht nach **Art. 128** zugänglich.	Einem Antrag eines Dritten, seine Einwendungen oder Teile davon als vertraulich zu behandeln, kann nicht entsprochen werden; gegebenenfalls Hinweis an Dritten.

Ablauf EP-Anmeldung/Patent A.

Einwendungen Dritter (Fortsetzung)			
Verfahrens- handlung	Rechts- normen	Details	
Beschleunigung	MdEPA vom 05.07.2017, ABl. 2017, A86	**Beschleunigung (ePA/eP)** Nach Eingang Einwendung bei der Prüfungsabteilung bemüht sich EPA innerhalb von 3 M den nächsten Verfahrensschritt zu vollziehen, sofern • Einwendung nicht anonym eingereicht wurde, und • Einwendung substanziiert wurde.	696
		Beschleunigung (Euro-PCT) Nach Eingang Einwendungen und Übergang in Zuständigkeit der Prüfungsabteilung bemüht sich EPA innerhalb von 3 M nach Fristablauf R 161 den nächsten Verfahrensschritt zu vollziehen, sofern • gesamte Einwendung in Amtssprache des EPA eingereicht, • Dritte hat Wunsch geäußert, dass Verfahren beschleunigt werden soll, • Einwendung nicht anonym eingereicht wurde, und • Einwendung substanziiert wurde.	697

A. Ablauf EP-Anmeldung/Patent

698	Übermittlung ePA von nat. Zentralbehörden Art. 77, RiLi A-II, 1.7, RiLi A-II, 1.6[19]
	siehe A.239

699	Vorläufiger Schutz - Schutzwirkung von ePA und eP		
	eP – Schutzbereich bestimmt sich aus verbindlicher Fassung (siehe E.44 ff)		
		Rechtsnormen	Details
700	Wirkung	Art. 2 (2)	Das eP hat in jedem VS dieselbe Wirkung wie ein nat. Patent.

701	Laufzeit	Art. 63 (1)	Laufzeit 20 Jahre ab AT (Ausnahme Pharma und Pflanzenschutz)
			(Fall 1: 12 M mit AT und Prio, wobei DE national und EP(DE),
			  Fall 2: max. 6 M, Art. 55 (1) b) Ausstellungsprio,
			  Fall 3: Gebrauchsmusterfrist, 6 M)

		Art. 63 (2) – 63 (4)	Erlaubt VS die Verlängerung der Laufzeit in bestimmten Situationen
702	Schutzwirkung	Art. 64 (1)	Schutz besteht vom Tag des Hinweises im europäischen Patentblatt an. Erst nach Hinweis und Gewährung der (nat.) Rechte ist (nat.) Verletzungsklage möglich. Klage gegen Verletzer ist nat. geregelt, ggf. erst nach Erteilung möglich.
703	Erzeugnis; Product-by-Process	Art. 64 (2) RiLi F-IV, 4.12	Gegenstand des eP ist ein Verfahren → unmittelbares Erzeugnis ebenfalls geschützt, Schutz nur auf unmittelbares Erzeugnis aus diesem Verfahren gerichtet
704	Verletzung	Art. 64 (3)	Verletzung wird nach nationalem Recht behandelt.
705	Übersetzung	Art. 65	Wirkung der Übersetzung in VS, siehe Londoner Übereinkommen E.64 ff.
	ePA		
		Rechtsnormen	Details
706	Wirkung	Art. 66	Wirkung als nationale Anmeldung
707	Schutzwirkung	Art. 67 (1)	Die ePA gewährt dem Anmelder vom Tag ihrer Veröffentlichung nach Art. 93, in den in der Veröffentlichung benannten VS einstweilen den Schutz nach Art. 64 (Recht aus dem eP).
708		Art. 67 (2)	Einschränkung des Schutzes nach Veröffentlichung in VS.
709		Art. 67 (3)	Um den einstweiligen Schutz auch in einem VS zu erlangen, der nicht die Amtssprache der Veröffentlichung verwendet oder für die die Veröffentlichung der ePA in der Amtssprache nicht ausreicht, müssen Übersetzungen in die Amtssprache dieses Staats: a) der Öffentlichkeit zugänglich gemacht werden oder b) dem Benutzer in diesem VS übermittelt werden.
710	Schutzbereich siehe A.511 ff.	Art. 69 (1)	Schutzbereich der ePA und des eP wird durch Inhalt der Ansprüche bestimmt. Beschreibung und Zeichnungen sind zur Auslegung heranzuziehen.
711		Art. 69 (2)	Bis zur Erteilung wird Schutzbereich der ePA durch die zuletzt eingereichten Ansprüche, die in Veröffentlichung nach Art. 93 enthalten sind, bestimmt.

Inhalt Kapitel B. Ablauf PCT-Anmeldung/Patent

Mindesterfordernisse für die Zuerkennung eines internationalen Anmeldetags
Übersicht – Notwendige Unterlagen und Angaben für die Zuerkennung eines internationalen Anmeldetags B.1
Übersicht – Zusätzliche Angaben zur Behandlung als internationale Anmeldung.. B.2
Wirkung einer int. Anmeldung.. B.3
Nachträgliche Aberkennung eines internationalen Anmeldetags... B.4
Eingang der Anmeldeunterlagen an verschiedenen Tagen... B.5

Einreichung der internationalen Anmeldung
Anmeldeberechtigung... B.6
Zuständiges Anmeldeamt... B.7
Sprache... B.8
Inhalt der Anmeldung (Voraussetzung zur Zuerkennung AT).. B.9
Gänzlich fehlende Ansprüche oder Beschreibung........... B.10
Fehlende Teile der Anmeldung (Ansprüche, Beschreibung, Zeichnungen, etc.)....................................... B.11 f.
Falsch eingereichte Bestandteile...................................... B.12a ff.

Formalprüfung
Mängel nach Art.14 PCT (Unterschrift, Angaben über Anmelder, Bezeichnung, Zusammenfassung, Formerfordernisse, Übersetzung).. B.13 ff.
Übersetzung der Zusammenfassung oder Beschriftung der Zeichnung.. B.19
Übersetzung in eine für die int. Recherche vorgeschriebene Sprache... B.20
Übersetzung in eine für die Veröffentlichung vorgeschriebene Sprache... B.21
Sprache des Schriftverkehrs mit ISA, IPEA, IB B.22

Bestimmung
Umfang der Bestimmung.. B.23
Wirkung der Bestimmung... B.28
Ausnahmen (Wirkung auf DE, JP und KR)....................... B.29
Bestimmung EP-Länder (Regionale vs. nationale Bestimmung).. B.30 ff.

Übersicht Zurücknahme von Bestimmungen
Zurücknahme von Bestimmungen................................... B.32 ff.
Wirkung der Zurücknahme... B.34

Priorität
Beanspruchung einer Priorität... B.35 f.
Prioritätsfrist... B.36
Auswirkung auf Fristen bei Prioritätsänderung................ B.37
Prioritätsunterlagen.. B.38 f.

Übersicht – Zurücknahme Prioritätsansprüchen in der internationalen Anmeldung
Zurücknahme von Prioritätsansprüchen in der internationalen Anmeldung... B.40
Wirkung der Zurücknahme... B.41

PCT Direkt
PCT Direkt.. B.42

Bei der Anmeldung zu entrichtenden Gebühren
Übermittlungsgebühr.. B.43
Internationale Anmeldegebühr (Grundgebühr)................ B.44
Internationale Recherchengebühr................................... B.45
Rückerstattung internationale Anmeldegebühr & Recherchegebühr.. B.46 f.
Zusätzliche Gebühr bei verspäteter Einreichung fehlender Bestandteile... B.46c f.

PCT-Kapitel I: Internationale Recherche – Internationaler Recherchenbericht (ISR)
Vorbereitung der Recherche bei ISA............................... B.47
Durchführung der internationale Recherche................... B.48 ff.
Zuständige Behörde für die internationale Recherche (ISA, EPA=ISA)... B.53 ff.
IP5-Pilotprojekt... B.54
Beschränkungen der internationalen Recherche............. B.56 ff.
Maßgeblicher Stand der Technik für die internationale Recherche (ISR)... B.59 ff.
Übersetzung in eine für die internationale Recherche vorgeschrieben Sprache.. B.64 f.
Zusätzliche Recherchegebühr bei Uneinheitlichkeit (Folge, EPA=(S)ISA).. B.66 ff.
Widerspruchsgebühr.. B.68 ff.
Einheitlichkeit vor nationalem Amt................................... B.70
Feststellung Bezeichnung bzw. Zusammenfassung........ B.71 ff.
Internationaler Recherchenbericht (ISR)......................... B.72 ff.
Schriftlicher Bescheid (WO-ISA) der ISA........................ B.75
Schriftlicher Bescheid mit Wirkung für ivP..................... B.76
Folge für schriftlichen Bescheid bei Nicht-Beantragung der ivP... B.77 ff.
Anspruchsänderung nach Art. 19 PCT............................ B.78
Einsichtnahme schriftlicher Bescheid/WO-ISA................ B.79
Übersetzung in eine für die int. Veröffentlichung vorgeschriebene Sprache... B.80 f.
Ergänzende internationale Recherche (SIS)................... B.81 ff.

PCT-Kapitel II: Antrag auf internationale vorläufige Prüfung (ivP/IPER)
Antrag auf internationale vorläufige Prüfung (ivP).......... B.92 ff.
Rücknahme ivP... B.103 f.
Berechtigte.. B.105
Zuständige Behörde (IPEA, EPA=IPEA)........................... B.106 f.
Prüfungsgegenstand der ivP... B.107a f.
Beschränkung der Recherche... B.108 f.
Maßgeblicher Stand der Technik für die internationale vorläufige Prüfung (ivP)... B.110 ff.
Übersetzung der internationalen Anmeldung (Sprache, EPA als IPEA)... B.116 f.
Mängel im Antrag auf internationale vorläufige Prüfung... B.118
Änderungen nach Art. 19/Art. 34 PCT mit Antrag ivP...... B.119 f.
Gebühren für ivP.. B.123 ff.
Gebührenermäßigung... B.125
Beginn der Prüfung... B.126
Frist für die Erstellung der internationalen vorläufigen Prüfung (IPER)... B.127
Handlungen vor Beginn der internationalen vorläufigen Prüfung (IPER)... B.128 ff.
Erstellung des Prüfberichts (IPER) zur ivP...................... B.131 ff.
Vertraulicher Charakter der internationalen vorläufigen Prüfung.. B.134 f.
Weiterleitung der internationalen vorläufigen Prüfung..... B.135
Uneinheitlichkeit (Feststellung durch IPEA und zusätzliche Gebühr).. B.136 ff.
Widerspruchsgebühr.. B.140 ff.
Nationalisierung (Kapitel II).. B.144 f.
Zurücknahme Antrag auf ivP... B.146 ff.

Die internationale Veröffentlichung
Gegenstand der Veröffentlichung.................................... B.154 ff.
Berichtigung auf Antrag Anmelder................................... B.158 ff.
Zeitpunkt der Veröffentlichung.. B.161 ff.
Form/Medium der Veröffentlichung (elektronisch).......... B.166 f.
Sprache der Veröffentlichung.. B.168 f.
Wirkung der Veröffentlichung (PCT, Euro-PCT).............. B.170 ff.
Unterbliebene Veröffentlichung (Beispiele)..................... B.177 ff.

Einleitung der nationalen/regionalen Phase
Übermittlung an Bestimmungsämter............................... B.185 ff.

B. Inhaltsübersicht

Frist... B.188
Wirkung... B.189
Nationales Bearbeitungs-/Prüfverbot... B.190 f.
Nachprüfung durch Bestimmungsamt... B.192
Nationale Gebühr (Kapitel I/Kapitel II)... B.193 f.

Einleitung der regionalen Phase vor dem EPA
Überleitung internationale Anmeldung in regionale Phase B.195
Übersicht Durchzuführende Handlungen... B.196
Übersetzung der internationalen Anmeldung in eine EP-Amtssprache... B.197
Verfahrenssprache... B.198
Angabe der Anmeldungsunterlagen... B.199 f.
Anmeldegebühr... B.201
Benennungsgebühr / Erstreckungsgebühr / Validierungsgebühr... B.202
Recherchengebühr für ergänzende europäische Recherche... B.203
Uneinheitlichkeit (EPA≠(S)ISA, EPA=(S)ISA)... B.204 ff.
Rückzahlung Recherchengebühr... B.208
Änderungsmöglichkeit vor ergänzender europäischen Recherche... B.209
Prüfungsantrag + Prüfungsgebühr... B.210 ff.
Jahresgebühr... B.214
Ausstellungsbescheinigung (optional)... B.215
Anspruchsgebühren... B.216 ff.
Erfindernennung... B.219
Prioritätsunterlagen... B.220 ff.
Sequenzprotokoll... B.225
Angaben zum Anmelder... B.226
Vertretung bei EPÜ Ausländer... B.227 f.
Änderung beim Eintritt in die nationale Phase... B.229 ff.

Übersicht – Zurücknahmen mit Bezug zur internationalen Anmeldung
Zurücknahme Internationale Anmeldung... B.234
Zurücknahme Bestimmung... B.235
Zurücknahme Prioansprüche... B.236
Zurücknahme Antrag ergänzende Recherche... B.237
Zurücknahme Antrag ivP/Auswahlerklärungen... B.238
Vollmachtserfordernis... B.239
Unterschriftserfordernis... B.240
Wirkung Zurücknahme... B.241

Anwälte und gemeinsame Vertreter
Vertretungsregelung (PCT, Euro-PCT)... B.241a f.
Bestellung Vertreter/Anwalt... B.242 ff.
Vollmacht... B.245 ff.
Wirkung der Bestellung... B.246 ff.
Widerruf und Verzicht Bestellung... B.247 f.

Allgemeine Gebühren im Rahmen der internationalen Anmeldung
Grundlage der Gebühren... B.248a
Bestimmungs-, Übermittlungs-, Anmelde- und Recherchengebühren... B.248b ff.
Gebühr für verspätete Zahlung... B.251
Währung... B.252
Gebührenermäßigung... B.253 ff.
Gebührenänderung... B.256
Rückerstattung... B.257 ff.

Akteneinsicht in PCT-Anmeldung sowie damit verbundene Schriftstücke
Allgemeine Voraussetzungen zur Akteneinsicht... B.263
Veröffentlichung... B.264 f.
Akteneinsicht bei den PCT-Ämtern (AA, IB, ISA, IPEA)... B.266 ff.
Akteneinsicht bei Bestimmungsamt bzw. ausgewähltem Amt... B.274 f.
Regelung des EPA als AA, ISA oder IPEA... B.276 ff.
Akteneinsicht beim nationalen Amt... B.279
Ausgeschlossene Angaben... B.280

Weiterleitung
Weiterleitung der Anmeldeexemplare an AA, IB und ISA. B.281 ff.

Umschreibung / Übertragung
Umschreibung / Übertragung... B.282 ff.

Schutzrechtsarten im PCT
Ausführung zu Schutzrechtsarten... B.286

Form und Übermittlung der Einreichung
Form und Übermittlung der Einreichung... B.287
Telefax... B.288
Elektronische Einreichung... B.289
Pilotprojekt Online- Einreichung 2.0... B.289a
Einwendungen Dritter über PATENTSCOPE oder ePCT. B.290

Übersicht – Zusammenwirken PCT – EPÜ
Anzuwendendes Reche PCT vs EPÜ... B.291
Wirkung für EP... B.292
EPA als PCT Behörde (AA, (S)ISA, IPEA, Widerspruchsbehörde)... B.293 ff.
Einreichung internationale Anmeldung bei einem EP-VS B.299
Übermittlungsgebühr... B.300
Anmeldeamt für internationale Anmeldungen... B.301
ISR wird zum europäischen Recherchenbericht... B.302
Veröffentlichung (Gültigkeit als ePA, Ausnahme, Übersetzung, Schutzwirkung)... B.302 f.

Nationale Erfordernisse einer PCT-Anmeldung
Nationale Erfordernisse... B.304 f
Vollmacht... B.305 ff.
Unschädliche Offenbarung... B.307 f.
Erfindernennung (PCT, EPA, USA)... B.308 f.

Berichtigung in Anmeldung oder sonstigen eingereichten Schriftstücken
Berichtigung von Mängeln... B.310 f.
Berichtigung offensichtlicher Fehler... B.311 ff.
Berichtigung Erfindernennung... B.311f

Änderungen im Rahmen der internationalen Anmeldung
Änderungen im Rahmen des Kapitel I (nach Art. 19 PCT)... B.312 ff.
Änderungen im Rahmen des Kapitel II (nach Art. 34 PCT) B.313 ff.
Änderungsmöglichkeit bei Nationalisierung/Regionalisierung... B.314 ff.

Fristen im PCT
Zeiträume... B.315
Zeitzone... B.316
Feiertagsregelung... B.317
Fristbeginn... B.318
Fristende... B.319
Fristüberschreitung... B.320 f.
Störungen im Postdienst... B.321 ff.

Nachprüfung durch Bestimmungsämter
Möglicher Verlust der Wirkung in den Bestimmungsstaaten... B.325
Nachprüfung durch Bestimmungsämter auf Antrag beim IB... B.326
Prüfung auf Fehler des AA oder des IB... B.327 f.
Entschuldigung von Fristüberschreitung durch Anmelder B.328a
Versäumnis der Frist zum Eintritt in die nat. Phase oder zur Vornahme der notwendigen Handlungen... B.329

Protokolle von Nucleotid- und/oder Aminosäuresequenzen
Mängel... B.330

Übersicht PCT-Vorbehalte, Erklärungen, Mitteilungen und Unvereinbarkeiten
Übersicht Vorbehalte... B.331 ff.

Beispielhafte Übersicht für Zuständigkeiten im Rahmen des PCT
Zuständige AA, akzeptierte Sprachen und zuständige ISA/IPEA... B.351 f.
Nationale/Regionale Phase... B.353

Ablauf PCT-Anmeldung B.

Soweit nicht anders angegeben, sind alle Artikel, Regeln und AG in diesem Kapitel auf das PCT bezogen.

Mindesterfordernisse für die Zuerkennung eines internationalen Anmeldetags
Art. 11 (1), R 20.2 a), AG 5.001 ff., 6.005 ff., bei Mängeln: Aufforderung durch AA nach Art. 11 (2) a), R 20.3 i)

Übersicht - Notwendige Unterlagen und Angaben für die Zuerkennung eines internationalen Anmeldetags			1
Anmeldeberechtigung	Art. 11 (1) i), Art. 9, R 18	B.6	
Zuständiges Anmeldeamt	Art. 11 (1) i), Art. 10, R 19	B.7	
Sprache	Art. 11 (1) ii), Art. 3 (4) i), R 12.1	B.8	
Gesuch/Antrag auf Behandlung als int. Anmeldung	Art. 11 (1) iii) a), Art. 4 (1) i), R 3 (Form), R 4 (Inhalt)	B.9	
Bestimmung eines VS	Art. 11 (1) iii) b), Art. 4 (1) ii), R 4.9	B.23 ff.	
Name des Anmelders	Art. 11 (1) iii) c), Art. 4 (1) iii), R 4.1 a) iii)), R 4.4, R 4.5	B.15	
Beschreibung	Art. 11 (1) iii) d), Art. 5, R 5	B.9	
Mind. einen Anspruch	Art. 11 (1) iii) e), Art. 6, R 6	B.9	
Einreichung	R 11 (äußere Form), R 92.4 (Telefax, etc.), R 89bis.1 (elektronische Einreichung)	B.287	

Übersicht - Zusätzliche Angaben zur Behandlung als internationale Anmeldung			2
Vertreter (optional)	Art 4 (1) iii), R 4.1 a) iii)	B.241a ff.	
Bezeichnung	Art 4 (1) iv), R 4.1 a) ii)	B.16	
Erfindernennung (ggf. optional)	Art. 4 (1) v), R 4.1 a) iv) (Nationales Recht wenigstens eines Bestimmungsstaats verlangt Nennung zum AT) Art. 4 (1) v), R 4.1 c) i) (Kein Bestimmungsstaat verlangt Nennung zum AT)	B.308 f.	
Prioritätsanspruch (optional)	Art. 4 (1) i), Art. 8 (1), R 4.1 b) i), R 4.10	B.35	
Angabe frühere Recherche (optional)	Art. 4 (1) i), R 4.1 b) ii), R 4.12 i), R 12bis.1 c) oder R 4.12 ii) (Angabe über inhaltsgleich frühere Anmeldung)	B.73	
Bezug auf Hauptanmeldung (optional)	Art. 4 (1) ii), R 4.1 b) iii), R 4.11, R 49bis.1 d)	B.286	
Angabe zur gewählten ISA (optional)	Art. 4 (1) i), R 4.1 b) iv), R 4.14bis	B.53	
Unterschrift	Art. 4 (1) i), Art R 4.1 d)	B.14	
Erklärungen hinsichtlich nationaler Erfordernisse (optional)	Art. 4 (1) i), R 4.1 c) iii), R 4.17 (Berechtigung Anmelder, Identität Erfinder, unschädliche Offenbarung)	B.306	
Erklärung über Einbeziehung durch Verweis (optional)	Art. 4 (1) i), R 4.1 c) iv), R 4.18	B.9	
Antrag auf Wiederherstellung Prioritätsrecht (optional)	Art. 4 (1) i), R 4.1 c) v), R 4.18	B.36	
Zeichnungen (soweit für Verständnis erforderlich)	Art. 7, R 7	B.9	
Zusammenfassung (ausschließlich techn. Information, nicht Bestandteil Schutzumfang)	Art. 3 (2) + (3), R 8	B.17	

Wirkung einer internationalen Anmeldung: **Art. 11 (3) und (4)** → vorschriftsmäßige nationale Hinterlegung 3

Nachträgliche **Aberkennung** eines **internationalen AT** (AG 6.012): 4
Stellt AA nach Feststellung AT innerhalb Frist (**R 30.1**: 4 M) fest, dass Erfordernis des **Art. 11 (1) i)** bis **iii)** nicht erfüllt ist, so gilt Anmeldung nach **Art. 14 (4)** als zurückgenommen.
R 29.1 und 29.4: Mitteilung an Anmelder; innerhalb 2 M Gelegenheit zur Stellungnahme

Eingang der Anmeldeunterlagen an **verschiedenen Tagen** (AG 6.026): 5
Festsetzung AT gemäß R 20.3 b), R 20.5 b), c), d), R 20.5bis b): Tag wird auf den Blättern angegeben, an dem **alle Blätter eingingen**, wenn
(i) ohne Aufforderung nach Art. 11 (2) a) vervollständigende Blätter innerhalb 2 Tagen eingehen.
(ii) mit Aufforderung nach Art. 11 (2) a) zur Berichtigung innerhalb Frist nach R 20.7 → AT verschiebt sich, es sei denn Einbeziehung (R 4.18, R 20.6) wird nachgewiesen.

B. Ablauf PCT-Anmeldung

Einreichung der Internationalen Anmeldung

	Verfahrenshandlung	Rechtsnorm	Details	Unmittelbare Folgen eines Mangels, Mängelbeseitigung, Fristen	Rechtsfolge bei Nichtbeseitigung von Mängeln oder Fristversäumnis
6	**Anmeldeberechtigung** AG 5.020, 5.023 **Art. 9**: Mind. ein Anmelder ist Staatsangehöriger eines PCT-VS oder hat Sitz oder Wohnsitz in einem VS (R 18)	Art. 11 (1) i) Art. 9 R 18.1 a) Mehrere Anmelder: R 18.3: ein berechtigter Anmelder ausreichend	Zuerkennung AT	**Art. 11 (2) a), R 20.3 a) i)**: Resultierende Nichtberechtigung aus fehlerhaften Angaben, Nachweis der Berechtigung (R 20.7 a) i) innerhalb von 2 M ggf. nach Aufforderung R 20.3) AA (außer US) fordert nach **Art. 14 (1) a) ii), R 4.5** (B.9) zur Mängelbeseitigung innerhalb Frist nach **Art. 14 (1) b), R 26.1** mit Frist (**R 26.2** - 2 M, verlängerbar) auf. Mit Berichtigung gilt Mangel nach **Art. 11 (1) i)** als nicht vorhanden, AT bleibt erhalten (AG 6.036).	**Art. 9, Art. 11 (1) i), R 20.4**: Fehlende Berechtigung → kein AT, gilt nicht als int. Anmeldung, Rückzahlung der Gebühren → **R 29.1**: Feststellung durch AA und Maßnahmen nach Zurückweisung **Art. 25 (1)**: Nachprüfung durch Bestimmungsämter auf Antrag (**Art. 25 (1) c)**: Frist 2 M nach **R 51.1** ab Mitteilung nach R 20.4) **Art. 25 (2) a)**: Nat. Gebühr möglich, Heilung, wenn Fehler des AA oder IB
7	**Zuständiges Anmeldeamt** (AG 5.008) **R 19.1 a) i) bis iii)**: Nationales Amt, in dessen Staat der **Anmelder** Sitz oder Wohnsitz hat (i) oder dessen Staatsangehöriger er ist (ii) oder beim IB als Universalzuständigkeit (iii) siehe B.351	Art. 11 (1) i) Art. 10 R 19.1 Mehrere Anmelder: R 18.3: Ein Berechtigter ausreichend R 19.2 i) Nat. Amt bei dem Anmelder berechtigt ist ii) IB	**R 19.1 b)**: EPA ist AA Euro-PCT-Leitfaden, Kapitel 2.1.001 Zuerkennung AT		Falls das AA nach **R 19.1, R 19.2** nicht zuständig ist: Weiterleitung an das IB (**R 19.4 a)**), ggf. Übermittlungsgebühren **R 19.4 b)** (EPA verlangt keine Gebühr (ABl. 93, 764)) andere Gebühren werden vom AA zurückerstattet und die Gebühren sind an das IB zu entrichten **R 19.4 b)**: AT erhalten **R 19.4 c)**: bzgl. der Fristen für die Gebühren ist der Tag des Eingangs beim IB maßgeblich
7a	EPA=AA	Art. 151 EPÜ, R 157 (1) EPÜ	EPA zuständig, wenn Anmelder PCT- und EPÜ- Angehöriger bzw. Sitz/Wohnsitz hat EPA als AA → direkt beim EPA oder bei Zentralbehörden (Art. 151 EPÜ iVm Art. 75 (2) und **R 157 (3) EPÜ**)		
8	**Sprache** AG 5.013, 6.006, 6.013 ff., 6.034 siehe B.352	Art. 11 (1) ii) Art. 3 (4) i) R 12.1 a) Zulässige Sprache des AA	**R 20.1 c)**: Beschreibung und Ansprüche müssen in von AA zugelassenen Sprache (**R 12.1 (a)**) eingereicht werden IB akzeptiert jede Sprache, ggf. Übersetzung nach R 12.3 (Recherche) und/oder nach R 12.4 a) (Veröffentlichung) (B.21) Zuerkennung AT	Anmerkung zum weiteren Verfahrensablauf: Für Recherche ggf. Übersetzung nach **R 12.3 a)** - Frist 1 M oder 2 M (**R 12.3 c) i)**) ab AT + 1 M Nachfrist (R 12.3 c) ii)) mit ggf. Gebühr nach R 12.3 e) B.20, AG 6.014-6.017 Für Veröffentlichung ggf. Übersetzung nach **R 12.4 a)** - Frist 14 M ab PT + 2 M Nachfrist nach R 12.4 c) mit ggf. Gebühr nach R 12.4 e) (25 % der Anmeldegebühr) B.21, AG 6.020-6.023	Für AA nicht zugelassene Sprache: **R 19.4 a)**: Weiterleitung an IB, hierfür ggf. Gebühr in Höhe der Übermittlungsgebühr nach **R 14** (EPA: 135 €, DPMA: 90 € - siehe B.43a); AA nimmt für IB an; **R 19.4 b)**: AT erhalten **R 19.4 c)**: Frist (1 M) zur Zahlung von Gebühren beginnt mit Eingang beim IB zu laufen, bereits bezahlte Gebühren werden zurückbezahlt (ABl. 93,764) Anmeldegebühr R 15.3, R.-Gebühr R 16.1, Übermittlungsgebühr R 14.1 (c) jeweils an das IB als AA **R 27.1**
8a	EPA=AA	R 157 (2) EPÜ Art. 14 (1) EPÜ	Int. Anmeldung ist in EPA-Amtssprachen DE, FR, EN einzureichen. Auch akzeptiert: Einreichung der Anmeldung in niederländischer Sprache beim niederländischen Patentamt. - ABl. 2018, A24 Patentamt BE (OPRI) leitet Anmeldungen in niederländischer Sprache an EPA weiter, EPA an IB - ABl. 2018, A17		
8b		R 157 (3) EPÜ	Einreichung int. Anmeldung bei Behörde VS zur Weiterleitung an EPA; Anmeldung muss spätestens 2 W vor Ablauf des 13. M nach AT/PT beim EPA eingehen.		

Ablauf PCT-Anmeldung B.

Einreichung der Internationalen Anmeldung (Fortsetzung)

Verfahrens-handlung	Rechtsnorm	Details	Unmittelbare Folgen eines Mangels, Mängelbeseitigung, Fristen	Rechtsfolge bei Nichtbeseitigung von Mängeln oder Fristversäumnis	
Inhalt der Anmeldung **Art. 11 (1) iii** **Art. 4 (1)** **R 3** (Form) **R 4** (Inhalt) Erforderlich für Zuerkennung AT	Art. 11 (1) iii) a) Art. 4 (1) i) R 4.1 a) i) Gesuch auf int. Anmeldung Art. 11 (1) iii) b) Art. 4 (1) ii) R 4.9 mind. eine Bestimmung (📄 B.23) Art. 11 (1) iii) c) Art. 4 (1) iii) R 4.1 a) iii)) R 4.4 R 4.5 Name, Anschrift, Sitz/Wohnsitz des Anmelders Art. 11 (1) iii) d) Art. 5 R 5 Beschreibung Art. 11 (1) iii) e) Art. 6 R 6 min. ein Anspruch	**Art. 11 (1)** **R 20.2 a)** Positive Feststellung des AT **R 20.7 a) ii)**: Ohne Aufforderung nach R 20.3 nachreichen bis 2 M nach AT möglich	**Art. 11 (2) a), R 20.3**: AA fordert zur Mängel-beseitigung auf, Frist: 2 M nach Aufforderung (R 20.7 a) i)) **Art. 11 (2) b), R 20.3 b) i)** Nach Mängelbeseitigung neuer AT (Verschiebung, ggf. wird Priorität unwirksam) ODER ggf. Verweis nach **R 20.6, R 4.18** auf Einbeziehung von Teilen einer früheren (Prio-)Anmeldung (standardmäßig im Formblatt zu Anmeldung) → **Art. 11.2 b)** iVm **R 20.3 b) i)**: AT bleibt erhalten **Achtung:** **R 20.8**: Bezug nach **R 4.18** kann mit nat. Recht unvereinbar sein (siehe Tabelle »NatR zum EPÜ«, bei EPA möglich) siehe 📄 B.338, 📄 B.339	**R 20.4**: Anmeldung gilt nicht als int. Anmeldung (kein AT) (Rückzahlung der Gebühren, **R 15.4, 16.2**) → **R 29.1**: Feststellung durch AA und Maßnahmen nach Zurückweisung **Art. 25**: Nachprüfung durch Bestimmungsämter auf Antrag (**Art. 25 (1) c**): Frist 2 M nach **R 51.1** ab Mitteilung nach R 20.4) **Art. 25 (2) a)**: Nat. Gebühr möglich, Heilung, wenn Fehler des AA oder IB	9
Nicht erforderlich für Zuerkennung AT	Art. 7 R 7 Zeichnungen, falls für Verständnis erforderlich				9a

97

B. Ablauf PCT-Anmeldung

	Einreichung der Internationalen Anmeldung (Fortsetzung)				
	Verfahrenshandlung	Rechtsnorm	Details	Unmittelbare Folgen eines Mangels, Mängelbeseitigung, Fristen	Rechtsfolge bei Nichtbeseitigung von Mängeln oder Fristversäumnis
10	**Gänzlich fehlende Ansprüche oder Beschreibung**	Art. 11 (1) iii) d) Beschreibung e) Ansprüche		**Art. 11 (2) a), R 20.3 a) i):** Nachreichen bis 2 M (R 20.7 a) i)) nach Aufforderung → **R 20.3 b) i):** Verschiebung AT **ODER** **Art. 11 (2) a), R 20.3 a) ii):** Aufforderung zur Bestätigung nach R 20.6 a), dass Verweis nach R 4.18 vorliegt innerhalb 2 M (R 20.7 a) i)) → R 20.3 b ii): Zuerkennung AT, an dem alle Erfordernisse des Art 11 (1) erfüllt sind **Achtung:** **R 20.8**: Bezug nach **R 4.18** kann mit nat. Recht unvereinbar sein (siehe Tabelle »NatR zum EPÜ«, bei EPA möglich) siehe B.338, B.339	**Art. 14 (4), R 20.4:** Mitteilung, dass Anmeldung nicht als int. Anmeldung gilt; Anmeldung gilt als zurückgenommen
11	**Fehlende Teile der Anmeldung** Teilweise fehlende **Ansprüche** oder **Beschreibung** AG 6.025 ff.	Art. 11 (1) iii) d) Beschreibung e) Ansprüche R 20.5 Fehlende Teile		**Art. 11 (2) a), R 20.5 a) i):** Nachreichen bis 2 M (R 20.7 a)) nach Aufforderung → **R 20.5 c):** Verschiebung des AT **R 20.5 e):** Wurde AT nach **R 20.5 c)** berichtigt, kann innerhalb 1 M beantragt werden, dass unter Erhaltung des urspr. AT die hinzugefügten Teile nicht berücksichtigt werden **ODER** **Art. 11 (2) a), R 20.5 a) ii):** Nach R 20.6 a) Bestätigung, dass Verweis nach R 4.18 vorliegt innerhalb 2 M (R 20.7 a)) → R 20.5 d) Zuerkennung AT, an dem dieser Bestandteil beim AA eingegangen ist **Achtung:** **R 20.8**: Bezug nach **R 4.18** kann mit nat. Recht unvereinbar sein (siehe Tabelle »NatR zum EPÜ«, bei EPA möglich) siehe B.338, B.339	**Art. 14 (4), R 20.4:** Mitteilung, dass Anmeldung nicht als int. Anmeldung gilt; Anmeldung gilt als zurückgenommen
12	**Fehlende Teile der Anmeldung** Teilweise oder ganz fehlende **Zeichnungen** AG 6.025 ii) ff.	Art. 14 (2) Nicht beigefügte Zeichnungen, auf die verwiesen wurde R 20.5 Fehlende Teile	Eingang der Anmeldung	**Art. 14 (2), R 20.5 a) i):** Nachreichen bis 2 M (R 20.7 a) i)) nach Aufforderung → **R 20.5 c):** Verschiebung des AT **R 20.5 e):** Wurde AT nach **R 20.5 c)** berichtigt, kann innerhalb 1 M beantragt werden, dass unter Erhaltung des urspr. AT die hinzugefügten Teile nicht berücksichtigt werden **ODER** **Art. 14 (2), R 20.5 a) ii):** Nach R 20.6 a) Bestätigung, dass Verweis nach R 4.18 vorliegt innerhalb 2 M (R 20.7 a) i)) → R 20.5 d) keine Verschiebung AT **Achtung:** **R 20.8**: Bezug nach **R 4.18** kann mit nat. Recht unvereinbar sein (siehe Tabelle »NatR zum EPÜ«, bei EPA möglich) siehe B.338, B.339	**Art. 14 (2) 2. Satz:** Bezugnahme auf Zeichnung gilt als gestrichen

Ablauf PCT-Anmeldung B.

Einreichung der Internationalen Anmeldung (Fortsetzung)

Verfahrenshandlung	Rechtsnorm	Details	Unmittelbare Folgen eines Mangels, Mängelbeseitigung, Fristen	Rechtsfolge bei Nichtbeseitigung von Mängeln oder Fristversäumnis	
Falsch eingereichte Bestandteile Beschreibung, Ansprüche, Zeichnungen AG 6.025 ii) 📄 B.46c f., 📄 C.84a ff. 📄 H.23a	Art. 11 (1) iii) d) oder e) R 20.5bis	Nach-reichung richtiger Unterlagen	**Art. 11 (1) iii) d),e), R 20.5bis a)** Feststellung falsche Bestandteile durch das AA; Nachreichen bis 2 M. Aufforderung Wahl (innerhalb Priofrist): **i):** Einreichung richtiger Bestandteile, innerhalb 2 M (R 20.7), → R 20.5bis b): Verschiebung des AT und **R 20.5bis c):** Entfernen der fälschlich eingereichten Bestandteile **ODER** **ii):** Nach R 20.6 a) Bestätigung innerhalb 2 M (R 20.7), dass richtige Bestandteile durch Verweis nach R 4.18 einbezogen wurde, → R 20.5bis d): Zuerkennung AT, an dem dieser Bestandteil beim AA eingegangen ist **R 20.5 bis e):** Anmelder kann 1 M beim AA nach Benachrichtigung nach c) beantragen, dass der richtige Bestandteil als nicht eingereicht gilt, fälschlicherweise eingereichte Bestandteile nicht entfernt werden und Berichtigung nach c) nicht erfolgt.	**R 20.5bis a):** Mitteilung über Umstand, dass falsche Bestandteile in int. Anmeldung enthalten sind	12a
EPA=AA 📄 B.338a, 📄 B.338b	ABl. 2020, A81, II: PCT Regelung derzeit **nicht vollständig** für **EPA=AA** anwendbar: **Anträge** nach R 20.5bis werden nur im Falle **R 20.5bis b)** (Verschiebung int. AT) oder **R 20.5bis e)** (Nichtberücksichtigung nachträgliche eingereichter Bestandteile) bearbeitet Stattdessen Übermittlung der int. Anmeldung an das IB mit Zustimmung Anmelder				12b
EPA=ISA oder IPER 📄 B.46d	ABl. 2020, A81, III, IV: **Unvereinbarkeit** hat **keinen Einfluss** auf **Tätigkeit** des EPA als **ISR** oder **IPER**, wenn a) die **richtigen Bestandteile vor** der **Recherche** mitgeteilt wurden, b) die **richtigen Bestandteile nach Beginn** der **Recherche** eingereicht werden, unter **zusätzlicher Zahlung** einer **Recherchengebühr** (R 40bis.1, Art. 2 (1) Nr. 2 GebO; in diesem Fall wird Recherche auf Grundlage der ursprünglichen Unterlagen, dieser RB ergeht nur für die Bestimmungsämter die nach R 20.8 b-bis) (📄 B.339a) eine Unvereinbarkeit mitgeteilt haben, gilt nicht als int. RB nach R 43 bzw. SB nach R 43bis				12c
EPA= Bestimmungsamt/ ausgewähltes Amt 📄 B.338a, 📄 B.338b	ABl. 2020, A81, V: Werden **richtige Anmeldeunterlagen** nach **R 20.5bis d)** durch **Verweis** einbezogen, d.h. **ohne** dass sich **AT verschiebt**, so ist diese **Einbeziehung nicht wirksam**, • **Standardverfahren**: EPA betrachtet Eintritt in europäische Phase als AT, an dem die richtigen Unterlagen eingegangen sind (R 20.8 c)), Mitteilung an Anmelder nach R 20.8 c) und R 82ter.1 c), d) mit 2 M Frist zur Erwiderung -> Anmelder hat die Wahl a) nach R 82ter.1 d) die richtigen Anmeldeunterlagen unberücksichtigt zu lassen oder b) Anmelder nimmt Stellung nach R 20.8 c), R 82ter.1 c), d), oder c) Tag des Eingangs der richtigen Anmeldungsunterlagen gilt als AT • **Verkürztes Verfahren** a) Anmelder kann innerhalb 21 M Frist nach R 159 (1) EPÜ oder spätestens vor Mitteilung nach R 20.8 c), R 82ter.1 c), d) beantragen, dass richtige Anmeldeunterlagen unberücksichtigt bleiben b) Anmelder kann in Frist nach a) erklären, dass Anmeldung mit richtigen Anmeldeunterlagen weiterverfolgt wird, gilt als Verzicht auf Mitteilung nach R 20.8 c), R 82ter.1 c), d), EPA berichtigt AT, fälschlicherweise eingereichte Unterlagen gelten als nicht eingereicht, Unterrichtung Anmeldung				12d

B. Ablauf PCT-Anmeldung

Formalprüfung
Art. 14, R 26
Mängelbeseitigung AG 6.001 ff. ausgeführt durch AA - auch erst nach Hinweis von IB nach **R 28.1 a)**

	Verfahrenshandlung	Rechtsnorm	Details	Unmittelbare Folgen eines Mangels, Mängelbeseitigung, Fristen	Rechtsfolge bei Nichtbeseitigung von Mängeln oder Fristversäumnis
13	**Bestimmte Mängel**	Art. 14 (1) a)	Prüfung der int. Anmeldung durch AA	**Art. 14 (1) b), R 26.1, R 26.2**: Frist: Mind. 2 M nach Aufforderung zur Mängelbeseitigung, verlängerbar	**Art. 14 (1) b), R 26.5** Int. Anmeldung gilt als zurückgenommen; → **R 29.1**: Feststellung durch AA und Maßnahmen nach Zurückweisung
14	i) Unterschrift AG 6.032 (i) AG 5.089	R 4.1 d) R 4.15 R 26.2bis a)	**R 4.15, R 26.2bis a)**: Bei mehreren Anmeldern reicht Unterschrift + Angaben eines **Berechtigten** aus; ebenso Unterschrift Anwalt, wenn er Vollmacht von zumindest einem Anmelder vorlegt **R 26.2bis b)**: Angabe ausreichend, wenn Identität des Anmelders feststellbar ist	**R 90.4 d), R 90.5 c), d)**: AA, ISA, SISA, IPEA und IB kann auf Vorlage einer Vollmacht verzichten (siehe G.64) **Art. 49, R 83, R 90.5 c)**: Fehlende Vollmacht des Vertreters führt zur Fiktion der fehlenden Unterschrift des vor dem Amt zugelassenen Vertreters **R 90.5 d)**: Ausnahme Zurücknahmen: Vollmacht ist einzureichen	**Art. 25** Nachprüfung durch Bestimmungsämter auf Antrag (**Art. 25 (1) c)**: Frist 2 M nach **R 51.1** ab Mitteilung nach R 20.4) **Art. 25 (2) a)**: Nat. Gebühr möglich, Heilung, wenn Fehler des AA oder IB
15	ii) Angaben über den/die Anmelder	R 4.4 Name+ Anschrift R 4.5 Details zu Name, Anschrift, Staatsangehörigkeit, Sitz/Wohnsitz			
16	iii) Bezeichnung (Titel)	R 37.1 R 37.2	Trotz fehlender oder unpassender Bezeichnung wird int. Recherche fortgeführt	**R 37.2**: Bei fehlender oder unpassender Bezeichnung und fehlender Unterrichtung des Anmelders, wird die Bezeichnung von der Recherchenbehörde erstellt	Ausnahme bei fehlender Unterschrift und Verzicht auf Vollmacht u.a. bei IB (nur als AA), EPA, DPMA, US (Annex C)
17	iv) Zusammenfassung	R 8 Inhalt und Form R 38 Fehler oder Mängel	**R 38.1, R 26.2**: Aufforderung zur Einreichung; Frist 2 M, verlängerbar Verspätete Zusammenfassung führt nicht zu einer Verschiebung des AT (AG 6.032 (iv))	**R 38.2**: Ist der Anmelder nicht zur Einreichung der Zusammenfassung aufgefordert worden oder verstößt sie gegen **R 8**, wird sie von der Recherchenbehörde erstellt **R 38.3**: Anmelder kann Änderungen innerhalb von 1 M ab Absendung int. RB vornehmen	
18	v) Formerfordernis	R 26.3 R 9 (Ausdrücke) R 10 (Terminologie, Zeichen) R 11 (Äußere Form) R 12.3, R 12.4 (Übersetzung)	Nicht zu verwendende Bestandteile, sowie Übersetzungen für Recherche und Veröffentlichung	Mangel nach **Art. 14 (1) a) v)**: Beseitigung nach **Art. 14 (1) b), R 26.1, R 26.2**: Frist: Mind. 2 M nach Aufforderung zur Mängelbeseitigung, verlängerbar	

Ablauf PCT-Anmeldung B.

Übersetzungserfordernisse

Verfahrenshandlung	Rechtsnorm	Details	Unmittelbare Folgen eines Mangels, Mängelbeseitigung, Fristen	Rechtsfolge bei Nichtbeseitigung von Mängeln oder Fristversäumnis	EPA=AA	
Übersetzung der Zusammenfassung oder Beschriftung der Zeichnung AG 6.018 Falls Sprache nicht mit der Sprache der Beschreibung oder den Ansprüchen übereinstimmt	Art. 3 (4) i) R 12.1 R 26.3ter (US Vorbehalt siehe 📄 B.342)	Vorgeschriebene Sprache: Durch AA (**R 12.1**) bestimmt, bei ISA (**R 12.3**) zugelassen und Veröffentlichungssprache (**R 12.4**)	**R 26.2** (wegen **R 26.3ter a) + c) letzter Satz** anwendbar): Frist mind. 2 M nach Aufforderung zur Mängelbeseitigung, es sei denn, i) Übersetzung der int. Anmeldung n. **R 12.3 a)** ist erforderlich oder ii) die Zusammenfassung oder die Textbestandteile der Zeichnungen sind in der Sprache, in der die int. Anmeldung zu veröffentlichen ist. Frist zur Mängelbeseitigung verlängerbar	**R 26.2** und **R 29.1** (wegen **R 26.3ter a) + c) letzter Satz** anwendbar): Int. Anmeldung gilt als zurückgenommen → **R 29.1**: Feststellung durch AA und Maßnahmen nach Zurückweisung **Art. 25** Nachprüfung durch Bestimmungsämter auf Antrag (**Art. 25 (1) c**): Frist 2 M nach **R 51.1** ab Mitt. nach **R 20.4**) **Art. 25 (2) a)**: Nat. Gebühr möglich, Heilung, wenn Fehler des AA oder IB	**R 157 (2) EPÜ** **Art. 14 (1) EPÜ**	19
Übersetzung in eine für die int. Recherche vorgeschriebene Sprache AG 6.014-6.017 Falls Sprache in der eingereicht wurde, nicht beim AA bzw. bei ISA zugelassen ist AG Annex D ggf. in Amtssprache des EPA (als ISA) (siehe 📄 B.64)	R 12.3	**R 12.3 a)**: 1 M nach Einreichung Anmeldung **R 12.3 a)**: Sprache i) von dieser Behörde zugelassen (EPA) ii) Veröffentlichungssprache iii) eine vom AA nach **R 12.1 a)** zugelassene Sprache **R 12.1 c)+R 12.4+ R 48.3**: Veröffentlichungssprachen: Arabisch, CN, DE, EN, FR, JP, RU, ES, KR, PT	**R 12.3 c) i)+ii)**: **Innerhalb 1 M** ab Aufforderung oder **innerhalb 2 M** nach Einreichung der Anmeldung, je nachdem, welche Frist später abläuft + ggf. Zuschlagsgebühr 25 % der Anmeldegebühr (**R 12.3 e**)) **R 12.3 d)**: Rechtzeitig ist Einreichung Übersetzung vor Absendung der Erklärung nach **R 12.3 d)** und innerhalb von 15 M ab PT	**R 12.3 d)**: Anmeldung gilt als zurückgenommen	EPA: Alle drei Amtssprachen sind von der ISA zugelassen und gleichzeitig Veröffentlichungssprache (siehe 📄 B.65)	20
Übersetzung in eine für die Veröffentlichung vorgeschriebene Sprache AG 6.020-6.023 Falls Einreichungssprache zwar beim AA bzw. ISA zugelassen, diese aber keine Veröffentlichungssprache ist	Art. 21 (4) R 12.4	**R 12.4 a)**: Falls Übersetzung nicht nach R 12.3 a) erforderlich, ist sie innerhalb 14 M ab PT beim AA einzureichen **R 12.4 a)+R 48.3 a)**: Veröffentlichungssprachen: Arabisch, CN, DE, EN, FR, JP, RU, ES, KR, PT **R 48.3 b)**: Veröffentlichung in der übersetzten Sprache	**R 12.4 c)**: Aufforderung zur Einreichung der Übersetzung innerhalb von 16 M ab PT + ggf. Zuschlagsgeb. 25 % der Anmeldegeb. (**R 12.4 e**)) Geht Übersetzung vor Aufforderung ein, gilt sie nach **R 12.4 a)** als eingegangen **R 12.4 d)**: Rechtzeitig ist Einreichung Übersetzung vor Absendung Erklärung nach **R 12.4 c)** und innerhalb von 17 M ab PT	**R 12.4 d)**: Anmeldung gilt als zurückgenommen		21
Sprache des Schriftverkehrs mit ISA, IPEA, IB AG 8.009 f.	R 92.2	**ISA**: Sprache der Anmeldung oder Sprache der Übersetzung in eine für die int. Recherche vorgeschriebenen Sprache (**R 92.2 a**), **R 12.3**, **R 23.1 b**)) **IPEA**: Sprache der Anmeldung bzw. in von IPEA zugelassener Veröffentlichungssprache (**R 92.2 a)+b**), **R 12.3**, **R 55.2 a**)) **IB**: EN oder FR oder in einer vom IB zugelassenen Veröffentlichungssprache (**R 92.2 d**))			Schriftverkehr in jeder Amtssprache möglich **Art. 14 (1)**, **R 3 (1) EPÜ**, ABl. 1993, 540	22
		Ist Übersetzung nach **R 23.1 b)**, **R 12.3** (für int. Recherche) oder **R 55.2** (für ivP) eingereicht worden, ist die Sprache der Übersetzung zu verwenden.				

B. Ablauf PCT-Anmeldung

Bestimmung
Art. 11 (1) iii) b) iVm Art. 4 (1) ii), R 4.9, AG 5.052-5.055

#	Verfahrenshandlung	Rechtsnorm	Details	Unmittelbare Folgen eines Mangels, Mängelbeseitigung, Fristen	Rechtsfolge bei Nichtbeseitigung von Mängeln oder Fristversäumnis
23	**Umfang der Bestimmung - alle VS (Gesamtbestimmung)** im Antrag	Art. 4 (1) i) R 4.9 a) i)	Bestimmung aller am int. AT dem PCT angehörigen VS siehe Spezialtabelle Q »Vertragsstaaten«	**R 90bis.2 a) und R 90bis.4 a):** Rücknahme von Bestimmungen jederzeit innerhalb 30 M ab PT **R 90bis.5 a):** Rücknahme ist von allen Anmeldern zu unterschreiben (siehe B.33)	Zurücknahme der Bestimmung (siehe B.32 ff.)
24	für alle int. Anmeldungen am oder nach dem 1.1.2004 (auch wenn Formblatt PCT/RO/101 nicht verwendet wird bzw. wenn int. AT in den 1.1.2004 oder später geändert wird)	R 4.9 a) ii)	Jede Art von Schutzrechten in Bestimmungsstaat, auf die **Art. 43** (Bestimmte Schutzrechtsarten) oder **Art 44** (zwei Schutzrechtsarten) Anwendung findet.		
25		Art. 4 (1) ii) R 4.9 a) iii)	Antrag auf **regionales Patent** bzw. nationales Patent nach **Art. 45 (1)**, wenn VS nicht nach **Art. 45 (2)** Antrag auf regionales Patent vorsieht.		
26		R 4.5 (d)	**Bestimmungsstaaten** können **verschiedene Anmelder** aufweisen (analog Art. 59 EPÜ)		
27		R 32.1	Erstreckung der int. Anmeldung auf **Nachfolgestaat**, wenn dessen Gebiet vor der Unabhängigkeit Teil des Gebiets eines in der int. Anmeldung bestimmten VS war, der nicht mehr fortbesteht, vorausgesetzt, der Nachfolgestaat ist VS geworden (Zeitraum ist in **R 32.1 b)** definiert).		
27a	**Bestimmungsgebühr** siehe B.248b	Art. 14 (3) a)+b) Art. 4 (2) R 27.1 b)	Die in Art. 14 (3) a)+b) genannten Gebühren gemäß Art 4 (2) sind die **int. Anmeldegebühr** (R 15.1) und ggf. die **Gebühr** für die **verspätete Zahlung** (R 16bis.2)		
28	**Wirkung**		**DE**: **Rücknahme** der vorherigen DE Prioritätsanmeldung mit Ablauf **30 M** ab **PT** betrifft nur • dieselbe Schutzrechtsart • die **Einreichung** der **PCT-Anmeldung** beim **DPMA** (da keine weiteren Handlungen zur Nationalisierung notwendig sind, Übersetzung und nationale Anmeldegebühr nicht erforderlich) **JP**: Mit Ablauf von **15 M** ab **PT** gilt die frühere **JP** Prioritätsanmeldung als **zurückgenommen**, JP hat keinen Vorbehalt eingelegt		
29	**Ausnahmen**	R 4.9 b)	Bestimmung wird aktiv nicht vorgenommen (gilt für DE, JP, KR) **Unwiderruflich** (siehe B.336)	Keine nachträgliche (spezielle) Bestimmung möglich, bei aktiver Bestimmung Rücknahme jederzeit bis 30 M möglich (**R 90bis.2 a)** und **R 90bis.4 a)**)	
30	**Bestimmung EP-Länder**	Art. 45 (2) Euro-PCT-LF, 2.10.007	Bestimmung von BE, CY, FR, GR, IE, IT, LT, LV, MT, MC, NL, SM, SI ist als Wunsch nach einem **regionalen Patent** (EP-Patent) zu interpretieren. siehe **R 4.9 (a) iii), Art. 4 (1) ii)**		
31		Art. 4 (1) ii)	**Nationale Bestimmung** für **EP-Länder** möglich: AT, BG, CH/LI, CZ, DE, DK, EE, ES, FI, GB, LU, PL, SE, SK, TR, HU, IS, RO, SL		
31a		J 30/90	EPA kann nur dann für einen Staat Bestimmungsamt sein, wenn der Staat bereits am AT EPÜ- und auch PCT-Mitglied war (aus **Art. 153 (1) a) EPÜ** und **Art. 4 (1) (ii), R 4.9 a)**) **Vorsicht**: Erstreckungsstaaten evtl. möglich		

Ablauf PCT-Anmeldung B.

Übersicht Zurücknahme von Bestimmungen
R 90bis.2, R 90bis.5

Verfahrens-handlung	Rechtsnorm	Details	
Zurücknahme Bestimmung	R 90bis.2 a)	Zurücknahme der Bestimmung **vor** Ablauf von **30 M** ab **PT**. Zurücknahme der Bestimmung = Zurücknahme der Auswahlerklärung (**R 90bis.4 a)**)	32
	R 90bis.2 b)	**Zurücknahme** der Bestimmung eines Staates bedeutet **nur** die Zurücknahme der Bestimmung für ein **nationales**, aber **nicht** für ein **regionales Patent**	32a
	R 90bis.2 c)	Zurücknahme der **Bestimmung aller Staaten** = Zurücknahme der int. **Anmeldung** gemäß **R 90bis.1**	32b
	R 90bis.2 d)	Zurücknahme **wirksam bei Eingang** beim **IB**, **AA** oder ggf. **IPEA**	32c
	R 90bis.2 e)	Internationale Veröffentlichung der Bestimmung unterbleibt, wenn Zurücknahme vor Abschluss der technischen Vorbereitung beim IB (15 Tage vor der Veröffentlichung abgeschlossen – AG 9.014)	32d
Mehrere Anmelder	R 90bis.5	Bei **mehreren Anmeldern** müssen **alle** Anmelder die **Zurücknahme** der Bestimmung **unterzeichnen** oder ein bestellter Anwalt gemäß **R 90.1** oder ein bestellter gemeinsamer Vertreter gemäß **R 90.2 a)**, aber nicht ein »als gemeinsamer Vertreter« geltender Anmelder gemäß **R 90.2 b)**	33
Wirkung der Zurücknahme	R 90bis.6 a)	Falls Bearbeitung oder **Prüfung** gemäß **Art. 23 (2)** oder **Art. 40 (2)** bereits bei einem Bestimmungsamt oder ausgewähltem Amt **begonnen** hat, hat die Zurücknahme **keine Wirkung**, ansonsten → **R 90bis.6 b)** und **c)**	34

B. Ablauf PCT-Anmeldung

	Priorität **Art. 8**, AG 5.057-5.071 (siehe C.68ff.)				
	Verfahrenshandlung	Rechtsnorm	Details	Unmittelbare Folgen eines Mangels, Mängel-beseitigung, Fristen	Rechtsfolge bei Nichtbeseitigung von Mängeln oder Fristversäumnis
35	**Beanspruchung einer Priorität** Im Antrag: Datum Aktenzeichen Verbandsland/ Behörde oder AA R 4.10 a): **PVÜ** oder **WTO Mitglieder** AG 5.057-5.071	Art. 8 (1) Art. 8 (2) a) iVm Art. 4C (4) Art. 4A (1) PVÜ (»erste Anmeldung«) R 4.1 b) R 4.10 Prioanspruch ist im Antrag anzugeben Art. 2 (xi) b) Bei mehreren Prioritäten wird **älteste** als **PT** verwendet	Beanspruchung der Priorität durch Angabe im Antrag	**R 26bis.1 a)**: **Priorität berichtigen** oder **hinzufügen**: 16 M ab PT oder geändertem PT, je nachdem, welche Frist früher abläuft; mind. bis 4 M nach dem int. AT **R 26bis.1 b)**: Bei Antrag auf vorzeitige Veröff. (**Art. 21.2 b)**) möglich, wenn Berichtigung vor Ablauf der technischen Vorbereitungen zur Veröffentlichung noch nicht abgeschlossen (15 Tage, AG 9.014) **R 26bis.2**: Bei bestimmten Mängeln: Aufforderung durch AA, Frist wie bei **R 26bis.1 a)**; gilt als rechtzeitig, wenn Eingabe vor Erklärung des IB nach **R 26bis.2 b)**, spätestens 1 M vor Ablauf Frist **R 91.1 a), b) i), g)**: Korrektur offensichtlicher Fehler im Antrag beim AA, wenn sich Berichtigung zu Änderung des Prioritätsdatums führen würde	**R 26bis.2 b)**: Prioanspruch gilt für das Verfahren nach dem PCT als nicht erhoben. **R 26bis.2 d)**: Nicht als erhoben geltender Prioanspruch, der vor Abschluss der technischen Vorbereitungen zur Veröffentlichung beim IB eingegangen ist, wird in der Veröffentlichung aufgeführt. **R 26bis.2 e)**: Auf Antrag (nach Ablauf Frist nach **R 26bis.1** und vor Ablauf von 30 M seit PT) kann berichtigter oder hinzugefügter Prioanspruch in einer zusätzlichen Veröffentlichung aufgeführt werden (+ Gebühr 50 CHF + 12 CHF für jede weitere Seite, AG 6.044, Section 113(c) der Administrative Instructions). **R26bis.3 e)**: Bei Antrag auf **vorzeitige Veröffentlichung** nach Art. 21 (2) b) gilt Antrag nach a) oder Gebühren nach d) nach Abschluss der technischen Vorbereitungen für die intern. Veröffentlichung nicht als rechtzeitig eingereicht oder entrichtet
35a	Frühere Anmeldung= PCT-Anmeldung (siehe C.75)	Art. 11 (3)		Eine PCT-Anmeldung hat vorbehaltlich des Art. 64 (4) PCT (Nationale Vorbehalte – siehe B.334) in jedem Bestimmungsamt die Wirkung einer vorschriftsmäßigen nationalen Anmeldung mit int. Anmeldedatum	
35b		Art. 11 (4)		Eine PCT-Anmeldung steht einer vorschriftsmäßigen nationalen Anmeldung im Sinne des PVÜ gleich.	
35c	EPA= ausgewähltes Amt/ Bestimmungsamt			Seit EPÜ 2000 kein Vorbehalt gegen WTO-Regelung mehr, d.h. WTO Prio ist in nat. Phase wirksam (G 2/02 und G 3/02 sind überholt) ABl. Sonderausgabe 4/2007, 100 Findet Anwendung auf ePA, die ab Inkrafttreten des EPÜ 2000 (13.12.2007) eingereicht wurden	

Ablauf PCT-Anmeldung — B.

Priorität (Fortsetzung)

Verfahrenshandlung	Rechtsnorm	Details	Unmittelbare Folgen eines Mangels, Mängel-beseitigung, Fristen	Rechtsfolge bei Nichtbeseitigung von Mängeln oder Fristversäumnis	
Priofrist 12 M ab AT der »frühesten Anmeldung« AG 5.059 ff. (siehe C.68 ff.) (Widerherstellung siehe K.62 ff., C. 85 ff.)	Art. 8 (1) R 2.4 (Priofrist) R 2.4 b), R 80.5 (Feiertagsregelung) Abhängig von Art des SR nach Art. 8 (2) a) iVm Art. 4C (1) PVÜ		**Wiederherstellung durch AA:** **R 26bis.3:** Bei abgelaufener Priofrist Wiederherstellung auf Antrag möglich innerhalb von **2 M** ab Ende Priofrist wenn Versäumnis »unabsichtlich« (»unintentional«) oder »trotz Beachtung der nach den gegebenen Umständen gebotenen Sorgfalt« (»due care«) Für Wiederherstellung: Antrag stellen, Gebühren bezahlen zu Gunsten des AA (AG 5.062 ff.) **R49ter.1:** Wirkung Wiederherstellung (AA) **Wiederherstellung durch Bestimmungsamt:** Anwendung unterschiedlicher Kriterien möglich: **R 49ter.1 und R 49ter.2:** Antrag innerhalb 1 M nach Frist **Art. 22** (30 M, EPA: 31 M) oder 1 M ab Eingang Antrag nach **Art. 23 (2)** (siehe C.85 ff., K.62 ff.) siehe Vorbehalte zur Wiederherstellung B.344 und B.347 f.	siehe B.35	36
EPA= ausgewähltes Amt/ Bestimmungsamt	Art. 153 EPÜ		WE in Priofrist bei Nachweis Beachtung der nach den gegebenen Umständen gebotenen Sorgfalt (nicht unabsichtlich) - S/S Art. 153 Rd 462 ff. Gebühr für Wiederherstellung mittels Wiedereinsetzungsgebühr 665 € Art. 2 (1) Nr. 13 GebO		36a
Auswirkung der Änderung der Priorität auf die Fristen - R 90bis.3 d) iVm R 26bis.1 c): Ändert sich durch Berichtigung oder Hinzufügung eines Prioanspruchs der PT, so wird jede Frist, die nach dem früher geltenden PT berechnet worden und **nicht bereits abgelaufen** ist, nach dem geänderten PT berechnet.					37

B. Ablauf PCT-Anmeldung

Priorität (Fortsetzung)

	Verfahrenshandlung	Rechtsnorm	Details	Unmittelbare Folgen eines Mangels, Mängelbeseitigung	Rechtsfolge bei Nichtbeseitigung von Mängeln oder Fristversäumnis
38	**Prioritätsunterlagen** AG 5.070 (siehe C.76)	Art. 8 R 17.1	**R 17.1 a):** Innerhalb 16 M ab frühestem PT (oder vor Antrag beschleunigte Bearbeitung nach **Art. 23**), jedoch spätestens vor int. Veröffentlichung an IB oder AA **R 17.1 b):** Innerhalb 16 M ab PT Antrag auf Übermittlung ans IB (**R 4.1 c) ii)**), falls **Prioritätsunterlagen** vom AA ausgestellt wird (Feld Nr. VI in Antrag), Gebühr EPA: 50 € **R 17.1 b-bis) PCT:** Abruf **Prioritätsunterlagen** aus digitaler Bibliothek (DAS), Antrag beim IB vor int. Veröffentlichung	Keine Anerkennung der Priorität	**R 17.1 c):** Bestimmungsamt kann Prioanspruch unberücksichtigt lassen; muss jedoch Anmelder Gelegenheit zur Einreichung der **Prioritätsunterlagen** innerhalb Frist geben Hat Anmelder **R 17.1 a), b) oder b-bis)** erfüllt, darf Bestimmungsamt ihn nicht vor Ablauf der Frist nach **Art. 22** zur Nachreichung auffordern (EPA: RiLi E-IX, 2.3.5.1: Prüfung kann dennoch beginnen)
39			DAS: Digital Access Service Digitale Bibliothek des IB, in der der Anmelder das Priodokument/die **Prioritätsunterlagen** bei einem Depositing Office bzw. Office of First Filing (OFF) registrieren lassen kann; anschließend kann der Anmelder beantragen, dass das Accessing Office bzw. Office of Second Filing (OSF) die **Prioritätsunterlagen** über dieses System bezieht - AG 5.070A ff. Depositing Office: AU, CN, DK, EP (seit 01.11.2018 für ePA, seit 01.04.2019 für PCT-Anmeldungen, ABl. 2019, A27), ES, FI, GB, IB, JP, KR, SE, US Accessing Offices: AU, CN, EP (seit 01.11.2018 für ePA, seit 01.04.2019 für PCT-Anmeldungen, ABl. 2019, A27), ES, FI, GB, IB, JP, KR, SE, US		
39a	EPA= ausgewähltes Amt/ Bestimmungsamt	R 163 (2) EPÜ	Nachfrist von 2 M zur Einreichung des Aktenzeichens und/oder Abschrift		

Übersicht - Zurücknahme von Prioritätsansprüchen in der internationalen Anmeldung
R 90bis.3 - siehe B.236

	Verfahrenshandlung	Rechtsnorm	Details
40	**Zurücknahme**	R 90bis.3 a) + b)	Zurücknahme eines oder mehrerer Prioritätsansprüche (nach **Art. 8 (1)**) **vor** Ablauf von **30 M** ab **PT**.
40a			Zurücknahme der Bestimmung = Zurücknahme der Auswahlerklärung nach **R 90bis.4**
40b		R 90bis.3 c)	Zurücknahme **wirksam** bei **Eingang** beim **IB, AA** oder ggf. **IPEA** (wenn **Art. 39 (1)** anwendbar).
40c	Mehrere Anmelder	R 90bis.5	**Zurücknahmeerklärung** nach R 90bis.1 bis R 90bis.4 muss von • **allen Anmeldern** oder • einem **bestellten Anwalt** gemäß **R 90.1** oder • einem bestellten **gemeinsamen Vertreter** gemäß **R 90.2 a)**, aber **nicht** ein »**als gemeinsamer Vertreter**« geltender Anmelder gemäß **R 90.2 b)** (Vollmacht siehe B.239 und B.245) unterzeichnet werden
41	**Wirkung der Zurücknahme**	R 90bis.3 d) R 26bis.1 c)	Führt die Zurücknahme zu einer **Änderung** des **Priodatums**, so wird eine aufgrund des ursprünglichen Priodatums berechnete und noch **nicht abgelaufene Frist** nach dem geändertem Priodatum **berechnet**.
41a		R 90bis.3 e)	Falls Zurücknahmeerklärung beim IB nach Abschluss der technischen Vorbereitungen für die int. Veröffentlichung (15 Tage, AG 9.014) eingeht, kann das IB die Veröffentlichung nach dem ursprünglichen Priodatum berechneten Frist vornehmen.
41b		R 90bis.6 a)	Falls **Bearbeitung** oder **Prüfung** gemäß **Art. 23 (2)** oder **Art. 40 (2)** bereits bei einem Bestimmungsamt oder ausgewähltem Amt **begonnen** hat, hat die Zurücknahme **keine Wirkung**.

Ablauf PCT-Anmeldung B.

»PCT-Direkt«	
Bearbeitung informeller Stellungnahmen zu früheren Recherchenergebnissen durch das EPA als ISA (ABl. 2017, A21) Für alle internationalen Anmeldungen, die die Priorität einer früheren vom EPA bereits recherchierten Anmeldung beanspruchen, die ab dem 01.11.2014 beim EPA als AA oder ISA eingereicht werden. Voraussetzungen: a) Informelle Stellungnahme wird zusammen mit int. Anmeldung beim EPA als AA/ISA eingereicht (Form der Einreichung: PCT-Direkt-Schreiben sind der internationalen Anmeldung als separates PDF-Dokument beizufügen, Änderungsversion der Ansprüche oder Beschreibung, informelle Stellungnahme muss in sich geschlossen sein (siehe ABl. 2017, A21) und b) Int. Anmeldung beansprucht Prio einer vom EPA recherchierten früheren (internationale, europäische oder nationale Erst-)Anmeldung.	42

Bei der Anmeldung zu entrichtenden Gebühren
Art. 14 (3) a), Art. 3 (4) iv)

Verfahrenshandlung	Rechtsnorm	Details	Unmittelbare Folgen eines Mangels, Mängelbeseitigung, Fristen	Rechtsfolge bei Nichtbeseitigung von Mängeln oder Fristversäumnis	
Übermittlungs-gebühr (von AA bestimmt) EPA=AA 📄 H.1 f. 📄 H.8	Art. 3 (4) iv) R 14.1 R 27.1 R 157 (4) EPÜ Art. 2 (1) Nr. 18 GebO	R 14.1 c): 1 M ab Eingang der Anmeldung, **an AA** (ebenso **Art. 151** iVm **R 157 (4), (3) EPÜ**) 135 €** (seit 01.04.2014) **geplant: 0 € (Online), 135 (Nicht online) ABl. 2020, A3	1 M ab Aufforderung nach **R 16bis.1 a)** durch AA (nach **R 16bis.1 e)** spätestens bis Erklärung nach **Art. 14 (3)**) + Zuschlag nach **R 16bis.2** von 50 % der Gebühr möglich, • mind. aber in Höhe der Übermittlungsgebühr **R 16bis.2 a)** • höchstens in Höhe von 50 % der Anmeldegebühr, Gebühr für ≥ 31. Blatt bleibt unberücksichtigt **R 16bis.2 b)** **R 16bis.1 (d)**: Ohne Zuschlag, falls Zahlung bis Aufforderung nach **R 16bis.1 (a)** und **R 16bis.2** versandt	Anmeldung gilt nach **Art. 14 (3) a)** iVm **R 16bis.1 c)** und **R 27.1** als zurückgenommen **R 29.1:** Feststellung durch AA und Maßnahmen nach Zurückweisung **Art. 25** Nachprüfung durch Bestimmungsämter auf Antrag (**Art. 25 (1) c)**: Frist 2 M nach **R 51.1** ab Mitteilung nach **R 20.4**) **Art. 25 (2) a):** Nat. Gebühr möglich, Heilung, wenn Fehler des AA oder IB	43 43a 44
Internationale Anmeldegebühr 1330 CHF + 15 CHF ab dem 31. Blatt (GebVerz Nr. 1) Ermäßigung bei elektr. Kopie (GebVerz Nr. 4) u/o (alle) Anmelder aus Entwicklungsland (GebVerz Nr. 5) 📄 B.253 ff. 📄 H.7 ff. 📄 H.147	Art. 3 (4) iv) R 15.1 R 27.1 Höhe: R 15.2 R 96	R 15.3: 1 M ab Eingang der Anmeldung, **an AA für IB** Währung: CHF **R 15.2 b), c), d)** 1217 € (PCT Fee Table, Table I(a), Stand 01.01.2020) + 14 € ab 31. Seite/je Seite +183 € Bearbeitungsgebühr ABl. 2019, A111 Ermäßigung - 📄 B.253 ff.			
Rückerstattung internationale Anmeldegebühr 📄 H.168	R 15.4 R 16.2	R 15.4: **Durch AA**, wenn i) kein AT nach Art. 11 (1) festgestellt, ii) Anmeldung vor Übermittlung an IB zurückgenommen und, iii) aufgrund Vorschriften zur nat. Sicherheit nicht als int. Anmeldung gilt			46

B. Ablauf PCT-Anmeldung

	Bei der Anmeldung zu entrichtenden Gebühren (Fortsetzung)				
	Verfahrenshandlung	Rechtsnorm	Details	Unmittelbare Folgen eines Mangels, Mängelbeseitigung, Fristen	Rechtsfolge bei Nichtbeseitigung von Mängeln oder Fristversäumnis
45	**Internationale Recherchengebühr** H.21 Ermäßigung: H.9 f. H.149	Art. 3 (4) iv) R 16.1 R 27.1	**R 27.1, R 16.1a** wird **von ISA** erhoben **R 16.1 (f), R 15.3**: 1 M ab Eingang der Anmeldung, **an AA für ISA**		
45a	EPA=ISA	Art. 152 R 158 (1) EPÜ, Art. 5 EPO/WIPO-Vereinbarung Art. 2 (1) Nr. 2 GebO	1775 € (seit 01.04.2018)		
46b	**Rückerstattung internationale R.-Gebühr** H.157 H.169 f.	R 16.2 R 16.3	**R 16.2**: Durch AA, wenn i) kein AT nach Art. 11 (1) festgestellt, ii) Anmeldung vor Übermittlung an IB zurückgenommen und, iii) aufgrund Vorschriften zur nat. Sicherheit nicht als int. Anmeldung gilt **R 16.3**: Teilweise Rückerstattung bei Berücksichtigung früherer Recherche nach **R 41.1**		
46c	**Zusätzliche Gebühr bei verspäteter Einreichung fehlender Bestandteile** B.12a ff. C.84a ff. H.23a	R 40bis.1	**R40bis.1** Aufforderung **durch ISA** zur Zahlung zusätzlicher Gebühr innerhalb 2 M, wenn fehlender Bestandteil nach R 20.5 c) bzw. R 20bis c) oder nach R 20.5 d) bzw. R 20.5bis d) erst nach Beginn Erstellung ISR erfolgt ist Festlegung der Gebühr **durch ISA an ISA**	ISR wird nicht für die nachgereichten Bestandteile erstellt.	
46d	EPA=ISA	Art. 2 (1) Nr. 2 GebO	1775 € (ab 01.07.2020)		

Ablauf PCT-Anmeldung B.

PCT Kapitel I: Internationale Recherche
Internationaler Recherchenbericht (ISR) (= Ermittlung des einschlägigen Stands der Technik)
Art. 15, Art. 18 - AG 7.001-7.032

Verfahrens-handlung	Rechtsnorm	Details	
Vorbereitung Recherche bei ISA	Art. 12 R 23	AA übermittelt Exemplar der internationalen Anmeldung (bzw. Kopie Übersetzung in für ISA geforderten Sprache, wenn von Anmelder eingereicht) als **Rechercheexemplar** an zuständige ISA (sobald R.-Gebühr bezahlt).	47
Durchführung int. Recherche	Art. 15 (1)	Für jede **internationale** Anmeldung wird ein **ISR** erstellt.	48
	Art. 15 (2)	Die internationale Recherche dient der Ermittlung des **einschlägigen SdT**.	49
	Art. 15 (3)	**Grundlage** sind **Ansprüche**, angemessene Berücksichtigung der Beschreibung/Zeichnungen	50
	Art. 15 (4)	ISA (**Art. 16**) ermittelt SdT und berücksichtigt **Mindestprüfstoff** (**R 34.1**)	51
	Art. 15 (5)	Nationales Recht eines VS kann dem Anmelder eine der internationalen Recherche ähnlich Recherche (»**Recherche internationaler Art**«) ermöglichen. - siehe H.17	52
Zuständige Behörde für int. Recherche (ISA) AG 7.002 AG ANNEX C (siehe B.352)	Art. 16 (2) R 35.1 + 2 R 4.14bis Art. 152 EPÜ	**Art. 16 (1) + (2)**: Durchführung der internationalen Recherche bzw. Recherche internationaler Art durch ISA (internationales Amt eines VS oder zwischenstaatliche Organisation) → AG ANNEX C Auflistung der möglichen ISA für AA • Jedes **AA** bestimmt gemäß **Art. 16 (2), (3) b)** iVm **R 35.1** bzw. **R 35.2** eine oder mehrere intern. ISAs, die Recherchen für dieses AA durchführen. • Sind **mehrere ISAs** vom AA als zuständig bestimmt, so kann **Anmelder** (vorbehaltlich einer Sprachbeschränkung bzw. der Art der eingereichten intern. Anmeldung → **R 35.2 a) ii)** gemäß **R 35.2 a), R 4.14bis)** unter ihnen **auswählen**. • Wird int. Anmeldung beim IB als AA nach **R 19.1 a) iii)** eingereicht, so ist gemäß **R 35.3 a)** zuständige ISA die Behörde, die zuständig gewesen wäre, wenn int. Anmeldung bei einem zuständigen nationalen/reg. Amt entsprechend **R 19.1 a) i)** bzw. **ii), b)** oder **c)** oder **R 19.2 i)** als **AA** eingereicht worden wäre (siehe Vereinbarung EPO - WIPO Art. 3 (3), ABl. 2010, 304). **Beispiele**: Für US ist als ISA zuständig: AU, EPA, IL, JP, KR, RU, US Für CH oder EPA ist als ISA zuständig: EPA (Art. 152 EPÜ) **ISA in Europa** (AA gibt ISA vor) - Annex C EPA, FI, AT, SE, ES, XN (Nordisches Patentinstitut) oder VPI (Visegrad-Patentinstitut)	53
	IP5-Pilot-projekt ABl. 2018, A47, A95 ABl. 2019, A65	**IP5-Pilotprojekt** zur Zusammenarbeit bei PCT-Recherche und -Prüfung **Gegenstand**: Zuständige ISA eines IP5-Amts (EPA, JPO, KIPO, CNIPA, USPTO) übernimmt Recherche/Prüfung, schickt vorläufigen int. RB an andere teilnehmenden ISAs der IP5-Ämter, dort erstellen Prüfer unter Berücksichtigung des vorläufigen int. RB ihre Beiträge und senden diese an Hauptprüfer, der unter Berücksichtigung dieser Beiträge den endgültigen int. RB und SB erstellt. **Zeitraum**: Ab 01. 07. 2018 **Voraussetzung**: Sprache: EN, zust. Haupt-ISA kann Anmeldung in anderer Sprache akzeptieren; seit 01.07.2019 auch DE und FR beim EPA akzeptiert, (ABl. 2019, A65). **Kosten**: In Pilotphase bleiben Kosten unverändert, d.h. Standardgebühr nach Kapitel I PCT, Nach Abschluss vermutlich spezielle CS&E-Gebühr (Höchstbetrag voraussichtlich Summe der R.-Gebühren der teilnehmenden ISAs zzgl. Verwaltungsgebühr. **Status**: Obergrenze am 06.04.2020 erreicht, EPA nimmt keine Anträge mehr entgegen (ABl. 2020, A46)	54
EPA=ISA	Art. 152 EPÜ	**Vereinbarung WIPO-EPA** (ABl. 2017, A115, 2010, 304): • EPA ist ISA/IPEA für Anmelder, die Staatsangehörige eines VS sind oder Sitz oder Wohnsitz in einem VS haben; EPA kann auch für andere Anmelder tätig werden (universell) (S/S Art. 152 Rd 51 ff., 74). • EPA kann ISA/IPEA für Anmelder aus US bzw. mit Sitz/Wohnsitz in US sein, Ausnahmen siehe Beschränkungen in B.58 - siehe ABl. 2014, A117 • EPA kann ISA/IPEA sein, wenn int. Anm. beim IB eingereicht wurde und Einreichung bei einem AA möglich gewesen wäre, welches EPA als ISA bestimmt hatte, allg.: würde EPA Recherche erstellen, wird ISR/IPEA erstellt (Vereinbarung WIPO-EPA Art. 4 und Anhang B) • Mögliche Sprachen für die Recherche neben DE, EN, FR auch NL falls AA NL - siehe ABl. 2018, A24 (siehe B.64 f.) • **Beschränkung** der **Zuständigkeit** als ISA und IPEA (siehe B.58); Frist zur Einleitung der nationalen Phase bleibt nach **Art. 22 (2)** bei Vorliegen einer Erklärung nach **Art. 17 (2) a) i)** (es wurde kein ISR erstellt) bestehen. • **Art. 153 (6) EPÜ**: Der zu einer Euro-PCT-Anmeldung erstellte **ISR** oder die Erklärung nach **Art. 17 (2) a) i)** und deren int. Veröffentlichungen **tritt an Stelle** des **europäischen RB** und des Hinweises auf dessen Veröffentlichung im europ. Patentblatt.	55

B. Ablauf PCT-Anmeldung

PCT Kapitel I: Internationale Recherche (Fortsetzung)			
	Verfahrenshandlung	Rechtsnorm	Details
56	**Beschränkung der int. Recherche** AG 7.013 Richtlinien für die Recherche und Prüfung im EPA als PCT-Behörde, B-VIII, 1 ff.	Art. 17 (2) R 39.1 bzw. Art. 34 (4) a)i) R 67.1	**Art. 16 (3) b)+c)**: Vereinbarung zwischen nationaler Behörde und IB zur Einsetzung Recherchenbehörde als ISA/IPEA. Mindestanforderungen an Recherchenbehörde an Prüfstoff, um als ISA eingesetzt werden zu können. **Art. 17 (2), R 39.1** (ISA) bzw. **Art. 34 (4) a) i), R 67.1** (IPEA): Festlegung der Beschränkungen hinsichtlich der Durchführung der Recherchen durch die ISA/IPEA: • **R 39.1 bzw. R 67.1**: ISA/IPEA ist nicht verpflichtet, Recherchen zu Ansprüchen durchzuführen, die eines der Gebiete: Theorien, Pflanzen, Tierarten, Geschäftsmethoden, medizinische Verfahren, Informationswiedergabe, Computerprogramme betreffen (**R 39.1** bzw. **R 67.1**), nach Vereinbarung WIPO-EPA (ABl. 2017, A115, Art. 4, Anhang C) sind Gegenstände nicht ausgeschlossen, für die das EPA gemäß EPÜ Recherchen durchführen würde. • **R 6.4 a)**: Nationale Bestimmungen können gegen die Formulierung mehrfach abhängiger Ansprüche sprechen. • **R 13ter.1 c), R 5.2**: Nucleotid- und/oder Aminosäuresequenzen sind trotz Aufforderung nicht dem Standard entsprechend und/oder nicht in elektronischer Form eingereicht worden - AG 7.005 ff • **Art. 17 (2) a) ii) bzw. Art. 34 (4) a) ii)**: ISA ist nicht verpflichtet, zu den Ansprüchen eine Recherche durchzuführen, wenn Beschreibung, Ansprüche oder Zeichnungen unklar sind (z.B. Rückbezüge mehrfach abhängiger Ansprüche auf mehrfach abhängige Ansprüche gemäß R 6.4, AG 5.113).
57	Folge der Beschränkung		• ISA/IPEA teilt Anmelder und IB mit (inkl. Erklärung), dass **kein ISR/IPER erstellt** wird oder für bestimmte Ansprüche (gemäß **Art. 17 (2) b)** bzw. **Art. 34 (4) b)**) keine Recherche durchgeführt wird. • Beschränkung ist **für Gültigkeit** der int. Anmeldung **ohne Bedeutung**, Bearbeitung wird fortgesetzt (AG 7.013)
58	EPA=ISA	Art. 152 EPÜ	**Keine** internationale **Recherche** bei: • **Geschäftsmethoden** als Anmeldegegenstand, außer wenn Anmeldegegenstand noch technische Mittel umfasst - siehe ABl. 2007, 592, ABl. 2014, A117 • Nucleotid- und/oder Aminosäuresequenzen, die nicht dem Standard entsprechend und/oder nicht in elektronischer Form vorliegen - siehe Sonderausgabe Nr. 3, ABl. 2007 ABl. 2010, 328
59	**Maßgeblicher SdT für die internationale Recherche** AG 7.004	Art. 15 (4) Art. 16 (3) R 33	**Mindestanforderung an ISA** **Art. 27 (5)**: Jeder **VS** kann **eigene Maßstäbe** für SdT aufstellen; keine Bindungswirkung **Art. 33 (2)**: Int. Recherche bezieht alle techn. Sachgebiete ein, nicht nur techn. Gebiete in welche die Erfindung eingruppiert ist, sondern auch gleichartige Gebiete ohne Berücksichtigung der Klassifikation. Ebenso schließt die int. Recherche alle äquivalenten Gegenstände der Erfindung für alle oder bestimmte Merkmale ein.
59a			**EPA**: RiLi G-IV, RiLi B-VI, 2 + **Art. 27 (5)**: Definition SdT nach **R 33** (z.B. **mündliche Offenbarung**) gilt nur für int. Phase; in europäischer Phase gelten die Kriterien des EPÜ **USPTO**: USA hat Vorbehalt nach **Art. 64 (4) a) PCT** erklärt; bei Nationalisierung kann ggf. früherer SdT berücksichtigt werden. (siehe B.334)
60		Art. 15 (2)-(4) R 34.1	**Mindestprüfstoff**: Umfang der Bestandteile der int. Recherche für die ISA in Bezug auf die möglichen Offenbarungsdokumente, Ländern, Sprachen; nationale Patentschrift in CN, JP, RU, KOR oder ES muss nicht berücksichtigt werden, wenn diese Sprache nicht Amtssprache einer ISA ist und keine EN Zusammenfassung vorliegt (**R 34.1 c) ii)** und **e)**)
61		Art. 33 (2), (3) R 33.1 a) R 64.1 a)	**Einschlägiger SdT** (nach **Art. 15 (2)**) **nur schriftliche Offenbarung** vor int. AT (**R 64.1 b) i)**) oder Prio (**R 64.1 b) ii)** bzw. **iii)** - ggf. auch, wenn Priobeanspruchung WE fähig - siehe B.36)
62		R 33.1 b) R 64.2	**Mündliche Offenbarung, Benutzung, Ausstellungen** oder andere »**nicht-schriftliche Offenbarungen**« vor int. AT (wenn Zugänglichkeit am/nach int. AT mit schriftlicher Offenbarung belegbar) werden im **ISR** nach **R 70.9** gesondert aufgeführt = **nicht SdT**
63		R 33.1 c) R 64.3	**Nachveröffentlichte Anmeldungen/Patente** (ältere Rechte) werden im ISR nach **R 70.10** gesondert aufgeführt = **nicht SdT**

Ablauf PCT-Anmeldung B.

PCT Kapitel I: Internationale Recherche (Fortsetzung)

Verfahrenshandlung	Rechts-norm	Details	Unmittelbare Folgen eines Mangels, Mängelbeseitigung, Fristen	Rechtsfolge bei Nichtbeseitigung von Mängeln oder Fristversäumnis	
Übersetzung in eine für die int. Recherche vorgeschriebene Sprache AG 6.013-6.023 Falls Sprache in der eingereicht wurde, nicht beim AA bzw. bei ISA zugelassen ist AG ANNEX D (zulässige Sprachen für ISA) (siehe 📄 B.20)	R 12.3	**R 12.3 a):** **Innerhalb 1 M** nach Einreichung der Anmeldung **R 12.3 a):** Sprache i) von der ISA zugelassen ii) Veröffentlichungssprache iii) eine vom AA nach **R 12.1 a)** zugelassene Sprache **Art. 21 (4), R 48.3 a):** Veröffentlichungs-sprachen: **Arabisch, KR, PT, CN, DE, EN, FR, JP, RU, ES**	**R 12.3 c) i)+ii):** **Innerhalb 1 M** (Frist nach R 12.3 a)) ab Aufforderung (vorzugsweise mit Mitteilung nach R 20.2 c) über AZ + AT) oder **innerhalb 2 M** nach Einreichung der Anmeldung, je nachdem welche Frist später abläuft + ggf. **Zuschlagsgebühr 25 %** der int. Anmeldegebühr (**R 12.3 e)**) (ohne 31. Blatt) **R 12.3 d):** Rechtzeitig ist Einreichung der Übersetzung vor Absendung der Erklärung n. R 12.3 d), dass Anmeldung als zurückgenommen gilt und **innerhalb von 15 M ab PT**.	**R 12.3 d):** Anmeldung gilt als zurückgenommen	64
EPA=ISA	Art. 152 EPÜ	Alle **drei Amtssprachen** DE, EN und FR sind von der **ISA zugelassen** und gleichzeitig **Veröffentlichungssprache**. Auch akzeptiert: Anmeldungen in **niederländischer Sprache**, die beim niederländischen Patentamt eingereicht wurden ABl. 2017, A115, ABl. 2018, A24 (hier trotzdem notwendig 14 M nach PT: Übersetzung in eine für die internationale Veröffentlichung zugelassene Sprache). **Spezialfälle:** • Bei einer Anmeldung in niederländischer Sprache beim niederländischen Patentamt wird das EPA als ISA tätig, NL-Patentamt erstellt eine Übersetzung in die englische Sprache - Art. 3 (1), Anhang A der Vereinbarung zwischen EPO und WIPO über PCT. • Bei einer Anmeldung in skandinavischer oder englischer Sprache beim jeweilgen Patentamt wird das schwedische Patentamt als ISA tätig. Einreichung der int. Anmeldung beim spanischen Patentamt auch in Spanisch möglich (auch für Mexiko etc.); soll EPA als ISA fungieren → Übersetzung in eine der drei Amtssprachen (Frist 1 M)			65

B. Ablauf PCT-Anmeldung

PCT Kapitel I: Internationale Recherche (Fortsetzung)

	Verfahrenshandlung	Rechtsnorm	Details	Unmittelbare Folgen eines Mangels, Mängelbeseitigung, Fristen	Rechtsfolge bei Nichtbeseitigung von Mängeln oder Fristversäumnis
66	**Zusätzliche Recherchengebühr bei Uneinheitlichkeit (Feststellung durch ISA)** AG 7.015-7.021 AG ANNEX D (siehe 📄 H.22) Anmerkung: PCT sieht keine TA vor	Art. 17 (3) a) R 13 (Einheitlichkeit) R 40.1 R 40.2 (zusätzliche Gebühr, Höhe durch zuständige ISA festgelegt)	**Art. 17 (3) a):** Aufforderung zur Zahlung zusätzlicher Gebühr **R 40.1 ii):** **1 M** ab **Aufforderung,** nach **R 40.2 b) an ISA** zu zahlen, ggf. nach **R 40.2 c), R 158 (3) EPÜ** unter Widerspruch mit Begründung und Widerspruchsgebühr Überprüfung durch Gremium (**EPA:** seit EPÜ 2000) **R 40.2 e):** Prüfung des Widerspruchs ist ggf. von Zahlung der Widerspruchsgebühr abhängig	Weitere Erfindung wird nicht recherchiert	**Art. 17 (3) a):** ISR wird nur für recherchierte Teile (Haupterfindung und ggf. für alle weiteren Erfindungen, für die zusätzliche R.-Gebühr entrichtet wurden) erstellt, gleiches gilt für ivP (**R 66.1 e**)) **Art. 17 (3) b):** Nat. Recht steht Rücknahmefiktion für die nicht recherchierten Teile zu; ggf. besondere Gebühr zu zahlen **R 43.7:** ISR gibt an, ob zusätzliche Gebühren bezahlt wurden + welche Teile recherchiert wurden
66a	EPA als ISA	Art. 17 (3) b) R 158 (1) EPÜ Art. 2 (1) Nr. 2 GebO	Zusammen mit Aufforderung zur Entrichtung weitere R.-gebühren (wie R.-Gebühr 1775 € - Art. 2 (1) Nr. 2 GebO, seit 01.04.2018) ergeht eine vorläufige Stellungnahme zur Patentierbarkeit der zuerst genannten Erfindung, Erwiderung nicht erforderlich und wird bei der Erstellung des EESR nicht berücksichtigt, Änderungen nach Art. 19 sind erst nach „endgültigem" int. RB einzureichen (Abl. 2017, A20).		
67	EPA als (S)ISA Folge Nichtzahlung zusätz. R.-Gebühr	R 66.1 e) R 158 EPÜ	Keine ivP für Ansprüche für die kein ISR erstellt (da keine zusätzliche R.-Gebühr bezahlt); Erfindung ist einzuschränken auf Gegenstand, der im ISR bzw. im ergänzenden ISR behandelt wurde.		
68	**Widerspruchs- gebühr** AG 7.016 ff.	R 40.2 c), e) R 158 (3) EPÜ	**R 40.1 iii):** **1 M nach Aufforderung,** an ISA zu zahlen	Widerspruch wird nicht bearbeitet	**R 40.2 e):** Widerspruch gilt als zurückgenommen
69	EPA=ISA	R 158 (3) EPÜ	**EPA** nimmt hierbei nach **R 158 (3) EPÜ** eine **Dienstleistung** (Überprüfung des Widerspruchs) für die WIPO im Rahmen als ISA wahr (BDP vom 09.06.2015, ABl. 2015, A59). **Zahlungseingang** der **Widerspruchsgebühr** wird **beim EPA** erwartet und stellt somit ein **Versäumnis** nach Art. 122 EPÜ dar, welches zur **WE berechtigt.** – siehe auch 📄 B.87 (SISA) und 📄 B.142 (IPEA)		
69a		R 40.2 c)+e)	Bei in vollem Umfang begründetem Widerspruch wird die Widerspruchsgebühr + zusätzliche Gebühr erstattet; Bei teilweise begründetem Widerspruch wird zusätzliche Gebühr erstattet, nicht aber Widerspruchsgebühr 📖 S/S Art. 152 Rd 331 ff u. 376 ff.		
69b		R 40.2 c)	Auf Antrag des Anmelders kann Widerspruch und Entscheidung (beides vom Anmelder zu übersetzen) hierüber an Bestimmungsämter zusammen mit ISR übermittelt werden.		
69c		Art. 2 (1) Nr. 21 GebO	910 € (seit 01.04.2020) bis 31.03.2020: 875 €		
70	**Einheitlichkeit vor nat. Amt**	Art. 27 (1)	Nat. Recht darf nicht Erfüllung anderer Erfordernisse verlangen oder zusätzliche Anforderungen stellen.		
71		R 13	Feststellung der Einheitlichkeit bindend für ausgewähltes Amt oder Bestimmungsamt, außer wenn nat. Recht milder ist (**Art. 27 (4)**), d.h. USPTO kann auch nach Nationalisierung in USA keine nat. Maßstab anwenden, Ausnahme CIP, da dabei PCT nicht bindend.		
71	**Feststellung Bezeichnung R 4.3 bzw. Zusammen- fassung R 8 für ISR** AG 7.022	R 4.3 R 8	Bei Feststellung eines **Mangels** oder des **Fehlens** der Bezeichnung (**R 4.3**) bzw. der Zusammenfassung (**R 8**)		
71a		R 37.2	Erstellung Bezeichnung durch Recherchenbehörde		
71b		R 38.2	Erstellung Zusammenfassung durch Recherchenbehörde		
71c		R 44.2	ISR enthält Bezeichnung/Zusammenfassung des Anmelders oder den durch ISA nach **R 37.2** bzw. **R 38.2** festgelegten Wortlaut der Bezeichnung/Zusammenfassung		

Ablauf PCT-Anmeldung B.

PCT Kapitel I: Internationale Recherche (Fortsetzung)			
Verfahrens-handlung	Details		
Internationaler Recherchen-bericht (ISR) nach Art. 18 bzw. Erklärung nach Art. 17 (2) a)	• Wird von ISA erstellt und dem Anmelder + IB übermittelt gemäß R 44.1 • ISR oder Erklärung gemäß Art. 17 (2) a) werden von IB übersetzt • IB versendet jeweils eine Kopie an die Bestimmungsämter und veröffentlicht ISR bzw. Erklärung gemäß Art. 17 (2) a) (Erklärung das kein int. Recherchebericht erstellt werden konnte).		72
AG 7.023-7.026	Rechtsnorm	Details	
Frühere Recherche	R 41.1	Berücksichtigung der **Ergebnisse** einer **früheren Recherche** bei Antrag durch Anmelder gemäß **R 4.12** und wenn Voraussetzungen der **R 12bis.1** (Einreichung Kopie früherer Recherche) und (seit 01.07.2017 auch **R 12bis.2** (Aufforderung zur Einreichung früheren Anmeldung/Recherche) erfüllt (u.a. Einreichen von Ergebnisse früherer Recherchen oder Kopie der Anmeldungen, zitiertem SdT sowie Übersetzungen, nach **R 12bis.2 b)** keine Einreichung von Recherche oder Kopie der Anmeldung nötig, wenn über digitale Bibliothek für ISA erhältlich)	73
Rückerstattung bei früherer Recherche 📄 H.157 f., 📄 H.170	R 41.1 R 16.3	Teilweise Rückerstattung der R.-Gebühr, wenn int. Recherche ganz oder teilweise auf frühere Recherche dieser Behörde gestützt werden kann (EPA: BdP vom 21.12.2018, ABl. 2019, A5).	73a
Berücksichtigung ohne Antrag	R 41.2	Berücksichtigung der Ergebnisse falls kein Antrag nach **R 4.12** vorliegt, hierzu gibt es Vorbehalte nach **R 23bis.2 b)** und **e)** (Übermittlung Unterlagen zu früherer Recherche vom AA zur ISA) (siehe 📄 B.340 f.)	73b
Frist Erstellung ISR	R 42.1	**3 M ab Eingang Recherchenexemplar** bei ISA oder **9 M ab frühestem PT**: Spätere Frist	73c
Inhalt des ISR	R 43	u.a. ISA, AZ, Datum des ISR, Klassifikation, in Sprache der Anmeldung, Angabe der Unterlagen (SdT), Recherchierte Sachgebiete, Bemerkungen zur Einheitlichkeit, Zuständiger Bediensteter (Rechercheur)	73d
Übersetzung ISR und Erklärung	R 45.1	ISR und Erklärung nach **Art. 17 (2) a)** sind - wenn nicht in EN abgefasst - in EN zu übersetzen	73e
Schriftlicher Bescheid	R 43bis.1	Schriftlicher Bescheid/WO-ISA über Patentfähigkeit → Ausnahme: **kein** Bescheid, wenn ISA auch IPEA und **R 69.1 b)bis** erfüllt	73f
Übermittlung an Bestimmungsamt	Art. 20	IB übermittelt die intern. Anmeldung zusammen mit ISR oder ggf. Erklärung gemäß **Art. 17 (2) a)** und deren Übersetzungen jedem Bestimmungsamt (wenn kein Verzicht von Bestimmungsamt: EPA = kein Verzicht) + ggf. eingereichte Änderungen gemäß **Art. 19 (1)**, **R 44.3** auf Antrag Bestimmungsamts oder Anmelders auch Übersendung der Unterlagen zu SdT (ggf. gegen Gebühr - 0,80 €/Seite - siehe 📄 H.124)	74
Schriftlicher Bescheid (WO-ISA) der ISA gleichzeitig mit ISR oder der Erklärung nach Art. 17 (2) a) R 43bis	R 43bis.1 a) AG 7.027-7.032	Gleichzeitig mit dem ISR oder der Erklärung nach **Art. 17 (2) a)** wird von der ISA ein vorläufiger und unverbindlicher schriftlicher Bescheid WO-ISA über die Patentfähigkeit der internationalen Anmeldung erstellt. Übermittlung an IB und Anmelder nach R 44.1. Inhalt und Form des Bescheids orientieren sich an Erstellung des ivP/IPER. → Ausnahme: **Kein** Bescheid, wenn ISA auch IPEA und **R 69.1 b-bis** erfüllt.	75
Sprache	R 43bis.1 b) R 43.4	WO-ISA in Veröffentlichungssprache (**R 48.3 a)**) oder Sprache der Übersetzung für die Recherchebehörde	75a
Frist zur Erstellung WO-ISA und ISA/Erklärung nach Art. 17 (2) a)	Art. 18 (1) R 42.1	Innerhalb von **3 M nach Eingang des Recherchenexemplars** bei ISA oder **9 M ab frühestem PT**; spätere Frist zählt; Rechercheexemplar wird von AA an ISA übermittelt (wenn R.-Gebühr bezahlt). Liegt Anmeldung nicht in Veröffentlichungssprache vor → Übersetzung (Anmelder) + Übermittlung (von AA) nach **R 23.1 b)** iVm **R 12.3** an ISA, ansonsten direkte Weiterleitung nach R 23.1 a):	75b
	AG 7.030	Anmelder kann informelle Stellungnahme an das IB einreichen, wird mit VÖ über PATENTSCOPE ebenfalls veröffentlicht (📄 B.79)	75c

B. Ablauf PCT-Anmeldung

PCT Kapitel I: Internationale Recherche (Fortsetzung)

	Verfahrenshandlung	Rechtsnorm	Details			
76	**Schriftlicher Bescheid mit Wirkung für ivP** 📄 B.76, 📄 B.132b	R 43bis.1 c) AG 7.032 AG 10.028	Schriftlicher Bescheid/WO-ISA enthält Mitteilung an Anmelder: Falls ivP beantragt, wird schriftlicher Bescheid (gemäß **R 66.1bis a)**, vorbehaltlich **R 66.1bis b)**) zum ersten schriftlichen Bescheid der IPEA gemäß **R 66.2**, Aufforderung zur Stellungnahme oder Einreichung Änderungen an Anmelder ggü. IPEA vor Ablauf **der Frist** nach **R 54bis.1 (a)** (**3 M** nach WO-ISA und **ISR** oder **Erklärung** nach **Art. 17 (2) a)** oder **22 M** ab **PT**, spätere Frist zählt); keine Verpflichtung, neuen Bescheid zu erstellen (Kap. II PCT).			
77	**Folge für schriftlichen Bescheid bei Nicht-Beantragung ivP**	R 44bis.1 a) R 66.1bis	Aus **WO-ISR** wird durch IB der »**international preliminary report on patentability**« (IPRP bzw. ivP) (Kap. I) erstellt (entspricht inhaltlich dem nach **R 43bis.1** erstelltem Bericht); Abschrift IPRP unverzüglich an Anmelder durch IB.			
77a		R 44bis.2 a) R 47 R 93bis.1s	IB übermittelt IPRP nach **R 44bis.1** an Bestimmungsämter, jedoch nicht vor Ablauf von 30 M ab PT; auch früher, wenn Antrag durch Anmelder bei Bestimmungsamt gemäß **Art. 23 (2)** (nationale Prüfung vor 30 M durch nationales Amt) gestellt wurde.			
77b		R 44bis.3 a)	Jeder Bestimmungsstaat kann **Übersetzung** des **Berichts** nach **R 44bis.1** in EN verlangen (durch Antrag an IB), wenn Bericht nicht in Amtssprache des nationalen Amtes erstellt ist.			
77c		R 44bis.3 b)	**Übersetzung** in **EN** wird **von IB** unter dessen Verantwortung durchgeführt			
77d		R 44bis.3 c)	Übermittlung der Übersetzung an Bestimmungsamt und Anmelder Übermittlung des IPRP an Bestimmungsamt nach **R 44bis.2a** oder wenn Antrag durch Anmelder bei Bestimmungsamt gemäß **Art. 23 (2)** (nationale Prüfung vor 30 M durch nationales Amt) gestellt, 2 M nach Eingang des Übersetzungsantrags			
77e		R 44bis.4	**Stellungnahme** des **Anmelders** zur **Übersetzung**			
77f		R 44bis.3 d)	Auf Verlangen des Bestimmungsamts Übersetzung des IPRP ins Englische, wenn nicht in Amtssprache des Bestimmungsamts vorliegt; Anmelder kann Bemerkungen zur Übersetzung hinzufügen (**R 44bis.4**)			
78	**Anspruchsänderung nach Art. 19** AG 9.004 ff. (siehe 📄 B.312 f., 📄 F.75 ff)	Art. 19 R 46.1	• Innerhalb **2 M** nach **Übermittlung** (=Absendedatum) des ISR durch ISA oder **16 M** nach **frühestem PT** (spätere Frist) einmalige Änderung der Ansprüche (nicht über Offenbarungsgehalt) der intern. Anmeldung durch Anmelder mit Erklärung (**Einreichung beim IB**) möglich; • Nicht zulässig, wenn Erklärung nach **Art. 17 (2) a)**; • Zusätzlich nach R 46.5 **Begleitschreiben** mit **Nachweis** der **Änderungen** aus Offenbarung; • Frist auch eingehalten, wenn Eingang der Änderungen beim IB vor Abschluss der techn. Vorbereitungen für die internationale Veröffentlichung • **Änderungen** und **Erklärung** sind in der **Veröffentlichungssprache** gemäß **Art. 48 (3)**, **R 46.3** und **4** beim **IB** einzureichen.			
79	**Einsichtnahme in WO-ISA bzw. ivP** AG 7.028, 7.030		**Schriftlicher Bescheid/WO-ISA** wird **nicht** zusammen mit der Patentanmeldung **veröffentlicht**, jedoch ist durch die **Akteneinsicht** über PATENTSCOPE eine Einsicht in die WO-ISA in Verbindung mit dem ISR ab dem Tag der Veröffentlichung der int. Anmeldung **möglich**, falls die WO-ISA dem IB zur Verfügung steht. Eine Antwort des Anmelders auf die WO-ISA ist ab dem Tag der Veröffentlichung für Dritte einsichtig. AG 10.080: Auf Antrag eines ausgewählten Amts kann der ivP über PATENTSCOPE abrufbar gemacht werden, allerdings nicht vor 30 M ab PT.			
80	**Übersetzung in eine für die int. Veröffentlichung vorgeschriebene Sprache** Falls Sprache, in der eingereicht wurde, keine Veröffentlichungssprache	Art. 21 (4) R 12.4	**R 12.4 a):** Innerhalb 14 M nach PT beim AA einzureichen **R 12.4+R 48.3 a):** Veröffentlichungssprachen: **Arabisch, KR, PT, CN, DE, EN, FR, JP, RU, ES**	**R 12.4 c):** Innerhalb 16 M nach PT + ggf. Zuschlagsgebühr 25 % der int. Anmeldegebühr (**R 12.4 e)**) (ohne 31. Blatt) **R 12.4 d):** Rechtzeitig ist auch noch die Einreichung der Übersetzung vor Absendung der Erklärung nach **R 12.4 c)**, dass Anmeldung als zurückgenommen gilt, und **innerhalb von 17 M ab PT**.	**R 12.4 d):** Anmeldung gilt als zurückgenommen	
80a	EPA=ISA		Alle drei Amtssprachen sind von der ISA zugelassen und gleichzeitig Veröffentlichungssprache			

Ablauf PCT-Anmeldung B.

PCT Kapitel I: Ergänzende Internationale Recherche			
Verfahrens-handlung	Rechtsnorm	Details	
Ergänzende int. Recherche (SIS) **R 45bis** AG 8.001 ff.		• Durch die ergänzende int. Recherche kann Anmelder **weiteren Prüfstoff**, vor allem **in einer weiteren Sprache**, in die Recherche einfließen lassen. Jede hierzu beauftragte Behörde (**SISA**) bestimmt den **Umfang** der Recherche zusätzlich zum PCT-Mindeststoff sowie **Gebühren** selber: **AT**: Dokumente in dt. Sprache, europäische/nordamerikanische Dokumente oder PCT-Mindestprüfstoff **EP**: Zur Verfügung stehende Dokumente (ABl. 2010, 316) **FI** und **SE**: Zur Verfügung stehende Dokumente in DK, FI, NO und SE **RU**: Dokumente in russischer Sprache sowie der GUS-Staaten oder vorstehende Dokumente für Behandlungsverfahren (Art. 17 (2) iVm R 39.1 iv)) **XN** (Nordisches Patentinstitut): Zur Verfügung stehende Dokumente in DK, IS, NO, und SE **VPI** (Visegrad-Patentinstitut): Zur Verfügung stehende Dokumente in CZ, HU, PO, SK • Es wird **nur eine Erfindung** recherchiert, für weitere Erfindungen muss eigener Antrag gestellt werden. • Grundlage sind urspr. Unterlagen. **Änderungen** nach **Art. 19/Art. 34** werden **nicht berücksichtigt**. • RiLi E-IX, 1 vi)): EPA kann auf Antrag SISA sein, wenn ISR nicht vom EPA durchgeführt wurde.	81
Antrag	R 45bis.1 a)	**Antrag** (in **EN** oder **FR** nach R 92.2 d), Formular PCT/IB/375) vor Ablauf **22 M** nach PT; **mehrere Behörden** gleichzeitig **auswählbar**	82
Amt zur Einreichung und Übersetzung	R 45bis.1 b)+c)	**Einreichung beim IB**, Angabe der SISA, sollte Sprache der int. Anmeldung bei SISA nicht zugelassen sein -> Angabe ob beim AA nach R 12.3 oder 12.4 eingereichten Übersetzung Grundlage für SIS bilden soll, ansonsten Übersetzung in für SISA zugelassenen Sprache beifügen, Sequenzprotokoll in elektronischer Form beifügen	82a
Un-einheitlichkeit	R 45bis.1 d)	Bei festgestellter Uneinheitlichkeit Angabe der Erfindung möglich, auf die Recherche beschränkt werden soll, nur nötig, falls nicht Haupterfindung nach Art. 17 (3) a) recherchiert werden soll	82b
Unwirksamkeit des Antrags	R 45bis.1 e)	IB erklärt Antrag als nicht gestellt, wenn i) er nach Ablauf von 22 M nach PT gestellt wird ii) ausgewähltes Amt keine SISA nach Art. 16 (3) b) ist oder nach R 45bis.9 b) nicht zuständig ist	82c
Bearbeitungs-gebühr	R 45bis.2 a), b), c)	**Bearbeitungsgebühr** (200 CHF - GebVerz Nr. 2) für die ergänzende Recherche innerhalb **1 M** ab Antragstellung **an IB** gemäß GebVerz, Reduktion um 90 %, falls alle Anmelder aus Entwicklungsland (GebVerz Nr. 5)	83
Rückerstattung	R 45bis.2 d)	Bearbeitungsgebühr wird zurückerstattet, wenn int. Anmeldung vor Übermittlung Unterlagen nach 45bis.4 e) i) bis iv) zurückgenommen wird, Antrag zurückgenommen wird oder nach R 45bis.1 e) als nicht gestellt gilt.	83a
Recherche-gebühr	R 45bis.3 a), b), c)	**Recherchegebühr** (2200 CHF – PCT Fee Tables, EPA: 1775 € - Art. 2 (1) Nr. 2 GebO, seit 01.04.2018) für alle für die ergänzende Recherche ausgewählten Behörden (jede Behörde legt Gebühr fest); **an IB zugunsten SISA** innerhalb **1 M** ab Antragstellung	84
Rückerstattung	R 45bis.3 d)	Recherchengebühr wird zurückerstattet, wenn int. Anmeldung vor Übermittlung Unterlagen nach 45bis.4 e) i) bis iv) zurückgenommen wird, Antrag zurückgenommen wird oder nach R 45bis.1 e) als nicht gestellt gilt.	84a
	R 45bis.3 e)	SISA erstattet Recherchegebühr, wenn ausgewähltes Amt keine SISA nach Art. 16 (3) b) ist, wenn Antrag nach R 45bis.5 g) als nicht gestellt gilt, bevor SISA die SIS nach R 45bis.5 a) begonnen hat	84b

B. Ablauf PCT-Anmeldung

PCT Kapitel I: Ergänzende Internationale Recherche (Fortsetzung)

	Verfahrens-handlung	Rechtsnorm	Details
85	**Prüfung Antrag**	R 45bis.4 a)	IB prüft Antrag auf Erfordernisse R 45bis.1 b) und c) i), ggf. Aufforderung Mängelbeseitigung innerhalb 1 M
85a	Nachzahlung	R 45bis.4 b), c)	**1 M** Nachfrist nach Aufforderung zur Zahlung Bearbeitungs- und/oder Recherchengebühr, 50 % Zuschlag zur Bearbeitungsgebühr zugunsten IB erforderlich
85b	Fehlende Mängelbeseitigung	R 45bis.4 d)	Werden Mängel nach R 45bis.4 a) nicht beseitigt oder fällige Gebühren nach R 45bis.4 b), c) nicht entrichtet, gilt Antrag als nicht gestellt, IB unterrichtet Anmelder
85c	Übermittlung Unterlagen	R 45bis.4 e)	Übermittlung notwendiger Unterlagen (R 45bis.4 e) i) bis iv)) an für die ergänzende Recherche ausgewählte Behörden (nicht vor Eingang ISR oder vor Ablauf **17 M** nach PT; spätere Frist).
85d	Übersetzung ISR	R 45bis.4 f)	Auf Antrag SISA wird ISR in EN übersetzt, wenn er nicht in einer für die SISA zugelassenen Sprache abgefasst ist, IB übermittelt innerhalb 2 M ab Übersetzungsantrag Kopie der Übersetzung an SISA und Anmelder
86	**Recherche** Beginn	R 45bis.5 a)	Wenn alle Unterlagen gemäß **R 45bis.4 e) i) bis iv)** vorliegen, Beginn aufschiebbar, bis ISR (R 45bis.4 e) v)) vorliegt, oder bis Ablauf **22 M** nach PT (frühere Frist)
86a	Gegenstand	R 45bis.5 b)	Recherche (Ablauf, Anforderungen, Einheitlichkeit, usw.) orientiert sich an Durchführung der ISR und des schriftlichen Bescheids (R 43bis.1), bei Uneinheitlichkeit Beschränkung auf Angabe nach R 45bis.1 d)
86b	Beschränkung	R 45bis.5 c), d) e), g), h)	Beschränkung der Recherche auf von ISA recherchierte Ansprüche, zusätzliche Beschränkung aufgrund Art. 17 (2) oder R 45bis.9 a) möglich, SISA unterrichtet Anmelder und IB
87	**Uneinheitlichkeit**	R 45bis.6 a)	Feststellung **Uneinheitlichkeit** durch SISA; Erstellung SISR für Ansprüche der zuerst genannten Erfindung, Mitteilung über Uneinheitlichkeit an Anmelder inkl. Gründe und Möglichkeit zur Überprüfung durch die SISA ggf. in Abhängigkeit von Überprüfungsgebühr (beim EPA 910 € - Art 2 (1) Nr. 22 GebO).
87a	Widerspruch Uneinheitlichkeit	R 45bis.6 c), d)	Innerhalb 1 M Antrag bei SISA auf **Überprüfung Uneinheitlichkeit** möglich, durch EPA als Dienstleistung für WIPO (BdP vom 09.06.2015, ABl. 2015, A59), **Zahlungseingang Widerspruchsgebühr beim EPA** erwartet, stellt somit **Versäumnis nach Art. 122 EPÜ** dar, welches zur **WE berechtigt** - siehe auch 🕮 B.69 f. (ISA) und 🕮 B.142 (IPER)
87b	Übermittlung an BS	R 45bis.6 e)	Auf Antrag Anmelder Übermittlung Wortlaut Antrag auf Überprüfung und Entscheidung zusammen mit SIS an BS
88	Ergänzender int. RB (SISR)	R 45bis.7 a)	**Ergänzender int. RB (SISR)** oder **Erklärung** nach **Art. 17.2 a)** erstellt durch ausgewählte SISA innerhalb **28 M** nach **PT**
88a	Sprache	R 45bis.7 a)	Jeder SISR, jede Erklärung nach Art. 17 (2) a) sowie jede Erklärung nach R 45bis.5 e) sin in einer Veröffentlichungssprache abzufassen

Ablauf PCT-Anmeldung B.

PCT Kapitel I: Ergänzende Internationale Recherche (Fortsetzung)			
Verfahrenshandlung	Rechtsnorm	Details	
Übermittlung	R 45bis.8	**Übermittlung** des ergänzenden int. RB oder Erklärung nach **Art. 17.2 a)** an **IB** und **Anmelder**; weiterer Ablauf wie bei ISR	89
Relation zu ISR	R 45bis.8 b)	Vorbehaltlich R 45bis.8 c) gilt SISR als Teil des ISR, SISR wird nicht veröffentlicht, ist jedoch über PATENTSCOPE öffentlich zugänglich (AG 8.053)	89a
Relation zu ivP	R 45bis.8 c)	Geht SISR nach Beginn der Erstellung des ivP bei IPEA ein, muss diese den SISR nicht berücksichtigen	89b
SISA	R 45bis.9 a), c)	SISA wird durch Vereinbarung nach Art. 16 (3) b) festgelegt, Beschränkungen zur Durchführung möglich, z.B. Gesamtzahl der durchzuführenden SIS oder Beschränkung auf bestimmte Anzahl von Ansprüchen	90
Keine Recherche SISA=ISA	R 45bis.9 b)	ISA darf für gleiche int. Anmeldung keine SISA sein; Ist EPA als SISA für die SIS tätig geworden, wird in der europäischen Phase kein ergänzender europäischer Recherchenbericht nach R 159 (1) e) EPÜ erstellt.	90a
Zurücknahme Antrag	R 90bis.3bis	**Zurücknahme** des **Antrags** auf ergänzende Recherche jederzeit vor Datum der Übermittlung gemäß Rl 45bis.8 a) des SISR oder Erklärung, dass kein solcher Bericht erstellt wird.	91

PCT Kapitel I: Ergänzende Internationale Recherche (Fortsetzung)		
Verfahrenshandlung	Rechtsnorm	Details

B. Ablauf PCT-Anmeldung

PCT Kapitel II: Antrag auf internationale vorläufige Prüfung
Art. 31 iVm **R 53**, AG Kapitel 10

	Verfahrenshandlung	Rechtsnorm	Details	Unmittelbare Folgen eines Mangels, Mängelbeseitigung, Fristen	Rechtsfolge bei Nichtbeseitigung von Mängeln oder Fristversäumnis
92	**Antrag auf ivP** Frist	Art. 31 (1) R 54bis.1	Antrag ivP ist innerhalb von **3 M ab** Übermittlung **ISR**, **Erklärung** nach **Art. 17 (2) a)** und **schriftlicher Bescheid** (**R 54bis.1 a) i)**) oder **22 M ab PT** (**R 54bis.1 a) ii)**) zu stellen.		
92a		Art. 31 (3)	Antrag ist gesondert von der int. Anmeldung zu stellen → Sprache (**R 55.1**: In Sprache der Anmeldung oder bei Abweichung in VÖ-Sprache), Form (**R 53.1**, AG 10.012).		
93	Form AG 10.012	R 53.1	Formblatt (PCT/IPEA/401)		
94		R 53.2 a) i) R 53.3	**Gesuch**		
95		R 53.2 a) ii) R 53.4	Angaben **Anmelder** (**R 4.4**, **R 4.5**), bei mehreren Anmeldern reichen Angaben nach **R 4.5 a) ii)+iii)** eines Anmelders (**R 60.1 a-bis**)		
96		R 53.2 a) ii) R 53.5	ggf. Angaben **Anwalt** (**R 4.4**, **R 4.7**)		
97		R 53.2 a) iii)	Angaben zur int. Anmeldung		
98		R 53.2 a) iv) R 53.9	ggf. Erklärung über **Änderungen** nach **Art. 19** oder **Art. 34** - siehe B.119 ff..		
99		R 53.2 b) R 53.8 a)	**Unterschrift**; alle Anmelder haben zu unterschreiben; es reicht nach **R 60.1 a-ter)** jedoch bei **mehreren Anmeldern** die Unterschrift eines Anmelders oder nach **R 90.3 a)** die Unterschrift des Vertreters aus (AG 10.031) - siehe B.118.		
100	Benennung ausgewählter VS	R 53.7 Art. 31 (4) a)	**Benennung der ausgewählten Staaten**, alle VS werden mit Antrag bestimmt		
101	Sprache	R 55.1	**Sprache** des Antrags (Sprache der int. **Anmeldung**, **Veröffentlichung** oder der nach **R 55.2** notwendigen **Übersetzung** für IPEA - siehe B.116)		
102	Gebühren AG 10.035 ff.	Art. 31 (5) R 58.1 R 57	• **Prüfungsgebühr** für die **ivP** (R 58.1: an IPEA, von IPEA festgesetzt) - siehe B.123, H.27, H.97 • **Bearbeitungsgebühr** (R 57.1 an IPEA, zugunsten IB) - siehe B.124, H.28		
102a	Zahlungsfrist AG 10.042	R 57.3 R 58.1 b)	Innerhalb 1 M nach Antragsstellung oder 22 M nach PT, spätere Frist ist relevant		
103	**Rücknahme**	Art. 37 (1) R 90bis.4 a)	Rücknahme des Antrags bis **30 M ab PT** - AG 10.005		
104		R 90bis.5	Rücknahme ist von **allen Anmeldern** zu **unterschreiben** – siehe B.148.		
105	**Berechtigte** AG 10.004, 10.017	Art. 31 (2) a) R 18.1 R 54.2	Mind. **ein Anmelder** ist **Staatsangehöriger** eines VS oder hat **Sitz** oder **Wohnsitz** in einem **VS**, für den Kapitel II verbindlich ist, und die int. Anmeldung ist bei einem AA dieses VS eingereicht		**R 54.4** (Anmelder ist nicht berechtigt): Antrag auf ivP gilt als nicht gestellt

Ablauf PCT-Anmeldung — B.

PCT Kapitel II: Antrag auf internationale vorläufige Prüfung (Fortsetzung)

Verfahrenshandlung	Rechtsnorm	Details	Unmittelbare Folgen eines Mangels, Mängelbeseitigung, Fristen	Rechtsfolge bei Nichtbeseitigung von Mängeln oder Fristversäumnis	
Zuständige Behörde für ivP AG 10.006 (siehe B.53 f. und B.351)	Art. 32 (2) Art. 31 (6) a) R 59.1 R 59.3	**Art. 32 (2):** AA bestimmt IPEA **Art. 31 (6) a):** Bei durch AA bestimmter IPEA einzureichen **Art. 31 (6) b):** Nachträgliche Auswahl ist beim IB einzureichen	**R 59.3 a):** Weiterleitung ans IB oder EPA (falls AA, ISA oder IPEA nicht zuständige IPEA) **R 59.3 b):** Datum der Einreichung zählt **R 59.3 c):** Einreichung bei IB → Aufforderung zur Wahl IPEA mit Frist (R 54bis.1 a) oder 15 Tage, spätere Frist) bei mehreren zuständigen Behörden	**R 59.3 d):** Ohne Wahl gilt Antrag beim IB als nicht gestellt	106
EPA als IPEA Siehe B.55 (EPA als ISA)	Art. 152 EPÜ	**Vereinbarung WIPO-EPA** (ABl. 2017, A115, 2010, 304): • Falls **EPA kein AA, Bestimmungsamt** oder **ausgewähltes Amt** ist, kann **EPA** nur **IPEA** (und ausgewähltes Amt) sein, wenn **internationale Recherche** von **EPA**, einem der Patentämter **AT, ES, SE, FI, TR, XN** (Nordischen Patentinstitut) oder **VPI** (Visegrad-Patentinstitut) durchgeführt wurde. - RiLi E-IX 1 v) Mögliche **Sprachen** für die Recherche neben DE, EN, FR auch NL falls AA NL - siehe ABl. 2018, A24 (siehe auch B.64)			107
Prüfungsgegenstand der ivP	Art. 33 (1)	Gegenstand der ivP ist Erstellung vorläufigen und nicht bindenden Gutachtens über **Neuheit (Art. 33 (2))**, **erfinderische** Tätigkeit (Nichtoffensichtlichkeit) **(Art. 33 (3))** und **gewerbliche Anwendbarkeit (Art. 33 (4))** der Ansprüche			107a
Fehlender ISR/ Uneinheitlichkeit	R 66.1 e)	Keine ivP für Ansprüche für die kein ISR erstellt (da keine zusätzliche R.-Gebühr bezahlt); Erfindung ist einzuschränken auf Gegenstand, der im ISR bzw. im ergänzenden ISR behandelt wurde.			107b
Beschränkung der Recherche (IPEA)	Art. 34 (4) a) i) R 67.1	**Festlegung** der Beschränkungen hinsichtlich der Durchführung der Recherchen **durch die ISA/IPEA** - siehe B.56			108
	Art. 16 (3) b)+c)	Vereinbarung zwischen nationaler Behörde und IB zur Einsetzung Recherchenbehörde als ISA/IPEA. Mindestanforderungen an Recherchenbehörde an Prüfstoff, um als ISA eingesetzt werden zu können.			108a
EPA als IPEA (siehe B.57)	Art. 152 EPÜ	**Keine** internationale **Recherche** bei • **Geschäftsmethoden** als Anmeldegegenstand, außer wenn Anmeldegegenstand noch technische Mittel umfasst - siehe ABl. 2007, 592, ABl. 2014, A117) • **Nucleotid-** und/oder **Aminosäuresequenzen**, die **nicht** dem **Standard** entsprechend und/oder **nicht** in **elektronischer** Form vorliegen - siehe Sonderausgabe Nr. 3, ABl. 2007, ABl. 2010, 328			109
Maßgeblicher SdT für ivP	Art. 32 (3) Art 16 (3) R 63.1	**Mindestanforderung an IPEA**			110
	R 63.1 a) ii) R 34	**Mindestprüfstoff** (entspricht Anforderung an ISA - siehe B.60)			111
	Art. 33 (2)+(3) R 64.1	Nur **schriftliche Offenbarung** gelten als SdT für Neuheit **(Art. 33 (2))** und erf. Tätigkeit **(Art. 33 (3))** iVm **R 64.1 a)** Maßgeblicher Zeitpunkt nach **R 64.1 b), R 65.2** ist int. AT bzw. PT der früheren Anmeldung			112
	R 64.2 R 70.9	**Nichtschriftliche** Offenbarung im Prüfbericht nur erwähnt			113
	R 64.3 R 70.10	**Nachveröffentlichte** Anmeldungen und Patente im Prüfbericht nur erwähnt			114
	R 66.1ter	**Zusätzliche Recherche** zur Ermittlung des veröffentlichten oder zugänglich gemachten **SdT nach** Erstellungsdatum **ISR** (seit 01.07.2014, ABl. 2014, A57)			115

B. Ablauf PCT-Anmeldung

PCT Kapitel II: Antrag auf internationale vorläufige Prüfung (Fortsetzung)

	Verfahrenshandlung	Rechtsnorm	Details	Unmittelbare Folgen eines Mangels, Mängelbeseitigung, Fristen	Rechtsfolge bei Nichtbeseitigung von Mängeln oder Fristversäumnis
116	Übersetzung int. Anmeldung. in für die ivP vorgeschriebene Sprache AG 10.011	R 55.2 a)	Zugelassene Sprache IPEA oder Sprache der Veröffentlichung	R 55.2 c): Mind. 1 M nach Aufforderung, verlängerbar bis Entscheidung getroffen wurde	R 55.2 d): Antrag auf ivP gilt als nicht gestellt
117	EPA als IPEA (siehe B.64)	Art. 152 EPÜ	• Alle drei Amtssprachen DE, EN und FR sind von der IPEA zugelassen und gleichzeitig Veröffentlichungssprache. • Auch akzeptiert: Anmeldungen in **niederländischer Sprache**, die beim **niederländischen Patentamt** eingereicht wurden ABl. 2017, A115, ABl. 2018, A24 (hier trotzdem notwendig 14 M nach PT: Übersetzung in eine für die internationale Veröffentlichung zugelassene Sprache).		
118	Mängel im Antrag auf ivP	Art. 31 R 53 R 55.1	R 60.1 a-bis und a-ter): Bei **mehreren Anmeldern** reicht Angabe und Unterschrift **eines Berechtigten** nach **R 53.4** und **R 53.8** aus; ebenso Unterschrift Anwalt, wenn er Vollmacht von zumindest einem Anmelder vorlegt	R 60.1 a) und b): Aufforderung zur Mängelbehebung durch IPEA, Frist mind. 1 M ab Aufforderung, verlängerbar bis Entscheidung; Datum Antragsstellung auf ivP verschiebt sich auf Tag der Mängelbeseitigung, wenn kein ausgewählter Staat benannt oder int. Anmeldung nicht ausreichend gekennzeichnet ist → aufschiebende Wirkung bzgl. der nat. Phase kann verloren gehen (wenn späteres Datum nach 19 M Frist liegt)	R 60.1 c): Antrag gilt als nicht gestellt bzw. Auswahlerklärung gilt als nicht erfolgt: **Antrag** kann innerhalb Frist **R 54bis.1 a) i)**: 3 M ab Übermittlung des ISR/ Erkl. nach Art. 17 (2) a), oder Bescheid nach R 43bis.1 ii) 22 M ab PT **erneut gestellt** werden; **Kritisch für Länder, die Frist nach Art. 22 noch nicht auf 30 M verlängert haben (LU, TZ)**
118a	EPA=IPEA	Art. 155 (3) EPÜ	EPA-Beschwerdeabteilung nicht zuständig, falls EPA als AA, ISA oder IPEA tätig war J 15/91, J 20/89		
119	Änderungen (nach Art. 19, Art. 34) zusammen mit Antrag auf ivP (siehe B.312 ff., F.75 ff.)	Art. 31 R 53.2 a) iv) R 53.9 a) (n. Art. 19) + Erklärung der Änderungen R 53.9 c) (n. Art. 34)	Einreichung Antrag mit **Erklärung** innerhalb Frist nach **R 54bis.1 a)** (siehe B.92) + **Angabe** zu Änderungen, die nach **Art. 19** (**R 53.9 a)**) oder **Art. 34** (**R 53.9 c)**) eingereicht wurden.	R 60.1 g): Änderung nach Art. 34 nicht eingereicht, nur Erklärung gemäß **R 53.9 c)**, IPEA fordert auf, innerhalb Frist (nach **R 60.1 a)** mind. 1 M, verlängerbar, bis Entscheidung getroffen wurde) Änderungen einzureichen, Prüfung **R 69.1 e)** nach Eingang oder Fristende	R 69.1 e): IPEA beginnt Prüfung nach Eingang oder nach Fristende nach R 60.1 g) (frühere Frist) R 55.3 d): Ist Begleitschreiben nicht in erforderlicher Sprache übersetzt, braucht Änderung bei ivP nicht berücksichtigt zu werden
120		R 55.3	Falls **Übersetzung** der int. Anmeldung nach **R 55.2** erforderlich (siehe B.116), sind **Änderungen** in Sprache dieser Übersetzung einzureichen	IPEA fordert auf, innerhalb Frist nach R 55.3 b) (mind. 1 M), nach Aufforderung Übersetzungen einzureichen	R 55.3 c): Änderung werden bei ivP nicht berücksichtigt
121		R 53.9 b) R 69.1 d)	Möglichkeit zur Aufschiebung des Beginns der Prüfung bis Frist nach Art. 19 abläuft, um Änderungen einzureichen, wenn IPEA=ISA + gleichzeitig mit ISR und ivP beginnen möchte.		
122		R 66.4bis	Berücksichtigung von Änderungen durch IPEA bis Beginn der Erstellung Bescheid/Bericht		

Ablauf PCT-Anmeldung B.

PCT Kapitel II: Antrag auf internationale vorläufige Prüfung (Fortsetzung)					
Verfahrens-handlung	Rechtsnorm	Details	Unmittelbare Folgen eines Mangels, Mängelbeseitigung, Fristen	Rechtsfolge bei Nichtbeseitigung von Mängeln oder Fristversäumnis	
Gebühr für ivP (von IPEA festgesetzt) AG 10.035 ff. (siehe H.27, H.97)	Art. 31 (5) R 58.1 a) Prüfungs-gebühr R 58.1 c) an IPEA	**R 58.1 b), R 57.3:** 1 M nach Antrag auf vorl. Prüfung bzw. 22 M nach PT (jeweils späteres Fristende maßgeb-lich) bzw. 1 M, wenn IPEA Recherche + Prüfung gleichzeitig durchführt (nach **R 69.1 b)**)	**R 58bis.1 a):** 1 M ab Aufforderung, mit Zuschlag nach **R 58bis.2 i)**, mind. 50 % der nicht gezahlten Gebühr aber mind. Bearbeitungsgebühr, max. doppelte Bearbeitungsgebühr (Zuschlag: ABl. –2018, Zusatzpublikation 2) **R 58bis.1 c):** Rechtzeitige Zahlung ohne Zuschlag bei Eingang vor Absendung der Aufforderung nach **R 58bis.1 a)** durch IPEA **R 58bis.1 d):** Rechtzeitig auch vor Absendung Erklärung nach **R 58bis.1 b)** (keine Reaktion nach Aufforderung gemäß R 58bis.1 a) und Zahlung der Gebühr nach R 58bis.2 innerhalb 1 M)	Prüfungsantrag gilt nach R 58bis.1 b) **als nicht gestellt.** Wenn Zuschlagsgebühr nicht gezahlt, wird Gebühr zurückbezahlt - R 58.3 (ABl. 2001, 601)	123
EPA=IPEA	R 158 (2), Art. 2 (1) Nr. 19 GebO:	1830 € (seit 01.04.2018) 1930 € (bis 31.03.2018)			123a
Bearbeitungs-gebühr (zugunsten IB) AG 10.035 (siehe H.28)	Art. 31 (5) R 57.1 Höhe: R 57.2 a) Nr. 3 GebVerz 200 CHF R 57.1: an IPEA	**R 57.3 a) bis c):** 1 M nach Antrag auf ivP bzw. 22 M nach PT (jeweils späteres Fristende maßgeb-lich) bzw. 1 M nach Aufforderung, wenn IPEA Recherche + Prüfung gleichzeitig durchführt		**R 57.4:** Rückerstattung	124
EPA=IPEA	PCT Fee Table II	183 € Stand 01.01.2020 Verspätete Zahlung nach **Art. 8 GebO**			124a
Gebühren-ermäßigung	Nr. 5 GebVerz	Gebührenermäßigung um 90 %, falls alle Anmelder aus Entwicklungsland, Aktuelle Ländertabelle (siehe H.147 ff. B.253 ff.)			125
Beginn der Prüfung AG 10.010 AG 10.051 ff.	R 69.1 a)	IPEA kann **bei Vorlage** des **Antrags**, der **Gebühren** und des **ISR** oder **Erklärung** nach **Art. 17 (2) a)** und **schriftlichem Bescheid** nach R 43bis.1 vorbehaltlich der Absätze b) bis e) mit der **ivP beginnen**, es sei denn, der **Anmelder beantragt** die **Aufschiebung** bis zum Ablauf der Frist nach **R 54.bis1 a) (22 M ab PT** bzw. **3 M nach Absendedatum** des int. RB und schriftlicher Bescheid) ausdrücklich.			126
Frist für die Erstellung des ivP (=IPER) AG 10.074	R 69.2	28 M ab PT oder 6 M ab Beginn nach **R 69.1 a)** oder 6 M ab Einreichung Übersetzung der Anmeldung nach **R 55.2** (spätere Frist)			127

B. Ablauf PCT-Anmeldung

PCT Kapitel II: Antrag auf internationale vorläufige Prüfung (Fortsetzung)

	Verfahrens-handlung	Rechtsnorm	Details
128	**Handlungen vor Beginn ivP (IPER)** AG 10.066, 10.068, 11.045	Art. 34 (2) a)	Anmelder hat das Recht, mündlich und schriftlich mit der IPEA zu verkehren.
128a		Art. 34 (2) b)	**Änderungen** der Ansprüche, Beschreibung und der Zeichnungen (vor Erstellung des ivP) im Rahmen der ursprünglichen Offenbarung am AT (siehe 📖 B.313 ff.)
128c		Art. 34 (2) c)	Anmelder erhält **wenigstens einen schriftlichen Bescheid** nach R 66.1bis a)
129	**Keine Erstellung ivP**	Art. 34 (4)	IPEA erstellt keine ivP (nicht patentierbar - R 67.1, nicht recherchiert - R 66.1 (e), unklare Anmeldung)
129a		R 66.2 a)	Schriftlicher Bescheid, dass keine ivP durchgeführt wird oder negativ ausfallen würde (auch bei evtl. nat. nicht erlaubten mehrfach abhängigen Ansprüchen)
129b	**Aufforderung zur Stellungnahme**	R 66.2 c)+d) R 66.4 a)+b)	Ein- oder mehrmalige **Aufforderung** zur **Stellungnahme**, mind. 1 M, max. 3 M Frist zur Äußerung, e) verlängerbar
129c		R 66.3	Stellungnahme gegenüber der IPEA
129d		R 66.4	Zusätzlicher (erster) schriftlicher Bescheid der IPEA
129e		R 92.2 a)	**Sprache** des Schriftverkehrs mit Amt (siehe 📖 B.22)
129f		R 12.2 a)	**Änderung** ist in der **Sprache** der **Anmeldung** einzureichen. (siehe 📖 B.313m)
130	**EPA≠IPEA**	MdEPA, ABl. 2010, 406	• Liegt kein schriftlicher Bescheid des EPA als ISA vor, erstellt EPA ersten schriftlichen Bescheid, wenn es Einwände sieht, d.h. die ivP negativ ausfallen würde, und teilt dies dem Anmelder mit (**R 66.1bis c)** und **66.2**). • Vor Erstellung der ivP kann der Anmelder eine **telefonische Rücksprache** beantragen. Das EPA (als IPEA) gibt einem solchen Antrag idR nur **einmal** statt (**R 66.6**).
131	**Erstellung Prüfbericht des ivP (IPER)**	Art. 35 (1)	Erstellung des ivP (IPER)
131a		Art. 35 (2), Art 33 (1)-(4)	Prüfung der Ansprüche auf **Neuheit, erfinderische Tätigkeit** und **gewerbliche Anwendbarkeit,** Angabe der Unterlagen, die Beurteilung stützen, ergänzt durch Erklärung
132		R 66.1 a) bis d)	Als Grundlage dienen eingereichte Originalunterlagen sowie Änderungen nach **Art. 19** und/oder **Art. 34**
132a		R 66.1ter	**Zusätzliche Recherche**, um nach Erstellungsdatum des **ISR veröffentlichte** oder zugänglich gemachte **Dokumente** zu ermitteln. Nur für Teile, für die ivP erstellt werden, nicht für Art. 34 (3), (4) oder R 66.1 e); Angabe des Datums der Erstellung der zusätzlichen Recherche oder Feststellung, dass keine zusätzliche Recherche durchgeführt wurde nach R 70.2 f) (seit 01.07.2014, ABl. 2014, A57)).
132b		R 66.1bis a) R 43bis.1 c) AG 7.032 AG 10.028	Schriftlicher Bescheid (WO-ISA) enthält Mitteilung an Anmelder: Falls ivP beantragt, wird schriftlicher Bescheid (gemäß **R 66.1bis a)**, vorbehaltlich **R 66.1bis b)**) zum ersten schriftlichen Bescheid der IPEA gemäß **R 66.2,** Aufforderung zur Stellungnahme oder Einreichung Änderungen an Anmelder ggü. IPEA vor Ablauf **der Frist** nach **R 54bis.1 (a)** (**3 M** nach WO-ISA und **ISR** oder **Erklärung** nach **Art. 17 (2) a)** oder **22 M** ab **PT**, spätere Frist zählt); keine Verpflichtung, neuen Bescheid zu erstellen (Kap. II PCT).
132c		R 66.1bis b)-d) AG 7.032	Ggf. Mitteilung der IPEA, dass schriftlicher Bescheid **keine Gültigkeit für IPEA** hat; **Hintergrund**: IPEA war nicht ISA; Mitteilung an Anmelder; WO-ISA der ISA kann jedoch in der ivP durch IPEA berücksichtigt werden (siehe **Vorbehalte** 📖 B.350). → **Stellungnahme und Änderungen bei schriftlichem Bescheid der IPEA**
132d		R 66.4bis	Berücksichtigung von Änderungen durch IPEA, bis Beginn der Erstellung des Bescheids/des Berichts Berücksichtigung Einwendungen Dritter – siehe 📖 B.290
133	**EPA=ISA**	MdEPA, ABl. 2010, 406	• EPA (als ISA) erstellt **zweiten schriftlichen Bescheid**, wenn Anmelder **Änderungen** u/o **Gegenvorstellungen** zum ersten schriftlichen Bescheid fristgerecht eingereicht hat und noch Einwände bestehen, so dass die ivP negativ ausfallen würde. • **Frist** zur Erwiderung auf den zweiten schriftlichen Bescheid oder ggf. auf Niederschrift der telefonischen Rücksprache beträgt **normalerweise 2 M**, mind. 1 M (**R 66.2 d)**).
134	**Vertraulicher Charakter ivP**	Art. 38	**Vertraulicher Charakter** der ivP; Einsicht für ausgewählte Ämter nach Erstellung des ivP
134b	**Akteneinsicht**	R 94.3	**Akteneinsicht** beim ausgewählten Amt durch Dritte evtl. durch nat. Bestimmung möglich; jedoch **nicht vor** der internationalen **Veröffentlichung** (AG 10.080, 11.074). AG 10.080: Auf Antrag eines ausgewählten Amts kann der IPER über PATENTSCOPE abrufbar gemacht werden, allerdings nicht vor 30 M ab PT.

Ablauf PCT-Anmeldung   B.

PCT Kapitel II: Antrag auf internationale vorläufige Prüfung (Fortsetzung)					
Verfahrenshandlung	Rechtsnorm	Details	Unmittelbare Folgen eines Mangels, Mängel-beseitigung, Fristen	Rechtsfolge bei Nichtbeseitigung von Mängeln oder Fristversäumnis	
Weiterleitung der ivP	Art. 36	**Übermittlung** der ivP (IPER) an den **Anmelder** sowie über das IB die **ausgewählten Ämter**, Übersetzungen (falls notwendig) sowie Anlagen sind beigefügt			135
	R 72.1 a)	Ausgewähltes Amt kann Übersetzung in Englisch verlangen, falls nicht in Amtssprache übersetzt			135a
	R 72.3	Anmelder kann schriftlich zur Richtigkeit der Übersetzung der ivP oder des schriftlichen Bescheids (WO-ISA) Stellung nehmen.			135b
Uneinheitlichkeit (Feststellung durch IPEA) AG 10.072, 10.073	Art. 3 (4) iii) R 13	Generelle **Anforderung** an **Einheitlichkeit** der **int. Anmeldung**	**R 70.13:** Bei Zahlung oder Einschränkung Angabe in Bericht; Angabe nach R 68.1	**R 68.5: Haupterfindung wird recherchiert**	136
	Art. 34 (3) a) R 68.2	**R 68.2 iv) PCT:** Aufforderung innerhalb 1 M Einschränkung Ansprüche oder Zahlung zusätzliche Gebühr, 1 M		**R 66.1 e):** Nur recherchierte + bezahlte Ansprüche werden geprüft	137
zusätzliche Gebühr für int. vorläufige Prüfung	Art. 34 (3) a) R 68.3 a), b)	**Zusätzliche Gebühr** für ivP wird **durch IPEA** festgelegt und an IPEA zu zahlen		**Art. 34 (3) b), c):** Nat. Recht steht Rücknahmefiktion für nicht geprüfte Teile zu, falls der Anmelder keine besondere Gebühr zahlt	138
	R 68.1	Keine Aufforderung trotz mangelnder Einheitlichkeit			139
EPA=IPEA	R 68.3 a) R 158 (2) EPÜ Art. 2 (1) Nr. 19 GebO: 1830 € (seit 01.04.2018) (bis 31.03.2018: 1930 €)	Gebühr wie für ivP	Möglichkeit der Einreichung von TA nach Art. 76, R 36 EPÜ bei Regionalisierung vor EPA nach Frist der R 159 (1) EPÜ RiLi E-IX 2.4.1		139a
Widerspruchsgebühr AG 10.072 ABl. 2007, SA 3, N.2	R 68.3 c), e)	**R 68.2 v):** Innerhalb 1 M nach Aufforderung (also gleichzeitig mit zusätzlicher Gebühr)		**R 68.3 e):** Widerspruch gilt als nicht erhoben	140
		Zahlung der zusätzlichen Gebühr für int. Vorläufige Prüfung **unter Widerspruch**, Beifügung **Begründung** des Widerspruchs			141
EPA=IPEA	R 158 (3) EPÜ Art. 2 (1) Nr. 21 GebO 910 € (seit 01.04.2020) (bis 31.03.2020 875 €)	Durchführung des **Widerspruchsverfahrens** als Dienstleistung **vor EPA=IPEA** einstufiges Verfahren - ABl. 2015, A59, S/S Art. 152 EPÜ Rd 331 ff.			142
		Zahlungseingang der **Widerspruchsgebühr** wird **beim EPA** erwartet und stellt somit ein **Versäumnis** nach Art. 122 EPÜ dar, welches zur **WE berechtigt.** siehe auch B.69 f. (ISA), B.87 (SISA) und H.23, H.26 und H.30			142a
Erstattung bei begründetem Widerspruch		Bei in vollem Umfang **begründetem Widerspruch** wird die **Widerspruchsgebühr + zusätzliche Gebühr erstattet.** Bei **teilweise begründetem Widerspruch** wird **zusätzliche Gebühr erstattet**, **nicht** aber **Widerspruchsgebühr** (siehe S/S Art. 152 EPÜ Rd 375).			143

B. Ablauf PCT-Anmeldung

PCT Kapitel II: Antrag auf internationale vorläufige Prüfung (Fortsetzung)

	Verfahrens-handlung	Rechtsnorm	Details
144	**Nationalisieren** (Kapitel II)	Art. 39 (1) a)	Anmelder hat innerhalb 30 M ab PT jedem ausgewählten Amt ein Exemplar der int. Anmeldung zuzuleiten (EPA: Übermittlung nicht erforderlich (R 49.1(a-bis) iVm R 76.5)
145		Art. 40 (1)	Keine Prüfung vor Ablauf der Frist nach Art. 39, außer Art. 40 (2) auf ausdrücklichen Wunsch des Anmelders (siehe zur beschleunigten Prüfung „PACE" Spezialtabelle 🕮 I Beschleunigung)
146	**Zurücknahme ivP** AG 11.060 f.	Art. 37 R 90bis.4 a)	**Zurücknahme** des **Antrags** auf **ivP** sowie eine oder alle **Auswahlerklärungen** vor Ablauf von **30 M** nach **PT** jederzeit durch Anmelder möglich
147	Wirksamkeit	Art. 37 (3) a) R 90bis.4 b)	Wirksam mit **Eingang** der Erklärung beim **IB**; reicht Anmelder Zurücknahmeerklärung beim IPEA ein, wird nach **R 90bis.4 c)** Eingangsdatum von IPEA vermerkt und an IB weitergeleitet; Erklärung gilt mit Eingang IB als eingereicht; nach **Art. 37 (3) b)** informiert IB jedes betroffene ausgewählte Amt und IPEA von Zurücknahme.
148	Unterschrift	R 90bis.5	Bei **mehreren Anmeldern** müssen Zurücknahmeerklärung nach R 90bis.1 bis R 90bis.4 • alle Anmelder oder • ein bestellter Anwalt gemäß **R 90.1** oder • ein bestellter gemeinsamer Vertreter gemäß **R 90.2 a)**, aber nicht ein »als gemeinsamer Vertreter« geltender Anmelder gemäß **R 90.2 b)** unterzeichnen.
149	Wirkung	R 90bis.6 a)	Falls Bearbeitung oder Prüfung gemäß **Art. 23 (2)** (bei **Bestimmungsamt**) oder **Art. 40 (2)** (bei **ausgewähltem Amt**) bereits begonnen hat, hat die Zurücknahme **keine Wirkung**.
150		R 90bis.6 a)	Wird int. Anmeldung nach **R 90bis.1** zurückgenommen, wird Bearbeitung der int. Anmeldung eingestellt.
151		Art. 37 (2) R 90bis.6 c)	**Einstellung** der internationalen **Bearbeitung** durch IPEA, wenn **Antrag** oder **alle Auswahlerklärungen** nach **R 90bis.4** zurückgenommen.
152		Art. 37 (4) a)	Zurücknahme **Antrag** oder der **Auswahlerklärung** mit Wirkung **für einen Staat** gilt als **Zurücknahme der int. Anmeldung in diesem Staat** (falls nicht anders bestimmt durch nationales Recht des Staates).
153	Ausnahme	Art. 37 (4) b) R 90bis.7	**Bestimmungsamt kann vorsehen**, dass **Zurücknahme** des Antrags oder der Auswahlerklärung vor Ablauf der jeweiligen Frist nach **Art. 22** (Übermittlung Exemplar der Anmeldung, Übersetzung und Gebührenzahlung an Bestimmungsamt) **nicht** als Zurücknahme **der int. Anmeldung gilt**, wenn nationales Amt innerhalb Frist (30 M ab PT) ein Exemplar der int. Anmeldung mit Übersetzung erhalten hat und nationale Gebühren bezahlt worden sind.
153a		R 58.3 EPA = IPEA	Wird Antrag vor Start der Prüfung zurückgenommen, werden 100 % der Gebühren zurückerstattet (ABl. 2017, A115).

Ablauf PCT-Anmeldung B.

Die internationale Veröffentlichung
Art. 21, R 48 durch IB

Verfahrenshandlung	Rechtsnorm	Details	
Gegenstand der Veröffentlichung AG 9.012 ff.	Art. 21 (1)	**Internationale Anmeldung**	154
	Art. 21 (3)	**ISR** nach **R 48.2 a) v)** (zusammen mit der int. Anmeldung, falls bereits erstellt, ansonsten gesonderte Veröffentlichung nach **R 48.2 (g)**) oder **Erklärung** nach **Art. 17 (2) a)** (durch IB) - (über PATENTSCOPE - AG 9.015)	155
Inhalt	R 48.2 a)	**Titelseite, Beschreibung, Ansprüche,** ggf. **Zeichnungen,** ggf. **ISR** oder Erklärung nach Art 17 (2) a), **ursprüngliche Ansprüche** und ggf. **Anspruchsänderungen** nach **Art. 19 (1),** ggf. Antrag auf Berichtigung offensichtlicher Fehler, ggf. Angaben über biologisches Material nach R 13bis, ggf. Angabe zu Mängeln im Prioanspruch nach **R 26bis.2** bzw. deren WE nach **R 26bis.3**	156
EN Übersetzung Zusammenfass.	R 48.2 b)	Zeichnungen, Zusammenfassung (falls nicht in Englisch, wird englische Fassung erstellt (**R 86.2**) und an erster Stelle veröffentlicht)	156a
Ansprüche	R 48.2 f)	Wiedergabe sowohl der **ursprünglichen als auch** der nach **Art. 19 geänderten Ansprüche.**	156b
Ausschluss von Angaben	R 48.2 (l) bis (n)	Auf Antrag des Anmelders oder Vorschlag des ISA, SISA oder IB **Ausschluss von Angaben** (z.B. Beeinträchtigung persönlicher oder wirtschaftlicher Interessen einer Person) von Veröffentlichung	156c
Schriftlicher Bescheid/WO-ISA	AG 7.028, 7.030	**WO-ISA** wird **nicht** zusammen mit der Patentanmeldung **veröffentlicht**, jedoch ist durch die **Akteneinsicht** über PATENTSCOPE eine Einsicht in die WO-ISA in Verbindung mit dem ISR ab dem Tag der Veröffentlichung der int. Anmeldung **möglich,** falls die WO-ISA dem IB zur Verfügung steht. - siehe auch B.79	157
Berichtigung auf Antrag Anmelder beim IB siehe B.311 ff.	Section 113 (b)+(c) ANNEX B (IB)	**Gebührenpflichtige Veröffentlichung**: 50 CHF + 12 CHF/je weiterer Seite bei Änderung Prioritätsanspruch (-> R 26bis.2 e) - B.159) oder Verweigerung der Zustimmung zu Berichtigung (-> R91.3 d) - B.160a)	158
	R 26bis.2 e) Section 113 (c)	Ist **Antrag Anmelder Berichtigung/ Hinzufügung** eines **Prioritätsanspruchs** nach Frist der R 26bis.1 (16 M) und vor Ablauf 30 M ab PT eingegangen, werden unter **Zahlung** von 50 CHF + 12 CHF/je weiterer Seite die Angaben unverzüglich durch das IB **veröffentlicht.**	159
	R 91.1 R 91.2 R 91.3	Antrag nach R 91.2 durch Anmelder auf **Berichtigung offensichtlicher Fehler** in int. Anmeldung oder anderem eingereichten Schriftstück, bedarf Zustimmung der „zuständigen Behörde", auch Aufforderung zur Stellung des Antrags zur Berichtigung durch AA, ISA, IPER oder IB möglich, falls Fehler von dieser Behörde erkannt wird.	160
	R 91.3 d) Section 113 (b) B.311e	Bei **Verweigerung** der **Zustimmung** zur **Berichtigung** kann Anmelder innerhalb 2 M ab Verweigerung der zuständigen Behörde **beantragen,** Berichtigungsantrag, die Gründe für die Verweigerung durch die Behörde sowie ggf. kurze Stellungnahme des Anmelders mit der int. Anmeldung **zu veröffentlichen,** sofern möglich (+Gebühr: 50 CHF + 12 CHF/ je weitere Seite, Section 113(b) der Administrative Instructions), wenn int. Anmeldung **nicht veröffentlicht** wird, wird Kopie des Antrags, Begründung und ggf. Stellungnahme **in Übermittlung** nach **Art. 20** aufgenommen.	160a
Zeitpunkt der Veröffentlichung	Art. 21 (2) a)	**Veröffentlichung** erfolgt unverzüglich nach **Ablauf** von **18 M** ab **PT.**	161
	Art. 21 (3)	**ISR** oder **Erklärung** nach **Art. 17 (2) a)** wird **zeitgleich** mit int. Anmeldung **veröffentlicht,** wenn sie bei Abschluss der techn. Vorbereitung (15 Tage - AG 9.013) für die int. Veröffentlichung vorliegen (**R 48.2 g)**); ebenso **Veröffentlichung** von **eingereichten** und **geänderten Ansprüchen** nach **Art. 19** (**R 48.2 f**).	162
	Art. 21 (2) b) R 48.4	**Vorzeitige Veröffentlichung** auf Antrag des Anmelders beim IB, ggf. besondere Veröffentlichungsgebühr (200 CHF, Section 113 (a) der Administrative Instructions, ANNEX B (IB)) gemäß **R 48.4** fällig (wenn zu diesem Zeitpunkt kein ISR oder Erklärung nach **Art. 17.2 (a)** vorliegt)	163
	R.90bis.3 d)	Bei Zurücknahme des Prioanspruchs ändert sich VÖ Zeitpunkt.	163a
	PCT Newsletter 12/14	Veröffentlichung Donnerstag; falls Feiertag üblicherweise am Freitag	164
Nationales Amt	Art. 30 (4)	Kein nationales Amt darf PCT-Anmeldung oder Übersetzung veröffentlichen, bevor int. Veröffentlichung erfolgt ist oder wenn keine int. Veröffentlichung bei Ablauf von 20 M ab PT stattgefunden hat, vor Ablauf der 20 M ab PT.	165

B. Ablauf PCT-Anmeldung

	Die internationale Veröffentlichung (Fortsetzung)		
	Verfahrenshandlung	Rechtsnorm	Details
166	**Form/Medium** der Veröffentlichung	AG 9.015 Section 404, 406 (b)	Die **Veröffentlichungen** von int. Anmeldungen erfolgen **vollständig elektronisch**; sollte Frist nach **Art. 19** bei Abschluss techn. Vorbereitungen noch nicht abgelaufen sein, wird entsprechender Hinweis veröffentlicht, dass spätere Veröffentlichung erfolgt; ebenso falls noch kein ISR oder Erklärung nach **Art. 17 (2) a)** vorliegt.
167		AG 9.022	Die veröffentlichte internationale Anmeldung ist in elektronischer Form über PATENTSCOPE abrufbar.
168	**Sprache** der Veröffentlichung	Art. 21 (4) R 12.3, R 12.4, R 48.3 a)	**Veröffentlichungssprachen**: Arabisch, CN, DE, EN, FR, JP, KR, PT, RU, ES
169		R 48.3 c) Section 406bis	Int. Anmeldung nicht in EN veröffentlicht → falls vom Anmelder nicht nach R 12.3 eingereicht, wird zusätzliche Übersetzung ISR oder Erklärung nach **Art. 17.2 a)**, Zusammenfassung, Bezeichnung der Erfindung in EN entsprechend **R 45.1** vom IB angefertigt
170	**Wirkung**	Art. 29	**Vorläufiger Schutz** wie bei nationaler Veröffentlichung einer ungeprüften nat. Anmeldung (ggf. ist in bestimmten Bestimmungsstaaten Übersetzung der Veröffentlichung hierfür notwendig **Art. 29 (2)** und ggf. Schutz bei vorgezogener Veröffentlichung erst nach 18 M. **Art. 21 (3)**, siehe Auflistung Bestimmungsstaaten in AG ANNEX B) – AG 9.024
171	Euro-PCT	Art. 153 (3) EPÜ	**Internationale Veröffentlichung** wird zur **europäischen Veröffentlichung**.
172		Art. 153 (4) EPÜ	**Ausnahme**: Falsche Sprache, **Wirkung** tritt mit Veröffentlichung der **Übersetzung** in eine **Amtssprache** ein.
172a		Art. 153 (6) EPÜ	**ISR** der int. Anmeldung und deren **int. Veröffentlichung treten an Stelle des europ. RB** und des **Hinweises** auf dessen **Veröffentlichung** im Europäischen Patentblatt
173	Akteneinsicht (siehe B.263 ff.)	Art. 30 R 94	Nach Veröffentlichung ist auf Antrag von Anmelder oder bevollmächtigter Person Einsichtnahme in Akte bei AA (R 94.1bis a), IB (Art. 30 (1) a), R. 94.1 a), ISA (Art. 30 (1) a), R.94.1ter b)), IPEA (R 94.2), Bestimmungsamt (Art. 30 (2) a), R 94.2bis) und/oder ausgewähltem Amt (Art. 30 (2) a), R 94.3) möglich.
174	EPA = AA, ISA oder IPEA	BdP vom 20.02.2019 (ABl. 2019, A16, A17)	EPA gewährt über **Europäisches Patentregister** Einsicht in Schriftstücke intern. Anmeldungen, bei denen EPA=AA, ISA oder IPEA.
175			Von Einsicht **ausgeschlossene Unterlagen**: a) Angaben, die vom IB nach R 48.2 l) von Veröffentlichung oder gemäß R 94.1 d) bzw. e) von öffentlicher Einsichtnahme ausgeschlossen sind; b) Unterlagen, die gemäß EPÜ von Akteneinsicht ausgeschlossen sind (Art. 150 (2), Art. 128 (4), R 144 EPÜ und ABl. 2007, Sonderausgabe Nr. 3, J.3. - siehe A.408 und B.280)
176			Akteneinsicht durch Erstellung Papierkopien nur noch in Ausnahmefällen möglich - BdP vom 20.02.2019 (ABl. 2007, Sonderausgabe Nr. 3, J.2, Artikel 1 (2), (3) und (5) sowie Artikel 2, ABl. 2019, A16)

Ablauf PCT-Anmeldung B.

Die internationale Veröffentlichung (Fortsetzung)

Verfahrenshandlung	Rechtsnorm	Details	
Veröffentlichung unterbleibt AG 9.012	Art. 21 (5)	Die int. Anmeldung **gilt als zurückgenommen**, wenn (schriftl.) Rücknahmeerklärung (aller Anmelder) gemäß **R 90bis.1 c)** vor Abschluss der technischen Vorbereitungen zur Veröffentlichung (18 M - **Art. 21 (2) a)**) beim IB eingegangen ist (15 Tage - AG 9.014), keine Gebühr für Zurücknahme - AG 11.048, bedingte Zurücknahme möglich (siehe B.234).	177
	Art. 64 (3)	Der **einzige Bestimmungsstaat** bei Abschluss der technischen Vorbereitungen zur Veröffentlichung ist die **USA**, es sei denn. einer der in **Art. 64 (3)** genannten Ausnahmen findet Anwendung; Veröffentlichung nur auf Antrag des Anmelders (siehe B.333).	178
	Art. 21 (6)	Ausdrücke, Zeichnungen und Äußerungen in der Anmeldung gegen **gute Sitten/ öffentliche Ordnung**; Ausschlüsse sind in der Veröffentlichung angegeben.	179
	R 20.4	Die int. Anmeldung hat **keinen AT** durch das AA zuerkannt bekommen (AG 6.005 ff.), Anmeldung wird daher nicht als int. Anmeldung behandelt.	180
Sonstiges	Art. 64 (3)	Staat kann vorsehen, dass **Veröffentlichung nicht notwendig** ist (z.B. USA), trotzdem wird Anmeldung vom IB veröffentlicht (siehe B.333).	181
	R 38.2	Ist der Anmelder nicht zur Einreichung der **Zusammenfassung** aufgefordert worden, wird sie von der ISA erstellt.	182
	R 38.3	Anmelder kann **Änderungen der Zusammenfassung** innerhalb von **1 M** ab Absendung int. RB vornehmen.	183
	R 86.2	Das IB übersetzt für die **Veröffentlichung** die **Zusammenfassung** in **Englisch** und **Französisch**.	184

B. Ablauf PCT-Anmeldung

Einleitung der nationalen/regionalen Phase

	Verfahrenshandlung	Rechtsnorm	Details		
185	**Übermittlung an Bestimmungsämter** Durch Anmelder	Art. 22 (1) 76.5 ii) bzw. Art. 39 (1) a)	**Übermittlung** eines **Exemplars** der int. Anmeldung **durch Anmelder** spätestens **30 M** seit PT an Bestimmungsamt (nach Art. 22 (3) können nationale Ämter eigene Frist setzen LU, TZ: 20 M (siehe B.331); EPA 31 M), soweit nicht bereits gemäß Art. 20 übermittelt worden ist + ggf. Zahlung nat. Gebühr **R 49.1 a-bis)**: EPA hat IB mitgeteilt, dass es vom Anmelder keine Übermittelung eines Exemplars verlangt. - RiLi E-IX, 2.7		
186	Durch IB	Art. 20 (1) a) R 47	**Anmeldung** + **ISR/Erklärung** nach Art. 17 (2) a) + **Änderungen** nach Art. 19 ggf. inkl. deren **Übersetzung** wird jedem **Bestimmungsamt übermittelt**, sofern Bestimmungsamt nicht darauf verzichtet.		
187		Art. 13 (2) b)	Anmelder kann IB jederzeit auffordern, Exemplare der Anmeldung an die Bestimmungsämter zu schicken.		
188	**Frist**	R 76.5 ii)	Fristen für **Art. 22** zur Übermittlung richten sich nach den Regelungen nach **Art. 39**		
189	**Wirkung**	Art. 11 (3) Art. 45	Int. Anmeldung hat **Wirkung** einer **vorschriftsmäßigen ePA** für die bestimmten EPÜ-Staaten		
190	**Nationales Bearbeitungs-/Prüfverbot**	Art. 23 (1) Art. 40 (1)	**Bearbeitungs-** bzw. **Prüfverbot** bis nach Ablauf der nach **Art. 22** maßgeblichen Frist		
191		Art. 23 (2) Art. 40 (2) R 76.5 ii)	Auf **ausdrücklichen Antrag** des **Anmelders** kann **Bestimmungsamt/ausgewähltes Amt** vorzeitige Bearbeitung/Prüfung der int. Anmeldung **aufnehmen** (siehe zur beschleunigten Prüfung „PACE" die Spezialtabelle I Beschleunigung)		
192	**Nachprüfung durch BS**	Art. 25	Nachprüfung durch Bestimmungsamt, falls Mängel in PCT-Anmeldung zu **Nicht-Zuerkennung AT** oder Zurücknahme für die int. Anmeldung führt.		
	Verfahrenshandlung	Rechtsnorm	Details und Fälligkeit	Unmittelbare Folgen eines Mangels, Mängelbeseitigung, Fristen	EPÜ-Regelung
193	**Nationale Gebühr** (Kapitel I)	Art. 22 (1) Höhe: R 49.1 a) ii) (durch VS bestimmt)	Seit 1.4.02: Innerhalb von 30 M ab PT an das Bestimmungsamt **(Art. 22 (3))**: Längere Frist national zulässig)	Nachfrist national geregelt WE vor nationalem Amt siehe B.329 und B.346	31 M nach **Art. 153 (3), (4) EPÜ** iVm **R 159 (1) c)+d)+e) EPÜ**
194	**Nationale Gebühr** (Kapitel II)	Art. 39 (1) a) Höhe: R 49.1 a) ii), R 76.5)	Innerhalb von 30 M ab PT an Bestimmungsamt **(Art. 39 (1) b)**: Längere Frist national zulässig)	Nachfrist national geregelt WE vor nationalem Amt siehe B.329 und B.346	

Einleitung der regionalen Phase vor dem EPA
Art. 153, R 159 EPÜ
Euro-PCT-Leitfaden, Kapitel 5.1 ff..

195 **Art. 150 (2), Art. 153 (2) EPÜ**: Eine **int. Anmeldung**, für die das **EPA** als **ausgewähltes Amt** oder **Bestimmungsamt** tätig wird, und für die regionale Anmeldegebühr nach **R 159 (1) c) EPÜ** für nationale Phase bezahlt wurde, **gilt** als **ePA** (vgl. Art. 11 (3) PCT). Ab diesem Zeitpunkt sind TA möglich.
Art. 153 (3) EPÜ: Int. Veröffentlichung wird zur europäischen Veröffentlichung, **Art. 153 (4) EPÜ**: Ausnahme: Keine Amtssprache, dann erst ab Veröffentlichung der Übersetzung in eine Amtssprache.

196 **Art. 22 (Bestimmungsamt)** (iVm **R 76.5 ii)**) bzw. **Art. 39 (ausgewähltes Amt)** iVm **R 159 (1) EPÜ**:
Für int. Anmeldung nach **Art. 153 EPÜ** hat Anmelder innerhalb von **31 M** nach AT/PT beim EPA die nachfolgenden **Handlungen vorzunehmen** (siehe auch Formblatt EPA/EPO/OEB 1200) – RiLi E-IX, 2.1.1:

Übersetzung	R 159 (1) a)	B.197	WB (+), WE (+)
Angabe der Anmeldeunterlagen	R 159 (1) b)	B.199 f.	WB (+), WE (-)
Anmeldegebühr (+ Zusatzgebühr)	R 159 (1) c)	B.201	WB (+), WE (+)
Benennungsgebühr + ggf. Erstreckungsgebühr	R 159 (1) d)	B.202	WB (+), WE (-)
Recherchegebühr für ergänzende europ. Recherche	R 159 (1) e)	B.203	WB (+), WE (-)
Behandlung Uneinheitlichkeit	R 164 (1), (2)	B.204 ff.	WB (-), WE (+)
Prüfungsantrag + Prüfungsgebühr	R 159 (1) f)	B.210 ff.	WB (+), WE (-)
Jahresgebühr	R 159 (1) g)	B.214	WB (-), WE (+)
Ausstellungsbescheinigung (optional)	R 159 (1) h)	B.215	WB (+), WE (-)

Ablauf PCT-Anmeldung B.

Einleitung der regionalen Phase vor dem EPA (Fortsetzung)

Verfahrenshandlung	Rechtsnorm	Details	Unmittelbare Folgen eines Mangels, Mängelbeseitigung, Fristen	Rechtsfolge bei Nichtbeseitigung von Mängeln oder Fristversäumnis	Weiterbehandlungs-/ Wiedereinsetzungs-Möglichkeit	
Übersetzung der int. Anmeldung in eine EP-Amtssprachen, falls Euro-PCT in anderer Sprache veröffentlicht wurde	Art. 153 (4) EPÜ **R 159 (1) a)** EPÜ	Innerhalb 31 M ab AT bzw. PT		**R 160 (1) EPÜ**: Anmeldung gilt als zurückgenommen, Mitteilung nach R 160 (2) EPÜ Beschwerdefähige Entscheidung kann nach R 112 (2) beantragt werden.	**WB (+)**, Art. 121 (4), R 135 EPÜ **WE (+)**, R 49.6 PCT iVm R 76.5 ii) PCT u. Art. 122, R 136 EPÜ (siehe 📖 S/S Art. 153 Rd 236 ff.)	197
Verfahrenssprache Euro-PCT Leitfaden, Kapitel 5.1.014 f., 5.5.002 (siehe 📖 E.23 ff.)		• Wurde int. Patentanmeldung in einer EPA-Amtssprache veröffentlicht, so ist **Veröffentlichungssprache Verfahrenssprache** (Art. 14 (3) EPÜ) • **Andernfalls** ist die EPA-Amtssprache der **Übersetzung**, die bei Eintritt in die europäische Phase eingereicht wurde, **Verfahrenssprache** (Art. 14 (3) EPÜ) • Die **Verfahrenssprache** kann **nicht geändert** werden (⮕G 4/08). Im **schriftlichen Verfahren** vor dem EPA kann sich der Anmelder **jeder Amtssprache** bedienen, **Änderungen** müssen jedoch immer in der **Verfahrenssprache** eingereicht werden.				198
Angabe der Anmeldungsunterlagen • **R 159 (1) b) EPÜ** Ursprüngliche Unterlagen (entspr. der PCT-Veröff.) oder • Geänderte Unterlagen	R 159 (1) b) EPÜ	Grundsätzlich werden die PCT-Veröffentlichungsunterlagen zugrunde gelegt.	**R 161 EPÜ**: Änderung der Anmeldung nach Mitteilung innerhalb 6 M (1 M - bis 30.04.2011) ab Mitteilung möglich, seit 1.4.2010 obligatorisch RiLi E-IX, 3	**R 161 (1), letzter Satz EPÜ**: Anmeldung gilt als zurückgenommen, Mitteilung nach **R 112 (1) EPÜ**	**WB (+)**, Art. 121 (4), R 135 EPÜ **WE (–)**, Art. 122, R 136 EPÜ	199
		Geänderte Ansprüche nach Art. 19 u/o Art. 34 sowie bei der Einleitung der regionalen Phase werden als Änderung der ursprünglichen Unterlagen gewertet - RiLi E-IX, 3.3.1.				200
Anmeldegebühr R 159 (1) c) EPÜ Art. 2 (1) Nr. 1 GebO 260 €, Online-Einreichung 125 € Zusatzgebühr 16 €/Seite ab 36. Seite (Art. 2 (1) Nr. 1a GebO) ggf. 30 % Ermäßigung bei zugelassener Nichtamtssprache	R 159 (1) c) EPÜ Art. 78 (2) EPÜ R 38 EPÜ RiLi A-III, 13.1 Ermäßigung: R 6 (3) EPÜ iVm Art. 14 (1) GebO RiLi A-X, 9.2.2	**R 159 (1) EPÜ**: Innerhalb 31 M ab AT bzw. PT		**R 160 (1) EPÜ**: Anmeldung gilt als zurückgenommen, Mitteilung nach R 160 (2) EPÜ	**WB (+)**, Art. 121 (4), R 135 EPÜ **WE (+)**, R 49.6 PCT iVm R 76.5 ii) PCT u. Art. 122, R 136 EPÜ (siehe 📖 S/S Art. 153 Rd 268 f.)	201
Benennungsgebühr + ggf. Erstreckungs-/Validierungsgebühr R 159 (1) d) EPÜ (siehe 📖 H.33 ff.) ⮕G 4/98 Art. 2 (1) Nr. 3 GebO 610 € Erstreckung → 📖 S/S Art. 153 Rd 275 ff.	R 159 (1) d) EPÜ	**R 159 (1) d) EPÜ**: Innerhalb 31 M ab AT bzw. PT, wenn Frist nach R 39 (1) EPÜ (6 M nach VO des europäischen RB) früher abläuft		**R 160 (1) EPÜ**: Anmeldung gilt als zurückgenommen, Mitteilung nach R 160 (2) EPÜ (im Fall der Benennungsgebühr)	**WB (+)**, Art. 121 (4), R 135 EPÜ **WE (–)**, Art. 122, R 136 EPÜ, Aber WE in Frist für WB möglich (siehe 📖 S/S Art. 153 Rd 282)	202

129

B. Ablauf PCT-Anmeldung

	Einleitung der regionalen Phase vor dem EPA (Fortsetzung)					
	Verfahrenshandlung	Rechtsnorm	Details	Unmittelbare Folgen eines Mangels, Mängel-beseitigung, Fristen	Rechtsfolge bei Nicht-beseitigung von Mängeln oder Fristversäumnis	Weiterbehandlungs-/ Wiedereinsetzungs-Möglichkeit
203	**Recherchen-gebühr für ergänzende europ. Recherche** **R 159 (1) e) EPÜ** EPA ≠ ISA Art. 2 (1) Nr. 2 GebO 1350 € 1300 € (bis 31.03.2020) siehe 📖 A.31, 📖 H.18 ---- EPA = (S)ISA, keine ergänzende Recherche (Art. 153 (7) EPÜ), außer bei Uneinheitlichkeit (siehe ABl. 2014, A70, 📖 B.206) ---- Reduktion für von ausgewählten ISAs recherchierte Gegenstände (siehe ABl. 2016, A2, 📖 S/S Art. 153 Rd 293 ff. und 📖 H.19)	R 159 (1) e) EPÜ wenn ergänzender europ. RB erstellt werden muss Art. 153 (7) EPÜ	Innerhalb 31 M ab AT bzw. PT		**R 160 (1) EPÜ:** Anmeldung gilt als zurückgenommen, Mitteilung nach R 160 (2) EPÜ Beschwerdefähige Entscheidung kann nach R 112 (2) EPÜ beantragt werden.	**WB (+)**, Art. 121 (1), R 135 EPÜ, **WE (−)**, da durch Art. 122 (4), R 136 (3) EPÜ ausgenommen
204	**Uneinheitlichkeit bei EPA ≠ (S)ISA** (seit 01.11.2014) ABl. 2014, A70 RiLi C-III, 3	R 164 (1) EPÜ Prüfung der Einheitlich-keit für die ergänzende europ. Recherche	**R 164 (1) a) EPÜ:** Die erste Erfindung wird recherchiert. Übermittlung mit vorl. Stellungnahme (seit 1.4.2017); siehe 📖 A.349 **R 164 (1) b) EPÜ:** Mitteilung an Anmelder, dass für **jede weitere Erfindung** innerhalb 2 M weitere **R.-Geb.** zu zahlen ist. RiLi H-II,7.1: Anmelder hat aus allen recherchierten Erfindungen diejenige auszuwählen, die im Erteilungsverfahren weiterverfolgt werden soll.	Nur die **erste Erfindung** wird **recherchiert**, wenn keine weiteren Gebühren bezahlt werden.	RiLi C-III, 3.4 und H-II, 7.1: Eine **nicht recherchierte Erfindung** kann im laufenden Erteilungsverfahren **nicht** mehr **beansprucht** werden.	**WB (−)**, Art. 121 (4), R 135 EPÜ, **WE (+)**, Art. 122, R 136 EPÜ Einreichung einer TA nach Art. 76, R 36 EPÜ nach Eintritt Regionalisierung vor EPA nach Ablauf Frist der R159 (1) EPÜ möglich RiLi C-III, 3.2

Ablauf PCT-Anmeldung B.

Einleitung der regionalen Phase vor dem EPA (Fortsetzung)

Verfahrenshandlung	Rechtsnorm	Details	Unmittelbare Folgen eines Mangels, Mängelbeseitigung, Fristen	Rechtsfolge bei Nichtbeseitigung von Mängeln oder Fristversäumnis	Weiterbehandlungs-/ Wiedereinsetzungs-Möglichkeit	
Uneinheitlichkeit bei EPA = (S)ISA (seit 01.11.2014) ABl. 2014, A70 RiLi C-III, 2.3 RiLi C-III, 3	R 164 (2) EPÜ Bei Verzicht auf ergänzende europ. Recherche	Nach Ablauf der Frist der **R 161 EPÜ** ergeht Mitteilung nach **R 164 (2) a) EPÜ** durch die Prüfungsabteilung, dass für **jede nicht recherchierte Erfindung** innerhalb 2 M weitere **R.-Geb.** bezahlt. werden kann.	Wird zusätzliche Recherchegebühr bezahlt, wird nach R. 164 (2) b) EPÜ Rechercheergebnis als Anlage zur Mitteilung nach **Art. 94 (3), R 71 (1), (2)** oder **R 71 (3) EPÜ** übermittelt. **R 164 (2) c) EPÜ**: Anmelder hat aus allen recherchierten Erfindungen diejenige auszuwählen, die im Erteilungsverfahren weiterverfolgt werden soll.	Aufforderung nach **Art. 94 (3), R 71 (1), (2) EPÜ** zur Streichung der nicht recherchierten Gegenstände. RiLi H-II, 7.4.1: Beschränkung auf recherchierte Erfindung ↳G 2/92: Wird Anmeldung auf nicht recherchierte Erfindung beschränkt, wird Anmeldung nach Art. 82 EPÜ oder R 64 EPÜ zurückgewiesen - RiLi H-II, 7.2 und 7.3	WB (–), Art. 121 (4), R 135 EPÜ, WE (+), Art. 122, R 136 EPÜ Einreichung einer TA nach Art. 76, R 36 EPÜ nach Eintritt Regionalisierung vor EPA nach Frist der R 159 (1) EPÜ möglich RiLi C-III, 3.2	206
Rückzahlung Recherchengebühr	R 164 (5) EPÜ	Eine nach R 164 (1) oder (2) EPÜ gezahlte R.-Geb. wird zurückbezahlt, wenn Anmelder dies beantragt und Prüfungsabteilung feststellt, dass **Mitteilung** nach **R 164 (1) b)** oder **(2) a) EPÜ nicht berechtigt** war. (RiLi C-III, 2.3, RiLi B-VII, 2.1)				208
Änderungsmöglichkeit vor der ergänz. europ. Recherche	R 161 (2) EPÜ	**Vor Erstellung** des ergänzenden europ. RB gibt das EPA dem Anmelder die Gelegenheit, die Anmeldung innerhalb von 6 M **einmal** zu **ändern**. Diese Änderung liegt der ergänzenden europ. Recherche zugrunde.				209
Prüfungsantrag + Prüfungsgebühr **R 159 (1) f) EPÜ** Art. 2 (1) Nr. 6 GebO 1900 €, wenn kein ergänzender europ. RB erstellt wurde, ansonsten 1700 € 1825 € bzw. 1635 € bis 31.03.2020	R 159 (1) f) EPÜ Art. 94 (1) EPÜ R 70 (1) EPÜ	6 M nach Veröffentlichung des int. RB oder innerhalb 31 M nach dem AT bzw. PT, sofern Frist nach **Art. 94 (1), R 70 (1) EPÜ** früher abläuft (ergänzender europ. RB ändert diese Frist nicht)		**R 160 (1) EPÜ (Art. 94 (2))**: Anmeldung gilt als zurückgenommen, Mitteilung nach R 160 (2) EPÜ	WB (+), Art. 121 (4), R 135 EPÜ, (Prüfantrag und Prüfungsgebühr sind gesondert WB fähig) WE (–), Art. 122 (4), R 136 (3) EPÜ ausgenommen	210
		R 159 (1) f) EPÜ Frist nach **Art. 94 (2) EPÜ** läuft nicht vor in **Art. 22** oder **Art. 39** genannten Frist ab.				211
	Art. 14 (2) GebO RiLi A-X, 9.3.2	**Ermäßigung** der **Prüfungsgebühr** um 75 % (50 % bis zum 31.03.2018) • Falls das EPA den internationalen vorläufigen Prüfungsbericht (IPER) erstellt hat (S/S Art. 94 Rd 48, ABl. 2018, A26). – siehe A.417, H.136 ff. • Bei Uneinheitlichkeit gemäß **Art. 34 (3) c) PCT** jedoch nur, wenn die Prüfung für den im int. vorl. Prüfungsbericht behandelten Gegenstand erfolgen soll.				212
	Art. 14 (1) GebO	**Berechtigung** zur Verwendung einer **Nichtamtssprache** (R 6 (3) EPÜ): **Reduktion** 30% (führt zur Gesamtermäßigung von 82,5 % (65 % bis zum 31.03.2018) - siehe A.418, H.136 ff.				213

B. Ablauf PCT-Anmeldung

Einleitung der regionalen Phase vor dem EPA (Fortsetzung)

	Verfahrenshandlung	Rechtsnorm	Details	Unmittelbare Folgen eines Mangels, Mängelbeseitigung, Fristen	Rechtsfolge bei Nichtbeseitigung von Mängeln oder Fristversäumnis	Weiterbehandlungs-/ Wiedereinsetzungs-Möglichkeit
214	**Jahresgebühr** **R 159 (1) g) EPÜ** Wird ab AT PCT berechnet (siehe 📖 H.46 ff.)	R 159 (1) g) EPÜ Art. 86 (1) EPÜ	**R 159 (1) g) EPÜ:** 3. Jahresgebühr innerhalb von 31 M ab AT, wenn Gebühr nach **R 51 (1) EPÜ** früher fällig wäre	**Art. 86 (1), R 51 (2) EPÜ:** Innerhalb von 6 M nach Fälligkeit mit Zuschlag (RiLi A-X, 5.2.4). Wird JG gemäß **R 159 (1) g) EPÜ** nach 31 M fällig, so handelt es sich um eine **zusammengesetzte Frist:** 📖 S/S Art. 120 Rd 23 ff. (JG fällig, bevor Anmeldung eingereicht wurde)- **kein »Ultimo-to-Ultimo« Prinzip; + Zuschlag 50 %** (Art. 2 (1) Nr. 5 GebO, **Aussetzung** vom 01.06. bis 31.08.20 – Abl. 2020, A70)	**Art. 86 (1) EPÜ:** Anmeldung gilt als zurückgenommen, Mitteilung nach R 112 EPÜ Mitteilung wird vom EPA als Gefälligkeit versendet, nicht verpflichtend	**WB (–),** ausgeschlossen durch Art. 121, R 135 (2) EPÜ **WE (+),** Art. 122 iVm R 136 EPÜ
215	**Ausstellungsbescheinigung (Optional)** **R 159 (1) h) EPÜ**	R 159 (1) h) EPÜ Art. 55 (2) EPÜ R 25 EPÜ	**R 159 (1) h) EPÜ:** Innerhalb von 31 M ab AT bzw. PT **Art. 55 (2) EPÜ, R 4.17 v) PCT, R 51bis.1 a) v) PCT:** Bei Einreichung PCT-Anmeldung im PCT-Antrag: Angabe Zurschaustellung bei Einreichung der Anmeldung im PCT-Antrag	Bei Mängeln in der Bescheinigung, Beseitigung innerhalb von 4 M nach Mitteilung RiLi A-IV, 3.2	Bei nicht behobenen Mängeln Mitteilung nach R 112 EPÜ	**WB (+),** Mängelbeseitigung der Bescheinigung RiLi A-IV, 3.2 **WE (–),** keine Amtsfrist
216	**Anspruchsgebühren** Art. 2 (1) Nr. 15 GebO 245 € für den 16.-50. Anspruch, 610 € für den 51. und jeden weiteren Anspruch (siehe 📖 H.102)	R 162 EPÜ	**R 162 (1), R 159 (1) EPÜ:** Innerhalb 31 M ab AT bzw.PT oder innerhalb 6 M nach Mitteilung nach R 161 (1) bzw. (2) EPÜ Maßgeblich sind Anmelde- und Erteilungszeitpunkt	**R 162 (2) EPÜ:** Innerhalb 6 M nach R 161 EPÜ Mitteilung); Grundlage ist die Anzahl der Ansprüche nach Ablauf der 6 M (RiLi E-IX, 2.1.3, RiLi E-IX, 2.3.8[19])	**R 162 (4) EPÜ:** Gilt als Verzicht auf die entsprechenden Ansprüche	**WB (+),** Art. 121, R 135 EPÜ nicht ausgeschlossen 📖 S/S Art. 153 Rd 419 ff. **WE (–),** Art. 122, R 136 EPÜ
217		R 162 (3) EPÜ	Anspruchsgebühren, die innerhalb der in **R 162 (1) EPÜ** genannten Frist entrichtet werden und die nach **R 162 (2) Satz 2 EPÜ** fälligen Gebühren übersteigen, werden zurückerstattet.			
218		RiLi E-IX, 2.1.3 RiLi E-IX, 2.3.8	Bei Änderung der Anzahl der Ansprüche als Reaktion auf die Mitteilung nach **R 161 EPÜ** wird die geänderte Anzahl zur Berechnung der Gebühren herangezogen.			
		ABl. 2019, Zusatzpublikation 4, Anhang A.2, zu Nr. 3 VAA I.4	**Vorsicht:** Bei **Verzicht** auf **Mitteilung** nach ~~R 71 (3) oder~~* (*ab 01.07.2020 – ABl. 2020, A78) **R 161 (1) oder (2) und R 162** werden **Anspruchs-** bzw. **Erteilungsgebühr** einschließlich **Veröffentlichungs-/Erteilungs-** und **Druckkostengebühr** nicht mehr durch das automatische Abbuchungsverfahren (VAA) eingezogen. Diese Gebühren sind gesondert auf einem anderen Zahlungsweg zu entrichten (siehe Nr. 9 VAA) – RiLi C-V, 4.11, ABl. 2019, Zusatzpublikation 4, Anhang A.2, zu Nr. 3 VAA I.4 und I.7 (Streichung zweiter Absatz zum 30.06.2020), ABl. 2015, A52, V, 16, ABl. 2020, A78. (siehe 📖 H.267)			

Ablauf PCT-Anmeldung B.

Einleitung der regionalen Phase vor dem EPA (Fortsetzung)

Verfahrenshandlung	Rechtsnorm	Details	Unmittelbare Folgen eines Mangels, Mängelbeseitigung, Fristen	Rechtsfolge bei Nichtbeseitigung von Mängeln oder Fristversäumnis	Weiterbehandlungs-/Wiedereinsetzungs-Möglichkeit	
Erfindernennung	R 163 (1), R 19 (1) EPÜ	**R 163 (1), R 19 (1)** iVm **R 159 (1) EPÜ:** Innerhalb von 31 M ab AT bzw. PT	**R 163 (1) EPÜ:** Frist von 2 M nach Mitteilung	**R 163 (6) EPÜ:** Anmeldung wird zurückgewiesen	**WB (+)**, Art. 121 (4), R 135 EPÜ **WE (–)**, Art. 122, R 136 EPÜ	219
Aktenzeichen der Prioerklärung	Art. 88 (1), R 52 (1), (2) EPÜ	**R 163 (2)** iVm **R 159 (1) EPÜ:** Innerhalb 31 M ab AT bzw. PT	**R 163 (2) EPÜ:** Innerhalb 2 M nach Aufforderung	**R 163 (6) EPÜ:** Prioanspruch erlischt	**WB (+)**, Art. 121, R 135 (1) EPÜ (RiLi E-IX, 2.1.2)	220
Prioritäts-unterlagen RiLi E-IX, 2.3.5 RiLi E-IX, 2.3.5.3[19]	Art. 88 (1), R 53 EPÜ	**R 163 (2)** iVm **R 159 (1) EPÜ:** Innerhalb von 31 M nach PT	**R 163 (2) EPÜ:** Innerhalb 2 M nach Aufforderung	**R 163 (6) EPÜ:** Prioanspruch erlischt	**WE (–)**, nach Art. 122 (1), R 136 EPÜ	221
		Beachte auch **R 26bis.3** (AA) und **R 49ter.1+2** (Ausgewähltes Amt/Bestimmungsamt) **Wiederherstellung** einer **Prio** nach abgelaufener 12 M Frist - C.85 ff, K.62 ff. EPA überprüft nach Kriterien des Art. 122 EPÜ (S/S Art. 153 Rd 457 ff.); EPA muss sich nicht an Entscheidung des AA halten.				222
		Keine Aufforderung durch EPA **Prioritätsunterlagen** einzureichen, wenn Erfordernisse nach **R 17.1 a)**, **b)** oder **b-bis)** (Einreichung **Prioritätsunterlagen** beim IB oder AA) erfüllt sind.				223
	R 53 (2) EPÜ R 163 (2) EPÜ	RiLi A-III, 6.7, BdP 31.03.2020, ABl. 2020, A57 Auf Antrag gebührenfreie Übernahme **Prioritätsunterlagen** über digitalen Zugangsservice (DAS) der WIPO; falls kein Antrag gestellt oder Probleme beim Abruf über WIPO wird **Prioritätsunterlagen** gebührenfrei in Akte aufgenommen, wenn Prioanmeldung eine CN-/JP-*/KR GebM-Anmeldung, CN-, EP-, JP-*, KR-, US-, US-Provisional, oder PCT(EP)-Anmeldung ist. - siehe A.63 * gilt ab dem 01.07.2020 – ABl. 2020, A58				224
Sequenz-protokoll (siehe A.58)	R 163 (3) EPÜ R 30 (2), (3) EPÜ R 5.2 PCT in Amtssprache	**R 163 (3) EPÜ R 159 (1) EPÜ:** Innerhalb von 31 M nach AT bzw. PT	Bei Verspätung, Gebühr für verspätete Einreichung: **Art. 2 (1) Nr. 14a GebO:** 240 € Mängelbeseitigung nach **R 163 (3) EPÜ:** Innerhalb 2 M nach Aufforderung	Anmeldung wird nach **R 163 (3)** iVm **R 30 (3) EPÜ** zurückgewiesen	**WB (+)**, Art. 121 (4) R 135 (2) EPÜ **WE (–)**, Art. 122 R 136 EPÜ	225
Angaben zum Anmelder (Anschrift, Staatsangehörigkeit, Wohnsitz bzw. Sitz)	R 163 (4) EPÜ	**R 163 (4) EPÜ R 159 (1) EPÜ:** Innerhalb von 31 M nach AT bzw. PT	**R 163 (4) EPÜ:** Innerhalb 2 M nach Aufforderung RiLi E-IX, 2.3.1	**R 163 (6) EPÜ:** Anmeldung wird zurückgewiesen	S/S Art. 153 Rd 486, 489	226
Vertretung bei EPÜ-Ausländern	R 163 (5) EPÜ Art. 133 (2) EPÜ	**R 163 (5), Art. 133 (2)** iVm **R 159 (1) EPÜ:** Innerhalb von 31 M nach PT zugelassenen Vertreter bestellen	**R 163 (5) EPÜ:** Innerhalb 2 M nach Aufforderung	**R 163 (6) EPÜ:** Anmeldung wird zurückgewiesen	**WB (+)**, Art. 121 (4), R 135 EPÜ **WE (–)**, Art. 122 R 136 EPÜ	227
		Verfahrenshandlungen gemäß R 159 EPÜ für Euro-PCT können innerhalb von 31 M **ohne Vertreter durchgeführt** werden. - Euro-PCT-Leitfaden, 5.3.007 Zahlungen können von jedermann geleistet werden – Euro-PCT-Leitfaden 5.3.009				228

B. Ablauf PCT-Anmeldung

Einleitung der regionalen Phase vor dem EPA (Fortsetzung)

	Verfahrenshandlung	Rechtsnorm	Details	Unmittelbare Folgen eines Mangels, Mängelbeseitigung, Fristen	Rechtsfolge bei Nichtbeseitigung von Mängeln oder Fristversäumnis	Weiterbehandlungs-/ Wiedereinsetzungs-Möglichkeit
229	**Änderungen beim Eintritt in die nationale Phase**	Art. 28 (1)	Vorschreiben der Möglichkeit zur Änderung der Ansprüche, Beschreibung und der Zeichnungen im **Verfahren vor den Bestimmungsämtern** → 6 M (1 M bis 30.04.2011) nach Regionalisierung gemäß **R 52.1** iVm **R 161 EPÜ**			
230		Art. 41 (1)	Vorschreiben der Möglichkeit zu Änderungen entsprechend bei Kapitel II im Verfahren **vor den ausgewählten Ämtern** → 6 M (1 M bis 30.04.2011) nach Regionalisierung gemäß **R 78.1** iVm **R 161 EPÜ**			
231		R 161 (1) EPÜ	War **EPA = ISA, IPEA oder SISA**, fordert es den Anmelder mit entsprechender Mitteilung auf, innerhalb von 6 M die festgestellten Mängel zu beheben und Beschreibung, Patentansprüche und Zeichnungen zu ändern. Stellungnahme bei Mängeln obligatorisch, sonst freiwillig, nicht verlängerbare Frist 6 M (1 M bis 30.04.2011)			
232		R 161 (2) EPÜ	EPA≠ISA oder SISA, ergänzende europäische Recherche wird durchgeführt (**Art. 153 (7) EPÜ**), Anmelder hat Gelegenheit, die Anmeldung innerhalb von 6 M einmal freiwillig zu ändern, Änderung liegt erforderlichen ergänzenden Recherche zugrunde.			
233		✎ G 4/08	PCT-Anmeldung, die in einer EPA-Amtssprache eingereicht wurde, bei Eintritt in nat./reg. Phase keine Änderung der Verfahrenssprache möglich.			

Übersicht - Zurücknahmen mit Bezug zur internationalen Anmeldung
R 90bis

	Verfahrenshandlung	Rechtsnorm	Details
234	**Zurücknahme Int. Anmeldung**	R 90bis.1 (siehe 📄 B.146)	Innerhalb 30 M ab PT (Schriftliche) Zurücknahme der **int. Anmeldung** bei **IB, AA** oder **IPEA** möglich (Empfehlung: Formblatt PCT/IB/372), **Art. 21 (5), R 90bis.1c): Keine Veröffentlichung**, wenn IB Zurücknahme **rechtzeitig vorliegt** (15 Tage vor Abschluss der technischen Vorbereitungen zur Veröffentlichung: AG 9.014 und 11.048 ff., hierzu bedingte Zurücknahme möglich)
235	Bestimmungen	R 90bis.2 (siehe 📄 B.32 f.)	Innerhalb 30 M ab PT Zurücknahme eines DO möglich, wirksam mit Eingang bei IB, AA oder IPEA. Wird sowohl nationales als auch regionales Patent beantragt, gilt **Zurücknahme** nur für **nationale Patentanmeldung**, sofern nichts anderes angegeben ist; Zurücknahme aller Bestimmungen = Zurücknahme der int. Anmeldung
236	Prioanspruch	R 90bis.3 (siehe 📄 B.40 f.)	Innerhalb 30 M ab PT Zurücknahme einer in Anspruch genommenen Priorität möglich, wirksam mit Eingang bei IB, AA oder IPEA. Ggf. Neuberechnung von noch nicht abgelaufenen Fristen, aber auch Veröffentlichung, falls Vorbereitungen ausgehend vom ursprünglichem PT noch nicht abgeschlossen sind.
237	Antrag ergänzende Recherche	R 90bis.3bis	Zurücknahme **jederzeit vor** Datum der **Übermittlung** gemäß **R 45bis.8 a)** des SISR oder der Erklärung, dass kein solcher Bericht erstellt wird, an Anmelder und an IB, wirksam mit Eingang bei SISA oder IB
238	Antrag auf ivP/ Auswahlerklärungen	R 90bis.4	Innerhalb 30 M ab PT Zurücknahme des Antrags auf ivP oder Auswahlerklärung, wirksam mit **Eingang** der Erklärung beim **IB**; reicht Anmelder Zurücknahmeerklärung beim IPEA ein, wird nach **R 90bis.4 c)** Eingangsdatum von IPEA vermerkt und an IB weitergeleitet; Erklärung gilt mit Eingang IB als eingereicht
239	Vollmachtserfordernis bei Vertretung	R 90.4 e) R 90.5 d)	Bei Zurücknahmeerklärung nach R 90bis1 bis R 90bis.4 ein, muss **gesonderte Vollmacht** (**R 90.4 e)**) oder **allgemeine Vollmacht** (**R 90.5 d)**) **vorgelegt** werden, falls Vertreter **nicht** durch Unterschrift im Antrag bestellt wurde.- siehe 📄 B.245c. In den Regeln ist aufgeführt, bei welchem Amt Zurücknahme eingereicht werden muss.
240	Unterschriftserfordernis	R 90bis.5	Zurücknahmeerklärung nach R 90bis.1 bis R 90bis.4 ist von **allen Anmeldern** zu **unterschreiben**; R 90.3 ermächtigt auch der Anwalt oder gemeinsam bestellter Vertreter zur Zurücknahme, **Unterschrift des gemeinsamen Vertreters** geltenden Anmelders nach R 90.2 b) **reicht nicht** aus.
			AG 11.006: Anmelder, der als **gemeinsamer Vertreter** gilt, kann alle Handlungen **wirksam** unterzeichnen, **außer Antrag** und **Zurücknahmeerklärung**.
241	Wirkung	R 90bis.6 a)	Falls Bearbeitung oder Prüfung gemäß **Art. 23 (2)** oder **Art. 40 (2)** bereits bei einem Bestimmungsamt oder ausgewähltem Amt begonnen hat, hat die Zurücknahme keine Wirkung, ansonsten wird Bearbeitung der int. Anmeldung eingestellt (**R 90bis.6 b) + c)**).

Ablauf PCT-Anmeldung B.

Allgemeines zum PCT - Verfahren

Anwälte und gemeinsame Vertreter
Art. 49, **R 90**, AG 5.041-5.051, 11.004-11.014

Verfahrenshandlung	Rechtsnorm	Details	
Vertretung AG 5.041-5.051, 11.004-11.014	Art. 49 R 90.1	Rechtsanwälte, Patentanwälte oder andere Personen, die beim **AA vertretungsbefugt** sind, können **vom Anmelder** vor **AA, IB, (S)ISA** und **IPEA** als **Vertreter bestellt werden**.	241a
	Art. 27 (7) R 51bis.1 b) i)	AA und Bestimmungsamt (→ nationale Phase) kann verlangen, dass Vertreter bestimmt wird, der vor Amt befugt ist	241b
Euro-PCT	Art. 133 (1) EPÜ Art. 134 (1) EPÜ	Nach **Einleitung** der **regionalen Phase** (Euro-PCT, 31 M) sind nur **Anmelder** oder **zugelassenen Vertreter** beim EPA **handlungsbefugt** (S/S Art. 133 EPÜ Rd 6, 14)	241c
Bestellung Vertreter/Anwalt	R 90.1	Anmelder hat Vertreter/Anwalt zu **bestellen** • durch **Unterzeichnung** des **PCT-Anmeldeformulars** (Antrag – **R 90.4 a)**), wenn in dem Formblatt der Anwalt eingetragen ist (**Art. 4 (1) iii)** iVm **R 4.7** bzw. **R 4.1 a) iii)**) • durch die **Unterzeichnung** einer **gesonderten Vollmacht** (**R 90.4 a) und d)**): Einreichung von Kopie nicht nötig (**Ausnahme: R 90.4 e)**: Zurücknahmeerklärung nach R 90bis.1 bis 90bis.4. - siehe B.240) • durch die **Unterzeichnung** des **Antrags** auf **ivP** (**R 90.4 a)**) • falls eine **allgemeine Vollmacht** vorliegt, in der der Anwalt zu Handlungen nach dem PCT-Verfahren bevollmächtigt ist (**R 90.5 a) ii)**: In diesem Fall ist dem PCT-Antrag eine Kopie der allgemeinen Vollmacht beizufügen; **R 90.5 c)**: Amt kann von Einreichung der Abschrift absehen (**Ausnahme: R 90.5 d)**: Zurücknahmeerklärung nach R 90bis.1 bis 90bis.4 - siehe B.240)	242
Spezielle Bestellung vor Behörde	R 90.1 b)+b-bis)+c)	**Bestellung** eines (zugelassenen) **Vertreters speziell** vor **ISA** (R 90.1 b)), **SISA** (R 90.1 b-bis)), bzw. **IPEA** (R 90.1 c)), wenn schon anderer Vertreter bestellt.	242a
Berechtigung zur Bestellung		**Als Anwalt bestellt werden kann** • bei einer Anmeldung beim IB: jeder, der vor einem nationalen Amt bestellt werden kann, in dem der (oder einer der) Anmelder seinen Sitz oder Wohnsitz hat oder Staatsangehöriger ist (**Art. 49, R 83.1bis, R 90.1 a)**), • bei einer Anmeldung bei einem anderen AA jeder, der vor dem AA bestellt werden kann (**R 90.1 a)**), • bei einer int. Recherche jeder, der vor der als ISA handelnden Behörde bestellt werden kann (**R 90.1 b)**), • bei einer ivP jeder, der vor der als IPEA handelnden Behörde bestellt werden kann (**R 90.1 c)**), • jeder, der zur Vertretung vor dem AA oder dem IB befugt ist, ist auch zur Vertretung vor dem ISA oder dem IPEA berechtigt (**R 90.1 a)**), • durch Untervollmacht, sofern in Vollmacht nicht ausgeschlossen (**R 90.1 d)**).	243
Mehrere Anmelder/ Gemeinsamer Vertreter	R 90.2 a)	Wurde **kein Anwalt** zur gemeinsamen Vertretung nach **R 90.1 a)** bestellt, so kann **einer der Anmelder** als **gemeinsamer Vertreter** geltender Anmelder **bestellt** werden, sofern dieser nach **Art. 9** zur Anmeldung berechtigt ist.	244
	R 90.2 b)	Erfolgt **keine ausdrückliche Bestellung**, gilt der im Antrag **zuerst genannte Anmelder**, der nach **R 19.1** zur Anmeldung beim AA berechtigt ist, als **gemeinsamer Vertreter** aller Anmelder **Ausnahme**: Zurücknahme **R 90bis.5 Satz 2**, Zurücknahmeerklärung nach R 90bis.1 bis 90bis.4 - siehe B.240	244a
	R 90.3 b)	**Mehrere Vertreter** für einen Anmelder	244b
	R 90.3 c)	**Wirkung** der Handlungen des **gem. Vertreters** bzw. dessen Anwalts **wie** die **aller Anmelder**.	244d

B. Ablauf PCT-Anmeldung

Anwälte und gemeinsame Vertreter (Fortsetzung)

	Verfahrenshandlung	Rechtsnorm	Details
245	**Vollmacht** (siehe 📄 G.64)	R 90.4	Bestellung des (gemeinsamen) Vertreters/Anwalts durch **Unterzeichnung** des **PCT-Anmeldeformulars**, des **Antrags auf ivP** oder einer **gesonderten Vollmacht**.
245a		R 90.5	Bestellung des Anwalts durch Bezug auf **allgemeine Vollmacht** im **PCT-Antragsformular**, im **Antrag auf ivP** oder **gesonderten Mitteilung**.
245b		R 90.4 d) R 90.5 c)	AA, ISA, SISA, IPEA, IB kann auf **Vorlage** der (gesonderten oder allgemeinen) **Vollmacht verzichten**; (EPA hat verzichtet: ABl. 2003, 574, 2004, 305, 2010, 335) - siehe 📄 B.14, 📄 G.64
245c		R 90.4 e) R 90.5 d)	Bei Zurücknahmeerklärung gemäß R 90bis.1 bis R 90bis.4, z.B. der gesamten Anmeldung, muss gesonderte oder allgemeine Vollmacht vorgelegt werden; bei Bestellung des Vertreters im Antrag ist Vorlage einer Vollmacht **nicht** erforderlich.
246	**Wirkung der Bestellung**	Art. 14 (1) a) i)	Erfordernis der Unterschrift des Anmelders im Antrag zur internationalen Anmeldung
246a		R 90.3 a)	Eine von einem Anwalt oder ihm gegenüber vorgenommene Handlung hat die gleiche Wirkung wie eine von dem oder den Anmeldern oder ihm/ihnen gegenüber vorgenommener Handlung.
246b	Gemeinsamer Vertreter	R 90.3 c)	Eine von einem gemeinsamen Vertreter oder dessen Anwalt oder ihm gegenüber vorgenommene Handlung hat die gleiche Wirkung wie eine allen Anmeldern oder ihnen gegenüber vorgenommener Handlung **Ausnahme**: Zurücknahme **R 90bis.5 Satz 2**, Zurücknahmeerklärung nach R 90bis.1 bis 90bis.4 - siehe 📄 B.240.
246c	Mehrere Anmelder	R 4.15 R 26.2bis (a)	Bei mehreren Anmeldern reicht beim Antrag die Unterschrift eines Anmelders.
247	**Widerruf und Verzicht Bestellung**	R 90.6 b), c)	Bestellung eines neuen Anwalts/gemeinsamen Vertreters bedeutet Widerruf des alten Vertreters.
247a		R 90.6 d)	Anwalt oder gemeinsamer Vertreter kann durch Mitteilung auf Bestellung verzichten.

Ablauf PCT-Anmeldung B.

Allgemeine Gebühren im Rahmen der int. Anmeldung
AG 5.184, AG ANNEX C, ANNEX D

Verfahrens-handlung	Rechtsnorm	Details	
Gebühren AG 5.184, 5.187	Art 14 (3) a) Art. 3 (4) iv) R 27.1 a)	Die in Art. 14 (3) a) genannten Gebühren gemäß Art 3 (4) iv) sind die **Übermittlungsgebühr** (R 14), die **int. Anmeldegebühr** (R 15.1), die **Recherchengebühr** (R 16) und ggf. die **Gebühr** für die **verspätete Zahlung** (R 16bis.2)	248a
Bestimmungs-gebühr	Art. 14 (3) a)+b) Art. 4 (2) R 27.1 b)	Die in Art. 14 (3) a)+b) genannten Gebühren gemäß Art 4 (2) sind die **int. Anmeldegebühr** (R 15.1) und ggf. die **Gebühr** für die **verspätete Zahlung** (R 16bis.2)	248b
Übermittlungs-gebühr	R 14.1	**Vom AA festgesetzt** (**EPA**: 135 € nach Art. 2 (1) Nr. 18 GebO – siehe 📄 H.8 , **DE**: 90 €, **IB**: 100 CHF/92 €), zugunsten des AA, an das AA zu entrichten, Frist 1 M nach R 14.1 c). Erhebung durch AA zugunsten AA	248
Int. Anmeldegebühr	R 15.1	In GebVerz der PCT-Ausführungsverordnung festgesetzt: 1330 CHF + 15 CHF (EPA/DE: 1217 € + 14 €) pro Seite über 30 Seiten, zugunsten des IB, an das AA zugunsten IB zu entrichten, Frist 1 M nach R 15.3.	249
Recherchen-gebühr	R 16.1	**Von der ISA festgesetzt** (EPA: 1775 €, Art. 2 (1) Nr. 2 GebO), zugunsten der ISA für Durchführung der internationalen Recherche, an das AA zu entrichten, Frist 1 M nach R 16.1 f), R 15.3.	250
Gebühr für verspätete Zahlung AG 5.193 ff.	R 16bis.2	Werden Gebühren gemäß **Art. 3 (4) iv)** nach Aufforderung nach **R 16bis.1 a)** durch das AA vom Anmelder innerhalb geforderter Frist mit **Zuschlag** nach **R 16bis.2** (EPA: 50 %) nicht gezahlt, gilt PCT-Anmeldung nach **R 16bis.1 c) i)**, **Art. 14 (3) a)** als zurückgenommen.	251
Währung AG 5.186	R 15.2 b)	Für die **Anmeldegebühr** (**R 15.1**) schreibt das **AA** die **Währung** vor. Sonstige vorgeschriebene **Währung** ist gemäß dem Gebührenverzeichnis der **Schweizer Franken**; jedes AA kann Gegenwert für die Gebühr festlegen (**R 15.2 d) i)**), ggf. ist AA für das Umwechseln der vorgeschriebenen Währung in Schweizer Franken verantwortlich (**R 15.2 d) ii)**)	252
Gebühren-ermäßigung AG 5.188 ABl. 2018, Zusatzpubl. 2 ABl. 2019, A111 (siehe 📄 H.9, 📄 H.147)	Nr. 4 GebVerz	**Ermäßigung** der internationalen Anmeldegebühr bei **elektronischer Einreichung** • nicht zeichenkodierter Antrag: 92 €, • zeichenkodierter Antrag: 183 €, • zeichenkodierter Antrag, Beschreibung, Ansprüche und Zusammenfassung: 275 €	253
	Nr. 5 GebVerz	90 % Reduktion der **internationalen Anmeldegebühr** nach Nr. 1 (zusätzlich zur Reduktion nach Nr. 4), der **Bearbeitungsgebühr** für die ergänzende Recherche nach Nr. 2 und Bearbeitungsgebühr nach GebVerz Nr. 3, falls **alle Anmelder** aus einem **Land** mit einem **festgelegten Pro-Kopf BIP** oder einem von der UN als **Entwicklungsland** eingestuften Land stammen.	254
		Ermäßigung Gebühren um 75 % für int. Recherche, ergänzende int. Recherche (jeweils Art. 2 (1) Nr. 2 GebO) und int. vorläufige Prüfung (Art. 2 (1) Nr. 19 GebO), wenn • (alle) Anmelder (natürliche Personen) Staatsangehörigkeit und Wohnsitz in einem von der Weltbank als Staat mit niedrigem Einkommen oder mittlerem Einkommen im unteren Bereich eingestuft besitzen (nicht EP-VS, fett=PCT: **AF**, AO, BD, **BF**, BI, **BJ**, BO, BT, CD, **CF**, CG, **CI**, CM, CV, DJ, DZ, EG, ER, ET, FM, **GH**, **GM**, GN, **GW**, HN, HAT, **IN**, **KE**, **KG**, **KH**, KI, **KM**, **KP**, LA, **LK**, LR, **LS**, **MA**, **MD**, **MG**, MM, **ML**, **MN**, **MR**, **MW**, **MZ**, **NE**, **NG**, **NI**, NP, **PG**, **PH**, PK, **RW**, SB, **SD**, SL, **SN**, SO, SS, **ST**, **SV**, **SY**, **SZ**, **TD**, **TG**, **TJ**, TL, **TN**, **TZ**, UA, UG, **UZ**, **VN**, VU, YE, **ZM**, **ZW** – ABl. 2020, A91), oder • (alle) Anmelder (natürliche oder juristische Person) Staatsangehörigkeit und Wohnsitz oder Sitz im Sinne der R 18 PCT in einem Staat besitzen, in dem ein Validierungsabkommen mit dem EPA in Kraft ist (MA, MD, TN, KH– ABl. 2020, A91) **Vereinbarung WIPO-EPA** (ABl. 2017, A115, Anhang D), BdV vom 12.12.2019 (ABl. 2020, A4) und MdEPA vom 10.07.2020 (ABl. 2020, A91) – Gültig ab 01.07.2020	255

B. **Ablauf PCT-Anmeldung**

	Allgemeine Gebühren im Rahmen der int. Anmeldung AG 5.184, AG ANNEX C, ANNEX D		
	Verfahrens- handlung	Rechtsnorm	Details
256	**Gebühren- änderung** AG 5.192	R 15.3 R 16.1 f)	Bei Gebührenänderung ist der beim Zeitpunkt des Eingangs geltende Betrag maßgeblich.
257	**Rückerstattung**	R 14.1	**Übermittlungsgebühr**: Keine Regelung
258	AG 5.073, 5.197 (siehe H.157, H.168)	R 15.4 R 16.2	**Anmeldegebühr, R.-Gebühr** Rückerstattung, wenn i) kein AT zuerkannt wird oder ii) bei Zurücknahme, bevor das Aktenexemplar an das IB übermittelt wird oder iii) die int. Anmeldung wegen nat. Sicherheitsvorschriften nicht als solche behandelt wird
259		R 16.2	Rückerstattung **R.-Gebühr**, wenn die Anmeldung **vor Beginn** der internationalen **Recherche** zurückgenommen wird (oder gilt)
260		R 16.3 R 41.1	**Teilweise Rückerstattung** der **R.-Gebühr**, wenn die internationale Recherche ganz oder teilweise auf eine **frühere Recherche** dieser Behörde gestützt werden kann (EPA als ISA: BdP vom 21.12.2018, ABl. 2019, A5) – siehe H.157, H.170.
261		R 57.4	Rückerstattung **Bearbeitungsgebühr** für die ivP, wenn Antrag zurückgenommen wird, vor Weiterleitung an IB
262		R 58.3	Rückerstattung, wenn **Antrag** zur **ivP** als **nicht gestellt** gilt.

Ablauf PCT-Anmeldung B.

Akteneinsicht in die internationale Anmeldung sowie damit verbundene Schriftstücke
R 94 (seit 1.7.98), AG 9.025, 9.027

Verfahrenshandlung	Rechtsnorm	Details	
Akteneinsicht	Art. 30 R 94	**Vor Veröffentlichung** ist auf **Antrag** von **Anmelder** oder **bevollmächtigter Person** und **nach Veröffentlichung** für **jedermann** Einsichtnahme in Akte bei AA (R 94.1bis a), IB (Art. 30 (1) a), R. 94.1 a), ISA (Art. 30 (1) a), R 94.1ter b)), IPEA (R 94.2), Bestimmungsamt (Art. 30 (2) a), R 94.2bis) und/oder ausgewähltem Amt (Art. 30 (2) a), R 94.3) möglich. – siehe B.154 ff. Auch Einsicht in Einwendungen Dritter möglich – siehe B.351 Ausstellung von Kopien gegen Kostenerstattung möglich (durch Akteneinsicht über PATENTSCOPE irrelevant geworden).	263
Veröffentlichung	Art. 21 (2), (3) R 48.2 Section 404, 406 (b) AG 9.015, 9.022	Am **Tag** der **Veröffentlichung** der int. Anmeldung ist **Einsicht in elektronische Akte** über **PATENTSCOPE** möglich; auch Einsicht in WO-ISA sowie Stellungnahme des Anmelders (AG 7.028, 7.030); ebenso ist Einsicht in ISR, in Erklärung nach Art. 17 (2) a) oder Anspruchsänderungen nach Art. 19 möglich;	264
Vorzeitige Veröffentlichung	Art. 21 (2) b) R 48.4	**Vorzeitige Veröffentlichung** und somit **Akteneinsicht** über PATENTSCOPE auf Antrag des Anmelders beim IB möglich, ggf. besondere Veröffentlichungsgebühr (200 CHF, Section 113(a) der Administrative Instructions) gemäß R 48.4 fällig (wenn zu diesem Zeitpunkt kein ISR oder Erklärung nach Art. 17.2 (a) vorliegt).	265
Akteneinsicht AA	Art. 30 (2) a), (3) R 94.1bis a)	Auf **Antrag** des **Anmelders** oder einer von ihm **bevollmächtigten Person** erteilt das AA Einsicht in alle in seiner Akte befindlichen Schriftstücken, **vor Veröffentlichung möglich**.	266
	R 94.1bis b), c)	Vorbehaltlich der ausgeschlossenen Angaben nach R 48.2 (I) erteilt das AA **nach** der int. **Veröffentlichung jedermann** auf Antrag Einsicht in seiner Akte befindlichen Schriftstücken.	267
IB	Art. 30 (1) a) R 94.1 a)	**Außer** auf **Antrag** des **Anmelders** oder mit seiner **Einwilligung** darf das IB, vorbehaltlich **Art. 30 (1) b)** (Ausnahme: Übermittlungen an ISA und Bestimmungsämter), **keiner Person** oder **Behörde Einsicht** in eine PCT-Anmeldung gewähren, **bevor** die int. **Veröffentlichung** der Anmeldung **erfolgt** ist.	268
	R 94.1 b), d)	Vorbehaltlich **Art. 38** (Vertraulichkeit des schriftlichen Bescheids, des Berichts, der Übersetzung und der Stellungnahme, Frist 30 M) und der ausgeschlossenen Angaben nach R 48.2 (I) erteilt das IB nach der int. Veröffentlichung der int. Anmeldung **jedermann** auf Antrag, gegen Kostenerstattung.	269
ISA	Art. 30 (1) a) R 94.1ter a)	**Außer** auf **Antrag** des **Anmelders** oder mit seiner **Einwilligung** darf die ISA, vorbehaltlich **Art. 30 (1) b)** (Ausnahme: Übermittlungen Bestimmungsämter), **keiner Person** oder **Behörde Einsicht** in eine PCT-Anmeldung gewähren, **bevor** die int. **Veröffentlichung** der Anmeldung **erfolgt** ist.	270
	R 94.1ter b), c)	Vorbehaltlich der ausgeschlossenen Angaben nach R 48.2 (I) erteilt die ISA **nach** der int. **Veröffentlichung jedermann** auf Antrag Einsicht in seiner Akte befindlichen Schriftstücken.	271
IPEA	Art. 30 (1) a) R 94.2 a)	Auf **Antrag** des **Anmelders** oder einer von ihm **bevollmächtigten Person** erteilt das IPEA Einsicht in alle in seiner Akte befindlichen Schriftstücken, **vor Veröffentlichung möglich**.	272
	R 94.2 b), c)	Vorbehaltlich der ausgeschlossenen Angaben nach R 48.2 (I) erteilt das IPEA **nach der Erstellung** des ivP auf **Antrag** eines **ausgewählten Amts** Einsicht in seiner Akte befindlichen Schriftstücken.	273

B. Ablauf PCT-Anmeldung

Akteneinsicht in die internationale Anmeldung (Fortsetzung)

	Verfahrenshandlung	Rechtsnorm	Details
274	**Akteneinsicht Bestimmungsamt**	R 94.2bis	**Akteneinsicht** beim Bestimmungsamt durch **Dritte** möglich, wenn es **nationales Recht** zulässt; keine Einsicht vor frühestem Zeitpunkt nach Art. 30 (2) a) (siehe B.263): Veröffentlichung der int. Anmeldung, Übermittlung oder Eingang der int. Anmeldung an Bestimmungsamt (EPA als Bestimmungsamt → **Art. 128 (4) EPÜ**, siehe RiLi E-IX 2.10)
275	**Ausgewähltes Amt**	R 94.3	**Akteneinsicht** beim ausgewählten Amt durch **Dritte** möglich (auch in die Schriftstücke, die sich auf die ivP beziehen), wenn es **nationales Recht** zulässt; keine Einsicht vor frühestem Zeitpunkt nach Art. 30 (2) a) (siehe B.263): Veröffentlichung der int. Anmeldung, Übermittlung oder Eingang der int. Anmeldung an Bestimmungsamt (EPA als ausgewähltes Amt → **Art. 128 (4) EPÜ**, siehe RiLi E-IX 2.10 und ABl. 2003, 382)
276	**EPA = AA, ISA oder IPEA**	BdP vom 20.02.2019 (ABl. 2019, A16, A17)	EPA gewährt über **Europäisches Patentregister** Einsicht in Schriftstücke intern. Anmeldungen, bei denen **EPA=AA, ISA oder IPEA**.
277			Von Einsicht **ausgeschlossene Unterlagen**: a) Angaben, die vom IB nach R 48.2 l) von Veröffentlichung oder gemäß R 94.1 d) bzw. e) von öffentlicher Einsichtnahme ausgeschlossen sind; b) Unterlagen, die gemäß EPÜ von Akteneinsicht ausgeschlossen sind (Art. 150 (2), Art. 128 (4), R 144 EPÜ und BdP vom 12.07.2007 (ABl. 2007, Sonderausgabe Nr. 3, J.3). - siehe A.408 und B.280
278			Akteneinsicht durch Erstellung Papierkopien nur noch in Ausnahmefällen möglich - BdP vom 20.02.2019 (ABl. 2007, Sonderausgabe Nr. 3, J.2, Artikel 1 (2), (3) und (5) sowie Artikel 2, ABl. 2019, A16)
279	**Nationales Amt**	Art. 30 (2) a)	Kein nationales Amt darf **Dritten ohne Antrag** oder Genehmigung des **Anmelders** Einsicht in int. Anmeldung **vor frühestem** nachfolgendem **Zeitpunkt** geben: • Internationale Veröffentlichung • Eingang der Übermittlung der int. Anmeldung nach Art. 20 • Eingang der int. Anmeldung nach Art. 22
280	**Ausgeschlossene Angaben**	R 48.2 R 94.1 d) + e)	Keine Einsicht in nach **R 48.2** oder auf Antrag des Anmelders ausgeschlossene Angaben (z.B. Angaben, die persönliche oder wirtschaftliche Interessen des Anmelders beeinträchtigen würden).

Ablauf PCT-Anmeldung B.

Weiterleitung

Verfahrenshandlung	Rechtsnorm	Details	
Weiterleitung AG 5.180, 6.001, 6.057	Art. 12 (1)	Verteilung der eingereichten Exemplare auf AA (Anmeldeexemplar), IB (Aktenexemplar), ISA (Rechercheexemplar)	281
	Art. 12 (2)	Maßgebliches Exemplar ist Aktenexemplar beim IB	281a
	Art. 12 (3)	PCT-Anmeldung gilt als zurückgenommen, falls Aktenexemplar dem IB nicht innerhalb Frist (**R 22.3**: 3 M ab Mitteilung nach R 22.1 c) oder g) - nach Ablauf 14 M ab PT) zugeht	281b
	Art. 12 R 22.1 (d)	Nach Ablauf von 14 M ab PT kann Anmelder vom AA verlangen, dass dieses eine Kopie seiner int. Anmeldung mit der eingereichten Anmeldung übereinstimmend beglaubigt und diese beglaubigte Kopie an das IB übersenden.	281c

Umschreibung/ Übertragung

Verfahrenshandlung	Rechtsnorm	Details	
Umschreibung/ Übertragung AG 11.018-11.022	R 92bis.1	Eintragung von **Änderungen** bzgl. **Anmelder**, **Vertreter** oder **Erfinder** im Antrag oder im Antrag auf **ivP beim IB** (vorzugsweise über Online-Portal ePCT) • auf Antrag des Anmelders oder des AA Änderungen, beim IB (empfohlen) oder AA einzureichen • innerhalb der 30 M-Frist ab PT (ggf. beim AA, wirkt erst bei Eingang IB) • keine Gebühr, kein Einverständnis der Erfinder notwendig	282
	Art. 27 R 51.bis	**Nationale Ämter** können **Nachweis** verlangen (AG 11.018B, AG 11.022)	283
		Umschreiben durch **neuen Anmelder** nur mit **Nachweis** (AG 11.018B)	284
	R 90.3	**Nachweis** durch **Unterlagen** bei Antrag durch **neuen Anmelder**, bei Antrag durch **Vertreter** des neuen Anmelders muss **ggf. Vollmacht** beigelegt werden. AG 11.018B	285
Sammelantrag	ABl. 2019, A79	Bei Anträgen, die mehr als eine Anmeldung betreffen, verlangt IB idR Einreichung einer Liste aller betroffenen Anmeldungen	285a

Alle Schutzrechtsarten

Verfahrenshandlung	Details	
Alle Schutzrechtsarten Keine Vorauswahl notwendig	**R 4.9 a) i)**: Alle VS **R 4.9 a) ii)**: Für **alle Schutzrechtsarten** für Staaten, auf die **Art. 43** oder **Art. 44** Anwendung findet **R 4.9 a) iii)**: Regionales Patent nach **Art. 45 (1)** und falls nicht **Art. 45 (2)** Anwendung findet, ein nat. Patent **Art. 43**: Nachsuchen um **bestimmte Schutzrechtsarten** **Art. 44**: Nachsuchen um **zwei Schutzrechtsarten** **R 4.12**: Bezugnahme auf **frühere Recherche**, z.B. Continuation in Part im Antrag (siehe B.73) **R 49bis.1**: Angabe gegenüber Bestimmungsstaat bei Eintritt nationale Phase, dass Anmelder Antrag auf bestimmte Schutzrechtsarten wünscht: **a)**: Art. 43 ist auf Bestimmungsstaat anzuwenden; **b)**: Art. 44 bzw. Art. 43 ist auf Bestimmungsstaat anzuwenden, Handlungen nach Art. 22 vornehmen **d)**: (Teil-)Fortsetzen einer **früheren Anmeldung** (z.B. USA (CIP)), Bei Handlungen nach **Art. 22** (mit **R 76.5 ii**) Bezug auf **Art. 39 (1)** ist Hauptanmeldung oder Recherche beim Bestimmungsamt anzugeben (im Antrag nach **R 4.11 a) ii)**) **R 26quater**: Angaben nach R4.11 (int. Anmeldung soll im DO als Zusatzpatent/-zertifikat, Zusatzerfinderschein oder Zusatzgebrauchszertifikat oder (Teil-)Fortsetzung einer früheren Anmeldung) können noch innerhalb Frist von 16 M nach PT beim IB als Mitteilung eingereicht werden, Eingang vor Abschluss techn. Vorbereitungen zur int. Veröffentlichung, ansonsten nach R 26quater.2 Verfahren nach Verwaltungsvorschrift. (ab 01.07.2020)	286

B. Ablauf PCT-Anmeldung

	Form der Einreichung		
	Verfahrenshandlung	Rechtsnorm	Details
287	**Form und Übermittlung der Einreichung** AG 11.067 ff.	R 11 R 92.4	**Schriftform** **Internationale Anmeldungen** müssen **schriftlich** auf **Papier** oder in **elektronischer Form** mit dem **Antragsformblatt** PCT/RO/101 per **Post** oder per **Telekommunikation** eingereicht werden.
288	Telefax AG 11.067 ff.	R 92.4 a)	Unterlagen der **int. Anmeldung** können per **Telegraf, Fernschreiber, Telefax** oder ähnlicher **Einrichtungen** übermittelt werden, die zur Einreichung eines gedruckten oder geschriebenen Schriftstücks führen (außer AA nimmt derartige Schriftstücke nicht an - R 92.4 h)); **abhängig** vom **AA** ist **Original** innerhalb **14** Tagen **nachzureichen**, siehe Annex B; **EPA erlaubt** Einreichung per **Telefax**, allerdings müssen Anmeldeunterlagen und Antrag gleichzeitig per Post eingereicht werden, spätestens 1 M nach Aufforderung, ansonsten gilt Anmeldung als zurückgenommen; Hinweis auf Telefax, dass gesonderte Papiereinreichung (BdP/MdEPA vom 12.07.2007, Sonderausgabe Nr. 3, ABl. 2007, A.3).
288a	EPA=AA	R 92.4 c)	AA (=EPA) unterrichtet Anmelder unverzüglich per Fax, falls das von ihm übermittelte Fax ganz oder teilweise unleserlich oder unvollständig ist. – Abl. 2019, A19
289	Elektronische Einreichung (ePCT)	R 89bis.1	**Online-Einreichung** von **int. Anmeldungen** sowie **Unterlagen** (**R 89bis.2**) **beim IB** möglich, z.B. über ePCT private services, PCT-SAFE (beim EPA seit 01.07.20 nicht mehr möglich, ABl. 2020, A59), andere durch das AA angebotene Arten der Einreichung (siehe Annex C, EPA: EPO Online Filing; EPO Web-form filing service; EPO Case Management System (CMS)); auch vor anderen AAs/ROs (nicht IB), ISA und IPEA möglich, falls diese Ämter einen entsprechenden Datenaustausch mit dem IB vereinbart haben, z.B. AT, SE, FI; EPA (ABl. 2014, A50, A71, A107, ABl. 2016, A78, für besondere Verfahrenshandlungen ggf. über ein gesondertes Plug-in des ePCT möglich. Zugriff auf Dateien von int. Anmeldungen (auch solche, die nach der Veröffentlichung in PATENTSCOPE nicht verfügbar sind, z.B. Kapitel II relevante Dokumente). EPA: • Priounterlagen zu ePA und int. Patentanmeldungen in europ. Phase können elektronisch mittels OLF oder CMS eingereicht werden, wenn sie von ausstellender Behörde digital signiert wurden und EPA die Signatur anerkennt. – ABl. 2018, A93, A94, A45 • Empfang der Unterlagen wird während des Übertragungsvorgangs elektronisch bestätigt. ABl. 2018, A45, Art. 11, ABl. 2019, A19 **Nichtverfügbarkeit**: **Ist eine vom EPA nach R 89bis bereitgestellte oder zugelassene Einrichtung zur elektronischen Nachrichtenübermittlung (vorübergehend) aus einem vom EPA vertretenden Grund (z.B. Wartung) nicht verfügbar**, gilt Fristverlängerung **nach R 134 (1) EPÜ iVm Art. 150 (2) EPÜ. – ABl. 2018, A25, Nr. 6**

Ablauf PCT-Anmeldung B.

Form der Einreichung (Fortsetzung)

Verfahrenshandlung	Rechtsnorm	Details	

Pilotprojekt Online-Einreichung 2.0
 	
ABl. 2020, A44
 	
siehe A.250a f
		• Pilotprojekt beginnt am 04.05.2020
		• Einreichung mittels **spezieller Software** für die Online-Einreichung 2.0;
		• Ausgenommen für das Pilotprojekt für die Online-Einreichung 2.0 sind die Online-Einreichung des EPA (OLF), über Case-Management-System (**CMS), Web-Einreichung** sowie über **PCT-SAFE, ePCT-Filing** und **ePCT-Dienst**
		• Einreichungsfähige Unterlagen:
		   o Eintritt in europäische Phase (Formblatt 1200) mit Unterlagen und ggf. Übersetzungen sowie etwaigen Änderungen (z.B. Art. 19/Art.24 PCT) im PDF-Format
		   o Antrag int. Anmeldung (Formblatt PCT/RO/101) mit Anmeldungsunterlagen einer beim EPA=AA, ggf. Übersetzungen im PDF-Format oder XML-Format, andere Unterlagen im PDF-Format
		   o Sequenzprotokolle für int., europäische und EURO-PCT-Anmeldungen
		• Nach Bekanntmachung geplante einreichungsfähige Unterlagen
		   o alle Unterlagen im Docx-Format
		   o Anmeldeunterlagen für EPA=ISA, SISA, IPER, einschließlich Antrag ivP im PDF- oder DOCX-Format
		   o Änderungen, Korrekturen, Berichtigungen der Online eingereichten Unterlagen bis zur Erteilung im PDF- oder DOCX-Format
		• DOCX-Format der eingereichten Anmeldungsunterlagen muss festgelegter Formatdefinition des EPA entsprechen -> ABl. 2020, A45
			289a

Einwendungen Dritter über PATENTSCOPE oder ePCT	Section 801 ff. Administrative Instructions AG 11.109 ff.	• Eingaben nach Veröffentlichung der int. Anmeldung **bis 28 M** nach PT über PATENTSCOPE oder ePCT möglich, solange Anmeldung anhängig ist • auf Wunsch bleibt Dritter anonym, • Anmelder/Vertreter ist nicht zur Einreichung berechtigt • je Person nur eine Einwendung • maximal 10 Eingaben je int. Anmeldung • **Angabe** von max 10 **Zitierungen** mit kurzer (strukturierter) **Begründung** je Eingabe möglich • Eingabe sollte in einer Veröffentlichungssprache sein, zitierter SdT kann in jeder Sprache eingereicht werden **Anmelder** kann auf die Eingabe innerhalb 30 M ab PT **antwortet** Weiteres Verfahren: • **Eingabe, Zitierungen** und **Antworten** des Anmelders werden dem Anmelder, der **ISA**/dem **IPEA** (sofern ISR/iVP noch nicht erstellt worden sind) und **Bestimmungsämter übermittelt.** • Eingabe und Antwort des Anmelders (nicht die Kopien der zitierten Dokumente) sind über PATENTSCOPE einsehbar. • Entsprechendes Amt kann über Verwendung der Eingabe selbst entscheiden • Dritter hat kein Recht, am weiteren (Prüfungs-)Verfahren teilzunehmen.	290

B. Ablauf PCT-Anmeldung

	Übersicht - Zusammenwirken PCT - EPÜ		
	Verfahrenshandlung	Rechtsnorm	Details
291	Anzuwendendes Recht PCT vs. EPÜ	Art. 150 (2) EPÜ	Vorschriften des **PCT** oder seiner **Ausführungsverordnung** gehen **gegenüber** dem **EPÜ vor**; EPÜ ist ergänzend anzuwenden
292	Wirkung für EP	Art. 153 (2) EPÜ	Eine **PCT-Anmeldung**, für die das EPA **ausgewähltes Amt** oder **Bestimmungsamt** ist und der ein int. AT zuerkannt worden ist, **gilt als ePA**.
293	EPA als PCT Behörde AA	Art. 151 (1) EPÜ R 157 (1) EPÜ	EPA ist **AA** im Sinne des **Art. 2 xii) PCT** iVm **Art. 151 (1) EPÜ**; Voraussetzung: Anmelder ist Staatsangehöriger oder hat Wohnsitz bzw. Sitz in VS des PCT - siehe B.7
294	ISA	Art. 152 EPÜ R 158 EPÜ Art. 16 (1) PCT	EPA wird als **ISA** tätig Vereinbarung WIPO-EPA (ABl. 2017, A115; Abl. 2010, 304) - siehe B.55
295	SISA	R 45bis PCT	EPA wird als **SISA** tätig, wenn **EPA≠ISA** Vereinbarung WIPO-EPA (ABl. 2017, A115; ABl. 2010, 304 und 316) und RiLi E-IX 1 v) EPA nimmt nur begrenzte Anzahl (700) SIS-Anträge an – Abl. 2014, A117
296	IPEA	Art. 152 EPÜ R 158 EPÜ Art. 32 (1) PCT	EPA wird als **IPEA** tätig Vereinbarung WIPO-EPA (ABl. 2017, A115; ABl. 2010, 304) - siehe B.109
297	Bestimmungsstaat	Art. 153 (1) a) EPÜ R 159 EPÜ	EPA ist **Bestimmungsamt** sowie **ausgewähltes Amt** (RiLi E-IX, 2.7); Anmelder hat innerhalb 31 M ab PT Handlungen im Rahmen der nationalen Phase für int. Anmeldung nach Art. 153 (1) a) EPÜ vorzunehmen - siehe B.196
298	Widerspruchsbehörde Uneinheitlichkeit	R 158 (3) EPÜ	EPA stellt Dienstleistung für WIPO im Rahmen der Überprüfung der Uneinheitlichkeit als ISA, IPEA und SISA zur Verfügung (BdP vom 09.06.2015, ABl. 2015, A59), **Zahlungseingang** der **Widerspruchsgebühr** wird **beim EPA** erwartet und stellt somit ein **Versäumnis** nach Art. 122 EPÜ dar, welches zur **WE berechtigt** - siehe B.69 (ISR), B.87 (SISR) und B.142 (IPEA)
299	Einreichung int. Anmeldung bei Behörde EP-VS	Art. 151 EPÜ R 157 (3) EPÜ	VS hat für rechtzeitige Übermittlung einer bei der Zentralbehörde des VS eingereichten int. Anmeldung an das EPA zu sorgen (spätestens zwei Wochen vor Ablauf des 13. Monats nach ihrer Einreichung oder PT)
300	Übermittlungsgebühr	Art. 151 EPÜ R 157 (4) EPÜ	**Art. 3 (4) iv) PCT iVm R 14 PCT**, zahlbar an AA, **Art. 2 (1) Nr. 18 GebO EPA**: 135 € (seit 01.04.2020)
301	AA für int. Anmeldungen	Art. 151 EPÜ R 157 (1) EPÜ	Int. Anmeldung ist **direkt** beim **EPA** einreichen (nicht Wien)
302	ISR=europ. RB	Art. 152 EPÜ Art. 153 (6) EPÜ	Int. RB nach **Art. 18 PCT** oder Erklärung nach **Art. 17 (2) a) PCT** ersetzt **europäischen RB**.
302	Veröffentlichung	Art. 153 (3) EPÜ	Int. **Veröffentlichung** tritt vorbehaltlich (4) an die Stelle der **Veröffentlichung der ePA**. Ausnahmen zum SdT nach **Art. 54 (3)**, wenn Voraussetzung nach **Art. 153 (4)** nicht erfüllt (gilt erst als älteres Recht, wenn in Amtssprache veröffentlicht)
303	Übersetzung/ Schutzwirkung	Art. 153 (4) EPÜ	**Übersetzung** zum Zweck der **Veröffentlichung erforderlich**, falls Euro-PCT **nicht** in **Amtssprache** veröffentlicht; **Schutz** nach **Art. 67 (3) EPÜ** erst vom Tag dieser Veröffentlichung an.

Ablauf PCT-Anmeldung B.

Nationale Erfordernisse
Art. 27, R 90.4

Verfahrenshandlung	Rechtsnorm	Details	Unmittelbare Folgen eines Mangels, Mängelbeseitigung, Fristen	Rechtsfolge bei Nichtbeseitigung von Mängeln oder Fristversäumnis	
Nationale Erfordernisse	Art. 27 (1) R 13	Nat. Recht darf nicht die Erfüllung anderer Erfordernisse verlangen oder zusätzliche Anforderungen stellen, z.B. R 13 Einheitlichkeit.			304
	Art. 27 (2) ii) R 51bis.1 a) vi)+vii)	Nationales Recht darf Bestätigung der Richtigkeit der Anmeldung oder von Erklärungen durch Unterschrift des Anmelders verlangen (z.B., wenn (nicht alle) Anmelder den PCT Antrag unterschrieben haben) - Nachholung der Unterschrift.			304a
Vollmacht	Art. 27 (7) R 51bis.1 b)	Jedes AA und Bestimmungsamt kann Anwalt mit Anschrift im Bestimmungsstaat und Vertretungsberechtigung vor diesem Amt verlangen.			305
	R 90.4	Bestellung eines Vertreters mit gesonderter Vollmacht; gemeinsamer Vertreter			305a
	R 90.5	Allgemeine Vollmacht			305b
Verzicht auf Abschrift Vollmacht	R 90.4 d) bzw. R 90.5 c)	IB, AA, ISA, IPEA und SISA kann auf Einreichung einer Abschrift der Vollmacht eines Anwalts oder gemeinsamen Vertreters verzichten; Zurücknahmeerklärung nach R 90.4 e) bzw. R 90.5 d) ist davon ausgenommen.			305c
IP=AA		IB hat nur als AA Verzicht erklärt, somit ist für wirksame Handlungen (z.B. Änderungen nach Art. 19 bzw. R 92bis oder Korrektur Prioanspruchs n. R 26bis) eine Vollmacht vom fiktiven gemeinsamen Vertreter (R 90.2 b): erster Anmelder) in die Akten aufzunehmen.			305d
EPA=AA, (S)ISA, IPEA		EPA hat Verzicht nach R 90.4 d) und R 90.5 c) bzw. für die Fälle, in denen es als AA, ISA, SISA oder IPEA tätig ist, erklärt. Im Einzelfall Anforderung möglich. - ABl. 2010, 336			305e
	R 90.4 e) bzw. R 90.5 d)	Bei Zurücknahmeerklärungen nach R 90bis durch Anwalt/gemeinsamen Vertreter muss Vollmacht eingereicht werden, sonst entfaltet die Rücknahmeerklärung keine Wirkung. - für EPA: ABl. 2010, 336			305f
Erklärungen hinsichtlich nat. Erfordernisse AG 6.045 ff.	Art. 27 R 4.17 R 26ter R 51bis.1	Art. 27: Nationale Erfordernisse R 4.17: u.a. Berechtigung des Anmelders; Identität Erfinder; Unschädliche Offenbarung R 26ter: Berichtigung/ Hinzufügung Erklärung n. R4.17 R51bis.1: Zulässige nationale Erfordernisse	R 26ter.1: Berichtigung innerhalb von 16 M nach PT, spätestens vor Abschluss techn. Vorb. der Veröffentl. R 26ter.2 a): Auf Aufforderung durch das AA oder IB, Frist wie nach R 26ter.1	AG 6.049: Veröffentlichung der Erklärung wie ursprünglich eingereicht oder unkorrekt berichtigt	306
Unschädliche Offenbarung	R 4.17 v) R 51bis.1 a) v)	R 51bis.1 a) v): Nachweis hinsichtlich unschädlicher Offenbarung für nationale Erfordernisse			307
EPA= ausgewähltes Amt/ Bestimmungsamt	R 159 (1) h) EPÜ Art. 55 (2) EPÜ R 25 EPÜ	Innerhalb von 31 M ab AT/PT Ausstellerbescheinigung B.215	Bei Mängeln in Bescheinigung, Beseitigung innerhalb von 4 M nach Mitteilung	Bei nicht behobenen Mängeln Mitteilung nach R 112 EPÜ	307a
Erfindernennung AG 5.035 ff. Änderung der Erfindernennung AG 11.018 ff.	Art. 4 (1) v) R 4.6 R 4.17 i) Identität des Erfinders R 51bis.1 (a) i)	Eingang Anmeldung: R 4.1 a) iv): Zwingend im Antrag, falls nat. Recht eines Bestimmungsstaats Angabe zum Anmeldezeitpunkt verlangt R 4.1 c) i): Kann enthalten sein, falls kein Bestimmungsstaat Angabe verlangt R 4.6: Bestimmung im Antrag	R 92bis.1 a) ii): Antrag auf Eintragungen von Änderungen bzgl. Erfinder durch IB vor Ablauf von 30 M ab PT (R 92bis.1 b)). Kann bei AA eingereicht werden. Kurz vor Ablauf der Frist direkt beim IB einreichen, nicht über AA	Rechtswirkung ist in den einzelnen Ländern unterschiedlich Art. 4 (1) v): Nach nat. Recht auch später möglich	308
EPA= ausgewähltes Amt/ Bestimmungsamt	R 159 (1) EPÜ R 163 (1) EPÜ	Einreichung bis zum Ablauf der Frist nach R 159 (1) (31 M), falls Erfinder nicht benannt wurde (RiLi E-IX, 2.3.4) - B.219	R 163 (1) EPÜ: Frist von 2 M nach Mitteilung	R 163 (6) EPÜ: Anmeldung wird zurückgewiesen	308a
USA= ausgewähltes Amt/ Bestimmungsamt	Art. 27 (3) R 18.4 c) R 4.5 d)	In USA ist Erfinder auch Anmelder; in int. Anmeldung können unterschiedliche Anmelder für verschiedene Bestimmungsstaaten angegeben sein. Nach Änderung des US Patentrechts (AIA) kann für Anmeldungen nach dem 16.09.2012 auch ein Bevollmächtigter oder Rechtsnachfolger des Erfinders, z.B. der Arbeitgeber, die Anmeldung einreichen (35 U.S.C. § 111 und § 118). - siehe O.14			309

145

B. Ablauf PCT-Anmeldung

Berichtigungen in der Anmeldung oder in anderen vom Anmelder eingereichten Schriftstücken
(siehe auch unter Anmeldetag und Formalprüfung)

	Verfahrenshandlung	Details	
310	Berichtigung von Mängeln AG 6.024-6.028 AG 6.032	Art. 11 (2) PCT Art. 14 (1) b) PCT	Nach **Art. 11 (2)**, **R 20.3** (Frist 2 M ab Aufforderung R 20.7 - AG 6.024-6.028) und **Art. 14 (1) b)**, **R 26** (R 26.2: Frist 2 M ab Aufforderung, verlängerbar bis Entscheidung - AG 6.032) auf Aufforderung, s.o.; Nachreichen **fehlender Beschreibungsseiten** nach **Art. 11 (2) a)** iVm **R 20.5, fälschlicherweise eingereichter Bestandteile** nach **Art. 11 (1) iii) d)** ivM **R 20.5bis** oder **Zeichnungen** nach **Art.14 (2)** und **R 26.6** führen zum **Verschieben des AT)**
310a			Beispiele: • **Art. 11 (2), R 20.7**: (Frist 2 M ab Aufforderung): AT • **Art. 14 (1) b), R 26**: Bestimmte Mängel der int. Anmeldung **R 26bis.1 a)**: Prioansprüche 16 M ab frühster (berichtigter) Prio, Mitteilung muss bis Ablauf von 4 M nach AT int. Anmeldung beim AA oder IB eingereicht werden • **R 92bis.1 a)+b)**: Erfindernennung, Anmelder bis 30 M ab Prio, beim IB einreichen • **R 26ter**: Erklärung nach R 4.17 (Erklärungen im Hinblick auf nat. Erfordernisse), 16 M ab Prio
311	Berichtigung offensichtlicher Fehler AG 11.033 -11.044	R 91.1 a) 📄 B.160	**Antrag** Berichtigung von **offensichtlichen Fehlern** in **int. Anmeldung** oder **eingereichten Schriftstücken** Auch Aufforderung zur Stellung des Antrags zur Berichtigung durch AA, ISA, IPER oder IB möglich, falls Fehler von dieser Behörde erkannt wird (**R 91.1 h**)
311a	Zustimmung zuständige Behörde	R 91.1 b)	Berichtigung bedarf der **Zustimmung** der **zuständigen Behörde**, bei einem Fehler i) im **Antrag** - das **AA** ii) in der **Beschreibung**, den **Ansprüchen**, den **Zeichnungen**, in einer Berichtigung derselben - die **ISA**, sofern die IPEA nicht zuständig ist iii) in der **Beschreibung**, den **Ansprüchen**, den **Zeichnungen** oder in einer Berichtigung derselben oder **Änderungen** nach **Art. 19** oder **Art. 34**, wenn Antrag auf ivP wirksam gestellt und Datum zur Erstellung ivP nach R 69.1 abgelaufen ist - die **IPEA** iv) der nicht in i) bis iii) ausgeführt und beim AA, ISA, IPEA oder IB eingereicht wurde, unter Ausschluss eines Fehlers in der Zusammenfassung oder in einer Änderung nach Art. 19, welches - dieses **Amt**, die **Behörde** bzw. das **Büro**, in dem das **Schriftstück eingereicht** wurde.
311b	Nicht berichtigungsfähige Fehler	R 91.1 g)	**Nicht berichtigungsfähige Fehler**: • eine oder mehrere **ganze** in **Art. 3 (2)** genannten **Bestandteile** (Antrag, Beschreibung, Ansprüche, Zeichnung, Zusammenfassung) oder eine oder mehrere Blätter der int. Anmeldung **fehlen**, • Fehler in der Zusammenfassung • Fehler in Änderung nach **Art. 19**, es sei denn die IPER ist für Zustimmung eines solchen Fehler zuständig Fehler im Prioanspruch oder in Mitteilung über Berichtigung/Hinzufügung eines Prioanspruchs nach **R 26bis.1 (a)** und Berichtigung würde zu Änderung des Priodatums führen.
311c	Frist	R 91.2	**Antrag** zur Berichtigung nach **R 91.1** ist **innerhalb** Frist von **26 M seit PT** bei zuständiger Behörde zu stellen, Antrag muss Fehler und vorgeschlagene Berichtigung enthalten, ggf. kurze Erläuterung
311d	Zustimmung und Wirkung Berichtigung	R 92.3 a), b), c)	Zuständige Behörde entscheidet unverzüglich über Zustimmung oder Verweigerung Wirkung bei Berichtigung in int. Anmeldung ab int. AT, bei anderen Schriftstücken ab Einreichungsdatum dieses Schriftstücks
311e	Verweigerung der Berichtigung durch Behörde	R 91.3 d)	**Verweigerung** der **Berichtigung durch Behörde**→ Anmelder kann innerhalb von 2 M ab Datum der Verweigerung der Zustimmung der Berichtigung beim IB beantragen, dass Berichtigungsantrag, Gründe für die Verweigerung durch die Behörde sowie ggf. kurze Stellungnahme des Anmelders mit der int. Anmeldung veröffentlicht wird, sofern möglich (+Gebühr: 50 CHF + 12 CHF für jede weitere Seite, Section 113(b) der Administrative Instructions), wenn int. Anmeldung nicht veröffentlicht wird, wird Kopie des Antrags, Begründung und ggf. Stellungnahme in Übermittlung nach Art. 20 aufgenommen.
311f	**Berichtigung der Erfindernennung** AG 11.018 ff.	📄 B.308 f.	

Ablauf PCT-Anmeldung B.

Änderungen der Ansprüche, Beschreibung und Zeichnungen im Rahmen der int. Anmeldung
AG 11.045-11.047

Verfahrenshandlung	Rechtsnorm	Details	
Nach Zugang int. RB (ISR) **Kapitel I** AG 11.046, 9.004-9.011	Art. 19 (1)	Einmalige Änderung nur der **Ansprüche** (erst **nach** Erhalt des **ISR**, ggf. mit Stellungnahme möglich); Erklärung (**R 46.4**) zu den Änderungen kann beigefügt werden (wird ebenfalls veröffentlicht)	312
Inhalt	Art. 19 (2)	Änderungen dürfen **nicht über Offenbarungsgehalt** der ursprünglichen Anmeldung hinausgehen (Mitteilung nach **R 66.2 a) iv)**).	312a
	R 70.2 c	Keine Berücksichtigung bei ivP, wenn Änderungen über Offenbarungsgehalt hinausgehen.	312b
Einreichungsort	R 46.2	**Einreichung** der Änderung unmittelbar **beim IB**	312c
Frist	R 46.1	**Frist 2 M** nach Übermittlung des vollständigen **ISR** (Absendedatum) oder **16 M** nach **PT** (spätere Frist zählt); spätestens vor Abschluss der techn. Vorbereitung zur Veröffentlichung (15 Tage vor Veröffentlichung - AG 9.014)	312d
	R 62.2	Ist bereits Antrag auf ivP gestellt, sollen Änderungen, Erklärungen und Begleitschreiben (**R 46.5 b)**) gleichzeitig bei mit ivP beauftragten Behörde eingereicht werden; IB leitet Kopien weiter.	312e
Form	R 46.5 a)	Änderungen nach Art. 19 durch Ersatzblätter mit vollständigem Satz von Ansprüchen	312f
	R 46.5 b)	Ersatzblättern ist **Begleitschreiben** beizufügen, Hinweis auf Änderungen, Wegfall von Ansprüchen, **Grundlage** der **Änderungen**	312g
	R 70.2 c-bis)	Änderungen werden bei ivP nicht berücksichtigt, wenn Unterlagen (Begleitschreiben nach **R 46.5 b)**) fehlen. – AG 11.047A	312h
Sprache	R 46.3 R 46.4	**Änderungen** und **Erklärung** (der Änderung) sind in **Sprache** der **Veröffentlichung** einzureichen	312i
	R 55.3	Wird **Begleitschreiben nicht** in **erforderlicher Sprache** übersetzt, braucht Änderung für **ivP nicht berücksichtigt** werden.	312j
Veröffentlichung	Art. 21 R 48.2 a) iii), vi)	Veröffentlichung ursprünglich angemeldete Ansprüche, eingereichte Anspruchsänderungen nach Art. 19 und Erklärung der Änderungen nach Art. 19 (1)	312k

B. Ablauf PCT-Anmeldung

Änderungen der Ansprüche, Beschreibung und Zeichnungen im Rahmen der int. Anmeldung (Fortsetzung)

	Verfahrenshandlung	Rechtsnorm	Details
313	**Vor Erstellung ivP** **Kapitel II** AG 11.045-11.047, 10.024 ff., 10.067ff.	Art. 34 (2) b)	Änderungen der **Ansprüche**, **Beschreibung** und der **Zeichnungen vor** Erstellung des **ivP beim IPEA** möglich, im Rahmen der ursprünglichen Offenbarung am AT, sonst gemäß **R 70.2 c)** Prüfung ohne Änderungen
313a	Frist zur Einreichung	R 66.1 b)	Einreichung Änderungen nach Art. 34 **bei Antragstellung** oder vorbehaltlich **R 66.4bis** bis zu **Beginn** der **Erstellung** des **ivP**
313b	Form	Art. 34 (2) a)	Anmelder hat das Recht, mündlich und schriftlich mit der IPEA zu verkehren.
313c	Änderung bei negativem ivP	R 66.2 c), d)	Auf negativem schriftlichen Bescheid der IPEA Aufforderung zur schriftlichen Stellungnahme, Anmelder kann Stellung nehmen, Frist von **mind. 1 M**, normalerweise 2 M, (wenigstens 2 M, wenn int. RB gleichzeitig mit Mitteilung zugeschickt wird), max. 3 M, aber verlängerbar (**R 66.2 e)**) bei **Nichtbeantwortung** drohen **KEINE Rechtsverluste**
313d	Stellungahme Anmelder	R 66.3	Anmelder kann mit Änderungen und/oder Gegenvorstellungen antworten, Antwort ist unmittelbar an IPEA zu richten
313e	Zusätzlicher Bescheid des IPEA	R 66.4 a)	IPEA kann einen oder mehrere zusätzliche schriftliche Bescheide erlassen (-> R 66.2 und R 66.3)
313f	EPA	MdEPA, ABl. 2010, 406	Liegt kein schriftlicher Bescheid des EPA als ISA vor, erstellt das EPA (als IPEA) einen ersten schriftlichen Bescheid, wenn es Einwände sieht, d.h. die ivP negativ ausfallen würde und teilt dies dem Anmelder mit (**R 66.1bis c**) und **66.2**).
313g	Änderungs- möglichkeit	R 66.4 b)	Auf Antrag des Anmelders mit Zustimmung der IPEA mehrere Möglichkeiten zur Änderung
313h	Nicht Berücksichtigung Änderung	R 66.4bis	**Keine Berücksichtigung** der **Änderungen**, wenn bereits mit **Erstellung** des **Bescheids** oder Berichts **begonnen** wurde (evtl. telefonische Ankündigung der Änderung).
313i	Kontakt Prüfer IPEA	R 66.6	Formlose Erörterung mit dem Anmelder vor Erstellung ivP/IPER → auch telefonisch (s. ABl. 2005, 493 und MdEPA, ABl. 2010, 406)
313j	Begleitschreiben	R 66.8	Ersatzblättern ist **Begleitschreiben** beizufügen, Hinweis auf Änderungen, Wegfall von Ansprüchen, **Grundlage** der **Änderungen**
313k	Berücksichtigung Änderung beim ivP	R 70.2 a)	Änderungen der Ansprüche werden der ivP zugrunde gelegt
313l		R 70.2 c-bis)	Änderungen werden bei ivP nicht berücksichtigt, wenn Unterlagen (Begleitschreiben mit Grundlagen für die Änderungen nach **R 66.8**) fehlen.
313m	Sprache	R 55.3 a)	**Änderungen** sowie **Begleitschreiben** sind in **Veröffentlichungssprache** einzureichen, **verlängerbare Frist** von min. **1 M**, solange keine Entscheidung getroffen (**R 55.3 c)**); Nichtberücksichtigung Änderungen bei der ivP, wenn Übersetzung nicht eingereicht wird (**R 55.3 d)**).
313n		R 55.3 b)	Falls Übersetzung nach R 55.2 erforderlich ist, sind Änderungen nach R 55.3 a) sowie Art. 19 und Begleitschreiben nach R 46.5 b) in Sprache der Übersetzung abzufassen.
314	**Änderungen bei Nationalisierung/ Regionalisierung** Bestimmungs- ämter	Art. 28 (1) R 52.1	**Möglichkeit** zur **Änderung Ansprüche**, **Beschreibung** und **Zeichnungen** bei **Bestimmungsämtern**; wenigstens 1 M nach Erfüllung Erfordernisse des Art. 22 (Regionalisierung)
314a	EPA als BS	R 161 (1) EPÜ	Stellungnahme bei Mängeln obligatorisch, sonst freiwillig, nicht verlängerbare Frist 6 M (1 M bis 30.04.2011; **R 161 (2) EPÜ**: Änderung wird einer nach **Art. 153 (7) EPÜ** erforderlichen ergänzenden Recherche zugrunde gelegt
314b	Ausgewählte Ämter	Art. 41 (1) R 78.1	**Möglichkeit** zur **Änderung** vor **ausgewählten Ämtern** (Kapitel II), wenigstens 1 M nach Erfüllung der Erfordernisse nach Art. 39 (Übermittlung eines Exemplars der int. Anmeldung und Übersetzung sowie Gebührenzahlung an das ausgewählte Amt).
314c	EPA als vorherige ISA/IPEA	RiLi E-X, 3.3.1	Geänderte Ansprüche nach **Art. 19** u/o **Art. 34** sowie bei der Einleitung der regionalen Phase werden als **Änderung** der **ursprünglichen Unterlagen** gewertet. Anmelder hat in diesen Fällen (bei Art. 19/Art. 34 Änderungen nur, wenn EPA kein IPER erstellt hat) nicht auf R 161 (1) zu reagieren; empfohlen wird jedoch Erwiderung, um Mitteilung nach R 137 (4) zu vermeiden.

Ablauf PCT-Anmeldung B.

Fristen im PCT
Art. 47, R 80 (AG 11.062), siehe D.40 ff.

Verfahrens-handlung	Rechts-norm	Details	
Zeiträume	R 80.1-R 80.3	In Jahren, Monaten und Tagen bestimmte Fristen	315
Zeitzone Anfangsdatum Fristablauf	R 80.4	a) Das **Anfangsdatum** für die Berechnung einer **Frist** ist das Datum, welches zur Zeit des Eintritts des **maßgeblichen Ereignisses** an **diesem Ort** galt. b) Das Datum, an dem eine **Frist abläuft**, ist das Datum, das an dem **Ort** gilt, an dem das angeforderte **Schriftstück eingereicht** oder die verlangte **Gebühr eingezahlt** werden **muss**.	316
Feiertags-regelung	R 80.5	**Verlängerung** einer **Frist** bei **Schließung** Amt/Organisation (z.B. aufgrund eines Feiertages) sowie **fehlender gewöhnliche Postzustellung**, gemäß **R 2.4 b)** auch für **Priofrist** anwendbar	317
Fristbeginn	R 80.6	**Fristbeginn** grundsätzlich am **(Absende-)Datum** des **fristauslösenden Schriftstücks**. **Weist** der **Beteiligte nach**, dass das **Schriftstück** zu einem **späteren Datum** als angegeben **abgesandt** wurde, ist das **spätere Datum** für den Fristbeginn **maßgeblich**. Geht **Schriftstück später** als **7 Tage** nach **Absendedatum** beim Beteiligten ein, **verlängert** sich **Frist** um die **Anzahl** von **Tagen**, die diese **7 Tage überschreiten** (sofern **Nachweis** erbracht wird). (»Absendetheorie« beim PCT vs. »Empfangstheorie« beim EPA) AG 5.029: Beantragt Anmelder, Mitteilungen exklusiv nur per E-Mail zu erhalten, stellt Datum des Versands der E-Mail den Fristbeginn dar, in diesem Fall obliegt die Verantwortung des E-Mail-Empfangs beim Anmelder	318
Fristende	R 80.7	Fristende mit Dienstschluss, bei WIPO 18.00 Uhr, wegen Nachtbriefkastens bei EPA und DPMA nach **R 80.7 b)** PCT 24.00 Uhr	319
Frist-überschreitung	Art. 48 (2)	**Fristüberschreitung** ist **entschuldigt**, wenn nach **nat. Recht zugelassen**, z.B. Störungen im Postdienst. (Art. 2 x) PCT: EPÜ entspricht nat. Recht)	320
	Art. 48 (2) b) R 82bis.2	WE/WB sowie Fristverlängerungen oder Entschuldigungen der Fristüberschreitung beim EPA	320a

149

B. Ablauf PCT-Anmeldung

Fristen im PCT (Fortsetzung)

	Verfahrens-handlung	Rechtsnorm	Details
321	**Störungen im Postdienst**	R 82	**R 82.1 a), b)**: **Rechtzeitige Aufgabe** eines **Schriftstücks** Ist ein Schriftstück nachweislich **5 Tage vor Ablauf** der **Frist** • durch Luftpost oder • durch Post per Einschreiben, sofern die normale Beförderungszeit idR höchstens 2 Tage beträgt oder wenn kein Luftpostdienst besteht, abgesandt worden, so ist • eine Verzögerung der Zustellung entschuldigt, beziehungsweise • ein Ersatz zu gestatten, sofern der Nachweis erbracht wird, dass der Ersatz dem ursprünglichen Schreiben entspricht. **R 82.1 c)**: Regelung verweist auf a)+b): **Absendung Schriftstück 5 Tage vor Ablauf Frist** Der **Nachweis** der **rechtzeitigen Absendung** und ggf. der Übereinstimmung des Ersatzes mit dem ursprünglichen Schreiben (sowie die Übersendung des Ersatzes) hat innerhalb **1 M** nachdem der Beteiligte die Verzögerung oder den Verlust bemerkt hat oder hätte bemerken müssen, zu erfolgen, **spätestens** jedoch **6 M nach Ablauf** der jeweiligen **Frist**. **R 82.1 d)**: Nationales Recht für andere Übermittlungsdienste (z. B. EPÜ-Regelungen: allg. anerkannte Postdiensteanbieter (Post, DHL, Federal Express, etc.) → R 133 (1) EPÜ, BdP vom 31.03.2003, ABl.2003, 283 zur Anwendung von R 133 (1) EPÜ über den verspäteten Zugang von Schriftstücken, s. Euro-PCT- Leitfaden, Kapitel 2.2.020)
322	Höhere Gewalt (Force Majeure)	R 82quater.1	a) **Unterbrechung** des **Postdienstes** wegen **Katastrophen** oder ähnlichem (auch **Ausfall elektr. Kommunikationsdienst**, wenn Ausfall größere geogr. Gebiete oder viele Personen betrifft), Anbieten Beweis; betrifft nur Fristen, die in AO gegenüber AA, (S)ISA, IPEA, IB festgesetzt sind, d.h. nicht Prio oder Art. 22 bzw. Art. 39 (siehe auch R 82quater.1 c)) b) **Nachweis spätestens 6 M** nach **Ablauf der Frist** an das Amt, Behörde oder IB (siehe a)); Antrag und Beweis nötig, bei Erfolg Anerkennung durch alle Bestimmungsämter und ausgewählte Ämter z.B.: April bis Mai 2015 POST, DHL ABl. 2015, A62
322b	Nicht-verfügbarkeit elektronischem Kommunikations mittel im Amt	R 82quater.2	a) Nationales Amt oder zwischenstaatliche Organisation kann eine Überschreitung einer in der AO festgesetzten Frist zur Vornahme einer Handlung aufgrund der Nichtverfügbarkeit eines der dort zugelassenen elektronischen Kommunikationsmittel entschuldigen, wenn betreffende Handlung am darauffolgenden Werktag vorgenommen werde, an dem diese elektronischer Kommunikationsmittel wieder zur Verfügung stehe. Amt/Organisation veröffentlichen Nichtverfügbarkeit und Zeitraum. b) Entschuldigung der Fristüberschreitung nach a) muss vom Bestimmungsamt oder ausgewähltem Amt nicht berücksichtigt werden, wenn Handlungen nach Art. 22 oder 39 vor diesem Amt bereits vorgenommen worden sind.
322a	Priofrist		**R 82** und **R 82quater** sind **nicht** auf **Priofristen anwendbar**, da nur in Bezug auf im PCT festgelegten Fristen anwendbar – Euro-PCT-Leitfaden 2.2.021, ABl. 2010, 351 Stattdessen Widerherstellung beim AA über R 26bis.3
323			**R 26bis.1 c)**: Bei Änderung des Priodatums berechnen sich alle nicht abgelaufenen Fristen nach dem neuen Priodatum.
324	Regelung zu Zahlungstag		Keine Regelung zu Zahlungstag, GebO des EPÜ ist anzuwenden.

Ablauf PCT-Anmeldung B.

Nachprüfung durch Bestimmungsämter Art. 25, R 51			
Art. 24 (1): Ende der Wirkung nach Art. 11 (3) wird gleichgesetzt mit Zurücknahme einer nat. Anmeldung bei i) Zurücknahme der Bestimmung oder der int. Anmeldung ii) int. Anmeldung (Art. 12 (3), Art. 14 (1) b), Art. 14 (3) a), Art. 14 (4)) oder Bestimmung (Art. 14 (3) b)) gilt als zurückgenommen iii) Anmelder nimmt Handlungen gemäß Art. 22 (EPA 31 M) nicht innerhalb Frist vor Art. 24 (2): Bestimmungsamt kann Wirkung nach Art. 11 (3) aufrechterhalten, auch wenn es nach Art. 25 (2) dies nicht tun muss			325
Art. 25 (1): Nachprüfung durch Bestimmungsämter auf Antrag beim IB (Art. 25 (1) c): Frist 2 M nach R 51.1 ab Mitteilung über Rücknahmefiktion) Art. 25 (2) a): Nat. Gebühr + geeignete Übersetzung - Frist R 51.3 (bezieht sich auf R 51.1, d.h. 2 M) Art. 25 (2) a): Bestimmungsamt prüft, ob Unterlassung/Fehler des IB oder AA Ursache für Ablehnung/Erklärung ist. Ist das der Fall, wird Anmeldung vor diesem Bestimmungsamt wie PCT-Anmeldung behandelt. R 29: Feststellung nach Art. 14 (1) b) + R 26.5, Art. 14 (3) a), Art. 14 (4), R 12.3 d) bzw. R 12.4 d) oder R 92.4 g) i) durch AA, dass die PCT-Anmeldungen als zurückgenommen gilt.			326
Verfahrenshandlung	Details		
Prüfung auf Fehler des AA oder des IB Art. 25 R 29	Eine Nachprüfung nach Art. 25 (2) a) durch das entsprechende Bestimmungsamt kann für folgende Entscheidungen erfolgen: • Kein AT (Art. 25 (1) a), s. Art. 24 (2)) • Anmeldung gilt als zurückgenommen wegen Mangel in der Anmeldung (Art. 25 (1) a) iVm Art. 14 (1) b)) oder Nichtzahlung von Gebühr (Art. 25 (1) a) iVm Art. 14 (3) a)) • IB hat Aktenexemplar nicht fristgerecht erhalten (Art. 25 (1) a) iVm Art. 12 (3)) • Bestimmung eines Staates gilt (wegen Nichtzahlung der Gebühr) als zurückgenommen (Art. 25 (1) b)) Der Anmelder muss: - beim IB einen Antrag nach Art. 25 (1) a) oder b) stellen, - nach R 51.1 innerhalb von 2 M ab Mitteilung der Entscheidung, - gleichzeitig nach R 51.3 innerhalb von 2M Übersetzung und nationale Gebühr - nationalisieren (EP: nach Art. 153 iVm R 159 EPÜ). Weiterhin muss der Anmelder bei **jedem** Bestimmungsamt einen **Antrag** nach **Art. 25 (2) a)** auf **Nachprüfung** stellen.	WB (+), Frist nach R 51.1 und R 51.3 nach nationalem Recht WB-fähig (R 48 (2) a), R 82bis, Art. 151 EPÜ, R 135 (2) EPÜ)	327
Beispiel: Unterschrift im Antrag fehlt und wurde nicht nachgereicht	Art. 24 (2), Art. 25 (1) a)+c), Art. 48 (2) PCT, R 51.1, R 82bis PCT, Art. 121 EPÜ Folgen: - Antrag, dass IB Kopien an EPA schickt → Art. 25 (1) a)+c), Frist 2 M - R 51.1 PCT - Nat. Gebühr + Übersetzung → Art. 25 (2) a); Frist 2 M - R 51.3 PCT - WB beantragen: Art. 121 EPÜ, Art. 48 (2) PCT und R 82bis PCT		328
Entschuldigung von Fristüberschreitung durch Anmelder	Art. 48 (2) a) iVm R 82bis: Fristüberschreitungen können vor nationalen Behörden nach nationalem Recht entschuldigt werden. Bei Fristversäumnis kann das ausgewählte Amt (EP: Art. 153 (2) EPÜ: Prüfungsabteilung) die Folgen einer **Fristüberschreitung** durch Anwendung nationaler Mittel (EP: **WB/WE**, Art. 121 und Art. 122 EPÜ) beseitigen. Vor dem Bestimmungsamt (z.B. EPA) muss der Anmelder innerhalb der 2 M Frist nach R 51 folgende Handlungen vornehmen: • Antrag auf Nachprüfung einer Entscheidung nach Art. 25 PCT • Entrichtung der nat. Gebühren (EP: nach R 159 und R 162 EPÜ) • Übersetzung in einer Amtssprache einreichen (EP: nach Art. 153 (4) iVm R 159 (1) b) EPÜ) • Gebühren und Handlungen gemäß nationalen Rechtsbehelfen (EP: Art. 121 bzw. Art. 122 EPÜ) • Antrag auf Übersendung beim IB nach Art. 25 (1) a) Entschuldigung einer Fristüberschreibung kann nicht während der internationalen Phase beantragt werden, sondern nur in der nationalen Phase vor jedem Bestimmungsamt einzeln. R 82bis.1: Legt entschuldbare Fristen fest		328a
Versäumnis der Frist zum Eintritt in die nat. Phase oder Versäumnis zur Vornahme der in Art. 22 oder Art. 39.1 genannten Handlungen	Wirkung der int. Anmeldung nach Art. 11 (3) endet (Art. 24 a) iii)) Möglichkeit zur WE gemäß Art. 22 iVm R 49.6 bzw. R 76.5 ii) und Art. 39 (1) iVm R 49.6/R 76.5 ii) durch das jeweilige Bestimmungsamt. Das DPMA hat Vorbehalt erklärt (Art. 24 (2)), siehe zu weiteren Vorbehalten auch 📄 B.346 (siehe 📄 K. 71)		329

B. Ablauf PCT-Anmeldung

Protokolle von Nucleotid- und/oder Aminosäuresequenzen:
R 5.2, 13ter.1 PCT, ABl. 2013, 542
AG 5.099 ff., RiLi E-IX, 2.4.2

330 **Mängel:**
1. **R 13ter.1 a)**: Sequenzprotokoll der internationalen Anmeldung muss in elektronischer Form vorliegen und dem in den Verwaltungsvorschriften vorgeschriebenen Standard (WIPO Standard ST.25) entsprechen → EPA als ISA: Aufforderung zur Einreichung durch den Anmelder + Gebühr für verspätete Einreichung

2. **R 13ter.1 b)**: Ist internationale Anmeldung (teilweise) in Papierform eingereicht, das Sequenzprotokoll aber weder auf Papier noch elektronisch (WIPO-Standard ST.25) → EPA als ISA: Aufforderung zur Einreichung Sequenzprotokoll in Papierform gemäß Standard + Gebühr für verspätete Einreichung.

R 13ter.1 c): Liegen beide Mängel vor → nur einmalige Gebühr (230 €) für verspätete Einreichung

R 13ter.1 d): Keine fristgerechte berichtigte Nachreichung Sequenzprotokoll + keine Gebühr für verspätete Einreichung entrichtet → EPA als ISA: in vielen Fällen keine oder nur eine Teilrecherche möglich. Dies wirkt sich auch auf das Verfahren für die ivP vor dem EPA als IPEA aus. (vgl. AG 7.010, 7.013).

Gebühr für verspätete Einreichung durch ISA festgelegt (nicht mehr als 25 % der unter Nr. 1 des GebVerz (R 96.1 PCT) genannten internationalen Anmeldegebühr – EPA: 230 € (ABl. 2018, A35)

Bei Einreichung der int. Anmeldung in elektronischer Form wird ein zu dieser Anmeldung gehörendes Sequenzprotokoll bei der Berechnung der Seitengebühr als Teil der internationalen Anmeldegebühr nicht berücksichtigt; die Einreichung einer zweiten Kopie ist nicht notwendig. – Euro-PCT-Leitfaden, Kapitel 2.21.005

Wird eine andere Einreichung des Sequenzprotokolls gewählt, z.B. auf Papier oder im Bildformat, wird jede Seite des Sequenzprotokolls für den Betrag der Seitengebühr berechnet; ist EPA als ISA, SISA u/o IPEA tätig, ist Sequenzprotokoll in elektronischer Form im Textformat einzureichen – Euro-PCT-Leitfaden, Kapitel 2.21.006

Ablauf PCT-Anmeldung   B.

PCT-Vorbehalte, Erklärungen, Mitteilungen und Unvereinbarkeiten Stand 22.10.2020			
Art. 22 (1) siehe B.185	**Einleitung nationale Phase:** Staaten haben Frist von 20 M für Übermittlung eines Exemplars der int. Anmeldung ab PT als Bestimmungsamt festgesetzt	LU, TZ	331
Art. 64 (2) a) ii)	Nationale Veröffentlichung möglich, trotz Verarbeitungsverbot nach **Art. 40**	FI, NO, PO, SE	332
Art. 64 (3) a) siehe B.178	Internationale Veröffentlichung einer internationalen Anmeldung nicht erforderlich	US	333
Art. 64 (4) a) siehe B.59, O.4	Einreichung einer int. Anmeldung außerhalb des Staates ist für Bestimmung des SdT nicht gleichgestellt mit tatsächlicher Anmeldung in diesem Staat; Nationales Recht gewährt Patenten einen früheren Zeitpunkt zur Bestimmung des SdT für (nationale) Anmeldungen in diesem Staat	AM, BH, BY, CL, CU, DZ, FR, GE, ID, IN, KG, KZ, LA, LC, MD, MT, MY, MZ, OM, QA, RO, RU, TH, TJ, TN, TM, UA, UN, UZ, VC, ZA	334
Art. 64 (5)	Beilegung von Streitigkeiten bzgl. Regelungen des PCT gemäß Art. 59 vor dem internationalen Gerichtshof	DZ, AM, BH, BY, CL, LA, FR, GE, IN, ID, KZ, QA, KG, KH, CU, MY, MT, MZ, OM, MD, RO, RU, LC, VC, ZA, TJ, TH, TN, TM, UA, HU, UZ	335
R 4.9 (b) siehe B.29	Bestimmung des Staates wird im Antrag nicht vorgenommen, da Einreichung der int. Anmeldung zur Zurücknahme der nationalen (Prio-)Anmeldung führt	DE, JP, KR	336
R 20.1 (d) siehe B.8	Zulassung der Einreichung der Beschreibung und Ansprüche für den **Art. 11 (1) ii)** in einer vom AA nach **R 12.1 a)** zugelassenen Sprache	US	337
R 20.8 (a) siehe B.10 ff.	Fehlende Teile der Anmeldung (teilweise oder ganz fehlende Beschreibung, Ansprüche oder Zeichnungen beim AA)	CU, CZ, DE, ID, KR, MX	338
R 20.8 (a-bis)	Einreichung fälschlicherweise eingereichter Bestandteile nach R 20.5bis (a) ii) und R 20.5bis d)	CL, CU, CZ, DE, EP, ES, FR, ID, KR, MX	338a
R 20.8 (b) siehe B.10 ff.	Fehlende Teile der Anmeldung (teilweise oder ganz fehlende Beschreibung, Ansprüche oder Zeichnungen beim Bestimmungsamt)	CN, CU, CZ, DE, ID, KR, MX, TR	339
R 20.8 (b-bis)	Einreichung fälschlicherweise eingereichter Bestandteile nach R 20.5bis (a) ii) und R 20.5bis d)	CL, CN, CU, CZ, DE, EP, ES, ID, KR, MX, TR	339a
R 23bis.2 (b) siehe B.73b.	AA übermittelt keine Ergebnisse einer früheren Recherche für Zwecke der **R 41.2 an ISA** (betrifft **nicht** den Antrag nach R 4.12)	DE, FI, SE	340
R 23bis.2 (e) siehe B.73b	Übermittlung Ergebnisse früherer Recherchen von AA an ISA für Zwecke der **R 41.2** steht nationalem Recht entgegen (betrifft **nicht** den Antrag nach R 4.12)	AU, CZ, FI, HU, IL, JP, NO, SE, SG, US	341
R 26.3ter (b) siehe B.19	Zusammenfassung oder Textbestandteile der Zeichnungen sind in anderer Sprache als die Beschreibung und Ansprüche eingereicht worden; Aufforderung zur Einreichung einer Übersetzung	US	342
R 26.3ter (d)	Anmeldung ist nach **R 12.1 c)** beim AA in Veröffentlichungssprache einzureichen, Aufforderung zur Einreichung einer Übersetzung	US	343
R 26bis.3 (j) siehe B.36	Wiederherstellung des Priorechts durch das AA	BR, CO, CU, CZ, DE, DZ, GR, ID, IN, KR, PH	344

B. Ablauf PCT-Anmeldung

	PCT-Vorbehalte, Erklärungen, Mitteilungen und Unvereinbarkeiten (Fortsetzung) Stand 22.10.2020		
345	**R 49.5 (l)**	Fehlende Übersetzung der Ansprüche beim Bestimmungsamt (**R 49.5 (c-bis)**)	BR, US
345a		Übersetzung der Festlegung der Bezeichnung durch ISA (**R 49.5 (k)**)	US
346	**R 49.6 (f)** siehe B.193 f. und B.329	**Wiedereinsetzung** der Versäumnis der Vornahme der Handlungen nach **Art. 22** oder **Art. 39**	CA, CN, DE, IN, KR, LV, MX, NZ, PH, PL
347	**R 49ter.1 (g)** siehe B.36	Wirkung der Wiederherstellung des Priorechts durch AA	BR, CA, CN, CO, CU, CZ, DE, DZ, ID, IN, KR, LT, MX, PH
348	**R 49ter.2 (h)** siehe B.36	Wirkung der Wiederherstellung des Priorechts durch Bestimmungsamt	BR, CA, CN, CO, CU, CZ, DE, DZ, ID, IN, KR, MX, PH
349	**R 51bis.3 (c)**	Erfüllung nationaler Erfordernisse durch das Bestimmungsamt	SG
350	**R 66.1bis (b)** siehe B.76	Schriftlicher Bescheid nach **R 43bis.1** gilt nicht für die Zwecke der **R 66.2 a)**, falls das erstellende nationale Amt oder zwischenstaatliche Organisation nicht auch als ISR gehandelt hat	EP

Ablauf PCT-Anmeldung B.

Beispiele für Zuständigkeiten im Rahmen des PCT	
Anmelder aus VS	**AA**
DE	DPMA, EPA, IB
FR	INPI, EPA, IB
GB	UKIPO, EPA, IB
IT	IPTO, EPA, IB
CH	IGE, EPA, IB
EP	EPA, IB
US	USPTO, IB
JP	JPO, IB
CN	SIPO, IB
KR	KIPO, IB

351

AA	Akzeptierte Sprachen	Zuständige ISA/IPEA
DE (DPMA)	Deutsch	EPA
FR (INPI)	Französisch	EPA
GB (UKIPO)	Englisch, Walisisch	EPA
IT (IPTO)	Englisch, Deutsch, Französisch, Italienisch	EPA
CH (IGE)	Englisch, Deutsch, Französisch	EPA
EP (EPA)	Englisch, Deutsch, Französisch	EPA
US (USPTO)	Englisch	EPA, USPTO, Rospatent, Israel Patent Office, KIPO, Australian Patent Office
JP (JPO)	Japanisch, Englisch	JPO, EPA
CN (SIPO)	Chinesisch, Englisch	SIPO
KR (KIPO)	Englisch, Japanisch, Koreanisch	KIPO, Australien Patent Office, Österreichisches Patentamt

352

Nationale/Regionale Phase		
Ausgewähltes Amt/Bestimmungsamt	**Übersetzung**	**Nationalisierung nur über EP?**
DE (DPMA)	Deutsch	nein
FR (INPI)	Englisch, Deutsch, Französisch	ja
GB (UKIPO)	Englisch	nein
IT (IPTO)	Englisch, Deutsch, Französisch	ja
CH (IGE)	Englisch, Deutsch, Französisch	nein
EP (EPA)	Englisch, Deutsch, Französisch	-
US (USPTO)	Englisch	nein
JP (JPO)	Japanisch	nein
CN (SIPO)	Chinesisch	nein
KR (KIPO)	Koreanisch	nein

353

Inhalt Kapitel C. Priorität

Priorität EPÜ
Wirkung des Prioritätsrechts... C.1 f.
Prioritätsbegründende Anmeldungen .... C.3 ff.
Prioritätsanspruch... C.7 ff.
Prioritätsfrist... C.13
Berechtigter .... C.14 ff.
Nachanmeldung als „dieselbe Erfindung"....................... C.18 ff.
Prioritätsanmeldung ist „erste Anmeldung der Erfindung" C.21 ff.
Prioritätsrecht C.24

Besonderheiten und Rechtsprechung bei der Priobeanspruchung vor dem EPA
Veröffentlichte Dokumente im Prioritätsintervall als Stand der Technik C.25

Inanspruchnahme der Priorität
Prioritätsfrist... C.26
Prioritätserklärung C.27
Berichtigung der Prioritätserklärung C.28
Prioritätsunterlagen .... C.29 ff.
Elektronische Einreichung.. C.31 f.
Fax... C.32a
Übersetzung des Prioritätsdokuments............................ C.33 ff.
Teil- oder Mehrfachprioritäten.. C.35 ff.
Mehrfache Ausübung des Prioritätsrechts...................... C.38
Fristbeginn bei mehreren Prioritäten C.39
Berichtigung oder Hinzufügen der Priorität..................... C.40 ff.
Verzicht / Erlöschen Priorität .... C.50 f.
Überprüfung wirksame Prioritätsinanspruchnahme......... C.52
Stand der Technik zur Prioritätsanmeldung.................... C.53 ff.

Erlöschen Prioritätsanspruch
Erlöschungsgründe... C.56 ff.

Priorität im Rahmen einer PCT-Anmeldung
Übersicht Artikel und Regeln zur Priorität im Rahmen des PCT... C.68 f.
Voraussetzungen zur Inanspruchnahme der Priorität ...... C.70 ff.
Notwendige Angaben im Antrag .... C.75.
Prioritätsbeleg... C.76 f.
Aufforderung zur Mängelbeseitigung............................. C.78
Fristbeginn bei mehreren Prioritäten C.79
Zurücknahme der Priorität .... C.80 f.
Berichtigung oder Hinzufügen der Priorität..................... C.82 ff.
Änderung Prioritätsanspruch aufgrund fehlender Teile der Anmeldung .... C.84a ff.
Wiederherstellung Prioritätsrecht .... C.85 ff.

Vergleichende Übersicht PVÜ / PCT / EPÜ
Berechtigte C.91
Staat der Voranmeldung... C.92
Vorschriftsmäßige Einreichung der Voranmeldung C.93
Frist... C.94
Erste Anmeldung C.95
Mehrere Prioritäten... C.96
Gegenstände für die ein Prioritätsrecht entsteht C.97
Offenbarung in der Voranmeldung C.98
Staat der Nachanmeldung.. C.99
Inanspruchnahme... C.100
Prioritätsbeleg... C.101

Priorität C.

Priorität EPÜ
RiLi A-III, 6 und F-VI (siehe auch A.62 ff.)

Verfahrenshandlung	Rechtsnorm	Details und Fälligkeit	
Wirkung des Prioritätsrechts	Art. 89	Das Priorecht hat die **Wirkung**, dass der **PT als AT der ePA** für die Anwendung der **Art. 54 (2) + (3)** (Neuheit) und **Art. 60 (2)** (Recht auf eP) gilt.	1
		RiLi G-IV, 5.1.1: Versteinerungstheorie: Änderungen, die nach dem Veröffentlichungstag wirksam werden, beispielsweise • die Zurücknahme einer Benennung, • die Zurücknahme einer Priorität, • der Verlust des Priorechts (z.B. kein Priobeleg eingereicht) berühren die Anwendung des Art. 54 (3) nicht.	2
Prioritätsbegründende Anmeldungen	Art. 87 (1) Art. 4 A (1) PVÜ RiLi A-III, 6.2	Priobegründend sind: • **Patentanmeldungen**, • **Gebrauchsmuster**, • **Gebrauchszertifikate**, **nicht** Geschmacksmuster, Designs o.ä. (**J 15/80**, ABl. 7/1981, 213 u. 546, S/S Art. 87, Rd 36 ff.).	3
		MdP vom 26.01.1996, ABl. 1996, 81: Eine US »**provisional application** for patent« ist **prioritätsbegründend** (S/S Art. 87 Rd 41).	4
		Gebrauchsmuster (z.B. DE, GR, IT, ES, BR, JP), **Gebrauchszertifikat** (z.B. FR).	5
	Art. 87 (2) Art. 4 A (2) PVÜ	Prioritätsbegründend ist **jede Anmeldung**, die nach nationalem Recht die Bedeutung einer **vorschriftsmäßigen nationalen Anmeldung** hat (S/S Art. 87 Rd 66).	6
	Art. 11 (3) PCT	Eine PCT-Anmeldung hat vorbehaltlich des Art. 64 (4) PCT (Nationale Vorbehalte – siehe B.334) in jedem Bestimmungsamt die Wirkung einer vorschriftsmäßigen nationalen Anmeldung mit int. Anmeldedatum.	6a
	Art. 11 (4) PCT	Eine PCT-Anmeldung steht einer vorschriftmäßigen nationalen Anmeldung im Sinne des PVÜ gleich.	6b
Prioanspruch	Art. 87 (1) Art. 4 A (1) PVÜ	**Prioanspruch für anerkannten AT** »in einem oder mit Wirkung für einen VS der PVÜ oder Mitglied der WTO (seit EPÜ 2000)«: • frühere nationale Anmeldung, • frühere europäische Anmeldung (EP-Anmeldung hat die Wirkung einer vorschriftsmäßigen nationalen Hinterlegung (**Art. 66**)) oder • frühere PCT-Anmeldung. Für nicht PVÜ-Staaten oder Nicht-WTO Mitglieder: Siehe **Art. 87 (5)**	7
	Art. 87 (3)	**Späteres Schicksal** der früheren Anmeldung **ohne Bedeutung** (z.B. fallen gelassen, zurückgewiesen), siehe RiLi A-III, 6.1.	8
		Art. 88 (2): Der Anmelder kann **mehrere Prios** in Anspruch nehmen, die auf früheren Anmeldungen im gleichen oder in verschiedenen Staaten und/oder Mitgliedern der WTO beruhen (Fristen laufen vom frühesten PT an).	9
		T 132/90: Wenn der AT der prioritätsbegründenden Anmeldung nachträglich verschoben wird, hat dies keinen Einfluss auf die Beanspruchung der Prio der EP-Anmeldung. Selbstbenennung möglich, d.h. DE-EP mit Prio in DE, Art. 79 (1) alle VS; Art. 66 Wirkung ePA	10
		Mitglieder der WTO: Nicht unbedingt Staaten, auch zwischenstaatliche Organisationen oder Regionen mit besonderem Status wie das separate Zollgebiet Taiwan, Penghu, Kinmen und Matsu.	11
		Bisher wurde nach Art. 87 (5) noch nie eine Bekanntmachung des Präsidenten des EPA erlassen, dass die Prio eines nicht-PVÜ und nicht-WTO Staates anerkannt wird → RiLi A-III, 6.2.	12

C. Priorität

Priorität EPÜ (Fortsetzung)

	Verfahrenshandlung	Rechtsnorm	Details und Fälligkeit	
13	**Prioritätsfrist**	Art. 87 (1) Art. 4 C (1) PVÜ	Priofrist von **12 M ab AT** der Prioanmeldung (Feiertagsregelung nach R 134 (1) gilt, siehe D.13)	
14	**Berechtigter**	Art. 87 (1)	Berechtigt ist der **Anmelder der früheren Anmeldung** oder sein **Rechtsnachfolger**.	
15		RiLi A-III, 6 RiLi F-VI ↳T 5/05	↳J 19/87	Der **Rechtsübergang** der Anmeldung (oder des Priorechts als solchem) muss **vor** dem **AT** der späteren **europäischen Anmeldung** erfolgt sein und nach den einschlägigen nationalen Rechtsvorschriften **wirksam** sein. Nachweis über Rechtsübergang kann nachgereicht werden, siehe RiLi A-III, 6.1.
16			RiLi A-III, 6.1	Reichen **gemeinsame Anmelder** die **spätere europäische Anmeldung** ein, so genügt es, wenn es sich bei **einem** von ihnen um den Anmelder oder den Rechtsnachfolger des Anmelders der früheren Anmeldung handelt. Ein besonderer Übergang des Prioritätsrechts an die übrigen Anmelder ist nicht erforderlich, da die spätere ePA gemeinsam eingereicht worden ist. **Alle Anmelder** der **Prioanmeldung** müssen **Anmelder** der **priobeanspruchenden Anmeldung** sein.
17			↳T 382/07	Reicht die **Nachanmeldung** nur noch ein **Teil der Anmelder** ein, so muss eine **Übertragung** des Priorechts auf diesen Teil der Anmelder nachgewiesen werden, aber nicht erforderlich, wenn Anmelder hinzukommen.
18	**Nachanmeldung ist »dieselbe Erfindung« bzgl. der deutlichen Offenbarung**	Art. 88 (4) RiLi F-VI, 2.2 ↳G 2/98	**Beanspruchte Gegenstände/Merkmalskombination müssen nicht in den Ansprüchen der Prioanmeldung enthalten sein**, es reicht aus, dass der Fachmann den Gegenstand unmittelbar und eindeutig unter Einbeziehung seines allg. Fachwissens aus der früheren Anmeldung als Ganzes entnehmen kann (S/S Art. 87 Rd 5 ff.).	
18a			RiLi F-VI, 2.2	Prüfung, ob einem Patentanspruch der PT einer Prioritätsunterlage zukommt, ist – was das Erfordernis »derselben Erfindung« angeht – identisch mit der Prüfung auf Erfordernis des Art. 123 (2).
19			↳G 1/03 ↳G 2/03 (ABl. 2004, 413 und 448) ↳T 175/03	Disclaimer ändert Prio nicht, da er kein technischer Gegenstand ist (=ein Disclaimer, der keinen technischen Beitrag leistet und bei der Bearbeitung einer ePA zugelassen wird, ändert nicht die Identität der Erfindung im Hinblick auf Art. 87 (1) EPÜ).
20			↳T 193/95	Das Priodokument muss die in der Nachanmeldung beanspruchte Erfindung derart offenbaren, dass ein Fachmann sie ausführen kann.

Priorität C.

Priorität EPÜ (Fortsetzung)

Verfahrenshandlung	Rechtsnorm	Details und Fälligkeit	
Prioanmeldung ist »erste Anmeldung der Erfindung« Art. 4 A (2) PVÜ Art. 4 C (4) PVÜ	Art. 87 (4)	Hat der Anmelder außer der Anmeldung, deren Prio er beansprucht (=jüngere Anmeldung), bereits eine frühere Anmeldung gleichen Inhalts (=ältere Anmeldung) vor dem Priointervall eingereicht, so ist der Prioanspruch unwirksam. **Ausnahme Art. 87 (4)**: Ältere Anmeldung, die bis zur Einreichung der jüngeren Anmeldung zurückgenommen, fallen gelassen oder zurückgewiesen worden ist und zwar bevor sie öffentlich ausgelegt worden ist (veröffentlicht, über Akteneinsicht einsehbar, etc.) und ohne dass Rechte bestehen geblieben sind, und wenn sie nicht Grundlage für die Inanspruchnahme einer Prio war (✎T 255/91, ABl. 1993, 318). Ältere Anmeldung bezieht sich auf die Anmeldung **in demselben oder für denselben VS**.	21
	RiLi F-VI, 1.4.1	»Continuation«-Anmeldung oder »Continuation-in-part«-Anmeldungen, sofern der betreffende Gegenstand schon in der ursprünglichen US-Anmeldung offenbart war, können nicht als priobegründend verwendet werden (📖 S/S Art. 87 Rd 43 ff.).	22
	RiLi F-VI, 1.3 ii) ✎T 5/05	**Anmelderidentität**, nicht Erfinderidentität	23

Priorität EPÜ - Besonderheiten und Rechtsprechung

✎**G 3/93** sowie vgl. ✎T 441/91, ✎T 594/90, ✎T 961/90, ✎T 643/96:   25

Auch die Pariser Verbandsübereinkunft enthält Rechtsvorschriften zur Prio. Sie ist für das EPA zwar nicht formell verbindlich. Da jedoch das EPÜ gemäß seiner Präambel ein Sonderabkommen im Sinn des Art. 19 der Pariser Verbandsübereinkunft darstellt, liegt es auf der Hand, dass es den in der Pariser Verbandsübereinkunft festgelegten Priogrundsätzen nicht entgegenstehen soll (vgl. Entscheidung ✎T 301/87, ABl. 1990, 335, Entscheidungsgründe Nr. 7.5).

1. Ein **im Priointervall veröffentlichtes Dokument**, dessen technischer Inhalt demjenigen des Priodokuments entspricht, kann einer ePA, in der diese Prio in Anspruch genommen wird, insoweit als **SdT gemäß Art. 54 (2) EPÜ** entgegengehalten werden, als **der Prioanspruch unwirksam** ist.

2. Dies gilt auch dann, wenn der Prioanspruch deshalb unwirksam ist, weil das Priodokument und die spätere europäische Anmeldung nicht dieselbe Erfindung betreffen, da in der europäischen Anmeldung Gegenstände beansprucht werden, die im Priodokument nicht offenbart waren.
Beispiele für Festlegung von Priotagen → RiLi F-VI, 2.4

Selbstkollision möglich, wenn Prio nicht gültig, nicht wirksam in Anspruch genommen oder zurückgenommen ist (✎T 1443/05).

161

C. Priorität

	Inanspruchnahme der Priorität Art. 88 (1)					
	Verfahrenshandlung	Rechtsnorm	Details und Fälligkeit	Unmittelbare Folgen eines Mangels, Mängelbeseitigung, Fristen	Rechtsfolge bei Nichtbeseitigung von Mängeln oder Fristversäumnis	Weiterbehandlungs-/ Wiedereinsetzungs-Möglichkeit
26	**Prioritätsfrist**	Art. 87 (1)	**12 M** **R 133** (verspäteter Zugang von Schriftstücken) und **R 134 (1)** (Feiertag) findet Anwendung Entspricht Art. 4C (3) PVÜ	Bei beanspruchtem Priodatum >12 M: Amtsmitteilung R 112, dass **kein Prioanspruch** besteht. Bei gültigem AT innerhalb von 12 M: **Berichtigung** des Prioritätsanspruchs nach R 52 (3) = innerhalb von 16 M nach dem frühesten ursprünglichen oder berichtigten PT (wenn noch nicht veröffentlicht → **Art. 93 (1) b)** iVm **R 52 (4)**). Frist kann frühestens 4 M nach dem AT enden → **R 139** → RiLi A-III, 6.6 → RiLi A-III, 6.5.2	**Art. 90 (5)**: Prioanspruch erlischt	WB (−), ausgenommen durch Art. 121(4) WE (+), nach Art. 122 (1), R 136 (1) Frist zur WE 2 M ab **Ablauf der Priofrist**
27	**Prioritäts-erklärung**	Art. 88 (1) R 52 (1)+(2) R 57 g) RiLi A-III, 6.5 RiLi F-VI, 3.2	**R 52 (1)**: Erklärung über den - AT, - Staat und - das Aktenzeichen des Priodokuments **R 52 (2)**: Vorzugsweise mit Einreichung der Anmeldung einzureichen (Erteilungsantrag **R 41 (2) g)**) oder innerhalb von 16 M ab dem frühesten beanspruchten PT	siehe C.28	**Art. 90 (5)**: Prioanspruch erlischt	WB (−), ausgenommen durch Art. 121, R 135 (2) WE (+), nach Art. 122 (1), R 136 Antrag auf Berichtigung (z.B. **offensichtlich falsches oder fehlendes Aktenzeichen**, sprachliche Fehler, Schreibfehler) gemäß R 139 jederzeit möglich (RiLi A-III, 6.5.2 f).

Priorität C.

Inanspruchnahme der Priorität (Fortsetzung)

Verfahrenshandlung	Rechtsnorm	Details und Fälligkeit	Unmittelbare Folgen eines Mangels, Mängelbeseitigung, Fristen	Rechtsfolge bei Nichtbeseitigung von Mängeln oder Fristversäumnis	Weiterbehandlungs-/ Wiedereinsetzungs-Möglichkeit
Berichtigung der Prioritätserklärung	Art. 88 (1) R 52 (3)+(4) RiLi A-III, 6.5.2	**R 52 (3)**: **Berichtigung** der Prioerklärung möglich, wenn AT oder Staat falsch oder fehlt innerhalb **16 M ab frühstem** (berichtigtem) **PT**, jedoch min. bis **4 M nach AT** Berichtigungen nach R 139 (falsches Aktenzeichen) können auch nach der Frist nach R 52 (3) aber rechtzeitig vor VÖ eingereicht werden ⤷J 3/91, ⤷J 6/91 (siehe F.104 RiLi A-III, 6.5.3 und RiLi A-V, 3). Bei fehlendem Aktenzeichen ergeht Bei fehlendem oder falschem Aktenzeichen ergeht Aufforderung nach R 59, Frist 2 M (verlängerbar nach R 132 (2))	**R 52 (4)**: Nach **Antrag auf Veröffentlichung** der ePA (Art. 93 (1) b)) ist **Abgabe** oder Berichtigung Prioerklärung **nicht** mehr möglich ⤷J 9/91, ⤷J 6/91, ⤷J 2/92, ⤷J 11/92 und RiLi A-III, 6.5.2 Ausnahme: Berichtigungen nach R 139 (RiLi A-V, 3) Keine Aufforderung zu berichtigtem Erteilungsantrag nach R 58, wenn Prioanspruch nach Einreichung des Formblatts für Erteilungsantrag hinzugefügt/berichtigt wurde.	**Art. 90 (5)**: Prioanspruch erlischt	**WB (–)**, ausgenommen durch Art. 121, R 135 (2) **WE (+)**, nach Art. 122 (1), R 136 Antrag auf Berichtigung (z.B. **offensichtlich falsches Aktenzeichen**, sprachliche Fehler, Schreibfehler) gemäß R 139 jederzeit möglich (RiLi A-III, 6.5.3; Siehe auch Berichtigung von Mängeln: RiLi A-V, 3).

28

C. Priorität

Inanspruchnahme der Priorität (Fortsetzung)

	Verfahrenshandlung	Rechtsnorm	Details und Fälligkeit	Unmittelbare Folgen eines Mangels, Mängelbeseitigung, Fristen	Rechtsfolge bei Nichtbeseitigung von Mängeln oder Fristversäumnis	Weiterbehandlungs-/ Wiedereinsetzungs-Möglichkeit
29	**Prioritäts-unterlagen**	Art. 88 (1) R 53 (1) - (3) RiLi A-III, 6 RiLi F-VI, 3.3	**R 53 (1):** **Beglaubigte Abschrift** der früheren Anmeldung, deren Prio in Anspruch genommen wird (Priodokument, Prio-unterlage, Priobeleg) innerhalb von **16 M nach frühestem PT** in einer **Amtssprache** des EPA oder **mit Erklärung nach R 53 (3)** (siehe C.33 f.). **R 53 (2), R 163 (2)** BdP vom 31.03.2020, ABl. 2020, A57 ABl. 2019, A27 **RiLi A-III, 6.7** RiLi A-III, 6.7[19] Auf Antrag gebührenfreie Übernahme Abschrift über digitalen Zugangsservice (DAS) der WIPO; falls kein Antrag gestellt oder Probleme beim Abruf über WIPO wird Abschrift gebührenfrei in Akte aufgenommen, wenn Prioanmeldung eine CN-, ~~JP-~~*, KR GebM-Anmeldung, CN-, EP- , ~~JP-~~*, KR-, US-, US-Provisional PCT(EP)- Anm. ist. * seit dem 01.07.2020 siehe ABl. 2020, A58	**Art. 90 (4), R 59:** Aufforderung **fehlendes Aktenzeichen** (R 52 (1)) oder die **Abschrift** (R 53 (1)) innerhalb einer zu bestimmenden Frist[+10 T] von 2 M ab R 59 Mitteilung nachzureichen, die Frist ist verlängerbar (siehe auch ↳ J 1/80). Ggf. Übersetzung der Prioritätsunterlagen notwendig – siehe C.33 Antrag auf Berichtigung (z.B. **falsches Aktenzeichen**, sprachliche Fehler, Schreibfehler) gemäß R 139 jederzeit möglich (RiLi A-III, 6.5.3, A-V, 3).	**Art. 90 (5):** Prioanspruch erlischt	WB (–), ausgenommen durch Art. 121, R 135 (2) WE (+), nach Art. 122 (1), R 136
30			Antrag nicht erforderlich, sobald Abschrift in Akte aufgenommen wurde → Mitteilung an Anmelder (BdP vom 9.3.2000, ABl. 2000, 227)			

Priorität C.

Inanspruchnahme der Priorität (Fortsetzung)						
Verfahrenshandlung	Details					
Elektronische Einreichung	**BdP 09.05.2018, ABl. 2018, A45, A93, A94:** Die elektronische Einreichung von **Prioritätsunterlagen** ist mittels **OLF oder CMS** möglich. **Voraussetzung**: Betreffenden Unterlagen **von ausstellender Behörde digital signiert** und Signatur vom **EPA anerkannt.** - A.246 Elektronische Einreichung von Prioritätsunterlagen darf **nicht mittels Web-Einreichung** erfolgen. Prioritätsunterlagen, die unter Verstoß gegen diese Vorgaben eingereicht werden, gelten als nicht eingegangen. Der Absender wird, soweit er ermittelt werden kann, unverzüglich benachrichtigt.					31
	RiLi A-III, 6.7: **Prioritätsbeleg** kann außer auf **Papier** auch auf **Datenträgern**, z. B. auf CD-ROM, **eingereicht werden**, vorausgesetzt, dass a) der Datenträger, der den Prioritätsbeleg enthält, von der Behörde erstellt wird, bei der die frühere Anmeldung eingegangen war, damit gewährleistet ist, dass der Inhalt nicht nachträglich unbemerkt verändert werden kann, b) der Inhalt des Datenträgers von der Behörde als mit der früheren Anmeldung oder einem Teil davon übereinstimmend bescheinigt ist und c) auch der AT der früheren Anmeldung von dieser Behörde bescheinigt wird. Die Bescheinigungen können separat in Papierform vorgelegt werden. Der eingereichte Datenträger muss lesbar sein und darf keine Computerviren oder andere Arten bösartiger Software enthalten.					32
Fax	**Prioritätsunterlagen** können **nicht** per **Fax** oder **Web-Einreichung** (RiLi A-III, 6.7[19]) **eingereicht** werden - RiLi A-III, 6.7, (BdP 20.02.2019, ABl. EPA 2019, A18; ABl. EPA 2018, A93; ABl. EPA 2018, A94)					32a
Verfahrenshandlung	Rechtsnorm	Details und Fälligkeit	Unmittelbare Folgen eines Mangels, Mängel- beseitigung, Fristen	Rechtsfolge bei Nicht- beseitigung von Mängeln oder Fristversäumnis	Weiter- behandlungs-/ Wiedereinsetzungs -Möglichkeit	
Übersetzung des Priodokuments in eine Amtssprache, oder Erklärung nach R 53 (3), falls Sprache der früheren Anmeldung keine Amtssprache ist MdEPA vom 28.01.2013, ABl. 03/2013, 150 RiLi A-III, 6.8	Art. 88 (1) R 53 (3)	**R 53 (3):** Übersetzung oder Erklärung, dass die EP-Anmeldung eine vollständige Über- setzung ist. Vollständige Übersetzung ist notwendig, wenn im Prüfungsverfahren Zwischenliteratur aufkommt (**RiLi F- VI, 3.4 und 2.1**) bzw. sie für die Beurteilung der Wirksamkeit des Prioanspruchs benötigt wird und diese für die Patentierbarkeit der zugrundeliegenden Erfindung relevant ist. (RiLi F-VI, 3.4, **RiLi A-III, 6.8**) S/S Art. 88, Rd 36 ff.	**R 57 g) iVm R 53 (3):** Mängelbeseitigung innerhalb einer zu bestimmenden Frist nach **R 132** (J 1/80) Frist wird ggf. der Frist nach **R 70 (1)** oder **R 70 (2)** angepasst, ansonsten Festlegung der Frist durch Prüfungs- oder Einspruchsabteilung. Die Übersetzung bzw. die Erklärung nach R 53 (3) ist auch dann einzureichen, wenn das EPA eine Abschrift der Prioanmeldung in die Akte aufnimmt (siehe MdEPA, ABl. 2002, 192)	**Art. 90 (5) iVm R 53 (3):** **Prioanspruch erlischt** **RiLi F-VI, 3.4:** Zwischendokument wird als SdT betrachtet. **Achtung:** Priorecht bleibt für **Art. 54 (3)** bzgl. allen anderen ePA aus Gründen der Rechtssicherheit bestehen, auch wenn Übersetzung oder Abschrift nicht oder verspätet eingereicht wird. **RiLi F-VI, 2.1 und 3.5**	WB (+), nach Art. 121 (1), R 135 (1) WE (–), nach Art. 122 (4), R 136 (3) RiLi A-III, 6.8.3 RiLi E-VIII, 3	33
	Hat der Anmelder dem EPA eine Übersetzung des Priodokuments bereits mit einem Antrag nach R 56 (3) bereits vorgelegt und angegeben, dass für fehlende Teile der Beschreibung oder den fehlenden Zeichnungen die Prioanmeldung zugrunde gelegt werden soll (siehe RiLi A-II, 5.4 vi)), braucht er die Übersetzung nicht ein zweites Mal einzureichen.					33a

C. Priorität

	Inanspruchnahme der Priorität (Fortsetzung)			
	Verfahrenshandlung	Details		
33b	**Übersetzung des Priodokuments** (Fortsetzung)	**RiLi A-III, 6.8.6** und **RiLi F-VI, 3.4** (aufgehobene **RAusk Nr. 19/99**): Erklärung derart, dass ePA eine vollständige Übersetzung der Prioanmeldung ist, dass nichts hinzugefügt oder weggelassen wurde, wobei eine andersartige Anordnung zulässig ist oder auch Bezugszeichen eines anderen Typs zulässig sind.		
34		Wird Erklärung eingereicht und ist die ePA keine vollständige Übersetzung, so kann dieser Mangel zum Verlust von Prioansprüchen führen.		
	Verfahrenshandlung	Rechtsnorm	Details	
35	**Teil- und Mehrfachprioritäten**	Art. 88 (2) PVÜ Art. 4 F	↳ G 2/98	Mehrfachprioritäten, Teilpriorität (ABl. 2001, 413) in einem Anspruch, siehe auch ↳ T 828/93, ↳ T 620/94. Merkmalskombinationen haben den Zeitrang, zu welchem diese Merkmalskombination das erste Mal offenbart wurde.
36			↳ G 1/15	Die prioritätsbegründende Anmeldung oder eine TA kann nicht neuheitsschädlich für eine ePA oder ein eP sein, d.h. entweder liegt Neuheit vor oder die Prio ist wirksam.
37		Art. 88 (3)	↳ G 2/98	Priorecht umfasst nur diejenigen Merkmale, die in der Prioanmeldung enthalten sind.
38	**Mehrfache Ausübung des Prioritätsrechts**	Art. 87 (1)	↳ T 15/01	Das Priorecht kann mehrfach ausgeübt werden. → Keine Erschöpfung, aber keine Kettenprioritäten, ↳ T 5/05.
39	**Fristbeginn bei mehreren Prioritäten**	Art. 88 (2) Art. 2 xi) PCT	Bei mehreren Prioritäten bestimmt frühester PT den Fristbeginn (entsprechend **Art. 2 xi) PCT**) für Fristen, die vom PT an laufen.	

Priorität C.

Inanspruchnahme der Priorität (Fortsetzung)

Verfahrenshandlung	Rechtsnorm, Rechtsprechung	Details	
Berichtigung oder Hinzufügen der Priorität Sprachliche Fehler, Schreibfehler und Unrichtigkeiten in eingereichten Unterlagen auf Antrag RiLi A-III, 6.5.1 RiLi A-III, 6.5.2 RiLi A-V, 3 J 14/82 → R 52 (3)	Art. 88 R 52 (3)	**Grundsatz**: Änderungen der Prio innerhalb von 16 Monaten nach dem frühesten PT möglich, unter der Bedingung, dass die Vorbereitungen für die VÖ noch nicht abgeschlossen wurden. Berichtigung der Prio dann möglich, wenn Berichtigung veröffentlicht wird. Reicht der Anmelder einen Berichtigungsantrag später ein, so kann ihm ausnahmsweise stattgegeben werden, wenn aus der veröffentlichten Anmeldung unmittelbar ersichtlich ist, dass ein Fehler vorliegt. Siehe S/S Art. 88 Rd 14 ff.	40
	R 52 (4)	Nach Einreichung eines **Antrags auf frühzeitige Veröffentlichung** nach Art. 93 (1) b) ist die Abgabe oder Berichtigung einer Prioerklärung nicht mehr möglich.	41
	J 6/91	Anmelder muss nachweisen, dass eine Unrichtigkeit vorliegt. Eine **Unrichtigkeit** liegt dann vor, wenn eine beim EPA eingereichte Unterlage nicht die wirkliche Absicht desjenigen wiedergibt, für den sie eingereicht worden ist.	42
	J 3/82 J 4/82 J 14/82	Der **Berichtigungsantrag** muss unverzüglich und sofern keine besonderen Umstände vorliegen, so rechtzeitig gestellt werden, dass in der Veröffentlichung der Anmeldung ein entsprechender Hinweis aufgenommen werden kann).	43
	J 12/80	Ohne Hinweis in der Veröffentlichung ist eine Berichtigung in Ausnahmefällen zulässig: • EPA war teilweise dafür verantwortlich, dass Veröffentlichung des Hinweises unterblieb. Kein Verstoß gegen die Interessen der Öffentlichkeit, weil: • Unrichtigkeit offensichtlich war (J 8/80) bzw. offensichtliche Unstimmigkeit vorlag (J 3/91, J 6/91, J 2/92), z.B. da AT/und PT sehr nahe beieinander lagen (J 3/91) • nur eine zweite oder weitere Prio hinzugefügt wurde (J 4/82, J 14/82, J 11/89). • die Öffentlichkeit anderweitig über den vollen Umfang des Schutzbegehrens unterrichtet wurde (J 14/82).	44
	J 9/91	Eine **versäumte Prioerklärung** stellt fast immer einen Fehler dar → keine hohen Anforderungen für Nachweis bei Antrag auf Berichtigung.	45
	J 2/92	Die zu einer **Prioerklärung gehörenden Angaben** können auch noch nach Veröffentlichung der internationalen Anmeldung ohne einen entsprechenden Hinweis berichtigt werden, sofern die Interessen Dritter nicht verletzt werden. D.h. wenn die Unrichtigkeit der Angaben aus der veröffentlichten Anmeldung ohne weiteres ersichtlich ist (offensichtliche Unstimmigkeit).	46
	J 6/91	**Berichtigung eines Prioanspruchs durch Hinzufügung einer ersten Prio** auch ohne Hinweis in der Veröffentlichung der Anmeldung möglich, wenn aus der veröffentlichten Anmeldung ohne weiteres ersichtlich ist, dass die erste oder die einzige Prio möglicherweise fehlt, falsch ist (hier US-CIP-Anmeldung) oder mit falschem AT angegeben ist. Gleiche Anforderungen gelten auch für die Hinzufügung einer Prio mit einem späteren Tag als demjenigen der irrtümlich beanspruchten Prio, da jede weitere Prio für die Beurteilung für den Rechtsbestand wichtig ist. Die Tatsache, dass eine vorhandene Prio nicht in Anspruch genommen wurde, rechtfertigt allein noch keine Berichtigung.	47
	J 7/94, J 11/92	Auslassung oder versäumte Handlung bei Inanspruchnahme korrigierbar, wenn Irrtum dargelegt wird.	48
	RiLi A-V,3	Nach Ablauf der Frist gemäß R 52 (3) (16 M) ist eine Berichtigung der Prioritätserklärung nach R 139 möglich (wenn offensichtlicher Mangel vorliegt).	49
Verzicht auf Priorität, Erlöschen einer Priorität (z.B. wg. Art. 90 (5))	RiLi F-VI, 3.5	Der Anmelder kann jederzeit auf eine beanspruchte **Prio verzichten**. Falls dies vor Abschluss der Vorbereitungen für die Veröffentlichung geschieht, wird die VÖ auf den dann verschobenen AT oder PT verschoben.	50
	RiLi E-VIII, 1.5 R 90bis.3 d) PCT	Wird auf eine Prio verzichtet oder erlischt sie, so verschieben sich die vom PT (bzw. AT) an laufende Fristen entsprechend. Der Anmelder wird gemäß RiLi A-III, 6.11 über Mitteilung nach R 112 (1) unterrichtet. Ist die ursprüngliche Frist jedoch schon abgelaufen, also ein Rechtsverlust eingetreten, so kann der Rechtsverlust durch eine nachträgliche Verschiebung des PT nicht behoben werden. (RiLi A-VI, 1.1 und F-VI, 3.6 und G-IV, 5.1.1)	51

C. Priorität

Inanspruchnahme der Priorität (Fortsetzung)

52 **RiLi F-VI, 2.1**: Überprüfung der wirksamen Prioinanspruchnahme, wenn ein SdT in Erwägung zu ziehen ist, der im Sinne des Art. 54 (2) der Öffentlichkeit am oder nach dem beanspruchten PT und vor dem AT zugänglich gemacht worden ist, oder wenn der Inhalt der ePA ganz oder teilweise mit dem Inhalt einer anderen ePA im Sinne des Art. 54 (3) übereinstimmt, wobei für diese andere Anmeldung ein PT beansprucht wird, der innerhalb des vorgenannten Zeitraums liegt.

	Verfahrenshandlung	Rechtsnorm	Details und Fälligkeit	Unmittelbare Folgen eines Mangels, Mängelbeseitigung, Fristen	Rechtsfolge bei Nichtbeseitigung von Mängeln oder Fristversäumnis	Weiterbehandlungs-/ Wiedereinsetzungs-Möglichkeit
53	**SdT zur Prioanmeldung** (seit 01.01.2011) Kopie der Recherchenberichte des zust. AA ist dem EPA zu übermitteln	Art. 124 R 141 (1), (2) R 79b RiLi A-III 6.12	**R 141 (1):** Bei Inanspruchnahme einer Prio, unverzüglich oder sobald bekannt	**R 70b (1):** Aufforderung der Prüfungsabteilung, Frist von 2 M	**Art. 124 (2) iVm R 70b (2):** ePA gilt als zurückgenommen	**WB (+)**, nach Art. 121 (1), R 135 (1) **WE (−)**, nach Art. 122 (4), R 136 (3)
54		R 141 (1)	Wird die Priorität einer Erstanmeldung aus JP, GB, US, AT, KR, ES, DK, CH in Anspruch genommen, muss **keine Kopie** der **Recherchenergebnisse** nach **R 141 (1)** eingereicht werden (ABl. 2016, A19, ABl. 2019, A 56, RiLi A-III, 6.12). Das EPA nimmt eine Kopie in die Akte. Bei einer **Erstanmeldung** aus **DE** muss eine **Kopie** der **Recherche eingereicht** werden.			
55		R 141 (2)	Die Kopie nach R 141 (1) **gilt als ordnungsgemäß eingereicht**, wenn sie dem EPA zugänglich ist und unter den vom Präsidenten des Europäischen Patentamts festgelegten Bedingungen in die Akte der europäischen Patentanmeldung aufzunehmen ist (ABl. 2010, 600, RiLi A-III, 6.12): • Prioanmeldung ist ePA → europäischer Rechercheberichte (Art. 92), • EPA hat den internationalen Recherchebericht erstellt (Art. 15 (1) PCT), • EPA hat einen Bericht über die Recherche intern. Art (Art. 15 (5) PCT) erstellt, EPA hat Bericht über eine Recherche, die für ein nationales Amt zu einer nationalen Anmeldung durchgeführt wurde (BE, FR, GR, IT, LT, LV, LU, MC, MT, NL, SM, CY) erstellt.			
55a		ABl. 2010, 410	Einreichung von Kopien der im Rechercheergebnis aufgeführten Schriften oder Übersetzungen nicht erforderlich – RiLi A-III, 6.12			

	Prioritätsanspruch erlischt RiLi A-III, 6; F-VI; E-VIII, 2			
56				
57	Der **Prioritätsanspruch erlischt**, wenn:			Details
58	R 52 (2)	die Prioritätserklärung nicht rechtzeitig eingereicht worden ist,		C.27
59	R 52 (3)	die Prioritätserklärung nicht rechtzeitig berichtigt worden ist,		C.28
60	R 52 (4)	die Prioritätserklärung nach Antrag auf Veröffentlichung der ePA eingereicht oder berichtigt (R 139) wurde,		C.28
61	R 53 (1), (2)	die beglaubigte Abschrift der früheren Anmeldung nicht rechtzeitig eingereicht worden ist,		C.29
62	R 53 (3)	nach einer Aufforderung die Übersetzung der früheren Anmeldung bzw. die Erklärung (RiLi A-III, 6.8.6) nicht rechtzeitig eingereicht worden ist,		C.33 f.
63	Art. 87 (1)	die frühere Anmeldung keine Anmeldung in einem oder mit Wirkung für einen VS der PVÜ oder Mitglied der WTO ist,		C.7
64		die frühere Anmeldung keine Patentanmeldung, kein Gebrauchsmuster, Gebrauchszertifikat ist (z.B. Design),		C.3
65		die Anmeldung nach Ablauf der Prioritätsfrist von 12 M eingereicht wird (R 133 findet Anwendung),		C.13
66		der beanspruchte Gegenstand für den Fachmann unter Heranziehung des allgemeinen Fachwissens nicht unmittelbar und eindeutig der früheren Anmeldung als Ganzes entnehmbar ist (↳ **G 2/98**),		C.18
67	Art. 87(1), (4)	die frühere Anmeldung nicht die »erste Anmeldung« ist.		C.21

Priorität   C.

Priorität PCT AG 5.057-5.071, 6.038-6.044, 📄 B.35 ff.		68
Wichtige Artikel und Regeln: **Art. 2 xi) PCT**: Begriffsbestimmung »Priodatum« bei Inanspruchnahme mehrerer Prioritäten **Art. 8 PCT**: Inanspruchnahme von Prioritäten **R 4.10 PCT**: Prioritätsanspruch **R 17 PCT**: Prioritätsbeleg **R 26bis PCT**: Berichtigung oder Hinzufügung eines Prioritätsanspruchs **R 90bis.3 PCT**: Zurücknahme der Priorität		69
Art. 8 PCT: Voraussetzungen für Inanspruchnahme der Priorität		70
Art. 8 (1) PCT	Prioerklärung in der PCT-Anmeldung (Verweis auf **R 4.10 PCT**) → Verweis auf **Art. 4 PVÜ**	71
Art. 8 (2) a) PCT	Verweis auf **Art. 4 PVÜ** **Art. 4A (1) PVÜ**: Erfindungspatent, Gebrauchsmuster, **Gewerbliche Muster** (Geschmacksmuster; im EPÜ nach **Art. 87 (1) nicht** akzeptiert), Modell oder Marke) **Art. 4A (3) PVÜ**: Vorschriftsmäßig = ausreichend für Festlegung AT, späteres Schicksal unbedeutsam **Art. 4C (1) + (2) PVÜ**: 12 M (Patent/Gebrauchsmuster) bzw. 6 M (Muster + Marken) ab erster Hinterlegung, Tag zählt nicht mit. (vgl. R 2.4 a) PCT) **Art. 4C (3) PVÜ**: Verschiebung auf nächsten Werktag, bei Schließung des Nachanmeldeamts (Feiertagsregelung - vgl. R 2.4 b) und R 80.5 PCT) **Art. 4C (4) PVÜ**: **jüngere = »erste Anmeldung«**, wenn ältere Anmeldung im demselben Verbandsland **vor Zeitpunkt der Hinterlegung** und Veröffentlichung zurückgenommen wurde und keine Rechte bestehen geblieben sind **Art. 4E (2) PVÜ**: Gebrauchsmuster prioritätsbegründend für Patent und umgekehrt **Art. 4F PVÜ**: Mehrfach-Prio	72
Art. 8 (2) b) PCT	Selbstbenennungsrecht → auch EP: **Art. 2 vi)**, **Art. 8 (1) PCT** → **Art. 150 (3)**, **Art. 66 EPÜ**	73
R 4.10 PCT	**R 4.10 a) PCT**: Prio für eine frühere Anmeldung in einem **Verbandsland der PVÜ** oder in einem Land, das **Mitglied der WTO** ist. EPA: Seit EPÜ 2000 kein Vorbehalt gegen WTO-Regelung mehr, d.h. WTO Prio ist in nationaler Phase wirksam (✋G 2/02 und ✋G 3/02 sind überholt). Findet Anwendung auf ePA, die ab Inkrafttreten des EPÜ 2000 (13.12.2007) eingereicht wurden. vor EPÜ 2000: **Das EPA und JP haben nach R 4.10 d) PCT Vorbehalt erklärt, akzeptieren also keine WTO-Staaten.** (JP hat den Vorbehalt mit Wirkung vom 01.09.2002 zurückgezogen) **R 4.10 b) PCT**: Prio aus regionaler Anmeldung	74

169

C. Priorität

Priorität PCT (Fortsetzung)

	Verfahrenshandlung	Rechtsnorm	Details und Fälligkeit	Unmittelbare Folgen eines Mangels, Mängelbeseitigung, Fristen	Rechtsfolge bei Nichtbeseitigung von Mängeln oder Fristversäumnis	EPÜ-Regelung
75	**Datum, Aktenzeichen und Verbandsland/ Behörde oder AA der früheren Anmeldung** Art. 11 (4) PCT PCT-Anmeldung steht vorschriftsmäßiger PVÜ-Anmeldung gleich siehe 📄 B.35	Art. 8 (1), Art. 8 (2) a) PCT Art. 4C (4), Art. 4A (1) PVÜ (»erste Anmeldung«) R 4.1 b), R 4.10 PCT: Prioanspruch ist im Antrag anzugeben Art. 2 (xi) b) PCT: Bei mehreren Prioritäten wird älteste als PT verwendet	**Art. 8 (1) PCT** **R 4.1 b),** **R 4.10 a) PCT:** Prioanspruch ist im Antrag anzugeben	**R 26bis.1 a) PCT:** Priorität berichtigen oder hinzufügen: 16 M ab PT oder geändertem PT, je nachdem, welche Frist früher abläuft; mind. bis 4 M nach dem int. AT **R 26bis.2 PCT:** Bei bestimmten Mängeln: Aufforderung durch AA, Frist wie bei **R 26bis.1 a) PCT**; gilt als rechtzeitig, wenn Eingabe vor Erklärung des IB nach **R 26bis.2 b) PCT**, spätestens 1 M vor Ablauf Frist	**R 26bis.2 b) PCT:** Prioanspruch gilt für das Verfahren nach dem PCT als nicht erhoben. **R 26 bis.2 d) PCT:** Auf Antrag (vor Abschluss der Veröffentlichung) wird der als nicht erhoben geltende Prioanspruch in der Veröffentlichung aufgeführt. **R 26bis.2 e):** Auf Antrag wird der als nicht erhoben geltende Prioanspruch in einer zusätzlichen VÖ aufgeführt (+ Gebühr 50 CHF + 12 CHF für jede weitere Seite, AG 6.044, Section 113(c) der Administrative Instructions).	**Art. 153 EPÜ** iVm **R 163 (2) EPÜ:** Spätere Frist für Mitteilung Aktenzeichen (nach 31 M) der Prioanmeldung Findet Anwendung auf ePA, die ab Inkrafttreten des EPÜ 2000 (13.12.2007) eingereicht wurden
75a	Frühere Anmeldung = PCT-Anmeldung	Art. 11 (3) PCT	Eine PCT-Anmeldung hat vorbehaltlich des Art. 64 (4) PCT (Nationale Vorbehalte – siehe 📄 B.334) in jedem Bestimmungsamt die Wirkung einer vorschriftsmäßigen nationalen Anmeldung mit int. Anmeldedatum			
75b	siehe 📄 B.35a f.	Art. 11 (4) PCT	Eine PCT-Anmeldung steht einer vorschriftmäßigen nationalen Anmeldung im Sinne des PVÜ gleich.			

Priorität C.

Priorität PCT (Fortsetzung)						
Verfahrenshandlung	Rechtsnorm	Details und Fälligkeit	Unmittelbare Folgen eines Mangels, Mängelbeseitigung, Fristen	Rechtsfolge bei Nichtbeseitigung von Mängeln oder Fristversäumnis	EPÜ-Regelung	
Prioritätsbeleg AG 5.070 im Falle der R 17.1 b) PCT Gebühr an das AA (im Antrag) (Erstellung des Priobelegs vom AA mit Übermittlung an das IB, Gebühr DPMA: 20 €, EPA: 105 €) siehe B.38	Art. 8 (1) PCT R 17.1 PCT	**R 17.1 a) PCT**: Innerhalb 16 M ab PT (oder vor Antrag nach **Art. 23 PCT**) an IB oder AA. Geht Abschrift später beim IB ein, aber vor int. Veröffentlichung nach **Art. 21 (2) a) PCT**, gilt sie am letzten Tag als rechtzeitig eingegangen **R 17.1 b) PCT**: Innerhalb 16 M ab PT Antrag auf Übermittlung ans IB, falls Priobeleg vom AA ausgestellt wird (Feld Nr. VI in Antrag) **R 17.1 b-bis) PCT**: Innerhalb 16 M ab PT Antrag beim IB oder AA, Abruf Priobeleg aus digitaler Bibliothek (DAS), Antrag beim IB vor int. Veröffentlichung ggf. Gebührenzahlung,	**R 17.1 c) PCT**: Bestimmungsamt muss Nachfrist einräumen. → **R 111 (2) EPÜ** **R 163 (2) EPÜ**: Spätere Frist für Aktenzeichen	**R 17.1 c) PCT**: Bestimmungsamt darf den Prioanspruch unberücksichtigt lassen muss jedoch Anmelder Gelegenheit zur Einreichung innerhalb Frist geben. **Art. 153** iVm **Art. 90 (5) EPÜ**: Prioanspruch erlischt EPA: Hat Anmelder **R 17.1 a).,b)** oder **b-bis) PCT** erfüllt, darf EPA ihn nicht vor Ablauf der Frist nach **Art. 22 PCT** zur Nachreichung auffordern (RiLi E-IX, 2.3.5.1[19]: Prüfung kann dennoch beginnen)	WB (+), S/S Art. 121 Rd 11 und Art. 153 Rd 426 WE (+) R 112 EPÜ beantragen	76
		DAS: Digital Access Service Digitale Bibliothek des IB, in der der Anmelder das Priodokument/den Priobeleg bei einem Depositing Office bzw. Office of First Filing (OFF) registrieren lassen kann; anschließend kann der Anmelder beantragen, dass das Accessing Office bzw. Office of Second Filing (OSF) den Priobeleg über dieses System bezieht - AG 5.070A ff. **Depositing Office**: AU, CN, DK, EP (seit 01.11.2018 für ePA, seit 01.04.2019 für PCT-Anmeldungen, ABl. 2019, A27), ES, FI, GB, IB, JP, KR, SE, US **Accessing Offices**: AU, CN, DK, EP (seit 01.11.2018 für ePA, seit 01.04.2019 für PCT-Anmeldungen, ABl. 2019, A27), ES, FI, GB, IB, JP, KR, SE, US				77
Aufforderung zur Mängelbeseitigung in Prioansprüchen gemäß R 26bis.2 PCT (siehe B.35)	Art. 8 (1) PCT R 26bis.2 PCT		**R 26bis.2 a) PCT**: Aufforderung durch das AA oder IB einen nicht den Erfordernissen nach R 4.10 PCT entsprechenden Prioanspruch mit Fristsetzung (4 M/16 M → **R 26bis.2 b) PCT**) zu berichtigen	**R 26bis.2 b) PCT**: Prioanspruch gilt für das Verfahren des PCT-Vertrags als nicht erhoben	**R 26bis.2 e) PCT**: IB veröffentlicht auf Antrag des Anmelders (Gebühr) Angaben betreffend den als nicht erhoben geltenden Prioanspruch siehe B.159	78

171

C. Priorität

Priorität PCT (Fortsetzung)

	Rechtsnorm	Rechtsnormen	Details
79	**Fristbeginn bei mehreren Prioritäten**	Art. 2 xi) b) PCT	Wenn für die int. Anmeldung mehrere Prioritäten nach **Art. 8 PCT** (→ Art. 4 F PVÜ) in Anspruch genommen werden, ist für Fristberechnung der PT/AT der ältesten Anmeldung, deren Prio in Anspruch genommen wird, relevant.
80	**Zurücknahme der Priorität** AG 11.056, 11.057	R 90bis.3 PCT B.40 f.	a) Anmelder kann in Anspruch genommene Prio vor Ablauf von 30 M ab (Art. 2 xi) PCT) ältestem PT jederzeit zurücknehmen. c) Zurücknahme wirksam mit Eingang beim IB, AA oder IPEA (wenn Art. 39 (1) PCT anwendbar). d) Aufgrund des ursprünglichen PT berechnete und nicht abgelaufene Frist wird nach geänderten PT berechnet. e) Veröffentlichung erfolgt aufgrund der ursprünglichen Prio, wenn die Zurücknahmeerklärung beim IB nach Abschluss der technischen Vorbereitungen für die internationale Veröffentlichung (15 Tage, AG 9.013) eingeht.
81		AG 5.057 AG 5.059 AG 5.060	Prioanspruch gilt für Zwecke des PCT Verfahrens als nicht eingereicht, vorbehaltlich Bestätigung, wenn • die Anmeldung nicht in einem Verbandsland des PVÜ oder einem Mitglied der WTO erfolgte (**Art. 8 iVm R 4.10 a) PCT**) • Anspruch außerhalb der 12 M Frist liegt (Art. 8 iVm R 4.10 a) PCT) • Erforderliche Angaben fehlen (Art. 8 iVm R 4.10 a) PCT)
82	**Berichtigung oder Hinzufügen eines Prioanspruchs**	R 26bis.1 a) PCT B.35	Berichtigung oder Hinzufügen eines Prioanspruchs innerhalb von 16 M nach PT bzw. geändertem PT, je nachdem welche Frist früher abläuft, außerdem auch noch 4 M nach Einreichung der int. Anmeldung (nicht später). Berichtigung kann die Hinzufügung jeglicher in R 4.10 PCT genannter Angaben einschließen; fehlender Prioanspruch kann hinzugefügt werden.
83		R 26bis.1 b) PCT B.35	Bei Antrag auf vorzeitige Veröffentlichung (an IB oder AA) gemäß **Art. 21 (2) b) PCT** gilt jede Berichtigung als nicht eingereicht, es sei denn der Antrag gemäß **Art. 21 (2) b) PCT** wird vor Abschluss der technischen Vorbereitung zurückgenommen.
84		R 26bis.1 c) PCT B.37	Bei Änderung eines Priodatums durch Berichtigung wird jede Frist, die noch nicht abgelaufen ist, nach dem geänderten Priodatum berechnet. Falsche oder fehlende Prio (S/S Art. 88 Rd 20) muss anhand der veröffentlichten Anmeldung ohne weiteres ersichtlich sein (J 3/91). Interesse der Öffentlichkeit darf nicht ernsthaft verletzt werden (J 6/91). Unter besonderen Umständen auch Berichtigung nach Veröffentlichung möglich (J 6/91 und J 7/94).

Priorität C.

Priorität PCT (Fortsetzung)			
Rechtsnorm	Rechtsnormen	Details	
Änderung des Prioanspruchs bei PCT Erstanmeldung aufgrund fehlender Teile der Anmeldung AG 6.025 ff.	Art. 11 (1) iii) R 20.5 B.10	**Art. 11 (2) a), R 20.3 a) i):** Nachreichen bis 2 M (R 20.7 a) i)) nach Aufforderung → **R 20.3 b) i):** Verschiebung des AT **ODER** **R 20.3 a) ii):** Aufforderung zur Bestätigung nach R 20.6 a), dass Verweis nach R 4.18 vorliegt innerhalb 2 M (R 20.7 a) i))→ R 20.3 b ii): Zuerkennung AT, an dem alle Erfordernisse des Art 11 (1) erfüllt sind **Nichterfüllung** Int. Anmeldung gilt als zurückgenommen (**Art. 14 (4), R 20.4**)	84a
Teilweise fehlende Ansprüche oder Beschreibung	Art. 11 (1) iii) R 20.5 B.11	**Art. 11 (2) a), R 20.5 a) i):** Nachreichen bis 2 M (R 20.7 a)) nach Aufforderung → **R 20.5 c):** Verschiebung des AT **R 20.5 e):** Wurde AT nach **R 20.5 c)** berichtigt, kann innerhalb 1 M beantragt werden, dass unter Erhaltung des urspr. AT die hinzugefügten Teile nicht berücksichtigt werden **ODER** **R 20.5 a) ii):** Nach R 20.6 a) Bestätigung, dass Verweis nach R 4.18 vorliegt innerhalb 2 M (R 20.7 a)) → R 20.5 d) Zuerkennung AT, an dem dieser Bestandteil beim AA eingegangen ist **Nichterfüllung:** Int. Anmeldung gilt als zurückgenommen (**Art. 14 (4), R 20.4**)	84b
Fehlende Zeichnungen, auf die verwiesen wurden	Art. 14 (2) R 20.5 B.12	**Art. 14 (2), R 20.5 a) i):** Nachreichen bis 2 M (R 20.7 a) i)) nach Aufforderung → **R 20.5 c):** Verschiebung des AT **R 20.5 e):** Wurde AT nach **R 20.5 c)** berichtigt, kann innerhalb 1 M beantragt werden, dass unter Erhaltung des urspr. AT die hinzugefügten Teile nicht berücksichtigt werden. **ODER** **R 20.5 a) ii):** Nach R 20.6 a) Bestätigung, dass Verweis nach R 4.18 vorliegt innerhalb 2 M (R 20.7 a) i)) → R 20.5 d) **keine Verschiebung AT** **Nichterfüllung:** Bezugnahme auf Zeichnung gilt als gestrichen (**Art. 14 (2)**)	84c
Einreichung falscher Bestandteile	Art. 11 (1) iii) d) oder e) R 20.5bis B.12a	**Art. 11 (1) iii) d),e), R 20.5bis a):** Feststellung falsche Bestandteile durch das AA; Nachreichen bis 2 M. Aufforderung Wahl (innerhalb Priofrist): **i):** Einreichung richtiger Bestandteile, innerhalb 2 M (R 20.7), → R 20.5bis b): Verschiebung des AT und R 20.5bis c): Entfernen der fälschlich eingereichten Bestandteile **ODER** **ii):** Nach R 20.6 a) Bestätigung innerhalb 2 M (R 20.7), dass richtige Bestandteile durch Verweis nach R 4.18 einbezogen wurde, → R 20.5bis d): Zuerkennung AT, an dem dieser Bestandteil beim AA eingegangen ist **R 20.5 bis e):** Anmelder kann 1 M beim AA nach Benachrichtigung nach c) beantragen, dass der richtige Bestandteil als nicht eingereicht gilt, fälschlicherweise eingereichte Bestandteile nicht entfernt werden und Berichtigung nach c) nicht erfolgt.	84d

173

C. Priorität

	Priorität PCT (Fortsetzung)		
	Rechtsnorm	Rechtsnormen	Details
85	**Wiederherstellung Priorecht** RiLi E-IX, 2.3.5.3[19] (siehe 📄 B.36, 📄 B.222, 📄 K.62 ff.)	R 26bis.3 PCT	**Wiederherstellung des Priorechts durch das AA** Wiederherstellung Priorecht durch AA möglich auf Antrag (inkl. Gründe und ggf. Erklärung/Nachweis für Versäumnis) möglich innerhalb von **2 M** ab Ablauf Priofrist von 12 M wenn ein Wiederherstellungskriterium erfüllt ist: • Versäumnis trotz Beachtung der nach den gegebenen Umständen gebotenen Sorgfalt (**R 26bis.3 a) i) PCT**) oder • Versäumnis unabsichtlich (**R 26bis.3 a) ii) PCT**) AA hat wenigstens ein Wiederherstellungskriterium anzuwenden (doppelte Anwendung **R 80.5 PCT** möglich).
86		R 26bis.3 d) PCT	Ggf. Gebührenzahlung, abhängig vom AA (EPA: 665 € Art. 2 (1) Nr. 13 GebO), innerhalb **2 M** ab Ablauf Priofrist von 12 M, ggf. um 2 M durch AA verlängerbar (AG 5.062 ff.)
87		R 26bis.3 e) PCT	Bei Antrag auf **vorzeitige Veröffentlichung** nach Art. 21 (2) b) PCT gilt Antrag nach a) oder Gebühren nach d) nach Abschluss der technischen Vorbereitungen für die intern. Veröffentlichung nicht als rechtzeitig eingereicht oder entrichtet.
88		R 49ter.1 a) PCT	**Wirkung Wiederherstellung der Prio durch das AA** nach **R 26bis.3 PCT** hat vorbehaltlich **R 26bis.3 c) PCT** in jedem Bestimmungsamt → **Achtung**: R 49ter.1 g) PCT: Nicht gültig für BR, CA, CN, CO, CZ, DE, DZ, ID, IN, KR, LT, MX, NO, PH - siehe 📄 B.347
89		R 49ter.2 a) PCT	**Wiederherstellung des Priorechts durch das Bestimmungsamt** auf Antrag nach Absatz b) möglich, falls Priorität innerhalb von **2 M ab Ablauf der Priofrist von 12 M** beantragt wurde, notwendiges Wiederherstellungskriterium: i) Versäumnis trotz Beachtung der nach den gegebenen Umständen gebotenen Sorgfalt oder ii) Versäumnis unbeabsichtigt. Jedes Bestimmungsamt hat mindestens eines dieser Kriterien anzuwenden und kann beide anwenden. → **Achtung**: R 49ter.2 h) PCT: Nicht vereinbar mit nationalem Recht für BR, CA, CN, CO, CU CZ, DE, DZ, ID, IN, KR, MX, NO, PH - siehe 📄 B.348
90		R 49ter.2 b) PCT	Antrag nach Absatz a) muss innerhalb von **1 M** ab der nach Art. 22 PCT anwendbaren Frist beim Bestimmungsamt oder bei vorzeitiger Bearbeitung nach Art. 23 (2) PCT ab Eingang des betreffendes Antrags eingereicht werden und Gründe für Versäumnis enthalten; ggf. Gebührenzahlen an das Bestimmungsamt.

Priorität C.

Vergleichende Übersicht PVÜ/PCT/EPÜ (Quelle: Exner, DII-Buch, Carl Heymanns Verlag 2009)

Voraussetzung	PVÜ Art. 4	PCT Art. 8	EPÜ Art. 87-89	
Berechtigte	Anmelder der Voranmeldung oder sein Rechtsnachfolger			91
	Art. 4A (1)	Art. 8 (1) (2) a)*	Art. 87 (1)	
Staat der Voranmeldung	PVÜ Staat	PVÜ- oder WTO-Staat		92
	Art. 4A (1)	Art. 8 (1) (2) a), R 4.10 (a)	Art. 87 (1)	
Vorschriftsmäßige Einreichung der Voranmeldung	Anmeldung, die zur Festlegung des Zeitpunkts ausreicht, an dem die Anmeldung in dem betreffenden Land hinterlegt worden ist, wobei das spätere Schicksal der ersten Anmeldung ohne Bedeutung ist.			93
	Art. 4A (2) (3)	Art. 8 (1) (2) a)*	Art. 87 (2) (3)	
Frist	12 M nach dem AT der ersten Anmeldung plus Feiertagsregelung			94
	Art. 4C (1) (2) (3)	Art. 8 (1) (2) a)*, 47 (1), R 80.5	Art. 87 (1), 120, R 134 (1)	
Erste Anmeldung	Eine jüngere Anmeldung, die denselben Gegenstand betrifft wie eine erste ältere in demselben oder für denselben Staat eingereichte Anmeldung gilt als erste Anmeldung, sofern diese ältere Anmeldung bis zur Einreichung der jüngeren Anmeldung zurückgenommen, fallen gelassen oder zurückgewiesen worden ist, und zwar bevor sie öffentlich ausgelegt worden ist und ohne dass Rechte bestehen geblieben sind (z.B. Teilfortsetzung RiLi F-VI, 2.4.4, Prio); ebenso wenig darf diese ältere Anmeldung schon Grundlage für die Inanspruchnahme des Prioritätsrechts gewesen sein. Die ältere Anmeldung kann in vorstehendem Fall (keine Veröffentlichung) nicht mehr als Grundlage für die Inanspruchnahme des Priorechts dienen.			95
	Art. 4C (4)	Art. 8 (1) (2) a)*	Art. 87 (4)	
Mehrere Prioritäten	Mehrere Prioritäten können in Anspruch genommen werden, selbst wenn sie aus verschiedenen Ländern stammen.			96
	Art. 4F	Art. 8 (1), R 4.10 (a)	Art. 88 (2)	
Gegenstände für die ein Prioritätsrecht entsteht	»Dieselbe Erfindung« bzw. Merkmalskombinationen, die in der Voranmeldung enthalten sind			97
	Art. 4F	Art. 8 (1) (2) a)*	Art. 88 (3)	
Offenbarung in der Voranmeldung	Es reicht, dass die Gesamtheit der Anmeldungsunterlagen der früheren Anmeldung die Merkmale der Erfindung, für die die Prio in Anspruch genommen wird, deutlich offenbart.			98
	Art. 4H	Art. 8 (1) (2) a)*	Art. 88 (4)	
Staat der Nachanmeldung		auch jener der Voranmeldung möglich***		99
		Art. 8 (2) (b)	Art. 87 (2)	
Inanspruchnahme	Erklärung über Zeitpunkt, Land und Aktenzeichen der Voranmeldung			100
	Art. 4D (1) (5)	Art. 8 (1) R 4.10 (a)	Art. 88 (1), R 52 (1)	
Prioritätsbeleg	Art. 4D (3)	Art. 8 (1), R 17.1	Art. 88, R 53	101

* i.V.m. der entsprechenden Regelung des PVÜ
** für europäische oder EURO-PCT-Anmeldungen nur bei AT ab dem 13.12.07 (Art. 87 (1) EPÜ 1973, ↳G 2/02, ↳G 3/02)
*** »innere Priorität«, bei PCT-Anmeldungen je nach nationalem Recht dieses Staates

175

Inhalt Kapitel D. Fristen

Fristen
Fristberechnung D.1
Fristbeginn D.2
Fristberechnung für Wochen-/Monats-/Jahres-Fristen ..... D.3 f.
Dauer der Fristen .... D.5 f.
Verspäteter Zugang von Schriftstücken .... D.7 ff.
Verlängerung von Fristen bei allg. Unterbrechung .... D.13 ff.
Einreichung bei nationalen Behörden D.22
Fristauslösung D.23
Aufeinander folgende Fristen D.24
Zusammengesetzte Fristen .... D.25 f.
Nachfrist für Jahresgebühren .... D.27 ff.
Fristverlängerungen .... D.30 ff.
Beispiele für typische Amtsfristen .... D.36 ff.

PCT-Fristen
Fristberechnung D.40
Zeitzone D.41
Feiertagsregelung D.42
Fristbeginn D.43
Fristende D.44
Fristverlängerung aufgrund Einreichungsproblemen
beim EPA als PCT-Behörde D.45
Fristüberschreitung D.46
Störungen im Postdienst .... D.47 ff.

Zustellung durch das EPA
Feststellung Rechtsverlust D.51
Allgemeine Vorschriften zur Zustellung D.52
Zustellung durch Postdienste (Zustellfiktion) .... D.53 ff.
Elektronische Zustellung .... D.58 ff.
Zustellung Einspruchsverfahren Mailbox D.60a
Zustellung per E-Mail bei mündlicher Verhandlung im
Prüfungsverfahren (Pilotprojekt) D.60a
Zustellung durch unmittelbare Übergabe D.61
Zustellung durch öffentliche Bekanntmachung D.62

Zustellung an Vertreter .... D.63 f.
Heilung von Zustellungsmängeln .... D.65 f.

Zustellung Gebührenzahlung
Zustellung Gebührenzahlung .... D.68 ff.

Elektronische Einreichung
Anmeldung D.76
Datenträger D.77
Elektronische Form D.78
E-Mail-Einreichung D.79
Einreichung mittels Diskette D.80

Telefax
Bestimmungen zur Einreichung europäischer und PCT-
Anmeldungen beim EPA .... D.82 ff.
Einreichung PCT-Anmeldungen .... D.89 ff.

Aussetzung des Verfahrens
Aussetzung des Verfahrens .... D.91 ff.

Unterbrechung des Verfahrens
Unterbrechung des Verfahren .... D.101 ff.

Fristenübersicht
Übersicht über Fristen im EPÜ .... D.109 ff.

Übersicht – Auswirkung des Covid-19 Ausbruchs
Verlängerung von Fristen bei allg. Unterbrechung ...... D.186 f.
Verlängerung von Fristen bei Gebührenzahlung D.189
Aussetzung Zusatzgebühr für verspätet gezahlte JG D.190
Gebührenerhöhung D.191
Mündliche Verhandlungen vor Prüfungs- und
Einspruchsabteilungen D.192
Mündliche Verhandlungen vor Beschwerdekammern D.193
Europäische Eignungsprüfung D.194

Fristen D.

Fristen Art. 120, RiLi E-VIII, 1			
Verfahrenshandlung	Rechtsnorm	Details	
Fristberechnung	R 131 (1)	Die Fristen werden nach vollen Tagen, Wochen, Monaten oder Jahren berechnet.	1
Fristbeginn	R 131 (2)	**Fristbeginn** ist der Tag **nach** dem maßgeblichen fristauslösenden Ereignis, z. B. der Zugang eines Schriftstücks (↳**G 6/91**, »Empfangstheorie«).	2
Fristberechnung für Wochen-, Monats- und Jahresfrist	R 131 (3) - (5)	Hat Monat keinen entsprechenden Tag, wird die Frist auf Monatsende festgesetzt. (31 Okt. → 1 M → 30 Nov.)	3
	↳J 14/86	Ausnahme nach ↳**J 4/91** bei der Nachfrist für Jahresgebühren nach R 51 (2), die immer am Monatsletzten abläuft. (»Ultimo-to-Ultimo« Prinzip für JG)	4
Dauer der Frist	R 132 RiLi E-VIII, 1.2	**Amtsfristen** sind zwischen 2 M und 4 M festzusetzen, in besonderen Fällen bis zu 6 M.	5
		RiLi E-VIII, 1.6	**Fristverlängerung** auf **Antrag** vor Fristablauf mit Begründung. Auf ursprüngliche Frist anzurechnen (siehe aufgehobene RAusk Nr. 5/93, rev. Nr. III, ABl. 4/93, 229) In Einspruchsverfahren sind Fristverlängerungen über 4 M nur in begründeten Ausnahmefällen vorgesehen. Eine Anmeldung wird aus dem PACE Programm genommen, wenn der Anmelder eine Fristverlängerung beantragt (ABl. 2015, A93, A.4).	6
Verspäteter Zugang von Schriftstücken beim EPA	R 133 (1) RiLi E-VIII, 1.7 BdP vom 11.03.2015 (ABl. 2015, A29) BdV vom 15.10.2014 (ABl. 2015, A17)	Ein beim EPA verspätet eingehendes Schriftstück gilt als nach R 133 rechtzeitig eingegangen, wenn 1.) es mind. 5 Tage vor Ablauf der maßgeblichen Frist bei einem anerkannten Postdiensteanbieter (anerkannte Postbetreiber („designated operators") im Sinne des Art. 1 Weltpostvertrags, Chronopost, DHL, Federal Express, flexpress, TNT, SkyNet, UPS oder Transworld) und 2.) es nicht später als 3 M nach Ablauf der Frist beim EPA eingeht und 3.) es per Einschreiben oder in gleichwertiger Form versandt worden ist und, 4.) falls es außerhalb Europas aufgegeben wurde per Luftpost versandt worden ist.	7
		Nicht anwendbar bei Gebührenzahlung (Art. 7 GebO - 10-Tages Regel zur Zahlung, gilt auch für übermittelten Abbuchungsauftrag).	8
		Rechtzeitige Aufgabe des Schriftstücks ist auf Verlangen des EPA durch Vorlage des Einschreibebelegs oder der Bestätigung des Übermittelungsdienstes nachzuweisen.	9
	R 133 (2)	Dies gilt auch für an nationale Behörden eines VS nach Art. 75 (1) b) oder Art. 75 (2) b) übersandte Schriftstücke.	11
		RiLi E-VIII, 1.7	**R 133** anwendbar auf **Art. 87 (1)** (Prioritätsfrist)	12

D. Fristen

	Fristen (Fortsetzung)			
	Verfahrenshandlung	Rechtsnorm, Rechtsprechung	Details	
13	**Verlängerung von Fristen bei allg. Unterbrechung** (kein Einzelfall)	R 134 (1)	**Feiertagsregelung**, auch Priofrist nach **Art. 87** Läuft Frist an Tag ab, an dem eine Annahmestelle (München, Den Haag, Berlin) des EPAs nicht geöffnet ist oder an dem Post aus anderen Gründen als in R 134 (2) genannten Gründen nicht zugestellt wird, verschiebt sich Fristende auf nächstfolgenden Tag, an dem alle Annahmestellen zur Entgegennahme geöffnet sind und an dem Post zugestellt wird.	
14	R 134 BdV vom 15.10.2014 (ABl. 2015, A17)	R 134 (1), S. 2	Ist eine vom EPA nach R 2 (1) bereitgestellte oder zugelassene Einrichtung zur elektronischen Nachrichtenübermittlung (vorübergehend) aus einem vom EPA vertretenden Grund (z.B. Wartung) nicht verfügbar, gilt **Fristverlängerung** nach R 134 (1) Satz 1 – ABl. 2018, A25	
15		R 134 (2)	**Störung der Postzustellung**, auch bei **Art. 77 iVm R 37 (2)**, gilt für EPA in München, Berlin, Den Haag (nicht Wien oder Brüssel). Verlängerung nach R 134 (2) gilt für alle im EPÜ und PCT vorgesehenen Frist, einschließlich der vom Amt nach R 132 bestimmten, gilt nicht für Verfahrenshandlungen, die an eine bestimmte Bedingung (TA nach Art. 76) oder zu bestimmten Zeitpunkt (Einreichung vor mündl. Verhandlung nach R 116) vorzunehmen sind, wird automatisch ohne Antrag berücksichtigt.	
15a		COVID-19 ABl. 2020, A28, A60, A74	Störungen aufgrund des Ausbruchs von **COVID-19** Fristen, die am 15.03.2020 oder danach ablaufen, werden bis zum 02.06.2020 verlängert (nicht auf R 116 anwendbar, da keine Frist, sondern festgesetztes Datum). Gemäß Art. 150 (2) gilt dies auch für internationale Anmeldungen nach PCT.	
16		R 134 (3)	R 134 (1) und (2) sind auch auf an Behörden eines VS nach Art. 75 (1) b) (Zentralbehörde für den gewerblichen Rechtsschutz oder bei anderen zuständigen Behörden eines VS, wenn das Recht dieses Staats es gestattet) oder Art. 75 (2) b) übersandte Schriftstücke zu übertragen.	
17		R 134 (4)	**Naturkatastrophe** etc., durch die der Dienstbetrieb des EPA gestört und dadurch amtliche Benachrichtigungen über Fristabläufe verzögert werden. EPA teilt Wiederaufnahme des Betriebs im ABl. mit.	
18		R 134 (5)	**Naturkatastrophe**, allgemeiner Ausfall einer nach R 2 (1) zugelassenen Einrichtung zur elektronischen Nachrichtenübermittlung, etc. am Ort des Beteiligten oder seines Vertreters, durch die an einem der letzten 10 Tage vor Fristablauf der Postbetrieb gestört wurde, sind auf Nachweis des Beteiligten entschuldbar, sofern das Schriftstück innerhalb von 5 Tagen nach Wiederherstellung des Postdienstes versandt wird (BdV vom 15.10.2014 (ABl. 2015, A17)). • ABl. 2016, A31: Erdbeben in Japan und Ecuador, April 2016 • ABl. 2015, A62: DHL- und Poststreik in Deutschland, April bis Juli 2015 • ABl. 2015, A61 und ABl. 2019, A88: Bankenschließung und Verbot grenzüberschreitender Zahlungen in GR vom 28.06.2015 bis 15.10.2019, auch auf R 82quater.1 PCT anwendbar, jedoch nicht auf R 26bis.3 PCT (Wiederherstellung Priorecht) Gilt **analog für Fristen beim EPA**, die **intern. Anmeldungen betreffen** (R 82 PCT). **Ausnahme: Priofrist** → Wiederherstellung des Priorechts möglich (R 26bis.3 PCT).	
18a		Covid-19	Störungen aufgrund des Ausbruchs von COVID-19 Auf nicht abgedeckte Fälle der Störung durch COVID-19 gemäß R 134 (2) bietet R 134 (5) eine Absicherung bei Fristversäumnissen. - ABl. 2020, A29, A60, A74	
19		RiLi A-X, 6.1	✎ J 1/81	Feiertagsverlängerung wird auch bei Fristen für Zahlungen angewandt.
20			✎ J 11/88	Ob eine Unterbrechung der Postzustellung oder eine daran anschließende Störung eine »allgemeine Unterbrechung« ist, wird vom EPA festgestellt. Alle Fristen, die während der Dauer einer »allgemeinen Unterbrechung« und einer daran anschließenden Störung der Postzustellung ablaufen, werden von Rechts wegen verlängert.
21			✎ J 47/92	Keine Fristverlängerung bei Fristen, die im EPÜ oder der AO festgelegt sind.

Fristen D.

Fristen (Fortsetzung)		
Verfahrens-handlung	Details	
Einreichung bei nationalen Behörden	**MdEPA vom 02.07.1992, ABl. 1992, 306**: RiLi A-II, 3.2 Nach Einreichung einer Anmeldung bei einer nationalen Behörde muss diese das EPA gemäß R 35 (3) unverzüglich über den Eingang informieren (Tag des Eingangs, Nummer der Anmeldung, etc.); in der Praxis leitet die zuständige nationale Behörde die Anmeldung ans EPA weiter. Ab der Mitteilung nach **R 35 (4)** können weitere Schriftstücke, die ePA betreffen, ausschließlich beim EPA eingereicht werden.	22
Fristauslösung RiLi E-II, 2.2	Zustellung nach **R 125 (2), (3)** und **R 37** lösen Frist aus, Nachweis der Zustellung R 125 (4) ↳ **G 12/91**: Verfahren ist abgeschlossen, wenn Entscheidung an die Poststelle des EPA zum Zwecke der Zustellung abgegeben ist.	23
Aufeinander folgende Fristen	Siehe aufgehobene **RAusk 5/93 rev., ABl. 1993, 229**	24
Zusammen-gesetzte Fristen	Bei einer zusammengesetzten Frist ist das fristauslösende Ereignis der Nachfrist das Fristende der Grundfrist. Für dieses Fristende gilt die Feiertagsregelung. **Beispiele**: S/S Art. 120 Rd 23 ff., einzige relevante Frist nach EPÜ 2000: **Art. 39 (1) PCT** iVm **R 51 (2) EPÜ** Nachfrist für JG für 3. Jahr bei Euro-PCT-Anmeldungen, wenn fällig, bevor 31 M Frist abgelaufen ist (**R 159 (1) g**). **Berechnung**: Grundfrist: 31 M, Nachfrist 6 M. Ende der Grundfrist feststellen, von diesem Datum aus Ende der Nachfrist bestimmen. (Feiertagsregelung für jeweiliges Frist**ende** beachten)	25
		26

D. Fristen

Fristen (Fortsetzung)

	Verfahrens-handlung	Rechtsnorm	Details	
27	**Nachfrist für Jahres-gebühren**	Art. 86 R 51 (2)	Zahlung innerhalb von 6 M mit Zuschlag (50 % **Art. 2 (1) Nr. 5 GebO**)	
28			↳J 4/91	Keine zusammengesetzte Frist, Fälligkeitstag ist immer der Monatsletzte.
29			**Sonderfall TA**: kein »Ultimo-to-Ultimo« Prinzip für bereits fällige JG, Fristauslösung ist Einreichung TA	
30	**Frist-verlängerung**	R 132 (2), S. 2	In besonderen Fällen kann die **Frist vor Ablauf** auf **Antrag verlängert** werden.	
31			RiLi E-VIII, 1,6	• Bei Prüfungsbescheiden nach Art, 94 (3) sollte Anträgen auf Fristverlängerung auf insgesamt höchstens 6 M in der Regel stattgegeben werden - auch bei unbegründetem Antrag. • Die verlängerte Frist ist ab dem Beginn der ursprünglichen Frist zu berechnen. → Keine zusammengesetzte Frist, da die bisherige Frist durch eine neue Frist ersetzt wird. • Fristverlängerung muss schriftlich beantragt werden, ehe die festgesetzte Frist abgelaufen ist. • In Einspruchsverfahren sind Fristverlängerungen über 4 M nur in begründeten Ausnahmefällen vorgesehen. • Eine Anmeldung wird aus dem PACE Programm genommen, wenn der Anmelder eine Fristverlängerung beantragt (ABl. 2015, A93, A.4).
				Ablehnung eines rechtzeitigen **Fristverlängerungsgesuch** und der damit verbundene eintretende Rechtsverlust kann nur durch einen Antrag auf WB behoben werden. Dabei kann Anmelder die Rückzahlung der WB-Gebühr beantragen. Die Entscheidung über die Ablehnung des Rückzahlungsantrags kann je nach Fall entweder zusammen mit der Endentscheidung oder gesondert mit der Beschwerde angefochten werden (↳J 37/89).
32			MdEPA, ABl. 2009, 533 RiLi E-VIII, 1,6	**Antrag auf längere Frist, nochmalige Fristverlängerung** oder Fristverlängerung von Fristen die standardmäßig 6 M betragen wird nur **ausnahmsweise** bei **überzeugender Begründung** stattgegeben (↳T 79/99, ↳J 12/07: Arbeitsüberlastung wird nicht anerkannt).
33			RiLi C-V, 1.1	Frist von 4 M in **R 71 (3)** ist nicht verlängerbar. **Beschwerdeverfahren**: Fristverlängerung nach Ermessen der Kammer nach schriftlichem und begründetem Antrag ausnahmsweise möglich (Art. 12 (5) VerfOBK).
34		R 134	Automatische Fristverlängerung bei Feiertag, Störung im Postverkehr etc.	
35			*[Diagramm: Zeitstrahl mit Fristauslösendem Ereignis, Fristdauer, Fristende, Fristverlängerung, R 134, Letzter Tag zur Vornahme einer Handlung, Verlängertes Fristende]*	

Fristen D.

Fristen (Fortsetzung)			
Verfahrens-handlung	Details		
Typische Amtsfristen	RiLi E-VIII, 1.1	R 71 (3) → 4 M (Erteilungsgebühr, Veröffentlichungsgebühr, Einreichung von Übersetzungen)	36
	RiLi E-VIII, 1.2	i) Behebung geringfügiger formaler Mängel → 2 M ii) Bescheide einer Prüfungs- oder Einspruchsabteilung → 4 M	37
	RiLi E-VIII, 1.6	Fristverlängerung ist von Beginn der Frist zu berechnen.	38
	ABl. 2007, SA 3, D.1	**»Rechtzeitig vor Veröffentlichung«:** 5 Wochen vor Ablauf der 18 M-Frist nach Art. 93 (1) a) iVm R 67	39
Beispiel	Diagramm: 18 M Fristdauer ab AT/PT bis Berechneter Tag der VÖ (nächster Mittwoch); 5 W vor Tag der VÖ: Wochenende, Schließtage – Verhinderung der VÖ noch möglich		39a

183

D. Fristen

PCT-Fristen Art. 47 (1) PCT, R 80 PCT, AG 11.062, siehe B.315 ff.		
Verfahrens- handlung	Rechtsnorm	Details
40 **Frist- berechnung**	R 80.1 - R 80.3 PCT	In Jahren, Monaten und Tagen bestimmte Fristen
41 **Zeitzone**	R 80.4 PCT	a) Das Anfangsdatum für die Berechnung einer Frist, ist das Datum, welches zur Zeit des Eintritts des maßgeblichen Ereignisses an diesem Ort galt. b) Das Datum, an dem eine Frist abläuft, ist das Datum, das an dem Ort gilt, an dem das angeforderte Schriftstück eingereicht oder die verlangte Gebühr eingezahlt werden muss.
42 **Feiertags- regelung**	R 80.5 PCT	Feiertagsregelung (gemäß → R 2.4 b) PCT auch auf Priofrist anwendbar)
43 **Fristbeginn**	R 80.6 PCT	• **Fristbeginn** grundsätzlich am (Absende-)Datum des fristauslösenden Schriftstücks • Weist der Beteiligte nach, dass das Schriftstück zu einem **späteren Datum** als angegeben **abgesandt** wurde, ist das spätere Datum für den Fristbeginn maßgeblich. • Geht das Schriftstück später als **7 Tage nach Absendedatum** beim Beteiligten ein, so verlängert sich die Frist um die Anzahl von Tagen, die diese 7 Tage überschreiten (sofern der Nachweis erbracht wird).
		Beginnt eine Frist mit Versendung einer Mitteilung, so ist für die Berechnung des Endes dieser Frist der Tag des Datums der Mitteilung entscheidend, nicht der Tag ihres Eingangs. (»Absendetheorie« im Gegensatz zu »Empfangstheorie« beim EPA) Bei Zustellung per E-Mail ändert sich Fristbeginn nicht, es gelten weiterhin die Bestimmungen nach R. 80.6 PCT, Zustellung per E-Mail ist nur zusätzliche Serviceleistung, beantragt der Anmelder, Mitteilungen exklusiv nur per E-Mail zu erhalten, stellt das Datum des Versands der E-Mail den Fristbeginn dar, in diesem Fall obliegt die Verantwortung des E-Mail-Empfangs beim Anmelder (AG 5.029)
44 **Fristende**	R 80.7 PCT	Fristende mit Dienstschluss, bei WIPO 18.00 Uhr, wegen Nachbriefkasten bei EPA und DPMA nach R 80.7 b) PCT Fristende 24.00 Uhr
45 **Frist- verlängerung**	R 89bis PCT	Das EPA stellt als AA, ISA, SISA und IPEA Einrichtungen zur elektronischen Einreichung von Schriftstücken in der internationalen Phase zur Verfügung. Ist eine dieser Einrichtungen nicht verfügbar (z.B. Wartung), so gilt **Fristverlängerung** nach R 134 (1) iVm Art. 150 (2), d.h. Frist verschiebt sich auf den nächsten Tag. - ABl. 2018, A25, Nr. 6
46 **Fristüber- schreitung**	Art. 48 PCT	**Art. 48 (2) PCT**: Fristüberschreitung ist entschuldigt, wenn nach nat. Recht zugelassen, z.B. Störungen im Postdienst. (Art. 2 x) PCT: EPÜ entspricht nat. Recht) **Art. 48 (2) b)** iVm **R 82bis.2 PCT**: WE/WB sowie Fristverlängerungen oder Entschuldigungen der Fristüberschreitung beim EPA

Fristen D.

PCT-Fristen (Fortsetzung)

Verfahrens-handlung	Rechtsnorm	Details	
Störungen im Postdienst	R 82 PCT	**R 82.1 a), b) PCT: Rechtzeitige Aufgabe** eines **Schriftstücks** Ist ein Schriftstück nachweislich **5 Tage vor Ablauf** der **Frist** • durch Luftpost oder • durch Post per Einschreiben, sofern die normale Beförderungszeit idR höchstens 2 Tage beträgt oder wenn kein Luftpostdienst besteht, abgesandt worden, so ist • eine Verzögerung der Zustellung entschuldigt, beziehungsweise • ein Ersatz zu gestatten, sofern der Nachweis erbracht wird, dass der Ersatz dem ursprünglichen Schreiben entspricht. **R 82.1 c) PCT**: Regelung verweist auf a)+b): **Absendung Schriftstück 5 Tage vor Ablauf Frist**. Der **Nachweis** der **rechtzeitigen Absendung** und ggf. der Übereinstimmung des Ersatzes mit dem ursprünglichen Schreiben (sowie die Übersendung des Ersatzes) hat innerhalb **1 M** nachdem der Beteiligte die Verzögerung oder den Verlust bemerkt hat oder hätte bemerken müssen, zu erfolgen, **spätestens** jedoch **6 M nach Ablauf** der jeweiligen **Frist**. **R 82.1 d) PCT**: Nationales Recht für andere Übermittlungsdienste (z. B. EPÜ-Regelungen: allg. anerkannte Postdiensteanbieter (Post, DHL, Federal Express, etc.) → R 133 (1) EPÜ, BdP vom 31.03.2003, ABl.2003, 283 zur Anwendung von R 133 (1) EPÜ über den verspäteten Zugang von Schriftstücken, s. Euro-PCT- Leitfaden 2.2.020)	47
	Höhere Gewalt (Force Majeure)	**R 82quater.1 PCT (Höhere Gewalt** – Force Majeure) a) **Unterbrechung** des **Postdienstes** wegen **Katastrophen** oder ähnlichem (auch **Ausfall elektronischem Kommunikationsdienst**, wenn der Ausfall größere geographische Gebiete oder viele Personen betrifft), Anbieten Beweis; betrifft nur Fristen, die in Ausführungsverordnung gegenüber AA, (S)ISA, IPEA, IB festgesetzt sind, d.h. nicht Prio oder Art. 22 bzw. Art. 39 PCT (siehe auch R 82quater.1 c) PCT) b) **Nachweis spätestens 6 M** nach **Ablauf** der **Frist** an das Amt, Behörde oder IB (siehe a)); Antrag und Beweis nötig, bei Erfolg Anerkennung durch alle Bestimmungsämter und ausgewählte Ämter z.B.: April bis Mai 2015 POST, DHL ABl. 2015, A62	48
	Covid-19	Auf nicht abgedeckte Fälle der Störung durch COVID-19 gemäß R 134 (2) bietet R 82quater.1 PCT eine Entschuldigung der Fristüberschreitung. Anwendbar bei anhängigen int. Anm. in der int. Phase. Nicht jedoch auf die Priofrist (siehe 🗎 B.322a). - ABl. 2020, A29, A60, A74	48a
	Nicht-verfügbarkeit elektr. Komm.-mittel	**R 82quater.2 (Nichtverfügbarkeit elektronische Kommunikationsmittel** im Amt) a) Nationales Amt oder zwischenstaatliche Organisation kann eine Überschreitung einer in der AO festgesetzten Frist zur Vornahme einer Handlung aufgrund der Nichtverfügbarkeit eines der dort zugelassenen elektronischen Kommunikationsmittel entschuldigen, wenn betreffende Handlung am darauffolgenden Werktag vorgenommen werde, an dem diese elektronischer Kommunikationsmittel wieder zur Verfügung stehe. Amt/Organisation veröffentlichen Nichtverfügbarkeit und Zeitraum. b) Entschuldigung der Fristüberschreitung nach a) muss vom Bestimmungsamt oder ausgewähltem Amt nicht berücksichtigt werden, wenn Handlungen nach Art. 22 oder 39 vor diesem Amt bereits vorgenommen worden sind.	48b
	Priofrist	**R 82** und **R 82quater PCT** sind **nicht** auf **Priofristen** anwendbar, da nur in Bezug auf im PCT festgelegten Fristen anwendbar – Euro-PCT-Leitfaden 2.2.021, ABl. 2010, 351 Stattdessen Wiederherstellung beim AA (**R 26bis.3 PCT**) oder Bestimmungsamt (**R 49ter.1 PCT**) – siehe 🗎 B.36	49
		R 26bis.1 c) PCT: Bei Änderung des Priodatums berechnen sich alle nicht abgelaufenen Fristen nach dem neuen Priodatum.	50
		Keine Regelung zu Zahlungstag, GebO des EPÜ ist anzuwenden.	50a

D. Fristen

Zustellung durch das EPA
(z.B. iVm mündlicher Verhandlung R 111 (1), Mitteilung über Rechtsverlust ohne Entscheidung R 112 (1))
Art. 119, R 125-130, R 2, RiLi E-II, 2

	Verfahrens-handlung	Rechtsnorm	Details
51	**Feststellung eines Rechtsverlusts**	Art. 119 R 112	Zustellen einer Mitteilung über einen Rechtsverlust
52	**Allgemeine Vorschriften**	Art. 119 R 125	Allgemeine Vorschriften über Zustellung (S/S Art. 119 Rd 5 ff.); R 125 (3): Zustellung durch Vermittlung einer Zentralbehörde
53	**Zustellung durch Postdienste** R 125 (2) a) RiLi E-II, 2.3	R 126 (1)	Seit 01.11.2019 (ABl. 2019, A31, A57): Alle Zustellungen durch Postdienste erfolgen mittels eingeschriebenem Brief. Bis 31.10.2019 Entscheidungen, die eine Beschwerdefrist in Gang setzen und Ladungen werden mit eingeschriebenem Brief mit Rückschein zugestellt. Alle anderen Zustellungen per Postdienste mittels eingeschriebenen Briefs.
54		R 126 (2)	**Zugangsfiktion** (S/S Art. 119 Rd 14 ff.) Ein Schriftstück gilt mit dem **10. Tag** („10-Tages-Regel") nach Abgabe an den Postdiensteanbieter als zugestellt. Ist das Schriftstück später zugegangen, so ist der Tag des tatsächlichen Zugangs fristauslösendes Ereignis. (R 126 (2), letzter Halbsatz: Nachweispflicht liegt beim EPA) (S/S Art. 119 Rd 15)
55		R 126 (3)	**Annahmeverweigerung** eines eingeschriebenen Briefs zählt als Zustellung.
56		R 126 (4)	Soweit die Zustellung durch Postdienste nicht geregelt ist, ist das Recht des Staats anzuwenden, in dem die Zustellung erfolgt.
57			*Zeitstrahl: Datum der Mitteilung → Zustellungsfiktion 10 Tage → Gilt als zugestellt → Fristdauer → Fristende → R 134 → Letzter Tag zur Vornahme einer Handlung*

186

Fristen D.

Zustellung durch das EPA (Fortsetzung)			
Verfahrenshandlung	Rechtsnorm	Details	
Zustellung durch Einrichtungen zur elektr. Nachrichtenübermittlung R 125 (2) b) RiLi E-II, 2.4 gültig seit 01.04.2015 (ABl. 2015 A28, A36) 📖 S/S Art. 119 Rd 21 ff. **Zustellung per E-Mail bei mündlicher Verhandlung im Prüfungsverfahren (Pilotprojekt)**	R 127 (1)	Die Zustellung kann durch Einrichtungen zur elektronischen Nachrichtenübermittlung bewirkt werden, die der Präsident des Europäischen Patentamts unter Festlegung der Bedingungen für ihre Benutzung bestimmt. BdP vom 12.07.2007 (ABl. 2007, SA 3, A.3) BdV vom 15.10.2014 (ABl. 2015, A17) BdP vom 11.03.2015 (ABl. 2015, A28)	58
	R 127 (2)	Ein elektronisches Dokument gilt mit dem **10. Tag** nach seiner Übermittlung als zugestellt. Ist das Schriftstück nicht oder später zugegangen, so ist der Tag des tatsächlichen Zugangs fristauslösendes Ereignis. Nachweispflicht liegt beim EPA 📖 S/S Art. 119 Rd 24	59
		BdP vom 11.03.2015 (ABl. 2015, A28): Tag der Übermittlung, die die 10-Tages-Frist in Lauf setzt, entspricht dem Tag, auf den das Dokument datiert ist (auch wenn der Adressat vorher darauf Zugriff hat). Beispiele: ABl. 2015, A36, Nr. 3.2, 3.3	60
		BdVP Generaldirektion Rechtsfragen, ABl. 2020, A89 und MdEPA vom 23.07.2020, ABl. 2020, A90 • Zustellung von Bescheiden und Mitteilungen in Bezug auf mündliche Verhandlungen der Prüfungsabteilung können per E-Mail zugestellt werden. • Nur für Bescheide und Mitteilungen, durch die keine Frist in Lauf gesetzt wird und die zwischen dem Zeitpunkt, bis zu der nach R 116 (1) Schriftsätze eingereicht werden und dem anberaumten Termin der mündlichen Verhandlung. • Beschränkt auf Bescheide und Mitteilungen, die gemäß Art 93 veröffentlicht wurden. • Anmelder können ihrerseits Schriftsätze in Erwiderung per E-Mail einreichen, um Rechtwirksamkeit der Eingabe zu erlangen ist nur die im Beschluss genannte zentrale E-Mail-Adresse zu verwenden, EPA bestätigt unverzüglich Empfang, es sind keine Papierunterlagen zur Bestätigung einzureichen. • Zunächst begrenzt auf den Zeitraum 01.09.2020 bis 31.08.2021; gilt auch für Ladung zur mündlichen Verhandlung vor dem 01.09.2020, wenn Schriftsätze nach R 116 (1) bis 01.10.2020 oder später eingereicht werden können. • Zur Teilnahme ersucht Prüfungsabteilung den Anmelder zur Einwilligung; Einwilligung gilt als erteilt, wenn Anmelder bis zum nach R 116 (1) festgelegten Tag eine E-Mail-Adresse für die Zustellung mitteilt, Angabe zweiter E-Mail-Adresse möglich für Kopie, z.B. zuständiger Mitarbeiter oder dessen Vertreter • Erfordernis für die Unterzeichnung und Format der vom Anmelder eingereichten Unterlagen sind in ABl. 2020, A71 festgelegt und gelten entsprechend (📄 A.465b): Unterschrift auf Unterlagen im Anhang oder in E-Mail, Name und Stellung muss eindeutig hervorgehen, PDF-Format als Anhang (WIPO-Standard für elektronische Einreichung), bei Mängeln der eingereichten Unterlagen telefonische Rücksprache, bei Nichtbehebung gelten Unterlagen als nicht eingereicht • Die Übermittlung der Bescheide/Mitteilungen gilt im Sinne der R 127 (2) als am Tag der Absendung erfolgt, es werden keine Papierexemplare parallel zugestellt, Anmelder ist aufgefordert, Empfang unverzüglich zu bestätigen, ohne Empfangsbetätigung innerhalb 24 h kontaktiert EPA Anmelder und stellt Bescheid/Mitteilung erneut zu. • Alle im Rahmen des Pilotprojekts per E-Mail zugestellten Bescheid/Mitteilungen sowie per E-Mail eingegangenen Schriftsätze werden der Akteneinsicht nach Art. 128 zugänglich gemacht, Vertraulichkeitsvermerk in E-Mails wird nicht als Antrag betrachtet, Unterlagen von der Akteneinsicht auszuschließen. Siehe auch 📄 A.465a f.	60a

D. Fristen

	Zustellung durch das EPA (Fortsetzung)		
	Verfahrenshandlung	Rechtsnorm	Details
61	**Zustellung durch unmittelbare Übergabe** R 125 (2) c)	R 128	Die Zustellung kann in den Dienstgebäuden des EPA durch unmittelbare Übergabe des Schriftstücks an den Empfänger bewirkt werden, der dabei den Empfang zu bescheinigen hat (siehe S/S Art. 119 Rd 26 ff.). Verweigerung zählt als Annahme (R 128, 2. Satz).
62	**Zustellung durch öffentliche Bekanntmachung im Patentblatt** R 125 (2) d)	R 129	Voraussetzung: keine Adresse bekannt oder zweimaliger erfolgloser Versuch der Zustellung (siehe S/S Art. 119 Rd 31-33). Einzelheiten zu R 129 (2): MdP vom 11.1.1980 (ABl. 1980, 36) BdP vom 12.7.2007 (ABl. 2007, SA 3, K.1): Dokument gilt 1 M nach VÖ im Patentblatt als zugestellt. BdV vom 15.10.2014 (ABl. 2015, A17)
63	**Zustellung an Vertreter** RiLi E-II, 2.5	R 130 (1)	Ist ein (zugelassener) Vertreter bestellt, so werden die Zustellungen an den Vertreter gerichtet. Eine an den Beteiligten gerichtete Zustellung ist unwirksam. (S/S Art. 119 Rd 37: nicht erforderlich, dass Vollmacht beim Amt vorliegt).
64		R 130 (2)	Bei mehreren Vertretern reicht Zustellung an einen Vertreter aus.
65	**Heilung von Zustellungsmängeln** RiLi E-II, 2.6	R 125 (4)	Heilung von Zustellungsmängeln, beispielsweise durch Weitergabe an den Vertreter Heilung von Zustellungsmängeln, falls das Amt die formgerechte Zustellung eines Schriftstücks nicht nachweisen kann oder wenn Schriftstück unter Verletzung von Zustellungsvorschriften zugegangen ist. Schriftstück **gilt** an dem **Tag zugestellt**, an dem das **EPA** den **Zugang nachweist** (z.B. aufgrund Nachweises oder Datum im Antwortschreiben) (siehe S/S Art. 119 Rd 41 ff.).
66		T 703/92	Maßgeblicher Zeitpunkt für Fristbeginn ist Tag, an dem bestellter Vertreter über das vollständige Schriftstück verfügen kann, Zustellung an Anmelder ist in diesem Fall unwirksam.
67	T 517/97: Zeitpunkt der Zustellung kann ggf. (per Fax) exakt festgestellt werden. siehe Beschwerderücknahme iVm Beitritt am selben Tag: Beitritt am selben Tag; chronologische Reihenfolge nach Uhrzeit ausschlaggebend.		

Fristen D.

Zustellung Gebührenzahlung
(R 133 ist **nicht** anwendbar) RiLi A-X

Verfahrens-handlung	Rechtsnorm	Details	
Zustellung Gebühren-zahlung	Art. 51 EPÜ	GebO bestimmt Höhe + Art und Weise der Zahlung.	68
	Art. 5 GebO	Die an das Amt zu zahlenden Gebühren sind in Euro zu entrichten: (1) durch Einzahlung oder Überweisung auf ein Bankkonto des Amts (2) der Präsident des Amts kann zulassen, dass die Gebühren auf andere Art als in (1) vorgesehen entrichtet werden: Abbuchung von einem beim EPA geführten laufenden Konto (s. Beilage zum ABl. 3/2009, RiLi A-X, 4.2, 4.3) Seit 01.12.2017: Zahlung per Kreditkarte möglich, siehe H.191 (RiLi A-X, 2)	69
	Art. 7 (1) GebO	Als Tag des Eingangs der Zahlung beim Amt gilt der Tag, an dem der Betrag auf dem Konto des Amts tatsächlich gutgeschrieben wird.	70
	Art. 7 (3) a) GebO	Eine Gebührenzahlung, die nach Art. 7 (1) GebO oder (2) nach Ablauf der Zahlungsfrist eingegangen ist, gilt als rechtzeitig entrichtet, wenn der Einzahler nachweist, dass er innerhalb der Zahlungsfrist in einem VS i) die Zahlung bei einer Bank oder einem Postinstitut (Wegfall der Zahlung per Überweisung auf Postscheckkonten des Amts oder per Scheck, s. ABl. 2007, S.489, 534) veranlasst hat oder ii) einen Überweisungsauftrag einem Bankinstitut formgerecht erteilt hat (RiLi A-X, 6.2.1)	71
		Die 10-Tage-Sicherheitsregel findet auf Zahlungen zur Auffüllung des laufenden Kontos entsprechende Anwendung (RiLi A-X, 6.2.2). Hierbei gilt keine Feiertagsregelung, da keine Frist, sondern Fiktion der Rechtzeitigkeit.	71a
	~~Art. 7 (3) b) GebO~~ ABl. 2020, A3	~~Eine **Zuschlagsgebühr** in Höhe von 10 % der Gebühr, höchstens jedoch 150 €, wird fällig, es sei denn, die Handlung nach **Art. 7 (3) a) i) bis ii) GebO** ist **spätestens 10 Tage** vor Ablauf der Zahlungsfrist vorgenommen worden.~~ ~~Hierbei gilt **keine Feiertagsregelung**, da keine Frist, sondern Fiktion der Rechtzeitigkeit.~~ Mit Gebührenänderung zum 01.04.2020 gestrichen – ABl. 2020, A3	72
		J 18/85 RiLi A-X, 6.2.5	Die 10-Tagesregel gilt nicht im Vorfeld einer Umstellung der Gebühren (siehe **Art. 7 (4) GebO**).	73
	Art. 7 (4) GebO	Falls erforderlich, setzt das Amt eine Frist zur Entrichtung der Zuschlagsgebühr oder zum Nachweis über die Vornahme einer Handlung nach Art. 7 (3) GebO. Bei Fristversäumnis gilt die Zahlungsfrist als versäumt.	74
	Nr. 5.4.1 VLK Nr. 5.6.3 VLK	Ist ein Abbuchungsauftrag vom laufenden Konto beigefügt, so ist insbesondere bei einer Gebührenerhöhung der Tag des Eingangs bei der zuständigen nationalen Behörde maßgebend. Voraussetzung: Konto ist gedeckt. - H.238 un d- H.244	75
	Nr. 5.2.2 VLK Nr. 5.2.3 VLK	Bei fehlender Deckung, Mitteilung per Fax/E-Mail. Zahlung gilt als erfolgt, sobald das Konto aufgefüllt worden ist. Art. 7 (3) und Art. 7 (4) GebO finden Anwendung – H.229 f	75a

D. Fristen

	Elektronische Einreichung Siehe A.242 ff.		
	Verfahrens- handlung	Details	
76	**Anmeldungen**	Elektronische Einreichung von Anmeldungen (ePA und PCT) - RiLi A-II, 1.3 und 1.4 (RiLi A-II, 1.2[19] und 1.3[19]), BdP v. 09.05.2018, ABl. 2018, A45.	
77	**Datenträger**	Datenträger CD-R entsprechend ISO 9660, und DVD-R oder DVD+R sind zugelassen (siehe BdP vom 12.07.2007, SA 3, ABl. 2007, A.5) - RiLi A-II, 1.3 (RiLi A-II, 1.2.2[19]).	
78	**Elektronische Form**	Elektronische Einreichung (Online-Einreichung OLF, ABl. 2019, A65, ABl. 2018, A45-), Content-Management-System (CMS, ABl. 2018, A45-), Web-Einreichung (ABl. 2018, A45), BdP 09.05.2018, ABl. 2018, A45, siehe **A.244 ff.**	
79	**E-Mail-Einreichung**	~~Keine E-Mail-Einreichung - MdEPA (ABl. 2000, 458),~~ Pilotprojekt siehe D.60a: Werden Rücksprachen oder mündliche Verhandlungen vor einer Prüfungsabteilung als Videokonferenz durchgeführt, so können Unterlagen gemäß R 50 auch per Mail nachgereicht werden, ~~mit Ausnahme von Vollmachten (MdP vom 20.04.2012, ABl. 2012, 348,~~ ABl. 2020, A89, ABl. 2020, A90 und ABl. 2020, A71, RiLi A-II, 1.4 (RiLi A-II, 1.3[19])).	
80	**Diskette**	RiLi A-II, 1.4 RiLi A-II, 1.3[19]	Seit 01.01.2003 keine Einreichung mehr auf Diskette möglich (ABl. 2000, 458).

Fristen D.

Telefax		
📖 S/S Art. 78 Rd 12 ff. (Einreichung der Anmeldung) und Rd 77 ff. (Schriftstücke)		
Verfahrens-handlung	Details	
BdP bzw. MdEPA vom 20.02.2019 (ABl. 2019, A18) Art. 78 R 2 R 35 R 50	**Europäische und PCT-Anmeldungen** können beim EPA und bei den nationalen Behörden, die es gestatten (siehe »NatR zum EPÜ« Tabelle II, Spalte 5 und RiLi A-II, 1.2; gegenwärtig sind dies AT, BG, CH, CZ, DE, DK, ES, FI, FR, GR, IE, IS, LI, LU, MC, NO, PL, PT, SM, SE, SI, SK, GB), mit Telefax eingereicht werden (nicht per Mail, MdEPA, ABl. 2000, 458), **siehe RiLi A-II, 1.2,** RiLi A-II, 1.2.1[19]	82
	Andere Schriftstücke mit Ausnahme von Urkunden, die im Original einzureichen sind, von Vollmachten und von Priounterlagen können ebenfalls per Fax eingereicht werden.	83
	Der Antrag auf Erteilung (nicht Anmeldungsunterlagen) ist zu unterzeichnen (R 41 (2) h)); die bildliche Wiedergabe der Unterschrift gilt als Unterzeichnung.	84
	Bei **mitternachtsüberschreitendem Telefax** gilt nur der vor Mitternacht eingegangene Teil als am vorigen Tag eingegangen. Bei Anmeldungen kann der Anmelder wählen, ob er den früheren AT erhält und die nach Mitternacht eingegangenen Seiten nicht berücksichtigt werden, oder ob er für die vollständige Anmeldung den späteren AT erhält.	85
	BdP des EPA vom 20.02.2019 über die **Einreichung von Patentanmeldungen und anderen Unterlagen durch Telefax;** ABl. 2019, A18 (seit 01.04.2019): 1. Im EP-Verfahren Nachreichung von Unterlagen bei vorheriger Übermittlung per FAX nur auf Aufforderung (Art. 7 des obigen Beschlusses). Dann Frist von 2 M, sonst Zurückweisung (Art. 90 (5) iVm R 2 (1), WB (+), WE (−)). 2. Ist ein durch Telefax eingereichtes Schriftstück unleserlich oder unvollständig bzw. ist der Versuch, ein Schriftstück durch Telefax einzureichen, fehlgeschlagen, so gilt das Telefax als nicht eingegangen. Der Absender wird, soweit er ermittelt werden kann, unverzüglich benachrichtigt (Art. 6 des obigen Beschlusses) → »unverzüglich« bedeutet jedoch nicht »am gleichen Tag«. 3. Der ordnungsgemäße Empfang wird auf den dafür vorgesehenen Formblättern bestätigt. Auf Antrag bestätigt das EPA den Empfang der Unterlagen durch Telefax. Hierfür ist eine Verwaltungsgebühr (Art. 3 (1) GebO) zu entrichten. Wurde sofortige Bescheinigung des Empfangs durch Telefax beantragt, ist diese nur sichergestellt, wenn der Antrag und der Nachweis über die Entrichtung der Verwaltungsgebühr oder ein Abbuchungsauftrag beiliegt oder gleichzeitig eingereicht wird und die Telefaxnummer angegeben ist, an die die Empfangsbescheinigung gerichtet werden soll (Art. 8 des obigen Beschlusses). 4. Selbst bei »OK«-Vermerk im Sendebericht von Telefaxübermittlungen sind Übertragungsfehler technisch möglich → Art. 119, ↳T 580/06.	86
	Per **Fax** eingereichte Anmeldungen erhalten **AT** nach Art. 80 iVm R 40 EPÜ bzw. Art. 11 PCT.	87
	Telegramm, Fernschreiben, Telex erhalten nach 01.02.2005 keinen AT (Art. 80 EPÜ oder Art. 11 PCT)	88
R 92.4 PCT (ABl. 2007, SA 3, A.3)	PCT-Anmeldungen können per Telefax beim EPA eingereicht werden. Die formgerechten Anmeldungsunterlagen und der Antrag (Form PCT/RO/101) sind gleichzeitig per Post einzureichen. Auf dem Telefax sollte angegeben werden, dass die Anmeldungsunterlagen auf Papier gesondert eingereicht wurden.	89
	Andere Unterlagen: Nach Einreichung der ePA oder PCT-Anmeldung können Schriftstücke im Sinne von R 50 EPÜ oder R 92.4 PCT mit Ausnahme von Vollmachten und Priobelegen bei den Annahmestellen des EPA durch Telefax eingereicht werden.	90

D. Fristen

	Aussetzung des Verfahrens RiLi E-VII, 2 und 3, S/S Art. 61 Rd 28 ff. (Siehe L.66 für Einspruch)		
	Verfahrens-handlung	Rechtsnorm	Details
91	**Aussetzung des Verfahrens**	R 14 (1)	Aussetzung von Amts wegen, wenn Dritter Verfahren gegen Anmelder wegen **Nichtberechtigung** (Art. 61, siehe J.89 ff.) nachweist, in dem ihm der Anspruch auf Erteilung zugesprochen werden soll, es sei denn, der Dritte stimmt der Fortsetzung (schriftlich) zu. Zustimmung ist unwiderruflich. Erteilungsverfahren kann **nicht vor der Veröffentlichung** ausgesetzt werden. Aussetzungsregeln sind für den Zweck auszulegen, die Rechtsposition Dritter zu sichern, d.h. »Verfahren« ist weit auszulegen. Aussetzung des Verfahrens erfolgt am Tag des Nachweises beim EPA.
92		R 14 (2)	Wird **EPA rechtskräftige Entscheidung** in dem Verfahren nachgewiesen, teilt EPA dem Anmelder und ggf. den Beteiligten mit, dass das Erteilungsverfahren von einem in der Mitteilung genannten Tag an fortgesetzt wird. Ausnahme: Neue ePA nach Art. 61 (1) b). Ist Entscheidung zugunsten des Dritten ergangen, wird das Verfahren erst 3 M nach Eintritt der Rechtskraft dieser Entscheidung fortgesetzt, es sei denn, der Dritte beantragt Fortsetzung des Erteilungsverfahrens.
93		R 14 (3)	EPA kann **Zeitpunkt** unabhängig vom Ausgang des Verfahrens festsetzen, an der das anhängige Verfahren fortgesetzt wird. Darüber erfolgt Mitteilung an Anmelder, Dritten und Beteiligte. Am festgesetzten Zeitpunkt kann Nachweis, dass noch keine rechtskräftige Entscheidung ergangen ist, die Fortsetzung des Verfahrens hemmen. Hier keine »Frist«, denn der Berechtigte ist nicht Verfahrensbeteiligter, sondern Dritter und kann deshalb schon keine Verfahrenshandlung (in einer Frist) vornehmen. Außerdem kann der Berechtigte auch nicht die Entscheidung des nationalen Gerichts selbst herbeiführen, d.h. die Verfahrenshandlung selbst auch nicht durchführen (Fristen Art. 120, Def. J 24/03; S/S Art. 61 Rd 40 ff.).
94		R 78	Für **Einspruchsverfahren** und während der Einspruchsfrist entsprechend R 14 (1). Die Aussetzung darf erst angeordnet werden, wenn Einspruchsabteilung Einspruch als zulässig erkannt hat.
95		R 14 (4)	Die **am Tag der Aussetzung laufenden Fristen** mit Ausnahme der Fristen zur Zahlung der JG werden durch die Aussetzung gehemmt (→ Dritter muss sich darüber informieren und sie selbst zahlen). Frist läuft bei Fortsetzung des Verfahrens weiter, mind. jedoch noch 2 M (einen Tag weniger, weil Frist am Tag nach Aussetzung weiterläuft).
96		R 15	Während der Aussetzung darf weder die **ePA** noch die **Benennung eines VS zurückgenommen** werden (Sicherung des zentralen Verfahrens, J 7/96).
97		Art. 61 R 16 R 17	**Neue Anmeldung** nach Art. 61 (1) b) iVm R 16: **siehe J.97 ff.**
98		Art. 97	**Zwischen Erteilungsbeschluss** nach **Art. 97 (1)** und Bekanntmachung des Hinweises auf Erteilung nach **Art. 97 (3)** ist ePA noch anhängig → **R 14** (Aussetzung) und Behebung von Fehlern möglich (J 7/96). Verfahren vor einem Gericht, das nicht einem VS des EPÜ angehört, sollten nach J 6/03 nicht anerkennungsfähig sein, J 36/97, J 10/02, Art. 9 (2) Anerkennungsprotokoll.
99		R 18	**Teilweiser Rechtsübergang** (Verweis auf **Art. 61**) und unterschiedliche Ansprüche für die VS (→ RiLi C-IX, 2.3).

Fristen D.

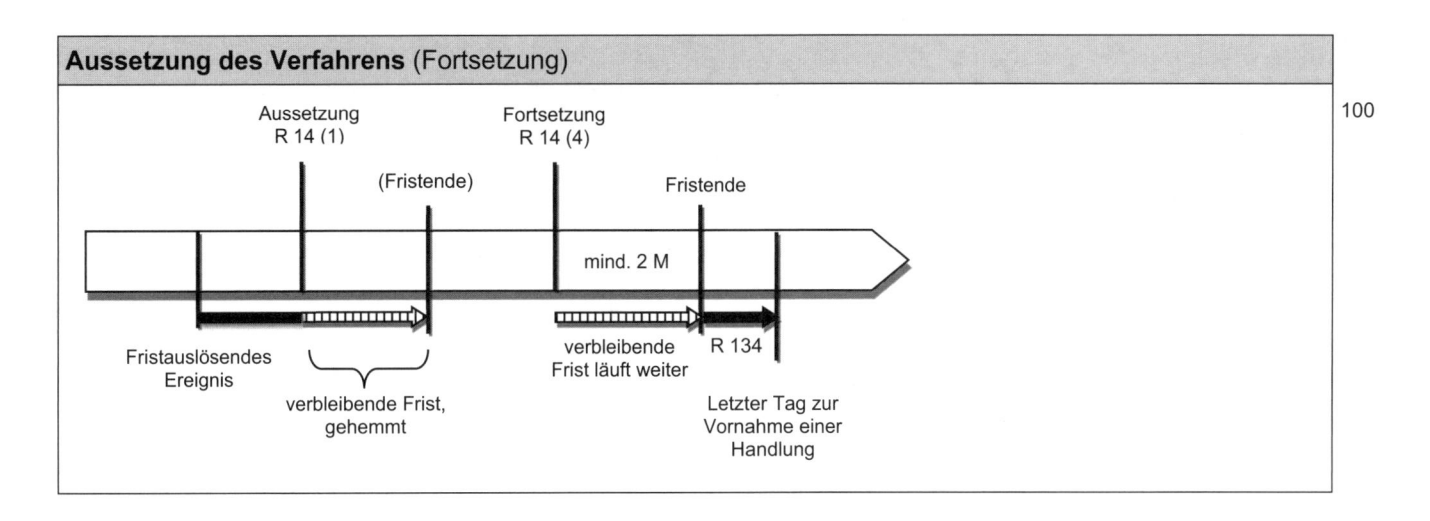

Aussetzung des Verfahrens (Fortsetzung)

- Aussetzung R 14 (1)
- (Fristende)
- Fortsetzung R 14 (4)
- Fristende
- mind. 2 M
- Fristauslösendes Ereignis
- verbleibende Frist, gehemmt
- verbleibende Frist läuft weiter
- R 134
- Letzter Tag zur Vornahme einer Handlung

D. Fristen

Unterbrechung des Verfahrens
RiLi E-VII, 1; S/S Art. 120 Rd 65 ff. - betrifft nur Anmelder/Patentinhaber

Nr.	Verfahrenshandlung	Rechtsnorm	Details
101	**Unterbrechung des Verfahrens** RiLi E-VII, 1	R 142 (1)	Unterbrechung (auch Rückdatierung) des Verfahrens bei a) **Tod oder fehlende Geschäftsfähigkeit** des Anmelders/Patentinhabers oder einer Person, die Anmelder/Patentinhaber vertritt → Unterbrechung tritt automatische rückwirkend, bzw. nur auf Antrag des nach Art. 134 bestellten Vertreters ein. b) **Konkurs, Zahlungsunfähigkeit, Vergleichsverfahren** (J 7/83) oder ähnliches Verfahren, das die Handlungsbefugnis des Anmelders/des Patentinhabers einschränkt c) **Tod des Vertreters bzw. Verlust dessen Geschäftsfähigkeit** oder Verfahren nach b) gegen Vertreter
102		J 902/87	Bei Geschäftsunfähigkeit Hemmung der Ausschlussfrist von einem Jahr nach Art. 122 iVm R 136 (1)
103		R 142 (2)	Wird EPA bekannt, wer im Fall **R 142 (1) a) + b)** berechtigt ist, Verfahren fortzusetzen, erfolgt Mitteilung an diese Person bzw. übrige Beteiligten, dass nach zu bestimmender Frist Verfahren wiederaufgenommen wird. Ist EPA 3 Jahre nach Bekanntmachung der Unterbrechung im Europäischen Patentblatt berechtigte Person nicht bekannt geworden, kann Zeitpunkt festgesetzt werden, an dem Verfahren von Amts wegen wiederaufgenommen wird. Siehe zur Umsetzung auch MdEPA vom 29.05.2020, ABl. 2020, A76
104		R 142 (3)	Im Fall **R 142 (1) c)** wird Verfahren wiederaufgenommen, wenn dem EPA neuer Vertreter angezeigt wird. Hat EPA 3 M nach Beginn der Unterbrechung noch keine Anzeige über die Bestellung eines neuen Vertreters erhalten, erfolgt Mitteilung an Anmelder/Patentinhaber, a) dass im Fall des **Art. 133 (2)** die ePA als zurückgenommen gilt oder als widerrufen gilt, wenn Anzeige nicht innerhalb 2 M nach Zustellung der Mitteilung erfolgt (siehe hierzu Haupttabelle »Ablauf EP-Anmeldung/Patent«: Formalprüfung A.41 ff.), b) wenn **Art. 133 (2)** nicht vorliegt, dass das Verfahren am Tag der Zustellung der Mitteilung wieder aufgenommen wird.
105		R 142 (4) RiLi E-VIII, 1.5	Die am Tag der Unterbrechung laufenden Fristen beginnen am Tag der Wiederaufnahme **von Neuem zu laufen** (einen Tag weniger, weil Frist am Tag nach Unterbrechung beginnt). **Ausnahmen**: • Frist zur Stellung **Prüfungsantrags** und **Zahlung JG** laufen mit Ende der Unterbrechung weiter (Frist für Prüfantrag mind. noch 2 M nach Tag der Wiederaufnahme - J 7/83). • Fällt **Fälligkeitszeitpunkt für JG in Unterbrechungszeitraum**, sind JG rechtzeitig **zum Tag der Wiederaufnahme** zu zahlen (J 902/87, Nr. 3.6, RiLi E-VIII, 1.5) – **zuschlagsfrei**. • Läuft bei Unterbrechung Frist zur Zahlung der JG mit Zuschlagsgebühr gemäß R 51 (2), wird diese ausgesetzt und beginnt mit Wiederaufnahme des Verfahrens für die verbleibende Zeit wieder zu laufen.
106		RiLi E-VII, 1.4	Mitteilungen und Entscheidungen des EPA, die während der Unterbrechungszeit zugegangen sind, sind als gegenstandslos zu betrachten und werden durch das jeweils zuständige Organ nach der Wiederaufnahme des Verfahrens erneut zugestellt.
107			Nicht von **R 142** abgedeckte Fälle: Höhere Gewalt (Brand etc.) → WB, WE Hilfsweise in jedem Fall WB oder WE beantragen. Rechtsabteilung ist zuständig für Entscheidungen über die Unterbrechung des Verfahrens (BdP vom 21.11.2013, ABl. 2013, 600, RiLi E-VII, 1.2)

Fristen D.

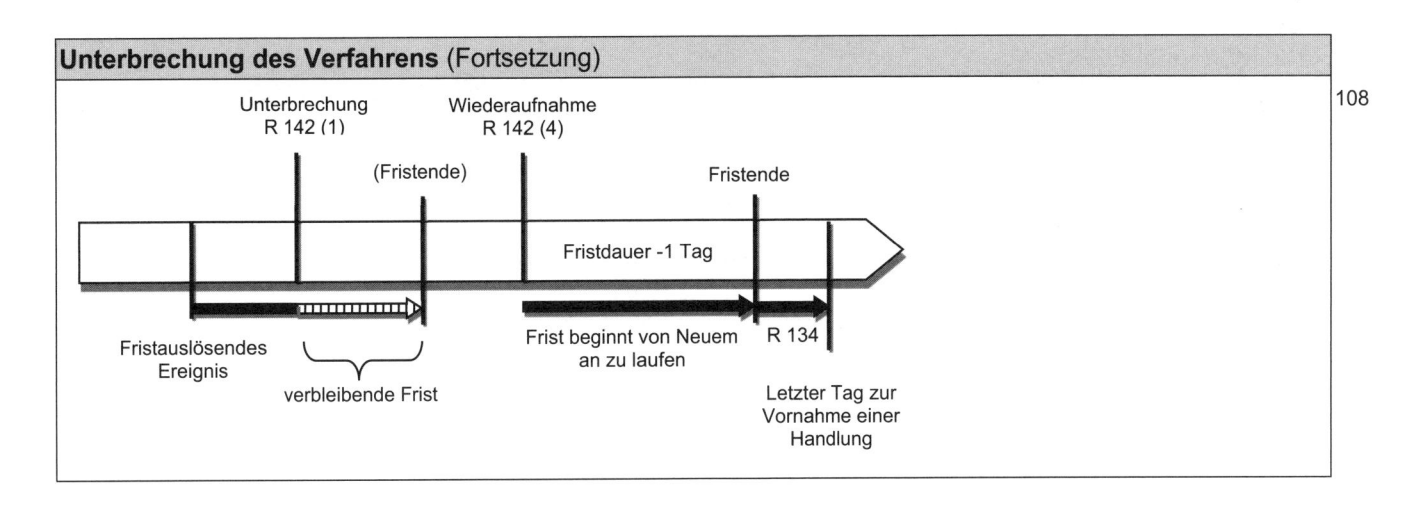

Unterbrechung des Verfahrens (Fortsetzung)

- Unterbrechung R 142 (1)
- Wiederaufnahme R 142 (4)
- (Fristende)
- Fristende
- Fristdauer -1 Tag
- Fristauslösendes Ereignis
- verbleibende Frist
- Frist beginnt von Neuem an zu laufen
- R 134
- Letzter Tag zur Vornahme einer Handlung

D. Fristen

Fristenübersicht EPÜ

109 Fristen ab Einreichung der ursprünglichen Unterlagen

	Frist	Auslösendes Ereignis	Fristdauer	Nachfrist	Rechtsfolge	WB	WE	Rechtsnorm	RiLi	Details
110	**Einreichung Ansprüche**	Einreichung	unmittelbar	2 M$^{nv,+10\,T}$, Mitteilung R 58	Zurückweisung Art. 90 (5) S1 Beschwerde möglich Art. 106	(−)	(+)	R 57 c)	A-III, 15	A.50
111	**Identität des Anmelders**	Einreichung	unmittelbar	2 M^{nv}, keine Mitteilung	Kein AT Art. 90 (2)	(−)	(+)	R 40 (1) b)	A-II, 4.1.4	A.5
112	**Beglaubigte Abschrift Bezugnahme**	Einreichung	2 M^{nv}	2 M$^{nv,+10\,T}$, Mitteilung R 55	Kein AT Art. 90 (2)	(−)	(−)	R 40 (3) S1	A-II 4.1.4	A.20
113	**Übersetzung Abschrift Bezugnahme**	Einreichung	2 M^{nv}	2 M$^{nv,+10\,T}$, Mitteilung R 58	Zurückweisung Art. 90 (5) S1 Beschwerde möglich Art. 106	(−)	(+)	R 40 (3) S2	A-II 4.1.4	A.20
114	**Ausstellungsbescheinigung**	Einreichung (optional)	4 M^{nv}		Nicht unschädlich	(+)	(−)	R 25	A-IV, 3	A.334
115	**Hinterlegung biologisches Material**	Einreichung	unmittelbar	16 M ab AT/PT R 31 (1) c), d), ab Mitteilung Art. 128 1 M^{nv} oder mit Antrag nach Art. 93 (1), je nachdem welche Frist früher abläuft	Verstoß gegen Art. 83	(−)	(−)	R 31 (1)	A-IV, 4	A.323

116 Fristen ab AT

	Frist	Auslösendes Ereignis	Fristdauer	Nachfrist	Rechtsfolge	WB	WE	Rechtsnorm	RiLi	Details
117	**Übersetzung der Anmeldung**	AT	2 M^{nv}	2 M$^{nv,+10\,T}$, Mitteilung R 58	Gilt als zurückgenommen Art. 14 (2) S3	(−)	(+)	R 6 (1)	A-III, 14	A.43
118	**Einreichung fehlender Unterlagen**	AT	2 M^{nv}	2 M$^{nv,+10\,T,opt}$, Mitteilung R 56 (1)	Streichungsfiktion R 56 (1)	(−)	(+)	R 56 (2)	A-II, 5	A.6
119	**Erfindernennung**	AT oder frühester PT	2 M^{nv}	Spätestens bis AtVfVÖ ePA	Zurückweisung Art. 90 (5) S1 Beschwerde möglich Art. 106	(+)	(−)	R 60 (1)	A-III, 5	A.67
120	**Sequenzprotokoll**	AT Mitteilung R 30 (3) S1	2 M$^{nv,+10\,T}$		Zurückweisung R 30 (3) S2 Beschwerde möglich Art. 106	(+)	(−)	R 30 (3) 2	A-IV, 5	A.58 ff.

Fristen D.

Fristenübersicht EPÜ (Fortsetzung)

Priorität (Art. 87) — 121

Frist	Auslösendes Ereignis	Fristdauer	Nachfrist	Rechtsfolge	WB	WE	Rechtsnorm	RiLi	Details	
Prio-Frist	AT der früheren Anmeldung (PT)	12 M^{nv}		Prio unwirksam	(−)	(+)	Art. 87 (1)	A-III, 6.1	📄 A.62	122
Prio-Erklärung	frühester PT	16 M^{nv}		Prioanspruch erlischt Art. 90 (5) S2	(−)	(+)	R 52 (2)	A-III, 6.5	📄 A.63	123
Berichtigung Prio-Erklärung: AT oder Staat	nach frühestem beanspruchten PT	16 M^{nv}, aber mindestens bis 4 M nach AT möglich		Prioanspruch erlischt Art. 90 (5) S2	(−)	(+)	R 52 (3)	A-III, 6.5.3	📄 A.63	124
Berichtigung Prio-Erklärung: Aktenzeichen oder Abschrift fehlt	nach frühestem beanspruchten PT	16 M^{nv}, aber mindestens bis 4 M nach AT möglich	zbF$^{v,+10\,T}$ Mitteilung R 59	Prioanspruch erlischt Art. 90 (5) S2	(−)	(+)	R 52 (3)	A-III, 6.5.3	📄 A.63	125
Übersetzung Prio-Dokument	auf Aufforderung Mitteilung R 53 (3)	zbF, idR 4 M$^{v,+10\,T}$		Prioanspruch erlischt R 53 (3) S4	(+)	(−)	R 53 (3)	A-III, 6.8	📄 A.64	126
Übersetzung Prio-Dokument im Einspruchsverfahren	auf Aufforderung Mitteilung R 53 (3)	zbF, idR 4 M$^{v,+10\,T}$		Prioanspruch erlischt R 53 (3) S4	(−)	(+)	R 53 (3)	A-III, 6.8.3	📄 A.64	127
Kopie Rechercheergebnisse Prio-Anmeldung	unverzüglich mit Einreichung der Nachanmeldung oder sobald die Recherche vorliegt	unmittelbar	2 M$^{nv,+10\,T}$ Mitteilung R 70b (1)	Gilt als zurückgenommen R 70b (2)	(+)	(−)	R 141 (1)	A-III, 6.12 C-II, 5	📄 A.66	128

197

D. Fristen

Fristenübersicht EPÜ (Fortsetzung)

129 Gebühren

	Frist	Auslösendes Ereignis	Fristdauer	Nachfrist	Rechtsfolge	WB	WE	Rechtsnorm	RiLi	Details
130	**Anmeldegebühr**	AT	1 M^{nv}		Gilt als zurückgenommen R 78 (2)	(+)	(−)	R 38 (1)	A-III, 13	📄 A.27 📄 H.2
131	**Zusatzgebühr** (ab 36. Seite)	AT oder Einreichung des ersten Anspruchssatzes oder Einreichung der Abschrift nach R 40 (3), je nachdem, welche Frist zuletzt abläuft	1 M^{nv}		Gilt als zurückgenommen R 78 (2)	(+)	(−)	R 38 (2), (3)	A-III, 13.2	📄 A.27 📄 H.3 f.
132	**Anspruchsgebühr** (ab 16. Anspruch)	Einreichung des ersten Anspruchssatzes	1 M^{nv}	1 M$^{nv,+10\,T}$ Mitteilung R 45 (2)	Gilt als Verzicht auf Patentanspruch R 45 (3)	(+)	(−)	R 45 (2) S1	A-III, 9	📄 A.28 📄 H.11
133	**Recherchegebühr**	AT	1 M^{nv}		Gilt als zurückgenommen R 78 (2)	(+)	(−)	R 38 (1)	A-III, 13	📄 A.29 📄 H.14
134	**Prüfungsgebühr**	Hinweis auf VÖ RB	6 M^{nv}		Gilt als zurückgenommen Art. 94 (2)	(+)	(−)	R 70 (1)	C-II, 1.2	📄 A.413 📄 H.31
135	**Benennungsgebühr**	Hinweis auf VÖ RB	6 M^{nv}		Gilt als zurückgenommen R 39 (2)	(+)	(−)	R 39 (1)	A-III, 11.2	📄 H.33 ff.
136	**Erstreckungs-/ Validierungsgebühr** (optional)	Hinweis auf VÖ RB	6 M^{nv}	2 M^{nv,R134} nach Ablauf Grundfrist (oder zusammen mit Antrag auf WB wg nicht bezahlter Benennungsgebühr; 2 M$^{nv,+10\,T}$ nach Zugang Mitteilung R 112 (1))	Gilt als nicht benannt	(+) tlw mgl	(−)	Nationale Vorschriften	A-III, 12	📄 H.37 📄 H.38
137	**Gebühren nach R 71 (3)** (Erteilungs-, VÖ-, Anspruchsgebühren)	Mitteilung R 71 (3)	4 M$^{nv,+10\,T}$		Gilt als zurückgenommen R 71 (7)	(+)	(−)	R 71 (3)	C-V, 1	📄 A.477 📄 H.42

Fristen D.

Fristenübersicht EPÜ (Fortsetzung)

Gebühren (Fortsetzung)

Frist	Auslösendes Ereignis	Fristdauer	Nachfrist	Rechtsfolge	WB	WE	Rechtsnorm	RiLi	Details	
Jahresgebühren	Frühestens zahlbar ab: 3. JGB: 6 M vor Fälligkeit alle weiteren JGB 3 M vor Fälligkeit	Ab 3. Jahr fällig: immer letzter Tag^{nv} des Monats des AT	6 M ^{nv,R134} ab Fälligkeit JGB (»ultimo-to-ultimo«: letzter Tag des 6. Monats nach Fälligkeit)	Gilt als zurückgenommen Art. 86 (1)	(−)	(+)	R 51 (1)	A-X, 5.2.4	📄 H.46 ff.	139
Nachzahlung Differenz (Gebührenerhöhung)		2 M								140

Teilanmeldung

										141
Übersetzung TA in Sprache der SA	Einreichung TA	2 M^{nv}	2 M $^{nv,+10\,T}$ Mitteilung R 58	Gilt als zurückgenommen Art. 14 (2) S3	(−)	(+)	R 36 (2)	A-III, 14	📄 J.75	142
Anmelde- und Recherchegebühren	Einreichung TA	1 M^{nv}		Gilt als zurückgenommen R 36 (3) S2	(+)	(−)	R 36 (3) 1	A-III, 13	📄 J.77	143
Benennungsgebühr	Hinweis auf VÖ des RB zur TA	6 M^{nv}		Gilt als zurückgenommen R 36 (4) S2 iVm R 39 (2)	(+)	(−)	R 36 (4) 1	A-III, 11.2	📄 J.82	144
Erfindernennung	Mitteilung R 60 (2)	zbF, idR 4 M $^{v,+10\,T}$	Spätestens bis AtVfVÖ ePA	Zurückweisung Art. 90 (5) S1 Beschwerde möglich Art. 106	(+)	(−)	R 60 (2)	A-III, 5	📄 A.561	145
Jahresgebühren JG fällig a) bis zur Einreichung der TA b) innerhalb 4 M nach Einreichung	Einreichung TA (keine automatische Fristverlängerung für AT der TA, kein ultimo-to-ultimo)	a) 4 M $^{nv,R\,134}$ b) 4 M $^{nv,R\text{-}134}$	a) 6 M $^{nv,R\,134}$ ab Einreichung TA (kein ultimo-to-ultimo) b) gemäß R 51 (ultimo-to-ultimo)	Gilt als zurückgenommen Art. 86 (1)	(−)	(+)	R 51 (3)	A-IV, 1.4.3	📄 J.86 📄 H.50	146

D. Fristen

Fristenübersicht EPÜ (Fortsetzung)

147 Weitere Fristen

#	Frist	Auslösendes Ereignis	Fristdauer	Nachfrist	Rechtsfolge	WB	WE	Rechts-norm	RiLi	Details
148	**Weiter-behandlung**	Mitteilung über Fristver-säumnis, Rechtsverlust R 112 (1)	2 M $^{nv,+10\,T}$		Rechtsfolge versäumte Frist	(−)	(+)	R 135 (1)	E-VIII, 2	📄 K.1 ff.
149	**Wieder-einsetzung**	a) Wegfall Hindernis b) Ablauf versäumte Frist	a) 2 M ^{nv}, b) spätes-tens 1 J (außer bei Prio-Frist)		Rechtsfolge versäumte Frist	(−)	(−)	R 136 (1)	E-VIII, 3	📄 K.19 ff.
150	**Antrag auf Entscheidung R 112 (2)**	Mitteilung R 112 (1)	2 M $^{nv,+10\,T}$		Gilt als nicht gestellt	(−)	(+)	R 112 (2)	E-VIII, 1.9.3	📄 M.43
151	**Handlungen nach R 71 (3)**	Mitteilung R 71 (3)	4 M $^{nv,+10\,T}$		Gilt als zurück-genommen R 71 (7)	(+)	(−)	R 71 (3)	C-V, 1	📄 A.477
152	**Ausstellung der Erfindung Art. 55 (opt.)**	vor AT (nicht PT)	4 M ^{nv,R136}		Nicht unschädlich	(−)	(−)	Art. 55 (1)	G-V, 4	📄 A.333
153	**Übersetzung fristgebun-denes Schrift-stück**	Einreichung Schriftstück	1 M $^{nv,+10\,T}$		Gilt als nicht eingereicht Art. 14 (4) S3	(+)	(−)	R 6 (2)	A-VII, 3.2	📄 E.38
154	**Beantwortung EESR**	Hinweis auf VÖ RB	6 M ^{nv,}		Gilt als zurück-genommen R 70a (3)	(+)	(−)	R 70a (1), (2)	C-II, 1.1; 3.3	📄 A.365
155	**Beantwortung Prüfungs-bescheid**	Zustellung Prüfungs-bescheid	zbF $^{v,+10\,T}$		Gilt als zurück-genommen Art. 94 (4)	(+)	(−)	R 71 (1)	C-III, 4	📄 A.439 ff.
156	**Angabe Recherche-gegenstand (R 62a)**	Mitteilung R 62a (1) S1	2 M $^{nv,+10\,T}$		Recherche für 1. Anspruch je Kategorie R 62a (1) S2	(−)	(+)	R 62a (1) S1	B-VIII, 4	📄 A.345
157	**Angabe Recherche-gegenstand (R 63)**	Mitteilung R 63 (1)	2 M $^{nv,+10\,T}$		Teil-RB bzw. Erklärung R 63 (2) S1	(−)	(+)	R 63 (1)	B-VIII, 3.2	📄 A.347
158	**Zusatzgebühr mang. Einheitlichkeit**	Mitteilung R 64 (1) S2 und Teil-RB	2 M $^{nv,+10\,T}$		Keine Recherche	(−)	(+)	R 64 (1) S2	B-VII, 1.2	📄 A.352 ff.
159	**Unterschrift auf nachge-reichtem Schriftstück**	Einreichung d. Schriftstücks	direkt	zbF, idR 2 M $^{v,+10\,T}$	Gilt als nicht eingereicht Art. 50 (3) S3	(+)	(−)	R 50 (3)	A-VIII, 3	📄 A.57

Fristen D.

Fristenübersicht EPÜ (Fortsetzung)										
Fristen aus Mitteilungen, Mängel und Nachfristen										160
Frist	Auslösendes Ereignis	Fristdauer	Nachfrist	Rechtsfolge	WB	WE	Rechts-norm	RiLi	Details	
Mängel Eingangs-prüfung R 40	Mitteilung R 55	2 M $^{nv,+10\,T}$		Kein AT Art. 90 (2)	(−)	(+)	R 55 S1	A-II, 4.1.4	A.5, A.10	161
Mängel Formal-prüfung R 57	Mitteilung R 58	2 M $^{nv,+10\,T}$		Zurückweisung Art. 90 (5) S1 Beschwerde möglich Art. 106	(−)	(+)	R 58 S1	A-III, 16.2	A.41 ff.	162
Mängel Inanspruch-nahme Prio (Prio-Dokument oder AZ)	Mitteilung R 59	zbF, idR 2 M $^{v,+10\,T}$		Prioanspruch erlischt Art. 90 (5) S2	(−)	(+)	R 59	A-III, 6.5.2	A.63	163
Nachfrist Anspruchs-gebühr	Mitteilung R 45 (2)	1 M $^{nv,+10\,T}$		Gilt als Verzicht auf Patent-anspruch R 45 (3)	(+)	(−)	R 45 (2) S2	A-III, 9	A.28	164

D. Fristen

Fristenübersicht EPÜ (Fortsetzung)

165 Einspruchsverfahren

	Frist	Auslösendes Ereignis	Fristdauer (Fristverlängerung, R 134)	Nachfrist	Rechtsfolge	WB	WE	Rechtsnorm	RiLi	Details
166	**Einlegung Einspruch**	Hinweis auf Patenterteilung	9 M ^{nv,}		Gilt als nicht eingereicht	(−)	(−)	Art. 99 (1) S1	D-III	📄 L.1 ff.
167	**Einspruchsgebühr, Vollmacht (opt.), Bestätigungsschreiben Fax (opt.)**	Hinweis auf Patenterteilung	9 M ^{nv,}		Gilt als nicht eingereicht	(−)	(−)	Art. 99 (1) S2	D-IV, 1.2.1 i), iii), iv)	📄 L.8
168	**Übersetzung Einspruchsschrift (in eine Amtssprache)**	a) Hinweis auf Patenterteilung b) Einreichung des Einspruchs	a) 9 M ^{nv,} b) 1 M ^{nv,}		Gilt als nicht eingereicht	(−)	(−)	R 6 (2) S3	D-IV, 1.2.1 ii)	📄 L.138 ff.
169	**Unterschrift Einspruchsschrift**	Hinweis auf Patenterteilung	9 M ^{nv,}	zbF, idR 2 M $^{v**,+10 T}$ Mitteilung R 50 (3) S2	Gilt als nicht eingereicht	(−)	(−)	R 76 (3) iVm R 50 (3) S2	D-III, 3.4 D-IV, 1.2.1 ii)	📄 L.3
170	**Mängel Einspruchsschrift R 77 (1)**	Hinweis auf Patenterteilung	9 M ^{nv,}		Unzulässig R 77 (1)	(−)	(−)	R 77 (1)	D-IV, 1.2.1	📄 L.11 f.
171	**Mängel Einspruchsschrift R 77 (2)**	Hinweis auf Patenterteilung	9 M ^{nv,}	zbF, idR 2 M $^{v**,+10 T}$ Mitteilung R 77 (2) S1	Unzulässig R 77 (2) S2	(−)	(−)	R 77 (2)	D-IV, 1.2.2	📄 L.13 ff.
172	**Stellungnahme PI**	Mitteilung R 79 (1)	4 M $^{v**,+10 T}$	🕮 G 12/91*	Nicht berücksichtigt	(−)	(−)	R 79 (1)	D-IV, 5.2	📄 L.38
173	**Stellungnahme Beteiligte**	Mitteilung R 79 (1)	4 M $^{v**,+10 T}$	🕮 G 12/91*	Nicht berücksichtigt	(−)	(−)	R 79 (1), R 81 (2)	D-IV, 5.2 D-VI, 3	📄 L.38
174	**Ablehnung geänderte Fassung nach Mitteilung R 82 (1)**	Mitteilung R 82 (1)	2 M $^{nv,+10 T}$		Zwischenbescheid Beschwerde möglich	(−)	(+)	R 82 (1)	D-VI, 7.2.1	📄 L.44
175	**VÖ Gebühr und Übersetzung geänderte Ansprüche**	Mitteilung R 82 (2) S2	3 M $^{nv,+10 T}$	2 M $^{nv,+10 T}$ Mitteilung R 82 (3) S2	Zurückweisung Beschwerde möglich Art. 106	(−)	(+)	R 82 (2) S2	D-VI, 7.2.3	📄 L.46 📄 L.61 ff.

176 * 🕮 G 12/91: Eingaben und Anträge müssen bis Abgabe der Entscheidung an interne Poststelle berücksichtigt werden
→ Praxis: 3 T vor Datum auf Entscheidung
** Verlängerung nur in begründeten Ausnahmefällen möglich

Fristen — D.

Fristenübersicht EPÜ (Fortsetzung)

Beschwerdeverfahren

Frist	Auslösendes Ereignis	Fristdauer	Nachfrist	Rechtsfolge	WB	WE	Rechtsnorm	RiLi	Details	
Einlegung Beschwerde	Zustellung Entscheidung	2 M $^{nv,+10\,T}$		Unzulässig R 101 (1)	(−)	(+) PI (−) Einsprechende	Art. 108 S1		M.23	178
Beschwerdegebühr	Zustellung Entscheidung	2 M $^{nv,+10\,T}$		Unzulässig R 101 (1)	(−)	(+) PI (−) Einsprechende	Art. 108 S2		M.35	179
Beschwerdebegründung	Zustellung Entscheidung	4 M $^{nv,+10\,T}$		Unzulässig R 101 (1)	(−)	(+)	Art. 108 S3		M.36	180
Übersetzung Beschwerde (in Amtssprache)	a) Zustellung Entscheidung b) Einreichung der Beschwerde	a) 2 M $^{nv,+10\,T}$ b) 1 M ^{nv} je nachdem, welche Frist später abläuft		Unzulässig R 101 (1)	(−)	(+) PI (−) Einsprechende	R 6 (2) S3		M.39	181
Übersetzung Beschwerdebegründung (in Amtssprache)	a) Zustellung Entscheidung b) Einreichung der Beschwerdebegründung	a) 4 M $^{nv,+10\,T}$ b) 1 M ^{nv} je nachdem, welche Frist später abläuft		Unzulässig R 101 (1)	(−)	(+)	R 6 (2) S3		M.39	182
Mängel R 101 (1)	Zustellung Entscheidung	2 M ^{nv} bzw. 4 M ^{nv} (Art. 108)		Gilt als nicht eingereicht R 101 (1)	(−)	(+) PI (−) Einsprechende	R 101 (1)		M.23 ff.	183
Mängel R 101 (1) (R 99 (1) a))	Zustellung Entscheidung	2 M ^{nv} bzw. 4 M ^{nv} (Art. 108)	zbF, idR 2 M $^{v,+10\,T}$ Mitteilung R 101 (2) S1	Unzulässig R 101 (2) S2	(−)	(+) PI (−) Einsprechende	R 101 (2)		M.23 ff.	184

D. Fristen

185	**Übersicht - Auswirkung des COVID-19 Ausbruchs** https://www.epo.org/news-events/covid-19_de.html		

	Verfahrens-handlung	Rechtsnorm	Details
186	**Verlängerung von Fristen bei allg. Unterbrechung** **Störungen im Postdienst**	R 134 (2) D.15a	MdEPA v. 01.05.2020, ABl. 2020, A60 und MdEPA vom 27.05.2020, ABl. 2020, A74 COVID-19 bedingte Störungen gelten als allgemeine Störung im Sinne des R 134 (2). Fristen, die am 15.03.2020 oder danach ablaufen, werden für alle Verfahrensbeteiligten (Grund: Einschränkung in DE als Sitzstaat des EPA) bis zum 02.06.2020 verlängert (nicht auf R 116 anwendbar, da keine Frist, sondern festgesetztes Datum). Gemäß Art. 150 (2) gilt dies auch für internationale Anmeldungen nach PCT. ABl. 2020, A29, A60, A74
187		R 134 (5) D.18a	MdEPA v. 01.05.2020, ABl. 2020, A60 und MdEPA vom 27.05.2020, ABl. 2020, A74 R 134 (5) bietet eine Absicherung bei Fristversäumnissen infolge einer durch ein außerordentliches Ereignis verursachten Störung der Zustellung oder Übermittlung der Post mit Wirkung für den Sitz oder Wohnsitz oder den Ort der Geschäftstätigkeit eines Anmelders oder Beteiligten oder seines Vertreters. Auf Fälle anwendbar, in denen die Fristversäumnis auf außerordentliche Umstände zurückzuführen ist, die der Anmelder nicht zu vertreten hat; kann daher von allen Anmeldern, Verfahrensbeteiligten oder deren Vertretern geltend gemacht werden, die durch die Störung in den vom Ausbruch betroffenen Gebieten beeinträchtigt sind.
188		R 82quater.1 PCT D.48a	Auf nicht abgedeckte Fälle der Störung durch COVID-19 gemäß R 134 (2) bietet R 82quater.1 PCT eine Entschuldigung der Fristüberschreitung. Anwendbar bei anhängigen int. Anm. in der int. Phase, nicht jedoch auf die Priofrist (siehe B.322a). - ABl. 2020, A60, A74
189	**Verlängerung von Fristen zur Gebühren-zahlung**	ABl. 2020, A38, A60, A74 R 134 (1) H.48a f	Die Absicherungen nach R 134 EPÜ und R 82quater.1 PCT gelten uneingeschränkt für Zahlungen per Banküberweisung und Kreditkarte (siehe Nr. 14 der MdEPA v. 22.08.2017 über die Zahlung von Gebühren per Kreditkarte, ABl. 2020, A63). Für Zahlungen per Abbuchungsauftrag enthält Nummer 5.5 der VLK (siehe ABl. 2019, Zusatzpublikation 4,) Bestimmungen zu bestimmten Sonderfällen ähnlich wie in R 134 vorgesehen. - H.199c f. R 134 (2) ist entsprechend anzuwenden. R 134 ist auf den Fälligkeitstag einer Gebührenzahlung nach R 51 anzuwenden, auch wenn ein Fälligkeitstag keine Frist ist, die sich verlängern kann (J 4/91, ABl. 1992, 402). Infolgedessen verschiebt sich der Fälligkeitstag für am 31.03.2020 fällige JGB auf den 02.06.2020 (R 134 (1)).

Fristen D.

Auswirkung des COVID-19 Ausbruchs (Fortsetzung)

Verfahrens-handlung	Rechtsnorm	Details	
Aussetzung Zusatzgebühr für verspätet gezahlte JG	Art. 2 (1) Nr. 5 GebO R 51 (2) ABl. 2020, A70. A75 📄 H.48a f., 📄 H.52a	BdV v. 28.05.2020 (ABl. EPA 2020, A70): Anwendung von Regel 51 (2) betreffend die Zuschlagsgebühr nach Art. 2 (1) Nr. 5 GebO für die verspätete Zahlung von JGB wird vom 01.06.2020 bis zum 31.08.2020 ausgesetzt. Gilt auch für JGB für eine TA, die am oder nach dem 15.03.2020 eingereicht wurde, da nach R 51 (3) Satz 1 der Tag der Einreichung auch der Fälligkeitstag für die Zahlung von JGB ist. Für diese TA können JGB bis zum 31.08.2020 ohne Zuschlagsgebühr gezahlt werden, auch wenn sie nicht innerhalb von 4M ab dem AT gezahlt werden. Endet die ab dem AT berechnete 6 M-Frist nach R 51 (2) nach dem 31.08.2020 und wird die Zahlung nicht spätestens bis zu diesem Tag vorgenommen, so kann die JGB unter Entrichtung einer Zuschlagsgebühr noch bis zum Ablauf der Frist nach R 51 (2) wirksam gezahlt werden.	190
Gebühren-erhöhung	ABl. 2020, A38 Nr. 7 📄 H.187a	Für am oder nach dem 01.04.2020 veranlasste Zahlungen, die am oder vor dem 31.03.20 fällig werden oder deren Zahlungsfrist an diesem Tag abläuft gelten die mit Beschluss vom 12.12.2019 neu festgesetzten Gebührenbeträge nicht.	191
Mündliche Verhandlungen vor den Prüfungs- und Einspruchs-abteilungen	Art. 113 Art. 116 ABl. 2020, A40	**Mündliche Verhandlungen** vor **Prüfungsabteilungen** sind als **Videokonferenz** durchzuführen (ABl. 2020, A39; ABl. 2020, A40). **Alle bis 31.12.2020 anberaumten mündlichen Verhandlungen** im **Einspruchsverfahren** werden **bis auf Weiteres** zu **verschoben**, es sei denn, die Durchführung als Videokonferenz wurde bereits bestätigt. Das EPA beabsichtigt, bei mündlichen Verhandlungen im Einspruchsverfahren, die am oder nach dem 04.01.2021 angesetzt sind, an der Durchführung in den Räumlichkeiten des EPA festzuhalten. **Pilotprojekt** zur Durchführung **mündlicher Verhandlungen** vor Einspruchsabteilungen als **Videokonferenz**: ABl. 2020, A41 Zu Videokonferenz siehe 📄 A.465a f und 📄 L.155a Zur Einreichung von Unterlagen per E-Mail siehe 📄 D.60a	192
Mündliche Verhandlungen vor den Beschwerde-kammern	ABl. 2020, A103	Mitteilung des Präsidenten der Beschwerdekammern vom 01.08.2020 betreffend die mündlichen Verhandlungen vor den Beschwerdekammern in den Räumlichkeiten in Haar sowie im Isargebäude in München während der Coronavirus-Pandemie (COVID-19). • Änderung/Verlegung der Räumlichkeit ohne Ankündigung möglich • Max. 2 Personen pro Partei Anzahl der teilnehmenden Mitglieder der Öffentlichkeit ist begrenzt	193
Europäische Eignungs-prüfung	Mitteilung des Aufsichtsrats der EQE vom 20.04.2020 📄 S.11a f.	Artikel 1: **2020** findet **keine europäische Eignungsprüfung** statt (weder **Vorprüfung** noch **Hauptprüfung** bestehend aus den Aufgaben A, B, C und D). Artikel 2: In Anbetracht der derzeitigen außergewöhnlichen Umstände kann sich auf Wunsch jeder zur Hauptprüfung 2021 anmelden, sofern die in Art. 11 VEP genannten Bedingungen erfüllt sind. Artikel 3: **Bewerber**, die sich für die **Hauptprüfungsaufgaben 2020 angemeldet** hatten, **gelten** als für **dieselben Aufgaben 2021** angemeldet. Die entsprechenden **Gebühren werden** auf 2021 **übertragen**. Die Bewerber können sich für **zusätzliche Prüfungsaufgaben anmelden**, sofern sie die entsprechenden Gebühren entrichten. Den Bewerbern wird eine **Frist** eingeräumt, innerhalb derer sie von der Prüfung oder von bestimmten Aufgaben **zurücktreten** können; in diesem Fall werden die entsprechenden Gebühren erstattet. Artikel 4: Nur für die **Hauptprüfung 2021** werden die **Antworten** der Bewerber entweder auf der **Grundlage** der **Rechtstexte** und **Dokumentenfassungen** benotet, die am **31.10.2019** in Kraft waren, **oder** auf der Grundlage derjenigen, die am **31.10.2020** in Kraft sein werden, **je nachdem**, bei **welcher** der beiden **Fassungen** der Bewerber die **höhere Punktezahl** erreicht.	194

Inhalt Kapitel E. Sprachen

Sprachen
Sprache des EPA, der ePA und anderer Schriftstücke ..... E.1 ff.
Sprache der Teilanmeldung / der neuen Anmeldung
gemäß Art. 61 (1) b) .... E.6 f.

Einreichung von Übersetzungen
Anmeldung E.8
Teilanmeldung E.9
Neue Anmeldung nach Art 61 .... E.10

Beglaubigung von Übersetzungen
Amtsseitige Zweifel zum Inhalt/Beglaubigung .... E.11 f.

Übersetzung des Prioritätsdokuments
Sprache des Priodokuments keine EP-Amtssprache E.14

Gebührenermäßigung
Voraussetzungen zur Ermäßigung .... E.15 ff.

Verfahrenssprache
Verfahrenssprache in Verfahren vor dem EPA und dem
PCT .... E.23 ff.
Wahl der Verfahrenssprache bei europäischen
Anmeldungen E.28
Wahl der Verfahrenssprache bei Euro-PCT-
Anmeldungen E.30

Abweichende Sprachen in Ansprüchen und Beschreibung
Unterschiedliche Sprache der Beschreibung und des
wenigstens einen Anspruchs E.31

Sprache im schriftlichen Verfahren
Vorgeschriebene Sprache im schriftlichen Verfahren vor
dem EPA .... E.32 ff.
Vorgeschriebene Sprache im PCT Verfahren
(Schriftverkehr mit Ämtern) E.37

Einreichung der Übersetzung fristgebundener Schriftstücke
Einreichung der Übersetzung fristgebundener
Schriftstücke E.38

Beispiele für Amtssprachen verschiedener VS
(Art. 14 (4)) E.38a

Einreichung von Beweismittel
Schriftliche Beweismittel E.39
Zulässige Beweismittel E.40
Schriftliche Beweismittel im Einspruchsverfahren E.40a

Veröffentlichungssprache
Veröffentlichungssprache der europäischen Anmeldung . E.41
Veröffentlichungssprache des europäischen Patents E.42

Rechtliche Bedeutung der Übersetzung der Anmeldung
Rechtliche Bedeutung der Übersetzung der Anmeldung .. E.43
Verbindliche Fassung einer ePA / eines eP .... E.44 ff.

Änderung der Übersetzung
Änderung der Übersetzung E.48

Übersetzung der Ansprüche
Übersetzung Ansprüche nach Erteilung in die beiden
anderen Amtssprachen E.49
Übersetzung Ansprüche nach Änderung im
Einspruchsverfahren E.50
Übersetzung Ansprüche nach Änderung im
Beschränkungsverfahren E.51

Sprache bei PCT-Anmeldung mit Bezug zum EPA
EPA als AA E.52
EPA als Bestimmungsamt oder ausgewähltes Amt
(„Euro-PCT") .... E.53 f.

Sprache bei mündlichen Verhandlungen
Sprache bei mündlichen Verhandlungen .... E.55 ff.

Nationale Phase
Übersetzung der Patentschrift E.63
Londoner Übereinkommen E.64
Übersicht – Übersetzungserfordernisse für beigetretene
VS E.65
Übersicht – Übersetzungserfordernisse für nicht
beigetretene VS E.66

Sprachen   E.

Sprachen			
Art. 14, R 1-7, Art. 70, RiLi A-VII, Art. 177 (Sprache des Übereinkommens)			
Verfahrenshandlung	Rechtsnorm	Details	
Sprachen des EPA, der ePA und anderer Schriftstücke	Art. 14 (1)	**Amtssprachen** des EPA sind DE, FR, EN »**zugelassene Nichtamtssprachen**« sind Amtssprachen von VS, deren Amtssprache nicht DE, FR, EN sind: siehe »NatR zum EPÜ«, Tabelle II	1
	Art. 14 (2) R 6 (1)	**ePA** ist **in** einer **Amtssprache** einzureichen **oder** falls in einer **anderen Sprache** eingereicht worden ist, innerhalb von 2 M in Amtssprache zu übersetzen (z.B. Einreichung in Japanisch möglich) (siehe RiLi A-VII, 5, RiLi A-X, 9.2.1)	2
	Art. 14 (2) R 40 (3)	ePa kann sich auf frühere Anmeldungen beziehen, die nicht in einer Amtssprache sind; Einreichung Übersetzung innerhalb von 2 M notwendig.	3
	Art. 14 (3)	**Die Sprache der eingereichten ePA oder die Übersetzung bestimmt die Verfahrenssprache.** Wenn nicht in einer Amtssprache eingereicht bzw. nicht auf eine frühere Anmeldung in Amtssprache bezogen, ist Übersetzung in eine Amtssprache notwendig; fehlerhafte Übersetzung aus der ursprünglichen Sprache der Anmeldung darf jederzeit während des gesamten Verfahrens (auch des Einspruchsverfahrens) mit der ursprünglichen Sprache in Einklang gebracht werden (siehe F.121 ff.).	4
	Art. 88 (1) R 53 (3) RiLi A-III, 6.8	Die **Sprache** der **Prioritätsanmeldung** ist **unerheblich** für die **Wahl** der **Amtssprache** der Anmeldung. Liegt Prioritätsdokument in Nichtamtssprache vor und ist Wirksamkeit des Prioanspruchs für Beurteilung des Patentierbarkeit relevant, kann EPA innerhalb zu bestimmender Frist Übersetzung in Amtssprache oder Erklärung der vollständigen Übersetzung der früheren Anmeldung anfordern.	5

Verfahrenshandlung	Rechtsnorm	Details	Rechtsfolge	
Sprache der Teilanmeldung oder einer neuen Anmeldung gemäß Art. 61 (1) b)	R 36 (2)	Einreichung nur in der Verfahrenssprache der SA bzw. der Sprache der vorherigen Anmeldung oder falls die SA oder die vorherige Anmeldung nach **Art. 14 (2)** in einer anderen Sprache als Amtssprache eingereicht wurde, ist Einreichung nur in dieser anderen Sprache unter Nachreichung der Übersetzung in die Verfahrenssprache möglich.	TA gilt als nicht eingelegt	6
	R 36 (2), Satz 2	Frist für Übersetzung 2 M ab Einreichung der TA (RiLi A-VII, 1.3) bzw. der neuen Anmeldung		7
	J 13/14	Einreichung der TA in einer Amtssprache ungleich der Verfahrenssprache der SA ist nicht erlaubt,		7a

E. Sprachen

Einreichung von Übersetzungen
Art. 14 (2), Art. 90 (3)

	Verfahrenshandlung	Rechtsnorm	Details und Fälligkeit	Unmittelbare Folgen eines Mangels, Mängelbeseitigung, Fristen	Rechtsfolge bei Nichtbeseitigung von Mängeln oder Fristversäumnis	Weiterbehandlungs-/Wiedereinsetzungsmöglichkeit
8	**Anmeldung** (auch mit Bezug auf frühere Anmeldung nach R 40)	Art. 14 (2) Art. 90 (3)	**Art. 14 (2)**, **R 6 (1) und R 57 a)** 2 M nach Einreichung der Anmeldung	Mitteilung nach R 58, 2 M Frist	Keine oder zu spät eingereichte Übersetzung: **Art. 90 (3)**, **Art. 14 (2)**: Anmeldung gilt als zurückgenommen, aber AT wird zuerkannt Mitteilung nach R 112 (1) (Rechtsfolge auch in RiLi A-III, 14; A-IV, 1.3.3) (Neue Anmeldung in Analogie zur TA)	**WB (–)**, da durch Art. 121, R 135 ausgenommen **WE (+)**, Art. 122
9	**Teilanmeldung nach Art. 76**		**Art. 14 (2), R 36 (2)**: 2 M nach Einreichung der TA bzw. einer neuen Anmeldung nach R 61 (1) b) → Übersetzung in Verfahrenssprache der SA bzw. vorherigen Anmeldung			
10	**Neue Anmeldung nach Art. 61 (1) b)**					

Beglaubigung von Übersetzungen

	Verfahrenshandlung	Rechtsnorm	Details
11	**Amtsseitige Zweifel zum Inhalt**	R 5, Satz 1	Bei **amtsseitigem Zweifel** (→ RiLi A-VII, 7) Einforderung in einer zu bestimmenden Frist; möglich bei Beglaubigungen von Übersetzungen einer Anmeldung in Nichtamtssprache, Anmeldung mit Bezug auf frühere Anmeldung, TA, neue Anmeldung entsprechend Art. 61 (1) b).
12		R 5, Satz 2	**Beglaubigung nicht fristgerecht eingereicht**: Schriftstück gilt als nicht eingegangen.
13	**RiLi A-VII, 7**: Für die in R 71 (3) vorgesehene Übersetzung der Ansprüche in die beiden anderen Amtssprachen ist grundsätzlich keine Beglaubigung erforderlich.		

Übersetzung des Priodokuments

	Verfahrenshandlung	Rechtsnorm	Details und Fälligkeit	Unmittelbare Folgen eines Mangels, Mängelbeseitigung, Fristen	Rechtsfolge bei Nichtbeseitigung von Mängeln oder Fristversäumnis	Weiterbehandlungs-/Wiedereinsetzungsmöglichkeit
14	**Sprache des Priodokuments keine EP-Amtssprache** MdEPA, vom 28.01.2013, ABl. 03/2013, 150	Art. 88 (1) R 53 (3) RiLi A-III, 6.8	**R 53 (3)**: **Übersetzung oder Erklärung**, dass die ePA eine vollständige (identische) Übersetzung ist (→ RiLi A-III, 6.8 und F-VI, 3.4 und 2.1) 📖 S/S Art. 88, Rd 36	**R 53 (3), Art. 90 (3) iVm R 57 g), R 57 a)**: Frist von 2 M bis 4 M (**R 132**) nach Aufforderung (wenn Wirksamkeit Prioanspruch für Beurteilung der Patentierbarkeit relevant ist); → RiLi F-VI, 3.4 gemäß **R 57 a)** zur Mängelbeseitigung (↪ **J 1/80**)	**Art. 90 (5) Satz 2, R 53 (3) Prioanspruch erlischt** RiLi F-VI, 3.4: Zwischendokument wird als SdT betrachtet **Achtung** RiLi F-VI, 3.4: Priotag bleibt für Art. 54 (3) aus Gründen der Rechtssicherheit bestehen, auch wenn nachträglich Prio fällt	**WB (+)**, Art. 121 (1), R 135 (1) **WE (–)**, Art. 122 (4), R 136 (3) RiLi A-III, 6.8

Sprachen E.

Gebührenermäßigung			
Verfahrenshandlung	Rechtsnorm	Details	
Voraussetzungen zur Ermäßigung nach Art. 14 (4), R 6 (3) Art. 14 GebO RiLi A-X, 9 (Siehe H.127)	↳G 6/91	Gilt, wenn zumindest wesentliches Schriftstück der ersten Verfahrenshandlung im Anmelde- oder Prüfungsverfahren, ~~Einspruchs oder Beschwerdeverfahren~~ (geänderte R 6 seit 01.04.2014, ABl. 2014, A23) in zugelassener Nichtamtssprache, Übersetzung frühestens zum AT bzw. innerhalb geltender Fristen 1 M (R 6 (2)). Ist auch auf EURO-PCT anzuwenden, bei zugelassener EP Nichtamtssprache.	15
	R 36 (2) R 6 (3) RiLi A-X, 9.2.2	Anmeldegebühr wird auch für TA ermäßigt, wenn SA in Nichtamtssprache eingereicht worden ist und TA in derselben Nichtamtssprache eingereicht wurde und wenn die übrigen Erfordernisse für die Ermäßigung erfüllt sind und rechtzeitig eine Übersetzung eingereicht wird. Findet auch auf Zusatzgebühr der TA für > 35 Seiten Anwendung.	15a
	R 6 (4)	**Gebührenermäßigung** nur für a) kleine und mittlere Unternehmen (KMU), b) natürliche Personen oder c) Organisationen ohne Gewinnerzielungsabsicht, Hochschulen oder öffentliche Forschungseinrichtungen mit Wohnsitz oder Sitz in einem VS des EPÜ, in dem eine andere Sprache als Deutsch, Englisch oder Französisch Amtssprache ist sowie die Angehörigen dieses Staats mit Wohnsitz im Ausland (RiLi A-X, 9.2.1).	16
	R 6 (5) RiLi A-X, 9.2.1	**Definition** für Kleinstunternehmen sowie kleinere und mittlere Unternehmen sowie „Organisationen ohne Gewinnerzielungsabsicht", „Hochschulen" und „Öffentliche Forschungseinrichtungen".	17
	↳T 149/85	Ermäßigung hängt vom Anmelder/Berechtigten ab, nicht vom Vertreter → R 6 (3) iVm Art. 14 (4). Der Einspruch eines deutschen Einsprechenden in holländischer Sprache ist auch dann unzulässig, wenn der deutsche Einsprechende durch einen holländischen Anwalt vertreten ist.	18
	R 6 (7)	Falls es **mehrere Anmelder** gibt, wird die Ermäßigung nur gewährt, wenn jeder Anmelder eine natürliche oder juristische Person im Sinne von R 6 (4) ist; es ist jedoch ausreichend, wenn nur einer von ihnen berechtigt ist, eine zulässige Nichtamtssprache zu verwenden (Art. 14 (4), R 6 (3)). RiLi A-X, 9.2.1[19]	19
	Art. 14 (2)+(4) R 6 (3)	Ermäßigung der • Anmeldegebühr (RiLi A-II, 4.1.3.1 bzw. A-III, 13.2 bzw. A-X, 9.2.2: Beschreibungstext), • Prüfungsgebühr (RiLi A-VI, 2.6 bzw. A-X, 9.2.3: Prüfungsantrag), → **Art. 14 (1) GebO - 30 %**	20
	RiLi A-X, 9.2.2	Da die Zusatzgebühren, die fällig werden, wenn die Anmeldung mehr als 35 Seiten umfasst oder wenn es sich um eine Teilanmeldung der zweiten oder einer weiteren Generation handelt, Teil der Anmeldegebühr sind, findet die Ermäßigung auch auf diese Gebühren Anwendung.	20a
	R 6 (6)	Für Gebührenermäßigung ist **Erklärung** nötig, dass Anmelder eine Einheit oder eine natürliche Person im Sinne von R 6 (4) ist. Bei begründetem Zweifel an Erklärung kann Amt Nachweise verlangen.	21
	↳J 21/98	Auch wenn im Formblatt zur Anmeldung der Prüfantrag bereits angekreuzt ist, kann der Berechtigte nach Art. 14 (2) Ermäßigung nach R 6 (3) erhalten, wenn er vor der Zahlung einen entsprechenden Prüfantrag stellt.	22

E. Sprachen

Verfahrenssprache

	Verfahrenshandlung	Rechtsnorm	Details
23	**Verfahrens-sprache** RiLi A-VII, 2	Art. 14 (3)	Verfahrenssprache ist in allen Verfahren vor dem EPA zu verwenden, soweit die Ausführungsordnung nichts anderes bestimmt, siehe schriftliches/mündliches Verfahren; EPA verwendet Verfahrenssprache im schriftlichen Verfahren.
24		R 3 (2)	Änderungen der ePA oder des eP müssen in der Verfahrenssprache eingereicht werden.
25		Art. 70 (1) Art. 14 (6)	Eintragungen im europäischen Patentregister in den drei Amtssprachen, **maßgebend bei Zweifelsfällen ist die Verfahrenssprache**.
26		R 4 (6) Satz 1	Änderungen des Patents und Erklärungen werden gemäß **R 4 (6)** in der Verfahrenssprache in der Niederschrift im mündlichen Verfahren aufgenommen.
26a		RiLi A-VII, 2	Die Verfahrenssprache ist die einzige Sprache, die die Organe des EPA im schriftlichen Verfahren verwenden (siehe ↳G 4/08).
27	PCT-Anmeldung	R 12.2 PCT	Änderungen in Einreichungssprache, es sei, denn int. Anmeldung ist in anderer Sprache veröffentlicht worden, dann in Veröffentlichungssprache (**Art. 19 PCT**, **R 46.3 PCT** bzw. **Art. 34 PCT**, **R 55.3 a) PCT** – siehe B.312i f.)
28	**Wahl der Verfahrens-sprache**	Art. 14 (3)	**Amtssprache** der ePA bzw. wird **Verfahrenssprache** • durch die Wahl der Amtssprache in der Anmeldung nach **Art. 14 (1)** oder • durch die Übersetzung in eine der Amtssprachen nach **Art. 14 (2)**
29			↳**J 7/80** ↳**J 18/96** ↳**T 382/94**: Für die Wahl der Verfahrenssprache maßgebende Teile der Anmeldung sind die Beschreibung und mind. ein Patentanspruch (Zeichnungen gehören nicht dazu). **AT** wird jedoch **nicht anerkannt**, wenn **Beschreibung** in **verschiedenen Sprachen** eingereicht ist; anderssprachige Textbestandteile in Zeichnungen unerheblich (↳J 22/03; S/S Art. 14 Rd 23, Art. 80 Rd 13).
30		Euro-PCT	• Wurde die PCT-Anmeldung in einer EPA-Amtssprache veröffentlicht, so ist die Veröffentlichungssprache Verfahrenssprache (Euro-PCT Leitfaden, Kapitel E, Rd 418). • Andernfalls ist die EPA-Amtssprache, in der die Übersetzung bei Eintritt in die europäische Phase eingereicht wurde, Verfahrenssprache (Art. 14 (3)).
			↳**G 4/08**: PCT-Anmeldung, die in einer EPA-Amtssprache eingereicht wurde, keine Änderung der Verfahrenssprache bei Eintritt in nat. Phase möglich

Abweichende Sprache bei Ansprüchen und Beschreibung

	Verfahrenshandlung	Rechtsnorm	Details und Fälligkeit	Unmittelbare Folgen eines Mangels, Mängel-beseitigung, Fristen	Rechtsfolge bei Nicht-beseitigung von Mängeln oder Fristversäumnis	Weiterbehandlungs-/Wiedereinsetzungs-möglichkeit
31	**Unterschiedliche Sprache der Beschreibung und des wenigstens einen Anspruchs**	Art. 14 (2) R 6 (1) R 57 a)	AT wird zuerkannt, da Ansprüche keine Voraussetzung Übersetzung der ePA in eine (einzige) Amtssprache innerhalb 2 M ab AT **Art. 14 (2)** iVm **R 6 (1)**, RiLi A-III, 14 und 16	**Art. 90 (3), R 58** und **R 57 a)**: Aufforderung zu Mängelbeseitigung, Frist 2 M	ePA gilt als zurückgenommen nach **Art. 90 (3), (5)** iVm **Art. 14 (2)**	**WB (–)**, da durch Art. 121, R 135 ausgenommen **WE (+)**, Art. 122

Sprachen E.

Sprache im schriftlichen Verfahren			
Verfahrenshandlung	Rechtsnorm	Details	
Vorgeschriebene Sprache im schriftlichen Verfahren RiLi A-VII, 2, 3 📖 S/S Art. 14, Rd 8, 27 ff.	Art. 14 (1) R 3 (1) RiLi A VII 3.1	Verfahrensbeteiligter kann eine der drei Amtssprache verwenden. Ausnahme: Siehe 📄 E.36 für Berechtigte nach Art. 14 (4)	32
	R 3 (2)	**Änderungen ePA oder eP** müssen in Verfahrenssprache eingereicht werden. (siehe auch Euro-PCT Leitfaden, Kapitel E, Rd 512)	33
	Art. 14 (3) R 3 (1)	Verfahrenssprache, d.h. die im Verfahren zu verwendende Amtssprache, ist jede Amtssprache des EPA, in der die ePA eingereicht oder übersetzt wurde.	34
		↳ **G 4/08** — Die Organe des EPA können im schriftlichen Verfahren **keine** andere Amtssprache verwenden als die Verfahrenssprache der Anmeldung.	35
	Art. 14 (4) R 3 (1)	Berechtigte nach **Art. 14 (4)** können fristgebundene Schriftstücke in einer Nichtamtssprache des EPA einreichen, sofern Übersetzung innerhalb von 1 M (R 6 (2) Satz 1 - siehe auch 📄 E.38) in einer Amtssprache des EPA vorgelegt wird. Berechtigte sind: • natürliche und juristische Personen mit **Wohnsitz oder Sitz in einem VS**, in dem eine andere bzw. weitere Sprache als DE, EN, FR Amtssprache ist; • **natürliche Personen von VS**, die eine oder mehrere zugelassene Nichtamtssprachen haben, aber Wohnsitz (VS oder kein VS → Vertreterzwang) im Ausland haben. Siehe 📖 NatR.: z.B.: Amtssprachen in der Schweiz: DE, FR, IT	36
	R 92.2 a) PCT	**Schriftverkehr**: • mit ISA in Sprache der Anmeldung oder in der Sprache der Übersetzung in eine für die int. Recherche vorgeschriebenen Sprache (R 12.3, R 23.1 b) PCT), • mit IPEA in Sprache der Anmeldung bzw. in von IPEA zugelassener Veröffentlichungssprache (R 92.2 b), R 12.3, R 55.2 a) PCT), • mit IB in EN oder FR oder in einer vom IB zugelassenen Veröffentlichungssprache (**R 92.2 d) PCT**). Ist Übersetzung nach R 12.3 PCT (für int. Recherche) oder R 55.2 PCT (für ivP) eingereicht worden, ist die Sprache der Übersetzung zu verwenden.	37

E. Sprachen

	Einreichung der Übersetzung fristgebundener Schriftstücke					
	Verfahrenshandlung	Rechtsnorm	Details und Fälligkeit	Unmittelbare Folgen eines Mangels, Mängelbeseitigung, Fristen	Rechtsfolge bei Nichtbeseitigung von Mängeln oder Fristversäumnis	Weiterbehandlungs-/Wiedereinsetzungsmöglichkeit
38	**Einreichung der Übersetzung fristgebundener Schriftstücke**	Art. 14 (4)	**Art. 14 (4) iVm R 6 (2)**: Angehörige von VS könnten in deren Amtssprache fristgebundenen Schriftstücke einreichen, diese sind Innerhalb von 1 M nach Einreichung zu übersetzen. Bei Einspruchs- oder Beschwerdeschriftsatz, auch noch innerhalb der Einspruchs- oder Beschwerdefrist (L.23).	keine	**Art. 14 (4)**: Schriftstück gilt als nicht eingereicht (dann Rechtsfolge der jeweiligen Frist) z.B. ↳T 323/87 Einspruchsgebühr ist zurückzuzahlen	**WB** (+), da nur R 6 (1) ausgenommen in R 135 **WE** (−)

	Beispiele für Amtssprachen verschiedener VS (Art. 14 (4))	
38a	Vertragsstaat	Zugelassene Sprachen
	Belgien	Französisch, Niederländisch, Deutsch
	Finnland	Finnisch, Schwedisch
	Irland	Irisch, Englisch
	Lichtenstein	Deutsch
	Schweiz	Deutsch, Französisch, Italienisch
	Luxemburg	Französisch, Deutsch, Luxemburgisch
	Malta	Maltesisch, Englisch

	Einreichung von Beweismittel			
	Verfahrenshandlung	Rechtsnorm	Details und Fälligkeit	Rechtsfolge bei Nichtbeseitigung von Mängeln oder Fristversäumnis
39	**Schriftliches Beweismittel**	R 3 (3) RiLi A-VII, 3.4	Schriftliches Beweismittel (z.B. Stand der Technik) kann in **jeder Sprache** eingereicht werden. Das EPA kann eine Übersetzung in eine der Amtssprachen innerhalb einer zu bestimmenden Frist[+10 T] (nicht kürzer als 1 M) verlangen (siehe L.10).	Bei verspäteter Einreichung verlangter Übersetzungen braucht das EPA das betreffende Schriftstück nicht beachten.
40	**Zulässige Beweismittel**	Art. 117	a) Vernehmung der Beteiligten; b) Einholung von Auskünften; c) Vorlegung von Urkunden; d) Vernehmung von Zeugen; e) Begutachtung durch Sachverständige; f) Einnahme des Augenscheins; g) Abgabe einer schriftlichen Erklärung unter Eid.	

Sprachen E.

Einreichung von Beweismittel (Fortsetzung)

Verfahrenshandlung	Rechtsnorm	Details und Fälligkeit	Rechtsfolge bei Nichtbeseitigung von Mängeln oder Fristversäumnis	
Schriftliche Beweismittel im Einspruchsverfahren	R 3 (3) RiLi A-VII, 3.4	Die **Frist** für die Einreichung der Übersetzung bestimmt die zuständige Abteilung des EPA von Fall zu Fall, je nach Sprache und Umfang des Schriftstücks oder maßgeblicher Teile desselben, wobei die Bestimmungen der R 132 zu beachten sind (siehe RiLi E-VIII, 1.2 für die Länge der Frist).	Wird die Übersetzung nicht fristgerecht eingereicht, so braucht das EPA das betreffende Schriftstück nicht zu berücksichtigen.	40a

Veröffentlichungssprache
Art. 14 (5), (6)

Verfahrenshandlung	Rechtsnorm	Details	
Veröffentlichungssprache ePA	Art. 14 (5)	ePA wird in **Verfahrenssprache** veröffentlicht.	41
Veröffentlichungssprache eP	Art. 14 (6)	eP wird in Verfahrenssprache veröffentlicht und enthält eine **Übersetzung der Ansprüche** in die beiden anderen Amtssprachen (📄 E.49).	42

Rechtliche Bedeutung der Übersetzung einer ePA und Verbindliche Fassung einer ePA oder eines eP

Verfahrenshandlung	Rechtsnorm	Details	
Rechtliche Bedeutung der Übersetzung der Anmeldung	R 7	Für die Frage des **Art. 123 (2)** kann das EPA von der Übereinstimmung der Anmeldung in der ursprünglich eingereichten Fassung mit der Übersetzung nach **Art. 14 (2)** ausgehen.	43
Verbindliche Fassung einer ePA oder eines eP	Art. 70 (1)	Wortlaut in der **Verfahrenssprache stellt verbindliche Fassung** einer ePA oder eines eP im Verfahren vor dem EPA sowie in jedem VS dar. → vorgeschriebene Übersetzung der Ansprüche (📄 E.25) gemäß Art. 14 (6) dient nur zur Unterrichtung (RiLi A-VII, 8) und ist nicht Teil des eP (Einschränkung der Wirksamkeit der Übersetzung, auch in EN und FR, nach Art. 70 (3) möglich).	44
	Art. 70 (2)	Für Art. 14 (2) Berechtigte (siehe 📄 E.2) ist der ursprünglich eingereichte Text maßgebend für die Prüfung nach Art. 123 (2).	45
	Art. 70 (3)	Jeder VS kann Übersetzung in eine seiner Amtssprachen als maßgebend vorsehen, beispielsweise für den Fall, dass Schutzbereich der ePA oder des eP in der Übersetzung enger ist als der Schutzbereich in der Verfahrenssprache. Dies gilt nicht für Nichtigkeitsverfahren. (Siehe »NatR zum EPÜ«, Tabelle V: nur DE und BE verlangen keine Übersetzungserfordernisse nach Art. 67 (3) und Art. 65 (1), 📖 S/S Art. 14 Rd 7 f.).	46
	Art. 70 (4)	Jeder VS, der eine Vorschrift nach Art. 70 (3) erlassen hat: a) muss berichtigte Übersetzung zulassen (Verweis auf Art. 65 (2) und Art. 67 (3)) b) kann Benutzungsregelung zulassen für gutgläubige Benutzer aufgrund ursprünglicher Übersetzung.	47

E. Sprachen

Änderung der Übersetzung

	Verfahrenshandlung	Rechtsnorm	Details
48	Änderung der Übersetzung (siehe F.132 für Berichtigung von offensichtlichen Fehlern)	Art. 14 (2) RiLi A-VII, 7	Gemäß **Art. 70 (2)** ist der ursprüngliche Text (und nicht die Übersetzung) für die Feststellung maßgebend, ob der Gegenstand der ePA oder des eP über den Inhalt der Anmeldung in der eingereichten Fassung gemäß Art. 123 (2) hinausgeht, wobei gemäß R 7 das EPA, soweit kein Gegenbeweis erbracht wird, davon ausgeht, dass ursprünglicher Text und Übersetzung übereinstimmen. Eine **fehlerhafte Übersetzung** aus einer unter Art. 14 (2) fallenden Sprache darf gemäß Art. 14 (2) Satz 2 letzter Halbsatz, **jederzeit** während des Verfahrens vor dem EPA (z.B. Erteilungsverfahren oder Einspruchsverfahren) **mit der ursprünglichen Sprache in Einklang gebracht werden**. Änderungen während des Einspruchsverfahrens zur Anpassung der Übersetzung an den ursprünglichen Text dürfen aber nicht zugelassen werden, wenn sie gegen Art. 123 (3) verstoßen.

Übersetzung der Ansprüche

	Verfahrenshandlung	Rechtsnorm	Details
49	Übersetzung der Ansprüche in die beiden Amtssprachen, die nicht die Verfahrenssprache sind	Art. 97 (1) R 71 (3)	Übersetzungen aller Ansprüche, auch wenn verschiedene Anspruchssätze für verschiede VS vorliegen, sind innerhalb von 4 M (**R 71 (3)**) einzureichen. Frist ist nicht verlängerbar. WB ist möglich. Die Übersetzungen müssen Voraussetzungen nach R 50 (1), R 49 (2)-(12) genügen. S/S Art. 97, Rd 24 ff. RiLi C-V, 1.3 | Erteilungs- und Veröffentlichungsgebühr innerhalb 4M.
50	Übersetzung der Ansprüche nach Änderung im Einspruchsverfahren	Art. 101 (3) a) R 82	**R 82 (2)**: Nach der Entscheidung der Einspruchsabteilung über die Aufrechterhaltung des eP in geänderter Fassung fordert die Einspruchsabteilung den Patentinhaber nach Ablauf der Frist nach **R 82 (1)** (2 M) auf, innerhalb einer weiteren Frist von 3°M die vorgeschriebene Gebühr zu entrichten und eine Übersetzung der geänderten Patentansprüche in den Amtssprachen einzureichen, die nicht die Verfahrenssprache sind. **R 82 (3)**: Nachfrist bei Nichteinhaltung der Frist nach **R 82 (2)**: 2 M + Zusatzgebühr.
51	Übersetzung der Ansprüche nach Änderung im Beschränkungsverfahren	Art. 105b R 95	**R 95 (3)**: Prüfungsabteilung teilt dem Antragsteller beschränkte Anspruchsfassung mit und fordert ihn auf, innerhalb von 3 M die vorgeschriebene Gebühr zu entrichten und eine Übersetzung der geänderten Patentansprüche in den Amtssprachen, die nicht die Verfahrenssprache sind vorzulegen; Nachfrist entsprechend **R 82 (3) Satz 1**.

Sprachen E.

Sprache bei PCT-Anmeldung mit Bezug zum EPA

Verfahrenshandlung	Rechtsnorm	Details		
EPA als AA Siehe auch B.8	Art. 3 (4) i) PCT Art. 11 (1) ii) PCT Art. 151 R 157 (2)	PCT-Anmeldung ist in DE, FR oder EN einzureichen. In anderen als Amtssprachen beim EPA eingereichte PCT-Anmeldungen werden an das IB weitergeleitet, das dann anstelle des EPA als AA tätig wird. Der AT beim EPA bleibt wegen R 20.4 PCT erhalten.		52
EPA als Bestimmungsamt oder ausgewähltes Amt "Euro-PCT" Siehe auch B.198	Art. 153 (2) - (4) Art. 14 (1), (3)	Wegen Art. 153 (2) gilt Art. 14 (1) auch für Euro-PCT Anmeldungen mit EPA als Bestimmungsamt oder Ausgewähltes Amt. Nach Art. 153 (3) tritt PCT-Veröffentlichung an Stelle der Veröffentlichung der ePA und bestimmt so die Verfahrenssprache Eine Übersetzung in eine der EPA-Amtssprachen ist nach R 159 (1) a) innerhalb der 31-Monatsfrist einzureichen.		53
		G 4/08	Wenn eine int. Anmeldung in einer EPA-Verfahrenssprache eingereicht wurde, ist eine Änderung der Verfahrenssprache bei Eintritt in die EP-Phase nicht möglich. Auch nicht durch eine Übersetzung der Anmeldung.	54

Sprache bei mündlichen Verhandlungen
RiLi E-V

Verfahrenshandlung	Rechtsnorm	Details		
Sprache bei mündlichen Verhandlungen	R 4 (1)	**Jede Amtssprache des EPA** anstelle der Verfahrenssprache, Mitteilung an das EPA bis spätestens 1 M vor angesetztem Termin; oder **Amtssprache eines VS** bzw. eigene Sprache, wenn Beteiligter für Übersetzung (Dolmetscher) in Verfahrenssprache sorgt; bei **Einverständnis** aller Beteiligten auch jede **andere Amtssprache eines VS** (RiLi E-V, 3) **ohne Übersetzung**.		55
	R 4 (2)	Bedienstete des EPA **können sich einer anderen Amtssprache** bedienen, EPA muss ggf. für eine Übersetzung sorgen. Die Beteiligten sind zu informieren (RiLi E-V, 5).		56
	R 4 (3)	Beteiligte, Zeugen, Sachverständige: andere Sprache zulässig, wenn Antragsteller für Übersetzung sorgt (außer Beweisaufnahme auf Antrag EPA, dann ist für die Übersetzung das EPA zuständig).		57
	R 4 (4)	Jede Sprache, wenn alle Beteiligten und EPA zustimmen		58
	R 4 (5)	Kosten für Übersetzung in Verfahrens- bzw. andere Amtssprache des EPA, Ausnahmen für R 4 (1) + (3)		59
	R 4 (6)	Niederschrift in einer der Amtssprachen des EPA bzw. Verfahrenssprache bei Änderungen der ePA, Erklärungen in anderen Sprachen sind in eine der Amtssprachen des EPA zu übersetzen.		60
	G 2/94 und G 4/95:	Vortragen durch Begleitperson (= Verantwortlichkeit zu vorgetragenen Inhalten).		61
	T 34/90:	Mitteilung zur Benutzung einer bestimmten Amtssprache im Einspruchsverfahren wirkt nicht für das Beschwerdeverfahren fort (siehe auch die Mitteilung des Vizepräsidenten GD 3, ABl. 1995, 489).		62

E. Sprachen

	Nationale Phase					
	Verfahrenshandlung	Rechtsnorm	Details und Fälligkeit	Unmittelbare Folgen eines Mangels, Mängelbeseitigung, Fristen	Rechtsfolge bei Nichtbeseitigung von Mängeln oder Fristversäumnis	Weiterbehandlungs-/ Wiedereinsetzungsmöglichkeit
63	**Übersetzung der Patentschrift**	Art. 65 »NatR zum EPÜ«, Tabelle IV Wird in einer Sprache erteilt, die nicht Amtssprache des VS ist, kann dieser eine Übersetzung verlangen	**Art. 65 (1):** Frist für Einreichung der Übersetzung mindestens 3 M nach Hinweis auf Erteilung, falls VS nicht längere Frist vorschreibt (z.B. IS 4 M) Erfordernis eines Inlandsvertreters, weitere Gebühren usw. entsprechend dem jeweiligen nationalen Recht zum EPÜ für die VS (siehe »NatR zum EPÜ«, Tabelle IV) beachten	Vertreterzwang; Fristverlängerung, Zuschlagsgebühr teilweise möglich siehe »NatR zum EPÜ«, Tabelle IV, Mitglieder des Übereinkommens	**Art. 65 (3):** Wird Übersetzung nicht rechtzeitig eingereicht oder Gebühr nicht entrichtet, wird das nationale Patent ex tunc unwirksam (gilt für alle VS, die Übersetzung verlangen)	**WE** iVm Art. 122 (6) teilweise möglich, Regelung nach nationalem Recht des VS (siehe »NatR zum EPÜ«, Tabelle IV)

64 **Londoner Übereinkommen**, am 17.10.2000 abgeschlossen, am 01.05.2008 in Kraft getreten:
- Ziel ist die Reduzierung der Übersetzungskosten erteilter europäischer Patente in den VS und die damit verbundene allgemeine Kostensenkung im Patentverfahren.
- Beitritt ist freiwillig, 22 Staaten haben das Abkommen ratifiziert oder sind ihm beigetreten (Stand 01.09.2019): (AL, BE, CH, DE, DK, FI, FR, GB, HR, HU, IE, IS, LI, LT, LU, LV, MC, MK, NL, NO, SE, SI) (Quelle: https://www.epo.org/law-practice/legal-texts/london-agreement/status_de.html)
- Gilt nicht für Patentstreitverfahren
  - in solchen Streitverfahren können vermeintliche Verletzer und die Gerichte der VS eine vollständige Übersetzung des betroffenen Patents verlangen
- Staaten, die eine Amtssprache mit einer der Amtssprachen des EPA (DE, EN, FR) gemein haben (CH, FR, DE, GB, IE, LI, LU, MC), verzichten auf die in Art. 65 (1) EPÜ vorgesehenen Übersetzungserfordernisse (Art. 1 (1) des Londoner Übereinkommens).
- Staaten, die keine Amtssprache mit einer der Amtssprachen des EPA gemein haben, können verlangen, dass eine Übersetzung der Patentansprüche in einer ihrer Amtssprachen eingereicht wird (Art. 1 (3) des Londoner Übereinkommens). (Quelle: https://www.epo.org/law-practice/legal-texts/html/natlaw/de/iv/index.htm)
- In DK, FR, IS, LV, LU, MC, NL, SE, CH/LI, SI und GB gelten diese Regeln auch für in einem Einspruchs-, Beschwerde- oder Beschränkungsverfahren geänderte eP, die vor dem 01.05.2008 erteilt und an oder nach diesem Datum geändert worden sind (Bekanntmachung des entsprechenden Hinweises im Europäischen Patentblatt). Dies gilt auch für HU falls ein eP vor dem 01.01.2011 erteilt und an oder nach diesem Datum in einem Einspruchs-, Beschwerde- oder Beschränkungsverfahren geändert worden ist.
- BE verzichtet auf Übersetzungserfordernisse nach Art. 65 für eP, die ab dem 01.01.2017 in englischer Sprache erteilt werden (eP die auf Deutsch oder Französisch erteilt werden, mussten bisher schon nicht übersetzt werden). BE ist dem Londoner Übereinkommen zum 01.09.2019 beigetreten.
- Der Status von GB als Vertragsstaat des Londoner Übereinkommen bleibt vom Austritt aus der EU („Brexit") unberührt. Folglich müssen Patentinhaber bei eP, die für GB erteilt werden, auch nach dessen Austritt aus der EU keine Übersetzungen einreichen. (ABl. 2020, A19)

Sprachen E.

Übersetzungserfordernisse gemäß Londoner Übereinkommen in den VS
ABl. 2011, 472; ABl. 2014, A18; »NatR zum EPÜ«, Tabelle IV

Vertrags-staat	Übersetzung der Ansprüche	Übersetzung der Beschreibung	Frist* zur Einreichung der Übersetzung nach Art. 65 (1) (+FV)	Inkrafttreten**
AL	Albanisch	Englisch	3 M (+1 M)	01.09.2013
BE***	Keine Übersetzung nach Art. 65 (1) erforderlich.		-	01.09.2019
CH	Verzicht nach Art. 1 (1) des Londoner Übereinkommens		-	01.05.2008
DE	Verzicht nach Art. 1 (1) des Londoner Übereinkommens		-	01.05.2008
DK	Dänisch	Dänisch / Englisch	3 M	01.05.2008
FI	Finnisch	Finnisch / Englisch / Schwedisch (bei schwedischem Anmelder)	3 M	01.11.2011
FR	Verzicht nach Art. 1 (1) des Londoner Übereinkommens		-	01.05.2008
GB	Verzicht nach Art. 1 (1) des Londoner Übereinkommens		-	01.05.2008
HR	Kroatisch	Englisch	3 M	01.05.2008
HU	Ungarisch	Ungarisch / Englisch	3 M (+3 M)	01.01.2011
IE	Verzicht nach Art. 1 (1) des Londoner Übereinkommens		-	01.03.2014
IS	Isländisch	Isländisch / Englisch	4 M	01.05.2008
LI	Verzicht nach Art. 1 (1) des Londoner Übereinkommens		-	01.05.2008
LT	Litauisch	keine Sprache vorgeschrieben	3 M	01.05.2009
LU	Verzicht nach Art. 1 (1) des Londoner Übereinkommens		-	01.05.2008
LV	Lettisch	keine Sprache vorgeschrieben	3 M	01.05.2008
MC	Verzicht nach Art. 1 (1) des Londoner Übereinkommens		-	01.05.2008
MK	Mazedonisch	keine Sprache vorgeschrieben	3 M	01.02.2012
NL	Niederländisch	Niederländisch / Englisch	3 M	01.05.2008
NO	Norwegisch	Norwegisch / Englisch	3 M	01.01.2015
SE	Schwedisch	Schwedisch / Englisch	3 M	01.05.2008
SI	Slowenisch	keine Sprache vorgeschrieben	3 M	01.05.2008

Übersetzungserfordernisse für VS, die nicht dem Londoner Übereinkommen beigetreten sind gemäß »NatR zum EPÜ«, Tabelle IV

AT	Deutsch	3 M	
BG	Bulgarisch	3 M	
CY	Griechisch	3 M	
CZ	Tschechisch	3 M	
EE	Estnisch	3 M (+2 M)	
ES	Spanisch	3 M	
GR	Griechisch	3 M	
IT	Italienisch	3 M	
MT	Englisch	3 M	
PL	Polnisch	3 M	
PT	Portugiesisch	3 M (+1 M)	
RO	Rumänisch	3 M (+3 M)	
SM	Italienisch	6 M	
RS	Serbisch	3 M	
SK	Slowakisch	3 M (+3 M)	
TR	Türkisch	3 M (+3 M)	

* Frist nach Erteilung berechnet sich ausgehend von dem Tag der Bekanntmachung des Hinweises auf die Patenterteilung im Europäischen Patentblatt. Bei Aufrechterhaltung in geänderter Fassung oder Beschränkung, siehe gemäß »NatR zum EPÜ«, Tabelle IV, Spalte 4
** Quelle: http://www.epo.org/law-practice/legal-texts/london-agreement/key-points_de.html
*** Für in englischer Sprache erteilte eP, für die der Hinweis auf die Erteilung bzw. die Aufrechterhaltung in geänderter oder beschränkter Fassung vor dem 01.01.2017 im Europäischen Patentblatt veröffentlicht wurde, ist weiter nach Maßgabe des Art. 65 (1) eine Übersetzung des eP in Französisch, Niederländisch oder Deutsch einzureichen.

Inhalt Kapitel F. Änderung, Berichtigung

Änderungsmöglichkeiten
Änderung einer ePA/eines eP .... F.1 ff.
Unzulässige Erweiterung... F.3 ff.
Erweiterung Schutzbereich... F.11 f.
Zeitpunkt der Änderungen.. F.15 f.
Einheitlichkeit.. F.19 f.
Handschriftliche Änderung .... F.21 ff.
Änderungen im Prüfungsverfahren hinsichtlich Aufgabe/
Lösung.. F.23 f.
Verschiedene Anspruchssätze in den VS wegen älteren
Rechten .... F.25 f.
Berichtigung von Fehlern in Entscheidungen.................. F.27
Änderungen aus Zeichnungen .... F.28 ff.
Änderungen in der Zusammenfassung F.32
Änderungen aus der Zusammenfassung .... F.33 f.
Äquivalente... F.35 f.
Ergänzen des Stands der Technik in der Beschreibung... F.37
Änderung der Anspruchskategorie .... F.38 ff.
Änderung bei Einleitung der regionalen Phase im
EURO-PCT – Verfahren .... F.48 ff.

Änderungen im Prüfungsverfahren nach der
Mitteilung der Erteilungsabsicht und vor Erteilung
(R 71 (3) EPÜ) .... F.52 f.
Änderungen im Einspruchsverfahren .... F.63 ff.
Stellungnahme der Beteiligten im Einspruchsverfahren
auf Änderungen .... F.70 f.
Änderungen im Beschwerdeverfahren .... F.72 f.
Änderungen im nationalen Nichtigkeitsverfahren F.74

Änderungsmöglichkeiten im PCT
Änderungen nach Art. 19 PCT (Kapitel I) .... F.75 ff.
Änderungen nach Art. 34 PCT (Kapitel II) .... F.85 ff.
Änderung bei Einleitung der nationalen/regionalen
Phase .... F.97 ff.

Berichtigungsmöglichkeiten
Berichtigung von nicht die Offenbarung betreffenden
Teilen der Anmeldung .... F.100 ff.
Berichtigung der Prioritätserklärung .... F.104 f.
Berichtigung von die Offenbarung betreffenden Teilen
der Anmeldung .... F.106 ff.

Berichtigung der Erfindernennung.................................. F.111 ff.
Berichtigung von Fehlern in Entscheidungen des EPA.... F.116
Grenzen der Berichtigung... F.119
Grundlage der Entscheidungen...................................... F.120
Übersetzungsfehler in übersetzten Ansprüchen nach
Erteilung .... F.121 ff.
Verbindliche Fassung .... F.125 f.
Berichtigung von Fehlern bei fehlerhaftem Druck
des eP F.131
Berichtigung offensichtlicher Fehler nach Erteilung .... F.132 ff.
Berichtigung des Namens des Anmelders..................... F.135

Berichtigungsmöglichkeiten im PCT
Berichtigung von Mängeln F.136
Berichtigung offensichtlicher Fehler F.137
Änderungen F.139
Zeitpunkt für Berichtigungen/Änderungen F.140

Übertragung / Lizenzen
Gegenstand der Übertragung bzw. von Rechten aus
ePA / eP .... F.141 ff.
Eintragung von Rechtsübergängen / Lizenzen einer
ePA/eines eP .... F.145 ff.
Besondere Angaben bei der Eintragung von Lizenzen ... F.153 ff.
Rechtsübergang eP .... F.156 f.
Änderungen im Register – Sammelantrag F.157a
Rechtsübergang während Beschwerde......................... F.158 ff.
Zuständigkeit für Eintragung / Löschung F.162
Europäisches Patentregister .... F.163 f.

PCT Umschreibung / Übertragung
Eintragung von Änderungen... F.164
Nachweis.. F.165 ff.
Sammelantrag.. F.166a

Disclaimer
Nicht ursprünglich offenbarte Disclaimer........................ F.167 f.
Ursprünglich offenbarte Disclaimer .... F.169 f.
Rechtsprechung .... F.171 ff.
Formulierungsbeispiel .... F.176 f.

Änderung, Berichtigung F.

Änderungen Art. 123, RiLi H, 📖 S/S Art. 123					
Möglichkeit zur Änderung einer Anmeldung/eines Patents (gültige Regelung seit 01.04.2010)					1
Verfahrenshandlung	Rechtsnorm	Details		
Änderungen	Art. 123 (1) Satz 2	Anmelder muss wenigstens einmal die Gelegenheit erhalten, die Beschreibung, die Ansprüche und die Zeichnung zu ändern. Spätere Wiedereinführung von Ansprüchen durch Änderung nach **Art. 123 (1)** im Prüfungsverfahren möglich (↳T 708/00).			2
Unzulässige Erweiterung	Art. 123 (2) RiLi H-IV, 2	Eine ePA und ein eP dürfen nicht in der Weise geändert werden, dass ihr Gegenstand über den Inhalt der Anmeldung in der ursprünglich eingereichten Fassung hinausgeht (→ Verbindliche Fassung nach Art. 70 (1), (2)).			3
		↳G 1/93	**Ausnahmen** (Erweiterungsverbot → **Art. 100 c)**, **Art. 123 (2)+(3)** → Nichtigkeitsgrund nach **Art. 138**)		4
		↳G 3/89	Eine **Berichtigung** der die Offenbarung betreffenden Teile einer ePA oder eines eP (der Beschreibung, der Patentansprüche und der Zeichnungen) nach **R 139, Satz 2** (R 88, Satz 2 EPÜ 1973) darf nur im Rahmen dessen erfolgen, was der Fachmann der Gesamtheit dieser Unterlagen in ihrer ursprünglich eingereichten Fassung unter Heranziehung des allgemeinen Fachwissens - objektiv und bezogen auf den AT - unmittelbar und eindeutig entnehmen kann (siehe 📄 N.11).		5
		↳T 260/85	Priodokumente sind nicht Teil der urspr. eingereichten Unterlagen.		6
		↳T 246/86	Zusammenfassung ist nicht Teil der ursprünglich eingereichten Unterlagen (Art. 85).		7

		↳T 737/90
		RiLi H-IV, 2.2.1
			Ein Dokument, das der Öffentlichkeit am AT der ePA nicht zugänglich war, kann zudem nur berücksichtigt werden, wenn
			  a) EPA (bzw. AA, sofern bei Euro-PCT) vor oder an AT eine Abschrift vorliegt und
			  b) das Dokument spätestens am Tag der VÖ gemäß Art. 93 zugänglich gemacht wurde (z.B. Aufnahme in die Anmeldungsakte und damit nach Art. 128 (4) veröffentlicht).
					8

		↳T 667/08 RiLi H-IV, 2.2	Für eine **ausreichende Offenbarung** nach Art. 123 (2) ist eine wörtliche Stützung nicht erforderlich, solange der entsprechende Gegenstand vom Fachmann unter Heranziehung des allgemeinen Fachwissens unmittelbar und eindeutig aus der Offenbarung der Erfindung in der eingereichten Fassung hergeleitet werden kann, wobei auch Merkmale in Betracht zu ziehen sind, die in der Unterlage zwar nicht ausdrücklich genannt, aber für den Fachmann vom Inhalt mit erfasst sind.		9
		↳T 99/13 RiLi H-IV, 2.2	Beurteilung der Anforderungen von Art. 123 (2) sollte vom Standpunkt des Fachmanns auf einer technischen und vernünftigen Grundlage gemacht werden, um künstliche und semantische Konstruktionen zu vermeiden.		10
		RdBK II E 1.2.4	Wesentlichkeitstest		10a
		RdBK II E 1.2.5	Neuheitstest (RiLi G-VI, 2)		10b

F. Änderung, Berichtigung

Änderungen (Fortsetzung)

	Verfahrenshandlung	Rechtsnorm	Details
11	**Erweiterung des Schutzbereichs**	Art. 123 (3)	Beim **erteilten** eP dürfen die Ansprüche **nicht** derart geändert werden, dass der **Schutzbereich erweitert** wird (z.B. im Einspruchsverfahren).
11a	**Änderung der Anspruchskategorie**		siehe F.38
12	**Anspruchsmerkmal**	T 331/87 RiLi H-V, 3.1	**Streichen eines Merkmals** aus Anspruch ist zulässig, wenn das Merkmal als nicht wesentlich hingestellt wurde und Merkmal für Erfindung nicht unerlässlich ist und das Merkmal nicht als solches die Erfindung ändert (Beispiele: siehe RiLi F-IV, Anlage).
12a	**Merkmalsverschiebungen innerhalb eines Anspruchs**	T 16/86 RdBK II E 2.5	Solange sich eine Merkmalsverschiebung **innerhalb eines Anspruchs** nicht auf dessen Bedeutung auswirke, bleibe der Schutzbereich unverändert und die Änderung verstoße nicht gegen Art. 123 (2).
12b		T 160/83 RdBK II E 2.5	Kein Einwand dagegen, dass der Beschwerdeführer den kennzeichnenden Teil so änderte, dass dieser ein zuvor **im Oberbegriff enthaltenes Merkmal** aufwies, das aber in der Entgegenhaltung, die den nächstliegenden Stand der Technik bildete, nicht enthalten war.
12c		T 96/89 RdBK II E 2.5	Verschiebung von Merkmalen **aus dem Oberbegriff** eines Anspruchs in den kennzeichnenden Teil zulässig. Der Gegenstand des Patentanspruchs werde dadurch nicht verändert und somit der Schutzbereich nicht erweitert.
12d		T 49/89 RdBK II E 2.5	Beschränkung des erteilten unabhängigen Anspruchs auf eine **besondere Ausführungsform gemäß einem abhängigen Anspruch**. Der Schutzbereich eines europäischen Patents werde durch den Inhalt aller Patentansprüche bestimmt und nicht durch den Inhalt eines oder mehrerer unabhängiger Ansprüche.
12e		G 11/91 T 443/89	Patentansprüche, **Beschreibung** und **Zeichnungen** stehen bezüglich des Offenbarungsgehalts gleichwertig nebeneinander.
12f		T 246/86	Nicht zulässig, da die **Zusammenfassung** ausschließlich der technischen Information dient (Art 85).
12g		T 260/85	Es ist nicht zulässig aus einem unabhängigen Anspruch Merkmale zu streichen, die in der **ursprünglichen Anmeldung** (Priounterlagen) als wesentliche Merkmale dargestellt wurden.
13	**Änderungen vor Erhalt RB**	R 137 (1)	Keine Änderungsmöglichkeit vor Erhalt des RB (»sofern nichts anderes bestimmt«). (S/S Art. 123, Rd 19 f.)
14	**Sprache der Änderungen**	R 3 (2) RiLi A-VII, 2	Änderungen der ePA oder des EP müssen in der Verfahrenssprache eingereicht werden (siehe E.33).

Änderung, Berichtigung F.

Änderungen (Fortsetzung)			
Verfahrenshandlung	Rechtsnorm	Details	
Zeitpunkt der Änderungen	R 137 (2) R 70a R 161 RiLi B-XI, 8	Zusammen mit Stellungnahmen, Berichtigungen oder Änderungen, die in Erwiderung auf Mitteilungen des Europäischen Patentamts nach **R 70a (1), (2)** oder **R 161 (1)** vorgenommen werden, kann der Anmelder von sich aus die Beschreibung, die Patentansprüche und die Zeichnungen ändern.	15
	R 68 (4)	Neue/Geänderte Ansprüche werden in der Veröffentlichung aufgeführt, wenn diese spätestens vor Abschluss der technischen Vorbereitungen für die Veröffentlichung der Anmeldung geändert wurden (5 W vor Ablauf der 18 M nach AT/PT, siehe BdP 12.07.2007, ABl. 2007 SA 3, 94).	16
Weitere Änderungen	R 137 (3)	Weitere Änderungen nach Mitteilung gemäß **R 70a** bzw. **R 161** nur mit Zustimmung der Prüfungsabteilung.	17
Kennzeichnung und Grundlage	R 137 (4) RiLi H-III, 2.1+2.2	Änderungen müssen gekennzeichnet werden. Grundlage der Änderungen muss angegeben werden. Ansonsten Frist zur Mängelbehebung nach R 137 (4) von 1 M.	18
Einheitlichkeit (siehe 📄 A.208 ff.)	R 137 (5)	Geänderte Ansprüche dürfen sich **nicht** auf **nicht recherchierte Gegenstände** beziehen.	19
		RiLi H-II 6.2	R 137 (5), Satz 1 sollte im Rahmen von Art. 123 (2) und Art. 82 so ausgelegt werden, dass sie jede Beschränkung des recherchierten Gegenstands zulässt, bei der die Einheitlichkeit mit dem ursprünglich beanspruchten Gegenstand gewahrt bleibt, unabhängig davon, ob die für die Beschränkung herangezogenen technischen Merkmale recherchiert wurden.	20
Handschriftliche Änderung	R 50 (1) R 49 (8)	RiLi E-III, 8.7.1-8.8.3 ABl. 2013, 603	EPA stellt technische Mittel zur Verfügung, die die Formerfordernisse (mit Maschine geschriebenen Änderungen) in der mündlichen Verhandlung ermöglichen. Anmelder muss eigene Speichermedium (frei von Viren oder anderer bösartiger Software) verwenden. Handschriftliche Änderungen werden in mündliche Verhandlung nur als Grundlage zur Erörterung akzeptiert. Endgültige Entscheidung nur auf Grundlage eines Schriftstücks, das keine Formmängel enthält.	21
		RiLi E-III, 8.7.2	Im Prüfungsverfahren müssen formal korrekte Änderungen innerhalb von 2 M eingereicht werden, wenn Einvernehmen über einen patentierbaren Gegenstand vorliegt.	21a
		RiLi E-III, 8.7.3	Wenn Zwischenentscheidung der Einspruchsabteilung in mündlicher Verhandlung auf Unterlagen gestützt wurde, die nicht der R 49 (8) entsprechen, weil sie handschriftliche Änderungen enthalten, fordert Einspruchsabteilung den PI in Mitteilung nach R 82 (2) auf, eine formal korrekte Fassung des geänderten Wortlauts einzureichen. Frist 2 M (R 82 (3)).	21b
		Rechtsbehelf: Beschwerde, wobei Änderungen maschinenschriftlich eingereicht werden müssen → Art. 109 (1) Abhilfe		22
Änderung im Prüfungsverfahren bzgl. Aufgabe/Lösung		RiLi H-V, 2.4	Überarbeitung der angegebenen technischen Aufgabe muss Art. 123 (2) genügen. (Zur Angabe der objektiven technischen Aufgabe siehe RiLi G-VII, 5.2)	23
		⮕ T 13/84	Neuformulierung der Aufgabe wird durch Art. 123 (2) EPÜ nicht ausgeschlossen, wenn Aufgabe vom Fachmann unter Berücksichtigung des der Erfindung nächstliegenden SdT aus der Anmeldung in der eingereichten Fassung abgeleitet werden kann.	24

225

F. Änderung, Berichtigung

Änderungen (Fortsetzung)

	Verfahrenshandlung	Rechtsnorm	Details	
25	**Ältere Rechte**	Art. 139 (2) R 138		Unterschiedliche Ansprüche, Beschreibung, Zeichnungen aufgrund **älterer nationaler Rechte** und **Art. 139 (2)** - (RiLi B-VI, 4.2: keine gezielte Recherche) möglich in verschiedenen VS → auch nach R 71 (3)
26			RiLi H-III, 4.4	Einreichung gesonderter Ansprüche kann nicht verlangt werden.
27	**Berichtigung von Fehlern in Entscheidungen**	R 140	RiLi H-VI, 3.1	Berichtigung von Fehlern in Entscheidungen.
28	**Änderungen aus Zeichnungen**	Art. 123 (2)		Änderungen aus Zeichnungen nur bei klarer und unmissverständlicher Offenbarung möglich (**RiLi H-V, 6; RiLi H-IV, 2.4**).
29			↳T 170/87	Eine Figur, die lediglich der schematischen Erläuterung des Prinzips des Erfindungsgegenstands und nicht dessen Darstellung in all seinen Einzelheiten dient, lässt keinen Schluss darauf zu, dass die offenbarte Lehre ein nicht dargestelltes Merkmal gezielt ausschließt.
30			↳T 382/94	Änderungen aus Zeichnungen heraus möglich, auch wenn Zeichnungen wenigstens teilweise nicht in Verfahrenssprache eingereicht wurden (keine notwendige Bedingung).
31			↳T 169/83 RiLi F-IV, 1	Zeichnungen sind integraler Teil der ePA (**Art. 69, 78**)
32	**Änderung in Zusammenfassung**	R 47	↳T 11/82	Änderungen durch Hinzufügen von SdT in Zusammenfassung oder Beschreibung steht **Art. 123 (2)** nicht entgegen.
33	**Änderung aus Zusammenfassung**	Art. 85 R 139		Zusammenfassung hat rein informativen Charakter (siehe auch ↳**T 246/86**).
34			↳G 3/89	Zusammenfassung darf nicht zur Berichtigung im Rahmen des **Art. 123 (2)** herangezogen werden.
35	**Äquivalente**	Art. 123 (2)	↳T 118/89 ↳T 673/89 ↳T 685/90	Äquivalente dürfen nicht nachträglich in die ePA aufgenommen werden → Art. 123 (2)
36		Art. 56	RiLi G-VI, 2	Äquivalente sind bei Prüfung auf erfinderische Tätigkeit, nicht auf Neuheit zu berücksichtigen (📖 S/S Art. 56 Rd 14, 45, 138, 📖 S/S Art. 54 Rd 68)
37	**Stand der Technik**	Art. 123 (2) R 50 (1) iVm R 42 (1) b)		Ergänzen von Stand der Technik in der Beschreibung ist zulässig (↳**T 11/82**)

Änderung, Berichtigung F.

Änderungen (Fortsetzung)

Verfahrenshandlung	Rechtsnorm	Details					
Änderung der Anspruchs-kategorie (insbesondere im Einspruchs-verfahren)	Art. 123	Allg. **Wechsel der Anspruchskategorie** (Bspw.: Gegenstand → Verwendung, Erzeugnis →Verfahren, Verfahren → Erzeugnis, Verfahren → Verwendung) Bedingungen für Zulässigkeit, siehe RiLi H-V, 7.1 bis 7.4 (S/S Art. 123 Rd 105 ff.)					38
	RiLi H-V, 7	Änderung der Anspruchskategorie im Einspruchsverfahren zulässig, wenn Änderungen durch Einspruchsgründe bedingt sind.					39
	G 2/88	Änderung der Anspruchskategorie im Einspruchsverfahren zulässig, wenn Schutzbereich (**Art. 69, Art. 123 (3)**) nicht erweitert wird.					40
	RdBK II-E, 2.6	Einzelfallentscheidungen: Kategoriewechsel zu					41
			Vorrichtung	Erzeugnis	Product-by-Process	Verfahren	Verwendung
		Vorrichtung	-				Ja T 134/95	42
		Erzeugnis	Nein T 352/04	-	Ja (bedingt) T 119/82	Ja T 5/90 T 54/90 T 1206/01	Ja G 2/88	43
		Erzeugnis, durch ihr Herstellungsverfahren gekennzeichnet (Product-by-Process)			-	Ja T 423/89 T 402/89		44
		Verfahren, bei dem eine Vorrichtung verwendet wird	Nein T 82/93 T 86/90	Ja (bedingt) T 378/86 T 426/89 T 12/81	Nein T 20/94	-	Ja (Verwendung des Erzeugnisses bei Durchführung des Verfahrens) G 5/83, T 276/96, T 332/94	45
		Verfahren zum Herstellen eines Erzeugnisses				-	Nein (Verwendung des Erzeugnisses) T 98/85 T 194/85	46
		Verwendung		Nein T 1635/09		Ja T 279/93	-	47
Euro-PCT		RiLi E-IX, 3.3.1	**Geänderte Ansprüche nach Art. 19 PCT u/o Art. 34 PCT** sowie bei der Einleitung der regionalen Phase werden als Änderung der ursprünglichen Unterlagen gewertet. Anmelder muss in diesen Fällen (bei Art. 19 u/o. Art. 34 PCT Änderungen nur, wenn EPA kein IPER erstellt hat) nicht auf R 161 (1) zu reagieren; empfohlen wird jedoch Erwiderung, um Mitteilung nach R 137 (4) zu vermeiden. (ABl.2009, 533: Eine Änderung bei Eintritt in die europäische Phase)					48
	R 161 (1)	Wenn EPA = (S)ISA hat Anmelder innerhalb von 6 M (nicht verlängerbar) nach Mitteilung Mängel zu beseitigen oder eine Stellungnahme abzugeben, ansonsten gilt die Anmeldung als zurückgenommen.					49
		Wurden keine Mängel festgestellt **kann** Anmelder die Anmeldung freiwillig einmalig ändern.					50
	R 161 (2)	EPA ≠ (S)ISA →Erstellung ergänzende europäische Recherche Zuvor kann Anmelder ePA innerhalb Frist von 6 M nach Mitteilung freiwillig einmal ändern.					51

F. Änderung, Berichtigung

52 Änderungen (Fortsetzung)

	Verfahrenshandlung	Rechtsnorm	Details
53	**Im Prüfungsverfahren nach Mitteilung nach R 71 (3) - vor Erteilung gemäß Art. 97 (1)** (seit 01.04.2012) RiLi C-V,4 📖 S/S Art. 97, Rd 9 ff.	R 71 (6)	**Änderung oder Berichtigung** → Wiederaufnahme des Verfahrens **oder** → neue R 71 (3) Mitteilung **Mögliche Änderungen:** **Aufnahme SdT Dokumente:** • Nur Background SdT kann aufgenommen werden → R 42 (1) b) • Relevanter/wichtiger SdT → Wiedereröffnung des Verfahrens **Aufnahme abhängiger Ansprüche:** → Wiedereröffnung des Verfahrens • Änderungen markieren nach R 137 (4), um Verzögerungen zu verhindern • Art. 82 Einheitlichkeit beachten • Gegenstand muss gemäß R 137 (5) recherchiert sein • Zusätzliche Anspruchsgebühr • Argumentation **Aufnahme unabhängiger Ansprüche:** Siehe abhängiger Anspruch, jedoch wahrscheinlich nicht möglich.
54		RiLi C-V, 4	Beantragt der Anmelder innerhalb der Frist von 4 M nach **R 71 (3)** Änderungen oder Berichtigungen in der mitgeteilten Fassung (ggf. mit angepasster Beschreibung) wird eine neue Mitteilung nach R 71 (3) erlassen (R 71 (6), RiLi C-V, 4.6, 4.10), wenn Änderungen oder Berichtigungen zulässig (R 137 (3)) und gewährbar sind, ansonsten wird die Prüfung wieder aufgenommen (R 71a (2), RiLi C-V, 4.3 und 4.7), auch bei Verzicht auf eine neue Mitteilung nach R 71 (3), wenn Prüfungsabteilung Verzichtserklärung nicht anerkennt.
55		R 137 (3)	Änderungen nach der R 71 (3) Mitteilung können nur mit Zustimmung der Prüfungsabteilung gemacht werden.
56		✎ G7/93	Prüfer muss abwägen zwischen: • Schnellem Abschluss des Prüfungsverfahren und • Sinnvollem Schutz für Anmelder.
57		RiLi C-V, 4.1 und 4.2	Auf diese weitere Mitteilung nach R 71 (3) müssen keine Gebühren entrichtet (bei freiwilliger Entrichtung ggf. spätere Anrechnung, R 71a (5)) oder die Patentansprüche übersetzt werden.
58		RiLi C-V, 4.3	Änderungen oder Berichtigungen sollten begründen: • Anforderungen an die Patentierbarkeit (Art. 123 (2), Art. 84) • Offensichtlichkeit der Fehler und Berichtigung (R 139)
59		✎ G 12/91 📄 N.25	Für die Prüfungsabteilung ist das Verfahren für den Erlass einer Entscheidung mit dem Tag der Abgabe an die interne Poststelle des EPA abgeschlossen.

Änderung, Berichtigung F.

Änderungen (Fortsetzung)				
Verfahrenshandlung	Rechtsnorm	Details		
Im Prüfungs-verfahren nach Mitteilung nach R 71 (3) - vor Erteilung gemäß Art. 97 (1) (Fortsetzung)	R 71 (6)	Verfahren nach **RiLi C-V, 4.1 bis 4.9** sind entsprechend anzuwenden, wenn eine zweite Mitteilung nach R 71 (3) ergeht und Anmelder innerhalb dieser zweiten Frist nach R 71 (3) i) weitere Änderungen oder Berichtigungen einreicht, ii) die Änderungen ablehnt, die die Prüfungsabteilung in der Mitteilung nach R 71 (3) vorgeschlagen hat, oder iii) einen höherrangigen Antrag wieder aufgreift (wenn der zweiten Mitteilung nach R 71 (3) ein Hilfsantrag zugrunde liegt).		60
		ABl. EPA 2015, A52, RiLi C-V, 4.11	**Verzicht auf weitere R 71 (3) Mitteilung**, bei Einreichung von Änderungen oder Berichtigungen **Voraussetzungen** innerhalb 4 M nach Mitteilung R 71 (3): • Verzicht wirksam erklärt • Übersetzung der Ansprüche • Erteilungs-, Veröffentlichungs- Anspruchsgebühr • Kennzeichnungspflicht und Angabe der Grundlage Wenn Formerfordernisse erfüllt und Prüfungsabteilung keine Einwände erhebt (keine Wiederaufnahme des Prüfungsverfahrens), gilt Verzicht als anerkannt. Es ergeht keine Mitteilung an den Anmelder, stattdessen Veröffentlichung im Europäischen Patentregister.	61
		RiLi C-V, 6.1	Wiederaufnahme der Prüfung durch die Prüfungsabteilung nachdem Anmelder sein Einverständnis erklärt hat, ist vor Abgabe an die interne Poststelle jederzeit möglich (G 12/91), z.B. aufgrund Einwendungen Dritter, Anmelder reicht Änderungen oder Berichtigungen ein oder wenn Gegenstand nicht mit EPÜ vereinbar ist.	62
Änderungen im Einspruchs-verfahren RiLi H-II, 3 RiLi D-IV, 5.3 (siehe 📖 L.48 ff.)	R 80	Im **Einspruchsverfahren** kann das eP geändert werden, sofern die Änderung durch Einspruchsgründe nach **Art. 100** veranlasst ist, auch • wenn diese Gründe durch den Einsprechenden nicht geltend gemacht wurden, oder • wenn sie durch ältere (nat. oder europ.) Rechte veranlasst wurden (**R 138**).		63
	Art. 14 (2)	Änderungen können auf ursprünglich eingereichter Fassung basieren		64
	R 79 (1)	Aufforderung an PI nach Einspruch zur Stellungnahme, ggf. Einreichung von Änderungen		65
		⟲G 1/91	Nach Änderungen im Einspruchsverfahren ist Einheitlichkeit nach **Art. 82** nicht mehr zu prüfen.	66
		⟲G 10/91	Änderungen, die auf Einspruchsgrund basieren, auch wenn sie nicht vorgebracht worden sind (wegen Amtsermittlung **Art. 114 (1)**), Änderungen müssen allen Erfordernissen gemäß **Art. 101 (3) a)** genügen.	67
		⟲G 1/93	Nur Merkmale, die keinen techn. Beitrag liefern, dürfen gestrichen werden.	68
		⟲G 3/14	Bei der Prüfung nach **Art. 101 (3)**, ob das Patent in der geänderten Fassung den Erfordernissen des EPÜ genügt, können die Ansprüche des Patents nur auf die Erfordernisse des **Art. 84** geprüft werden, sofern und nur soweit diese Änderung einen Verstoß gegen **Art. 84** herbeiführt.	68a
		Achtung: **Unentrinnbare Falle** zwischen **Art. 123 (2)** und **Art. 123 (3)**		69

F. Änderung, Berichtigung

Änderungen (Fortsetzung)				
	Verfahrenshandlung	Rechtsnorm	Details	
70	**Stellungnahme der Beteiligten im Einspruchs-verfahren**	R 81	Patentinhaber wird nach Art. 101 (1) aufgefordert, soweit erforderlich, die Beschreibung, die Ansprüche und die Zeichnungen in geänderter Form einzureichen.	
71		Art. 113 (1)	Der anderen Seite muss Gelegenheit zur Stellungnahme gegeben werden.	
72	**Beschwerde-verfahren**	Art. 110	Änderung im Beschwerdeverfahren siehe 📖 S/S Art. 110 Rd 83 ff. Zulässigkeit der Änderungen werden nach **R 79 (1) und R 81** analog zu R 137 beurteilt.	
73		VerfOBK Art. 13 (1), (2) (ABl. 2020, Zusatz-publikation 2)	Als Änderung gilt jegliche Abweichung von Anträgen, Tatsachen, Einwänden (u.a. Angriffen), Argumenten und Beweismitteln gegenüber der 1. Instanz. • Die Beschwerdekammer lässt Änderungen nur nach Ermessen zu. • Änderungen dürfen keinen Grund für weitere Einwände bieten. • Änderungen müssen prima facie geeignet sein, die aufgeworfenen Fragen oder Einwände auszuräumen. Nach Ablauf der Frist gemäß einer Mitteilung nach R 100 (2) oder nach Zustellung einer Ladung zu einer mündl. Verhandlung werden Änderungen grundsätzlich nicht mehr zugelassen.	
		↳T 97/98	Berichtigung des Namens des Beschwerdeführers nach **R 99 (1) a)** iVm **R 101 (2)** zulässig, wenn die wirkliche Absicht bestand, die Beschwerde im Namen dieser Person einzulegen und den Angaben in der Beschwerdeschrift mit hinreichender Wahrscheinlichkeit entnommen werden konnte, dass die Beschwerde im Namen dieser Person hätte eingelegt werden sollen.	
74	**Änderung im nationalen Nichtigkeits-verfahren**	Art. 138 (3)	PI ist befugt, das eP durch Änderung der Patentansprüche zu beschränken; die so beschränkte Fassung des Patents ist dem Verfahren zugrunde zu legen. (📖 S/S Art. 123, Rd 33 ff.)	

Änderung, Berichtigung F.

Änderungen im PCT AG 11.045-11.047, nach **R 12.2 PCT** in Sprache der Anmeldung, falls Veröffentlichungssprache			
Verfahrenshandlung	Rechtsnorm	Details	
Kapitel I **Änderungen nach Art. 19 PCT** AG 9.004- 9.011 (siehe 📄 B.312 ff.)	Art. 19 PCT	Änderung nur der **Ansprüche** (erst **nach** Erhalt des ISR, ggf. mit Stellungnahme möglich)	75
	R 46.1 PCT	Frist 2 M nach Übermittlung des ISR oder 16 M nach PT, je nachdem welche Frist später abläuft; jedoch spätestens vor Abschluss der techn. Vorbereitung zur Veröffentlichung (15 Tage vor Veröffentlichung - AG 9.014)	76
	R 46.2 PCT	Einreichung der Änderung unmittelbar beim IB	77
	R 46.3 und R 46.4 PCT	**Änderungen** und **Erklärung** ist in **Sprache** der **Veröffentlichung** einzureichen.	78
	R 46.5 a) PCT	Änderungen nach **Art. 19 PCT** mit Ersatzblätter mit vollständigem Satz von Ansprüchen	79
	R 46.5 b) PCT	Ersatzblättern ist Begleitschreiben beizufügen, Hinweis auf Änderungen, Wegfall von Ansprüchen, Grundlage der Änderungen	80
	R 49.5 a) PCT	Einreichung **Übersetzung** des vollständigen Satzes der **Ansprüche** → R 46.5 PCT	81
	R 55.3 PCT	Wird Begleitschreiben nicht in erforderlicher Sprache übersetzt, braucht Änderung für ivP nicht berücksichtigt werden.	82
	Art. 19 (2) PCT	Änderungen dürfen nicht über Offenbarungsgehalt der ursprünglichen Anmeldung hinausgehen (Mitteilung nach **R 66.2 a) iv) PCT**); gemäß **R 70.2 c) PCT** werden Änderungen nicht berücksichtigt. Gemäß **R 70.2 c-bis) PCT** werden Änderungen nicht berücksichtigt, wenn Unterlagen (Begleitschreiben nach R 46.5 b) PCT) fehlen.	83
	R 62.2 PC	Ist bereits Antrag auf ivP gestellt, Änderungen, Erklärungen und nach **R 46.5 b) PCT** erforderliches Begleitschreiben an das mit der ivP beauftragten Behörde, IB leitet Kopien weiter	84

F. Änderung, Berichtigung

	Änderungen im PCT (Fortsetzung)		
	Verfahrenshandlung	Rechtsnorm	Details
85	**Kapitel II** **Änderungen nach** **Art. 34 PCT** AG 9.011, 10.024, 10.028, 10.067, 10.071, 11.018 (siehe 📄 B.313 ff.)	Art. 34 (2) b) PCT	Änderungen der **Ansprüche**, **Beschreibung** und der **Zeichnungen** (vor Erstellung des int. vorläufigen Prüfberichts), im Rahmen der ursprünglichen Offenbarung am AT, sonst gemäß:
86		R 70.2 c) PCT	Prüfung ohne Änderungen
87		R 66.1 b) PCT	Bei Antragstellung oder vorbehaltlich **R 66.4bis PCT** bis zur Erstellung des int. vorl. Prüfungsberichts.
88		R 66.2 d) PCT	Frist mind. 1 M, normalerweise 2 M, wenigstens 2 M, wenn int. RB gleichzeitig mit Mitteilung zugeschickt wird, max. 3 M, aber verlängerbar (**R 66.2 e) PCT**) - bei Nichtbeantwortung drohen KEINE Rechtsverluste
89		R 66.4 PCT	Zusätzlicher (erster) schriftlicher Bescheid der IPEA (MdEPA, Abl. 2010, 406: Liegt kein schriftlicher Bescheid des EPA als ISA vor, erstellt das EPA (als IPEA) einen ersten schriftlichen Bescheid, wenn es Einwände sieht, d.h. der ivP negativ ausfallen würde und teilt dies dem Anmelder mit (R 66.1bis c) und 66.2 PCT).
90		R 66.4 b) PCT	Auf Antrag des Anmelders mit Zustimmung der IPEA mehrere Möglichkeiten zur Änderung
91		R 66.4bis PCT	**Keine Berücksichtigung** der Änderungen, wenn bereits mit Erstellung des Bescheids oder Berichts begonnen wurde (evtl. telefonische Ankündigung der Änderung).
92		R 66.6 PCT	Formlose Erörterung mit dem Anmelder vor Erstellung ivP/IPER → auch telefonisch (s. ABl. 2005, 493 und MdEPA, ABl. 2010, 406)
93		R 66.8 PCT	Ersatzblättern ist Begleitschreiben beizufügen, Hinweis auf Änderungen, Wegfall von Ansprüchen, Grundlage der Änderungen
94		R 55.3 PCT	**Änderungen** sowie **Begleitschreiben** sind in **Veröffentlichungssprache** einzureichen, verlängerbare Frist, solange keine Entscheidung getroffen.
95		R 70.2 a) PCT	Änderungen der Ansprüche werden dem ivP zugrunde gelegt.
96		R 70.2 c-bis) PCT	Begleitschreiben bei Änderungen der Ansprüche, Zeichnungen oder Beschreibung (gemäß **R 46.5 b) PCT**)
97	**Für die Zwecke der nationalen Phase** (siehe 📄 B.314 ff.)	Art. 28 (1) PCT	Vorschreiben der Möglichkeit zur Änderung der **Ansprüche**, **Beschreibung** und der **Zeichnungen** im Verfahren vor den Bestimmungsämtern → 1 M nach Regionalisierung gemäß **R 52.1 PCT** (EPA als Bestimmungsamt und ISA oder IPEA: **R 161 (1) EPÜ**, Stellungnahme bei Mängeln obligatorisch, sonst freiwillig, Frist 6 M (1 M bis 30.04.2011), nicht verlängerbar, **R 161 (2) EPÜ**: Änderung wird einer nach **Art. 153 (7) EPÜ** erforderlichen ergänzenden Recherche zugrunde gelegt)
98		Art. 41 (1) PCT R 78.1 PCT	Umfang der Änderungen entsprechend Kapitel II Vorschreiben der Möglichkeit zur Änderung im Verfahren vor den ausgewählten Ämtern, Frist 1 M nach Erfüllung der Erfordernisse nach Art. 39 (Übermittlung eines Exemplars der int. Anmeldung und einer Übersetzung, sowie Gebührenzahlung an das ausgewählte Amt).
99		EPA als vorherige ISA/IPEA	Geänderte Ansprüche nach **Art. 19 PCT** u/o **Art. 34 PCT** sowie bei der Einleitung der regionalen Phase werden als **Änderung** der **ursprünglichen Unterlagen gewertet**. Anmelder hat in diesen Fällen (bei Art. 19/Art. 34 PCT Änderungen nur, wenn EPA kein IPER erstellt hat) nicht auf R 161 (1) zu reagieren; empfohlen wird jedoch Erwiderung, um Mitteilung nach R 137 (4) zu vermeiden - RiLi E-X, 3.3.1

Änderung, Berichtigung F.

Berichtigung
R 139 EPÜ, RiLi A-V, 3; RiLi A-III, 6.5.2; RiLi H-VI; S/S Art. 123 Rd 159 ff.
Berichtigungsmöglichkeit nur für schriftliche Unterlagen

Verfahrenshandlung	Rechtsnorm	Details	
Berichtigung von nicht die Offenbarung betreffenden Teilen der Anmeldung	R 139 Satz 1	**Sprachliche Fehler, Schreibfehler und Unrichtigkeiten** in den beim EPA eingereichten Unterlagen können auf Antrag berichtigt werden.	100
		J 8/80 — Die Berichtigung muss dem entsprechen, was ursprünglich beabsichtigt war. Ist nicht unmittelbar ersichtlich, was beabsichtigt war, trägt der Antragsteller die Beweislast. Die Berichtigung kann eine unrichtige Angabe oder auch eine Auslassung betreffen.	101
		G 12/91 — **Zeitpunkt des Berichtigungsantrags**: Wenn die Berichtigung Unrichtigkeiten betrifft, auf die sich Dritte verlassen durften (z. B. Prioansprüche), so muss der Berichtigungsantrag unverzüglich, zumindest aber so rechtzeitig gestellt werden, dass er bei der Veröffentlichung der ePA berücksichtigt werden kann. (G 12/91: Rechtzeitig)	102
		G 1/12 — Im Falle einer **fehlerhaften Angabe des Namens des Beschwerdeführers** greift nach den in der Rechtsprechung der Beschwerdekammern aufgestellten Bedingungen das allgemeine Verfahren für die Berichtigung von Mängeln nach **R 139 S.1**.	103
Berichtigung der Prioritätserklärung	Art. 88 iVm R 52 (3)	J 6/91 (ABl. 1994, 349) — Ein Antrag auf Berichtigung einer Prioerklärung nach R 139 muss so rechtzeitig gestellt sein, dass in die Veröffentlichung der Anmeldung ein entsprechender Hinweis aufgenommen werden kann. Hiervon kann abgewichen werden, wenn sich aus der Veröffentlichung ergibt, dass ein Fehler vorliegen muss oder kann **und** Korrekturen sind möglich, wenn Interesse der Öffentlichkeit nicht ernsthaft verletzt wird, z.B. PT bleibt, PN ändert sich.	104
		J 3/91 — Wenn Priodokument in den Unterlagen ist, kann Prionummer auch nach Veröffentlichung berichtigt werden.	105
Berichtigung von die Offenbarung betreffenden Teilen der Anmeldung	R 139 Satz 2 RiLi H-VI 2.2.1	Betrifft der Antrag auf Berichtigung jedoch die Beschreibung, die Patentansprüche oder die Zeichnungen, so muss die Berichtigung derart offensichtlich sein, dass sofort erkennbar ist, dass nichts anderes beabsichtigt sein konnte als das, was als Berichtigung vorgeschlagen wird.	106
		G 3/89, G 11/91 — Eine Berichtigung nach **R 139 Satz 2** darf nur im Rahmen dessen erfolgen, was der Fachmann der Gesamtheit der Unterlagen in ihrer ursprünglich eingereichten Fassung unter Hinzuziehung des allgemeinen Fachwissens am AT unmittelbar und eindeutig entnehmen kann. Eine solche Berichtigung hat **rein feststellenden Charakter** und verstößt daher nicht gegen **Art. 123 (2)**.	107
		RiLi H-VI, 2.2.1 — Die **Priounterlagen** können für Änderungen nach R 139 nicht herangezogen werden (siehe F.123 »Übersetzungsfehler«).	108
		G 2/95 — Der Austausch ganzer Teile der Offenbarung (Beschreibung, Ansprüche, Zeichnung) nach **R 139** ist nicht zulässig. Eine Berichtigung nach R 139 EPÜ ist an Art. 123 (2) EPÜ gebunden.	109
		G 12/91 — **Zeitpunkt des Berichtigungsantrags**: Berichtigungen nach **R 139 Satz 2** können im **schriftlichen Verfahren** nur bis zur Abgabe der Entscheidung an die Poststelle und im **mündlichen Verfahren** bis zur Verkündung der Entscheidung in der mündlichen Verhandlung berücksichtigt werden.	110

F.   Änderung, Berichtigung

	Berichtigung (Fortsetzung)		
	Verfahrenshandlung	Rechtsnormen	Details
111	**Berichtigung der Erfindernennung** 📖 S/S Art. 81, Rd 10 ff. gebührenfrei	R 21 (1)	Berichtigung unrichtiger Erfindernennung durch **Antrag** und nur mit **Zustimmung** des zu **Unrecht genannten Erfinders**, wenn Antrag von Drittem eingereicht, Zustimmung des Anmelders oder Patentinhabers notwendig, Änderung nach R 19
112		R 21 (2)	Ist eine unrichtige Erfindernennung in das Europäische Patentregister eingetragen oder im Europäischen Patentblatt bekannt gemacht worden, so wird auch deren Berichtigung oder Löschung darin eingetragen oder bekannt gemacht.
113		R 19 (3)	Der Erfinder bekommt Berichtigung mitgeteilt.
114			⌕J 8/82 RiLi A-III, 5.6	Bei Nachnennung ist Zustimmung der bisherigen Erfinder nicht notwendig
115			RiLi A-III, 5.6	Falsche Nennung auf Veröffentlichung → **R 21 (2)** Antrag auf Berichtigung
116	**Berichtigung von Fehlern in Entscheidungen**	R 140	In Entscheidungen des EPA können nur sprachliche Fehler, Schreibfehler und offenbare Unrichtigkeiten berichtigt werden. Berichtigung ist nicht an eine Frist gebunden
117			⌕G 1/10 RiLi H-VI, 3.1	R 140 bezieht sich auf Entscheidungen der 1. und 2. Instanz und kann nicht zur Berichtigung von sachlichen Fehlern, beispielsweise in vom Patentanmelder oder -inhaber eingereichten Unterlagen, herangezogen werden (→ Beschwerde nach Art. 106).
118			⌕T 212/88	Berichtigung hat rückwirkenden Effekt. Berichtigung bewirkt, dass korrigiertes Dokument so behandelt wird, als wäre es schon am AT in der korrigierten Fassung eingereicht worden.
119	**Grenzen der Berichtigung**		⌕T 824/00	Grenzen der Berichtigung nach R 139: Einem Antrag auf Berichtigung einer beim EPA eingereichten Unterlage gemäß R 139 sollte in der Regel nicht stattgegeben werden, wenn die Berichtigung eine materielle Verletzung von Grundsätzen zur Folge hätte, die das grundlegende Rechtsgut der Rechtssicherheit im Verfahren verkörpern.
120	**Grundlage der Entscheidungen**	Art. 113 (2)	Bei Prüfung und Entscheidungen hat sich das EPA an die vom Anmelder oder Patentinhaber vorgelegte oder gebilligte Fassung zu halten.
121	**Übersetzungsfehler**	Art. 70 (2) iVm Art. 14 (2)	Falls Übersetzungsfehler (bei Einreichung von Unterlagen in Nichtamtssprache + Übersetzung in Verfahrenssprache)
122			RiLi A-VII, 7	Fehler in Übersetzung kann mit Bezug auf ursprünglich eingereichte Unterlagen behoben werden
123			RiLi H-VI, 2.2.1	Die **Priounterlagen** können für Änderungen nach R 139 nicht herangezogen werden.
124			Art. 14 (2)	⌕T 700/05	Übersetzung kann nach Art. 14 (2) jederzeit mit ursprünglich eingereichten Unterlagen in Einklang gebracht werden, sofern nicht ggf. im Einspruch Art. 123 (3) dagegen steht
125	**Verbindliche Fassung**	Art. 70 (2)	Für Berechtigte nach **Art. 14 (2)** ist der ursprünglich eingereichte Text maßgebend für die **Art. 123 (2)** Prüfung.
126	**Rechtliche Bedeutung der Übersetzung**	R 7	Amt kann von Richtigkeit der Übersetzung ausgehen, soweit kein Gegenbeweis erbracht wird.

Änderung, Berichtigung F.

Berichtigung (Fortsetzung)			
Verfahrenshandlung	Rechtsnormen	Details	
Übersetzungsfehler nach Erteilung in den übersetzten Ansprüchen	Art. 70 (1)	Wortlaut einer ePA oder eines eP in der Verfahrenssprache stellt verbindliche Fassung dar	127
	Art. 14 (6)	RiLi C-V, 1.3 — Die **Übersetzungen werden nicht geprüft**.	128
	Art. 97 (1)	RiLi H-VI, 3.4 — Keine Änderung möglich, da die Übersetzungen der Ansprüche in die anderen Amtssprachen nicht Teil der Erteilung sind	129
Möglichkeit zur Änderung der Übersetzung	R 82 (2) Art. 70 (4)	Patent in geändertem Umfang aufrechterhalten (R 82 (2)) oder vor einem nationalen Amt (Art. 70 (4))	130
Berichtigung von Fehlern bei fehlerhaftem Druck des eP	Art. 123	📖 S/S Art. 123 Rd 205 (»maßgebliche Fassung«) und 📖 S/S Art. 98 Rd 11	131
Berichtigung offensichtlicher Fehler nach Erteilung	R 139	✎ J 42/92 — R 139 ist **nach Erteilung nicht** anwendbar, nach R 17/90 keine Rechtsfolgen.	132
		✎ T 309/03 — Das Einlegen einer Beschwerde kann nicht nach R 139 rückgängig gemacht werden.	133
		✎ T 97/07 — R 139 ist nicht anwendbar bei Art. 123 (2) Problemen.	134
	RiLi C-V, 10	Fehler in der europäischen Patentschrift, die bei deren Herstellung entstanden sind, haben keinen Einfluss auf den Inhalt des erteilten Patents.	134a
	✎ G 1/10	R 140 kann nicht zur Berichtigung des Wortlauts eines Patents herangezogen werden.	134b
Veröffentlichungsfehler	RiLi H-VI, 4	Um Veröffentlichungsfehler handelt es sich dann, wenn der Inhalt der gedruckten Patentschrift abweicht von den Unterlagen (Druckexemplar), die dem Anmelder mit der Mitteilung gemäß R 71 (3) übermittelt wurden (Formblatt 2004), falls diese dem Beschluss über die Erteilung des Patents zugrunde liegen. Die oben genannten Veröffentlichungsfehler können jederzeit berichtigt werden.	134c
Name des Anmelders	R 139	✎ J 18/93 — Name des Anmelders kann berichtigt werden.	135
Berichtigung von Mängeln in den beim EPA eingereichten Unterlagen	RiLi A-V, 3	Sprachliche Fehler, Schreibfehler und Unrichtigkeiten in den beim EPA eingereichten Unterlagen können auf Antrag berichtigt werden. Solche Änderungen können jederzeit beantragt werden, sofern ein Verfahren vor dem EPA anhängig ist (siehe ✎ J 42/92). Ob die Berichtigung zulässig ist, wird anhand der ursprünglich eingereichten Anmeldungsunterlagen einschließlich etwaiger nach R 56 nachgereichter fehlender Teile der Beschreibung oder fehlender Zeichnungen geprüft. Ob sich durch die Nachreichung der Anmeldetag geändert hat, ist dabei unerheblich. Patentansprüche, die nach dem Anmeldetag auf eine Mitteilung nach R 58 hin eingereicht werden, können bei der Überprüfung, ob der Berichtigungsantrag zulässig ist, allerdings nicht berücksichtigt werden.	135a

F. Änderung, Berichtigung

Berichtigungen im PCT

	Verfahrenshandlung	Rechtsnorm	Details
136	**Berichtigung von Mängeln**	Art. 11 (2) PCT Art. 14 (1) b) PCT	Nach **Art. 11 (2)**, **R 20.3** (Frist 2 M ab Aufforderung R 20.7 – AG 6.024-6.028) und **Art. 14 (1) b)**, **R 26** (**R 26.2**: Frist 2 M ab Aufforderung, verlängerbar bis Entscheidung - AG 6.032) auf Aufforderung, s.o.; Nachreichen **fehlender Beschreibungsseiten** nach Art. 11 (2) a) iVm R 20.5, **fälschlicherweise eingereichter Bestandteile** nach Art. 11 (1) iii) d) ivM R 20.5bis oder **Zeichnungen** nach Art.14 (2) und R 26.6 führen zum **Verschieben des AT**) Beispiele: • Art. 11 (2), R 20.7: (Frist 2 M ab Aufforderung): AT • Art. 14 (1) b), R 26: Bestimmte Mängel der int. Anmeldung • R 26bis.1 a): Prioansprüche 16 M ab frühster (berichtigter) Prio, Mitteilung muss bis Ablauf von 4 M nach AT int. Anmeldung beim AA oder IB eingereicht werden • R 92bis.1 a)+b): Erfindernennung, Anmelder bis 30 M ab Prio, beim IB einreichen • R 26ter: Erklärung nach R 4.17 (Erklärungen im Hinblick auf nat. Erfordernisse), 16 M ab Prio Siehe auch B.310
137	**Berichtigung offensichtlicher Fehler** AG 11.033 -11.044	R 91.1 a) PCT B.160	Antrage Berichtigung von offensichtlichen Fehlern in int. Anmeldung oder eingereichten Schriftstücken Auch Aufforderung zur Stellung des Antrags zur Berichtigung durch AA, ISA, IPER oder IB möglich, falls Fehler von dieser Behörde erkannt wird (**R 91.1 h) PCT**) Siehe B.311
137a	Zustimmung zuständige Behörde	R 91.1 b) PCT	Berichtigung bedarf der **Zustimmung** der **zuständigen Behörde**, bei einem Fehler i) **im Antrag** - das **AA** ii) in der **Beschreibung**, den **Ansprüchen**, den **Zeichnungen**, in einer Berichtigung derselben - die **ISA**, sofern die IPEA nicht zuständig ist iii) in der **Beschreibung**, den **Ansprüchen** oder den **Zeichnungen** oder in einer Berichtigung derselben oder **Änderungen** nach **Art. 19 PCT** oder **Art. 34 PCT**, wenn Antrag auf ivP wirksam gestellt und Datum zur Erstellung ivP nach R 69.1 PCT abgelaufen ist - die **IPEA** iv) der nicht in i) bis iii) ausgeführt und beim AA, ISA, IPEA oder IB eingereicht wurde, unter Ausschluss eines Fehlers in der Zusammenfassung oder in einer Änderung nach Art. 19 PCT, welches - dieses **Amt**, die **Behörde** bzw. das **Büro**, in dem das **Schriftstück eingereicht** wurde.
137b	Nicht berichtigungsfähige Fehler	R 91.1 g) PCT	**Nicht berichtigungsfähige Fehler**: • eine oder mehrere ganze in Art. 3 (2) PCT genannten Bestandteile (Antrag, Beschreibung, Ansprüche, Zeichnung, Zusammenfassung) oder eine oder mehrere Blätter der int. Anmeldung fehlen, • Fehler in der Zusammenfassung • Fehler in Änderung nach **Art. 19 PCT**, es sei denn die IPER ist für Zustimmung eines solchen Fehler zuständig Fehler im Prioanspruch oder in Mitteilung über Berichtigung/Hinzufügung eines Prioanspruchs nach **R 26bis.1 (a) PCT** und Berichtigung würde zu Änderung des Priodatums führen.
138	Frist	R 91.2 PCT	Antrag zur Berichtigung nach **R 91.1 PCT** ist **innerhalb** Frist von **26 M seit PT** bei zuständiger Behörde zu stellen, Antrag muss Fehler und vorgeschlagene Berichtigung enthalten, ggf. kurze Erläuterung
138a	Zustimmung und Wirkung Berichtigung	R 92.3 a), b), c) PCT	Zuständige Behörde entscheidet unverzüglich über Zustimmung oder Verweigerung Wirkung bei Berichtigung in int. Anmeldung ab int. AT, bei anderen Schriftstücken ab Einreichungsdatum dieses Schriftstücks
138b	Verweigerung der Berichtigung durch Behörde	R 91.3 d) PCT	**Verweigerung Berichtigung durch Behörde→** Anmelder kann innerhalb von 2 M ab Datum der Verweigerung der Zustimmung der Berichtigung beim IB beantragen, dass Berichtigungsantrag, Gründe für die Verweigerung durch die Behörde sowie ggf. kurze Stellungnahme des Anmelders mit der int. Anmeldung veröffentlicht wird, sofern möglich (+Gebühr: 50 CHF + 12 CHF für jede weitere Seite, Section 113(c) der Administrative Instructions), wenn int. Anmeldung nicht veröffentlicht wird, wird Kopie des Antrags, Begründung und ggf. Stellungnahme in Übermittlung nach Art. 20 PCT aufgenommen.

Änderung, Berichtigung F.

Berichtigungen im PCT (Fortsetzung)			
Verfahrenshandlung	Rechtsnorm	Details	
Änderungen	R 66.4bis PCT	IPEA muss Änderungen/Gegenvorstellungen nicht berücksichtigen, wenn die Behörde bereits mit der Erstellung des Bescheids oder Berichts begonnen hat.	139
	R 66.6 PCT	Möglichkeit zum Kontakt (telefonisch, schriftlich oder per Anhörung), evtl. vor Prüfung (ivP) ankündigen	139a
Berichtigungen/Änderungen können mit Einleitung der Nationalisierung/Regionalisierung vorgenommen werden (**Art. 28 (1) PCT**, **Art. 41 (1) PCT**); ebenso können Änderungen im nachfolgenden Nichtigkeitsverfahren durchgeführt werden.			140

F. Änderung, Berichtigung

Übertragung/Lizenzen
Art. 71-74, R 22-24 und R 85, RiLi E-XIV

	Verfahrenshandlung	Rechtsnorm	Details
141	Übertragung und Bestellung von Rechten	Art. 71	Die ePA kann für einen oder mehrere benannte(n) VS übertragen werden oder Gegenstand von Rechten sein.
124	Rechtsgeschäftliche Übertragung	Art. 72	Rechtsgeschäftliche **Übertragung der ePA** schriftlich und mit Unterschriften der Vertragsparteien
143	Vertragliche Lizenzen	Art. 73	Eine ePA kann ganz oder teilweise Gegenstand von Lizenzen für alle oder **einen Teil** der benannten VS sein.
144	eP	Art. 2 (2)	Nach Erteilung → Übergang auf nat. Ämter
145	Eintragung von Rechtsübergängen	R 22	**Eintragung von Rechtsübergängen**
146		R 22 (1)	Eintragung eines Rechtsübergangs der ePA in das europäische Patentregister durch Nachweis und Vorlage von Urkunden (von beiden Parteien unterzeichnete Übertragungserklärung reicht aus - RiLi E-XIV, 3), ansonsten Original-Urkunde oder beglaubigte Abschrift, wirksam an dem Tag, an dem alle Erfordernisse erfüllt sind.
147		R 22 (2)	Eintragungsantrag gilt erst als gestellt, wenn eine Verwaltungsgebühr entrichtet worden ist (Art. 3 (1) GebO → ABl. 5/99, Nr. 2.1.1)
148		R 22 (3)	Rechtsübergang gegenüber EPA wird erst wirksam, wenn er durch Vorlage von Urkunden nachgewiesen wird.
149		Rechtsübergang nur für bestimmte Staaten: Art. 118 (Einheit der ePA oder des eP) ist anzuwenden	
150		R 23	**Eintragung von Lizenzen und anderen Rechten**
151		R 23 (1)	**R 20 (1)+(2)** ist auf Lizenzen sowie auf **ein dingliches Recht** (z.B. Zwangsvollstreckung) bei einer ePA anzuwenden.
152		R 23 (2)	Löschung der Eintragung von Lizenzen auf Antrag + Verwaltungsgebühr, Nachweis oder Zustimmung des Rechteinhabers
153	Besondere Angaben bei der Eintragung von Lizenzen	R 24	Eine Lizenz an einer europäischen Patentanmeldung wird eingetragen:
154		R 24 a)	- als ausschließliche Lizenz, wenn der Anmelder und der Lizenznehmer dies beantragen;
155		R 24 b)	- als Unterlizenz, wenn sie von einem Lizenznehmer erteilt wird, dessen Lizenz im Europäischen Patentregister eingetragen ist.
156	Rechtsübergang eP	R 85	**R 22** ist auf einen **Rechtsübergang** des eP während der Einspruchsfrist oder der Dauer des Einspruchsverfahrens entsprechend anzuwenden (um Parteien identifizieren zu können)
157			Akteneinsicht über **Art. 128 (4)** iVm **R 145** z.B. Online (ABl. 2003, 69) (dies wird nicht unbedingt von jedem VS anerkannt, siehe »NatR zum EPÜ«, Tabelle IX, Spalte 6)
157a	Änderung im Register - Sammelantrag	ABl. 2019, A79, II, Nr. 18	Antrag auf Namens- oder Adressänderung des Anmelders/Patentinhabers oder Vertreters für einer Reihe von Anmeldungen als Sammelantrag möglich, indem Antrag sich auf „alle unsere Anmeldungen und Patente" bezieht. Bei einem Rechtsübergang ist zu prüfen, ob damit auch ein Vertreterwechsel einhergeht - 📄 G.32a

Änderung, Berichtigung   F.

Übertragung/Lizenzen (Fortsetzung)

Verfahrenshandlung	Rechtsnorm	Details	
Rechtsübergang während Beschwerde	R 100 (1)	Eintragung eines Rechtsübergangs ist auch während der Beschwerde **möglich**.	158
	RiLi E-XIV, 4	Änderung des Namens des PI werden unter Vorlage von Beweismitteln in das Register eingetragen	160
		Für Übertragung des erteilten Patents gilt das nat. Recht.	161
Zuständigkeit	Art. 20 (1)	Rechtsabteilung ist **zuständig für Eintragungen und Löschungen** im europäischen Patentregister und in der Liste der Vertreter.	162
Europäisches Patentregister	Art. 127	**Eintragungen** ins **Patentregister** sind erst **nach** der **Veröffentlichung** der **ePA** möglich, jedoch **nicht mehr nach Patenterteilung** bzw. **Ablauf** der **Einspruchs-/Beschwerdefrist**. Änderung erfolgt nach nat. Recht (Art. 74, Art. 2 (2))	163
	☞ J 17/91	Europäisches Patent ist **nach Abschluss des Einspruchs-** bzw. **Beschwerdeverfahrens dem europäischen Verfahren entzogen**, dann **Eintragung** ins **europäische Patentregister nicht mehr zulässig**, betrifft **auch Lizenzen**	163a

PCT Umschreibung/Übertragung
AG 11.018-11.022

Verfahrenshandlung	Rechtsnorm	Details	
Eintragung von Änderungen	R 92bis.1 PCT	Eintragung von **Änderungen** bzgl. **Anmelder**, **Vertreter** oder **Erfinder** im Antrag oder im Antrag auf ivP beim IB (vorzugsweise über Online-Portal ePCT) • auf **Antrag** des Anmelders oder des AA Änderungen, **beim IB** (empfohlen) oder AA einzureichen • innerhalb der 30 M-Frist ab PT (ggf. beim AA, wirkt erst bei Eingang IB) • **keine Gebühr**, kein Einverständnis der Erfinder notwendig	164
Nachweis	Art. 27 PCT R 51.bis1 PCT	**Nationale Ämter** können **Nachweis** bei Nationalisierung verlangen (AG 11.018B, AG 11.022)	165
		Umschreiben durch **neuen Anmelder** nur mit **Nachweis** (AG 11.018B)	165a
	R 90.3 PCT AG 11.018B	**Nachweis** durch **Unterlagen** bei Antrag durch **neuen Anmelder** erforderlich, bei Antrag durch Vertreter des neuen Anmelders muss ggf. **Vollmacht** beigelegt werden.	166
Sammelantrag	ABl. 2019, A79	Bei Anträgen, die mehr als eine Anmeldung betreffen, verlangt IB idR Einreichung einer Liste aller betroffenen Anmeldungen	166a

239

F. Änderung, Berichtigung

Nicht ursprünglich offenbarter Disclaimer - G 1/03, G 2/03 und
offenbarter Disclaimer - G 2/10
RiLi F-IV, 4.20, S/S Art. 84 Rd 24 ff., S/S Art. 123 Rd 57 ff. und RiLi H-V, 4

167 Nicht ursprünglich offenbarter Disclaimer - G 1/03 und G 2/03 - RiLi H-V, 4.1

168 **Zulässigkeit** eines nicht ursprünglich offenbarten Disclaimers:
- Wiederherstellung der Neuheit, indem er einen Anspruch gegenüber einem SdT nach Art. 54 (3) EPÜ abgrenzt;
- Wiederherstellung der Neuheit, indem er einen Anspruch gegenüber einer zufälligen Vorwegnahme nach Art. 54 (2) EPÜ abgrenzt; eine Vorwegnahme ist zufällig, wenn sie so unerheblich für die beanspruchte Erfindung ist und so weitab von ihr liegt, dass der Fachmann sie bei der Erfindung nicht berücksichtigt hätte;
- Ausklammern eines Gegenstands, der nach den Art. 52 bis 57 EPÜ aus nichttechnischen Gründen vom Patentschutz ausgeschlossen ist.

Ein nicht ursprünglich offenbarter Disclaimer,
- der für die Beurteilung der erfinderischen Tätigkeit oder der ausreichenden Offenbarung relevant ist oder wird, stellt eine nach **Art. 123 (2)** EPÜ unzulässige Erweiterung dar;
  → d.h. **Disclaimer kann nur für Abgrenzung der Neuheit verwendet werden** (T 1028/02).
- der zur Begründung der Neuheit aufgenommen wird, sollte nur den Gegenstand ausklammern, der im SdT offenbart ist (T 434/92, T 653/92, T 426/94);
- dient nicht dazu, nicht funktionierende Ausführungsformen auszuschließen;
- muss **Art. 84** iVm R 43 (1) genügen (Klarheit, Knappheit).

Bestätigt durch **G 1/16**.

G 1/16: Nicht offenbarter Disclaimer darf keinen technischen Beitrag leisten.
Der Gold-Standard-Test nach G 2/10 ist bei nicht offenbarten Disclaimern nicht anwendbar. (RiLi H-V, 4.1-4.2).

169 Ursprünglich offenbarter Disclaimer - G 2/10 - RiLi H-V, 4.2

170 **G 2/10**: Keine Anwendung der Kriterien aus **G 1/03** auf ursprünglich als Ausführungsform **offenbarte** Disclaimer. Aufnahme eines Disclaimers nicht zulässig, wenn der Fachmann unter Heranziehung des allgemeinen Fachwissens den verbleibenden beanspruchten Gegenstand nicht als unmittelbar und eindeutig (explizit oder implizit) in der ursprünglichen Fassung der Anmeldung offenbart ansehen würde. → Muss den Erfordernissen nach Art. 123 (2) genügen.

171 Rechtsprechung

172	Veröffentlichungs-nummer	T 11/89	Die Veröffentlichungsnummer einer Patentschrift ist offensichtlich kein technisches Merkmal; sie ist daher nicht geeignet, den Umfang eines Disclaimers zu bestimmen.
173	Anpassung der Beschreibung	T 857/91 T 710/92 T 597/92	Beschreibung kann nachträglich an Disclaimer angepasst werden.
174	Erfinderische Tätigkeit	T 653/92	Disclaimer kann nicht die erfinderische Tätigkeit begründen.
175	Verwendung von negativen Einschränkungen	T 4/80 T 1050/93 T 286/06	Negative Einschränkungen wie etwa Disclaimer dürfen nur dann verwendet werden, wenn sich der verbleibende Schutzgegenstand durch die Aufnahme positiver Merkmale in den Anspruch nicht klarer und knapper definieren lässt (T 4/80) oder wenn dadurch der Schutzumfang des Anspruchs unverhältnismäßig eingeschränkt würde (T 1050/93, nicht im ABl. veröffentlicht). Es muss klar erkennbar sein, was mithilfe des Disclaimers ausgeschlossen wird (T 286/06).

Änderung, Berichtigung F.

Disclaimer (Fortsetzung)

Formulierungsbeispiel für Disclaimer (↳T 434/92)

»Molded articles manufactured from blends comprising from 5 to 95 weight percent of a biphenyl containing poly(aryl ether suphone) and from 95 to 5 weight percent of a poly(aryl ether ketone) containing no ortho hydroxyl groups and having a reduced viscosity of 0.3 to 5.0 dl/g; films and sheets manufactured from a blend of

(a) a poly(aryl ether ketone) containing therein at least 50 weight percent of a repeating unit of formula:
XXX
alone or in combination with one or more different repeating units, and

(b) up to 50 weight percent of poly(aryl ethersulfone) having repeating units of the following formulae:
YYYY
XYXY

being excluded«

Auswahl aus einem Bereich („Ranges")

Siehe A.152 ff.

Inhalt Kapitel G. Vertretung, Unterschrift

Vertreterregelung vor dem EPA
Bestellung Vertreter/Vertretung .... G.1 ff.
Vertreterzwang .... G.2 ff.
Gemeinsamer Vertreter G.8
Zugelassener Vertreter .... G.9 ff.
Vorlage der Vollmacht (Einzelvollmacht, allg. Vollmacht) . G.15 ff.
Allgemeine Vollmacht .... G.19 f.
Mehrere Vertreter .... G.24 f.
Elektronische Einreichung Vollmacht .... G.31 f.
Änderung im Register – Sammelantrag G.32a
Handlungen, die eine ausdrückliche Bevollmächtigung erfordern G.33
Gemeinsame Vertretung mehrerer Beteiligter .... G.34 f.
Zustellung an Vertreter .... G.38 f.
Fehlende Bestellung G.41
Wirksamkeit der Zustellung von Vertreterbestellung ... G.42 f.

Euro-PCT
Vorlage Vollmacht, Verzicht des EPA G.44

Brexit
Auswirkung des Austritts des Vereinigten Königreichs aus der EU G.44a

Vertretungszwang für EPÜ-Ausländer
Eingangs- und Formalprüfung Eingangsstelle G.45
Einreichung der Vollmacht G.46
Angestelltenvollmacht G.47
Vortrag eines Dritten G.48
Rückzahlung Gebühren .... G.50 f.

Gebührenermäßigung
Berechtigung zur Ermäßigung G.52

Zeugnisverweigerungsrecht
Offenlegung G.53
Umfang G.54
Verschwiegenheitspflicht G.55

Änderung in der Liste der Vertreter
Löschung der Eintragung .... G.56 f.
Wiedereintragung G.58
Disziplinarmaßnahmen (seit 01.01.2019) G.59

Vertreterregelung im PCT
Vertretungsbefugnis im PCT G.60
Bestellung eines Vertreters / Anwalts G.61
Voraussetzungen zur Bestellung als Anwalt G.62
Mehrere Anmelder / Gemeinsamer Vertreter G.63
Vollmacht G.64

Unterschriftserfordernis
Erfindernennung G.65
Vollmacht bei mehreren Anmeldern G.66
Einreichung der ePA G.67
Nachgereichte Schriftstücke G.68
Unterschrift durch Nichtberechtigten G.69
Elektronische Einreichung .... G.71 f.
Anmeldung mit mehreren Anmeldern G.73
Rücknahme Anmeldung .... G.74 f.
Rechtsübergang ePA .... G.76 f.
Nachweis des Rechtsübergangs G.77
Gültigkeit einer Vollmacht .... G.79 f.

Vertretung, Unterschrift — G.

Vertretung
RiLi A-VIII, 1; RiLi A-III, 2; S/S Art. 133 ff.

Verfahrenshandlung	Rechtsnorm	Details	
Bestellung Vertreter/ Vertretung	Art. 133	Allgemeine Grundsätze der Vertretung	1
	Art. 133 (1)	**Grundsätzlich kein Vertreterzwang**	2
Vollmacht R 152 siehe G.15 Formblatt 1003	Art. 133 (2)	**Vertreterzwang für EPÜ-Ausländer**, also für Personen, die weder Sitz noch Wohnsitz in einem VS haben (unabhängig von Staatsangehörigkeit). Diese Personen müssen zugelassenen Vertreter oder Anwalt bestellen, der sie vor dem EPA vertritt.	3
		Ausnahmeregelungen	
		Einreichung der ePA und der zusammen mit der Einreichung eingereichten Schriftstücke, **einschließlich aller Handlungen**, die zur Zuerkennung eines AT führen (z. B. Erfindernennung, Erteilung eines Abbuchungsauftrags, Prioritätsunterlagen).	4
		Aufgehobene **RAusk 18/92**: Entsprechend gilt für **Euro-PCT-Anmeldungen** Vertreterzwang für EPÜ-Ausländer mit Ausnahme der Einleitung der reg. Phase (R 159: Verfahrenshandlungen können innerhalb von 31 M ab PT ohne Vertreter durchgeführt werden. – Euro-PCT-Leitfaden, Kapitel 5.3.006 → siehe B.228).	5
		Aufgehobene **RAusk 6/91 rev.**, ABl. 1991, 573: Kein Vertreterzwang für **Gebührenzahlungen**, Rückzahlung jedoch nicht an Einzahler, sondern an ermächtigten Vertreter.	6
Angestellte	Art. 133 (3)	In einem VS **ansässige** Firmen etc. können durch ihre **Angestellten** handeln, die keine zugelassenen Vertreter entsprechend Art. 134 sein müssen. **Art. 133 (3), Abl. 2017, SA 3, L.1, Art. 3**: Für Angestellte, die keine zugelassenen Vertreter sind, ist eine unterzeichnete Vollmacht einzureichen → auch möglich: allgemeine Vollmacht entsprechend R 152 (4), welche die Vertretung in allen Patentangelegenheiten bevollmächtigt.	7
		Art. 133 (3) Satz 2 räumt VB Möglichkeit in der AO ein, dass **Angestellter** einer juristischen Person auch für **andere juristische Personen** handeln kann, die mit ihr **wirtschaftlich verbunden** sind. Bisher hat VB keinen Gebrauch davon gemacht. **EPA akzeptiert** aber in engen Grenzen **Doppelanstellungsverhältnisse**. - (S/S Art. 133, Rd 20)	7a
Gemeinsamer Vertreter	Art. 133 (4) R 151	**Gemeinsamer Vertreter** (bei gemeinsamen Anmeldern, gemeinsamen PI und mehreren Personen, die gemeinsam einen Einspruch/Antrag auf Beitritt einreichen)	8
Zugelassene Vertreter	Art. 134	Vertretung vor dem EPA.	9
	Art. 134 (1)	Zugelassene Vertreter müssen in einer beim EPA geführten Liste eingetragen sein.	10
Zulassung und Eignungsprüfung, siehe Spezialtabelle S »Anforderungen zur Zulassung«	Art. 134 (8)	Vertretung auch durch **Rechtsanwälte**, die in einem VS zugelassen und in diesem Staat die Vertretung auf dem Gebiet des Patentwesens in diesem Umfang ausführen können; Rechtsanwälte müssen immer Vollmacht einreichen (BdP vom 12.7.2007, ABl. 2007, SA 3, L.1x, Art. 2).	11
		J 19/89 — Nationaler Patentanwalt ist kein Rechtsanwalt (S/S Art. 134, Rd 4).	12
		RA müssen nicht Staatsangehörigkeit eines VS besitzen (nur in einem VS zugelassen sein, auf dem Gebiet des Patentwesens tätig werden dürfen und ihren Geschäftssitz in diesem Staat haben. J 27/95). S/S Art. 134, Rd 3 f.	13
	Art. 134a (2)	Jede Person, die in der in Art. 134 (1) genannten Liste eingetragen ist, ist Mitglied des Instituts der beim EPA zugelassenen Vertreter („Standes- und Disziplinarregeln", siehe ABl. 2013, S1)	14

G. Vertretung, Unterschrift

Vertretung (Fortsetzung)

#	Verfahrenshandlung	Rechtsnorm	Details
15	**Vorlage der Vollmacht** R 152 RiLi A-VIII, 1.5 und RiLi A-VIII, 1.7	R 152 (1), (2), (3)	**Einzelvollmacht**: Bevollmächtigung zur Vertretung einer Partei im Verfahren einer **konkreten Anmeldung** **Allgemeine Vollmacht**: Autorisierung zur Vertretung des Vollmachtgebers in **allen** seinen patentamtlichen **Verfahren**
16			Die unterzeichnete Vollmacht ist auf **Aufforderung** des EPA innerhalb einer vom EPA zu bestimmender Frist (idR 2 M, siehe RiLi A-VIII 1.5 und 1.7); Unterschrift einzureichen (BdP vom 19.07.1991)
17			Die Frist nach R 152 (2) oder (3) kann auf Antrag des Vertreters bzw. des Beteiligten gemäß R 132 verlängert werden (RiLi E-VIII, 1.6).
18			BdP vom 12.07.2007, ABl. 2007, Sonderausgabe Nr. 3, L.1: • **Zugelassene Vertreter** müssen nur bei besonderen Einzelfällen (begründeter Zweifel des Amts) oder bei bestimmten **Vertreterwechseln** (Wechsel Sozietät) unterzeichnete Vollmacht einreichen.(Vertreter muss keine Vollmacht vorlegen, wenn EPA vom Anmelder das Erlöschen der Vertretungsvollmacht des bisherigen Vertreters mitgeteilt wird.) Beim Vertreterwechsel fällt keine Verwaltungsgebühr an. • **Rechtsanwälte**, die nach **Art. 134 (8)** zur Vertretung berechtigt sind, sowie **Angestellte**, die für den Anmelder gemäß **Art. 133 (3) Satz 1** handeln und keine zugelassenen Vertreter sind, müssen eine unterzeichnete Vollmacht oder einen Hinweis auf eine registrierte allgemeine Vollmacht einreichen.
18a			**RiLi A-VIII 1.5**: Die Vollmacht kann auch vom Anmelder eingereicht werden. Dies gilt auch dann, wenn der Anmelder vertreten sein muss.
19		R 152 (4)	**Allgemeine Vollmacht** für Vertreter (auch für Angestellte oder Anwälte) = welche die Vertretung in allen Patentangelegenheiten bevollmächtigt (Formblatt 1004).
20		R 152 (5)	Präsident des EPA bestimmt Form und Inhalt einer (allgemeinen) Vollmacht.
21		R 152 (6)	**Rechtsfolge** bei **nicht rechtzeitig eingereichter Vollmacht**: alle vom Vertreter vorgenommenen Handlungen mit Ausnahme der Einreichung der (Euro-PCT-) Anmeldung gelten als nicht erfolgt. In Abhängigkeit von der als nicht erfolgt geltenden Handlung und damit verbundenen Frist WE oder WB.
22		R 152 (7)	Bei **Widerruf** der Vollmacht sind R 152 (2) und (4) anzuwenden
23		R 152 (8), (9)	Die Vollmacht erlischt erst mit Anzeige gegenüber dem EPA, insbesondere nicht mit dem Tod des Vollmachtgebers.
24		R 152 (10)	**Mehrere Vertreter,** können auch einzeln handeln.
25		R 152 (11)	Bevollmächtigung eines **Zusammenschlusses** von Vertretern gilt als Bevollmächtigung für jeden Vertreter, der den Nachweis erbringt, dass er in diesem Zusammenschluss tätig ist. Vertreter müssen nicht freiberuflich tätig sein (ABl. 2013, 500). **Unterscheidung**, ob **Vollmacht** auf **Zusammenschluss** (→Zusammenschluss bleibt bevollmächtigt, auch wenn bisheriger Vertreter Zusammenschluss verlässt) **oder Vertreter** (→ der Vertreter bleibt bevollmächtigt, auch wenn er einen Zusammenschluss verlässt) lautet. (MdEPA vom 28.08.13, ABl 2013, 535)
26		RiLi A-VIII, 1.6	Vollmacht kann sich auf eine oder mehrere ePA oder eP erstrecken und ist in der entsprechenden Stückzahl einzureichen.
27		↳T 227/92	Untervollmacht an Dritten, der selbst nicht zur Vertretung vor dem EPA berechtigt ist, ist unzulässig.
28		↳T 314/99	Untervollmacht erlischt nicht automatisch mit dem Widerruf der Hauptvollmacht (nur durch Widerruf oder Niederlegung der Untervollmacht).
29			Vollmacht im Patenterteilungsverfahren kann nicht per Telefax eingereicht werden **BdP vom 12.07.2007, ABl. 2007, Sonderausgabe Nr. 3, A.1, Art. 1 (4)).**
30		↳J 9/99	Rechtsabteilung kann Vertretungsbefugnis einer allg. Vollmacht prüfen und ablehnen.

Vertretung, Unterschrift G.

Vertretung (Fortsetzung)			
Verfahrenshandlung	Rechtsnorm	Details	
Elektronische Einreichung Vollmacht	ABl. 2018, A45	**Elektronische Einreichung der Vollmacht** per OLF und CMS möglich. Die **Web-Einreichung** darf **nicht** genutzt werden für **Vollmachten**.	31
		Bei Verstoß gelten die Unterlagen als nicht eingegangen. Der Absender wird, soweit er ermittelt werden kann, unverzüglich benachrichtigt.	32
Änderung im Register - Sammelantrag	ABl. 2019, A79, II, Nr. 18	Antrag auf Namens- oder Adressänderung des Vertreters für einer Reihe von Anmeldungen als Sammelantrag möglich, indem Antrag sich auf „alle unsere Anmeldungen und Patente" bezieht.	32a
Handlungen, die eine ausdrückliche Bevollmächtigung erfordern	R 152	Folgende Handlungen benötigen eine Vollmacht (Einzelvollmacht oder allgemeine Vollmacht) oder müssen in der Vollmacht (ausdrücklich erwähnt sein: • Vertreterwechsel außerhalb einer Sozietät (ABl. 2017, SA 3, L.1) • Einreichung einer TA (siehe RiLi A-IV, 1.6): Vertreter kann sich auf eine in der SA eingereichte Einzelvollmacht nur berufen, wenn diese ausdrückliche Ermächtigung enthält, TA einzureichen) • Vertretung in einer internationalen Anmeldung vor dem EPA (RiLi A-VIII, 1.5) • ~~Rücknahme~~	33
Gemeinsame Vertretung mehrerer Beteiligter (Anmelder, Patentinhaber, Einsprechende)	R 41 (3)	Im Fall **mehrerer Anmelder (Art. 59)** soll der Antrag die Bezeichnung eines Anmelders oder Vertreters als gemeinsamen Vertreter enthalten.	34
	R 151 (1) RiLi A-VIII, 1.3	**Regeln** für **gemeinsamen Vertreter** Ist kein gemeinsamer Vertreter bezeichnet, so gilt die im Erteilungsantrag zuerst genannte Person als gemeinsamer Vertreter. Ist jedoch eine der Personen zur Bestellung eines zugelassenen Vertreters verpflichtet, so gilt dieser bestellte Vertreter als gemeinsamer Vertreter.	35
		Beispiel: Mehrere Anmelder mit Vertretungszwang, der erste Anmelder ist - **gebietsfremd** → Anmelder muss Vertreter bestellen (gleichgültig, ob weiterer Anmelder aus EPÜ VS einen Vertreter bestellt hat - **aus EPÜ VS** → Freiwillig bestellter Vertreter ist gemeinsamer Vertreter (gleichgültig, ob weitere Vertreter freiwillig oder zwingend bestellt sind)	36
	R 151 (2)	**Rechtsübergang** auf **mehrere Personen**; im Laufe des Verfahrens ist gemeinsamer Vertreter zu bestellen, entweder nach R 151 (1) oder innerhalb einer zu bestimmenden Frist. Falls nicht erfüllt, bestimmt Amt gemeinsamen Vertreter.	37
Zustellung	R 130 (1)	Zustellung an Vertreter	38
Mehrere Vertreter	R 130 (2)	Bei **mehreren Vertretern** reicht **Zustellung** an einen **Vertreter** Nur ein vor dem EPA berechtigter Anmelder kann gemeinsamer Vertreter werden.	39
	Art. 99	**Rückzug während Einspruchsverfahren:** RiLi D-I, 4: Beabsichtigt einer der gemeinsamen Einsprechenden (oder der gemeinsame Vertreter), sich aus dem Verfahren zurückzuziehen, so muss das EPA durch den gemeinsamen Vertreter bzw. durch einen nach R 151 (1) bestimmten neuen gemeinsamen Vertreter unterrichtet werden, damit der Rückzug aus dem Verfahren wirksam wird (s.a. ↳G 3/99, ABl. 7/2002, 347).	40
Fehlende Bestellung	R 142	**Fehlende Bestellung** eines **neuen Vertreters** gemäß **R 142 (3) a)** innerhalb von 2 M nach **Unterbrechung des Verfahrens** gemäß **R 142 (1) c)** iVm Art. 133 (2) (Vertreterzwang) → ePA gilt als zurückgenommen → im Einspruch gilt eP als widerrufen	41
Wirksamkeit der Zustellung bei Vertreterbestellung	R 130 (1)	**Zustellung an Vertreter**: siehe RiLi E-II, 2.5 und 2.6: Ist ein Vertreter bestellt worden, so werden die Zustellungen an den Vertreter gerichtet. Eine an den Anmelder gerichtete Zustellung ist unwirksam. (📖 S/S Art. 119 Rd 36 ff.)	42
		↳**T 703/92**: Maßgeblicher Zeitpunkt für Fristbeginn ist Tag, an dem bestellter Vertreter über das vollständige Schriftstück verfügen kann, Zustellung an Anmelder ist in diesem Fall unwirksam (→ **R 125 (4)** das Schriftstück gilt als an dem Tag zugestellt, den das EPA als Tag des Zugangs nachweist, Heilung des Mangels durch Weitergabe an den Vertreter).	43

G. Vertretung, Unterschrift

Euro- PCT

44 | **RiLi A-VIII,1.5**: Beim Übergang in reg. Phase ist dann keine Vollmacht einzureichen, wenn bereits in der intern. Phase beim EPA als AA, ISA, IPEA eine Vollmacht vorgelegt wurde, die sich auch auf das Verfahren nach dem EPÜ erstreckt.

Verzicht auf Vollmacht (ABl. 2003, 574 und 2004, 305):

Außer im Fall der Zurücknahmeerklärung (**R 90.4 e**) und **R 90.5 d**) PCT - siehe B.239) verzichtet EPA als AA, ISA, SISA oder IPEA gemäß **R 90.4 d**) und **R 90.5 c**) PCT auf gesonderte Vollmacht bzw. Abschrift der allgemeinen Vollmacht (→ **ABl. 5/2010, 336**, AG 5.035, 5.036)

⮩ **J 18/08**: Bei Zurückweisung wegen fehlender Vertreterbestellung ist Nachholen der versäumten Handlungen durch Vertreter während des Beschwerdeverfahrens möglich.

Auswirkungen des Austritts des Vereinigten Königreichs aus der EU („Brexit")

44a | MdEPA v. 29.01.2020, ABl. 2020, A19:

Die Grundsätze für die Vertretung vor dem EPA bleiben vom Austritt des Vereinigten Königreichs aus der EU unberührt.

Europäische Patentvertreter aus UK, die gemäß Art. 134 (2) in der Liste der beim EPA zugelassenen Vertreter eingetragen sind, sind weiterhin in vollem Umfang berechtigt, ihre Mandanten in Verfahren vor dem EPA wie auch in mündl. Verhandlungen zu vertreten, ohne eine Arbeitserlaubnis für die Staaten zu benötigen, in denen durch das EPÜ geschaffene Verfahren durchgeführt werden, d. h. in DE und NL. Austritt des Vereinigten Königreichs wirkt sich auch nicht auf künftige Anträge auf Eintragung von UK-Kandidaten in die Liste der beim EPA zugelassenen Vertreter aus.

Rechtsanwälte mit Zulassung und Geschäftssitz im Vereinigten Königreich, die dort als zugelassene Vertreter auf dem Gebiet des Patentwesens auftreten können, wie etwa Barristers oder Solicitors, werden auch künftig befugt sein, Parteien in den Verfahren vor dem EPA zu vertreten (Art. 134 (8)).

Zugelassene Vertreter aus dem Vereinigten Königreich werden gemäß Art. 134 (6) weiterhin berechtigt sein, einen Geschäftssitz in jedem EPÜ-Vertragsstaat zu begründen, in dem durch das EPÜ geschaffene Verfahren durchgeführt werden. Sie sollten jedoch berücksichtigen, dass alle Einreise- und Aufenthaltsbestimmungen des jeweiligen EU-Mitgliedstaats, wie etwa Visabestimmungen, Anwendung finden. - A.297a

Vertretungszwang (für EPÜ-Ausländer)
Art. 133 (2)

	Verfahrenshandlung	Rechtsnorm	Details und Fälligkeit	Unmittelbare Folgen eines Mangels, Mängelbeseitigung, Fristen	Rechtsfolge bei Nichtbeseitigung von Mängeln oder Fristversäumnis	Weiterbehandlungs-/ Wiedereinsetzungs-Möglichkeit
45	**Eingangs- und Formalprüfung Eingangsstelle** **wenn kein Vertreter bestellt**	Art. 90 (3)	**Prüfung auf Vertreterzwang erfolgt nach Zuerkennung AT** RiLi A-III, 2.1	Art. 90 (4), R 57 h), R 58: Frist von 2 M nach Aufforderung zur Mängelbeseitigung	Art. 90 (3) und 90 (5): Anmeldung wird zurückgewiesen	WB (–), Ausschluss durch **R 135 (2)** WE (+), nach R 136
46	**Einreichung der Vollmacht** (bei Vertretungszwang)	Art. 133 (2), (3) Art. 134 (6), (8) ABl. EPA 2007, SA Nr. 3, L.1	**R 152 (1):** Die Vertreter vor dem EPA haben auf Verlangen innerhalb einer vom EPA zu bestimmender Frist (idR 2 M - RiLi A-VIII, 1.5 bzw. 1.7) eine unterzeichnete Vollmacht einzureichen.	**R 152 (2):** Aufforderung zur Mängelbeseitigung (Nachreichen der Vollmacht) innerhalb zu bestimmender Frist	**R 152 (6):** die vom Vertreter vorgenommenen Handlungen mit Ausnahme der Einreichung der Anmeldung gelten als nicht erfolgt.	WB (+), Art. 121, R 135 WE (–)
47	**Angestelltenvollmacht** Beteiligte ohne Vertretungszwang können auch von Angestellten vertreten werden.	Art. 133 (3) RiLi A-VIII, 1.2				
48	**Vortrag eines Dritten**	⮩G 2/94 und ⮩G 4/95 und RiLi E-III, 8.5				
49	Einreichung der ePA von jedermann möglich.					
50	**RiLi A-X, 10.4 (RiLi A-X, 10.3[19]): Rückzahlung zu viel gezahlter Gebühren an betreffenden Beteiligte bzw. Vertreter**, wenn zur Entgegennahme von Zahlungen bevollmächtigt.					
51	An Dritten, der die Gebühr bezahlt hat, wird nicht zurückgezahlt (siehe aufgehobene RAusk Nr. 6/91 rev 4 und 5, ABl. 11/91, 573).					

Vertretung, Unterschrift G.

Gebührenermäßigung nach Art. 14 (4)

Verfahrenshandlung	Rechtsnorm	Details	
Berechtigung Ermäßigung	↳T 149/85 Art. 14 (4)	Berechtigung zur Ermäßigung (aufgrund Verwendung Nichtamtssprache) hängt vom Anmelder/ Beteiligten ab, nicht vom Vertreter. Siehe 📄 E.15 ff.	52

Zeugnisverweigerungsrecht
R 153

Verfahrenshandlung	Rechtsnorm	Details	
Offenlegung	R 153 (1)	In Verfahren vor dem EPA sind alle Mitteilungen zwischen Vertreter und Mandanten oder Dritte von der Offenlegung befreit, sofern Mandant darauf nicht ausdrücklich verzichtet.	53
Umfang	R 153 (2)	Von der Offenlegung befreit sind insb., Mitteilungen und Unterlagen in Bezug auf: a) die Beurteilung der Patentierbarkeit einer Erfindung; b) die Erstellung oder Bearbeitung einer ePA; c) Stellungnahmen zu Gültigkeit, Schutzbereich oder Verletzung eines eP oder einer ePA.	54
Verschwiegenheitspflicht	Art. 134a (1) d)	Verschwiegenheitspflicht und das Recht des zugelassenen Vertreters, die Offenlegung von Mitteilungen zwischen ihm und seinem Mandanten oder Dritten in Verfahren vor dem EPA zu verweigern. **Hinweis:** Vor anderen Patentämtern bzw. in anderen Ländern können andere Regelungen gelten, z.B. USPTO, Discovery-Verfahren.	55

Änderung in der Liste der Vertreter
Art. 134, Art. 134a, R 154

Verfahrenshandlung	Rechtsnorm	Details	
Löschung der Eintragung aus Liste der zugelassenen Vertreter	R 154 (1)	• Auf Antrag des zugelassenen Vertreters • Bei Zahlungsverzug des Jahresbeitrags trotz wiederholter Mahnung Ab 01.01.2019: Bei Mahnung und Zahlungsverzug von fünf Monaten ab a) dem 1. Januar für Mitglieder, die an diesem Tag eingetragen sind, oder b) dem Tag der Eintragung für Mitglieder, die nach dem 1. Januar für das der Beitrag fällig ist, eingetragen ist.	56
	R 154 (2)	Unbeschadet der nach Art. 134a (1) c) getroffenen Disziplinarmaßnahmen wird Eintragung des zugelassenen Vertreters von Amts wegen gelöscht • Im Falle seines Todes oder bei fehlender Geschäftsfähigkeit • weggefallene Staatsangehörigkeit eines VS (Befreiung nach Art. 134 (7) a) möglich) • fehlender/weggefallener Geschäftssitz/Arbeitsplatz in einem VS	57
Wiedereintragung	R 154 (3)	Eine nach Art. 134 (2) oder (3) gelöschte Eintragung kann auf Antrag wieder eingetragen werden, wenn Voraussetzungen für die Löschung entfallen sind.	58
Disziplinarmaßnahmen (seit 01.01.2019)	R 154 (4)	Disziplinarmaßnahmen gegen zugelassenen Vertreter aufgrund Verletzung beruflicher Regeln a) Warnung b) Verweis c) Geldbuße bis zu 10.000 € d) Löschung in der Liste der zugelassenen Vertreter, bis max. 6 M e) Löschung in der Liste der zugelassenen Vertreter für unbefristete Dauer	59

G. Vertretung, Unterschrift

	Vertretungsregelung im PCT **Art. 49**, **R 90**, AG 5.041-5.051, 11.004-11.014, 📄 B.241a ff.	
	Verfahrenshandlung	Details
60	**Vertretungs-befugnis im PCT**	**Art. 27 (7)**, **R 51bis.1 b) i) PCT**: Bestimmungsamt und AA kann verlangen, dass Vertreter bestimmt wird (**Art. 133 (1) EPÜ**, **Art. 134 (1) EPÜ**) **Art. 49, R 90.1 PCT**: Vertreterbefugnis vor IB, IPEA, ISA, wenn beim AA vertretungsbefugt. Vertreterbefugnis endet nach Einleitung der Nat./Reg. Phase. Bei Euro-PCT jedoch nur durch Anmelder oder zugelassenen Vertreter beim EPA → 📖 S/S Art. 133 Rd 6 und 14, AG 5.041 ff. **R 90.1 b)+b-bis)+c) PCT**: Spezielle Bestellung eines (zugelassenen) Vertreters vor ISA (**R 90.1 b) PCT**), SISA (**R 90.1 b-bis) PCT**), bzw. IPEA (**R 90.1 c) PCT**), wenn schon anderer Vertreter bestellt
61	**Bestellung eines Vertreters bzw. Anwalts**	• Die Unterzeichnung des PCT-Anmeldeformulars (Antrag), wenn in dem Formblatt der Anwalt eingetragen ist (**Art. 4 (1) iii)** iVm **R 4.7 bzw. R 4.1 a) iii) PCT**), oder • durch Unterzeichnung einer gesonderten Vollmacht (**R 90.4 a)** und **d) PCT**): Einreichung von Kopie nicht nötig, Ausnahme: **R 90.4 e) PCT**: Zurücknahme – siehe 📄 B.239) oder • durch Unterzeichnung des Antrags auf ivP (**R 90.4 a) PCT**) oder • falls eine allgemeine Vollmacht vorliegt, in der der Anwalt zu Handlungen nach dem PCT-Verfahren bevollmächtigt ist (**R 90.5 a) ii) PCT**): in diesem Fall ist dem PCT-Antrag eine Kopie der allgemeinen Vollmacht beizufügen; **R 90.5 c) PCT**: Amt kann von Einreichung der Abschrift absehen, Ausnahme: **R 90.5 d) PCT**: Zurücknahme – siehe 📄 B.239)
62	**Voraussetzung zur Bestellung als Anwalt**	**Als Anwalt bestellt werden kann** • bei einer Anmeldung beim IB: jeder, der vor einem nationalen Amt bestellt werden kann, in dem der (oder einer der) Anmelder seinen Sitz oder Wohnsitz hat oder Staatsangehöriger ist (**Art. 49, R 83.1bis, R 90.1 a) PCT**), • bei einer Anmeldung bei einem anderen AA jeder, der vor dem AA bestellt werden kann (**R 90.1 a) PCT**), • bei einer int. Recherche jeder, der vor der als ISA handelnden Behörde bestellt werden kann (**R 90.1 b) PCT**), • bei einer int. vorl. Prüfung jeder, der vor der als IPEA handelnden Behörde bestellt werden kann (**R 90.1 c) PCT**), • jeder, der zur Vertretung vor dem AA oder dem IB befugt ist, ist auch zur Vertretung vor dem ISA oder dem IPEA berechtigt (**R 90.1 a) PCT**), • durch Untervollmacht, sofern in Vollmacht nicht ausgeschlossen (**R 90.1 d) PCT**). **R 90.3 a) PCT**: Eine von einem Anwalt oder ihm gegenüber vorgenommene Handlung hat die gleiche Wirkung wie eine von dem oder den Anmeldern oder ihm/ihnen gegenüber vorgenommene Handlung.
63	**Mehrere Anmelder/ Gemeinsamer Vertreter**	**R 90.2 a) PCT**: Wurde kein »gemeinsamer Vertreter« nach **R 90.1 a) PCT** bestellt, so kann einer der Anmelder als gemeinsamer Vertreter (»als gemeinsamer Vertreter geltender Anmelder«) bestellt werden, sofern dieser nach Art. 9 PCT zur Anmeldung berechtigt ist. **R 90.2 b) PCT**: Erfolgt keine ausdrückliche Bestellung, gilt der im Antrag zuerst genannte Anmelder, der nach **R 19.1 PCT** zur Anmeldung beim AA berechtigt ist, als gemeinsamer Vertreter aller Anmelder (Ausnahme: Zurücknahme R 90bis.5 PCT) **R 90.2 b) PCT**: Entsprechend der **R 151 (1)** zu Bestimmung des gemeinsamen Vertreters **R 90.3 b) PCT**: Mehrere Vertreter für einen Anmelder **R 90.3 c) PCT**: Wirkung der Handlungen des gem. Vertreters bzw. dessen Anwalts wie die aller Anmelder.
64	**Vollmacht** (R 90.4 PCT Gesonderte Vollmacht; R. 90.5 PCT Allgemeine Vollmacht):	**R 90.4 PCT**: Bestellung des (gemeinsamen) Anwalts, des gemeinsamen Vertreters durch Unterzeichnung des **PCT-Anmeldeformulars**, des **Antrags auf ivP** oder einer **gesonderten Vollmacht**. **R 90.5 PCT**: Bestellung des Anwalts durch Bezug auf **allgemeine Vollmacht** im **PCT-Antragsformular**, im **Antrag auf ivP** oder **gesonderten Mitteilung**. **R 90.5 a) PCT**: Bezug in Antrag auf allgemeine Vollmacht → Vollmacht muss hinterlegt sein → **R 90.5 b) PCT** **R 90.4 d)** und **R 90.5 c) PCT**: AA, ISA, SISA, IPEA, IB kann auf Vorlage der Vollmacht verzichten – EPA verzichtet auf Vorlage der Vollmacht, wenn Vertreter ein vor dem EPA zugelassener Vertreter ist (EPA: ABl. 2003, 574 + 2004, 305 + 2010, 335). - siehe 📄 B.245 **R 90.4 e) + R 90.5 d) PCT**: Bei Zurücknahme der Anmeldung muss Vollmacht vorgelegt werden, falls Vertreter **nicht** durch Unterschrift im Antrag bestellt wurde. - siehe 📄 B.245 und 📄 B.239 RiLi E-IX, 2.3.1: Ein zugelassener Vertreter, der befugt ist, den internationalen PCT-Behörden gegenüber zu handeln, darf nicht zwangsläufig auch dem EPA gegenüber handeln (siehe Art. 27 (7) PCT). Zur Vertretung von Anmeldern vor dem EPA als Bestimmungsamt oder ausgewähltem Amt siehe auch Euro-PCT-Leitfaden, Kapitel A, Rd 35 ff.

Vertretung, Unterschrift G.

Unterschriftserfordernis
Die bei oder nach Einreichung der Anmeldung einzureichenden Schriftstücke sind vom Anmelder oder seinem Vertreter zu unterzeichnen, soweit es sich nicht um Anlagen handelt, RiLi A-VIII, 3

Verfahrenshandlung	Rechtsnorm	Details und Fälligkeit	Unmittelbare Folgen eines Mangels, Mängelbeseitigung, Fristen	Rechtsfolge bei Nichtbeseitigung von Mängeln oder Fristversäumnis	Weiterbehandlungs-/Wiedereinsetzungs-Möglichkeit	
Erfindernennung RiLi A-III, 5.3-5.6 ordnungsgemäß erklärt und unterzeichnet	Art. 90 (3) Art. 81 R 41 (2) j) R 19 (1) R 60 (1)	Mit Einreichung der Anmeldung	**Mitteilung nach R 60 (1)**: Nachholen innerhalb von 16 M nach dem AT oder PT; gilt als eingehalten, wenn die Information vor Abschluss der technischen Vorbereitungen für die Veröffentlichung mitgeteilt wird **RiLi A-III, 5.5**: Auch bei Antrag auf vorzeitiger Veröffentlichung und Abschluss technischer Vorbereitungen (↳J 1/10)	**Art. 90 (5)**: Anmeldung wird zurückgewiesen	WB (+), nach Art. 121, R 135 (2) WE (–), Ausschluss nach Art. 122, R 136	65
Vollmacht bei mehreren Anmeldern	R 41 (2) d) R 152 (1)	**Art. 133 (2), (3) und Art. 134 (8)**: ab Handlung durch einen Vertreter Vollmacht muss von allen Anmeldern unterzeichnet werden.	Nach Aufforderung durch EPA, innerhalb einer vom Amt zu bestimmender Frist (R 132)	**R 152 (6)**: Die vom Vertreter vorgenommenen Handlungen mit Ausnahme der Einreichung der Anmeldung gelten als nicht erfolgt.	In Abhängigkeit von der als nicht erfolgt geltenden Handlung und damit verbundenen Frist WE oder WB.	66
Einreichung ePA RiLi A-VIII, 3.2	R 41 (2) h)	**R 41 (2) h)**: Mit Einreichung der Anmeldung ist Unterschrift von Anmelder oder Vertreter zu leisten	**R 58, R 57 b)**: Nachholen innerhalb von 2 M nach Aufforderung	**Art. 90 (5)**: Anmeldung wird zurückgewiesen	WB (–), Ausschluss nach Art. 121, R 135 (2) WE (+), nach Art. 122, R 136	67
Nachgereichte Schriftstücke (nach AT) Auch Einspruch (RiLi D-IV, 1.2.1 ii))	R 50 (3)	**R 50 (3)**: Auf Aufforderung des Amtes innerhalb einer zu bestimmenden Frist **RiLi E-VIII, 1.2 i)**: Nachreichung der Unterschrift; vom Anmelder oder seinem Vertreter zu unterzeichnen; Frist idR 2 M		**R 50 (3)**: Schriftstück gilt als nicht eingegangen Mitteilung R 112 (1)	In Abhängigkeit von der als nicht erfolgt geltenden Handlung und damit verbundenen Frist WE oder WB	68

G. Vertretung, Unterschrift

Unterschrift (Fortsetzung)

	Verfahrenshandlung	Rechtsnorm	Details	
69	**Unterschrift durch Nichtberechtigten**	R 50 (3)	↳ T 665/89	Unterschreibt ein Nichtberechtigter, ist das so zu werten, als fehle die Unterschrift.
70			RiLi A-VIII, 3.1	EPA fordert innerhalb Amtsfrist auf, die Unterschrift nachzureichen, auch dann, wenn Unterschrift vorliegt, diese aber nicht von einer zum Handeln vor dem EPA berechtigten Person stammt (beispielsweise der Sekretärin eines bevollmächtigten Vertreters).
71	**Elektronische Einreichung**	R 50 (3) RiLi A-II, 1.3 RiLi A-II, 1.2.1[19] ABl. 2018, A45		Elektronischen Einreichung über • Elektronische Datenträger: CD-R, DVD-R, DVD+R; Diskette nebst Papierausdruck seit 01.01.2003 nicht mehr (Mitteilung vom 01.10.2002, ABl. 2002, 515) → gilt für EPA, nat. Ämter in BE, CH, FI, FR, SE und GB. • **elektronische Einreichung** (**Online-Einreichung OLF**, ABl. 2019, A65, ABl. 2018, A45, ABl. 2015, A91), **Content-Management-System** (**CMS**, ABl. 2018, A45, ABl. 2015, A27), **ePCT** (ABl. 2014, A107), **PCT-SAFE** (EPA 2016, A78, EP: Keine int. Anmeldungen ab 01.07.20 – ABl. 2020, A59). Andere Verfahren/Software sind nicht zulässig - A.250. (siehe Pilotprojekt Online-Einreichung 2.0 - A.250a) Soweit die eingereichten Unterlagen zu unterzeichnen sind, kann dies mittels Faksimile-Signatur, alphanumerischer Signatur oder unter Verwendung einer fortgeschrittenen elektronischen Signatur erfolgen. ePA und internationale (PCT-)Anmeldungen und andere Unterlagen, die mit diesen Anmeldungen oder mit Patenten auf der Grundlage dieser Anmeldungen im Zusammenhang stehen, können beim EPA in elektronischer Form eingereicht werden. ePA können auch bei den zuständigen nat. Behörden der VS, die dies gestatten, mittels OLF oder anderer vom EPA akzeptierter Dienste zur elektronischen Einreichung elektronisch eingereicht werden.
72				Übrigens auch: Bei Einreichung eines Dokuments per Fax wird die bildliche Wiedergabe der Unterschrift der einreichenden Person bzw. des Vertreters auf dem Fax als ausreichend erachtet. Aus der Unterzeichnung müssen der Name und die Stellung dieser Person eindeutig hervorgehen (vgl. BdP ABl. 2007, SA Nr. 3. A.3).
72a		ABl. 2018, A45, A93, A94		**Keine Web-Einreichung** für **Vollmachten** Bei Verstoß gelten die Unterlagen als nicht eingegangen. Der Absender wird, soweit er ermittelt werden kann, unverzüglich benachrichtigt.

Vertretung, Unterschrift G.

Unterschrift (Fortsetzung)				
Verfahrenshandlung	Rechtsnorm	Details		
Anmeldung mit mehreren Anmeldern	R 50 (3)	RiLi A-VIII, 3.4	Bei mehreren Anmeldern muss jeder Anmelder unterschreiben, und zwar entweder den Erteilungsantrag oder eine Vollmacht für einen Vertreter, der dann auf dem Erteilungsantrag unterschreibt.	73
Rücknahme Anmeldung	RiLi C-V, 11		ePA kann durch eine unterzeichnete Erklärung zurückgenommen werden. Die Erklärung darf grundsätzlich keinerlei Vorbehalte enthalten und muss eindeutig sein (↳J 11/80, ABl. 5/1981, 141).	74
			An eine wirksame Zurücknahmeerklärung ist der Anmelder gebunden (↳J 25/03, ↳J 4/97 und ↳J 10/87) (→ aufgehobene RAusk Nr. 8/80, ABl. 1/1981, 6).	75
Rechtsübergang ePA Nachweis	Art. 72 R 22	Die rechtsgeschäftliche Übertragung der europäischen Patentanmeldung muss schriftlich erfolgen und bedarf der Unterschrift der Vertragsparteien.		76
		RiLi E-XIV, 3	Zum Nachweis des Rechtsübergangs sind geeignete schriftliche Beweismittel jeder Art zulässig. • Eine von **beiden** Beteiligten unterzeichnete Erklärung reicht aus, aber • **ebenso eine vom bisherigen Rechtsinhaber** unterzeichnete Übertragungserklärung.	77
Gültigkeit einer Vollmacht BdP vom 26.04.12, ABl. 2012, 352	R 152	RiLi A-VIII, 1.5	Eine Vollmacht bleibt gültig, bis ihr Erlöschen dem EPA angezeigt wird.	78
		RiLi A-VIII, 1.5	Unter bestimmten Bedingungen können Vertreter die Übertragung oder das Erlöschen einer Vertretung elektronisch über den MyFiles-Dienst mitteilen (ABl. 2012, 352).	79

Inhalt Kapitel H. Gebühren

Gebühren
Zahlungsberechtigung ... H.1 f.
Anmeldegebühr für ePA (ggf. mit Zusatzgebühr) ... H.2 f.
Teilanmeldung Zusatzgebühr ... H.4
Anmeldegebühr Euro-PCT (ggf. mit Zusatzgebühr) ... H.5 f.
Anmeldegebühr für (internationale) PCT-Anmeldung (Bsp. EPA = AA) ... H.7
Übermittlungsgebühr PCT-Anmeldung ... H.8
Ermäßigung PCT-Anmeldung ... H.9 ff.
Anspruchsgebühren ePA ... H.11 f.
Anspruchsgebühren Euro-PCT ... H.13
Recherchegebühr (ePA) ... H.14
Zusätzliche Recherchengebühr bei Uneinheitlichkeit (ePA) ... H.15 f.
Recherche internationaler Art ... H.17
Recherchengebühr für ergänzende Recherche (Euro-PCT, Reduktion) ... H.18 f.
Recherchengebühr für (internationale) PCT-Anmeldung (Bsp. EPA = ISA) ... H.21
Zusätzliche Recherchengebühr für PCT-Anmeldung bei Uneinheitlichkeit ... H.22
Widerspruchsgebühr gegen Uneinheitlichkeit im Rahmen der PCT-Anmeldung ... H.23
Zusätzliche Gebühr bei verspäteter Einreichung fehlender Bestandteile (PCT) ... H.23a
Ergänzende internationale Recherche (SIS) im Rahmen der PCT-Anmeldung ... H.24
Bearbeitungsgebühr (SIS) ... H.25
Überprüfungsgebühr Uneinheitlichkeit (SIS) ... H.26
Gebühr für die internationale vorläufige Prüfung (ivP) ... H.27 ff.
Bearbeitungsgebühr (ivP) ... H.28
Zusätzliche Recherchengebühr bei Uneinheitlichkeit (ivP) ... H.29
Widerspruchsgebühr gegen Uneinheitlichkeit (ivP) ... H.30

Nach Hinweis auf Veröffentlichung des Recherchenberichts fällige Gebühren
Prüfungsgebühr (ePA) ... H.31
Prüfungsgebühr (EURO-PCT) ... H.32
Ermäßigung Prüfungsgebühr (EURO-PCT) ... H.32a
Ermäßigung Prüfungsgebühr Nichtamtssprache (ePA) ... H.32b
Benennungsgebühr (ePa und Euro-PCT) ... H.33 ff.
Erstreckungsgebühr u. Validierungsgebühr ... H.37 ff.

Übergangsbestimmungen neuer Gebührenordnung
Übergangsbestimmungen zur Änderung Gebührenordnung zum 01.04.2020 ... H.41

Bei Erteilung fällig Gebühren
Erteilungsgebühr (inkl. Veröffentlichungsgebühr) ... H.42
Jahresgebühren (Spezialfall) ... H.43
Benennungsgebühr (Spezialfall) ... H.44
Anspruchsgebühr (Spezialfall) ... H.45

Jahresgebühren
Jahresgebühren für ePA ... H.46 ff.
JG fällig nach Mitteilung Erteilung, jedoch vor Veröffentlichung eP ... H.48
Störungen aufgrund Ausbruch COVID-19 ... H.48a ff.
Ende der Zahlung der Jahresgebühren für ePA an EPA ... H.49
Teilanmeldung ... H.50 ff.
Neue Anmeldung bei Anmeldung durch Nichtberechtigten ... H.53
Spezialfall: 3. Jahresgebühr für EURO-PCT-Anmeldung . H.54 f.
Regelungen zu Jahresgebühren ... H.56 ff.

Jahresgebühren für das EU-Patent
Jahresgebühren für das EU-Patent ... H.79 ff.

Weitere Gebühren
Einspruchsgebühr ... H.82
Beschränkungsgebühr ... H.83
Widerrufsgebühr ... H.84
Beschwerdegebühr ... H.85
Gebühr für Überprüfungsantrag ... H.86
Weiterbehandlungsgebühr ... H.87
Wiedereinsetzungsgebühr ... H.88
Umwandlungsgebühr ... H.89
Verspätete Einreichung von Sequenzprotokollen ... H.90
Kostenfestsetzungsgebühr ... H.91
Beweissicherungsgebühr ... H.92
Gebühr für technisches Gutachten ... H.93
VÖ-gebühr eines eP in geändertem Umfang nach Einspruch oder Beschränkung ... H.94 f.
Eintrag von Rechtsübergängen ... H.95a

Übersicht Gebühren bei PCT-Anmeldungen beim EPA
Gebühren ... H.96a
Bestimmungsgebühr ... H.96b
Übermittlungsgebühr für int. Anmeldung ... H.96
Int. Anmeldegebühr ... H.96c
Rechechengebühr ... H.96d
Gebühr für verspätete Zahlung ... H.96e
Währung ... H.96f
Gebührenänderung ... H.96g
Gebühr für internationale vorläufige Prüfung (ivP) ... H.97
Gebühr für zusätzliche Recherchengebühr bei Uneinheitlichkeit (ivP) ... H.98
Widerspruchsgebühr gegen Uneinheitlichkeit ... H.99
Überprüfungsgebühr ... H.100

Übersicht Zuständigkeit der Ämter bei Gebührenzahlen im Rahmen PCT-Anmeldungen
Zuständigkeiten der Ämter bei Gebührenzahlen im Rahmen PCT-Anmeldungen ... H.101a

Anspruchsgebühren
Einreichung einer ePA ... H.101
Einreichung einer Euro-PCT-Anmeldung ... H.102 f.
Erteilung ... H.103
Berechnungsgrundlage bei mehreren Anspruchssätzen .. H.105
Automatischer Abbuchungsauftrag ... H.107 ff.

Gebühren und Auslagen nach Art. 3 (1) GebO (Verwaltungsgebühren)
Eintragung von Rechtsübergängen ... H.110
Eintragung und Löschung von Lizenzen und anderen Rechten ... H.111
Beglaubigte Abschrift der Urkunde ... H.113
Online-Akteneinsicht in ePA und eP ... H.115
Auskunftserteilung aus den Akten einer ePA ... H.119
Zusätzliche Kopie der im europ. RB aufgeführten Schriften ... H.120
Gebühr für Recherche internationaler Art ... H.120a
Gebühr für verspätete Einreichung Sequenzprotokoll ... H.120b
Grundgebühr für die europ. Eignungsprüfung ... H.121
Auslagen für Kopien (Art. 11 (3) ii) PCT) ... H.124

H. Inhaltsübersicht

Ermäßigung
Ermäßigung bei Online-Einreichung H.126
Ermäßigung bei Verwendung einer zugelassenen
Nichtamtssprache H.127
Berechtigung zur Ermäßigung .... H.128 ff.
Gebührenermäßigung nach Art. 14 GebO .... H 136 ff.
Anmeldegebühr .... H.141 f.
Prüfungsgebühr .... H.143 f.
Ermäßigung Zusatzgebühr Seitenzahl H.145
Ermäßigung Zusatzgebühr Teilanmeldung H.146
Ermäßigung bei PCT-Anmeldung .... H.147 ff.

Rückerstattung von Gebühren
Rückerstattungsverfahren auf laufendes Konto und
Bankkonto .... H.150a ff.
Recherchengebühr .... H.151 ff.
Prüfungsgebühr .... H.161 ff.
Benennungsgebühr .... H.165 f.
Bagatellbeträge H.167

Rückerstattung PCT-Anmeldung
Anmeldegebühr H.168
Recherchengebühr .... H.169 ff.
Gebühr für internationale vorläufige Prüfung (ivP) .... H.171 f.

Rückzahlung von Gebühren
Bei nicht rechtzeitiger Weiterleitung H.173
Gebührenzahlung ohne Rechtsgrund H.175
Überbezahlte Gebühren H.176
Einspruchsgebühr bei nicht mehr behebbaren Mängeln .. H.177
Vorfällige Zahlung H.178
Beschwerdegebühr .... H.179 ff.
Gebührenzahlung im PCT H.182

Entrichtung der Gebühren, Vorschriften über das laufende Konto (VLK)
Höhe des Zahlungsbetrages .... H.185 ff.
Gebührenerhöhung H.186

Zahlung per Überweisung .... H.188 f.
Andere Zahlungsarten .... H.190 f.
Zulässige Belastungsart des laufenden Kontos H.192
Sammelantrag H.192a
Maßgebender Zahlungstag .... H.193 ff.
Fehlbetrag .... H.200 ff.

Auszug aus VLK
Allgemeine Bestimmungen .... H.203 ff.
Eröffnung .... H.205 ff.
Auflösung .... H.207 ff.
Auffüllung, Rückzahlung und Überweisung .... H.211 ff.
Funktionieren des laufenden Kontos .... H.218 ff.
Belastung des laufenden Kontos H.222
Reihenfolge der Bearbeitung von Abbuchungsaufträgen . H.227 ff.
Validierung und Zurückweisung Zahlungen .... H.232 ff.
Zahlungstag .... H.237 ff.
Einreichung Abbuchungsauftrag bei nationalen
Behörden .... H.241 ff.
Widerruf Abbuchungsauftrag .... H.246 ff.
Rückerstattung von Gebühren .... H.251a ff.
Jahresbeiträge epi .... H.252 ff.

Vorschriften über das automatische Abbuchungsverfahren (VAA)
Automatische Abbuchungsverfahren .... H.257 ff.
Erteilung Abbuchungsauftrag .... H.259 f.
Zugelassene Verfahrensarten .... H.263 ff.
Zugelassene Gebührenarten .... H.267 ff.
Automatische Abbuchung von Gebühren .... H.274 ff.
Eingangstag H.275
Maßgeblicher Zahlungstag .... H.278 ff.
Fehlbetrag .... H.282 f.
Änderungs-/Berichtigungsbuchung .... H.286 ff.
Entrichtung einer Gebühr mittels anderer/gesonderter
Zahlungsart .... H.292 f.
Widerruf .... H.294 ff.
Beendigung .... H.297 ff.

Gebühren H.

Gebühren	
Art. 51, siehe Gebührenordnung, RiLi A-X	
Übersicht: https://www.epo.org/law-practice/legal-texts/html/epc/2016/d/ma6.html	

Gebührenbeträge gültig seit 01.04.2020, siehe ABl. 2020, A3, A4 sowie Zusatzpublikation 3	1
Gebühren, die an **Verwendung** einer **elektronischen Nachrichtenübermittlung** oder eines **Format nach Art. 2 (1), (2) GebO** gebunden sind, finden erst Anwendung ab von einem vom Präsidenten festzulegenden Datum. Hierzu zählen die (Online-)Anmeldegebühr (H.2, H.5), die Übermittlungsgebühr (H.8, H.96) sowie die Erteilungsgebühr, Ausnahme hierzu ist die Anmeldegebühr für nicht online eingereichte Anmeldeunterlagen. - ABl. 2019, A3, A6	1a
RiLi A-X, 1: Gebühren - können von **jedermann wirksam** bezahlt werden.	1b

Verfahrenshandlung	Rechtsnorm	Details und Fälligkeit	Unmittelbare Folgen eines Mangels, Mängelbeseitigung, Fristen	Rechtsfolge bei Nichtbeseitigung von Mängeln oder Fristversäumnis	Weiterbehandlungs-/ Wiedereinsetzungs-Möglichkeit	
Anmeldegebühr ePA Art. 2 (1) Nr. 1 GebO - Online Einreichung 125 € (geplant 95 €, siehe H.1 f.) - nicht online eingereichten Anmeldungen 260 € (250 € bis 31.03.20) RiLi A-III, 13.1	Art. 78 (2) R 38 (1)	**Art. 78 (2)** Fällig bei Einreichung RiLi A-X, 5.2.1 **R 38 (1)** Frist 1 M ab AT (=Tag der Einreichung), **RiLi A-III, 13.1**		**Art. 78 (2)** **R 38 (1)** Anmeldung gilt als zurückgenommen	**WB (+),** nach Art. 121 (4), R 135 (2) **WE (–),** da durch Art. 122, R 136 (3) ausgenommen	2
Zusatzgebühr Seitenzahl Art. 2 (1) Nr. 1a GebO 16 € für 36. und jede folgende Seite Relevant für Beschreibung, Ansprüche. Zeichnungen und eine Seite für Zusammenfassung Bei Bezug auf frühere Anmeldung wird Abschrift zugrunde gelegt RiLi A-III, 13.2	R 38 (2), (3)	**R 38 (3)** Innerhalb **1 M** nach Einreichung zu entrichten • ePA, • erster Anspruchssatz, oder • beglaubigter Abschrift n. **R 40 (3)**, spätere Frist ist relevant **Ermäßigung nach R 6 (3) möglich**				3
	R 46 (1), (2) c) R 49 (4), (5), (8)	Formale Mängel können Auswirkungen auf Seitenzahl haben: **R 46 (1), R 49 (5) Mindestränder** **R 49 (4)** Jeder **Bestandteil** der Anmeldung **neue Seite** **R 49 (8) Zeilenabstand** und **Mindesthöhe Buchstaben** **R 46 (2) c) Maßstab** Zeichnungen	**R 58, R 57 i):** Zusatzgebühr für höhere Seitenzahl ist innerhalb 2 M ab Aufforderung nach R 58 zu entrichten. RiLi A-III, 13.2			3a

257

H. Gebühren

Gebühren (Fortsetzung)

	Verfahrenshandlung	Rechtsnorm	Details und Fälligkeit	Unmittelbare Folgen eines Mangels, Mängelbeseitigung, Fristen	Rechtsfolge bei Nichtbeseitigung von Mängeln oder Fristversäumnis	Weiterbehandlungs-/ Wiedereinsetzungs-Möglichkeit
4	**Zusatzgebühr Teilanmeldung** Art. 2 (1) Nr. 1b GebO Gebühr abhängig von TA-Generation • 220 € (zweiter) • 440 € (dritter) • 660 € (vierter) • 885 € (ab fünfter) seit 01.04.2020 RiLi A-III, 13.3	R 38 (4)	**R 38 (4)** Fällig mit Anmeldegebühr		**Art. 78 (2)** **R 38 (1)** Teilanmeldung gilt als zurückgenommen	**WB** (+), nach Art. 121 (4), R 135 (2) **WE** (−), da durch Art. 122, R 136 (3) ausgenommen
5	**Anmeldegebühr Euro-PCT** Art. 2 (1) Nr. 1 GebO 260 € (nicht Online) 125 € (Online) (geplant 95 € - siehe H.1 f.)	Art. 153 (2) R 159 Art. 78 (2) R 38	**R 159 (1) c)** Fällig bei Eintritt in die reg. Phase **R 159 (1)**: Frist: innerhalb 31 M ab AT bzw. PT		**R 160 (1)**: Anmeldung gilt als zurückgenommen **R 160 (2)**: Mitteilung nach R 112 (1) ergeht	**WB** (+), nach Art. 121 (4), R 135 (2) **WE** (−), da durch Art. 122, R 136 (3) ausgenommen
6	**Zusatzgebühr Seitenzahl Euro-PCT** Art. 2 (1) Nr. 1a GebO 16 € für 36. und jede folgende Seite RiLi A-III, 13.2		Zusatzgebühr ist Teil der Anmeldegebühr, fällig innerhalb 31 M ab AT bzw. PT RiLi A-III, 13.2: Grundlage: veröffentlichte Fassung der int. Anm. (auch wenn diese nicht in EPA-Amtssprache veröffentlicht wurde), inkl. Änderungen gemäß Art. 19 PCT und zzgl. einer Seite für Zusammenfassung			

Gebühren H.

Gebühren (Fortsetzung)						
Verfahrenshandlung	Rechtsnorm	Details und Fälligkeit	Unmittelbare Folgen eines Mangels, Mängelbeseitigung, Fristen	Rechtsfolge bei Nichtbeseitigung von Mängeln oder Fristversäumnis	Weiterbehandlungs-/ Wiedereinsetzungs-Möglichkeit	
Anmeldegebühr PCT-Anmeldung **R 15.2 b), d) PCT:** 1330 CHF + 15 CHF ab dem 31. Blatt (GebVerz Nr. 1) **R 15.2 c) PCT:** EPA ist AA 1217 € + 14 € je Seite ab 31. Seite + 183 € Bearbeitungsgebühr (seit 01.01.2020) siehe 🕮 B.44 ff., 🕮 B.249, 🕮 H.96c	Art. 3 (4) iv) PCT R 15.1 PCT R 15.2 PCT (Höhe) R 96 PCT AG 5.184 ABl. 2018, Zusatzpublikation 2	**R 15.3:** 1 M ab Eingang der Anmeldung, an AA für IB	1 M ab Aufforderung nach **R 16bis.1 a) PCT**, (nach **R 16bis.1 e)** PCT spätestens bis Erklärung nach **Art. 14 (3) PCT**) + Zuschlag nach **R 16bis.2 PCT** von 50 % der Gebühr, • mind. aber in Höhe der Übermittlungsgebühr **R 16bis.2 a) PCT** • höchstens in Höhe von 50 % der Anmeldegebühr **R 16bis.2 b) PCT** **R 16bis.1 (d) PCT:** Ohne Zuschlag, falls Zahlung bis Aufforderung nach **R 16bis.1 (a)** und **R 16bis.2 PCT** versandt	Anmeldung gilt nach **Art. 14 (3) a) PCT**, **R 16bis.1 c) PCT** und **R 27.1 PCT** als zurückgenommen **R 29 PCT:** Maßnahmen des AA nach Zurückweisung **Art. 25 PCT:** Nachprüfung durch Bestimmungsämter		7
Übermittlungsgebühr (von AA bestimmt) EPA: 135 €** **geplant: 0 € (Online), 135 (Nicht online) - siehe 🕮 H.1 siehe 🕮 B.43 f., 🕮 B.248, 🕮 H.96	Art. 3 (4) iv) PCT R 14.1 PCT R 27.1 PCT R 157 (4) Art. 2 (1) Nr. 18 GebO	**R 14.1 c) PCT:** 1 M ab Eingang der Anmeldung, an AA (ebenso **Art. 151** iVm **R 157 (4), (3) EPÜ**)				8
Ermäßigung bei PCT-Anmeldung siehe 🕮 H.147	Nr. 4 GebVerz	**Ermäßigung** der internationalen Anmeldegebühr bei **elektronischer Einreichung** • nicht zeichenkodierter Antrag: 92 €, • zeichenkodierter Antrag: 183 €, • zeichenkodierter Antrag, Beschreibung, Ansprüche und Zusammenfassung: 275 €				9
	Nr. 5 GebVerz	90 % **Reduktion der internationalen Anmeldegebühr** nach Nr. 1 (zusätzlich zur Reduktion nach Nr. 4), der **Bearbeitungsgebühr** für die ergänzende Recherche nach Nr. 2 und Bearbeitungsgebühr nach GebVerz Nr. 3, falls **alle Anmelder** aus einem **Land** mit einem **festgelegten Pro-Kopf BIP** oder einem von der UN als **Entwicklungsland** eingestuften Land stammen				10
		Ermäßigung Gebühren um 75 % für int. Recherche, ergänzende int. Recherche (jeweils Art. 2 (1) Nr. 2 GebO) und int. vorläufige Prüfung (Art. 2 (1) Nr. 19 GebO), wenn • (alle) Anmelder (natürliche Personen) Staatsangehörigkeit und Wohnsitz in einem von der Weltbank als Staat mit niedrigem Einkommen oder mittlerem Einkommen im unteren Bereich eingestuft besitzen (nicht EP-VS, fett=PCT: **AF**, AO, BD, **BF**, BI, **BJ**, BO, BT, CD, **CF**, **CG**, **CI**, **CM**, CV, **DJ**, **DZ**, EG, ER, ET, FM, **GH**, **GM**, **GN**, **GW**, HN, HAT, **IN**, **KE**, **KG**, KH, KI, **KM**, **KP**, **LA**, **LK**, **LR**, **LS**, **MA**, **MD**, **MG**, MM, **ML**, **MN**, **MR**, **MW**, **MZ**, NE, **NG**, NI, NP, **PG**, **PH**, PK, **RW**, SB, **SD**, **SL**, **SN**, SO, SS, **ST**, **SV**, **SY**, **SZ**, **TD**, **TG**, **TJ**, TL, **TN**, **TZ**, **UA**, **UG**, **UZ**, **VN**, VU, YE, **ZM**, **ZW** – ABl. 2020, A91), oder • (alle) Anmelder (natürliche oder juristische Person) Staatsangehörigkeit und Wohnsitz oder Sitz im Sinne der R 18 PCT in einem Staat besitzen, in dem ein Validierungsabkommen mit dem EPA in Kraft ist (MA, MD, TN, KH– ABl. 2020, A91) Vereinbarung WIPO-EPA (ABl. 2017, A115, Anhang D), BdV vom 12.12.2019 (ABl. 2020, A4) und MdEPA vom 10.07.2020 (ABl. 2020, A91) – Gültig ab 01.07.2020				10a

H. Gebühren

	Gebühren (Fortsetzung)					
	Verfahrenshandlung	Rechtsnorm	Details und Fälligkeit	Unmittelbare Folgen eines Mangels, Mängelbeseitigung, Fristen	Rechtsfolge bei Nichtbeseitigung von Mängeln oder Fristversäumnis	Weiterbehandlungs-/Wiedereinsetzungs-Möglichkeit
11	**Anspruchs-gebühren** Art. 2 (1) Nr. 15 GebO anzuwenden auf den Satz mit den meisten Ansprüchen (ABl. 11/1985, 347)	Art. 78 (2) R 45 (1) Art. 84	R 45 (2) **Innerhalb 1 M** ab Einreichung **des ersten Anspruchs-satzes** zu entrichten	R 45 (2) Innerhalb 1 M nach Mitteilung, zuschlagsfrei	R 45 (3) R 112 (1) gilt als Verzicht auf Patentanspruch Rückzahlung bei verspäteter Übermittlung (Art. 77 iVm R 37 (2))	**WB** (+), nach Art. 121 (4), R 135 (2) **WE** (−), da durch Art. 122, R 136 (3) ausgenommen Alternative: TA
12	245 € für den 16. bis 50. Anspruch, 610 € für den 51. und jeden weiteren Anspruch (seit 01.04.2020) siehe 📖 H.101	R 71 (4)	R 71 (4) Sind bei Erteilungsabsicht (Mitteilung R 71 (3)) mehr Ansprüche ggü Anmeldung vorhanden, ist Nachzahlung erforderlich. Bei weniger Ansprüchen keine Rückerstattung (RiLi C-V, 1.4). Rückerstattung, falls sich während Erteilungsabsicht durch Änderungen nach R 71 (5) die Anzahl der Ansprüche vermindert. 📖 S/S Anh. 5, Art. 2, Rd 60 ff.	R 71 (4) Innerhalb 4 M nach Mitteilung nach R 71 (3) zuschlagsfrei	R 71 (7) Anmeldung gilt als zurückgenommen	**WB** (+), nach Art. 121 (4), R 135 (2) **WE** (−), da durch Art. 122, R 136 (3) ausgenommen
13	**Anspruchs-gebühren Euro-PCT** entsprechen den Gebühren bei einer ePA siehe 📖 H.102	R 162	R 159 (1): Zu entrichten bei Eintritt in die reg. Phase innerhalb 31 M Frist R 162 (3): Überzählige Anspruchsgebühren werden zurückerstattet	R 162 (2) Anspruchs-gebühren können auch noch innerhalb Frist von 6 M nach Aufforderung nach R 161 (1) oder (2) entrichtet werden, ggf. auch für geänderte Anzahl von Ansprüchen.	R 162 (4) R 112 (1) gilt als Verzicht auf Patentanspruch	

Gebühren H.

Gebühren (Fortsetzung)						
Verfahrenshandlung	Rechtsnorm	Details und Fälligkeit	Unmittelbare Folgen eines Mangels, Mängelbeseitigung, Fristen	Rechtsfolge bei Nichtbeseitigung von Mängeln oder Fristversäumnis	Weiterbehandlungs-/ Wiedereinsetzungs-Möglichkeit	
Recherchengebühr ePA Art. 2 (1) Nr. 2 GebO »reguläre« Recherche 1350 € 1300 € (bis 31.03.2020)	Art. 78 (2) R 38 (1)	**Art. 78 (2)**: Fällig ab Einreichung RiLi A-X, 5.2.1 **R 38 (1)**: Frist: 1 M ab Einreichung (= Tag, für den ein AT zuerkannt wird)		**Art. 78 (2), R 38 (1)**: Anmeldung gilt als zurückgenommen	**WB (+)**, nach Art. 121 (4), R 135 (2) **WE (–)**, da durch Art. 122, R 136 (3) ausgenommen	14
Zusätzliche Recherchegebühren bei mangelnder Einheitlichkeit RiLi B-XI, 5 Seit 01.04.2020: 1350 € für ab 01.07.2005 eingereichte ePA 920 € für vor 01.07.2005 eingereichte ePA ABl. 2020, A30	Art. 82 R 64 (1) Euro-PCT: R 164 R 158 (1)	**R 64 (1)**: Erste Erfindung wird recherchiert, zusätzliche Recherchegebühr für weitere Erfindungen innerhalb 2 M ab Mitteilung (ggf. Rückzahlung im Prüfungsverfahren auf Antrag **R 64 (2)**) Euro-PCT: **R 164, R 158 (1) EPÜ, Art. 17 (3) b) PCT** Aufforderung zur Zahlung bei nicht ausreichender Zahlung nach **Art. 17 (3) a) PCT**	Euro-PCT: seit 01.11.2014: Zahlung weiterer Recherchegebühren im Prüfungsverfahren vor dem EPA möglich. R 164 (2), RiLi C-III, 2.3	**R 164 (2) c)**: Aufforderung, ePA auf Erfindung zu beschränken, die recherchiert wurde Erfindungen, für die keine Recherchegebühr bezahlt wurde, können im Prüfungsverfahren nicht beansprucht werden; → TA	**WB (–)**, nach Art. 121 (4), R 135 (2) ausgeschlossen **WE (+)**, da durch Art. 122, R 136 nicht ausgenommen	15
		Die Recherchegebühr für jede weitere Erfindung wird am letzten Tag der von der Rechercheabteilung festgelegten Zahlungsfrist bei erteiltem Abbuchungsauftrag automatisch abgebucht; falls der Anmelder dies nicht wünscht oder nur eine ganz bestimmte Zahlung von fälligen Gebühren wünscht, muss er dies dem EPA vor Ablauf der Frist mitteilen. (ABl. 2019, Zusatzpublikation 4, A.2 VLK, zu Nr. 3 VAA I.2) Anmelder können jedoch nicht beantragen, dass bestimmte Gebühren vom automatischen Abbuchungsverfahren ausgenommen werden. (ABl. 2019, Zusatzpublikation 4, A.2 VLK, I.)				16
Recherche internationaler Art Art. 3 (1) GebO 1205 € für Erstanmeldungen; 1890 € in allen anderen Fällen ABl. 2016, A4	Art. 10 Art. 3 (1) GebO Art. 8 Vereinbarung EPA/WIPO (ABl. EPA 2007, 617) Art. 15 (5) a), c) PCT Art. 16 PCT	Recherche für nat. Anmeldung, ähnlich zu einem ISR, durchgeführt von EPA als zuständige ISA				17

H. Gebühren

	Verfahrenshandlung	Rechtsnorm	Details und Fälligkeit	Unmittelbare Folgen eines Mangels, Mängelbeseitigung, Fristen	Rechtsfolge bei Nichtbeseitigung von Mängeln oder Fristversäumnis	Weiterbehandlungs-/ Wiedereinsetzungs-Möglichkeit
18	**Recherchengebühr für ergänzende europäische Recherche zur int. Anmeldung** (Euro-PCT, EPA ≠ ISA) 1350 € 1300 € bis 31.03.2020 Art. 2 (1) Nr. 2 GebO	Art. 153 (6), (7) RiLi A-X, 5.2.1	**R 159 (1) e)**: Zu entrichten bei Eintritt in die reg. Phase Frist: innerhalb 31 M ab AT bzw. PT		**R 160 (1)**: Anmeldung gilt als zurückgenommen	**WB (+)**, nach Art. 121 (4), R 135 (2) **WE (−)**, da durch Art. 122, R 136 (3) ausgenommen
19	Reduktion der Recherchengebühr für ergänzende europ. Recherche		**Reduktion** bei Einreichung vom 01.07.2005 bis 31.03.2024 um 1150 € (bis 31.03.2020: 1110 €) auf 200 € (bis 31.03.2020: 190 €) für AT, ES, FI, SE, TR, nordisches Patentinstitut oder Visegrad-Patentinstitut als ISA oder SISA – ABl. 2020, A30, ABl. 2018, A26, ABl. 2016, A2, ABl. 2017, A57 (Seit 1.4.2018 nicht mehr für AU, BR, CA, CL, CN, EG, IS, IN, JP, KR, PH, RU, SG, UA, US) - RiLi A-X, 9.3.1			
20	Euro-PCT, EPA=(S)ISA		Es wird kein ergänzender europäischer Recherchenbericht erstellt. – BdV vom 28.10.2009, ABl. 2009, 594, ABl. 2018, A26			
21	**Internationale Recherchegebühr** EPA=ISA Art. 2 (1) Nr. 2 GebO 1775 € (1875 € bis 31.03.2018) siehe 📄 B.45, 📄 H.96d	Art. 3 (4) iv) PCT R 16.1 PCT R 27.1 PCT	**R 16.1 (f), R 15.3**: 1 M ab Eingang der Anmeldung, an AA für ISA	1 M ab Aufforderung nach **R 16bis.1 a) PCT**, (nach **R 16bis.1 e) PCT** spätestens bis Erklärung nach **Art. 14 (3) PCT**) + Zuschlag nach **R 16bis.2 PCT** von 50 % der Gebühr, • mind. aber in Höhe der Übermittlungsgebühr **R 16bis.2 a) PCT** • höchstens in Höhe von 50 % der Anmeldegebühr **R 16bis.2 b) PCT** **R 16bis.1 (d) PCT**: Ohne Zuschlag, falls Zahlung bis Aufforderung nach **R 16bis.1 (a)** und **R 16bis.2 PCT** versandt	Anmeldung gilt nach **Art. 14 (3) a) iVm R 16bis.1 c)** und **R 27.1** als zurückgenommen **R 29**: Maßnahmen des AA nach Zurückweisung **Art. 25**: Nachprüfung durch Bestimmungsämter	

Gebühren H.

Gebühren (Fortsetzung)						
Verfahrenshandlung	Rechtsnorm	Details und Fälligkeit	Unmittelbare Folgen eines Mangels, Mängelbeseitigung, Fristen	Rechtsfolge bei Nichtbeseitigung von Mängeln oder Fristversäumnis	Weiterbehandlungs-/ Wiedereinsetzungs-Möglichkeit	
Zusätzliche Recherchengebühr bei Uneinheitlichkeit (Feststellung durch ISA) EPA=ISA Art. 2 (1) Nr. 2 GebO Wie R.-Gebühr 1775 € (seit 01.04.2018) (1875 € bis 31.03.2018) siehe 📄 B.66 ABl. 2017, A115, ABl. 2018, A35	Art. 17 (3) a) PCT R 13 PCT (Einheitlichkeit) R 40.1 PCT R 40.2 PCT (zusätzliche Gebühr, Höhe durch zuständige ISA festgelegt)	**Art. 17 (3) a) PCT**: Aufforderung zur Zahlung zusätzl. Geb. **R 40.1 ii) PCT**: **1 M** ab **Aufforderung**, nach **R 40.2 b) PCT** an **ISA** zu zahlen, ggf. nach **R 40.2 c) PCT**, **R 158 (3)** unter Widerspruch mit Begründung und Widerspruchsgebühr Überprüfung durch Gremium (**EPA**: seit EPÜ 2000) **R 40.2 e) PCT**: Prüfung des Widerspruchs ist ggf. von Zahlung der Widerspruchsgebühr abhängig	Keine Recherche der zusätzlichen uneinheitlichen Ansprüche R 66.1 e) PCT R 158 EPÜ Keine ivP für Ansprüche für die kein ISR erstellt	**Art. 17 (3) a) PCT**: ISR wird nur für recherchierte Teile (Haupterfindung und ggf. für alle weiteren Erfindungen, für die zusätzliche R.-Gebühr entrichtet wurden) erstellt, gleiches gilt für ivP (**R 66.1 e) PCT**) **Art. 17 (3) b) PCT**: Nat. Recht steht Rücknahmefiktion für die nicht recherchierten Teile zu; ggf. besondere Gebühr zu zahlen **R 43.7 PCT**: ISR gibt an, ob zusätzliche Gebühren bezahlt wurden + welche Teile recherchiert wurden		22
Widerspruchsgebühr gegen Uneinheitlichkeit EPA=ISA Art. 2 (1) Nr. 21 GebO 910 € (seit 01.04.2020) (875 € bis 31.03.2020) AG 7.016 ff. siehe 📄 B.68 f. ABl. 2017, A115, ABl. 2018, A35	R 40.2 c), e) PCT Festlegung Gebühr EPA: R 40.2 e) PCT iVm R 158 (3)	**R 40.1 iii)**: **1 M nach Aufforderung**, an ISA zu zahlen R 158 (3): EPA nimmt **Dienstleistung** zur Überprüfung Uneinheitlichkeit für WIPO wahr, Zahlung an **EPA** EPA: BdP vom 09.06.2015, ABl. 2015, A59 siehe 📄 B.142		R 40.2 e): Widerspruch gilt als nicht erhoben	WB (–), nach Art. 121 (4), R 135 (2) WE (+), da durch Art. 122, R 136 (3) nicht ausgenommen Zahlung wird beim EPA erwartet, daher WE möglich	23
Zusätzliche Gebühr bei verspäteter Einreichung fehlender Bestandteile Art. 2 (1) Nr. 2 GebO 1775 € (ab 01.07.2020) 📄 B.12a ff., 📄 B.46b f., 📄 C.84a ff. ABl. 2020, A36	R 40bis.1 PCT	**R40bis.1 PCT** Aufforderung durch ISA zur Zahlung zusätzlicher Gebühr innerhalb 2 M, wenn fehlender Bestandteil nach R 20.5 c) PCT bzw. R 20bis c) PCT oder nach R 20.5 d) PCT bzw. R 20.5bis d) PCT erst nach Beginn Erstellung ISR erfolgt ist Festlegung der Gebühr durch ISA an ISA	ISR wird nicht für die nachgereichten Bestandteile erstellt.		Bisher noch keine Regelung, da nach ABl. 2020, A81 Verfahren teilweise durch das EPA als ISA nicht umsetzbar	23a

263

H. Gebühren

	Gebühren (Fortsetzung)					
	Verfahrenshandlung	Rechtsnorm	Details und Fälligkeit	Unmittelbare Folgen eines Mangels, Mängelbeseitigung, Fristen	Rechtsfolge bei Nicht-beseitigung von Mängeln oder Fristversäumnis	Weiterbehandlungs-/ Wiedereinsetzungs-Möglichkeit
24	**Ergänzende internationale Recherche (SIS)** (von SISA bestimmt) EPA=SISA Art. 2 (1) Nr. 2 GebO 1775 € (seit 01.04.2018) (1875 € bis 31.03.2018) siehe B.81 ff.	R 45bis.3 PCT	Durchführung einer ergänzenden Recherche, um weiteren Prüfstoff in einer weiteren Sprache einfließen zu lassen. Zahlung an IB, innerhalb 1 M ab Antragstellung	Recherche wird nicht durchgeführt, kann vor Ablauf von 22 M ab PT jedoch neu gestellt werden.		
25	**Bearbeitungsgebühr** 200 CHF (GebVerz Nr. 2) siehe B.83	R 45bis.2 PCT	Zahlung an IB, innerhalb 1 M ab Antragstellung Ermäßigung möglich - siehe H.147 ff.			
26	**Überprüfungsgebühr Uneinheitlichkeit** durch SISA EPA=SISA Art 2 (1) Nr. 22 GebO 910 € siehe B.87	R 45bis.6 c), d) PCT	**R 45bis.6 a) ii) PCT:** **1 M nach Aufforderung**, an SISA zu zahlen R 158 (3): EPA nimmt **Dienstleistung** zur Überprüfung Uneinheitlichkeit für WIPO wahr, Zahlung an **EPA** EPA: BdP vom 09.06.2015, ABl. 2015, A59 siehe B.142			**WB (−)**, nach Art. 121 (4), R 135 (2) **WE (+)**, da durch Art. 122, R 136 (3) nicht ausgenommen Zahlung wird beim EPA erwartet, daher WE möglich

Gebühren H.

Gebühren (Fortsetzung)						
Verfahrenshandlung	Rechtsnorm	Details und Fälligkeit	Unmittelbare Folgen eines Mangels, Mängelbeseitigung, Fristen	Rechtsfolge bei Nichtbeseitigung von Mängeln oder Fristversäumnis	Weiterbehandlungs-/ Wiedereinsetzungs-Möglichkeit	
Gebühr für internationale vorläufige Prüfung (ivP) (von IPEA festgesetzt) **EPA=IPEA Art. 2 (1) Nr. 19 GebO** 1830 € (seit 01.04.2018) (1930 € bis 31.03.2018) AG 10.035 siehe B.123	Art. 31 (5) PCT R 58.1 a) PCT R 58.1 c) PCT an IPEA Festlegung Gebühr EPA: **R 58.1 b) PCT** iVm **R 158 (2)**	**R 58.1 b), R 57.3 PCT:** 1 M nach Antrag auf vorl. Prüfung bzw. 22 M nach PT (jeweils späteres Fristende maßgeblich) bzw. 1 M wenn IPEA Recherche + Prüfung gleichzeitig durchführt (nach **R 69.1 b) PCT**)	**R 58bis.1 a) PCT:** 1 M ab Aufforderung, mit Zuschlag nach **R 58bis.2 i)**, mind. 50 % der nicht gezahlten Gebühr aber mind. Bearbeitungsgebühr, max. doppelte Bearbeitungsgebühr (Zuschlag: ABl. 2018, Zusatzpublikation 2) **R 58bis.1 c) PCT:** Rechtzeitige Zahlung ohne Zuschlag bei Eingang vor Absendung der Aufforderung nach **R 58bis.1 a) PCT** durch IPEA **R 58bis.1 d) PCT:** Rechtzeitig auch vor Absendung Erklärung nach **R 58bis.1 b)** (keine Reaktion nach Aufforderung gemäß R 58bis.1 a) und Zahlung der Gebühr nach R 58bis.2 PCT innerhalb 1 M)	Prüfungsantrag gilt nach R 58bis.1 b) PCT **als nicht gestellt.** Wenn Zuschlagsgebühr nicht gezahlt, wird Gebühr zurückbezahlt - R 58.3 PCT (ABl. 2001, 601)		27
Bearbeitungsgebühr (zugunsten IB) 183 € (PCT Fee Table, Table II, Stand 01.01.2020) siehe B.124	Art. 31 (5) PCT R 57.1 PCT Festlegung Gebühr IB: R 57.2 a) PCT Nr. 3 GebVerz 200 CHF R 57.1 PCT an IPEA	**R 57.3 a) bis c) PCT:** 1 M nach Antrag auf ivP bzw. 22 M nach PT (jeweils späteres Fristende maßgeblich) bzw. 1 M nach Aufforderung, wenn IPEA Recherche + Prüfung gleichzeitig durchführt Ermäßigung siehe H.147 ff.		**R 57.4 PCT:** Rückerstattung		28
Zusätzliche R.-Gebühr bei Uneinheitlichkeit im Rahmen der ivP (Feststellung IPEA) **EPA=IPEA Art. 2 (1) Nr. 19 GebO:** 1830 € (seit 01.04.2018) (1930 € bis 31.03.2018) siehe B.138	Art. 34 (3) a) PCT R 68.3 a), b) PCT Festlegung Gebühr EPA: **R 68.3 a) PCT** iVm **R 158 (2) EPÜ** Gebühr wie für ivP an IPEA	**R 68.2 iv) PCT: Zusätzliche Gebühr** innerhalb 1 M für ivP wird **durch IPEA** festgelegt und an IPEA zu zahlen	**R 70.13 PCT:** Bei Zahlung oder Einschränkung Angabe in Bericht; Angabe nach R 68.1	**R 68.5 PCT: Haupterfindung wird recherchiert** **R 66.1 e) PCT:** Nur recherchierte + bezahlte Ansprüche werden geprüft **Art. 34 (3) b), c) PCT:** Nat. Recht steht Rücknahmefiktion für nicht geprüfte Teile zu, falls der Anmelder keine besondere Gebühr zahlt		29

265

H. Gebühren

Gebühren (Fortsetzung)					
Verfahrenshandlung	Rechtsnorm	Details und Fälligkeit	Unmittelbare Folgen eines Mangels, Mängelbeseitigung, Fristen	Rechtsfolge bei Nichtbeseitigung von Mängeln oder Fristversäumnis	Weiterbehandlungs-/ Wiedereinsetzungs-Möglichkeit
30 Widerspruchsgebühr **EPA=IPEA** Art. 2 (1) Nr. 21 GebO: 910 € (seit 01.04.2020) (bis 31.03.2020: 875 €) siehe B.140	R 68.3 c), e) PCT Festlegung Gebühr EPA: **R 68.3 e) PCT** iVm **R 158 (3)** EPÜ	**R 68.2 v) PCT**: Innerhalb 1 M nach Aufforderung (also gleichzeitig mit zusätzlicher R.-Gebühr) R 158 (3): EPA nimmt Dienstleistung zur Überprüfung Uneinheitlichkeit für WIPO wahr, **Zahlung an EPA** EPA: BdP vom 09.06.2015, ABl. 2015, A59 siehe B.142		**R 68.3 e)**: Widerspruch gilt als nicht erhoben	**WB (–)**, nach Art. 121 (4), R 135 (2) **WE (+)**, da durch Art. 122, R 136 (3) nicht ausgenommen Zahlung wird beim EPA erwartet, daher WE möglich

Nach Hinweis auf Veröffentlichung des RB fällige Gebühr					
Verfahrenshandlung	Rechtsnorm	Details und Fälligkeit	Unmittelbare Folgen eines Mangels, Mängelbeseitigung, Fristen	Rechtsfolge bei Nichtbeseitigung von Mängeln oder Fristversäumnis	Weiterbehandlungs-/ Wiedereinsetzungs-Möglichkeit
31 Prüfungsgebühr ePA Art. 2 (1) Nr. 6 GebO: 1700 € für ab 01.07.2005 eingereichte ePA 1900 € für vor 01.07.2005 eingereichte ePA (seit 01.04.2020)	Art. 94 (1) R 70	Fällig mit Stellung des Prüfungsantrags **R 70 (1)** Zu entrichten innerhalb von 6 M nach Hinweis auf Veröffentlichung des RB.		**Art. 94 (2)**: Anmeldung gilt als zurückgenommen	**WB (+)**, nach Art. 121 (4), R 135 (2) **WE (–)**, da durch Art. 122, R 136 (3) ausgenommen
32 Prüfungsgebühr Euro-PCT Art. 2 (1) Nr. 6 GebO: 1900 €, wenn kein ergänzender europ. RB erstellt wurde, ansonsten 1700 € 1825 € bzw. 1635 € bis 31.03.2020	Art. 94 (1) R 159 (1) Art. 150 (2)	**R 159 (1) f), Art. 94 (1)**: Fällig mit Stellung des Prüfungsantrags R 70 (1) Frist: Innerhalb 31 M nach dem AT bzw. PT, spätestens jedoch 6 M nach Veröffentlichung des int. RB (Art. 150 (2) iVm Art. 94 (1))		**R 160 (1)**: Anmeldung gilt als zurückgenommen	**WB (+)**, nach Art. 121 (4), R 135 (2) **WE (–)**, da durch Art. 122, R 136 (3) ausgenommen

Gebühren H.

Nach Hinweis auf Veröffentlichung des RB fällige Gebühr (Fortsetzung)

Verfahrenshandlung	Rechtsnorm	Details und Fälligkeit	Unmittelbare Folgen eines Mangels, Mängelbeseitigung, Fristen	Rechtsfolge bei Nichtbeseitigung von Mängeln oder Fristversäumnis	Weiterbehandlungs-/ Wiedereinsetzungs-Möglichkeit	
Ermäßigung Prüfungsgebühr bei Euro-PCT-Anmeldungen EPA=(S)ISA 425 € EPA=IPEA 475 €	Art. 2 (1) Nr. 6 GebO Art. 14 (2) GebO	**Art. 14 (2) GebO**: 75 % Ermäßigung 📖 S/S Art. 94 Rd 48 siehe 📄 B.212, 📄 H.137	**Art. 14 (2) GebO, RiLi A-X 9.3.2**, ABl. 2020, A30: Voraussetzung: EPA war IPEA und hat int. Prüfungsbericht (IPER) erstellt (siehe Kapitel II PCT), jedoch keine Ermäßigung, wenn sich Prüfung auf nicht in IPER behandelten Gegenstand bezieht.			32a
Ermäßigung Prüfungsgebühr bei Nichtamtssprachenberechtigten	Art. 14 (4) R 6 (2), (3), (4) Art. 14 (1) GebO	**R 6 (2), (3) iVm R 3 (1)**: 30 % Ermäßigung, innerhalb 1 M ist Übersetzung nachzureichen siehe 📄 B.212, 📄 H.137 f.	Übersetzung des Prüfantrags muss bis zum Tag der Entrichtung der Prüfungsgebühr eingereicht werden, vorausgesetzt, die Übersetzung wird frühestens zum gleichen Zeitpunkt wie der Antrag eingereicht (↪J 21/98, ↪G 6/91, RiLi A-X, 9.2.3). Prüfantrag in der zugelassenen Nichtamtssprache kann noch bis zur Zahlung der Prüfungsgebühr gestellt werden (Art. 94 (1), R 70).			32b
Euro-PCT	Art. 14 (1) GebO RiLi A-X 9.3.2		Einreichung in Nichtamtssprache führt zu weiteren 75 % (50 % bis zum 31.03.2018) Ermäßigung (→ Gesamtermäßigung 82,5 % (65 % bis zum 31.03.2018)).			32c
Benennungsgebühr Art. 2 (1) Nr. 3 GebO: 610 €	Benennungsgebühr: Seit 01.04.2009: Pauschale Benennungsgebühr **Art. 97 (1), R 71a (3)**: Falls die B.-Gebühr nach Zustellung der Erteilungsmitteilung (**R 71 (3)**) fällig wird, erfolgt Mitteilung durch EPA; Hinweis auf Erteilung wird erst veröffentlicht, wenn B.-Gebühren entrichtet sind.					33
EP-Anmeldung	Art. 79 (2) R 39 Pauschale Art. 2 (1) Nr. 3 GebO	**Art. 79 (2), R 39 (1)**: Zu entrichten innerhalb von 6 M nach Hinweis auf Veröffentlichung des RB (frühester Zeitpunkt ist 24 M ab AT/PT (= 18 M (Art. 93 (1)) + 6 M)).		Art. 79 (2), R 39 (2) Anmeldung gilt als zurückgenommen	WB (+), nach Art. 121 (4), R 135 (2) WE (–), da durch Art. 122, R 136 (3) ausgenommen	34
Euro-PCT-Anmeldung, Eintritt in reg. Phase	R 159 (1) d) Art. 153 (5) iVm Art. 22 (1) Satz 1 PCT und Art. 39 (1) a) PCT	**R 159 (1) d)**: Zu entrichten bei Eintritt in reg. Phase Frist: innerhalb von 31 M ab AT bzw. PT, wenn die Frist nach **R 39 (1)** früher abläuft		Keine B.-Gebühr entrichtet: **R 160 (1)**: Anmeldung gilt als zurückgenommen ↪G 4/98 gilt entsprechend	WB (+), nach Art. 121 (4), R 135 (2) WE (–), da durch Art. 122, R 136 (3) ausgenommen	36

H. Gebühren

Nach Hinweis auf Veröffentlichung des RB fällige Gebühr (Fortsetzung)

	Verfahrenshandlung	Rechtsnorm	Details und Fälligkeit	Unmittelbare Folgen eines Mangels, Mängelbeseitigung, Fristen	Rechtsfolge bei Nichtbeseitigung von Mängeln oder Fristversäumnis	Weiterbehandlungs-/ Wiedereinsetzungs-Möglichkeit
37	**Erstreckungs-gebühr** (102 € je Staat) siehe 📖 A.307 ff. Spezialtabelle 📖 Q »Vertragsstaaten«	Durchführungsvorschriften zu Art. 79 ABl. 2020 Zusatzpubl. 3, RiLi A-III, 12 (📖 S/S Art. 79 Rd 41)	Für eine ePA zu entrichten innerhalb von 6 M nach Hinweis auf Veröffentlichung des RB. Für Euro-PCT Anm. innerhalb 31 M nach AT bzw. PT, **oder** innerhalb von 6 M nach dem Tag der Veröffentlichung des internationalen RB zu entrichten, je nachdem, welcher Zeitpunkt der spätere ist. Feiertagsregelung ist auch bei Erstreckungs- und Validierungsgebühr anzuwenden.	Nachfrist von 2 M nach Ablauf der Grundfrist, inkl. Zuschlagsgebühr (50 % des Gebührenbetrags) ABl. 2009, 603	Erstreckung gilt als zurückgenommen. Es ergeht keine Rechtsverlust-mitteilung. Ggf. Mitteilung nach R 112 (1) Siehe zu besonderen nationalen Besonderheiten der Erstreckung auch 📖 A.311 ff. und der Validierung auch 📖 A.315 ff.	**WB (+)** nach Art. 121 (4), R 135 (2) innerhalb von 2M nach Zustellung der Mitteilung nach R 112 (1) wegen Nichtzahlung Benennungsgebühr (RiLi A-III 12.2 b), ABl. 2009, 603, ABl. 2015, A19). **WE (–)**, nach Art. 122 und R136 nicht möglich
38	**Validierungs-gebühr** (abhängig von Validierungsstaat) Marokko (240 €) ABl. 2015, A18, A20 Republik Moldau (200 €) ABl. 2015, A85 Tunesien (180 €) ABl. 2017, A84, A85 Kambodscha (180 €) ABl. 2018, A15, A16 siehe 📖 A.315 ff.	RiLi A-III, 12 ABl. 2020, Zusatz-publikation 3				
39	**Zurücknahme/ Erlöschung**	RiLi A-III, 12.3	Zurücknahme des Erstreckungs- oder Validierungsantrags jederzeit möglich; bei Zurückweisung der ePa oder der Euro-PCT-Anmeldung gilt Antrag als zurückgenommen, keine gesonderte Mitteilung an Anmeldung; keine Rückzahlung Erstreckungsgebühr			
40	**Automatische Vormerkung Erstreckung**	RiLi A-III, 12.1	Durch vorgedruckten Text im Erteilungsantrags (Formular 1001), Voraussetzung: Erstreckungsstaat muss zum Zeitpunkt der Anmeldung (PCT oder EP) bereits Erstreckungsstaat gewesen sein. Erstreckung nach nat. Recht hat europäisches Patent die Wirkung eines nat. Patents.			

Übergangsbestimmungen neuer Gebührenordnung, gültig seit 01.04.2020 (ABl. 2020, A3)

41	BdV vom 12.12.2019 zur Änderung der Art. 2 und 7 der GebO (Auszug): Art. 5 (Nr. 4) BdV: Wird eine Gebühr innerhalb von 6 M nach dem 01.04.2020 fristgerecht entrichtet, jedoch in der vorher gültigen Höhe, so gilt Gebühr als wirksam bezahlt, wenn die Differenz innerhalb von 2 M ab Aufforderung beglichen wird.	

Gebühren H.

Bei Erteilung fällige Gebühren

Verfahrenshandlung	Rechtsnorm	Details und Fälligkeit	Unmittelbare Folgen eines Mangels, Mängelbeseitigung, Fristen	Rechtsfolge bei Nichtbeseitigung von Mängeln oder Fristversäumnis	Weiterbehandlungs-/ Wiedereinsetzungs-Möglichkeit	
Erteilungsgebühr (inkl. Veröffentlichungsgebühr) 960 €** *Geplant: Nach Abschluss technischer Vorbereitung zur Online Einreichung in zeichencodiertem Format (DOCX): 860 € (siehe 📄 H.1) *ABl. 2018, A4 und A28 ** für ab dem 01.04.2009 eingereichte ePA	Art. 97 (1) R 71 (3) Art. 2 (1) Nr. 7 GebO	**Art. 97 (1), R 71 (3):** Innerhalb 4 M ab Zustellung der Mitteilung nach R 71 (3) zu entrichten		**Art. 97 (1)** iVm **R 71 (7):** Anmeldung gilt als zurückgenommen	**WB (+),** nach Art. 121 (4), R 135 (2) **WE (–),** da durch Art. 122, R 136 (3) ausgenommen	42
Ggf. Jahresgebühren siehe 📄 H.48	Art. 97 (1) R 71a (4)	**R 71a (4):** Falls JG nach Mitteilung **R 71 (3)** und vor frühestmöglichem Termin der Erteilungsbekanntmachung fällig wird. Mitteilung durch EPA		**R 71a (4):** Hinweis auf Erteilung wird erst veröffentlicht, wenn JG entrichtet ist.	**WB (–),** Art. 121 (4) ausgenommen durch R 135 (2) **WE (+),** Art. 122 (1)	43
Ggf. Benennungsgebühr siehe 📄 H.33 ff.	Art. 97 (1) R 71a (3)	Falls die B.-Gebühr nach Zustellung der Erteilungsmitteilung (**R 71 (3)**) fällig wird, erfolgt Mitteilung durch EPA		**R 71a (3):** Hinweis auf Erteilung wird erst veröffentlicht, wenn B.-Gebühren entrichtet sind.	**WB (+),** nach Art. 121 (4), R 135 (2) **WE (–),** da durch Art. 122, R 136 (3) ausgenommen	44
Ggf. Anspruchsgebühren für den 16. bis 50. Anspruch 245 €, für den 51. und jeden weiteren 610 €** (sofern noch nicht bereits nach R 45 oder R 162 entrichtet) 📄 A.478 📄 H.11 📄 H.103 ** für ab dem 01.04.2009 eingereichte ePA	Art. 97 (1) R 71 (4)	**R 71 (4):** Innerhalb 4 M (Frist R 71 (3)) Nachzahlung erforderlich, wenn bei Erteilungsabsicht mehr, Ansprüche ggü. Anmeldung vorhanden sind. Bei weniger Ansprüchen keine Rückerstattung (RiLi C-V, 1.4) Rückerstattung, falls sich während Erteilungsabsicht durch Änderungen nach R 71 (5) die Anzahl der Ansprüche vermindert. 📖 S/S Anh. 5, Art. 2, Rd 60 ff.	**R 71 (4):** Innerhalb 4 M nach Mitteilung nach R 71 (3) zuschlagsfrei	**R 71 (7):** Anmeldung gilt als zurückgenommen	**WB (+),** nach Art. 121 (4), R 135 (2) **WE (–),** da durch Art. 122, R 136 (3) ausgenommen	45

H. Gebühren

Jahresgebühren für ePA
RiLi A-X, 5.2.4

	Verfahrenshandlung	Rechts-norm	Details und Fälligkeit	Unmittelbare Folgen eines Mangels, Mängel-beseitigung, Fristen	Rechtsfolge bei Nicht-beseitigung von Mängeln oder Fristversäumnis	Weiterbehandlungs-/ Wiedereinsetzungs-Möglichkeit
46	**Jahresgebühren Für ePA an das EPA** Art. 2 (1) Nr. 4 GebO 3. Jahr: 490 € 4. Jahr: 610 € 5. Jahr: 855 € 6. Jahr: 1090 € 7. Jahr: 1210 € 8. Jahr: 1330 € 9. Jahr: 1450 € 10. Jahr und jedes folgende 1640 € (seit 01.04.2020)	Art. 86 (1) R 51	**Art. 86 (1):** Fällig ab 3. Jahr ab AT (unabhängig von PT) im Voraus **R 51 (1):** Fällig für das kommende Jahr am Monatsende des Monats, in den AT fällt. Frühestens 3 M vor Fälligkeit zahlbar (**Ausnahme:** für das 3. Jahr kann JG bereits 6 M vor Fälligkeit wirksam entrichtet werden) ↳**J 4/91:** Kein Zuschlag, wenn Fälligkeitstag Feiertag ist, und Gebühr am nächsten Werktag entrichtet wird. (Fälligkeitstag verschiebt sich nicht, jedoch Möglichkeit der Zahlung ohne Zuschlagsgebühr)	**R 51 (2):** Innerhalb von 6 M nach Fälligkeit, + Zuschlags-gebühr (50 % der JG **Art. 2 (1) Nr. 5 GebO, Aussetzung** vom 01.06. bis 31.08.20 – Abl. 2020, A70) (R 51 (2): Zuschlagsgebühr innerhalb der Nachfrist) ↳**J 4/91:** Fälligkeitstag der Zuschlagsgebühr ist immer der Monatsletzte (»Ultimo-to-Ultimo« Prinzip); Feiertags-regelung (**R 134 (1)**) findet Anwendung: **Zusammengesetzte Frist** MdEPA 16.12.2016 (ABl. EPA 2016, A103) Neufassung der R 51 (2) mit klargestellter Formulierung, gültig seit 01.01.2017.	**Art. 86 (1):** Anmeldung gilt als zurückgenommen ↳**J 4/86:** ePA ist anhängig bis Ende der 6 M-Nachfrist	WB (–), Art. 121 (4) ausgenommen durch R 135 (2) WE (+), Art. 122 (1) Aus Hinweis des EPA bzgl. Nachfrist nach R 51 (2) sind keine Rechte herleitbar → kein Grund für die WE
47			↳**J 4/91: Feiertagsverlängerung** nach R 134 wird auch bei Fristen (inkl. Nachfristen mit Zuschlagsgebühr) für Zahlungen angewandt (siehe Nr. 3.2 der Entscheidungsgründe).			
47a			↳**J 1/81:** Zahlt ein Anmelder JG im Einklang mit einem missverständlichen Hinweis über deren Fälligkeit, so ist er so zu behandeln, als ob er diese rechtzeitig entrichtet hätte.			
48	**Sonderfall**	R 71a (4)	JG wird nach Mitt. nach **R 71 (3)** und vor Hinweis auf Erteilung gemäß Art. 97 (3) fällig → Hinweis wird erst bekannt gegeben, wenn JG bezahlt wurde → Um Verzögerungen der Veröffentlichung des Hinweises auf Erteilung bei erteiltem automatischen Abbuchungsauftrag zu verhindern, ist Zahlung der JG mittels anderer zugelassener Zahlungsart möglich, z.B. bei Zahlung vor dem Fälligkeitstag (ABl. 2019, Zusatzpublikation 4, A.2, I.5)			
48a	Störungen aufgrund des Ausbruchs von COVID-19	COVID-19	Fristen, die am 15.03.2020 oder danach ablaufen, werden bis zum 02.06.2020 verlängert. Gemäß EPA ist R 134 auch auf Fälligkeitstag nach R 51 anzuwenden, auch wenn Fälligkeitstag keine Frist ist, die verlängert werden kann. Nach R 134 (1) Verschiebung des Fälligkeitstags für am 31.03.2020 fällige JG auf den 20.04.2020 - ABl. 2020, A38, A60, A74			
48b			BdV v. 28.05.2020 (ABl. EPA 2020, A70): Anwendung von Regel 51 (2) betreffend die Zuschlagsgebühr nach Art. 2 (1) Nr. 5 GebO für die verspätete Zahlung von JGB wird vom 01.06.2020 bis zum 31.08.2020 ausgesetzt.			
48c			Endet die ab AT berechnete 6 M-Frist nach R 51 (2) nach dem 31.08.2020 und wird die Zahlung nicht spätestens bis zu diesem Tag vorgenommen, so kann die JG unter Entrichtung einer Zuschlagsgebühr noch bis zum Ablauf der Frist nach R 51 (2) wirksam gezahlt werden (ABl. 2020, A70).			
49	**Ende der Zahlung der Jahresgebühren für ePA an EPA**	Art. 86 (2)	**Art. 86 (2):** Letzte Gebühr ans EPA für das Jahr, in dem Hinweis auf Erteilung nach **Art. 97 (3)** veröffentlicht wird, danach Zahlung nach **Art. 141** (JG an Nationale Ämter) **Art. 141 (1):** JG für die an das in **Art. 86 (2)** genannte Jahr anschließende Jahre **Art. 141 (2):** Werden JG innerhalb 2 M nach Hinweis fällig → 2 M Zahlungsfrist vor nat. Ämtern ohne Zuschlag (→ nat. Recht zum EPÜ)			

Gebühren H.

Jahresgebühren für ePA (Fortsetzung)							
Verfahrenshandlung	Rechtsnorm	Details und Fälligkeit	Unmittelbare Folgen eines Mangels, Mängelbeseitigung, Fristen	Rechtsfolge bei Nichtbeseitigung von Mängeln oder Fristversäumnis	Weiterbehandlungs-/ Wiedereinsetzungs-Möglichkeit	
Teilanmeldung	Art. 86 (1) R 51 (3)	**R 51 (3) Satz 1 + 2:** Innerhalb 4 M nach Einreichung der TA sind zuschlagsfrei zahlbar: - JG der SA, die bis zur Einreichung der TA fällig geworden sind (Art. 86 (1) iVm Art 76 (1)), und - JG, die innerhalb 4 M ab Einreichung der TA fällig wird. Anmerkung: • Für 4 M-Frist **der aufgelaufenen JG** gilt kein »Ultimo-to-Ultimo« Prinzip (bei SA letzter Tag des Monats der Einreichung R 51 (1), bei TA der Tag der Einreichung R 51 (3)). • Für 4 M-Fristende gilt Feiertagsregelung R 134 (1) **(RiLi A-IV, 1.4.3)**	**Art. 86 (1)** iVm **R 51 (3) Satz 3:** 2 M Nachfrist, d.h. 6 M nach Fälligkeit (also Einreichung der TA), + Zuschlagsgebühr nach **R 51 (2) (Aussetzung vom 01.06. bis 31.08.20 – Abl. 2020, A70)**	**Art. 86 (1)**: Anmeldung gilt als zurückgenommen	**WB (–)**, Art. 121 (4) ausgenommen durch R 135 (2) **WE (+)**, Art. 122 (1)	50
			Art. 86 (1) iVm **R 51 (1)** und ↳**J 4/91**: Innerhalb von 6 M nach Fälligkeit (gemäß **R 51 (1)**) für das kommende Jahr am Monatsende des Monats, in den der AT der SA fällt + Zuschlagsgebühr nach **R 51 (2)** iVm **Art. 2 (1) Nr. 5 GebO** ↳**J 4/91:** Fälligkeitstag ist Monatsletzter (RiLi A-X, 5.2.4) MdEPA 16.12.2016 (ABl. EPA 2016, A103)		RiLi A-IV, 1.4.3: Ausschlussfrist R 136 (12 M) beginnt erst nach Ablauf der 6 M nach R 51 (2) zu laufen.	51
	RiLi A-IV, 1.4.3: Bei einer **Kette von TA** werden die JG vom AT der SA an geschuldet.					52
	COVID-19	BdV v. 28.05.2020 (ABl. EPA 2020, A70): Anwendung von Regel 51 (2) betreffend die Zuschlagsgebühr nach Art. 2 (1) Nr. 5 GebO für die verspätete Zahlung von JGB wird vom 01.06.2020 bis zum 31.08.2020 ausgesetzt. Gilt **auch für JGB** für eine **TA**, die am oder nach dem 15.03.2020 eingereicht wurde, da nach R 51 (3) Satz 1 der Tag der Einreichung auch der Fälligkeitstag für die Zahlung von JGB ist. Für diese TA können JGB bis zum 31.08.2020 ohne Zuschlagsgebühr gezahlt werden, auch wenn sie nicht innerhalb von 4M ab dem AT gezahlt werden. Endet die ab dem AT berechnete 6 M-Frist nach R 51 (2) nach dem 31.08.2020 und wird die Zahlung nicht spätestens bis zu diesem Tag vorgenommen, so kann die JGB unter Entrichtung einer Zuschlagsgebühr noch bis zum Ablauf der Frist nach R 51 (2) wirksam gezahlt werden.				52a
Neue Anmeldung durch Nichtberechtigten	Art. 61 (1) R 51 (6)	Keine JG für das Jahr, in dem neue Anmeldung gemäß Art. 61 (1) b) eingereicht wurde und auch nicht für vorhergehende Jahre				53

H. Gebühren

Jahresgebühren für ePA (Fortsetzung)

	Verfahrenshandlung	Rechtsnorm	Details und Fälligkeit	Unmittelbare Folgen eines Mangels, Mängelbeseitigung, Fristen	Rechtsfolge bei Nichtbeseitigung von Mängeln oder Fristversäumnis	Weiterbehandlungs-/ Wiedereinsetzungs-Möglichkeit
54	Spezialfall: 3. Jahresgebühr für Euro-PCT-Anmeldung	Art. 39 (1) PCT Art. 153 iVm Art. 86 EPÜ RiLi A-X, 5.2.4	**R 159 (1) g):** 3. JG innerhalb von **31 M** ab AT oder PT, wenn die Frist nach **R 51 (1)** früher abläuft **Vorsicht: R 51 (1) bezieht sich auf AT** (nicht Prio-Tag) Kein »Ultimo-to-Ultimo« Prinzip	**R 51 (2):** Innerhalb von 6 M nach Fälligkeit + 50 % Zuschlag **(Art. 2 (1) Nr. 5 GebO, Aussetzung** vom 01.06. bis 31.08.20 – Abl. 2020, A70). Berechnet sich die Fälligkeit nach **R 159 (1) g)** nach 31 M, so handelt es sich hier um eine **zusammengesetzte Frist - kein »Ultimo-to-Ultimo« Prinzip** (siehe aufgehobene **RAusk 5/93**)	**Art. 86 (1):** Anmeldung gilt als zurückgenommen	WB (–), Art. 121 (4) ausgenommen durch R 135 (2) WE (+), Art. 122 (1)
55			**Beispiel für JG:** AT: 15.01.2000 3. Patentjahr vom 16.01.2002 bis 15.01.2003 3. JG fällig am 31.01.2002 Nachfrist endet am 31.07.2002 (↯**J 4/91**: keine zusammengesetzte Frist, Fälligkeitstag ist immer der Monatsletzte)			
56	Jahresgebühren	R 131 (2)	**Erstes Patentjahr** beginnt am Tag nach der Anmeldung als fristauslösendes Ereignis und endet am Jahrestag der Anmeldung (**R 131 (2)**)			
57	Vorauszahlung	R 51 (1)	Eine **Vorauszahlung** der JG kann frühestens 3 M vor ihrer Fälligkeit erfolgen. Geht die Anmeldung vor dem Fälligkeitstag unter, ist die JG zurückzuerstatten. **Ausnahme:** Für das 3. Jahr kann JG bereits 6 M vor Fälligkeit wirksam entrichtet werden.			
58	Ende der JG-Zahlung	Art. 86 (2)	Die Verpflichtung zur Zahlung von Jahresgebühren (an das EPA) endet mit Zahlung der Jahresgebühr, die für das Jahr fällig ist, in dem der Hinweis auf Erteilung nach **Art. 97 (3)** bekannt gemacht wird (bei obigem Beispiel keine vierte JG, wenn Hinweis auf Erteilung am oder vor dem 15.01.2003).			
59	Abhängigkeit der Erteilung eines eP in von der Bezahlung der JG	Art. 97 (1) R 71 (9)	eP wird nur erteilt, wenn fällige JG (+ evtl. Zuschlagsgebühr) bezahlt wurde. **R 71 (9):** Wird eine **JG nach Mitteilung gemäß R 71 (3)** und vor dem Tag der frühestmöglichen Bekanntmachung des Hinweises auf Erteilung fällig, so wird der Hinweis erst bekanntgemacht, wenn die JG entrichtet ist.			
60	WE	Art. 122	**WE** ist bei Versäumung der Nachfrist, nicht schon bei Versäumung der Grundfrist möglich. **Art. 122 (2):** Die Ausschlussfrist von einem Jahr für die WE läuft ab Ablauf der 6 M Nachfrist (ABl. 2007, Sonderausgabe 5, S. 220) → 📖 S/S Art. 86 Rd 23, 33			
61	Mitteilung bei Versäumter JG-Zahlung	↯J 12/84	EPA versendet **Mitteilung bei Fristversäumnis** von Jahresgebühren. Hierzu besteht jedoch keine Verpflichtung, so dass aus einer Unterlassung der Benachrichtigung keine Rechte hergeleitet werden können (📖 S/S Art. 86 Rd 24).			
62	JG für eP nach Erteilung	Art. 141	Jahresgebühren für das Patent für die an das in **Art. 86 (2)** genannten Jahr anschließende Jahre **Art. 141 (2):** Mindestfrist von 2 M nach Hinweis auf Erteilung des eP (nach **Art. 97 (1)** iVm **R 71 (3)**) für die Zahlung der ersten nationalen JG (ohne Zuschlagsgebühr) (WE (–), da Frist nicht gegenüber EPA einzuhalten ist).			
63	Gebührenänderung	BdV vom 5.12.1986	Maßgeblich ist Tag der Zahlung.			

Gebühren H.

Jahresgebühren für ePA (Fortsetzung)

Verfahrenshandlung	Rechtsnorm	Details	
Einfluss der Prio auf JG	Art. 86 (1) R 131 (2)	Beanspruchte Prio spielt für Berechnung der JG keine Rolle	64
Rückerstattung von JG		Nur, wenn kein Rechtsgrund vorlag, z.B. wenn Anmeldung zum Zahlungszeitpunkt nicht mehr bestand.	65
Aussetzung	R 14 (4)	Bei **Aussetzung** des Verfahrens (mangelnde Berechtigung des Anmelders) läuft Frist zur Zahlung der JG weiter. Jeder darf JG bezahlen (s.o.).	66
Unterbrechung	R 142 (4) RiLi E-VII, 1.5	Bei Wiederaufnahme sind JG am Tag der Aufnahme fällig, wenn die Jahresgebühren während der Unterbrechung fällig waren (✎J 902/87). Läuft bei Unterbrechung die Frist zur Zahlung der JG mit Zuschlagsgebühr, beginnt diese am Tag der Aufnahme für die verbleibende Zeit wieder zu laufen.	67
Zahlungs-erinnerungen	✎J 25/12	**Zahlungserinnerungen** durch das EPA implizieren nicht, dass eine fristgerechte Bezahlung früherer JG erfolgte.	68

H. Gebühren

Jahresgebühren für ePA (Übersicht)

	Art der JG	Fälligkeitstag	JG innerhalb Frist zahlbar	Ablauf der Nachfrist (+ 50% Zuschlagsgebühr)	Vorauszahlung der JG	Details
69	JG am dritten und jedem folgenden Jahrestag des AT R 51 (1)	am Monatsende des Monats, in den der AT fällt R 131 (3)	nein	letzter Tag der 6 M Frist nach Fälligkeit, R 134 ist zur Berechnung anzuwenden (siehe ↘J 4/91)	6 M vor Fälligkeit zahlbar	📄 H.46
70	JG am vierten und jedem folgenden Jahrestag des AT R 51 (1)	am Monatsende des Monats, in den der AT fällt R 131 (3)	nein	letzter Tag der 6 M Frist nach Fälligkeit, R 134 ist zur Berechnung anzuwenden (siehe ↘J 4/91)	3 M vor Fälligkeit zahlbar	📄 H.46
71	JG, die für SA am Tag der Einreichung einer TA fällig geworden sind R 51 (3)	am Tag der Einreichung der TA	innerhalb von 4 M nach Einreichung der TA	6 M nach Fälligkeit (AT der TA)	nein	📄 H.50
72	JG, die innerhalb von 4 M ab Einreichung der TA fällig wird	am Monatsende des Monats, in den der AT fällt	letzter Tag der 6 M Frist nach Fälligkeit	bis zu 3 M vor Fälligkeit, wenn SA anhängig ist	innerhalb von 4 M ab Einreichung der TA	📄 H.50
73	JG, die ab dem Tag an dem ein Rechtsverlust eintrat fällig geworden ist R 51 (4) a)	am Tag der Zustellung der Entscheidung über die WE	innerhalb von 4 M nach Zustellung der Entscheidung	6 M nach Zustellung der Entscheidung über WE	nein	
74	JG, an dem Tag an dem der Rechtsverlust eintrat bereits fällig, aber noch innerhalb der 6 M-Nachfrist war R 51 (4) b)	vor dem Tag an dem der Rechtsverlust eintrat	n.a.	6 M nach Zustellung der Entscheidung über WE	n.a.	
75	JG, die nach Wiederaufnahme vor BK fällig geworden ist R 51 (5) a)	am Tag der Zustellung der Entscheidung über Wiederaufnahme	innerhalb von 4 M nach Zustellung der Entscheidung	6 M nach Zustellung der Entscheidung	nein	
76	JG, die an dem Tag der Zustellung der Entscheidung der BK fällig, aber noch innerhalb der 6 M-Nachfrist war R 51 (5) b)	vor dem Tag, an dem die Entscheidung der BK erging	n.a.	6 M nach Zustellung der Entscheidung der GBK	n.a.	
77	JG für eine nach Art. 61 (1) b) eingereichte neue ePA R 51 (6)	für das Jahr des AT der neuen ePA und vorhergehende Jahre sind keine JG fällig				
78	3. JG für Euro-PCT-Anmeldung	letzter Tag der 31 M ab AT oder PT	innerhalb der 31 M	6 M nach Ende der 31 M (zusammengesetzte Frist)	6 M vor Fälligkeit zahlbar	📄 H.54

Gebühren H.

Jahresgebühren für das EU-Patent (Übersicht)

Verfahrenshandlung	Rechts-norm	Details und Fälligkeit	Unmittelbare Folgen eines Mangels, Mängel-beseitigung, Fristen	Rechtsfolge bei Nicht-beseitigung von Mängeln oder Fristversäumnis	Weiterbehandlungs-/Wiedereinsetzungs-Möglichkeit	
Jahresgebühren Art. 11 EPVO 2. Jahr: 35 € 3. Jahr: 105 € 4. Jahr: 145 € 5. Jahr: 315 € 6. Jahr: 475 € 7. Jahr: 630 € 8. Jahr: 815 € 9. Jahr: 990 € 10. Jahr: 1175 € 11. Jahr: 1460 € 12. Jahr: 1775 € 13. Jahr: 2105 € 14. Jahr: 2455 € 15. Jahr: 2830 € 16. Jahr: 3240 € 17. Jahr: 3640 € 18. Jahr: 4055 € 19. Jahr: 4455 € 20. Jahr: 4855 €	Art. 9 (1) e) EPVO R 13 DOEPS	An das EPA zu entrichten, keine nationalen Gebühren. Gemäß R 13 DOEPS gelten die gleichen Zahlungsfristen wie für ePA.	Innerhalb von 6 M$^{+10\,T}$ nach Fälligkeit, + Zuschlagsgebühr (50 % der JG) (Art. 2 (1) Nr. 2 GebOEPS).	Folge der Nichtentrichtung der JG (ggf. + Zuschlagsgebühr) erlischt das Einheitspatent gemäß R 14 (1) b) DOEPS. Das Erlöschen gilt am Fälligkeitstag der JG als eingetreten (R 14 (2) DOEPS).	**WE (+)**, R 22 DOEPS Antrag auf Entscheidung entsprechend R 112 (2) EPÜ (siehe R 20 (2) d) DOEPS). Diese Entscheidung ist mit einer Klage vor dem EPG anfechtbar.	79

Dreimonatige Sicherheitsfrist (R 13 (4) DOEPS) — 80

Fälligkeit von JG zwischen der Erteilung des eP und der Eintragung der einheitlichen Wirkung (R 13 (5) DOEPS) — 81

275

H. Gebühren

Weitere Gebühren

	Verfahrenshandlung	Rechtsnorm	Details und Fälligkeit	Unmittelbare Folgen eines Mangels, Mängelbeseitigung, Fristen	Rechtsfolge bei Nichtbeseitigung von Mängeln oder Fristversäumnis	Weiterbehandlungs-/Wiedereinsetzungs-Möglichkeit
82	**Einspruchsgebühr** Art. 2 (1) Nr. 10 GebO: 815 €	Art. 99 (1) Art. 105 (2) (für Beitritt)	**Art. 99 (1):** Innerhalb von 9 M nach Veröffentlichung des Hinweises auf Erteilung		**Art. 99 (1):** Einspruch gilt als nicht eingelegt (verspätet gezahlte Einspruchsgebühr wird zurückerstattet)	**WB (–), WE (–),** da Art. 122 sich auf Anmelder oder Inhaber bezieht
83	**Beschränkungsgebühr** Art. 2 (1) Nr. 10a GebO: 1210 €	Art. 105a (1) 3. Satz	Mit Stellung des Antrags auf Beschränkung		**Art. 105a:** Antrag gilt als nicht gestellt	**WB (–), WE (–),** da keine Frist
84	**Widerrufsgebühr** Art. 2 (1) Nr. 10a GebO: 545 €	Art. 105a (1) 3. Satz	Mit Stellung des Antrags auf Widerruf		**Art. 105a:** Antrag gilt als nicht gestellt	**WB (–), WE (–),** da keine Frist
85	**Beschwerdegebühr** Art. 2 (1) Nr. 11 GebO: • 1955 € für natürliche Person oder in R 6 (4)+(5) genannte Einheit (KMU (Def. In RiLi A-X, 9.2.1), öffentliche Forschungseinrichtung, NPO, Hochschulen;) • 2705 € für sonstige Einheit Seit 01.04.2020 (siehe M.35, Rückzahlung M. 95 ff.)	Art. 108	**Art. 108:** Innerhalb von 2 M nach Zustellung der Entscheidung **G 2/97:** Beschwerdekammer muss nicht das Fehlen aufmerksam machen		**Art. 108:** Beschwerde gilt als nicht eingelegt (verspätet gezahlte Beschwerdegebühr wird zurückgezahlt)	**WB (–),** Art. 121 (4) **WE (+),** Art. 122 für Anmelder **WE (–),** für Einsprechenden (T 210/89, → S/S Art. 108 Rd 1 ff.) aber: WE (+) für Anmelder oder Patentinhaber bzgl. Beschwerdebegründung **G 1/86**
86	**Gebühr für Überprüfungsantrag** (Entscheidung von BK durch GBK) Art. 2 (1) Nr. 11a GebO: 3025 €	Art. 112a (4)	**Art. 112a (4):** Wenn basierend auf Art. 112a a)-d), innerhalb von 2 M nach Zustellung der BK-Entscheidung; wenn basierend auf Art. 112a e) innerhalb von 2 M nach Feststellung der Straftat, spätestens aber 5 Jahre nach Zustellung		**Art. 112a (4):** Antrag gilt als nicht gestellt	**WB (–),** Art. 121 (4) **WE (+),** Art. 122
87	**Weiterbehandlungsgebühr** Art. 2 (1) Nr. 12 GebO: 265 € bzw. 50 % der entsprechenden Gebühr	Art. 121 (2)	**Art. 121 (2):** Innerhalb 2 M nach Zustellung der Entscheidung über die Zurückweisung		**Art. 121 (2):** Antrag gilt als nicht gestellt	**WB (–),** Art. 121 (4) **WE (+),** Art. 122, R 136
88	**Wiedereinsetzungsgebühr** Art. 2 (1) Nr. 13 GebO: 665 €	Art. 122 (3)	**Art. 122 (2), (3):** Innerhalb von 2 M nach Wegfall des Hindernisses **Art. 122 (3):** Spätestens innerhalb 1 J nach Fristablauf		**Art. 122 (3):** Antrag gilt als nicht gestellt	**WB (–),** Art. 121 (4) **WE (–),** da in Art. 122, R 136 (3) ausgeschlossen

Gebühren H.

	Weitere Gebühren (Fortsetzung)					
	Verfahrenshandlung	Rechtsnorm	Details und Fälligkeit	Unmittelbare Folgen eines Mangels, Mängelbeseitigung, Fristen	Rechtsfolge bei Nichtbeseitigung von Mängeln oder Fristversäumnis	Weiterbehandlungs-/ Wiedereinsetzungs-Möglichkeit
89	**Umwandlungs-gebühr** Art. 2 (1) Nr. 14 GebO: 80 € falls ePA zurückgenommen oder zurückgewiesen wurde	Art. 135 (1) b), (3) Art. 140	**Art. 135 (1) b), (3):** Innerhalb von 3 M, nachdem die Anmeldung als zurückgenommen gilt		**Art. 135 (4):** Wirkung nach **Art. 66** (nationale Hinterlegung) erlischt	**WB (+),** nach Art. 121 (4), R 135 (2) **WE (–),** da durch Art. 122, R 136 (3) ausgenommen
90	**Verspätete Einreichung des Sequenzprotokolls** Art. 2 (1) Nr. 14a GebO: 240 €	R 30 (3) R 13ter.1 c), R 13ter.2 PCT an ISA/IPEA in der int. Phase	**R 30 (3):** 2 M ab AT EPA: siehe 📖 A.58 PCT: siehe 📖 B.330		**R 30 (3):** Anmeldung wird zurückgewiesen	**WB (+),** nach Art. 121 (4), R 135 (2) **WE (–),** da durch Art. 122, R 136 (3) ausgenommen
91	**Kostenfest-setzungsgebühr** Art. 2 (1) Nr. 16 GebO: 80 €	Art. 104 Art. 106 R 88 (3)	**R 88 (3):** Innerhalb 1 M nach Zustellung der Kostenfestsetzung		**R 88 (3):** Antrag auf Kostenfestsetzung gilt als nicht gestellt	Beschwerde nur möglich, wenn Kosten höher als Beschwerdegebühr sind (R 97 (2), 📖 S/S Art. 104 Rd 86) **WB (–), WE (–)**
92	**Beweissicherungs-gebühr** Art. 2 (1) Nr. 17 GebO: 80 €	Art. 117 R 123 (3)	keine		**R 123 (3):** Antrag gilt als nicht gestellt	Keine Frist
93	**Gebühr für technisches Gutachten** Art. 2 (1) Nr. 20 GebO: 4055 €	Art. 25	**Art. 25:** EPA kann auf Ersuchen eines nationalen Gerichts im Rahmen einer Verletzungs- oder Nichtigkeitsklage ein technisches Gutachten über das eP erstellen, das Gegenstand des Rechtsstreits ist. Gutachten betrifft jedoch nicht die Rechtsbeständigkeit.			
94	**Veröffentlichungs-gebühr eines eP in geändertem Umfang** • nach Einspruch Art. 2 (1) Nr. 8 GebO: 80 €	R 82 (2), (3)	**R 82 (2):** Bei Einverständnis der Beteiligten mit Fassung des geänderten eP Aufforderung durch Einspruchs-abteilung zur Zahlung Gebühr und Einreichung Übersetzung innerhalb 3 M	**R 82 (3):** 2 M Nachfrist nach Mitteilung mit Zuschlagsgebühr	**R 82 (3):** Patent wird widerrufen	**WB (-),** da keine ePA **WE (+),** Art. 122, R 136 (3)
95	• nach Beschränkung Art. 2 (1) Nr. 8 GebO: 80 €	R 95 (3)	**R 95 (3):** Aufforderung zur Zahlung Gebühr und Einreichung Übersetzung innerhalb 3 M	**R 95 (3):** **R 82 (3)** ist entsprechend anzuwenden	**R 95 (4):** Antrag auf Beschränkung wird zurückgewiesen	Bei Beschränkung neuer Antrag sinnvoller
95a	**Eintragung von Rechtsübergangen** Art. 3 (1) GebO: 105 €	R 22 (2) ABl. 2020, A6	Eintragungsantrag gilt erst als gestellt, wenn eine Verwaltungsgebühr entrichtet worden ist			

H. Gebühren

Übersicht Gebühren bei PCT-Anmeldungen beim EPA				
Verfahrens-handlung	Rechtsnorm	Details		EPA=AA
96a **Gebühren** AG 5.184, 5.187	Art 14 (3) a) PCT Art. 3 (4) iv) PCT R 27.1 a) PCT	Die in Art. 14 (3) a) PCT genannten Gebühren gemäß Art 3 (4) iv) PCT sind die • **Übermittlungsgebühr** (R 14 PCT), • **int. Anmeldegebühr** (R 15.1 PCT), • **Recherchengebühr** (R 16 PCT) und • ggf. **Gebühr** für die **verspätete Zahlung** (R 16bis.2 PCT)		
96b Bestimmungs-gebühr	Art. 14 (3) a)+b) PCT Art. 4 (2) PCT R 27.1 b) PCT	Die in Art. 14 (3) a)+b) genannten Gebühren gemäß Art 4 (2) sind die **int. Anmeldegebühr** (R 15.1 - H.96c) und ggf. die **Gebühr** für die **verspätete Zahlung** (R 16bis.2 - H.96e) siehe B.248a f. sowie B.249 und B.251		Siehe H.96c und H.96e
96 Übermittlungs-gebühr für int. Anmeldung	R 14.1 PCT	**Vom AA festgesetzt** (DE: 90 €, IB: 100 CHF/92 €), zugunsten des AA, an das AA zu entrichten, Frist 1 M nach R 14.1 c). siehe B.43, B.248, H.8		R 157 (1): Innerhalb 1 M nach Einreichung zu entrichten 135 € nach Art. 2 (1) Nr. 18 GebO (geplant: 0 € - siehe H.1)
96c Internationale Anmeldegebühr	Art. 3 (4) iv) PCT R 15.1 PCT R 27.1 a) PCT	In GebVerz der PCT-Ausführungsverordnung festgesetzt: 1330 CHF + 15 CHF pro Seite über 30 Seiten, zugunsten des IB, an das AA zu entrichten, Frist 1 M nach R 15.3. Siehe B.44 ff., B.249. H.7		EPA/DE: 1217 € + 14 €
96d Internationale Recherchen-gebühr	R 16.1 PCT	**Von der ISA festgesetzt**, zugunsten der ISA für Durchführung der internationalen Recherche, an das AA zu entrichten, Frist 1 M nach R 16.1 f), R 15.3. siehe B.45 f., H.21		Art. 152, R 158 (1) Art. 5 EPO/WIPO-Vereinbarung Art. 2 (1) Nr. 2 GebO 1775 € (1875 € bis 31.03.2018)
96e Gebühr für verspätete Zahlung AG 5.193 ff.	R 16bis.2 PCT	Werden Gebühren gemäß **Art. 3 (4) iv)** nach Aufforderung nach **R 16bis.1 a)** durch das AA vom Anmelder innerhalb geforderter Frist mit **Zuschlag** nach **R 16bis.2** (EPA: 50 %) nicht gezahlt, gilt PCT-Anmeldung nach **R 16bis.1 c) i), Art. 14 (3) a)** als zurückgenommen. siehe B.251		
96f Währung AG 5.186	R 15.2 b) PCT	Für die **Anmeldegebühr** (R 15.1) schreibt das **AA** die **Währung vor**. Sonstige vorgeschriebene **Währung** ist gemäß dem Gebührenverzeichnis der **Schweizer Franken**; jedes AA kann Gegenwert für Gebühr festlegen (**R 15.2 d) i)**), ggf. ist AA für das Umwechseln der vorgeschriebenen Währung in Schweizer Franken verantwortlich (**R 15.2 d) ii)**) - siehe B.252		Euro
96g **Gebühren-änderung** AG 5.192	R 15.3 PCT R 16.1 f) PCT	Bei Gebührenänderung ist der beim Zeitpunkt des Eingangs geltende Betrag maßgeblich. siehe B.256		

Gebühren H.

Übersicht Gebühren bei PCT-Anmeldungen beim EPA

Verfahrens-handlung	Rechtsnorm	Details	EPA=AA	
Prüfungs-gebühr für ivP	Art. 31 (5) PCT R 58.1 PCT	Von IPEA festgesetzt, an IPEA - siehe B.123 f., B.102, H.27	Art. 2 (1) Nr. 19 GebO 1830 € (1930 € bis 31.03.2018)	97
Bearbeitungs-gebühr	R 57 PCT	In PCT Fee Table, Table II festgesetzt, an IPEA, zugunsten IB - siehe B.124 f., B.102, H.28	183 € (PCT Fee Table, Table II, Stand 01.01.2020)	97a
Zusätzliche Recherchen-gebühr bei Un-einheitlichkeit in Rahmen der ivP	Art. 34 (3) a) PCT	**R 68.2 iv) PCT**: Innerhalb 1 M nach Aufforderung Von IPEA festgesetzt, an IPEA – siehe B.138, H.29	R 158 (2) Art. 2 (1) Nr. 2 GebO 1775 € (1875 € bis 31.03.2018)	98
Widerspruchs-gebühr gegen Un-einheitlichkeit	R 68.3 c), e) PCT	**R 68.2 v) PCT**: Innerhalb 1 M nach Aufforderung (also gleichzeitig mit zusätzlicher R.-Gebühr) Siehe B.68 f., B.140, H.30	Dienstleistung durch EPA=IPEA R 158 (3) Art. 2 (1) Nr. 21 GebO 910 €	99
Überprüfungs-gebühr Un-einheitlichkeit (SISA)	R 45bis.6 c) PCT	1 M nach Benachrichtigung Siehe B.87a	R 158 (3) Art. 2 (1) Nr. 22 GebO Im Fall einer ergänzenden int. Recherche EPA=SISA, (seit 01.07.2010) ABl. 2020, A3: 910 €	100

Übersicht Zuständigkeit der Ämter bei Gebührenzahlung im Rahmen PCT-Anmeldungen 101a

Gebührenart	Festsetzung durch	Zahlung an	Zahlung zugunsten	Bezug
Übermittlungsgebühr	AA	AA	AA	B.43, H.8
Anmeldegebühr	Geb.-Verz.	AA	IB	B.44, H.7
Recherchegebühr (Kap. I)	ISA	AA	ISA	B.45, H.21
Zusätzliche Gebühr Uneinheitlichkeit (Kap. I)	ISA	ISA	ISA	B.66 f, H.22
Widerspruch Uneinheitlichkeit (Kap. I)	ISA	ISA	ISA	B.68 f, H.23
Zusätzliche Gebühr bei verspäteter Einreichung fehlender Bestandteile	ISA	ISA	ISA	B.46b f., H.23a
Ergänzende int. Recherche (SIS)	SISA	SISA	SISA	B.84, H.24
Bearbeitungsgebühr (SIS)	Geb. Verz.	IB	IB	B.83, H.25
Zusätzliche Gebühr Uneinheitlichkeit (SIS)	SISA	SISA	SISA	B.87, H.26
Gebühr für int. Vorläufige Prüfung (ivP – Kap II)	IPEA	IPEA	IPEA	B.123, H.27
Bearbeitungsgebühr (ivP – Kap. II)	Geb.-Verz.	IPEA	IB	B.124, H.28
Zusätzliche Gebühr Uneinheitlichkeit (ivP – Kap. II)	IPEA	IPEA	IPEA	B.136 ff, H.29
Widerspruch Uneinheitlichkeit (ivP – Kap. II)	IPEA	IPEA	IPEA	B.140 ff, H.30

H. Gebühren

Anspruchsgebühren für den 16. bis 50. jeweils 245 €, ab dem 51. Anspruch jeweils 610 €, Art. 2 (1) Nr. 15 GebO					
Verfahrenshandlung	Rechtsnorm	Details und Fälligkeit	Unmittelbare Folgen eines Mangels, Mängelbeseitigung, Fristen	Rechtsfolge bei Nichtbeseitigung von Mängeln oder Fristversäumnis	Weiterbehandlungs-/ Wiedereinsetzungs-Möglichkeit
101 **Einreichung einer ePA** 📄 A.50		**R 45 (1)**: Fällig bei Einreichung der Anmeldung Frist: 1 M	**R 45 (2)**: Innerhalb 1 M nach Mitteilung der Fristversäumnis	**R 45 (3)**: Gilt als Verzicht auf die entsprechenden Ansprüche	**WB (+)**, nach Art. 121 (4), R 135 (2) **WE (−)**, da durch Art. 122, R 136 (3) ausgenommen
102 **Einreichung einer Euro-PCT-Anmeldung** 📄 B.216 ff.	R 48 (2) PCT Art. 153 R 162 (1) R 159 (1) b)	**R 162 (1)** **R 159 (1) b)**: Innerhalb 31 M ab AT oder PT	**R 162 (2)**: Anspruchsgebühren können noch innerhalb Frist von 6 M nach Mitteilung gemäß R 161 (1) oder (2) bezahlt werden. Bei Änderungen der Ansprüche innerhalb dieser Frist werden Anspruchsgebühren auf Grundlage der Änderungen ggf. neu berechnet, so dass für zusätzliche Ansprüche weitere Anspruchsgebühren entrichtet werden müssen. **Achtung**: Bei Verzicht auf Mitt. nach R 161 (1) oder (2) und R 162 werden Gebühren nicht durch das autom. Abbuchungsverfahren (VAA) eingezogen - ABl. 2015, A52, V, 16, RiLi C-V, 4.11 (siehe auch 📄 H.267, 📄 H.292 f.)	**R 162 (4)**: Gilt als Verzicht auf die entsprechenden Ansprüche	**WE Euro-PCT (−)**, da durch Art. 122, R 136 (3) ausgenommen 📖 S/S Art. 153 Rd 422 ff.
102a	R 162 (2), (3) RiLi E-IX, 2.1.3 RiLi E-IX, 2.3.8[19]	Bei Änderung der Anzahl der Ansprüche als Reaktion auf die Mitteilung nach **R 161 EPÜ** wird die geänderte Anzahl zur Berechnung der Gebühren herangezogen. Zuviel erstattete Gebühren werden zurückerstattet			
103 **Erteilung** (für jeden über den 15. Anspruch hinausgehenden sofern nicht bereits gemäß R 45 (1) bzw. R 162 (1) bezahlt)	Art. 97 (1) R 71 (4)	**R 71 (4)**: Innerhalb der Amtsfrist von 4 M gemäß **R 71 (3)**		**R 71 (7)**: Anmeldung gilt als zurückgenommen	

280

Gebühren H.

Anspruchsgebühren (Fortsetzung)			
Verfahrenshandlung	Rechtsnorm	Details	
Anspruchsgebühren bei mehreren Anspruchssätzen, Reduzierung Grundlage für Berechnung, etc.	👉J 8/84	Bei mehreren Anspruchssätzen für verschiedene VS (**R 138**) ist der Anspruchssatz mit den meisten Ansprüchen maßgebend.	105
	👉J 9/84	Ein Verzicht auf einen der ersten zehn Ansprüche hat keine Auswirkung auf die Gebühren für den elften und jeden weiteren Anspruch.	106
Anspruchsgebühren bei automatischen Abbuchungsauftrag ABl. 2019, Zusatzpublikation 4, A.2, I.4	R 45	Will der Anmelder **keine** oder **nicht alle Anspruchsgebühren** für die gebührenpflichtigen Ansprüche entrichten, so muss er dies dem EPA vor Ablauf der Frist nach R 45 (2) Satz 1 mitteilen.	107
	R 162 R 161 (1) oder (2)	Kontoinhaber, der auf Recht **verzichtet** haben, **Mitteilung** nach R 161 (1) der (2) zu erhalten, müssen beim Eintritt in die europäische Phase fällige Anspruchsgebühren mittels einer anderen zugelassenen Zahlungsart entrichten (RiLi C-V, 4.11, ABl. 2019, Zusatzpublikation 4, Anhang A.2, zu Nr. 3 VAA I.4, ABl. 2015, A52, V, 16 - 📄 H.267,📄 H.292 f.)	108
	~~R 71 (4), (3)~~	~~Kontoinhaber, der auf Recht **verzichtet** hat, weitere **Mitteilung** nach R 71 (3) zu erhalten, hat Anspruchsgebühren gesondert mittels einer anderen zugelassenen Zahlungsart entrichten (RiLi C-V, 4.11, ABl. 2019, Zusatzpublikation 4, Anhang A.2, zu Nr. 3 VAA I.4, ABl. 2015, A52, V, 16 - 📄 H.267, 📄 H.292 f.).~~ Gemäß ABl. 2020, A73 aufgehoben.	109

H. Gebühren

Gebühren und Auslagen nach Art. 3 (1) GebO (Verwaltungsgebühren)			
(siehe ABl. 2020, A6, gültig ab 01.04.2020)			
Verfahrenshandlung	Rechtsnorm	Code	Details
110 **Eintragung** von **Rechtsübergängen**	R 22 (2) EPÜ	022	105 €
111 **Eintragung und Löschung** von **Lizenzen und anderen Rechten**	R 23 EPÜ	023	105 €
113 **Beglaubigte Abschrift** • einer **ePA**, einer **int. Anmeldung** und Bescheinigung des Anmeldezeitpunkts (**Priobeleg**) • der **Urkunde** über eP mit beigefügter Patentschrift • **sonstiger Unterlagen**	R 54 EPÜ R 17.1 b) PCT R 21.2 PCT R 74 EPÜ	029	105 €
115 **Online-Akteneinsicht** in ePA und eP	Art. 128 (4) EPÜ		Online: Kostenlos
119 **Auskunftserteilung** aus den Akten einer ePA	R 146 EPÜ	030	105 €
120 **Zusätzliche Kopie** der im europ. RB aufgeführten Schriften		055	105 €
120a **Gebühr für eine Recherche intern. Art** • für Erstanmeldungen • für alle anderen Fälle	Art. 15 (5) PCT	004	 1255 € 1965 €
120b **Gebühr für die verspätete Einreichung** eines **Sequenzprotokolls**	R 13ter.1 c) PCT R 13ter.2 PCT	066	240 €
121 **Grundgebühr für die europäische Eignungsprüfung für zugelassene Vertreter** (ABl. 2012, 210)	Art. 17 VEP R 7-9 ABVEP		200* € *Subvention möglich (siehe ABl. 2019, A98, 4.2)
Verwaltungsgebühr gemäß Art. 11 (3) ii) PCT zwischen EPA und WIPO			
124 **Auslagen für Kopien**	R 44.3 b) PCT R 71.b) PCT R 94.2) PCT		0,80 € pro Seite

Gebühren H.

Ermäßigung von Gebühren RiLi A-X, 9			
Verfahrenshandlung	Rechtsnorm, Rechtsprechung	Details	125
Ermäßigung bei Online-Einreichung	Art. 2 (1) Nr. 1 GebO	Anmeldegebühr 125 € statt 260 €	126
Ermäßigung bei Verwendung einer zugelassenen Nichtamts- sprache	Art. 14 (2),(4) R 6 (3)-(7) Art. 14 (1) GebO	Ermäßigung der Anmelde- und der Prüfungsgebühr um 30 % (ABl. 2014, A23) S/S Art. 14 Rd 46 ff. **RiLi A-X, 9.2.1** Auch mit Anmeldegebühr verbundene **Zusatzgebühren** für Seiten >35 (H.3) sowie Teilanmeldungen (H.4) sind **ermäßigungsfähig** – RiLi A-X, 9.2.2 »zugelassene Nichtamtssprachen« siehe E.1	127
Allgemein/ Berechtigte	Art. 14 (2), (4) R 6 (3), (4)-(7) Art. 14 (1) GebO RiLi A-X, 9.2.1	**ABl. 2014, A23 sowie 2014, A4:** Für ab 01.04.2014 eingereichte ePA sowie internationale Anmeldungen, die ab diesem Tag in die europäische Phase eingetreten sind, gelten für den Anmelder Gebührenermäßigung nach **Art. 14 (4)** iVm **R 6 (3)**, insbesondere nach **R 6 (4)** für a) kleine und mittlere Unternehmen (KMU - Definition nach R 6 (5), RiLi A-X, 9.2.1), b) natürliche Personen oder c) Organisationen ohne Gewinnerzielungsabsicht, Hochschulen oder öffentliche Forschungseinrichtungen.	128
	G 6/91	**Anspruch auf Gebührenermäßigung** (30% - Art. 14 (1) GebO), wenn das wesentliche Schriftstück (Beschreibung – RiLi A-X, 9.2.2) der ersten Verfahrenshandlung (im **Anmelde-**, **Prüfungs-**, ~~Einspruchs- und Beschwerde~~verfahren) in einer zugelassenen Nichtamtssprache eingereicht wird (Für Einspruchs- und Beschwerdeverfahren nicht mehr gültig seit 01.04.2014, ABl. EPA 2014, A23). Die Übersetzung in eine Amtssprache darf gleichzeitig, aber nicht früher eingereicht werden.	129
	T 905/90	Es kommt nicht darauf an, ob dieses **Schriftstück sprachlich** besonders **anspruchsvoll** ist.	130
	J 21/98	Antrag kann in **Nichtamtssprache** eingereicht werden, erst durch Zahlung der Prüfungsgebühr nach **Art. 94 (2)** wird Prüfantrag wirksam.	131
	T 149/85	Privilegiert sind nur Verfahrensbeteiligte (**nicht** Vertreter) ~~Es reicht, wenn einer von mehreren Anmeldern berechtigt ist.~~	132
	RiLi A-X, 9.2.2	Wesentliches Schriftstück ist Beschreibung, da Zuerkennung eines AT nicht von Einreichung Anspruch abhängt.	133
	R 6 (6)	**Antrag** auf Gebührenermäßigung muss entsprechende **Erklärung enthalten**.	134
	R 6 (7) RiLi A-X, 9.2.1	Bei **mehreren Anmeldern** muss R 6 (4) für jeden Anmelder erfüllt sein. Änderung des Status nach R 6 (4) nach Abgabe der Erklärung hat keine Rückwirkung auf gewährte Gebührenermäßigungen.	135

H. Gebühren

Ermäßigung (Fortsetzung)

	Verfahrens-handlung	Rechtsnorm, Rechtsprechung	Details
136	**Gebühren-ermäßigung** nach Art. 14 GebO RiLi A-X, 9	Art. 14 (1) GebO	Die Ermäßigung der **Anmelde- und Prüfungsgebühr** nach **Art. 14 (4)** iVm **R 6 (3)** beträgt **30 %**. Ermäßigung nach R 6 (3) nur für Berechtigte nach R 6 (4), R 6 (7)
137		Art. 14 (2) GebO	**Ermäßigung für Prüfungsgebühr** um 75 %, wenn das EPA als IPEA nach Art. 34.3 c) PCT, **R 159 (1) e)** tätig war, und Prüfung Gegenstand des IPER betrifft - ABl. 2018, A26 - siehe A.417, B.212
138		Euro-PCT EPA=ISA	Zusätzlich zur Ermäßigung von 30 % erhalten die nach **Art. 14 (4)** iVm **Art. 14 (2) + R 6 (3)** Berechtigten weitere 75 % (50 % bis zum 31.03.2018) (→ Gesamtermäßigung 82,5 % (65 % bis zum 31.03.2018) (RiLi A-X, 9.3.2) - ABl. 2018, A4 (siehe A.418, B.213)
139		G 6/91	**Anspruch auf Gebührenermäßigung** (30% - Art. 14 (1) GebO), wenn das **wesentliche Schriftstück** (**Beschreibung** – RiLi A-X, 9.2.2, **Prüfantrag** – RiLi A-X, 9.2.3) der ersten Verfahrenshandlung (im **Anmelde-**, **Prüfungs-**, ~~Einspruchs- und Beschwerde~~verfahren) in einer zugelassenen Nichtamtssprache eingereicht wird (Für Einspruchs- und Beschwerdeverfahren nicht mehr gültig seit 01.04.2014, ABl. EPA 2014, A23). Übersetzung in Amtssprache darf gleichzeitig, aber nicht früher eingereicht werden.
140		T 149/85	Verwendung der Nichtamtssprache hängt vom Beteiligten/Anmelder/Einsprechenden ab, nicht vom Vertreter.
141	Anmelde-gebühr	RiLi A-X, 9.2.2	Wesentlichen Teile (**Beschreibung** ~~und Ansprüche~~) sind in zugelassener Nichtamtssprache einzureichen.
142	Frist	R 6 (1)	Übersetzung nach Art. 14 (2) ist innerhalb von 2 M einzureichen.
143	Prüfungs-gebühr	RiLi A-X, 9.2.3	**Prüfungsantrag** ist in der zugelassenen Nichtamtssprache einzureichen, z.B. durch Verwendung des dreisprachigen Formblatts 1001 für den Erteilungsantrag und gleichzeitiges Einfügen des Prüfungsantrags in der zugelassenen Nichtamtssprache, S/S Art. 94 Rd 42 ff. - **Art. 94 (2)**
144	Frist	Art. 94 (1) R 70 (1) RiLi A-X, 9.2.3	Spätestens innerhalb 6 M nach Hinweis auf Veröffentlichung des europäischen RB - RiLi A-X, 9.2.3
145	Zusatzgebühr Seitenanzahl >35 Seiten	RiLi A-X, 9.2.2	Ermäßigung möglich, da Zusatzgebühr Teil der Anmeldegebühr ist
146	Zusatzgebühr Teil-anmeldung	RiLi A-X, 9.2.2	Ermäßigung möglich, da Zusatzgebühr Teil der Anmeldegebühr ist
147	**Gebühren-ermäßigung bei PCT-Anmeldung** AG 5.188 ABl. 2018, Zusatz-publikation 2 ABl. 2019, A111 siehe B.253 ff.	Nr. 4 GebVerz	**Ermäßigung** der int. Anmeldegebühr bei **elektronischer Einreichung** • nicht zeichenkodierter Antrag: 92 €, • zeichenkodierter Antrag: 183 €, zeichenkodierter Antrag, Beschreibung, Ansprüche und Zusammenfassung: 275 €
148		Nr. 5 GebVerz	90 % Reduktion der internationalen Anmeldegebühr nach Nr. 1 (zusätzlich zur Reduktion nach Nr. 4), der Bearbeitungsgebühr für die ergänzende Recherche nach Nr. 2 und Bearbeitungsgebühr nach GebVerz Nr. 3, falls alle Anmelder aus einem Land mit einem festgelegten Pro-Kopf BIP oder einem von der UN als Entwicklungsland eingestuften Land stammen.
149			Ermäßigung Gebühren um 75 % für int. Recherche, ergänzende int. Recherche (jeweils Art. 2 (1) Nr. 2 GebO) und int. vorläufige Prüfung (Art. 2 (1) Nr. 19 GebO), wenn • (alle) Anmelder (natürliche Personen) Staatsangehörigkeit und Wohnsitz in einem von der Weltbank als Staat mit niedrigem Einkommen oder mittlerem Einkommen im unteren Bereich eingestuft besitzen, oder • (alle) Anmelder (natürliche oder juristische Person) Staatsangehörigkeit und Wohnsitz oder Sitz im Sinne der R 18 PCT in einem Staat besitzen, in dem ein Validierungsabkommen mit dem EPA in Kraft ist Vereinbarung WIPO-EPA (ABl. 2017, A115, Anhang D) und BdV vom 12.12.2019 (ABl. 2020, A4)
150			Übersicht der Staaten, die in den Verzeichnissen der Weltbank als Staaten mit niedrigem Einkommen oder mit mittlerem Einkommen im unteren Bereich geführt werden (Stand: 01.07.2018).

Gebühren H.

Rückerstattung von Gebühren
ABl. 2019, A26, RiLi A-X, 10

Rückerstattungsverfahren (seit dem 01.04.2019) — 150a

Verfahrens-handlung	Details		
Rück-erstattung auf LK siehe H.251a ff.	Erstattungs-empfänger	• Gebührenerstattung auf das vom Verfahrensbeteiligten im Rückerstattungsanweisung genannte LK; Angabe eines LK eines Dritten möglich • Bei Diskrepanz zwischen Namen des Kontoinhabers und angegebener Kontonummer hat Kontonummer Vorrang • Anweisung wird in Akte aufgenommen und bis sie aktualisiert wird als Grundlage verwendet • Bei zugelassenen Vertretern wird Bevollmächtigung zur Entgegennahme von Zahlungen auf deren LK angenommen • EPA erlässt Rückzahlungsmitteilung an Verfahrensbeteiligten mit Info über LK gemäß Akte, auf das Rückerstattung erfolgen soll	150b

	Erteilung und Aktualisierung Rückerstattungs-anweisungen	• Anweisung sollte frühzeitig in elektronisch verarbeitbarem Format (XML) erteilt werden. Dieses Format wird bald obligatorisch sein.
		• Aktualisierung jederzeit möglich.
		• Erteilung für
		  • ePA/eP über Online-Einreichung des EPA oder über Online-Einreichung (CMS) mittels EPA Form 1001E, 1200E oder 1038E;
		  • int. Anmeldungen mittels Formblatt PCT/RO/101 über die Online-Einreichung des EPA, die neue Online-Einreichung (CMS) oder über ePCT.
			150c

	Gültigkeit der Rückerstattungs-anweisung	• Rückerstattungsanweisungen für int. Anmeldungen vor dem EPA als AA, (S)ISA oder IPEA sind beim EPA einzureichen und gelten nur für Rückerstattungen in der int. Phase. Für Rückerstattungen in der europäischen Phase ist neue Anweisung notwendig, vorzugsweise mittels EPA Form 1200E • Wirksamkeit der Anweisung erst bei Bearbeitung durch EPA • Empfehlung zur Aktualisierung der Rückerstattungsanweisung bei Vertreterwechsel. • EPA löscht von Amts wegen alle Anweisungen eines aus dem Verfahren ausgeschiedenen Anmelders oder Vertreters	150d
Rück-erstattung auf Bankkonto RiLi A-X, 10.3.2	Falls EPA nicht auf LK zurückerstatten kann, fordert es den Beteiligten auf, die Rückerstattung über seine Webseite einzulösen. Hierzu wird eine gesonderte Mitteilung mit einem Rückerstattungscode versandt, die nicht in den öffentlichen Teil der Akte aufgenommen wird. Registrierung des Beteiligten auf spezieller Seite des EPA zur Eingabe der Kontoverbindung erforderlich. Diese Kontoverbindung kann für zukünftige Rückerstattungen gespeichert werden. Für künftige Rückerstattungen auf LK ist Erteilung entsprechender Anweisung möglich.		150e

H. Gebühren

Rückerstattung (Fortsetzung)			
	Verfahrens-handlung	Rechtsnorm	Details
151	**Recherchen-gebühr** ePA	Art. 9 (1) GebO	Die für eine europäische oder ergänzende europäische Recherche entrichtete Recherchengebühr wird zurückerstattet, wenn die Anmeldung vor Beginn der Erstellung des RB zurückgenommen oder zurückgewiesen wird oder als zurückgenommen gilt.
152		Art. 9 (2) GebO	Hat das EPA bereits einen RB für den Gegenstand der Anmeldung erstellt (Prio einer EP-Anmeldung, TA, Anmeldung des Berechtigten nach Art. 61, R 17), und kann den RB ganz oder teilweise verwerten, wird die R.-Gebühr zurückerstattet.
153		BdP vom 17.11.2017 (ABl. 2019, A4, A5) MdP vom 09.01.2009 (ABl. 2009, 99) RiLi A-X, 10.2.1 bei mangelnder Einheitlichkeit: RiLi B-VII, 2.1 RiLi C-III, 3.3	**Rückerstattung** der Gebühr für die **europäische Recherche** oder die **ergänzende europäische Recherche** durch das EPA bei **Vorlage einer früheren verwertbaren Recherche**, bei teilweiser Verwertung nur teilweise Rückerstattung (ABl. 2019, A4 (seit 01.12.2017 gültig)): • Zu **100 %** bzw. **25 %** bei Verwendung einer früheren Recherche **mit schriftlichem Bescheid** bei • einer europäischen Recherche (**Art. 92**) für ab 01.07.2005 eingereichten ePA,
154			• Zu **84 %** bzw. **21 %** bei Verwendung einer früheren Recherche **mit schriftlichem Bescheid** bei • einer internationalen Recherche mit schriftl. Bescheid (**Art. 15 (1) PCT**) für ab 01.01.2004 eingereichte PCT-Anmeldung oder ergänzender internationalen Recherche (**R 45bis PCT**), oder • einer Recherche für ein nationales Amt (BE, CY, FR, GB, GR, IT, LT, LV, LU, MC, MT, NL, SM, TR).
155			• Zu **70 %** bzw. **17,5 %** bei Verwendung einer früheren Recherche **ohne schriftlichen Bescheid** bei • einer europäischen Recherche (**Art. 92**) für ab 01.07.2005 eingereichte ePA, • einer internationalen Recherche (**Art. 15 (1) PCT**) für eine vor dem 01.01.2004 eingereichten PCT-Anmeldung, • einer Recherche internationaler Art (**Art. 15 (5) PCT**), • einer Standardrecherche, • einer Recherche für nationales Amt (BE, CY, FR, GR, LU, NL, TR).
156	TA	RiLi A-IV, 1.8	Ganz oder teilweise Rückerstattung der Recherchengebühr bei TA z.B. bei Uneinheitlichkeit entrichteter zusätzlicher Recherchengebühr; Recherchengebühr muss jedoch entrichtet worden sein - siehe 🗎 H.153 f., 🗎 J.71,
156a	PCT-Anmeldung	R 16.3 PCT R 41.1 PCT	Teilweise Rückerstattung R.-Gebühr für PCT-Anmeldung, die auf früherer PCT-Anmeldung basiert und für die bereits Recherche von gleicher ISA erstellt wurde und auf dieser Recherche aufbaut wurde. (ABl. 2019, A5, 📖 S/S Art. 152 Rd 114 ff.) - siehe 🗎 H.19
157		Art. 5 (2) i) + Anhang C, Teil II (3) Vereinbarung zwischen EPA und IB	Rückerstattung der **internationalen Recherchengebühr** durch das EPA als ISA bei Vorlage einer früheren verwertbaren Recherche, bei teilweiser Verwertung nur teilweise Rückerstattung (ABl. 2019, A5 (seit 01.12.2017 gültig)): • Zu **100 %** bzw. **25 %** bei Verwendung einer früheren Recherche **mit schriftl. Bescheid** bei • einer europäischen Recherche für ab 01.07.2005 eingereichte ePA, • einer internationalen Recherche (**Art. 15 (1) PCT**) oder • einer ergänzenden internationalen Recherche (**R 45bis PCT**), • einer Recherche für ein nationales Amt (BE, CY, FR, GB, GR, IT, LT, LV, LU, MC, MT, NL, SM, TR). • Zu **70 %** bzw. **17,5 %** bei Verwendung einer früheren Recherche **ohne schriftl. Bescheid** bei • einer Recherche internationaler Art (**Art. 15 (5) PCT**).
158	Nicht-Ein-verständnis Höhe Rück-erstattung	RiLi A-X, 10.2.1	Falls **Anmelder nicht einverstanden** mit von der Rechercheabteilung **festgelegten** Höhe der **Rückerstattung**, Beantragung einer **beschwerdefähigen Entscheidung** (**Art. 106 (2)**), Zuständig ist Eingangsstelle, solange noch nicht an Prüfungsabteilung übergegangen (R 10).
160	Fehlender Rechtsgrund	RiLi A-X, 10.1.1	Rückerstattung mangels Rechtsgrunds, z.B. wenn Anmeldung kein AT zuerkannt wurde.

Gebühren H.

Rückerstattung (Fortsetzung)			
Verfahrens-handlung	Rechtsnorm	Details	
Prüfungs-gebühr RiLi A-VI, 2.5 ABl. 2016, A48, A49 In Kraft seit 01.07.2016 📖 S/S Art. 94 Rd 49 ff.	Art. 11 a) GebO	a) Rückerstattung **zu 100 %,** wenn die ePA zurückgenommen oder zurückgewiesen wird oder als zurückgenommen gilt, bevor die Sachprüfung begonnen hat. Dies sollte der Fall sein, solange der Prüfungsantrag noch nicht wirksam gestellt bzw. die Aufrechterhaltungserklärung nicht erfolgt ist. (seit 01.07.2016) (Siehe 📄 A.414). • ✎J 8/83: Anmelder nimmt ePA nach Aufforderung nach R 70 (2) zurück oder reagiert nicht darauf • Art. 77 iVm R 37 (2): ePA geht nicht innerhalb von 14 M ab AT/PT dem EPA zu → Rücknahme der ePA • R 70 (2): Anmelder wird aufgefordert zu erklären, ob er Anmeldung aufrechterhält • Art. 94 (3): Zurückweisung n. R 70 (2) - Erklärung über Aufrechterhaltung liegt nicht vor • Art. 90 (4): Formale Fehler/Mängel	161
	Art. 11 b) GebO	b) Rückerstattung **zu 50 %,** wenn die ePA zurückgenommen wird, nachdem die Sachprüfung (nach dem 01.11.2016) begonnen hat und • bevor die Frist für die Erwiderung auf die erste von der Prüfungsabteilung selbst erlassene Aufforderung nach Art. 94 (3) abgelaufen ist oder, • falls die Prüfungsabteilung keine solche Aufforderung erlassen hat, vor dem Datum der Mitteilung nach R 71 (3).	162
		Für bestimmte Akten und soweit betrieblich machbar, wird der beabsichtigte Beginn der Sachprüfung mindestens 2 M im Voraus vom EPA mitgeteilt. Eine solche Mitteilung verpflichtet das EPA, nicht vor dem genannten Datum mit der Sachprüfung zu beginnen; ein späterer Beginn ist selbstverständlich möglich. (ABl. 2016, A49) Mitteilung ist in My Files für Anmelder und nach Veröffentlichung in Akteneinsicht einsehbar (ABl. 2019, A104)	163
		Für vor dem 01.07.2016 zurückgenommene, zurückgewiesene oder als zurückgenommen geltende ePA und für Akten deren Sachprüfung vor dem 01.11.2016 begonnen hat gilt die alte Regelung: • Vollständige Rückerstattung, bevor in Zuständigkeit der Prüfungsabteilung • Rückerstattung zu 75 %, wenn ePA in Zuständigkeit der Prüfabteilung gelangt, jedoch noch nicht mit Prüfung begonnen wurde	164
	RiLi A-VI, 2.5	Bedingte Rücknahme im Fall einer 100% Rückerstattung vor Beginn Sachprüfung möglich. Datum Prüfungsbeginn wird anhand von Form 2095 im öffentlichen Teil der Akte gespeichert; ist nach Veröffentlichung ePA durch Akteneinsicht zugänglich. Befindet sich Form 2095 nicht in Akte, gilt die Sachprüfung als an dem Tag begonnen, an dem die erste "von der Prüfungsabteilung selbst erlassene" Mitteilung ergangen ist (z. B. Mitteilung nach Art. 94 (3), R 71 (3) oder irgendeiner anderen der oben genannten Rechtsgrundlagen). (siehe auch 📄 A.414)	164a
Benennungs-gebühr	RiLi A-X, 5.2.2 RiLi A-X, 10.1.1	Rückerstattung möglich, falls vor Fälligkeit entrichtet, z.B. zusammen mit Prüfungs-gebühr, und Anmeldung spätestens am Fälligkeitstag zurückgenommen wird/ zurück-gewiesen wird bzw. als zurückgenommen gilt, Grund Zahlung ohne Rechtsgrund.	165
	siehe 📄 H.175	Wenn Benennungsgebühr nach Fälligkeit (innerhalb von 6 M nach VÖ), z.B. zusammen mit Prüfungsgebühr, gezahlt, keine Rückerstattung, da Rechtsgrund vorlag.	166
Bagatell-beträgen	Art. 12 GebO ABl. 2020, A17	Zurückzahlung zuviel gezahlter Gebühren ≤ 16 € nur auf Antrag **RiLi A-X, 10.1.3** (von 1.7.2018 bis 31.03.2020 15 €, davor 10 €)	167

H. Gebühren

	Rückerstattung PCT AG 5.073, 5.197, siehe B.257 ff.		
	Verfahrens-handlung	Rechtsnorm	Details
168	**Anmelde-gebühr**	R 15.4 PCT	Rückerstattung vom AA, wenn i) kein AT zuerkannt wird oder ii) bei Zurücknahme, bevor das Aktenexemplar an das IB übermittelt wird oder iii) die int. Anmeldung wegen nat. Sicherheitsvorschriften nicht als solche behandelt wird
169	**Recherchen-gebühr**	R 16.2 PCT	Rückerstattung vom AA, wenn i) kein AT zuerkannt wird oder ii) bei Zurücknahme, bevor das Aktenexemplar an das IB übermittelt wird oder iii) die int. Anmeldung wegen nat. Sicherheitsvorschriften nicht als solche behandelt wird
169a		EPA=ISA ABl. 2017, A115	Wird die int. Anm. oder Antrag auf ivP innerhalb von 30M ab PT vor Beginn der Prüfung zurückgenommen, werden 100% rückerstattet. Rückerstattung auch wenn Antrag auf ivP nicht gestellt oder irrtümlich gezahlt wurde
170		R 16.3 PCT R 41.1 PCT	**Teilweise Rückerstattung** der **R.-Gebühr**, wenn die internationale Recherche ganz oder teilweise auf eine **frühere Recherche** dieser Behörde gestützt werden kann (EPA als ISA: BdP vom 21.12.2018, ABl. 2019, A5).
171	**ivP/IPER**	R 57.4 PCT	Rückerstattung **Bearbeitungsgebühr** für die ivP, wenn Antrag zurückgenommen wird, vor Weiterleitung an IB
172		R 58.3 PCT	Rückerstattung, wenn **Antrag** zur **ivP** als **nicht gestellt** gilt.

Gebühren H.

Rückzahlung von Gebühren

Verfahrenshandlung	Rechtsnorm	Details	
Rückzahlung von Gebühren	Art. 77 (3) R 37 (2)	ePA, die bei **Zentralbehörde** eines VS eingereicht wurde und nicht bis nach Ablauf des 14. Monats ab AT/PT dem EPA zugeleitet wurde, **gilt als zurückgenommen**. Die Anmeldegebühr, die R.-Gebühr und die B.-Gebühr werden zurückgezahlt, ggf. auch Prüfungsgebühr und Anspruchsgebühren. - RiLi A-X, 10.2.4	173
Rückzahlung von Gebühren, die ohne Rechtsgrund gezahlt wurden	RiLi A-X, 10.1.1 ↳T 193/87	Wenn sich Zahlung auf eine nicht anhängige ePA bezieht, so fehlt der Rechtsgrund für die Zahlung; der eingezahlte Betrag ist zurückzuzahlen. Gebührenzahlung ist wirksam, wenn i) sich die Zahlung auf ein anhängiges Verfahren bezieht und ii) der Zahlungstag am oder nach dem Fälligkeitstag liegt. Wird vor oder am Fälligkeitstag gezahlt und fällt spätestens an diesem Tag der Rechtsgrund weg, so ist der Betrag zurückzuzahlen.	175
Rückzahlung zu viel gezahlter Gebühren an betreffenden Beteiligten bzw. Vertreter	RiLi A-X, 10.4 RiLi A-X, 10.3[19]	Rückzahlung können auf LK beim EPA oder einem Bankkonto gutgeschrieben werden (ABl. 2019, A26), nicht jedoch auf Kreditkartenkonto (ABl. 2020, A63) Verfahrensbeteiligter kann auch LK eines Dritten angeben. Falls EPA Rückzahlung nicht auf LK vornehmen kann, Rückerstattung mittels Rückerstattungscodes über Website möglich.	176
	ABl. 2018, A37	Zu viel gezahlte Gebühren werden rückerstattet, es sei denn der Betrag liegt unter Bagatellgrenze von 15 € und die Rückerstattung wurde nicht ausdrücklich beantragt.	176a
Rückzahlung der Einspruchsgebühr	RiLi D-IV, 1.4.1	**Rückzahlung der Einspruchsgebühr** bei **nicht** mehr **behebbaren Mängeln**, aufgrund deren der **Einspruch** als **nicht eingelegt** gilt.	177
Vorfällige Zahlung	RiLi A-X, 5.1.1	Vor dem Fälligkeitstag kann eine Zahlung nicht wirksam entrichtet werden. Ausnahme JG (R 51 (1), siehe 📖 H.46) → Gebühren werden zurückbezahlt, außer Zahlung liegt nur kurz vor Fälligkeit, dann kann Zahlung wirksam werden.	178
Rückzahlung der Beschwerdegebühr ABl. 2014, A3, BdV vom 13.12.2013	Art. 109 R 103 (1)	**100 % Rückzahlung** der Beschwerdegebühr a) bei Abhilfe oder Stattgebens der Beschwerde und Rückzahlung entspricht wegen wesentlichem Verfahrensmangel der Billigkeit oder b) bei Rücknahme der Beschwerde vor Einreichung der Beschwerdebegründung und vor Ablauf der Beschwerdebegründungsfrist.	179
	Art. 109 R 103 (2)	75 % Rückzahlung bei Rücknahme der Beschwerde vor Ablauf von 2 M ab Zustellung der Mitteilung der BK über Aufnahme der inhaltlichen Prüfung.	179a
	Art. 109 R 103 (3)	**50 % Rückzahlung** bei Rücknahme der Beschwerde nach Ablauf der Beschwerdebegründungsfrist, vorausgesetzt die Rücknahme erfolgt a) falls mündl. Verhandlung anberaumt innerhalb 1 M ab Zustellung zur Vorbereitung erlassenen Mitteilung; oder b) vor Ablauf einer Frist zur schriftlichen Stellungnahme, falls ergangen; oder c) in allen anderen Fällen vor Erlass der Entscheidung.	180
	Art. 109 R 103 (4)	**25 % Rückzahlung** bei Zurücknahme a) der Beschwerde nach Ablauf der Frist nach **R 103 (3) a)**, aber vor Verkündung Entscheidung in mündl. Verhandlung; oder b) der Beschwerde nach Ablauf der Frist nach **R 103 (3) b)**, aber vor Erlass der Entscheidung; oder c) des Antrags auf mündl. Verhandlung innerhalb 1 M ab Zustellung einer Mitteilung der BK zur Vorbereitung mündl. Verhandlung und keine mündl. Verhandlung stattfindet.	180a
	Art. 109 R 103 (5)	Rückzahlung nur nach einer der vorstehenden Vorschriften; bei Anwendbarkeit mehrerer Rückzahlungssätze erfolgt die Rückzahlung nach dem höheren Satz.	180b
	Art. 109 R 103 (6)	Anordnung Rückzahlung durch Organ, dessen Entscheidung angefochten wurde, wenn abgeholfen wird, in allen anderen Fällen entscheidet zuständige Beschwerdekammer (Zuständigkeit bei Rückzahlung, ↳G 3/03).	181
	↳G 01/18	Rückzahlung erfolgt, falls Beschwerde als nicht eingelegt gilt.	181a
Keine Rückzahlung		Wird Beschwerde als unzulässig verworfen, wird B.-Gebühr nicht zurückgezahlt	181b
Gebührenzahlung im PCT		Üblicherweise an das AA (z.B. EPA). Es gelten die bei diesem AA herrschenden Bestimmungen. – siehe für EPA 📖 H.96	182

H. Gebühren

	Entrichtung der Gebühren Art. 5 GebO, RiLi A-X, VLK und VAA ABl. 2019, Zusatzpublikation 4, MdEPA vom 20.08.2019 gültig seit 01.10.2019)		
184	**Art. 51:** Gebührenordnung bestimmt Höhe und Art und Weise der Zahlung **RiLi A-X, 1:** Gebühren - können von **jedermann** bezahlt werden.		
	Verfahrenshandlung	Rechtsnorm	Details
185	**Höhe des Zahlungs- betrages**	Art. 51 (4)	Bei Gebührenänderungen ist die am **Zahltag gültige Gebühr maßgeblich**. Zu beachten: außer für JG und freiwillige Gebühren im Rahmen der R 71 (3) Mitteilung ist keine vorfällige wirksame Zahlung möglich – RiLi A-X, 5.1.2, BdV vom 05.06.1992, ABl. 1992, 334, ABl. 2020, A38
186	Gebühren- erhöhung	↳J 18/85 (JG)	Eine vor dem Fälligkeitstag, aber nach dem Zahltag eingetretene Gebührenerhöhung ist unbeachtlich (nur bei Jahresgebühren, da ansonsten nicht vor Fälligkeitstag gezahlt werden kann).
187		ABl. 2018, A4, Art. 3 (5)	Wird eine Gebühr innerhalb von 6 M nach dem Tag der Gebührenerhöhung fristgerecht entrichtet, jedoch nur in der vor dem Tag der Gebührenerhöhung maßgeblichen Höhe, so gilt die Gebühr als wirksam entrichtet, wenn die Differenz innerhalb von 2 M nach Aufforderung entrichtet wird.
187a		COVID-19	Sonderregelung gemäß ABl. 2020, A38: Für am oder nach dem 01.04.2020 veranlasste Zahlungen, die am oder vor dem 31.03.20 fällig werden oder deren Zahlungsfrist an diesem Tag abläuft gelten die mit Beschluss vom 12.12.2019 neu festgesetzten Gebührenbeträge nicht. Automatisches Abbuchungsverfahren: Enthält LK keine ausreichende Deckung für fällige Zahlungen, so gelten diese als fristgerecht gezahlt, wenn Konto spätestens bis 20.04.20 (verlängert bis 05.06.20) aufgefüllt wird.
188	**Zahlung per Überweisung**	Art. 5 (1) GebO Art. 7 Nr. 1 a) GebO	Zahlungstag bei **Überweisung oder Einzahlung** auf Bankkonto des EPA (**Art. 5 (1)**) ist der Tag der Gutschrift. (↳T 45/94: Überweisung auf ein Konto des DPMA wirkt nicht fristwahrend)
189			**Schecks sind seit 01.04.2008 nicht mehr möglich** (BdP 25.02.2007) und keine postal giro account.
190	**Andere Zahlungsarten**	Art. 5 (2) GebO Art. 7 (2) GebO RiLi A-X 4.4	**Andere Zahlungsarten können vom Präsidenten vorgesehen werden.** Automatisches Abbuchungsverfahren von laufendem Konto (VAA ABl. 2019, Zusatzpublikation 4, Nummer 9 VAA - 📄 H.292 f.).
191			Seit 01.12.2017: Zahlung per Kreditkarte möglich - ABl. 2020, A63 • als Online Dienst auf Webseite des EPA verfügbar • Anmeldung ohne Smartcard möglich • American Express (seit 01.06.2020), Mastercard und Visa • sämtliche mit der Transaktion verbundene Kosten trägt das EPA • Zahler hat Gebührenermäßigung anzugeben • Maßgeblicher Zahlungstag ist Dienstort München geltende Zeitzone • Rückerstattung nicht auf Kreditkartenkonto möglich
192	**Zulässige Belastung des laufenden Kontos**	VLK 5.1	Seit 01.12.2017: EPA akzeptiert nur noch Abbuchungsaufträge in elektronisch verarbeitbarem Format (XML) über eines der Tools für Online-Gebührenzahlung (Online-Einreichung, CMS, Online-Gebührenzahlung, PCT-SAFE und ePCT) eingereicht werden. Abbuchungsaufträge, die auf anderem Wege, z.B. Papier, per Fax oder über die Web-Einreichung eingereicht werden, sind nicht mehr gültig.
192a	**Sammelantrag**	ABl. 2019, A79, II, Nr. 18	Antrag auf Anweisung von Zahlungen in einer Reihe von Anmeldungen ist möglich. Siehe auch Nr. 5.1.1 VLK (📄 H.224) und 5.3.1 VLK (📄 H.233)

Gebühren H.

Entrichtung der Gebühren (Fortsetzung)			
Verfahrenshandlung	Rechtsnorm	Details	
Maßgebender Zahlungstag Art. 7 (3) GebO ⊔ S/S Anhang 5, Art. 7 GebO RiLi A-X, 6.1	Art. 5 (1) GebO	Die an das Amt zu zahlenden Gebühren sind in Euro zu entrichten durch Einzahlung oder Überweisung auf ein Bankkonto des Amts.	193
	Art. 7 (1) GebO	Als Tag des Eingangs der Zahlung beim Amt gilt der Tag, an dem der Betrag auf dem Konto des Amts tatsächlich gutgeschrieben wird.	194
	Art. 7 (3) GebO	Eine **Gebührenzahlung**, die nach Art. 7 (1) oder (2) GebO nach Ablauf der Zahlungsfrist eingegangen ist, **gilt als rechtzeitig entrichtet**, wenn der Einzahler nachweist, dass er innerhalb der Zahlungsfrist **in einem VS** i. die Zahlung bei einem Bankinstitut veranlasst hat oder ii. einen Überweisungsauftrag einem Bankinstitut formgerecht erteilt hat. Die 10-Tage-Sicherheitsregel findet auf Zahlungen zur Auffüllung des laufenden Kontos entsprechende Anwendung (RiLi A-X, 6.2.2). Hierbei gilt **keine Feiertagsregelung**, da keine Frist, sondern Fiktion der Rechtzeitigkeit.	195
	~~Art. 7 (3) b) GebO~~	~~Eine **Zuschlagsgebühr** in Höhe von 10 % der Gebühr, höchstens jedoch 150 €, wird fällig, es sei denn, die Handlung nach **Art. 7 (3) a) i) oder ii) ist spätestens 10 Tage vor Ablauf der Zahlungsfrist vorgenommen worden.**~~ Mit Gebührenänderung zum 01.04.2020 gestrichen – ABl. 2020, A3	196
	5.1 a) VAA	Bei Erteilung eines automatischen Abbuchungsauftrags nach Fristablauf wird Zuschlagsgebühr automatisch zusätzlich abgebucht.	197
	Art. 7 (4) GebO	Falls erforderlich, setzt das Amt eine **Frist** zur Entrichtung der Zuschlagsgebühr oder zum Nachweis über die Vornahme einer Handlung nach **Art. 7 (3**. Bei Fristversäumnis gilt die Zahlungsfrist als versäumt.	198
	⚖J 18/85 RiLi A-X, 6.2.5	Die 10-Tage-Sicherheitsregel gilt **nicht** im Vorfeld einer Umstellung der Gebühren → **Art. 7 (4) GebO, Zahlungstag maßgeblich**	199
	RiLi A-X, 5.1.1	Gebühren können **vor Fälligkeit nicht wirksam entrichtet** werden (Ausnahmen: JG, die für einen bestimmten Zeitraum vor dem Fälligkeitstag wirksam entrichtet werden können und Gebühren, die freiwillig nach R 71 (3) entrichtet werden.)	199a
	Nr. 5.4.1 VLK	Ist ein Abbuchungsauftrag vom laufenden Konto beigefügt, so ist der Tag des Eingangs bei nat. Behörde maßgebend, Voraussetzung: Konto ist gedeckt. - 📄 H.238	199b
	Nr. 5.2.2 VLK Nr. 5.2.3 VLK	Bei fehlender Deckung, Mitteilung per Fax/E-Mail, Zahlung gilt als erfolgt, sobald das Konto aufgefüllt worden ist. Art. 7 (3) und Art. 7 (4) GebO finden Anwendung - 📄 H.229 f	199c
	Nr. 5.3 VLK	In der Online-Gebührenzahlung über das LK werden Zahlungen validiert, Abbuchungsaufträge für Gebühren die nicht wirksam entrichtet werden können, werden zurückgewiesen	199d
	Nr. 5.5 VLK	Nichtverfügbarkeit der zulässigen Einreichungswege für Abbuchungsaufträge Absicherung nach R 134 und R 82quater.1 PCT gelten uneingeschränkt für Zahlungen per Banküberweisung und Kreditkarte. Zahlungsfristen verlängern sich. R 134 (2) ist entsprechend anzuwenden. - 📄 H.240, ABl. 2020, A38, A60, A74	199e
		Störungen aufgrund des Ausbruchs von COVID-19 Fristen, die am 15.03.2020 oder danach ablaufen, werden bis zum 02.06.2020 verlängert. Gemäß Art. 150 (2) gilt dies auch für internationale Anmeldungen nach PCT. - ABl. 2020, A60, A74	199f

H. Gebühren

	Entrichtung der Gebühren (Fortsetzung)		
	Verfahrenshandlung	Rechtsnorm	Details
200	**Fehlbetrag**	Art. 8 GebO	Grundsätzlich gilt eine Zahlungsfrist nur dann als eingehalten, wenn die volle Gebühr entrichtet ist. Rückzahlung des nicht ausreichenden Gebührenbetrags nach Fristablauf. Gelegenheit zur Nachzahlung, muss aber gegeben werden. Geringe Fehlbeträge (↳**J 11/85** und ↳**T 109/86**: etwa 10 %)) können unberücksichtigt bleiben (↳**T 905/90**: 20 % ist kein geringfügiger Betrag). EPA gibt Anmelder Gelegenheit, fehlenden Betrag nachzuzahlen, wenn laufende Frist das erlaubt.
201		↳T 152/82, RiLi A-X, 4.2.3	Bei falscher Betragsangabe im Abbuchungsauftrag wird trotzdem der korrekte Betrag abgebucht, wenn die Absicht klar erkennbar ist
202		RiLi A-X, 4.2.4 5.2.2 VLK ABl. 2020, Zusatzpublikation 3	Unzureichende Deckung des laufenden Kontos: Gebühren werden in einer bestimmten, nämlich aufsteigenden Reihenfolge der Gebührencodes abgebucht, solange das Guthaben ausreicht. Keine weitere Ausführung eines Abbuchungsauftrags, Kontoinhaber wird per E-Mail oder Post unterrichtet (H.229 f.). Gebührencodes: siehe ABl. 2020, Zusatzpublikation 3, Seite 26-30

Gebühren H.

Vorschriften über das laufende Konto (VLK)
Art. 5 (2), Art. 7 (2) GebO, RiLi A-X, 4.2
ABl. 2019, Zusatzpublikation 4, MdEPA vom 20.08.2019, gültig seit 01.10.2019

Nr.	Details	
1.	Allgemeine Bestimmungen	203
	EPA stellt für **natürlichen oder juristischen Personen** sowie **Gesellschaften**, die nach dem für sie maßgebenden Recht einer **juristischen Person gleichgestellt** sind, nach Art. 5 (2) und 7 (2) GebO **laufende Konten (LK)** für die Entrichtung der an das EPA zu zahlenden Gebühren zur Verfügung. Die laufenden Konten werden am Sitz des EPA in München **ausschließlich in Euro** geführt.	204
2.	Formvorschriften für Eröffnung und Auflösung eines laufenden Kontos	205
2.1	**Eröffnung** mittels **Online-Antragsformular** auf EPA-Webseite; Angabe aller zweckdienlichen Angaben zur Person, Beruf und Anschrift; Änderungen der Kontaktdaten sind mittels Online-Antragsformblatt mitzuteilen.	206
2.2	**Auflösung** durch **Kontoinhaber** oder **Rechtsnachfolger** mittels schriftlich unterzeichnetem **Antrag** als E-Mail-Anhang an support@epo.org oder als Anhang des EPA Online-Formblatts. Rechtsnachfolger als Antragssteller muss Anspruch mittels Urkunde nachweisen.	207
2.3	**Auflösung** von **Amts** wegen, insbesondere aufgrund 4.1.	208
2.4	Überweisung Guthabensaldo bei Auflösung an Kontoinhaber/Rechtsnachfolger sobald Kontodaten schriftlich mitgeteilt worden sind.	209
2.5	LK kann auf Antrag (Online-Antragsformblatt) des ursprünglichen Kontoinhabers nach 2.1 wiedereröffnet werden.	210
3.	Auffüllung, Rückzahlung und Überweisung zwischen laufenden Konten	211
3.1	Nach Eröffnung LK wird Kontoinhaber Nummer des Kontos mitgeteilt; erste Zahlung nach entsprechenden Bedürfnissen zur Sicherstellung ausreichender Deckung.	212
3.2	Zahlungen auf das LK auf Bankkonto des EPA, Angabe Verwendungszweck „Auffüllung", „Auff" oder „Deposit" gefolgt von achtstelliger Nummer (beginnend mit 28) des Kontos. Einzahlung wird mit Tag der Gutschrift auf Bankkonto des EPA wirksam.	213
3.3	Rückzahlungen vom LK möglich, z.B. bei Auflösung/Beendigung der Tätigkeit des zugelassenen Vertreters vor EPA.	214
3.4	Rückzahlungen vom LK nur an Kontoinhaber möglich, unterzeichneter begründeter Antrag mit erforderlichen Angaben zur Bankverbindung erforderlich. EPA kann Nachweise zur Bestätigung der Identität des Kontoinhabers und Bankverbindung verlangen.	215
3.5	Überweisungen zwischen LK beim EPA nur zwischen denselben juristischen oder natürlichen Personen möglich, unterzeichneter Antrag notwendig, EPA kann nachweise zur Bestätigung der Identität des Kontoinhabers verlangen.	216
3.6	Anträge nach 3.4 und 3.5 als E-Mail-Anhang an support@epo.org oder durch Ausfüllen/Absenden des Online-Kontaktformulars	217
4.	Funktionieren des laufenden Kontos	218
4.1	Kontoinhaber hat stets für ausreichende Deckung zu sorgen. Art. 7 (1) GebO, ~~die 10-Tage-Sicherheitsregel nach Art. 7 (3) a) und b) zweiter Halbsatz GebO~~ sowie Art. 7 (4) GebO sind auf Zahlungen zur Auffüllung entsprechend anzuwenden.	219
4.2	Einsicht/Überwachung der Abbuchungsaufträge, des Zahlungsplans und der Kontobewegungen über Online-Gebührenzahlung. *Kontoinhaber erhält nach Abschluss Geschäftsjahr per Post Saldenbestätigung mit Abschlusssaldo über LK. Fehler sind vom Kontoinhaber dem EPA unverzüglich mitzuteilen. EPA prüft Angaben und nimmt Korrekturen rückwirkend zum ursprünglich maßgebenden Zahlungstag vor.	220
4.3	Ein LK, dessen **Saldo Null** ist und für das in den vergangenen **4 Jahren keine Kontobewegung** verzeichnet wurde, wird **von Amts wegen gelöscht**. Ein LK, dessen **Saldo positiv** ist und für das in den vergangenen **4 Jahren keine Kontobewegung** verzeichnet wurde, wird vom Amt in den **Status „inaktiv"** versetzt. (zur Wiedereröffnung siehe 2.5 VLK) EPA setzt jeweils Kontoinhaber einen Monat im Voraus in Kenntnis – ABl. 2019, A21	221

H. Gebühren

	Vorschriften über das laufende Konto (VLK) (Fortsetzung)	
Nr.		Details
	5.	Belastung des laufenden Kontos
222		Das Laufende Konto kann vorbehaltlich der Nr. 8 nur mit Beträgen belastet werden, die in Verbindung mit europäischen und PCT-Verfahren an das EPA zu entrichten sind.
223	5.1	Art von Abbuchungsaufträgen und zulässige Wege der Einreichung
224	5.1.1	**Belastung** des LK erfolgt ausschließlich auf Grundlage eines vom Kontoinhaber oder vom bevollmächtigten Vertreter unterzeichneten elektronischen Abbuchungsauftrags. Die Unterschrift kann mittels alphanumerischer Signatur, Faksimile-Signatur, einer fortgeschrittenen Signatur (siehe ABl. 2015, A91) oder bei Zahlung über die Online-Dienste durch Authentifizierung per Smartcard erfolgen. Bei einem Abbuchungsauftrag kann es sich handeln um: • einen **Einzel**- oder einen **Sammelabbuchungsauftrag**, d.h. ein Abbuchungsauftrag für **einzelne Gebühren** für eine oder mehrere Anmeldungen • einen **automatischen Abbuchungsauftrag** für eine **bestimmte ePA** oder **internationale Patentanmeldung** zur automatischen Abbuchung **anfallender Verfahrensgebühren**.
225	5.1.2	Abbuchungsauftrag ist in elektronisch verarbeitbarem Format (XML) auf einem der folgenden Wege einzureichen: • über Online-Einreichung oder das Case-Management-System (CMS) des EPA mit den Formblättern EPA 1001E, 1200E, 2300E oder 1038E, • über die Software des EPA für die Online-Einreichung, das CMS oder ePCT unter Nutzung der Funktion der PCT-Gebührenberechnung und -zahlung, • über die Online-Gebührenzahlung im Rahmen der Online-Dienste.
226	5.1.3	Eingereichte Abbuchungsaufträge auf anderen Wegen (z.B. auf Papier, per Fax, über Web-Einreichung) oder in einem anderen Format (z.B. als PDF-Anhang) sind ungültig und werden nicht ausgeführt. EPA teilt dies den Verfahrensbeteiligten als Serviceleistung mit. Rechtsfolge eines ungültigen Abbuchungsauftrags unter 5.4.2.
227	5.2	Reihenfolge der Bearbeitung von Abbuchungsaufträgen
228	5.2.1	**Reihenfolge** der **Bearbeitung** von Abbuchungsaufträge bei Eingang oder Ausführung am gleichen Tag: a) Zahlungen durch **automatischen Abbuchungsaufträge,** b) alle **weiteren Abbuchungsaufträge.** Abbuchungsaufträge werden in aufsteigender Reihenfolge der Anmeldenummer verbucht („PCT" vor „EP"). Bei Euro-PCT-Anmeldungen ist EP-Nummer ausschlaggebend, ABl. 2019 A20.
229	5.2.2	Reicht Guthaben des LK am Eingangstag des Abbuchungsauftrags bzw. an dem gemäß Nr. 5.4.1 Absatz 2 angegebenen Tag nicht für alle Gebühren der angegebenen Anmeldung aus (**Fehlbetrag – siehe** (📄 H.200), so werden die Gebühren in **aufsteigender Reihenfolge** der **Gebührencodes** abgebucht, solange Guthaben ausreicht. Kann Abbuchungsauftrag wegen eines Fehlbetrags nicht vollständig ausgeführt werden, wird kein weiterer Abbuchungsauftrag bearbeitet, bis Konto aufgefüllt ist. Kontoinhaber wird per Fax/E-Mail unterrichtet.
230	5.2.3	Nach Auffüllung werden ausstehende Abbuchungsaufträge in Reihenfolge des maßgebenden Zahlungstags bzw. des Eingangs und der unter Nr. 5.2.1 und 5.2.2 angegebenen Reihenfolge bearbeitet. Ausstehende Zahlungen gelten am Auffüllungstag des LK als erfolgt
231	5.2.4	Automatische Abbuchungen vom EPA werden i.d.R. **innerhalb zwei bis drei Arbeitstagen** nach maßgebenden Zahlungstag oder Eingang des Abbuchungsauftrags ausgeführt. Inhaber der LK sollten für ausreichende Deckung sorgen.
231a	5.2.5	Abbuchungsaufträge, die 2 M nach Tag des Eingangs oder dem gemäß Nr. 5.4.1 Absatz 2 angegebenen Tag noch anhängig sind, werden vom EPA nicht ausgeführt, wenn bei Ablauf dieser Frist a) die im Abbuchungsauftrag angegebene Gebühr über andere zahlungsweg entrichtet wurde b) die Patentanmeldung, für die der betreffende Abbuchungsauftrag erteilt wurde, als endgültig im Sinne von Nr. 5.3.2 abgeschlossen gilt Diese Abbuchungsaufträge werden in der Online-Gebührenzahlung aus der Liste der offenen Abbuchungsaufträge gelöscht.

Gebühren H.

	Vorschriften über das laufende Konto (VLK) (Fortsetzung)	
5.3	Validierung und Zurückweisung von Zahlungen bei der Online-Gebührenzahlung	232
5.3.1	In einem Sammelabbuchungsauftrag enthaltene Aufträge, die i) die Zahlung von **Jahresgebühren** für "**endgültig abgeschlossene**" **ePA** oder **erteilte eP**, ii) die **Zahlung** von **Jahresgebühren vor** dem **frühestmöglich** wirksamen **Zahlungstag** nach R 51 (1), iii) die **doppelte Zahlung** von Gebühren (**Ausnahme**: die in Anhang A3 zu den VLK genannten Gebühren können doppelt bezahlt werden, z.B. Recherchen-, Einspruchs-, Anspruchs-, Zuschlagsgebühr) oder iv) die Zahlungen von **Gebühren** für einen **Rechtsübergang** in Bezug auf „**endgültig abgeschlossene**" **ePA** betreffen, werden **automatisch zurückgewiesen**.	233
5.3.2	Für die oben genannten Zwecke **gilt** eine **ePA als endgültig abgeschlossen**, wenn der Rechtsverlust oder die Zurückweisung der Anmeldung rechtskräftig geworden ist, d. h. insbesondere, wenn i) die Anmeldung zurückgenommen wird, als zurückgenommen gilt oder zurückgewiesen wird und kein Rechtsmittel eingelegt wurde, mit **Ausnahme** eines **Antrags** auf **WE** in den vorigen Stand, ii) die Entscheidung über das Rechtsmittel negativ ist und keine Beschwerde eingelegt wurde oder iii) die Entscheidung über die Beschwerde negativ ist oder die Beschwerde zurückgenommen wird.	235
5.3.3	Nach der Validierung wird vom System eine Mitteilung generiert, dass der Abbuchungsauftrag nicht ausgeführt werden konnte; diese Mitteilung wird im Kontoverlauf gespeichert. Bestätigung der Zurückweisung [des Abbuchungsauftrags] wird in öffentlichen Teil der Akte aufgenommen.	236
5.4	Zahlungstag	237
5.4.1	Bei ausreichender Deckung gilt Zahlung am Eingangstag des Abbuchungsauftrags als erfolgt. Angabe im Abbuchungsauftrag möglich, dass Ausführung des Zahlungsauftrags bis 40 Tage nach Eingangstag verschoben werden kann.	238
5.4.2	Wird Abbuchungsauftrag nicht auf akzeptierten Weg oder in einem ungültigen Format eingereicht, gilt Eingangstag nicht als Zahlungstag. Verfahrensbeteiligtem steht Rechtsmittel des EPÜ oder PCT für Fristversäumnis offen.	239
5.5	Nichtverfügbarkeit der zulässigen Einreichungswege für Abbuchungsaufträge Ist einer der zulässige Einreichungsweg für Abbuchungsaufträge gemäß Nr. 5.1.2 beim EPA nicht verfügbar, verlängert sich Zahlungsfrist bis zum nächstfolgenden Tag, an dem alle für die betreffende Anmeldungsart vorgesehenen Wege wieder zur Verfügung stehen. Bei allgemeiner Nichtverfügbarkeit elektronischer Kommunikationsdienste oder ähnlicher Ursachen i.S.v. R 134 (5) EPÜ oder R 82quater.1 PCT verlängern sich die Zahlungsfristen gemäß diesen Bestimmungen. -> COVID-19 (ABl. 2020, A38, A60, A74)	240
5.6	Einreichung nach Art. 75 (1) b) bei einer zuständigen nationalen Behörde	241
5.6.1	Abbuchungsauftrag für fällige Gebühren einer ePa bei der Einreichung, die nach Art. 75 (1) b) bei zuständiger nationaler Behörde eingereicht worden ist, kann auf zulässigem Weg gemäß Nr. 5.1.2, eingereicht werden. Abbuchungsauftrag muss spätestens bei Ablauf der einschlägigen Frist nach dem EPÜ bzw. PCT eingereicht werden. Sofern die Anmeldung bei der zuständigen nationalen Behörde auf Papier eingereicht wird, kann Abbuchungsauftrag mit obligatorischem Formblatt 1020 der Anmeldung beigefügt werden.	242
5.6.2	Ein nach Nr. 5.6.1 erteilter nach Ablauf der vorgesehenen Frist eingehender Abbuchungsauftrag gilt als fristwahrend, wenn Nachweis vorliegt oder dem EPA erbracht wird, dass Abbuchungsauftrag gleichzeitig mit der Anmeldung bei der zuständigen Behörde des VS eingereicht worden ist. Voraussetzung ist ausreichende Deckung.	243
5.6.3	Bei Gebührenerhöhungen ist der Eingang eines gemäß Nr. 5.6.1 erteilten Abbuchungsauftrags (Formblatt 1020) bei der zuständigen nationalen Behörde maßgeblich. Zahlung gilt mit Tag des Eingangs des Auftrags bei der zuständigen Behörde als eingegangen ein, sofern eine ausreichende Deckung des Kontos vorhanden ist.	244
5.6.4	Für internationale Anmeldungen, die gemäß Art. 151 Satz 2 und Art. 75 (2) b) über ein nationales Amt eines EPÜ-Vertragsstaats beim EPA als Anmeldeamt eingereicht werden, finden die Nummern 5.6.1 und 5.6.2 Anwendung	245

H. Gebühren

	Vorschriften über das laufende Konto (VLK) (Fortsetzung)	
	Nr.	Details
246	6.	Widerruf des Abbuchungsauftrags
247	6.1	Ganz oder teilweiser Widerruf des Abbuchungsauftrags durch unterzeichnete schriftliche Mitteilung des Einzahlers als E-Mail-Anhang an support@epo.org oder durch Ausfüllen/Absenden des Online-Kontaktformulars. Neben Nummer des LK ist AZ der ePA/des eP sowie bei Teilwiderruf die betreffenden Gebühren und Auslagen zu nennen.
248	6.2	Ein Widerruf oder Teilwiderruf, der nach Eingangstag des Abbuchungsauftrags beim EPA eingeht, ist unwirksam.
249	6.3	Gilt ebenfalls für Abbuchungsaufträge mit späterem Ausführungstermin gemäß 5.4.1 Absatz 2.
250	7.	Automatisches Abbuchungsverfahren
251		Die Bedingungen für das automatische Abbuchungsverfahren, insbesondere zulässige Verfahren- und Gebührenarten, sind in den Vorschriften für das automatische Abbuchungsverfahren (VAA) festgelegt.
251a	8.	Rückerstattung von Gebühren
251b	8.1	Rückerstattungen grundsätzlich auf vom Anmelder, Patentinhaber oder Beschwerdeführer (falls Anmelder oder Patentinhaber) in Rückerstattungsanweisung genannten LK, gilt entsprechend für den Vertreter.
251c	8.2	Rückerstattungsanweisung sin in elektronischem Format (XML) über Online-Einreichung des EPA, das CMS oder ePCT mit den Formblättern EPA Form 1001E, 1200E oder 1038E oder PCT/RO/101 oder über PCT-SFD (eOLF) oder PCT-Demand (eOLF)
251d	8.3	Rückerstattungen auf anderem Weg, z.B. auf Papier, per Fax oder Web-Einreichung oder in einem anderen Format, z.B. als PDF-Anhang oder im Anmerkungsfeld der Online-Formblätter, sind ungültig und werden nicht ausgeführt. EPA teilt dies dem betroffenen Verfahrensbeteiligten als Serviceleistung mit. Solange keine gültigen Anweisungen vorliegen, wird Verfahrensbeteiligter aufgefordert, etwaige Rückerstattungen online einzulösen.
251e	8.4	Ist eine nicht vom Anmelder, Patentinhaber oder Beschwerdeführer zu entrichtende Gebühr zurückzuerstatten (z.B. Einspruchsgebühr), prüft EPA Rückerstattung auf LK. Andernfalls fordert es den Betreffenden auf, die Rückerstattung online einzulösen.
252	9.	Abbuchung von Jahresbeiträgen von Mitgliedern des epi – siehe auch ABl. 2019, Zusatzpublikation 4, Anhang B.1 und B.2
253	9.1	Abbuchung von **epi-Mitgliedsbeiträgen vom laufenden Konto** möglich. Hierzu ist dem epi eine Einzugsermächtigung des Kontoinhabers zu erteilen.
254	9.2	Abbuchungsaufträge nach Nr. 8.1 werden jährlich zum 25. Februar/25. Juni abgebucht; Verlängerung nach R 134 (1) nicht möglich; Übermittlung mittels durch EPA festgelegten Datenträger.
255	9.3	Reicht Guthaben an den festen Abbuchungstagen vorrangig der Zahlungen für Veröffentlichungen und Dienstleistungen nicht aus, wird der Abbuchungsauftrag nicht ausgeführt und an das epi zurückgegeben.
256	9.4	Die Nr. 5.1 bis 5.5 und 6 finden auf Abbuchungsaufträge nach Nr. 9.1 keine Anwendung.

Gebühren H.

	Vorschriften über das automatische Abbuchungsverfahren (VAA) ABl. 2019, Zusatzpublikation 4, Anhang A.1 und A.2 zum VLK, gültig seit 01.10.2019	
Nr.	Details	
1.	Automatisches Abbuchungsverfahren	257
1.1	Das LK kann für **bestimmte ePA, Euro-PCT** oder **PCT-Anmeldung** belastet werden; **Vorlage** eines vom **Kontoinhaber** oder in **seinem Namen** unterzeichneten **automatischen Abbuchungsauftrags** notwendig; Ermächtigung des EPAs zur automatischen Abbuchung von im Verfahren anfallenden Gebühren.	258
1.2	Automatischer Abbuchungsauftrag ist in **elektronisch verarbeitbarem Format** (XML) **einzureichen** • für ePA und eP und für Euro-PCT-Anmeldungen vor dem EPA als Bestimmungsamt oder ausgewähltem Amt: über Online-Einreichung des EPA oder das Case-Management-System (CMS) des EPA mit den Formblättern EPA 1001E, 1200E oder 1038E oder über die Online-Gebührenzahlung im Rahmen der Online-Dienste; • für PCT-Anmeldungen vor dem EPA als AA, ISA oder IPEA: über Online-Einreichung des EPA oder PCT-SAFE, die Online-Gebührenzahlung im Rahmen der Online-Dienste, das CMS oder ePCT unter Nutzung der Funktion der PCT-Gebührenberechnung und -zahlung. Die Nummern 5.1.3 und 5.4.2 der VLK gelten entsprechend.	259
1.3	**Erteilung** Abbuchungsauftrag **im Namen** des **Anmelders/Patentinhabers** oder dessen **Vertreters (Anwalts)** möglich; **Einschränkung** auf bestimmte **Gebührenarten** oder **bestimmten Zeitraum** ist **nicht möglich**. Die in Nummer 5.1.1 VLK festgelegten Erfordernisse für die Unterzeichnung des Abbuchungsauftrags gelten entsprechend.	261
2.	Zugelassene Verfahrensarten	263
2.1	Das **automatische Abbuchungsverfahren** ist für **alle europäischen** und **PCT-Verfahren** vor dem **EPA** zugelassen, soweit sie nicht gemäß Nummer 2.4 ausdrücklich ausgenommen sind.	264
2.2	Ein in der **internationalen Phase** erteilter automatischer Abbuchungsauftrag hat im **Verfahren** von dem **EPA** als **Bestimmungsamt** oder **ausgewähltem Amt keine Wirkung**. Für eine Euro-PCT-Anmeldung ist eine **neuer automatischer Abbuchungsauftrag** zu erteilen. - siehe auch Nummer 11.2 VAA	265
2.3	Für eP im **Beschränkungs- oder Widerrufsverfahren** und daran anschließenden Beschwerde- oder Überprüfungsverfahren ist neuer automatischer Abbuchungsauftrag einzureichen	265a
2.4	Für PCT-Anmeldungen vor dem **EPA als SISA** steht automatisches Abbuchungsverfahren **nicht zur Verfügung**.	265b
3.	Zugelassen Gebührenarten	266
3.1	Vorbehaltlich Nummer 3.2 ist für alle im europäischen und im PCT-Verfahren anfallend Gebühren sowie für folgende vom Präsidenten des EPA gemäß Artikel 3 GebO festgesetzten Gebühren **zugelassen**: a) **Verwaltungsgebühr** für eine **zusätzliche** Kopie der im europäischen RB oder im ivP genannten Unterlagen (Art. 20 (3) PCT, R 44.3 b) und R 71.2 b) PCT), b) **Verwaltungsgebühr** für **beglaubigte Abschrift** einer **ePA** oder **PCT-Anmeldung** (Prioritätsbeleg) (R 17.1 PCT, R 54, Art. 3 GebO), allerdings **nur** für die beglaubigte Anschrift einer Anmeldung, **deren Priorität** in einer PCT-Anmeldung beansprucht wird, für die das **EPA als AA** tätig ist, c) **Verwaltungsgebühr** für die **verspätete Einreichung** von **Sequenzprotokollen** (R 13ter.1 c) und R 13ter.2 PCT) **Vorsicht**: Bei **Verzicht** auf **Mitteilung R 161 (1)** oder **(2)** und **R 162** werden **Anspruchs-** bzw. **Erteilungsgebühr** einschließlich **Veröffentlichungsgebühr/Erteilungs-** und **Druckkostengebühr** (bis 30.06.2020 – ABl. 2020, A78) nicht mehr durch das automatische Abbuchungsverfahren (VAA) eingezogen. Diese Gebühren sind gesondert auf einem anderen Zahlungsweg zu entrichten (siehe Nr. 9 VAA) - RiLi C-V, 4.11, ABl. 2019, Zusatzpublikation 4, Anhang A.2, zu Nr. 3 VAA I.4 und I.7 (Streichung zweiter Absatz zum 30.06.2020), ABl. 2015, A52, V, 16, ABl. 2020, A78.	267

H. Gebühren

Vorschriften über das automatische Abbuchungsverfahren (VAA) (Fortsetzung)			
	Nr.	Details
268	3.2	Für folgende Gebührenarten steht das **automatische Abbuchungsverfahren nicht zur Verfügung**: a) Alle vom Präsidenten des Amts gemäß Art. 3 GebO festgesetzten Gebühren, Auslagen und Verkaufspreise, soweit sie nicht in Nummer 3.1 ausdrücklich genannt sind, b) Alle **nicht** vom **Anmelder** oder **Patentinhaber zu entrichtenden Gebühren**, insbesondere die **Einspruchsgebühr**, c) die **Umwandlungsgebühr** (**Art. 135 (3)** und **Art. 140**), d) die **Kostenfestsetzungsgebühr** (**R 88 (3)**), e) die **Beweissicherungsgebühr** (**R 123 (3)**), f) die Gebühr für ein **technisches Gutachten** (**Art. 25**), g) die Gebühr für die **ergänzende intern. Recherche SIS** (**R 45bis.3 a) PCT**), h) die **Überprüfungsgebühr** für die **ergänzende intern. Recherche SIS** (**R 45bis.6 c) PCT**) i) die **Bearbeitungsgebühr** für die **ergänzende intern. Recherche SIS** (**R 45bis.2 PCT**) j) die Gebühr für **verspätete Zahlung** in Bezug auf die **ergänzende intern. Recherche SIS** (**R 45bis.4 c) PCT**). k) Die **zusätzliche Recherchengebühr** bei Berichtigung fälschlicherweise eingereichter **Unterlagen** (**R 40bis PCT** iVm **R 20.bis PCT**)
274	4.	Automatische Abbuchung von Gebühren
275	4.1	Mit **Tag des Eingangs** des automatischen Abbuchungsauftrags bucht EPA entsprechend jeweiligem Verfahrensstand alle mit diesem Abbuchungsauftrag ab diesem Tag erfassbaren und zu entrichtenden Gebührenarten unter **Zuerkennung** eines **rechtzeitigen Zahlungstags** vom LK des Kontoinhabers ab, sofern LK ausreichend Deckung aufweist. Anzeige der geplanten abzubuchenden Gebühren der nächsten 40 Tagen, werden über den "Zahlungsplan" in der Online-Gebührenzahlung angezeigt.
276	4.2	Als **Grundlage** für Abbuchung gelten die **Unterlagen** der Anmeldung zum **Zeitpunkt** der **Abbuchung**; EPA berücksichtigt zugunsten und zulasten des Kontoinhabers alle dem EPA zu diesem Zeitpunkt bekannten gebührenrechtlich relevanten Faktoren.
277	4.3	Abbuchung erfolgt in Euro in Höhe des am **maßgebenden Zahlungstag** der jeweiligen Gebühr **gültigen Betrags**.

Gebühren H.

Vorschriften über das automatische Abbuchungsverfahren (VAA) (Fortsetzung)	
Nr.	Details
5.	Maßgeblicher Zahlungstag
5.1	Für die Zwecke des Art. 7 (2) GebO gelten im automatischen Abbuchungsverfahren Zahlungen in europäischen und PCT-Verfahren als eingegangen: a) am letzten Tag der für die Entrichtung der jeweiligen Gebühr geltenden Frist (außer den unter b) bis f) und in Nummer 5.2 genannten Fällen); b) am letzten Tag der Nachfrist für die Zahlung einer Gebühr und einer etwaigen zusätzlichen Gebühr, Zuschlagsgebühr oder Gebühr für verspätete Zahlung (außer in den unter f) zweiter und dritter Spiegelstrich genannten Fällen), bei • Gebühren, für die im Falle ihrer verspäteten Entrichtung die Entrichtung mit einer zusätzlichen Gebühr, Zuschlagsgebühr oder Gebühr für verspätete Zahlung möglich ist; c) am Tag des Eingangs des jeweiligen (Verfahrens-)Antrag bei • **Gebühren** für eine **PCT-Anmeldung**, die am Tag des Antrags auf **vorzeitige Bearbeitung** nach Art. 23 (2) PCT oder Art. 40 (2) PCT fällig werden, vorausgesetzt, die in Art. 20 PCT genannten Unterlagen stehen dem EPA zur Verfügung (siehe ABl. 2013, 156), • der **Prüfungsgebühr**, wenn der Anmelder auf das **Recht** auf eine **Aufforderung** nach **R 70 (2) EPÜ verzichtet** oder eine **beschleunigte Prüfung** nach dem **PACE-Programm** beantragt hat (siehe ABl. 2015, A93 und A94) • der **Wiedereinsetzungs-**, **Beschränkungs-** oder **Widerrufsgebühr**, **Beschwerdegebühr** und **Gebühr** für den **Antrag** auf **Überprüfung** (siehe auch ABl. 2019, Zusatzpublikation 4, A.2, Zu Nummer 3 VAA, I.9), • der Gebühr für die **Wiederherstellung** des **Prioritätsrechts** (R26bis.3 d) PCT), • der Gebühr für die **vorläufige Prüfung** (R 58 PCT, R 158 (2) EPÜ) und der **Bearbeitungsgebühr** (R 57 PCT), • der **Verwaltungsgebühren** gemäß Nr. 3.1 a) und b); d) am Tag des Eingangs der Übersetzung der Ansprüche bei • der **Erteilungs-** und **Veröffentlichungsgebühr** für die **europäische Patentschrift** (R 71 (3) EPÜ); • der **Anspruchsgebühr** (R 71 (4) EPÜ), • der **Veröffentlichungsgebühr** für eine **neue europäische Patentschrift** [nach Einspruch oder Beschränkung] (R 82 (2) bzw. R 95 (3) EPÜ), **Vorsicht**: Bei **Verzicht** auf Mitteilung **R 161 (1)** oder **(2)** und **R 162** werden **Anspruchs-** bzw. **Erteilungsgebühr** einschließlich **Veröffentlichungsgebühr/Erteilungs-** und **Druckkostengebühr** (bis 30.06.2020 – ABl. 2020, A78) **nicht mehr** durch das **automatische Abbuchungsverfahren** (VAA) **eingezogen**. Diese Gebühren sind **gesondert** auf einem anderen Zahlungsweg zu **entrichten** (siehe Nr. 9 VAA) – RiLi C-V, 4.11, ABl. 2019, Zusatzpublikation 4, Anhang A.2, zu Nr. 3 VAA I.4 und I.7 (Streichung zweiter Absatz zum 30.06.2020), ABl. 2015, A52, V, 16, ABl. 2020, A78 e) am Tag der Fälligkeit bei • den **Jahresgebühren** (R 51 (1) EPÜ ggf. in Verbindung mit R 159 (1) g) EPÜ); f) am Tag des Eingangs des automatischen Abbuchungsauftrags bei • der **Wiedereinsetzungs-**, **Beschränkungs-** oder **Widerrufsgebühr**, **Beschwerdegebühr** und **Gebühr** für den **Antrag** auf **Überprüfung**, wenn Abbuchungsauftrag **nach Stellung Antrags** auf Wiedereinsetzung, Beschränkung oder Widerruf eingeht (siehe ABl. 2019, Zusatzpublikation 4, A.2, Zu Nummer 3 VAA, I.9), • den nach den **R 14.1 c)**, **R 15.3** und **R 16.1 f) PCT** fälligen Gebühren, wenn der Abbuchungsauftrag nach Ablauf der Frist zur Zahlung dieser Gebühren eingeht, aber vor Versand der Aufforderung nach R 16bis.1 a) PCT zur Entrichtung dieser Gebühren mit einer Gebühr für verspätete Zahlung (R 16bis.2 PCT), • den nach den **R 57.3** und **R 58 b) PCT** fälligen Gebühren, wenn der Abbuchungsauftrag nach Ablauf der Frist zur Zahlung dieser Gebühren eingeht, aber vor Versand der Aufforderung nach R 58bis.1 a) PCT zur Entrichtung dieser Gebühren mit einer Gebühr für verspätete Zahlung (R 26bis.3 d) PCT), • der Gebühr für die **Wiederherstellung** des **Prioritätsrechts** (R26bis.3 d) PCT), wenn der **Abbuchungsauftrag nach Einreichung** des **Antrags** eingeht.

H. Gebühren

	Vorschriften über das automatische Abbuchungsverfahren (VAA) (Fortsetzung)	
	Nr.	Details
279a	5.2	Für die Zwecke des Art. 7 (2) GebO gilt die Weiterbehandlungsgebühr als eingegangen: a) am letzten Tag der Frist für den Antrag auf Weiterbehandlung, • wenn es sich bei der versäumten Handlung um eine Nichtentrichtung einer Gebühr handelt, • wenn bis zum Ablauf der maßgebenden Frist mehr als eine Handlung versäumt wurde, wobei mindestens eine die Nichtentrichtung einer Gebühr und eine die Nichtvornahme einer Verfahrenshandlung ist und vorbehaltlich der Vornahme dieser Verfahrenshandlung; die Gebühr deren Nichtentrichtung die versäumte Handlung war, gilt am selben Tag wie die entsprechende Weiterbehandlungsgebühr eingegangen; b) am Tag der Vornahme der versäumten Handlung, • wenn es sich bei der versäumten Handlung um die Nichtvornahme einer anderen Verfahrenshandlung als der Entrichtung einer Gebühr handelt; c) am Tag des Eingangs des automatischen Abbuchungsauftrags, • wenn der automatische Abbuchungsauftrag nach dem Tag der Vornahme der versäumten Handlung eingeht; d) am Tag des Eingangs des automaischen Abbuchungsauftrags bzw. der Übersetzung der Ansprüche, • wenn es sich bei der versäumten Handlung um eine Nichtvornahme der Verfahrenshandlungen nach R 71 (3) oder (4) EPÜ handelt.
279b	5.3	Gebühren, die zur Vornahme einer versäumten Handlung im Rahmen eines Antrags auf WE zu entrichten sind, werden vom automatischen Abbuchungsauftrag nicht erfasst und sind vom Anmelder, Patentinhaber oder dessen Vertreter in eigener Verantwortung über einen anderen in der GebO zugelassenen Zahlungsweg zu entrichten.
282	6.	**Fehlbeträge**
283		Nummer 5.2 VLK gilt entsprechend.
285	7.	**Auffüllung** des **laufenden Kontos** nach **Mitteilung** des **Fehlbetrags** Wird das LK so aufgefüllt, dass alle Gebühren entrichtet werden können, bucht das EPA alle Gebühren automatisch ab. Die ausstehende Zahlung gilt als an dem Tag erfolgt, an dem das LK entsprechend aufgefüllt worden ist.
286	8.	**Änderungsbuchung; Berichtigungsbuchung**
287	8.1	Werden dem EPA nach der tatsächlichen Ausführung der Abbuchung Änderungen der gebührenrechtlich relevanten Grundlagen für die Abbuchung bekannt, die dem EPA oder gegebenenfalls der zuständigen nationalen Behörde (vgl. Nr. 5.6 der VLK) vor dem maßgebenden Zahlungstag zugegangen sind, so führt das EPA gegebenenfalls eine Änderungsbuchung mit Wirkung für den ursprünglichen maßgebenden Zahlungstag durch.
288	8.2	Stellt das EPA **Unrichtigkeiten** bei der Ausführung des automatischen Abbuchungsauftrags fest, so führt es eine entsprechende Berichtigungsbuchung mit Wirkung für den ursprünglichen maßgebenden Zahlungstag durch.
292	9.	Entrichtung einer Gebühr mittels einer anderen/gesonderte Zahlungsart
293		Abbuchungsauftrag wird nicht ausgeführt, wenn Zahlung wirksam mit **anderer Zahlungsart/gesonderten Zahlung** mindestens vier Tage vor dem maßgebenden Zahlungstag eingeht. Nummer 5.2.5 VLK gilt entsprechend.
294	10.	Widerruf des automatischen Abbuchungsauftrags
295	10.1	**Widerruf** des automatischen Abbuchungsauftrags über die Online-Gebührenzahlung im Rahmen der Online-Dienste erforderlich; nur für das gesamte Verfahren widerrufbar; kein Widerruf von Gebühren möglich, deren maßgebender Zahlungstag vor dem Tag des Eingangs des Widerrufs liegt. Die Nr. 5.1.3 und 5.4.2 der VLK gelten entsprechend.
295a	10.2	Ein aus dem Verfahren für bestimmte Anmeldung **ausscheidender Beteiligter** oder **Vertreter** muss den automatischen **Abbuchungsauftrag ausdrücklich wie in Nummer 10.1 beschrieben** widerrufen. Andernfalls bucht das EPA weiterhin automatisch Gebühren von dem jeweiligen Konto ab.
296	10.3	Bei **Auflösung** des **LK** nach Nr. 2.2 VLK (**Antrag** zur Auflösung durch **Kontoinhaber** oder **Rechtsnachfolger**) oder 2.3 VLK (**Nichteinhalten der VLK**, insbesondere Nr. 4.1 – ausreichende Deckung) widerruft das EPA von Amts wegen **alle offenen automatischen Abbuchungsaufträge**. Das EPA behält sich das Recht vor, einen automatischen Abbuchungsauftrag **von Amts** wegen zu **widerrufen**, wenn das Verfahren auf unzulässige Weise eingesetzt wird, und insbesondere, wenn die Bedingungen für das Funktionieren des LK unter Nr. 4.1 der VLK nicht erfüllt werden.

Gebühren H.

Vorschriften über das automatische Abbuchungsverfahren (VAA) (Fortsetzung)		
Nr.	Details	
11.	Beendigung des automatischen Abbuchungsverfahrens	297
11.1	Automatischer Abbuchungsauftrag verliert seine Wirkung an dem Tag, an dem a) die **Erteilung des eP** wirksam wird, sofern kein Einspruch eingelegt wird; bei Einlegung eines Einspruchs erlangt automatischer Abbuchungsauftrag des PI erneut Wirkung bis rechtskräftige Erledigung des Einspruchs-, Einspruchsbeschwerde- oder Überprüfungsverfahrens; b) die **ePA oder die PCT-Anmeldung zurückgenommen** worden ist oder rechtskräftig als zurückgewiesen gilt oder die ePA rechtskräftig zurückgewiesen worden ist; c) die **Aussetzung** nach R 14 wirksam wird; d) die **Unterbrechung** des Verfahrens nach R 142 wirksam wird; e) das **Beschränkungs-** oder **Widerrufsverfahrens** in Bezug auf das eP, für das der automatische Abbuchungsauftrag erteilt worden war, **endgültig abgeschlossen** worden ist; f) Der Antrag auf ivP zurückgenommen wird (R90bis.4 PCT) oder als zurückgenommen gilt.	298
11.2	In anderen als in den unter Nr. 11.1 genannten Fällen **verliert** automatisches **Abbuchungsauftrag Wirkung** an dem Tag an dem das **PCT-Verfahren vor** dem **EPA beendet ist.**	301

Inhalt Kapitel I. Beschleunigung

Beschleunigung
Antrag »PACE«-Programm I.1
Recherche ECfS... I.2
Recherche PACE.. I.3 ff.
Prüfung PACE (ePa und Euro-PCT)................................. I.4 ff.
Frühzeitiger Prüfungsantrag – Verzicht auf Mitteilung
nach R 70 (2).. I.13
Frühzeitiger Prüfungsantrag Euro-PCT-Verzicht auf
Mitteilung nach R 161 (1)/R161 (2)/R162........................ I.13a ff.
Änderung oder Berichtung von erteilungsfähiger
Fassung (Verzicht auf weitere Mitteilungen nach
R 71 (3)) .... I.14 f.
Gebührenzahlung nach Verzicht .... I.16 f.
Reaktion auf Recherchenbericht I.18
Veröffentlichung ePA mit Erteilung eP I.19
Ausschluss Beschleunigungsanträge von Akteneinsicht.. I.20

Beendigung bzw. Aussetzung des PACE-Programms I.21

Beschleunigtes Einspruchsverfahren
Beschleunigung des Einspruchsverfahrens I.22

Beschleunigung des Beschwerdeverfahrens
Beschleunigung des Beschwerdeverfahrens I.23

Patent Prosecution Highway (PPH)
PPH .... I.24 ff.
IP5-PPH.. I.30 ff.
IP5-Pilotprojekt zur Zusammenarbeit bei PCT-
Recherche und -Prüfung I.35
Global PPH... I.36 f.
Länderübersicht PPH .... I.38 ff.

Beschleunigung I.

Beschleunigung
RiLi E-VIII, 4

Anmelder, denen an einer **raschen Recherche oder Prüfung** gelegen ist, können eine Bearbeitung ihrer Anmeldungen nach dem **»PACE«-Programm** (Programm zur beschleunigten Bearbeitung ePA) beantragen. Ein **Antrag** auf Teilnahme am PACE-Programm (PACE-Antrag) ist online mittels Antragsformulars (EPA Form 1005) einzureichen und kann nur **einmal in jeder Verfahrensphase** (Recherche und Prüfung) und jeweils **nur für eine einzelne Anmeldung** gestellt werden. Ein während der Recherche eingereichter PACE-Antrag löst nicht automatisch eine beschleunigte Prüfung aus. Hierfür muss der Anmelder einen Antrag auf beschleunigte Prüfung stellen, nachdem die Anmeldung in die Prüfungsphase eingetreten ist.

PACE Antrag zu beschleunigte Recherche und beschleunigte Prüfung ist von Akteneinsicht ausgenommen (R 144 d), ABl. 2007, SA Nr. 3, 125, siehe A.402.

MdEPA vom 04.05.2010, ABl. 2010, 352; MdEPA vom 21.02.2013, ABl. 2013, 156; MdEPA ABl. 2015, A93, A94
Überarbeitetes PACE-Programm seit 01.01.2016 in Kraft und gilt für alle ab diesem Tag eingereichten Anträge.

Verfahrenshandlung	Details	
Recherche **»ECfS«** RiLi E-VIII, 4.1	**ePA** (einschließlich PCT-Anmeldungen, die in die europäische Phase eintreten und für die das EPA nicht als (S)ISA tätig war), die **keine Prio** beanspruchen (=seit 01.07.2014 eingereichte **EP-Erstanmeldungen**)	Amt im Rahmen des Programms **»Early Certainty from Search«** (ECfS) bestrebt, den erweiterten bzw. teilweisen europäischen RB innerhalb von **6 M ab dem AT** oder dem Ablauf der Frist nach R 161 (2) zu erstellen (S/S Art. 92 Rd 37 ff.). Somit ist **kein PACE-Antrag erforderlich.** In Fällen, in denen eine Mitteilung nach **R 62a**, **R 63** oder **R 64** erforderlich ist, kann der RB erst nach Eingang der Erwiderung des Anmelders oder nach Ablauf der entsprechenden Frist erstellt werden.

I. Beschleunigung

	Beschleunigung (Fortsetzung)		
	Verfahrenshandlung	Details	
3	**Recherche** »PACE« RiLi E-VIII, 4.1 ABl. 2015, A93 Online mit Formblatt 1005	**ePA** (einschließlich PCT-Anmeldungen, die in die europäische Phase eintreten und für die das EPA nicht als (S)ISA tätig war), die eine **Prio in Anspruch** nehmen. Das PACE-Programm steht nicht für internationale PCT-Anmeldungen zur Verfügung.	**PACE-Antrag** auf beschleunigte Recherche kann jederzeit online mit dem EPA Formblatt 1005 (seit 01.06.2016, ABl. 2015, A93) formlos (nur online möglich, auf Papier und Formblatt wird nicht bearbeitet), ohne Begründung und gebührenfrei gestellt werden. Amt setzt nach Eingang eines **PACE-Antrags** alles daran, den erweiterten bzw. teilweisen europäischen Recherchenbericht innerhalb von **6 M nach Eingang des Antrags** zu erstellen (S/S Art. 92 Rd 33 ff.). Eine **Bearbeitung** unter PACE kann **nicht** erfolgen, wenn von der Möglichkeit, auf eine früher eingereichte Anmeldung Bezug zu nehmen, Gebrauch gemacht wird (**R 40 (1) c)** iVm **R 40 (2)**) oder Teile der Beschreibung oder Zeichnungen nach **R 56** nachgereicht oder die Ansprüche nachträglich eingereicht werden (ABl. 2010, 342).
3a			Eine beschleunigte Recherche kann nur unter folgenden **Voraussetzungen** beginnen: i) Nach Eingang der Erwiderung des Anmelders auf eine Mitteilung nach R 62a oder R 63 oder nach Ablauf der entsprechenden Frist; ii) In allen Fällen, wenn die in der Akte enthaltenen Anmeldeunterlagen (Ansprüche, Beschreibung, erforderlichen Übersetzungen, ggf. die Zeichnungen, vorschriftsgemäßes Sequenzprotokoll von Nucleotid- und Aminosäuresequenzen) so vollständig sind, dass der erweiterte RB erstellt werden kann; iii) Bei PCT-Anmeldungen, die in die europäische Phase eintreten und für die das EPA≠(S)ISA tätig war, nach Ablauf der Frist von 6 M nach R 161 (2), auch wenn ein Antrag auf beschleunigte Bearbeitung im Rahmen des PACE-Programms gestellt wurde. Soll sofort mit der ergänzenden europäischen Recherche begonnen werden, so muss bei Eintritt in die europäische Phase ausdrücklich auf die Mitteilungen nach R 161 (2) und R 162 (2) verzichtet und etwaige Anspruchsgebühren entrichtet werden (siehe I.13a).
3b			Falls Aufforderung zur Entrichtung weiterer Recherchengebühren nach R 64 (1) S2 oder R 164 (1) b), kann der endgültige RB nach R 64 (1) letzter Satz oder R 164 (1) c) erst erstellt werden, wenn die Erwiderung auf die Aufforderung zur Zahlung weiterer Recherchengebühren eingegangen ist oder die gesetzte Frist (idR 2 M) abgelaufen ist.
3c			Der PACE-Antrag auf beschleunigte Recherche löst **keine** beschleunigte Prüfung aus. Hierzu muss der Anmelder einen PACE-Antrag auf beschleunigte Prüfung stellen nachdem Anmeldung in Prüfungsphase eingetreten ist (RiLi E-VIII, 4, siehe I.4).

Beschleunigung I.

Beschleunigung (Fortsetzung)			
Verfahrenshandlung	Details		
Prüfung »PACE« ABl. 2015, A93 RiLi E-VIII, 4.2 Online mit Formblatt 1005	anhängige ePA	**PACE-Antrag** auf beschleunigte Prüfung kann jederzeit online mit dem EPA Formblatt 1005 (seit 01.06.2016, ABl. 2015, A93), ohne Begründung und gebührenfrei gestellt werden, sobald die Zuständigkeit für die ePA auf die Prüfungsabteilung übergegangen ist (Stellung Prüfungsantrag nach R 10 (2), (3)). Sofern die ePA noch im Rahmen des PACE-Programms bearbeitet wird, ist das Amt bestrebt, weitere **Prüfungsbescheide** innerhalb von **3 M nach Eingang der Erwiderung** des Anmelders zu erstellen (S/S Art. 94 Rdn 27 ff.). Empfehlung für Zeitpunkt: • Bei Einreichung der ePA, wenn der Prüfungsantrag zu diesem Zeitpunkt verbindlich gestellt (siehe unten), oder • Nach Erhalt des EESR und zusammen mit der Erwiderung auf die Stellungnahme zur Recherche nach R 62 (R 70a).	4
Euro-PCT	Vorgezogener Eintritt in die europäische Phase **Bearbeitungsverbot** einer PCT-Anmeldung durch Bestimmungsamt (DO) nach Art. 23 (1) PCT (Kap. II) bzw. ausgewähltem Amt (EO) nach Art. 40 (1) PCT (Kap. I) **vor Ablauf von 30 M** (Art. 22 PCT bzw. Art. 39 PCT; **EPA: 31 M** nach R 159 (1), Art. 22 (3) PCT bzw. Art. 39 (1) b PCT).	Das EPA als Bestimmungsamt (DO)/ausgewähltes Amt (EO) beginnt mit der Bearbeitung einer internationalen Anmeldung erst nach Ablauf der 31-Monatsfrist ab dem AT oder PT. Der **Antrag auf vorzeitige Bearbeitung** für PCT-Anmeldungen, die in die europäische Phase eintreten und für die das EPA=(S)ISA war, kann beim EPA **schriftlich jederzeit** vor Ablauf der **31 M** gestellt werden (beispielsweise bei Eintritt in die europäische Phase vor dem EPA oder zusammen mit der nach R 161 (1) erforderlichen Erwiderung auf den WO-ISA, IPER oder SISR) (siehe I.10). Damit der Antrag wirksam ist, muss der Anmelder die Erfordernisse der R 159 (1) EPÜ erfüllen, als liefe die 31-Monatsfrist an dem Tag ab, an dem er die vorzeitige Bearbeitung beantragt (Zahlung der Gebühren, Einreichung von Übersetzungen usw.).	5
		Der Anmelder kann beantragen, dass mit der Bearbeitung vor Ablauf dieser Frist begonnen wird, indem er einen ausdrücklichen Antrag auf vorzeitige Bearbeitung stellt. Keine konkrete Formulierung vorgeschrieben, daher muss Anmelder deutlich **zum Ausdruck bringen**, dass die **vorzeitige Bearbeitung** der Anmeldung vor dem EPA als Bestimmungsamt (DO)/ausgewähltem Amt (EO) **gewünscht** ist, zur Klarheit sollte ausdrücklich auf Art. 23 (2) PCT bzw. ggf. Art. 40 (2) PCT verwiesen werden.	5a
		Ein PACE-Antrag hat keine Auswirkung auf den Beginn der Bearbeitung. Umgekehrt ist ein Antrag auf vorzeitige Bearbeitung kein PACE-Antrag. Beide Anträge müssen separat gestellt werden.	5b

I. Beschleunigung

	Beschleunigung (Fortsetzung)	
	Verfahrenshandlung	Details
6	**Prüfung »PACE«** (Fortsetzung) RiLi E-VIII, 4.2 Formblatt 1005	**»Notwendige Erfordernisse«**: Der Anmelder muss für die Wirksamkeit des Antrags auf vorzeitige Bearbeitung beim EPA die Erfordernisse nach R 159 (1) erfüllen: a) ggf. Einreichung Übersetzung b) Angabe Anmeldungsunterlagen c) Entrichtung Anmeldegebühr e) ggf. Recherchegebühr für ergänzenden europäischen RB Welche **weiteren** in R 159 (1) genannten **Erfordernisse** zu erfüllen sind, hängt von dem Tag ab, an dem die vorzeitige Bearbeitung beantragt wird. Am Tag der Antragstellung sind (Grund-)Fristen für die Entrichtung der Benennungsgebühr (R 39 (1)), der Jahresgebühr (R 51 (1)), ggf. Zusatzgebühr für >35 Seiten (R 38 (2)) sowie für die Stellung des Prüfungsantrags und die Entrichtung der Prüfungsgebühr (R 70 (1)) möglicherweise noch nicht abgelaufen, d.h. der Antrag ist wirksam, ohne dass die entsprechenden Erfordernisse erfüllt sind (Art. 153 (2), Art. 11 (3) PCT).
7		Für die **Wirksamkeit notwendige Gebührenzahlung** nach R 159 (1) **nicht mit Abbuchungsauftrag** bezahlen, da ansonsten erst am letzten Tag der 31 M-Frist abgebucht wird (ABl. 2013, 156-163).
8		Durch **Nichteinreichung** einer ggf. nach R 159 (1) h) einzureichenden **Ausstellungsbescheinigung** wird der Antrag auf vorzeitige Bearbeitung **nicht unwirksam** (allerdings hat dies Auswirkung auf den Stand der Technik, den das EPA im Verfahren in der europäischen Phase berücksichtigt).
9		**Kein Erfordernis** für die Wirksamkeit des Antrags auf vorzeitige Bearbeitung sind die Anspruchsgebühren für den 16. und jeden weiteren Anspruch, diese müssen erst mit Ablauf der Frist nach R 162 (2) entrichtet werden.
10		**Empfehlung Zeitpunkt:** Bei Eintritt in die europäische Phase vor dem EPA, oder zusammen mit der Erwiderung nach R 70a (1) auf den EESR, oder zusammen mit der Erwiderung nach R 161 (1) auf den WO-ISA, IPER oder SISR. Da bei Euro-PCT-Anmeldungen eine Mitteilung nach R 161 (1) oder (2) ergeht, wird mit der Bearbeitung der Anmeldung erst nach Ablauf der 6 M-Frist begonnen (selbst wenn ein Antrag auf beschleunigte Bearbeitung im Rahmen des PACE-Programms gestellt wurde). Soll **direkt** mit der ergänzenden europäischen Recherche oder Prüfung begonnen werden, so muss bei **Eintritt in die europäische Phase**: • ausdrücklich auf die Mitteilung nach R 161 (1) oder (2) und R 162 verzichtet werden, • etwaige Anspruchsgebühren entrichtet werden und • ggf. Stellungnahme zu Mängeln aus WO-ISA, IPER oder SISR (analog zu Erwiderung nach R 161 (1)) MdEPA vom 5. April 2011, ABl. EPA 2011, 354
11		Das Amt ist bemüht, den **ersten Prüfungsbescheid innerhalb von 3 M nach Eingang** • **der Anmeldung**, • der Erwiderung nach R 70a oder R 161 (1) oder • des Antrags auf beschleunigte Prüfung zu erstellen (je nachdem, welcher Zeitpunkt der spätere ist). Das Amt ist bestrebt, **weitere Prüfungsbescheide innerhalb von 3 M nach der Erwiderung** zu erstellen, sofern fristgerecht erfolgt und auf alle Mängel eingegangen wurde.
12		Ist ein notwendiges Erfordernis am Tag der Stellung des Antrags auf vorzeitige Bearbeitung nicht erfüllt, so wird der Antrag erst an dem Tag wirksam, an dem alle notwendigen Erfordernisse erfüllt sind, d.h. erst an diesem Tag tritt die Anmeldung in die europäische Phase ein und wird so bearbeitet wie eine Euro-PCT-Anmeldung, die in die europäische Phase eingetreten ist.

Beschleunigung I.

Beschleunigung (Fortsetzung)			
Verfahrenshandlung	Details		
Frühzeitiger Prüfungsantrag – **Verzicht auf Mitteilung nach R 70 (2)** Frühzeitiger bzw. verbindlicher Prüfungsantrag	R 70 (2) RiLi A-VI, 3 RiLi B-XI, 7 RiLi B-XI, 8	**Frühzeitiger Prüfungsantrag** (vor Erhalt des RB, Prüfungsgebühr bezahlt), und gleichzeitiger Verzicht auf die Aufforderung zur Erklärung über die Aufrechterhaltung der Anmeldung (**Mitteilung nach R 70 (2)**). In diesem Fall ergeht zusammen mit dem RB statt der Stellungnahme zur Patentierbarkeit nach R 62 gleich ein erster Prüfungsbescheid nach Art. 94 (3) und R 71 (1) (ähnlich bei Euro-PCT-Anmeldung, bei der ergänzender RB notwendig ist). Dann ergeht auch keine Aufforderung nach R 70a (2) (S/S Art. 94 Rd 21 ff.). Wird Uneinheitlichkeit festgestellt, ergeht seit 01.04.2017 eine vorläufige Stellungnahme zu den in den Ansprüchen zuerst genannte Erfindung. Eine Erwiderung ist nicht erforderlich und wird bei der Erstellung des EESR nicht berücksichtigt (ABl. 2017, A20).	13
Frühzeitiger Prüfantrag Euro-PCT - **Verzicht auf Mitteilung nach R 161 (1)** (EPA=ISA) **bzw.** **R 161 (2)** (EPA≠ISA) **und R 162** Euro-PCT	ABl. 2015, A94 RiLi E-VIII, 4	**Ausdrückliche Verzichtserklärung** in Formblatt 1200, Feld 6.4 markieren. Bei Einleitung reg. Phase erlässt EPA dann keine Mitteilung nach R 161 (1) bzw. R 161 (2), wenn alle **Erfordernisse für reg. Phase** (ggf. Anspruchsgebühren) erfüllt sind und beginnt direkt mit der Prüfung (EPA=ISA) bzw. der erg. europäischen Recherche (EPA≠ISA). **Wenn nicht alle Erfordernisse** erfüllt sind, erlässt EPA die Mitteilungen und die Anmeldung wird erst nach Ablauf der in diesen Regeln vorgesehenen Frist von 6 M bearbeitet, selbst wenn ein PACE-Antrag gestellt wurde.	13a
		Ist eine Mitteilung nach R 161 (1) bzw. R 161 (2) und R 162 ergangen, steht die volle Frist von 6 M für die Einreichung von Änderungen zu. Die ergänzende europäische Recherche oder die Prüfung wird auf der Grundlage der Anmeldungsunterlagen in der bei Ablauf der Frist vorliegenden letzten geänderten Fassung durchgeführt.	13b
		Anmelder kann sofortigen Beginn der Bearbeitung beantragen und auf das Recht verzichten die volle Frist von 6 M zu nutzen. Der Antrag (formlos) kann zusammen mit Änderungen eingereicht werden und ist nur wirksam, wenn alle Erfordernisse der R 161 und R 162 EPÜ erfüllt sind. Zwischen Verzichtserklärungen und PACE-Anträgen ist zu unterscheiden und dass sie separat eingereicht werden müssen.	13c

I. Beschleunigung

	Beschleunigung (Fortsetzung)		
	Verfahrenshandlung	Details	
14	**Verzicht auf weitere Mitteilung nach R 71 (3)** MdEPA vom 26.05.2020 ABl. 2020, A73 Abschaffung der Möglichkeit auf weitere Mitteilung nach R 71 (3) zu verzichten	R 71 (3) ABl. 2017, Zusatzpublikation 5, VAA Nr. 11 und A.2, II. d) ABl. 2019, Zusatzpublikation 4, A.2, I.4	Der **Anmelder** kann ausdrücklich auf das Recht **verzichten**, eine **weitere Mitteilung nach R 71 (3) zu erhalten**, wenn Änderungen oder Berichtigungen der von der Prüfungsabteilung in einer **früheren Mitteilung nach R 71 (3)** vorgeschlagenen Fassung beantragt werden (ABl. EPA 2015, A52). Achtung: Bei einem Verzicht »erlischt« der automatische Abbuchungsauftrag hinsichtlich der Entrichtung der Anspruchsgebühren (siehe 📄 I.16, 📄 H.109).
15			Sofern folgende **Formerfordernisse erfüllt** sind und die Prüfungsabteilung **keine Einwände** gegen die vom Anmelder beantragten Änderungen oder Berichtigungen hat, erlässt das Amt dann keine weitere Mitteilung nach R 71 (3) EPÜ, sondern eine Entscheidung über die Erteilung des eP. Voraussetzungen, die innerhalb **4 M ab Erhalt der Mitteilung** erfüllt sein müssen: – in seiner Erwiderung auf die Mitteilung nach R 71 (3) ausdrücklich angeben, dass er **auf das Recht verzichtet**, eine weitere Mitteilung zu erhalten; dies kann **formlos** erfolgen, – **Übersetzung der Ansprüche** in den beiden Amtssprachen des EPA einreichen, die nicht die Verfahrenssprache sind, – **Erteilungs-** und **Veröffentlichungsgebühr** entrichten, – **Anspruchsgebühren** für den sechzehnten und jeden weiteren Anspruch entrichten, soweit diese nicht bereits nach R 45 oder R 162 entrichtet worden sind, – **Änderungen oder Berichtigungen kennzeichnen** und gegebenenfalls ihre Grundlage in der ursprünglich eingereichten Fassung der Anmeldung angeben (R 137 (4)) sowie die betreffenden Seiten der die Mitteilung nach R 71 (3) bildenden Unterlagen (Druckexemplar) mit den Änderungen oder Berichtigungen einreichen.
16	**Gebührenzahlung nach Verzicht** MdEPA vom 26.05.2020 ABl. 2020, A73 Abschaffung der Möglichkeit auf weitere Mitteilung nach R 71 (3) zu verzichten	Art. 2 (2) GebO VAA Nr. 11, Anhang A.2 zu VLK ABl. EPA 2015, A52 ABl. 2017, Zusatzpublikation 5, VAA Nr. 11 und A.2, II. g)	Bei Zahlungen mithilfe des **automatischen Abbuchungsverfahrens**: **Erteilungsgebühr** einschließlich der **Veröffentlichungs-/Druckkostengebühr** sowie etwaige nach R 71 (4) zu entrichtende **Anspruchsgebühren** gesondert mittels einer anderen in der Gebührenordnung zugelassenen Zahlungsart zu entrichten. **Diese Gebühren werden nicht automatisch abgebucht.**
17			**Benennungsgebühren**, die nach R 71a (3) fällig werden, und/oder eine **Jahresgebühr**, die nach R 71a (4) fällig wird, sollten ebenfalls separat durch eine andere zulässige Zahlungsart entrichtet werden, um die Bekanntmachung des Hinweises auf die Erteilung nicht zu verzögern. Dasselbe gilt für die Entrichtung von **Erstreckungsgebühren**.

Beschleunigung I.

Beschleunigung (Fortsetzung)		
Verfahrenshandlung	Details	
Reaktion auf Recherchenbericht	Der Anmelder muss bereits zu dem RB (bei Euro-PCT-Anmeldungen: dem int. vorl. Prüfungsbericht) Stellung nehmen und sich beispielsweise einschränken (R 70a bzw. R 161 (1)), ohne den ersten Prüfungsbescheid abzuwarten.	18
Veröffentlichung	Wird das eP vor Ablauf der 18 M-Frist erteilt, so wird die ePA gleichzeitig mit dem eP veröffentlicht (RiLi A-VI, 1.1 und S/S Art. 93 Rd 37).	19
Sonstiges	Anträge auf beschleunigte Recherche oder Prüfung (**PACE-Anträge**) sind von **der Akteneinsicht ausgeschlossen** (Art. 128 (4) iVm R 144 d)). BdP vom 12.07.2007, ABl. 2007, SA 3, J.3 und MdEPA vom 04.05.2010, ABl. 2010, 352	20
Beendigung bzw. Aussetzung des PACE-Programms RiLi E-VIII, 4 ABl. 2015, A93	Eine **Anmeldung** wird aus dem PACE-Programm **entfernt** (ungeachtet der zur Verfügung stehenden Rechtsmittel), wenn: • der PACE-Antrag zurückgenommen wurde; • der Anmelder eine Fristverlängerung beantragt hat; • die Anmeldung zurückgewiesen wurde; • die Anmeldung zurückgenommen wurde; • die Anmeldung als zurückgenommen gilt. Eine **erneute Aufnahme** der aus dem PACE-Programm entfernten Anmeldung ist **nicht möglich**. Die **beschleunigte Bearbeitung** wird **ausgesetzt**, wenn: • eine Jahresgebühr nicht bis zum Fälligkeitstag (R 51 (1)) entrichtet wurde. Die beschleunigte Bearbeitung im Rahmen des PACE-Programms erfolgt nur, soweit dies praktisch möglich ist und es das Arbeitsaufkommen in den Recherchen- und Prüfungsabteilungen erlaubt. Anmelder, die eine beschleunigte Bearbeitung für die Gesamtheit oder die Mehrzahl ihrer Anmeldungen beantragen, werden in der Regel aufgefordert, eine Auswahl zu treffen und die Zahl ihrer PACE-Anträge zu begrenzen.	21

Beschleunigtes Einspruchsverfahren RiLi E-VIII, 5	
Bei **anhängiger Verletzungsklage** in einem VS und auf **Antrag eines Beteiligten**; Antrag **jederzeit** möglich, **schriftlich** einzureichen und zu **begründen**. Einspruchsverfahren wird auch beschleunigt, wenn nat. Gericht oder zuständige Behörde eines VS EPA über anhängige Verletzungsverfahren informiert. MdP vom 19.05.1998, ABl. 7/1998, 361 und MdEPA vom 17.03.2008, ABl. 2008, 221	22

I. Beschleunigung

Beschleunigung des Beschwerdeverfahrens
RiLi E-VIII, 6

23 **Beteiligte**, die ein **berechtigtes Interesse** an der raschen Behandlung ihrer Beschwerde haben, können einen entsprechenden **Antrag** bei der Beschwerdekammer stellen (ein beschleunigtes Einspruchsverfahren führt nicht zwangsläufig zu einem beschleunigten Beschwerdeverfahren). Dringlichkeit muss sich objektiv aus der Art des Falles ergeben und nicht lediglich aus dem bloßen Wunsch des Beteiligten (RiLi E-VIII, 6). Ausnahmsweise kann die Kammer das Verfahren auch von Amts wegen beschleunigen, beispielsweise wenn die aufschiebende Wirkung der Beschwerde zu Nachteilen in dem betreffenden Fall führen könnte.

~~Mitteilung des Vizepräsidenten Generaldirektion 3 vom 17.03.2008 (ABl. 2008, 220).~~
Mitteilung des Präsidenten der Beschwerdekammern vom 28.11.2019 (ABl. 2019, A112)

Seit 01.01.2020: Geregelt in der Neufassung der Verfahrensordnung der Beschwerdekammern, Art. 10 (3) (ABl. 2019, A63)

Beispielsweise:
- wenn eine Verletzungsklage erhoben wurde oder erhoben werden soll;
- wenn potenzielle Lizenznehmer ihre Entscheidung, eine Lizenz bezüglich des Patents, das Gegenstand einer Beschwerde ist, zu nehmen, vom Ausgang des Beschwerdeverfahrens abhängig machen;
- wenn ein Einspruch, der rasch behandelt werden muss, Gegenstand einer Beschwerde ist.

Patent Prosecution Highway (PPH) – Beschleunigung des Patentprüfungsverfahrens
MdEPA vom 18.12.2013, ABl. 2014, A8

24	**PPH**	Beschleunigte Bearbeitung der Patentanmeldung durch ausgewählte Patentämter mittels Nutzung von Arbeitsergebnissen des Anmeldeamts (auch bilaterale Abkommen möglich).
25	**PPH (MOTTAINAI)**	Beschleunigte Bearbeitung der Patentanmeldung durch ausgewählte Patentämter mittels eines Austauschs und einer Nutzung von Arbeitsergebnissen. Im Gegensatz zu den ursprünglichen PPH Abkommen ist es egal, welches Patentamt das Arbeitsergebnis erstellt hat (»Prio-Entkopplung«).
26	**PPH 2.0**	Auf dem PPH (MOTTAINAI) basierendes Abkommen des USPTO mit vereinfachten Anforderungen (z.B. Maschinenübersetzungen).
27	**PCT-PPH**	Beschleunigte Bearbeitung der Patentanmeldung auf Antrag des Anmelders auf der Grundlage eines positiven WO einer ISA **oder** eines positiven IPER des IPEA.
28	**Global PPH**	Auf dem PPH (MOTTAINAI) basierendes Abkommen zwischen ursprünglich 17 Patentämtern zur Vereinfachung und Integration der bisherigen PPH Systeme MOTTAINAI, PCT-PPH und PPH 2.0 (nationale Erstanmeldungen und PCT-Anmeldungen) durch einheitliche Standards, Formblätter und Regelungen).
29	**IP5-PPH**	Pilotprogramm zwischen den fünf größten Patentämtern »IP5« (EPA, JPO, KIPO, SIPO, USPTO) zur beschleunigten Bearbeitung der Patentanmeldung durch Nutzung von PCT- und nationalen Arbeitsergebnissen. Integration der bestehenden PPH-Vereinbarungen.

Beschleunigung I.

Patent Prosecution Highway (PPH) (Fortsetzung) **IP5-PPH**, ABl. 2018, A47, A95; ABl. 2019, A65 - siehe B.54		
Teilnehmende Patentämter	EPA, JPO, KIPO, CNIPA, USPTO	30
Versuchszeitraum	Beginn am 06.01.2014; Ende am 05.01.2020; bei Bedarf Verlängerung; vorzeitige Beendigung möglich Definition: OEE - Office of Earlier Examination; OLE - Office of Later Examination	31
Voraussetzung	(1) EP-Anmeldung und korrespondierende Anmeldung müssen **denselben frühesten PT/AT** haben; unabhängig davon, ob PT/AT bei anderem IP5-Amt oder einer PCT-Anmeldung, für die eines der IP5-Ämter ISA und/oder IPEA war; (2) Korrespondierende Anmeldung muss mindestens **einen Patentanspruch** enthalten, der von **einem der IP5-Ämter** als nationales/regionales, ISA und/oder IPEA für **patentierbar/gewährbar** befunden wurde; (3) Ansprüche bei EP-Anmeldung müssen den patentierbaren/gewährbaren Ansprüchen der OEE-Anmeldung in ausreichendem Maße entsprechen; d.h. **derselbe oder ähnlicher Schutzumfang oder** wenn Ansprüche **einen engeren Schutzumfang** haben als in OEE-Anmeldung, z.B. Beschränkung durch zusätzliche Merkmale aus Patentschrift (Beschreibung und/oder Ansprüche); als nicht ausreichend korrespondierend gilt eine neue/andere Anspruchskategorie; Anmelder hat zu erklären, dass Ansprüche der EP-Anmeldung denen der OEE-Anmeldung in ausreichendem Maße entsprechen; (4) **Sachprüfung** der EP-Anmeldung, die im Rahmen des PPH-Pilotprogramms bearbeitet werden soll, darf **noch nicht begonnen** haben.	32
Erforderliche Unterlagen Formblatt 1009	Anmelder hat zur Teilnahme am PPH-Pilotprogramm Unterlagen wie folgt einzureichen: (1) Antrag auf Teilnahme am PPH-Pilotprogramm (Antragsformular EP/EPO/OEB 1009 PCT (Teilnahme auf Grundlage von PCT-Arbeitsergebnissen) bzw. EP/EPO/OEB 1009 PR (Teilnahme auf Grundlage von nationalen Arbeitsergebnissen)); (2) Anspruchskorrespondenzerklärung; (3) Alle amtlichen Bescheide zu jeder korrespondierenden OEE-Anmeldung, in der die dem PPH zugrundeliegenden patentierbaren/gewährbaren Ansprüche enthalten sind **ODER** das letzte Arbeitsergebnis in der internationalen Phase einer PCT-Anmeldung, d.h. WO-ISA bzw. WO-IPEA oder IPER; (4) Die patentierbaren/gewährbaren Ansprüche der OEE-Anmeldung in Kopie und Übersetzung in einer der Amtssprachen des EPA; (5) Alle in den Bescheiden des OEE aufgeführten Veröffentlichungen. (6) Kopie der in den OEE-Arbeitsergebnissen angeführten Nichtpatentliteratur (Liste ist ausreichend) oder Angabe, dass keine derartigen Dokumente angeführt sind.	33

Sind nicht alle Voraussetzungen erfüllt, wird Anmelder auf Mängel hingewiesen und ihm wird einmal die Gelegenheit gegeben, die formalen Mängel im Antrag zu berichten. Wird Antrag nicht berichtet, wird Anmeldung aus PPH-Pilotprogramm genommen und Anmelder informiert. | 34

Sind alle Voraussetzungen erfüllt, wird Antrag auf Teilnahme am PPH-Pilotprogramm stattgegeben und EP- Anmeldung beschleunigt bearbeitet.

Die Bedingungen für die Teilnahme am PACE-Programm gelten entsprechend für die Bearbeitung von EP-Anmeldungen im Rahmen des IP5-PPH-Pilotprogramms.

I. Beschleunigung

IP5-Pilotprojekt zur Zusammenarbeit bei PCT-Recherche und -Prüfung - ABl. 2018, A47, A95; 2019, A65 - siehe B.54	
Gegenstand	Zuständige ISA eines IP5-Amts übernimmt Recherche/Prüfung, schickt vorl. int. RB an andere teilnehmenden ISAs der IP5-Ämter, dort erstellen Prüfer unter Berücksichtigung des vorläufigen int. RB ihre Beiträge und senden diese an den Hauptprüfer, der unter Berücksichtigung dieser Beiträge dem endgültigen int. RB und SB erstellt.
Versuchszeitraum	Seit 01.07.2018; Ende am 01.06.2021; bei Bedarf Verlängerung; vorzeitige Beendigung möglich **Status**: Obergrenze am 06.04.2020 erreicht, EPA nimmt keine Anträge mehr entgegen (ABl. 2020, A46)
Voraussetzung ABl. 2019, A65	Sprache: EN, zuständiges Haupt-ISA kann Anm. in anderer Sprache akzeptieren.
	Seit 01.07.2019 **akzeptiert** das **EPA** internationale Anmeldungen, die in **einer seiner Amtssprachen** (Deutsch, Englisch oder Französisch) abgefasst sind, bis die **Gesamtzahl** von **100** internationalen Anmeldungen beim **EPA als ISA erreicht** ist. Eine sprachenabhängige Beschränkung ist nicht vorgesehen, es sei denn, die Gesamtzahl von 10 in deutscher oder französischer Sprache abgefassten Anmeldungen wurde erreicht. In diesem Fall wird auf der Website des EPA eine Aktualisierung veröffentlicht, wonach das Pilotprojekt erneut auf internationale Anmeldungen in englischer Sprache beschränkt wird.
Kosten	In Pilotphase bleiben Kosten unverändert, d.h. Standardgebühr nach Kapitel I PCT, nach Abschluss vermutlich spezielle CS&E-Gebühr (Höchstbetrag voraussichtlich Summe der R.-Gebühren der teilnehmenden ISAs zzgl. Verwaltungsgebühr).
Akteneinsicht	Die Beiträge der anderen ISAs sind unabhängig von der Verfahrenssprache vor dem EPA nur in englischer Sprache verfügbar und dürfen vor der Veröffentlichung der internationalen Anmeldung Dritten nicht zugänglich gemacht werden. Anmelder, die die Dienste des EPA als ISA im Rahmen des Pilotprojekts in Anspruch nehmen, können vor der Veröffentlichung der internationalen Anmeldung nur dann auf die Beiträge der anderen ISAs zugreifen, wenn sie Inhaber eines ePCT-Kontos sind; in diesem Fall haben sie von dem Tag an Zugriff, an dem der internationale Recherchenbericht verfügbar ist.

Beschleunigung I.

Patent Prosecution Highway (PPH) (Fortsetzung) **Global PPH**	
Voraussetzungen	(1) Sowohl die OEE-Anmeldungen, als auch die OLE-Anmeldung (für die ein PPH-Antrag gestellt wird), müssen dasselbe früheste Datum bzw. denselben Zeitrang haben (PT oder AT). (2) Mindestens eine entsprechende OEE-Anmeldung enthält einen oder mehrere Ansprüche, die vom OEE für patentfähig befunden wurden. (3) Alle Ansprüche in OLE-Anmeldung, in ursprünglich eingereichter/geänderter Fassung, deren Prüfung im Rahmen des PPH vorgenommen werden soll, müssen hinreichend mit einem oder mehreren Ansprüchen übereinstimmen, die vom OEE als gewährbar/patentfähig bezeichnet wurden. (4) Das OLE hat mit Sachprüfung der Anmeldung noch nicht begonnen (z.B. hat Amt dem Anmelder nach Stellung des Prüfungsantrags noch keinen Erstbescheid übermittelt); aber OLE kann Stellung des PPH-Antrags nach Beginn der Sachprüfung in Ausnahmefällen zulassen (z.B. KIPO). (5) Ein Prüfungsantrag zu der Anmeldung beim OLE muss entweder vor oder mit dem PPH-Antrag gestellt werden.
	Weitere mögliche Voraussetzungen: • Teilnehmende Ämter können Vorschriften für eine Veröffentlichung der Anmeldung vorschreiben. • Teilnehmende Ämter können eine Gebühr für die beschleunigte Bearbeitung erheben. • Eine inhaltliche Prüfung auf zumindest Neuheit und erfinderische Tätigkeit der Anmeldung durch das OEE ist Voraussetzung für eine gültige OEE-Anmeldung.

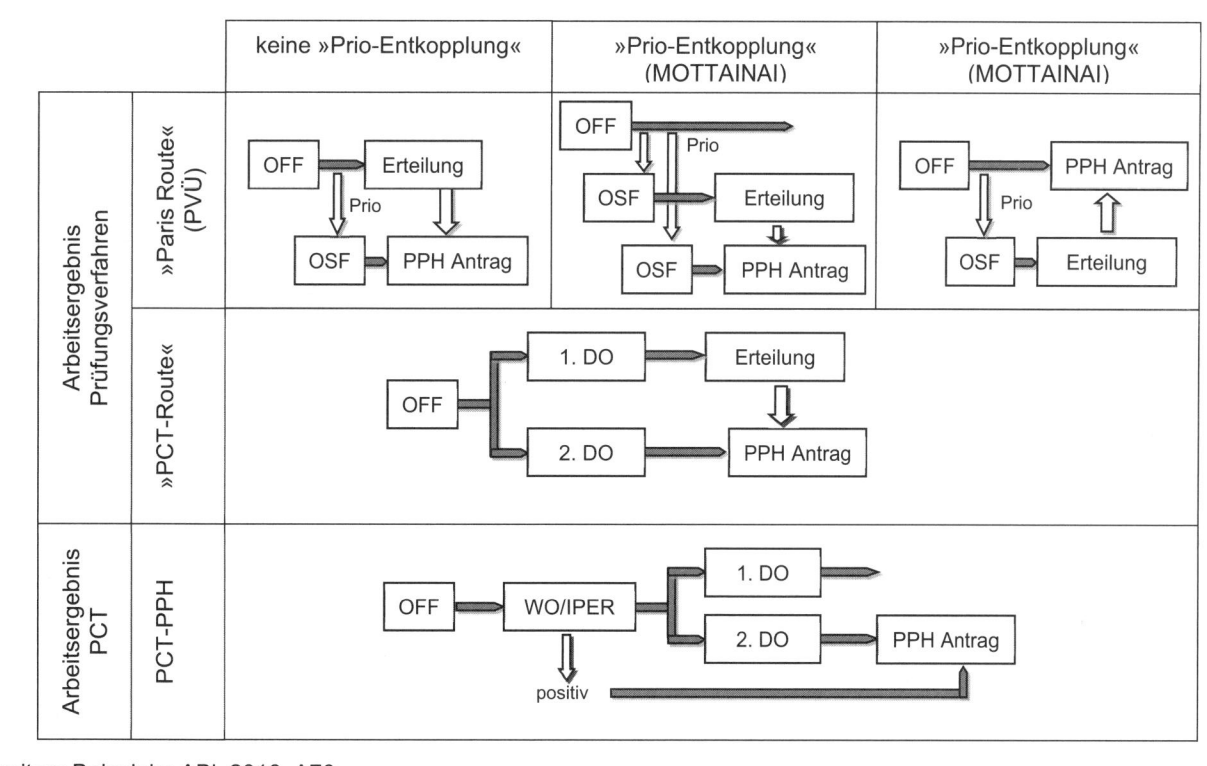

		keine »Prio-Entkopplung«	»Prio-Entkopplung« (MOTTAINAI)	»Prio-Entkopplung« (MOTTAINAI)
Arbeitsergebnis Prüfungsverfahren	»Paris Route« (PVÜ)	OFF → Erteilung; OFF → OSF → PPH Antrag (Prio)	OFF → Prio; OFF → OSF → Erteilung → PPH Antrag	OFF → PPH Antrag; OFF → OSF → Erteilung (Prio)
	»PCT-Route«		OFF → 1. DO → Erteilung; OFF → 2. DO → PPH Antrag	
Arbeitsergebnis PCT	PCT-PPH		OFF → WO/IPER → 1. DO; WO/IPER → 2. DO → PPH Antrag (positiv)	

weitere Beispiele: ABl. 2016, A76

I. Beschleunigung

Länderübersicht - Patent Prosecution Highway (PPH)

	AT	CA	CN	SV	ID	PA	PY	TH	DK	UY	DE	EA	EQ	EE	EP
APO (Österreich, AT)*		P	N M P	N		P			N M		N M			N M	
CIPO (Kanada, CA)*	N M P		P	N M P					N M		N M			N M	N M P
CNIPA (China, CN)	N	P	N	P					N		N	N	N		N M P
CNR (El Salvador, SV)					N	N			N						
DGIP (Indonesien, ID)															
DIGERPI (Panama, PA)			N			N			N						
DINAPI (Paraguay, PY)			N		N					N M					
DIP (Thailand, TH)															
DKPTO (Dänemark, DK)	N M P	N M P	N	P							N M			N M	
DNPI (Uruguay, UY)				N		N	N M								
DPMA (Deutschland, DE)	N M P	N M P	N						N M					N M	
EAPO (Eurasia, EA)			N												N M P
EGPO (Ägypten, EG)			N												
EPA (Estland, EE)	N M P	N M P							N M		N M				
EPO (Europe, EP)		N M P	N M P									N M			
HIPO (Ungarn, HU)	N M P	N M P	N	P					N M		N M			N M	
ILPO (Israel, IL)*	N M P	N M P	N	P					N M		N M			N M	N M P
IMPI (Mexico, MX)		N M P	N	P											N M P
INAPI (Chile, CL)	N M P	N M P	N	P	N		N		N M	N M	N M			N M	
INDECOPI (Peru, PE)	N M P	N M P		N		N	N M		N M	N M	N M			N M	N M P
INPI (Argentinien, AR)		N	N		N	N M			N M	N M					
INPI (Brasilien, BR)	N M		N M	N		N	N M		N M	N M					N M
INPI (Portugal, PT)	N M P	N M P	N	P					N M		N M			N M	
IP Australia (Australien, AU)*	N M P	N M P							N M		N M			N M	N M P
IPO (Indien, IN)															
IPO CZ (Tschechien, CZ)			N	P											
IPONZ (Neuseeland, NZ)	N M P	N M P							N M		N M			N M	
IPOPHL (Philippinen, PN)															N M P
IPOS (Singapur, SG)	N M P	N M P	N	P					N M		N M			N M	N M P
ISIPO (Island, IS)	N M P	N M P	N	P					N M		N M			N M	
JPO (Japan, JP)*	N M P	N M P	N M P		N			N	N M		N M	N M	N M P	N M	N M P
KIPO (Südkorea, KR)*	N M P	N M P	N M P						N M		N M	N M		N M	N M P
MYIPO (Malaysia, MY)			N	P											N M P
NIPO (Norwegen, NO)	N M P	N M P	N	P					N M					N M	
NOIP (Vietnam, VN)															
NRIP (Nicaragua, NI)				N		N	N		N						
OMPIC (Marokko, MA)															
ONAPI (Dom. Rep., DO)				N		N	N		N						
OSIM (Rumänien, EO)															
PPO (Polen, PL)	N M P	N M P	N	P					N M		N M			N M	
PRH (Finnland, FI)*	N M P	N M P	N	P					N M		N M	N M P		N M	
PRV (Schweden, SE)*	N M P	N M P	N	P					N M		N M			N M	
RN (Costa Rica, CR)				N		N	N		N						
ROSPATENT (Russland, RU)*	N M P	N M P	N	P					N M		N M			N M	N M P
SAIP (Saudi-Arabien, SA)															
SENADI (Ecuador, EC)															
SIC (Kolumbien, CO)	N M P	N M P		N		N M			N M	N M	N M			N M	N M P
SPTO (Spanien, ES)*	N M P	N M P							N M		N M			N M	
TIPO (Taiwan, TW)		N M P													
TPI (Türkei, TR)															
UKIPO (UK, GB)	N M P	N M P	N	P					N M		N M			N M	
USPTO (USA, US)*	N M P	N M P	N M P						N M		N M			N M	N M P

OFF/OEE/ISA or IPEA

OSF/OLE/DO (left side label for rows)

* Amt handelt als ISA und IPEA
M = »PPH MOTTAINAI«
N = »PPH using the national work products«
P = »PPH using the PCT international work products (PCT-PPH)«
IP5: JP, US, KR, EP, CN
Global PPH (GPPGH): AT, AU, CA, CL, CO, DE, DK, EE, ES, FI, GB, HU, IL, IS, JP, KR, NO, NZ, PE, PL, PT, RU, SE, SG, US, XN (NPI (Nordisches Patentinstitut)), XV (VPI (Visegrad))

Länderübersicht - Patent Prosecution Highway (PPH) (Fortsetzung)

39

OSF/OLE/DO	OFF/OEE/ISA or IPEA														
	HU	IL	MX	CL	PE	AR	BR	PT	AU	IN	CZ	NZ	PN	SG	IS
APO (Österreich, AT)*	N M	N M P		N M P	N M		N M	N M	N M P			N M		N M P	N M
CIPO (Kanada, CA)*	N M	N M P	N M	N M P	N M			N M	N M P			N M		N M P	N M
CNIPA (China, CN)	N	N P	N	N P		N	N M	N			N			N P	N
CNR (El Salvador, SV)				N	N	N	N								
DGIP (Indonesien, ID)															
DIGERPI (Panama, PA)				N	N	N	N								
DINAPI (Paraguay, PY)				N M P	N M	N M	N M								
DIP (Thailand, TH)															
DKPTO (Dänemark, DK)	N M	N M P		N M P	N M	N M	N M	N M	N M P			N M		N M P	N M
DNPI (Uruguay, UY)				N M P	N M	N M	N M								
DPMA (Deutschland, DE)	N M	N M P		N M P	N M			N M	N M P			N M		N M P	N M
EAPO (Eurasia, EA)															
EGPO (Ägypten, EG)															
EPA (Estland, EE)	N M	N M P		N M P	N M			N M	N M P			N M		N M P	N M
EPO (Europe, EP)		N M P	N M		N M P		N M		N M P				N M P	N M P	
HIPO (Ungarn, HU)		N M P		N M P	N M			N M	N M P			N M		N M P	N M
ILPO (Israel, IL)*	N M	P		N M P	N M			N M	N M P			N M		N M P	N M
IMPI (Mexico, MX)				N M P	N M			N						N M P	
INAPI (Chile, CL)	N M	N M P	N M		N M	N M	N M	N M	N M P			N M		N M P	N M
INDECOPI (Peru, PE)	N M	N M P	N M	N M P		N M	N M	N M	N M P			N M		N M P	N M
INPI (Argentinien, AR)				N M P	N M		N M								
INPI (Brasilien, BR)				N M	N M	N M								N M	
INPI (Portugal, PT)	N M	N M P	N	N M P	N M				N M P			N M		N M P	N M
IP Australia (Australien, AU)*	N M	N M P		N M P	N M			N M	P			N M		N M P	N M
IPO (Indien, IN)															
IPO CZ (Tschechien, CZ)															
IPONZ (Neuseeland, NZ)	N M	N M P		N M P				N M	N M P					N M P	N M
IPOPHL (Philippinen, PN)															
IPOS (Singapur, SG)	N M	N M P	N M	N M P	N M		N M	N M	N M P			N M			N M
ISIPO (Island, IS)	N M	N M P		N M P	N M			N M	N M P			N M		N M P	
JPO (Japan, JP)*	N M	N M P	N M	N M P	N M	N M	N M	N M	N M P	N M	N M	N M	N M	N M P	N M
KIPO (Südkorea, KR)*	N M	N M P	N M	N M P	N M		N M	N M	N M P			N M	N M	N M P	N M
MYIPO (Malaysia, MY)															
NIPO (Norwegen, NO)	N M	N M P		N M P				N M	N M P			N M		N M P	N M
NOIP (Vietnam, VN)															
NRIP (Nicaragua, NI)				N	N	N	N								
OMPIC (Marokko, MA)															
ONAPI (Dom. Rep., DO)				N	N	N	N								
OSIM (Rumänien, EO)															
PPO (Polen, PL)	N M	N M P		N M P	N M			N M	N M P			N M		N M P	N M
PRH (Finnland, FI)*	N M	N M P		N M P	N M			N M	N M P		N	N M		N M P	N M
PRV (Schweden, SE)*	N M	N M P		N M P	N M		N M	N M	N M P			N M		N M P	N M
RN (Costa Rica, CR)				N	N	N	N								
ROSPATENT (Russland, RU)*	N M	N M P		N M P	N M			N M	N M P			N M		N M P	N M
SAIP (Saudi-Arabien, SA)															
SENADI (Ecuador, EC)							N M								
SIC (Kolumbien, CO)	N M	N M P	N M	N M P	N M	N M	N M	N M	N M P			N M		N M P	N M
SPTO (Spanien, ES)*	N M	N M P	N M	N M P	N M			N M	N M P			N M		N M P	N M
TIPO (Taiwan, TW)															
TPI (Türkei, TR)															
UKIPO (UK, GB)	N M	N M P		N M P	N M		N M	N M	N M P			N M		N M P	N M
USPTO (USA, US)*	N M	N M P	N M	N M P	N M	N M	N M	N M	N M P		N	N M	N M	N M P	N M

* Amt handelt als ISA und IPEA
M = »PPH MOTTAINAI«
N = »PPH using the national work products«
P = »PPH using the PCT international work products (PCT-PPH)«
IP5: JP, US, KR, EP, CN
Global PPH (GPPGH): AT, AU, CA, CL, CO, DE, DK, EE, ES, FI, GB, HU, IL, IS, JP, KR, NO, NZ, PE, PL, PT, RU, SE, SG, US, XN (NPI (Nordisches Patentinstitut)), XV (VPI (Visegrad))

I. Beschleunigung

Länderübersicht - Patent Prosecution Highway (PPH) (Fortsetzung)

	JP	KR	MY	NO	VN	XN	NI	MA	DO	EO	PL	FI	SE	CR	RU
APO (Österreich, AT)*	N M P	N M P		N M		P					N M	N M P	N M P		N M P
CIPO (Kanada, CA)*	N M P	N M P		N M		P					N M	N M P	N M P		N M P
CNIPA (China, CN)	N M P	N M P	N	N							N	N P	N P		N P
CNR (El Salvador, SV)							N		N					N	
DGIP (Indonesien, ID)	N P														
DIGERPI (Panama, PA)							N		N					N	
DINAPI (Paraguay, PY)							N		N					N	
DIP (Thailand, TH)	N														
DKPTO (Dänemark, DK)	N M P	N M P		N M		P					N M	N M P	N M P		N M P
DNPI (Uruguay, UY)							N		N					N	
DPMA (Deutschland, DE)	N M P	N M P		N M		P					N M	N M P	N M P		N M P
EAPO (Eurasia, EA)	N M P	N M P										N M P			
EGPO (Ägypten, EG)	N M P														
EPA (Estland, EE)	N M P	N M P		N M		P					N M	N M P	N M P		N M P
EPO (Europe, EP)	N M P	N M P	N M												N M P
HIPO (Ungarn, HU)	N M P	N M P		N M		P					N M	N M P	N M P		N M P
ILPO (Israel, IL)*	N M P	N M P		N M		P					N M	N M P	N M P		N M P
IMPI (Mexico, MX)	N M P	N M													
INAPI (Chile, CL)	N M P	N M P		N M		P	N		N		N M	N M P	N M P	N	N M P
INDECOPI (Peru, PE)	N M P	N M P		N M		P	N		N		N M	N M P	N M P	N	N M P
INPI (Argentinien, AR)	N M						N		N					N	
INPI (Brasilien, BR)	N M	N M					N		N				N M	N	
INPI (Portugal, PT)	N M P	N M P		N M		P					N M	N M P	N M P		N M P
IP Australia (Australien, AU)*	N M P	N M P		N M		P					N M	N M P	N M P		N M P
IPO (Indien, IN)	N M														
IPO CZ (Tschechien, CZ)	N M P										N				
IPONZ (Neuseeland, NZ)	N M P	N M P		N M		P					N M	N M P	N M P		N M P
IPOPHL (Philippinen, PN)	N M P	N M P													
IPOS (Singapur, SG)	N M P	N M P		N M		P					N M	N M P	N M P		N M P
ISIPO (Island, IS)	N M P	N M P		N M		P					N M	N M P	N M P		N M P
JPO (Japan, JP)*		P	N M P	N M	N	P			N M	N M	N M P	N M P		N M P
KIPO (Südkorea, KR)*	N M P		P	N M	N	P					N M	N M P	N M P		N M P
MYIPO (Malaysia, MY)	N M P														
NIPO (Norwegen, NO)	N M P	N M P				P					N M	N M P	N M P		N M P
NOIP (Vietnam, VN)	N	N													
NRIP (Nicaragua, NI)									N					N	
OMPIC (Marokko, MA)															
ONAPI (Dom. Rep., DO)							N							N	
OSIM (Rumänien, EO)	N M P														
PPO (Polen, PL)	N M P	N M P		N M		P						N M P	N M P		N M P
PRH (Finnland, FI)*	N M P	N M P		N M		P					N M	P	N M P		N M P
PRV (Schweden, SE)*	N M P	N M P		N M		P					N M	N M P	P		N M P
RN (Costa Rica, CR)							N		N						
ROSPATENT (Russland, RU)*	N M P	N M P		N M		P					N M	N M P	N M P		
SAIP (Saudi-Arabien, SA)	N M P	N M P													
SENADI (Ecuador, EC)															
SIC (Kolumbien, CO)	N M P	N M P		N M		P	N		N		N M	N M P	N M P	N	N M P
SPTO (Spanien, ES)*	N M P	N M P		N M		P		N M			N M	N M P	N M P		N M P
TIPO (Taiwan, TW)	N M	N M									N M				
TPI (Türkei, TR)	N M P														N M P
UKIPO (UK, GB)	N M P	N M P		N M		P					N M	N M P	N M P		N M P
USPTO (USA, US)*	N M P	N M P		N M		P	N M			N M	N M	N M P	N M P		N M P

OFF/OEE/ISA or IPEA

Left side group: OSF/OLE/DO

* Amt handelt als ISA und IPEA
M = »PPH MOTTAINAI«
N = »PPH using the national work products«
P = »PPH using the PCT international work products (PCT-PPH)«
IP5: JP, US, KR, EP, CN
Global PPH (GPPGH): AT, AU, CA, CL, CO, DE, DK, EE, ES, FI, GB, HU, IL, IS, JP, KR, NO, NZ, PE, PL, PT, RU, SE, SG, US, XN (NPI (Nordisches Patentinstitut)), XV (VPI (Visegrad))

Beschleunigung I.

Länderübersicht - Patent Prosecution Highway (PPH) (Fortsetzung)

		OFF/OEE/ISA or IPEA							
		SA	EC	CO	ES	TW	TR	GB	US	XV
	APO (Österreich, AT)*			N M	N M P			N M	N M P	P
	CIPO (Kanada, CA)*			N M	N M P	N M		N M	N M P	P
	CNIPA (China, CN)							N	N M P	
	CNR (El Salvador, SV)		N	N						
	DGIP (Indonesien, ID)									
	DIGERPI (Panama, PA)		N	N						
	DINAPI (Paraguay, PY)		N	N M						
	DIP (Thailand, TH)									
	DKPTO (Dänemark, DK)			N M	N M P			N M	N M P	P
	DNPI (Uruguay, UY)		N	N M						
	DPMA (Deutschland, DE)			N M	N M P			N M	N M P	P
	EAPO (Eurasia, EA)									
	EGPO (Ägypten, EG)									
	EPA (Estland, EE)			N M	N M P			N M	N M P	P
	EPO (Europe, EP)			N M					N M P	
	HIPO (Ungarn, HU)			N M	N M P			N M	N M P	P
	ILPO (Israel, IL)*			N M	N M P			N M	N M P	P
	IMPI (Mexico, MX)			N M	N M P				N M P	
	INAPI (Chile, CL)		N	N M	N M P			N M	N M P	P
	INDECOPI (Peru, PE)		N	N M	N M P			N M	N M P	P
	INPI (Argentinien, AR)		N	N M					N M P	
	INPI (Brasilien, BR)		N M	N M				N M	N M	
	INPI (Portugal, PT)			N M	N M P			N M	N M P	P
	IP Australia (Australien, AU)*			N M	N M P			N M	N M P	P
OSF/OLE/DO	IPO (Indien, IN)									
	IPO CZ (Tschechien, CZ)								N P	
	IPONZ (Neuseeland, NZ)			N M	N M P			N M	N M P	P
	IPOPHL (Philippinen, PN)								N M P	
	IPOS (Singapur, SG)			N M	N M P			N M	N M P	P
	ISIPO (Island, IS)			N M	N M P			N M	N M P	P
	JPO (Japan, JP)*	N M		N M	N M P	N M	N M P	N M	N M P	P
	KIPO (Südkorea, KR)*	N M		N M	N M P	N M		N M	N M P	P
	MYIPO (Malaysia, MY)									
	NIPO (Norwegen, NO)			N M	N M P			N M	N M P	P
	NOIP (Vietnam, VN)									
	NRIP (Nicaragua, NI)		N	N					N M	
	OMPIC (Marokko, MA)				N M					
	ONAPI (Dom. Rep., DO)		N	N						
	OSIM (Rumänien, EO)								N M	
	PPO (Polen, PL)			N M	N M P	N M		N M	N M P	P
	PRH (Finnland, FI)*			N M	N M P			N M	N M P	P
	PRV (Schweden, SE)*			N M	N M P			N M	N M P	P
	RN (Costa Rica, CR)		N	N						
	ROSPATENT (Russland, RU)*			N M	N M P		N M P	N M	N M P	P
	SAIP (Saudi-Arabien, SA)								N M P	
	SENADI (Ecuador, EC)									
	SIC (Kolumbien, CO)		N		N M P			N M	N M P	P
	SPTO (Spanien, ES)*			N M		N M	N M	N M	N M P	P
	TIPO (Taiwan, TW)				N M			N		
	TPI (Türkei, TR)			N M	N M P					
	UKIPO (UK, GB)			N M	N M P				N M P	P
	USPTO (USA, US)*	N M		N M	N M P	N		N M	P	P

* Amt handelt als ISA und IPEA
M = »PPH MOTTAINAI«
N = »PPH using the national work products«
P = »PPH using the PCT international work products (PCT-PPH)«
IP5: JP, US, KR, EP, CN
Global PPH (GPPGH): AT, AU, CA, CL, CO, DE, DK, EE, ES, FI, GB, HU, IL, IS, JP, KR, NO, NZ, PE, PL, PT, RU, SE, SG, US, XN (NPI (Nordisches Patentinstitut)), XV (VPI (Visegrad))

Inhalt Kapitel J. Teilanmeldung, Neue Anmeldung

Teilanmeldung
Zeitpunkt der Einreichungsmöglichkeit .... J.1 ff.
Anhängigkeit der Stammanmeldung .... J.15 ff.
Inhalt der Teilanmeldung .... J.36 ff.
Berechtigung zur Einreichung .... J.46 ff.
Einreichungsbehörde .... J.51 ff.
Sprache der Teilanmeldung .... J.54 f.
Einreichungsform J.56
Teilanmeldung unter Bezugnahme J.56a
Mehrfachteilungen / Ketten-Teilanmeldungen .... J.57 ff.
Priorität .... J.63 ff.
Veröffentlichung J.66
Änderungen J.67
Umwandlung J.68
Akteneinsicht in die Stammanmeldung .... J.69 f.
Teilanmeldung bei Uneinheitlichkeit. J.71
Übergangsregelung zum EPÜ 2000 bzgl. SdT im
Prüfungsverfahren .... J.72 f.

Vorzunehmende Handlungen der Einreichung einer Teilanmeldung
Erteilungsantrag J.74
Übersetzung J.75
Erfindernennung J.76
Gebühren (Anmeldegebühr, Recherchengebühr,
Zusatzgebühr) .... J.77 f.

Rückerstattung Recherchegebühr J.79
Anspruchsgebühren .... J.80 f.
Benennungsgebühr .... J.82 f.
Zusatzgebühr als Teil der Anmeldegebühr .... J.84 f.
Jahresgebühren .... J.86 f.

Anmeldung durch Nichtberechtigte nach Art. 61 (1)
Verfahrensmöglichkeiten für Berechtigten J.89
Voraussetzungen .... J.90 ff.
Anhängigkeit .... J.93 ff.
Aussetzung des Verfahrens J.96

Neue Anmeldung nach Art. 61 (1) b)
Einreichungszeitraum J.97
Einreichungsberechtigter J.101
Einreichungsbehörde .... J.102 f.
Schicksal der früheren Anmeldung J.104
Einreichungssprache .... J.105 ff.
Einreichungsform .... J.108 ff.
Umfang der Vertragsstaaten J.111
Analoges Verfahren zur Teilanmeldung .... J.112 ff.
Gebühren .... J.115 ff.
Aussetzung des Verfahrens J.118
Akteneinsicht in Stammanmeldung .... J.119 f.
Vorzunehmende Handlungen nach Einreichung J.121
Jahresgebühren J.122

Teilanmeldung, Neue Anmeldung J.

Teilanmeldung
Art. 76, R 36, RiLi A-IV, 1, RiLi C-IX, 1
ABl. 2013, 501 und ABl. 2014, A22

Verfahrenshandlung	Rechtsnorm	Details	
Zeitpunkt der Einreichungs- möglichkeit (seit 01.04.2014)	Art. 76 R 36 (1)	TA kann zu **jeder anhängigen** früheren ePA eingereicht werden. Zur Anhängigkeit siehe J.15 ff.	1
	R 38 (4)	Die Gebührenordnung kann im Fall einer TA, die zu einer früheren Anmeldung eingereicht wird, die ihrerseits eine TA ist, als **Teil der Anmeldegebühr** eine **Zusatzgebühr** vorsehen (siehe Art. 2 (1) Nr. 1b GebO, RiLi A-IV, 1.4.1.1).	2
	R 36 (1) Art. 108	TA kann bis Ablauf Beschwerdefrist eingereicht werden; wird Beschwerde eingereicht, kann TA auch während Beschwerdeverfahren (nicht Einspruchs-Beschwerdeverfahren) eingereicht werden (solange Beschwerde läuft, ist Anmeldung anhängig).	3
		WB/WE nicht möglich, da Anhängigkeit der SA nach R 36 (1) eine Bedingung, keine Frist darstellt. Siehe RdBK 2013, II.F.2.4.2, J 10/01, J 19/10, **S/S Art. 76 Rd 32** **ABER**: WB/WE kann ggf. dazu genutzt werden, den Rechtsverlust abzuwenden, der nach R 112 (1) mitgeteilt wurde und nach dem die Anmeldung als zurückgenommen oder zurückgewiesen gilt.	4
		Wirkungen der TA: • TA gilt an dem AT der früheren Anmeldung eingereicht und genießt deren Priorecht **Art. 76 (1)**, auch **Art. 4 G PVÜ** (Prioerklärung muss nicht wiederholt werden, wenn bereits für SA erfolgt, Priobeleg muss nicht noch einmal vorgelegt werden - RiLi A-IV, 1.2.2). • **Art. 93 (1)** iVm **Art. 76 (1) Satz 2**: Veröffentlichung richtet sich ab AT bzw. PT der SA.	5
		RiLi E-IX, 2.4.1: Bei **Euro-PCT-Anmeldungen: TA möglich** ab Einleitung reg. Phase Art. 153 (2), d.h. nicht vor Ablauf der Frist nach R 159 (1), oder ab Antrag auf vorzeitige Bearbeitung nach Art. 23 (2) PCT **J 18/09**.	6

J. Teilanmeldung, Neue Anmeldung

	Anhängigkeit der Stammanmeldung		
	Verfahrenshandlung	Details	
15	**Anhängigkeit der Anmeldung** aus der geteilt werden soll RiLi A-IV, 1.1.1	Anhängig	
16		**Bedingung**	Anhängigkeit ist keine Frist, sondern eine Bedingung - RiLi A-IV, 1.1.1, letzter Absatz
17		**Erteilung der ePA**	Bis zu (aber **nicht** mehr an) dem Tag, an dem der Hinweis auf Erteilung (Art. 97 (3)) veröffentlicht wird (↳J 7/96, ↳J 7/04, ABl. 2/2002, 112).
17a			Bei Beschwerde gegen **erteiltes Patent**: keine aufschiebende Wirkung, siehe Erteilung. (↳**J 28/03**: Wirksamkeit der während Beschwerde gegen Stammanmeldung eingereichten TA hängt vom Ausgang der Beschwerde ab.)
18		**Zurückweisung der ePA**	Eine SA ist bis zum Ablauf der Beschwerdefrist (2 M) gegen Entscheidung der Prüfungsabteilung anhängig (↳**G 1/09**)
19			RiLi A-IV 1.1.1: Wirksame **Beschwerde** eingelegt (Art. 106 (1) letzter Satz) • Keine Begründung: Anhängig bis Frist zur Einreichung der Begründung, ↳J 23/13 Grund 8.3 • Mit Begründung: Bis Ende des Beschwerdeverfahrens anhängig.
21		**Zurücknahme ePA**	Bis zum Zeitpunkt der **Zurücknahme**.
22		**ePA gilt als zurückgenommen**	ePA ist anhängig bis zum Ablauf der versäumten Frist. WB nach Art. 121 (1) verlängert Zeitraum, in der ePA anhängig ist.
23		**Bei Nichtzahlung Jahresgebühren**	Anhängig bis zum letzten Tag der 6 M Nachfrist zur Zahlung der JG (R 51 (2), RiLi A-IV, 1.1.1).
24		**Euro-PCT-Anmeldungen**	RiLi E-IX, 2.4.1: Bei Euro-PCT-Anmeldungen sind **TA möglich ab Einleitung** der **reg. Phase** Art. 153 (2), d.h. nicht vor Ablauf der Frist nach R 159 (1), oder ab Antrag auf vorzeitige Bearbeitung nach Art. 23 (2) PCT (↳J 18/09).

Teilanmeldung, Neue Anmeldung   J.

Anhängigkeit der Stammanmeldung (Fortsetzung)		
Verfahrenshandlung	Details	
Anhängigkeit der Anmeldung aus der geteilt werden soll (Fortsetzung)	Nicht anhängig	25
	R 112 (2): Beantragung der Entscheidung nach R 112 (1) reicht nicht aus, um Anmeldung anhängig werden zu lassen. → Erst wenn die **Anmeldung in den früheren Stand zurückgesetzt** wird (↯J 1/05, ↯J 18/08, ↯J 4/11).	26
	Anmeldung gilt aufgrund **Fristversäumnis** als zurückgenommen, z.B. versäumte Zahlung der Jahresgebühr (Art 86 (1)), Anmeldegebühr (Art. 78 (2)), Erteilungs- oder Veröffentlichungsgebühr.	27
	↯J 4/11 — Eine Anmeldung, die wegen Nichtzahlung einer JG als zurückgenommen galt, ist während der Frist für die Stellung eines WE-Antrags nach Art. 122 in Bezug auf diese Nichtzahlung und im Zeitraum nach Stellung des – letztlich zurückgewiesen - Antrags nicht iSd R 36 (1) anhängig. Ebenfalls, nachdem ein solcher Antrag eingereicht wurde falls dieser Antrag abgelehnt wird - (ABl. 2012, 516).	28
	Verfahren ist nach R 14 (1) **ausgesetzt** → keine TA möglich.	29
	Gilt SA als zurückgenommen liegt keine Anhängigkeit mehr vor (WB (+))	30
	Im **Einspruchs- bzw. im Einspruchsbeschwerdeverfahren** kann nicht mehr geteilt werden (da Patent erteilt und daher nicht mehr anhängig).	31
	↯J 4/86 — SA gilt mit Ablauf der Grundfrist zur Stellung des Prüfantrags als zurückgenommen, wenn Prüfungsgebühr nicht bezahlt. (Nicht auf JG anwendbar: SA gilt erst mit Ablauf der Nachfrist zur JG-Zahlung als zurückgenommen.)	32
	↯G 4/98 — Benennung gilt mit Ablauf der nach Art. 79 (2) bzw. in R 15 (2), 25 (2) oder 107 (1) EPÜ 1973 genannten Frist als zurückgenommen und nicht mit Ablauf der Nachfrist gemäß R 85a EPÜ 1973. Bis zu diesem Zeitpunkt war TA einreichbar, da die Benennung bei Ablauf der Grundfrist wirkungslos wurde.	33
	Euro-PCT ↯J 18/09 — Eine int. Anmeldung, die nicht die Voraussetzungen nach Art. 22 PCT für den Eintritt in die europäische Phase erfüllt, ist nicht vor dem EPA anhängig und kann daher nicht als anhängige frühere ePA nach R 36 (SA) angesehen werden.	33a
	Bis zum Ablauf der Grundfrist zur Zahlung der Benennungsgebühr der SA können TA für die benannten VS vorgenommen werden, Zahlung der Benennungsgebühr für die SA nicht notwendig.	34
	WB und WE sind auf Einreichung einer TA nicht anwendbar.	35

J. Teilanmeldung, Neue Anmeldung

	Teilanmeldung (Allgemein)		
	Verfahrenshandlung	Rechtsnorm	Details
36	**Inhalt der Teilanmeldung**	Art. 76 (1) Satz 2	TA kann nur für einen Gegenstand, der **nicht über den Inhalt der SA** (in der ursprünglich eingereichten Fassung) hinausgeht, entspricht Prüfung nach Art. 123 (2)
36a		RiLi A-IV, 1.2.1 RiLi C-IX, 1.4	Ob sich die TA auf die in der SA enthaltenen Sachverhalte beschränkt, wird erst im Prüfungsverfahren geprüft.
37		ABl. 1992, 570 ABl. 1997, 456 ⮕T 1008/99 ⮕T 561/00	Prioanmeldung gehört nicht zum Offenbarungsgehalt der SA
38		RiLi C-IX, 1.4	Streicht Anmelder nicht die zusätzlichen Gegenstände, wird TA gemäß Art. 97 (1) wegen Verstoß gegen Art. 76 (1) zurückgewiesen.
39		⮕G 1/05 RiLi C-IX, 1.4	TA, die zum Zeitpunkt ihrer Einreichung Gegenstand enthält, der über Inhalt der früheren Anmeldung in der ursprünglich eingereichten Fassung hinausgeht, kann zur Erfüllung von Art. 76 (1) später geändert werden, damit Gegenstand nicht mehr über diese Fassung hinausgeht, auch dann noch, wenn die frühere Anmeldung nicht mehr anhängig ist.
40		Grundsätzliches	
41		RiLi C-IX, 1.4	Die Ansprüche einer TA müssen nicht auf bereits in den Ansprüchen der SA beanspruchte Gegenstände beschränkt sein (⮕T 422/07).
42		RiLi A-IV, 1.1.2	SA kann selbst eine TA sein.
42a		RiLi A-IV, 1.2.1	Ansprüche sind bei der Einreichung nicht erforderlich.
43		⮕T 441/92	Beschreibungen von SA und TA dürfen identisch sein.
44		RiLi C-IX, 1.3 ⮕J 15/85	TA dürfen keine Gegenstände enthalten, auf die vorbehaltlos in SA verzichtet worden ist. Im Prüfungsverfahren gelten beschränkte Ansprüche als Formulierungsversuch und nicht als Verzicht.
44a		RiLi A-IV, 1.3.4	Alle zum Zeitpunkt der Einreichung der europäischen TA in der früheren Anmeldung **benannten** VS gelten als in der TA benannt (siehe auch ⮕G 4/98).
45		Doppelpatentierungsverbot (bezieht sich auf Ansprüche)	
		RiLi C-IX, 1.6 RiLi G-IV, 5.4 RiLi C-IX, 1.3	**TA und SA** dürfen **nicht denselben Gegenstand beanspruchen**, da Rechtsschutzinteresse fehlt. Gilt auch für in SA fallengelassene Ansprüche (⮕T 307/03, ABl. 2009, 422). TA könnte aber eine in der SA offenbarte allgemeinere Lehre enthalten (⮕T 2461/10, 📖 S/S Art. 76, Rd 17)
46	**Wer ist berechtigt?** RiLi A-IV, 1.1.3	R 36 (1) Art. 60 (3)	Berechtigt ist der **registrierte Anmelder** der **SA**.
47			Rechtsübergang des Anmelders muss ordnungsgemäß eingetragen sein und am Tag der Einreichung der TA gemäß R 22 (3) **legitimiert** sein.
48		RiLi A-IV, 1.6	**Vertreter** mit Einzelvollmacht bzgl. SA kann **nur** dann TA einreichen, wenn er in der Einzelvollmacht **explizit dazu bevollmächtigt** wurde.
49		Art. 118	Einheit der ePA, daher TA nur von **allen** Anmeldern gemeinsam möglich, sonst Behandlung als ePA
50		RiLi A-IV 1.1.3 ⮕J 2/01 (ABl. 2005, 88)	Ausnahmen, wenn Art. 61 oder R 22 (3) (Legitimierung Rechtsübergang) erfüllt ist.

Teilanmeldung, Neue Anmeldung J.

Teilanmeldung (Fortsetzung)			
Verfahrenshandlung	Rechtsnorm, Rechtsprechung	Details	
Wo ist einzureichen? RiLi A-IV, 1.3.1	Art. 76 (1) RiLi A-IV, 1.3.1	Ausschließlich bei einer Annahmestelle des EPA (München, Den Haag, auch Berlin), s. **Art. 75 (1) a)** iVm mit R 36 (2)	51
		RiLi A-IV, 1.3.1 — Einreichung bei nationalen Behörden hat keine rechtliche Wirkung. Bei freiwilliger Weiterleitung an das EPA gilt TA erst mit Tag des Eingangs beim EPA als eingegangen	52
	RiLi A-II, 1.2.2	Online-Einreichung: EPO Online Filing Software (BdP vom 05.02.2015, **ABl. 2015, A26**), Case-Management-System CMS (BdP vom 11.03.2015, **ABl. 2015, A27**), Web-Form Filing Service (BdP vom 10.09.2015, **ABl. 2014, A98**).	53
In welcher Sprache ist einzureichen?	R 36 (2)	TA ist in der Verfahrenssprache der SA oder falls SA nach **Art. 14 (2)** nicht in einer Amtssprache des EPA eingereicht wurde in der Sprache der SA einzureichen; eine Übersetzung in die Verfahrenssprache der SA ist innerhalb von 2M nachzureichen	54
	R 6 (1)	Frist 2 M nach Einreichung der TA - siehe unten bzw. RiLi A-VII, 1.3, RiLi A-III, 14)	55
Wie ist einzureichen?	R 41 (2) e)	Durch Einreichung einer Anmeldung mit einer Erklärung, dass es sich um eine TA handelt, und unter Angabe des Aktenzeichens der SA. Für Gebührenzwecke sollte Generation der TA genannt werden (R 38 (4), Art. 2 (1) Nr. 1b GebO).	56
	RiLi A-IV, 1.3.2	Berichtigung von Mängeln nach RiLi A-III, 16.	
Teilanmeldung unter Bezugnahme	RiLi A-IV, 1.3.1	Die Teilanmeldung kann durch Bezugnahme auf eine früher eingereichte Anmeldung eingereicht werden. In diesem Fall wird wie in R 40 (1) c), (2) und (3) vorgesehen verfahren (RiLi A-II, 4.1.3.1).	56a
Mehrfach-teilungen/ Ketten-TA	↳G 1/05	**Sequenz von Teilungen** ist zulässig.	57
	↳T 1158/01	**TA aus einer TA** ist grundsätzlich zulässig.	58
	↳G 1/06	**TA kann geändert** werden, auch wenn SA nicht mehr anhängig ist.	59
	↳G 2/98	Konkrete Merkmalskombination muss **in der SA offenbart** sein.	60
	RiLi C-IX, 1.4	Bei **Kette von TA**, von denen jede aus der jeweiligen Vorgängerin ausgeschieden wurde, muss jede TA der Kette Art. 76 (1) Satz 2 genügen. Die gesamte Offenbarung jeder TA muss unmittelbar und eindeutig aus dem Offenbarungsgehalt jeder vorangehenden Anmeldung in der ursprünglich eingereichten Fassung ableiten lassen (↳**G 1/06** »**impeccable pedigree**«).	61
		[Diagramm: EP1 (A, B, C) → EP2 (A, B) → EP3 (Einführung von C nicht möglich)]	61a
	R 38 (4)	Seit 01.04.2014 wird nach **R 38 (4)** eine Zusatzgebühr für Ketten-TA ab 2. Generation erhoben (siehe 📄 J.78, 📄 J.84 f.).	62

J. Teilanmeldung, Neue Anmeldung

	Teilanmeldung (Fortsetzung)		
	Verfahrenshandlung	Rechtsnorm, Rechtsprechung	Details
63	**Priorität**	Art. 76 (1)	TA gilt an dem AT der früheren Anmeldung eingereicht und genießt deren Priorecht **Art. 76 (1)**, auch **Art. 4 G PVÜ**
64		RiLi A-IV, 1.2.2	**Einreichung der Prioerklärung muss nicht wiederholt werden**, wenn bereits für SA erfolgt. Prioerklärung muss nicht noch einmal vorgelegt werden. (siehe BdP des EPA vom 12.07.2007, Sonderausgabe Nr. 3, ABl. 2007, B.2).
65		RiLi A-IV, 1.2.2	Der Prioanspruch kann für die TA zurückgenommen werden **(RiLi F-VI, 3.5** und **RiLi E-VIII, 8.2 und 8.3)**. Eine solche Zurücknahme hat keine Auswirkung auf den Prioanspruch der SA. Ebenso wenig hat die Zurücknahme des Prioanspruchs der SA nach Einreichung der TA Einfluss auf den Prioanspruch der TA.
66	**Veröffentlichung**	Art. 93 (1) Art. 76 (1)	VÖ richtet sich ab **AT/PT** der **SA** (RiLi A-IV, 1.8). Wenn 18 M bereits abgelaufen, erfolgt die VÖ nach Abschluss er technischen Vorbereitungen. Der Anmelder wird über den Tag der VÖ informiert.

Teilanmeldung, Neue Anmeldung J.

Teilanmeldung (Fortsetzung)			
Verfahrenshandlung	Rechtsnorm, Rechtsprechung	Details	
Änderungen	⇨ G 1/05 ⇨ T 873/94 RiLi C-IX, 1.4	Änderungen, die in einer TA nach ihrer Einreichung vorgenommen werden, müssen den Erfordernissen des Art. 123 (2) genügen, d.h., sie dürfen den **Gegenstand nicht über** den Inhalt der TA in der **ursprünglich eingereichten Fassung** hinaus **erweitern**	67
Umwandlung	⇨ G 1/05 RiLi C-IX, 1.4	Ein TA kann nicht in eine unabhängige ePA mit eigenem AT umgewandelt werden.	68
Akteneinsicht in SA	Art. 128 (3)	Akteneinsicht in SA **nach Veröffentlichung** der **TA** für Dritte möglich, unabhängig von Veröffentlichung der SA und von Zustimmung des Anmelders.	69
	R 147 (5)	Akte der SA wird genauso lange aufbewahrt wie Akte der TA.	70
TA bei Uneinheitlichkeit	Art. 9 (2) GebO	Basiert TA auf einer SA, für die bereits Recherche durchgeführt wurde, wird Recherchegebühr ganz oder teilweise zurückgezahlt (RiLi A-IV, 1.8); Recherchegebühr muss jedoch zuerst gezahlt werden (RiLi F-V, 7.1).	71
Übergangs-regelung: Stand der Technik im Prüfungsverfahren		SdT der vor einer SA nach EPÜ 1973 nicht neuheitsschädlich war (da andere VS benannt als in der SA, Art. 54 EPÜ 1973), kann neuheitsschädlich für eine TA nach EPÜ 2000 sein: Älteres Recht nach Art. 54 (3) EPÜ 2000. *[Zeitstrahl-Diagramm: EH1 — SA (benannte/bezahlte VS IT,DE) — VÖ (+18 M) — FR,GB — EPÜ 73 — EPÜ 2000 — 13.12.2007 — TA (FR,GB); links: nicht neuheitsschädlich, neuheitsschädlich nach EPÜ 2000. Rechts: EH1 — SA (benannte/bezahlte VS IT,DE,FR) — VÖ (+18 M) — FR,GB — EPÜ 73 — EPÜ 2000 — 13.12.2007 — TA (FR,GB); neuheitsschädlich nur für FR nach EPÜ 73, neuheitsschädlich für FR und GB nach EPÜ 2000]*	72
Weiterverfolgung bei **Uneinheitlichkeit ohne** Zahlung **zusätzlicher R.-Gebühren**. ⇨ **G 2/92**: Ein Anmelder, der es bei einer uneinheitlichen Anmeldung unterlässt, auf eine Aufforderung der Rechercheabteilung nach R 46 (1) EPÜ 1973 (R 64) weitere R.-Gebühr zu entrichten, kann diese Anmeldung nicht für einen Gegenstand weiterverfolgen, für den keine R.-Gebühr entrichtet wurden. Der Anmelder muss vielmehr eine TA für diesen Gegenstand einreichen, wenn er dafür weiterhin Schutz begehrt.			73

329

J. Teilanmeldung, Neue Anmeldung

	Vorzunehmende Handlungen bei und nach Einreichung der Teilanmeldung					
	Verfahrenshandlung	Rechtsnorm	Details und Fälligkeit	Unmittelbare Folgen eines Mangels, Mängelbeseitigung, Fristen	Rechtsfolge bei Nichtbeseitigung von Mängeln oder Fristversäumnis	Weiterbehandlungs-/ Wiedereinsetzungs- Möglichkeit
74	**Einreichung mittels Erteilungsantrag**	Art 76 R 41 (2) e) Art. 90 (1) RiLi A-IV, 1.3.2	Angabe, dass ePA TA ist sowie Aktenzeichen der SA Einreichung der TA für AT formlos oder **R 41 (1): Schriftlich** auf **Formblatt R 41 (2):** Ersuchen auf Erteilung, Bezeichnung der Erfindung, Anmelder, Benennung, Unterschrift Anmelder, Liste über Anlagen, Erfindernennung ggf. Vertreter, Prio	**Art. 90 (4), R 58:** Frist von 2 M (bis 4 M iVm R 59 und R 132 (2)) nach Aufforderung gemäß R 58 zur Mängelbeseitigung RiLi A-III, 16.2	**Art. 90 (5):** Anmeldung wird zurückgewiesen	**WB (−),** da durch Art. 121 (4), R 135 (2) ausgenommen **WE (+),** Art. 122, R 136
75	**Übersetzung gemäß Art. 14 (2) in Verfahrenssprache der SA** 📖 S/S Art. 76 Rd 21	Art. 14 (2) R 36 (2) R 6 (1) RiLi A-III 14, 16 RiLi A-IV, 1.3.3	**R 36 (2):** Innerhalb 2 M nach Einreichung der TA	**R 58:** Aufforderung zur Mängelbeseitigung, Frist 2 M	**Art. 90 (3), (5)** iVm **Art. 14 (2):** Anmeldung gilt als zurückgenommen, Mitteilung nach R 112 (1) Art. 9 (1) GebO: R.-Gebühr wird zurückerstattet	
76	**Erfindernennung**	Art. 81 R 19 - R 21 R 60 (Anspruch auf Erfindernennung) RiLi A-III, 5, A-IV, 1.5	**Art. 81, R 19 (1):** Mit Einreichung der TA **R 19 (2):** Angaben werden nicht geprüft Art. 81, 2. Satz: hat Erklärung über Rechtsübergang zu enthalten	R 60 (2) innerhalb einer zu bestimmenden Frist (mind. 2 M) nach R 132 (2) nachzureichen bzw. zu berichtigen RiLi A-IV, 1.5	**Art. 90 (5), R 60 (1):** Anmeldung wird zurückgewiesen **RiLi A-III, 5.5**	**WB (+),** nach Art. 121 (1), R 135 (1), keine Frist nach R 58 **WE (−),** durch Art. 122 (4), R 136 (3) ausgenommen

Teilanmeldung, Neue Anmeldung J.

Gebührenzahlung als Teil der vorzunehmenden Handlungen bei Einreichung

Verfahrenshandlung	Rechtsnorm	Details und Fälligkeit	Unmittelbare Folgen eines Mangels, Mängelbeseitigung, Fristen	Rechtsfolge bei Nichtbeseitigung von Mängeln oder Fristversäumnis	Weiterbehandlungs-/ Wiedereinsetzungs-Möglichkeit	
Anmeldegebühr, Recherchegebühr siehe A.27, A.29 ggf. Ermäßigung nach Art. 14 (2)+(4)	Art. 78 (2) R 36 (3) RiLi A-IV, 1.4.1	**R 36 (3):** Innerhalb 1 M nach Einreichung der TA Analog zur normalen Anmeldung **R 38 (2), (3):** Zusatzgebühr (Art. 2 (1) Nr. 1a GebO) ab 16. Seite		**Art. 90 (3)** iVm **R 36 (3):** Anmeldung gilt als zurückgenommen, evtl. neue TA einreichen Mitteilung nach **R 112 (1)**	**WB (+)**, nach Art. 121 (1), R 135 (1) **WE (–)**, durch Art. 122 (4), R 136 (3) ausgenommen	77
Zusatzgebühr als Teil der Anmeldegebühr siehe J.84 f.	R 38 (4) RiLi A-IV, 1.4.1.1					78
Rückerstattung Recherchegebühr	Rückerstattung der R.-Gebühr teilweise oder ganz nach **Art. 9 (1), (2) GebO**, wenn RB der TA auf RB der SA basiert, jedoch muss R.-Gebühr zunächst bezahlt werden (**RiLi A-IV, 1.4**).					79
Anspruchsgebühren siehe A.28	R 45 Art. 78 Art. 2 (1) Nr.15 GebO RiLi A-X, 5.2.5, RiLi A-III, 9	**R 45 (2):** Innerhalb 1 M ab Einreichung **des ersten Anspruchssatzes** Analog zu normaler Anmeldung Die Anspruchsgebühren sind auch dann zu entrichten, wenn sie bereits in der SA für Patentansprüche des Erfindungsgegenstandes entrichtet worden sind, der nun in der TA beansprucht wird RiLi A-IV, 1.4.2	**R 45 (2), 2. Satz:** Innerhalb 1 M nach Mitteilung, zuschlagsfrei	**R 45 (3):** Gilt als Verzicht auf Patentanspruch Mitteilung nach **R 112 (1)**	**WB (+)**, Art. 121 (1), R 135 (1) **WE (–)**, durch Art. 122 (4), R 136 (3) ausgenommen	80
Benennungsgebühr 610 € pauschale Benennungsgebühr entsprechend Art. 2 (1) Nr. 3 GebO	R 36 (4) R 39 RiLi A-IV, 1.3.4	**R 36 (4)** und **R 39**: innerhalb 6 M nach Veröffentlichung des RB zur TA RiLi A-IV, 1.3.4: bei der Einreichung der TA gelten höchstens die für die SA benannten Staaten als benannt		seit 01.04.2009: es wurde **keine Benennungsgebühr entrichtet**: **R 36 (4)** iVm **R 39 (2):** Anmeldung gilt als zurückgenommen (ex nunc, G 4/98, AT bleibt erhalten), Mitteilung nach R 112 (1)	**WB (+)**, nach Art. 121, R 135 **WE (–)**, da durch Art. 122, R 136 ausgenommen	82
	Zusätzlich für Anmeldungen vor dem 01.04.2009: Ist **eine Benennungsgebühr nicht entrichtet**: alte R 36 (4) iVm R 39 (2): Die Benennung dieses Staates gilt als zurückgenommen (ex nunc, G 4/98).					83

331

J. Teilanmeldung, Neue Anmeldung

Zusatzgebühr als Teil der Anmeldegebühr		
Verfahrenshandlung	Rechtsnorm	Details
84 **Zusatzgebühr bei Einreichung TA**	R 38 (4) Art. 2 (1) Nr. 1b GebO	Die Gebührenordnung kann im Fall einer TA, die zu einer früheren Anmeldung eingereicht wird, die ihrerseits eine TA ist, als Teil der Anmeldegebühr eine **Zusatzgebühr** vorsehen.
85 RiLi A-IV, 1.4.1.1 Seit 01.04.2014		BdV CA/D 15/13, 16.10.2013 ABl. 2013, 501 und MdEPA ABl. 2014, A22 Art. 2 (1) Nr. 1b GebO: • für eine Teilanmeldung der 2. Generation: 220 € • für eine Teilanmeldung der 3. Generation: 440 € • für eine Teilanmeldung der 4. Generation: 660 € • für eine Teilanmeldung der 5. oder • jeder weiteren Generation: 885 €

Stammanmeldung eingereicht — Ende der Anhängigkeit → EP1

TA der 1. Generation (keine Zusatzgebühr) → EP2, EP3

TA der 2. Generation (Zusatzgebühr: 210 €) → EP4

TA der 3. Generation (Zusatzgebühr: 425 €) → EP5

Teilanmeldung, Neue Anmeldung   J.

Gebührenzahlung als Teil der vorzunehmenden Handlungen bei Einreichung (Fortsetzung)

Verfahrenshandlung	Rechtsnorm	Details und Fälligkeit	Unmittelbare Folgen eines Mangels, Mängelbeseitigung, Fristen	Rechtsfolge bei Nichtbeseitigung von Mängeln oder Fristversäumnis	Weiterbehandlungs-/Wiedereinsetzungs-Möglichkeit	
Jahresgebühren siehe H.50 f.	Art. 86 (1) R 51 RiLi A-IV, 1.4.3	**R 51 (3) Satz 1+2:** Innerhalb 4 M nach Einreichung der TA sind zuschlagsfrei zahlbar: • JG, die bis zur Einreichung der TA für die SA fällig geworden sind (Art. 86 (1), Art. 76 (1)), und • eine JG, die innerhalb 4 M ab Einreichung der TA fällig wird. Anmerkung: • Für 4 M-Frist der **aufgelaufenen** JG gilt kein »Ultimo-to-Ultimo« Prinzip (bei SA letzter Tag des Monats der Einreichung R 51 (1), bei TA der Tag der Einreichung R 51 (3)) • Für 4 M-Fristende gilt Feiertagsregelung R 134 (1) **(RiLi A-IV, 1.4.3)**	**Für dritte JG (wenn für SA zum AT der TA JG bereits fällig):** Art. 86 (2) iVm R 51 (2), (3) Satz 3: 2 M Nachfrist, d.h. insgesamt 6 M nach Fälligkeit (= Einreichung der TA), + Zuschlagsgebühr (50%) nach **Art. 86 (2)** (**Aussetzung** vom 01.06. bis 31.08.20 – Abl. 2020, A70) **Kein »Ultimo-to-Ultimo«** ↪J 4/91 **Für vierte und folgende JG oder noch keine JG für SA fällig:** Art. 86 (2) iVm R 51 (1) und ↪J 4/91: Innerhalb von 6 M nach Fälligkeit (gemäß R 51 (2)) für das kommende Jahr am Monatsende des Monats in den der AT der SA fällt + Zuschlagsgebühr nach **Art. 86 (2)** iVm **Art. 2 (1) Nr. 5 GebO** (**Aussetzung** vom 01.06. bis 31.08.20 – Abl. 2020, A70) ↪**J 4/91**: Fälligkeitstag ist Monatsletzter	**Art. 86 (1):** Anmeldung gilt als zurückgenommen	**WB (–),** da ausgenommen durch Art. 122, R 135 **WE (+),** 12 M Frist beginnt erst nach Ablauf der 6 M-Nachfrist zu laufen, siehe RiLi A-IV, 1.4.3	86 87 88

333

J. Teilanmeldung, Neue Anmeldung

Anmeldung durch Nichtberechtigte
Art. 61 iVm R 14-18 **(RiLi A-IV, 2; RiLi C-IX, 2), Anerkennungsprotokoll**

	Verfahrenshandlung	Rechtsnorm	Details
89	**Möglichkeit für Berechtigten**	Art. 61 (1)	Bietet dem Berechtigten drei Möglichkeiten: a) ePA **an Stelle** des **Anmelders weiterverfolgen**, b) **Neue ePA** für dieselbe Erfindung einreichen (nach Art. 61 (2) ist Art. 76 (1) für neue ePA entsprechend anzuwenden). (siehe 📄 J.97 ff.) → R 17, c) **Zurückweisung beantragen**
90	**Voraussetzungen**	R 16 (1)	Voraussetzung für den Rechtsbehelf nach Art. 61 (1): a) Innerhalb von **3 M nach Eintreten der Rechtskraft der Entscheidung**, mit der ihr Anspruch anerkannt wird, (nationales Gericht, Zuständigkeit siehe Anerkennungsprotokoll Art. 1 bis 8) und b) das **europäische Patent** wurde **noch nicht erteilt**.
91		R 16 (2)	Rechtsbehelfe nach Art. 61 (1) gelten nur in Bezug auf in der ePA benannte Vertragsstaaten, in denen die Entscheidung ergangen oder anerkannt worden ist oder aufgrund des Anerkennungsprotokolls anzuerkennen ist. Voraussetzung ist rechtskräftige und anzuerkennende Entscheidung, die der Berechtigte vorzulegen hat und die vom EPA zu prüfen ist (📖 S/S Art. 61 Rd 12).
92			**Anerkennungsprotokoll**: Zuständigkeit der nationalen Gerichte (Art. 61 (1)).
93	**Anhängigkeit**	RiLi A-IV, 2.1 ✎ G 3/92	Die **ePA muss nicht** mehr **anhängig sein** (bspw. zurückgewiesen oder zurückgenommen), wenn nationales Gericht den Anspruch auf Erteilung einer anderen Person zuspricht (→ Art. 61 (1) b)).
94			Dieser Spezialfall ist ein besonderes Konstrukt zum Schutz des Berechtigten. Es stellt sicher, dass der Nichtberechtigte nicht durch Zurücknahme der ePA den Berechtigten um »seine« Patentanmeldung bringt. Es ist auch allgemein eine Neuanmeldung möglich. Dies erschließt sich aus Art. 61 (2) - Art. 76 (1) ist anzuwenden, d.h. die neue Anmeldung ist wie eine TA einzureichen. TA sind aber für anhängige Anmeldungen einzureichen (📖 S/S Art. 61 Rd 24).
95			Keine Verjährung für Feststellung der Berechtigung.
96	**Aussetzung des Verfahrens**	siehe 📄 D.91 ff.	

Teilanmeldung, Neue Anmeldung J.

Neue Anmeldung nach Art. 61 (1) b), R 16 (Anmeldung durch Nichtberechtigte)
RiLi A-IV, 2; RiLi C-IX, 2

Verfahrenshandlung	Rechtsnorm	Details	
Wann kann eine neue Anmeldung eingereicht werden?	Art. 61 (1) R 16 (1) RiLi A-IV, 2.1	**Bis** zur **Veröffentlichung** des **Hinweises** auf **Erteilung** (solange noch nicht erteilt) und innerhalb von 3 M nach Eintritt der Rechtskraft der Entscheidung gemäß **Art. 61 (1)**. Nach Erteilung ist ggf. Nichtigkeitsklage oder Vindikationsklage nach nationalem Recht möglich. (zur Aussetzung des Verfahrens vor Entfaltung Rechtskraft siehe unten).	97
		Im Beschwerdeverfahren ✏️**G 3/92** und **RiLi C-IX, 2.2**: Anhängigkeit der früheren Anmeldung ist **nicht** Voraussetzung für die Einreichung der neuen Anmeldung → Einreichung neuer ePA nach Art. 61 (1) b)	98
		Folge bei **Vindikation für eP** Art. 99 (4) - Eintragung des neuen Inhabers in Bezug auf diesen Staat; i.d.R. fällt dabei auch die Einheit des Patents (Art. 118). Ist das eP erteilt, so zerfällt es in ein Bündel nationaler Patente. Vindikationsklage vor jedem nationalen Gericht zur Übertragung des Patents.	99
		Vor Erteilung → **R 14 (1)** Aussetzung und Sicherung des zentralen Verfahrens nach R 15 und Art. 61 (1)	100
Wer?	Art. 61	Die nach **Art. 61** Berechtigten sind die in **Art. 60 (1)** genannten Personen (Erfinder, Rechtsnachfolger, nicht der Anmelder). Nationales ArbnErfR des jeweiligen Staats ist anzuwenden.	101
Wo ist einzureichen?	Art. 61 (2) Art. 76 (1) Wie TA nur beim EPA	RiLi A-IV, 2.5	Auf **Papier oder elektronisch beim EPA in Den Haag, München oder Berlin** einzureichen. Es ist nicht möglich, eine Anmeldung nach Art. 61 (1) b) und Art. 76 bei den zuständigen Behörden eines VS einzureichen	102
		RiLi A-IV, 1.3.1	Einreichung bei nationalen Behörden hat keine rechtliche Wirkung. Bei freiwilliger Weiterleitung an das EPA gilt TA erst mit Tag des Eingangs beim EPA als eingegangen.	103
Schicksal der früheren Anmeldung?	R 17 (1) RiLi A-IV, 2.5	Die **frühere Anmeldung** gilt mit Einreichung der neuen Anmeldung als **zurückgenommen**, und zwar: • für die VS, in denen die Entscheidung der Nichtberechtigung (zuständiges Gericht im Land des Anmelders) ergangen ist oder • anerkannt worden ist oder • aufgrund des Anerkennungsprotokolls anzuerkennen ist.	104
In welcher **Sprache** ist einzureichen?	R 36 (2)	Neue Anmeldung ist in Sprache der **SA** einzureichen, analog zur TA (RiLi A-IV, 1.3.3).	105
	R 4	In der **Verfahrenssprache**, oder falls die **frühere Anmeldung** nach **Art. 14 (2)** in einer Sondersprache eingereicht wurde, in dieser **Sondersprache** unter **Nachreichung** der **Übersetzung** in die **Verfahrenssprache**.	106
	R 6 (1)	Frist 2 M nach Einreichung der neuen ePA für Übersetzungen (RiLi A-III, 14).	107

J. Teilanmeldung, Neue Anmeldung

	Neue Anmeldung nach Art. 61 (1) b), R 16 (Fortsetzung)		
	Verfahrenshandlung	Rechtsnorm	Details
108	Wie ist einzureichen?	R 14	Antrag des **Berechtigten** unter **Vorlage** der **rechtskräftigen Entscheidung** (RiLi A-IV, 2.5), analog zum Verfahren bei TA.
109		R 18 (1) RiLi C-IX, 2.3	**Teilweise Anspruchsberechtigung** Wenn Drittem nur für einen Teil des in der ePA offenbarten Gegenstands ein Anspruch zugesprochen wurde, muss die frühere Anmeldung auf den verbleibenden Gegenstand beschränkt werden (frühere und neue Anmeldung verhalten sich wie zwei TA).
110		R 18 (2), RiLi C-IX, 2.4	**Anspruchsberechtigung nur für bestimmte benannte Staaten** Frühere und neue Anmeldung verhalten sich wie zwei Anmeldungen (Doppelschutzverbot beachten), wobei neue Anmeldung auch andere Ansprüche aufweisen kann.
111	**Welche Staaten können benannt werden?**	Art. 61 (1) b) R 16 (2)	Nur die **Staaten**, die in der **früheren Anmeldung** benannt worden sind.
112	**Inhalt der neuen Anmeldung**	Art. 61 (2)	Neue Anmeldung ist wie TA gemäß **Art. 76 (1)** zu behandeln (AT bzw. PT wie ursprüngliche Anmeldung, keine unzulässige Erweiterung Art. 76 (1)) (siehe RiLi A-IV, 2.5).
113		RiLi C-IX, 2.1	**Art. 123 (2)** ist zu beachten (S/S Art. 123 Rd 39 ff.)
114			Wichtigste Abweichung: JG sind für das Jahr, in dem diese Anmeldung eingereicht worden ist, und für vorhergehende Jahre nicht zu entrichten R 51 (6).
115	**Gebühren**	R 17 (2)	Anmelde- und R.-Gebühr, Frist 1 M, bei Nichtzahlung gilt neue Anmeldung als zurückgenommen.
116		R 17 (3)	B.-Gebühr, Frist 6 M ab Tag des Hinweises auf europäischen RB zur neuen ePA
117		R 51 (6)	Keine nachträglichen JG-Zahlungen für neue ePA nach **Art. 61 (1) b)** durch den wahren Berechtigten (siehe J.122)
118	**Aussetzung des Verfahrens**	siehe D.91 ff.	
119	**Akteneinsicht in Stammanmeldung**	Art. 128 (1)	Akteneinsicht in SA für Dritte möglich, unabhängig von Veröffentlichung der SA und abhängig von Zustimmung des (früheren und neuen) Anmelders.
120		Art. 128 (3)	Akteneinsicht in die SA nach Veröffentlichung der neuen Anmeldung ohne Einverständnis des Anmelders möglich, unabhängig davon, ob SA veröffentlicht wurde.
121	**Vorzunehmende Handlungen nach Einreichung der neuen Anmeldung**	siehe Ablauf J.74 ff., außer Jahresgebühren	
122	**Jahresgebühren**	Art. 86 R 51 (6)	**Jahresgebühren** erst fällig **ab** dem Jahr, das auf das **Jahr** folgt, in dem die **neue Anmeldung eingereicht** wurde.

Inhalt Kapitel K. Weiterbehandlung, Wiedereinsetzung

Weiterbehandlung
Voraussetzungen für die Weiterbehandlung .... K.1 ff.
Durchzuführende Handlungen .... K.4 ff.
Fristbeginn K.8
Weiterbehandlung bei Ablehnung einer Fristverlängerung K.9
Entscheidung über die Weiterbehandlung K.10
Ablehnung der Weiterbehandlung K.11
Stattgeben der Weiterbehandlung K.12
Übergangsbestimmungen zum EPÜ 2000 .... K.13
Ausschluss der Weiterbehandlung .... K.14 f.
Nachfrist + Weiterbehandlung K.16
Weiterbenutzungsrecht bei Weiterbehandlung K.17

Euro-PCT
Weiterbehandlung bei Euro-PCT-Anmeldung K.18

Wiedereinsetzung
Voraussetzungen für die Wiedereinsetzung .... K.19 ff.
Wiedereinsetzung bei Beschwerde .... K.30 ff.
Durchzuführende Handlungen .... K.34 ff.
Zeitraum für Wiedereinsetzung K.36
Ausnahme für Wiedereinsetzung K.36a
Begründung K.37
Entscheidung über die Wiedereinsetzung K.38
Ablehnung der Wiedereinsetzung K.39

Stattgeben der Wiedereinsetzung K.40
Rechtsprechung zur Anforderung an die gebotene
Sorgfaltspflicht .... K.41 ff.
Ausschluss der Wiedereinsetzung (Beispiele) .... K.49 ff.
Weiterbenutzungsrecht bei Wiedereinsetzung K.56
Wiedereinsetzung bei nationalen Behörden K.57
Wiedereinsetzung in Frist zur Weiterbehandlung K.58
Jahresgebühren nach der Wiedereinsetzung .... K.59 f.

Wiedereinsetzung im Rahmen einer Euro-PCT Anmeldung
Fristüberschreitung nationales Recht im PCT .... K.61 f.
Euro-PCT K.61b

Wiederherstellung einer PCT Anmeldungen
Wiederherstellung Prioritätsrecht .... K.62 ff.
EPA als ausgewähltes Amt/Bestimmungsamt .... K.68 f.
Wiedereinsetzung beim EPA als Widerspruchsbehörde
Uneinheitlichkeit .... K.70.
Wiedereinsetzung bei Versäumnis Frist Eintritt in
nat./reg. Phase .... K.71 f.

Rechtsverlust und Antrag auf Entscheidung zur Erlangung Beschwerdefähigkeit
Antrag auf Entscheidung K.73

337

Weiterbehandlung, Wiedereinsetzung K.

Weiterbehandlung
Art. 121, **R 135**, RiLi E-VIII, 2
Vorteil: Antrag kann ohne Begründung eingereicht werden

Verfahrenshandlung	Rechtsnorm	Details und Fälligkeit	Rechtsfolge, WE	
Voraussetzungen für WB	Art. 121 (1)	Der **Anmelder** hat eine ggü. dem EPA einzuhaltende **Frist versäumt**. (Amtsfrist oder vom EPA zu bestimmende Frist nach **R 132 (1)**)		1
		WB steht nur dem Anmelder offen (bei Rechtsübergang erst bei Vorliegen der Unterlagen nach R 22 (3). (📖 S/S Art. 121 Rd 15).		2
		ePA gilt als zurückzuweisen, zurückgewiesen oder zurückgenommen (auch Teilrechtsverlust).		3
Durchzuführende Handlungen	Art. 121 (2) R 135 (1)	Mitteilung über Fristversäumnis (z.B. nach R 112 (1)) oder Entscheidung über Zurückweisung setzt 2 M Frist zur Beantragung der WB in Gang (Tag der Zustellung ist relevant). **Innerhalb** dieser $2\ M^{+10\ T}$ Frist sind durchzuführen:		4
		1. **Antrag auf WB** gilt durch Zahlung der Weiterbehandlungsgebühr (Art. 2 (1) Nr. 12 GebO, bei verspäteter Gebührenzahlung 50% der verspäteten Gebühr oder 265 € in allen anderen Fällen, insbesondere im Fall der R 71 (3) als gestellt. Abl. 2020 Zusatzpublikation 3, Code 121, 122, 123)	**WE (+)**, da WB in **Art. 122 (4)**, **R 136** nicht ausgeschlossen ist (👉 **J 12/92**)	5
		2. **Versäumte Handlung** ist innerhalb Antragsfrist **nachzuholen**.	**WE (+)**, Art. 122, siehe 📄 K.58 (👉 **J 29/94**)	6
		Die WB-Gebühr ist bei ePA, eP und Euro-PCT Anmeldungen zum automatischen Abbuchungsverfahren zugelassen. Der maßgebliche Zahlungstag hängt von der versäumten Handlung oder dem Zeitpunkt der Erteilung des automatischen Abbuchungsauftrags ab, (ABl. 2019, Zusatzpublikation 4, A.1, Nummer 5.2 VAA und A.2, Zu Nummer 3 VAA, I.8).		6a
	RiLi E-VIII, 2	WB kann auch zwischen Ablauf versäumter Frist und Zustellung Mitteilung über Fristversäumnis oder Rechtsverlust beantragt werden.		7
Fristbeginn	R 126 (2)	Fristbeginn mit 10. Tag nach Abgabe der Mitteilung an den Postdienstanbieter.		8
Ablehnung einer Fristverlängerung mit Mitteilung eines Rechts-verlusts nach R 112 (1)	RiLi E-VIII, 1.9	Antrag auf WB nach **Art. 121** und zugleich Rückzahlung der Weiterbehandlungsgebühr beantragen. Die Rechtmäßigkeit der Fristablehnung wird bei der Entscheidung über das Kostenerstattungsgesuch überprüft. Eine Beschwerde allein gegen die Ablehnung der Fristverlängerung ist nicht zulässig, weil keine das Verfahren abschließende Entscheidung vorliegt (**Art. 106 (2)**). Gegen die Ablehnung einer Fristverlängerung kann daher keine beschwerdefähige Entscheidung nach **R 112 (2)** herbeigeführt werden (👉 **J 37/89**).		9
Entscheidung über WB	Art. 121 R 135 (3)	Über Antrag entscheidet das Organ, das über die versäumte Handlung zu entscheiden hat.		10
Ablehnung der WB	Art. 121 (2)	Wird einer WB **nicht stattgegeben**, so ist gegen die Entscheidung nach **Art. 106 (1)** die Beschwerde zulässig, soweit nicht eine Beschwerdekammer entschieden hat.		11
Stattgeben der WB	Art. 121 (3)	Wird dem Antrag auf WB **stattgegeben**, so gelten die Rechtsfolgen der Fristversäumung als nicht eingetreten.		12

K. Weiterbehandlung, Wiedereinsetzung

	Weiterbehandlung (Fortsetzung)				
	Verfahrenshandlung	Rechtsnorm	Details	Frist	Fristdauer
14	**Keine WB möglich**	Art. 121 (4)	Art. 87 (1)	**Prioritätsfrist**	12 M
			Art. 108	**Beschwerde- und Beschwerdebegründungsfrist**	2 M, 4 M
			Art. 112a (4)	**Antrag auf Überprüfung** durch die Große Beschwerdekammer	
			Art. 121	Antrag auf **Weiterbehandlung** (WB)	2 M
			Art. 122	Antrag auf **Wiedereinsetzung** (WE)	2 M
15		R 135 (2)	R 6 (1)	**Einreichung der Übersetzung** der ePA in eine Amtssprache	2 M
			R 16 (1) a)	Verfahren nach Art. 61 Absatz 1, nach Rechtskraft der Entscheidung	3 M
			R 31 (2)	**Hinterlegung von biol. Material**, Angabe Hinterlegungsstelle, Hinterlegers	16 M ab AT/PT
			R 36 (1)	Die WB einer **TA nach R 36 (1)** ist ausgeschlossen (siehe auch RiLi A-IV, 1.1.1 bzw. J 10/01).	~~TA 24 M~~
			R 36 (2)	**Nachreichung Übersetzung TA**	2 M
			R 40 (3)	ePA mit Bezugnahme auf frühere Anmeldung (Frist zum Einreichen einer **Abschrift** bzw. Übersetzung der Abschrift)	2 M
			R 51 (2) bis (5)	**JG** + Nachfrist	6 M
			R 52 (2) und (3)	Einreichung der **Prioerklärung**	16 M
			R 55	**Mängelbeseitigung** nach **Eingangsprüfung** (Art. 90 iVm R 40)	2 M
			R 56	Nachreichung von **fehlenden Teilen** der ePA	2 M
			R 58	**Mängelbeseitigung** nach R 57 a)-d), (Übersetzung, Erteilungsantrag (R 41), Ansprüche, Zusammenfassung, Vollmacht, Zeichnungen)	2 M
			R 59	Mängel bei der **Inanspruchnahme** der Prio	idR 2 M
			R 62a	Angabe der Patentansprüche, auf deren Basis die **Recherche** durchgeführt werden soll.	2 M
			R 63	**Grundlage der Recherche**	2 M
			R 64	Zusätzliche R.-Gebühr bei **mangelnder Einheitlichkeit**	2 M
			R 112 (2)	**Antrag auf Entscheidung**	2 M
			R 164 (1) und (2)	Zahlung zusätzlicher Recherchengebühren einer Euro-PCT-Anmeldung bei festgestellter **Uneinheitlichkeit** während der PCT-Recherche.	
16	**Kumulierung Nachfrist+WB**	Ausnahmen vom Grundsatz eines Ausschlusses der Kumulierung von Nachfrist und WB (z.B. ist Nachfrist mit Zuschlagsgebühr der R 83 (3) für die Gebührenzahlung und die Einreichung geänderter Patentansprüche beim Abschluss des Einspruchsverfahrens vorgesehen) (S/S Art. 121 Rd 9 f.).			
17	**Weiter-benutzungsrecht**	Kein unentgeltliches Weiterbenutzungsrecht zugunsten des gutgläubigen Benutzers der Erfindung bei WB (S/S Art. 121 Rd 39 f.).			

	Euro-PCT
18	WB findet auf **Euro-PCT-Anmeldung** nach **Art. 48 (2) PCT** iVm **R 82bis.2 PCT** Anwendung (Sonderregelung in **R 82 PCT** (Störung im Postdienst)). Auch wegen Fiktion in **Art. 153 (2) EPÜ** (Euro-PCT=ePA) (S/S Art. 121 Rd 10 ff.).

Weiterbehandlung, Wiedereinsetzung K.

Wiedereinsetzung
Art. 122 iVm R 136 (RiLi E-VIII, 3)

Verfahrenshandlung	Rechtsnorm	Details	
Voraussetzung für WE	Art. 122 (1)	Der **Anmelder** oder **Patentinhaber**, der trotz **Beachtung aller** nach den **gegebenen Umständen gebotenen Sorgfalt** verhindert worden ist, hat eine ggü. dem EPA **einzuhaltende Frist versäumt**.	19
		WE steht Anmelder oder Patentinhaber offen (bei Rechtsübergang erst bei Vorliegen der Unterlagen nach R 22 (3)). (📖 S/S Art. 122 Rd 29)	20
		Fristversäumnis hat zur **unmittelbaren Folge,** dass - die **ePA** oder ein **Antrag zurückgewiesen** wird, - die Anmeldung als **zurückgenommen** gilt, - das **eP widerrufen** wird oder - der Verlust eines **sonstigen Rechts** oder eines **Rechtsmittels** eintritt.	21
		WE möglich:	
	Art. 87 (1)	**Prioritätsfrist** (siehe RiLi A-III, 6.6)	22
	Art. 112a	Frist für **Antrag auf Überprüfung** durch die Große Beschwerdekammer.	23
	R 82 (2), (3)	Frist zur Zahlung der **Veröffentlichungsgebühr** (Art. 2 (1) Nr. 8 GebO: 80 €) für die neue europäische Patentschrift.	24
		Frist zur Einreichung der **Übersetzung** der geänderten Patentansprüche im **Einspruchsverfahren**.	25
	R 88	Frist zur Stellung des **Antrags auf Entscheidung** der Einspruchsabteilung über die Kostenfestsetzung.	26
	Art. 108	Frist für **Beschwerden** von Anmeldern oder Patentinhabern (siehe 📄 K.14, 📄 K.30 f.).	27
	📄 K.14	Alle weiteren **von der WB ausgeschlossene Fristen** (s.o.).	28
	Art. 25 PCT R 51 PCT	**Nachprüfung** durch die Bestimmungsämter.	29
	✎T 210/89	Die WE von Einsprechenden in die Frist für die Einlegung der Beschwerde ist nach Art. 122 (1) ausgeschlossen (ABl. 8/1991, 433).	30
	✎G 1/86 RiLi E-VIII, 3.1.2	**Ausnahme** bei Beschwerdebegründung für Einsprechenden: Ein Einsprechender, der Beschwerde eingelegt hat, kann Wiedereinsetzung in die Frist zur Einreichung der Beschwerdebegründung beantragen	31
	✎T 315/87	Wird WE in Beschwerdefrist und in die Beschwerdebegründungsfrist beantragt, so ist nur eine Wiedereinsetzungsgebühr zu zahlen, weil die Beschwerde ein einheitlicher Vorgang ist. Liegt kein wirksamer Antrag vor (bspw. durch verspätete Zahlung), ist gezahlte Gebühr zurückzuerstatten.	32
	RiLi E-VIII, 3.1.3	Antrag innerhalb von 2 M nach Ablauf der in Art. 87 (1) (12 M) bzw. Art. 112a (4) genannten Frist einzureichen, also 12 M nach AT bzw. 2 M nach Zustellung der Beschwerdekammerentscheidung.	33

K. Weiterbehandlung, Wiedereinsetzung

	Wiedereinsetzung (Fortsetzung)			
	Verfahrenshandlung	Rechtsnorm	Details	Rechtsfolge
34	**Durchzuführende Handlungen**	R 136 (1)	1. **Antrag** gemäß Art. 122 (1) ist innerhalb von **2 M** nach Wegfall des Hindernisses einzureichen (idR mit Mitteilung nach **R 112 (1)** über Rechtsverlust, ist aber auch ohne Mitteilung möglich), **schriftlich** (auch per Fax: **R 2 (1)** iVm BdP, Sonderausgabe 3, ABl. 2007, A.3. Art. 7); Bestätigungsschreiben nur auf Aufforderung des zuständigen Organs. 2. **Versäumte Handlung** ist innerhalb dieser Frist nachzuholen. 3. Antrag ist nur **innerhalb eines Jahres** nach Ablauf der versäumten Frist zulässig (10-Tage-Regel **nicht anwendbar**). 4. Antrag gilt erst als gestellt, wenn **Gebühr** (**Art. 2 (1) Nr. 13 GebO**, 665 €) bezahlt ist (für **jede** WE bei mehreren unabhängigen Fristversäumnissen, ↳**J 18/03**, ↳**J 26/95**).	Antrag gilt als nicht gestellt. **WE (–)**, Art. 122
35		R 136 (2)	5. **Antrag ist zu begründen**, wobei die zur Begründung dienenden Tatsachen glaubhaft zu machen sind. Zur Begründung dienende Tatsachen können zu einem späteren Zeitpunkt glaubhaft gemacht werden.	
35a		Gebührenzahlung	Die WE-Gebühr ist für WE nach Art. 122, aber auch für WE nach R 49.6 d) i) PCT und Wiederherstellung des Prioritätsrechts nach R 49ter.2 d) PCT zum automatischen Abbuchungsverfahren zugelassen. Dabei ist nur die WE-Gebühr selbst abbuchbar, nicht aber anderer Gebühren, wenn die Versäumte Handlung in der Nichtentrichtung dieser anderen Gebühren bestand. (ABl. 2019, Zusatzpublikation 4, A.1, Nummer 5.1 c)+f) VAA und A.2, Zu Nummer 3 VAA, I.9).	
36	**Zeitraum für WE**	R 136 (1)	Der Antrag auf Wiedereinsetzung nach Artikel 122 Absatz 1 ist innerhalb von **zwei Monaten nach Wegfall** des **Hindernisses** (z.B. mit Mitteilung über Rechtsverlust), spätestens jedoch innerhalb eines Jahres nach Ablauf der versäumten Frist schriftlich zu stellen (keine 10-Tage-Regel).	
			Wegfall des Hindernisses	
			↳T 840/94 / ↳J 27/88 / ↳J 27/01 — Wegfall des Hindernisses an dem Tag, an dem der Anmelder bei ordnungsgemäßen Verhalten Kenntnis erlangt hätte (📖 S/S Art. 122, Rd 77).	
			↳T 191/82 — Hindernis ist nicht allein durch Kenntnis einer Hilfskraft des Vertreters des Anmelders weggefallen, sondern erst mit Kenntnis des Vertreters selbst.	
			↳J 7/82 / ↳J 27/90 — Der **Wegfall** des **Hindernisses** ist eine Tatsachenfrage, die in den **jeweiligen individuellen Umständen ermittelt** werden **müssen**.	
			↳T 629/15 / ↳T 1588/15 — Der Zugang der Mitteilung nach R 112 (1) setzt die Pflicht zum Handeln ein, auch, wenn es um die Versäumnis einer Jahresgebühr geht und diese von einem externen Dienstleister zu entrichten war.	
36a	Ausnahme		**Prioritätsfrist (Art. 87 (1))** und Frist zur Einreichung eines **Antrags** auf **Überprüfung** durch die **Große Beschwerdekammer** nach **Art. 112a (4)**.	

Weiterbehandlung, Wiedereinsetzung K.

Wiedereinsetzung (Fortsetzung)				
Verfahrenshandlung	Rechtsnorm	Details		Rechtsfolge
Begründung	R 136 (2)	**Begründung** muss enthalten: 1. **Tatsache** der **Fristversäumnis**, 2. **Hinderungsgrund**, 3. **Zeitpunkt** seines **Wegfalls** und 4. alle **Umstände**, die eine Beachtung der gebotenen Sorgfalt belegen, vortragen und glaubhaft machen.		**WB (−)**, Art. 121 (4) **WE (−)**, Art. 122 (4) Beschwerde (+) ↳G 1/86	37
		↳J 19/05	Allgemeine Behauptungen hierzu genügen nicht.	
		↳T 13/82	Aus dem Sachvortrag muss eine Wahrscheinlichkeit dafürsprechen, dass der vorgebrachte Tatbestand die Ursache für das Versäumnis ist.	
		↳T 2016/16	Die Begründung muss alle Elemente der Sorgfaltspflicht ansprechen und glaubhaft machen. Dies gilt sowohl für die Auswahl von Angestellten, als auch deren Ausbildung und Überwachung.	
Entscheidung über WE	Art. 122 R 136 (4)	RiLi E-VIII, 3.3	Über Antrag entscheidet Organ, das über die versäumte Handlung zu entscheiden hat		38
Ablehnung der WE	Art. 122 (2)	Wird einer WE **nicht stattgegeben**, so wird der Antrag zurückgewiesen.			39
Stattgeben der WE	Art. 122 (3)	Wird dem Antrag auf WE **stattgegeben**, so gelten die Rechtsfolgen der Fristversäumung als nicht eingetreten.			40
Verhinderung trotz der gebotenen Sorgfalt 📖 S/S Art. 122 Rdn 40-71 RdBK III, E.5	**Anforderungen an die Sorgfalt** (zur Fristeinhaltung)				41
		↳T 287/84	Verhalten des Vertreters im weiteren Verfahren kann herangezogen werden, um zu ermitteln, ob es sich bei seiner Fristversäumnis um ein einzelnes Versehen gehandelt hat.	
		↳J 7/12	Gebot besonderer Maßnahmen, wenn Frist bis ultimo ausgenutzt werden soll.	
		↳T 1095/06	Überlegungen zur Verhältnismäßigkeit sind nicht auf Bedeutsamkeit des Schutzrechts für den Anmelder abzustellen.	
		↳J 5/83	Anmelder darf sich nicht auf unverbindliche Mitteilungen oder Hinweise des EPA verlassen.	
		↳J 40/89	Versäumnis kann nicht damit gerechtfertigt werden, dass ein unverbindliches Hinweisschreiben des Amtes nicht ordnungsgemäß zugestellt wurde.	
		↳T 939/06	Vertreterverschulden wird dem Anmelder zugerechnet (ABl. 2007, 491)	
		↳T 1465/07	Umstände des Einzelfalls müssen betrachtet werden. Anzahl der Tage, um die die Frist überschritten wurde, spielt keine Rolle.	
		↳T 2017/12	Anmelder und sein Vertreter müssen alle nach gegebenen Umständen gebotene Sorgfalt beachten (↳J 5/80). Beschwerdeführer und sein Vertreter müssen angemessene Maßnahmen ergreifen, um betreffende Frist einzuhalten. In dieser Hinsicht muss beurteilt werden, welche konkreten Maßnahmen von vernünftig handelndem Beteiligten erwartet werden können. Grundsätzlich würde ein vernünftig handelnder Beteiligter zumindest Vorkehrungen gegen vorhersehbare Probleme in gängigen Situationen treffen.	
		↳J 1/07 ↳J 19/04	Der Vertreter ist prinzipiell nicht verpflichtet, ohne Auftrag seines Mandanten tätig zu werden oder Gebühren vorzuschießen, jedoch müssen die Informationen an den Mandanten so gehalten sein, dass ein Rechtsverlust vermieden wird.	

K. Weiterbehandlung, Wiedereinsetzung

Wiedereinsetzung (Fortsetzung)		
Verfahrenshandlung	Rechtsprechung und Details	
42 **Verhinderung trotz der gebotenen Sorgfalt** 📖 S/S Art. 122 Rdn 40-71 RdBK III, E.5	**Ordnungsgemäße Organisation der Fristenwahrung**	
	✎T 14/89	Innerbetriebliche Fehlleitung aufgrund von Umorganisation/Umzug.
	✎J 9/86	Wirkungsvolles System zur Fristenüberwachung ist darzulegen.
	✎T 473/07	Plausibilitätskontrolle computergenerierter Fristberechnungen notwendig → Sorgfaltspflicht des Vertreters.
43	**Kontrollmechanismus**	
	✎T 283/01	Erfordernis eines Kontrollmechanismus bei Auslagerung einzelner Tätigkeiten.
	✎T 486/99	Unabhängiger Überprüfungsmechanismus im System erforderlich.
	✎T 1355/09	Nach der Rechtsprechung der BK kann in einer großen Kanzlei, in der eine beträchtliche Anzahl von Terminen zu überwachen ist, in der Regel erwartet werden, dass ein wirksamer Kontrollmechanismus eingebaut ist. Im vorliegenden Fall handelt es sich jedoch, um ein sehr kleines Unternehmen, so dass bereits aus diesem Grund ein Kontrollmechanismus nicht erforderlich ist.
	✎T 1149/11	Zulässigkeit einer Übertragung der Tätigkeit an eine Hilfsperson durch den Anmelder, Patentinhaber oder Vertreter. Dies gilt auch für die Auswahl der Hilfsperson, als auch deren Ausbildung und Überwachung.
44	**Vertretung von Angestellten**	
	✎T 1041/05	Unerwartete Krankheit des verantwortlichen Angestellten kann in kleiner Firma WE rechtfertigen.
	✎T 525/91	Plötzlich auftretende schwere Krankheit.
45	**Folgefehler**	
	✎T 309/88	Nicht auf bestimmten Sachverhalt eines einmaligen Versehens nur einer Person beschränkt, WE kann Folgefehler umfassen.
	✎T 1663/12	Sorgfalt bei allen Bearbeitungsschritten geboten.
46	**Vertreterwechsel**	
	✎T 338/98	Genaue Abstimmung der Aktenübergabe notwendig.
47	**Naturereignisse und andere unabwendbare Ereignisse**	
	✎J 22/88	Unverschuldete finanzielle Schwierigkeiten (auch ✎J 9/89 und ✎T 822/93) - evtl. Anstrengungen zum Beitreiben von Geldern.
48	**Disziplinarangelegenheit 6/82, ABl. 8/1983, 337**	
	✎J 31/89 ✎J 2/02	Rechtsirrtümer rechtfertigen keine WE. Keine WE bei Versäumnis eines Termins zur mündlichen Verhandlung, da keine Frist.
	✎T 11/87	Beispiel für begründeten Antrag.

Weiterbehandlung, Wiedereinsetzung K.

Wiedereinsetzung (Fortsetzung)

Verfahrenshandlung	Rechtsnorm	Details	
Keine WE möglich	Art. 122 (4) R 136 (3)	Fristen, die der WE verschlossen sind: • alle Fristen, für die WB nach **Art. 121** beantragt werden kann; • die Frist für den **Antrag auf WE** in den vorigen Stand; • **R 36 (1)**: Anhängigkeit der SA für TA (S/S Art. 122 Rd 9); • Zeitgrenze für Berichtigung nach **R 139** Satz 1 (J 7/90).	49
		Termine/Zeitpunkte (z.B. Termin für Verhandlung, s. S/S Art. 122 Rd 9 ff.)	50
		Mitteilung des Amts wurde übersehen, die auf Nichtzahlung einer Gebühr gerichtet ist, wenn Amtsmitteilung lediglich »Service«-Leistung ist (s. JG - RiLi A-X, 5.2.4, J 12/84 und J 1/89), s.a. aufgehobene RAusk Nr. 5/93 rev., ABl. 4/1993, 229 bezüglich Euro-PCT-Anmeldungen, bzgl. JG für TA, s. RiLi A-IV, 1.4.3).	51
		Frist von Dritten (z.B. nach Art. 77 und R 37 (2) von Zentralbehörden einzuhaltenden Frist von 14 M zur Weiterleitung der eingereichten ePA)	52
		Rechtsverlust ist nur mittelbare Folge der Fristversäumnis (S/S Art. 122 Rd 34) → dann WE in Frist nicht unmittelbar möglich	53
		Art. 90 (2): Keine Zuerkennung eines AT, Anmeldung wird nicht als ePA behandelt, keine WE	54
		J 31/89	Rechtsirrtümer rechtfertigen keine WE	55
Weiterbenutzungsrecht	Art. 122 (5)	Kostenloses Weiterbenutzungsrecht des gutgläubigen Benutzers der Erfindung bei WE (S/S Art. 122 Rd 115 ff.).	56
WE gegenüber nat. Behörden	Art. 122 (6)	Siehe »NatR zum EPÜ«, Tabelle VI, Spalte 5 (für Jahresgebühren)	57
WE in die Frist zur WB	Art. 122 (4) R 136	Siehe K.5 und S/S Art. 121 Rd 30 1. Begründung, warum WB-Antrag nicht gestellt wurde **und** 2. Nachholung der versäumten Handlung → 2-stufiges Verfahren der vorzunehmenden Handlungen	58
Jahresgebühren nach der WE	R 51 (4) a)	Eine JG, die ab dem Tag, an dem der Rechtsverlust eintrat, bis einschließlich zum Tag der Zustellung der Entscheidung über die WE fällig geworden wäre, wird erst am Tag der Zustellung der Entscheidung über die WE fällig. Diese JG und eine JG, die innerhalb von 4 M nach dem Tag der Zustellung der Entscheidung fällig wird, kann noch innerhalb von 4 M nach dem Tag der Zustellung der Entscheidung ohne Zuschlagsgebühr entrichtet werden.	59
	R 51 (4) b)	Eine JG, die an dem Tag, an dem der Rechtsverlust eintrat, bereits fällig war, ohne dass jedoch die Nachfrist nach R 51 (2) bereits abgelaufen war, kann noch innerhalb von 6 M nach dem Tag der Zustellung der Entscheidung über die WE entrichtet werden, inklusive Zuschlagsgebühr.	60

Wiedereinsetzung im Rahmen einer Euro-PCT Anmeldung

Verfahrenshandlung	Rechtsnorm	Details	
Fristüberschreitung nationales Recht im PCT	Art. 48 (2) PCT	Jeder VS kann **Fristüberschreitung entschuldigen**, wenn Gründe vorliegen, die auch nach **nationalem Recht zugelassen** sind oder aus **anderen Gründen**. Sonderregel in R 82 PCT: Störung im Postdienst – siehe B.321	61
	R 82bis.2 PCT	VS kann **WE** oder **WB** trotz **Fristversäumnis** vorsehen, sowie alle anderen Vorschriften, die Fristverlängerung vorsehen oder Entschuldigung von Fristüberschreitungen gestatten.	61a
Euro-PCT	Art. 153 (2)	Fiktion Euro-PCT=ePA (siehe S/S Art. 122 Rd 13 ff.).	61b

K. Weiterbehandlung, Wiedereinsetzung

Wiederherstellung einer PCT-Anmeldung

	Verfahrenshandlung	Rechtsnormen	Details
62	Wieder-herstellung Priorecht siehe B.36, B. 222 und C.85 ff.	R 26bis.3 a) PCT	**Wiederherstellung des Prioritätsrechts durch das AA** möglich auf Antrag (inkl. Gründe und ggf. Erklärung/Nachweis für Versäumnis) innerhalb von **2 M** ab Ablauf Prioritätsfrist von 12 M wenn ein Wiederherstellungskriterium erfüllt ist: • Versäumnis trotz Beachtung der nach den gegebenen Umständen gebotenen Sorgfalt (**R 26bis.3 a) i) PCT**) oder • Versäumnis unabsichtlich (R 26bis.3 a) ii) PCT) AA hat wenigstens ein Wiederherstellungskriterium anzuwenden (doppelte Anwendung R 80.5 PCT möglich).
62a		R 26bis.3 b) PCT	Antrag nach R 26bis.3 a) PCT muss enthalten: i) innerhalb der nach Absatz e anwendbaren Frist beim AA eingereicht werden, ii) die Gründe für das Versäumnis, die internationale Anmeldung innerhalb der Prioritätsfrist einzureichen, darlegen und iii) vorzugsweise eine Erklärung oder andere in Absatz f) genannte Nachweise
63		R 26bis.3 d) PCT	Ggf. Gebührenzahlung, abhängig vom AA (EPA: 665 € - K.69), innerhalb **2 M** ab Ablauf Prioritätsfrist von 12 M, ggf. um 2 M durch AA verlängerbar (AG 5.062 ff.)
64		R 26bis.3 e) PCT	Bei Antrag auf **vorzeitige Veröffentlichung** nach Art. 21 (2) b) PCT gilt Antrag nach a) oder Gebühren nach d) nach Abschluss der technischen Vorbereitungen für die intern. Veröffentlichung nicht als rechtzeitig eingereicht oder entrichtet.
65		R 49ter.1 a) PCT	**Wirkung Wiederherstellung der Prio durch das AA** nach **R 26bis.3 PCT** hat vorbehaltlich **R 26bis.3 c) PCT** in jedem Bestimmungsamt → **Achtung Vorbehalte**: R 49ter.1 g) PCT: Nicht gültig für BR, CA, CN, CO, CZ, DE, DZ, ID, IN, KR, LT, MX, NO, PH - siehe B.347
66		R 49ter.2 a) PCT	**Wiederherstellung des Prioritätsrechts durch das Bestimmungsamt** auf Antrag nach Absatz b) möglich, falls Priorität innerhalb von **2 M ab Ablauf der Prioritätsfrist von 12 M** beantragt wurde, notwendiges Wiederherstellungskriterium: i) Versäumnis trotz Beachtung der nach den gegebenen Umständen gebotenen Sorgfalt oder ii) Versäumnis unbeabsichtigt. → **Achtung Vorbehalte**: R 49ter.2 h) PCT: Nicht vereinbar mit nationalem Recht für BR, CA, CN, CO, CU CZ, DE, DZ, ID, IN, KR, MX, NO, PH - siehe B.348
67		R 49ter.2 b) PCT	Antrag nach Absatz a) muss innerhalb von **1 M** ab der nach Art. 22 PCT anwendbaren Frist beim Bestimmungsamt oder bei vorzeitiger Bearbeitung nach Art. 23 (2) PCT ab Eingang betreffenden Antrags eingereicht werden und Gründe für Versäumnis enthalten; ggf. Gebührenzahlen an das Bestimmungsamt.
68	EPA als ausgewähltes Amt/ Bestimmungs-amt	Art. 153	WE in Prioritätsfrist bei Nachweis Beachtung der nach den gegebenen Umständen gebotenen Sorgfalt (nicht unabsichtlich) (S/S Art. 153 Rd 457 ff.).
69		Art. 2 (1) Nr. 13 GebO	Gebühr für Wiederherstellung: 665 €
70	WE im Rahmen der Funktion als Widerspruchs-behörde Uneinheitlichkeit	R 158 (3) EPÜ	EPA stellt Dienstleistung für WIPO im Rahmen der Überprüfung der Uneinheitlichkeit als ISA, IPEA und SISA zur Verfügung (BdP vom 09.06.2015, ABl. 2015, A59), Zahlungseingang der Widerspruchsgebühr wird beim EPA erwartet und stellt somit ein Versäumnis nach Art. 122 EPÜ dar, welches zur WE berechtigt - siehe B.69 (ISA), B.87a (SISA) und B.142 (IPEA)
71	WE in Versäumnis Frist Eintritt in nat. Phase/ Versäumnis Vornahme der in Art. 22 PCT oder Art. 39.1 PCT genannten Handlungen B.329, B.346	Art. 22 PCT R 49.6/R 76.5 ii) PCT	Maßnahmen zur Einleitung der nationalen/regionalen Phase wurden nicht durchgeführt (siehe für Maßnahmen beim EPA: B.185 ff.) Folge: Wirkung der int. Anmeldung nach Art. 11 (3) PCT endet (**Art. 24 a) iii)**) – siehe B.329
		Art. 39 (1) PCT R 49.6/R 76.5 ii) PCT	Möglichkeit zur WE durch das jeweilige Bestimmungsamt
		Art. 24 (2) PCT	DPMA hat Vorbehalt erklärt, siehe zu weiteren Vorbehalten auch K.65 f.

Weiterbehandlung, Wiedereinsetzung K.

Rechtsverlust und Antrag auf Entscheidung
R 112 (2), RiLi E-VIII, 1.9

Verfahrens-handlung	Rechtsnorm	Details und Fälligkeit	Unmittelbare Folgen eines Mangels, Mängel-beseitigung, Fristen	Rechtsfolge bei Nichtbeseitigung von Mängeln oder Fristversäumnis	WB/WE	
Antrag auf Entscheidung	Art. 119 R 112	In bestimmten Fällen des EPÜ tritt ein Rechtsverlust ein, ohne dass eine Entscheidung ergangen ist. Dieser Rechtsverlust wird dem Betroffenen gemäß **Art. 119** iVm **R 112 (1)** in einer Mitteilung mitgeteilt.	Innerhalb von **2 M** nach Zustellung der Mitteilung kann Betroffener gemäß **R 112 (2)** eine Entscheidung beantragen.	Zuständiges Organ trifft eine **Entscheidung** nur, wenn es die Auffassung des Antragstellers **nicht teilt** (R 112 (2) Satz 2.1); **andernfalls** wird der **Antragsteller unterrichtet** und das **Verfahren fortgesetzt** (R 112 (2) Satz 2.2). Erst die rechtsverbindliche **Entscheidung kann durch Beschwerde angefochten** werden (Art. 106 (1)).	**WB (−)**, Art. 122 (4) **WE (+)** **Beschwerde (−)**	73

347

Inhalt Kapitel L. Einspruch

Einspruch
Einlegung des Einspruchs .... L.1 ff.
Einspruchsschrift L.7
Einspruchsgebühr L.8
Übersetzung der Einspruchsschrift L.9
Einreichen von Beweismitteln L.10

Formalprüfung des Einspruchs
Mängel in der Einspruchsschrift nach R 77 (1) .... L.11 f.
Mängel in der Einspruchsschrift nach R 77 (2) .... L.13 ff.
Fehlende Unterschrift L.17
Berichtigung von Fehlern und Bezeichnung des
Einsprechenden L.18
Zulässigkeitsprüfung des Einspruchs L.19
Weitere Mängel und Zulässigkeitsvoraussetzungen .... L.20 ff.
Übersicht zu Mängeln und Rechtsfolge .... L.23 f.

Prüfung des Einspruchs
Vorbereitung Einspruchsabteilung L.25
Umfang der sachlichen Prüfung des erteilten Patents ..... L.26 ff.
Prüfung Einspruchsgründe L.30
Mangelnde Patentierbarkeit L.31
Mangelnde Offenbarung L.32
Klarheitsprüfung .... L.33 ff.
Einheitlichkeitsprüfung L.35a
Unzulässige Erweiterung L.36

Verfahrensablauf Einspruch
Beschleunigung des Verfahrens L.37
Mitteilung und Aufforderung zur Stellungnahme an
Patentinhaber .... L.38 f.
Mitteilung und ggf. Aufforderung zur Stellungnahme an
Beteiligte L.43
Zustimmung zu geänderten Ansprüchen L.44
Benachrichtigung der Beteiligten L.45
Aufrechterhaltung des eP in geänderter Fassung .... L.46 f.
Änderung des eP .... L.48 f.
Zwischenentscheidung .... L.57 ff.
Veröffentlichungsgebühr .... L.61 f.
Veröffentlichung einer neuen Patentschrift .... L.63 ff.

Aussetzung und Fortsetzung des Einspruchsverfahrens
Aussetzung des Einspruchsverfahrens .... L.66 ff.
Fortsetzung des Einspruchsverfahrens L.67

Zurücknahme des Einspruchs
Prüfung des Einspruchs L.69
Fortsetzung des Einspruchsverfahrens von Amts wegen L.70 ff.

Beendigung des Einspruchsverfahrens
Widerruf des eP L.75
Aufrechterhaltung des eP in unveränderter Form L.76
Aufrechterhaltung des eP in geändertem Umfang L.77

Widerruf des eP
Gründe .... L.78 ff.
Wirkungen des Widerrufs L.89

Zurückweisung des Einspruchs
Zurückweisung des Einspruchs .... L.90 f.

Einspruchsbeschwerde
Beschwerdefähige Entscheidung .... L.92 ff.
Beschwerdeberechtigte und Verfahrensbeteiligte L.95
Frist und Form L.96

Einsprechender
Beteiligte L.97
Berechtigter .... L.98 ff.
Mehrere Einsprechende .... L.101 ff.
Mehrere Einsprüche .... L.104 f.
Vertretung .... L.106 f.
Rechtsnachfolger des bisherigen Patentinhabers .... L.108 ff.
Übergang der Stellung als Einsprechender .... L.113 ff.
Betritt eines Dritten .... L.116 ff.

Einspruch
Mehrere Einsprüche L.130
Mehrere Einsprüche derselben (juristischen) Person L.131
Einspruch für bestimmte Länder L.132
Zuständiges Amt für die Einreichung L.133
Gegenstand des Einspruchs L.134
Wirkung des Einspruchs L.135
Form des Einspruchs .... L.136 f.
Sprache des Einspruchs .... L.138 ff.
Prüfung des Einspruchs .... L.144 ff.
Unterlagen im Einspruch .... L.150 f.
Rechtsübergang eP während der Einspruchsfrist/
-verfahren L.152
Formale Anforderungen an Unterlagen L.153
Form der neuen eP nach dem Einspruchsverfahren L.154
Ladung zur mündlichen Verhandlung L.155
Mündliche Verhandlung als Videokonferenz
(Pilotprojekt) L.155a
Begleitperson als Vortragender L.156
Beweisaufnahme L.157
Einheit der ePA und des eP L.158

Einspruchsabteilung
Zuständigkeit L.159
Zusammensetzung L.160
Unabhängigkeit der Einspruchsabteilung .... L.161 f.
Zügiger Abschluss des Einspruchsverfahrens L.163
Ausschluss und Ablehnung eines Mitglieds der
Einspruchsabteilung L.164

Einspruchsgründe
Mangelnde Patentierbarkeit L.165
Mangelnde Offenbarung L.166
Gegenstand geht über Inhalt der ursprünglich
eingereichten Fassung hinaus .... L.167 ff.
Mangelnde Klarheit L.176
Auslegung der Einspruchsgründe L.177
Erfinderische Tätigkeit L.178

Übersicht - Beispiele für fehlende Einspruchsgründe
Übersicht .... L.179 ff.

Neuer Einspruchsgrund
Neuer Einspruchsgrund .... L.194 ff.

Übersicht - Einspruchsgründe und Änderungen im Einspruchsverfahren
Übersicht (Einspruchsgründe und Änderungen) .... L.199 ff.

Verspätetes Vorbringen
Amtsermittlung L.206
Argumente L.207
Zugrunde liegender Sachverhalt L.208
Kosten L.209
Relevanz .... L.210 ff.

Offenkundige Vorbenutzung
Offenkundige Vorbenutzung .... L.214 ff.

L. Inhaltsübersicht

Kosten
Kostenverteilung .... L.220 ff.
Kostenfestsetzung L.225
Rechtsbehelf gegen Kostenfestsetzung .... L.226 ff.
Vollstreckbarkeit L.227b

Einwendungen Dritter
Einwendungen Dritter L.228

Widerrufs- und Beschränkungsverfahren
Zeitpunkt .... L.229 ff.
Einleitung mittels Antrag .... L.232 ff.
Wirkung L.238a
Zuständigkeit L.239

Einspruch bei anhängigem Beschränkungsverfahren L.239a
Einspruch bei anhängigem Widerrufsverfahren L.239b
Mängel .... L.240 ff.
Unzulässigkeit .... L.245 f.
Umfang L.247
Einwendung Dritter L.248

Verhältnis Einspruch, Beschränkung, Widerruf
Verhältnis zwischen Einspruch, Beschränkung, Widerruf   L.249 ff.

Übersicht - Beteiligte am Einspruchsverfahren
Übersicht (Beteiligte am Einspruch-,
Beschwerdeverfahren) .... L.254 ff.

Einspruch L.

Einspruch **Art. 99, Art. 100, R 76** ↳G 4/88, ↳G 5/88, ↳G 7/88, ↳G 8/88, ↳G 10/91, ↳G 9/93, ↳G 1/95, ↳G 7/95, ↳G 3/97, ↳G 4/97, ↳G 3/99, ↳G 1/02, ↳G 2/04, ↳G 3/04, ↳G 01/13, ↳G 3/14 RiLi D, und Mitteilung EPA, ABl. 2016, A42	

Verfahrenshandlung	Rechtsnorm	Details und Fälligkeit	Unmittelbare Folgen eines Mangels, Mängelbeseitigung, Fristen	Rechtsfolge bei Nichtbeseitigung von Mängeln oder Fristversäumnis	Weiterbehandlungs-/Wiedereinsetzungsmöglichkeit	
Einlegung des Einspruchs ↳G 09/91: Nichtigkeitsähnliches Parteistreitverfahren ↳G 10/91: Mehrseitiges Verfahren (alt: ↳G 1/84 reines Amtsermittlungsverfahren) Zuständigkeit der Einspruchsabteilungen: ABl. 2007, SA 3, F.2, Artikel 2 RiLi D-II, 7 ↳G 1/02 Mängel in der Einspruchsschrift siehe 📄 L.11	Art. 99 (1) »Frist«	**Art. 99 (1):** Innerhalb von 9 M nach Bekanntmachung des Hinweises auf Erteilung beim EPA (BdP vom 10.05.1989: Einzulegen bei den EPA Dienststellen München, Den Haag oder Berlin, **nicht** Wien, nicht nationale Ämter)	keine Nachfrist	**Art. 99 (1):** Verspätete Einlegung: Einspruch gilt als nicht eingelegt oder unzulässig (siehe 📄 L.23 ff.). Einspruchsgebühr wird ggf. zurückerstattet.	**WB (–),** da keine Anmeldung **WE (–),** da **Art. 122** sich auf Anmelder oder Inhaber bezieht	1
	Art. 99 (1) »Jedermann«	↳**G 9/93**: »**Jedermann**« umfasst **nicht** den PI **Art. 58**: Jede natürliche Person, jede juristische Person (bestimmt sich nach nat. Recht) Ohne Wohnsitz in VS → Zugelassener Vertreter nach **Art. 133 (2)** notwendig				2
	R 86	**Unterschrift** fällig mit Einlegung des Einspruchs	Fehlt Unterschrift: **R 50 (3):** Aufforderung der Eingangsstelle; Nachreichung der Unterschrift (Amtsfrist üblicherweise 2 M) **R 50 (3):** Einspruch behält Eingangstag RiLi D-IV, 1.2.1 (ii)	**R 50 (3):** Schriftstück gilt als nicht eingegangen	**WB (–),** da keine Anmeldung **WE (–),** da **Art. 122** sich auf Anmelder oder Inhaber bezieht	3
	R 76 (1)	**Schriftlich** und **begründet** (EPO Form 2300, ABl. 2016, A42, siehe RiLi D-III, 6)				4
	R 86	Einreichung per unmittelbarer Übergabe, Postdienste, Einrichtungen zur elektronischen Nachrichtenübertragung (Fax (RiLi D-III, 3.3); Epoline, CMS (RiLi D-III, 3.2) (siehe 📄 D.76 ff.), E-Mail nicht zulässig (ABl. 2006, 610), Bestätigungsschreiben nur auf Anforderung des EPA				5
		ABl. 2018, A45: Elektronische Einreichung möglich über OLF oder CMS. Die **Web-Einreichung** darf **nicht** genutzt werden für **Unterlagen** in Bezug auf **Einspruchs-, Beschränkungs- oder Widerrufsverfahren** (Art. 99 bis 105c), Bei Verstoß gelten die Unterlagen als nicht eingegangen. Der Absender wird, soweit er ermittelt werden kann, unverzüglich benachrichtigt.				6
	R 76 (2)	**Einspruchsschrift** muss enthalten a) Name, Anschrift, Staat des Wohnsitzes oder Sitz des Einsprechenden nach R 41 (2) c); b) Nummer des eP, gegen das Einspruch eingelegt wird, sowie Namen des PI und Bezeichnung der Erfindung; c) Erklärung über den Umfang des Einspruchs und Einspruchsgründe sowie Tatsachen und Beweismittel zur Stützung (legt rechtlichen und faktischen Rahmen fest, innerhalb dessen die materiellrechtliche Prüfung des Einspruchs grundsätzlich stattzufinden hat - ↳**G 9/91** und ↳**G 10/91**); d) ggf. Namen und Adresse des Vertreters nach R 41 (2) d). Der Einsprechende muss sein Interesse an der Überprüfung nicht darlegen.				7

L. Einspruch

Einspruch (Fortsetzung)

	Verfahrenshandlung	Rechtsnorm	Details und Fälligkeit	Unmittelbare Folgen eines Mangels, Mängelbeseitigung, Fristen	Rechtsfolge bei Nichtbeseitigung von Mängeln oder Fristversäumnis	Weiterbehandlungs-/ Wiedereinsetzungs- möglichkeit
8	**Einspruchsgebühr** Art. 2 (1) Nr. 10 GebO seit 01.04.20: 815 € Gemeinsamer Einspruch nur eine Gebühr (RiLi D-III, 2 und ↳G 3/99)	Art. 99 (1) Art. 105 (2) für Beitritt	**Art. 99 (1):** Innerhalb von 9 M nach Veröffentlichung des Hinweises auf Erteilung	keine Aufforderung	**Art. 99 (1):** Einspruch gilt als nicht eingelegt. Einspruchs- gebühr wird ggf. zurückerstattet (z.B. bei zu geringen Beträgen). → GebO Art. 8	**WB** (–), da keine Anmeldung **WE** (–), da **Art. 122** sich auf Anmelder oder Inhaber bezieht
9	**Übersetzung der Einspruchsschrift** siehe 📄 L.138 ff.	Art. 14 (4) R 3 (1)	**Art. 14 (4) iVm R 6 (2):** Übersetzung in eine der Amtssprachen (muss nicht Verfahrenssprache sein) **R 6 (2) 1. Satz:** Eine Übersetzung nach Art. 14 (4) ist innerhalb 1 M nach Einreichung des Schriftstücks einzureichen. **R 6 (2) 3. Satz:** Die Übersetzung kann innerhalb der Einspruchsfrist eingereicht werden, wenn die Einspruchsfrist später (als die 1 M- Frist) abläuft. **Art. 14 (4), R 3 (1):** Einspruch ist in einer zugelassenen **Nichtamts- sprache** eingereicht RiLi D-IV, 1.2.1 v): Frist zur Einreichung der Übersetzung verlängert sich, falls die 1 M-Frist nach R 6 (2), 1. Satz später abläuft und der Einspruch rechtzeitig eingegangen ist.			
10	**Einreichen von Beweismittel**		Siehe 📄 E.39 f. (Sprache von Beweismitteln und Zulässigkeit) Die Beweismittel selbst können auch nach der Einspruchsfrist eingereicht werden. RiLi A-VII, 3.4: Im Einspruchsverfahren gelten dieselben Grundsätze, wobei die Interessen aller Beteiligten berücksichtigt werden. Die Frist für die Einreichung der Übersetzung bestimmt die zuständige Abteilung des EPA von Fall zu Fall, und zwar je nach Sprache und Umfang des Schriftstücks oder maßgeblicher Teile desselben, wobei die Bestimmungen der R 132 zu beachten sind (siehe E-VIII, 1.2 für die Länge der Frist).		Wird die Übersetzung nicht fristgerecht eingereicht, so braucht das EPA das betreffende Schriftstück nicht zu berücksichtigen.	

Einspruch L.

Formalprüfung des Einspruchs, wenn Einspruch als eingelegt gilt R 76					
Verfahrenshandlung	Rechtsnorm	Details und Fälligkeit	Unmittelbare Folgen eines Mangels, Mängelbeseitigung, Fristen	Rechtsfolge bei Nichtbeseitigung von Mängeln oder Fristversäumnis	Weiterbehandlungs-/ Wiedereinsetzungs- möglichkeit
Mängel in der Einspruchs- schrift nach R 77 (1) RiLi D-IV, 1.2.2.1 siehe 📄 L.24	Art. 99 (1) R 76 (2) c)	• eP, gegen das Einspruch eingelegt wird, nicht hinreichend bezeichnet • Fehlende Erklärung über Umfang • Fehlende Einspruchs- gründe • Fehlende Angabe der Tatsachen, Beweismittel und Argumente bzw. nicht ausreichende Substantiierung* • Mangelnde Identifizierbarkeit des Einsprechenden	**R 77 (1):** Mängelbeseitigung nach Art. 99 (1), R 3 (1) und R 76 (2) c) bis Ende Einspruchsfrist (siehe unten)	**R 77 (1):** Verwerfung des Einspruchs als unzulässig ↳T925/91: Wird der Einspruch als unzulässig verworfen ist materiellrechtliche Prüfung ausgeschlossen	**WB (–)** und **WE (–)**, da nur für Patentinhaber aber **Beschwerde (+)**, da Mitteilung der Entscheidung an Patentinhaber und Einsprechenden nach R 77 (3) – siehe RiLi D-IV, 1.4.2 und 1.5
	* RiLi D-IV, 1.2.2.1 v): Die Begründung ist so abzufassen, dass PI oder Einspruchsabteilung die Behauptungen ohne eigene Ermittlungen prüfen können. Reine Nennung von Dokumenten reicht nicht aus. Sofern Dokumente nicht sehr kurz, hat Einsprechender Stellen anzuzeigen und Argumente vorzubringen. RiLi D-VI, 1[19]: Im mehrseitigen Verfahren besteht Verpflichtung, Tatsachen, Beweismittel, Argumente und Anträge so früh und so vollständig wie möglich vorzulegen. Alle von den Einsprechenden nach Ablauf der Einspruchsfrist eingereichten Gründe, Tatsachen und Beweismittel werden als verspätet eingereicht betrachtet, sofern sie nicht durch eine Änderung des Verfahrensgegenstands bedingt sind. (Siehe auch 📄 L.207)				
Mängel in der Einspruchs- schrift nach R 77 (2) RiLi D-IV, 1.2.2.2 andere Mängel als in R 77 (1) siehe 📄 L.24	R 76 (2) a)	Einsprechende identifizierbar, aber Adressenangabe mangelhaft	**R 77 (2):** Behebung der Mängel innerhalb zu bestimmender Amtsfrist nach R 132	**R 77 (2):** Verwerfung des Einspruchs als unzulässig ↳T925/91: Wird der Einspruch als unzulässig verworfen ist materiellrechtliche Prüfung ausgeschlossen	
	R 76 (2) b)	Patent identifizierbar, aber Nummer, Inhaber oder Bezeichnung fehlen			
	R 76 (2) d)	Identifizierbarer Vertreter, aber Adressangabe mangelhaft Bei EP-Ausländern fehlende Bestellung Vertreter			
	R 86	In **R 77 (1)** nicht genannte Vorschriften bezüglich Unterlagen			
Fehlende Unterschrift	R 76 (3) R 50 (3)	Aufforderung zur Nachreichung innerhalb einer vom Formalsachbearbeiter zu bestimmender Frist (RiLi D-III, 3.4), i.d.R. 2 M (RiLi E-VIII, 1.2). Wenn Unterschrift nicht nachgereicht wird, gilt Einspruch als nicht eingelegt (RiLi D-IV, 1.2.1 i)). Die Einspruchsgebühr wird zurückerstattet (RiLi D-IV, 1.4.1) (siehe 📄 L.23).			
Berichtigung von Fehler und Bezeichnung des Einsprechenden	R 139	Fehler und Bezeichnung des Einsprechenden können nach **R 139** berichtigt werden, auch nach Ende der Einspruchsfrist (↳T 215/86). Jedoch darf dies nicht zu einem Wechsel oder nachträglichen Nennung/Identifizierung des Einsprechenden führen (↳T 25/85).			

L. Einspruch

	Einspruch (Fortsetzung) Verfahren bis zur materiell-rechtlichen Prüfung RiLi D-IV, 1		
	Verfahrenshandlung	Rechtsnorm, Rechtsprechung	Details und Fälligkeit
19	**Zulässigkeits- prüfung des Einspruchs**	Art. 101 (1) iVm R 77 (1)	Zulässigkeitsprüfung des Einspruchs auf **Art. 99 (1)** sowie **R 3 (1)** und **R 76 (2) c)**. Mängel können bis Ablauf der Einspruchsfrist beseitigt werden.
20	**Andere Mängel**	R 77 (2)	Andere Mängel als in **R 77 (1)** genannt → Mitteilung mit Amtsfrist. Werden Mängel nicht beseitigt, wird Einspruch verworfen.
21	**Mängel in Erklärung und Stützung**	R 76 (2) c)	Prüfung auf Unzulässigkeit wegen Mangel nach **R 76 (2) c)** gemäß durch Rechtsabteilung **Art. 19**.
22	**Zulässigkeits- voraussetzungen**	✋T 522/94	Die Zulässigkeitsvoraussetzungen sind während des gesamten Verfahrens zu prüfen.

Einspruch L.

Einspruch (Fortsetzung)

Außerhalb der Einspruchsfrist nicht behebbare Mängel	Auch nach der Einspruchsfrist behebbare Mängel	Rechtsfolge
Art. 99 (1): **Einspruchsgebühr** ist nicht, zu spät oder nicht in erforderlicher Höhe entrichtet worden (bis auf geringfügigen Betrag Art. 7+8 (1) GebO) **Art. 14 (4), R 6 (2), R 3 (1)**: **Übersetzung** des Einspruchs ist nicht rechtzeitig eingereicht, damit gilt der Einspruch als nicht eingegangen. **R 6 (2), 1. Satz**: Eine Übersetzung nach Art. 14 (4) ist innerhalb 1 M nach Einreichung des Schriftstücks einzureichen. **R 6 (2), 3. Satz**: Die Übersetzung kann innerhalb der Einspruchsfrist eingereicht werden, wenn die Einspruchsfrist später (als die 1 M-Frist) abläuft. *(Einspruch gilt als nicht eingelegt)*	**Art. 99 (1), R 86, R 50, R 76 (3), R 41**: fehlende **Unterschrift** **Art. 133 (2), R 152 (2), (4)**: **Vollmacht** wurde nicht rechtzeitig eingereicht, damit gilt nach **R 152 (4)**, **R 77 (2)** Einreichung des Einspruchs als nicht erfolgt. **Art. 14 (4), R 3 (1)**: Einspruch ist nicht in einer **Amtssprache** jedoch in einer zugelassenen **Nichtamtssprache** eingereicht. **RiLi D-IV, 1.2.1 v)**: Frist zur Einreichung der Übersetzung verlängert sich, falls die 1 M-Frist nach R 6 (2), 1. Satz später abläuft und der Einspruch rechtzeitig eingegangen ist. **Art. 99 (1), R 86, R 50**: Von Formalprüfungsstelle angefordertes Bestätigungsschreiben nach Einlegung mittels **Telefax**	**Einspruch gilt als nicht eingelegt** RiLi D-IV, 1.2.1 **Einspruchsgebühr wird zurückerstattet** (RiLi D-IV, 1.4.1), da kein Rechtsgrund (RiLi A-X, 10.1.1) Dokumente werden zu den Akten genommen und stehen gemäß **Art. 128 (4)** zur Akteneinsicht zur Verfügung, wobei die Dokumente als Einwendungen Dritter nach **Art. 115** behandelt werden (RiLi D-IV, 1.4.1). WB (–) und WE (–), da nur für Patentinhaber, aber Beschwerde möglich, da Mitteilung nach R 112	23

Außerhalb der Einspruchsfrist nicht behebbare Mängel	Auch nach der Einspruchsfrist behebbare Mängel	Rechtsfolge
Art. 99 (1): Einspruch verspätet, Einspruchsgebühr rechtzeitig eingegangen **R 77 (1)**: Patent, gegen das eingesprochen wird, ist nicht ausreichend bezeichnet. **Art. 99 (1) iVm R 76 Absatz 2 c)**: Unzureichende **Substantiierung**, d.h. • fehlende Erklärung über Umfang des Einspruchs, • fehlende Angabe von Einspruchsgründen, • fehlende Angabe der Tatsachen und Beweismittel oder unzureichende technische und/oder rechtliche Würdigung, falls dadurch zu **keinem** der Einspruchsgründe ein hinreichend substantiierter Einspruchsvortrag vorliegt, Beweismittel selbst können nachgereicht werden. (siehe L.10) Bei offenkundiger Vorbenutzung: Fehlende Angaben der Tatsachen und Beweismittel RiLi D-IV, 1.2.2.1 (siehe L.11) *(Einspruch gilt als unzulässig)*	**R 77 (2)** behebbar in zu setzender Frist (Mängelbeseitigung innerhalb Einspruchsfrist (idR 2 M) nach Mitteilung des Formalsachbearbeiters möglich) • **R 76 (2) a)**: Einsprechende identifizierbar, aber Adressenangabe mangelhaft • **R 76 (2) b)**: Patent identifizierbar, aber Nummer oder Inhaber fehlen • Vorlage der Beweismittel • **R 76 (2) d)**: Identifizierbarer Vertreter, aber Adressangabe mangelhaft RiLi D-IV, 1.2.2.2 (siehe L.13 ff.)	**Einspruch ist unzulässig** nicht heilbar RiLi D-IV, 1.4.2 RiLi D-IV, 5.5 **Einspruchsgebühr wird nicht zurückerstattet** **Weiterer Verfahrensverlauf bei Nichtbehebung der Mängel** **R 77 (1) bzw. (2)**: Einspruchsabteilung verwirft Einspruch als unzulässig (Mitteilung an Patentinhaber nach **R 77 (3)**). Entscheidung nach **R 112 (2)** → Beschwerdefähig RiLi D-IV, 3: Dokumente werden zu den Akten genommen und stehen gemäß **Art. 128 (4)** zur Akteneinsicht zur Verfügung, wobei die Dokumente als Einwendungen Dritter nach **Art. 115** behandelt werden.	24

L. Einspruch

Prüfung des Einspruchs

	Verfahrens-handlung	Rechtsnorm, Rechtsprechung	Details und Fälligkeit
25	**Vorbereitung Einspruchs-abteilung**	Art. 101 (1) R 79 RiLi D-V, 1	Zulässigkeitsprüfung durch die Einspruchsabteilung und Beginn der Prüfung nach ob die in Art. 100 genannten Einspruchsgründe (siehe D-III, 5) der Aufrechterhaltung des europäischen Patents entgegenstehen.
26	**Umfang der Sachlichen Prüfung** RiLi D-V, 2	G 9/91 G 10/91	**Prüfungsbefugnis** der **Einspruchsabteilung** ist bei gegenständlich beschränktem Einspruch auf den **Umfang beschränkt**, in dem der **Einsprechende** das **Patent angegriffen hat**. **Keine Ausdehnung** auf **andere Gegenstände** gemäß **Art. 114** (Amtsermittlung) möglich. → Nicht angegriffene unabhängige Ansprüche dürfen nicht von der Einspruchsabteilung geprüft werden.
27	S/S Art. 101 Rd 43 ff.	G 9/91	Auf unabhängigen Anspruch **beschränkter Einspruch** kann **auf abhängige Ansprüche ausgedehnt** werden, wenn der unabhängige Anspruch fällt und die Gültigkeit der abhängigen Ansprüche durch das bereits vorliegende Informationsmaterial prima facie in Frage gestellt wird.
28		T 525/96	Product-by-Process Anspruch ist bei angegriffenem entsprechenden Verfahrensanspruch mit umfasst.
29		G 10/91	Neue Einspruchsgründe können von der Einspruchsabteilung im Einspruchsverfahren nur dann berücksichtigt werden, wenn diese prima facie relevant sind.
30	**Prüfung Einspruchs-gründe**	R 81 (1) R 76 (2) c)	Einspruchsabteilung kann von Amts wegen auch nicht geltend gemachte Einspruchsgründe prüfen.
31	**Mangelnde Patentierbar-keit**	Art. 100 a) Art 52 bis 57 RiLi D-V, 3	Im Einspruchsverfahren gelten bzgl. der Patentfähigkeit nach Art. 52 bis 57 die gleichen materiellrechtlichen Erfordernisse wie im Prüfungsverfahren (RiLi G-I ff.) - siehe L.165.
32	**Mangelhafte Offenbarung**	Art. 100 b) RiLi D-V, 4	Patent hat Erfindung so deutlich und vollständig zu beschreiben, dass Fachmann sie ausführen kann. Kriterien zur Bewertung eines Art. 83 Verstoßes entsprechen dem Prüfungsverfahren (RiLi F-III, 1 ff.) - siehe L.166.
33	**Klarheits-prüfung**	Art. 84 G 03/14 RiLi D-V, 5	Klarheit nach Art. 84 ist kein Einspruchsgrund, kann jedoch bei Prüfung der Änderung der Ansprüche nach Art. 101 (3) herangezogen werden und zu einem Verstoß führen. Die Änderung eines Anspruchs oder eines Teils eines Patents kann nicht dazu führen, dass andere, nicht geänderte Teile des Patents erneut geprüft werden.
34			**Klarheitsprüfung** nach Art. 84 wird **nicht durchgeführt**, bei i) vollständiger Einfügung eines abhängigen in einen unabhängigen Anspruch; ii) Kombination einer von mehreren alternativen Ausführungsformen des abhängigen Anspruchs mit dem unabhängigen Anspruch in der erteilten Fassung; iii) Streichung von Textteilen aus einem erteilten (unabhängigen oder abhängigen) Anspruch mit Einschränkung des Schutzumfangs jedoch unter Beibehaltung eines bereits vorhandener Verstoß gegen Art. 84 (veranschaulicht in T 301/87); oder iv) Streichung von fakultativen Merkmalen aus einem erteilten (unabhängigen oder abhängigen) Anspruch.
35			Klarheitsprüfung wird durchgeführt, bei v) Einfügung von Merkmalen aus der Beschreibung in einen erteilten Anspruch; oder vi) vi) Einfügung eines Merkmals aus abhängigem Anspruch in unabhängigen Anspruch in erteilter Fassung, wobei Merkmal zuvor mit anderen Merkmalen dieses abhängigen Anspruchs verbunden war und Änderung zu einem Verstoß gegen Art. 84 führt.
35a	**Einheitlich-keitsprüfung**	G 01/91	Nach Änderungen im Einspruchsverfahren ist Einheitlichkeit nach **Art. 82** nicht mehr zu prüfen. (siehe L. 53)
36	**Unzulässige Erweiterung**	Art. 100 c) Art. 123 (2) RiLi D-V, 6	Gegenstand des eP (insbesondere der erteilten Ansprüche) darf nicht über Inhalt der Anmeldung in ursprünglich eingereichter Fassung hinaus gehen. Kriterien zur Bewertung eines Art. 123 (2) Verstoßes entsprechen dem Prüfungsverfahren (RiLi H-IV, 2) - siehe L.167 ff.

Einspruch L.

Verfahrensablauf Einspruch

Verfahrenshandlung	Rechtsnorm, Rechtsprechung	Details und Fälligkeit	Unmittelbare Folgen eines Mangels, Mängelbeseitigung, Fristen	Rechtsfolge bei Nichtbeseitigung von Mängeln oder Fristversäumnis	Weiterbehandlungs-/ Wiedereinsetzungsmöglichkeit	
Beschleunigung des Verfahrens siehe 📖 I.22	MdEPA vom 17. März 2008, ABl. 2008, 221, siehe auch Durchführungsvorschriften, RiLi E-VIII, 5. Beantragung der Beschleunigung des Einspruchsverfahrens, wenn Verletzungsklage bei einem nationalen Gericht anhängig ist.					37
Mitteilung an den Patentinhaber über Einspruch und Aufforderung zur Stellungnahme und ggf. zur Einreichung von Änderungen (Seit 01.07.2016 wird PI immer aufgefordert Stellung zu nehmen (ABl. 2016, A42 und A43))	Art. 101 (1) R 79 (1) RiLi D-IV, 5.2	**Art. 101 (1), R 79 (1):** Innerhalb zu bestimmender Frist nach R 132 (2), idR 4 M	R 79 (1): Mitteilung des Einspruchs und Aufforderung zur Stellungnahme, ggf. Änderungen einzureichen R 80: Änderungen können auch auf nicht geltend gemachten Einspruchsgründen basieren oder auf älteren Rechten nach R 138	↪ **G 12/91**: Eingaben und Anträge müssen bis zur Abgabe einer Entscheidung an die interne Poststelle des EPA auch nach Ablauf der Frist berücksichtigt werden.	WB (–), da keine ePA WE (–), für PI bei Frist zur Stellungnahme zu Schriftsätzen des Einsprechenden **RiLi E-VIII, 3.1.1:** Antrag auf WE des PI in Frist des Einspruchsverfahrens: →Einsprechender und Beigetretener werden über Antrag und Entscheidung informiert und am WE-Verfahren beteiligt. (↪ T 552/02, ↪ T 1561/05)	38
	↪ G 10/91	Änderungen müssen allen Erfordernissen gemäß **Art. 101 (3) a)** genügen				39
	↪ G 03/14	Klarheitsprüfung der Änderungen nach **Art. 84**				40
	↪ G 1/91	Ausnahme Einheitlichkeit gemäß **Art. 82**				41
	↪ T 127/85	Das Einspruchsverfahren darf nicht lediglich zur Bereinigung und Verbesserung der Offenbarung in der Patentschrift benutzt werden (ABl. 7/1989, 271).				42
Mitteilung an Beteiligte über Stellungnahme des Patentinhabers und ggf. Aufforderung zur Stellungnahme	Art. 101 (1) R 79 (3) RiLi D-IV, 5.4	**Art. 101 (1), R 79 (3):** Innerhalb zu bestimmender Frist nach R 132, i.d.R. 4 M	Bei Nichtbeachtung keine unmittelbare Rechtsfolge, kein Rechtsverlust; jedoch später Gefahr des nicht Gehört werden wegen verspäteten Vorbringens (📖 S/S Art. 101 Rd 81 ff.)			43
Zustimmung zu geänderten Ansprüchen RiLi D-VI, 7.2.1	Art. 101 (3) a) R 82 Antragsprinzip: Art. 113 (2)	**R 82 (1):** Innerhalb 2 M muss jeder Beteiligte mitteilen, falls er mit der geänderten Fassung nicht einverstanden ist. Ständige Praxis: Einspruchsabteilung erlässt unmittelbar Zwischenentscheidung nach Art. 106 (3)		R 82 (2): Reagiert einer der Beteiligten, so kann das Verfahren fortgesetzt werden. Reagiert keiner der Beteiligten → Zwischenentscheid	WB (–), da keine ePA WE (+), nach **Art. 122**, **R 136** Beschwerde (+), nach Art. 106 und Art. 107	44
Benachrichtigung der Beteiligten	Ein Schriftwechsel zwischen einem Einsprechenden und dem EPA, der in materiell- und/oder verfahrensrechtlicher Hinsicht von Bedeutung für das Einspruchsverfahren ist, ist ebenso wie alle anderen Vorbringen von Beteiligten oder Mitteilungen des EPA im Einspruchsverfahren unverzüglich dem/den anderen Beteiligten bekannt zu machen. Ein derartiger Schriftwechsel mit materiell- und/oder verfahrensrechtlicher Bedeutung für den Fall ist grundsätzlich in den öffentlichen Teil der Akte aufzunehmen (↪ T 1691/15).					45
	ABl. 2020, A107	Elektronische Zustellung der Mitteilungen über Mailbox möglich. Ausnahme: Übersendung der Patenturkunde, wenn Patent in beschränktem Umfang aufrechterhalten wird (R 87 iVm R 73)				45a

L. Einspruch

Verfahrensablauf Einspruch (Fortsetzung)

	Verfahrenshandlung	Rechtsnorm, Rechtsprechung	Details und Fälligkeit	Unmittelbare Folgen eines Mangels, Mängelbeseitigung, Fristen	Rechtsfolge bei Nichtbeseitigung von Mängeln oder Fristversäumnis	Weiterbehandlungs-/ Wiedereinsetzungs-möglichkeit
46	**Aufrecht-erhaltung des eP in geänderter Fassung** Veröffentlichungs-gebühr und Übersetzung der Ansprüche	Art. 101 (3) a) R 82 RiLi D-VI, 7.2.3	**R 82 (2):** Nach der Entscheidung der Einspruchsabteilung über die Aufrechterhaltung des eP in geänderter Fassung sind die neuen Ansprüche in die Amtssprachen zu übersetzen und die vorgeschriebene Gebühr für VÖ neuer Patentschrift (80 € - Art. 2 (1) Nr. 8 GebO, siehe 📄 H.94; 📄 L. 61 ff.) innerhalb von 3 M zu entrichten.	**R 82 (3):** Nachfrist bei Nichteinhaltung der Frist nach **R 82 (2):** 2 M + Zusatzgebühr	**R 82 (3):** eP wird widerrufen	WB (–), da keine ePA WE (+), nach **Art. 122**, **R 136** Beschwerde (+), nach Art. 106 und Art. 107
		RiLi E-III, 8.7	**Einreichung** von **maschinell** erzeugter **Reproduktion** der **geänderten Textpassagen**, wenn in mündl. Verhandlung Zwischenentscheidung der Einspruchsabteilung nach Art. 101 (3) a) und 106 (2) oder Entscheidung der Beschwerdekammer nach Art. 111 (2) auf nicht der Regel 49 (8) entsprechen Unterlagen basiert hat.			
47		↳ G 03/14	Klarheitsprüfung für geänderte Ansprüche (siehe 📄 L.33 ff.)			
48	**Änderung des eP** RiLi D-IV, 5.3 RiLi H-II, 3 siehe 📄 F.63 ff.	Art. 101 (1), Satz 2 R 80 R 81 (3)	Im **Einspruchsverfahren** können die Beschreibung, die Patentansprüche und die Zeichnungen geändert werden, sofern die Änderung durch Einspruchsgründe nach **Art. 100** veranlasst ist, auch • wenn sie durch den Einsprechenden nicht geltend gemacht wurden oder • wenn sie durch ältere (nat. oder europ.) Rechte veranlasst wurden (**R 138**). Anm. Es dürfen keine neuen abhängigen Ansprüche eingeführt werden.			
49		RiLi H-II, 3.2	**Änderungen**, die sich nicht auf die Einspruchsgründe beziehen (z. B. Klarstellung nach R 80), oder **Berichtigungen** (H-VI, 3.1) können **zugelassen** werden, sofern das so geänderte Patent die Erfordernisse des EPÜ (Ausnahme: Einheitlichkeit ↳ G 01/91) erfüllt und die Änderungen als erforderlich und **geeignet betrachtet** werden. Nicht zulässig sind: a) Einreichung weiterer Ansprüche (siehe T 829/93), b) umfangreiche Neuformulierung der abhängigen Ansprüche, c) umfangreiche Neuformulierung der Beschreibung.			
50		R 79 (1)	Aufforderung zur Stellungnahme an Patentinhaber nach Einspruch, ggf. Einreichung von Änderungen			
51		Art. 101 (3) a)	Einspruchsabteilung stimmt Änderungen zu, d.h. Änderungen stehen Aufrechterhaltung in geändertem Umfang nicht entgegen.			
52		Art. 101 (3) Art. 14 (2) ↳ T 700/05	Fehler in der Übersetzung kann während des Einspruchsverfahrens korrigiert werden.			
53		↳ G 1/91 RiLi D-V, 2.2	Nach Änderungen im Einspruchsverfahren ist Einheitlichkeit nach **Art. 82** nicht mehr zu prüfen.			
54		↳ G 10/91	Änderungen, die auf Einspruchsgrund basieren, auch wenn dieser Einspruchsgrund nicht vorgebracht worden ist (wegen Amtsermittlung **Art. 114 (1)**), Änderungen müssen allen Erfordernissen gemäß **Art. 101 (3) a)** genügen.			
55		↳ G 03/14	Klarheitsprüfung für geänderte Ansprüche (siehe 📄 L.33 f.)			
56		↳ G 1/93	**Unentrinnbare Falle** zwischen **Art. 123 (2)** und **Art. 123 (3)**. Merkmale die zwar im Prüfungsverfahren aufgenommen wurden, jedoch nicht von der ursprünglichen Offenbarung umfasst waren, dürfen nicht gestrichen werden. Unabhängiger Anspruch darf nach Patenterteilung nicht mehr erweitert werden.			

Einspruch L.

Verfahrensablauf Einspruch (Fortsetzung)						
Verfahrenshandlung	Rechtsnorm, Rechtsprechung	Details und Fälligkeit	Unmittelbare Folgen eines Mangels, Mängelbeseitigung, Fristen	Rechtsfolge bei Nichtbeseitigung von Mängeln oder Fristversäumnis	Weiterbehandlungs-/ Wiedereinsetzungs- möglichkeit	
Zwischen- entscheid	Ständige Praxis ↳G 1/88, ↳T 390/86, ↳T 89/90, ↳T 55/90 ↳T 234/86	**Art. 108:** Innerhalb von 2 M nach Zustellung Zwischen- entscheidung gesonderte **Beschwerde** nach **Art. 106 (2) möglich.** (Zwischenentscheidung wird in mündlicher Verhandlung verkündet, Beschwerdefrist beginnt mit Zustellung)			**Beschwerde (+)**, nach Art. 106 und Art. 107 Wenn keine Beschwerde eingelegt wird: Rechtskraft der Zwischen- entscheidung	57
	RiLi D-VI, 7.2.2	Ergeht in allen Fällen der Aufrechterhaltung eines eP im geänderten Umfang Grund: Sparen von Übersetzungskosten infolge einer möglichen Änderung im Beschwerdeverfahren				58
	ABl. 2016, A22	Wenn in der mündlichen Verhandlung die Zwischenentscheidung der Einspruchsabteilung (Art. 101 (3) a) iVm Art. 106 (2)) auf Unterlagen gestützt wurde, die nicht der **R 49 (8)** entsprechen, weil sie **handschriftliche Änderungen** enthalten, fordert die Einspruchsabteilung den Patentinhaber in der Mitteilung nach **R 82 (2)** auf, eine formal korrekte Fassung des geänderten Wortlauts einzureichen. In der Aufforderung werden die formal mangelhaften, geänderten Absätze und/oder Ansprüche aufgeführt, für die Austauschabsätze und/oder -ansprüche einzureichen sind (innerhalb. 3 M gemäß R 82 (2)).				60
Veröffent- lichungsgebühr Art. 2 (1) Nr. 8 GebO:80 € (seit 01.04.20) siehe H.94 Übersetzung der geänderten Ansprüche	Art. 101 (3) a) R 82 (2)	**R 82 (2):** Falls von keinem der Beteiligten Bedenken gegen geänderte Fassung vorgebracht werden, fordert Einspruchsabteilung (nach Ablauf Frist von 2 M nach **R 82 (1)**) auf, innerhalb 3 M die Veröffentlichungsgebühr zu entrichten und eine Übersetzung der geänderten Ansprüche einzureichen	**R 82 (3):** Innerhalb 2 M nach Mitteilung der Frist- versäumnis + Zuschlagsgebühr (Art. 2 (1) Nr. 9 GebO, 125 €)	**R 82:** Patent wird widerrufen	**WB (–)**, da keine Amtsfrist **WE (+)**, nach Art. 122, R 136	61
	Keine Regelung für zusätzliche Anspruchsgebühren					62
Veröffentlichung einer neuen Patentschrift nach Änderung	Art. 103 R 87	Veröffentlichung in Verbindung mit Beschluss zur Aufrechterhaltung in geändertem Umfang durch Einspruchsabteilung nach **Art. 101 (3) a).**				63
	R 87	**Inhalt und Form:** Verweis auf **R 73 (2)+(3)**, neue Urkunde - Verweis auf **R 74**				64
	Art. 129 a) Art. 127 R 143 (1) r)	Tag und Art der Entscheidung über Einspruch wird veröffentlicht, Veröffentlichungsgebühr und Übersetzung der geänderten Ansprüche in die anderen Amtssprachen innerhalb 3 M nach **R 82 (2)** + 2 M Nachfrist				65

359

L. Einspruch

Aussetzung und Fortsetzung des Einspruchsverfahrens

	Verfahrenshandlung	Rechtsnorm, Rechtsprechung	Details und Fälligkeit
66	**Aussetzung des Verfahrens** RiLi D-VII, 4.1 siehe 📄 D.91 ff.	R 78	Aussetzung bei Nachweis, dass Verfahren wegen mangelnder Berechtigung (**Art. 61 (1)**) eingeleitet wurde; Aussetzung erst möglich, wenn Einspruch für zulässig erachtet wird.
		R 14 (3)	Fortsetzung des Verfahrens auch ohne rechtskräftige Entscheidung (z.B. wenn Eindruck entsteht, dass Kläger das gerichtliche Verfahren verzögert).
		R 14 (4)	Hemmung der Fristen.
		↪J 7/00	Verfahren wird an dem Tag ausgesetzt, an dem das EPA den Nachweis erhält, dass ein Verfahren gegen den PI eingeleitet wurde. Die Anforderungen richten sich nach nationalem Recht.
		RiLi D-VII, 4.1[19]	Die Rechtsabteilung setzt das Verfahren aus.
67	**Fortsetzung des Einspruchsverfahrens** RiLi D-VII, 4.2	R 84 (1)	Auf Antrag des Einsprechenden, wenn PI auf eP verzichtet oder eP erloschen ist (Frist 2 M) **ODER** von Amts wegen, bei Tod des Einsprechenden oder Verlust der Geschäftsfähigkeit.

Zurücknahme des Einspruchs

	Verfahrenshandlung	Rechtsnorm, Rechtsprechung	Details und Fälligkeit
68			
69	**Prüfung des Einspruchs**	Art. 101 (1)	Prüfung nach Einlegen des Einspruchs, ob die genannten Einspruchsgründe der Aufrechterhaltung entgegenstehen
70	**Fortsetzung des Einspruchsverfahrens von Amts wegen**	R 84 (1)	Fortsetzung des Einspruchsverfahrens auf Antrag des Einsprechenden nach Verzicht oder Erlöschen des Patents. Grund: Patent erlischt in diesen Fällen nicht rückwirkend, Rechte für die Vergangenheit bleiben bestehen.
71		R 84 (2)	Einspruchsverfahren kann von Amts wegen fortgesetzt werden: • Ohne Beteiligung der Erben • Bei Zurücknahme des Einspruchs (ABl. 2016, A42)
72		RiLi D-VII, 5.2 + 5.3	Fortsetzung trotz Tod des Einsprechenden oder Zurücknahme
73		↪G 01/13	Fortführung des Einspruchs/Beschwerde bei zwischenzeitlichem Erlöschen des Einsprechenden
74		↪G 8/91 ↪G 8/93	Betrifft Beschwerdeverfahren

Beendigung des Einspruchsverfahrens

	Verfahrenshandlung	Rechtsnorm	Details
75	**Widerruf des eP**	Art. 101 (2)	Widerruf des Patents, **Wirkung »ex tunc« (Art. 68)** (📖 S/S Art. 101 Rd 188)
76	**Aufrechterhaltung des eP in unveränderter Form**	Art. 101 (2)	Aufrechterhaltung des Patents in unveränderter Form, Einspruch wird zurückgewiesen (📖 S/S Art. 101 Rd 147 f.)
77	**Aufrechterhaltung des eP in geändertem Umfang**	Art. 101 (3) a) R 82 (1) bis (4)	Aufrechterhaltung des Patents in geändertem Umfang (📖 S/S Art. 101 Rd 149 ff).

Einspruch L.

Widerruf des eP
Art. 101 (2), RiLi D-VIII, 1.3

Verfahrenshandlung	Rechtsnorm, Rechtsprechung	Details	
Gründe 📖 S/S Art. 101 Rd 43 ff.	Widerruf aus sachlichen Gründen		
	Art. 101 (1)	Die in **Art. 100** genannten Einspruchsgründe stehen der Aufrechterhaltung des eP in unveränderter Form entgegen (sachliche Einspruchsgründe).	78
	Art. 101 (3) b)	Widerruf des Patents, wenn keiner der vom Patentinhaber vorgelegten Anträge den Erfordernissen des EPÜ genügt (d.h., wenn der Patentinhaber mit der Fassung, in der die Einspruchsabteilung das Patent aufrechtzuerhalten beabsichtigt, nicht einverstanden ist).	79
	Widerruf aus formellen Gründen		
		Ein eP, das in **geändertem Umfang** aufrechterhalten werden kann, wird widerrufen, wenn folgende formelle Voraussetzungen nicht erfüllt sind:	80
	R 82	**Widerruf des Patents** gemäß R 82 (3), wenn die **Druckkostengebühr**, die **Übersetzung der geänderten Ansprüche** oder **eine formal korrekte, wörtliche Reproduktion der geänderten Textpassagen** nicht innerhalb der Frist (3 M) oder spätestens innerhalb der Nachfrist (2 M nach Mitteilung der Fristversäumnis) mit Zuschlagsgebühr entrichtet wurde.	81
		↳ G 1/90 — Widerruf nach **R 82 (2)** ist in Form einer Entscheidung auszusprechen	82
	Art. 133 (2) iVm R 142 (3) a)	**Fehlende Bestellung eines neuen Vertreters** gemäß Art. 133 (2) iVm **R 142 (3) a)** nach Unterbrechung des Einspruchsverfahrens gemäß **R 142 (1) c)** innerhalb der Frist (2 M) (siehe RiLi D-VIII, 1.2.3).	83
	RiLi D-VI, 2.2	**Antrag des Patentinhabers auf Widerruf** des europäischen Patents. Da keine vom Patentinhaber gebilligte Fassung vorliegt, ist das Patent gemäß aufgehobener RAusk Nr. 11/82 zu widerrufen.	84
		↳ T 186/84 — Ein Verzicht wird als Antrag auf Widerruf des Patents angesehen.	85
	RiLi D-VIII 1.2.5	**Fehlende Zustimmung des PI zur Aufrechterhaltung des Patents** in erteilter Fassung und keine Vorlage einer geänderten Fassung führt zum Widerruf.	86
		↳ T 237/86 — Erklärung des PI auf Verzicht des eP wird als Widerruf verstanden.	87
		Widerruf, wenn SdT gemäß **Art. 54 (3)** lediglich für bestimmte benannte VS zu berücksichtigen ist und nicht für alle VS erteilungsfähige Ansprüche vorliegen. Kein Teilwiderruf möglich - Einspruchsabteilung ist an Antrag des Patentinhabers gebunden.	88
Wirkungen des Widerrufs	Art. 68	Siehe auch aufgehobene RAusk Nr. 11/82: Der Widerruf des Patents hat stets zur Folge, dass die Wirkungen der **Art. 64** und **67** als von Anfang an nicht eingetreten gelten. Auch wenn der Widerruf aus anderen als vom Einsprechenden entsprechend den in **Art. 100** genannten Gründen erfolgt (z.B. Ermittlung von Amts wegen), wirkt die Entscheidung zurück.	89

Zurückweisung des Einspruchs
RiLi D-VIII, 1.3

Verfahrenshandlung	Rechtsnorm	Details	
Zurückweisung des Einspruchs	Art. 101 (2)	Wenn Einspruchsabteilung zur Überzeugung gelangt, dass die Einspruchsgründe der Aufrechterhaltung des eP nicht entgegenstehen, weist sie den Einspruch zurück.	90
	↳ T 501/92	Zurückweisung erfolgt auch ohne Antrag des Patentinhabers.	91

L. Einspruch

Einspruchsbeschwerde
Art. 106, Art. 107 (siehe M.1 ff., M.104 ff.)

	Verfahrenshandlung	Rechtsnorm	Details
92	**Beschwerdefähige Entscheidungen**	Art. 106 (1)	Beschwerde ist möglich gegen **Entscheidungen** (die das Verfahren abschließen) der • Eingangsstelle • Prüfungsabteilung • Einspruchsabteilung • Rechtsabteilung
93			Beschwerde hat aufschiebende Wirkung (u.a. J 28/94 Hinweis auf Erteilung).
94		R 98	Einspruchsbeschwerde ist auch möglich, wenn für alle benannten VS auf das eP verzichtet wurde oder das eP in allen diesen Staaten erloschen ist.
95	**Beschwerde-berechtigte und Verfahrens-beteiligte**	Art. 107	Beschwerde steht jedem beschwerten Verfahrensbeteiligten zu. Die übrigen Beteiligten sind am B.-Verfahren beteiligt (Patentinhaber, Einsprechender, Beitretender).
96	**Frist und Form**	Art. 108	Beschwerde ist innerhalb von 2 M nach Zustellung der Entscheidung beim EPA einzureichen. Die Beschwerde gilt erst als eingelegt, wenn Beschwerdegebühr (Art. 2 (1) Nr. 11 GebO: 1955 € für natürliche Person oder einer in R (4) und (5) genannten Einheit, 2705 € für eine sonstigen Einheit) entrichtet worden ist. Innerhalb von 4 M nach Zustellung der Entscheidung ist Beschwerde zu begründen.

Einspruch L.

Einsprechender			
Verfahrenshandlung	Rechtsnorm, Rechtsprechung	Details	
Beteiligte	Art. 99 (3)	Einsprechende und PI und ggf. Beigetretene. Spätestens am Ende der Einspruchsfrist müssen für Amt und PI die Beteiligten identifizierbar sein: ↳G 3/97, ↳G 4/97, ↳G 2/04, 📖 S/S Art. 99 Rd 8	97
Berechtigter	↳G 9/93	Jedermann gemäß **Art. 99 (1)**, außer dem Patentinhaber	98
RiLi D-I, 4	↳G 3/97 ↳G 4/97	Der Einsprechende muss bei Ablauf der Einspruchsfrist **identifizierbar** sein (nicht heilbar, da eine Aufforderung nach **R 77 (2)** zur Beseitigung eines Mangels nach **R 76 (2) a)** iVm **R 41 (2) c)** nicht ergehen kann).	99
	↳G 3/97 ↳G 4/97	Einspruch durch **Strohmann** (z. B. Anwalt) ist nur dann unzulässig, wenn missbräuchlich, z. B. • Strohmann vertritt Patentinhaber (Umgehung von ↳**G 9/93**) oder • nicht vor dem EPA zugelassener Anwalt (EPÜ-Inländer) legt in Namen eines Dritten Einspruch ein (Umgehung von **Art. 133 (2)**, **Art. 134**).	100
Mehrere Einsprechende	↳G 3/99	Mehrere Einsprechende können gemeinsam einen Einspruch unter Zahlung nur einer Einspruchsgebühr einlegen. Zieht sich einer der Einsprechenden (oder Beschwerdeführer oder Vertreter) aus dem Verfahren zurück, muss das EPA durch den gemeinsamen Vertreter oder einen nach **R 151 (1)** bestimmten neuen gemeinsamen Vertreter unterrichtet werden.	101
RiLi D-I, 4, 6	↳G 3/99	Bei einem gemeinsamen Einspruch muss es in jedem Fall einen gemeinsamen Vertreter gemäß **Art. 133 (4)** iVm **R 151** geben. Nur dieser gemeinsame Vertreter ist befugt, im Einspruchsverfahren für die Gesamtheit aller gemeinsam Einsprechenden aufzutreten.	102
	↳T 774/05	Einsprüche verschiedener Einsprecher führen zu einem Einspruchsverfahren.	103
Mehrere Einsprüche	siehe 📄 L.130		104
Mehrere Einsprüche durch eine jur. Person	siehe 📄 L.131, RiLi D-I, 6: Legt eine Person durch zwei verschiedene Schriftsätze Einspruch gegen ein eP ein, so erlangt sie nur einmal die Rechtsstellung als Einspruchspartei (↳T 9/00). Zwei Einsprüche desselben Einsprechenden innerhalb der Einspruchsfrist, die für sich genommen nicht zulässig sind, zusammen aber Art. 99 (1) und R 76 genügen, gelten als ein zulässiger Einspruch (↳T 774/05; gemeinsamer Einspruch siehe RiLi D-I, 4).		105
Vertretung	Art. 133 (2)	EPÜ-Ausländer müssen einen Vertreter bestellen, der den Einspruch einlegt. Siehe RiLi D-I, 7 und RiLi A-VIII, 1.1.	106
	RiLi D-III, 3.4	Unterschrift kann nach **R 50 (3)** nachgeholt werden (EPA gibt Frist vor).	107
Rechtsnachfolge des bisherigen Patentinhabers	Art. 99 (4)	Tritt aufgrund rechtskräftiger Entscheidung jemand an die Stelle des PI in einem Staat, so sind abweichend von **Art. 118** getrennte Einspruchsverfahren möglich (siehe 📖 S/S Art. 99 Rd 59 ff.).	108
		Übergang der Inhaberschaft auf Antrag nach rechtskräftiger Entscheidung, Eintragung des Rechtsübergangs nach **R 22 (3)** iVm **R 85**.	109
		Auf Antrag tritt neuer PI an Stelle des bisherigen PI.	110
	R 78 (1) Art. 61	Aussetzung wegen Anmeldung durch Nichtberechtigte; Voraussetzung: Einspruch ist zulässig.	111
	RiLi D-VII, 3.2	Getrennte Verfahren bei (Gesamt-)Rechtsnachfolge in einzelnen Ländern möglich.	112

L. Einspruch

	Einsprechende (Fortsetzung)		
	Verfahrenshandlung	Rechtsnorm, Rechtsprechung	Details
113	**Übergang der Stellung als Einsprechender**	G 3/97 T 659/92 T 670/95	Stellung des Einsprechenden ist nicht rechtsgeschäftlich übertragbar, jedoch Gesamtrechtsnachfolge möglich (G 4/88, RiLi D-I, 4, siehe S/S Art. 99 Rd 65 ff.).
114		G 2/04 T 9/00	Bei Einspruch von zwei Geschäftsbereichen kann Einsprechendenstellung nur durch Übertragung beider Geschäftsbereiche oder des gesamten Unternehmens auf einen Dritten übergehen.
115		R 84 (2)	Übergang auf Erben, Fortführung ohne Beteiligung des Erben möglich
116	**Beitritt eines Dritten** RiLi D-IV, 5.6	Art. 105 (1) R 89	Innerhalb von 3 M nach Klageerhebung oder negativer Feststellungsklage (auch nach Ende der Einspruchsfrist) kann Dritter (Nachweis der Klage) dem Einspruchsverfahren oder dem Einspruchsbeschwerdeverfahren beitreten (unter Entrichtung einer Einspruchsgebühr). Läuft 3 M-Frist vor 9 M-Frist ab, so kann Dritter nur Einspruch erklären.
116a		G 4/91	Einspruchsverfahren muss anhängig sein.
116b		T 195/93	Berechtigungsanfrage oder Abmahnung genügt nicht als Voraussetzung für Beitritt.
117		Art. 105 (1) R 89 (2)	Beitritt ist schriftlich zu erklären und zu begründen, erst wirksam bei Zahlung der Einspruchsgebühr (Art. 2 (1) Nr. 10 GebO: 815 €) (Keine Rechtsgrundlage für Bezahlung der Beschwerdegebühr, bei Zahlung wird diese zurückerstattet)
117a		Art. 99 (1)	Beim EPA (**BdP vom 10.05.1989, ABl. 1989, 218**: München, Zweigstelle Den Haag, Dienststelle Berlin), nicht bei nationalen Behörden
117b		R 76 (2)	Mindesterfordernisse für wirksamen Einspruch: siehe L.7
118		Art. 105 (2)	Beitritt ist als Einspruch zu behandeln. (Siehe G 3/04 in L.118b) Beitretender erlangt die Stellung eines Einsprechenden, egal ob Beitritt während Einspruchsverfahren oder Beschwerdeverfahren. Im Einspruchsverfahren kann er Verfahren alleine fortsetzen und ggf. Beschwerde einlegen, wenn alle anderen Einsprechenden ihren Einspruch zurückziehen.
118a		G 1/94	Beitritt während anhängiger Beschwerde mit neuen Gründen nach Art. 100 möglich.
118b		G 3/04	Nach Rücknahme der Beschwerde des einzigen Beschwerdeführers kann Verfahren nicht mit einem während des Beschwerdeverfahrens Beigetretenen fortgesetzt werden. Der Beitretende hat Stellung eines Einsprechenden (jedoch keine Beschwerdegebühr), aber keine selbständige Verfahrensbeteiligung (auch G 7/91 und G 8/91).
119		R 79 (4)	Im Fall eines Beitritts nach Art. 105 kann die Einspruchsabteilung von der Anwendung der Vorschriften über eine wechselseitige Unterrichtung absehen. (Aber Grundsatz des rechtlichen Gehörs, siehe T 27/92, S/S Art. 105 Rd 28 f.)
120		G 9/93	Der PI kann nicht Einspruch gegen sein eigenes Patent einlegen, hierfür ist Beschränkungsverfahren vorgesehen.
121		T 296/93	Beitritt, 3 M ab Klageerhebung, Zustellung oder Kenntnis der Klageschrift
122		T 694/01	Frist, Zustellung Klageschrift
123		T 631/94	Beitritt zwischen den Instanzen, Ende Einspruchs- und vor Beschwerdeverfahren, bleibt wirkungslos, wenn keiner der ursprünglichen Beteiligten Beschwerde einlegt.
126		T 517/97	Bei taggleicher Zurücknahme der Beschwerde und des Beitritts ist zeitliche Reihenfolge des Eingangs der Erklärungen entscheidend, Zeitpunkt kann ggf. exakt festgestellt werden.
128		T 202/89	Beitritt kann auch nach Entscheidung der Einspruchsabteilung vor deren Rechtskraft erklärt werden, dann jedoch kein selbständiges Beschwerderecht.
129		G 9/91 G 10/91	Der Dritte ist an den Umfang des Einspruchs gebunden. Einspruchsabteilung kann jedoch neuen Einspruchsgrund prüfen, wenn prima facie relevant (G 10/91)
129a		RiLi D-IV, 5.6	Beitretender erhält Mitteilung über bisherigen Verfahrensgang; ggf. auch Schriftstücke der Beteiligten nach R 79 (1) bis (3) und die Bescheide der Einspruchsabteilung sowie die Stellungnahmen der Beteiligten nach R 81 (2) für die zurückliegende Zeit.

Einspruch L.

Einspruch (Allgemein)

Verfahrenshandlung	Rechtsnorm, Rechtsprechung	Details	
Mehrere Einsprüche	R 79 (2)	Sind mehrere Einsprüche eingelegt worden, so teilt die Einspruchsabteilung die Einsprüche den übrigen Einsprechenden mit, eine Stellungnahme ist nicht erforderlich.	130
Mehrere Einsprüche derselben (juristischen) Person	↳T 9/00 RiLi D-I, 6	• Zwei Einsprüche einer (juristischen) Person, z.B. unterschiedliche Geschäftsbereiche → eine Rechtsstellung im Einspruchsverfahren. • Rechtlicher Rahmen wird durch den weitesten Einspruch abgesteckt, ggf. ist später gestellter Einspruch unzulässig, wenn er keine Änderung des rechtlichen Rahmens im Einspruchsverfahren darstellt. Übergang der Einsprechendenstellung bei Einspruch aus verschiedenen Geschäftsbereichen nur durch Übertragung beider Geschäftsbereiche oder des gesamten Unternehmens. Siehe 📄 L.105	131
Einspruch nur für bestimmte Länder	Art. 99 (2)	Ist nicht möglich, außer es gibt für verschiedene Länder unterschiedliche Anspruchsfassungen (ältere Rechte, R 18 (2) und R 138) (📖 S/S Art. 99 Rd 44 f. → Ursachen für unterschiedliche Anspruchsfassungen)	132
Zuständiges Amt für die Einreichung	Art. 99 (1)	Beim EPA (**BdP vom 10.05.1989, ABl. 1989, 218**: München, Zweigstelle Den Haag, Dienststelle Berlin), nicht bei nationalen Behörden	133
Gegenstand	R 75	Einspruch kann auch dann eingelegt werden, wenn auf eP oder VS verzichtet wurde, da Verzicht »ex nunc« erfolgt. Wirkung des erfolgreichen Einspruchs nach **Art. 101 (2)** ist der Widerruf → **Art. 68**: von Anfang an, d.h. »ex tunc«.	134
Wirkung	Art. 99 (2)	Einspruch erfasst alle VS, in denen eP benannt ist.	135
Form	Art. 99 (1) R 76 (1)	Schriftform erforderlich	136
	R 86	Verweis auf dritten Teil der Ausführungsordnung, z.B. Unterschrift nach **R 50 (3)**. Auch per Telefax oder Epoline (seit 05.03.2009) nach **R 50 (3)** iVm BdP ABl. 2007 SA 3, 007 und ABl. 2009, 182. Einzelheiten zur Faxeinreichung: siehe 📖 S/S Art. 78 Rd 77 ff., RiLi D-III, 3.3	137
Sprache siehe 📄 L.9	Art. 14 (1) R 3 (1)	Einreichung in einer der Amtssprachen; Verfahrenssprache bleibt erhalten	138
	Art. 14 (4)	Berechtigte dürfen auch in zugelassener Nichtamtssprache einreichen und müssen eine Übersetzung in eine der Amtssprachen nachreichen (s. o.).	139
	R 3 (3)	Beweismittel können in jeder Sprache eingereicht werden, ggf. Aufforderung, Übersetzung in einer der Amtssprachen einzureichen (Frist > 1 M).	140
	RiLi A-VII, 2	Für Übersetzung Einspruch (auch Beschwerde oder Überprüfungsantrag (Art. 112a)) verlängert sich die Frist bis zum Ende der Einspruchsfrist (bzw. Beschwerdefrist oder Frist für den Überprüfungsantrag), wenn diese Frist später abläuft, siehe auch RiLi D-IV, 1.2.1 v).	141
	↳T 149/85	Zulassung der Nichtamtssprache hängt ab vom Beteiligten/Einsprechenden, nicht vom Vertreter	142
	↳T 94/84	Prinzipiell kann Übersetzung der Beweismittel auch nach Einspruchsfrist eingereicht werden.	143

L. Einspruch

	Einspruch (Allgemein) (Fortsetzung)		
	Verfahrenshandlung	Rechts-norm	Details
144	**Prüfung des Einspruchs**	R 81 (1), Satz 2	Einspruchsabteilung kann von Amts wegen auch nicht geltend gemachte Einspruchsgründe prüfen.
145		R 81 (2)	Bescheide nach Art. 101 (1) Satz 2 und alle hierzu eingehenden Stellungnahmen werden den Beteiligten übersandt. Die Einspruchsabteilung fordert, sofern sachdienlich, die Beteiligten auf, sich innerhalb einer zu bestimmenden Frist hierzu zu äußern.
146		R 81 (3)	PI wird in Bescheiden nach **Art. 101 (1)** Satz 2 ggf. aufgefordert, soweit erforderlich, Änderungen der Beschreibung, der Patentansprüche und der Zeichnungen einzureichen.
147			Fristsetzung, sofern sachdienlich, nach **Art. 101 (1)** iVm **R 81 (2)**, RiLi D-VI, 3.1.
148			Aufforderung zur Stellungnahme (→ **Art. 113** rechtliches Gehör), falls nicht, Verletzung Verfahrensbestimmung.
149			Keine Verpflichtung zur Zusendung von Bescheiden nach **R 81 (2)+(3)**.
150	**Unterlagen im Einspruch**	R 83	Unterlagen, die Beteiligter nennt, müssen mit Einspruch bzw. mit entsprechenden schriftl. Vorbringen eingereicht werden. Werden Unterlagen nach Aufforderung nicht rechtzeitig eingereicht, so braucht das EPA das darauf gestützte Vorbringen nicht zu berücksichtigen.
151		RiLi D-IV 1.2.2.1	Die Beweismittel selbst können auch noch nach Ablauf der Einspruchsfrist vorgelegt werden. Angabe der Tatsachen und Beweismittel reichen aus.
		RiLi D-VI, 1[19]	Im mehrseitigen Verfahren besteht Verpflichtung Tatsachen, Beweismittel, Argumente und Anträge so früh und so vollständig wie möglich vorzulegen.
			Alle von den Einsprechenden nach Ablauf der Einspruchsfrist eingereichten Gründe, Tatsachen und Beweismittel werden als verspätet eingereicht betrachtet, sofern sie nicht durch eine Änderung des Verfahrensgegenstands bedingt sind.
152	**Rechtsübergang**	R 85 R 22	Rechtsübergang des europäischen Patents während der Einspruchsfrist und des Einspruchsverfahrens.
153	**Formale Änderungen**	R 86	Formale Anforderungen an Unterlagen im Einspruchsverfahren gemäß **R 30 bis R 33**, **R 41 bis 50**.
154	**Form der neuen eP nach dem Einspruchs-verfahren**	R 87	Form der neuen europäischen Patentschrift nach Einspruchsverfahren → **R 73 (2), (3)** und **R 74** sind anzuwenden.
155	**Ladung zur mündlichen Verhandlung**	Art. 116 R 115 R 116 (1)	Ladung mit Fristsetzung zur Einreichung von Dokumenten vor mündlicher Verhandlung, üblicherweise 2 M, keine Fristverlängerung; Mündl. Verhandlung nach Art. 116 (1) auf Antrag, öffentlich (im Gegensatz zum Prüfungsverfahren), falls Einspruchsabteilung nicht anders entscheidet (→ Art. 116 (4))

Einspruch L.

Einspruch (Allgemein) (Fortsetzung)

Verfahrenshandlung	Rechts-norm	Details	
Pilotprojekt zur Durchführung mündlicher Verhandlung vor Einspruchs-abteilung als Videokonferenz	Art. 10 (2) a) Art 116	MdEPA vom 14.04.2020, ABl. 2020, A42, MdEPA vom 13.05.2020, ABl. 2020, A72 (MdEPA vom 01.04.2020, ABl. 2020, A40) • **Mündliche Verhandlungen** können als **Videokonferenzen durchgeführt werden**, wenn alle Beteiligten und die Einspruchsabteilung **zustimmen**; auf **Antrag** eines **Beteiligten** oder Veranlassung der **Einspruchsabteilung**. • **Mündl. Verhandlung** in den **Räumlichkeiten** des **EPA**, wenn **ernsthafte Gründe gegen Videokonferenz** sprechen oder **Beweisaufnahme notwendig** ist; Ablehnung Antrag wird begründet, **Ablehnung** ist **nicht** separat mit **Beschwerde anfechtbar** • **Gleichwertigkeit** der **mündlichen Verhandlung** und **Videokonferenz** • **Keine Aufzeichnung oder Weiterübertragung** • Sowohl Mitglieder der Einspruchsabteilung als auch Parteien können an **unterschiedlichen Orten** per Fernverbindung teilnehmen • **Unterlagen** sind anhand von **elektronischen Kommunikationsmitteln** (**E-Mail**) **einzureichen** • Mitglieder **der Öffentlichkeit** können in einem besonderen Saal in den Räumlichkeiten des EPA teilnehmen; Bei Entscheidung einer nicht öffentlicher Verhandlung wird keine Videokonferenzverbindung für Öffentlichkeit zur Verfügung gestellt. • Bei technischen Schwierigkeiten ergeht neue Ladung • Bei Nichterscheinen eines Beteiligten aus anderen Gründen als wegen technischer Probleme kann die mündliche Verhandlung gemäß R 115 (2) EPÜ fortgesetzt werden. • Pilotprojekt läuft vom 04.05.2020 bis zum 30.04.2021	155a
Einreichung Unterlagen	R 50	BdP vom 13.05.20, ABl. 2020, A71 • Nachreichung von Unterlagen **bei telefonischen Rücksprachen** und **Videokonferenzen** einschließlich Vollmachten per Email zu erfolgen; Unterschrift kann auch Unterlagen im Anhang oder in der Email gesetzt werden, Name und Stellung muss eindeutig hervorgehen • Einspruchsabteilung gibt **E-Mail Adresse** bekannt, ggf. auch von den übrigen Verfahrensbeteiligten • **Geänderte Unterlagen** sind **als Anhänge** einzureichen, **Änderungen** müssen im **PDF-Format** vorliegen und dem WIPO-Standard für elektronische Einreichung und Bearbeitung (Anlage F) entsprechen, genügen Anhänge mit geänderten Unterlagen nicht den Erfordernisse, wird Verfahrensbeteiligter unverzüglich unterrichtet, falls Mängel in telefonischer Rücksprache oder Videokonferenz nicht behoben werden kann, gelten Unterlagen als nicht eingereicht, sonstige Anhänge können in jeder Form übermittelt werden, die vom EPA geöffnet und reproduziert werden kann • Für die gemäß Beschluss per E-Mail eingereichten Unterlagen sind **keine Unterlagen auf Papier** zur Bestätigung nachzureichen • Per E-Mail eingereichte Unterlagen werden für die **Akteneinsicht** nach Art. 128 zugänglich gemacht, Vertraulichkeitsvermerk in E-Mails wird nicht als Antrag betrachtet, Unterlagen von der Akteneinsicht auszuschließen	155b
Begleitperson als Vortragender	↳G 2/94 ↳G 4/95 RiLi E-III, 8.5	Ausführungen einer Person, die nicht gemäß Art. 133 und Art. 134 zur Vertretung von Verfahrensbeteiligten vor dem EPA zugelassen ist, dürfen nur mit Zustimmung und im Ermessen der Einspruchsabteilung in einer mündlichen Verhandlung zugelassen werden, wenn diese Person einen zugelassenen Vertreter des Beteiligten begleitet. Voraussetzungen: • Beteiligter/Zugelassener Vertreter muss Vortrag der Begleitperson rechtzeitig vor der mündl. Verhandlung beantragen, • Angabe des Namens, des Gegenstands der Ausführung und Qualifikation des Vortragenden, • Ausführungen werden unter ständiger Verantwortung und Aufsicht des zugelassenen Vertreters gemacht, • Bei verspäteter Antragstellung müssen außergewöhnliche Umstände vorliegen oder alle Beteiligten einverstanden sein.	156
Beweis-aufnahme	Art. 117 R 117 R 116	Vernehmung von Beteiligten, Zeugen, Einholung von Auskünften, Urkunden, Sachverständige, schriftliche Erklärung	157
Einheit der ePA und des eP	Art. 118	Einheit der ePa und des eP: Für einen Einspruch wird die Einheit des eP bzgl. verschiedener Inhaber für verschiedene VS nicht beeinträchtigt - **RiLi D-VII, 3.2**	158

L. Einspruch

Einspruchsabteilung
Art. 19

	Verfahrenshandlung	Rechtsnormen	Details
159	Zuständigkeit	Art. 19 (1)	Die Einspruchsabteilungen sind für die Prüfung von Einsprüchen gegen eP zuständig.
160	Zusammensetzung	Art. 19 (2) S.1	Eine Einspruchsabteilung setzt sich aus drei technisch vorgebildeten Prüfern zusammen.
161	Unabhängigkeit der Einspruchsabteilung	Art. 19 (2) S.2	von denen mindestens zwei nicht in dem Verfahren zur Erteilung des europäischen Patents mitgewirkt haben dürfen, gegen das sich der Einspruch richtet.
162		Art. 19 (2) S.3	Ein Prüfer, der in dem Verfahren zur Erteilung des europäischen Patents mitgewirkt hat, kann nicht den Vorsitz führen.
163	Zügiger Abschluss des Einspruchsverfahrens	Art. 19 (2) S.4	Bis zum Erlass der Entscheidung über den Einspruch kann die Einspruchsabteilung eines ihrer Mitglieder mit der Bearbeitung des Einspruchs beauftragen.
164	Ausschluss und Ablehnung eines Mitglieds der Einspruchsabteilung	Art. 24 ↳G 5/91	Auch auf Prüfungsabteilung und Einspruchsabteilung anwendbar.

Einspruchsgründe
Art. 100, RiLi D-III, 5

	Verfahrenshandlung	Rechtsnorm	Details
165	Mangelnde Patentierbarkeit	Art. 100 a)	Mangelnde Patentierbarkeit nach **Art. 52** bis **57** (d.h. mehrere Einspruchsgründe). • **Art. 52**: Patentierbare Erfindungen (neu, erfinderisch und gewerblich anwendbar) • **Art. 53, Art. 52 c)**: Ausnahmen von der Patentierbarkeit • **Art. 54**: Neuheit • **Art. 55**: Unschädliche Offenbarung (Missbrauch oder Ausstellung) • **Art. 56**: Erfinderische Tätigkeit • **Art. 57**: Gewerbliche Anwendbarkeit
166	Mangelhafte Offenbarung	Art. 100 b)	Mangelhafte Offenbarung zur Ausführung durch Fachmann am AT → **Art. 83**
167	Gegenstand geht über den Inhalt in der ursprünglich eingereichten Fassung hinaus Unzulässige Erweiterung	Art. 100 c)	Erweiterung des Gegenstands des eP über den Inhalt der ursprünglichen Anmeldung oder bei TA oder Anmeldungen nach **Art. 61** über den Inhalt der früheren Anmeldung hinaus → **Art. 123 (2), Art. 76 (1)**.
168			Bei Einreichung in Nichtamtssprache nach **Art. 14 (2)** ist **ursprünglicher Text** für Feststellung maßgeblich. → **Art. 70 (2)**; unrichtige Übersetzung kann nach **Art. 14 (2) Satz 2 letzter Halbsatz** jederzeit berichtigt werden.
169			Ebenso ist für **Art. 54 (3)** der ursprüngliche Text als SdT maßgeblich. Einspruchsabteilung geht nach **R 7** davon aus, dass Übersetzung = ursprünglicher Text → Gegenbeweis liegt beim Einsprechenden.
170		↳T 1149/97	Die Patenterteilung stellt eine Zäsur bezüglich Änderungsmöglichkeiten dar. Folglich kann im Einspruchsverfahren die Beschreibung eines Patents nicht durch Wiederaufnahme von vor der Erteilung gestrichener Passagen geändert werden, wenn daraus über Art. 69 (1) eine breitere Auslegung eines Patentanspruchs folgt, Verstoß gegen Art. 123 (3): ABl. 2000, 259. Die Entscheidung ↳T 1149/97 war Veranlassung zur engeren Fassung von EPÜ 2000 Art. 123 (3): EPÜ 1973 Art. 123 (3): »dürfen die Patentansprüche des europäischen Patents nicht...« EPÜ 2000 Art. 123 (3): »Das europäische Patent darf nicht...«

Einspruch L.

Einspruchsgründe (Fortsetzung)			
Verfahrenshandlung	Rechtsnorm, Rechtsprechung	Details	
Gegenstand geht über den Inhalt in der ursprünglich eingereichten Fassung hinaus (Fortsetzung)	RiLi H-V, 3.1	**Wesentlichkeitstest**	171
		Das Ersetzen oder Streichen eines Merkmals aus einem Anspruch verstößt nicht gegen Art. 123 (2), wenn i) das Merkmal in der Offenbarung nicht als wesentlich hingestellt worden ist, ii) das Merkmal als solches für die Funktion der Erfindung unter Berücksichtigung der technischen Aufgabe, die sie lösen soll, nicht unerlässlich ist und iii) das Ersetzen oder Streichen keine wesentliche Angleichung anderer Merkmale erfordert. Siehe „unentrinnbare Falle" L.56	172
	T 331/87	Wird ein Merkmal durch ein anderes ersetzt, so muss das Ersatzmerkmal selbstverständlich durch die ursprünglichen Anmeldungsunterlagen gestützt sein, damit kein Verstoß gegen Art. 123 (2) vorliegt.	173
	RiLi H-V, 3.2.1	**Zwischenverallgemeinerung**	174
		Es ist nur dann zulässig, ein isoliertes Merkmal aus einer ursprünglich offenbarten Merkmalskombination herauszugreifen und zur Abgrenzung des Anspruchsgegenstands zu verwenden, wenn zwischen den Merkmalen kein struktureller und funktioneller Zusammenhang besteht. Wenn ein Merkmal aus einer bestimmten Ausführungsform herausgegriffen und in den Anspruch aufgenommen wird, muss sichergestellt sein, dass • das Merkmal nicht mit den anderen Merkmalen dieser Ausführungsform in Zusammenhang steht oder untrennbar verknüpft ist und • die Gesamtoffenbarung die verallgemeinernde Isolierung des Merkmals und seine Aufnahme in den Anspruch rechtfertigt.	175
Mangelnde Klarheit		Klarheit ist kein Einspruchsgrund, allerdings könnte mangelnde Klarheit in Form des Einwands gegen die Ausführbarkeit (Art. 100 b)) oder Neuheit/erfinderische Tätigkeit geführt werden.	176
Auslegung der Einspruchs-begründung	T 925/91	Sinngemäße Auslegung der Einspruchsbegründung	177
Erfinderische Tätigkeit	T 134/88	Die erfinderische Tätigkeit muss immer den ganzen Anspruch angreifen, nicht nur ein Merkmal (bspw. bei einem Kombinationsanspruch).	178

L. Einspruch

	Übersicht - Keine Einspruchsgründe 📖 S/S Art. 100 Rd 14 ff.	
	Details	Rechtsnorm und Rechtsprechung
179	Widerrechtliche Entnahme	Art. 60 (1)
180	Mangelnde Neuheit wegen eines älteren nationalen Rechts	Art. 139 (2), ↳T 550/88), ↳G 1/91, ↳G 10/91 (RiLi D-III, 5, aber RiLi H-III, 4.4)
181	Patentansprüche sind nicht deutlich und knapp gefasst und von der Beschreibung gestützt	Art. 83, Art. 84, ↳T 23/86, ↳T 406/86, ↳T 127/85, ↳T 428/95
182	Klarheit	↳T 336/96
183	Bsp. oder Zeichnung liegt außerhalb Schutzumfangs	↳T 127/85, ↳T 126/91
184	Widerspruch Anspruch und Ausführungsbeispiel	↳T 428/95
185	Ansprüche sind nicht durch die Beschreibung gestützt	↳T 296/87, ↳T 301/87
186	Im Anspruch fehlen wesentliche Merkmale	↳T 156/91, RiLi D-V, 4: Fehlt ein für die Ausführung der Erfindung wesentliches Merkmal im Anspruch, das jedoch in der Beschreibung und/oder in der Zeichnung offenbart ist, so liegt kein Mangel vor.
187	Falsche Prioritätsbeanspruchung	RiLi D-III, 5
188	Grundsätze der Einheitlichkeit sind nicht eingehalten worden	Art. 82, ↳T 162/85, ↳T 689/94 - ↳G 1/91 (Verweis auf Art. 102 (3)), RiLi D-V, 2.2
189	Formelle Mängel und Fehler im Erteilungsverfahren	↳J 22/86 → mit Erteilung gelten Mängel als geheilt
190	Form und Inhalt der Patentansprüche sind nicht beachtet worden	R 43 (1)
191	Hinterlegung biologischen Materials wurde nicht beachtet	R 31, ↳T 99/85
192	SdT ist unzutreffend oder mangelhaft gewürdigt	↳T 504/90, ↳T 185/85
193	Beschreibung ist nicht korrekt an die Ansprüche angepasst	↳T 138/91

Einspruch L.

Neuer Einspruchsgrund S/S Art. 101 Rd 48 ff.			
Verfahrenshandlung	Rechtsnorm, Rechtsprechung	Details	
Neuer Einspruchs-grund Einspruchsgründe siehe L.165 ff.	Art. 114	Ermittlung von Amts wegen.	194
	G 10/91	1. Eine Einspruchsabteilung oder eine Beschwerdekammer ist nicht verpflichtet, über die in der Erklärung gemäß **R 76 (2) c)** EPÜ angegebenen Einspruchsgründe hinaus alle in **Art. 100** EPÜ genannten möglichen Einspruchsgründe zu überprüfen (R 81 (1): Einspruchsabteilung kann von Amts wegen weitere Einspruchsgründe prüfen (siehe L.144 ff.). 2. **Grundsätzlich prüft die Einspruchsabteilung nur diejenigen Einspruchsgründe, die gemäß Art. 99 (1) in Verbindung mit R 76 (2) c) EPÜ ordnungsgemäß vorgebracht und begründet worden sind. Ausnahmsweise** kann die Einspruchsabteilung in Anwendung des Art. 114 (1) EPÜ **auch andere Einspruchsgründe** prüfen, die **prima facie** der Aufrechterhaltung des europäischen Patents ganz oder teilweise entgegenzustehen scheinen. 3. **Im Beschwerdeverfahren dürfen neue Einspruchsgründe nur mit dem Einverständnis des Patentinhabers geprüft werden.**	195
	T 131/01	Mangelnde Substantiierung: Bei Begründung der fehlenden Neuheit ist erfinderische Tätigkeit **kein neuer Einspruchsgrund** und kann somit ohne Einverständnis des Patentinhabers geprüft werden (wenn das Dokument bereits im Verfahren ist und Einwand bereits geltend gemacht wurde), ansonsten würde Argumentation hinsichtlich der mangelnden Neuheit und der erfinderischen Tätigkeit sich widersprechen (was nicht neu ist, kann auch nicht erfinderisch sein).	196
	G 1/95 G 7/95	Mangelnde Neuheit bei substantiierter mangelnder erfinderischer Tätigkeit ist **neuer Einspruchsgrund** und darf nicht ohne das Einverständnis des Patentinhabers in das Beschwerdeverfahren eingeführt werden. Die Behauptung, dass die nächstliegende Entgegenhaltung für die Patentansprüche neuheitsschädlich ist, kann jedoch bei der Entscheidung über den Einspruchsgrund der mangelnden erfinderischen Tätigkeit geprüft werden.	197
	T 736/95	Abteilung ist verpflichtet zu untersuchen, ob neuer Einspruchsgrund prima facie relevant ist. → R 81 (1)	198

Übersicht - Einspruchsgründe und Änderungen im Einspruchsverfahren			
Mangel	Relevante Norm	Anforderung für Änderungen Änderungen nur zulässig, wenn durch Einspruchsgrund veranlasst: R 80	199
Neuheit	Art. 100 a), Art. 52, Art. 54 (2), Art. 54 (3)	Art. 101 (3), Art. 52, Art. 54 (2), Art. 54 (3)	200
Erfinderische Tätigkeit	Art. 100 a), Art. 52, Art. 56	Art. 101 (3), Art. 52, Art. 56	201
Einheitlichkeit	kein Einspruchsgrund	keine Anforderung (G 1/91, RiLi D-V, 2.2)	202
Ausreichende Offenbarung	Art. 100 b)	Art. 101 (3), Art.83	203
Klarheit	kein Einspruchsgrund	Art. 101 (3), Art.84 nach G 03/14	204
Unzulässige Erweiterung	Art. 100 c)	Art. 101 (3), Art. 123 (2), (3) nach G 01/93	205

Anregung zu dieser Übersicht von Dr. Markus Thieme

L. Einspruch

	Verspätetes Vorbringen RiLi E-III, 8.6; RiLi E-VI, 2; S/S Art. 114 Rd 45 ff.		
	Verfahrenshandlung	Rechtsnorm, Rechtsprechung	Details
206	**Amtsermittlung**	Art. 114 (1)	Amtsermittlung bei prima facie Relevanz (Vorrang vor Art. 114 (2), ↳T 156/84 und RiLi E-VI, 2).
207	**Tatsachen, Beweismittel, Argumente**	Art. 114 (2)	Tatsachen und Beweismittel, die von den Beteiligten verspätet vorgebracht werden, brauchen nicht berücksichtigt zu werden. Argumente können nicht verspätet sein, da gemäß ↳**G 4/92 Nr. 10 der Entscheidungsgründe** Argumente kein neues Vorbringen als solches sind, sondern eine Untermauerung der Tatsachen und Rechtsgründe.
		RiLi D-VI, 1[19]	Im mehrseitigen Verfahren besteht Verpflichtung Tatsachen, Beweismittel, Argumente und Anträge so früh und so vollständig wie möglich vorzulegen. Alle von den Einsprechenden nach Ablauf der Einspruchsfrist eingereichten Gründe, Tatsachen und Beweismittel werden als verspätet eingereicht betrachtet, sofern sie nicht durch eine Änderung des Verfahrensgegenstands bedingt sind.
208	**Zugrundeliegender Sachverhalt**	RiLi E-III, 5	Mit Ladung zur mündlichen Verhandlung wird gemäß **R 116** ein Zeitpunkt zur Einreichung von Schriftsätzen bestimmt. Nach diesem Zeitpunkt vorgebrachte neue Tatsachen und Beweismittel brauchen nicht berücksichtigt zu werden, sofern sie nicht wegen einer Änderung des dem Verfahren zugrundeliegenden Sachverhalts zuzulassen sind.
209	**Kosten**	RiLi D-IX, 1.4	Die Zulassung von verspätet vorgebrachten Tatsachen und Beweismitteln führt idR nach Art. 104 zu einer Verteilung der Kosten zu Lasten der verspätet einreichenden Partei.
210	**Relevanz**	RiLi E-III, 8.6	Abteilung prüft, ob die neuen Tatsachen oder Beweismittel prima facie relevant sind. Bei mangelnder Relevanz keine Zulassung. Ferner werden Verfahrensökonomie und ein Verfahrensmissbrauch geprüft. Relevanz des Dokuments wird in Relation zu den Ansprüchen beurteilt (↳T 366/11).
211		↳T 1002/92	Verspätet vorgebrachte Tatsachen und Beweismittel, die über die Angaben in der Einspruchsschrift hinausgehen, werden nur dann zugelassen, wenn prima facie gute Gründe dafür bestehen, dass sie die Aufrechterhaltung des Patents in Frage stellen. Dokumente, die prima facie relevant sind, aber erst nach der Einspruchsfrist vorgelegt werden, können nur berücksichtigt werden, wenn ein Einspruch anhängig ist.
212		↳G 9/91 ↳G 10/91	Beschränkungen der Amtsermittlung im Einspruchs- und Beschwerdeverfahren
213	SdT aus Recherche und Prüfungsverfahren ist automatisch im Verfahren, wenn **prima facie** relevant. (S/S Art. 114 Rd 33 f., RiLi D-V, 2.2)		

Einspruch L.

Offenkundige Vorbenutzung
S/S Art. 54 Rd 77, 165 ff., RiLi G-IV, 7

Verfahrenshandlung	Rechtsnorm, Rechtsprechung	Details	
Offenkundige Vorbenutzung	↳T 952/92	Es wird das zugänglich, was der Fachmann einer Analyse des vorbenutzten Erzeugnisses mit Analyseverfahren, die zum SdT gehören, entnehmen kann. Dabei genügt es, wenn sich eine unter den Patentanspruch fallende Ausführungsform erschließt.	214
	↳G 1/92	Die chemische Zusammensetzung eines Erzeugnisses gehört zum SdT, wenn das Erzeugnis selbst der Öffentlichkeit zugänglich ist und vom Fachmann analysiert und reproduziert werden kann (auch innere Struktur).	215
	RiLi G-IV, 7.1	Zugänglichmachung	216
	RiLi G-IV, 7.2	Geltendmachung der Benutzung: i) Wann fand Benutzung statt? ii) Was wurde benutzt? Alle die Benutzung betreffenden Umstände sind darzulegen, z.B. Ort.	217
	RiLi G-IV, 7.5.2	Ist SdT und kann deshalb mit Schriften kombiniert werden, um Vorbenutzung nachzuweisen: → Zeugen anbieten → Internetoffenbarung	218
	↳T 328/87 ↳T 28/93	Beweise für offenkundige Vorbenutzung können nachgereicht werden, müssen jedoch in der Einspruchsschrift aufgeführt sein.	219
	↳T 1833/14	Ein im Handel erhältliches Erzeugnis gilt nicht zwangsläufig der Öffentlichkeit zugänglich gemacht, wenn der Fachmann es nicht ohne unzumutbaren Aufwand nacharbeiten konnte, d.h. die angebliche öffentliche Vorbenutzung ist dann keine ausreichende Offenbarung.	219a

L. Einspruch

Kosten
Art. 104, R 88, RiLi D-IX

	Verfahrens-handlung	Rechtsnorm, Rechtsprechung	Details
220	**Kosten-verteilung**	Art. 104 (1)	**Jeder** am Einspruchsverfahren **Beteiligte trägt** die ihm erwachsenen **Kosten selbst**.
221			Entscheidung über abweichende Kostenverteilung im Einspruchsverfahren durch die Einspruchsabteilung, (z.B. bei Kosten durch Beweisaufnahme), wenn dies der Billigkeit entspricht. Wenn Kosten hauptsächlich schuldhaft durch leichtfertiges oder böswilliges Handeln verursacht werden (z.B. andere Partei sagt böswillig ab). Keine Kostenentscheidung für überflüssige oder unerhebliche Beweismittel (RiLi D-IX, 1.1-1.4).
222		↳T 212/88	Antrag auf Kostenverteilung vor Verkündung der Entscheidung in der mündlichen Verhandlung
224		Art. 104 (1) R 88 (1)	Kostenverteilung wird in der Entscheidung über den Einspruch angeordnet. Berücksichtigt werden nur die Kosten, die zur zweckentsprechenden Wahrung der Rechte notwendig waren → auch die Vergütung für die Vertreter der Beteiligten.
225	**Kostenfest-setzung**	Art. 104 (2) R 88 (2)	Antrag auf Kostenfestsetzung **Art. 104 (2) Satz 1** ist erst nach Rechtskraft der zugrunde liegenden Entscheidung zulässig (R 88 (2) z.B. nach Ablauf der 2 M-Beschwerdefrist). Antrag mit Kostenrechnung und Belegen

	Verfahrenshandlung	Rechtsnorm	Details und Fälligkeit	Unmittelbare Folgen eines Mangels, Mängelbeseitigung, Fristen	Rechtsfolge bei Nichtbeseitigung von Mängeln oder Fristversäumnis	Weiterbehandlungs-/ Wiedereinsetzungs-möglichkeit
226	Rechtsbehelf gegen die Kostenfest-setzung	R 88 (3)	Antrag auf Entscheidung + Begründung + Kosten-festsetzungsgebühr (Art. 2 (1) Nr. 16 GebO: 80 €) innerhalb **1 M** nach Zustellung der Kostenfestsetzung		Antrag gilt als nicht gestellt	WB (−) WE (+)
227		R 88 (4)	Über den Antrag auf Kostenfestsetzung entscheidet Einspruchsabteilung ohne mündliche Verhandlung. Jeder durch die abschließende Entscheidung der Einspruchsabteilung beschwerte Beteiligte kann dagegen Beschwerde einlegen. Die Beschwerde ist nur zulässig, wenn die festgesetzten Kosten höher sind als die Beschwerdegebühr (R 97 (2)).			
227a		↳T 668/99	Umfasst die Beschwerde nicht die Entscheidung zur Kostenverteilung, kann die Einspruchsabteilung die Höhe der Kosten festsetzen, da diese Entscheidung rechtskräftig geworden ist. Das Verbot der »reformatio-in-peius« hat auch für den Antrag gemäß Art. 104 (2) Satz 2 zu gelten.			
227b	Vollstreckbarkeit	Art. 104 (3)	Jede unanfechtbare Entscheidung (auch die unanfechtbare Kostenfestsetzung der Einspruchsabteilung) des EPA über die Festsetzung der Kosten ist in jedem VS in Bezug auf die Vollstreckung wie ein rechtskräftiges Urteil eines Zivilgerichts des Staats zu behandeln, in dessen Hoheitsgebiet die Vollstreckung stattfindet. Eine Überprüfung dieser Entscheidung darf sich lediglich auf ihre Echtheit beziehen.			

Einspruch L.

Einwendungen Dritter
Art. 115 iVm **R 114** (gebührenfrei), **RiLi D-X, 4.5, RiLi E-VI, 3**

siehe A. 666 ff.	228

Widerrufs- und Beschränkungsverfahren (gilt nur für eP)
Art. 105a, Art. 105b, R 90-96, RiLi D-X (nur für PI)

Verfahrenshandlung	Rechtsnorm, Rechtsprechung	Details	
Zeitpunkt		ePA können bis Hinweis auf Erteilung zurückgenommen werden, nach Erteilung ist Widerrufs- und Beschränkungsverfahren möglich.	229
	RiLi D-X,1	Keine zeitliche Begrenzung, kann sogar nach Erlöschung des Patents durchgeführt werden, aber: Vorrang des Einspruch R 93 (1), RiLi D-X, 7.1.	230
	Art. 105a (2) R 93 (1)	Der **Antrag** kann **nicht gestellt** werden, solange ein **Einspruchsverfahren** in Bezug auf das europäische Patent **anhängig** ist.	231
Einleitung mittels Antrags	Art. 105a (1) R 92	**Antrag** zum Widerrufs- und Beschränkungsverfahren ist **beim EPA** zu stellen, gilt erst als **gestellt**, wenn die **Beschränkungs-** oder **Widerrufsgebühr** und ggf. eine Zuschlagsgebühr **entrichtet** worden ist.	230
	R 92 (1)	Antrag schriftlich in Amtssprache des EPA oder in Amtssprache eines VS (→ Übersetzung nach **Art. 14 (4)** iVm **R 6 (2)** innerhalb 1 M)	233
	R 92 (2)	Antrag muss enthalten: a) Angaben zum PI (Antragsteller) nach **R 41 (2) c)**, sowie Angabe der VS, für die der Antragsteller PI ist; b) Patentnummer und VS, in denen das eP wirksam geworden ist; c) ggf. Namen und Anschrift der PI für die VS, in denen der Antragsteller nicht PI ist + Nachweis, dass der Antragsteller befugt ist, im Verfahren für alle PI zu handeln; d) bei Beschränkung: eine vollständige Fassung der geänderten Patentansprüche und gegebenenfalls der Beschreibung und Zeichnungen in der geänderten Fassung; e) falls Vertreter bestellt, Angaben zur Person nach **R 41 (2) d)**.	234
	Art. 2 (1) Nr. 10a GebO	Beschränkungsgebühr: 1210 € Widerrufsgebühr: 545 €	236
	R 95 (3) Art. 2 (1) Nr. 8 GebO	Veröffentlichungsgebühr für eine neue europäische Patentschrift – 80 €	237
	R 95 (3) Art. 2 (1) Nr. 9 GebO	Zuschlagsgebühr für verspätete Vornahme von Handlungen des eP in geändertem Umfang – 125 €	238
Wirkung	Art. 105b (3)	Die Entscheidung über die Beschränkung oder den Widerruf erfasst das europäische Patent mit Wirkung für alle Vertragsstaaten, für die es erteilt worden ist. Sie wird an dem Tag wirksam, an dem der Hinweis auf die Entscheidung im Europäischen Patentblatt bekannt gemacht wird.	238a
Zuständigkeit	R 91	Prüfungsabteilungen sind zuständig.	239
Einspruch bei anhängigem Beschränkungsverfahren	R 93 (2)	Ist im Zeitpunkt der Einlegung eines Einspruchs gegen ein eP ein Beschränkungsverfahren in Bezug auf dieses Patent anhängig, so stellt die Prüfungsabteilung das Beschränkungsverfahren ein und ordnet die Rückzahlung der Beschränkungsgebühr an. Hat der Antragsteller die in R 95 (3) Satz 1 genannte Gebühr bereits entrichtet, so wird deren Rückzahlung ebenfalls angeordnet.	239a
	RiLi D-X, 7.1	R 93 (2) gilt ausschließlich für das Beschränkungsverfahren.	
Einspruch bei anhängigem Widerrufsverfahren	RiLi D-X, 7.1	Der Einspruch genießt keinen Vorrang gegenüber einem Widerrufsverfahren. Ein Widerrufsverfahren wird nach Einlegen eines Einspruchs fortgesetzt, und es kommt nur dann zum Einspruchsverfahren, wenn der Antrag auf Widerruf als nicht gestellt gilt oder als unzulässig verworfen bzw. zurückgenommen wird. Andernfalls werden, wenn das Patent widerrufen wird, die Einsprechenden hierüber informiert, und das Einspruchsverfahren wird eingestellt.	239b

L. Einspruch

Widerrufs- und Beschränkungsverfahren (Fortsetzung)			
	Verfahrenshandlung	Rechtsnorm	Details
240	**Mängel**	R 94 Satz 1	Werden Erfordernisse nach R 92 nicht erfüllt, Amtsfrist zur Behebung, idR 2 M
241	RiLi D-X, 2.1 RiLi D-X, 2.2	Art. 105a (2) R 93 (1)	Der Antrag auf Beschränkung oder Widerruf gilt als nicht eingereicht, wenn im Zeitpunkt der Antragstellung ein Einspruchsverfahren in Bezug auf das eP anhängig ist. Rückzahlung der Beschränkungsgebühr (und ggf. der bereits entrichteten Gebühr nach R 95 (3) (Veröffentlichungsgebühr und ggf. Zuschlagsgebühr nach Art. 2 (1) Nr. 8 und 9 GebO).
242		Art. 105a (1) Art. 2 (1) Nr. 10a GebO	Nicht rechtzeitige oder fehlende Entrichtung der **Beschränkungs-** oder **Widerrufsgebühr**
243		Art. 14 (4) R 6 (2)	Nicht rechtzeitige oder fehlende Einreichung einer erforderlichen Übersetzung
244		Art. 133 (2) R 152	Nicht rechtzeitige oder fehlende Bestellung eines erforderlichen Vertreters
245	**Unzulässigkeit**	RiLi D-X, 2.2	Unbehebbare Mängel → Antrag gilt als nicht gestellt RiLi D-X, 2.1
246		R 94 Satz 1 RiLi D-X, 2.2	Bei Nichterfüllung der Erfordernisse nach R 92 innerhalb Nachfrist wird Antrag als unzulässig verworfen.
247	**Umfang**	R 95	Im Beschränkungsverfahren findet nur eine formale Prüfung statt, ob die geänderten Ansprüche keine unzulässige Änderung nach **Art. 123** darstellen und ob sie dem Klarheitserfordernis genügen (**Art. 84**). Keine Prüfung auf Neuheit, erfinderische Tätigkeit, Einheitlichkeit (↱G 1/91).
248	**Einwendungen Dritter**	Art. 115 RiLi D-X, 4.5	Erstreckt sich ausdrücklich auf alle Verfahren vor dem EPA, also auch Einwendungen Dritter grundsätzlich auch während Widerrufs- und Beschränkungsverfahren möglich. Einspruch gegen ein im Beschränkungsverfahren geändertes Patent ist nicht zulässig.

Verhältnis zwischen Einspruch, Beschränkung und Widerruf			
	Verfahren	Antrag	Folge
249	Einspruchsverfahren	Antrag auf Beschränkung	Antrag gilt als nicht gestellt **Art. 105a (2) iVm R 93 (1)**
250		Antrag auf Widerruf	
251		Antrag auf Widerruf im Rahmen des Einspruchsverfahrens	Ohne Sachprüfung ist das Patent zu widerrufen ↱T 84/186
252	Beschränkungsverfahren	Einlegen eines Einspruchs	Einstellung Beschränkungsverfahren Art **105a** iVm **R 93 (2)** → Rückerstattung der Gebühr für das Beschränkungsverfahren
253	Widerrufsverfahren	Einlegen eines Einspruchs	Einspruch hat keinen Vorrang

Anregung zu dieser Übersicht von Dr. Simon Voigt

Einspruch L.

Übersicht: Beteiligte am Einspruchsverfahren und im Verfahren zugelassene Handlungen							
	Neue Einspruchs-gründe	Verspätet vorgebrachte Dokumente/ Beweismittel	Neue Argumente	Umfang	Folgen bei Zurücknahme des Einspruchs/ Erlöschen des Patents	Än-derungen	
Einspruch							
Einsprechender	wenn prima facie relevant L.194 f.	wenn prima facie relevant L.210 f.	immer möglich L.207, aber: RiLi D-VI, 1[19]: so früh und vollständig wie möglich	auf in Einspruchs-begründung angegriffenen Umfang beschränkt L.26 ff., L.116 f.	Amtsermittlung auf Antrag L.70 ff.	–	254
Beigetretener	jeder Einspruchs-grund L.116 f. G 1/94				kann Verfahren alleine fortsetzen L.116 ff.		255
Patentinhaber	–	–		–	Amtsermittlung L.70 ff.	L.38 ff. L.48 f.	256
Einspruchs-abteilung	wenn prima facie relevant G 10/91	–		– G 9/91		–	257
Einspruchsbeschwerde							
Einsprechender	nur mit Zustimmung des PI L.194 f., M.105	wenn prima facie hochrelevant L.207 M.106	Ermessen (Art. 13 (1) VOBK)	s.o., aber »reformatio in peius« Verbot L.207 f., M.105, M.119	bei Rücknahme der einzigen Beschwerde/des Einspruchs endet das Verfahren M.79 ff.	–	258
Beigetretener	jeder Einspruchs-grund L.116 f.	–			kann nicht alleine fortsetzen L.127, M.109		259
Patentinhaber	–	–		–	M.79 ff.	L.38 ff. L.48 f.	260
Beschwerde-kammer	kein Amtsermittlungsgrundsatz M.79						261

Anregung zu dieser Übersicht von Dr. Axel Grzesik und Dr. Martin Heinebrodt

Inhalt Kapitel M. Beschwerde

Beschwerde
Zweck der Beschwerde M.1
Beschwerdefähige Entscheidungen .... M.2 ff.
Anfechtbare Zwischenentscheidungen.................... M.10
Beschwerdeberechtigte und Verfahrensbeteiligte ... M.11 ff.
Erhebung der Beschwerde..................................... M.23 f.
Inhalt der Beschwerde M.25
Folge eines Mangels .... M.28 ff.
Zuständigkeit.. M.32 ff.
Beschwerdegebühr... M.35
Beschwerdebegründung... M.36
Form und Sprache der Beschwerdeschrift und
-begründung .... M.37 ff.
Sprache in der mündlichen Verhandlung................ M.42

Antrag auf Entscheidung über Rechtsverlust
Antrag auf beschwerdefähige Entscheidung nach
R 112 (2)... M.43 f.
Ablehnung Fristverlängerung M.45

Verfahrensverlauf
Prüfung durch Beschwerdekammer........................ M.46 ff.
Grundlage des Beschwerdeverfahrens................... M.53a
Mündliche Verhandlung.. M.54 ff.
Weitere Verfahrensdetails .... M.57 ff.
Grenzen der Beschwerde (Reformatio in peius) M.63
Aufschiebende Wirkung der Beschwerde............... M.64 f.
Änderung der Patentansprüche im
Beschwerdeverfahren... M.66 ff.

Beendigung des Beschwerdeverfahrens
Entscheidung .... M.69 ff.
Zurückweisung an erstinstanzliches Organ............ M.73 ff.
Entscheidung durch Große Beschwerdekammer... M.76 ff.
Zurücknahme des zugrunde liegenden Einspruchs ... M.79 ff.
Zurücknahme der Beschwerde............................... M.82 ff.

Abhilfe nach Beschwerde
Verfahrensablauf Abhilfe.. M.87 ff.
Abhilfe nicht möglich.. M.90 ff.
Rückzahlung der Beschwerdegebühr..................... M.95 ff.

Besonderheiten der Einspruchsbeschwerde
Beschwerde nach gemeinsamem Einspruch M.104
Umfang der sachlichen Prüfung des eP im
Einspruchsbeschwerdeverfahren .... M.105 f.

Beschleunigung des Beschwerdeverfahrens
Beschleunigung des Beschwerdeverfahrens .... M.107 f.

Betritt während des Beschwerdeverfahrens
Betritt während des Beschwerdeverfahrens........... M.109 ff.

Beschwerde (Verschlechterungsverbot - Reformatio in peius)
Beschwerde (Reformatio in peius) .... M.119 ff.

Ausschluss/Ablehnung von Mitgliedern der Beschwerdekammer
Ausschluss/Ablehnung von Mitgliedern der
Beschwerdekammer... M.122 ff.
Unabhängigkeit der Mitglieder der Kammern......... M.126 ff.

Zuständigkeit der Beschwerdekammern im Rahmen PCT
Zuständigkeit Beschwerdekammern im Rahmen PCT..... M.130

Besonderheiten und Rechtsprechung
Besonderheiten und Rechtsprechung .... M.131 ff.

Große Beschwerdekammer
Zielsetzung des Verfahrens.................................... M.135 f.
Berechtigte .... M.137 f.
Voraussetzungen zur Einleitung Verfahren .... M.139 ff.
Frist... M.146
Gebühr.. M.147
Antrag... M.148 ff.
Rechtsfolge... M.152 f.
Beteiligte am Verfahren vor der GBK M.154
Entscheidung.. M.155 f.
Bindungswirkung.. M.157 ff.

Übersicht Begriffserläuterungen
Begriffserläuterungen in Verbindung mit der Beschwerde M.160 ff.

Beschwerde M.

Beschwerde Art. 106-112a, R 97-103, RiLi E-XII			
Zweck der Beschwerde ist Überprüfung der erstinstanzlichen Entscheidung in einem gerichtlichen Verfahren (**Art. 23 (3)** richterliche Unabhängigkeit) - Anträge aus erster Instanz müssen neu gestellt werden (↳T 534/89)			1
Verfahrenshandlung	Rechtsnorm, Rechtsprechung	Details und Fristen	Unmittelbare Folgen eines Mangels, Mängelbeseitigung, Fristen
Beschwerdefähige Entscheidungen	Art. 106	**Art. 106 (1)**: Beschwerde ist möglich gegen **Entscheidungen** (die das Verfahren abschließen, z.B. Antrag auf Entscheidung nach R 112 (2) als Reaktion auf Mitteilung eines Rechtsverlusts nach R 112 (1)) der • Eingangsstelle • Prüfungsabteilung • Einspruchsabteilung • Rechtsabteilung Nach Einverständnis des Anmelders mit der für die Erteilung vorgesehene Fassung (R 71 (3)) ist der Anmelder nicht mehr beschwert.	**R 101 (1):** Verwerfung als unzulässig **WB (–)**, durch Art. 121 (4) ausgeschlossen **WE (+)** für Anmelder oder Patentinhaber (↳**T 13/82**), **WE (–)** für Einsprechenden (↳**T 210/89**)	2
	↳J 28/94	Beschwerde hat aufschiebende Wirkung (u.a. Hinweis auf Erteilung).		3
	R 98	Einspruchsbeschwerde ist auch möglich, wenn für alle benannten VS auf das eP verzichtet wurde oder das eP in allen diesen Staaten erloschen ist.		4
	Art. 106 (2)	Entscheidung (z.B. Zwischenentscheidungen) nur zusammen mit Endentscheidung (= Abschluss des Verfahrens) anfechtbar, solange Beschwerde nicht gesondert zugelassen.		5 6
	Art. 106 (3)	Ausführungsordnung kann das Recht auf Beschwerde gegen Entscheidungen über die Kostenverteilung oder Kostenfestsetzung einschränken.		7
	R 111 (2)	Beschwerdefähige Entscheidungen sind zu begründen und müssen Belehrung über Beschwerdemöglichkeit aufweisen. Aus Unterlassung können keine Ansprüche abgeleitet werden.		8
	R 97 (1) R 97 (2) Art. 13 GebO	Kostenverteilung kann nicht der einzige Gegenstand einer Beschwerde sein; Kostenfestsetzung nur beschwerdefähig, wenn Kosten die Beschwerdegebühr übersteigen. (📖 S/S Art. 104, Rd 17, 94 und 📖 S/S Art. 106, Rd 28 ff.).		9
		Anfechtbare Zwischenentscheidungen (Ermessenslage der zuständigen Abteilung) (siehe 📖 S/S Art. 106 Rd 19 ff.), z.B. Anerkennung Priorecht, **Aufrechterhaltung des eP in geändertem Umfang**, Zulässigkeit Einspruch → Zwischenentscheidung beschwerdefähig.		10

M. Beschwerde

	Beschwerde (Fortsetzung)			
	Verfahrenshandlung	Rechtsnorm, Rechtsprechung	Details und Fristen	Weiterbehandlungs-/ Wiedereinsetzungs-Möglichkeit
11	**Beschwerdeberechtigte und Verfahrensbeteiligte**	Art. 107	Beschwerde steht jedem beschwerten Verfahrensbeteiligtem zu. Die übrigen Beteiligten sind am B.-Verfahren beteiligt (Patentinhaber, Einsprechender, Beitretender).	**R 101 (1)**: Verwerfung als unzulässig **WB (−)**, durch Art. 121 (4) ausgeschlossen **WE (+)** für Anmelder oder Patentinhaber (↳T 13/82), **WE (−)** für Einsprechenden (↳**T 210/89**)
12		↳T 244/85 ↳T 114/82 ↳T 115/82	Eine Beschwer liegt vor, wenn die Entscheidung hinter dem Begehren eines Verfahrensbeteiligten zurückbleibt (↳T 244/85) und nicht seinem Antrag entspricht (↳T 114/82, ↳T 115/82).	
13		↳J 1/92	Eine Beschwerde ist unzulässig, wenn sie nur im Namen des Vertreters des Beteiligten eingelegt wird (offensichtlicher Irrtum: R 101 (2) Heilung) ↳G 9/92; ↳G 4/93; ↳G 2/91; ↳G 1/88	
14		↳T 656/98	Nach Übertragung Patent ist neuer PI beschwerdeberechtigt, wenn beim EPA notwendiger Nachweis des Rechtsübergangs **R 22 (3)**, Eintragungsantrag und Verwaltungsgebühr nach **R 22 (2) vor Ablauf der Beschwerdefrist** nach **Art. 108** eingehen. Wird Rechtsübergang später eingetragen **R 22 (1)**, kann Beschwerde rückwirkend nicht zulässig werden.	
15		Art. 105 (1) R 89	Beitritt eines vermeintlichen Patentverletzers innerhalb 3 M nach Klageerhebung oder negativer Feststellungsklage (siehe 📄 M.109, 📄 L.116 f.), ↳**G 4/91**: Einspruchsverfahren bzw. Einspruchsbeschwerdeverfahren muss anhängig sein, Beitritt zwischen den Instanzen ist nicht möglich, siehe 📖 S/S Art. 107, Rd 49.	
16		↳G 4/88	**Übertragung** der **Beteiligtenstellung** nur mit **Geschäftsbetrieb**.	
17		↳G 2/91	Beschwerdeberechtigter, der keine Beschwerde eingelegt hat (=Beteiligter) hat kein selbständiges Recht, das Verfahren fortzusetzen.	
18		↳G 3/04	Wenn selbständig Beteiligter Beschwerde zurücknimmt, kann das Verfahren mit den unselbständigen Beteiligten/beigetretenen **nicht** fortgesetzt werden. (siehe ABl. 2006, 188). Ein erst während des Beschwerdeverfahrens Beitretender kann nicht durch Zahlung einer Beschwerdegebühr und Einlegung einer Beschwerde die Stellung eines selbstständigen Beschwerdeführers erwerben.	
19		↳T 358/08	Gleiche Voraussetzungen für die Zulässigkeit der Beschwerde nach EPÜ 1973 und EPÜ 2000.	
20		Art. 60 (3)	Im Verfahren vor dem EPA gilt der Anmelder als berechtigt, das Recht auf das eP geltend zu machen. Rechtsnachfolger ist erst dann Beteiligter und beschwerdeberechtigt, wenn Urkunden und Nachweis zum Eintrag des Rechtsübergangs in das Patentregister vorliegen → dies gilt nicht für Gesamtrechtsnachfolge (hier: Verschmelzung ↳T 15/01).	
21		↳T 97/98	**Berichtigung** des **Namens** des **Beschwerdeführers** nach **R 99 (1) a)** iVm **R 101 (2)** zulässig, wenn die wirkliche Absicht bestand, die Beschwerde im Namen dieser Person einzulegen und den Angaben in der Beschwerdeschrift mit hinreichender Wahrscheinlichkeit entnommen werden konnte, dass die Beschwerde im Namen dieser Person hätte eingelegt werden sollen.	
22		↳T 824/00	Grenzen der Berichtigung nach R 139. Beteiligter ist nicht beschwert im Sinne des Art. 107, wenn seinem Schlussantrag stattgegeben wird.	

Beschwerde — M.

Beschwerde (Fortsetzung)

Verfahrenshandlung	Rechtsnorm, Rechtsprechung	Details und Fristen	Unmittelbare Folgen eines Mangels, Mängelbeseitigung, Fristen	Rechtsfolge bei Nichtbeseitigung von Mängeln oder Fristversäumnis	Weiterbehandlungs-/ Wiedereinsetzungs-Möglichkeit	
Erhebung der Beschwerde	Art. 108 Frist und Form	**Art. 108:** Innerhalb von 2 M nach Zustellung der Entscheidung beim EPA (Wien ist keine Einreichungsstelle im Sinne des Art. 75 (1) a), ABl. 2017, A11, RiLi A-II, 1.1)	**R 101 (2):** Behebung der Mängel nach **R 99 (1) a)** innerhalb zu bestimmender Frist **R 101 (1):** Sonstige Mängel (**Art. 106** bis **108**, **R 3 (1)** und **R 99 (1) b), c)**) innerhalb Frist nach Art. 108	**R 101 (1):** Beschwerde gilt als nicht eingelegt (Beschwerdegebühr wird von Amts wegen zurückgezahlt) ↳G 01/08 (📄 N.88)	**WB (–),** durch Art. 121 (4) ausgeschlossen **WE (+)** für Anmelder oder Patentinhaber (↳T 13/82), **WE (–)** für Einsprechenden (↳T 210/89)	23
	↳J 16/94 ↳T 460/95	Hilfsweise eingereichte Beschwerde ist unzulässig.				24
Inhalt der Beschwerde	R 99 (1)	Inhalt der Beschwerde: a) Name und Anschrift des Beschwerdeführers nach **R 41 (2) c)** → Nichtbefolgen **R 101 (2)** b) Angabe der angefochtenen Entscheidung → Nichtbefolgen **R 101 (1)** c) Antrag mit Festlegung Beschwerdegegenstand → Nichtbefolgen **R 101 (1)**				25
	R 99 (2)	Darlegung der Gründe für Aufhebung der angefochtenen Entscheidung oder in welchem Umfang sie abzuändern ist; Angabe Tatsachen und Beweismittel für Stützung der Beschwerde				26
	R 99 (3) R 50 (3)	Die Beschwerde muss unterschrieben sein (R 50 (3)). Die Vorschriften der R 99 (3) sind entsprechend anzuwenden.				27
Folge eines Mangels	R 101	Verwerfung der Beschwerde als unzulässig.				28
	R 101 (1)	Verwerfung der Beschwerde, wenn Erfordernisse nach **Art. 106** bis **108** sowie **R 97, R 99 (1) b), c), R 99 (2)** nicht erfüllt, Mängelbeseitigung innerhalb Frist nach **Art. 108**.				29
	R 101 (2)	Aufforderung zur Mängelbeseitigung nach **R 99 (1) a)** -> Nichtbefolgen **R 101 (2)** **R 100 (1):** Verfahrensvorschriften für Beschwerde wie vorheriges Verfahren				30
	↳G 1/12 📄 N.79	Fehlerhafte Angabe der **Identität** (Namen und Anschrift) des Beschwerdeführers kann nach **R 101 (2)** auf **Antrag** korrigiert werden, sofern die **Erfordernisse** der **R 101 (1)** erfüllt sind. Allgemeines Verfahren zur Berichtigung von Mängeln nach **R 139 Satz 1** ist anzuwenden.				31
Zuständigkeit	Art. 21 (1)	Beschwerdekammern sind für Beschwerden gegen Entscheidungen der Eingangsstelle, Prüfungsabteilung, Einspruchsabteilung und der Rechtsabteilung zuständig.				32
	Art. 23 (3)	Die Mitglieder der Kammer sind für ihre Entscheidungen nicht an Weisungen gebunden und nur dem EPÜ unterworfen. (Hinweise für Parteien im Beschwerdeverfahren, ABl. 2003, 419, VerfOBK, ABl. 2020, Zusatzpublikation 2)				33
	↳J 27/94	Die Bindungswirkung der Entscheidung einer Beschwerdekammer ist beschränkt auf den individuellen Fall, wie er an die erste Instanz zurückverwiesen wurde.				34

M. Beschwerde

Beschwerde (Fortsetzung)

	Verfahrenshandlung	Rechtsnorm, Rechtsprechung	Details und Fristen	Unmittelbare Folgen eines Mangels, Mängelbeseitigung, Fristen	Rechtsfolge bei Nichtbeseitigung von Mängeln oder Fristversäumnis	Weiterbehandlungs-/ Wiedereinsetzungs-Möglichkeit
35	**Beschwerdegebühr** Art. 2 (1) Nr. 11 GebO • 1995 € für natürliche Person oder nach R 6 (4)+(5) genannte Einheit (KMU, Hochschulen, öffentliche Forschungseinrichtung, NPO) • 2705 € für sonstige Einheit seit 01.04.2020 siehe 📄 H.85, **Rückzahlung** siehe 📄 M.95	Art. 108	**Art. 108**: Innerhalb von 2 M nach Zustellung der Entscheidung ↳**G 2/97**: Kammer muss nicht auf Fehlen aufmerksam machen		**Art. 108** iVm **R 101 (1)**: Beschwerde gilt als nicht eingelegt (verspätet gezahlte Beschwerdegebühr wird zurückerstattet) und wird daher als unzulässig verworfen	**WB (−)**, durch Art. 121 (4) ausgeschlossen **WE (+)** für Anmelder oder Patentinhaber, **WE (−)** für Einsprechenden (↳**T 210/89**)
36	**Beschwerdebegründung**	Art. 108 R 99	**Art. 108**: Substantiierte Begründung innerhalb von 4 M nach Zustellung der Entscheidung bei Einreichung in Nichtamtssprache 1 M zur Übersetzung		**R 101 (1)**: Beschwerde wird als unzulässig verworfen	**WB (−)**, durch Art. 121 (4) ausgeschlossen **WE (+)** für Anmelder oder Patentinhaber, **WE (+)** für Einsprechenden (↳**G 1/86**)
37	**Form und Sprache der Beschwerdeschrift und der Beschwerdebegründung** 📖 S/S Art. 108 Rd 9 ff.	Art. 108 R 99	**Art. 108 Satz 1** iVm **R 50 (3)**: **Schriftlich.**			
38		R 3 (1)	In jeder Amtssprache des EPA möglich.			
39		Art. 14 (4)	Beschwerde kann in zugelassener Nichtamtssprache eingereicht werden. Übersetzung muss innerhalb 1 M (**R 6 (2)**) bzw. bis zum Ablauf der Beschwerdefrist nachgereicht werden, wenn diese später abläuft. Geschieht dies nicht, gilt Beschwerde gemäß **Art. 14 (4)** als nicht eingelegt und die Beschwerdegebühr wird zurückerstattet (↳**T 323/87**).			
40			Beschwerde ist beim EPA einzureichen: München, Den Haag oder Berlin; nicht in Wien. Eine Beschwerde kann per Fax bzw. elektronisch, z.B. über das Case-Management-System (CMS) eingereicht werden (BdP 12.07.2007, ABl. 2007, SA 3, 7 bzw. BdP 26.02.2009, ABl. 2018, A45). Die **Web-Einreichung** darf **nicht** genutzt werden für Unterlagen in Bezug auf **Beschwerdeverfahren** (Art. 106 bis 112) oder Unterlagen in Bezug auf Verfahren zur **Überprüfung** von **Entscheidungen** der Beschwerdekammern durch die **Große Beschwerdekammer** (Art. 112a). Bei Verstoß gelten die Unterlagen als nicht eingegangen. Der Absender wird, soweit er ermittelt werden kann, unverzüglich benachrichtigt. (ABl. 2018, A45)			
41			Im Beschwerdeverfahren kann die Unterzeichnung der eingereichten Unterlagen mittels Faksimile-Signatur, alphanumerischer Signatur oder unter Verwendung einer fortgeschrittenen elektronischen Signatur erfolgen. (ABl. 2016, A21)			
42	**Sprache in der mündlichen Verhandlung**	↳T 34/90	Verwendung anderer Amtssprache als der Verfahrenssprache in der mündlichen Verhandlung setzt eine rechtzeitige entsprechende Mitteilung des Beteiligten gemäß **R 4 (1) Satz 1** voraus, wenn er nicht selbst für die Übersetzung in der Verfahrenssprache sorgt (**ABl. 2007 Sonderausgabe 3, H.3, ABl. 1992, 454**).			

Beschwerde M.

Antrag auf Entscheidung über Rechtsverlust

Verfahrenshandlung	Rechtsnorm	Details und Fristen	Unmittelbare Folgen eines Mangels, Mängel-beseitigung, Fristen	Rechtsfolge bei Nicht-beseitigung von Mängeln oder Fristversäumnis	Weiterbehandlungs-/Wiedereinsetzungs-Möglichkeit	
Antrag auf Entscheidung gemäß R 112 (2) auf Mitteilung über Rechtsverlust gemäß R 112 (1) (führt zu beschwerdefähigen Entscheidungen Art. 106 (1))	R 112 (2)	**R 112 (2):** Antrag (schriftlich) auf Entscheidung des EPA innerhalb 2 M nach Zustellung der Mitteilung über einen Rechtsverlust		Rechtsverlust wird endgültig (selbst wenn Feststellung unrichtig gewesen sein sollte)	**WB (–)** durch Art. 121 (4), R 135 (2) ausgenommen **WE (+)** in Frist nach R 112 (2)	43
	Empfohlenes Vorgehen: Antrag auf Entscheidung nach **R 112 (2)** und hilfsweise Antrag auf WB nach **Art. 121** oder WE nach **Art. 122** (Gebühren für WB oder WE werden zurückerstattet, wenn Mitteilung nach **R 112 (1)** zu Unrecht ergangen ist).						44
Ablehnung einer Fristverlängerung mit Mitteilung nach R 112 (1)	Eine Beschwerde allein gegen die Ablehnung der Fristverlängerung ist nicht zulässig, weil keine das Verfahren abschließende Entscheidung vorliegt (**Art. 106 (2)**). Gegen die Ablehnung einer Frist-verlängerung kann daher keine beschwerdefähige Entscheidung nach **R 112 (2)** herbeigeführt werden (↪**J 37/89**).						45

Verfahrensverlauf
ABl. 2020, Zusatzpublikation 2

Verfahrenshandlung	Rechtsnorm	Details	
Prüfung durch Beschwerde-kammer	Art. 110 (1)	**Prüfung durch die Beschwerdekammer, ob Beschwerde begründet ist**	46
	R 101 (1)	Zulässigkeitsprüfung → Art. 106 bis 108, R 3 (1) und R 99 (2), Mängelbeseitigung bis Beschwerde-Fristende	47
	R 101 (2)	Gesonderte Frist bei Mängel nach R 99 (1) a) (Name und Anschrift, Beschwerdegegenstand)	48
	R 100	Prüfung der Beschwerde	49
	R 100 (1)	Es gelten die Vorschriften wie im erstinstanzlichen Verfahren.	50
	R 102	Form der Entscheidung, Inhalt	51
	R 100 (2)	Aufforderung der Beteiligten, innerhalb einer von der Beschwerdekammer zu bestimmenden Frist eine Stellungnahme zu den Bescheiden oder zu den Schriftsätzen anderer Beteiligter einzureichen. Nach Ablauf der Frist gemäß einer Mitteilung nach R. 100 (2) werden Änderungen grundsätzlich nicht mehr zugelassen	52
	R 100 (3)	Unterlässt es der **Anmelder** auf eine Aufforderung nach **(2)** rechtzeitig zu antworten, so gilt die ePA als zurückgenommen, auch wenn angefochtene Entscheidung nicht die Zurückweisung betrifft (↪**J 29/94**), Ausnahme: Beschwerde betrifft Rechtsabteilung.	53
Grundlage des Beschwerde-verfahrens	Art. 12 (1), (2) VerfOBK	Dem Beschwerdeverfahren liegen die angefochtene Entscheidung, die Niederschriften über mündliche Verhandlungen vor dem Organ, das die Entscheidung erlassen hat, die Beschwerde, die Beschwerdebegründung zugrunde. Bei Verfahren mit mehreren Beteiligten alle schriftlichen Erwiderungen des/der anderen Beteiligten, die innerhalb von 4 M nach Zustellung der Beschwerdebegründung einzureichen sind, Mitteilungen der Kammer und Antworten darauf, Niederschriften über Video-/Telefonkonferenz mit dem/den Beteiligten. Das Beschwerdevorbringen ist auf die Anträge, Tatsachen, Einwände, Argumente und Beweismittel zu richten, die der angefochtenen Entscheidung zugrunde liegen zu richten. "Einwand" umfasst hierbei nicht nur den Einspruchsgrund, sondern auch den im Rahmen eines Einspruchsgrundes formulierten Angriff	53a

M. Beschwerde

Verfahrensverlauf (Fortsetzung)			
	Verfahrenshandlung	Rechtsnorm	Details
54	**Mündliche Verhandlung** Art. 15 VerfOBK	Art. 116	Mündliche Verhandlung auf Antrag, da nicht obligatorisch, s. Art. 15, VerfOBK ABl. 2020, Zusatzpublikation 2
54a		R 115 (1) Art. 15 (1) VerfOBK	Ladungsfrist zu mündlichen Verhandlungen beträgt üblicherweise min 2 M. Die BK bemüht sich, mindestens 4 M vor dem Termin zu laden. Bei zweiseitigen Verfahren bemüht sich die BK nicht früher als zwei Monate nach Erhalt der in Artikel 12 (1) c) VerfOBK genannten schriftlichen Erwiderung(en) die Ladung zu versenden. Für die mündliche Verhandlung wird ein einziger Termin festgelegt. Nach Zustellung der Ladung werden Änderungen grundsätzlich nicht mehr berücksichtigt.

54b		Art. 15 (2) VerfOBK	Einem Antrag eines Beteiligten auf Verlegung der mündlichen Verhandlung kann stattgegeben werden, wenn der Beteiligte schwerwiegende Gründe vorbringt, die die Festlegung eines neuen Termins rechtfertigen. Lässt sich der Beteiligte vertreten, müssen die schwerwiegenden Gründe den Vertreter betreffen.
			a) Antrag schriftlich, begründet, inkl. gegebenenfalls von schriftlichen Beweisen, und mit Angabe von möglichen Ausweichterminen. Antrag so bald wie möglich nach Zustellung der Ladung zur mündlichen Verhandlung und dem Eintreten der schwerwiegenden Gründe.
			b) Gründe für eine Rechtfertigung der Verlegung der mündlichen Verhandlung sind z.B.
			  i) Ladung zu einer mündlichen Verhandlung in einem anderen Verfahren vor dem EPA oder nat. Gericht, die vor der Zustellung der Ladung zu einer mündlichen Verhandlung vor der BK erfolgt ist;
			  ii) schwere Erkrankung;
			  iii) Todesfall in der Familie;
			  iv) Eheschließung oder Eingehen einer vergleichbaren anerkannten Lebenspartnerschaft;
			  v) Wehrdienst oder sonstige zwingend vorgeschriebene Wahrnehmung staatsbürgerlicher Pflichten;
			  vi) Urlaub oder Geschäftsreisen, die vor Zustellung der Ladung zur mündlichen Verhandlung bereits fest gebucht waren.
			c) Gründe, die eine Verlegung der mündlichen Verhandlung in der Regel nicht rechtfertigen können, sind z.B.:
			  i) Einreichung neuer Anträge, Tatsachen, Einwände, Argumente oder Beweismittel;
			  ii) übermäßige Arbeitsbelastung;
			  iii) Verhinderung eines ordnungsgemäß vertretenen Beteiligten;
			  iv) Verhinderung einer Begleitperson;
			  v) Bestellung eines neuen zugelassenen Vertreters.

55		R 115 (2), Art. 15 (3) VerfOBK	iVm Art. 23 (4), R 12 (3): Keine Terminverschiebung, wenn ordnungsgemäß geladener Beteiligter nicht bei mündlicher Verhandlung anwesend ist. Dieser wird so behandelt, als stütze er sich lediglich auf sein schriftliches Vorbringen.
56		Art. 8 (1) VerfOBK	Bei Änderung der Zusammensetzung der BK Antrag auf erneute mündliche Verhandlung möglich.

Beschwerde M.

Verfahrensverlauf (Fortsetzung)			
Verfahrens-handlung	Rechtsnorm, Rechtsprechung	Details	
Weitere Verfahrens-details	Art. 11 VerfOBK	Zurückweisung an erste Instanz nur bei Vorliegen besonderer Gründe: Wesentliche Verfahrensmängel in erster Instanz.	57
	Art. 10 (1) VerfOBK	Mehrere Beschwerden gegen eine Entscheidung werden im selben Verfahren behandelt.	58
	Art. 10 (2) VerfOBK	Eindeutig miteinander zusammenhängende Beschwerden (z.B. bei Teilanmeldungen, Stammanmeldungen, Anmeldungen mit derselben Priorität) sollen von der BK möglichst unmittelbar nacheinander behandelt werden. Die BK kann solche Beschwerdeverfahren auch gemeinsam behandeln.	58a
	Art. 12 (4) VerfOBK	Die Kammer kann auch Vorbringen eines Beteiligten unberücksichtigt lassen, das in erster Instanz als verspätet nicht zugelassen worden ist. Neues Vorbringen hat kaum Aussicht auf Berücksichtigung, wenn schon in erster Instanz veranlasst gewesen wäre.	59
	Art. 12 (5) VerfOBK	Fristverlängerung nach schriftlich begründetem Antrag in Ausnahmefällen möglich.	60
	Art. 12 (6) VerfOBK	Anträge, Tatsachen, Einwände oder Beweismittel, die in dem Verfahren, das zur angefochtenen Entscheidung geführt hat, nicht zugelassen wurden, lässt die Kammer nicht zu, es sei denn, die Entscheidung über die Nichtzulassung war ermessensfehlerhaft oder die Umstände der Beschwerdesache rechtfertigen eine Zulassung. Auch Anträge, Tatsachen, Einwände oder Beweismittel, die in dem Verfahren, das zur angefochtenen Entscheidung geführt hat, vorzubringen gewesen wäre, lässt die Kammer nicht zu, es sei denn, die Umstände der Beschwerdesache rechtfertigen eine Zulassung.	60a
	Art. 13 (1) VerfOBK	Neu eingereichte Änderungen sind nur nach Ermessen der Kammer zuzulassen. Gemäß Neufassung der VerfOBK ABl. 2020, Zusatzpublikation 2 gilt Konvergenzsatz: Ein Beteiligter muss eine Änderung klar kennzeichnen und rechtfertigen. Wird eine ePA oder ein eP geändert, etwa in Form einer Anspruchsänderung, so muss der Anmelder bzw. PI erklären, warum der geänderte Anspruch die Einwände ausräumt, die in der angefochtenen Entscheidung bzw. in der Beschwerdebegründung des Einsprechenden erhoben wurden. Der Beteiligte muss die Gründe dafür angeben, weshalb er die Änderung erst in dieser Phase des Beschwerdeverfahrens einreicht. Änderungen dürfen keinen Grund für weitere Einwände bieten. Änderungen müssen prima facie geeignet sein, die aufgeworfenen Fragen oder Einwände auszuräumen. Als Änderung gilt jegliche Abweichung von Anträgen, Tatsachen, Einwänden (u.a. Angriffen), Argumenten und Beweismitteln gegenüber der 1. Instanz.	61
	Allg.: Verfahrensordnung der Beschwerdekammern (VerfOBK): ABl. 2020, Zusatzpublikation 2		62
Grenzen der Beschwerde	↳G 9/92 ↳G 4/93	»Reformatio in peius« für den Beschwerdeführer (↳G 1/99)	63
Aufschiebende Wirkung der Beschwerde	Art. 106 (1) Satz 2	Wird für verspätet eingelegte Beschwerde WE gewährt, tritt aufschiebende Wirkung mit Gewährung der WE ein. →TA kann bis Ende der Beschwerdefrist eingereicht werden, da ePA gemäß **R 36 (1)** anhängig ist (↳G 01/09).	64
	↳J 28/03	Beschwerde gegen Erteilung hat keine aufschiebende Wirkung.	65
Änderung der Patent-ansprüche im Beschwerde-verfahren	Analog zu Art. 101 (3), R 79 (1), R 81 (3) und R 80	Änderung der Ansprüche im Einspruchsverfahren	66
	↳T 153/85	Neue Ansprüche müssen idR zusammen mit der Beschwerdebegründung eingereicht/unverzüglich nachgereicht werden.	67
	↳G 03/14	Klarheitsprüfung der Änderungen nach **Art. 84**.	68

M. Beschwerde

Beendigung des Beschwerdeverfahrens

	Verfahrenshandlung	Rechtsnorm, Rechtsprechung	Details
69	**Entscheidung**	Art. 111 (1) Satz 1	**Entscheidung im Rahmen der Zuständigkeit** oder Zurückverweisung
70		↳T 167/93	Eine Entscheidung einer Beschwerdekammer über eine Beschwerde gegen eine Entscheidung der Prüfungsabteilung hat für das nachfolgende Einspruchs- oder Einspruchsbeschwerdeverfahren keine Bindungswirkung; ABl. 1997,229.
71		↳T 1099/06	Bestätigt ↳**T 167/93** auch für den Fall, dass das Einspruchsverfahren die gleichen Ansprüche und Beschreibung betrifft wie die Entscheidung der Beschwerdekammer im Prüfungsverfahren
72		↳T 367/91	Nach Ergehen der Entscheidung kann die Beschwerdekammer nicht weiter tätig werden und nichts mehr berücksichtigen.
73	**Zurück-verweisung an erstinstanzliches Organ**	Art. 111 (1) Satz 2	Entscheidung im Rahmen der Zuständigkeit
74		Art. 111 (2)	Organ, an das zurückverwiesen wurde, ist an rechtliche Beurteilung durch Beschwerdekammer gebunden.
75		↳T 167/93 ↳T 1099/06	Bindung gilt nur für das direkte Organ, an das zurückverwiesen wurde.
76	**Entscheidung durch GBK**	Art. 112	Entscheidung oder Stellungnahme der großen Beschwerdekammer
77		Art. 112a	Antrag auf Überprüfung durch die Große Beschwerdekammer (seit 13.12.2008)
78			Keine Rechtskraft für spätere nationale Nichtigkeitsverfahren, da **Art. 138 (1)** die nachträgliche Vernichtung des eP ausdrücklich zulässt.
79	**Zurücknahme des zugrunde liegenden Einspruchs**	↳G 8/93	Mit dem Eingang der Erklärung der **Rücknahme des Einspruchs des Einsprechenden**, der gleichzeitig einziger Beschwerdeführer ist, wird das Beschwerdeverfahren unmittelbar beendet, unabhängig davon, ob der Patentinhaber der Beendigung des Beschwerdeverfahrens zustimmt, und zwar auch dann, wenn die Beschwerdekammer der Auffassung sein sollte, dass die Voraussetzungen für eine Aufrechterhaltung des Patents nach dem EPÜ nicht erfüllt sind. (Keine Amtsermittlung nach **Art. 114**). Das Beschwerdeverfahren ist hinsichtlich der Sachfragen beendet. Ist der Einsprechende dagegen Beschwerdegegner hat die Rücknahme des Einspruchs keinen Einfluss auf das Beschwerdeverfahren (↳**T 629/90**).
80		↳T 629/90 ↳T 789/89	Rücknahme des Einspruchs des Einsprechenden hat keine Auswirkungen auf die Beschwerde, wenn die Beschwerde vom Patentinhaber eingereicht wurde.

Beschwerde M.

Beendigung des Beschwerdeverfahrens (Fortsetzung)

Verfahrenshandlung	Rechtsnorm, Rechtsprechung	Details	
Zurücknahme der Beschwerde (Rückzahlung der Beschwerdegebühr siehe M.95)	⮕G 7/91 ⮕G 8/91	Rücknahme der Beschwerde des Beschwerdeführers führt zur Beendigung des Beschwerdeverfahrens hinsichtlich der Sachfragen. Gilt für einseitige und zweiseitige Verfahren.	82
		Liegt neuheitsschädliches Dokument vor: **Art. 114** nicht anwendbar, da Verfahren nicht mehr anhängig; ggf. in nationalen Verfahren anwendbar.	83
	⮕G 2/91	Wenn noch mind. ein weiterer Beteiligter vorhanden ist, der eine (zulässige) Beschwerde eingelegt hat und die Beschwerdegebühr bezahlt hat, wird das Beschwerdeverfahren auch nach der Rücknahme der Beschwerde durch den anderen Beschwerdeführer fortgesetzt. Lediglich am Verfahren Beteiligte (z.B. durch Beitritt während Einspruch – siehe L.116 f.) können nach Rücknahme aller Beschwerden das Beschwerdeverfahren gemäß ⮕ **G 2/91** und ⮕ **G 8/91** selbst dann nicht fortsetzen, wenn diese Beschwerde einlegen hätten können.	84
	⮕J 12/86 ⮕T 117/86	Über Anträge über Nebenfragen, wie Rückzahlung der Beschwerdegebühr (⮕ **J 12/86**) oder Anträge auf Kostenverteilung (z.B. ⮕ **T 117/86**) kann noch entschieden werden.	85
	⮕J 12/82	Teilrücknahme möglich	86

Abhilfe nach Beschwerde als Reaktion auf eine Entscheidung nach R 112 (2)
Art. 109, RiLi E-XII, 7

Verfahrenshandlung	Rechtsnorm	Details	
Verfahrensablauf Abhilfe Nur bei einseitigen Verfahren ⮕J 18/08	Art. 109 (1)	Erachtet das Organ, dessen Entscheidung angefochten wird, die Beschwerde für zulässig und begründet, so hat es ihr abzuhelfen. Dies gilt nicht, wenn dem Beschwerdeführer ein anderer an dem Verfahren Beteiligter gegenübersteht (also nur für Anmelderbeschwerde bzw. einseitigem Verfahren). In diesem Fall ist Beschwerde sofort an BK weiterzuleiten.	87
	RiLi E-XII, 7.4	**Beispiele für Abhilfe** (S/S Art. 109 Rd 10 f.) • Im Verfahren befindliches Material wurde nicht gebührend berücksichtigt. • Rechtzeitig eingereichte Unterlagen sind durch ein Versehen nicht in den Besitz des zuständigen Organs gekommen. • Anmelder reicht mit Beschwerde neue Angabe oder Beweismittel ein bzw. Änderungen der Anmeldung ein, die die in der angefochtenen Entscheidung erhobenen Einwände ausräumen (⮕ **T 139/87**). • die Entscheidung erscheint zwar richtig, der Anmelder bringt aber neue Angaben oder Beweismittel vor (⮕ **T 648/94**).	88
	Art. 109 (2)	Wird der Beschwerde nicht innerhalb von **3 M** nach Eingang der Beschwerdebegründung abgeholfen, so wird sie unverzüglich ohne sachliche Stellungnahme der Beschwerdekammer vorgelegt.	89
Abhilfe nicht möglich bzw. unzulässig		Entscheidungen über Anträge Dritter	90
	R 21	zur **Erfindernennung**	91
	R 14	**Aussetzung** des Verfahrens	92
	R 22 R 23 R 24	**Eintragung** im europäischen Patentregister	93
		Zweiseitiges Verfahren, z.B. Einspruchsverfahren (aber: Abhilfe zulässig, wenn Beschwerde des PI nach Rücknahme aller Einsprüche)	94
	RiLi E-XII, 7.4.3	**Hilfsanträge**	94a

M. Beschwerde

Abhilfe nach Beschwerde als Reaktion auf eine Entscheidung nach R 112 (2) (Fortsetzung)

	Verfahrenshandlung	Rechtsnorm, Rechtsprechung	Details
95	**Rückzahlung der Beschwerdegebühr** seit 01.04.2014 Neufassung der R 103 (ABl. 2014, A3) siehe H.179	Art. 109 R 103 (1)	**100% Rückzahlung** der Beschwerdegebühr a) bei Abhilfe oder Stattgebens der Beschwerde und Rückzahlung entspricht wegen wesentlichem Verfahrensmangel der Billigkeit entspricht oder b) bei Rücknahme der Beschwerde vor Einreichung der Beschwerdebegründung und vor Ablauf der Beschwerdebegründungsfrist.
95a		Art. 109 R 103 (2)	75 % Rückzahlung bei Rücknahme der Beschwerde vor Ablauf von 2 M ab Zustellung der Mitteilung der BK über Aufnahme der inhaltlichen Prüfung.
96		Art. 109 R 103 (3)	**50% Rückzahlung** der Beschwerdegebühr bei Rücknahme der Beschwerde nach Ablauf der Beschwerdebegründungsfrist, vorausgesetzt die Rücknahme erfolgt: a) falls mündl. Verhandlung anberaumt innerhalb 1 M ab Zustellung zur Vorbereitung erlassenen Mitteilung; oder b) vor Ablauf einer Frist zur schriftlichen Stellungnahme, falls ergangen; **oder** c) in allen anderen Fällen vor Erlass der Entscheidung.
96a		Art. 109 R 103 (4)	**25 % Rückzahlung** bei Zurücknahme a) der Beschwerde nach Ablauf der Frist nach **R 103 (3) a)**, aber vor Verkündung Entscheidung in mündl. Verhandlung; oder b) der Beschwerde nach Ablauf der Frist nach **R 103 (3) b)**, aber vor Erlass der Entscheidung; oder c) des Antrags auf mündl. Verhandlung innerhalb 1 M ab Zustellung einer Mitteilung der BK zur Vorbereitung mündl. Verhandlung und keine mündl. Verhandlung stattfindet.
96b		Art. 109 R 103 (5)	Rückzahlung nur nach einer der vorstehenden Vorschriften; bei Anwendbarkeit mehrerer Rückzahlungssätze erfolgt die Rückzahlung nach dem höheren Satz.
97		Art. 109 R 103 (6)	Anordnung **Rückzahlung durch Organ**, dessen Entscheidung **angefochten** wurde, wenn abgeholfen wird und Verfahrensmangel vorliegt, in allen **anderen Fällen** entscheidet **zuständige Beschwerdekammer** (Zuständigkeit bei Rückzahlung, ↳**G 3/03**, Rückzahlung von Amts wegen ↳G 1/18).
98		↳J 7/82 ↳T 484/90	Antrag ist nicht erforderlich. Falls Abhilfe von dem entsprechenden Organ angeordnet, ansonsten von der Beschwerdekammer.
99		↳J 18/84	Auch beschränktes Stattgeben ermöglicht Rückzahlung.
100		RiLi E-XII, 7.3 ↳G 3/03	Die Beschwerdegebühr ist nach R 103 (1) a) zurückzuzahlen, auch wenn der Beschwerdeführer dies nicht ausdrücklich beantragt hat.
101		RiLi E-XII, 7.3 ↳J 32/95	Falls Organ abhilft, aber Beschwerdegebühr nicht zurückbezahlen will, Vorlage an die Beschwerdekammer ↳**J 32/95, R 103 (3)**.
102		↳G 3/03 siehe N.62	Der **Antrag auf Rückzahlung** der Beschwerdegebühr wird der Beschwerdekammer nur vorgelegt, wenn er **zusammen mit der Beschwerde** eingereicht wurde. Gilt Beschwerde als nicht eingelegt, wird Beschwerdegebühr aufgrund von fehlendem Rechtsgrund zurückgezahlt.
103		↳G 1/18 siehe N.88	Rückzahlung der Beschwerdegebühr bei Beschwerde, die als nicht eingelegt gilt. Beschwerde gilt als nicht eingelegt, wenn Beschwerdeschrift und/oder Beschwerdegebühr nach Ablauf der 2 M gemäß Art. 108 (1) eingereicht bzw. entrichtet wird

Beschwerde M.

Besonderheiten der Einspruchsbeschwerde			
Verfahrenshandlung	Rechtsnorm, Rechtsprechung	Details	
Beschwerde nach gemeinsamem Einspruch	↳G 3/99	• Besteht die Partei der Einsprechenden aus mehreren Personen, so muss eine Beschwerde von dem gemeinsamen Vertreter gemäß **R 151** eingelegt werden. Wird die Beschwerde von einer hierzu nicht berechtigten Person eingelegt, so betrachtet die Beschwerdekammer sie als nicht ordnungsgemäß unterzeichnet und fordert den gemeinsamen Vertreter auf, sie innerhalb einer bestimmten Frist zu unterzeichnen. Die nichtberechtigte Person, die die Beschwerde eingelegt hat, wird von dieser Aufforderung in Kenntnis gesetzt. Scheidet der bisherige gemeinsame Vertreter aus dem Verfahren aus, so ist gemäß **R 151** ein neuer gemeinsamer Vertreter zu bestimmen. • Zur Wahrung der Rechte des Patentinhabers und im Interesse der Verfahrenseffizienz muss während des gesamten Verfahrens klar sein, wer der Gruppe der gemeinsamen Einsprechenden bzw. der gemeinsamen Beschwerdeführer angehört. Beabsichtigt einer der gemeinsamen Einsprechenden oder der gemeinsamen Beschwerdeführer (oder der gemeinsame Vertreter), sich aus dem Verfahren zurückzuziehen, so muss das EPA durch den gemeinsamen Vertreter bzw. durch einen nach **R 151 (1)** bestimmten neuen gemeinsamen Vertreter entsprechend unterrichtet werden, damit der Rückzug aus dem Verfahren wirksam wird. Eine gemeinsame Beschwerde ist - aus denselben Gründen, die für einen gemeinsamen Einspruch gelten - von der Beschwerdekammer als eine einzige Beschwerde einer einzigen Partei zu behandeln, was bedeutet, dass nur eine einzige Beschwerdegebühr anfällt.	104
Umfang der sachlichen Prüfung des eP im Einspruchs-beschwerdeverfahren	↳G 10/91 iVm ↳G 9/91	Prüfungsbefugnis der Beschwerdekammer ist auf Teile des Patents beschränkt, gegen die ein zulässiger (und ausreichend substantiierter) Einspruch eingelegt wurde. Ein neuer Einspruchsgrund wird nur dann zugelassen (vorgebracht von der Kammer oder dem Einsprechenden), wenn er prima facie hochrelevant ist und der Patentinhaber einverstanden ist (siehe 📖 S/S Art. 101 Rd 55 ff., 📖 S/S Art. 110 Rd 44 ff.).	105
	↳T 1002/92	Verspätetes Vorbringen: Neue Dokumente im (Beschwerde-) Verfahren nur, wenn prima facie relevant, im Beschwerdeverfahren enger auszulegen.	105a
	↳G 1/95 ↳G 7/95	Ist zwar gemäß **Art. 100 a)** Einspruch eingelegt worden, jedoch nur für einen Teil der möglichen Einspruchsgründe eine Begründung eingereicht worden, so gilt ein Einwand gestützt auf die **Art. 52 (1)** und **(2)** als neuer Einspruchsgrund und darf nur mit Zustimmung des PI geprüft werden; z.B. bei einer Begründung der fehlenden erfinderischen Tätigkeit im Einspruch ist der Einwand mangelnder Neuheit nach **Art. 52 (1)** und **54** als neuer Einspruchsgrund (siehe ↳**G 7/95**).	105b
	↳G 9/92 und ↳G 4/93	Gegenstand des Beschwerdeverfahrens wird durch den verfahrenseinleitenden Antrag des Beschwerdeführers (bzw. durch die Beschwerdeanträge bei mehreren Beschwerden) bestimmt. Nur innerhalb dieses Rahmens kann die erstinstanzliche Entscheidung abgeändert werden.	106

M.   Beschwerde

Beschleunigung des Beschwerdeverfahrens
RiLi E-VIII, 6

107	Beteiligte, die ein berechtigtes Interesse an der raschen Behandlung ihrer Beschwerde haben, können einen entsprechenden Antrag (»schriftlich« und »begründet«) bei der Beschwerdekammer stellen. Dringlichkeit muss sich objektiv aus der Art des Falles ergeben und nicht lediglich aus dem bloßen Wunsch des Beteiligten (siehe auch Durchführungsvorschriften ABl. 2010, SA 1, 178).
108	Antrag auf Beschleunigung von Verfahrensbeteiligten oder EPA von dem nationalen Gericht oder der zuständigen Behörde eines VS darüber informiert wird, dass Verletzungsverfahren anhängig sind (MdVP GD3, ABl. 1998, 362, ~~MdEPA ABl. EPA 2008, 221~~; ab 01.01.2020 geregelt in der Neufassung der VerfOBK, ABl. 2019, A63, Art. 10 (3)-(6) VerfOBK, ABl. 2019, A112, ABl. 2020, Zusatzpublikation 2).

Beitritt während des Beschwerdeverfahrens (RiLi D-VII, 6), siehe 📄 L.116 ff.

	Verfahrenshandlung	Rechtsnorm, Rechtsprechung	Details und Fristen	Unmittelbare Folgen eines Mangels, Mängelbeseitigung, Fristen	Rechtsfolge bei Nichtbeseitigung von Mängeln oder Fristversäumnis	Weiterbehandlungs-/ Wiedereinsetzungs-Möglichkeit
109	**Beitritt** 📄 L. 116 ff.	Art. 105 R 89	Jederzeit, wenn **Beschwerde anhängig** ist (↳G 4/91) und Dritter nachweist, dass - **Verletzungsklage** gegen ihn erhoben worden ist (Art. 105 (1) a)), oder - er eine **negative Feststellungsklage** erhoben hat (Art. 105 (1) b)).	Keine, Beitritt jederzeit möglich, solange Beschwerde anhängig.	Beitritt nicht möglich.	↳**G 3/04**: Nach Rücknahme der Beschwerde der einzigen Beschwerdeführerin kann das Verfahren nicht mit einem während des Beschwerdeverfahrens Beigetretenen fortgesetzt werden.
110			Beitritt **schriftlich** zu erklären und zu **begründen** (R 89).			
111			Zahlung der **Einspruchsgebühr** (Art. 105) (nicht Beschwerdegebühr)			
112		↳T 144/95	Beitretender wird durch Zahlung der Beschwerdegebühr nicht Beschwerdeführer, wenn er nicht am erstinstanzlichen Verfahren Beteiligter war.			
113		↳T 694/01	Beitritt ist vom Umfang der Anhängigkeit eines Einspruchsverfahrens abhängig. → Spezialfall			
114		↳T 202/89	Kein eigenständiges Beschwerderecht.			
115		↳T 517/97	Rücknahme der Beschwerde durch die einzige Beschwerdeführerin per Telefax und am selben Tag Beitrittserklärung der Beitretenden ebenfalls per Telefax → chronologischen Reihenfolge dieser beiden Ereignisse Rechnung zu tragen.			
116		↳G 12/91	Beendigung des erstinstanzlichen Verfahrens, wenn Entscheidung zur Post gegeben wurde.			
117		↳G 1/94 ↳T 144/95	Beitritt während anhängiger Beschwerde mit neuen Einspruchsgründen nach **Art. 100** möglich.			
118		↳G 3/04	Beitritt während Beschwerdeverfahren. Nach Rücknahme der einzigen Beschwerde kann das Verfahren nicht mit einem während des Beschwerdeverfahrens Beigetretenen fortgesetzt werden. Der Beitretende hat die Stellung eines Einsprechenden (jedoch keine Beschwerdegebühr), aber keine selbständige Verfahrensbeteiligung (auch ↳G 7/91 und ↳G 8/91).			

Beschwerde M.

Beschwerde - Verschlechterungsverbot

↳G 9/92 und ↳G 4/93: Verbot der »reformatio in peius« (Verschlechterungsverbot):

1. Ist der **Patentinhaber der alleinige Beschwerdeführer** gegen eine Zwischenentscheidung über die Aufrechterhaltung des Patents in geändertem Umfang, so kann weder die Beschwerdekammer noch der nicht beschwerdeführende Einsprechende als Beteiligter nach **Art. 107 Satz 2** die Fassung des Patents gemäß der Zwischenentscheidung in Frage stellen. | 119

2. Ist der Einsprechende der alleinige Beschwerdeführer gegen eine Zwischenentscheidung über die Aufrechterhaltung des Patents in geändertem Umfang, so ist der Patentinhaber primär darauf beschränkt, das Patent in der Fassung zu verteidigen, die die Einspruchsabteilung ihrer Zwischenentscheidung zugrunde gelegt hat. Änderungen, die der Patentinhaber als Beteiligter nach Art. 107 Satz 2 vorschlägt, können von der Beschwerdekammer abgelehnt werden, wenn sie weder sachdienlich noch erforderlich sind.

↳**T 1843/09** Verbot der »reformatio in peius« gilt nicht nur im Beschwerdeverfahren, sondern für alle nachfolgenden Verfahren nach der Zurückweisung bis zum Abschluss des Einspruchsverfahrens – somit auch für ein weiteres Beschwerdeverfahren. | 120

↳**T 44/07: Verzichtet** Beschwerdeführer auf »reformatio in peius« von sich aus, muss dies nicht weiter beachtet werden.

↳G 1/99: Ausnahmen vom Verbot der »reformatio in peius«:

Obiger Grundsatz ist eingeschränkt, falls ein Einsprechender der alleinige Beschwerdeführer ist. (keine Symmetrie zwischen Patentinhaber und Einsprechender wegen Unbilligkeit gegenüber Patentinhaber): | 121

Grundsätzlich muss ein geänderter Anspruch, durch den der Einsprechende und alleinige Beschwerdeführer schlechter gestellt würde als ohne die Beschwerde, zurückgewiesen werden. Von diesem Grundsatz kann jedoch ausnahmsweise abgewichen werden, um einen im Beschwerdeverfahren vom Einsprechenden/Beschwerdeführer oder von der Kammer erhobenen Einwand auszuräumen, wenn andernfalls das in geändertem Umfang aufrechterhaltene Patent als unmittelbare Folge einer **unzulässigen Änderung, die die Einspruchsabteilung für gewährbar erachtet hatte**, widerrufen werden müsste.

Unter diesen Umständen kann dem Patentinhaber/Beschwerdegegner zur Beseitigung des Mangels gestattet werden, folgendes zu beantragen:

- In erster Linie eine Änderung, durch die ein oder mehrere Merkmale aufgenommen werden, die den Schutzbereich des Patents in der aufrechterhaltenen Fassung einschränken;
- Falls eine solche Beschränkung nicht möglich ist, eine Änderung, durch die ein oder mehrere ursprünglich offenbarte Merkmale aufgenommen werden, die den Schutzbereich des Patents in der aufrechterhaltenen Fassung erweitern, ohne jedoch gegen Art. 123 (3) zu verstoßen;
- Erst wenn solche Änderungen nicht möglich sind, die Streichung der unzulässigen Änderung, sofern nicht gegen Art. 123 (3) verstoßen wird;
- Neu eingeführter Stand der Technik der die Priorität der im Einspruch als gewährbar erachteten geänderten Ansprüche in Frage stellte, führte in der Einspruchsbeschwerde zu einem verbreiterten Schutzbereich. Ausnahme vom Verschlechterungsverbot bestätigt (↳**T 1843/09**);
- Im Einspruch als gewährbar erachtete Ansprüche wurden in der Einspruchsbeschwerde als nicht ausführbar (**Art. 83**) erachtet. Behebung des Mangels durch Streichung eines Merkmals führte zu einem verbreiterten Schutzbereich. Ausnahme vom Verschlechterungsverbot bestätigt (↳**T 1979/11**);
- kausale Verbindung zwischen dem zu streichenden einschränkenden Merkmal und der in der Beschwerde diskutierten neuen Sachverhalt ist Voraussetzung dafür, dass eine Ausnahme vom Verschlechterungsverbot zu rechtfertigen ist (↳**T 61/10**);
- Bei Prüfung der Änderungen **Art. 101 (3)** ist auch Klarheit nach **Art. 84** zu prüfen (↳**G 03/14**).

M. Beschwerde

Ausschluss/Ablehnung von Mitgliedern der Beschwerdekammer (Art. 24)			
	Verfahrenshandlung	Rechtsnorm, Rechtsprechung	Details
122	**Ausschluss und Ablehnung**	Art. 24 (1)	Mitglieder der Beschwerdekammer dürfen nicht vorher Vertreter eines Beteiligten gewesen sein, persönliches Interesse haben oder an der Entscheidung der Vorinstanz beteiligt gewesen sein.
123		Art. 24 (2)	Glaubt ein Mitglied einer Beschwerdekammer oder der Großen Beschwerdekammer aus einem der in Art. 24 (1) genannten Gründe oder aus einem sonstigen Grund an einem Verfahren nicht mitwirken zu können, so teilt es dies der Kammer mit.
124		Art. 24 (3)	Jeder Beteiligte kann Mitglieder nach Art. 24 (1) oder aufgrund Besorgnis der Befangenheit ablehnen. Ablehnung ist nicht zulässig, wenn Beteiligter bereits Kenntnisse von dem Ablehnungsgrund hatte und trotzdem Anträge gestellt oder Stellungnahmen abgegeben hat.
125		Art. 24 (4)	Entscheidung nach (2) oder (3) ohne betroffenes Mitglied; Ersatz durch Vertreter des Mitglieds.
126	**Unabhängigkeit der Mitglieder der Kammern**	Art. 23	Unabhängigkeit der Beschwerdekammern
127		↳T 1028/96	Zuerst wird Zulässigkeit des Antrags auf Ausschluss eines Mitglieds geprüft, dann folgt Art. 24 (4).
128		↳T 843/91	Sobald als möglich sollte Antrag gestellt werden und ausreichende Beweise für Befangenheit/persönliches Interesse beigefügt werden.
129		↳G 5/91	Gebot der Unparteilichkeit ist nicht nur bei der Beschwerdekammerzusammensetzung zu prüfen, jedoch keine gesonderte Beschwerde aufgrund Zusammensetzung möglich, nur zusammen mit Endentscheidung.

Zuständigkeit der Beschwerdekammern im Rahmen PCT (Art. 152) - betrifft Fragen der Einheitlichkeit bei EPA als ISA/IPEA			
	Verfahrenshandlung	Rechtsnorm, Rechtsprechung	Details
130	**Zuständigkeit der Beschwerdekammern**	↳J 27/86	Teile der Entscheidung, die nicht mit der Beschwerde angegriffen wurden, erlangen Rechtskraft.

Besonderheiten und Rechtsprechung			
	Verfahrenshandlung	Rechtsnorm, Rechtsprechung	Details
131	**Ermittlung von Amts wegen**	↳G 9/91	**Art. 114 (1)** ist im Beschwerdeverfahren restriktiver als im Einspruchsverfahren zu handhaben, da es ein verwaltungsgerichtliches Verfahren ist.
132	**Verspätetes Vorbringen**	↳T 1002/92	Neue Dokumente im (Beschwerde-)Verfahren nur, wenn prima facie relevant, im Beschwerdeverfahren enger auszulegen.
133	**Teilanmeldung**	↳J 28/03	Aufgrund einer unzulässigen Beschwerde kann keine TA eingereicht werden.
134	**Verspätet eingereichte Beweismittel**	↳T 611/90	Verspätet eingereichte Beweismittel, Unterlagen, etc. können wegen mangelnder Relevanz zurückgewiesen werden, wenn sie nicht über bereits vorliegendes Material hinausgehen (↳**T 237/03**).

Beschwerde M.

Große Beschwerdekammer Art. 22, Art. 112, Art. 112a, R 104-110					
Verfahrenshandlung	Rechtsnorm, Rechtsprechung	Details		Fristen	Rechtsfolge bei Nichtbeseitigung von Mängeln oder Fristversäumnis
Zielsetzung des Verfahrens	Art. 112 (1) a) und b)	Große Beschwerdekammer sichert einheitliche Rechtsanwendung und klärt Rechtsfrage bei voneinander abweichenden Entscheidungen (Rechtsfrage von grundsätzlicher Bedeutung), auf Antrag der Beschwerdekammer, eines Beteiligten oder des Präsidenten des EPA			135
	Art. 106 (1) Art. 22 (1)	Keine zweite Instanz			136
Berechtigte	Art. 112 (1) a)+b)	Die Beschwerdekammer, ein Beteiligter sowie der Präsident des EPA		R 108 (1): Antrag wird als unzulässig verworfen.	137
	Art. 112a (1) a)	Beteiligter, der durch Entscheidung einer Beschwerdekammer beschwert ist, kann Überprüfung durch GBK beantragen.			138
Voraussetzung zur Einleitung Verfahren	Art. 112a (2)	1.) **Entscheidung der BK** 2.) Antrag auf Überprüfung durch die GBK (VGBK ABl. 2018, Zusatzpublikation 1) nach Art. 112a iVm R 104-110, **kann gestützt werden auf**: a) Verstoß gegen Art. 24 (1) (Befangenheit), Art. 24 (4); b) Beschwerdekammer gehörte Person an, die nicht zum Beschwerdekammermitglied ernannt wurde; c) schwerwiegender Verstoß gegen Art. 113 (rechtliches Gehör); ↳R 1/08, ↳R 22/10: Rechtliches Gehör, keine Bestimmung, dass eine Beschwerdekammer einen Antragsteller vor Entscheidung über alle möglichen vorhersehbaren Argumente für oder wider seines Antrags informiert ↳R 2/08, ↳R 7/09: Verstoß gegen Art. 113 (rechtliches Gehör) d) schwerwiegender Verfahrensmangel (R 104) e) Entscheidung wurde durch Straftat beeinflusst (R 105)			139
	↳R 5/08	**Substantiierung Überprüfungsantrag**			140
	↳R 9/08	Antrag auf Überprüfung wurde bereits von den GBK in der »Dreierbesetzung«-Verfahren gemäß R 109 (2) a) abgelehnt			141
	↳R 4/09	**Vertrauensschutz** (↳G 1/99)			142
	↳R 12/09	**Antrag auf Ablehnung** sämtlicher Mitglieder			143
	Art. 112a (3)	**Keine aufschiebende Wirkung.**			144
	R 106	**Rügepflicht** für Überprüfungsgrund gemäß Art. 112a a) bis d) ↳R 4/08, ↳R 9/09: Rügepflicht		Siehe M.146 »Frist«	R 108 (1): Antrag wird als unzulässig verworfen.	145
Frist	Art. 112a (4)	a) bis d) 2 M nach Zustellung der Beschwerdekammerentscheidung e) 2 M nach Feststellung der Straftat, spätestens 5 Jahre nach Zustellung der Beschwerdekammerentscheidung			146
Gebühr	Art. 112a (4)	Art. 2 (1), Nr. 11a GebO: 3025 €		Siehe M.146 »Frist«	147

M. Beschwerde

Große Beschwerdekammer (Fortsetzung)

	Verfahrenshandlung	Rechtsnorm	Details	Fristen	Mängel-beseitigung, Fristen	Rechtsfolge bei Nicht-beseitigung von Mängeln oder Fristversäumnis
148	**Antrag**	R 107 (1)	Der Antrag muss enthalten: a) den Namen und die Anschrift des Antragstellers (R 41 (2) c));	Siehe 📄 M.146 »Frist«	R 108 (2): Aufforderung innerhalb zu bestimmender Frist.	R 108 (2): Antrag wird als unzulässig verworfen.
149			b) die Angabe der zu überprüfenden Entscheidung.	Siehe 📄 M.146 »Frist«		R 108 (1): Antrag wird als unzulässig verworfen.
150		R 107 (2)	Darzulegen, aus welchen Gründen die Entscheidung der BK aufzuheben ist und auf welche Tatsachen und Beweismittel der Antrag gestützt wird.			
151		R 107 (3)	Vorschriften der Ausführungsordnung sind auf Antrag auf Überprüfung und die im Verfahren eingereichten Unterlagen entsprechend anzuwenden.			
152	**Rechtsfolge**	Art. 17 VOGBK (ABl. 2018, Zusatz-publikation 1, III.1)	Kommt die Kammer nach Beratung nicht einstimmig zu dem Ergebnis, dass der Antrag auf Überprüfung als offensichtlich unzulässig oder unbegründet zu verwerfen ist, so legt sie den Antrag unverzüglich ohne sachliche Stellungnahme der Kammer zur Entscheidung vor.			
153		R 109 (2) a)	Verwertung des Antrags wenn offensichtlich unzulässig oder unbegründet; eine solche Entscheidung bedarf der Einstimmigkeit.			
154	**Beteiligte am Verfahren vor der GBK**	Art. 112 (2)	Die im Beschwerdeverfahren Beteiligten sind auch am Verfahren vor der GBK beteiligt.			
155	**Entscheidung**	R 108 (3)	Ist der Antrag begründet hebt die GBK die Entscheidung der BK (Rückerstattung der Antragsgebühr gemäß R 110) auf und ordnet die Wiedereröffnung des Verfahrens vor der nach R 12 (4) zuständigen BK an; ggf. Anordnung Besetzungsänderung der BK. Sonst Verwerfung des Antrags.			
156			Unentgeltliche Benutzung bei Aufnahme der gutgläubigen Nutzung zwischen Erlass BK und Bekanntmachung Hinweis auf die Entscheidung der GBK.			
157	**Bindungs-wirkung**	Art. 112 (3)	Eine Entscheidung der GBK ist bindend für die BK.			
158		Art. 22 (1) b) iVm Art. 112	Nur »opinion« → nicht bindend für die GBK in zukünftigen Fällen.			
159			Unentgeltliche Benutzung bei Aufnahme der gutgläubigen Nutzung zwischen Erlass Beschwerdekammer und Bekanntmachung Hinweis auf die Entscheidung der GBK.			

Beschwerde M.

Begriffserläuterung		
Begriff/Formulierung	Details	
Beschwer	Benachteiligung durch eine Entscheidung, indem einem Antrag nicht (vollständig) stattgegeben wurde. Die Beschwer ist Voraussetzung für die Zulässigkeit eines eingesetzten Rechtsmittels: im EPÜ: Beschwerde.	160
»reformatio in peius« ↳G 9/92 bzw. ↳G 4/93, Art. 110	= Verschlechterung, Verböserung einer angegriffenen Entscheidung i) ex-parte: Kein Verbot »reformatio in peius«, ↳G 10/93. ii) inter-partes: Verbot »reformatio in peius« für PI allein oder Einsprechenden allein, aus ↳G 9/92; Aufweichung gemäß ↳G 1/99.	161
»reformatio in melius«	= Verbessern einer Entscheidung	162
ex parte	Einseitiges (Beschwerde-) Verfahren	163
inter partes	Zweiseitiges (streitiges) Verfahren; Einspruch, Beschwerde	164
»Zwischenentscheidung«	Entscheidung, die ein Verfahren gegenüber einem Beteiligten nicht abschließt, aus Art. 106 (2). Im EPÜ gibt es keine Vorschrift, wann eine Zwischenentscheidung erlassen werden kann oder soll.	165
Devolutiveffekt	Die Zuständigkeit über den zu entscheidenden Sachverhalt geht an eine andere Instanz.	166
Suspensiveffekt	Durch den Suspensiveffekt wird die Entscheidung nicht wirksam, bevor über das Rechtsmittel abschließend entschieden wird. Der Suspensiveffekt bezieht sich nur auf die betreffende Entscheidung, dadurch wird nicht notwendigerweise die zugrundeliegende Anmeldung wieder anhängig ↳**J 28/03**	167

G-Entscheidungen

Chronologische Auflistung der G-Entscheidungen der großen Beschwerdekammer des EPA

Entscheidung	Leitsätze
G 01/83 G 05/83 G 06/83	**Stoffgemisch für Verwendung zur therapeutischen Behandlung und Herstellung eines Arzneimittels** 1. Ein europäisches Patent kann nicht mit Patentansprüchen erteilt werden, die auf die **Verwendung** eines **Stoffes** oder **Stoffgemisches zur therapeutischen Behandlung** des menschlichen oder tierischen Körpers gerichtet sind. 2. Ein europäisches Patent kann mit Patentansprüchen erteilt werden, die auf die **Verwendung** eines **Stoffes** oder **Stoffgemisches** zur **Herstellung** eines **Arzneimittels** für eine bestimmte neue und erfinderische therapeutische Anwendung gerichtet sind.
G 01/84	Wurde durch spätere **G 09/93** aufgehoben. <s>Ein Einspruch gegen ein europäisches Patent ist nicht allein deshalb unzulässig, weil er vom Inhaber des Patents eingelegt worden ist.</s>
G 01/86	**Wiedereinsetzung für Beschwerdeführer (Einsprechender)** **Regel 136 EPÜ** (Artikel 122 EPÜ 1973) ist nicht so auszulegen, dass er nur auf den Patentanmelder und den Patentinhaber anzuwenden ist. Ein **Beschwerdeführer**, der Einsprechender ist, kann nach **Regel 136 EPÜ** (Artikel 122 EPÜ 1973) wieder in den **vorigen Stand eingesetzt** werden, wenn der die Frist der Einreichung der Beschwerdebegründung versäumt hat.
G 01/88	**Beschwerdemöglichkeit des Einsprechenden** Die **Beschwerde** eines Einsprechenden ist nicht deswegen unzulässig, weil dieser es unterlassen hat, fristgerecht auf eine **Aufforderung nach Regel 82 (1) EPÜ** (Regel 58 (4) EPÜ 1973) zu der Fassung, in der das europäische Patent aufrechterhalten werden soll, Stellung zu nehmen.
G 02/88	**Änderung der Anspruchskategorie während es Einspruchs** 1. Eine **Änderung der Anspruchskategorie** im **Einspruchsverfahren** ist nicht nach **Artikel 123 (3) EPÜ** zu beanstanden, wenn sie bei einer Auslegung der Ansprüche nach **Artikel 69 EPÜ** und dem dazu ergangenen Protokoll nicht zu einer Erweiterung des Schutzbereichs der Ansprüche insgesamt führt. In diesem Zusammenhang kann das nationale Verletzungsrecht der Vertragsstaaten außer Betracht bleiben. 2. Werden erteilte Ansprüche, die auf »einen Stoff« und »ein diesen Stoff enthaltendes Stoffgemisch« gerichtet sind, so geändert, dass die geänderten Ansprüche auf die »Verwendung dieses Stoffes in einem Stoffgemisch« für einen bestimmten Zweck gerichtet sind, so ist dies nach **Artikel 123 (3) EPÜ** nicht zu beanstanden. 3. Ein Anspruch, der auf die Verwendung eines bekannten Stoffes für einen bestimmten Zweck gerichtet ist, der auf einer in dem Patent beschriebenen technischen Wirkung beruht, ist dahingehend auszulegen, dass er diese technische Wirkung als funktionelles technisches Merkmal enthält; ein solcher Anspruch ist nach Artikel 54 (1) EPÜ dann nicht zu beanstanden, wenn dieses technische Merkmal nicht bereits früher der Öffentlichkeit zugänglich gemacht worden ist.
G 04/88	**Übertragung der Stellung des Einsprechenden** Ist beim Europäischen Patentamt ein **Einspruch** anhängig, so kann er als zum Geschäftsbetrieb des Einsprechenden gehörend zusammen mit jenem Bereich dieses Geschäftsbetriebes an einen **Dritten übertragen** oder abgetreten werden, auf den sich der Einspruch bezieht. -> siehe T 711/99 und auch G 2/04
G 05/88 G 07/88 G 08/88	**Vertretungsbefugnis des Präsidenten des EPA** 1. Die **Fähigkeit des Präsidenten** des Europäischen Patentamts, die Europäische Patentorganisation (**EPA**) aufgrund von Artikel 5 (3) EPÜ zu **vertreten**, definiert seine Aufgaben, verleiht jedoch **keine Befugnis**. Der Umfang der Vollmacht des Präsidenten wird zwar durch das EPÜ geregelt, aber nicht durch dessen Artikel 5 (3) EPÜ. 2. Soweit die Verwaltungsvereinbarung vom 29. Juni 1981 zwischen dem Präsidenten des EPA und dem Präsidenten des Deutschen Patentamts Bestimmungen über die Behandlung von an das EPA gerichteten und dem Deutschen Patentamt in Berlin zugegangenen Schriftstücken betrifft, war der Präsident des EPA zu keinem Zeitpunkt vor Eröffnung der Annahmestelle des EPA in Berlin am 1. Juli 1989 befugt, eine solche Vereinbarung für das EPA zu schließen. 3. In Anwendung des Grundsatzes des Vertrauensschutzes für die Benutzer des EPA war das EPA verpflichtet, Schriftstücke, die im Zeitraum zwischen der Veröffentlichung der Vereinbarung im Amtsblatt und dem 1. Juli 1989 beim Deutschen Patentamt Berlin (auf andere Weise als durch Überbringer) eingereicht wurden, aber an das EPA gerichtet waren, so zu behandeln, als seien sie am Tag ihres Eingangs beim Deutschen Patentamt Berlin beim Amt eingegangen.

N. G-Entscheidungen

Entscheidung	Leitsätze
8 G 06/88	**Verwendung als Anspruchskategorie** Ein Anspruch, der auf die **Verwendung** eines **bekannten Stoffes** für einen bestimmten Zweck gerichtet ist, der auf einer in dem Patent beschriebenen technischen Wirkung beruht, ist dahingehend auszulegen, dass er diese technische Wirkung als funktionelles technisches Merkmal enthält; ein solcher **Anspruch** ist nach **Artikel 54 (1) EPÜ** dann **nicht zu beanstanden**, wenn dieses technische Merkmal **nicht** bereits **früher** der Öffentlichkeit **zugänglich** gemacht worden ist.
9 G 01/89	**Feststellung der Uneinheitlichkeit durch das EPA als ISA** Die Vereinbarung zwischen der Europäischen Patentorganisation und der WIPO vom 7. Oktober 1987, die in Artikel 2 das EPA dazu verpflichtet, nach den PCT-Richtlinien für die internationale Recherche vorzugehen, ist für das EPA als Internationale Recherchenbehörde (ISA) und für die Beschwerdekammern des EPA bei der Entscheidung über Widersprüche gegen nach Artikel 17 (3) a) PCT angeforderte zusätzliche Recherchengebühren bindend. Daher kann, wie in diesen Richtlinien vorgesehen, die Feststellung nach **Artikel 17 (3) a) PCT**, dass eine **internationale Anmeldung** das **Erfordernis der Einheitlichkeit** der Erfindung nicht erfüllt, nicht nur »a priori«, sondern auch »a posteriori«, also nach Berücksichtigung des Stands der Technik, getroffen werden. Diese Feststellung hat jedoch nur die verfahrensrechtliche Wirkung, dass das in Artikel 17 und Regel 40 PCT festgelegte besondere Verfahren in Gang gesetzt wird, und ist deshalb keine »materiellrechtliche Prüfung« im üblichen Sinne.
10 G 02/89	**Erhebung einer zusätzlichen Recherchengebühr durch das EPA als ISA** Das **EPA** kann als **ISA** nach **Artikel 17 (3) a) PCT** eine **zusätzliche Recherchengebühr** verlangen, wenn es der Auffassung ist, dass die internationale Anmeldung »a posteriori« keine Einheitlichkeit der Erfindung aufweist.
11 G 03/89 G 11/91	**Berichtigung von Mängeln in den eingereichten Unterlagen** 1. Eine **Berichtigung** der die Offenbarung betreffenden Teile einer europäischen Patentanmeldung oder eines europäischen Patents (der Beschreibung, der Patentansprüche und der Zeichnungen) nach **Regel 139, Satz 2 EPÜ** (Regel 88, Satz 2 EPÜ 1973) darf nur im Rahmen dessen erfolgen, was der Fachmann der Gesamtheit dieser Unterlagen in ihrer ursprünglich eingereichten Fassung unter Heranziehung des allgemeinen Fachwissens - objektiv und bezogen auf den Anmeldetag - unmittelbar und eindeutig entnehmen kann. Eine solche Berichtigung hat rein feststellenden Charakter und verstößt daher nicht gegen das **Erweiterungsverbot** nach **Artikel 123 (2) EPÜ**. 2. Der Nachweis dessen, was am Anmeldetag allgemeines Fachwissen des Fachmanns war, kann im Rahmen eines zulässigen Berichtigungsantrags mit jedem geeigneten Beweismittel erbracht werden.
12 G 01/90	**Form des Widerrufs eines Patents** Der **Widerruf eines Patents** nach Artikel 102 (4) und (5) EPÜ ist in Form einer Entscheidung auszusprechen.
13 G 02/90 (siehe auch G 08/95)	**Zuständigkeit der juristischen Beschwerdekammer** 1. Die **Juristische Beschwerdekammer** ist gemäß **Artikel 21 (3) (c) EPÜ** nur für Beschwerden gegen Entscheidungen zuständig, die von einer aus weniger als vier Mitgliedern bestehenden Prüfungsabteilung gefasst worden sind, sofern die Entscheidung nicht die Zurückweisung einer europäischen Patentanmeldung oder die Erteilung eines europäischen Patents betrifft. In allen anderen Fällen, nämlich denen des **Artikels 21 (3) a)** sowie **(3) b)** und **(4) EPÜ** ist die Technische Beschwerdekammer zuständig. 2. Die Zuständigkeitsregelung in **Artikel 21 (3)** und **(4) EPÜ** wird durch **Regel 11 (3) EPÜ** (**Regel 9 (3) EPÜ 1973**) nicht beeinflusst.
14 G 01/91	**Erfordernis der Einheitlichkeit bei Aufrechterhaltung in geändertem Umfang** Die **Einheitlichkeit der Erfindung (Artikel 82 EPÜ)** gehört nicht zu den Erfordernissen, denen ein europäisches Patent und die Erfindung, die es zum Gegenstand hat, bei Aufrechterhaltung in geändertem Umfang nach **Artikel 101 Absatz 3 a) EPÜ** (Artikel 102 Absatz 3 EPÜ 1973) zu genügen hat. Dementsprechend ist es **im Einspruchsverfahren** unbeachtlich, wenn das europäische Patent in der erteilten Fassung oder nach Änderung dem Erfordernis der Einheitlichkeit nicht entspricht.

G-Entscheidungen

Entscheidung	Leitsätze	
G 02/91	**Beteiligung am Beschwerdeverfahren** 1. Ein **Beschwerdeberechtigter**, der keine Beschwerde einlegt, sondern sich auf eine **Beteiligung am Beschwerdeverfahren** gemäß **Artikel 107, Satz 2 EPÜ** beschränkt, hat kein selbständiges Recht, das Verfahren fortzusetzen, wenn der Beschwerdeführer die Beschwerde zurückzieht 2. Haben mehrere Beteiligte an einem Verfahren vor dem EPA gegen dieselbe Entscheidung wirksam Beschwerde eingelegt, so können nicht deshalb Beschwerdegebühren zurückgezahlt werden.	15
G 03/91	**Anwendung der Wiedereinsetzung** **Regel 136 EPÜ** (Artikel 122 (5) EPÜ 1973) ist sowohl auf die Fristen nach den **Regel 38 (1)** und **39 EPÜ** (Artikeln 78 (2) und 79 (2) EPÜ 1973) als auch auf diejenigen nach **Regeln 157** und **158 EPÜ** (Regel 104b (1) b) und c) EPÜ 1973) in Verbindung mit den Artikel 157(2)b) und 158(2) EPÜ anzuwenden.	16
G 04/91	**Beitritt eines vermeintlichen Patentverletzers** 1. Der **Beitritt** des **vermeintlichen Patentverletzers** gemäß **Artikel 105 EPÜ** zum Einspruchsverfahren setzt voraus, dass ein **Einspruchsverfahren** zum Zeitpunkt der Einreichung der Beitrittserklärung **anhängig** ist. 2. Eine Entscheidung der Einspruchsabteilung über das Einspruchsbegehren ist als endgültige Entscheidung in dem Sinn anzusehen, dass danach die Einspruchsabteilung nicht mehr befugt ist, ihre Entscheidung zu ändern. 3. Das Verfahren vor einer Einspruchsabteilung wird mit dem Erlass einer solchen endgültigen Entscheidung abgeschlossen, und zwar unabhängig davon, wann diese Entscheidung rechtskräftig wird. 4. Wird nach Erlass einer abschließenden Entscheidung durch eine Einspruchsabteilung von keinem der Beteiligten am Einspruchsverfahren Beschwerde eingelegt, so ist eine während der zweimonatigen Beschwerdefrist nach Artikel 108 EPÜ eingereichte Beitrittserklärung wirkungslos.	17
G 05/91	**Unparteilichkeit der Organe des EPA** 1. Obwohl sich **Artikel 24 EPÜ** nur auf die Mitglieder der Beschwerdekammern und der Großen Beschwerdekammer bezieht, gilt das **Gebot der Unparteilichkeit** grundsätzlich auch für Bedienstete der erstinstanzlichen Organe des EPA, die an Entscheidungen mitwirken, die die Rechte eines Beteiligten berühren. 2. Im EPÜ gibt es keine Rechtsgrundlage für eine gesonderte Beschwerde gegen die Entscheidung eines Direktors eines erstinstanzlichen Organs wie z. B. einer Einspruchsabteilung, mit der die Ablehnung eines Mitglieds dieses Organs wegen Besorgnis der Befangenheit zurückgewiesen wird. Die Zusammensetzung der Einspruchsabteilung kann jedoch mit dieser Begründung im Wege einer Beschwerde gegen deren Endentscheidung oder gegen eine Zwischenentscheidung, in der nach **Artikel 106 (3) EPÜ** die gesonderte Beschwerde zugelassen ist, angefochten werden.	18
G 06/91	**Gebührenermäßigung bei Verwendung einer Nicht-Amtssprache** 1. Die in **Artikel 14 (4) EPÜ** (Artikel 14 (2) EPÜ 1973) genannten Personen erwerben den Anspruch auf **Gebührenermäßigung** nach **Regel 6 (3) EPÜ**, wenn sie das **wesentliche Schriftstück** der ersten Verfahrenshandlung im Anmelde- und Prüfungsverfahren (Einspruchs- oder Beschwerdeverfahren)* in einer Amtssprache des betreffenden Staats, die nicht Deutsch, Englisch oder Französisch ist, einreichen und die **erforderliche Übersetzung** frühestens zum selben Zeitpunkt liefern. 2. Für den Anspruch auf Ermäßigung der Beschwerdegebühr genügt es, wenn die Beschwerdeschrift als das wesentliche Schriftstück der ersten Handlung im Beschwerdeverfahren in einer Amtssprache eines Vertragsstaats eingereicht wird, die nicht Amtssprache des EPA ist, und in eine solche übersetzt wird, auch wenn spätere Schriftstücke, etwa die Beschwerdebegründung, nur in einer Amtssprache des Europäischen Patentamts eingereicht werden.* *geändert seit 01.04.2014, ABl. 2014, A23	19
G 07/91	**Keine Fortführung der Einspruchsbeschwerde bei Rücknahme der einzigen Beschwerde** Eine Beschwerdekammer kann, soweit es die durch die angefochtene Entscheidung der ersten Instanz entschiedenen Sachfragen angeht, das Einspruchsbeschwerdeverfahren nicht fortsetzen, nachdem der **einzige Beschwerdeführer**, der in erster Instanz Einsprechender war, seine **Beschwerde zurückgenommen** hat.	20
G 08/91	**Keine Fortführung der Einspruchsbeschwerde bei Rücknahme der einzigen Beschwerde** Durch die **Rücknahme** der **Beschwerde** eines **einzigen Beschwerdeführers**, sei es im einseitigen oder zweiseitigen Verfahren, wird das Beschwerdeverfahren beendet, soweit es die durch die angefochtene Entscheidung der ersten Instanz entschiedenen Sachfragen angeht.	21

N. G-Entscheidungen

	Entscheidung	Leitsätze
22	G 09/91	**Umfang der Prüfung durch das EPA im Einspruchs- und Beschwerdeverfahren** Die **Befugnis einer Einspruchsabteilung** oder einer **Beschwerdekammer**, gemäß **Artikel 101** (Artikel 101 und 102 EPÜ 1973 in **Artikel 101** überführt) **zu prüfen** und zu entscheiden, ob ein europäisches Patent aufrechterhalten werden soll, hängt von dem Umfang ab, in dem gemäß **Regel 76 (2) c) EPÜ** (Regel 55 c) EPÜ 1973) in der Einspruchsschrift gegen das Patent Einspruch eingelegt wird. Allerdings können Ansprüche, die von einem im Einspruchs- oder Beschwerdeverfahren vernichteten unabhängigen Anspruch abhängig sind, auch dann auf die Patentierbarkeit ihres Gegenstands geprüft werden, wenn dieser nicht ausdrücklich angefochten worden ist, sofern ihre Gültigkeit durch das bereits vorliegende Informationsmaterial prima facie in Frage gestellt wird.
23	G 10/91 mit G 09/91 verbunden	**Umfang der Prüfung durch das EPA im Einspruchs- und Beschwerdeverfahren** 1. Eine **Einspruchsabteilung** oder eine **Beschwerdekammer** ist **nicht verpflichtet**, über die in der Erklärung gemäß **Regel 76 (2) c) EPÜ** (Regel 55 c) EPÜ 1973) angegebenen Einspruchsgründe hinaus **alle in Artikel 100 EPÜ genannten Einspruchsgründe** zu überprüfen. 2. Grundsätzlich **prüft** die Einspruchsabteilung nur diejenigen **Einspruchsgründe**, die gemäß **Artikel 99 (1)** in Verbindung mit **Regel 76 (2) c) EPÜ** (Regel 55 c) EPÜ 1973) **ordnungsgemäß vorgebracht und begründet worden** sind. **Ausnahmsweise** kann die Einspruchsabteilung in Anwendung des **Artikels 114 (1) EPÜ** auch andere Einspruchsgründe prüfen, die **prima facie** der Aufrechterhaltung des europäischen Patents ganz oder teilweise entgegenzustehen scheinen. 3. Im **Beschwerdeverfahren** dürfen **neue Einspruchsgründe** nur mit dem **Einverständnis** des **Patentinhabers** geprüft werden.
24	G 11/91	siehe G 3/89
25	G 12/91	**Abschluss des Verfahrens bei Abgabe an interne Poststelle des EPA** Das **Verfahren** für den Erlass einer Entscheidung im schriftlichen Verfahren ist mit dem **Tag** der **Abgabe der Entscheidung** durch die Formalprüfungsstelle der Abteilung an die interne **Poststelle** des EPA zum Zwecke der Zustellung **abgeschlossen**.
26	G 01/92	**Chemische Zusammensetzung eines Erzeugnisses gehört zum Stand der Technik** 1. Die **chemische Zusammensetzung eines Erzeugnisses** gehört zum Stand der Technik, wenn das Erzeugnis selbst der **Öffentlichkeit zugänglich** ist und **vom Fachmann analysiert** und reproduziert werden kann, und zwar unabhängig davon, ob es besondere Gründe gibt, die Zusammensetzung zu analysieren. 2. Derselbe Grundsatz gilt entsprechend auch für alle anderen Erzeugnisse.
27	G 02/92	**Fortführung einer uneinheitlichen Anmeldung ohne Zahlung zusätzlicher Recherchengebühren** Ein Anmelder, der es bei einer **uneinheitlichen Anmeldung** unterlässt, auf eine Aufforderung der Recherchenabteilung nach **R 64 (1) EPÜ** (Regel 46 (1) EPÜ 1973) **weitere Recherchengebühren zu entrichten**, kann diese Anmeldung **nicht** für einen Gegenstand **weiterverfolgen**, für den keine Recherchengebühren entrichtet wurden. Der Anmelder muss vielmehr eine **TA für diesen Gegenstand** einreichen, wenn er dafür weiterhin Schutz begehrt.
28	G 03/92	**Anhängigkeit der älteren Anmeldung bei Neueinreichung durch den Berechtigten** Wenn durch rechtskräftige Entscheidung eines nationalen Gerichts der Anspruch auf Erteilung eines europäischen Patents einer anderen Person als dem Anmelder zugesprochen worden ist und diese andere Person unter Einhaltung der ausdrücklichen Erfordernisse des **Artikels 61 (1) EPÜ** gemäß **Artikel 61 (1) b) EPÜ** eine **neue europäische Patentanmeldung** für dieselbe Erfindung einreicht, ist die Zulassung dieser neuen Anmeldung nicht daran gebunden, dass zum Zeitpunkt ihrer Einreichung die ältere, widerrechtliche Anmeldung noch vor dem EPA anhängig ist.
29	G 04/92	**Entscheidung aufgrund neuer Tatsachen und Beweismittel in mündlicher Verhandlung** 1. Eine **Entscheidung zuungunsten** eines **Beteiligten**, der trotz ordnungsgemäßer Ladung der mündlichen Verhandlung **ferngeblieben** ist, darf **nicht** auf **erstmals** in dieser mündlichen Verhandlung **vorgebrachte Tatsachen** gestützt werden. 2. Unter den gleichen Umständen können neue Beweismittel nur berücksichtigt werden, wenn sie vorher angekündigt waren und lediglich die Behauptungen des Beteiligten bestätigen, der sich auf sie beruft, während neue Argumente grundsätzlich in der Begründung der Entscheidung aufgegriffen werden können.
30	G 05/92 G 06/92	**Ausschluss der Wiedereinsetzung** Durch **Artikel 122 (2), Regel 136 (3)** (Artikel 122 Absatz 5 EPÜ 1973) wird die **Wiedereinsetzung** in die Frist nach **Artikel 94 Absatz 2 EPÜ** ausgeschlossen.

G-Entscheidungen

Entscheidung	Leitsätze	
G 09/92 G 04/93	**Umfang der Fortführung nach einer Zwischenentscheidung (reformatio in peius)** 1. Ist der **Patentinhaber** der **alleinige Beschwerdeführer** gegen eine Zwischenentscheidung über die Aufrechterhaltung des Patents in geändertem Umfang, so kann weder die Beschwerdekammer noch der nicht beschwerdeführende Einsprechende als Beteiligter nach **Art. 107 Satz 2 EPÜ** die Fassung des Patents gemäß der Zwischenentscheidung in Frage stellen. 2. Ist der **Einsprechende** der **alleinige Beschwerdeführer** gegen eine Zwischenentscheidung über die Aufrechterhaltung des Patents in geändertem Umfang, so ist der Patentinhaber primär darauf beschränkt, das Patent in der Fassung zu verteidigen, die die Einspruchsabteilung ihrer Zwischenentscheidung zugrunde gelegt hat. Änderungen, die der Patentinhaber als Beteiligter nach **Art. 107 Satz 2 EPÜ** vorschlägt, können von der Beschwerdekammer abgelehnt werden, wenn sie weder sachdienlich noch erforderlich sind.	31
G 10/92	Nach Änderung der R 25 EPÜ 1973 bzw. **R 36 (1) EPÜ** liegen nun andere Regelung zur Einreichung einer TA vor; die G 10/92 ist daher nicht mehr relevant. <s>Ein Anmelder kann gemäß Regel 25 EPÜ in der ab 1. Oktober 1988 geltenden Fassung eine Teilanmeldung zu der anhängigen früheren europäischen Patentanmeldung nur bis zu seiner Zustimmung gemäß Regel 51 (4) EPÜ einreichen.</s>	32
G 01/93	**Änderung der erteilten Ansprüche im Einspruchsverfahren, die über die Offenbarung hinaus gehen (»unentrinnbare Falle«)** 1. Enthält ein europäisches Patent in der **erteilten Fassung** Gegenstände, die im Sinne des **Artikels 123 (2) EPÜ** über den Inhalt der **Anmeldung** in der **ursprünglich eingereichten Fassung** hinausgehen und auch seinen Schutzbereich einschränken, so kann es im Einspruchsverfahren **nicht unverändert aufrechterhalten** werden, weil der Einspruchsgrund nach **Artikel 100 c) EPÜ** seiner Aufrechterhaltung entgegensteht. Das **Patent kann** auch **nicht** durch Streichung dieser beschränkenden Gegenstände aus den Ansprüchen **geändert werden**, **weil** eine solche **Änderung** den **Schutzbereich erweitern würde**, was nach **Artikel 123 (3) EPÜ** unzulässig ist. Es kann deshalb nur aufrechterhalten werden, wenn die Anmeldung in der ursprünglich eingereichten Fassung eine Grundlage dafür bietet, dass diese Gegenstände ohne Verstoß gegen **Artikel 123 (3) EPÜ** durch andere ersetzt werden können. 2. Ein Merkmal, das in der Anmeldung ursprünglich nicht offenbart war, ihr aber während der Prüfung hinzugefügt wurde und - ohne einen technischen Beitrag zum Gegenstand der beanspruchten Erfindung zu leisten - lediglich den Schutzbereich des Patents in der erteilten Fassung einschränkt, indem es den Schutz für einen Teil des Gegenstands der in der ursprünglichen Anmeldung beanspruchten Erfindung ausschließt, ist nicht als Gegenstand zu betrachten, der im Sinne des **Artikels 123 (2) EPÜ** über den Inhalt der Anmeldung in der ursprünglich eingereichten Fassung hinausgeht. Der Einspruchsgrund nach **Artikel 100 c) EPÜ** steht deshalb der Aufrechterhaltung eines europäischen Patents, das ein solches Merkmal enthält, nicht entgegen.	33
G 02/93	**Frist zur Hinterlegung einer biologischen Probe** Die in **R 31 (1) c) EPÜ** (Regel 28 (1) c) EPÜ 1973) vorgeschriebene Angabe des **Aktenzeichens einer hinterlegten Kultur** kann nach Ablauf der Frist gemäß **R 31 (2) a) EPÜ** (Regel 28 (2) a) EPÜ 1973) nicht mehr vorgenommen werden.	34
G 03/93	**Wirksamkeit des Prioritätsanspruchs für den Stand der Technik** 1. Ein **im Prioritätsintervall veröffentlichtes Dokument**, dessen technischer Inhalt demjenigen des Prioritätsdokuments entspricht, kann einer europäischen Patentanmeldung, in der diese Priorität in Anspruch genommen wird, insoweit als **Stand der Technik** gemäß **Artikel 54 (2) EPÜ** entgegengehalten werden, als der **Prioritätsanspruch unwirksam** ist. 2. Dies gilt auch dann, wenn der Prioritätsanspruch deshalb unwirksam ist, weil das Prioritätsdokument und die spätere europäische Anmeldung nicht dieselbe Erfindung betreffen, da in der europäischen Anmeldung Gegenstände beansprucht werden, die im Prioritätsdokument nicht offenbart waren.	35
G 05/93	**Wiedereinsetzung bei Euro-PCT-Anmeldungen** Die Bestimmungen des **Artikels 122 (1) EPÜ** (Artikels 122 (5) EPÜ 1973) gelten für die **Fristen** gemäß **Regel 136 (1) EPÜ** (Regel 104b (1) b) i) und ii) bzw. geänderte Regel 106 EPÜ 1973) in Verbindung mit den **Regeln 159 (1) c), d) und e) EPÜ** (Artikeln 157 (2) b) und 158 (2) EPÜ 1973). Dessen ungeachtet können Euro-PCT-Anmelder noch in die Frist zur Zahlung der in **Artikel 153 (5), Regel 159 (1) c), d) und e) EPÜ** (Regel 104b bzw. Regel 106 EPÜ 1973) vorgesehenen nationalen Gebühr wiedereingesetzt werden, wenn die Wiedereinsetzung beantragt worden ist, bevor die Entscheidung G 3/91 der Öffentlichkeit zugänglich gemacht wurde.	36

N. G-Entscheidungen

	Entscheidung	Leitsätze
37	G 07/93	**Änderungen gegenüber der von der Prüfungsabteilung beabsichtigten erteilungsfähigen Ansprüche** 1. Eine vom Anmelder nach **Regel 71 (5) EPÜ** (Regel 51 (4) EPÜ 1973) abgegebene **Einverständniserklärung** mit der ihm mitgeteilten Fassung des Patents **wird nicht bindend**, sobald eine Mitteilung gemäß **Regel 71a (2) EPÜ** (Regel 51 (6) **EPÜ 1973**) erlassen wurde. Nach einer solchen Mitteilung gemäß **Regel 72 (2) EPÜ** (Regel 51 (6) EPÜ 1973) hat die Prüfungsabteilung noch bis zum Erlass eines Erteilungsbeschlusses ein **Ermessen** nach **Regel 137 (3) EPÜ** (Regel 86 (3) Satz 2 EPÜ 1973), eine Änderung der Anmeldung zuzulassen. 2. Bei der Ausübung dieses Ermessens nach Erlass einer Mitteilung gemäß **Regel 71a (2)** (Regel 51 (6) EPÜ 1973) muss die Prüfungsabteilung allen rechtserheblichen Faktoren Rechnung tragen. Sie muss insbesondere das Interesse des Anmelders an einem in allen benannten Staaten rechtsbeständigen Patent und das seitens des EPA bestehende Interesse, das Prüfungsverfahren durch Erlass eines Erteilungsbeschlusses zum Abschluss zu bringen, berücksichtigen und gegeneinander abwägen. Da der Erlass der Mitteilung nach **Regel 71a (2) EPÜ** (Regel 51 (6) EPÜ 1973) dem Zweck dient, das Erteilungsverfahren auf der Grundlage der zuvor gebilligten Fassung der Anmeldung abzuschließen, wird die Zulassung eines Änderungsantrags in diesem späten Stadium des Erteilungsverfahrens eher die Ausnahme als die Regel sein. (**Anmerkung**: Durch die **Regel 71a (2) EPÜ** besteht nun die Möglichkeit für die Prüfungsabteilung in das Prüfungsverfahren zurückzukehren, falls Änderungen formal u/o materiell unzulässig sind – siehe RiLi C-V, 4.7) ~~3. Vorbehalte nach Artikel 167 (2) EPÜ sind keine Erfordernisse des EPÜ, die gemäß Artikel 96 (2) EPÜ erfüllt werden müssen.~~ (Artikel 167 EPÜ 1973 wurde ersatzlos gestrichen)
38	G 08/93	**Beendigung des Verfahrens durch Rücknahme des Einspruchs des einzigen Einsprechenden** Mit dem Eingang der Erklärung der **Rücknahme** des **Einspruchs** des Einsprechenden, der **einziger Beschwerdeführer** ist, wird das Beschwerdeverfahren unmittelbar beendet, und zwar unabhängig davon, ob der Patentinhaber der Beendigung des Beschwerdeverfahrens zustimmt, und zwar auch dann, wenn die Beschwerdekammer der Auffassung sein sollte, dass die Voraussetzungen für eine Aufrechterhaltung des Patents nach dem EPÜ nicht erfüllt sind.
39	G 09/93	**Kein Einspruch des Patentinhabers gegen das eigene europäische Patent** Der **Einspruch** des **Patentinhabers** gegen sein **eigenes** europäisches **Patent** ist **nicht zulässig** (in Abkehr von der durch die Entscheidung G 1/84 begründeten Rechtsprechung).
40	G 10/93	**Umfang der Prüfung der Beschwerdekammer bei Zurückweisung der Patentanmeldung** In einem Verfahren über die **Beschwerde** gegen eine **Entscheidung** einer **Prüfungsabteilung**, mit der eine europäische Patentanmeldung zurückgewiesen worden ist, hat die Beschwerdekammer die Befugnis zu überprüfen, ob die Anmeldung und die Erfindung, die sie zum Gegenstand hat, den Erfordernissen des EPÜ genügen. Dies gilt auch für Erfordernisse, die die Prüfungsabteilung im Prüfungsverfahren nicht in Betracht gezogen oder als erfüllt angesehen hat. Besteht Anlass zur Annahme, dass ein solches Patentierungserfordernis nicht erfüllt sein könnte, so bezieht die Beschwerdekammer diesen Grund in das Verfahren ein.
41	G 01/94	**Zeitraum und Umfang des Beitritts eines vermeintlichen Patentverletzers** Ein **Beitritt** des **vermeintlichen Patentverletzers** nach **Artikel 105 EPÜ** ist während eines **anhängigen Beschwerdeverfahrens** zulässig und kann auf jeden der in **Artikel 100 EPÜ** genannten Einspruchsgründe gestützt werden.

G-Entscheidungen

Entscheidung	Leitsätze	
G 02/94	**Zulässigkeit der Ausführungen einer Begleitperson**	42
	1. Es steht im Ermessen einer Beschwerdekammer, einer **Begleitperson** (die nicht nach **Artikel 134 (1)** und **(7) EPÜ** berechtigt ist, Beteiligte im Verfahren vor dem EPA zu vertreten) in einer mündlichen Verhandlung in Ex-parte-Verfahren **in Ergänzung** des vollständigen Sachvortrags des zugelassenen Vertreters **Ausführungen zu gestatten**.	
	2. a) In Ex-parte-Verfahren muss ein zugelassener Vertreter die Zulassung solcher mündlicher Ausführungen vor dem Termin der mündlichen Verhandlung beantragen. In diesem Antrag sind Name und Qualifikation des Vortragenden sowie das Thema der gewünschten mündlichen Ausführungen anzugeben.	
	Die Beschwerdekammer übt ihr Ermessen je nach den Umständen im Einzelfall aus. Dabei ist ausschlaggebend, dass die Kammer vor ihrer Entscheidung in der Sache über alle einschlägigen Sachverhalte umfassend unterrichtet wird. Die Kammer muss sicherstellen, dass die Begleitperson ihre mündlichen Ausführungen unter der fortgesetzten Verantwortung und Aufsicht des zugelassenen Vertreters vorbringt.	
	2. b) Eine Beschwerdekammer soll ihre Zustimmung versagen zu mündlichen Ausführungen eines ehemaligen Kammermitglieds in einer vor ihr stattfindenden mündlichen Verhandlung sowohl in Inter-partes- als auch in Ex-parte-Verfahren, es sei denn, sie wäre völlig davon überzeugt, dass das Ausscheiden des ehemaligen Mitglieds aus der Beschwerdekammer so lang zurückliegt, dass eine Befangenheit der Beschwerdekammer in dieser Sache vernünftigerweise nicht zu besorgen ist, wenn sie ein solches mündliches Vorbringen gestattet.	
	Eine Beschwerdekammer soll in der Regel die Zustimmung zu mündlichen Ausführungen eines ehemaligen Kammermitglieds in einer vor ihr stattfindenden mündlichen Verhandlung versagen, wenn nach dessen Ausscheiden nicht mindestens drei Jahre vergangen sind. Nach Ablauf von drei Jahren soll die Zustimmung erteilt werden, sofern keine außergewöhnlichen Umstände	
G 01/95	**Neuer Einspruchsgrund im Beschwerdeverfahren**	43
	Ist der Einspruch gegen ein Patent aufgrund der in **Artikel 100 a) EPÜ** genannten Einspruchsgründe eingelegt, aber nur mit mangelnder Neuheit und erfinderischer Tätigkeit substantiiert worden, so gilt der Einwand, dass der Gegenstand nach **Artikel 52 (1)** und **(2) EPÜ** nicht patentfähig ist, als **neuer Einspruchsgrund** und darf nicht ohne das Einverständnis des Patentinhabers in das Beschwerdeverfahren eingeführt werden.	
G 02/95	**Beschränkung der Berichtigung von Mängeln in den eingereichten Unterlagen**	44
	Die vollständigen Unterlagen einer europäischen Patentanmeldung, also Beschreibung, Patentansprüche und Zeichnungen, können nicht im Wege der **Berichtigung** nach **Regel 139 EPÜ** (Regel 88 EPÜ 1973) durch **andere Unterlagen ersetzt** werden, die der Anmelder mit seinem Erteilungsantrag hatte einreichen wollen.	
G 03/95	**Unzulässigkeit der Vorlage der großen Beschwerdekammer, da keine widersprechende Entscheidungen vorliegen**	45
	1. In der Entscheidung T 356/93 (ABl. 1995, 545) wurde festgestellt, dass ein auf **genetisch veränderte Pflanzen** mit einem unterscheidbaren, beständigen, herbizidresistenten genetischen Merkmal gerichteter Anspruch nach Artikel 53 b) EPÜ **nicht gewährbar** ist, weil die beanspruchte genetische Veränderung selbst aus der veränderten oder transformierten Pflanze eine »Pflanzensorte« im Sinne des **Artikels 53 b) EPÜ** macht.	
	2. Diese Feststellung steht nicht in Widerspruch zu den Feststellungen in den Entscheidungen T 49/83 (ABl. 1984, 112) und T 19/90 (ABl. 1990, 476).	
	3. Demzufolge ist die Vorlage der Frage: Verstößt ein Patentanspruch, der auf Pflanzen oder Tiere gerichtet ist, ohne dass dabei bestimmte Pflanzensorten oder Tierarten in ihrer Individualität beansprucht werden, gegen das Patentierungsverbot des **Artikels 53 b) EPÜ**, wenn er Pflanzensorten oder Tierarten umfasst? an die Große Beschwerdekammer durch den Präsidenten des EPA nach **Artikel 112 (1) b) EPÜ** unzulässig.	

N. G-Entscheidungen

	Entscheidung	Leitsätze
46	G 04/95	**Zulässigkeit der Ausführungen einer Begleitperson** 1. In der mündlichen Verhandlung nach **Artikel 116 EPÜ** im Rahmen des Einspruchs- oder Einspruchsbeschwerdeverfahrens kann es einer **Person**, die den zugelassenen Vertreter eines Beteiligten **begleitet**, gestattet werden, außerhalb des Rahmens von **Artikel 117 EPÜ** und über den umfassenden Vortrag des Falls des Beteiligten durch den zugelassenen Vertreter hinaus für diesen Beteiligten **mündliche Ausführungen** zu konkreten rechtlichen oder technischen Fragen zu machen. 2. a) Ein Rechtsanspruch auf solche mündlichen Ausführungen besteht nicht; sie dürfen nur mit Zustimmung des EPA und nach seinem Ermessen gemacht werden. 2. b) Das EPA hat bei der Ausübung seines Ermessens, mündliche Ausführungen durch eine Begleitperson im Einspruchs- oder Einspruchsbeschwerdeverfahren zuzulassen, hauptsächlich die folgenden Kriterien zu berücksichtigen: i) Der zugelassene Vertreter muss beantragen, dass diese mündlichen Ausführungen gemacht werden dürfen. Im Antrag sind der Name und die Qualifikation der Begleitperson anzugeben und der Gegenstand der beabsichtigten mündlichen Ausführungen zu nennen. ii) Der Antrag ist so rechtzeitig vor der mündlichen Verhandlung zu stellen, dass sich alle Gegenparteien auf die beabsichtigten mündlichen Ausführungen angemessen vorbereiten können. iii) Ein Antrag, der erst kurz vor oder während der mündlichen Verhandlung gestellt wird, ist zurückzuweisen, sofern nicht außergewöhnliche Umstände vorliegen, es sei denn, alle Gegenparteien sind damit einverstanden, dass die beantragten mündlichen Ausführungen gemacht werden. iv) Das EPA muss davon überzeugt sein, dass die Begleitperson die mündlichen Ausführungen unter der ständigen Verantwortung und Aufsicht des zugelassenen Vertreters macht. 2. c) Für mündliche Ausführungen durch zugelassene Patentvertreter aus Ländern, die nicht Vertragsstaaten des EPÜ sind, gelten keine besonderen Kriterien.
47	G 06/95	**Ladungsfrist gilt nicht für Beschwerdekammern** Die **Regel 116 EPÜ** (Regel 71a (1) EPÜ 1973) (**Ladungsfrist**) gilt nicht für die Beschwerdekammern.
48	G 07/95	**Neuer Einspruchsgrund im Beschwerdeverfahren** Ist gegen ein Patent gemäß **Artikel 100 a) EPÜ** mit der Begründung **Einspruch** eingelegt worden, dass die Patentansprüche gegenüber den in der Einspruchsschrift angeführten Entgegenhaltungen keine erfinderische Tätigkeit aufweisen, so gilt ein auf die **Artikel 52 (1) und 54 EPÜ** gestützter Einwand wegen mangelnder Neuheit als **neuer Einspruchsgrund** und darf daher nicht ohne das Einverständnis des Patentinhabers in das Beschwerdeverfahren eingeführt werden. Die Behauptung, dass die nächstliegende Entgegenhaltung für die Patentansprüche neuheitsschädlich ist, kann jedoch bei der Entscheidung über den Einspruchsgrund der mangelnden erfinderischen Tätigkeit geprüft werden.
49	G 08/95	**Zuständigkeit für die Beschwerde bzgl. des Antrags auf Berichtigung von Fehlern im Erteilungsbeschlusses** Für eine **Beschwerde** gegen die Entscheidung einer Prüfungsabteilung, einen Antrag nach **Regel 140 EPÜ** (Regel 89 EPÜ 1973) auf Berichtigung des Erteilungsbeschlusses zurückzuweisen, ist eine Technische Beschwerdekammer zuständig.
50	G 01/97	**Zuständigkeit der Fragen über die Zulässigkeit von Verletzungen wesentlicher Verfahrensgrundsätze vor dem EPA** I. Im Rahmen des Europäischen Patentübereinkommens ist es einem gerichtlichen Verfahren vorbehalten, Anträge, die sich auf die angebliche Verletzung eines **wesentlichen Verfahrensgrundsatzes** stützen und auf die Überprüfung einer rechtskräftigen Entscheidung einer Beschwerdekammer des EPA abzielen, als unzulässig zu verwerfen. II. Die Entscheidung über die Unzulässigkeit obliegt der Beschwerdekammer, die die Entscheidung erlassen hat, deren Überprüfung beantragt wird. Sie kann unverzüglich und ohne prozessuale Formalitäten ergehen. III. Diese gerichtliche Behandlung ist denjenigen gegen eine Beschwerdekammerentscheidung gerichteten Anträgen vorbehalten, die nach dem Tag des Erlasses der vorliegenden Entscheidung gestellt werden. IV. Hat die Rechtsabteilung des EPA über die Eintragung eines gegen eine Beschwerdekammerentscheidung gerichteten Antrags in das europäische Patentregister zu entscheiden, so darf sie diese Eintragung nicht veranlassen, wenn sich herausstellt, dass sich dieser Antrag ungeachtet seiner Form auf die angebliche Verletzung eines wesentlichen Verfahrensgrundsatzes stützt und auf die Überprüfung einer rechtskräftigen Entscheidung einer Beschwerdekammer abzielt.

G-Entscheidungen N.

Entscheidung	Leitsätze	
G 02/97	**Keine weitergehende Informationspflicht der Beschwerdekammer** Der Grundsatz von **Treu und Glauben** verpflichtet die Beschwerdekammern nicht dazu, einen Beschwerdeführer auch dann darauf aufmerksam zu machen, dass eine Beschwerdegebühr noch aussteht, wenn er die Beschwerde so frühzeitig eingereicht hat, dass er die Gebühr noch rechtzeitig entrichten könnte, und weder der Beschwerdeschrift noch irgendeinem anderen auf die Beschwerde bezüglichen Dokument zu entnehmen ist, dass er die Frist für die Entrichtung der Gebühr ohne eine solche Mitteilung versehentlich versäumen würde.	51
G 03/97 G 04/97	**Zulässigkeit von Einsprüchen Dritter (»Strohmann-Entscheidung«)** 1a: Ein Einspruch ist nicht schon deswegen unzulässig, weil der als Einsprechender **gemäß Regel 76 (2) a) iVm Regel 41 (2) c) EPÜ** (Regel 55 a) EPÜ 1973) Genannte im Auftrag eines Dritten handelt. 1b: Ein solcher Einspruch ist aber dann unzulässig, wenn das Auftreten des Einsprechenden als missbräuchliche Gesetzesumgehung anzusehen ist. 1c: Eine solche Gesetzesumgehung liegt insbesondere vor, wenn – der Einsprechende im Auftrag des Patentinhabers handelt; – der Einsprechende im Rahmen einer typischerweise zugelassenen Vertretern zugeordneten Gesamttätigkeit im Auftrag eines Mandanten handelt, ohne hierfür die nach **Artikel 134 EPÜ** erforderliche Qualifikation zu besitzen. 1d: Eine missbräuchliche Gesetzesumgehung liegt dagegen nicht schon deswegen vor, weil – ein zugelassener Vertreter in eigenem Namen für einen Mandanten handelt; – ein Einsprechender mit Sitz oder Wohnsitz in einem der Vertragsstaaten des EPÜ im Auftrag eines Dritten handelt, auf den diese Voraussetzung nicht zutrifft. 2: Ob eine missbräuchliche Gesetzesumgehung vorliegt, ist unter Anwendung des Prinzips der freien Beweiswürdigung zu prüfen. Die Beweislast trägt, wer die Unzulässigkeit des Einspruchs geltend macht. Das Vorliegen einer missbräuchlichen Gesetzesumgehung muss auf der Grundlage eines klaren und eindeutigen Beweises zur Überzeugung des entscheidenden Organs feststehen. 3: Die Zulässigkeit eines Einspruchs kann im Beschwerdeverfahren mit Gründen angefochten werden, die die Identität eines Einsprechenden betreffen, auch wenn vor der Einspruchsabteilung kein solcher Einwand erhoben worden war.	52
G 01/98	**Grenzen des Patentierungsverbots für Pflanzensorten** I. Ein Anspruch, in dem bestimmte **Pflanzensorten** nicht individuell beansprucht werden, ist nicht nach **Artikel 53 b) EPÜ** vom Patentschutz ausgeschlossen, auch wenn er möglicherweise Pflanzensorten umfasst. II. Bei der Prüfung eines Anspruchs für ein Verfahren zur Züchtung einer Pflanzensorte ist **Artikel 64 (2) EPÜ** nicht zu berücksichtigen. III. Das Patentierungsverbot des **Artikels 53 b) erster Halbsatz EPÜ** gilt für Pflanzensorten unabhängig davon, auf welche Weise sie erzeugt wurden. Daher sind Pflanzensorten, in denen Gene vorhanden sind, die mittels der rekombinanten Gentechnik in eine Elternpflanze eingebracht wurden, vom Patentschutz ausgeschlossen.	53
G 02/98	**Inanspruchnahme einer Priorität aus einer früheren Anmeldung** Das in **Artikel 87 (1) EPÜ** für die Inanspruchnahme einer Priorität genannte Erfordernis **»derselben Erfindung«** bedeutet, dass die Priorität einer früheren Anmeldung für einen Anspruch in einer europäischen Patentanmeldung gemäß **Artikel 88 EPÜ** nur dann anzuerkennen ist, wenn der Fachmann den Gegenstand des Anspruchs unter Heranziehung des allgemeinen Fachwissens unmittelbar und eindeutig der früheren Anmeldung als Ganzes entnehmen kann.	54
G 03/98 G 02/99	**Berechnung der Frist für die unschädliche Offenbarung** Für die Berechnung der **Frist** von sechs Monaten nach **Artikel 55 (1) EPÜ** ist der **Tag** der **tatsächlichen Patentanmeldung** maßgebend; der Prioritätstag ist für die Berechnung dieser Frist nicht heranzuziehen.	55
G 04/98	**Wirkung der Nichtzahlung von Benennungsgebühren,** I. Unbeschadet des **Artikels 67 (4) EPÜ** wird die Benennung eines Vertragsstaats des EPÜ in einer europäischen Patentanmeldung nicht rückwirkend wirkungslos und gilt nicht als nie erfolgt, wenn die entsprechende Benennungsgebühr nicht fristgerecht entrichtet worden ist. ~~II. Die Benennung eines Vertragsstaats gilt gemäß Artikel 91 (4) EPÜ (gestrichen im EPÜ 2000) mit Ablauf der in Artikel 79 (2) bzw. in Regel 15 (2), 25 (2) oder 107 (1) EPÜ genannten Frist als zurückgenommen und nicht mit Ablauf der Nachfrist gemäß Regel 85a EPÜ.~~ (Aufgrund Änderung zur Zahlung gemeinsamer Benennungsgebühr für alle VS keine Entsprechung im EPÜ 2000.)	56

N. G-Entscheidungen

	Entscheidung	Leitsätze
57	G 01/99	**Änderung der Ansprüche im Beschwerdeverfahren** Grundsätzlich muss ein geänderter Anspruch, durch den der Einsprechende und alleinige Beschwerdeführer schlechter gestellt würde als ohne die Beschwerde, zurückgewiesen werden. Von diesem Grundsatz kann jedoch ausnahmsweise abgewichen werden, um einen im Beschwerdeverfahren vom Einsprechenden/Beschwerdeführer oder von der Kammer erhobenen Einwand auszuräumen, wenn andernfalls das in geändertem Umfang aufrechterhaltene Patent als unmittelbare Folge einer **unzulässigen Änderung**, die die **Einspruchsabteilung** für gewährbar erachtet hatte, widerrufen werden müsste. Unter diesen Umständen kann dem Patentinhaber/Beschwerdegegner zur Beseitigung des Mangels gestattet werden, folgendes zu beantragen: – in erster Linie eine Änderung, durch die ein oder mehrere Merkmale aufgenommen werden, die den Schutzbereich des Patents in der aufrechterhaltenen Fassung einschränken; – falls eine solche Beschränkung nicht möglich ist, eine Änderung, durch die ein oder mehrere ursprünglich offenbarte Merkmale aufgenommen werden, die den Schutzbereich des Patents in der aufrechterhaltenen Fassung erweitern, ohne jedoch gegen **Artikel 123 (3) EPÜ** zu verstoßen; – erst wenn solche Änderungen nicht möglich sind, die Streichung der unzulässigen Änderung, sofern nicht gegen **Artikel 123 (3) EPÜ** verstoßen wird.
58	G 03/99	**Gemeinsamer Einspruch mehrerer Personen** I. Ein **Einspruch**, der von **mehreren Personen gemeinsam** eingelegt wird und ansonsten den Erfordernissen des **Artikels 99 EPÜ** sowie der **Regeln 3 und 76 EPÜ** (Regeln 1 und 55 EPÜ 1973) genügt, ist **zulässig**, wenn **nur eine Einspruchsgebühr** entrichtet wird. II. Besteht die Partei der Einsprechenden aus mehreren Personen, so muss eine **Beschwerde** von dem **gemeinsamen Vertreter** gemäß **Regel 151 EPÜ** (Regel 100 EPÜ 1973) eingelegt werden. Wird die Beschwerde von einer hierzu nicht berechtigten Person eingelegt, so betrachtet die Beschwerdekammer sie als nicht ordnungsgemäß unterzeichnet und fordert den gemeinsamen Vertreter auf, sie innerhalb einer bestimmten Frist zu unterzeichnen. Die nicht-berechtigte Person, die die Beschwerde eingelegt hat, wird von dieser Aufforderung in Kenntnis gesetzt. Scheidet der bisherige gemeinsame Vertreter aus dem Verfahren aus, so ist gemäß **Regel 151 EPÜ** (Regel 100 EPÜ 1973) ein neuer gemeinsamer Vertreter zu bestimmen. III. Zur Wahrung der Rechte des Patentinhabers und im Interesse der Verfahrenseffizienz muss während des gesamten Verfahrens klar sein, wer der Gruppe der gemeinsamen Einsprechenden bzw. der gemeinsamen Beschwerdeführer angehört. Beabsichtigt einer der gemeinsamen Einsprechenden oder der gemeinsamen Beschwerdeführer (oder der gemeinsamen Vertreter), sich aus dem Verfahren zurückzuziehen, so muss das EPA durch den gemeinsamen Vertreter bzw. durch einen nach **Regel 151 (1) EPÜ** (Regel 100 (1) EPÜ 1973) bestimmten neuen gemeinsamen Vertreter entsprechend unterrichtet werden, damit der Rückzug aus dem Verfahren wirksam wird.
59	G 01/02	**Kompetenz des Formalsachbearbeiters** Die Bestimmungen unter den Nummern 4 und 6 der Mitteilung des Vizepräsidenten der Generaldirektion 2 vom 28. April 1999 (ABl. EPA 1999, 506) verstoßen nicht gegen übergeordnete Vorschriften. *Bemerkung:* *In Nummer 4 der Mitteilung vom 28. April 1999 wird den Formalsachbearbeitern die Zuständigkeit für die Wahrnehmung folgender Geschäfte zugewiesen: »Mitteilungen nach Regel 112 (1) EPÜ (Regel 69 (1) EPÜ 1973) und Entscheidungen und Unterrichtungen nach Regel 112 (2) EPÜ (Regel 69 (2) EPÜ 1973)«. Aus Nummer 6 ergibt sich ihre Zuständigkeit für Entscheidungen »im einseitigen Verfahren über die Unzulässigkeit des Einspruchs und des Beitritts des vermeintlichen Patentverletzers mit Ausnahme der Fälle nach Regel 76 c) EPÜ (Regel 55 c) EPÜ 1973)«. Nummer 4 überträgt einzelne Geschäfte im Vorfeld der eigentlichen Entscheidungen sowie die Befugnis zum Erlass von Entscheidungen im Rahmen der Regel 112 (2) EPÜ (Regel 69 (2) EPÜ 1973). Nummer 6 betrifft ausschließlich die Übertragung der Befugnis zum Erlass von Entscheidungen innerhalb der vorgegebenen Grenzen. In der Entscheidung G 1/02 gilt es daher festzustellen, ob Regel 11 (3) EPÜ (Regel 9 (3) EPÜ 1973) die Möglichkeit eröffnet, den Formalsachbearbeitern nicht nur Geschäfte zu übertragen, die dem Erlass von Entscheidungen vorausgehen, sondern auch die Befugnis, unter bestimmten Voraussetzungen Entscheidungen zu erlassen, die den Einspruchsabteilungen obliegen.*
60	G 02/02 G 03/02	**Beanspruchung einer Priorität vom dem EPA aus PVÜ-Staaten** ~~Das TRIPS-Übereinkommen berechtigt den Anmelder einer europäischen Patentanmeldung nicht, die Priorität einer ersten Anmeldung in einem Staat zu beanspruchen, der zu den maßgeblichen Zeitpunkten zwar Mitglied des WTO/TRIPS-Übereinkommens war, aber nicht Mitglied der Pariser Verbands Übereinkunft.~~ Ist mit EPÜ 2000 nicht mehr relevant, da kein Vorbehalt gegen WTO-Regelung mehr besteht.

408

G-Entscheidungen

Entscheidung	Leitsätze	
G 01/03	**Disclaimer**	61
G 02/03 (siehe auch G 01/16)	I. Die **Änderung** eines **Anspruchs** durch die **Aufnahme** eines **Disclaimers** kann nicht schon deshalb nach **Artikel 123 (2) EPÜ** zurückgewiesen werden, weil weder der Disclaimer noch der durch ihn aus dem beanspruchten Bereich ausgeschlossene Gegenstand aus der Anmeldung in der ursprünglich eingereichten Fassung herleitbar ist. II. Die **Zulässigkeit** eines in der Anmeldung in der ursprünglich eingereichten Fassung **nicht offenbarten Disclaimers** ist nach **folgenden Kriterien** zu beurteilen: II.1 Ein Disclaimer kann zulässig sein, wenn er dazu dient: – die Neuheit wiederherzustellen, indem er einen Anspruch gegenüber einem Stand der Technik nach **Artikel 54 (3)** und **(4) EPÜ** abgrenzt; - die Neuheit wiederherzustellen, indem er einen Anspruch gegenüber einer zufälligen Vorwegnahme nach **Artikel 54 (2) EPÜ** abgrenzt; eine Vorwegnahme ist zufällig, wenn sie so unerheblich für die beanspruchte Erfindung ist und so weitab von ihr liegt, dass der Fachmann sie bei der Erfindung nicht berücksichtigt hätte; und – einen Gegenstand auszuklammern, der nach den **Artikeln 52** bis **57 EPÜ** aus nichttechnischen Gründen vom Patentschutz ausgeschlossen ist. II.2 Ein Disclaimer sollte nicht mehr ausschließen, als nötig ist, um die Neuheit wiederherzustellen oder einen Gegenstand auszuklammern, der aus nichttechnischen Gründen vom Patentschutz ausgeschlossen ist. II.3 Ein **Disclaimer**, der für die **Beurteilung** der **erfinderischen Tätigkeit** oder der ausreichenden **Offenbarung** relevant ist oder wird, stellt eine nach **Artikel 123 (2) EPÜ unzulässige Erweiterung** dar. II.4 Ein Anspruch, der einen Disclaimer enthält, muss die Erfordernisse der Klarheit und Knappheit nach **Artikel 84 EPÜ** erfüllen.	
G 03/03	**Zuständigkeit bei Rückzahlung Beschwerdegebühr** I. Wird einer **Beschwerde** gemäß **Artikel 109 (1) EPÜ** abgeholfen, so ist das erstinstanzliche Organ, dessen Entscheidung mit der Beschwerde angefochten wurde, nicht dafür zuständig, einen Antrag des Beschwerdeführers auf **Rückzahlung** der **Beschwerdegebühr** zurückzuweisen. II. Die **Zuständigkeit** für die Entscheidung über den Antrag liegt bei der **Beschwerdekammer**, die nach **Artikel 21 EPÜ** in der Sache für die Beschwerde zuständig gewesen wäre, wenn ihr nicht abgeholfen worden wäre.	62
G 01/04	**Diagnostizierverfahren** I. Damit der Gegenstand eines **Anspruchs** für ein am menschlichen oder tierischen **Körper** vorgenommenes **Diagnostizierverfahren** unter das Patentierungsverbot des **Artikels 53 c) EPÜ** (Regel 52 (4) EPÜ 1973) fällt, **muss** der **Anspruch** die **Merkmale umfassen**, die sich auf Folgendes beziehen: i) die Diagnose zu Heilzwecken im strengen Sinne, also die deduktive human- oder veterinärmedizinische Entscheidungsphase als rein geistige Tätigkeit, ii) die vorausgehenden Schritte, die für das Stellen dieser Diagnose konstitutiv sind, und iii) die spezifischen Wechselwirkungen mit dem menschlichen oder tierischen Körper, die bei der Durchführung derjenigen vorausgehenden Schritte auftreten, die technischer Natur sind. II. Ob ein Verfahren ein Diagnostizierverfahren im Sinne des **Artikels 53 c) EPÜ** (Regel 52 (4) EPÜ 1973) ist, kann weder von der Beteiligung eines Human- oder Veterinärmediziners, der persönlich anwesend ist oder die Verantwortung trägt, abhängig sein noch davon, dass alle Verfahrensschritte auch oder nur von medizinischem oder technischem Hilfspersonal, dem Patienten selbst oder einem automatisierten System vorgenommen werden können. Ebenso wenig darf in diesem Zusammenhang zwischen wesentlichen Verfahrensschritten mit diagnostischem Charakter und unwesentlichen Verfahrensschritten ohne diagnostischen Charakter unterschieden werden. III. Bei einem Diagnostizierverfahren gemäß **Artikel 53 c) EPÜ** (Regel 52 (4) EPÜ 1973) müssen die technischen Verfahrensschritte, die für das Stellen der Diagnose zu Heilzwecken im strengen Sinne konstitutiv sind und ihr vorausgehen, das Kriterium »am menschlichen oder tierischen Körper vorgenommen« erfüllen. IV. **Artikel 53 c) EPÜ** (Regel 52 (4) EPÜ 1973) verlangt keine bestimmte Art oder Intensität der Wechselwirkung mit dem menschlichen oder tierischen Körper; ein vorausgehender technischer Verfahrensschritt erfüllt somit das Kriterium »am menschlichen oder tierischen Körper vorgenommen«, wenn seine Ausführung irgendeine Wechselwirkung mit dem menschlichen oder tierischen Körper einschließt, die zwangsläufig dessen Präsenz voraussetzt.	63

N. G-Entscheidungen

	Entscheidung	Leitsätze
64	G 02/04	**Übertragung Einsprechendenstellung, richtige Verfahrensbeteiligte** I.a) Die **Einsprechendenstellung** ist **nicht frei übertragbar**. b) Eine juristische Person, die bei Einlegung des Einspruchs eine Tochter der Einsprechenden war und die den Geschäftsbetrieb weiterführt, auf den sich das angefochtene Patent bezieht, kann nicht die Einsprechendenstellung erwerben, wenn ihre gesamten Aktien an eine andere Firma übertragen werden. II. Wenn bei Einlegung einer Beschwerde aus berechtigtem Grund Rechtsunsicherheit darüber besteht, wie das Recht hinsichtlich der Frage des richtigen Verfahrensbeteiligten auszulegen ist, ist es legitim, dass die Beschwerde im Namen der Person eingelegt wird, die die handelnde Person nach ihrer Auslegung als richtigen Beteiligten betrachtet, und zugleich hilfsweise im Namen einer anderen Person, die nach einer anderen möglichen Auslegung ebenfalls als der richtige Verfahrensbeteiligte betrachtet werden könnte.
65	G 03/04	**Beitritt während Beschwerdeverfahren** Nach Rücknahme der einzigen Beschwerde kann das Verfahren nicht mit einem während des Beschwerdeverfahrens Beigetretenen fortgesetzt werden.
	Nach Inkrafttreten des EPÜ 2000 entschieden:	
66	G 01/05	**Voreingenommenheit eines Mitglieds der Beschwerdekammer** I. Gibt ein **Beschwerdekammermitglied** in einer Selbstablehnung einen Grund an, der seiner Natur nach ein möglicher Grund für eine Ablehnung wegen **Befangenheit** sein könnte, so sollte dieser Grund in der Regel in der Entscheidung über die Ersetzung dieses Kammermitglieds berücksichtigt werden (Nr. 7 der Entscheidungsgründe). II. Sofern nicht konkrete Umstände an der Fähigkeit eines Kammermitglieds zweifeln lassen, die Vorbringen der Beteiligten zu einem späteren Zeitpunkt unvoreingenommen zu bewerten, kann im Verfahren vor der Großen Beschwerdekammer keine bei objektiver Betrachtung gerechtfertigte, d. h. keine begründete, Besorgnis der Befangenheit eines Mitglieds der Großen Beschwerdekammer im Sinne des **Artikels 24 (3) Satz 1 EPÜ** vorliegen, die darauf gestützt ist, dass in einer früheren Entscheidung einer Beschwerdekammer, an der das betreffende Kammermitglied mitgewirkt hatte, zu dieser Thematik Stellung genommen wurde (Nr. 27 der Entscheidungsgründe).
67	G 01/05	**Änderung des Inhalts einer Teilanmeldung** Was **Artikel 76 (1) EPÜ** angeht, so kann eine Teilanmeldung, die zum Zeitpunkt ihrer Einreichung einen Gegenstand enthält, der über den Inhalt der früheren Anmeldung in der ursprünglich eingereichten Fassung hinausgeht, später geändert werden, damit der Gegenstand nicht mehr über diese Fassung hinausgeht, und zwar auch dann noch, wenn die frühere Anmeldung nicht mehr anhängig ist. Im Übrigen gelten für solche Änderungen dieselben Einschränkungen wie für Änderungen in anderen Anmeldungen (die keine Teilanmeldungen sind).
68	G 01/06 mit G 01/05 verbunden	**Ketten-Teilanmeldungen** Bei einer Kette von Anmeldungen bestehend aus einer (ursprünglichen) Stammanmeldung und darauf folgenden Teilanmeldungen, von denen jede Einzelne aus der jeweiligen Vorgängerin ausgeschieden wurde, ist es eine notwendige und hinreichende Bedingung dafür, dass eine Teilanmeldung dieser Kette den Erfordernissen des **Artikels 76 (1) Satz 2 EPÜ** genügt, dass sich die **gesamte Offenbarung** dieser Teilanmeldung unmittelbar und eindeutig aus dem **Offenbarungsgehalt** jeder **vorangehenden Anmeldung** in der ursprünglich eingereichten Fassung ableiten lässt.
69	G 02/06	**Fragen zur Patentierbarkeit der Verwendung von menschlichen Embryonen** 1. Der Antrag, dem Europäischen Gerichtshof die angegebenen Fragen zur Vorabentscheidung vorzulegen, wird als unzulässig zurückgewiesen. 2. Die der Großen Beschwerdekammer vorgelegten Fragen werden wie folgt beantwortet: Frage 1: **Regel 28 c) EPÜ** (früher Regel 23d c) EPÜ) ist auf alle anhängigen Anmeldungen anzuwenden, auch auf solche, die vor dem Inkrafttreten der Regel eingereicht wurden. Frage 2: **Regel 28 c) EPÜ** (früher Regel 23d c) EPÜ) verbietet die Patentierung von Ansprüchen auf Erzeugnisse, die – wie in der Anmeldung beschrieben – zum Anmeldezeitpunkt ausschließlich durch ein Verfahren hergestellt werden konnten, das zwangsläufig mit der Zerstörung der menschlichen Embryonen einhergeht, aus denen die Erzeugnisse gewonnen werden, selbst wenn dieses Verfahren nicht Teil der Ansprüche ist. Frage 3: Diese Frage bedarf keiner Antwort, da die Fragen 1 und 2 bejaht wurden. Frage 4: Im Rahmen der Beantwortung von Frage 2 ist es nicht relevant, dass nach dem Anmeldetag dieselben Erzeugnisse auch ohne Rückgriff auf ein Verfahren hergestellt werden konnten, das zwangsläufig mit der Zerstörung menschlicher Embryonen einhergeht.

G-Entscheidungen

Entscheidung	Leitsätze
G 01/07	**Chirurgische Behandlung** 1. Ein beanspruchtes **bildgebendes Verfahren** ist als ein Verfahren zur **chirurgischen Behandlung** des menschlichen oder tierischen **Körpers** nach **Artikel 53 c) EPÜ** vom **Patentschutz ausgeschlossen**, wenn bei seiner Durchführung die Erhaltung des Lebens und der Gesundheit des Körpers von Bedeutung ist und wenn es einen invasiven Schritt aufweist oder umfasst, der einen erheblichen physischen Eingriff am Körper darstellt, dessen Durchführung medizinische Fachkenntnisse erfordert und der, selbst wenn er mit der erforderlichen professionellen Sorgfalt und Kompetenz ausgeführt wird, mit einem erheblichen Gesundheitsrisiko verbunden ist. 2a. Ein Anspruch, der einen Schritt mit einer Ausführungsform umfasst, die ein »Verfahren zur chirurgischen Behandlung des menschlichen oder tierischen Körpers« im Sinne des **Artikels 53 c) EPÜ** ist, kann nicht so belassen werden, dass er diese Ausführungsform weiter umfasst. 2b. Der **Ausschluss** von der **Patentierbarkeit** nach **Artikel 53 c) EPÜ** kann **vermieden** werden, indem die Ausführungsform durch einen **Disclaimer** ausgeklammert wird, wobei davon auszugehen ist, dass der Anspruch, der den Disclaimer enthält, natürlich nur dann gewährbar ist, wenn er alle Erfordernisse des EPÜ und, wo anwendbar, auch die Erfordernisse für die Zulässigkeit von Disclaimern erfüllt, wie sie in den Entscheidungen G 1/03 und G 2/03 der Großen Beschwerdekammer festgelegt wurden. 2c. Ob der Wortlaut eines Anspruchs so geändert werden kann, dass der chirurgische Verfahrensschritt ohne Verstoß gegen das EPÜ weggelassen wird, ist anhand der Gesamtumstände des jeweiligen Einzelfalls zu beurteilen. 3. Ein beanspruchtes bildgebendes Verfahren kann nicht allein schon deshalb als eine »chirurgische Behandlung des menschlichen oder tierischen Körpers« im Sinne des Artikels 53 c) EPÜ betrachtet werden, weil ein Chirurg anhand der mit diesem Verfahren gewonnenen Daten während eines chirurgischen Eingriffs unmittelbar über das weitere Vorgehen entscheiden kann.
G 02/07 **mit G 01/08 verbunden**	**Patentierbarkeit von mikrobiologischen Verfahren – Broccoli I; Tomate I** 1. Ein nicht mikrobiologisches **Verfahren** zur **Züchtung** von **Pflanzen**, das die Schritte der geschlechtlichen Kreuzung ganzer Pflanzengenome und der anschließenden Selektion von Pflanzen umfasst oder aus diesen Schritten besteht, ist grundsätzlich von der Patentierbarkeit ausgeschlossen, weil es im Sinne des **Artikels 53 b) EPÜ** »im Wesentlichen biologisch« ist. 2. Ein solches Verfahren entgeht dem Patentierungsverbot des **Artikels 53 b) EPÜ** nicht allein schon deshalb, weil es als weiteren Schritt oder als Teil eines der Schritte der Kreuzung und Selektion einen technischen Verfahrensschritt enthält, der dazu dient, die Ausführung der Schritte der geschlechtlichen Kreuzung ganzer Pflanzengenome oder der anschließenden Selektion von Pflanzen zu ermöglichen oder zu unterstützen. 3. Enthält ein solches Verfahren jedoch innerhalb der Schritte der geschlechtlichen Kreuzung und Selektion einen zusätzlichen technischen Verfahrensschritt, der selbst ein Merkmal in das Genom der gezüchteten Pflanze einführt oder ein Merkmal in deren Genom modifiziert, sodass die Einführung oder Modifizierung dieses Merkmals nicht durch das Mischen der Gene der zur geschlechtlichen Kreuzung ausgewählten Pflanzen zustande kommt, so ist das Verfahren nicht nach **Artikel 53 b) EPÜ** von der Patentierbarkeit ausgeschlossen. 4. Bei der Prüfung der Frage, ob ein solches Verfahren als »im Wesentlichen biologisch« im Sinne des **Artikels 53 b) EPÜ** von der Patentierbarkeit ausgeschlossen ist, ist nicht maßgebend, ob ein technischer Schritt eine neue oder eine bekannte Maßnahme ist, ob er unwesentlich ist oder eine grundlegende Änderung eines bekannten Verfahrens darstellt, ob er in der Natur vorkommt oder vorkommen könnte oder ob darin das Wesen der Erfindung liegt.
G 02/08	**Verwendung eines bekannten Arzneimittels** Frage 1: Wenn die **Verwendung** eines **Arzneimittels** bei der Behandlung einer Krankheit **bereits bekannt** ist, schließt **Artikel 54 (5) EPÜ** nicht aus, dass dieses Arzneimittel zur **Verwendung** bei einer anderen **therapeutischen Behandlung** derselben Krankheit patentiert wird. Frage 2: Die Patentierbarkeit ist auch dann nicht ausgeschlossen, wenn das einzige nicht im Stand der Technik enthaltene Anspruchsmerkmal eine Dosierungsanleitung ist. Frage 3: Wird dem Gegenstand eines Anspruchs nur durch eine neue therapeutische Verwendung eines Arzneimittels Neuheit verliehen, so darf der Anspruch nicht mehr in der sogenannten schweizerischen Anspruchsform abgefasst werden, wie sie mit der Entscheidung G 1/83 geschaffen wurde. Es wird eine Frist von drei Monaten nach der Veröffentlichung dieser Entscheidung im Amtsblatt des Europäischen Patentamts festgesetzt, damit künftige Anmelder dieser neuen Situation gerecht werden können.

N. G-Entscheidungen

Entscheidung	Leitsätze
73 G 03/08	**Recht des Präsidenten zur Vorlage einer Entscheidung durch die GBK** I. Bei der Ausübung des Vorlagerechts kann sich der Präsident des EPA auf das ihm mit **Artikel 112 (1) b) EPÜ** eingeräumte Ermessen berufen, auch wenn sich seine Einschätzung der Notwendigkeit einer Vorlage nach relativ kurzer Zeit gewandelt hat. II. Abweichende Entscheidungen, die ein und dieselbe Technische Beschwerdekammer in wechselnder Besetzung erlassen hat, können Anlass für eine zulässige Vorlage des Präsidenten des EPA sein, der die Große Beschwerdekammer nach **Artikel 112 (1) b) EPÜ** mit einer Rechtsfrage befasst. III. Da der Wortlaut des **Artikel 112 (1) b) EPÜ** hinsichtlich der Bedeutung von »different decisions/voneinander abweichende Entscheidungen/décisions divergentes« nicht eindeutig ist, muss er nach Art. 31 des Wiener Übereinkommens über das Recht der Verträge (WÜRV) im Lichte seines Zieles und Zweckes ausgelegt werden. Zweck des Vorlagerechts nach **Artikel 112 (1) b) EPÜ** ist es, innerhalb des europäischen Patentsystems Rechtseinheit herzustellen. In Anbetracht dieses Zwecks der Vorlagebefugnis des Präsidenten ist der englische Begriff »different decisions« restriktiv im Sinne von »divergierende Entscheidungen« zu verstehen. IV. Der Begriff der Rechtsfortbildung ist ein weiterer Aspekt, den es bei der Auslegung des Begriffs der »voneinander abweichenden Entscheidungen« in **Artikel 112 (1) b) EPÜ** sorgfältig zu prüfen gilt. Rechtsfortbildung ist eine unverzichtbare Aufgabe der Rechtsanwendung, gleich, welcher Auslegungsmethode man sich bedient, und deshalb jeder richterlichen Tätigkeit immanent. Rechtsfortbildung als solche darf deshalb noch nicht zum Anlass einer Vorlage genommen werden, eben weil auf juristischem u/o technischem Neuland die Entwicklung der Rechtsprechung nicht immer geradlinig verläuft und frühere Ansätze verworfen oder modifiziert werden. V. Rechtsprechung wird nicht vom Ergebnis, sondern von der Begründung geprägt. Die Große Beschwerdekammer kann daher bei der Prüfung, ob zwei Entscheidungen die Erfordernisse des **Artikels 112 (1) b) EPÜ** erfüllen, auch obiter dicta berücksichtigen. VI. T 424/03, Microsoft weicht in der Frage, ob ein Anspruch für ein Programm auf einem computerlesbaren Medium zwingend unter das Patentierungsverbot nach Artikel 52 (2) EPÜ fällt, von einer in T 1173/97, IBM zum Ausdruck gebrachten Auffassung ab. Dies beruht jedoch auf einer legitimen Weiterentwicklung der Rechtsprechung und begründet keine Abweichung, die eine präsidiale Vorlage an die Große Beschwerdekammer rechtfertigen würde. VII. Die Große Beschwerdekammer kann in den Gründen der Entscheidungen, die nach der präsidialen Vorlage voneinander abweichen sollen, keine anderen Abweichungen erkennen. Die Vorlage ist daher nach **Artikel 112 (1) b) EPÜ** unzulässig.
74 G 04/08	**Verfahrenssprache** Frage 1: Wenn eine **internationale Patentanmeldung** nach dem PCT in einer **Amtssprache** des EPA **eingereicht** und veröffentlicht wurde, ist es **nicht möglich**, beim **Eintritt** in die europäische Phase eine **Übersetzung** der Anmeldung in **eine der beiden anderen Amtssprachen einzureichen**. Frage 2: Die **Organe des EPA** können im schriftlichen Verfahren zu einer ePA oder zu einer internationalen Anmeldung in der regionalen Phase **keine andere Amtssprache** des EPA verwenden als die **Verfahrenssprache** der Anmeldung gemäß **Artikel 14 (3) EPÜ**. Frage 3: Diese Frage ist gegenstandslos.
75 G 01/09	**Beschwerdefrist - Anhängigkeit der europäischen Patentanmeldung** Eine **europäische Patentanmeldung**, die durch eine Entscheidung der Prüfungsabteilung zurückgewiesen wurde, ist, wenn keine Beschwerde eingelegt worden ist, noch bis zum **Ablauf der Beschwerdefrist anhängig** im Sinne der **Regel 36 (1) EPÜ** (Regel 25 EPÜ 1973).
76 G 01/10	**Berichtigung von Fehlern in der Entscheidung** 1. Da **Regel 140 EPÜ nicht** zur **Berichtigung** des Wortlauts eines **Patents** herangezogen werden kann, ist ein Antrag des Patentinhabers auf eine solche Berichtigung zu jedem Zeitpunkt unzulässig, also auch nach Einleitung des Einspruchsverfahrens. 2. In Anbetracht der Antwort auf die erste Vorlagefrage erübrigt sich eine Beantwortung der zweiten Vorlagefrage.
77 G 02/10	**Aufnahme eines Disclaimers** 1a. Die **Änderung** eines **Anspruchs** durch Aufnahme eines **Disclaimers**, der einen in der ursprünglich eingereichten Fassung der Anmeldung offenbarten Gegenstand ausklammert, verstößt gegen **Artikel 123 (2) EPÜ**, wenn der nach Aufnahme des Disclaimers im Patentanspruch **verbleibende Gegenstand** dem Fachmann, der allgemeines Fachwissen heranzieht, **nicht** in der ursprünglich eingereichten Fassung der Anmeldung unmittelbar und eindeutig **offenbart** wird, sei es implizit oder explizit. 1b. Ob dies der Fall ist, muss anhand einer technischen Beurteilung aller technischen Umstände des jeweiligen Einzelfalls bestimmt werden, bei der es Art und Umfang der Offenbarung in der ursprünglich eingereichten Fassung der Anmeldung, Art und Umfang des ausgeklammerten Gegenstands sowie dessen Verhältnis zu dem nach der Änderung im Anspruch verbleibenden Gegenstand zu berücksichtigen gilt.

G-Entscheidungen N.

Entscheidung	Leitsätze	
G 01/11	**Prüfung der Zuständigkeit der richtigen Beschwerdekammer**	78
	Für die Behandlung einer **Beschwerde** gegen eine Entscheidung der Prüfungsabteilung über die **Nichtrückzahlung** von **Recherchengebühren** gemäß **Regel 64 (2) EPÜ**, die nicht zusammen mit einer Entscheidung über die Erteilung eines europäischen Patents oder die Zurückweisung einer europäischen Patentanmeldung erlassen worden ist, ist eine **Technische Beschwerdekammer** zuständig.	
G 01/12	**Fehlerhafte Angabe des Beschwerdeführers, Änderung als Mangel**	79
	(1) Die umformulierte Frage 1 - nämlich ob es in dem Fall, dass eine **Beschwerdeschrift** entsprechend der **Regel 99 (1) a) EPÜ** den Namen und die Anschrift des Beschwerdeführers nach Maßgabe der **Regel 41 (2) c) EPÜ** enthält und behauptet wird, es sei aus Versehen die **falsche Identität** angegeben worden und die wirkliche Absicht sei es gewesen, die Beschwerde im Namen der juristischen Person einzulegen, die sie hätte einlegen sollen, möglich ist, diesen Fehler nach **Regel 101 (2) EPÜ** auf einen **Antrag** hin zu **korrigieren**, den Namen durch den des wahren Beschwerdeführers zu ersetzen - wird bejaht, sofern die **Erfordernisse** der **Regel 101 (1) EPÜ** erfüllt sind. (2) Im Verfahren vor dem EPA findet der Grundsatz der freien Beweiswürdigung Anwendung. Dies gilt auch für den Problemkreis in dieser Vorlagesache. (3) Im Falle einer fehlerhaften Angabe des Namens des Beschwerdeführers greift nach den in der Rechtsprechung der Beschwerdekammern aufgestellten Bedingungen das allgemeine Verfahren für die Berichtigung von Mängeln nach **Regel 139 Satz 1 EPÜ**. (4) In Anbetracht der Antworten auf die Fragen 1 und 3 muss die Frage 4 nicht beantwortet werden.	
G 02/12 mit G 02/13 verbunden	**Patentierungsverbot von im Wesentlichen biologischen Verfahren zur Züchtung von Pflanzen/Tomatoes II** Siehe zur Entscheidung die damit verbundene G 02/13 Ansicht des EPA ist durch die Neuformulierung der R 28 (2) EPÜ zum 01.07.2017 (ABl. 2017, A56) geändert worden.	80
G 01/13	**Fortführung Einspruch/Beschwerde bei zwischenzeitlichem Erlöschen des Einsprechenden**	81
	1. Wird ein **Einspruch** von einem **Unternehmen** eingelegt, das später gemäß dem maßgeblichen nationalen Recht in jeder Hinsicht **aufhört zu existieren**, anschließend aber nach einer Vorschrift dieses Rechts **wiederauflebt** und als fortgeführt gilt, als hätte es nie aufgehört zu existieren, und treten all diese Ereignisse ein, bevor die Entscheidung der Einspruchsabteilung über die Aufrechterhaltung des angefochtenen Patents in geänderter Fassung rechtskräftig wird, so muss das Europäische Patentamt die Rückwirkung dieser Vorschrift des nationalen Rechts anerkennen und die **Fortsetzung** des **Einspruchsverfahrens** durch das **wiederaufgelebte Unternehmen** zulassen. 2. Wird bei einer Sachlage gemäß Frage 1 im Namen des nicht mehr existierenden einsprechenden Unternehmens fristgerecht eine wirksame Beschwerde gegen die Entscheidung über die Aufrechterhaltung des europäischen Patents in geänderter Fassung eingelegt und erfolgt das – in Frage 1 beschriebene – rückwirkende Wiederaufleben dieses Unternehmens nach Einlegung der Beschwerde und nach Ablauf der Beschwerdefrist gemäß **Artikel 108 EPÜ**, so muss die Beschwerdekammer die Beschwerde als zulässig behandeln. 3. Nicht zutreffend.	
G 02/13 mit G 02/12 verbunden	**Patentierungsverbot von im Wesentlichen biologischen Verfahren zur Züchtung von Pflanzen/Broccoli II**	82
	1. Der ~~**Ausschluss**~~ ~~von im Wesentlichen biologischen Verfahren zur~~ **~~Züchtung~~** ~~von~~ **~~Pflanzen~~** ~~in Artikel 53 b) EPÜ wirkt sich nicht negativ auf die~~ **~~Gewährbarkeit~~** ~~eines~~ **~~Erzeugnisanspruchs~~** ~~aus, der auf~~ **~~Pflanzen~~** ~~oder~~ **~~Pflanzenmaterial~~** ~~wie~~ **~~Pflanzenteile~~** ~~gerichtet ist.~~ ~~2. a) Die Tatsache, dass die Verfahrensmerkmale eines Product-by-process-Anspruchs, der auf Pflanzen oder Pflanzenmaterial gerichtet ist, bei denen es sich nicht um eine Pflanzensorte handelt, ein im Wesentlichen biologisches Verfahren zur Züchtung von Pflanzen definieren, steht der Gewährbarkeit des Anspruchs nicht entgegen.~~ ~~2. b) Die Tatsache, dass das einzige am Anmeldetag verfügbare Verfahren zur Erzeugung des beanspruchten Gegenstands ein in der Patentanmeldung offenbartes im Wesentlichen biologisches Verfahren zur Züchtung von Pflanzen ist, steht der Gewährbarkeit eines Anspruchs nicht entgegen, der auf Pflanzen oder Pflanzenmaterial gerichtet ist, bei denen es sich nicht um eine Pflanzensorte handelt.~~ ~~3. Unter diesen Umständen ist es nicht relevant, dass sich der durch den Erzeugnisanspruch verliehene Schutz auf die Erzeugung des beanspruchten Erzeugnisses durch ein im Wesentlichen biologisches Verfahren für die Züchtung von Pflanzen erstreckt, das nach Artikel 53 b) EPÜ als solches nicht patentierbar ist.~~ Ansicht des EPA ist durch die Neuformulierung der R 28 (2) EPÜ zum 01.07.2017 (ABl. 2017, A56) geändert worden.	

N. G-Entscheidungen

	Entscheidung	Leitsätze
83	**G 01/14** mit G 02/14 verbunden	**Folgen der Nichtzahlung der Beschwerdegebühr** ~~Ist eine Beschwerde unzulässig oder gilt sie als nicht eingelegt, wenn die Einlegung der Beschwerde und die Zahlung der Beschwerdegebühr nach Ablauf der Beschwerdefrist des Artikels 108 Satz 1 EPÜ erfolgen?~~ Keine Entscheidung, da zugrunde liegendes Verfahren zur G 02/14 durch Rücknahmefiktion der zugrunde liegenden Patentanmeldung eingestellt wurde. Somit ist Vorlage an die GBK unzulässig geworden.
84	**G 02/14** mit G 01/14 verbunden	**Folgen der Nichtzahlung der Beschwerdegebühr** ~~Wenn Beschwerde eingelegt, aber die Beschwerdegebühr erst nach Ablauf der in Artikel 108 Satz 1 EPÜ festgelegten Zahlungsfrist entrichtet wird, ist die Beschwerde dann unzulässig oder gilt sie als nicht eingelegt?~~ Keine Entscheidung, da zugrunde liegendes Verfahren zur G 02/14 durch Rücknahmefiktion der zugrunde liegenden Patentanmeldung eingestellt wurde.
85	**G 03/14**	**Umfang der Prüfung durch das EPA im Einspruchs- und Beschwerdeverfahren/Klarheit** Bei der Prüfung nach **Artikel 101 (3) EPÜ**, ob das Patent in der geänderten Fassung den Erfordernissen des EPÜ genügt, können die Ansprüche des Patents nur auf die Erfordernisse des **Artikels 84 EPÜ** geprüft werden, sofern – und dann auch nur soweit – diese Änderung einen Verstoß gegen **Artikel 84 EPÜ** herbeiführt.
86	**G 01/15**	**Unterschiedlicher Prioanspruch bei alternativen Merkmalsbeanspruchungen ("Oder"-Verknüpfung)** Das Recht auf **Teilpriorität** für einen Anspruch, der aufgrund eines oder mehrerer **generischer Ausdrücke** oder anderweitig **alternative Gegenstände** umfasst (generischer "ODER"-Anspruch), kann nach dem EPÜ **nicht verweigert** werden, sofern diese alternativen Gegenstände im **Prioritätsdokument** erstmals, **direkt** – oder zumindest implizit –, **eindeutig** und **ausführbar offenbart** sind. Andere materiellrechtlichen Bedingungen oder Einschränkungen finden in diesem Zusammenhang keine Anwendung.
87	**G 01/16** (Siehe auch G 02/10 und G 01/03)	**Nicht offenbarte Disclaimer** Bei der Klärung der Frage, ob ein durch die Aufnahme eines nicht offenbarten Disclaimers geänderter Anspruch nach Artikel 123 (2) EPÜ zulässig ist, kommt es darauf an, dass der Disclaimer eines der in Nummer 2.1 der Entscheidungsformel von G 1/03 genannten Kriterien erfüllt. Die Aufnahme eines solchen Disclaimers darf keinen technischen Beitrag zu dem in der ursprünglichen Fassung der Anmeldung offenbarten Gegenstand leisten. Insbesondere darf der Disclaimer nicht für die Beurteilung der erfinderischen Tätigkeit oder der ausreichenden Offenbarung relevant sein oder werden. Der Disclaimer darf nicht mehr ausschließen, als nötig ist, um die Neuheit wiederherzustellen oder einen Gegenstand auszuklammern, der aus nichttechnischen Gründen vom Patentschutz ausgeschlossen ist.
88	**G 01/18** (Siehe auch G 01/14 und G 02/14)	**Unzulässige Beschwerde oder nicht eingelegte Beschwerde - Rückzahlung der Beschwerdegebühr** 1. In folgenden Fällen gilt die **Beschwerde** als **nicht eingelegt**: a) wenn die Beschwerdeschrift innerhalb der in Artikel 108 Satz 1 EPÜ vorgesehenen Frist von zwei Monaten eingereicht UND die **Beschwerdegebühr nach** Ablauf der **Frist von zwei Monaten entrichtet** wurde; b) wenn die **Beschwerdeschrift nach Ablauf** der in Artikel 108 Satz 1 EPÜ vorgesehenen **Frist** von **zwei Monaten** eingereicht UND die **Beschwerdegebühr nach** Ablauf der **Frist** von **zwei Monaten** entrichtet wurde; c) wenn die Beschwerdegebühr innerhalb der in Artikel 108 Satz 1 EPÜ für die Einlegung der Beschwerde vorgesehenen Frist von zwei Monaten entrichtet UND die **Beschwerdeschrift nach Ablauf** der **Frist** von **zwei Monaten** eingereicht wurde. 2. Für die Antworten 1 a) bis 1 c) wird die **Rückzahlung** der **Beschwerdegebühr von Amts** wegen angeordnet. 3. Wenn die Beschwerdegebühr innerhalb oder nach Ablauf der in Artikel 108 Satz 1 EPÜ für die Einlegung der Beschwerde vorgesehenen Frist von zwei Monaten entrichtet UND **keine Beschwerdeschrift eingereicht** wurde, wird die **Beschwerdegebühr zurückgezahlt**.

G-Entscheidungen N.

Entscheidung	Leitsätze	
G 01/19 (Vorlage in EN)	**Patentierbarkeit von computerimplementierten Simulationen** 1. Kann – bei der Beurteilung der erfinderischen Tätigkeit – die **computerimplementierte Simulation** eines technischen Systems oder Verfahrens durch **Erzeugung** einer **technischen** Wirkung, die über die Implementierung der Simulation auf einem Computer hinausgeht, eine **technische Aufgabe lösen**, wenn die **computerimplementierte Simulation** als solche **beansprucht** wird? 2. Wenn die erste Frage bejaht wird, welches sind die **maßgeblichen Kriterien** für die **Beurteilung**, ob eine computerimplementierte Simulation, die als solche beansprucht wird, eine technische Aufgabe löst? Ist es insbesondere eine **hinreichende Bedingung**, dass die **Simulation zumindest teilweise** auf **technische Prinzipien** gestützt wird, die dem simulierten System oder Verfahren zugrunde liegen? 3. Wie lauten die Antworten auf die erste und die zweite Frage, wenn die **computerimplementierte Simulation** als **Teil** eines **Entwurfsverfahrens** beansprucht wird, insbesondere für die Überprüfung eines Entwurfs?	89
G 02/19	**Recht auf mündliche Verhandlung bei ersichtlich unzulässiger Beschwerde eines Dritten im Erteilungsverfahren und rechtliches Gehör am richtigen Ort** 1. Ein **Dritter** im Sinne von Artikel 115 EPÜ, der gegen die Entscheidung über die Erteilung eines europäischen Patents **Beschwerde** eingelegt hat, hat **keinen Anspruch** darauf, dass vor einer Beschwerdekammer des Europäischen Patentamtes **mündlich** über sein Begehren **verhandelt** wird, zur Beseitigung **vermeintlich undeutlicher Patentansprüche (Artikel 84 EPÜ)** des europäischen Patents den **erneuten Eintritt** in das **Prüfungsverfahren** anzuordnen. Eine solchermaßen eingelegte **Beschwerde** entfaltet **keine aufschiebende Wirkung**. 2. **Mündliche Verhandlungen** der Beschwerdekammern an deren **Standort** in **Haar** verstoßen nicht gegen die Artikel 113 (1) und 116 (1) EPÜ.	90
G 03/19	**Patentierungsverbot für ausschließlich durch ein im Wesentlich biologisches Verfahren gewonnene Pflanzen und Tiere** – Widerspruch zwischen Art. 53 (b) EPÜ und R 28 (2) EPÜ? Unter Berücksichtigung der Entwicklungen nach den Entscheidungen G 2/12 und G 2/13 der Großen Beschwerdekammer wirkt sich der Patentierbarkeitsausschluss von im Wesentlichen biologischen Verfahren zur Züchtung von Pflanzen oder Tieren in Artikel 53 b) EPÜ negativ auf die Gewährbarkeit von auf Pflanzen, Pflanzenmaterial oder Tiere gerichteten Erzeugnisansprüchen und Product-by-Process-Ansprüchen aus, wenn das beanspruchte Erzeugnis ausschließlich durch ein im Wesentlichen biologisches Verfahren gewonnen wird oder die beanspruchten Verfahrensmerkmale ein im Wesentlichen biologisches Verfahren definieren. Diese negative Auswirkung gilt nicht für vor dem 1. Juli 2017 erteilte europäische Patente und anhängige europäische Patentanmeldungen, die vor diesem Tag eingereicht wurden und noch anhängig sind.	91
G 04/19 (Vorlage in EN)	**Doppelpatentierung** 1. Kann eine europäische Patentanmeldung nach Artikel 97 (2) EPÜ zurückgewiesen werden, wenn sie **denselben Gegenstand** beansprucht wie ein demselben Anmelder erteiltes europäisches Patent, das **nicht zum Stand der Technik** nach Artikel 54 (2) und (3) EPÜ gehört? 2.1 Wenn die erste Frage bejaht wird, welches sind dann die **Bedingungen** für eine solche **Zurückweisung**, und gelten unterschiedliche Bedingungen je nachdem, ob die zu prüfende europäische Patentanmeldung a) am Anmeldetag oder b) als europäische Teilanmeldung (Artikel 76 (1) EPÜ) zu oder c) unter Inanspruchnahme der Priorität (Artikel 88 EPÜ) einer europäischen Patentanmeldung eingereicht wurde, auf deren Grundlage demselben Anmelder ein europäisches Patent erteilt wurde? 2.2 Hat insbesondere im letztgenannten Fall ein Anmelder ein **legitimes Interesse** an der Erteilung eines Patents auf die (spätere) europäische Patentanmeldung, weil nach Artikel 63 (1) EPÜ der Anmeldetag und nicht der Prioritätstag maßgeblich für die Berechnung der Laufzeit des europäischen Patents ist?	92

415

Inhalt Kapitel O. Übersicht US Patentrecht

US Rechtstexten
Maßgebliche US Rechtstexte mit Links im Form QR-Codes O.1a

Einführung in das US Patentrechts
Grundlegende Begriffe zur Anmeldung einer Erfindung gemäß USPTO O.1
Begriffsklärung O.1b

Materielles Recht
Patentierbarkeit O.2
Neuheit O.3
Neuheitsschonfrist (»grace period«) O.4
Maßgeblicher Stand der Technik (für Neuheit und erfinderische Tätigkeit) O.5
Erfinderische Tätigkeit O.6

Verfahrensrecht
Anmeldeberechtigung O.7
Interference/priority contest O.8
Derivation Proceedings O.9
Provisional Application O.10
Priorität O.11
Duty of disclosure (IDS) O.12
Restriction requirements O.13
Request for continued examination (RCE) O.14
Continuation Application O.16
Divisional Application O.17
Continuation-in-part Application (CIP) O.18
After Final Consideration Pilot 2.0 (AFCP 2.0) O.19
Pre-Appeal Brief Conference Pilot Programm (PABC) O.20

Post-Prosecution Pilot (P3) O.21
Appeal /Beschwerde... O.22

Nach Erteilung durchführbare Verfahren (»post-grant procedure«)
Quick Path Information Disclosure Statement (QPIDS) ... O.23
Reissue O.24
Supplemental Examination O.25
Post grant review (PGR) O.26
Inter Partes Review (IPR) O.27
Ex Parte Reexamination O.28

Sonstiges
Anmeldetag O.29
Einwendungen Dritter O.30
Best mode O.31
Anspruchsgebühren O.32
Fristverlängerung O.33
Jahresgebühren O.34
Gebühren abhängig von der Unternehmensgröße ... O.35
Prosecution history estoppel/file-wrapper estoppel ... O.36
Business method patents O.37
Leahy-Smith America Invents Act (AIA) – Änderungen ... O.38
Duty of Candor and Good Faith O.39

Übersichten
Continuing patent applications O.40
Vergleich Neuheitsschonfrist US Patentrecht vs EPÜ ...... O.41 ff.
Handlungsmöglichkeiten nach einer »Final Office Action« O.45

Übersicht US-Patentrecht O.

Grundlegende Begriffe zur Anmeldung einer Erfindung gemäß dem US Patent Law

Das US Patentrecht wurde mit dem Leahy-Smith America Invents Act (AIA) in Grundzügen überarbeitet. Die hierbei wesentlichen Änderungen traten am 16.09.2012 bzw. am 16.03.2013 in Kraft. Die nachstehenden Rechtsnormen betreffen dabei das US Patent Law AIA, sofern keine entgegenstehenden Vermerke vorhanden sind.
Gebühren sind oftmals abhängig von der Unternehmensgröße. Falls nicht anders vermerkt, beziehen sich die aufgeführten Gebühren auf große Unternehmen (siehe hierzu O.35). Gebührenstand 02.10.2020

Maßgebliche Rechtstexte

Title 35 United Stades Code (U.S.C)	Title 37 Code of Federal Regulations Patent, Trademarks and Copyrights (CFR)	Manual of Patent Examination Procedure, Patent Procedure & related Guides (MPEP)	US Patent fees
Stand: Oktober 2019 Quelle: https://www.uspto.gov/web/offices/pac/mpep/consolidated_laws.pdf	Stand: Oktober 2019 Quelle: https://www.uspto.gov/web/offices/pac/mpep/mpep-9020-appx-r.html	Stand: Juni 2020 Quelle: https://www.uspto.gov/web/offices/pac/mpep/index.html	Stand: Oktober 2020 Quelle: https://www.uspto.gov/learning-and-resources/fees-and-payment/uspto-fee-schedule-effective-october-2

Begriffsklärung

First-to-file (FTF): Ein **Patent** (vorausgesetzt die eingereichten Ansprüche sind neu und erfinderisch) wird **demjenigen erteilt**, der es als **erstes** beim **Patentamt anmeldet**. Dieses weltweit verbreitete Anmeldeprinzip wird in den USA nicht verwendet.

First-to-invent (FTI): Ein **Patent** wird **demjenigen erteilt**, der als **erstes** die **erfinderische Idee hatte**. Dieses grundlegende Anmeldeverständnis wurde durch den Leahy-Smith America Invents Act (AIA) zu First-inventor-to-file geändert. Somit nur noch anwendbar auf Anmeldungen, die vor dem 16.03.2013 eingereicht wurden.

First-inventor-to-file (FITF) (35 U.S.C. § 100 (note)): Ein **Patent** wird **demjenigen erteilt**, der die **Erfindung** als **erstes** beim Patentamt **angemeldet** hat. Ein anderer Erfinder, der die gleiche Erfindung bereits früher gemacht hat, kann ein Derivation Verfahren anstrengen, bei dem festgestellt werden kann, ob der erste Anmelder die Erfindung vom früheren Erfinder »abgeleitet« (derived) hat. Das Derivation Verfahren ist spätestens innerhalb eines Jahres ab der ersten Veröffentlichung eines Anspruchs auf die besagte Erfindung einzuleiten. Es kann für **alle Anmeldungen** durchgeführt werden, die **seit dem 16.03.2013** eingereicht wurden (siehe O.9).

Materielles Recht

Rechtsnormen	Details
Patentierbarkeit 35 U.S.C. § 101	Patentierbar sind **Prozesse, Maschinen, Herstellungsverfahren** oder **Materialkombination** sowie deren **Weiterentwicklungen**, wenn sie neu und nützlich sind. Es werden aber teilweise gerichtlich anerkannte Ausnahme akzeptiert,
Neuheit 35 U.S.C. § 102 (a)	Eine Erfindung eines Erfinders gilt **nicht** als **neu**, wenn sie **vor** dem **PT/AT** (1) **patentiert** wurde, in einer **gedruckten Veröffentlichung beschrieben, öffentlich genutzt, angeboten** (»on sale«) oder **anderweitig** der Öffentlichkeit **zugänglich** war; oder (2) in einem **Patent** nach Section 151 **beschrieben** wurde, in einer **Patentanmeldung veröffentlicht** wurde oder **für** eine **US-(Anmelde-)Veröffentlichung** nach Section 122 (b) **vorgesehen** ist, falls dieses Patent oder diese Patentanmeldung **nicht** den **gleichen Erfinder** aufweist.
Neuheits-schonfrist (»grace period«) 35 U.S.C. § 102 (b)	Ausnahmen für die Berücksichtigung der Neuheit: (1) Eine Offenbarung gilt **nicht** als **SdT**, wenn sie **innerhalb** von **1 Jahr** oder weniger **vor** dem **PT/AT** der Erfindung, (A) **durch** den **Erfinder** gemacht wurde oder direkt oder indirekt **auf ihn zurückgeführt** werden kann, oder (B) [**durch** einen **Dritten**] **nach** einer **öffentlichen Offenbarung** des **Erfinders** nach (A) erfolgt ist. (2) Eine Offenbarung in Patentanmeldungen und Patenten gilt ebenfalls nicht als SdT, wenn (A) der **offenbarte Gegenstand** direkt oder indirekt **auf den Erfinder zurückgeführt** werden kann; (B) der **offenbarte Gegenstand** vor dem PT/AT **durch** den **Erfinder** oder einem **Dritten**, der den offenbarten Gegenstand vom Erfinder erhalten hat, **veröffentlicht** worden ist; oder (C) der **offenbarte Gegenstand** und der **beanspruchte Gegenstand** spätestens **zum Einreichungszeitpunkt** der **gleichen Person gehört** oder Gegenstand eines Übertragungsanspruchs an die gleiche Person ist.

419

O. Übersicht US-Patentrecht

	Materielles Recht (Fortsetzung)	
	Verfahrenshandlung und Rechtsnormen	Details
5	**Maßgeblicher SdT für Neuheit** 35 U.S.C. § 102 (d)	Für die Beurteilung, inwieweit ein Patent oder eine Patentanmeldung für eine beanspruchte Erfindung **neuheitsschädlich** ist, ist auf den **AT** oder bei der Beanspruchung wenigstens einer Priorität, auf die **früheste Priorität** abzuzielen.
6	**Erfinderische Tätigkeit** 35 U.S.C. § 103	Ein Patent wird nicht erteilt, wenn der Unterschied zwischen der beanspruchten Erfindung und dem SdT für einen (Durchschnitts-) Fachmann auf dem Gebiet der Erfindung naheliegend ist. Als maßgeblicher SdT wird auf **35 U.S.C. § 102** verwiesen, d.h. auch am AT **noch nicht veröffentlichte US-Anmeldungen** werden für die **erfinderische Tätigkeit berücksichtigt**.

	Verfahrensrecht	
	Verfahrenshandlung und Rechtsnormen	Details
7	**Anmeldeberechtigung** 35 U.S.C. § 111 35 U.S.C. § 118	Als anmeldeberechtigt gilt **der Erfinder (35 U.S.C. § 111)** oder ein **Dritter**, auf den das **Anmelderecht übergegangen** ist (**35 U.S.C. § 118**). Durch das AIA wird es für Anmeldungen ab dem 16.09.2012 für einen Dritten, z.B. den Arbeitgeber erleichtert, die Anmeldung für den Erfinder vorzunehmen, bspw. bei **Rechtsübergang** oder **Bevollmächtigung**. Für Anmeldungen vor dem 16.09.2012 kann ein Dritter nur in Ausnahmefällen als Vertreter des Erfinders anmelden, z.B. falls der Erfinder nicht auffindbar ist oder eine Anmeldung für den Berechtigten (Arbeitgeber) verweigert.
8	**Interference/ priority contest** 35 U.S.C. § 135 (pre-AIA)	Nur anwendbar für Anmeldungen, die **vor dem 16.03.2013** eingereicht worden sind. Bei der Anmeldung der gleichen Idee durch verschiedene Anmelder/Erfinder kommt es zu einem **Interference Verfahren**, bei dem der Zeitpunkt der Erfindung durch Beweise belegt werden muss. Der frühere AT der ersten Anmeldung gilt lediglich als prima facie Beweis der früheren Erfindung. Das Interference Verfahren kann zwischen zwei Patentanmeldungen oder einer Patentanmeldung und einem Patent durchgeführt werden. Bei zwei Patentanmeldungen muss das Interference Verfahren innerhalb eines Jahres nach Veröffentlichung der früheren Patentanmeldung durchgeführt werden. **Ersatz: Derivation Verfahren**
9	**Derivation Proceedings** 35 U.S.C. § 135	• Nachträgliche **Infragestellung der Erfinderschaft** einer eingereichten älteren Anmeldung für Anmeldungen, **die am oder nach dem 16.03.2013 eingereicht** wurden. • Antrag muss innerhalb eines Jahres ab Erteilung oder **Veröffentlichung der älteren Anmeldung** beantragt werden, je nachdem welcher Zeitraum früher abläuft. • **Antrag** muss **detailliert Gründe** und **Beweise** beinhalten, aus denen hervorgeht, dass (früherer) Anmelder die Erfindung vom Antragsteller abgeleitet hat. Falls erfolgreich, kann ältere Anmeldung (oder Patent) zurückgewiesen werden oder eine Berechtigung des Erfinders eingetragen werden. Antrag ist beim Patent Trials and Appeal Board (PTAB) einzureichen. USPTO kann Einleitung des Verfahrens aufschieben, bis (i) 3 M nach Patenterteilung oder (ii) bis zum Abschluss des post grant reviews, inter partes review oder ex parte reexamination.
10	**Provisional Application** 35 U.S.C. § 111 (b) Gültig seit 16.09.2012	• Provisorische Patentanmeldung zur Sicherung eines frühen Anmeldetags • Dient als **Grundlage für eine reguläre Patentanmeldung (35 U.S.C. § 111 (a))**, kann aber **selbst nicht erteilt** werden • Vorteilhaft, wenn weitere Entwicklungen in die Patentanmeldung einfließen sollen • Ist maximal ein Jahr gültig • Wird **nicht veröffentlicht** • Vereinfachte Regelungen bei der Anmeldung (z.B. geringere Kosten, keine Ansprüche nötig) • **Kein Erfordernis**, in **Englisch** einzureichen (**37 CFR 1.52 (d) (2)**); beim Übergang zu einer regulären Patentanmeldung ist Übersetzung und Erklärung über Übereinstimmung mit ursprünglichem Anmeldetext notwendig; kann auch nach Übergang nachgereicht werden (**37 CFR 1.78 (a) (5)**).
11	**Priorität** 35 U.S.C. § 119 35 U.S.C. § 365	Beim USPTO sind zur **Priobeanspruchung** das **AZ**, das **Amt/ Land** sowie der **PT** der ausländischen Prio-Anmeldung anzugeben; auch für Erfinderzertifikate; Feiertagsregelung gilt. Seit dem 18.12.2013 ist für AIA-Anmeldungen möglich, die 12 M-Frist zur Beantragung der Priorität um 2 M zu verlängern (z.B. bei unbeabsichtigter Verzögerung bei Einreichung Prioanspruch in USA).

Übersicht US-Patentrecht   O.

Verfahrensrecht (Fortsetzung)		
Verfahrenshandlung und Rechtsnormen	Details	
Duty of disclosure (IDS) 37 CFR 1.56 37 CFR 1.97 f.	Der Anmelder hat innerhalb von drei Monaten ab der **Kenntnis von Entgegenhaltungen** (z.B. aus parallelen Verfahren) gegen diese Patentanmeldung ein »**Information Disclosure Statement**« (IDS) einzureichen, in welchem die **Entgegenhaltungen** genannt werden. Wird diese Offenbarungspflicht nicht eingehalten, kann ein daraus entstehendes Patent nicht durchsetzbar sein (siehe O.39). Die Einreichung ist mit einer Gebühr (65-260 $* - **37 CFR 1.17 (p)**) verbunden. * in Abhängigkeit der Unternehmensgröße (siehe O.35)	12
Restriction Requirements MPEP § 806.04 37 CFR 1.141 ff.	Anforderung an die **Einheitlichkeit** der Ansprüche (**37 CFR 1.141**). • Werden in der Anmeldung zwei oder mehr unterschiedliche und unabhängige Erfindungen beansprucht, fordert der Prüfer zu einer **Beschränkung** auf; Beschränkung kann ggf. in weiterem Prüfungsverfahren rückgängig gemacht werden (**37 CFR 1.142**). • In der Antwort auf die Beschränkungsanforderung kann der Anmelder Argumente gegen diese Anforderung vorbringen, muss jedoch gleichzeitig eine provisorische Auswahl der Ansprüche für die Weiterverfolgung treffen (**37 CFR 1.143**). • Beschränkungsanforderung des Prüfers nach der Einreichung von geänderten Ansprüchen durch den Anmelder aufgrund eines Bescheids, die eine andere Erfindung als die bisher im Verfahren beanspruchte Erfindung beanspruchen (**37 CFR 1.145**). • Ist in den Ansprüchen mehr als eine Gattung (species) enthalten, fordert der Prüfer den Anmelder vor dem ersten Bescheid (first office action) auf, eine Gattung für die Weiterverfolgung der Anmeldung auszuwählen, falls keine übergeordnete Formulierung gefunden werden kann (**election of species - 37 CFR 1.146**). • Die nicht ausgewählten Ansprüche können in einer **Continuing Application** (Continuation Application, Divisional Application oder Continuation-in-part Application) weiterverfolgt werden (siehe O.15 ff.).	13
Request for continued examination (RCE) 37 CFR 1.114	• **Nach** einer »**final rejection**« durch das USPTO kann der Erfinder das Erteilungsverfahren erneut eröffnen und fortführen. • Erteilungsverfahren wird in **gleicher Instanz** und mit **gleichem Prüfer** fortgeführt. • **Ansprüche** können bei Einreichung des RCE **geändert** werden. • Weitere RCEs können eingereicht werden. • Gebühr für den ersten RCE 340-1360 $*, für jede weitere 500-2000 $* (**37 CFR 1.17 (e) (1), (2)**). * in Abhängigkeit der Unternehmensgröße (siehe O.35)	14
Continuing Application	Eine **neue Patentanmeldung**, die sich auf eine bereits existierende Patentanmeldung (SA) beruft und die **gleiche Priorität** beansprucht. Je nach Inhalt der neuen Patentanmeldung ist zwischen einer **continuation**, **divisional** oder **continuation-in-part** application zu unterscheiden.	15
Continuation Application 35 U.S.C. § 119 37 CFR 1.53 (b)	• Die neue Patentanmeldung weist die **gleiche Offenbarung** und die **gleiche Priorität** wie die SA auf. • Wird üblicherweise eingereicht, wenn der Prüfer in der Stammanmeldung nicht alle Ansprüche erteilen möchte, z.B. bei einer **Gattungswahl** oder wenn der Anmelder **neue Teile** zur Beanspruchung in der Anmeldung sieht. • Muss wenigstens einen der Erfinder der Stammanmeldung haben. • Neue Gegenstände können nicht eingeführt werden. • Die Anmeldung kann erfolgen, solange die Stammanmeldung noch anhängig ist (lebt, nicht erteilt).	16
Divisional Application 35 U.S.C. § 121	• Die neue Patentanmeldung weist die **gleiche Offenbarung** und die **gleiche Priorität** wie die Stammanmeldung auf. • Beansprucht einen bei einer **Beschränkungsanforderung** (restriction requirement - siehe O.13 ff.) nicht in der Stammanmeldung weiterverfolgten Gegenstand, z.B. bei einer Uneinheitlichkeit der Ansprüche. • Muss wenigstens einen der Erfinder der Stammanmeldung haben. • Neue Gegenstände können nicht eingeführt werden. • Die Anmeldung kann erfolgen, solange die Stammanmeldung noch anhängig ist (lebt, nicht erteilt).	17
Continuation-in-part Application (CIP) 35 U.S.C. § 119 37 CFR 1.53 (b)	• Die neue Patentanmeldung beansprucht die **gleiche Priorität** wie die Stammanmeldung. • Gegenüber der Stammanmeldung kann ein **neuer Erfindungsgegenstand** hinzugefügt werden, wobei wesentliche Teile der Stammanmeldung übernommen werden. Für diesen neuen Erfindungsgegenstand entsteht ein neues Prioritätsrecht. • Muss wenigstens einen der Erfinder der Stammanmeldung haben. • Die Anmeldung kann erfolgen, solange die Stammanmeldung noch anhängig ist (lebt, nicht erteilt).	18

O. Übersicht US-Patentrecht

Verfahrensrecht (Fortsetzung)	
Verfahrenshandlung und Rechtsnormen	Details
19 **After Final Consideration Pilot 2.0 AFCP 2.0**	Weitere Eingabe nach »final action« über **37 CFR 1.116** möglich, vorher muss wenigstens ein **unabhängiger Anspruch geändert** (eingeschränkt) worden sein; keine Gebühr (Vorteil ggü Beschwerde/RCE/CP), nur eine AFCP möglich, Anmelder muss für Interview mit Prüfer zur Verfügung stehen. Seit 2012, Pilotprogramm verlängert bis 30.09.2021, weitere Verlängerung möglich.
20 **Pre-Appeal Brief Conference Pilot Program (PABC)**	Liegen die Bedingungen für eine Beschwerde vor (siehe O.22) kann der Anmelder bei **Einreichung der Beschwerde**, aber noch vor der Erstellung der Beschwerdebegründung eine **Kommission anrufen**, um die **Überprüfung** der **Zurückweisungsgründe** zu beantragen; nur für rechtliche oder faktische Mängel verwendbar, nicht für Interpretationsfragen; **keine Änderung** der **Ansprüche** möglich; Frist zur Einreichung der Beschwerdebegründung verschiebt sich.
21 **Post-Prosecution Pilot (P3)**	Kombiniertes Nachfolgeprogramm zum AFCP 2.0 und Pre-Appeal Brief Conference Pilot Programm; **Durchführung** einer **zeitlich limitierten Konferenz** (max. 20 min) mit **Prüfern**; Amt nimmt Kontakt mit Anmelder auf und führt innerhalb von 10 Kalendertagen Konferenz durch; Entscheidung schriftlich Antrag ist innerhalb von 2 M ab »final rejection« und vor Beschwerde zu stellen; Einreichung von max. 5 Seiten Argumentation nach **37 CFR 1.116** und ggf. geänderte, nicht erweiterte Ansprüche Vorher darf keine Eingabe nach AFCP 2.0 oder Pre-Appeal vorgenommen worden sein; zunächst gültiger P3 Antrag und anschließend AFCP 2.0 oder Pre-Appeal ist jedoch möglich; keine Gebühr, von 11.07.2016 bis 12.01.2017 befristet.
22 **Appeal /Beschwerde** **35 U.S.C. § 134** **37 CFR 41.31 ff.**	• Ein Anmelder kann bei einer **zweifachen Zurückweisung** von Ansprüchen bzw. ein Patentinhaber bei einer **Zurückweisung der Ansprüche** in einer »Reexamination« nach Zahlung einer Gebühr (210-840 $* - **37 CFR 41.20 (b) (1)**) eine Beschwerde beim Patent Trials and Appeal Board (PTAB) einreichen. * in Abhängigkeit der Unternehmensgröße (siehe O.35) • Die **Ansprüche** können nur noch im Rahmen der eingereichten Fassung geändert werden, z.B. durch Streichung, falls die Streichung keine Änderung eines anderen anhängigen Anspruchs bewirkt, sowie die Änderung eines abhängigen in einen unabhängigen Anspruch. • Der Patentprüfer hat noch einmal im Rahmen einer **Abhilfe** die Möglichkeit, seine Begründung der Zurückweisung zu überdenken und ggf. das Patent doch noch zu erteilen.

Nach der Erteilung durchführbare Verfahren (Post-grant prosecution)	
Verfahrenshandlung und Rechtsnormen	Details
23 **Quick Path Information Disclosure Statement (QPIDS)**	Möglichkeit für Patentanmelder **nach** der »**notice of allowance**«, aber noch **vor** der **Veröffentlichung** der Patentschrift **weiteren** bekannten **Stand der Technik** im Rahmen der IDS einzureichen, ohne eine zusätzliche RCE zur Einreichung einer neuen IDS durchzuführen. RCE-Gebühr (500-2000 $* - **37 CFR 1.17 (e)**) sowie IDS Gebühr (65-260 $* - **37 CFR 1.17 (p)**) sind zunächst zu zahlen (abhängig von Größe des Unternehmens - siehe O.35), RCE-Gebühr wird erstattet, wenn eingereichter SdT für Erteilungsfähigkeit nicht relevant ist. Seit 2012, Befristung wurde aufgehoben, so dass das Verfahren permanent zur Verfügung steht. * in Abhängigkeit der Unternehmensgröße (siehe O.35)
24 **Reissue** **35 U.S.C. § 251**	• **Neueinreichung** einer **Patentanmeldung** basierend auf einem **bereits erteilten Patent** durch den Erfinder/Anmelder zur Abänderung und Korrektur der Ansprüche • Innerhalb von 2 Jahren ab der Erteilung kann der Erfinder das Reissue Verfahren nutzen, um die Ansprüche in einem neuen Erteilungsverfahren breiter erteilt zu bekommen. • Erfinder/Anmelder ist auf den Offenbarungsgehalt des erteilten Patents beschränkt. • Gebühren für Einreichung (80-320 $*) - **37 CFR 1.16 (e)**), Recherche (175-700 $* - **37 CFR 1.16 (n)**), Prüfung (580-2320 $* - **37 CFR 1.16 (r)**) und Veröffentlichung (1.000 $ - **37 CFR 1.18 (a) (1)**) der Reissue-Anmeldung erforderlich; ggf. auch Gebühren für zusätzliche Seiten und Ansprüche möglich. * in Abhängigkeit der Unternehmensgröße (siehe O.35)

Übersicht US-Patentrecht O.

Nach der Erteilung durchführbare Verfahren (Post-grant prosecution) (Fortsetzung)

Verfahrenshandlung und Rechtsnormen	Details	
Supplemental Examination 35 U.S.C. § 257	• Wird vom Patentinhaber initiiert, um **wesentliche Fragen** bzgl. der **Patentfähigkeit** im ursprünglichen Erteilungsverfahren zu **berücksichtigen**. Eine **Änderung** der **Ansprüche** ist nicht möglich. Soll dem Patentinhaber die Möglichkeit geben, das Erteilungsverfahren auf **unlauteres Verhalten** (»inequitable conduct«) während des Erteilungsverfahrens zu überprüfen (z.B. Nachreichung einer IDS oder anderer Entgegenhaltungen). Innerhalb von 3 M überprüft das USPTO die eingereichten Unterlagen und stellt ein Zertifikat aus, inwieweit substantiellen Gründe gegen die ursprüngliche Patentierung vorliegen. Falls substantielle Gründe (»*a substantial new question of patentability*« = SNQ) gegen eine Patentierung vorliegen, wird vom Amt eine Ex Parte Reexamination (nicht mehr aufhaltbaren) eingeleitet (siehe O.28). Die Folge ist eine quasi »Limited Amnesty« (**35 U.S.C. § 257 (c) (1)**). Als SdT gilt jede verfügbare Information, die der Öffentlichkeit zugänglich gemacht wurde. • Eine »Supplemental Examination« ist nicht mehr möglich, wenn unlauteres Verhalten bereits festgestellt wurde oder Verletzungsverfahren basierend auf dem Schutzrecht eingeleitet worden ist. • Gebühren: Antrag auf »Supplemental Examination« 1150-4620 $*- (**37 CFR 1.20 (k) (1)**) * in Abhängigkeit der Unternehmensgröße (siehe O.35)	25
Post grant review (PGR) 35 U.S.C. § 321 ff. 37 CFR 42.200 ff.	• Überprüfung der **Rechtsbeständigkeit** durch **Dritten (nicht Patentinhaber)**; • Antrag ist innerhalb von 9 M ab Patenterteilung (auch nach Reissue-Verfahren) zu beantragen; darin muss gezeigt werden, dass die überwiegende Wahrscheinlichkeit besteht, dass einer der angegriffenen Ansprüche als nicht patentfähig befunden wird. Alternativ ist Antrag möglich, wenn neue oder nicht entschiedene Rechtsfrage mit Bedeutung für die Allgemeinheit aufgeworfen wird. • Jeder Nichtigkeitsgrund möglich, d.h. keine Beschränkung auf schriftliche Veröffentlichungen • Ansprüche können durch den Patentinhaber geändert werden. • »*Estoppel*« Regelungen (siehe O.36) sind auf nachfolgende Verletzungsprozesse sowie Widerrufsverfahren anzuwenden. • Nur gültig für Anmeldungen, die nach dem Inkrafttreten des AIA am 16.09.2012 eingereicht wurden.	26
Inter Partes Review (IPR) 35 U.S.C. § 311 ff. 37 CFR 42.100 ff.	• Jeder **Dritte**, d.h. **nicht Patentinhaber**, kann IPR Nachprüfung frühestens **9 M nach Erteilung** eines Patents oder Abschluss eines »post grant review« Verfahrens einleiten. Für pre-AIA Patente kann IPR jederzeit eingeleitet werden. Für eine IPR Nachprüfung muss vernünftige Wahrscheinlichkeit vorliegen, dass Antrag für mindestens einen angegriffenen Anspruch erfolgreich ist. • In Reaktion auf eine Verletzungsklage muss IPR innerhalb eines Jahres eingereicht werden. • IPR darf nicht eingereicht werden, wenn gleichzeitig eine »declaratory judgment (DJ) action« bzgl. der Gültigkeit des Patents eingereicht wurde. • Darf sich nur auf Patente oder andere schriftliche Veröffentlichungen stützen. • Ansprüche können durch den Patentinhaber geändert werden. • »*Estoppel*« Regelungen (siehe O.36) sind auf nachfolgende Verletzungsprozesse sowie Widerrufsverfahren anzuwenden. • Gebühren: 1 bis 20 Ansprüche: ab 19.000 $* + ab 475 $* für jeden weiteren Anspruch (**37 CFR 42.15 (a) (1), (3)**), ggf. Kosten für Discovery-Verfahren * in Abhängigkeit der Unternehmensgröße (siehe O.35) • Kosten können in Extremfällen mehrere 100 T$ betragen	27
Ex Parte Reexamination 35 U.S.C. § 302	• Nicht mehr aufhaltbare **Neuüberprüfung** eines erteilten (und noch lebenden) **Patents** • Kann sowohl vom **Patentinhaber** als auch von jedem **Dritten** jederzeit **nach Erteilung** initiiert werden; Antrag kann auch anonym gestellt werden; ein Dritter, der den Antrag gestellt hat, ist jedoch nicht am Verfahren beteiligt. • Zunächst Prüfung durch das USPTO, ob die vorgebrachten Gründe die Patentierbarkeit substantiell in Frage stellen, Richtlinien der Überprüfung entsprechen dem Erteilungsverfahren; als SdT gelten alle schriftlich veröffentlichten Dokumente • Gebühren: Antrag ab 1.575-6.300 $*, Für jeden Anspruch >20 + 25-100 $*, für jeden unabhängigen Anspruch >3 + 120-480 $* (**37 CFR 1.20 (c) (1), (2), (4), (3)**) * in Abhängigkeit der Unternehmensgröße (siehe O.35)	28

423

O. Übersicht US-Patentrecht

Sonstiges		
	Verfahrenshandlung und Rechtsnormen	Details
29	**Anmeldetag** 35 U.S.C. § 111	Änderung zum 18.12.2013: • Eine Anmeldung sollte eine Beschreibung (**35 U.S.C. § 112**), eine Zeichnung (**35 U.S.C. § 113**) sowie eine Erfindererklärung (**35 U.S.C. § 115**) enthalten. Nach **35 U.S.C. § 111 (a) (4)** ist für den Erhalt eines AT lediglich die Beschreibung, jedoch kein Anspruch oder Zeichnung notwendig. • Nach **35 U.S.C. § 111 (c)** kann eine Beschreibung durch eine Referenz auf eine frühere Anmeldung (US, PCT oder nationale Anmeldung) ersetzt werden; hierzu ist Angabe des AZ und des Landes bzw. der Patentbehörde notwendig; Kopie ist innerhalb von 3 M nach AT einzureichen.
30	**Einwendungen Dritter** 35 U.S.C. § 122 (e)	Ein Dritter kann dem USPTO vor Erteilung eines Patents schriftliche Unterlagen mitteilen. Die Relevanz dieser Unterlagen muss erläutert werden.
31	**Best mode** 35 U.S.C. § 112 (pre-AIA)	Der Erfinder/Anmelder hat die bestmöglichste, (z.B. die genaueste Beschreibung zur Verwendung der Erfindung) zu offenbaren. Nach dem AIA ist dieses Erfordernis zwar noch vorhanden, jedoch kann das Fehlen nicht mehr als Einwand gegen die Durchsetzung des Patents im Rahmen eines Verletzungsverfahrens genutzt werden.
32	**Anspruchsgebühren** 35 U.S.C. § 41 (a) (2)	Unabhängig vom Verfahrensstand werden fällig*: • für mehr als 3 unabhängige Ansprüche: 120-480 $* (**37 CFR 1.16 (h)**) • für jeden Anspruch, ab dem 21. Anspruch: 25- 100 $* (**37 CFR 1.16 (i)**) • für jede Anmeldung die einen »multiple dependent claim« (Anspruch mit mehrfacher Abhängigkeit) enthält: 215-860 $* (**37 CFR 1.16 (j)**) * in Abhängigkeit der Unternehmensgröße (siehe O.35)
33	**Fristverlängerung** 35 U.S.C. § 41 (a) (8)	Fristverlängerungen sind im Prüfungsverfahren gegen Zahlung einer Gebühr* jeweils um 1 M möglich, maximal jedoch um 3 M; die Gebühren* erhöhen sich bei jeder Verlängerung von 55-220 $* über 160-640 $* auf 370-1480 $* (**37 CFR 1.17 (a)**); je nach Verfahren sind auch Verlängerungen bis 5 M möglich, die Gebühren steigen dann auf 790-3160 $* (**37 CFR 1.17 (a) (5)**) * in Abhängigkeit der Unternehmensgröße (siehe O.35)
34	**Jahresgebühren** 35 U.S.C. § 41 (b)	Die Jahresgebühren sind jeweils nach 3 1/2 Jahren (500-2000 $*), 7 1/2 Jahren (940-3760 $) und 11 1/2 Jahren (1925-7700 $*) nach der Erteilung für mehrere Jahre fällig (**37 CFR 1.20 (e), (f), (g)**); Nachfrist von 6 M mit Zuschlag (125-500 $*) ist möglich. (**37 CFR 1.20 (h)**) * in Abhängigkeit der Unternehmensgröße (siehe O.35)
35	**Gebühren abhängig von der Unternehmensgröße***	Für die meisten Gebühren im Anmeldeverfahren, u.a. die Anmelde-, Aufrechterhaltungs- und Recherchegebühren ist eine Reduktion für kleine und micro Unternehmen möglich (**35 U.S.C. § 41 (h), § 123, 37 CFR 1.27 (a)** (Def. »small entity«), **1.29** (Def. »micro entity«)), bei elektronischer Einreichung ist weitere Reduzierung der Anmeldegebühr möglich.
36	**Prosecution history estoppel/file-wrapper estoppel**	Nach Einschränkung des Schutzbereichs der Ansprüche im Erteilungsverfahren durch den Erfinder ist es ihm in einer **Verletzungsklage untersagt**, **Äquivalenzbetrachtungen** zu verwenden, um den **Schutzbereich** wieder **auszudehnen**. Zur Einschränkung des Schutzbereichs können auch Äußerungen/Argumente des Erfinders/Anmelders herangezogen werden, die im Erteilungsverfahren gegenüber dem USPTO gemacht wurden. (Festo Corp. v. Shoketsu Kinzoku Kogyo Kabushiki Co. 535 U.S. 722 (2002))
37	**Business method patents**	Lt. aktueller US Rechtsprechung ist Erteilung eines »Business method patent« möglich. Hierzu ist ein Test zur Patentfähigkeit notwendig, z.B. der »machine-or-transformation« Test. Hierbei wird überprüft, ob eine Verknüpfung mit einer speziellen Vorrichtung (z.B. einem Computer) oder einer Materieveränderung notwendig ist, um die beanspruchte Idee zu realisieren. Dabei ist wichtig, dass weder die Vorrichtung noch die Materieveränderung für sich genommen die patentrechtlichen Voraussetzungen erfüllen. Siehe auch Bilski v. Kappos, 561 U.S. 593 (2010) **Art. 51 (2) c) EPÜ** schließt derartige Geschäftsmodelle in EP vom Patentschutz aus.

Übersicht US-Patentrecht O.

Sonstiges (Fortsetzung)		
Verfahrenshandlung und Rechtsnormen	Details	
Leahy-Smith America Invents Act (AIA) **Änderungen**	• **Vorbenutzungsrecht** durch frühere gewerblich Benutzung der Erfindung (**35 U.S.C. § 102 (a) (1)**); **keine Beschränkung** auf Vorbenutzung **in US**; Voraussetzungen: gutgläubige und kommerzielle bzw. vergleichbare Benutzung mindestens ein Jahr vor dem effektiven AT; nicht anwendbar, wenn Benutzung zwischenzeitlich aufgegeben wurde, anwendbar auf alle nach 16.03.2013 eingereichten und erteilten Patente • Es gibt nun die Möglichkeit, einen Gegenstand virtuell, d.h. über das Internet mit einer Patentnummer zu versehen (»virtual marking«), z.B. über das Internet (**35 U.S.C. § 287**). • Existenz einer Patentnummer auf einem Gegenstand ist nicht mehr strafbar, wenn das zugehörige Patent ausgelaufen ist (**35 U.S.C. § 292 (c)**); Unberechtigte Verwendung einer Patentberühmung auf Produkten oder in Werbung ist weiterhin strafbar. • Für den Fall, dass **Erfinder verstorben**, **unzurechnungsfähig** oder anderweitig **verhindert** ist, wurden **Erleichterungen** für die **Anmeldung** durch einen **Vertreter/Anmelder** vorgenommen (**35 U.S.C. § 117 und § 118** - siehe O.7). • **Ansprüche**, die auf einen **menschlichen Organismus** gerichtet sind oder diesen umfassen, dürfen **nicht** mehr **gewährt** werden (AIA § 33 (a) (Verweis auf **35 U.S.C. § 101**)).	38
Duty of Candor and Good Faith **37 CFR 1.56**	Grundlegendes Prinzip des US-Rechts ist unabdingbare Pflicht zum **redlichen** und **ehrlichen Verhalten** in rechtlichen Angelegenheiten; Anmelder hat ggü. USPTO die **Pflicht, alle Informationen mitzuteilen**, die ihm zur **Beurteilung** der **Patentfähigkeit** bekannt sind. Verstoß (»inequitable conduct«) im US Patent Law kann unter Abwägung des Vorsatzes und der Angemessenheit dazu führen, dass **Patent nicht durchsetzbar** ist; Pflichten sind u.a. • Patentanmelder hat USPTO Prüfungsergebnisse anderer Ämter (IDS - O.12), eigenen bekannten SdT und Umstände mitzuteilen, die für Patentfähigkeit Bedeutung haben; • korrekte Angaben (z.B. über Erfinder oder bei Gebührenzahlung Unternehmensgröße)	39

Übersicht über die Continuing patent applications			
Typ	Offenbarung in Stammanmeldung	Ansprüche in Stammanmeldung	40
Continuation	Ja	Ja	
Divisional	Ja	Ja	
Continuation-in-part	Teilweise	Nicht zwangsläufig notwendig	

Vergleich der Neuheitsschonfristen im US Patentrecht mit EPÜ-Regelungen				
Neuheitsschonfrist für	US-Anmeldungen	EP-Anmeldungen nach missbräuchlicher Offenbarung	EP-Anmeldungen nach Offenbarung auf anerkannter Ausstellung	41
Rechtsnorm	35 U.S.C. § 102 (b)	Art. 55 (1) a) EPÜ	Art. 55 (1) b) EPÜ	42
Woher kommt die Information der Offenbarung?	Schriftliche Veröffentlichung oder Benutzung/Verkauf, die auf den Erfinder zurück geht	Zurückgehend auf offensichtlichen Missbrauch zum Nachteil des Anmelders oder seines Rechtsnachfolgers	Zurschaustellung auf einer anerkannten Ausstellung durch den Anmelder oder seinen Rechtsvorgänger	43
Zeitraum der Neuheitsschonfrist	12 Monate vor Anmeldedatum US	6 Monate vor Anmeldedatum	6 Monate vor Anmeldedatum	44

425

O. Übersicht US-Patentrecht

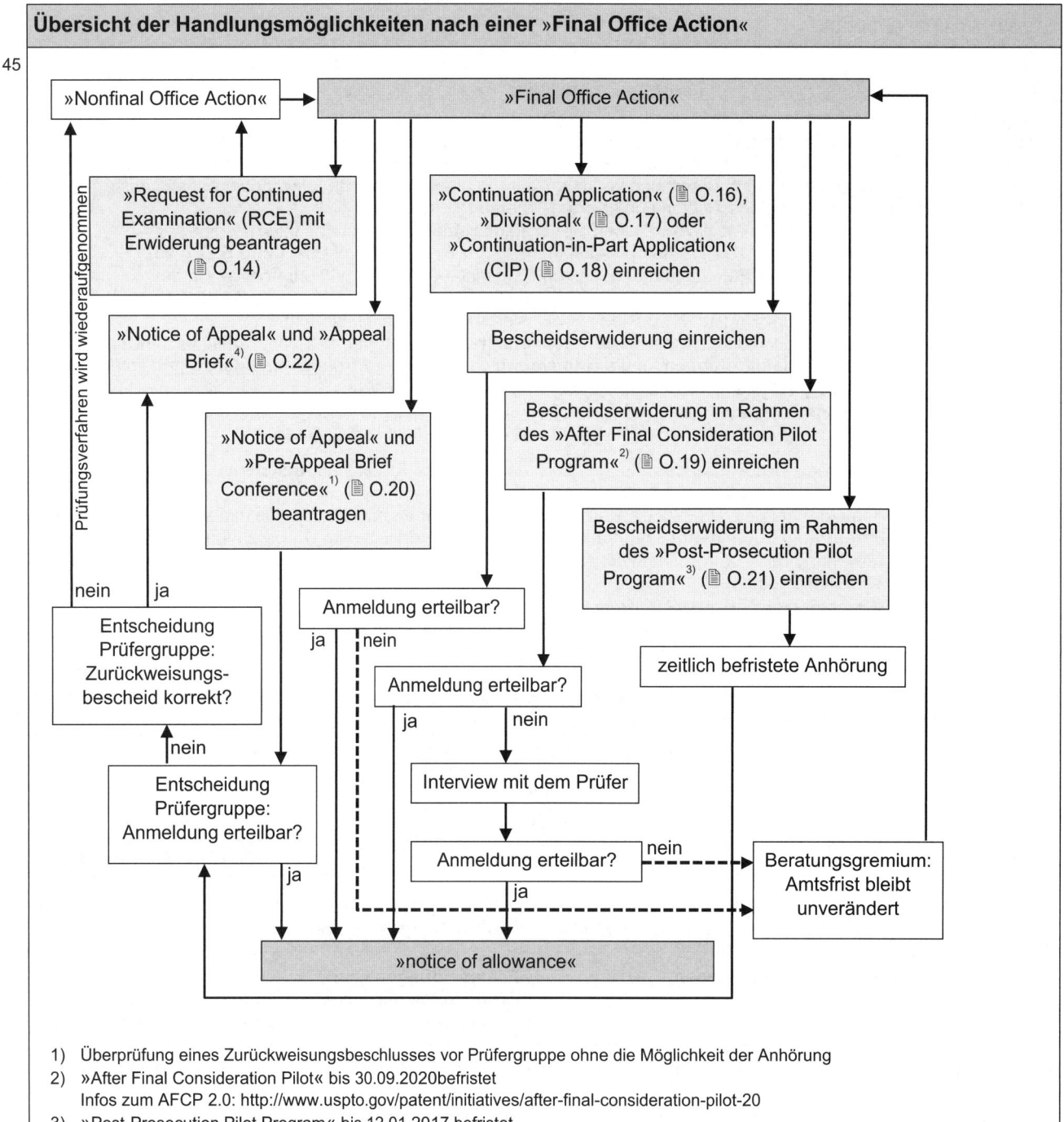

Übersicht der Handlungsmöglichkeiten nach einer »Final Office Action«

45

```
»Nonfinal Office Action« → »Final Office Action«
```

Von »Final Office Action« ausgehende Handlungsmöglichkeiten:

- »Request for Continued Examination« (RCE) mit Erwiderung beantragen (O.14)
- »Notice of Appeal« und »Appeal Brief«⁴⁾ (O.22)
- »Notice of Appeal« und »Pre-Appeal Brief Conference«¹⁾ (O.20) beantragen
- »Continuation Application« (O.16), »Divisional« (O.17) oder »Continuation-in-Part Application« (CIP) (O.18) einreichen
- Bescheidserwiderung einreichen
- Bescheidserwiderung im Rahmen des »After Final Consideration Pilot Program«²⁾ (O.19) einreichen
- Bescheidserwiderung im Rahmen des »Post-Prosecution Pilot Program«³⁾ (O.21) einreichen

Weiterer Ablauf:

- Prüfungsverfahren wird wiederaufgenommen
- Entscheidung Prüfergruppe: Zurückweisungsbescheid korrekt? (nein → Nonfinal Office Action / ja → Notice of Appeal und Appeal Brief)
- Entscheidung Prüfergruppe: Anmeldung erteilbar? (nein → Zurückweisungsbescheid / ja → notice of allowance)
- Anmeldung erteilbar? (ja → notice of allowance / nein → Final Office Action)
- Anmeldung erteilbar? (ja → notice of allowance / nein → Interview mit dem Prüfer)
- Anmeldung erteilbar? (ja → notice of allowance / nein → Beratungsgremium: Amtsfrist bleibt unverändert)
- zeitlich befristete Anhörung
- »notice of allowance«

---

1) Überprüfung eines Zurückweisungsbeschlusses vor Prüfergruppe ohne die Möglichkeit der Anhörung
2) »After Final Consideration Pilot« bis 30.09.2020 befristet
   Infos zum AFCP 2.0: http://www.uspto.gov/patent/initiatives/after-final-consideration-pilot-20
3) »Post-Prosecution Pilot Program« bis 12.01.2017 befristet
   Infos zum P3 Programm: https://www.uspto.gov/patent/initiatives/post-prosecution-pilot
4) während der Beschwerde sind »Continuation Applications« oder ein RCE Antrag möglich

Inhalt Kapitel P. EU-Patent

Europäisches Patent mit einheitlicher Wirkung
EU-Patent P.1
Gesetzliche Voraussetzungen .... P.2 ff.

EU-Patent – rechtliche Grundlagen
Erteilungsvoraussetzungen P.11
Einheitlicher Charakter und einheitliche Wirkung P.12
Doppelschutzverbot P.13
Einheitlicher Schutz P.14
Erschöpfung P.15
Anwendbares Recht P.16
Lizenzbereitschaft P.17
Zwangsvollstreckung P.18
Übertragung der Aufgaben an das EPA P.19

EU-Patent – Eintragung der einheitlichen Wirkung
Eintragung der einheitlichen Wirkung P.20

EU-Patent – Verfahrensschritte
Erteilungsverfahren .... P.21 f.
Antrag .... P.23 f.
Wirkung P.25
Vertretung .... P.26 f.
Patentunterlagen .... P.28 f.
Jahresgebühren .... P.30 f.

EU-Patent – einheitliche Wirkung
Einheitlich P.32

Bündelreste P.33
Möglichkeit zur Erlangung von Schutzrechten in Europa . P.34

EU-Patent – Praxisbeispiele
Praxisbeispiele P.35
Historie P.38

Europäisches Patentgericht – Einheitliche Patentgerichtsbarkeit
EPGÜ P.39
Einheitliche Regelungen P.40
Unterschiedliche Regelungen P.41

Hauptmerkmale Europäisches Patentgericht
Gerichtliche Zuständigkeit .... P.42 ff.
Instanzen des EPG .... P.49 ff.
Zuständigkeit der Zentralkammer .... P.54 f.
Zuständigkeit der Lokal- und Regionalkammern ...... P.56 ff.
Kosten .... P.62 ff.
Klagebefugnis .... P.68 f.
Nichtigkeit P.70
Beweissicherung, vorläufige Maßnahmen .... P.71 ff.
Weiterbehandlung, Wiedereinsetzung .... P.76 f.

Ratifizierungsprozess
Ratifizierungsprozess - aktueller Stand P.78
Ratifizierungsprozess - DE .... P.79 f.
Brexit P.80

427

Übersicht EU-Patent

Europäisches Patent mit einheitlicher Wirkung (EU-Patent)

Grundlage für die Schaffung eines Europäischen Patents mit einheitlicher Wirkung sind der **Art. 142 EPÜ** und der politische Mechanismus der **verstärkten Zusammenarbeit**, wodurch eine Gruppe von Mitgliedsstaaten gemeinsame Regelungen einführen können, ohne dass sich die anderen Staaten daran beteiligen müssen.

Art. 142 (1) EPÜ: Einheitliche Patente
Eine Gruppe von Vertragsstaaten, die in einem besonderen Übereinkommen bestimmt hat, dass die für diese Staaten erteilten europäischen Patente für die Gesamtheit ihrer Hoheitsgebiete einheitlich sind, kann vorsehen, dass europäische Patente nur für alle diese Staaten gemeinsam erteilt werden können.

Ein EU-Patent kann nach der Erteilung (mit gleichen Ansprüchen für alle »teilnehmenden Mitgliedsstaaten« (Definition in Art. 2 a) EPVO)) eines klassischen Europäischen Patents (eP) beim EPA beantragt werden und entfaltet mit Eintragung in das Register für den einheitlichen Patentschutz seine einheitliche Wirkung in diesen Mitgliedsstaaten.

Da das EU-Patent somit gemäß des Artikels 142 (1) EPÜ ein besonderes Übereinkommen darstellt, welches nach der Erteilung eines Europäischen Patents beantragt werden kann, sind die materiellen Prüfungsvoraussetzungen des EPÜ anzuwenden.

Gesetzliche Voraussetzungen

EU-Patent (VO 1257/2012, VO 1260/2012)

Die Verordnung über die Umsetzung der verstärkten Zusammenarbeit im Bereich der Schaffung eines einheitlichen Patentschutzes **VO 1257/2012 (EPVO)** und die Verordnung über die Umsetzung der verstärkten Zusammenarbeit im Bereich der Schaffung eines einheitlichen Patentschutzes im Hinblick auf die anzuwendenden Übersetzungsregelungen **VO 1260/2012 (ÜbVO)** sind am 20.01.2013 in Kraft getreten, Anwendung ab dem 01.01.2014 bzw. ab dem Tag des Inkrafttretens des Übereinkommens über ein einheitliches Patentgericht, je nachdem, **welcher Zeitpunkt der spätere** ist.

Der EuGH hat die Klagen von IT und ES gegen das Vorgehen im Rahmen der verstärkten Zusammenarbeit im Bereich der Schaffung eines einheitlichen Patentschutzes am 16.04.2013 zurückgewiesen.

Einheitliche Patentgerichtsbarkeit (EPGÜ, 16351/12)

Das internationale Übereinkommen zur Schaffung eines Einheitlichen Patentgerichts **16351/12 (EPGÜ)** tritt in Kraft, sobald 13 EU-Mitgliedsstaaten, darunter Großbritannien, Frankreich und Deutschland, es ratifiziert haben. Voraussetzung war die seit 10.01.2015 gültige Verordnung über die gerichtliche Zuständigkeit und die Anerkennung und Vollstreckung von Entscheidungen in Zivil- und Handelssachen **VO 1215/2012 (EuGGVO)** (Implementierung durch VO 542/2014).

Das EPGÜ ist ein völkerrechtliches Abkommen zwischen den EU-Mitgliedsstaaten und kein Rechtsakt der EU.

Der EuGH hat die Klagen ES gegen die VO am 05.05.2015 abgewiesen.

Aktivisten gegen Softwarepatente reichten am 08.04.2015 Klage beim BE Verfassungsgerichtshof gegen die Ratifizierung ein (Begründung: Missachtung der Gleichheit der Belgier vor dem Gesetz, Verstoß gegen den Grundsatz der Gewaltenteilung, fehlende Berücksichtigung der Rechte der drei Sprachengemeinschaften in BE)

Sieben Mitgliedsstaaten (u.a. Deutschland, Frankreich und Großbritannien) haben ein Protokoll zur EPG-Vereinbarung verabschiedet. Bevor das neue Gerichtssystem in Kraft tritt ist es dadurch möglich das IT-System einzurichten und Richter zu ernennen.

Zustimmung des Bundestags zum EPGÜ und zu den Änderungen am IntPatÜG am 09.03.2017 und des Bundesrats am 31.03.2017. Damit wurden die Voraussetzungen für eine Ratifizierung geschaffen. Die deutsche Ratifizierung ist vorerst gestoppt, da eine Verfassungsbeschwerde gegen das EPGÜ am 03.04.2017 eingereicht wurde.

P. Übersicht EU-Patent

	EU-Patent – rechtliche Grundlagen (Auszüge)		
11	**Erteilungsvoraussetzungen, Anmeldeverfahren**	Art. 142 EPÜ Art. 1 (2) EPVO Art. 3 (2) EPVO	Das EPVO stellt ein besonderes Übereinkommen im Sinne des Art. 142 EPÜ dar. Das EU-Patent ist ein nach den Regeln des EPÜ erteiltes Europäisches Patent. Die Entfaltung der einheitlichen Wirkung des EU-Patents in den teilnehmenden Mitgliedsstaaten tritt nach der Erteilung des Europäischen Patents mit gleichen Ansprüchen in den zum Zeitpunkt der Erteilung teilnehmenden Mitgliedsstaaten und der Eintragung in das Register für den einheitlichen Patentschutz ein.
12	**Einheitlicher Charakter und einheitliche Wirkung**	Art. 3 EPVO	Einheitlicher Schutz und Wirkung in allen zu dem Zeitpunkt der Erteilung teilnehmenden Mitgliedsstaaten. Das EU-Patent kann nur für alle teilnehmenden Mitgliedsstaaten einheitlich beschränkt, übertragen, für nichtig erklärt werden oder erlöschen. Das EU-Patent kann für alle oder auch nur für einen Teil der Mitgliedsstaaten lizenziert werden.
13	**Doppelschutzverbot** eP vs. EU-Patent	Art. 4 EPVO	Mit dem Hinweis auf die Erteilung eines EU-Patents nach Art. 4 (1) EPVO ergreifen die teilnehmenden Mitgliedsstaaten notwendige Maßnahmen, um sicherzustellen, dass die Wirkung des EU-Patents als nationales Patent auf ihrem Hoheitsgebiet als nicht eingetreten gilt. Dies hat zur Folge, dass ggf. EU-Patent und eP gleichzeitig in unterschiedlichen EU-Staaten vorliegen, **nicht** jedoch im gleichen EU-Staat. Ratifikationsgesetz in Deutschland: Doppelschutzverbot (§8 IntPatÜbkG) gilt zukünftig nur noch für eP, für die ein Opt-Out gemäß Art. 83 (3) erklärt wurde (§18 IntPatÜbkG-E). Diese Regelung ermöglicht es einem PI die Weiterführung des deutschen Patents neben dem EU-Patent. Vorrang von Klagen vor dem EPG aus eP oder EU-Patent gegenüber einer Klage vor einem deutschen Gericht aus dem deutschen Patent.
14	**Einheitlicher Schutz**	Art. 5 EPVO	(1) PI hat das Recht, Dritte daran zu hindern, Handlungen zu begehen, gegen die dieses Patent innerhalb der teilnehmenden Mitgliedsstaaten Schutz bietet; (2) Einheitliche Wirkung der Rechte und Beschränkungen aus dem Patent in allen teilnehmenden Mitgliedsstaaten; (3) Umfang des Rechts sowie Beschränkungen sind in Art. 7 EPVO näher bestimmt. Rechte und Beschränkungen leiten sich dabei aus dem EPÜ ab.
15	**Erschöpfung**	Art. 6 EPVO	Wird vom PI oder mit seiner Zustimmung ein Erzeugnis, auf das sich das EU-Patent bezieht, in der Union in Verkehr gebracht, so können die Rechte aus dem EU-Patent nicht durchgesetzt werden. Der Binnenmarkt innerhalb EU bzw. EWR gilt als einheitlicher Markt; daher ist eine europaweite Erschöpfung für EU-Patent (und eP) anzurechnen.
16	**Anwendbares Recht** im Rechtsverkehr bzgl. Vermögensfragen	Art. 7 EPVO Art. 25-30 EPGÜ	Abhängig vom Sitz des Patentinhabers oder dem Ort seiner hauptsächlichen geschäftlichen Tätigkeit; bei mehreren Anmeldern abhängig vom erstgenannten Anmelder → wenn keiner der Anmelder seinen Wohnsitz, den Sitz seiner (Haupt-) Niederlassung in einem teilnehmenden Mitgliedsstaat hat, in dem dieses Patent einheitliche Wirkung hat, dann gilt nach Art. 7 (3) EPVO iVm Art. 6 EPÜ deutsches Recht (subsidiär: Sitz der EPO = Deutschland)

Übersicht EU-Patent P.

EU-Patent – rechtliche Grundlagen (Auszüge)				
Lizenzbereitschaft	Art. 8 (1) EPVO	Möglichkeit zur Erklärung der Bereitschaft zur Vergabe einer Lizenz durch den PI ggü. dem EPA (Art. 3 (2) EPVO: Lizenz kann für alle oder einen Teil der teilnehmenden Mitgliedsstaaten vergeben werden).		17
Zwangsvollstreckung		Für Unterlassungsanspruch, Auskunftsanspruch, Rückruf und Vernichtung ist das Gericht am Sitz des Beklagten zuständig. Bei ausländischen Beklagten dort, wo vollstreckt werden soll. Die nationale Vollstreckung tritt neben die Möglichkeit die Zwangsvollstreckung direkt beim EPG zu betreiben.		18
Übertragung der Aufgaben an das EPA	Art. 9 (1) EPVO	Die teilnehmenden Mitgliedsstaaten übertragen dem EPA im Sinne des Art. 143 EPÜ u.a. die Aufgaben, • die Anträge auf EU-Patente zu verwalten; • Erstellung und Verwaltung eines Registers für den einheitlichen Patentschutz (mit Einträgen zu Rechtsübergängen, Lizenzierung, Beschränkung, Widerruf); Registrierung der einheitlichen Wirkung; • Lizenzbereitschaften entgegenzunehmen und einzutragen; • JG für EU-Patente zu erheben und zu verwalten; Verteilung eines Teils der JG an die teilnehmenden Mitgliedsstaaten.		19
Quelle und weitere Infos: EPA (https://www.epo.org/law-practice/unitary/unitary-patent/faq_de.html)				
Leitfaden zum Einheitspatent (http://www.epo.org/law-practice/unitary/unitary-patent/unitary-patent-guide_de.html)				

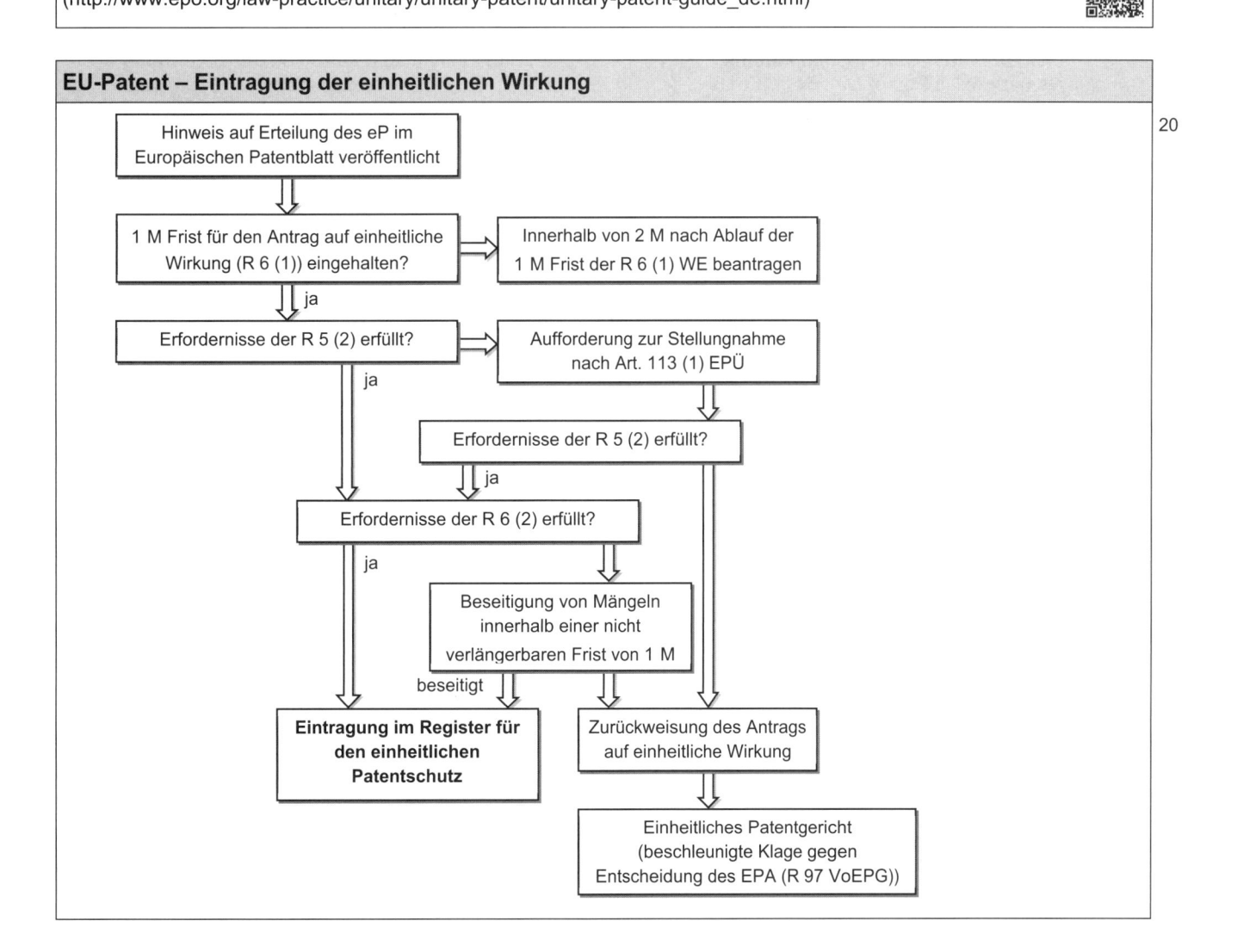

EU-Patent – Eintragung der einheitlichen Wirkung

20

Hinweis auf Erteilung des eP im Europäischen Patentblatt veröffentlicht
↓
1 M Frist für den Antrag auf einheitliche Wirkung (R 6 (1)) eingehalten? → Innerhalb von 2 M nach Ablauf der 1 M Frist der R 6 (1) WE beantragen
↓ ja
Erfordernisse der R 5 (2) erfüllt? → Aufforderung zur Stellungnahme nach Art. 113 (1) EPÜ
↓ ja ↓
 Erfordernisse der R 5 (2) erfüllt?
 ↓ ja
Erfordernisse der R 6 (2) erfüllt?
↓ ja ↓
 Beseitigung von Mängeln innerhalb einer nicht verlängerbaren Frist von 1 M
 beseitigt ↓
Eintragung im Register für den einheitlichen Patentschutz | Zurückweisung des Antrags auf einheitliche Wirkung
↓
Einheitliches Patentgericht (beschleunigte Klage gegen Entscheidung des EPA (R 97 VoEPG))

431

P. Übersicht EU-Patent

EU-Patent – Verfahrensschritte			
	Bündelpatent	**Erteilungsverfahren**	Einheitspatent
21	Antrag auf Erteilung eines europäischen Patents beim EPA in EN, FR oder DE (Art. 78 EPÜ) (Übersetzung von Anmeldungen in Nichtamtssprache innerhalb von 2 Monaten)		
22	EPÜ 2000, Ausführungsordnung, Richtlinien, nat. Recht zum EPÜ, etc.	Regelungen basieren auf den »bewährten« EPÜ-Vorschriften und EPÜ-Verfahren Erstellung und Verwaltung des »Registers für den einheitlichen Patentschutz« (Art. 9 (1) b) EPVO)	
	Bündelpatent	**Antrag**	Einheitspatent
23		Der Antrag auf ein EU-Patent muss **innerhalb eines Monats nach Veröffentlichung des Hinweises auf Erteilung** (Art. 9 g) EPVO) eingereicht werden (in Verfahrenssprache gemäß Art. 3 (2) ÜbVO). Ein Europäisches Patent, das mit unterschiedlichen Ansprüchen für verschiedene teilnehmende Mitgliedsstaaten erteilt wurde, hat keine einheitliche Wirkung (Art. 3 (1) EPVO)	
24		**Übergangsregelung**: Wenn der Tag der Veröffentlichung des Hinweises auf Erteilung nach Inkrafttreten des EPGÜ liegt, kann der Anmelder beim EPA die einheitliche Wirkung für alle 26 Länder unabhängig vom Anmeldetag beantragen.	
	Bündelpatent	**Wirkung**	Einheitspatent
25	**Wirkung des europäischen Patents als nationales Patent** (Art. 64 (1) EPÜ) Alle VS gelten als benannt (Art. 79 (1) EPÜ), Eintragung in nat. Patentregister: Gebühren, Vertreter, Übersetzungserfordernisse, etc.	**Wirkung in allen zum Zeitpunkt der Eintragung teilnehmenden EU-Mitgliedsstaaten (Art. 3 EPVO)** (Stand 01.10.2017: 26 teilnehmende EU-MS) Wirkung tritt rückwirkend zum Tag der Veröffentlichung des Hinweises auf Erteilung in Kraft (Art. 4 (1) EPVO). Spanien ist nicht Teil der neuen Regelung, kann aber jederzeit beitreten (»opt-in«)	
	Bündelpatent	**Vertretung**	Einheitspatent
26	- während Erteilungsverfahren - **vor dem EPA** (bei Vertretungszwang): zugelassener Vertreter, Rechtsanwalt (Art. 133 EPÜ)		
27	- Verletzungsfall -		
	Beispiel DE: ZPO, PatG, Rechtsanwalt ggf. mit Patentanwalt (Vertretungszwang)	**vor dem Einheitlichen Patentgericht**: (Art. 48 EPGÜ) zugelassener Vertreter vor dem EPA mit einer »qualifizierten Zulassung« → LL.B, LL. M., Rechtsanwalt*	

Übersicht EU-Patent P.

EU-Patent – Verfahrensschritte (Fortsetzung)		
Bündelpatent	**Patentunterlagen**	Einheitspatent
Übersetzungserfordernisse (Art. 65 EPÜ) durch Londoner Übereinkommen bzw. national geregelt (siehe »NatR zum EPÜ«)	Vollständige Übersetzung der Patentschrift während Übergangsregelung (zunächst 6 Jahre, aber nicht länger als 12 Jahre) abhängig von der Verfahrenssprache (Art. 6 ÜbVO) Beispiel: • Verfahrenssprache DE oder FR → EN • Verfahrenssprache EN → in eine andere der 23 Amtssprachen der EU-MS zur Wahl **Ziel**: keine Übersetzungserfordernisse → vollständig manuell erstellte Übersetzung nur auf Antrag eines Gerichts bzw. mutmaßlichen Patentverletzers	28
Patent Translate (EPA und Google) seit Ende 2014: maschinelle Übersetzung für Patente aller Amtssprachen der 38 EPÜ-VS		29
Bündelpatent	**Jahresgebühren**	Einheitspatent
An das EPA zu entrichten (bis einschließlich dem Jahr, in dem Hinweis auf Erteilung veröffentlicht, Art. 86 EPÜ)), daran anschließende Jahre: »national« (Art. 141 EPÜ)	An das EPA zu entrichten, keine nationalen Gebühren (Art. 11 EPVO) Der engere Ausschuss des Verwaltungsrats des EPA hat am 24.06.2015 die Höhe der Beträge festgelegt, die sich am »True Top 4« orientieren, d.h. die Gebühren entsprechen der Gesamtsumme der JG für die vier Länder, in denen eP derzeit am häufigsten validiert werden (DE, FR, GB, NL) (siehe 📄 H.79).	30
Ermäßigung, bspw. Prüfungsgebühr, bei Verwendung einer zugelassenen Nichtamtssprache oder Online-Einreichung (Art. 14 iVm Regel 6 EPÜ, Art. 14 GebO)	Übersetzungskosten für KMU, gemeinnützige Organisationen, Universitäten und öffentliche Forschungseinrichtungen in den EU-Mitgliedsstaaten werden vollständig erstattet (Voraussetzung: (Haupt-)Sitz in einem EU-Mitgliedstaat und Patentanmeldung in Amtssprache EU-Mitgliedstaat (nicht Deutschland, England, Frankreich))	31

EU-Patent – »einheitliche Wirkung«	
Einheitlich (für alle teilnehmenden EU-MS verbindlich) (Art. 3 EPVO): • Schutzbereich des EU-Patents • - Widerruf, Erlöschen des EU-Patents • - Einheitliche Wirkung der EPG-Urteile (Art. 16 EPGÜ <-> Art. 98 GMVO)	32
»Bündelreste« (keine einheitliche Regelung): • - Lizenzverträge: nationales Recht, territoriale Beschränkung möglich (Art. 3 (2) EPVO) • - Vorbenutzungsrecht (Art. 28 EPGÜ) • - Zwangslizenzen (Erwägungsgrund 10 der Verordnung (EU) Nr. 1257/2012) • - alle EPÜ-VS, die nicht teilnehmende Mitgliedsstaaten am EU-Patent sind (Art. 2 a) EPVO)	33

Möglichkeit zur Erlangung von Schutzrechten in Europa:
• Nationale auf nationaler Ebene erteilte Patente
• Klassische Europäische Patente die unter EPGÜ fallen
• Klassische Europäische Patente die nicht unter EPGÜ fallen (Übergangsregelungen)
• EU-Patente die unter EPGÜ fallen (nach erfolgter Ratifizierung)
    → ein europäisches Patent kann gleichzeitig ein Bündelpatent und ein EU-Patent sein, Vermerk im Register
    → einheitliches EPG-Urteil für beide möglich
    → aber Doppelschutzverbot (gemäß Art. 4 (2) EPVO-VO 1257/2012)
• Kein Hinweis auf ergänzende Schutzzertifikate → müssen weiterhin einzeln beantragt werden
	34

P. Übersicht EU-Patent

EU-Patent – Praxisbeispiele (Stand 01.10.2016)

35

	EU-Mitgliedsstaat	Teilnahme EPVO	Unterzeichnung EPGÜ	EPÜ-VS	London A.	Erteilung eines Klassischen Europäischen Patents	Erteilung eines Europäischen Patents mit einheitlicher Wirkung	Kommentar
Deutschland	Ja	Ja	Ja[1]	Ja	Ja	**Ja**	**Ja**	[1] EPGÜ unterzeichnet, noch nicht ratifiziert
Spanien	Ja	Nein	Nein	Ja	Nein	**Ja**	**Nein**	komplette Übersetzung der Patentschrift notwendig (siehe NatR zum EPÜ)
Montenegro	Nein[2]	-	-	Nein[2]	Nein	**Ja**	**Nein**	Übersetzung der Ansprüche notwendig (siehe NatR zum EPÜ) [2] Beitrittskandidat der EU und Erstreckungsstaat des EPÜ
Schweiz	Nein	-	-	Ja	Ja	**Ja**	**Nein**	aktuell keine Erweiterung auf weitere Nicht-EU Mitgliedsstaaten geplant (»Brexit«)
Türkei	Nein	-	-	Ja	Nein	**Ja**	**Nein**	komplette Übersetzung der Patentschrift notwendig (siehe NatR zum EPÜ)

36 | Malta hat das Übereinkommen 2017 ratifiziert, ist aber erst seit 01.03.2007 Mitglied der Europäischen Patentorganisation. Benennung nur für Europäische Patentanmeldungen möglich, die an diesem oder einem späteren Tag angemeldet wurden.

37 | Kroatien ist seit 01.01.2008 Mitglied der Europäischen Patentorganisation, sofern es dem EPGÜ beitritt, sind Einheitspatente für Europäische Patentanmeldungen mit Anmeldetag ab dem 01.01.2008 möglich.

Historie

38
1957-1999:	EPÜ1973, Harmonisierung und europäische Schutzrechte per Konvention
2000-2008:	EPÜ2000, neue Anläufe für ein Gemeinschaftspatent (seit Vertrag von Lissabon: **Einheitspatent**, EU-Patent)
2012:	Beschluss EP-Rat und Parlament, Ratifizierungsprozess eingeleitet
2013:	Unterzeichnung in diplomatischer Konferenz, EuGH bestätigt Rechtmäßigkeit des Vorgehens im Wege der verstärkten Zusammenarbeit
2015:	Vorschlag »True Top 4« für Jahresgebühren durch den engeren Ausschuss des Verwaltungsrats angenommen, EuGH weist weitere Klage Spaniens ab, 18. Entwurf der Verfahrensordnung veröffentlicht
2016:	Gerichtskosten und erstattungsfähige Rechts- und Patentanwaltskosten festgelegt, Auswahlprozess der Richter des EPG
2017:	IT System umgesetzt, geplanter schrittweiser Start des Systems Anfang 2019 mit 18 Ländern geplant

* Entwurf des "European Patent Litigation Certificate" (http://www.unified-patent-court.org/consultations) vom 09.09.2015:
Teilnahme an einem Ausbildungskurs vorgeschrieben; Ablegung einer schriftlichen und mündlichen Prüfung für Erhalt erforderlich; Vermittlung von Grundlagenwissen zu den Themen: Europäisches Recht, (internationales) Privatrecht, Vertragsrecht, Gesellschaftsrecht, die Rolle des EuGH und relevante Entscheidungen, Durchsetzung von Patenten, EU-Patentverordnungen VO1257/2012, VO1260/2012, EPGÜ, Patentverletzungs- und Nichtigkeitsverfahren, EPGÜ; Kurs soll von Universitäten und dem Richtertrainingszentrum in Budapest angeboten werden.

Europäische Patentanwälte mit einem Abschluss in Rechtswissenschaften (Bachelor, Master, erstes juristisches Staatsexamen) benötigen keine Zusatzausbildung.

Als zugelassener Vertreter beim EPGÜ kann sich während einer Übergangszeit von einem Jahr ab Inkrafttreten des EPGÜ auch eintragen lassen, wer bereits eine Zusatzausbildung (z.B. CEIPI, Diploma on Patent litigation in Europe, Fernuniversität Hagen, Recht für Patentanwälte, Zusatzstudium Gewerblicher Rechtsschutz, MSc Management of Intellectual Property) absolviert hat.

Die alleinige Vertretung in mindestens drei Patentverletzungsverfahren innerhalb der letzten fünf Jahren stellt eine weitere Möglichkeit dar.

Übersicht EU-Patent P.

Europäisches Patentgericht - »Einheitliche« Patentgerichtsbarkeit	
EPGÜ regelt: • Ausschließliche Zuständigkeit des EPG für EU-Patente • Mögliche Zuständigkeit für eP (Bündelpatent) bei Vorlage der Voraussetzungen • Ablauf des Verfahrens • Verfahrenssprache und Verfahrensablauf • Anordnungen und Befugnisse des Gerichts • Rechtsmittel • Vollstreckung der Entscheidungen • Rechtskraftwirkung	39
Einheitliche Regelungen (Bündelpatent und Einheitspatent): • Erteilungsverfahren • Einspruchsverfahren • Verletzungsverfahren • Nichtigkeitsverfahren • Vollstreckung	40

Unterschiedliche Regelungen:
• Übersetzungsregelungen nach Erteilung
• Jahresgebühren
• Territoriale Reichweite des Urteilsspruchs
  → keine Kompetenz des EPG für EPÜ-Vertragsstaaten, die nicht am EPGÜ teilnehmen
  (z.B. Schweiz, Türkei, Norwegen, Island, Spanien, Kroatien, Polen)
• Territoriale Reichweite des Schutzrechts
• Übergangsrecht
	41

P. Übersicht EU-Patent

		Hauptmerkmale Europäisches Patentgericht
42	**Art. 1 EPGÜ**	**Gerichtliche Zuständigkeit** sowohl für klassische europäische Patente als auch für EU-Patente
43	**Art. 24 EPGÜ**	Vorläufiger Entwurf einer Verfahrensordnung des Einheitlichen Patentgerichts ist in Vorbereitung → EPÜ wird zur materiellen Prüfung herangezogen
44	**Art. 32 EPGÜ**	**Ausschließliche Zuständigkeit** u. a. für • Patentverletzungsklagen (eP und EU-Patente) und Klagen wegen Verletzung ergänzender Schutzzertifikate (Art. 3 b) iVm Art. 1 EPGÜ) • Negative Feststellungsklagen • Klagen und Widerklagen auf Nichtigerklärung • einstweilige Maßnahmen und Sicherheitsmaßnahmen einschließlich einstweiliger Verfügungen • Unterlassungs-, Schadensersatz- und Entschädigungsansprüche • Auskunft, Rechnungslegung, Abhilfemaßnahmen • Nichtigkeitsklagen • Klagen auf Schadenersatz • Klagen gegen das einheitliche Patent betreffende Entscheidungen des EPA • →keine Zuständigkeit für Vindikationsklagen, Klagen von Ansprüchen aus Lizenzverträgen und unberechtigter Schutzrechtsverwarnung
45	**Art. 83 EPGÜ**	Alle eP fallen mit Inkrafttreten unter das EPGÜ (ausschließliche Zuständigkeit). Weitere Kompetenz der nationalen Gerichte nur nach Maßgabe des Überhangsrechts. Aus Art. 83 (1) EPGÜ und Art. 3 c) und d) ist entnehmbar, dass Klagen aus eP auch für die Vergangenheit in die Zuständigkeit des EPG fallen. **Ausnahmeregelung (»opt-out«) Art. 83 EPGÜ:** Während einer Übergangszeit von 7 Jahren können Inhaber oder Anmelder von eP (»Bündelpatenten«) die ausschließliche Zuständigkeit des Einheitlichen Patentgerichts für sämtliche Klagen in Bezug auf das eP ausschließen (keine Verwaltungsgebühr). →die nationalen Gerichte sind weiterhin für das eP zuständig →ohne opt-out: Risiko einer Nichtigkeitsklage mit Wirkung für alle teilnehmenden EU-MS für klassisches Europäisches Patent • Der opt-out ist nur möglich, solange noch keine Klage vor dem EPG erhoben wurde. • Der opt-out kann bis spätestens 1 M vor Ablauf der Übergangszeit in Anspruch genommen werden. • Der opt-out kann bereits im Anmeldestadium in Anspruch genommen werden. • Der opt-out bleibt nach Ablauf der Übergangszeit in Kraft. • Eine Rücknahme des opt-out ist jederzeit möglich, sofern noch keine Klage vor einem nationalen Gericht erhoben wurde, auch nach dem Ablauf der Übergangszeit. • Ein Patentinhaber kann nicht die alleinige Zuständigkeit des EPG mit einem »opt-in« **bestimmen, sondern lediglich die parallele Zuständigkeit des EPG ausschließen** **→ nationale Gerichte sind zuständig.** Die Übergangszeit kann (um bis zu 7 Jahre) verlängert werden.
46	**Gebühren**	Quelle: https://www.unified-patent-court.org/sites/default/files/agreed_and_final_r370_subject_to_legal_scrubbing_to_secretariat.pdf
47	**Rangfolge der Rechtsquellen und anwendbares Recht**: EU-Recht, EPGÜ, EPÜ, internationale Übereinkommen (z.B. PVÜ, TRIPS), nationales Recht inkl. nationales Prozessrecht (z.B. Zeugnisverweigerungsrecht)	
48	Weitere Infos: http://www.unified-patent-court.org/	

Übersicht EU-Patent

Instanzen des EPG				
Art. 7 EPGÜ	**1. Instanz**			49
	Zentralkammer	Art. 7 (2) EPGÜ	Paris mit Außenstellen in München (BPatG) und London	
	Lokalkammer	über Art. 7 (3) EPGÜ	z.B. Deutschland (München), Großbritannien (London), Schottland, Frankreich (Paris), Belgien (Brüssel), Niederlande (Den Haag), Dänemark (Kopenhagen), Italien (Mailand), Irland, Finnland (Helsinki), Österreich (Wien)	
	Zusätzliche Lokalkammer	über Art. 7 (4) EPGÜ	z.B. Deutschland (Mannheim (Schubertstraße), Düsseldorf (OLG), Hamburg (Sievekingplatz)	
	Regionalkammer	über Art. 7 (5) EPGÜ	z.B. Zusammenschluss von Schweden, Estland, Lettland, Litauen (Sitz: Stockholm), evtl. Slowakei, Tschechien, Bulgarien, Zypern, Griechenland und Rumänien	
Art. 8, 9 EPGÜ	**Internationale Zusammensetzung der Spruchkörper** (Ziel: einheitliche Rechtsprechung)			50
	Lokalkammer	in EU-MS, in denen **weniger** als 50 Patentverletzungsverfahren im Durchschnitt pro Jahr begonnen werden: 3 rechtlich qualifizierte Richter (1 nationaler Richter, 2 ausländische Richter)		
		in EU-MS, in denen **mehr** als 50 Patentverletzungsverfahren im Durchschnitt pro Jahr begonnen werden: 3 rechtlich qualifizierte Richter (2 nationale Richter, 1 ausländischer Richter)		
	Regionalkammer	3 rechtlich qualifizierte Richter (2 nationale Richter, 1 ausländischer Richter)**		
	Zentralkammer	3 Richtern (2 rechtlich qualifizierte Richter, 1 technisch qualifizierter Richter)***		
	Berufungsgericht	5 Richter (3 rechtlich qualifizierte Richter, 2 technisch qualifizierte Richter)*** für »schwierige Fragen«: Einrichtung eines Großen Senats (Regel 238A VerfO zum EPGÜ (18. Entwurf))		
Art. 18 EPGÜ	Richterpool	Einrichtung eines Richterpools, dem alle rechtlich und technisch qualifizierten Richter des Gerichts 1. Instanz angehören; für jedes Gebiet der Technik mindestens ein technisch qualifizierter Richter, die auch dem Berufungsgericht zur Verfügung stehen; Zuweisung zur betreffenden Kammer durch den Präsidenten des Gerichts erster Instanz.		51
Art. 9 EPGÜ	**2. Instanz**			52
	Berufungsgericht	Art. 9 (5) EPGÜ	Luxemburg	
EuGH	Vorlageberechtigung (1. Instanz, Art. 267 II AEUV) bzw. Vorlagepflicht (2. Instanz, Art. 267 II AEUV)			53

** auf Antrag einen zusätzlichen technisch qualifizierten Richter (Art. 8 (5) EPGÜ)

P. Übersicht EU-Patent

		Zuständigkeit der Zentralkammer
54	Art.33 EPGÜ	**Sachliche Zuständigkeit:** • Patentverletzungsklagen, wenn Verletzung im Gebiet von 3 oder mehr Regionalkammern auf Antrag des Beklagten • Negative Feststellungsklagen • Isolierte Nichtigkeitsklagen • Klagen mit Blick auf einheitliche Wirkung und deren Eintragung beim EPA Keine Lokal- oder Regionalkammer im Verletzungs- oder Sitzstaat → Parteienvereinbarung
55	Anlage II	**Örtliche Zuständigkeit:** (Haupt IP Klassifikation zählt) • **Paris:** Hauptsitz mit Schwerpunkt auf allen technischen Bereichen außer Maschinenbau, Chemie, Arzneimittel und täglicher Lebensbedarf • **München:** Außenstelle mit Schwerpunkt auf dem Bereich Maschinenbau, Beleuchtung, Heizung, Waffen, Sprengen (IP Klassifikation F) • **London:** Außenstelle mit Schwerpunkt auf den Bereichen Chemie, Arzneimittel (IP Klassifikation C) und täglicher Lebensbedarf (IP Klassifikation A)

		Zuständigkeit der Lokal- und Regionalkammern
56	Art.33 EPGÜ	**Sachliche Zuständigkeit:** • Verletzungsverfahren • Schadenersatzklage (inkl. Entschädigung, Kosten) • Nichtigkeitswiderklage • Einstweilige Maßnahmen wie Verfügungsverfahren, Beweis- und Vermögenssicherungsmaßnahmen • Rechtsanhängigkeitssperre
57		**Örtliche Zuständigkeit:** • Gerichtsstand der (drohenden) Verletzungshandlung • Gerichtsstand am Sitz/Geschäftssitz/Niederlassungsort des Beklagten Mehrere Beklagte in einer »geschäftlichen Beziehung« können gemeinsam am Sitzgericht eines Beklagten gemeinsam verklagt werden. • Voraussetzung: derselbe Verletzungsvorwurf (entspricht nicht dem gleichen Patent)
58		Trotz anhängiger Nichtigkeitsklage kann innerhalb von 3 M Verletzungsklage bei Lokal- oder Regionalkammer anhängig gemacht werden (Art. 33 (5) EPGÜ). Aber bei anhängiger Verletzungsklage kann Nichtigkeitsklage **nicht** bei Zentralkammer verhandelt werden (Art. 33 (4) 2 EPGÜ).
59	Art.49 EPGÜ	**Verfahrenssprache** (1. Instanz): Amtssprache des EPA, Amtssprache des Mitgliedsstaats, Erteilungssprache Grundsatz: • Lokal- oder Regionalkammer: eine offizielle Amtssprache am Sitz • Zentralkammer: Erteilungssprache des Patents
60		Mitgliedsstaaten können nach Art. 49 (2) EPGÜ eine oder mehrere EPA Amtssprachen zu Verfahrenssprache ihrer Lokal- oder Regionalkammer machen.
61	Art.50 EPGÜ	**Verfahrenssprache** (Berufungsverfahren): (1) Grundsatz: Sprache der 1. Instanz (2) Parteien können sich auf Sprache der Erteilung einigen. (3) In Ausnahmefällen kann Berufungsgericht mit Zustimmung der Parteien eine andere Amtssprache eines Vertragsmitgliedstaates für das gesamte oder einen Teil des Verfahrens bestimmen.

Übersicht EU-Patent

Kosten			
Finaler Vorschlag vom 25.02.2016	<ul><li>Kostentabelle</li><li>Obergrenze für erstattungsfähige Kosten</li><li>Gestaffelte Reduzierungen bei Klagerücknahme (zwischen 20% und 60%)</li><li>Reduzierung bei Einzelrichterverfahren (um 25%)</li><li>Kumulierte Reduzierung ausgeschlossen</li><li>Reduzierung für KMU (auf 60%)</li><li>Härtefallregelung</li><li>Bei mehreren Klägern werden nur einmal Gerichtskosten fällig</li></ul>		62
Gerichtskosten	Gerichtskosten für Verletzungsverfahren, Widerklagen wegen Verletzung und negative Feststellungsklage bestehen aus einem<ul><li>Fixbetrag für das Verfahren und einer</li><li>Zusätzlichen Streitwertgebühr (bei Streitwerten über 500.000 €)</li></ul>→ 2. Instanz: gleiche Kosten		63
Streitwertbestimmung	Generell	Einigkeit der Parteien → das Gericht soll sich prinzipiell daran halten.	64
	Verletzungsverfahren	Orientierung am Umsatz des Verletzers und üblicher Lizenz für Vergangenheit (entspricht Schadenersatz) und Zukunft, bis zum Ablauf des Patents (entspricht Wert des Unterlassungsanspruchs).	65
	Nichtigkeitsklage	Wer des Patents, berechnet nach Umsätzen oder Verletzungsverfahren +50 %	66
	Verfahren einer einstweiligen Verfügung ohne nachfolgendes Hauptsacheverfahren beträgt der Streitwert 66 % des für das Hauptsacheverfahren zu kalkulierenden Streitwerts.		67

P. Übersicht EU-Patent

	Klagebefugnis EPG	
68	eP ohne einheitliche Wirkung	• Der wahre Berechtigte am eP, unabhängig von der Registerlage. • Nichtigkeits- und neg. Feststellungsklagen sind gegen den eingetragenen Patentinhaber (der in den nationalen Registern Eingetragene) zu richten. • Der »opt-out« ist von allen Patentinhabern aller nationalen Teile, für die eP erteilt wurde zu erklären.
69	eP mit einheitlicher Wirkung	• Der im Einheitspatentregister eingetragene Inhaber, auf die tatsächliche Inhaberschaft kommt es nicht an. • Die Beantragung der einheitlichen Wirkung ist vom Patentinhaber vorzunehmen.

	Nichtigkeit - Verweis in Art. 65 auf Art. 138 und 139 EPÜ	
70	Nichtigkeitsgründe	• mangelnde Neuheit • mangelnde erfinderische Tätigkeit • unzulässige Änderung, auch unzulässige Schutzbereichserweiterung • gegenüber dem erteilten Patent in einem Einspruchsverfahren • mangelnde Ausführbarkeit • mangelnde Anmeldeberechtigung (nationale Gerichte sind weiterhin für Vindikationsklagen zuständig)

	Beweissicherung, Vorläufige Maßnahmen	
71	Art. 59 EPGÜ, R 190, 191 RoP	Beweisvorlage und Übermittlung von Informationen
72	Art. 60 EPGÜ, R 199 RoP	Inspektion von Räumlichkeiten
73	Art. 61 EPGÜ, R 200 RoP	Arrest
74	Art. 60 EPGÜ, R 192-198 RoP	Beweissicherung, Beschlagnahme von z.B. verletzenden Vorrichtungen
75	Art. 62 EPGÜ, R 205-213 RoP	Vorläufige Maßnahmen vor dem EPG ex-parte oder inter-partes: Unterlassung, Beschlagnahme, vorläufige Sicherung von Vermögensgegenständen, vorläufige Anordnung der Kostenerstattung

	Weiterbehandlung, Wiedereinsetzung	
76	\multicolumn{2}{l	}{Eine Weiterbehandlung ist nicht vorgesehen, aber Wiedereinsetzung gemäß R 320 RoP möglich. Antrag auf WE: Innerhalb von 1 M nach Wegfall des Grundes für Fristversäumnis, spätestens innerhalb 3 M ab versäumter Frist. Antrag muss Gründe und Tatsachen und Beweismittel umfassen, auf die sich der Antrag stützt, die versäumte Handlung ist nachzuholen, Gebührenzahlung in Höhe von 350 €.}
77	WE	nicht möglich in: • die Berufungsfristen nach Art. 73 EPGÜ • die Frist zum »opt-out« (Art. 83 (4) EPGÜ) • die 3M Frist, innerhalb derer eine Patentverletzungsklage auf eine neg. Feststellungsklage eingereicht werden muss (Art. 33 (6) EPGÜ) • die Verjährungsfrist von 5 Jahren für Entschädigungsklagen (Art. 72 EPGÜ) • die Frist von 10 Jahren für Wiederaufnahmeverfahren

Übersicht EU-Patent P.

Ratifizierungsprozess – aktueller Stand (am 01.10.2017)

Österreich hat am 06.08.2013 als erster EU-Mitgliedsstaat das EPGÜ **ratifiziert**, gefolgt von Frankreich (14.03.2014), Schweden (05.06.2014), Belgien (06.06.2014), Dänemark (20.06.2014), Malta (09.12.2014), Luxemburg (22.05.2015), Portugal (28.08.2015), Finnland (19.01.2016), Bulgarien (03.06.2016), Niederlande (14.09.2016), Italien (10.02.2017), Estland (01.08.2017), Litauen (24.08.2017), Lettland (11.01.2018), Großbritannien (26.04.2018).

Quelle: http://www.consilium.europa.eu/de/documents-publications/agreements-conventions/agreement/?aid=2013001

Ratifizierung in 2020 geplant: Deutschland, Griechenland, Rumänien, Slowenien

Ratifikationsprozess bisher nicht eingeleitet: Zypern, Tschechien, Ungarn, Irland (Referendum geplant)
EPGÜ nicht unterzeichnet: Spanien, Kroatien (nimmt bisher nicht an der verstärkten Zusammenarbeit teil), Polen

Die Bundesregierung hat am 25.05.2016 den »Entwurf des Gesetzes zum Übereinkommen vom 19.02.2013 über ein Einheitliches Patentgericht« zusammen mit einem Gesetz zur Anpassung nationaler Vorschriften zur Umsetzung der europäischen Patentreform beschlossen. Zustimmung des Bundestags zum EPGÜ und zu den Änderungen am IntPatÜG am 09.03.2017 und des Bundesrats am 31.03.2017. Damit wurden die Voraussetzungen für eine Ratifizierung geschaffen. Die deutsche Ratifizierung ist vorerst gestoppt, da eine Verfassungsbeschwerde gegen das EPGÜ am 03.04.2017 eingereicht wurde.

Zu der Verfassungsbeschwerde wurden Stellungnahmen u.a. von der Deutschen Bundesregierung, dem Europäischen Patentamt, vom Deutschen Anwaltsverein (DAV), der Bundesrechtsanwaltskammer (BRAK), der deutschen Vereinigung für den gewerblichen Rechtsschutz und Urheberrecht e.V. (GRUR) sowie der European Patent Litigators Association (EPLIT) eingereicht.

Das Bundesverfassungsgericht hat am 13.02.2020 entschieden, dass das Zustimmungsgesetz zum Übereinkommen über ein Einheitliches Patentgericht aus dem Jahr 2013 nicht verfassungsgemäß und daher nichtig ist (Entscheidung im Verfahren 2 BvR 739/17). Damit kann Deutschland das Übereinkommen derzeit nicht ratifizieren.

P. Übersicht EU-Patent

Brexit

Am 23.06.2016 fand das Referendum zu einem möglichen Austritt Großbritanniens aus der Europäischen Union statt. Die Briten stimmten mit knapper Mehrheit für einen Austritt. Ankündigung der Ratifizierung trotz Brexit am 28.11.2016, Unterzeichnung des Immunitätenprotokolls (15.12.2016) und Einleitung des parlamentarischen Verfahrens (20.01.2017) für die Ratifizierung am 26.04.2018. Großbritannien hat am 20.07.2020 die letzten Vorbereitungen getroffen, um vom Einheitlichen Patentgericht zurückzutreten, eine Rücktrittserklärung wurde beim Sekretariat des Europäischen Rats hinterlegt.

Bisher angenommene Folgen eines möglichen Austritts für Großbritannien:
- keine Möglichkeit des Inkrafttretens bevor die Mitgliedschaft Großbritanniens beendet ist;
- kein Patentschutz durch das EU-Patent und keine gerichtliche Zuständigkeit des einheitlichen Patentgerichts in Großbritannien, da kein Mitgliedsstaat der Europäischen Union mehr;
- die Niederlande (Platz 4 der Anmeldestatistik) ersetzt Großbritannien und gehört damit zu den Mitgliedstaaten, die das EPGÜ zwingend ratifizieren müssen;
- die Zentralkammer (bisher in London geplant) kann beispielsweise nach Italien (Rom) verlegt werden;
- die geplanten Jahresgebühren können aufgrund kleinerer territorialer Wirkung des EU-Patents gesenkt werden;
- ggf. Anpassung des EPGÜ mit neuem Ratifikationsprozess.

Aktuelle Überlegungen:
- ~~Das Übereinkommen tritt gemäß Art. 89 (1) EPGÜ in Kraft, nach Hinterlegung der 13. Ratifikations- oder Beitrittsurkunde, einschließlich der Hinterlegung durch die drei Mitgliedsstaaten, in denen es (2012) die meisten geltenden eP gab.~~
  - → ~~GB war 2012 EU-Mitgliedsstaat und das das EPGÜ unterzeichnet.~~
  - → ~~EPGÜ verlangt gemäß Art. 84 EPGÜ die EU-Mitgliedschaft bei Unterzeichnung.~~
  - → ~~GB wäre weiter an EU-Recht und Entscheidungen des EuGH gebunden, soweit Patentrecht betroffen.~~
- ~~Für EPGÜ gibt es die Möglichkeit ohne neue Ratifizierung gemäß Art. 87 EPGÜ anzupassen, um es mit EU-Recht in Einklang zu bringen.~~
  - → ~~Für EU-Patent muss Erstreckung über bilaterales Übereinkommen zwischen der EU und GB auf Basis des Art. 142 ff. EPÜ erfolgen.~~

Dem geplanten Start des Europäischen Patentgerichts Anfang 2021 könnte durch den möglichen Ausstieg Großbritanniens aus der Europäischen Union eine Verschiebung um ca. 2 Jahre drohen. Ein Austritt wäre aber nicht das Ende des neuen Patentsystems.

Tabelle mit Vertragsstaaten — Q.

Übersicht über den Geltungsbereich internationaler Verträge auf dem Gebiet des Patentwesens
Teil 1: EPÜ, PCT, WTO, Londoner Übereinkommen, PVÜ (ABl. EPA 2018, A44)

Kürzel	Land	EPÜ	PCT	WTO	ISA, SISA, IPEA	Frist nach Art. 22 PCT	Frist nach Art. 39 (1) PCT	London Agreement	PVÜ
AD	Andorra			Beobachterstatus					ja
AE	Vereinigte Arabische Emirate		10.03.1999	ja	AT, AU, IB, KR	30 M	30 M		ja
AF	Afghanistan			ja					ja
AG	Antigua und Barbuda		17.03.2000	ja		30 M	30 M		ja
AL	Albanien	01.05.2010	04.10.1995	ja	EP	31 M	31 M	01.09.2013	ja
AM	Armenien		25.12.1991	ja	EP[1)], RU	31 M	31 M		ja
AO	Angola		27.12.2007	ja	IB	30 M	30 M		ja
AR	Argentinien			ja					ja
AT	Österreich	01.05.1979	23.04.1979	ja	EP	30 M	30 M		ja
AU	Australien		31.03.1980	ja	AU, KR	31 M	31 M		ja
AZ	Aserbaidschan		25.12.1995	Beobachterstatus	EP[1)], RU	30 M	31 M		ja
BA	Bosnien und Herzegowina	Erstreckungsstaat 01.12.2004	07.09.1996	Beobachterstatus	EP	34 M	34 M		ja
BB	Barbados		12.03.1985	ja	IB	30 M	30 M		ja
BD	Bangladesch			ja					ja
BE	Belgien	07.10.1977	14.12.1981	ja	EP			01.09.2019	ja
BF	Burkina Faso		21.03.1989	ja	AT, EP[2)], RU, SE				ja
BG	Bulgarien	01.07.2002	21.05.1984	ja	EP, RU	31 M	31 M		ja
BH	Bahrain		18.03.2007	ja	AT, EP[3)], US[1)]	30 M	30 M		ja
BI	Burundi			ja					ja
BJ	Benin		26.02.1987	ja	AT; EP[2)], RU, SE				ja
BN	Brunei		24.07.2012	ja	AU, EP[1)], JP[1)]	30 M	30 M		ja
BO	Bolivien			ja					ja
BR	Brasilien		09.04.1978	ja	AT, EP[2)], BR, SE, US[1)]	30 M	30 M		ja
BS	Bahamas			Beobachterstatus					ja
BT	Bhutan			Beobachterstatus					ja
BW	Botswana		30.10.2003	ja	EP	31 M	31 M		ja
BY	Weißrussland		25.12.1991	Beobachterstatus	EP, RU	31 M	31 M		ja
BZ	Belize		17.06.2000	ja	CA, EP	30 M	30 M		ja
CA	Kanada		02.01.1990	ja	CA	30 M (42[Z)])	30 M (42[Z)])		ja
CD	Kongo, Demokratische Republik			ja					ja
CF	Zentralafrikanische Republik			ja	AT, EP[2)], RU, SE				ja
CG	Kongo, Republik		24.01.1978	ja	AT, EP[2)], RU, SE				ja

Q. Tabelle mit Vertragsstaaten

Internationale Verträge, Teil 1 (Fortsetzung)

Kürzel	Land	EPÜ	PCT	WTO	ISA, SISA, IPEA	Frist nach Art. 22 PCT	Frist nach Art. 39 (1) PCT	London Agreement	PVÜ
CH	Schweiz	07.10.1977	24.01.1978	ja	EP	30 M	30 M	01.05.2008	ja
CI	Elfenbeinküste		30.04.1991		AT, EP[2], RU, SE				ja
CK	Cookinseln								
CL	Chile		02.06.2009	ja	EP[4], KR, CL, ES, US	30 M	30 M		ja
CM	Kamerun		24.01.1978	ja	AT, EP[2], RU, SE				ja
CN	Volksrepublik China		01.01.1994	ja	CN	30 M (32 Z)	30 M (32 Z)		ja
CO	Kolumbien		28.02.2001	ja	AT, EP[5], RU, BR, CL[1], ES	31 M	31 M		ja
CR	Costa Rica		03.08.1999	ja	EP[4], CL[1], ES	31 M	31 M		ja
CU	Kuba		16.07.1996	ja	AT, EP[5], RU, BR, CL[1], ES	30 M	30 M		ja
CV	Kap Verde			ja					
CY	Zypern	01.04.1998	01.04.1998	ja	EP				ja
CZ	Tschechien	01.07.2002	01.01.1993	ja	EP, XV	31 M	31 M		ja
DE	Deutschland	07.10.1977	24.01.1978	ja	EP	30 M	30 M	01.05.2008	ja
DJ	Dschibuti		23.09.2016	ja	AT, EG, EP[3]	30 M	30 M		ja
DK	Dänemark	01.01.1990	01.12.1978	ja	EP, XN, SE	31 M	31 M	01.05.2008	ja
DM	Dominica		07.08.1999	ja		30 M	30 M		ja
DO	Dominikanische Republik		28.05.2007	ja	EP[5], CL[1], ES, US[1]	30 M	30 M		ja
DZ	Algerien		08.03.2000	Beobachter-status	AT, EP	31 M	31 M		ja
EC	Ecuador		07.05.2001	ja	EP[5], CL, ES	31 M	31 M		ja
EE	Estland	01.07.2002	24.08.1994	ja	EP	31 M	31 M		ja
EG	Ägypten		06.09.2003	ja	AT, EG, EP[3], US[1]	30 M	30 M		ja
EH	Westsahara								
ER	Eritrea								
ES	Spanien	01.10.1986	16.11.1989	ja	EP, ES	30 M	30 M		ja
ET	Äthiopien			Beobachter-status					
FI	Finnland	01.03.1996	01.10.1980	ja	EP, FI, SE	31 M	31 M	01.11.2011	ja
FJ	Fidschi			ja					
FM	Mikronesien								
FR	Frankreich	07.10.1977	25.02.1978	ja	EP			01.05.2008	ja
GA	Gabun		24.01.1978	ja	AT, EP[2], RU SE				ja
GB	Vereinigtes Königreich	07.10.1977	24.01.1978	ja	EP	31 M	31 M	01.05.2008	ja
GD	Grenada		22.09.1998	ja		30 M	30 M		ja
GE	Georgien		25.12.1991	ja	AT, EP[3], RU, IL[1], US[1]	31 M	31 M		ja

Tabelle mit Vertragsstaaten Q.

Internationale Verträge, Teil 1 (Fortsetzung)

Kürzel	Land	EPÜ	PCT	WTO	ISA, SISA, IPEA	Frist nach Art. 22 PCT	Frist nach Art. 39 (1) PCT	London Agreement	PVÜ
GH	Ghana		26.02.1997	ja	AU, AT, EP[1], CN, SE	30 M	30 M		ja
GM	Gambia		09.12.1997	ja	AT, EP, SE	30 M	31 M		ja
GN	Guinea		27.05.1991	ja	AT, EP[2], RU, SE				ja
GQ	Äquatorial-guinea		17.07.2001	Beobachter-status	AT, EP[2], RU, SE				ja
GR	Griechenland	01.10.1986	09.10.1990	ja	EP				ja
GT	Guatemala		14.10.2006	ja	AT, EP[5], BR, CL[1], ES, US	30 M	30 M		ja
GW	Guinea-Bissau		12.12.1997	ja	AT, EP[2], RU, SE				ja
GY	Guyana			ja					ja
HK	Hongkong			ja					
HN	Honduras		20.06.2006	ja	EP, ES	30 M	30 M		ja
HR	Kroatien	01.01.2008	01.07.1998	ja	EP	31 M	31 M	01.05.2008	ja
HT	Haiti			ja					ja
HU	Ungarn	01.01.2003	27.06.1980	ja	EP, XV	31 M	31 M	01.01.2011	ja
ID	Indonesien		05.09.1997	ja	AU, EP[1], RU, SG[1], JP, KR	31 M	31 M		ja
IE	Irland	01.08.1992	01.08.1992	ja	EP			01.03.2014	ja
IL	Israel		01.06.1996	ja	EP[1], IL[1], US[1]	30 M	30 M		ja
IN	Indien		07.12.1998	ja	AU. AT, EP[2], IN, CN, SE, US[1]	31 M	31 M		ja
IQ	Irak			Beobachter-status					ja
IR	Iran		04.10.2013	Beobachter-status	EP[1], RU, IN, CN	30 M	30 M		ja
IS	Island	01.11.2004	23.03.1995	ja	EP, SE, XN	31 M	31 M	01.05.2008	ja
IT	Italien	01.12.1978	28.03.1985	ja	EP				ja
JM	Jamaika			ja					ja
JO	Jordanien		09.06.2017	ja	AU, AT, EP[3], US	30 M	30 M		ja
JP	Japan		01.10.1978	ja	EP[1], JP[1], SG[1]	30 M	30 M		ja
KE	Kenia		08.06.1994	ja	AU, AT, EP[2], CN, SE	30 M	30 M		ja
KG	Kirgisistan		25.12.1991	ja	EP, RU	31 M	31 M		ja
KH	Kambodscha	Validierungs-staat 01.03.2018	08.12.2016	ja	EP[1], JP[1], SG[1]	30 M	30 M		ja
KI	Kiribati								
KM	Komoren		03.04.2005	Beobachter-status	AT, EP[2], RU, SE				ja
KN	St. Kitts und Nevis		27.10.2005	ja	EP, US	30 M	30 M		ja
KP	Korea, Nord		08.07.1980		AU, RU, CN	30 M	30 M		ja

Q. Tabelle mit Vertragsstaaten

Internationale Verträge, Teil 1 (Fortsetzung)

Kürzel	Land	EPÜ	PCT	WTO	ISA, SISA, IPEA	Frist nach Art. 22 PCT	Frist nach Art. 39 (1) PCT	London Agreement	PVÜ
KR	Korea, Süd		10.08.1984	ja	AU, AT, JP[1), KR	31 M	31 M		ja
KW	Kuwait		09.09.2016	ja	IB	30 M	30 M		ja
KZ	Kasachstan		25.12.1991	11.2015	EP[1), RU	31 M	31 M		ja
LA	Laos		14.06.2006	ja	IB	30 M	30 M		ja
LB	Libanon			Beobachterstatus					ja
LC	St. Lucia		30.08.1996	ja	IB	30 M	30 M		ja
LI	Liechtenstein	01.04.1980	19.03.1980	ja	EP			01.05.2008	ja
LK	Sri Lanka		26.02.1982	ja	IB	30 M	30 M		ja
LR	Liberia		27.08.1994	ja	AU, AT, EP[2), CN, SE	30 M	31 M		ja
LS	Lesotho		21.10.1995	ja	AT, EP	30 M	31 M		ja
LT	Litauen	01.12.2004	05.07.1994	ja	EP, RU, XV			01.05.2009	ja
LU	Luxemburg	07.10.1977	30.04.1978	ja	EP	20 M	30 M	01.05.2008	ja
LV	Lettland	01.07.2005	07.09.1993	ja	EP[1), RU			01.05.2008	ja
LY	Libyen		15.09.2005	Beobachterstatus	AT, EP	30 M	30 M		ja
MA	Marokko	Validierungsstaat 01.03.2015	08.10.1999	ja	AT, EP, RU, SE	31 M	31 M		ja
MC	Monaco	01.12.1991	22.06.1979		EP			01.05.2008	ja
MD	Republik Moldau	Validierungsstaat 01.11.2015	25.12.1991	ja	EP[1), RU	31 M	31 M		ja
ME	Montenegro	Erstreckungsstaat 01.03.2010	03.06.2006	ja	EP	30 M	30 M		ja
MG	Madagaskar		24.01.1978	ja	IB	30 M	30 M		ja
MH	Marshallinseln								
MK	North Macedonia	01.01.2009	10.08.1995	ja	EP	31 M	31 M	01.02.2012	ja
ML	Mali		19.10.1984	ja	AT, EP[2), RU, SE				ja
MM	Myanmar			ja					
MN	Mongolei		27.05.1991	ja	EP[1), RU, KR	31 M	31 M		ja
MO	Macao			Ja					
MR	Mauretanien		13.04.1983	ja	AT, EP[2), RU, SE				ja
MT	Malta	01.03.2007	01.03.2007	ja	EP				ja
MU	Mauritius			ja					ja
MV	Malediven			ja					
MW	Malawi		24.01.1978	ja	EP	30 M	30 M		ja
MX	Mexiko		01.01.1995	ja	AT, EP, SG[1), KR, CL[1), ES, SE, US[1)	30 M	30 M		ja
MY	Malaysia		16.08.2006	ja	AU, EP[1), JP[1), KR	30 M	30 M		ja

Internationale Verträge, Teil 1 (Fortsetzung)

Tabelle mit Vertragsstaaten Q.

Internationale Verträge, Teil 1 (Fortsetzung)

Kürzel	Land	EPÜ	PCT	WTO	ISA, SISA, IPEA	Frist nach Art. 22 PCT	Frist nach Art. 39 (1) PCT	London Agreement	PVÜ
MZ	Mosambik		18.05.2000	ja	AU, AT, EP[2], CN, SE	31 M	31 M		ja
NA	Namibia		01.01.2004	ja	AU, AT, EP[2], CN, SE	31 M	31 M		ja
NE	Niger		21.03.1993	ja	AT, EP[2], RU, SE				ja
NG	Nigeria		08.05.2005	ja	IB	30 M	30 M		ja
NI	Nicaragua		06.03.2003	ja	EP, ES	30 M	30 M		ja
NL	Niederlande	07.10.1977	10.07.1979	ja	EP			01.05.2008	ja
NO	Norwegen	01.01.2008	01.01.1980	ja	EP, SE, XN	31 M	31 M	01.01.2015	ja
NP	Nepal			ja					ja
NR	Nauru								
NU	Niue								
NZ	Neuseeland		01.12.1992	ja	AU, EP, KR, US	31 M	31 M		ja
OM	Oman		26.10.2001	ja	AU, AT, EG, EP[3], US[1]	30 M	30 M		ja
PA	Panama		07.09.2012	ja	EP[4], BR, CL[1], ES, US[1]	30 M	30 M		ja
PE	Peru		06.06.2009	ja	AT, EP[5], KR, BR, CL[1], ES, US[1]	30 M	30 M		ja
PG	Papua-Neuguinea		14.06.2003	ja	AU	31 M	31 M		ja
PH	Philippinen		17.08.2001	ja	AU, EP[1], JP[1], KR, US[1]	30 M (31 M[Z])	30 M (31 M[Z])		ja
PK	Pakistan			ja					ja
PL	Polen	01.03.2004	25.12.1990	ja	EP, XV	30 M	30 M		ja
PS	Palästina								
PT	Portugal	01.01.1992	24.11.1992	ja	EP	30 M	30 M		ja
PW	Palau								
PY	Paraguay			ja					ja
QA	Katar		03.08.2011	ja	EG, EP[1], US	30 M	30 M		ja
RO	Rumänien	01.03.2003	23.07.1979	ja	EP[1], RU	30 M	30 M		ja
RS	Serbien	01.10.2010	01.02.1997	Beobachterstatus	EP	30 M	30 M		ja
RU	Russland		29.03.1978	ja	EP[1], RU	31 M	31 M		ja
RW	Ruanda		31.08.2011	ja		30 M	30 M		ja
SA	Saudi-Arabien		03.08.2013	ja	CA[1], EG, EP[1], RU, KR	30 M	30 M		ja
SB	Salomonen			ja					
SC	Seychellen		07.11.2002	26.04.2015	EP	31 M	31 M		ja
SD	Sudan		16.04.1984	Beobachterstatus	EG, EP[1]	30 M	30 M		ja
SE	Schweden	01.05.1978	17.05.1978	Ja	EP, SE, XN	31 M	31 M	01.05.2008	ja

Q. Tabelle mit Vertragsstaaten

Internationale Verträge, Teil 1 (Fortsetzung)

Kürzel	Land	EPÜ	PCT	WTO	ISA, SISA, IPEA	Frist nach Art. 22 PCT	Frist nach Art. 39 (1) PCT	London Agreement	PVÜ
SG	Singapur		23.02.1995	Ja	AU, AT, EP[2], SG[1], JP[1], KR	30 M	30 M		ja
SI	Slowenien	01.12.2002	01.03.1994	Ja	EP			01.05.2008	ja
SK	Slowakei	01.07.2002	01.01.1993	Ja	EP, XV	31 M	31 M		ja
SL	Sierra Leone		17.06.1997	Ja	AU, AT, EP[2], CN, SE	31 M	31 M		ja
SM	San Marino	01.07.2009	14.12.2004		EP	31 M	31 M		ja
SN	Senegal		24.01.1978	Ja	AT, EP[2], RU, SE				ja
SO	Somalia								
SR	Suriname			Ja					ja
SS	Südsudan								
ST	São Tomé und Príncipe		03.07.2008	Beobachterstatus	AU, AT, EP[2], CN, SE	30 M	30 M		ja
SV	El Salvador		17.08.2006	ja	EP[5], CL[1], ES	30 M	30 M		ja
SY	Syrien		26.06.2003	Beobachterstatus	AT, EG, EP[3], RU	31 M	31 M		ja
SZ	Swasiland		20.09.1994	ja	AU, AT, EP[2], CN, SE				ja
TD	Tschad		24.01.1978	ja	AT, EP[2], RU, SE				ja
TG	Togo		24.01.1978	ja	AT, EP[2], RU, SE				ja
TH	Thailand		24.12.2009	ja	AU, EP[1], SG, JP[1], KR, CN, US[1]	30 M	30 M		ja
TJ	Tadschikistan		25.12.1991	ja	EP[1], RU	30 M	31 M		ja
TL (TP)	Osttimor / Timor-Leste								
TM	Turkmenistan		25.12.1991		EP[1], RU	30 M	31 M		ja
TN	Tunesien	Validierungsstaat 01.12.2017	10.12.2001	ja	EP	30 M	30 M		ja
TO	Tonga			ja					ja
TR	Türkei	01.11.2000	01.01.1996	ja	EP, TR	30 M (33)	30 M (33)		ja
TT	Trinidad und Tobago		10.03.1994	ja	AT, EP[2], SE, US	30 M	31 M		ja
TV	Tuvalu								
TW	Republik China (Taiwan)			ja					
TZ	Tansania		14.09.1999	ja	AU, AT, EP[2], CN, SE	21	31 M		ja
UA	Ukraine		25.12.1991	ja	EP[1], RU, UA	31 M	31 M		ja
UG	Uganda		09.02.1995	ja	AU, AT, EP[2], CN, SE	21	31 M		ja

Tabelle mit Vertragsstaaten Q.

	Internationale Verträge, Teil 1 (Fortsetzung)								
Kürzel	Land	EPÜ	PCT	WTO	ISA, SISA, IPEA	Frist nach Art. 22 PCT	Frist nach Art. 39 (1) PCT	London Agreement	PVÜ
US	Vereinigte Staaten von Amerika		24.01.1978	ja	AU[1], EP[1], RU, SG[1], IL[1], JP[1], KR, US	30 M	30 M		ja
UY	Uruguay			ja					ja
UZ	Usbekistan		25.12.1991	Beobachterstatus	EP[1], RU	31 M	31 M		ja
VA	Vatikanstadt			Beobachterstatus					ja
VC	St. Vincent und die Grenadinen		06.08.2002	ja	IB	31 M	31 M		ja
VE	Venezuela			ja					ja
VN	Vietnam		10.03.1999	ja	AT, EP[2], RU, SG[1], JP[1], KR, SE	31 M	31 M		ja
VU	Vanuatu			ja					
WS	Samoa		02.01.2020	ja					ja
YE	Jemen			ja					ja
ZA	Südafrika		16.03.1999	ja	AU, AT, EP[3], US	31 M	31 M		ja
ZM	Sambia		15.11.2001	ja	AT, SE	30 M	30 M		ja
ZW	Simbabwe		11.06.1997	ja	AU, AT, EP[3], RU, CN				ja

Vorbehalte zur Änderung des Art. 22 (1) PCT
EP: Luxemburg
ARIPO*: Uganda, Tansania

*African Regional Intellectual Property Organization

ISA; IPEA: AT, AU, BR, CA, CL, CN, EG, EP, ES, FI, IL, IN, JP, KR, RU, SE, SG, TR, UA, US, XN, XV
SISA: AT, EP, FI, RU, SE, SG, TR, XN, XV (Stand: 01.09.2018)

nur IPEA: wenn der ISR

1) von diesem Amt
2) vom EPA, AT oder SE
3) vom EPA oder AT
4) vom EPA oder ES
5) vom EPA, AT oder ES
6) vom EPA; AT, ES oder SE
7) vom EPA oder XV erstellt wurde

Z) Zusatzgebühr für späteren Eintritt

Q. Tabelle mit Vertragsstaaten

Folgende Nicht-EPÜ-Vertragsstaaten gehören der CEPT an, Stand 17.10.2020
http://www.cept.org/cept/membership-and-observers

Land
Andorra
Aserbaidschan
Belarus (Weißrussland)
Bosnien und Herzegowina
Georgien
Moldawien
Montenegro
Russische Föderation
Ukraine
Vatikanstadt

Übersicht über den Geltungsbereich internationaler Verträge auf dem Gebiet des Patentwesens,
Teil 2: Patentrechtsvertrag (PLT), Budapester Vertrag, Übereinkommen über ein Einheitliches Patentgericht (ABl. EPA 2015, A43)

Kürzel	Land	PLT	Budapester Vertrag	Einheitliches Patentgericht, Unterzeichnung (Ratifizierung)
AD	Andorra			
AE	Vereinigte Arabische Emirate			
AF	Afghanistan			
AG	Antigua und Barbuda			
AL	Albanien	ja	19.09.2003	
AM	Armenien	ja	06.03.2005	
AO	Angola			
AR	Argentinien			
AT	Österreich		26.04.1984	19.02.2013 (06.08.2013)
AU	Australien	ja	07.07.1987	
AZ	Aserbaidschan		14.10.2003	
BA	Bosnien und Herzegowina	ja	27.01.2009	
BB	Barbados			
BD	Bangladesch			
BE	Belgien		15.12.1983	19.02.2013 (06.06.2014)
BF	Burkina Faso			
BG	Bulgarien		19.08.1980	05.03.2013
BH	Bahrain	ja	20.11.2012	
BI	Burundi			
BJ	Benin			
BN	Brunei		24.07.2012	
BO	Bolivien			
BR	Brasilien			
BS	Bahamas			
BT	Bhutan			
BW	Botswana			
BY	Weißrussland		19.10.2001	
BZ	Belize			
CA	Kanada		21.09.1996	
CD	Kongo, Demokr. Republik			

Tabelle mit Vertragsstaaten Q.

Internationale Verträge, Teil 2 (Fortsetzung)				
Kürzel	Land	PLT	Budapester Vertrag	Einheitliches Patentgericht, Unterzeichnung (Ratifizierung)
CF	Zentralafrikanische Republik			
CG	Kongo, Republik			
CH	Schweiz	ja	19.08.1981	
CI	Elfenbeinküste			
CK	Cookinseln			
CL	Chile		05.08.2011	
CM	Kamerun			
CN	Volksrepublik China		01.07.1995	
CO	Kolumbien			
CR	Costa Rica		30.09.2008	
CU	Kuba		19.02.1994	
CV	Kap Verde			
CY	Zypern			19.02.2013
CZ	Tschechien		01.01.1993	
DE	Deutschland		20.01.1981	19.02.2013
DJ	Dschibuti			
DK	Dänemark	ja	01.07.1985	19.02.2013 (20.06.2014)
DM	Dominica			
DO	Dominikanische Republik		03.07.2007	
DZ	Algerien			
EC	Ecuador			
EE	Estland	ja	14.09.1996	19.02.2013
EG	Ägypten			
EH	Westsahara			
ER	Eritrea			
ES	Spanien	ja	19.03.1981	–
ET	Äthiopien			
FI	Finnland	ja	01.09.1985	19.02.2013
FJ	Fidschi			
FM	Mikronesien			
FR	Frankreich	ja	19.08.1980	19.02.2013 (14.03.2014)
GA	Gabun			
GB	Vereinigtes Königreich	ja	29.12.1980	19.02.2013
GD	Grenada			
GE	Georgien		30.09.1995	
GH	Ghana			
GM	Gambia			
GN	Guinea			
GQ	Äquatorialguinea			
GR	Griechenland		30.10.1993	19.02.2013
GT	Guatemala		14.10.2006	
GW	Guinea-Bissau			
GY	Guyana			
HN	Honduras		20.06.2006	
HR	Kroatien	ja	25.02.2000	–
HT	Haiti			
HU	Ungarn	ja	19.08.1980	19.02.2013
ID	Indonesien			

Q. Tabelle mit Vertragsstaaten

Internationale Verträge, Teil 2 (Fortsetzung)				
Kürzel	Land	PLT	Budapester Vertrag	Einheitliches Patentgericht, Unterzeichnung (Ratifizierung)
IE	Irland	ja	15.12.1999	19.02.2013
IL	Israel		26.04.1996	
IN	Indien		17.12.2001	
IQ	Irak			
IR	Iran			
IS	Island		23.03.1995	
IT	Italien		23.03.1986	19.02.2013
JM	Jamaika			
JO	Jordanien		14.11.2008	
JP	Japan		19.08.1980	
KE	Kenia			
KG	Kirgisistan	ja	17.05.2003	
KH	Kambodscha			
KI	Kiribati			
KM	Komoren			
KN	St. Kitts und Nevis			
KP	Korea, Nord		21.02.2002	
KR	Korea, Süd		28.03.1988	
KW	Kuwait			
KZ	Kasachstan	ja	24.04.2002	
LA	Laos			
LB	Libanon			
LC	St. Lucia			
LI	Liechtenstein	ja	19.08.1981	
LK	Sri Lanka			
LR	Liberia	ja		
LS	Lesotho			
LT	Litauen	ja	09.05.1998	19.02.2013
LU	Luxemburg		29.07.2010	19.02.2013 (22.05.2015)
LV	Lettland	ja	29.12.1994	19.02.2013
LY	Libyen			
MA	Marokko		20.07.2011	
MC	Monaco		23.01.1999	
MD	Moldawien	ja	25.12.1991	
ME	Montenegro	ja	03.06.2006	
MG	Madagaskar			
MH	Marshallinseln			
MK	Mazedonien	ja	30.08.2002	
ML	Mali			
MM	Myanmar			
MN	Mongolei			
MR	Mauretanien			
MT	Malta			19.02.2013 (09.12.2014)
MU	Mauritius			
MV	Malediven			
MW	Malawi			

Tabelle mit Vertragsstaaten Q.

Internationale Verträge, Teil 2 (Fortsetzung)

Kürzel	Land	PLT	Budapester Vertrag	Einheitliches Patentgericht, Unterzeichnung (Ratifizierung)
MX	Mexiko		21.03.2001	
MY	Malaysia			
MZ	Mosambik			
NA	Namibia			
NE	Niger			
NG	Nigeria	ja		
NI	Nicaragua		10.08.2006	
NL	Niederlande	ja	02.07.1987	19.02.2013
NO	Norwegen		01.01.1986	
NP	Nepal			
NR	Nauru			
NU	Niue			
NZ	Neuseeland		17.12.2018	
OM	Oman	ja	16.10.2007	
PA	Panama		07.09.2012	
PE	Peru		20.01.2009	
PG	Papua-Neuguinea			
PH	Philippinen		21.10.1981	
PK	Pakistan			
PL	Polen		22.09.1993	–
PS	Palästina			
PT	Portugal		16.10.1997	19.02.2013 (28.08.2015)
PW	Palau			
PY	Paraguay			
QA	Katar		06.03.2014	
RO	Rumänien	ja	25.09.1999	19.02.2013
RS	Serbien	ja	25.02.1994	
RU	Russland	ja	22.04.1981	
RW	Ruanda			
SA	Saudi-Arabien	ja		
SB	Salomonen			
SC	Seychellen			
SD	Sudan			
SE	Schweden	ja	01.10.1983	19.02.2013 (05.06.2014)
SG	Singapur		23.02.1995	
SI	Slowenien	ja	12.03.1998	19.02.2013
SK	Slowakei	ja	01.01.1993	19.02.2013
SL	Sierra Leone			
SM	San Marino			
SN	Senegal			
SO	Somalia			
SR	Suriname			
SS	Südsudan			
ST	São Tomé und Príncipe			
SV	El Salvador		17.08.2006	
SY	Syrien			

Q. Tabelle mit Vertragsstaaten

Internationale Verträge, Teil 2 (Fortsetzung)

Kürzel	Land	PLT	Budapester Vertrag	Einheitliches Patentgericht, Unterzeichnung (Ratifizierung)
SZ	Swasiland			
TD	Tschad			
TG	Togo			
TH	Thailand			
TJ	Tadschikistan		25.12.1991	
TL (TP)	Osttimor / Timor-Leste			
TM	Turkmenistan			
TN	Tunesien		23.05.2004	
TO	Tonga			
TR	Türkei		30.11.1998	
TT	Trinidad und Tobago		10.03.1994	
TV	Tuvalu			
TW	Republik China			
TZ	Tansania			
UA	Ukraine	ja	02.07.1997	
UG	Uganda			
US	Vereinigte Staaten von Amerika	ja	19.08.1980	
UY	Uruguay			
UZ	Usbekistan	ja	12.01.2002	
VA	Vatikanstadt			
VC	St. Vincent und die Grenadinen			
VE	Venezuela			
VN	Vietnam			
VU	Vanuatu			
WS	Samoa			
YE	Jemen			
ZA	Südafrika		14.07.1997	
ZM	Sambia			
ZW	Simbabwe			

Tabelle mit Vertragsstaaten Q.

Überregionale Organisationen in Afrika

African Regional Intellectual Property Organization (ARIPO), Mitgliedsstaaten, Stand 30.09.2020
Quelle: http://www.aripo.org

Verfahrenshandlung	Details	
Sprache	Englisch	
Sitz	Harare (Simbabwe)	
Schutzgegenstand	Harmonisierung IP Systeme	Lusaka Agreement
	Patente und Industrial Designs	Harare Protokoll*
	Marken	Banjul Protokoll+
	Pflanzen	Arusha Protokoll#
	»Traditional Knowledge and Expression of Folklore«	Swakopmund Protokoll°
Teilnehmerstaaten	Mitgliedsstaaten (19)	Botswana*+°, Gambia*#°, Ghana*#, Kenia*, Lesotho*+, Malawi*+°, Mosambik*#, Namibia*+°, Sierra Leone*, Liberia*+°, Ruanda*°, São Tomé und Príncipe*#, Somalia, Sudan*, Swaziland*+, Tansania*+#, Uganda*+, Zambia*°, Simbabwe*+°
	Beobachter (12)	Angola, Algerien, Burundi, Ägypten, Eritrea, Äthiopien, Lybien, Mauritius, Nigeria, Seychellen, Südafrika, Tunesien
Anmeldeverfahren (Patente und Designs)	<ul><li>Zentrale Einreichung bei der ARIPO oder bei einer Zentralbehörde für den gewerblichen Rechtsschutz in einem Mitgliedstaat</li><li>Benennung wenigstens eines Mitgliedsstaats des Harare-Protokolls*; Bestimmung ARIPO aus PCT benennt automatisch alle Mitgliedsstaaten des Harare-Protokolls*</li><li>Durchführung einer Recherche durch die ARIPO und Kommunikation mit Anmelder bei festgestellten Bedenken gegen eine Erteilung</li><li>Nach Feststellung erteilungsfähiger Unterlagen Mitteilung an benannte Mitgliedsstaaten zur Klärung, ob Patent im Mitgliedsstaat erteilt werden soll</li></ul>Ca. 800-900 Anmeldungen pro Jahr	
Einspruchs-/Nichtigkeitsmöglichkeit	Kein zentrales Einspruchsverfahren möglich Nichtigkeitsverfahren vor nationalen Ämtern	

Organisation Africaine de la Propriété Intellectuelle (OAPI), Mitgliedsstaaten, Stand 30.09.2020
Quelle: http://www.oapi.int

Verfahrenshandlung	Details	
Sprache	Französisch	
Sitz	Yaoundé (Kamerun)	
Schutzgegenstand (Auswahl)	Patente + Gebrauchsmuster, Designs, Marken, Geographische Bezeichnungen	
Teilnehmerstaaten	Mitgliedsstaaten (18)	Benin, Burkina Faso, Kamerun, Zentralafrikanische Republik, Komoren, Kongo, Elfenbeinküste, Gabun, Guinea, Guinea-Bissau, Republik Kongo, Äquatorialguinea, Mali, Mauritanien, Niger, Senegal, Tschad, Togo
Anmeldeverfahren (Patente und Gebrauchsmuster)	<ul><li>Zentrale Einreichung bei der OAPI oder bei einer Zentralbehörde für den gewerblichen Rechtsschutz in einem Mitgliedstaat, falls Mitgliedstaat das vorsieht.</li><li>Bestimmung der OAPI-Mitgliedsstaaten gemeinsam oder einzeln über PCT möglich.</li><li>Alle Mitgliedsstaaten sind bei Einreichung einer OAPI-Anmeldung automatisch benannt.</li><li>Durchführung eines zentralen Erteilungsverfahrens.</li></ul>Ca. 500-600 Anmeldungen pro Jahr	
Einspruchs-/Nichtigkeitsmöglichkeit	Kein zentrales Einspruchsverfahren möglich Nichtigkeitsverfahren in einem Mitgliedsstaat kann jedoch von einem anderen Mitgliedsstaat übernommen werden	

Q. Tabelle mit Vertragsstaaten

Überblick über ausgewählte Vorschriften und Erfordernisse des nat. Rechts relevanter EPÜ-VS
Quelle: http://www.epo.org/law-practice/legal-texts/national-law_de.html (Stand: 01.10.2019)

Einreichung ePA (Kapitel II NatR)

EPÜ-VS		DE	FR	IT	GB	PL
1	Anmelder kann zwischen EPA und nat. Behörden wählen	Ja	Ja	Ja (mit Einschränkungen)	Ja	Ja
2	Anmeldungen, für die Einreichung bei nat. Behörde vorgeschrieben	Anmeldungen, die ein Staatsgeheimnis enthalten können	Wenn keine Prio früherer FR Anmeldung beansprucht und Wohnsitz FR	Europäische Erstanmeldungen und Wohnsitz IT	Anmeldungen, die ein Staatsgeheimnis enthalten können und Wohnsitz GB	ePA keine PL Prioanmeldung und Wohnsitz PL
3	Sprache, in denen ePA bei nat. Behörden eingereicht werden können	Alle Sprachen nach Art. 14 (2) EPÜ				
4	Amtssprachen	Deutsch	Französisch	Italienisch	Englisch	Polnisch

Rechte aus der ePA, Übersetzung zur Erlangung vorläufigen Schutzes (Kapitel IIIA, IIIB NatR)

EPÜ-VS		DE	FR	IT	GB	PL
IIIA.1	Einstweiliger Schutz nach Art. 67 EPÜ	Ja				
IIIA.3	Übersetzung der Patentansprüche nach Art. 67 (3) erforderlich	Ja				
IIIB.1	Bestellung eines zugelassenen Inlandsvertreters erforderlich	Nein	Nein, Zustellanschrift sollte angegeben werden	Nein, Zustellanschrift ist anzugeben	Nein	Ja, wenn Wohnsitz nicht in PL

Übersetzungserfordernisse nach Erteilung (Kapitel IV NatR)

EPÜ-VS		DE	FR	IT	GB	PL
1	VS des Londoner Übereinkommens, Anwendung Art. 65 EPÜ	Ja	Ja	Nein	Ja	Nein
2	Übersetzungserfordernisse, Art. 65 (1) EPÜ	Keine Übersetzung erforderlich	Keine Übersetzung erforderlich	Übersetzung erforderlich	Keine Übersetzung erforderlich	Übersetzung erforderlich

Verbindliche Fassung einer ePA oder eines eP (Kapitel V NatR)

EPÜ-VS		DE	FR	IT	GB	PL
1	Verbindliche Fassung ePA oder eP	Keine Vorschriften nach Art. 70 (3) EPÜ, Wortlaut in der Verfahrenssprache maßgebend	Wortlaut in der Verfahrenssprache maßgebend, im Streitfall französische Übersetzung	Übersetzung, falls Schutzbereich enger als in der Verfahrenssprache	Wortlaut in der Verfahrenssprache maßgebend, Übersetzung, falls Schutzbereich enger als in der Verfahrenssprache	Übersetzung, falls Schutzbereich enger als in der Verfahrenssprache
2	Wurden Vorschriften nach Art. 70 (4) b) EPÜ erlassen?	Nein	Ja	Ja	Ja	Ja

Verschiedenes (Kapitel X NatR)

EPÜ-VS	DE	FR	IT	GB	PL
Doppelschutz zugelassen, Art. 139 (3) und 140 EPÜ	Nein	Nein	Nein	Nein	Nicht ausgeschlossen

EPÜ-Zeitstrahl R.

AT/PT

Unschädliche Offenbarung/Ausstellungsschutz Art. 55 (2)	A.328 ff.
Mindesterfordernisse für eine europäische Anmeldung	A.2

Eingangs- und Formalprüfung Art. 90, R 57
- Voraussetzungen für die Zuerkennung eines wirksamen Anmeldetags Art. 80, R 40 — A.5
  (Hinweis, dass Patent beantragt wird; Angaben zur Identität des Anmelders; Beschreibung oder eine Bezugnahme auf eine früher eingereichte Anmeldung)
- fehlende Teile der Beschreibung oder Zeichnung R 56 — A.6 f.
- Vertretung — A.48
- zur Einreichung berechtigte Personen — A.74
- Hinterlegung biologischen Materials — A.322 ff.

+12 M (Priojahr)

1 M

Anmeldegebühr Art. 78 (2)	A.27
Recherchegebühren Art. 78 (2)	A.29
ggf. Zusatzgebühr R 38 (2)	A.27
ggf. Anspruchsgebühren R 45 (1), (2)	A.28

2 M

ggf. Übersetzung in Amtssprache Art. 14 (2) iVm R 6 (1), R 57 a)	A.43

4 M

Berichtigung und Hinzufügen Prio	A.63
Ausstellerbescheinigung R 25	A.334

12 M

Europäischer Recherchenbericht Art. 92, R 61-64	A.336 ff.
bei PACE: Anmelder soll spätestens 6 M ab AT den RB erhalten	
Priobeanspruchung Art. 87, Art. 88, R 52, R 53	A.62 ff.

18 M

Hinweis auf Veröffentlichung des Recherchenberichts R 69 (1)	A.367
Veröffentlichung der ePA mit Recherchenbericht Art. 93	A.377
auf Antrag des Anmelders jedoch frühere Veröffentlichung möglich	

+6 M

Prüfungsantrag und Prüfungsgebühr innerhalb von 6 M nach Hinweis auf Veröffentlichung des RB Art. 94, R 70	A.410 ff.
Benennungsgebühren R 71a (3)	A.304
Erstreckungsgebühren, Validierungsgebühr	A.307 ff.
Besonderheiten und Rechtsprechung	A.420 ff.
(z.B. Prüfungsantrag kann nur vom Anmelder bzw. seinem Vertreter gestellt werden)	

Prüfungsbescheid Art. 94 (3) und Aufforderung zur Stellungnahme R 71	A.439

Teilanmeldung Art. 76, R 36, R 4	A.556 ff.

Zurückweisung oder Erteilung Art. 97	A.467 ff.
Mitteilung der erteilungsfähigen Fassung R 71 (3), R 71a (1)	A.471
Erteilungsgebühr Art. 97 (1)	A.477
Anspruchsgebühren R 71 (4)	A.478
Übersetzung der Ansprüche in die beiden fehlenden Amtssprachen R 71 (3)	A.479
ggf. Jahresgebühr R 71a (4)	A.481
Änderungen durch den Anmelder R 71 (3)	A.484 ff.
Veröffentlichung der europäischen Patentschrift Art. 98	A.502
Schutzbereich Art. 69	A.511
Laufzeit des eP Art. 63 (1)	A.512

Nationale Phasen
Übersetzung der Patentschrift Art. 65 (1)	A.524
Übertragung/Lizenzen Art. 71-74, R 20-22 und R 61	A.527 ff.
Umwandlung Art. 135, 137, 140, R 37, R 155, R 156, nat. Gesetze, nat. Recht zum EPÜ	A.547 ff.

PCT-Zeitstrahl R.

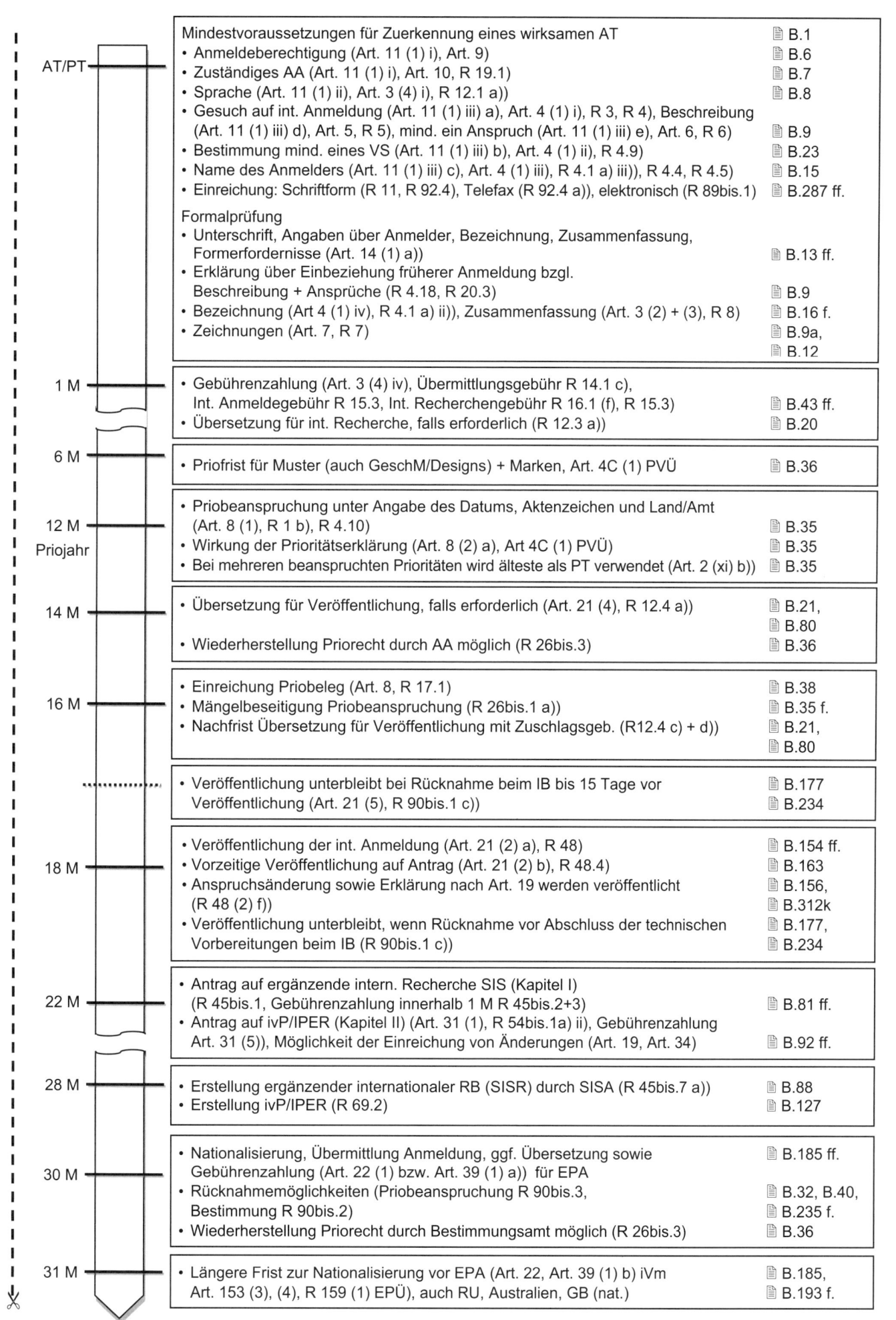

Zeit	Inhalt	Referenz
AT/PT	**Mindestvoraussetzungen für Zuerkennung eines wirksamen AT** • Anmeldeberechtigung (Art. 11 (1) i), Art. 9) • Zuständiges AA (Art. 11 (1) i), Art. 10, R 19.1) • Sprache (Art. 11 (1) ii), Art. 3 (4) i), R 12.1 a)) • Gesuch auf int. Anmeldung (Art. 11 (1) iii) a), Art. 4 (1) i), R 3, R 4), Beschreibung (Art. 11 (1) iii) d), Art. 5, R 5), mind. ein Anspruch (Art. 11 (1) iii) e), Art. 6, R 6) • Bestimmung mind. eines VS (Art. 11 (1) iii) b), Art. 4 (1) ii), R 4.9) • Name des Anmelders (Art. 11 (1) iii) c), Art. 4 (1) iii), R 4.1 a) iii)), R 4.4, R 4.5) • Einreichung: Schriftform (R 11, R 92.4), Telefax (R 92.4 a)), elektronisch (R 89bis.1) **Formalprüfung** • Unterschrift, Angaben über Anmelder, Bezeichnung, Zusammenfassung, Formerfordernisse (Art. 14 (1) a)) • Erklärung über Einbeziehung früherer Anmeldung bzgl. Beschreibung + Ansprüche (R 4.18, R 20.3) • Bezeichnung (Art 4 (1) iv), R 4.1 a) ii)), Zusammenfassung (Art. 3 (2) + (3), R 8) • Zeichnungen (Art. 7, R 7)	B.1 B.6 B.7 B.8 B.9 B.23 B.15 B.287 ff. B.13 ff. B.9 B.16 f. B.9a, B.12
1 M	• Gebührenzahlung (Art. 3 (4) iv), Übermittlungsgebühr R 14.1 c), Int. Anmeldegebühr R 15.3, Int. Recherchengebühr R 16.1 (f), R 15.3) • Übersetzung für int. Recherche, falls erforderlich (R 12.3 a))	B.43 ff. B.20
6 M	• Priofrist für Muster (auch GeschM/Designs) + Marken, Art. 4C (1) PVÜ	B.36
12 M Priojahr	• Priobeanspruchung unter Angabe des Datums, Aktenzeichen und Land/Amt (Art. 8 (1), R 1 b), R 4.10) • Wirkung der Prioritätserklärung (Art. 8 (2) a), Art 4C (1) PVÜ) • Bei mehreren beanspruchten Prioritäten wird älteste als PT verwendet (Art. 2 (xi) b))	B.35 B.35 B.35
14 M	• Übersetzung für Veröffentlichung, falls erforderlich (Art. 21 (4), R 12.4 a)) • Wiederherstellung Priorecht durch AA möglich (R 26bis.3)	B.21, B.80 B.36
16 M	• Einreichung Priobeleg (Art. 8, R 17.1) • Mängelbeseitigung Priobeanspruchung (R 26bis.1 a)) • Nachfrist Übersetzung für Veröffentlichung mit Zuschlagsgeb. (R12.4 c) + d))	B.38 B.35 f. B.21, B.80
	• Veröffentlichung unterbleibt bei Rücknahme beim IB bis 15 Tage vor Veröffentlichung (Art. 21 (5), R 90bis.1 c))	B.177 B.234
18 M	• Veröffentlichung der int. Anmeldung (Art. 21 (2) a), R 48) • Vorzeitige Veröffentlichung auf Antrag (Art. 21 (2) b), R 48.4) • Anspruchsänderung sowie Erklärung nach Art. 19 werden veröffentlicht (R 48 (2) f)) • Veröffentlichung unterbleibt, wenn Rücknahme vor Abschluss der technischen Vorbereitungen beim IB (R 90bis.1 c))	B.154 ff. B.163 B.156, B.312k B.177, B.234
22 M	• Antrag auf ergänzende intern. Recherche SIS (Kapitel I) (R 45bis.1, Gebührenzahlung innerhalb 1 M R 45bis.2+3) • Antrag auf ivP/IPER (Kapitel II) (R 54bis.1a) ii), Gebührenzahlung Art. 31 (5)), Möglichkeit der Einreichung von Änderungen (Art. 19, Art. 34)	B.81 ff. B.92 ff.
28 M	• Erstellung ergänzender internationaler RB (SISR) durch SISA (R 45bis.7 a)) • Erstellung ivP/IPER (R 69.2)	B.88 B.127
30 M	• Nationalisierung, Übermittlung Anmeldung, ggf. Übersetzung sowie Gebührenzahlung (Art. 22 (1) bzw. Art. 39 (1) a)) für EPA • Rücknahmemöglichkeiten (Priobeanspruchung R 90bis.3, Bestimmung R 90bis.2) • Wiederherstellung Priorecht durch Bestimmungsamt möglich (R 26bis.3)	B.185 ff. B.32, B.40, B.235 f. B.36
31 M	• Längere Frist zur Nationalisierung vor EPA (Art. 22, Art. 39 (1) b) iVm Art. 153 (3), (4), R 159 (1) EPÜ), auch RU, Australien, GB (nat.)	B.185, B.193 f.

Inhalt Kapitel S. Anforderungen zur Zulassung

Voraussetzungen für zugelassene Vertreter
Allgemeine Voraussetzungen S.2
Anforderungen an die Person S.3
Übergangsregelung für neu beigetretene VS S.4
Berechtigung zugelassener Vertreter S.4a
Vertretung durch Rechtsanwälte S.4b
Brexit S.4c

Europäische Eignungsprüfung
Zweck und Ablauf der Prüfung S.6
Prüfungsstoff S.7
Sprache S.8
Erlaubte Unterlagen während der Prüfung S.9
Bestehen der Prüfung S.10
Beschwerde S.11

Auswirkungen Covid-19
EQE 2020 - Mitteilung Aufsichtsrat der EQE S.11a
EQE 2021 - Mitteilung Aufsichtsrat der EQE S.11b

Anmeldung
Voraussetzungen S.12

Registrierung S.13
Registrierungsbedingungen S.14
Zulassungsbedingungen S.15
Prüfungsgebühren S.16
Termine S.17
Prüfungsteile S.18
Anmeldung S.19
Adressat und Form S.19a

Vorprüfung
Prüfungsaufgabe S.21
Bestehen S.22

Hauptprüfung
Prüfungsaufgaben S.24
Bestehen einer Prüfungsaufgabe S.25
Bestehen der Hauptprüfung insgesamt S.26

Eintragung in die Liste der zugelassenen Vertreter
Eintragung in die Liste der zugelassenen Vertreter .... S.27 f.
Institut der beim Europäischen Patentamt zugelassenen Vertreter S.29

Anforderungen zur Zulassung S.

Voraussetzungen für zugelassene Vertreter	
Verfahrenshandlung	Details
Allgemeine Voraussetzungen für Vertretung Art. 134 (1) EPÜ	Die Vertretung natürlicher oder juristischer Personen in den durch das EPÜ geschaffenen Verfahren kann nur durch **zugelassene Vertreter** wahrgenommen werden, die in einer beim EPA zu diesem Zweck geführten Liste eingetragen sind.
Anforderungen an die Person Art. 134 (2) EPÜ ABl. 2009, 9 und Beilage zum ABl. 12/2011	Jede natürliche Person kann in die Liste der zugelassenen Vertreter eingetragen werden, die a) die Staatsangehörigkeit eines Vertragsstaats besitzt, b) ihren Geschäftssitz oder Arbeitsplatz in einem Vertragsstaat hat und c) die europäische Eignungsprüfung bestanden hat.
Übergangsregelung für neu beigetretene VS Art. 134 (3) EPÜ S/S Art. 134, Rd 16.	Während eines Zeitraums von einem Jahr ab dem Zeitpunkt, zu dem der Beitritt eines Staats zu diesem Übereinkommen wirksam wird, kann die Eintragung in diese Liste auch von jeder natürlichen Person beantragt werden, die a) die Staatsangehörigkeit eines Vertragsstaats besitzt, b) ihren Geschäftssitz oder Arbeitsplatz in dem Staat hat, der dem Übereinkommen beigetreten ist, und c) befugt ist, natürliche oder juristische Personen auf dem Gebiet des Patentwesens vor der Zentralbehörde für den gewerblichen Rechtsschutz dieses Staats zu vertreten. Unterliegt diese Befugnis nicht dem Erfordernis einer besonderen beruflichen Befähigung, so muss die Person diese Vertretung in diesem Staat mindestens fünf Jahre lang regelmäßig ausgeübt haben.
Berechtigungen zugelassener Vertreter Art. 134 (5), (6) EPÜ	Die Personen, die in der Liste der zugelassenen Vertreter eingetragen sind, sind berechtigt, in allen gemäß EPÜ vorgesehenen Verfahren aufzutreten (Anmeldeverfahren, Prüfungsverfahren, Einspruchsverfahren, Beschwerdeverfahren). Jede Person, die in der Liste der zugelassenen Vertreter eingetragen ist, ist berechtigt, zur Ausübung ihrer Tätigkeit als zugelassener Vertreter einen Geschäftssitz in jedem VS zu begründen, in dem die Verfahren durchgeführt werden.
Vertretung durch Rechtsanwälte Art. 134 (8) EPÜ	Die Vertretung in den durch das EPÜ geschaffenen Verfahren kann auch von jedem Rechtsanwalt, der in einem VS zugelassen ist und seinen Geschäftssitz in diesem Staat hat, in dem Umfang wahrgenommen werden, in dem er in diesem Staat die Vertretung auf dem Gebiet des Patentwesens ausüben kann. (siehe A.48a, B.241a, G.11, G.18)
Brexit ABl. 2020, A19	Die Grundsätze für die Vertretung vor dem EPA bleiben vom Austritt des Vereinigten Königreichs aus der EU unberührt. So werden europäische Patentvertreter aus dem UK, die gemäß Art. 134 (2) in der Liste der beim EPA zugelassenen Vertreter eingetragen sind, weiterhin in vollem Umfang berechtigt sein, ihre Mandanten in Verfahren vor dem EPA wie auch in mündlichen Verhandlungen zu vertreten, ohne eine Arbeitserlaubnis für die Staaten zu benötigen, in denen durch das EPÜ geschaffene Verfahren durchgeführt werden. Der Austritt des Vereinigten Königreichs wirkt sich nicht auf künftige Anträge auf Eintragung von UK-Kandidaten in die Liste der beim EPA zugelassenen Vertreter aus. Zugelassene Vertreter aus dem Vereinigten Königreich werden gemäß Art. 134 (6) weiterhin berechtigt sein, einen Geschäftssitz in jedem EPÜ-Vertragsstaat zu begründen, in dem durch das EPÜ geschaffene Verfahren durchgeführt werden. Sie sollten jedoch berücksichtigen, dass alle Einreise- und Aufenthaltsbestimmungen des jeweiligen EU-Mitgliedstaats, wie etwa Visabestimmungen, Anwendung finden.

S. Anforderungen zur Zulassung

Europäische Eignungsprüfung (EQE)
Zusatzpublikation 2 – ABl. EPA 2019
Vorschriften über die europäische Eignungsprüfung für zugelassene Vertreter (VEP)
Ausführungsbestimmungen zu den Vorschriften über die europäische Eignungsprüfung (ABVEP)
Quelle: https://www.epo.org/learning-events/eqe_de.html

Verfahrenshandlung	Details
Zweck und Ablauf der Prüfung Art. 1 VEP R 23 bis R 26 ABVEP	(1) Mit der europäischen Eignungsprüfung soll festgestellt werden, ob ein Bewerber geeignet ist, als zugelassener Vertreter vor EPA aufzutreten. (2) Die Prüfung findet idR jährlich statt. (3) Die Prüfung erfolgt schriftlich.
Prüfungsstoff Art. 13 VEP R 2 ABVEP	Europäisches Patentrecht (EPÜ), Vertrag über die internationale Zusammenarbeit auf dem Gebiet des Patentwesens (PCT), Pariser Verbandsübereinkunft (PVÜ), Rechtsprechung der Beschwerdekammern des EPA sowie nationales Recht, soweit es auf europäische Patentanmeldungen und Patente Anwendung findet. Der Inhalt der Prüfung bezieht sich nur auf Rechtstexte, die am 31. Oktober des Vorjahres der Prüfung in Kraft waren.
Sprache Art. 12 VEP	Die Prüfungsaufgaben werden in den drei Amtssprachen des EPA (Deutsch, Englisch und Französisch) gestellt. Den Bewerbern kann auf Antrag gestattet werden, ihre Arbeiten auch in einer anderen Amtssprache eines Vertragsstaats anzufertigen (Art. 12 (3) VEP, R 5 (1) ABVEP).
Erlaubte Unterlagen während der Prüfung	Bewerber können zur Prüfung jegliche Bücher und Unterlagen mitbringen, die sie für die Beantwortung der Prüfungsaufgaben als nützlich erachten. Elektronische Geräte sind nicht gestattet (Anweisungen an die Bewerber für den Ablauf der europäischen Eignungsprüfung, Zusatzpublikation 2 - ABl. EPA 2019).
Bestehen der Prüfung Art. 14 VEP	Ein Bewerber hat die Prüfung nur bestanden, wenn er für alle Prüfungsaufgaben eine ausreichende Bewertung (50%) erzielt hat. Bewerber dürfen sich für die Hauptprüfung (Aufgaben A, B, C und D) erst dann anmelden, wenn Sie die Vorprüfung bestanden haben. Bei der Hauptprüfung können unter bestimmten Umständen ungenügende Noten durch gute Noten in anderen Arbeiten ausgeglichen werden.
Beschwerde Art. 24 VEP Art. 17 VEP R 9 ABVEP	(1) Kann gegen Entscheidungen der Prüfungskommission und des Sekretariats eingelegt werden; (2) Frist: 1 M nach Zustellung der angefochtenen Entscheidung (Beschwerde + Begründung); Beschwerdegebühr nach Art. 17 VEP muss innerhalb der Frist entrichtet werden: 600% der Grundgebühr (R 9 ABVEP) (3) Ist die Beschwerde zulässig und begründet, so wird abgeholfen und die Gebühr zurückbezahlt. Wird nicht innerhalb 2M abgeholfen, wird sie der Beschwerdekammer in Disziplinarangelegenheiten des EPA vorgelegt. (4) Auf das Verfahren vor der Beschwerdekammer in Disziplinarangelegenheiten ist Teil IV der Vorschriften in Disziplinarangelegenheiten von zugelassenen Vertretern entsprechend anzuwenden. Ist die Beschwerde zulässig und begründet, so hebt die Beschwerdekammer die angefochtene Entscheidung auf. Gibt die Beschwerdekammer der Beschwerde statt oder wird die Beschwerde zurückgenommen, so ordnet sie an, dass die Beschwerdegebühr ganz oder teilweise zurückgezahlt wird, wenn dies der Billigkeit entspricht. (5) Durch das Einlegen der Beschwerde wird die angefochtene Entscheidung nicht ausgesetzt.

Anforderungen zur Zulassung

Auswirkungen Covid 19		
Vorgang	Details	
EQE 2020 Mitteilung des Aufsichtsrats der EQE vom 20.04.2020 Zusatzpublikation 2, ABl. EPA 2019	Beschluss des Aufsichtsrats der EQE vom 20.04.2020: Artikel 1 2020 findet keine europäische Eignungsprüfung statt (weder Vorprüfung noch Hauptprüfung bestehend aus den Aufgaben A, B, C und D). Artikel 2 In Anbetracht der derzeitigen außergewöhnlichen Umstände kann sich auf Wunsch jeder zur Hauptprüfung 2021 anmelden, sofern die in Art. 11 VEP genannten Bedingungen erfüllt sind. Artikel 3 Bewerber, die sich für die Hauptprüfungsaufgaben 2020 angemeldet hatten, gelten als für dieselben Aufgaben 2021 angemeldet. Die entsprechenden Gebühren werden auf 2021 übertragen. Die Bewerber können sich für zusätzliche Prüfungsaufgaben anmelden, sofern sie die entsprechenden Gebühren entrichten. Den Bewerbern wird eine Frist eingeräumt, innerhalb derer sie von der Prüfung oder von bestimmten Aufgaben zurücktreten können; in diesem Fall werden die entsprechenden Gebühren erstattet. Artikel 4 Nur für die Hauptprüfung 2021 werden die Antworten der Bewerber entweder auf der Grundlage der Rechtstexte und Dokumentenfassungen benotet, die am 31.10.2019 in Kraft waren, oder auf der Grundlage derjenigen, die am 31.10.2020 in Kraft sein werden, je nachdem, bei welcher der beiden Fassungen der Bewerber die höhere Punktezahl erreicht.	11a
EQE 2021 Mitteilung des Aufsichtsrats der EQE vom 23.07.2020	Es ist geplant, die europäische Eignungsprüfung 2021 vom 02.-05.03.2021 online durchzuführen.	11b

S. Anforderungen zur Zulassung

12	**Anmeldung** Quelle: https://www.epo.org/learning-events/eqe/enrolment_de.html 📖 S/S Art. 134a, Rd 19 ff.	

	Verfahrenshandlung	Details
	Voraussetzungen Art. 11 VEP	Art. 11 (1) VEP Bewerber werden auf Antrag für die Prüfung registriert, sofern sie ein natur- oder ingenieurwissenschaftliches Hochschuldiplom erworben haben oder dem Sekretariat nachweisen können, dass sie gleichwertige natur- oder ingenieurwissenschaftliche Kenntnisse nach Maßgabe der ABVEP besitzen, und zum Zeitpunkt der Hauptprüfung • ein mindestens 3-jähriges Praktikum bei einem zugelassenen Vertreter absolviert haben, und eine Vielzahl von Tätigkeiten im Zusammenhang mit europäischen Patentanmeldungen und europäischen Patenten beteiligt waren oder • mindestens 3 Jahre als Angestellte einer natürlichen oder juristischen Person mit Wohnsitz oder Sitz in eine VS beschäftigt waren und für ihren Arbeitgeber vor dem EPA gemäß Art. 133 (3) gehandelt haben, wobei sie an einer Vielzahl von Tätigkeiten im Zusammenhang mit europäischen Patentanmeldungen und europäischen Patenten beteiligt waren, oder • nachweisen können, dass sie zum Zeitpunkt der Prüfung mindestens vier Jahre auf Vollzeitbasis als Prüfer beim EPA tätig waren.
13	**Registrierung** R 28 ABVEP	Es ist erforderlich für Bewerber ihre Beschäftigung oder Ausbildung registrieren zu lassen. Webportal zur Registrierung: https://www.eqe.org/EQEASy/candidate/auth/login
14	**Registrierungsbedingungen** Art. 11 (2) VEP	Alle Bewerber, die gemäß • eine Ausbildung unter der Leitung eines zugelassenen Vertreters begonnen haben oder • die Ihren Arbeitgeber vor dem EPA vertreten oder • die als Prüfer beim EPA tätig sind und die • planen sich zum ersten Mal zur EQE anzumelden oder • die sich in der Vergangenheit bereits zur EQE angemeldet haben, jedoch nicht zugelassen wurden.
15	**Zulassungsbedingungen** Art. 11 (1) a) VEP und R 11 bis R 14 ABVEP https://www.epo.org/learning-events/eqe/conditions-registration-enrolment_de.html	a) Qualifikation: Die Bewerber müssen sich auf einem naturwissenschaftlichen oder technischen Fachgebiet qualifiziert haben, zum Beispiel auf dem Gebiet der Biologie, der Biochemie, der Chemie, der Elektronik, der Pharmakologie oder der Physik. b) Berufserfahrung: Zum Zeitpunkt der Prüfung müssen die Bewerber ein 3-jähriges Praktikum (2-jährig für die Vorprüfung) unter Leitung eines zugelassenen Vertreters vor dem EPA abgeleistet haben oder als Angestellter in einem Unternehmen mit Sitz in einem Vertragsstaat mit Patentangelegenheiten befasst gewesen sein. Berufserfahrungszeiten werden nur anerkannt, wenn sie nach Abschluss der vorgeschriebenen Qualifikation erworben wurden. Die praktische Ausbildung muss vor dem Prüfungstermin abgeschlossen sein. Prüfer des EPA können sich zur Prüfung anmelden, wenn sie mindestens 4 Jahre als Prüfer tätig waren (3 Jahre für die Vorprüfung).

Anforderungen zur Zulassung S.

Anmeldung (Fortsetzung)		
Verfahrenshandlung	Details	
Prüfungsgebühren Art. 11 (6) Art. 16, Art. 17 VEP R 7 bis R 9 ABVEP Art. 3 (1) GebO ABl. 2012, 210	Die Höhe der Prüfungsgebühr richtet sich nach der Zahl der Aufgaben, für die sich der Bewerber anmeldet. Die Grundgebühr beträgt **200 EUR**. Registrierungs- und Anmeldegebühr: entspricht 100% der Grundgebühr. Prüfungsgebühren: • Die Gebühr für das Ablegen der Vorprüfungsaufgabe und jeder der Prüfungsaufgaben entsprechen jeweils 100% der Grundgebühr. • Für die erste Wiederholung einer Prüfungsaufgabe: 100% der Grundgebühr. • Für die zweite Wiederholung einer Prüfungsaufgabe: 150% der Grundgebühr. • Für die dritte Wiederholung einer Prüfungsaufgabe: 200% der Grundgebühr. • Für die vierte und jede weitere Wiederholung einer Prüfungsaufgabe: jeweils 400 % der Grundgebühr.	16
Termine	Die Prüfung wird einmal im Jahr abgehalten, in der Regel Ende Februar/Anfang März. Ein Hinweis auf die Prüfungstermine einschließlich der Fristen für die Anmeldung wird im Amtsblatt veröffentlicht (für 2020 siehe ABl. EPA 2018, A108)	17
Prüfungsteile Art. 15 VEP	Bei der Anmeldung müssen die Bewerber angeben, welche Prüfungsaufgabe oder -aufgaben sie ablegen möchten.	18

Anmeldung
 	
R 1 ABVEP
Art. 11 VEP
	(1) Für die Registrierung und Anmeldung zur Prüfung sind die vom Prüfungssekretariat veröffentlichten Registrierungs- und Anmeldeformulare zu verwenden.
	(2) Auf den Formularen sind Name, Vorname(n), Anschrift, Geburtsdatum, Geburtsort und Staatsangehörigkeit des Bewerbers anzugeben. Gegebenenfalls sind den Formularen folgende Unterlagen im Original oder in beglaubigter Abschrift beizufügen:
	  a) Identitätsnachweise,
	  b) Nachweise, dass der Bewerber über die gemäß Art. 11 (1) a) VEP erforderliche Befähigung oder über gleichwertige natur- oder ingenieurwissenschaftliche Kenntnisse verfügt, und
	  c) Bescheinigungen über die Ableistung des Praktikums oder die Beschäftigungszeit gemäß Art. 11 (2) a) VEP oder Art. 11 (7) VEP, die von einem zugelassenen Vertreter oder dem Arbeitgeber des Bewerbers ausgestellt sein müssen und Art und Zeitraum der von dem Bewerber ausgeübten Tätigkeit beschreiben, oder
	  d) eine Bescheinigung des EPA, dass der Bewerber mindestens vier Jahre auf Vollzeitbasis beim EPA als Prüfer tätig war,
	  e) Nachweise über Umstände, die Grund für eine Verkürzung der Beschäftigungszeit (Art. 11 (5) VEP) sein könnten.
	(3) Abschriften erforderlichen Unterlagen können von einer zuständigen nationalen Behörde eines Vertragsstaats oder einem beim EPA zugelassenen Vertreter beglaubigt werden.
	(4) Gegebenenfalls gibt der Bewerber in der Anmeldung zur Prüfung die Sprache an, in der er seine Arbeiten gemäß R 5 (1) anzufertigen wünscht.
	(5) Das Sekretariat kann ergänzende Angaben anfordern.
		19

Adressat und Form Art. 19 VEP	Die Anmeldung ist an das Sekretariat zu richten. Für die Anmeldung und die Bescheinigung des Ausbilders oder Arbeitgebers sind die hierfür herausgegebenen Formblätter zu verwenden. Aktualisierte Anmeldeformulare sind unter http://eqe.european-patent-office.org online abrufbar.	19a

S. Anforderungen zur Zulassung

	Vorprüfung **Regel 10 ABVEP** Quelle: https://www.epo.org/learning-events/eqe/about_de.html	
20		
	Verfahrenshandlung	Details
21	**Prüfungsaufgabe** R 10 ABVEP	Beantwortung rechtlicher Fragen und Fragen betreffend die Ausarbeitung von Ansprüchen. Von den Bewerbern wird erwartet, dass sie Fragen dazu beantworten, ob der Anspruch/die Ansprüche nach dem EPÜ gewährbar ist/sind und den größtmöglichen Schutzumfang gemäß dem EPÜ bietet/bieten. Bei der Beantwortung der Fragen sind die Erfordernisse des EPÜ – insbesondere im Hinblick auf Neuheit und erfinderische Tätigkeit – sowie die Empfehlungen in den RiLi zu berücksichtigen.
22	**Bestehen** Art. 14 VEP R 6 (2) ABVEP	Für eine Arbeit, die mit 70 oder mehr Punkten von 100 zu erreichenden Punkten bewertet wurde, ist die Note BESTANDEN zu vergeben.

	Hauptprüfung Quelle: https://www.epo.org/learning-events/eqe/about_de.html	
23		
	Verfahrenshandlung	Details
24	**Prüfungsaufgaben** R 21 ABVEP R 23 bis R 26 ABVEP ABl. 2019, A66	• Die Ausarbeitung der Ansprüche und der Einleitung einer europäischen Patentanmeldung auf der Grundlage von Angaben, wie sie normalerweise einem zugelassenen Vertreter bei dieser Tätigkeit vorliegen (A-Teil); • Die Ausarbeitung einer Erwiderung auf einen Bescheid, in dem der Stand der Technik entgegengehalten wird (B-Teil); • Die Ausarbeitung einer Einspruchsschrift gegen ein europäisches Patent (C-Teil); • Die Beantwortung rechtlicher Fragen und die Ausarbeitung rechtlicher Beurteilungen von spezifischen Sachverhalten (D-Teil).
25	**Bestehen einer Prüfungsaufgabe** Art. 14 VEP R 21 ABVEP R 6 (3) ABVEP	a) Für eine Arbeit, die mit 50 oder mehr Punkten von 100 zu erreichenden Punkten bewertet wurde, ist die Note BESTANDEN zu vergeben. b) Für eine Arbeit, die mit weniger als 45 Punkten bewertet wurde, ist die Note NICHT BESTANDEN zu vergeben. c) Für eine Arbeit, die mit mindestens 45 Punkten, aber weniger als 50 Punkten bewertet wurde, ist die Note NICHT BESTANDEN MIT AUSGLEICHSMÖGLICHKEIT zu vergeben.
26	**Bestehen der Hauptprüfung insgesamt** Art. 14 VEP R 6 (4) ABVEP	Die Prüfung ist bestanden, wenn a) keine der Prüfungsaufgaben als NICHT BESTANDEN gewertet wurde, b) mindestens zwei Prüfungsaufgaben bestanden wurden und c) für die vier Prüfungsaufgaben zusammen mindestens 200 Punkte erzielt wurden

	Eintragung in die Liste der zugelassenen Vertreter	
27		
	Verfahrenshandlung	Details
28	**Eintragung in die Liste der zugelassenen Vertreter** nach Art. 134 (1), (2) EPÜ MdEPA vom 12.05.2015 (ABl. 2015, A55)	Entsprechende Anträge auf Eintragung in die Liste der zugelassenen Vertreter, Änderung oder Löschung der Eintragung sowie Wiedereintragung sind schriftlich an die Rechtsabteilung des EPA (Direktion 5.2.3) zu richten. Dabei sind die Anträge auf Neu- oder Wiedereintragung im Original einzureichen; alle Übrigen können auch per Fax oder Online-Einreichung gestellt werden. Eine bloße Benachrichtigung per E-Mail ist nicht zulässig.
29	**Institut der beim Europäischen Patentamt zugelassenen Vertreter** Art. 134a EPÜ	Art. 134a (2): Jede Person, die in der in Art. 134 Absatz 1 genannten Liste der zugelassenen Vertreter eingetragen ist, ist Mitglied des Instituts.

Kalender

Kalender 2019

Januar 2019

Mo	Di	Mi	Do	Fr	Sa	So
	1	2	3	4	5	6
7	8	9	10	11	12	13
14	15	16	17	18	19	20
21	22	23	24	25	26	27
28	29	30	31			

Februar 2019

Mo	Di	Mi	Do	Fr	Sa	So
				1	2	3
4	5	6	7	8	9	10
11	12	13	14	15	16	17
18	19	20	21	22	23	24
25	26	27	28			

März 2019

Mo	Di	Mi	Do	Fr	Sa	So
				1	2	3
4	5	6	7	8	9	10
11	12	13	14	15	16	17
18	19	20	21	22	23	24
25	26	27	28	29	30	31

April 2019

Mo	Di	Mi	Do	Fr	Sa	So
1	2	3	4	5	6	7
8	9	10	11	12	13	14
15	16	17	18	19	20	21
22	23	24	25	26	27	28
29	30					

Mai 2019

Mo	Di	Mi	Do	Fr	Sa	So
		1	2	3	4	5
6	7	8	9	10	11	12
13	14	15	16	17	18	19
20	21	22	23	24	25	26
27	28	29	30	31		

Juni 2019

Mo	Di	Mi	Do	Fr	Sa	So
					1	2
3	4	5	6	7	8	9
10	11	12	13	14	15	16
17	18	19	20	21	22	23
24	25	26	27	28	29	30

Juli 2019

Mo	Di	Mi	Do	Fr	Sa	So
1	2	3	4	5	6	7
8	9	10	11	12	13	14
15	16	17	18	19	20	21
22	23	24	25	26	27	28
29	30	31				

August 2019

Mo	Di	Mi	Do	Fr	Sa	So
			1	2	3	4
5	6	7	8	9	10	11
12	13	14	15	16	17	18
19	20	21	22	23	24	25
26	27	28	29	30	31	

September 2019

Mo	Di	Mi	Do	Fr	Sa	So
						1
2	3	4	5	6	7	8
9	10	11	12	13	14	15
16	17	18	19	20	21	22
23	24	25	26	27	28	29
30						

Oktober 2019

Mo	Di	Mi	Do	Fr	Sa	So
	1	2	3	4	5	6
7	8	9	10	11	12	13
14	15	16	17	18	19	20
21	22	23	24	25	26	27
28	29	30	31			

November 2019

Mo	Di	Mi	Do	Fr	Sa	So
				1	2	3
4	5	6	7	8	9	10
11	12	13	14	15	16	17
18	19	20	21	22	23	24
25	26	27	28	29	30	

Dezember 2019

Mo	Di	Mi	Do	Fr	Sa	So
						1
2	3	4	5	6	7	8
9	10	11	12	13	14	15
16	17	18	19	20	21	22
23	24	25	26	27	28	29
30	31					

Tag, an dem mind. eine EPA Annahmestelle geschlossen ist (R 134 (1) EPÜ)
zusätzliche Tage können hinzukommen! Vergleiche ABl. 2019 A7, A33, A72

| Art. 120 EPÜ: Fristen (werden in der Ausführungsordnung bestimmt)
(a) wenn nicht bereits im EPÜ festgelegt
(b) Art der Berechnung, Verlängerung
(c) Mindest- und Höchstdauer von Amtsfristen
R 126: Zustellung per Post
(1) Was wird wie zugestellt
(2) Einschreiben gilt mit dem 10. Tag nach der Abgabe zur Post als zugestellt (kein R 134 (1))
R 130 (1): Zustellung an den bestellten Vertreter
R 131: Berechnung der Fristen
(1) generelle Punkte
(2) Fristbeginn am Tag nach Ereignis
(3) Jahre (4) Monate (5) Wochen
R 132: Dauer der Fristen
(1) zu bestimmende Frist
(2) Amtsfrist 2 M - 4 M (max. 6 M)
(+ Verlängerung vor Ablauf auf Antrag) | R 133: Verspäteter Zugang (Sonderausgabe Nr. 3, ABl. 2007, I.1)
- Einschreiben aufgegeben 5 Tage vor Fristablauf
- zugelassener Übermittlungsdienst
- außerhalb Europas → Luftpost
R 134: Verlängerung von Fristen
(1) mind. eine EPA Annahmestelle geschlossen
→ Fristerstreckung auf den nächsten offenen Tag
(2) gestörte Postzustellung
(3) nationale Ämter geschlossen
(4) verzögerte Benachrichtigung infolge von Störung
(5) verspätetes Schriftstück infolge von Störung
R 51: JG
(1) Fälligkeit: letzter Tag des Anmeldemonats
(2) 6 M Nachfrist mit Zuschlagsgebühr
(3) TA | Art. 47 PCT: Fristen
R 79 PCT: Zeitrechnung
R 80 PCT: Berechnung von Fristen
R 80.1 PCT: Jahr, R 80.2 PCT: Monat,
R 80.3 PCT: Tag
R 80.5 PCT: Ablauf an Feiertag
R 80.6 PCT: Start mit Datum und 7-Tage-Vorbehalt (d.h. falls länger als 7 Tage unterwegs, gibt es Fristverlängerung)
Art. 48 PCT: Überschreitung von Fristen
R 82 PCT: Störungen im Postdienst
R 82.1 PCT: Einschreiben und Luftpost 5 Tage vor Fristablauf
R 82.2 PCT: Postunterbrechung
R 82bis.1 PCT: Vom Bestimmungs- oder Anmelde-Amt zu entschuldigende Fristüberschreitungen
R 82bis.2 PCT: WE |

Kalender

Kalender 2020

Januar 2020

Mo	Di	Mi	Do	Fr	Sa	So
		1	2	3	4	5
6	7	8	9	10	11	12
13	14	15	16	17	18	19
20	21	22	23	24	25	26
27	28	29	30	31		

Februar 2020

Mo	Di	Mi	Do	Fr	Sa	So
					1	2
3	4	5	6	7	8	9
10	11	12	13	14	15	16
17	18	19	20	21	22	23
24	25	26	27	28	29	

März 2020

Mo	Di	Mi	Do	Fr	Sa	So
						1
2	3	4	5	6	7	8
9	10	11	12	13	14	15
16	17	18	19	20	21	22
23	24	25	26	27	28	29
30	31					

April 2020

Mo	Di	Mi	Do	Fr	Sa	So
		1	2	3	4	5
6	7	8	9	10	11	12
13	14	15	16	17	18	19
20	21	22	23	24	25	26
27	28	29	30			

Mai 2020

Mo	Di	Mi	Do	Fr	Sa	So
				1	2	3
4	5	6	7	8	9	10
11	12	13	14	15	16	17
18	19	20	21	22	23	24
25	26	27	28	29	30	31

Juni 2020

Mo	Di	Mi	Do	Fr	Sa	So
1	2	3	4	5	6	7
8	9	10	11	12	13	14
15	16	17	18	19	20	21
22	23	24	25	26	27	28
29	30					

Juli 2020

Mo	Di	Mi	Do	Fr	Sa	So
		1	2	3	4	5
6	7	8	9	10	11	12
13	14	15	16	17	18	19
20	21	22	23	24	25	26
27	28	29	30	31		

August 2020

Mo	Di	Mi	Do	Fr	Sa	So
					1	2
3	4	5	6	7	8	9
10	11	12	13	14	15	16
17	18	19	20	21	22	23
24	25	26	27	28	29	30
31						

September 2020

Mo	Di	Mi	Do	Fr	Sa	So
	1	2	3	4	5	6
7	8	9	10	11	12	13
14	15	16	17	18	19	20
21	22	23	24	25	26	27
28	29	30				

Oktober 2020

Mo	Di	Mi	Do	Fr	Sa	So
			1	2	3	4
5	6	7	8	9	10	11
12	13	14	15	16	17	18
19	20	21	22	23	24	25
26	27	28	29	30	31	

November 2020

Mo	Di	Mi	Do	Fr	Sa	So
						1
2	3	4	5	6	7	8
9	10	11	12	13	14	15
16	17	18	19	20	21	22
23	24	25	26	27	28	29
30						

Dezember 2020

Mo	Di	Mi	Do	Fr	Sa	So
	1	2	3	4	5	6
7	8	9	10	11	12	13
14	15	16	17	18	19	20
21	22	23	24	25	26	27
28	28	29	30	31		

■ Tag, an dem mind. eine EPA Annahmestelle geschlossen ist (R 134 (1) EPÜ)
zusätzliche Tage können hinzukommen! Vergleiche ABl. EPA 2019, A72 und 2020, A9, A56

Art. 120 EPÜ: Fristen (werden in der Ausführungsordnung bestimmt)
(a) wenn nicht bereits im EPÜ festgelegt
(b) Art der Berechnung, Verlängerung
(c) Mindest- und Höchstdauer von Amtsfristen
R 126: Zustellung per Post
(1) Was wird wie zugestellt
(2) Einschreiben gilt mit dem 10. Tag nach der Abgabe zur Post als zugestellt (kein **R 134 (1)**)
R 130 (1): Zustellung an den bestellten Vertreter
R 131: Berechnung der Fristen
(1) generelle Punkte
(2) Fristbeginn am Tag nach Ereignis
(3) Jahre **(4)** Monate **(5)** Wochen
R 132: Dauer der Fristen
(1) zu bestimmende Frist
(2) Amtsfrist 2 M - 4 M (max. 6 M)
(+ Verlängerung vor Ablauf auf Antrag)

R 133: Verspäteter Zugang (Sonderausgabe Nr. 3, ABl. 2007, I.1)
- Einschreiben aufgegeben 5 Tage vor Fristablauf
- zugelassener Übermittlungsdienst
- außerhalb Europas → Luftpost
R 134: Verlängerung von Fristen
(1) mind. eine EPA Annahmestelle geschlossen
→ Fristerstreckung auf den nächsten offenen Tag
(2) gestörte Postzustellung
(3) nationale Ämter geschlossen
(4) verzögerte Benachrichtigung infolge von Störung
(5) verspätetes Schriftstück infolge von Störung
R 51: JG
(1) Fälligkeit: letzter Tag des Anmeldemonats
(2) 6 M Nachfrist mit Zuschlagsgebühr
(3) TA

Art. 47 PCT: Fristen
R 79 PCT: Zeitrechnung
R 80 PCT: Berechnung von Fristen
R 80.1 PCT: Jahr, **R 80.2 PCT:** Monat,
R 80.3 PCT: Tag
R 80.5 PCT: Ablauf an Feiertag
R 80.6 PCT: Start mit Datum und 7-Tage-Vorbehalt (d.h. falls länger als 7 Tage unterwegs, gibt es Fristverlängerung)
Art. 48 PCT: Überschreitung von Fristen
R 82 PCT: Störungen im Postdienst
R 82.1 PCT: Einschreiben und Luftpost 5 Tage vor Fristablauf
R 82.2 PCT: Postunterbrechung
R 82bis.1 PCT: Vom Bestimmungs- oder Anmelde-Amt zu entschuldigende Fristüberschreitungen
R 82bis.2 PCT: WE

Kalender

Kalender 2021

Januar 2021

Mo	Di	Mi	Do	Fr	Sa	So
				1	2	3
4	5	6	7	8	9	10
11	12	13	14	15	16	17
18	19	20	21	22	23	24
25	26	27	28	29	30	31

Februar 2021

Mo	Di	Mi	Do	Fr	Sa	So
1	2	3	4	5	6	7
8	9	10	11	12	13	14
15	16	17	18	19	20	21
22	23	24	25	26	27	28

März 2021

Mo	Di	Mi	Do	Fr	Sa	So
1	2	3	4	5	6	7
8	9	10	11	12	13	14
15	16	17	18	19	20	21
22	23	24	25	26	27	28
29	30	31				

April 2021

Mo	Di	Mi	Do	Fr	Sa	So
			1	2	3	4
5	6	7	8	9	10	11
12	13	14	15	16	17	18
19	20	21	22	23	24	25
26	27	28	29	30		

Mai 2021

Mo	Di	Mi	Do	Fr	Sa	So
					1	2
3	4	5	6	7	8	9
10	11	12	13	14	15	16
17	18	19	20	21	22	23
24	25	26	27	28	29	30
31						

Juni 2021

Mo	Di	Mi	Do	Fr	Sa	So
	1	2	3	4	5	6
7	8	9	10	11	12	13
14	15	16	17	18	19	20
21	22	23	24	25	26	27
28	29	30				

Juli 2021

Mo	Di	Mi	Do	Fr	Sa	So
			1	2	3	4
5	6	7	8	9	10	11
12	13	14	15	16	17	18
19	20	21	22	23	24	25
26	27	28	29	30	31	

August 2021

Mo	Di	Mi	Do	Fr	Sa	So
						1
2	3	4	5	6	7	8
9	10	11	12	13	14	15
16	17	18	19	20	21	22
23	24	25	26	27	28	29
30	31					

September 2021

Mo	Di	Mi	Do	Fr	Sa	So
		1	2	3	4	5
6	7	8	9	10	11	12
13	14	15	16	17	18	19
20	21	22	23	24	25	26
27	28	29	30			

Oktober 2021

Mo	Di	Mi	Do	Fr	Sa	So
				1	2	3
4	5	6	7	8	9	10
11	12	13	14	15	16	17
18	19	20	21	22	23	24
25	26	27	28	29	30	31

November 2021

Mo	Di	Mi	Do	Fr	Sa	So
1	2	3	4	5	6	7
8	9	10	11	12	13	14
15	16	17	18	19	20	21
22	23	24	25	26	27	28
29	30					

Dezember 2021

Mo	Di	Mi	Do	Fr	Sa	So
		1	2	3	4	5
6	7	8	9	10	11	12
13	14	15	16	17	18	19
20	21	22	23	24	25	26
27	28	29	30	31		

Tag, an dem mind. eine EPA Annahmestelle geschlossen ist (R 134 (1) EPÜ)
zusätzliche Tage können hinzukommen! Vergleiche ABl. EPA, Januar 2021 (zur Drucklegung noch nicht erschienen)

Art. 120 EPÜ: Fristen (werden in der Ausführungsordnung bestimmt)
(a) wenn nicht bereits im EPÜ festgelegt
(b) Art der Berechnung, Verlängerung
(c) Mindest- und Höchstdauer von Amtsfristen
R 126: Zustellung per Post
(1) Was wird wie zugestellt
(2) Einschreiben gilt mit dem 10. Tag nach der Abgabe zur Post als zugestellt (kein **R 134 (1)**)
R 130 (1): Zustellung an den bestellten Vertreter
R 131: Berechnung der Fristen
(1) generelle Punkte
(2) Fristbeginn am Tag nach Ereignis
(3) Jahre   **(4)** Monate   **(5)** Wochen
R 132: Dauer der Fristen
(1) zu bestimmende Frist
(2) Amtsfrist 2 M - 4 M (max. 6 M)
(+ Verlängerung vor Ablauf auf Antrag)

R 133: Verspäteter Zugang (Sonderausgabe Nr. 3, ABl. 2007, I.1)
- Einschreiben aufgegeben 5 Tage vor Fristablauf
- zugelassener Übermittlungsdienst
- außerhalb Europas → Luftpost

R 134: Verlängerung von Fristen
(1) mind. eine EPA Annahmestelle geschlossen
→ Fristerstreckung auf den nächsten offenen Tag
(2) gestörte Postzustellung
(3) nationale Ämter geschlossen
(4) verzögerte Benachrichtigung infolge von Störung
(5) verspätetes Schriftstück infolge von Störung
R 51: JG
(1) Fälligkeit: letzter Tag des Anmeldemonats
(2) 6 M Nachfrist mit Zuschlagsgebühr
(3) TA

Art. 47 PCT: Fristen
R 79 PCT: Zeitrechnung
R 80 PCT: Berechnung von Fristen
R 80.1 PCT: Jahr, **R 80.2 PCT**: Monat,
R 80.3 PCT: Tag
R 80.5 PCT: Ablauf an Feiertag
R 80.6 PCT: Start mit Datum und 7-Tage-Vorbehalt (d.h. falls länger als 7 Tage unterwegs, gibt es Fristverlängerung)
Art. 48 PCT: Überschreitung von Fristen
R 82 PCT: Störungen im Postdienst
R 82.1 PCT: Einschreiben und Luftpost 5 Tage vor Fristablauf
R 82.2 PCT: Postunterbrechung
R 82bis.1 PCT: Vom Bestimmungs- oder Anmelde-Amt zu entschuldigende Fristüberschreitungen
R 82bis.2 PCT: WE

Kalender

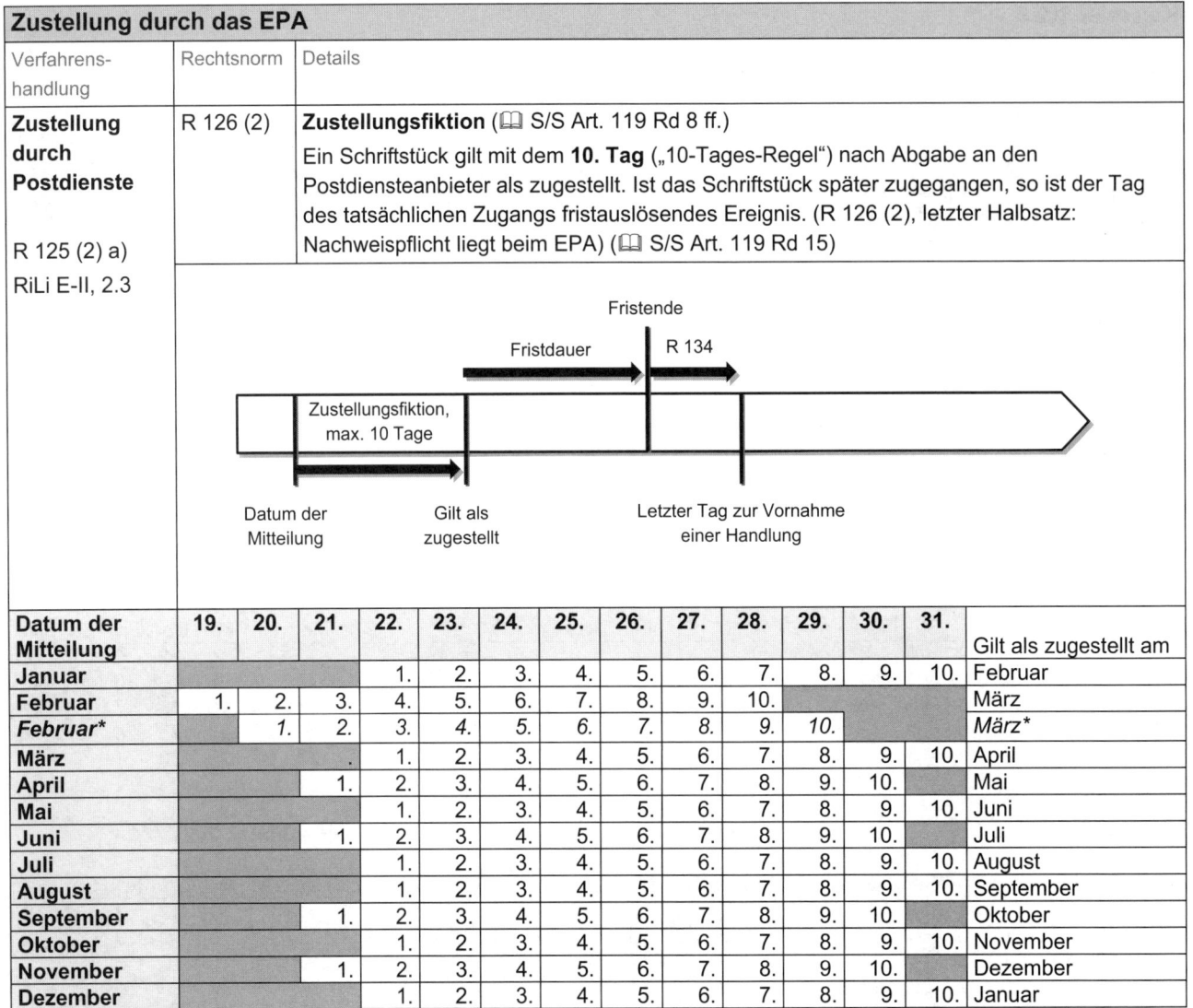

Zustellung durch das EPA

Verfahrens-handlung	Rechtsnorm	Details
Zustellung durch Postdienste R 125 (2) a) RiLi E-II, 2.3	R 126 (2)	**Zustellungsfiktion** (S/S Art. 119 Rd 8 ff.) Ein Schriftstück gilt mit dem **10. Tag** („10-Tages-Regel") nach Abgabe an den Postdiensteanbieter als zugestellt. Ist das Schriftstück später zugegangen, so ist der Tag des tatsächlichen Zugangs fristauslösendes Ereignis. (R 126 (2), letzter Halbsatz: Nachweispflicht liegt beim EPA) (S/S Art. 119 Rd 15)

Fristdauer → Fristende R 134 →

Zustellungsfiktion, max. 10 Tage

Datum der Mitteilung — Gilt als zugestellt — Letzter Tag zur Vornahme einer Handlung

Datum der Mitteilung	19.	20.	21.	22.	23.	24.	25.	26.	27.	28.	29.	30.	31.	Gilt als zugestellt am
Januar				1.	2.	3.	4.	5.	6.	7.	8.	9.	10.	Februar
Februar	1.	2.	3.	4.	5.	6.	7.	8.	9.	10.				März
*Februar**		*1.*	*2.*	*3.*	*4.*	*5.*	*6.*	*7.*	*8.*	*9.*	*10.*			*März**
März				1.	2.	3.	4.	5.	6.	7.	8.	9.	10.	April
April			1.	2.	3.	4.	5.	6.	7.	8.	9.	10.		Mai
Mai				1.	2.	3.	4.	5.	6.	7.	8.	9.	10.	Juni
Juni			1.	2.	3.	4.	5.	6.	7.	8.	9.	10.		Juli
Juli				1.	2.	3.	4.	5.	6.	7.	8.	9.	10.	August
August				1.	2.	3.	4.	5.	6.	7.	8.	9.	10.	September
September			1.	2.	3.	4.	5.	6.	7.	8.	9.	10.		Oktober
Oktober				1.	2.	3.	4.	5.	6.	7.	8.	9.	10.	November
November			1.	2.	3.	4.	5.	6.	7.	8.	9.	10.		Dezember
Dezember				1.	2.	3.	4.	5.	6.	7.	8.	9.	10.	Januar

* Schaltjahre 2012, 2016, 2020

Fristenrechner

Fristdauer	+Anzahl Jahre	+Anzahl Monate
12 M	1 J	0 M
16 M	1 J	4 M
18 M	1 J	6 M
19 M	1 J	7 M
20 M	1 J	8 M
22 M	1 J	10 M
24 M	2 J	0 M
30 M	2 J	6 M
31 M	2 J	7 M

Artikel- und Regelverzeichnis

ERSTER TEIL				
ALLGEMEINE UND INSTITUTIONELLE VORSCHRIFTEN				
EPÜ			PCT	RiLi
Art. 1		Europäisches Recht für die Erteilung von Patenten		
		Personalstandsprotokoll		
Art. 2		Europäisches Patent		
Art. 3		Territoriale Wirkung		
		Vertragsstaaten		
Art. 4		Europäische Patentorganisation		
Art. 4a		Konferenz der Minister der Vertragsstaaten		
Art. 5		Rechtsstellung		
Art. 6		Sitz		
Art. 7		Dienststellen des Europäischen Patentamts		
Art. 8		Vorrechte und Immunitäten		
Art. 9		Haftung		
Art. 10		Leitung		
	R 9	Verwaltungsmäßige Gliederung des Europäischen Patentamts		
Art. 11		Ernennung hoher Bediensteter		
Art. 12		Amtspflichten		
Art. 13		Streitsachen zwischen der Organisation und den Bediensteten des Europäischen Patentamts		
Art. 14		Sprachen des Europäischen Patentamts, europäischer Patentanmeldungen und anderer Schriftstücke		RiLi A-III
	R 3	Sprache im schriftlichen Verfahren		
	R 4	Sprache im mündlichen Verfahren		
	R 5	Beglaubigung von Übersetzungen		
	R 6	Einreichung von Übersetzungen und Gebührenermäßigung		
	R 7	Rechtliche Bedeutung der Übersetzung der europäischen Patentanmeldung		
Art. 15		Organe im Verfahren		
	R 9	Verwaltungsmäßige Gliederung des Europäischen Patentamts		
Art. 16		Eingangsstelle		
	R 10	Zuständigkeit der Eingangsstelle und der Prüfungsabteilung		
Art. 17		Recherchenabteilungen		
	R 8	Patentklassifikation		
	R 11	Geschäftsverteilung für die erste Instanz		
Art. 18		Prüfungsabteilungen		
	R 10	Zuständigkeit der Eingangsstelle und der Prüfungsabteilung		
Art. 19		Einspruchsabteilungen		
Art. 20		Rechtsabteilung		

Artikel- und Regelverzeichnis

ERSTER TEIL (Fortsetzung)				
EPÜ			**PCT**	**RiLi**
Art. 21		Beschwerdekammern		
	R 12a	Organisation und Leitung der Beschwerdekammereinheit und Präsident der Beschwerdekammern		
	R 12b	Präsidium der Beschwerdekammern und Geschäftsverteilungsplan für die Beschwerdekammern		
	R 12c	Beschwerdekammerausschuss und Verfahren zum Erlass der Verfahrensordnungen der Beschwerdekammern und der Großen Beschwerdekammer		
	R 12d	Ernennung und Wiederernennung von Mitgliedern der Beschwerdekammern und der Großen Beschwerdekammer einschließlich der Vorsitzenden		
Art. 22		**Große Beschwerdekammer**		
	R 13	Geschäftsverteilungsplan für die Große Beschwerdekammer		
Art. 23		**Unabhängigkeit der Mitglieder der Kammern**		
	R 13	Geschäftsverteilungsplan für die Große Beschwerdekammer		
Art. 24		**Ausschließung und Ablehnung**		
Art. 25		**Technische Gutachten**		
Art. 26		**Zusammensetzung**		
Art. 27		**Vorsitz**		
Art. 28		**Präsidium**		
Art. 29		**Tagungen**		
Art. 30		**Teilnahme von Beobachtern**		
Art. 31		**Sprachen des Verwaltungsrats**		
Art. 32		**Personal, Räumlichkeiten und Ausstattung**		
Art. 33		**Befugnisse des Verwaltungsrats in bestimmten Fällen**		
Art. 34		**Stimmrecht**		
Art. 35		**Abstimmungen**		
Art. 36		**Stimmenwägung**		
Art. 37		**Finanzierung des Haushalts**		
Art. 38		**Eigene Mittel der Organisation**		
Art. 39		**Zahlungen der Vertragsstaaten aufgrund der für die Aufrechterhaltung der europäischen Patente erhobenen Gebühren**		
Art. 40		**Bemessung der Gebühren und Anteile – besondere Finanzbeiträge**		
Art. 41		**Vorschüsse**		
Art. 42		**Haushaltsplan**		
Art. 43		**Bewilligung der Ausgaben**		
Art. 44		**Mittel für unvorhergesehene Ausgaben**		
Art. 45		**Haushaltsjahr**		
Art. 46		**Entwurf und Feststellung des Haushaltsplans**		
Art. 47		**Vorläufige Haushaltsführung**		
Art. 48		**Ausführung des Haushaltsplans**		
Art. 49		**Rechnungsprüfung**		
Art. 50		**Finanzordnung**		
Art. 51		**Gebühren**		

Artikel- und Regelverzeichnis

ZWEITER TEIL
MATERIELLES PATENTRECHT

EPÜ			PCT	RiLi
Art. 52		Patentierbare Erfindungen		RiLi G-I
		Art. 52 (2), (4)	R 39.1 PCT R 67.1 PCT	
Art. 53		Ausnahmen von der Patentierbarkeit		RiLi G-II, 3 ff.
		Art. 53 a)	R 9.1 i), ii) PCT	
		Art. 53 b)	R 39.1 ii) PCT R 67.1 ii) PCT	
		Art. 53 c)	R 39.1 PCT R 67.1 PCT	
	R 26	Allgemeines und Begriffsbestimmungen		
	R 27	Patentierbare biotechnologische Erfindungen		RiLi G-II, 5
	R 28	Ausnahmen von der Patentierbarkeit		RiLi G-II, 3
	R 29	Der menschliche Körper und seine Bestandteile		RiLi G-II, 4.2
Art. 54		Neuheit		RiLi G-VI
		Art. 54 (1)	Art. 33 (2) PCT R 33.1 a)-c) PCT	
		Art. 54 (2)	R 64 PCT R 64.2 PCT R 33.1 a), b) c) (keine Bestimmung für rein mündliche Offenbarung)	
		Art. 54 (3)	R 64 PCT R 64.3 PCT R 70.10 PCT	
	R 165	Die Euro-PCT-Anmeldung als kollidierende Anmeldung nach Artikel 54 Absatz 3		
Art. 55		Unschädliche Offenbarungen	Art. 27 (5), (6) PCT R 4.17 v) PCT R 51bis.1 a) v) PCT	RiLi B-VI, 5.5 RiLi G-V
	R 25	Ausstellungsbescheinigung		RiLi G-V, 4
Art. 56		Erfinderische Tätigkeit	Art. 33 (3) PCT	RiLi G-VII
Art. 57		Gewerbliche Anwendbarkeit	Art. 33 (4) PCT	RiLi G-III
Art. 58		Recht zur Anmeldung europäischer Patente	Art. 9 (1) PCT R 18 PCT	RiLi A-II, 2
Art. 59		Mehrere Anmelder	R 18.3 PCT	RiLi A-II, 2
Art. 60		Recht auf das europäische Patent		RiLi A-II, 2
Art. 61		Anmeldung europäischer Patente durch Nichtberechtigte		RiLi C-IX, 2 RiLi A-II, 2
	R 14	Aussetzung des Verfahrens		
	R 15	Beschränkung von Zurücknahmen		
	R 16	Verfahren nach Artikel 61 Absatz 1		
	R 17	Einreichung einer neuen europäischen Patentanmeldung durch den Berechtigten		
	R 18	Teilweiser Übergang des Rechts auf das europäische Patent		
	R 78	Verfahren bei mangelnder Berechtigung des Patentinhabers		
		Anerkennungsprotokoll		

Artikel- und Regelverzeichnis

ZWEITER TEIL (Fortsetzung)			
EPÜ		**PCT**	**RiLi**
Art. 62	Recht auf Erfindernennung	Art. 4 (1) v) PCT	RiLi A-III
	R 19 Einreichung der Erfindernennung		
Art. 63	Laufzeit des europäischen Patents		
Art. 64	Rechte aus dem europäischen Patent		RiLi F-IV, 3
Art. 65	Übersetzung des europäischen Patents		
	Londoner Übereinkommen		
Art. 66	Wirkung der europäischen Patentanmeldung als nationale Anmeldung		RiLi A-IV, 6
Art. 67	Rechte aus der europäischen Patentanmeldung nach Veröffentlichung		
		Art. 67 (1), (2) Art. 29 (1) PCT	
		Art. 67 (3) Art. 29 (2) PCT	
Art. 68	Wirkung des Widerrufs oder der Beschränkung des europäischen Patents		RiLi D-X, 3
Art. 69	Schutzbereich	Art. 29 (1), (2) PCT	RiLi B-III, 3
			RiLi F-IV
	Protokoll über die Auslegung des Art. 69		
Art. 70	Verbindliche Fassung einer europäischen Patentanmeldung oder eines europäischen Patents		RiLi A-VII, 8
Art. 71	Übertragung und Bestellung von Rechten		RiLi E-XIV, 3
	R 22 Eintragung von Rechtsübergängen		
Art. 72	Rechtsgeschäftliche Übertragung		RiLi E-XIV, 3
	R 85 Rechtsübergang des europäischen Patents		
Art. 73	Vertragliche Lizenzen		RiLi E-XIV, 6
	R 23 Eintragung von Lizenzen und anderen Rechten		
	R 24 Besondere Angaben bei der Eintragung von Lizenzen		
Art. 74	Anwendbares Recht		

Artikel- und Regelverzeichnis

DRITTER TEIL				
DIE EUROPÄISCHE PATENTANMELDUNG				
EPÜ			PCT	RiLi
Art. 75		Einreichung der europäischen Patentanmeldung	R 19.1 PCT	RiLi A-II, 1
	R 1	Schriftliches Verfahren		
	R 2	Einreichung von Unterlagen; Formvorschriften		
	R 35	Allgemeine Vorschriften	Art. 2 xv), 10 PCT	
Art. 76		Europäische Teilanmeldung	-	RiLi A-IV, 1 RiLi C-IX, 1
	R 36	Europäische Teilanmeldungen		
Art. 77		Weiterleitung europäischer Patentanmeldungen	Art. 12 PCT R 19.4 PCT	RiLi A-II, 1.7
	R 37	Übermittlung europäischer Patentanmeldungen		
Art. 78		Erfordernisse der europäischen Patentanmeldung		RiLi F-II, 1
	R 30	Erfordernisse europäischer Patentanmeldungen betreffend Nucleotid- und Aminosäuresequenzen	R 13bis PCT	
	R 31	Hinterlegung von biologischem Material	R 13bis PCT	
	R 32	Sachverständigenlösung	R 13bis PCT	
	R 33	Zugang zu biologischem Material	R 13bis PCT	
	R 34	Erneute Hinterlegung von biologischem Material	R 13bis PCT	
	R 38	Anmeldegebühr und Recherchengebühr	Art. 3 (4) iv) PCT R 66.3 a) PCT R 66.4 PCT R 66.4bis	RiLi A-III, 13 RiLi A-X, 5.2.1
	R 41	Erteilungsantrag		
	R 42	Inhalt der Beschreibung		
		R 42 (1) a)-f)	R 5.1 a) i)-vi) PCT	
		R 42 (2)	R 5.1 b)	
	R 43	Form und Inhalt der Patentansprüche		RiLi F-IV RiLi B-III, 3.2
		R 43 (1)	R 6.3 a) PCT	
		R 43 (1) a), b)	R 6.3 b) i), ii) PCT	
		R 43 (4)	R 6.4 a) (teilweise), b), c) PCT	
		R 43 (5)	R 6.1 a), b) PCT R 13.4 PCT	
		R 43 (6)	R 6.2 a) PCT	
		R 43 (7)	R 6.2 b) PCT	
	R 45	Gebührenpflichtige Patentansprüche		
	R 46	Form der Zeichnungen		
		R 46 (2) i)	R 11.13 l), m) PCT	
		R 46 (2) j)	R 11.11 PCT	
	R 47	Form und Inhalt der Zusammenfassung		RiLi F-II, 2
	R 48	Unzulässige Angaben	R 9.1 i)-iv) PCT	RiLi A-III, 8
	R 49	Allgemeine Bestimmungen über die Form der Anmeldungsunterlagen		
		R 49 (9)	R 11.10 PCT	
		R 49 (10)	R 10.1 a), b), d), e) PCT	
		R 49 (11)	R 10.2 PCT	

Artikel- und Regelverzeichnis

DRITTER TEIL
DIE EUROPÄISCHE PATENTANMELDUNG

EPÜ			PCT	RiLi
Art. 78		Erfordernisse der europäischen Patentanmeldung		RiLi F-II, 1
	R 50	Nachgereichte Unterlagen		
Art. 79		Benennung der Vertragsstaaten		RiLi A-III, 11
	R 39	Benennungsgebühren		
Art. 80		Anmeldetag	Art. 3 (2) PCT Art. 11 (1) iii) PCT	RiLi A-II, 4.1
	R 40	Anmeldetag		
Art. 81		Erfindernennung		RiLi A-III, 5
	R 19	Einreichung der Erfindernennung		
	R 20	Bekanntmachung der Erfindernennung		
	R 21	Berichtigung der Erfindernennung		
	R 60	Nachholung der Erfindernennung		
Art. 82		Einheitlichkeit der Erfindung	R 13.1 PCT	RiLi F-V,
	R 43 (2)	Form und Inhalt der Patentansprüche	R 6.1 a), b) PCT R 6.2 a), b) PCT R 6.3 a) PCT R 6.3 b) i), ii) PCT R 6.4 a)-c) PCT R 13.4 PCT	
	R 44	Einheitlichkeit der Erfindung		
		R 44 (1)	R 13.2 PCT	
		R 44 (2)	R 13.3 PCT	
	R 64	Europäischer Recherchenbericht bei mangelnder Einheitlichkeit		RiLi B-III, 3.12, RiLi B-XI, 5
	R 137 (5)	Änderung der europäischen Patentanmeldung		
Art. 83		Offenbarung der Erfindung	Art. 5 PCT	RiLi F-III
	R 42	Inhalt der Beschreibung	R 6.1 a), b) PCT R 6.2 a), b) PCT R 6.3 a) PCT R 6.3 b) i), ii) PCT R 6.4 a)-c) PCT	
Art. 84		Patentansprüche	Art. 6 PCT	RiLi F-IV
	R 43	Form und Inhalt der Patentansprüche	R 6.1 a), b) PCT R 6.2 a), b) PCT R 6.3 a) PCT R 6.3 b) i), ii) PCT R 6.4 a)-c) PCT R 13.4 PCT	
Art. 85		Zusammenfassung		RiLi F-II, 2
	R 47	Form und Inhalt der Zusammenfassung		
	R 66	Endgültiger Inhalt der Zusammenfassung		
Art. 86		Jahresgebühren für die europäische Patentanmeldung		RiLi A-X, 5
	R 51	Fälligkeit		
Art. 87		Prioritätsrecht	Art. 8 PCT	RiLi F-VI
	R 136	Wiedereinsetzung		

Artikel- und Regelverzeichnis

DRITTER TEIL DIE EUROPÄISCHE PATENTANMELDUNG				
EPÜ			**PCT**	**RiLi**
Art. 88		**Inanspruchnahme der Priorität**	Art. 8 PCT R 4.10 PCT	RiLi A-III, 6 RiLi F-VI
	R 52	Prioritätserklärung		
	R 53	Prioritätsunterlagen		RiLi A-II, 5
	R 54	Ausstellung von Prioritätsunterlagen		
	R 59	Mängel bei der Inanspruchnahme der Priorität		
Art. 89		**Wirkung des Prioritätsrechts**	R 64.1 b) PCT	RiLi F-VI

Artikel- und Regelverzeichnis

VIERTER TEIL ERTEILUNGSVERFAHREN

EPÜ			PCT	RiLi
Art. 90		Eingangs- und Formalprüfung		RiLi A-III
	R 55	Eingangsprüfung		RiLi A-II, 4
	R 56	Fehlende Teile der Beschreibung oder fehlende Zeichnungen		RiLi A-II, 5
	R 57	Formalprüfung		RiLi A-III
	R 58	Beseitigung von Mängeln in den Anmeldungsunterlagen		RiLi A-III, 16
Art. 91		(gestrichen)		
Art. 92		Erstellung des europäischen Recherchenberichts		RiLi B-II
	R 61	Inhalt des europäischen Recherchenberichts		
	R 62	Erweiterter europäischer Recherchenbericht		
	R 62a	Anmeldungen mit mehreren unabhängigen Patentansprüchen		
	R 63	Unvollständige Recherche		
	R 64	Europäischer Recherchenbericht bei mangelnder Einheitlichkeit		
	R 65	Übermittlung des europäischen Recherchenberichts		
	R 66	Endgültiger Inhalt der Zusammenfassung		
	R 70a	Erwiderung auf den erweiterten europäischen Recherchenbericht		
Art. 93		Veröffentlichung der europäischen Patentanmeldung		RiLi A-VI
	R 67	Technische Vorbereitungen für die Veröffentlichung		
	R 68	Form der Veröffentlichung der europäischen Patentanmeldungen und europäischen Recherchenberichte		
	R 69	Mitteilungen über die Veröffentlichung		
Art. 94		Prüfung der europäischen Patentanmeldung		RiLi C
	R 70	Prüfungsantrag		
	R 70a	Erwiderung auf den erweiterten europäischen Recherchenbericht		
	R 70b	Anforderung einer Kopie der Recherchenergebnisse		
	R 71	Prüfungsverfahren		
Art. 95		(gestrichen)		
Art. 96		(gestrichen)		
Art. 97		Erteilung oder Zurückweisung		RiLi C-V
	R 71a	Abschluss des Erteilungsverfahrens		
	R 72	Erteilung des europäischen Patents an verschiedene Anmelder		
Art. 98		Veröffentlichung der europäischen Patentschrift		RiLi C-V, 10
	R 73	Inhalt und Form der Patentschrift		
	R 74	Urkunde über das europäische Patent		

Artikel- und Regelverzeichnis

FÜNFTER TEIL EINSPRUCHS- UND BESCHRÄNKUNGSVERFAHREN			
EPÜ		**PCT**	**RiLi**
Art. 99	**Einspruch**		RiLi D
	R 75 — Verzicht oder Erlöschen des Patents		RiLi D-I
	R 76 — Form und Inhalt des Einspruchs		RiLi D-III
	R 77 — Verwerfung des Einspruchs als unzulässig		RiLi D-IV
Art. 100	**Einspruchsgründe**		RiLi D-III, 5
Art. 101	**Prüfung des Einspruchs – Widerruf oder Aufrechterhaltung des europäischen Patents**		RiLi D-V
	R 78 — Verfahren bei mangelnder Berechtigung des Patentinhabers		
	R 79 — Vorbereitung der Einspruchsprüfung		
	R 80 — Änderung des europäischen Patents		
	R 81 — Prüfung des Einspruchs		
	R 82 — Aufrechterhaltung des europäischen Patents in geändertem Umfang		
	R 83 — Anforderung von Unterlagen		
	R 84 — Fortsetzung des Einspruchsverfahrens von Amts wegen		
	R 85 — Rechtsübergang des europäischen Patents		
	R 86 — Unterlagen im Einspruchsverfahren		
Art. 102	**(gestrichen)**		
Art. 103	**Veröffentlichung einer neuen europäischen Patentschrift**		RiLi D-VII, 7
	R 87 — Inhalt und Form der neuen europäischen Patentschrift		
Art. 104	**Kosten**		RiLi D-IX
	R 88 — Kosten		
Art. 105	**Beitritt des vermeintlichen Patentverletzers**		RiLi D-VII, 6
	R 89 — Beitritt des vermeintlichen Patentverletzers		RiLi D-I, 5
Art. 105a	**Antrag auf Beschränkung oder Widerruf**		RiLi D-X
	R 90 — Gegenstand des Verfahrens		
	R 91 — Zuständigkeit für das Verfahren		
	R 92 — Antragserfordernisse		
	R 93 — Vorrang des Einspruchsverfahrens		
	R 94 — Verwerfung des Antrags als unzulässig		
Art. 105b	**Beschränkung oder Widerruf des europäischen Patents**		RiLi D-X, 3
	R 95 — Entscheidung über den Antrag		
Art. 105c	**Veröffentlichung der geänderten europäischen Patentschrift**		RiLi D-X, 5
	R 96 — Inhalt und Form der geänderten europäischen Patentschrift		

Artikel- und Regelverzeichnis

SECHSTER TEIL BESCHWERDEVERFAHREN			
EPÜ		**PCT**	**RiLi**
Art. 106	**Beschwerdefähige Entscheidungen**		RiLi E-X
	R 97 Beschwerde gegen Kostenverteilung und Kostenfestsetzung		
	R 98 Verzicht oder Erlöschen des Patents		
Art. 107	**Beschwerdeberechtigte und Verfahrensbeteiligte**		RiLi E-VII, 5
Art. 108	**Frist und Form**		RiLi E-VII, 6
	R 99 Inhalt der Beschwerdeschrift und der Beschwerdebegründung		
	R 101 Verwerfung der Beschwerde als unzulässig		
	R 103 Rückzahlung der Beschwerdegebühr		
Art. 109	**Abhilfe**		RiLi E-VII, 7
Art. 110	**Prüfung der Beschwerde**		
	R 100 Prüfung der Beschwerde		
Art. 111	**Entscheidung über die Beschwerde**		
	R. 102 Form der Entscheidung der Beschwerdekammer		
Art. 112	**Entscheidung oder Stellungnahme der Großen Beschwerdekammer**		
Art. 112a	**Antrag auf Überprüfung durch die Große Beschwerdekammer**		
	R 104 Weitere schwerwiegende Verfahrensmängel		
	R 105 Straftaten		
	R 106 Rügepflicht		
	R 107 Inhalt des Antrags auf Überprüfung		
	R 108 Prüfung des Antrags		
	R 109 Verfahren bei Anträgen auf Überprüfung		
	R 110 Rückzahlung der Gebühr für einen Antrag auf Überprüfung		

Artikel- und Regelverzeichnis

SIEBENTER TEIL GEMEINSAME VORSCHRIFTEN				
EPÜ			**PCT**	**RiLi**
	R 1	Schriftliches Verfahren		
	R 2	Einreichung von Unterlagen; Formvorschriften		
	R 50	Nachgereichte Unterlagen		
	R 111(1)	Form der Entscheidungen		
	R 112	Feststellung eines Rechtsverlusts		
	R 113	Unterschrift, Name, Dienstsiegel		RiLi E-II, 1.3
	R 133	Verspäteter Zugang von Schriftstücken		
	R 139	Berichtigung von Mängeln in den beim Europäischen Patentamt eingereichten Unterlagen		
	R 140	Berichtigung von Fehlern in Entscheidungen		
	R 142	Unterbrechung des Verfahrens		
Art. 113		**Rechtliches Gehör und Grundlage der Entscheidungen**		RiLi D-VI, 7.2.1
	R 111(2)	Form der Entscheidungen		
Art. 114		**Ermittlung von Amts wegen**		RiLi E-VI
Art. 115		**Einwendungen Dritter**		RiLi A-VII, 3.5 RiLi D-X, 4.5 RiLi E-VI
	R 114	Einwendungen Dritter		
Art. 116		**Mündliche Verhandlung**		RiLi E-III
	R 4	Sprache im mündlichen Verfahren		RiLi E-III, 10.2
	R 111	Form der Entscheidungen		RiLi E-III, 9
	R 115	Ladung zur mündlichen Verhandlung		RiLi E-III, 6
	R 116	Vorbereitung der mündlichen Verhandlung		RiLi E-III, 6
	R 124	Niederschrift über mündliche Verhandlungen und Beweisaufnahmen		RiLi E-III, 10
Art. 117		**Beweismittel und Beweisaufnahme**		RiLi E-IV
	R 117	Entscheidung über eine Beweisaufnahme		
	R 118	Ladung zur Vernehmung vor dem Europäischen Patentamt		
	R 119	Durchführung der Beweisaufnahme vor dem Europäischen Patentamt		
	R 120	Vernehmung vor dem zuständigen nationalen Gericht		
	R 121	Beauftragung von Sachverständigen		
	R 122	Kosten der Beweisaufnahme		
	R 123	Beweissicherung		
	R 124	Niederschrift über mündliche Verhandlungen und Beweisaufnahmen		
Art. 118		**Einheit der europäischen Patentanmeldung oder des europäischen Patents**		RiLi A-II, 2
	R 138	Unterschiedliche Patentansprüche, Beschreibungen und Zeichnungen für verschiedene Staaten		

Artikel- und Regelverzeichnis

SIEBENTER TEIL (Fortsetzung)				
EPÜ			**PCT**	**RiLi**
Art. 119		Zustellung		RiLi E-II
	R 125	Allgemeine Vorschriften		RiLi E-II, 2
	R 126	Zustellung durch Postdienste		RiLi E-II, 2.3
	R 127	Zustellung durch Einrichtungen zur elektronischen Nachrichtenübermittlung		RiLi E-II, 2.4
	R 128	Zustellung durch unmittelbare Übergabe		
	R 129	Öffentliche Zustellung		
	R 130	Zustellung an Vertreter		RiLi E-II, 2.5
Art. 120		**Fristen**		RiLi A-III
	R 131	Berechnung der Fristen		RiLi E-VIII
	R 132	Vom Europäischen Patentamt bestimmte Fristen		
	R 133	Verspäteter Zugang von Schriftstücken		
	R 134	Verlängerung von Fristen		
Art. 121		**Weiterbehandlung der europäischen Patentanmeldung**		RiLi C-V, 8
	R 135	Weiterbehandlung		
Art. 122		**Wiedereinsetzung in den vorigen Stand**		RiLi E-VIII, 3
	R 136	Wiedereinsetzung		
Art. 123		**Änderungen**		RiLi H-IV
			Art. 123 (2) Art. 19 (2) PCT Art. 34 (2) b) PCT	
	R 80	Änderung des europäischen Patents		
	R 137	Änderung der europäischen Patentanmeldung	Art. 19 (1) PCT	RiLi H-II, 2
		R 137 (2)	Art. 34 (2) b) PCT R 66.3 a) PCT R 66.4 PCT R 66.4bis PCT	RiLi A-V, 2
	R 138	Unterschiedliche Patentansprüche, Beschreibungen und Zeichnungen für verschiedene Staaten		
	R 139	Berichtigung von Mängeln in den beim Europäischen Patentamt eingereichten Unterlagen	R 91 PCT	RiLi H-VI, 2
	R 140	Berichtigung von Fehlern in Entscheidungen		RiLi H-VI, 3
	R 159	Das Europäische Patentamt als Bestimmungsamt oder ausgewähltes Amt – Erfordernisse für den Eintritt in die europäische Phase		
	R 161	Änderung der Anmeldung (Euro-PCT)		
Art. 124		**Auskünfte über den Stand der Technik**		RiLi B-XI, 12
	R 141	Auskünfte über den Stand der Technik		
Art. 125		**Heranziehung allgemeiner Grundsätze**		
Art. 126		**(gestrichen)**		
Art. 127		**Europäisches Patentregister**		RiLi A-XI, 4
	R 143	Eintragungen in das Europäische Patentregister		

Artikel- und Regelverzeichnis

SIEBENTER TEIL (Fortsetzung)				
EPÜ			**PCT**	**RiLi**
Art. 128		Akteneinsicht		RiLi A-XI
			Art. 128 (1) Art. 30 PCT	
			Art. 128 (4) R 94 PCT (ABl. EPA 2003, 382)	
	R 144	Von der Einsicht ausgeschlossene Aktenteile		
	R 145	Durchführung der Akteneinsicht		
	R 146	Auskunft aus den Akten		
	R 147	Anlage, Führung und Aufbewahrung von Akten		
Art. 129		**Regelmäßige Veröffentlichungen**		RiLi C-V, 13
Art. 130		**Gegenseitige Unterrichtung**		
	R 148	Verkehr des Europäischen Patentamts mit Behörden der Vertragsstaaten		
Art. 131		**Amts- und Rechtshilfe**		
	R 149	Akteneinsicht durch Gerichte und Behörden der Vertragsstaaten oder durch deren Vermittlung		
	R 150	Verfahren bei Rechtshilfeersuchen		
Art. 132		**Austausch von Veröffentlichungen**		
Art. 133		**Allgemeine Grundsätze der Vertretung**		
	R 151	Bestellung eines gemeinsamen Vertreters		
	R 152	Vollmacht		
Art. 134		**Vertretung vor dem Europäischen Patentamt**		
	R 154	Änderungen in der Liste der Vertreter		
Art. 134a		**Institut der beim Europäischen Patentamt zugelassenen Vertreter**		
	R 153	Zeugnisverweigerungsrecht		

Artikel- und Regelverzeichnis

ACHTER TEIL				
AUSWIRKUNGEN AUF DAS NATIONALE RECHT				
EPÜ			PCT	RiLi
Art. 135		Umwandlungsantrag	Art. 25 PCT R 51 PCT	RiLi A-IV, 6
	R 155	Einreichung und Übermittlung des Umwandlungsantrags		
	R 156	Unterrichtung der Öffentlichkeit bei Umwandlungen		
Art. 136		(gestrichen)		
Art. 137		Formvorschriften für die Umwandlung		
Art. 138		Nichtigkeit europäischer Patente		
Art. 139		Ältere Rechte und Rechte mit gleichem Anmelde- oder Prioritätstag		RiLi H-III, 4.4
Art. 140		Nationale Gebrauchsmuster und Gebrauchszertifikate		
Art. 141		Jahresgebühren für das europäische Patent		

NEUNTER TEIL		
BESONDERE ÜBEREINKOMMEN		
EPÜ	PCT	RiLi
Art. 142	Einheitliche Patente		
Art. 143	Besondere Organe des Europäischen Patentamts		
Art. 144	Vertretung vor den besonderen Organen		
Art. 145	Engerer Ausschuss des Verwaltungsrats		
Art. 146	Deckung der Kosten für die Durchführung besonderer Aufgaben		
Art. 147	Zahlungen aufgrund der für die Aufrechterhaltung des einheitlichen Patents erhobenen Gebühren		
Art. 148	Die europäische Patentanmeldung als Gegenstand des Vermögens		
Art. 149	Gemeinsame Benennung		
Art. 149a	Andere Übereinkommen zwischen den Vertragsstaaten		

Artikel- und Regelverzeichnis

ZEHNTER TEIL
INTERNATIONALE ANMELDUNGEN NACH DEM VERTRAG ÜBER DIE INTERNATIONALE ZUSAMMENARBEIT AUF DEM GEBIET DES PATENTWESENS – EURO-PCT-ANMELDUNGEN

EPÜ		PCT	RiLi
Art. 150	Anwendung des Vertrags über die internationale Zusammenarbeit auf dem Gebiet des Patentwesens		
Art. 151	Das Europäische Patentamt als Anmeldeamt		
	R 157 Das Europäische Patentamt als Anmeldeamt		
Art. 152	Das Europäische Patentamt als Internationale Recherchenbehörde oder als mit der internationalen vorläufigen Prüfung beauftragte Behörde		
	R 158 Das Europäische Patentamt als Internationale Recherchenbehörde oder als mit der internationalen vorläufigen Prüfung beauftragte Behörde		
Art. 153	Das Europäische Patentamt als Bestimmungsamt oder ausgewähltes Amt	Art. (1) PCT	
	R 159 Das Europäische Patentamt als Bestimmungsamt oder ausgewähltes Amt – Erfordernisse für den Eintritt in die europäische Phase		
	R 160 Folgen der Nichterfüllung bestimmter Erfordernisse		
	R 161 Änderung der Anmeldung		
	R 162 Gebührenpflichtige Patentansprüche		
	R 163 Prüfung bestimmter Formerfordernisse durch das Europäische Patentamt		
	R 164 Einheitlichkeit der Erfindung und weitere Recherchen		
Art. 154	(gestrichen)		
Art. 155	(gestrichen)		
Art. 156	(gestrichen)		
Art. 157	(gestrichen)		
Art. 158	(gestrichen)		

ZWÖLFTER TEIL
SCHLUSSBESTIMMUNGEN

EPÜ		PCT	RiLi
Art. 164	Ausführungsordnung und Protokolle		
Art. 165	Unterzeichnung – Ratifikation		
Art. 166	Beitritt		
Art. 167	(gestrichen)		RiLi H-III, 4.4
Art. 168	Räumlicher Anwendungsbereich		
Art. 169	Inkrafttreten		
Art. 170	Aufnahmebeitrag		
Art. 171	Geltungsdauer des Übereinkommens		
Art. 172	Revision		
Art. 173	Streitigkeiten zwischen Vertragsstaaten		
Art. 174	Kündigung		
Art. 175	Aufrechterhaltung wohlerworbener Rechte		
Art. 176	Finanzielle Rechte und Pflichten eines ausgeschiedenen Vertragsstaats		
Art. 177	Sprachen des Übereinkommens		
Art. 178	Übermittlungen und Notifikationen		

Stichwortverzeichnis

10-Tagesfrist **D.54**

Abbuchungsauftrag **A.257, H.223 ff.**
Aberkennung Anmeldetag einer PCT-Anmeldung **B.4**
Abhilfe **M.87 ff., M.90 ff., M.94a**
Ablehnung
– Weiterbehandlung **K.11**
– Wiedereinsetzung **K.39**
– Fristverlängerung **M.45**
Absage mündliche Verhandlung **A.598a f.**
After Final Consideration Pilot 2.0 (AFCP 2.0) **O.19**
Akteneinsicht **A.387 ff.**
– Ausgeschlossene Angaben **B.280**
– Ausschluss **A.398 f.**
– beim EPA zu PCT Anmeldung **A.407 f.**
– Gebühr (ePA und eP) **H.116**
– ISR **B.79**
– PACE **I.1, I.20**
– PCT-Ämter **B.266 ff.**
– PCT-Anmeldung **A.405 f., B.173 ff., B.263 ff.**
– Prioerklärung **B.35**
– in SA einer TA **J.69 f.**
Allgemeine Vollmacht **G.19 f.**
Ältere Rechte **A.652 ff.**
– Doppelschutz **A.649, A.656 f.**
– Nationale Gebrauchsmuster **A.660**
– Patentansprüche **A.655**
– Schutzrechtsarten (PCT) **A.661**
– Wirkung - ePa/eP **A.653**
– Zwei Schutzrechtsarten (aus PCT) **A.662**
Alternative Merkmale (Priorität) **N.86**
Alternativlösungen **A.223**
America Invents Act **(AIA) O.38**
Aminosäuresequenzen **B.330**
Amtsermittlung
– Prüfungsverfahren) **A.458**
– Verspätetes Vorbringen **L.206**
Amtsfrist **D.5**
Amtssprache
Änderung **F.1 ff.**
– Anmeldeunterlagen **A.599 ff.**
– Ansprüche Beschwerde **M.61, M.66 ff.**
– Ansprüche gegenüber beabsichtigter Erteilung **A.484, N.37**
– Ansprüche Art. 19 PCT (Kapitel I) **B.78, B.119 ff., B.312 ff., F.75 ff.**
– Ansprüche Art. 34 PCT (Kapitel II) **B.119 ff., B.313 ff., F.85 ff.**
– Ansprüche PCT-Anmeldung **B.312 f.**
– Anspruchkategorie **F.11a, F.38, N.5**
– aus Zeichnungen **F.28**
– Beispiele **E.38a**
– Beschwerde **F.72 f., N.57, N.79**
– Einreichung **E.2**
– Einspruch **F.63 ff., L.48 f., N.33**
– ePI-Liste **G.56 ff.**
– Erfindernennung **A.72**
– Euro-PCT **B.197, B.200, B.229 ff., B.314, F.48 ff., F.97**
– Handschriftlich **F.21 ff.**

– ivP **B.76, B.313 ff.**
– Merkmalsverschiebung **F.12a ff.**
– nach Erteilung **A.484**
– Nationalisierung/Regionalisierung PCT-Anmeldung **B.314**
– Nichtigkeitsverfahren (national) **F.74**
– PCT Anmeldung **B.76, B.312 ff.**
– Prioanspruch PCT **B.10, C.84a**
– Prüfungsverfahren **A.450 ff.**
– Register **F.157a, G.32a**
– Teilanmeldung **J.67, N.67**
– Übersetzung **E.48**
– Unzulässige Erweiterung **F.3 ff.**
– Zusammenfassung **F.32**
Änderungsbuchung (VLK) **H.286 ff.**
Anerkennungsprotokoll **A.78, J.90 ff.**
Anfechtbare Zwischenentscheidungen **M.10**
Angabe bibliographischer Daten (INID-Codes) **A.385**
Angestelltenvollmacht **G.7, G.47**
Anhängigkeit
– PCT-Anmeldung **B.7**
– Stammanmeldung **J.15 ff.**
– TA **A.579 ff.**
Anmeldeamt (Zuständigkeit) **A.234 ff.**
Anmeldeberechtigung **B.6, O.7**
Anmeldebestimmungen **A.251**
Anmeldegebühr
– ePA **A.27, H.2**
– Euro-PCT **B.201, H.5**
– PCT-Anmeldung **B.6, B.44, H.7, H.96c**
– TA in Nichtamtssprache **E.15a**
– Teilanmeldung **J.77 f.**
– Zusatzgebühr **A.27**
Anmelderidentität **A.5, A.12**
Anmeldetag **A.5, O.29**
– PCT-Anmeldung **B.1 ff., B.9**
Anmeldeunterlagen Euro-PCT **B.199**
Anmeldung
– Neue Anmeldung nach Art. 61 (1) **E.10, J.89 ff.**
– Nichtberechtigte **J.70 ff., J.89 ff., N.28**
Annahmestelle **A.266 f., A.285 f.**
Annahmeverweigerung **D.55**
Anonyme Einreichung (Einwendung Dritter) **A.681**
Ansprüche
– Änderung **M.66 ff.**
– PCT-Anmeldung **B.312 f.**
– Übersetzung Beschränkung **E.51**
Anspruchsgebühr **A.478, H.45, H.101 ff., O.32**
– Automatischer Abbuchungsauftrag **B.218a, H.107 f.**
– ePA **A.28, H.11 f.**
– Euro-PCT **B.216 ff., H.13, H.102 ff.**
– Teilanmeldung **J.80 f.**
Anspruchskategorie **A.222, N.5**
– Änderung **F.11a**
– gleiche **A.223**
– Alternativlösungen **A.223**
– Verwendung **A.223, N.8**
– Wechsel **F.38 ff.**
Antrag - Antragsprinzip **A.487**

A: Ablauf EP-Anmeldung/ Patent	F: Änderungen, Berichtigung	J: Teilanmeldung/ Neue Anmeldung	M: Beschwerde N: G-Entscheidungen
B: Ablauf PCT-Anmeldung	G: Vertretung, Unterschrift	K: Weiterbehandlung/ Wiedereinsetzung	O: US-Patentrecht P: EU-Patent
C: Priorität	H: Gebühren	L: Einspruch	S: Zulassung
D: Fristen	I: Beschleunigung		
E: Sprachen			

Stichwortverzeichnis

- Entscheidung über Rechtsverlust **M.43 f.**
- ePA, EP Anmeldung **A.2, A.45, A.49**
- EU-Patent **P.23 f.**
- Fristverlängerung **D.6, D.32**
- auf Entscheidung **K.73**
Antragsprinzip **A.487**
Anwalt **G.62**
Anwälte und gemeinsame Vertreter **B.241 ff.**
Anwendbares Recht - Eu-Patent **P.16**
Appeal (US Verfahren) **O.22**
Äquivalente **A.190, F.35 ff.**
Arzneimittel **N.72**
Ästhetische Formschöpfung (Patentierbarkeit) **A.84**
Ausdehnung Einspruch **L.26 ff.**
Aufeinanderfolgende Fristen **D.24**
Aufforderung zur Mängelbeseitigung (Priorität PCT) **C.71**
Auffüllung des laufendes Kontos **H.285**
Aufgabe-Lösung-Ansatz **A.182**
Auflösung laufendes Konto **H.207 f., H.296**
Aufrechterhaltung
- Erklärung nach R 70 (2) **A.432 ff.**
- eP **L.76 f.**
- im Einspruch **L.46 f.**
Aufschiebende Wirkung der Beschwerde **M.3, M.64 f.**
Ausbleibende Gebührenzahlung **B.251**
Ausfall elektronischer Kommunikationsdienst **D.48**
Ausführbarkeit **A.195 ff.**
Auskünfte über den Stand der Technik **A.66**
Auskunftserteilung aus Akten **H.119**
Auslegung Einspruchsgründe **L.177**
Ausnahmen Patentierbarkeit **A.81**
Ausschluss
- PACE- Programm **I.21**
- Weiterbehandlung **K.14 ff.**
- Wiedereinsetzung **K.49**
Ausschluß/Ablehnung –
Mitglied Beschwerdekammer **M.122 ff.**
- Mitglied Einspruchsabteilung **L.164**
Aussetzung **L.66**
- Verfahren **D.91 ff.**
- Zusatzgebühr Jahresgebühr **D.190**
Ausstellungsbescheinigung **B.215**
Ausstellung (Bescheinigung) **A.333**
Auswahlerfindung **A.152 f.**
Automatische Erstreckung **A.309, H.40**
Automatisches Abbuchungsverfahren **H.257 ff., K.5**

Bagatellbetrag **H.167, H.176a**
Bankkonto Rückerstattung **H.150e, H.176**
Beantragung - ivP **B.76**
Bearbeitungs-/Prüfverbot - PCT-Anmeldung **B.190 f.**
Bearbeitungsgebühr - Ergänzende internationale Recherche (SIS) **H.25**
Bearbeitungsgebühr
- ivP **H.97a**
- PCT-Anmeldung **H.7**
Beendigung
- automatisches Abbuchungsverfahren **H.297 ff.**
- Einspruchsverfahren **L.75 ff.**

- PACE-Programm **I.21**
Beglaubigte Abschrift **C.29**
Beglaubigung
- Gebühr **H.113**
- Übersetzungen bei Zweifel **E.11 f.**
Begleitperson - Vortragender **L.156, N.42, N.46**
Begleitschreiben (PCT) **F.94**
Begriffsklärung US Patent Law **O.1b**
Begründung - Wiedereinsetzung **K.37**
Beitritt
- Beschwerdeverfahren **M.15, M.18, N.41, N.65**
- Dritter im Einspruchsverfahren **N.17**
Benachrichtigung Einspruch **L.45**
Benennung **A.295 f.**
- Euro-PCT-Anmeldung **A.297 f.**
- Voraussetzung **A.292 f.**
Benennungsgebühr **A.304, H.44**
- ePA **H.33 ff.**
- Erteilung **A.483**
- Euro-PCT **A.306, B.202, H.36**
- Fälligkeit **A.305**
- Rückerstattung **H.165 f.**
- Teilanmeldung **J.82 f.**
- Wirkung Nichtzahlung **N.56**
Berechtigte(r) **A.74 ff.**
- Anmeldung **C.14, L. 98 ff., O.1b**
- Anmeldung (Vergleich PVÜ/PCT/EPÜ) **C.91**
- Einreichung **A.74 ff.**
- Einspruch **L.2**
- Gebührenermäßigung **H.128 ff.**
- ivP **B.105**
- PCT-Anmeldung **B.6**
- Teilanmeldung **J.46 f.**
Bereiche **A.152 f., A.156**
Berichtigung **F.1 ff.**
- Beschwerde **N.79**
- Beschwerdeführer **M.21 f.**
- Erfindernennung **A.72, B.308, F.111 ff.**
- Fehler bei fehlerhaftem Druck des eP **F.131**
- Fehler in Entscheidung **F.27, F.116 ff.**
- Hinzufügen Priorität **C.40 ff.**
- Hinzufügen Priorität (PCT) **C.82**
- im Erteilungsbeschluss, Zuständigkeit **N.49**
- in eingereichten Unterlagen **F.135a**
- Mängel **B.310**
- Namen des Anmelders **F.135**
- Offenbarung betreffenden Teile **F.106 ff.**
- offensichtlicher Fehler **B.311 ff., F.132 f.**
- Prioritätserklärung **C.28, F.104**
- Verweigerung PCT **F.138a**
- von Mängeln **N.44**
- von nicht die Offenbarung betreffenden Teilen **F.100 ff.**
Berichtigung/Hinzufügen Priorität (PCT) **B.35 ff.**
Berichtigungsbuchung **H.286 ff.**
Bescheinigung vom Aussteller **A.334**
Beschleunigung **I.1 ff.**
- Ausschluss **I.21**
- Beschwerdeverfahren **I.23, M.107 f.**
- Einspruchsverfahren **I.22, L.37**

A: Ablauf EP-Anmeldung/ Patent	F: Änderungen, Berichtigung	J: Teilanmeldung/ Neue Anmeldung	M: Beschwerde
B: Ablauf PCT-Anmeldung	G: Vertretung, Unterschrift	K: Weiterbehandlung/ Wiedereinsetzung	N: G-Entscheidungen
C: Priorität	H: Gebühren		O: US-Patentrecht
D: Fristen	I: Beschleunigung	L: Einspruch	P: EU-Patent
E: Sprachen			S: Zulassung

Stichwortverzeichnis

- ePA **I.4**
- Euro-PCT **I.5 ff.**
- Prüfungsverfahren **A.438**
- Reaktion auf Recherchenbericht **I.18**
- Recherche **I.3 ff.**

Beschränkung **A.648**
- Gebühr **H.83**
- Recherche **B.108 f.**
- Übersetzung Ansprüche **E.51**

Beschränkungsgebühr **H.83**
Beschränkungsverfahren **L.252**
- Einspruch **L.229 ff., L.239b**

Beschreibung
- fehlende Teile **B.10 f.**
- PCT-Anmeldung **B.9**

Beschwerde **M.1 ff., N.21, N.28, N.88, N.90**
- Änderung Ansprüche **M.66 ff., N.57**
- Anfechtbare Zwischenentscheidungen **M.10**
- Antrag beschwerdefähige Entscheidung **M.43 f.**
- Aufschiebende Wirkung **M.64 f.**
- Beendigung **N.21, N.38**
- Begriffserläuterung **M.160 ff.**
- Beitritt **M.109 ff.**
- Berechtigte und Verfahrensbeteiligte **M.11 ff.**
- Berichtigung des Namens des Beschwerdeführers **M.21 f.**
- Beschleunigung **M.107 f.**
- Beschwerdebegründung **M.36**
- beschwerdefähige Entscheidungen **M.2**
- Beschwerdegebühr **M.35, N.88**
- Beteiligte **N.15**
- Einsprechender **N.4**
- Entscheidung **M.69 ff.**
- Entscheidung durch GBK **M.77 f.**
- Europäische Eignungsprüfung **S.11**
- Form und Sprache **M.37**
- Fortführung **N.81**
- Grenzen der Beschwerde (Reformatio in peius) **M.63**
- Grundlage **M.53a**
- Inhalt **M.25 ff.**
- Ladungsfrist **M.54a**
- Mangel **M.28 ff.**
- Mündliche Verhandlung **M.54 f.**
- nach gemeinsamem Einspruch **M.104**
- Prüfung durch Beschwerdekammer **M.46 ff.**
- Sprache mündliche Verhandlung **M.42**
- Übertragung Beteiligtenstellung **M.16**
- Umfang Prüfung bei Zurückweisung ePA **N.40, N.85**
- Unzulässigkeit **N.88**
- Verschlechterungsverbot (Reformatio in peius) **M.119 ff.**
- Zurücknahme **M.82 ff.**
- Zurücknahme zugrunde liegenden Einspruchs **M.79 ff.**
- Zurückweisung **M.73 f.**
- Zuständigkeit **M.32 ff., N.78**
- Zuständigkeit PCT **M.130**

Beschwerdebegründung **M.36**
- Wiedereinsetzung **K.31**

Beschwerdeberechtigte/Verfahrensbeteiligte **L.95, M.11 ff.**
Beschwerdefähige Entscheidung **L.92 f., M.2**

Beschwerdefrist **M.39, N.75, N.79,**
Beschwerdegebühr **H.85, M.35**
- Folgen Nichtzahlung **N.83 f.**
- Rückzahlung **H.179 ff., M.95 ff.**

Beschwerdekammer **M.32 f., M.122 ff., N.66**
Beschwerdeschrift **M.25 ff.**
Beschwerdeverfahren - PACE **I.23**
Besondere Angaben Eintragung von Lizenzen **F.153**
Besondere Verfahren (PACE, EESR, ECfS, Best) **A.359 ff.**
BEST **A.362**
BEST mode (US Verfahren) **O.31**
Bestellung Vertreter **B.241 ff., G.1**
Bestimmung
- PCT-Anmeldung **B.23, B.28 f.**
- eP-Länder bei PCT-Anmeldung **B.30 ff.**
- Zurücknahme **B.32 ff.**

Bestimmungen zur Einreichung europäischer und PCT-Anmeldungen beim EPA **D.82 ff.**
Bestimmungsgebühr **B.27a, B248a, H.96a**
Beteiligte **L.97**
Betritt Dritter während Einspruchsverfahren **L.116 ff., M.109 ff.**
Beweisaufnahme **L.157**
Beweise **A.620 ff., M.60a**
- Beweisaufnahme **A.620 ff.**

Beweismittel **E.39 f., L.10, L.207**
- Übersetzung **E.40a**

Beweissicherungsgebühr **H.92**
Bezeichnung für PCT Anmeldung **B.16, B.71 ff.**
Bezugnahme
- auf frühere Anmeldung **A.20, B.73, B.286**
- auf frühere GM **A.25**
- Teilanmeldung **J.56a**
- Zugänglichkeit der Dokumente **A.22**

Bibliothek **A.141**
Bindungswirkung - Stand der Technik bei PCT Recherche **B.59 f.**
Biologisches Material
- Erneute Hinterlegung **A.327**
- Herausgabe **A.324 f.**
- Hinterlegung **A.322 ff.**

Biologisches Verfahren **N.82**
Biotechnologische Erfindungen **A.99 f.**
Blockchain **A.232c f.**
Brexit **A.297a, E.64, G.44a, P.81, S.4c**
Bundesverfassungsgericht **P.80**

Case Management System **A.254 f., A.275 f., B.289**
Chirurgische Behandlung **N.70**
Chirurgisches Verfahren **A.95 ff.**
CMS **A.254**
Computergestützte Simulation **A.233**
Computerprogramm **A.224 ff., B.56 ff., N.73, N.89**
Computerprogramme (Patentierbarkeit) **A.85**
Continuation Application **O.16**
Continuation-in-part Application (CIP) **B.286, O.18**
Continuing patent applications **O.40**
COVID-19 **D.15a, D.18a, D.48a, D.185 ff., H.48a ff., H.52a, H.199f, H.187a, S.11a f.**

A: Ablauf EP-Anmeldung/ Patent	F: Änderungen, Berichtigung	J: Teilanmeldung/ Neue Anmeldung	M: Beschwerde
B: Ablauf PCT-Anmeldung	G: Vertretung, Unterschrift	K: Weiterbehandlung/ Wiedereinsetzung	N: G-Entscheidungen
C: Priorität	H: Gebühren		O: US-Patentrecht
D: Fristen	I: Beschleunigung	L: Einspruch	P: EU-Patent
E: Sprachen			S: Zulassung

Stichwortverzeichnis

- Gebührenerhöhung **D.191**
- Jahresgebühr **D.190**
- Verlängerung Fristen **D.186 ff.**

DAS
- PCT-Anmeldung **C.77**
- Prioerklärung **A.47, A.63**
- Übernahme Priounterlage **C.29**

Datenträger **A.262 f., A.281 ff.**
Dauer der Fristen **D.4 f.**
Derivation Proceedings **O.9**
Devolutiveffekt **M.166**
Diagnoseverfahren (Patentierbarkeit) **A.95 ff.**
Diagnostizierverfahren **N.63**
Diavortrag bei mündlicher Verhandlung **603a f.**
Digital Access Service **B.39, B.224, C.77**
Dingliches Recht **A.538**
Disclaimer **A.164 ff. F.167 ff., N.61, N.70, N.77, N.87**
Disziplinarmaßnahmen **G.59**
Divisional Application **O.17**
Doppelpatentierung **A.114 ff., N.92**
Doppelpatentierungsverbot
- Teilanmeldung **J.45**

Doppelschutzverbot **P.13**
Durchzuführende Handlungen **K.34 f.**
- Weiterbehandlung **K.4**

Duty of Candor and Good Faith **O.39**
Duty of disclosure (IDS) **O.12**

Early Certainty from Search (ECfs) **A.361, I.2**
EESR **A.360**
Eingang Anmeldeunterlagen
- PCT-Anmeldung **B.5**

Eingang verschiedene Tage **D.85**
Eingang Zahlung **D.75**
Eingangsprüfung **A.3 f.**
Einheitliche Regelungen EU-Patent **P.40**
Einheitlicher Charakter und einheitliche Wirkung **P.12**
Einheitlicher Schutz **P.14**
Einheitlichkeit **A.208 ff., P.32**
- ePA als ISA **N.9, N.10**
- im Einspruchsverfahren **N.14**
- Prüfungsverfahren **A.444**

Einleitung nationale/regionale Phase **B.185 ff., B.195 ff.**
Einreichung **A.1 ff., B.287 ff.**
- Elektronisch **A.244**
- ePA **A.49, A.242 ff.**
- ePA - elektronisch **A.244, A.250a f.**
- ePA - schriftlich **A.242**
- ePA - Telefax **A.249**
- falsche Bestandteile **B.12a, C.84d**
- fehlende Teile **A.6**
- Nationale Behörden **A.235, D.22**
- neue Anmeldung Art. 61 (1) **J.89 ff.**
- PCT Anmeldung **B.287 ff., D.89 ff.**
- Schriftliche Beweismittel **E.39**
- Teilanmeldung- Einreichungssprache **J.54 f.**
- Teilanmeldung - Einreichungsform **J.56**
- Übersetzung f.istgebundener Schriftstücke **E.38**

- Übersetzungen bei Anmeldung **E.8**
- Übersetzungen bei Anmeldung nach Art 61 **E.10**
- Übersetzungen bei Teilanmeldung **E.9**
- Unterlagen - E-Mail **A.465a, L.155b**
- Unterlagen - Mündliche Verhandlung **A.466, L.155b**
- Validierung **A.315 ff.**
- Vollmacht **G.46**
- Zurücknahme Benennung einzelner VS **A.299 f.**

Einreichungsbehörde - Teilanmeldung **J.51 ff.**
Einschreiben **B.321**
Einsprechender
- Berechtigter **L. 98 ff.**
- Identität **N.52**

Einspruch **L.1 ff.**
- Änderung des eP **L.48 f.**
- Aufrechterhaltung des eP in geändertem Umfang **L.46 f., L.77**
- Aussetzung und Fortsetzung **L.66 f., N.81**
- Beendigung des Einspruchsverfahren **L.75, N.38**
- Begleitperson als Vortragender **L.156**
- Beitritt eines Dritten **L.116 ff.**
- Benachrichtigung **L.45**
- Berechtigter **L.2, L. 98 ff.**
- Berichtigung Fehler und Bezeichnung Einsprechender **L.18**
- Beschleunigung des Verfahrens **L.37**
- Beschränkungsverfahren **L.239a f.**
- Beschwerdeberechtigte und Verfahrensbeteiligte **L.95**
- Bestimmte Länder **L.132**
- Beteiligte **L.97**
- Beweisaufnahme **L.157**
- Einheitlichkeit **L.35a**
- Einspruchsbeschwerde **L.94**
- Einspruchsgrund **L.78 ff., L.165 ff.**
- Form **L.3 ff., L.136 f.**
- Frist **L.96**
- gemeinsamer Einspruch mehrere Personen **N.58**
- Klarheitsprüfung **L.33 ff.**
- Kostenfestsetzung **L.225 ff.**
- Kostenverteilung **L.220 ff.**
- Ladung mündliche Verhandlung **L.155**
- Mängel Einspruchsschrift **L.11 ff., L.20 ff.**
- mehrere Einsprüche/Einsprechende **L.101 ff., L.130 f.**
- Mündliche Verhandlung **L.155**
- Nachfolge Einsprechender/Beschwerdeführer **N.8**
- Neuer Einspruchsgrund **L.194 ff.**
- Rechtsnachfolger **L.108 ff.**
- Rechtsübergang eP während der Einspruchsfrist/-verfahren **L.152**
- Sachliche Prüfung **L.26 ff.**
- Sprache **L.138 ff.**
- Strohmann **L.100**
- Übergang der Stellung als Einsprechender **L.113 ff.**
- Umfang der Prüfung durch ePA **N.85**
- Unentrinnbare Falle **L.56**
- Veröffentlichung einer neuen Patentschrift **L.63 ff.**
- Veröffentlichungsgebühr **L.61 ff.**
- Vertretung **L.106 f.**
- Widerruf eP **L.75, L.79 ff.**

A: Ablauf EP-Anmeldung/ Patent	F: Änderungen, Berichtigung	J: Teilanmeldung/ Neue Anmeldung	M: Beschwerde
B: Ablauf PCT-Anmeldung	G: Vertretung, Unterschrift	K: Weiterbehandlung/ Wiedereinsetzung	N: G-Entscheidungen
C: Priorität	H: Gebühren		O: US-Patentrecht
D: Fristen	I: Beschleunigung	L: Einspruch	P: EU-Patent
E: Sprachen			S: Zulassung

Stichwortverzeichnis

- Widerrufsverfahren **L.239a**
- Zulässigkeitsprüfung des Einspruchs **L.19**
- Zurückweisung **L.90 f.**
- Zuständiges Amt für die Einreichung **L.133**
- Zwischenentscheidung **L.57 ff.**
- Zwischenverallgemeinerung **L.174 f.**

Einspruchsabteilung **L.159 ff.**
Einspruchsgebühr **H.82, L.8**
Einspruchsgrund **L.30 ff., L.78 ff., L.165 ff.**
- Auslegung der Einspruchsgründe **L.177**
- Beitritt **N.41**
- Erfinderische Tätigkeit **L.178**
- Mangelnde Klarheit **L.176**
- Mangelnde Offenbarung **L.166**
- Mangelnde Patentierbarkeit **L.165**
- neuer Einspruchsgrund **L.194 ff.**
- neuer Einspruchsgrund im Beschwerdeverfahren **N.48**
- Unzulässige Erweiterung **L.167 ff.**
- versagt **L.179 ff.**

Einspruchsverfahren
- PACE **I.22**
- Zustellung **L.45a**

Eintragung
- der einheitlichen Wirkung **P.20**
- von Rechtsübergängen / Lizenzen einer ePA/eines eP **F.145 ff.**
- Rechtsübergang **A.409a, H.95a**

Einwendung Dritter **A.666 ff., B.290, L.248, O.30**
- Anonyme Einreichung **A.681**
- Berechtigte **A.673**
- Beschleunigung **A.696**
- Gebühren **A.679**
- Prüfungsverfahren **A.459 ff.**
- Sprache **A.686 ff.**
- Umfang **A.675 ff.**
- Vertretung **A.689**
- Zeitpunkt **A.667**

Elektronische Einreichung **B.289, D.76 ff., L.6**
- Anmeldung **D.76**
- Datenträger **D.77**
- Diskette **D.80**
- E-Mail-Einreichung **D.79**
- Online Einreichung **D.78**
- Prioritätsunterlagen **A.63c f., C.31 f.**
- Unterschrift **G.71 f.**

Elektronische Kommunikationsmittel **B.322b, D.48b**
Elektronische Übermittlung
- Gebühren **H.1a**

Elektronische Veröffentlichung **B.166 f.**
Elektronische Zustellung **L.45a**
E-Mail **B.318, D.60a**
- Einreichung **A.250, A.466, D.79, L.155b**
- Laufendes Konto **H.202**
- Zustellung **D.43**

Entscheidung
- Beschwerde **M.69 ff.**
- Große Beschwerdekammer **M.77 f.**
- Weiterbehandlung **K.10, K.38 f.**

EPA
- AA **B.301, B.293**
- Ausgewähltes Amt **B.195 ff.**
- Bestimmungsamt **B.195 ff., B.297**
- IPEA **B.55 ff., B.107, B.296**
- ISA **B.55 ff., B.294**
- PCT Behörde **B.293 ff.**
- SISA **B.295**
- Vertretung **G.44**
- Verzicht Vollmacht **G.44**
- Widerspruchsbehörde Uneinheitlichkeit **B.69, B.142, B.298**

ePCT **A.265, B.289**
EPGÜ **P.39**
EPI **S.29**
epi - Jahresbeiträge **H.252 ff.**
EQE **S.5 ff.**
- Anmeldung **S.19**
- Beschwerde **S.11**
- Covid-19 **D.194, S.11a f.**
- Hauptprüfung **S.23 ff.**
- Prüfungsgebühr **S.16**
- Prüfungsstoff **S.7**
- Registrierung **S.13**
- Vorprüfung **S.20 ff.**

Erfinderische Tätigkeit **A.180 ff., L.178, O.6**
Erfindernennung **A.46, A.67, B.219, B.308 f.**
- Ändern **A.72**
- Berichtigung **A.72**
- durch Dritte **A.71**
- Eintragung **A.72**
- Euro-PCT-Anmeldung **A.69**
- Löschen **A.72**
- Nachholen **A.68**
- Teilanmeldung **J.76**
- USA **B.309**
- Verzicht **A.70**

Erfordernisse der ePA **A.2**
Ergänzen Stand der Technik in Beschreibung **F.37**
Ergänzende europäische Recherche (Euro-PCT) **A.31 ff.**
Ergänzende europäische Recherchengebühr **H.18 ff.**
Ergänzende int. Recherche (SIS) **B.81 ff.**
Ergänzende internationale Recherchengebühr (SIS) **H.24**
Erhebung der Beschwerde **M.23 f.**
Erlöschungsgründe (Priorität) **C.56 ff.**
Ermäßigte Prüfungsgebühr
- Euro-PCT-Anmeldungen **A.417**
- Nichtamtssprachenberechtigten **A.418**

Ermäßigung **H.126 ff.**
- Berechtigte **H.128 ff.**
- Elektronische Einreichung PCT-Anmeldung **H.9**
- mehrere Anmelder **H.135**
- Nichtamtssprache EURO-PCT **H.32b f.**
- Online -Einreichung **H.126**
- PCT Anmeldung **B.212 f., H.9 f., H.147 ff.**
- Prüfungsgebühr Euro-PCT **H.32a ff.**
- Prüfungsgebühr Nichtamtssprache **H.32b**
- Sprache **E.15 ff.**
- Teilanmeldung **H.146**
- Zugelassene Nichtamtssprache **H.127**

A: Ablauf EP-Anmeldung/ Patent	F: Änderungen, Berichtigung	J: Teilanmeldung/ Neue Anmeldung	M: Beschwerde
B: Ablauf PCT-Anmeldung	G: Vertretung, Unterschrift	K: Weiterbehandlung/ Wiedereinsetzung	N: G-Entscheidungen
C: Priorität	H: Gebühren		O: US-Patentrecht
D: Fristen	I: Beschleunigung	L: Einspruch	P: EU-Patent
E: Sprachen			S: Zulassung

Stichwortverzeichnis

– Zusatzgebühr **H.127, H.145**
Erneute Hinterlegung des biologischen Materials **A.327**
Eröffnung laufendes Konto **H.205 f.**
Erschöpfung **P.15**
Erstattung Widerspruchsgebühr **B.143**
Erste Anmeldung (Vergleich PVÜ/PCT/EPÜ) **C.95**
Erstellung des EP-Recherchenberichts **A.338 ff.**
Erstreckung **A.307 ff.**
– Erstreckungsabkommen **A.308**
– Euro-PCT **B.202**
– Gebühr **H.37**
– Nachfolgestaat **B.27**
Erstreckungsgebühr **A.310**
Erstreckungsstaaten bei PCT-Anmeldung **B.31**
Erteilung **A.470 ff.**
– an mehrere Anmelder für verschiedene Vertragsstaaten **A.490 f.**
Erteilungsgebühr **A.477, H.42**
Erteilungsverfahren **P.21 f.**
Erteilungsvoraussetzungen **P.11**
Erweiterter Europäischer Recherchebericht (EESR) **A.364**
Erweiterung des Schutzbereichs **F.11**
Erweiterungsverbot **F.3 f.**
Erzeugnis **L.219a**
EU-Patent **P.1**
– Antrag **P.23 f.**
– Anwendbares Recht **P.16**
– Brexit **P.81**
– Bündelreste **P.33**
– Doppelschutzverbot **P.13**
– Einheitliche Wirkung **P.32**
– Einheitlicher Charakter und Einheitliche Wirkung **P.12**
– Einheitlicher Schutz **P.14**
– Eintragung der einheitlichen Wirkung **P.20**
– Erschöpfung **P.15**
– Erteilungsverfahren **P.21 f.**
– Erteilungsvoraussetzungen **P.11**
– Gesetzliche Voraussetzungen **P.2 ff.**
– Historie **P.38**
– Lizenzbereitschaft **P.17**
– Möglichkeit Erlangung von Schutzrechten **P.34**
– Patentunterlagen **P.28 f.**
– Praxisbeispiele **P.35**
– Ratifizierungsprozess, aktueller Stand **P.78**
– Übertragung der Aufgaben an das ePA **P.19**
– Vertretung **P.26 f.**
– Wirkung **P.25**
– Zwangsvollstreckung **P.18**
Europäische Eignungsprüfung **S.5 ff.**
Europäisches Patentgericht **P.39 ff., P.68 ff.**
Europäisches Patentregister **F.163**
Euro-PCT **B.195 ff.**
– Anmeldegebühr **H.5**
– Automatischer Abbuchungsauftrag Anspruchgebühr **B.218a**
– Anspruchsgebühren **H.13**
– Benennungsgebühr **H.36**
– Beschleunigung **I.5 ff.**
– PACE **I.5**

– Prüfungsgebühr **H.32**
– Recherchengebühr ergänzende Recherche **H.18 f.**
– Teilanmeldung **J.6, J.24**
– Verfahrenssprache **E.30**
– Vertretung **G.44**
– Vollmacht **G.44**
– Wiedereinsetzung **K.61 ff.**
– Wiederherstellung Priorecht **K.62 ff.**
– Zusatzgebühr Seitenzahl **H.6**
Ex parte **M.163**
Ex Parte Reexamination **O.28**

Fachmann **A.198**
Fachwissen **A.198**
Fälligkeit Jahresgebühr nach R 71 (3) **A.492**
Falsch eingereichte Bestandteile (PCT) **B.12a ff.**
Fax **B.288**
Fax - Priounterlagen **C.32a**
Fehlbetrag **H.200 ff., H.282 f.**
Fehlende Ansprüche **oder Beschreibung B.10, f., C.84b**
Fehlende Bestellung **G.41**
Fehlende Deckung
– laufendes Konto **H.199c**
– VLK **D.75a**
Fehlende Teile der PCT-Anmeldung **B.10 ff.**
Fehlende Zeichnung **B.12, C.84c**
Fehler Einreichung - PCT **F.137 ff.**
Fehler in ePA nach Veröffentlichung **A.513 ff.**
Fehlerhafte Ladung - Mündliche Verhandlung **A.593**
Fehlerhafte Zurückweisung oder Erteilung **A.498 ff.**
Feiertagsregelung **B.317, D.13**
Feiertagsregelung (PCT) **D.42**
Force Majeure **B.322, D.48**
Form- der Veröffentlichung **A.377**
Form- Einspruch **L.136 f.**
Formale Anforderungen an Unterlagen im Einspruchsverfahren **L.153**
Formalprüfung **A.41 ff., G.45**
– Anmeldeunterlagen **A.55**
– Antrag auf Erteilung **A.49**
– Beanspruchung einer Priorität **A.47**
– Erfindernennung für die ePA **A.46**
– Euro PCT Anmeldung **A.44**
– Formerfordernisse der ePA **A.45**
– Nachgereichte Teile der Anmeldung **A.56**
– Nachgereichte Unterlagen-nicht Teile der Anmeldung **A.57**
– Nucleotidsequenzen **A.58 ff.**
– Patentansprüche **A.50**
– Sprache/Übersetzung **A.43**
– Übersetzung PCT-Anmeldung **B.19 ff.**
– Übersicht Formerfordernisse **A.42**
– Vertretung **A.48**
– Zeichnungen **A.54**
– Zusammenfassung **A.52**
Formerfordernisse
– ePA **A.45**
– PCT-Anmeldung **B.13 ff.**
Formlose Rücksprache bei mündlicher Verhandlung **A.597**

A: Ablauf EP-Anmeldung/ Patent	F: Änderungen, Berichtigung	J: Teilanmeldung/ Neue Anmeldung	M: Beschwerde
B: Ablauf PCT-Anmeldung	G: Vertretung, Unterschrift	K: Weiterbehandlung/ Wiedereinsetzung	N: G-Entscheidungen
C: Priorität	H: Gebühren		O: US-Patentrecht
D: Fristen	I: Beschleunigung	L: Einspruch	P: EU-Patent
E: Sprachen			S: Zulassung

Stichwortverzeichnis

Fortführung Verfahren **D.103**
Fortsetzung
– mündl. Verhandlung bei Nichterscheinen **A.592**
– Einspruchsverfahrens von Amts wegen **L.70 ff.**
Frist **A.367 f., B.315 ff., D.1 ff., L.96**
– Aussetzung **D.91 ff..**
– Covid-19 **D.186 ff.**
– Übersicht **D.109 ff.**
– Vergleich PVÜ/PCT/EPÜ **C.94**
– zur Stellung des Prüfungsantrags und Zahlung
Fristauslösung **D.23**
Fristbeginn **B.318, D.2,**
– PCT **D.43**
– mehrere Prioritäten **C.39, C.79**
Fristberechnung **B.316, D.40**
– Wochen-/Monats-/Jahres-Fristen **D.3 f.**

Fristende **B.319, D.44**
Fristüberschreitung **B.320, B.328, D.46, K.61 ff.**
Fristverlängerung **D.6, D.30 ff., O.33**
– automatisch **D.34**
– PCT **D.45**
– PCT Störung Priofrist **D.50a**
– Prüfungsverfahren **A.446 ff.**
Fristversäumnis **K.1 ff.**
Frühere Anmeldung **B.35a**
Frühere Recherche **B.73 f.**
Frühzeitige Veröffentlichung **C.41**
Frühzeitiger Prüfungsantrag ePA **I.13 ff.**

Gebühr **H.1 ff., B.248a**
– abhängig von Unternehmensgröße (US) **O.35**
– Akteneinsicht in ePA und eP **H.116**
– Änderung PCT-Anmeldung **H.96g**
– Anmeldegebühr ePA **H.2**
– Anmeldegebühr PCT-Anmeldung **B.44, H.7**
– Anspruchsgebühr **H.11 f., H.45**
– Anspruchsgebühr Euro-PCT **B.216 ff., H.13, H.101 ff.**
– Anspruchsgebühr PCT-Anmeldung **H.102 ff.**
– Auskunftserteilung aus Akten **H.119**
– Auslagen für Kopien (Art. 11 (3) ii) PCT) **H.124**
– Aussetzung Covid-19 **H.46, H.50, H.54, H.187a**
– Bearbeitungsgebühr ergänzende internationale Recherche (SIS) **H.25**
– Bearbeitungsgebühr ivP **H.28, H.97a**
– Beglaubigung **H.113**
– Benennungsgebühr **H.36, H.36, H.44**
– Beschränkungsgebühr **H.83**
– Beschwerdegebühr **H.85, M.35**
– Bestimmungsgebühr **B.27a, B.248a, H.96a**
– Beweissicherung **H.92**
– Einspruchsgebühr **H.82, L.8**
– Eintragung Rechtsübergang **H.95a, H.110**
– Elektronische Übermittlung **H.1a**
– EPA Verwaltungsgebühren **H.110 ff.**
– Ergänzende europäische Recherche **H.18 ff.**
– Ergänzende internationale Recherche (SIS) **H.24**
– Ermäßigung EPA **H.126 ff.**
– Erstreckungsgebühr **H.37**
– Erteilungsgebühr **H.42**
– Europ. Eignungsprüfung **H.121**
– Euro-PCT **B.201 ff.**
– Fristverlängerung Covid-19 **D.189**
– Grundgebühr PCT-Anmeldung **B.44, B.248 f.**
– Internationale Recherchengebühr **B.45, H.21**
– Internationale vorläufige Prüfung (ivP) **B.102 f., B.123 ff., H.27, H.97**
– Jahresgebühr (3.) für EURO-PCT-Anmeldung **H.54 f.**
– Jahresgebühr ePA **H.46 f., H.56 ff.**
– Jahresgebühr Erteilung **H.43**
– Jahresgebühr EU-Patent **H.79 ff.**
– Jahresgebühr Euro-PCT **B.214**
– Kostenfestsetzungsgebühr **H.91**
– Lizenzeintragung **H.111 f.**
– mehrere Anspruchssätze **H.105 ff.**
– Neue Anmeldung nach Art. 61 (1) **H.53**
– Online Einreichung **H.2**
– PCT fehlende Bestandteile **H.23a**
– Priobeleg **H.113**
– Prüfungsgebühr ePA **H.31**
– Prüfungsgebühr Euro-PCT **B.210 ff., H.32**
– Recherche internationaler Art **H.17, H.120a**
– Recherchengebühr ePA **H.14**
– Recherchengebühr für ergänzende europäische Recherche **B.203**
– Rückerstattung **H.150a ff.**
– Rückerstattung PCT-Anmeldung **B.46 f., B.257 ff.**
– Rückzahlung Beschwerdegebühr **M.95 ff.**
– Sequenzprotokoll **H.120b**
– Technisches Gutachten **H.93**
– Teilanmeldung **A.571 ff., H.4, H.50 ff., J.2**
– Übermittlungsgebühr PCT-Anmeldung **B.43, H.8, H.96**
– Überprüfung PCT-Anmeldung **H.100**
– Überprüfung Uneinheitlichkeit **H.26**
– Überprüfungsantrag **H.86**
– Übersicht Ämterzuständigkeit PCT-Anmeldungen **H.101a**
– Umwandlungsgebühr **H.89**
– Uneinheitlichkeit PCT-Anmeldung **B.66**
– Validierungsgebühr **H.38**
– Veröffentlichungsgebühr **B.163, H.94 ff., L.61 ff.**
– Verspätete Einreichung fehlender Bestandteile **B.46c, H.23a**
– Verspätete Einreichung PCT **B.10 ff., B.46, C.84a ff.**
– Verspätete Einreichung von Sequenzprotokollen **H.90**
– Verspätete Zahlung PCT **H.96e**
– Vorläufige Prüfung **H.80 f.**
– vorzeitige Veröffentlichung **B.265**
– Währung PCT-Anmeldung **H.96f**
– Weiterbehandlungsgebühr **H.87**
– Widerrufsgebühr **H.84**
– Widerspruchsgebühr gegen Uneinheitlichkeit **B.140 ff., H.22, H.30, H.99**
– Wiedereinsetzungsgebühr **H.88**
– Wirksame Zahlung **H.199a f.**
– Zahlung ohne Rechtsgrund **H.175**
– Zahlung Online **H.192**
– Zusatzgebühr Seitenzahl **H.3 f.**
– Zusatzgebühr Teilanmeldung **H.4**

A: Ablauf EP-Anmeldung/ Patent	F: Änderungen, Berichtigung	J: Teilanmeldung/ Neue Anmeldung	M: Beschwerde
B: Ablauf PCT-Anmeldung	G: Vertretung, Unterschrift	K: Weiterbehandlung/ Wiedereinsetzung	N: G-Entscheidungen
C: Priorität	H: Gebühren		O: US-Patentrecht
D: Fristen	I: Beschleunigung	L: Einspruch	P: EU-Patent
E: Sprachen			S: Zulassung

Stichwortverzeichnis

- Zusätzliche Recherchengebühr (ePA) **H.15f.**
- Zusätzliche Recherchengebühr (ivP) **H.29**
- Zusätzliche Recherchengebühr (ivP) **H.98**
- Zusätzliche Recherchengebühr (PCT) **H.22**
- Zusätzliche Kopie Schriften im europäischen RB **H.120**

Gebührenänderung **B.256, D.191, H.186**
- PCT-Anmeldung **H.96g**

Gebührenermäßigung **G.52**
- ivP **B.125**
- nicht-Amtssprache **N.19**
- PCT-Anmeldung **B.253ff.**
- Sprache **E.15ff.**
- Zusatzgebühr Übersetzung **E.20a**

Gebührenpflichtige Ansprüche bei Einreichung für EURO-PCT-/Anmeldung **A.480**

Gebührenzahlung - Jedermann **H.184**

Gegenstand - für die ein Prioritätsrecht entsteht (Vergleich PVÜ/PCT/EPÜ) **C.97**

Geheimschutz (Weiterleitung) **A.239**

Gemeinsame Vertretung mehrerer Beteiligter **G.34f.**

Gemeinsamer Vertreter **B.240, B.244, G.8**

Generische Begriffe **A.150**

Gerichtliche Zuständigkeit **P.42ff.**

Geschäftsmethoden **B.58**

Gesetzliche Voraussetzungen EU Patent **P.2ff.**

Gesonderte Zahlungsart **H.292f.**

Gewerbliche Anwendbarkeit **A.191ff.**

Global PPH **I.28, I.36f.**

Grenzen der Beschwerde (Reformatio in peius) **F.119, M.63**

Große Beschwerdekammer **M.135**

Grundgebühr PCT-Anmeldung **B.44, B.248ff.**

Grundlage der Entscheidung **F.120**

Handschriftliche Änderungen **F.21ff.**
- Prüfungsbescheid **A.442**

Hauptprüfung EQE **S.23ff.**

Herausgabe biologischen Materials **A.322, A.324**

Hinweis auf VÖ - des RB im Patentblatt **A.369**

Höhere Gewalt **B.322, D.48**

Identität bei Anmelder **A.12**

Inanspruchnahme
- Priorität **A.63, C.26ff.**
- Vergleich PVÜ/PCT/EPÜ **C.100**

Informationspflicht Beschwerdekammer **N.51**

Informelle Stellungnahme **B.75**

Inhalt
- Teilanmeldung **J.36ff.**
- PCT-Anmeldung **B.9**

INID Codes **A.385**

Instanzen des EPG **P.49ff.**

Inter partes **M.164**

Inter Partes Review (IPR) **O.27**

Interference/priority contest **O.8**

Internationale Anmeldegebühr **H.96c**

Internationale vorläufige Prüfung (ivP) **B.92ff.**
- Akteneinsicht **B.134**
- Änderung **B.313ff.**
- Beantragung **B.76**
- Bearbeitungsgebühr - **B.28**
- Berechtigte **B.105**
- Einsichtnahme **B.79**
- Form **B.93ff.**
- Gebühr **B.102f., B.123ff.**
- Maßgeblicher Stand der Technik **B.110ff.**
- Prüfbericht **B.131ff.**
- Prüfungsgebühr **H.27, H.97**
- Prüfungsgegenstand **B.107af.**
- Rücknahme **B.103f.**
- Übersetzung **B.116f.**
- Uneinheitlichkeit **B.136ff.**
- Vertraulichkeit **B.134**
- Widerspruch Uneinheitlichkeit **B.140ff.**
- Zuständige Behörde **B.106f.**

IP5
- Nichtpatentliteratur **I.33**
- Pilotprojekt PCT-Recherche **B.54, I.35ff.**,
- PPH **I.29ff.**

ISA **B.47ff., B.53ff., B.72f.**

ISR
- Akteneinsicht **B.79**
- Änderung **B.78, B.312ff.**
- Behörde (ISA) **B.53ff.**
- Beschränkung **B.56ff.**
- Maßgeblicher Stand der Technik **B.59ff.**
- Sprache **B.64f.**
- Uneinheitlichkeit **B.66ff.**
- Widerspruch Uneinheitlichkeit **B.68f.**

Jahresgebühr **H.46f., H.54f., H.56ff., P.30f.**
- Aussetzung Covid-19 **H.46**
- bei Erteilung **H.43**
- Covid-19 **D.190**
- EU-Patent **H.79ff.**
- Fristversäumnis **H.61**
- nach Wiedereinsetzung **K.59f.**
- nach Erteilung **A.481**
- Neue Anmeldung Art. 61 (1) **H.53, J.122**
- Teilanmeldung **H.50ff., J.86ff.**
- Unterbrechung Verfahren **D.105**
- US-verfahren **O.34**
- Vorauszahlung **H.57**

Juristische Person **A.74**

Ketten Teilanmeldungen **J.57ff.**

Kind codes **A.384**

Klagebefugnis **P.68f.**

Klarheit **A.199, L.33ff., N.85**
- Einspruch **L.47**

KMU **E.17**
- Gebührenermäßigung **E.16ff.**

Kontoauszug **H.220**

Kosten **P.62ff.**

Kostenfestsetzung **M.9**
- Einspruch **L.225ff.**
- Vollstreckung **L.227b**

Kostenfestsetzungsgebühr **H.91**

A: Ablauf EP-Anmeldung/ Patent	F: Änderungen, Berichtigung	J: Teilanmeldung/ Neue Anmeldung	M: Beschwerde
B: Ablauf PCT-Anmeldung	G: Vertretung, Unterschrift	K: Weiterbehandlung/ Wiedereinsetzung	N: G-Entscheidungen
C: Priorität	H: Gebühren		O: US-Patentrecht
D: Fristen	I: Beschleunigung	L: Einspruch	P: EU-Patent
E: Sprachen			S: Zulassung

Stichwortverzeichnis

Kostenverteilung **L.220 ff., M.9**
Kreditkarte **H.191**
Künstliche Intelligenz **A.231a ff.**

Ladung mündliche Verhandlung **L.155**
Ladungsfrist **A.590 f., M.54 f., N.47**
Länderübersicht zum PPH **I.37 ff.**
Laufendes Konto
– Abbuchungsaufträge **H.223 ff.**
– Auffüllung, Rückzahlung und Überweisung **H.211 f.**
– Auflösung **H.296, H.207 f.**
– Einreichung Abbuchungsauftrag bei nationalen Behörden **H.241 ff.**
– elektronisch verarbeitbares Format **H.225**
– Eröffnung **H.205 ff.**
– Fehlende Deckung **H.199c**
– Jahresbeiträge epi **H.252 ff.**
– Kontobewegung **H.221**
– Reihenfolge Bearbeitung Abbuchungsaufträge **H.227 ff.**
– Rückerstattung **H.251a ff.**
– Validierung und Zurückweisung Zahlungen **H.232 ff.**
– Währung **H.204**
– Widerruf Abbuchungsauftrag **H.246 ff.**
– Zahlungstag **H.237 ff.**
Laufzeit **A.512, A.701**
Laufzeitverlängerung **A.701**
Leahy-Smith America Invents Act (AIA) – Änderungen **O.38**
Listen Prinzip **A.154 f.**
Lizenz **A.527 ff., F.143**
– Eintragung **H.111 f.**
Lizenzbereitschaft **P.17**
Londoner Protokoll - Brexit **E.64**
Londoner Übereinkommen **A.524 f., E.64 ff.**
Löschung zugelassener Vertreter **G.56**

Mailbox **D.60a**
Mängel
– Einspruch **L.20 ff.**
– Einspruchsschrift **L.11 ff.**
– Folge Beschwerde **M.28 ff.**
– ivP **B.118**
– PCT-Anmeldung **B.13 ff.**
– Widerrufs- und Beschränkungsverfahren **L.240 ff.**
Mangelnde Klarheit **L.176**
Mangelnde Offenbarung **L.32, L.166**
Mangelnde Patentierbarkeit **L.165**
Maschinelles Lernen **A.231a ff.**
Maßgeblicher Stand der Technik **A.121 ff., A.336 ff., B.60, O.5**
– ivP **B.110 ff.**
Maßgeblicher Zahlungstag **H.278 ff.**
Materielles Recht (US-Verfahren) **O.2 ff.**
Medizinische Indikation **A.126 ff.**
Mehrere Anmelder / Gemeinsamer Vertreter **B.244**
Mehrere Einsprechende **L.101 ff.**
Mehrere Einsprüche **L.130 f.**
Mehrere Vertreter **G.20 f.**
Mehrfache Ausübung des Prioritätsrechts **C.38**
Mehrfache Schutzrechtsarten im PCT **B.286**

Mehrfachteilungen / Ketten-Teilanmeldungen **J.57 ff.**
Merkmalsverschiebung **F.12a ff.**
Mikrobiologische Verfahren **N.71, N.91**
Mindesterfordernisse für Anmeldetag **A.3**
Mindestprüfstoff ISA **B.60**
Mitteilung Erteilungsabsicht vor Erteilung (R 71 (3)) **F.53 ff.**
Mitternachtsüberschreitung **D.85**
Möglichkeit Erlangung von Schutzrechten in EP **P.34**
Mottainai PPH **I.25**
Mündliche Offenbarung **B.59**
Mündliche Verhandlung **A.581 ff., M.54 f.**
– Absage **A.598a f.**
– Amtssprache **A.613**
– Änderungen in Anmeldungsunterlagen **A.599 ff.**
– Antrag Verlegung **M.54**
– Besonderheiten (Rechtsprechung) **A.605 ff.**
– Beteiligte, Zeugen, Sachverständiger **A.614**
– Covid-19 **D.192 f.**
– Dritter **N.90**
– Einreichung Unterlagen **A.466, L.155b**
– Einspruch **L.155**
– Fehlerhafte Ladung **A.593**
– Formlose Rücksprache **A.597**
– Fortsetzung bei Nichterscheinen **A.592**
– Ladungsfrist **A.590 f., N.47**
– Neue Tatsachen und Beweise **N.29**
– Nichterscheinen oder Verspätetes Eintreffen eines Beteiligten **A.594**
– Niederschrift **A.618**
– Nutzung von Laptops/elektronischen Geräten **A.603**
– Öffentlichkeit **A.586**
– Ort **A.603b**
– Präsentation **603a f.**
– Prüfungsverfahren **A.465**
– Schriftliches Beweismittel **A.612**
– Sprache **A.611 ff., A.616, E.55 f.**
– Standort **N.90**
– Tonaufzeichnung **A.586**
– Übersetzung **A.617**
– Unzulässige Beschwerde **N.90**
– Verkündung der Entscheidung **A.596**
– Verlegung **A.598, M.54b**
– Videokonferenz **A.465 f., A.589, L.155a f.**
– Vortrag durch Begleitpersonen **L.156**
– Zeitpunkt Einreichung Schriftstücke **A.595**
– Zustellung **D.60a**
– Zwischenentscheid **L.60**
My Files **H.163**

Nachfrist
– Jahresgebühren **D.27 ff.**
– Weiterbehandlung **K.16**
Nachprüfung
– AA oder IB **B.327 ff.**
– Bestimmungsamt **B.13 ff., B.192, B.325 f.**
Nachveröffentlichte Anmeldungen und Patente - PCT-Anmeldung **B.63 f.**
Nachweis Rechtsübergang **G.76**
Nationale Erfordernisse PCT **B.304 f.**

A: Ablauf EP-Anmeldung/ Patent	F: Änderungen, Berichtigung	J: Teilanmeldung/ Neue Anmeldung	M: Beschwerde
B: Ablauf PCT-Anmeldung	G: Vertretung, Unterschrift	K: Weiterbehandlung/ Wiedereinsetzung	N: G-Entscheidungen
C: Priorität	H: Gebühren		O: US-Patentrecht
D: Fristen	I: Beschleunigung	L: Einspruch	P: EU-Patent
E: Sprachen			S: Zulassung

Stichwortverzeichnis

Nationale Gebühr
– Kapitel I (PCT) **B.193**
– Kapitel II (PCT) **B.194**
Nationale Phase - EPÜ **E.63 ff.**
Nationale/Regionale Phase – PCT **B.292**
Naturkatastrophen (Auswirkung Fristen) **B.322, D.17 f.**
Natürliche Person **A.74**
Neue Anmeldung Art. 61 (1)
– Akteneinsicht **J.119 f.**
– Anmeldeamt **J.102 f.**
– Anmeldezeitpunkt **J.97**
– Antrag **J.108**
– Benennung **J.111**
– Berechtigte **J.101**
– frühere Anmeldung **J.104**
– Gebühren **J.115 ff.**
– Inhalt **J.112 ff.**
– Jahresgebühr **J.122**
– Verfahrenssprache **J.105 ff.**
Neue oder geänderte Patentansprüche **A.382**
Neuheit **A.119 f., O.3**
– Auswahlerfindung **A.152 f.**
– Teilbereich **A.152 f.**
Neuheitsschonfrist ("grace period") **O.4**
Neuheitstest **F.10b**
Nicht offenbarter Disclaimer **A.164 f.**
Nicht ursprünglich offenbarte Disclaimer **F.167 ff.**
Nichtberechtigter Anmeldung **J.89 ff.**
Nichterscheinen oder verspätetes Eintreffen eines
    Beteiligten **A.594**
Nichtigkeit **A.646 ff., P.70**
– Ältere nationale/europäische Rechte **A.649 f.**
– Nichtigkeitsgrund **A.647**
– Technisches Gutachten **A.651**
– Teilnichtigkeit **A.648**
Nichtigkeitsgrund **A.647**
Nichtnennung Erfinder **A.70**
Nichtpatentliteratur **I.33**
Nichtschriftliche Offenbarung - PCT-Anmeldung **B.62**
Nichtverfügbarkeit Einreichungswege
    Abbuchungsauftrag **H.199e f.**
Nucleotid- und/oder Aminosäuresequenzen **B.225, B.330**
Nutzung von Laptops/elektronischen Geräten **A.603**

Offenbarter Disclaimer **A.166 f**
Offenbarung **A.195 ff.**
Offenkundige Vorbenutzung **L.214 ff.**
Offensichtliche Fehler **B.311 ff., F.137 ff.**
Öffentliche Bekanntmachung **D.62**
OLF **A.252**
Online Einreichung **A.244 f., A.250a f.**
Online Filing Software **A.252 f., A.273 f.**
Online Gebühren Zahlung **H.192**
Online-Einreichung **B.289a**
Ort der mündlichen Verhandlung **603b**

PACE **A.359**
PACE- Beschwerdeverfahren **I.23**
– Akteneinsicht **I.20**

– Ausschluss **I.21**
– Bearbeitungsverbot Euro-PCT **I.5 ff.**
– Einspruchsverfahren **I.22**
– ePA **I.4**
– Euro-PCT **I.5 ff.**
– Reaktion auf Recherchenbericht **I.18**
– Recherche **I.3**
– Veröffentlichung eP **I.19**
– Zeitpunkt **I.10**
Patent Prosecution Highway (PPH) **I.24 ff.**
Patentierbarkeit **A.80 ff.**
– Ausnahmen **A.81 ff., N.69, N.82**
– Computerimplementierte Simulation **N.89**
– Mikrobiologisches verfahren **N.71**
– Technische Merkmale **A.101 ff.**
– US-verfahren **O.2**
– Verwendung von menschlichen Embryonen **N.69**
Patentierungsverbot
– Pflanzen und Tiere **N.82, N.91**
Patentscope **B.263 ff., B.290**
Patentunterlagen **P.28 f.**
Patentverletzer im Beschwerdeverfahren **M.15**
PCT-Anmeldung
– Änderungen **F.139**
– Aberkennung Anmeldetag **B.4**
– Akteneinsicht **B.173 ff., B.263 ff.**
– Änderung ivP **B.76**
– Änderungen nach Art. 19/Art. 34 **B.119 ff.**
– Anmeldeamt **B.7**
– Anmeldegebühr **B.44**
– Anmeldung - Ausnahme Bestimmung **B.29**
– Anmeldung - Rückerstattung **H.168 ff.**
– Anspruchsänderung nach Art. 19 PCT **B.78**
– Anspruchsgebühren **H.102 ff.**
– Anwalt **G.62**
– Automatische Fristverlängerung **D.45**
– Beantragung internationale vorläufige Prüfung
    (ivP) **B.76, H.28**
– Bearbeitungsgebühr **H.7**
– Bearbeitungsgebühr ergänzende internationale
    Recherche **H.25**
– Berechtigter **B.6**
– Berichtigung offensichtlicher Fehler **F.137 ff.**
– Berichtigung von Mängeln **F.136 ff.**
– Berichtigung/Hinzufügen Priorität **B.35 ff.**
– Bestimmung **B.23**
– Bestimmung eP-Länder **B.30 ff.**
– Bestimmungsgebühr **B.27a, B248a**
– Direkt **B.42**
– Eingang an verschiedenen Tagen **B.5**
– Einheitlichkeit vor nationalem Amt **B.70**
– Einreichung **B.289**
– Einsichtnahme WO-ISA bzw. ivP **B.79**
– ePA als IPEA **B.107, B.293 ff.**
– EPA als ISA/IPEA **B.55 ff., B.293 ff.**
– EP-Erstreckungsstaaten **B.31**
– Erfindernennung USA **B.309**
– Ergänzende int. Recherche (SIS) **B.81 ff.**
– Ermäßigung **H.9 f.**

A: Ablauf EP-Anmeldung/ Patent	F: Änderungen, Berichtigung	J: Teilanmeldung/ Neue Anmeldung	M: Beschwerde N: G-Entscheidungen
B: Ablauf PCT-Anmeldung	G: Vertretung, Unterschrift	K: Weiterbehandlung/ Wiedereinsetzung	O: US-Patentrecht P: EU-Patent
C: Priorität	H: Gebühren	L: Einspruch	S: Zulassung
D: Fristen	I: Beschleunigung		
E: Sprachen			

Stichwortverzeichnis

- falsch eingereichte Bestandteile **B.12a ff.**
- fehlende Teile **B.10 ff.**
- Feststellung Bezeichnung bzw. Zusammenfassung **B.71 ff.**
- Formerfordernisse **B.13 ff.**
- Frist **B.315 ff., D.40 ff.**
- Fristüberschreitung **K.61 ff.**
- Gebühr Auslagen **H.124**
- Gebühr fehlende Bestandteile **H.23a**
- Gebührenänderung **H.96g**
- Gebührenermäßigung **H.147 ff.**
- Inhalt **B.9**
- Internationale Anmeldegebühr **H.96c**
- Internationale vorläufige Prüfung (ivP) **B.92 ff., H.27, H.97**
- Internationaler Recherchenbericht (ISR) **B.47 ff. B.72 f.**
- Kapitel I **B.47 ff., B.87 ff.**
- Kapitel II **B.92 ff.**
- Mängel **B.13 ff.**
- Maßgeblicher SdT für Internationale Recherche (ISR) **B.59 ff.**
- Nationalisierung **B.144 f.**
- Offensichtliche Fehler **B.311 ff.**
- Prioritätsbeanspruchung **B.35**
- Recherchebehörde **B.53**
- Recherchegebühr **B.45, H.96d**
- Recherchengebühr Uneinheitlichkeit **B.66**
- Rückerstattung **B.257 ff., H.157 ff.**
- SAFE **A.265**
- Schriftlicher Bescheid (WO-ISA) **B.75**
- Sprache **B.8**
- Sprache der Veröffentlichung **B.21, B.80**
- Sprache Schriftverkehr **B.22, E.37**
- Störungen im Postdienst **D.47 ff.**
- Übermittlungsgebühr **B.43, H.8, H.96**
- Überprüfungsgebühr **H.100**
- Überprüfungsgebühr Uneinheitlichkeit **H.26**
- Übersetzung für internationale Recherche **B.64 f.**
- Übersicht Mindesterfordernisse Anmeldetag **B.1**
- Umschreibung / Übertragung **F.164**
- Uneinheitlichkeit ivP **B.136 ff.**
- Verfahrenssprache **E.27**
- Verspätete Zahlung **H.96e**
- Vertreter **G.60 ff.**
- Vertretung **B.241a ff.**
- Vorbehalte **B.331**
- Währung **H.96f**
- Widerruf Vertreter **B.247 f.**
- Widerspruchsgebühr Uneinheitlichkeit **B.68 f.**
- Wiedereinsetzung beim EPA **K.70**
- Wiederherstellung Priorecht **B.36**
- Wirkung **B.3**
- Wirkung Bestimmung **B.28**
- Wirkung Priorität **C.6a f.**
- Zeichnungen **B.12**
- Zurücknahme Bestimmung **B.32 ff.**
- Zurücknahme Prioanspruch **B.40 f.**
- Zusammenfassung **B.17**
- Zusätzliche Recherchengebühr (ivP) **H.29, H.98**

- Zustellung E-Mail **D.43**

Pflanzensorte **A.91 ff., N.53, N.80, N.82, N.91**
Pilotprojekt Online-Einreichung 2.0 **B.289a**
Post grant review (PGR) **O.26**
Postdiensteanbieter **B.321**
Post-Prosecution Pilot (P3) **O.21**
Postweg **A.266 ff., A.285 ff.**
PPH **I.24 ff.**
- Länderübersicht **I. 38 ff.**
- Nichtpatentliteratur **I.33**
Präsentation mündliche Verhandlung **603a f.**
Pre-Appeal Brief Conference Pilot Programm **O.20**
Prioanspruch **B.35, C.7 f.**
Priobeleg **O.11**
- Verwaltungsgebühr EPA **H.113**
- PCT **C.69 f.**
- Vergleich PVÜ/PCT/EPÜ **C.101**
Priodatum - Änderung **D.50**
Prioerklärung
- DAS **A.47, A.63**
- Teilanmeldung **J.64 ff.**
Priofrist **D.49**
- Änderung **B.322a f.**
Priorecht - Wiederherstellung Euro-PCT **K.62 ff.**
Priorität **A.62 ff., B.35 ff., C.1 f.**
- Alternative Merkmalskombination **N.86**
- Beanspruchung bei PCT-Anmeldung **B.35**
- Berechtigter **C.14 f.**
- Berichtigung/Hinzufügen **B.35 ff., C.14 f., C.40 ff.**
- Erlöschungsgründe **C.56 ff.**
- Erste Anmeldung **C.21**
- Fristbeginn mehrere Prioritäten (PCT) **C.79**
- mehrere Prioritäten **C.9, C.33 ff., C.79**
- mehrfache Ausübung des Priorechts **C.38**
- Nachanmeldung als „dieselbe Erfindung" **C.18**
- PCT **C.6a f., C.68 ff.**
- Prioritätserklärung **C.27**
- Prioritätsfrist **C.13, C.26**
- Prioritätsrecht **A.62 ff., C.24**
- Prioritätsunterlagen **C.29 f.**
- PVÜ **C.72**
- späteres Schicksal **C.8**
- Teilanmeldung **J.64 ff.**
- Übersetzung des Prioritätsdokuments **C.33 ff.**
- Vergleich PVÜ/PCT/EPÜ **C.91 ff.**
- Veröffentlichte Dokumente im Priointervall als Stand der Technik **C.25**
- Verweigerung Berichtigung **B.160a**
- Verzicht / Erlöschen Priorität **C.50 f.**
- Vollständigkeit der Übersetzung **C.33 ff.**
- Wiederherstellung Prioritätsrecht (PCT) **C.85 ff.**
- Zurücknahme PCT-Anmeldung **B.40 f., C.80**
Prioritätsänderung **B.37**
Prioritätsdokument Übersetzung **A.64**
Prioritätserklärung Berichtigung **C.28**
Prioritätsunterlagen **B.38, B.221 ff.**
- Elektronische Einreichung **A.63c f., C.31 f.**
- Fax **C.32a**
- PCT **C.69 f.**

A: Ablauf EP-Anmeldung/ Patent
B: Ablauf PCT-Anmeldung
C: Priorität
D: Fristen
E: Sprachen
F: Änderungen, Berichtigung
G: Vertretung, Unterschrift
H: Gebühren
I: Beschleunigung
J: Teilanmeldung/ Neue Anmeldung
K: Weiterbehandlung/ Wiedereinsetzung
L: Einspruch
M: Beschwerde
N: G-Entscheidungen
O: US-Patentrecht
P: EU-Patent
S: Zulassung

Stichwortverzeichnis

– Vergleich PVÜ/PCT/EPÜ **C.101**
Product by Process **A.107 ff.**
Prosecution history estoppel/file-wrapper estoppel **O.36**
Provisional Application **O.10**
Prüfung
– Beschwerdekammer **M.46 ff.**
– Einspruch **L.25 ff., L.144 ff.**
– Einspruchsgründe **L.30 ff.**
– ePA **A.410 ff.**
– Euro-PCT **B.210 ff.**
– PACE (ePa und Euro-PCT) **I.4 ff.**
Prüfungsantrag **A.411**
Prüfungsbefugnis Einspruchsabteilung **L.26**
Prüfungsbescheid **A.439**
Prüfungsgebühr **A.413**
– ePA **H.31**
– Ermäßigung Euro-PCT **A.417, H.32a ff.**
– Ermäßigung Nichtamtssprache **A.418**
– Euro-PCT **A.415, B.210 ff., H.32**
– Rückerstattung **A.427, H.161 ff.**
Prüfungsumfang EPA im Einspruch- und Beschwerdeverfahren **N.22**
Prüfungsumfang EPA im Einspruch- und Beschwerdeverfahren **N.23**
Prüfungsverfahren **A.431 ff.**
– Ablauf **A.466**
– Änderungen **A.450 ff.**
– Einwendungen Dritter **A.459 ff.**

Quick Path Information Disclosure Statement (QPIDS) **O.23**

Ranges **A.152 f.**
Ranges **A.156**
Ratifizierungsprozess- aktueller Stand **P.78**
Recherche **A.29**
– Beschleunigung **I.3 ff.**
– Beschränkung **B.56 ff.**
– ECfs **I.2**
– Ergänzende int. Recherche (SIS) **B.81 ff.**
– fehlende Zusätzliche Zahlung **N.27**
– ivP **B.92 ff.**
– Mindestprüfstoff im PCT **B.60**
– PACE **I.3**
– PCT **B.47 f.**
– Uneinheitlichkeit PCT **N.10**
Recherche internationaler Art **H.17**
– Gebühr **H.120a**
Recherchegebühr **A.29, H.14**
– bei mangelnder Einheitlichkeit **A.30**
– Ergänzende europäische Recherche **H.18 ff.**
– Ergänzende internationale Recherche (SIS) **H.24**
– für ergänzende europäische Recherche **B.203**
– für ergänzende Recherche (Euro-PCT) **H.18 f.**
– PCT-Anmeldung **B.45, H.21, H.96d**
– Reduktion **A.334**
– Rückerstattung **H.151 ff.**
– Rückzahlung **A.40**
– Teilanmeldung **J.77 f.**

– Uneinheitlichkeit PCT-Anmeldung **B.66**
Recherchenbericht ePA **A.338 ff.**
Rechtliche Bedeutung Übersetzung Anmeldung **E.43 ff.**
Rechtliches Gehör (Prüfungsverfahren) **A.457**
Rechtsabteilung Zuständigkeit **F.162**
Rechtsanwalt **A.48a, B.241a ff., S.4b, G.11, G.18**
Rechtsnachfolger bisheriger Patentinhabers **L.108 ff.**
Rechtstexte US Patent Law **O.1a**
Rechtsübergang **G.76, H.95a, H.110 f.**
– Eintragung **A.409a**
– eP **F.156**
– eP während Einspruchsfrist/-verfahren **L.152**
Rechtsverlust und Antrag auf Entscheidung **A.664 f.**
Rechtzeitige Aufgabe eines Schriftstück **D.47**
Rechtzeitige Gebührenzahlungen **H.193 ff.**
Reduktion
– int. Anmeldegebühr **H.10**
– Recherchegebühr ergänzende europäische Recherche **H.18 ff.**
Reformatio in melius **M.162**
Reformatio in peius **M.63, M.119 ff., M.161**
Regionale Phase (EPA) **B.195 ff.**
Registeränderung **F.157a**
Registeränderung - Sammelantrag **G.32a**
Registrierung EQE **S.13**
Reissue **O.24**
Request for continued examination (RCE) **O.14**
Restriction requirements **O.13**
Rückerstattung **A.35, H.150a ff.**
– Anmeldegebühr PCT-Anmeldung **B.46**
– Bagatellbeträge **H.167**
– Benennungsgebühr **H.165 f.**
– Frühere Recherche **B.73a**
– Grundgebühr (PCT-Anmeldung) **B.46**
– Laufendes Konto **H.251a ff.**
– PCT-Anmeldung **B.46, B.257 ff., H.157 ff., H.168 ff.**
– Prüfungsgebühr **A.427, H.161 ff.**
– Recherchengebühr **A.35, H.151 ff., J.79**
– Recherchengebühr PCT-Anmeldung **B.46a**
Rückerstattungsverfahren **H.150a ff.**
Rückzahlung **H.173 ff.**
– Beschwerdegebühr **H.179 ff., M.95 ff., N.62, N.88**
– Einspruchsgebühr **H.177**
– Gebührenzahlung Euro-PCT **B.208**
– Vertreter **G.50 f.**
– Recherchegebühren **A.40**

Sammelantrag **A.539a, B.285a, F.157a, F.166a, G.32a, H.192a, H.224, H.233**
Schecks **H.189**
Schriftform **B.287**
Schriftverkehr PCT-Anmeldung **B.22**
Schriftwechsel Einspruch **L.45**
Schutzbereich **A.710**
Schutzbereich und Laufzeit **A.511**
Schutzrechtsarten im PCT **B.286**
Schutzwirkung **B.303**
– vorläufiger Schutz **A.699 ff.**
Schweizer Anspruch **A.128**

A: Ablauf EP-Anmeldung/ Patent	F: Änderungen, Berichtigung	J: Teilanmeldung/ Neue Anmeldung	M: Beschwerde
B: Ablauf PCT-Anmeldung	G: Vertretung, Unterschrift	K: Weiterbehandlung/ Wiedereinsetzung	N: G-Entscheidungen
C: Priorität	H: Gebühren		O: US-Patentrecht
D: Fristen	I: Beschleunigung	L: Einspruch	P: EU-Patent
E: Sprachen			S: Zulassung

Stichwortverzeichnis

Selbstbenennungsrecht **C.73**
Sequenzprotokoll **B.225, B.330**
– Gebühr **H.120b**
Simulation **N.89**
SIS **B.81 ff.**
– Antrag **B. 82 ff.**
– Gebühr **B.83 ff.**
– Recherche **B.86 ff.**
– SISA **B.90 f.**
– Übermittlung **B.89 ff.**
– Uneinheitlichkeit **B.87 ff.**
– Zurücknahme **B.91, B.237**
SISA **B.90**
Sittenwidrige Erfindung (Patentierbarkeit) **A.88 f.**
Software **A.224 ff.**
Spezielle Handlungen bei Einreichung ePA **A.290 ff.**
Sprache **E.1 ff.**
– Beschwerdeschrift und -begründung **M.37**
– Einspruch **L.138 ff.**
– EPA als AA **E.52**
– Europäische Eignungsprüfung **S.8**
– Euro-PCT **E.53 f.**
– ISR **B.64 f.**
– ivP **B.101, B.116 f.**
– Mündliche Verhandlung **A.611 ff., E.55 f., M.42**
– Neue Anmeldung (Art. 61 (1) b)) **E.6 f.**
– PCT Anmeldung **B.8**
– PCT Veröffentlichung **B.80**
– Priodokuments Keine eP-Amtssprache **E.14**
– Schriftverkehr PCT **B.22, E.37**
– Teilanmeldung **E.6 f.**
– Übersetzung für internationale Recherche **B.64 f.**
– Veröffentlichung **B.21, B.168**
Sprache im schriftlichen
– PCT Verfahren **B.22, E.37**
– EPA **E.32 ff.**
Sprachenwahl zur Beantwortung (Prüfungsverfahren) **A.445**
Sprachliche Fehler **F.100**
Stand der Technik
– Art 54 (3) **A.123, N.35**
– Chemische Zusammensetzung **N.26**
– Prioritätsanmeldung **C.53 ff.**
– Theoretische Verfügbareit **A.178**
– Zugänglichkeit **A.169 ff.**
– Zusammenfassung ePA **A.53, A.124**
– Zusammenfassung Vortrag **A.137 f., A.149**
Stattgeben
– Weiterbehandlung **K.12**
– Wiedereinsetzung **K.40**
Stellungnahme
– Beteiligten im Einspruchsverfahren auf Änderungen **F.70 f.**
– Einspruch **L.38 ff.**
– zu ISR (Internationaler Recherchebericht) bei EURO-PCT **A.366**
– zum EESR durch Anmelder **A.365**
Störungen im Postdienst **B.321 ff., D.47 ff., D.186 ff.**
Strohmann **L.100**

Supplemental Examination **O.25**
Suspensiveffekt **M.167**

Technischer Effekt **A.224 ff.**
Technisches Gutachten **A.651**
Technizität (Computerprogramme) **A.225**
Teil- oder Mehrfachprioritäten **C.35 ff.**
Teilanmeldung **A.556 ff., J.1 ff.**
– Akteneinsicht in die Stammanmeldung **J.69 f.**
– Änderungen **J.67, N.67**
– Anhängigkeit der Stammanmeldung **J.15 ff.**
– Anspruchsgebühr **J.80 f.**
– Benennungsgebühr **J.82 f.**
– Berechtigung zur Einreichung **J.46 f.**
– Bezugnahme **J.56a**
– Einreichung **A.568**
– Einreichungsbehörde **J.51 ff.**
– Einreichungsvoraussetzungen **J.46 ff.**
– Einreichungszeitpunkt **J.1**
– Einspruchs-/Einspruchsbeschwerdeverfahren **J.31**
– Erfindernennung **A.561, J.76**
– Ermäßigung **H.146**
– Erteilung Stammanmeldung **J.17**
– Erteilungsantrag **J.74**
– Euro-PCT **J.6, J.24**
– Gebühren **A.571 ff.**
– Inhalt der Teilanmeldung **J.36 ff.**
– Mehrfachteilungen / Ketten-Teilanmeldungen **J.57 ff., N.68**
– Priorität **J.64 ff.**
– Rückerstattung Recherchegebühr **J.79**
– Sprache **A.570, J.54 f.**
– Teilanmeldung bei Uneinheitlichkeit **J.71**
– Übersetzung **J.75, E.9**
– Umwandlung **J.68**
– Uneinheitlichkeit **J.71**
– Veröffentlichung **J.66**
– Vertragsstaaten **J.44a**
– Wirkung **A.566 ff., J.5**
– Zeitpunkt **A.562 ff.**
– Zeitraum **Einreichungsmöglichkeit J.1 ff.**
– Zurücknahme Priorität **J.65**
– Zurücknahme Stammanmeldung **J.21 f.**
– Zurückweisung Stammanmeldung **J.18 ff.**
– Zusatzgebühr **H.4, J.2, J.62, J.84 f.**
Teilbereich **A.152 f.**
Teilnichtigkeit **A.648**
Teilrecherchenbericht **A.352 ff.**
Teilweiser Rechtsübergang **D.99**
Telefax **A.258 f., A.279 f.**
– Einreichung **A.249**
Telefonische Rücksprache (PCT) **B.130**
Terminverschiebung **M.55**
Therapeutisches Verfahren (Patentierbarkeit) **A.95 ff.**
Tiere **N.91**
Tierrassen (Patentierbarkeit) **A.91 ff.**
Titel PCT **B.16**
Tod Vertreter **D.101**
Tonaufzeichnung **A.586**

A: Ablauf EP-Anmeldung/ Patent
B: Ablauf PCT-Anmeldung
C: Priorität
D: Fristen
E: Sprachen
F: Änderungen, Berichtigung
G: Vertretung, Unterschrift
H: Gebühren
I: Beschleunigung
J: Teilanmeldung/ Neue Anmeldung
K: Weiterbehandlung/ Wiedereinsetzung
L: Einspruch
M: Beschwerde
N: G-Entscheidungen
O: US-Patentrecht
P: EU-Patent
S: Zulassung

Stichwortverzeichnis

Typische Amtsfristen **D.36 ff.**

Übergabe **A.266 ff., A.285 ff.**
Übergang der Stellung als Einsprechender **L.113 ff.**
Übergangsregelung - Vertreter **S.4**
Übermittlung ePA an Nationale Zentralbehörden **A.239**
Übermittlung an Bestimmungsämter **B.185 ff.**
Übermittlungsgebühr **B.43, B.248, H.8, H.96, H.100**
Überprüfungsgebühr Uneinheitlichkeit ergänzende internationale Recherche **H.26**
Überscheidender Bereich **A.156 f.**
Übersetzung
− Anmeldung **E.8**
− Anmeldung nach Art 61 **E.10**
− Ansprüche **A.479, E.49 ff.**
− Beweismittel **L.10, E.40a**
− Einspruchsschrift **L.9**
− Euro-PCT **B.197**
− ivP **B.116 f.**
− Patentschrift **A.524, E.63**
− Prioritätsdokuments **A.64, C.33 ff.**
− Teilanmeldung **E.9, J.75**
Übersetzungsfehler nach Erteilung **F.127**
Übersicht
− Änderungen im Einspruchsverfahren **L.199 ff.**
− Beteiligte Einspruchsverfahren **L.254 ff.**
− Covid-19 **D.185 ff.**
− Einleitung der regionalen Phase vor dem EPA **B.196**
− Einspruchsgründe **L.199 ff.**
− EPA als PCT Behörde **B.293 ff.**
− Gebühr PCT beim EPA **H.96a ff.**
− Handlungsmöglichkeiten Einspruchsverfahren **L.254 ff.**
− Mängel Einspruch **L.23 f.**
− Mindesterfordernisse für Anmeldetag einer PCT-Anmeldung **B.1**
− PPH Länder **I.38 ff.**
− Sprache AA bei PCT-Anmeldung **B.352 f.**
− Zuständige AA **B.351 f.**
− Zuständigkeit Ämter bei Gebührenzahlung bei PCT-Anmeldungen **H.101a**
Übertragung **A.527 ff., B.282 ff.**
− Aufgaben an ePA **P.19**
− Beteiligtenstellung **M.16**
− Einsprechendenstellung **N.6, N.64**
− Lizenzen **A.527 ff.**
− Rechte aus ePA / eP **F.141**
Überweisung **H.188**
Umfang Prüfung Einspruchsbeschwerdeverfahren **M.105 f.**
Umschreibung **B.282 ff.. F.165a**
Umwandlung
− Frist zur Stellung des Umwandlungsantrags **A.547 ff.**
− Teilanmeldung **J.68**
− Gebühr **H.89**
Unabhängige Erfindungen **A.79**
Unabhängige und abhängige Ansprüche **A.194**
Unabhängigkeit der Einspruchsabteilung **L.161 f.**
Uneinheitlichkeit
− Einreichung Teilanmeldung **J.71 ff.**
− EPA = (S)ISA **A.39**
− EPA ≠ (S)ISA **A.38**
− Ergänzende int. Recherche (SIS) **B.87**
− Euro-PCT **B.204 ff., N.9**
− ISR **B.66 ff.**
− ivP **B.136 ff.**
Unentrinnbare Falle **F.69, L.56**
Unschädliche Offenbarung **A.328 ff., B.307, N.55**
Unterbrechung
− Verfahren **D.101 ff.**
− Postdienst **B.322, D.48**
− Postzustellung **D.14**
Unterlagen
− Einspruch **L.150 f.**
− wiedersprüchlich **A.17**
Unterschiedliche Sprache Beschreibung und Anspruch **E.31**
Unterschrift
− Einspruch **L.3, L.17**
− Elektronische Einreichung **G.71 f.**
− Nichtberechtigten **G.69 f.**
Unterschriftserfordernis **G.65 ff.**
Untervollmacht **G.27 ff.**
Unveröffentlichte Patentanmeldung **A.134**
Unverzügliche Erweiterung **F.3 ff., L.36, L.167 ff.**
Unzulässigkeit Beschwerde **N.88**
Ursprünglich offenbarte Disclaimer **F.169**
US Patent Law **O.1**

VAA - Vorschriften über automatisches Abbuchungsverfahren **H.257 ff.**
Validierung **A.315 ff.**
− Euro-PCT **B.202**
− Gebühr **H.38 ff.**
Validierungsgebühr **A.315 ff., H.38 ff.**
Verbindliche Fassung **A.435 ff.**
Verbindliche Fassung **E.44 ff.**
Verfahrensablauf Abhilfe **M.87 ff.**
Verfahrensbeteiligte **N.64**
Verfahrensbeteiligung Dritter **A.666a**
Verfahrensmangel **M.97**
Verfahrensrecht **O.7 ff.**
Verfahrenssprache **E.4**
− ePA **E.23 ff.**
− Euro-PCT **B.198, B.233, E.30, N.74**
− PCT **E.27**
− Teilanmeldung **J.75**
− Wahl bei europäischen Anmeldungen **E.28 f.**
Verfassungsbeschwerde EPGÜ **P.78 ff.**
Verkündung der Entscheidung **A.596**
Verlängerung Fristen bei allg. Unterbrechung **D.13 ff.**
Verlegung der mündlichen Verhandlung **A.598, M.54b**
Verletzungsklage **I.22**
− PACE **I.22**
Veröffentlichung **A.370 ff., B.154 ff., B.302 f.**
− Akteneinsicht PCT-Anmeldung **B.263 ff.**
− Ausschluß von Angaben **B.156c**
− elektronisch **A.378**
− eP **A.502 f.**
− eP bei Beschleunigung/PACE **I.19**

A: Ablauf EP-Anmeldung/ Patent	F: Änderungen, Berichtigung	J: Teilanmeldung/ Neue Anmeldung	M: Beschwerde
B: Ablauf PCT-Anmeldung	G: Vertretung, Unterschrift	K: Weiterbehandlung/ Wiedereinsetzung	N: G-Entscheidungen
C: Priorität	H: Gebühren		O: US-Patentrecht
D: Fristen	I: Beschleunigung	L: Einspruch	P: EU-Patent
E: Sprachen			S: Zulassung

Stichwortverzeichnis

- ePA **A.377**
- Fehler **A.513 ff.**
- Hinweis auf Erteilung **A.493 ff.**
- neue Patentschrift **L.63 ff.**
- Schriftartencodes (Kind codes) **A.384**
- Technische Vorbereitung **A.375**
- Teilanmeldung **J.66**
- Zeitpunkt **A.371 f.**
- Zurücknahme **A.374 ff.**
- Zurücknahme vor der Veröffentlichung **B.177 ff.**

Veröffentlichungsfehler **F.134c**
Veröffentlichungsgebühr **L.61 ff.**
- geänderte eP nach Beschränkung **H.95**
- geänderte eP nach Einspruch/Beschränkung **H.94**
- vorzeitige Veröffentlichung **B.265, B.163**

Veröffentlichungssprache
- eP **E.42**
- ePA **E.41**
- PCT-Anmeldung **B.20, B.168**

Verschlechterungsverbot - Reformatio in peius **M.119 ff.**
Verschwiegenheitspflicht **G.55**
Verspätete Einreichung von Sequenzprotokollen **H.90**
Verspätete Zahlung PCT **H.96e**
Verspäteter Zugang von Schriftstücken **D.7 f.**
Verspätetes Vorbringen **L.206 ff.**
Versteinerungsprinzip **A.162 f.**
Versteinerungstheorie **C.2**
Vertragliche Lizenzen **A.529**
Vertragsstaaten - Teilanmeldung **J.44a**
Vertreter **A.48a**
- Berechtigung **S.4a**
- Eintragung **S.27 ff.**
- Rechtsanwälte **S.4b**
- Voraussetzungen **S.2 ff.**
- Widerruf **B.247 f.**

Vertreterzwang **G.2 ff., G.45 ff.**
Vertretung **A.48, B.241 ff., G.1 ff., L.106 f., P.26 f.**
- Angestellte **G.7**
- Euro-PCT **B.227 f., G.44**
- fehlende Bestellung **G.41**
- mehrere Vertreter **G.24, G.39**
- PCT/Euro-PCT **B.305, G.60 ff.**
- PCT-Anmeldung **B.241a ff.**
- Rechtsanwälte **G.11, G.18**
- Rückzug **G.40**
- Tod **D.101**
- Zusammenschluss von Vertretern **G.25**
- Zustellung **G.42**

Vertretungszwang **A.48a**
Verwaltungsgebühren EPA **H.110 ff.**
Verzicht
- Erlöschen Priorität **C.50 f.**
- Mitteilungen nach R 161/R 162 **I.13a**
- weitere Mitteilungen (R 71 (3)) **A.487, I.14 ff.**

Videokonferenz **A.465 f., A.589, L.155a f.**
Vindikation **J.99**
VLK - Fehlende Deckung **D.75a**
VLK - Vorschriften zum laufenden Konto **H.203 ff.**
Vollmacht **B.305**

Vollmacht **G.1 ff.**
- Allgemeine Vollmacht **G.19 f.**
- Angestellte **G.7**
- Einreichung **G.31 f.**
- Einreichung per Fax **G.29**
- Erlöschen **G.22 f.**
- Euro-PCT **G.44**
- Gültigkeit **G.78 f.**
- Mehrere Anmelder **G.66**
- Nationale Erfordernisse **B.305 ff.**
- Untervollmacht **G.27 ff.**
- Verzicht auf Abschrift **B.305b**
- Verzicht Euro-PCT **G.44**
- Vorlage **G.15 ff.**
- Widerruf **G.22**

Vollstreckung Kostenfestsetzung **L.227b**
Voraussetzungen
- Einreichung TA **A.557 f.**
- Zuerkennung wirksamer AT **A.5**

Vorauszahlung Jahresgebühr **H.57**
Vorbehalte PCT **B.331**
Vorbenutzung **A.179**
Vorfällige Zahlung **H.178**
Vorlage der Vollmacht **G.15 ff.**
Vorläufiger Schutz **A.699 ff.**
Vorprüfung EQE **S.20 ff.**
Vorschriften
- automatisches Abbuchungsverfahren (VAA) **H.137 ff., H.257 ff.**
- zum laufenden Konto (VLK) **H.203 ff.**

Vortrag durch Begleitpersonen **L.156**
Vortrag eines Dritten **G.48**
Vorzeitige Veröffentlichung **B.265**

Währung **B.252**
Währung - PCT-Anmeldung **H.96f**
Web Einreichung **A.256**
Web Form Filing Service **A.256, A.277 f.**
Wechsel Anspruchskategorie **F.38 ff.**
Weiterbehandlung **K.1 ff.**
- Ablehnung **K.9, K.11**
- Ausschluss **K.14 ff.**
- Automatisches Abbuchungsverfahren **K.5**
- Entscheidung **K.10**
- Euro-PCT **K.18**
- Frist **K.3**
- Priofrist **K.14**
- Stattgeben **K.12**
- Versäumte Handlung **K.6**
- Weiterbenutzungsrecht **K.17**

Weiterbehandlungsgebühr **H.87**
Weiterbenutzungsrecht
- Weiterbehandlung **K.17**
- Wiedereinsetzung **K.56**

Weiterleitung **A.239, B.281 ff.**
- ivP **B.135 ff.**

Wesentlichkeitstest **F.10a, L.171 ff.**
Widerruf
- Abbuchungsauftrag **H.246 ff., H.294 ff.**

A: Ablauf EP-Anmeldung/ Patent	F: Änderungen, Berichtigung	J: Teilanmeldung/ Neue Anmeldung	M: Beschwerde N: G-Entscheidungen
B: Ablauf PCT-Anmeldung	G: Vertretung, Unterschrift	K: Weiterbehandlung/ Wiedereinsetzung	O: US-Patentrecht P: EU-Patent
C: Priorität	H: Gebühren		
D: Fristen	I: Beschleunigung	L: Einspruch	S: Zulassung
E: Sprachen			

Stichwortverzeichnis

- Bestellung Vertreter **B.247 f.**
- eP **L.75, L.78 ff.**
- Vollmacht **G.22**

Widerrufs- und Beschränkungsverfahren **L.229 ff.**
Widerrufsgebühr **H.84**
Widerspruch
- Uneinheitlichkeit ivP **B.140 ff.**
- Uneinheitlichkeit PCT-Anmeldung **B.69, N.9**
- Unterlagen **A.17**

Widerspruchsgebühr - ivP **B.140 ff., H.22, H.30, H.99**
Wiedereinsetzung **N.16, N.30**
- Ablehnung **K.39**
- Ausnahme **K.36a**
- Ausschluss der Wiedereinsetzung **K.49**
- Begründung **K.37**
- Berechtigter **K.19**
- Beschwerde **K.30, N.3**
- Beschwerdebegründung **K.31**
- Durchzuführende Handlungen **K.34 f.**
- Einsetzungsmöglichkeiten **K.22 ff.**
- Entscheidung **K.38 f.**
- Euro-PCT **K.61 ff.**
- in Frist zur Weiterbehandlung **K.58**
- Jahresgebühren nach WE **K.59 f.**
- Nationale Behörden **K.57**
- Stattgeben **K.40**
- Voraussetzungen **K.19 f.**
- Weiterbenutzungsrecht **K.56**
- Wiedereinsetzungsgründe **K.41 ff.**
- Zeitraum **K.36 ff.**

Wiedereinsetzungsgebühr **H.88**
Wiedergabe von Informationen (Patentierbarkeit) **A.86**
Wiederherstellung Prioritätsrecht **D.49**
- Bestimmungsamt **B.36**
- Euro-PCT **B.222, K.62 ff.**
- PCT-Anmeldung **B.36, C.85 ff.**

Wirksame Zahlung **H.199a f.**
Wirksamkeit Zustellung Vertreterbestellung **G.42 f.**
Wirkung
- Bestellung Vertretung **B.246 ff.**
- eP **A.700**
- ePA **A.706**
- PCT-Anmeldung **B.3**
- Priorecht **A.65, A.125, C.1 f.**
- Veröffentlichung **B.170 f.**
- Widerruf **L.89**
- Zurücknahme **B.241**
- Zurücknahme Priorität PCT-Anmeldung **B.41 ff.**

Wissenschaftliche Theorien (Patentierbarkeit) **A.83**

Zahlung
- Online **H.192**
- Rechtzeitig **H.193 ff.**
- Sammelantrag **H.192a, H.224, H.233**
- Vorfälligkeit **H.178**
- Wirksamkeit **H.1b**

Zahlungsbetrag (Höhe) **H.185 ff.**
Zahlungstag **B.324, H.193 ff., H.237 ff., H.278 ff.**
- PCT **D.50a**

- Wirksame Zahlung **H.199a f.**

Zeichnung
- Fehlende Teile **A.6 ff., A.14**
- PCT-Anmeldung **B.9a, B.12**

Zeitpunkt Veröffentlichung **A.371 f., B.161 ff.**
Zeitraum **B.315**
Zeitzone **B.316, D.41**
Zeugnisverweigerungsrecht **G.53 ff.**
Zufällige Vorwegnahme **A.165**
Zugänglichkeit des Standes der Technik **A.169 ff.**
Zugebundener Anspruch **A.128**
Zugelassene Gebührenarten zum automatischen Abbuchungsverfahren **H.266 ff.**
Zugelassene Verfahrensarten zum automatischen Abbuchungsverfahren **H.263 ff.**
Zugelassene Vertreter **G.9, S.2 ff.**
Zulässigkeit Disclaimer **F.167 ff.**
Zulässigkeitsprüfung Einspruch **L.19**
Zurschaustellung auf amtlich anerkannter Ausstellung **A.333**
Zurücknahme
- Anmeldung, Verhinderung Veröffentlichung **A.517 ff.**
- Antrag ergänzende Recherche **B.91, B.237**
- Benennung einzelner Vertragsstaaten **A.299 f.**
- Beschwerde **M.82 ff.**
- Bestimmung **B.32 ff., B.235**
- Einspruch **L.69 ff.**
- Einspruch im Beschwerdeverfahren **M.79 ff.**
- einzige Beschwerde im Einspruchsverfahren **N.20, N.21**
- Gemeinsamer Vertreter **B.240**
- Internationale (PCT-)Anmeldung **B.234 ff.**
- ivP **B.104, B.146 ff.**
- Prioanspruch **B.40 f., B.236, C.80**
- Prioanspruch Teilanmeldung **J.65**
- Unterschriftserfordernis **B.240**
- Veröffentlichung **B.177 ff.**
- Vollmacht **B.245**
- Vollmachtserfordernis **B.239**
- vor Veröffentlichung **A.374 ff.**
- Wirkung **B.241**

Zurückverweisung **M.73 f.**
Zurückweisung **A.467 ff.**
Zurückweisung Einspruch **L.90 f.**
Zusammenfassung
- PCT-Anmeldung **B.17, B.71 ff.**
- SdT **A.53, A.124**
- SdT Vortrag **A.137 f., A.149**

Zusammengesetzte Frist **D.25 f., H.46**
Zusammenhängende Beschwerden **M.58a**
Zusammenwirken PCT - EPÜ **B.291 ff.**
Zusatzgebühr **A.27**
- Ermäßigung **H.127, H.145**
- Euro-PCT Seitenzahl **H.6**
- Gebührenermäßigung Übersetzung **E.20a**
- Seitenzahl **H.3 f.**
- Teilanmeldung **H.4, J.2, J.62, J.84 f.**

Zusätzliche Gebühr verspätete Einreichung fehlender Bestandteile **B.46c, H.23a**

A: Ablauf EP-Anmeldung/Patent	F: Änderungen, Berichtigung
B: Ablauf PCT-Anmeldung	G: Vertretung, Unterschrift
C: Priorität	H: Gebühren
D: Fristen	I: Beschleunigung
E: Sprachen	
J: Teilanmeldung/Neue Anmeldung	M: Beschwerde
K: Weiterbehandlung/Wiedereinsetzung	N: G-Entscheidungen
L: Einspruch	O: US-Patentrecht
	P: EU-Patent
	S: Zulassung

Stichwortverzeichnis

Zusätzliche Recherchegebühr bei mangelnder Einheitlichkeit **A.30**
Zusätzliche Recherchengebühr
- ivP **H.29, H.98**
- ePA **H.15 f.**
- PCT **H.22**

Zuschlagsgebühr **D.72, H.196 ff.**
Zuständiges Amt für Einspruch **L.133**
Zuständiges Anmeldeamt **A.234 ff., B.7**
Zuständigkeit **M.32 ff.**
- Beschwerdekammern im Rahmen PCT **M.130**
- Eintragung / Löschung **F.162**
- EU-Patentgerichtsbarkeit **P.54 ff.**
- Rechtsabteilung **F.162**
- Rückzahlung Beschwerdegebühr **N.62**
- Verfahrensgrundsätze vor dem ePA **N.50**
- Widerrufs- und Beschränkungsverfahren **L.239**

Zustellfiktion **B.317, D.54**
Zustellung **B.317, D.51 ff.**
- an Vertreter **D.63 f., G.31 f., G.38, G.42**
- durch öffentliche Bekanntmachung **D.62**
- durch Postdienste (Zustellfiktion) **D.53 ff.**
- Eingeschriebener Brief **D.53**
- elektronische Nachrichtenübermittlung **D.58**
- E-Mail **A.465a f., D.60a**
- PCT E-Mail **D.43**
- unmittelbare Übergabe **D.61**

Zustimmung geänderte Ansprüche **L.44**
Zwangsvollstreckung **P.18**
Zweck der Beschwerde **M.1**
Zwei-Listen-Prinzip **A.154 f.**
Zweite medizinische Indikation **A.127, N.72**
Zwischenentscheid **L.57 ff., M.5, M.165, N.31**
Zwischenverallgemeinerung (Einspruch) **L.174 f.**

A: Ablauf EP-Anmeldung/ Patent
B: Ablauf PCT-Anmeldung
C: Priorität
D: Fristen
E: Sprachen
F: Änderungen, Berichtigung
G: Vertretung, Unterschrift
H: Gebühren
I: Beschleunigung
J: Teilanmeldung/ Neue Anmeldung
K: Weiterbehandlung/ Wiedereinsetzung
L: Einspruch
M: Beschwerde
N: G-Entscheidungen
O: US-Patentrecht
P: EU-Patent
S: Zulassung

Wolters Kluwer

Praxiserprobte Inhalte auch zu Spezialthemen

Mit dem Modul Heymanns Patentanwälte auf dem neuesten Stand:

- 70 und mehr hochrelevante Titel zu Patent-, Marken-, Design- und Wettbewerbsrecht
- Mit den führenden Standardkommentaren *Schulte*, PatentG, und *Singer/Stauder/Luginbühl*, EPÜ
- Für Ausbildung, Anmeldeverfahren oder gerichtliche Auseinandersetzungen
- Zeitschrift MarkenR inkl. Archiv

Jetzt abonnieren
ab 111 € mtl.
zzgl. MwSt.

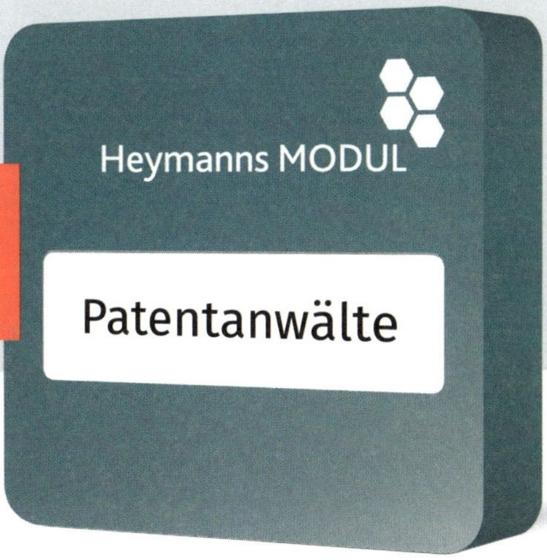

Profitieren Sie von den Vorteilen eines Abonnements: stets aktuelle Inhalte und komfortable Tools, die Ihre Recherche erleichtern.
Mit Wolters Kluwer Recherche haben Sie außerdem Zugriff auf unsere kostenlose Rechtsprechungs- und Gesetzesdatenbank.

wolterskluwer-online.de

ALLES, WAS EXPERTEN BEWEGT.